(2016)

广东财政年鉴

FINANCE YEAR BOOK OF GUANGDONG

广东财政年鉴编辑委员会　编著

中国财经出版传媒集团
经济科学出版社
Economic Science Press

图书在版编目（CIP）数据

广东财政年鉴．2016／广东财政年鉴编辑委员会编著．
—北京：经济科学出版社，2016．11
ISBN 978－7－5141－7420－5

Ⅰ．①广…　Ⅱ．①广…　Ⅲ．①地方财政－广东－
2016－年鉴　Ⅳ．①F812．765－54

中国版本图书馆 CIP 数据核字（2016）第 263010 号

责任编辑：白留杰　刘殿和
责任校对：王肖楠　隗立娜　杨　海
责任印制：李　鹏

广东财政年鉴（2016）
广东财政年鉴编辑委员会　编著
经济科学出版社出版、发行　新华书店经销
社址：北京市海淀区阜成路甲 28 号　邮编：100142
教材分社电话：010－88191354　发行部电话：010－88191522
网址：www．esp．com．cn
电子邮件：bailiujie518@126．com
天猫网店：经济科学出版社旗舰店
网址：http：//jjkxcbs．tmall．com
固安华明印业有限公司印装
880×1230　16 开　32 印张　1330000 字
2017 年 2 月第 1 版　2017 年 2 月第 1 次印刷
ISBN 978－7－5141－7420－5　定价：380．00 元
（图书出现印装问题，本社负责调换。电话：010－88191510）

广东财政年鉴编辑委员会

广东财政年鉴特约通讯员

柯　迪（厅办公室）
潘　敏（厅法规税政处）
刘晓辉（厅金融与政府债务管理处）
林晓燕（厅综合处）
张可薇（厅政法处）
陈　斌（厅工贸发展处）
陈明杰（厅经济建设处）
李志宏（厅会计处）
王婧玮［厅行政事业资产管理处（公务用车管理处）］
陈妍斐（厅农村财务管理处）
方雯婕（厅监督检查局）
张江涛（厅离退休人员服务处）
付保华（厅国库支付局）
欧　颖（省直行政事业单位物业管理中心）
吴文春（厅票据监管中心）
陈倩芸（厅政务服务中心）
杜婷婷（省财政科学研究所）
林壮镇（省注册会计师协会）
郑金荣（省财政职业技术学校）
陈　强（深圳市财政委）
孙汉敏（汕头市财政局）
邓韶江（韶关市财政局）
李振豪（梅州市财政局）
方辉轮（汕尾市财政局）
周子婷（中山市财政局）
李珊珊（阳江市财政局）
梁建旭（茂名市财政局）
侯长红（清远市财政局）
陈泽坤（揭阳市财政局）

刘　征（厅人事教育处）
马忠华（厅预算处、预算编审处）
吴　宇（厅国库处）
杨　威（厅行政处）
姚晓龙（厅教科文处）
林　侃（厅农业处）
廖建中（厅社会保障处）
王炜清（厅绩效管理处）
杨伟光（厅农业综合开发办公室）
王俊哲（厅政府采购监管处）
廖冬云（厅机关党委办公室）
闫　宇（驻厅纪检组）
陈海平（厅国际金融合作办公室）
王　勇（厅投资审核中心）
刘　强（省农业综合开发评估中心）
谢　峰（省财政数据信息中心）
关坤翘（省会计函授职业技术学校）
黎雪瑜（省资产评估协会）
周　娴（广州市财政局）
彭高旺（珠海市财政局）
上官蔚云（佛山市财政局）
杨雪锋（河源市财政局）
陈倩茹（惠州市财政局）
毛存中（东莞市财政局）
莫玉冰（江门市财政局）
黄丽云（湛江市财政局）
林军强（肇庆市财政局）
林　娟（潮州市财政局）
邝丽芳（云浮市财政局）

编辑说明

《广东财政年鉴》是广东省财政厅主办的大型文献资料工具书。《广东财政年鉴（2016）》是自2005年出版以来编纂的第十二卷，反映了2015年广东财政认真贯彻落实中央和省委、省政府决策部署的工作全貌，并继续保持创刊以来的三个主要特点，即资料翔实、权威性强，理论与实务相结合，重点和亮点突出。党的十八届三中全会首次将财政定位为“国家治理的基础和重要支柱”，将财税改革置于更加重要位置，深化财税体制改革也成为本卷编撰的主线和重要内容。为此，本卷重点围绕改进预算管理、建立事权和支出责任相适应的制度、构建地方税收体系、推进基本公共服务均等化、公平配置政府公共资源等方面进行组稿和编辑，展示了广东财政主动适应新的形势和要求，积极发挥财政职能作用，着力深化财税体制改革的探索和实践。全书正文内容共分十二个部分。

第一部分相关财经文献，转载了广东省人民代表大会及其常务委员会2015年通过的有关财政经济方面的重要报告和决议。第二部分领导批示和讲话，收录了省领导的批示以及省领导和省财政厅领导在财政工作会议的有关讲话。第三部分全省财政工作概况与专题，记述了全省财政各项工作的开展情况和各项改革的进展情况。第四部分各市财政工作概况，刊登了全省21个地级以上市经济发展的简要介绍和财政工作有关方面的情况综述。第五部分市县财政工作专题，反映了全省部分市、县（市、区）财政工作的重点和亮点。第六部分统计资料，收集了全省和各市、县（市、区）财政一般公共预算收支情况、非税收入基本情况、政府性基金决算收支情况、国有资本经营收支、社会保障、全省国有企业各项经济指标等方面的统计资料。第七部分地方财经法规选编，选编了省人民代表大会及其常务委员会通过公布的地方性财经法规，省人民政府颁布或批准颁布的重要财经规章，省财政厅和省政府有关部门制定的或几个部门联合制定的重要财经规范性文件及规章、制度和通知。第八部分财经文选，节选了省财政厅领导在有关专题会议上的讲话。第九部分财政机构人员，主要介绍了省财政厅机构变动情况和省财政厅领导及厅属各单位领导名单，各地级以上市和各县（市、区）财政局机构设置及领导名单，全省财政系统人员情况以及2015年度全省财政系统全国性和全省性先进集体、先进个人名单。第十部分大事记，记录了2015年度全省财政方面的重要会议、重大活动、重要国际交往、重大决策和措施。第十一部分媒体报道，主要反映2015年中央和省级媒体对广东财政改革与发展中的重要工作和亮点工作进行的报道。第十二部分附录，收录了广东省财政科研公开择优课题通过验收情况、自主参与课题验收评审情况和财政征文大赛获奖情况。

《广东财政年鉴（2016）》在编辑出版过程中，得到各有关方面的关心和鼎力支持。在此，对所有参与撰稿、摄影、编审、出版、发行等工作的领导和同志表示深深的感谢！你们付出的辛劳，将不断推动《广东财政年鉴》工作迈向新的台阶。同时，由于《广东财政年鉴》内容涉及面广，编辑出版时间有限，难免有疏漏和差错，敬请广大读者批评指正，并提出宝贵意见，使《广东财政年鉴》编辑出版质量不断有新的提高。

《广东财政年鉴》编辑部

2015年8月22日，省委书记胡春华，省委副书记、省长朱小丹，省委常委、常务副省长徐少华在珠海考察港珠澳大桥建设情况，听取大桥建设工作汇报，详细了解工程进展和安全施工情况。省财政厅党组书记、厅长曾志权等省有关部门负责人、珠海市有关负责人参加考察。

2015年6月30日，省财政厅党组书记、厅长曾志权陪同省委书记胡春华在佛山科技学院调研，考察光学技术实验室。

2015年9月16日，省财政厅党组书记、厅长曾志权陪同省委书记胡春华在肇庆调研考察肇庆经济社会发展情况。

（西江日报记者　刘春林　摄）

2015年10月18日，省委书记胡春华，省委副书记、省长朱小丹在珠岛宾馆会见清华大学校长邱勇、党委书记陈旭一行。省财政厅党组书记、厅长曾志权等有关部门负责同志参加会见。

2015年7月1日，省财政厅党组书记、厅长曾志权陪同省委副书记、省长朱小丹在江门市调研，考察滨江新城广东海信产业园区。

2015年6月29日，省财政厅党组书记、厅长曾志权陪同省委副书记、省长朱小丹赴汕头调研，并参加练江流域整治现场会。

2015年7月13日，省财政厅党组书记、厅长曾志权陪同省委副书记、省长朱小丹到梅州检查粤东西北振兴发展推进情况，考察梅州综合保税区项目建设现场。

2015年9月2日，省政府召开全省财政支出进度集体约谈会。省委副书记、省长朱小丹出席会议并讲话。省委常委、常务副省长徐少华主持会议。省财政厅党组书记、厅长曾志权参加会议并通报情况。

2015年6月12-13日，水利部副部长李国英带领涉农资金专项整治行动部级督导组到广东开展督导工作。省委常委、常务副省长徐少华出席座谈会。省财政厅党组书记、厅长曾志权，省财政厅党组成员、总会计师钟炜参加座谈会。

2015年1月27日，全省办公用房公务用车清理工作会议在广州召开。省委常委、常务副省长徐少华主持会议并作讲话。省财政厅党组书记、厅长曾志权在会上作了情况通报。各地级以上市分管领导、财政局长和省直各单位分管领导参加会议。

2015年4月8-10日，省财政厅在广州举办全省新预算法专题培训班，省委常委、常务副省长徐少华出席培训班开班式并讲话。省财政厅党组书记、厅长曾志权在培训班上作“实施新预算法后财政财务政策变化探讨”专题报告。全省各市、县（市、区）分管财税工作的副市长、副县（市、区）长，各地级以上市财政局局长，省直部门财务处处长，以及省财政厅正处级以上领导干部近400人参加培训班。

2015年8月20日，广东省推广运用政府和社会资本合作模式项目推介会在广州召开。省委常委、常务副省长徐少华出席并致辞。省财政厅党组书记、厅长曾志权参加会议。

2015年10月13-15日，财政部副部长余蔚平一行到广东省开展专题调研，听取前三季度广东省经济财政运行情况及有关财政工作情况的汇报。省财政厅党组书记、厅长曾志权，党组成员、副厅长沈梅红、郑贤操，党组成员、总会计师钟炜，广州市财政部门及有关部门同志，相关企业代表及省财政厅相关处室同志参加座谈。

2015年11月23日，副省长温国辉率省直有关部门同志到省财政厅指导商谈工作。省财政厅党组书记、厅长曾志权，厅党组成员、副厅长沈梅红、郑贤操、叶梅芬参加会议。

2015年11月18日，省人大常委会副主任陈继兴率领省人大财经委、教科文卫委和部分省人大代表到省财政厅视察工作。省财政厅党组书记、厅长曾志权介绍预算执行情况和预算草案编制准备情况及省级推进教育现代化、卫生强基创优等专项工作相关情况。省人大财经委、省人大常委会预算工委主要负责同志，省财政厅党组成员、副厅长欧斌、沈梅红、郑贤操，副巡视员丁跃文、邹清莲及相关处室（单位）负责同志参加座谈。

2015年11月22日，财政部部长助理邹加怡来粤参加第二十六届中美商贸联委会活动期间，率财政部关税司、国库司等司局负责同志到省财政厅调研指导工作。省财政厅党组书记、厅长曾志权，党组成员、副厅长欧斌、郑贤操，党组成员、总会计师钟炜参加座谈。

2015年5月11日，全国人大常委会委员、财经委主任委员李盛霖带领调研组到省财政厅调研财政预算支出在线联网监督工作，省人大常委会委员、财经委副主任委员林秀玉，省人大常委会预算工委副主任郑亚吉等参与调研。省财政厅党组成员、副厅长沈梅红，党组成员、总会计师钟炜以及相关处室同志参加座谈会。

2015年10月20日，财政部、国家开发银行到广东省开展第二届对非投资论坛专题调研并召开座谈会。省财政厅党组成员、副厅长郑贤操主持座谈会。

2015年3月17日，省财政厅召开全厅干部大会，传达贯彻十二届全国人大三次会议、全国政协十二届三次会议精神以及广东省传达贯彻大会精神，部署省财政厅贯彻落实工作。省财政厅党组书记、厅长曾志权作了传达和部署。

2015年1月19日，全省财政工作会议在广州召开。省财政厅党组书记、厅长曾志权出席会议并讲话，厅党组成员、副厅长欧斌、郑贤操出席会议。

2015年6月10日，2016年省级部门预算编制工作布置暨编制系统讲解会议在广州召开，省财政厅党组书记、厅长曾志权出席会议并讲话。

2015年6月17-19日，广东省政府和社会资本合作（PPP）业务培训班在广州举办。省财政厅党组书记、厅长曾志权出席培训班并讲话。

2015年7月6日，惠州市召开基本公共服务均等化综合改革总结推进会。省财政厅党组书记、厅长曾志权应邀出席推进会并作讲话。

2015年8月18日，全省财政工作视频会议在广州召开。省财政厅党组书记、厅长曾志权出席会议并讲话，省财政厅党组成员、副厅长欧斌、郑贤操、叶梅芬，党组成员、驻厅纪检组长项天保出席会议。

2015年5月29日，省财政厅召开全省《政府采购法实施条例》培训班。省财政厅党组成员、副厅长郑贤操出席会议并讲话。

2015年10月29-30日，全国财政科研宣传工作研习班在佛山市南海区召开。研习班由财政部科研所副所长王朝才主持，财政部科研所所长刘尚希作主题发言，省财政厅党组成员、副厅长郑贤操出席并讲话。

2015年7月30日，全省推进基层公共服务综合平台建设工作动员及培训会议在广州召开。省财政厅党组书记、厅长曾志权和省委组织部副部长、省委基层治理领导小组成员兼办公室主任刘毅在会议上作动员讲话。省财政厅党组成员、副厅长叶梅芬参加会议。

2015年9月1日，广东省财政监督工作会议在河源市召开。省财政厅党组成员、驻厅纪检组长、监察专员项天保出席会议并讲话。

2015年4月20日，省财政厅直属机关党委举办党务干部“加强基层党组织建设”专题培训班，厅党组成员、总会计师、厅直属机关党委书记钟炜主持培训活动。

2015年6月18日，广东省注册会计师协会第六次会员代表大会暨六届一次理事会在广州召开。省财政厅党组成员、总会计师、省注册会计师协会党委书记钟炜出席会议并作讲话。全省各会计师事务所及相关政府部门、相关行业协会、高等院校等嘉宾、代表，共220多人出席大会。

2015年4月20日，省财政厅党组到清远考察广东财贸职业学院筹建情况。

2015年4月22—23日，省财政厅党组成员、巡视员邓桂明率省财政厅人事教育处主要负责人，深入龙川县丰稔镇十二排村，调研指导帮扶工作。

邓桂明巡视员一行察看了十二排村道、饮水工程、农田水利设施、十二排小学基础建设项目和农业示范基地、油茶种植基地等产业帮扶项目。

2015年6月30日，省财政厅组织全厅党员、干部、职工在厅大院开展扶贫济困现场捐款活动，正式启动省财政厅2015年扶贫济困日活动。

2015年2月5日，省财政厅召开全省财政反腐倡廉建设工作会议。会议由省财政厅党组成员、巡视员邓桂明主持，厅党组书记、厅长曾志权作讲话，厅党组成员、驻厅纪检组组长项天保代表厅党组作工作报告。省财政厅机关全体党员干部、厅属单位全体干部职工参加主会场会议，各市财政局（委）科级以上干部在各市分会场参加会议。

2015年8月19-21日，省财政厅连续第五年举办全厅副处以上及重点岗位干部党纪政纪法纪教育学习活动。厅党组成员、驻厅纪检组长、监察专员项天保通报2015年以来全省、全系统和本单位纪律检查工作情况，厅党组书记、厅长曾志权作活动总结讲话。厅党组全体成员及全厅副处以上干部、部分重点岗位同志近200人参加。

2015年8月19-21日，省财政厅分两批组织领导干部到广东女子监狱和广东清远监狱开展警示教育活动。

2015年11月13日，古巴驻华大使白诗德、驻华商务参赞玛利亚等一行4人到访省财政厅，与省财政厅党组书记、厅长曾志权就改革开放以来广东税收和财政政策等问题进行座谈。

2015年1月14-16日，世界银行非洲地区副行长马克塔·迪奥普一行来广东考察，深入了解广东在制造业、现代农业、经济开发区、产业集群等方面的发展情况。省财政厅党组成员、副厅长郑贤操陪同考察。

2015年3月30日，世界银行中蒙局局长郝福满一行4人赴广州，考察贵广铁路合作项目并与广东省有关单位举行座谈会。省财政厅党组成员、副厅长郑贤操出席座谈会。省发展改革委、广州市人民政府、广州市财政局、广州市发展改革委、广州市商务委以及中国铁路总公司、贵广公司和广铁集团等有关单位参加座谈会。

2015年10月14日，省财政厅邀请省委宣传部讲师团团长杜新山做客“广东财政大讲堂”，为全厅党员干部作“严以用权”专题讲座。

2015年11月11日，省财政厅邀请广州市中级人民法院行政庭庭长肖志雄做客“广东财政大讲堂”，为全厅党员干部作“弘扬宪法精神、建设法治财政”专题报告。

2015年11月27日，省财政厅邀请省高级人民法院行政庭庭长付洪林做客“广东财政大讲堂”，为全厅党员干部开展依法行政专题宣讲。

2015年2月6日，在辞旧岁迎新年之际，为活跃厅机关文化生活、促进和谐机关建设，省财政厅“团结 和谐 奋进”迎春文艺汇演顺利举办。厅党组书记、厅长曾志权，厅党组成员、巡视员邓桂明，厅党组成员、副厅长欧斌、郑贤操，厅党组成员、驻厅纪检组长项天保等在厅领导和全厅干部、职工共400余人观看了演出。

2015年2月13日，省财政厅党组成员、总会计师、厅直属机关党委书记钟炜率厅部分处室党支部的党员代表，到财厅前社区开展走访慰问困难群众活动。

2015年5月15日，省财政厅召开“三严三实”专题教育工作会议，厅党组书记、厅长曾志权同志以“从我做起　争当践行‘三严三实’的表率”为题为全厅干部职工上党课。各厅党组成员、全厅干部职工近400人参加了会议。

2015年8月17日，省财政厅举办纪律教育专题辅导报告会。厅党组书记、厅长曾志权以“从我做起　争当守纪律讲规矩的表率”为题为全厅党员干部作纪律教育专题辅导报告。各厅党组成员、党员干部近400人参加会议。

2015年9月9日，省财政厅党组书记、厅长曾志权到省财校看望慰问学校教师并出席庆祝教师节大会。

2015年9月19日，省财政厅厅直属机关团委组织了“奔跑吧，财政青年”主题团日活动，组织全厅青年干部参观华南植物园并参加户外趣味竞技，全厅50多名青年干部参加活动。

2015年9月28日，省直单位第三届工作技能大赛在广东广播中心国际厅顺利举行。经过激烈角逐，省财政厅代表队的点子“创新政府购买服务机制，推动城市优质退休教师服务农村教育”荣获第三名，省财政厅荣获优秀组织奖。

2015年10月20日，省财政厅联合省民政厅组织机关在职党员参加社区党委举办的志愿服务集市活动，为社区居民提供财政、民政政策宣传、咨询、解答，以及送医送药等服务。

2015年11月7日，省财政厅在广州体育学院举办第十七届全民健身运动会。厅党组书记、厅长曾志权宣布运动会开幕，厅党组成员、副厅长欧斌、沈梅红、郑贤操、叶梅芬及副巡视员丁跌文、邹清莲参加运动会。厅党组成员、总会计师、直属机关党委书记钟炜在开幕式上致辞。

2015年12月28日，全国财政系统先进集体和先进工作者表彰会在北京召开，人力资源和社会保障部、财政部对74个“全国财政系统先进集体”和65名“全国财政系统先进工作者”进行表彰。广东省3个集体和3名个人分别被授予“全国财政系统先进集体”和“全国财政系统先进工作者”荣誉称号。省财政厅党组书记、厅长曾志权出席表彰会，并接见广东省受表彰的先进集体代表和先进工作者。

目　录

第一部分　相关财经文献

广东省第十二届人民代表大会第四次会议关于广东省2015年预算执行情况和2016年预算的决议 …………… 3

广东省2015年预算执行情况和2016年预算草案的报告 ……………………………………… 曾志权　3

广东省第十二届人民代表大会财政经济委员会关于广东省2015年预算执行情况和2016年预算草案的审查结果报告 ………………………………… 13

关于广东省2015年省级决算草案的报告 ……… 曾志权　15

广东省人民代表大会常务委员会关于批准广东省2015年省级决算的决议 ……………………………………… 24

关于广东省2015年省级决算草案的审查结果报告 ………………………………………………… 林秀玉　24

第二部分　领导批示和讲话

- 领导批示

全省财政工作 ……………………………………………… 29

朱小丹省长在审阅2016年全省财政工作会议材料时的批示 ……………………………………………… 29

财政收支 …………………………………………………… 29

朱小丹省长在《2014年全省财政收支情况简要分析》上的批示 ……………………………………………… 29

财政金融 …………………………………………………… 29

徐少华常务副省长在审阅PPP有关情况汇报时的批示 ……………………………………………… 29

政府一般债券 ……………………………………………… 29

徐少华常务副省长在《关于2015年广东省政府债券发行情况的报告》、《关于2015年第1批广东省政府一般债券发行有关情况的报告》、《关于发行2015年第2批广东省政府一般债券的报告》和《关于2015年第1批广东省定向承销政府债券发行有关情况的报告》上的批示 ……………………… 29

- 领导讲话

在全省财政工作会议上的讲话（节选）…… 徐少华　29

以新理念为引领开创我省财政工作新局面——在全省财政工作会议上的讲话（节选）………………………………… 曾志权　33

第三部分　全省财政工作概况与专题

- 概况

全省财政工作综述 ………………………………… 43

财政法制税政 ……………………………………… 46

财政预算管理 ……………………………………… 47

外经金融财政财务 ………………………………… 50

国库管理 …………………………………………… 52

综合财政 …………………………………………… 54

行政财政财务 ……………………………………… 55

政法财政财务 ……………………………………… 56

教科文财政财务 …………………………………… 57

财政工贸发展 ……………………………………… 60

农业财政财务 ……………………………………… 62

基本建设财政财务 ………………………………… 64

社会保障财政财务 ………………………………… 65

会计管理 …………………………………………… 67

财政绩效管理 ……………………………………… 68

行政事业资产和公务用车管理 …………………… 70

农业综合开发 ……………………………………… 71

农村财务管理 ……………………………………… 72

政府采购监管 ……………………………………… 73

财政监督检查 ……………………………………… 74

财政国库支付管理 ………………………………… 75

外债管理 …………………………………………… 76

财政纪检监察 ……………………………………… 78

省直行政事业单位经营性资产管理 ……………… 79

财政投资审核 ……………………………………… 81

财政票据监管 ……………………………………… 81

人事管理和教育 …………………………………… 82

机关党建 …………………………………………… 84

机关政务 …………………………………………… 86

离退休人员服务 …………………………………… 87

财政信息化 ………………………………………… 88

财政科研宣传 ……………………………………… 89

农业综合开发评估 ………………………………… 90

注册会计师行业管理 ……………………………… 91

资产评估行业管理 ………………………………… 93

财政职业技术教育 ………………………………… 95

会计函授职业技术教育 …………………………… 96

- 专题

深入推进财税体制改革 …………………………… 98

广东自贸试验区税收政策及时落地执行良好 ……… 101

全面铺开零基预算改革 …… 101
规范省级财政专项资金管理 …… 102
加强地方政府性债务管理 …… 104
发挥财政职能作用　促进县域经济发展 …… 105
深入推进权责发生制政府综合财务报告试编工作改革 …… 106
加大财政投入力度　支持实施创新驱动发展战略 …… 107
基层公共服务平台建设试点 …… 108
创新财政支农模式　建设现代农业示范区 …… 110
广东省财政厅深入开展“三严三实”专题教育 …… 111
深入推进“书记项目” …… 111
全面加强审核质量体系建设 …… 113
对标国际化　引领新发展
——广东省注册会计师行业“国际化建设年”主题活动成效明显 …… 115

第四部分　各市财政工作概况

广州市 …… 119
深圳市 …… 121
珠海市 …… 122
汕头市 …… 125
佛山市 …… 126
韶关市 …… 128
河源市 …… 129
梅州市 …… 131
惠州市 …… 132
汕尾市 …… 134
东莞市 …… 135
中山市 …… 137
江门市 …… 139
阳江市 …… 142
湛江市 …… 144
茂名市 …… 146
肇庆市 …… 149
清远市 …… 150
潮州市 …… 152
揭阳市 …… 153
云浮市 …… 155

第五部分　市县财政工作专题

广州市
多措并举　不断加强财政投资评审工作 …… 161
深圳市
创新产业扶持方式　成立政府投资引导基金 …… 162
多措并举　加快支出进度 …… 163
提高质量　均衡发展医疗卫生事业 …… 164
珠海市
预算联审打造零基预算3.0版　推进预算管理改革 …… 165
汕头市
积极探索PPP模式运用 …… 167
佛山市
搭建“一体化”财政综合管理平台　促进财政管理科学化　规范化　精细化 …… 168
率先实施国库集中支付电子化管理改革 …… 170
推进“一门式”基层公共服务综合平台建设 …… 172
韶关市
立足为民服务　保障资金投入　全面提升基层公共服务水平 …… 174
武广客运专线乐昌东站项目开工建设 …… 175
河源市
扎实推进基层公共服务综合平台建设 …… 176
梅州市
把握经济发展新常态　振兴梅县区经济发展 …… 178
惠州市
依托资产管理信息系统　进一步提升行政事业国有资产管理 …… 180
汕尾市
加快财政预算支出进度　提高预算执行效率 …… 181
积极开拓进取　实现扶贫“双到” …… 183
东莞市
深入推进财政预算绩效管理　不断提高财政资金使用效益 …… 184
发挥财政杠杆作用　推进经济社会全面新发展 …… 186
中山市
“四招”激活财政存量资金 …… 187
八项措施加快财政支出进度 …… 188
江门市
推动以PPP模式为重点的政府投融资改革 …… 189
打造小微“双创”之都　点燃侨都发展引擎 …… 191
全力推进“三化”　打造便民利民平台 …… 193
湛江市
积极推进财政投资评审管理体制改革 …… 194
积极完善“组财镇管”体制改革 …… 196
茂名市
进一步加快财政支出进度 …… 197
探索运用PPP模式　建设引罗供水工程项目 …… 198
肇庆市
五位一体　五力齐发　打造财政资金监管新体系 …… 199
全面推进县、镇、村三级基层公共服务平台建设 …… 200
清远市
深入实施广清一体化战略　广清公积金互贷先行 …… 201
积极探索推进基层公共服务综合平台建设 …… 202
潮州市
实施精准扶贫战略　推进县域经济发展 …… 203
揭阳市
建设基层公共服务综合平台　实施“510”工程提高群众幸福感 …… 204
云浮市
以“全天候1+N”为建设理念　打造基层公共服务平台 …… 206

完善预算管理机制　加快支出进度 …… 208

第六部分　统计资料

2014 年度广东省一般公共预算收支决算总表 …… 213
2015 年度广东省一般公共预算收支决算总表 …… 215
2015 年度广东省一般公共预算收支决算分级表 …… 216
2015 年度广东省各市一般公共预算收支决算总表 …… 217
2015 年度广东省地市县公共预算收支情况表 …… 218
2015 年度广东省非税收入规模及结构情况表 …… 229
2015 年度广东省地方公共财政预算收入超亿元县（市）统计表 …… 230
2015 年度来源于广东省的财政收入和上划中央“四税”统计表 …… 230
2015 年度广东省政府性基金决算收支表 …… 231
2015 年度广东省国有资本经营收支总表 …… 246
2015 年度广东省本级国有资本经营收支总表 …… 246
2015 年度广东省社会保障和就业、医疗卫生支出情况表 …… 247
2015 年度广东省社会保险基金收支决算情况总表 …… 248
2015 年度广东省国有企业资产主要项目构成 …… 248
2015 年度广东省国有企业负债主要项目构成 …… 249
2015 年度广东省国有企业所有者权益主要项目构成 …… 249
2015 年度广东省国有企业主要财务指标 …… 250

第七部分　地方财经法规选编

广东省人民政府关于加快科技创新的若干政策意见 …… 253
权责发生制政府综合财务报告制度改革实施方案 …… 254
广东省人民政府关于修订广东省省级财政专项资金管理办法的通知 …… 256
广东省人民政府关于加强政府性债务管理的实施意见 …… 261
广东省人民政府关于深化预算管理制度改革的实施意见 …… 263
广东省人民政府关于实行中期财政规划管理的实施意见 …… 267
广东省人民政府关于改革和完善省对下财政转移支付制度的实施意见 …… 270
关于进一步做好盘活财政存量资金工作的实施意见 …… 273
关于在公共服务领域推广政府和社会资本合作模式的实施意见 …… 275
广东省财政厅省级支出情况考核办法（试行） …… 278
关于加强个人重大事项报告监督工作的意见 …… 280
广东省财政厅行政复议和行政应诉工作管理办法 …… 280
广东省财政厅规范性文件制定管理办法 …… 282
市级财政管理绩效综合评价方案（试行） …… 284
关于加强市县财政专项资金管理使用的意见 …… 284
关于 2015 年省财政支持稳增长的政策措施 …… 286
关于印发 2015 年县级基本财力保障范围和标准的通知 …… 288
广东省省级财政资金项目库管理办法 …… 288
关于贯彻落实中央调整出口退税和消费税返还政策的通知 …… 292
关于加强我省政府和社会资本合作（PPP）项目管理的通知 …… 293
关于进一步加快预算执行进度的通知 …… 294
关于推进省直管县财政改革试点工作有关问题的通知 …… 295
广东省财政厅关于省直部门综合支出考核与财政资金安排挂钩的暂行办法（规范性文件） …… 297
广东省市县财政收入质量考核办法 …… 299
广东省财政厅关于市县财政综合支出考核与转移支付挂钩的暂行办法（规范性文件） …… 300
广东省财政厅关于市县财政支出进度的考核办法（规范性文件） …… 302
关于做好省级政府和社会资本合作（PPP）模式推广工作的通知 …… 304
广东普惠金融“村村通”奖补专项资金管理办法（试行） …… 305
广东省省级国库现金管理操作细则（试行） …… 307
广东省乡镇国库集中支付制度改革实施方案 …… 309
广东省库款资金存量与增量调度挂钩暂行办法 …… 311
关于印发《政府向社会力量购买服务指导目录》的通知 …… 312
关于支持广东省电影发展若干经济政策的通知 …… 321
广东省财政厅　广东省科学技术厅关于创新产品与服务远期约定政府购买的试行办法（规范性文件） …… 322
关于建立完善我省高职院校生均拨款制度的实施意见 …… 323
广东省激励企业研究开发财政补助试行方案（规范性文件） …… 325
珠三角城际轨道交通项目运营保障金管理办法 …… 326
关于扶持珠江西岸先进装备制造业发展的财政政策措施（2015－2017 年） …… 327
高新技术企业培育资金管理办法（试行） …… 329
关于规范省级财政出资相关基金管理的意见 …… 330
关于进一步完善省级国有资本经营预算管理的实施意见 …… 331
广东省省级扶持中小微企业资金管理办法 …… 332
广东省中小企业信用担保代偿补偿资金管理实施细则 …… 334
广东省推进基层公共服务综合平台建设工作方案 …… 336
关于进一步加强涉农资金监管的意见 …… 339
广东省巨灾保险试点工作实施方案 …… 341
广东省基本公共服务均等化绩效考评办法（修订） …… 343
广东省省级部门整体支出绩效评价暂行办法 …… 348
省直行政事业单位不动产处置管理操作规程 …… 350
关于进一步加强村级会计委托代理服务工作的意见 …… 351
广东省省级预算执行动态监控管理暂行办法 …… 352
关于加强省级财政投资项目工程结算审核工作有关事项的通知 …… 354

第八部分　财经文选

坚持守纪律　讲规矩　开创我省财政反腐倡廉建设工作新局面（节选）…… 曾志权 359
从我做起　争当践行“三严三实”的表率（节选）…… 曾志权 362
在全省预算执行工作视频会议上的讲话（节选）…… 曾志权 367
在全省盘活地方财政存量资金工作第二次专题视频会议上的讲话（节选）…… 曾志权 369
在全省推进基层公共服务综合平台建设工作动员及培训会议上的讲话（节选）…… 曾志权 372
推广政府和社会资本合作模式　为广东经济社会发展提供新动力（节选）…… 曾志权 375
在全厅副处级以上干部“三纪”教育学习会上的总结讲话…… 曾志权 376
知行合一　持之以恒　争当严以修身的表率（节选）…… 曾志权 379
坚持以新理念为引领　努力开创财政工作新局面（节选）…… 曾志权 381
严以用权　干净干事（节选）…… 曾志权 384
顺应形势　主动作为　提升财政投资评审服务大局水平（节选）…… 欧　斌 389
建设法治财政　坚持依法行政　依法理财…… 欧　斌 391
切实推动《政府采购法实施条例》在广东的贯彻落实…… 郑贤操 393
适应经济发展新常态　开创财政国库改革工作新局面（节选）…… 叶梅芬 394
认清形势　奋发有为　切实推动我省农业综合开发工作再上新台阶…… 叶梅芬 399
在基层公共服务平台建设试点县工作推进会上的讲话（节选）…… 叶梅芬 403
坚持从严治党　强化责任担当　深入推进全省财政党风廉政建设和反腐败工作（节选）…… 项天保 405
适应新常态　把握新机遇　在新的起点上不断推动行业实现新跨越（节选）…… 钟　炜 408
在省以下法院、检察院财务统管工作推进会暨业务培训班上的讲话（节选）…… 钟　炜 411

第九部分　财政机构人员

2015 年省财政厅机关及所属单位领导名单…… 415
2015 年各地级以上市财政局（委）领导名单…… 416
2015 年各县（市、区）财政局领导名单…… 418
2015 年度全省财政系统职工情况统计表…… 426
2015 年省财政系统获全国性和全省性先进集体、先进个人名单…… 428

第十部分　大事记

…… 431

第十一部分　媒体报道

● 中央级
广东政府采购试行批量集中议价…… 445
鼓励大众创业万众创新…… 445
广东地方一般公共预算收入首破 8 000 亿元…… 445
广东启动省级财政国库集中支付电子化改革试点…… 446
广东推行专项资金实时在线联网监督…… 446
广东完善财政经营性资金股权投资管理…… 447
预算安排更具科学性…… 447
广东：统筹兼顾　绩效优先…… 448
广东省财政厅厅长曾志权：扎实做好准备工作…… 449
广东构建全方位多层次内控机制…… 449
广东推行权责发生制综合财务报告制度…… 450
广东：引入项目资金竞争机制…… 451
广东财政多措并举助力大学生就业创业…… 451
广东疏堵结合规范地方债管理…… 452
打造“玻璃钱柜”　防范“用钱任性”…… 453
广东出台深化预算管理制度改革实施意见…… 453
广东公开招标发行 310 亿元政府一般债券…… 454
广东基本公共服务均等化改革试点扩围…… 455
广东制订一揽子方案支持职业教育发展…… 455
广东推进乡镇国库集中支付制度改革…… 456
广东 66 亿元支持完善中小微企业投融资机制…… 456
广东提高政府向社会力量购买服务项目透明度…… 457
广东完善政府采购制度支持创新驱动发展…… 457
广东规范政策性农业保险保费补贴资金管理…… 458
广东稳步推进零基预算改革…… 458
广东有序推进财税体制改革…… 459
广东推进实施中期财政规划…… 459
广东加力保障改善民生…… 460
广东加强基本公共服务均等化综合绩效管理…… 460
广东规范省级国有资本经营预算管理…… 461
广东加大减免涉企收费力度…… 462
广东改革和完善省对下财政转移支付制度…… 462
广东省财政厅厅长曾志权：完善财政政策　支持稳定增长…… 463
广东：切实缓解中小微企业融资难…… 464
曾志权：建立机制推进政府购买服务…… 465
广东代表团提交修订《政府采购法》议案…… 465
广东实现采购计划全过程网上“留痕”…… 466
适应新常态　把握新要求　推动广东财政改革取得新突破…… 467

● 地方级

广东将全面清理规范税收等优惠政策 …… 469
粤去年拨 1 940 亿元办好十件民生实事 …… 469
2014 年省级“三公”经费下降 13.3% …… 471
2015 年财政预算报告：底线民生保障资金同比增长近 28% …… 472
省级财政预算支出将可在线监督 …… 473
徐少华表示：今年省各部门“三公”经费使用情况将公开 …… 474
今年预算“看得懂”要“点赞” …… 474
建长效机制保障司法体制改革 …… 475
从预算看转型：27 亿推动前沿与关键技术创新 …… 475
主动应对寻找经济增长的新动力源 …… 476
我省有望 2018 年率先全面建成小康 …… 476
广东获 500 亿元地方债置换额度 …… 478
加快推进我省财政体制改革 …… 479
用好用足财政支持各项政策措施 …… 479
我省将推行政府财务报告制 …… 480
县级以上全口径预决算今年全公开 …… 480
今年发行 203 亿元地方政府债券 …… 482
一增一减一撬　2 293 亿提供稳增长新动力 …… 482
争取以 PPP 模式拉动社会资本 100 亿 …… 483
我省 3 年 900 亿元支持创新驱动 …… 484
粤八大领域重点推广 PPP 模式 …… 485
省政府召开推广运用政府和社会资本合作（PPP）模式项目推介会 …… 486
切实加快财政支出进度 …… 487
3 年 168 亿支持企业新一轮技术改造 …… 488
粤新增 130 亿地方债　15 亿用于练江治水 …… 489
省财政逾 14 亿支持救灾复产 …… 489
一般公共预算收入粤前 10 月增 13.2% …… 490
公办高职生均拨款明年全覆盖 …… 490
我省设立总规模 63 亿元环保基金 …… 491
外来工子女将按学号领补贴 …… 491
试行科技创新券后补助鼓励中小微企业创新 …… 492
企业孵化器获省市双重补助 …… 493
支出进度不达标市县将被扣减转移支付资金 …… 493

第十二部分　附　　录

2015 年广东省财政科研公开择优课题通过结项验收名单 …… 497
2015 年广东省财政科研自主参与课题验收评审情况 …… 498
“茂财杯”财政征文大赛获奖名单 …… 499

第一部分
相关财经文献

Related Documents on Finance and Economy

广东省第十二届人民代表大会第四次会议关于广东省 2015 年预算执行情况和 2016 年预算的决议

（2016 年 1 月 30 日广东省第十二届人民代表大会第四次会议通过）

广东省第十二届人民代表大会第四次会议审查了省人民政府提出的广东省 2016 年预算草案及省财政厅厅长曾志权受省人民政府委托所作的《广东省 2015 年预算执行情况和 2016 年预算草案的报告》。会议同意广东省人民代表大会财政经济委员会的审查结果报告，决定批准广东省 2016 年省级预算，批准《广东省 2015 年预算执行情况和 2016 年预算草案的报告》。

广东省 2015 年预算执行情况和 2016 年预算草案的报告

广东省财政厅厅长 曾志权

各位代表：

受省人民政府委托，现将广东省 2015 年预算执行情况和 2016 年预算草案提请省十二届人大四次会议审议。

一、2015 年预算执行情况

（一）一般公共预算执行情况

1. 全省一般公共预算执行情况。

——收入预算执行情况。

2015 年全省一般公共预算收入 9 364.76 亿元，完成各级调整预算的 104.8%，增长 16.2%，剔除政府性基金转列一般公共预算因素后可比增长 12%。

按主要税种划分。增值税收入 1 339.13 亿元，增长 8.6%；营业税收入 2 054 亿元，增长 18.7%；企业所得税收入 1 302 亿元，增长 15%；个人所得税收入 510.14 亿元，增长 24.8%；城市维护建设税、房产税、城镇土地使用税、土地增值税、契税等中小税种收入 2 170.67 亿元，增长 8.5%。

按税收与非税收入划分。税收收入 7 375.93 亿元，占一般公共预算收入的 78.8%，增长 13.4%；非税收入 1 988.83 亿元，占 21.2%，可比增长 7%。剔除 2015 年转列一般公共预算的 11 项政府性基金收入后，税收占比为 81.5%，比上年提高 0.8 个百分点。

按预算级次划分。省级一般公共预算收入 1 962.25 亿元，占全省收入的 21%，可比增长 8.8%；市本级一般公共预算收入 4 047.72 亿元，占 43.2%，可比增长 15.6%；县级一般公共预算收入 3 354.8 亿元，占 35.8%，可比增长 10.9%。

按区域划分。珠三角九市、东西北十二市一般公共预算收入分别增长 14.3%、4.2%，东西北十二市收入增幅低于珠三角 10.1 个百分点，占全省市县收入的 13.7%，比上年降低 1.3 个百分点（见图 1）。

——支出预算执行情况。

全省一般公共预算支出 12 801.64 亿元，完成各级调整预算的 109.7%，

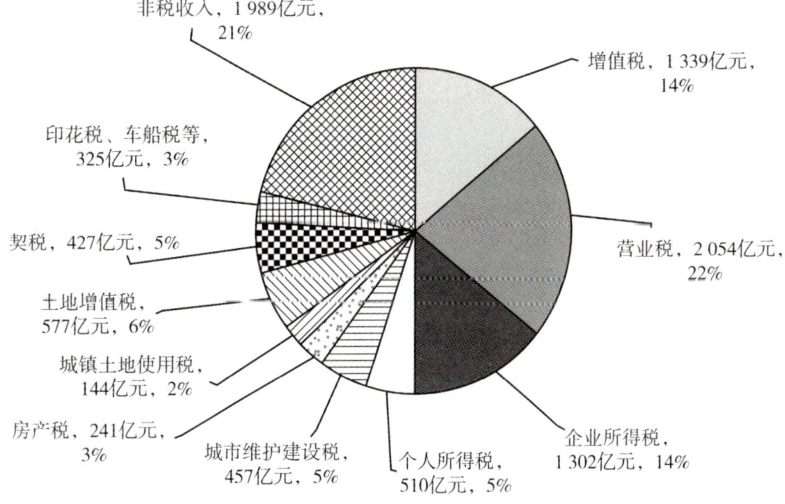

图 1　2015 年全省一般公共预算收入构成

增长40.1%。主要执行情况如下：

按支出科目划分。一般公共服务支出1 027.21亿元，完成预算的102.5%，增长0.1%；教育支出2 025.27亿元，完成预算的104.3%，增长15.8%；科学技术支出547.64亿元，完成预算的154.4%，增长91.2%，增幅较高的主要原因是各级加大对科技创新驱动战略的支持力度；文化体育与传媒支出186.21亿元，完成预算的97.6%，未完成预算的原因是部分体育设施建设项目立项和招投标进度较慢，部分资金未能在当年支出，增长7.2%，增幅较低的主要原因是2014年集中补齐文化支出短板，抬高了支出基数；社会保障和就业支出1 050.55亿元，完成预算的113.7%，增长32.9%；医疗卫生与计划生育支出912.16亿元，完成预算的121%，增长21.3%；节能环保支出335.34亿元，完成预算的130%，增长31.7%；城乡社区支出1 170.23亿元，完成预算的106.8%，增长59.6%；农林水支出804.54亿元，完成预算的126.7%，增长45.1%；交通运输支出2 017.44亿元，完成预算的175.2%，增长129.7%，增幅较高的主要原因是落实"三大抓手"决策，全省加大交通基础设施建设投入；住房保障支出344.01亿元，完成预算的108.3%，增长32%（见图2）。

2015年全省地方一般公共预算收入，加上中央税收返还、转移支付和上年结转，减去一般公共预算支出以及上解中央支出后，全省一般公共预算实现收支平衡，具体收支情况待决算完成后报告。

2. 省级一般公共预算执行情况。

——收入预算执行情况。

2015年省级一般公共预算收入1 962.25亿元，完成年度预算的101.8%，可比增长8.8%，比省十二届人大三次会议审议通过的收入预算增加35.4亿元。增加的收入按照新预算法和国务院有关规定，不再安排当年支出，全部用于补充预算稳定调节基金，留待2016年及以后年度预算安排使用（见图3）。

2015年省级一般公共预算收入结构如下：（1）税收收入1 784.49亿元，增长9%，其中增值税收入142.95亿元，增长22%；营业税收入843.4亿元，增长9.2%；企业所得税收入462.2亿元，增长5.9%；个人所得税收入143.08亿元，增长19%；土地增值税收入等192.86亿元，增长0.7%。（2）非税收入95.87亿元，可比下降5.5%，收入减少主要原因是减免省级涉企行政事业性收费。（3）政府性基金转列一般公共预算收入81.89亿元。

2015年省级一般公共预算收入1 962.25亿元，加上中央税收返还、转移支付和下级上解收入，以及经省十二届人大常委会第十七次、二十次会议审议通过的预算调整方案增加地方政府债券等收入后，2015年省级一般公共预算总收入5 498.7亿元。

——支出预算执行情况。

2015年省级一般公共预算总支出5 505.01亿元，完成年度预算的161%，增长59%。比省十二届人大三次会议批准通过的预算增加2 085.57亿元。支出增加的主要原因是中央年中下达的各项补助、置换债券和新增债券等收入相应安排支出。

2015年省级一般公共预算总收入和总支出为初步预计数，总支出大于总收入的主要原因是上年结转资金按规定不列入年初预算，但在2015年使用拨付相应增加支出。具体收支及结转金额待决算完成后报告。

2015年省级一般公共预算总支出5 505.01亿元中，按预算级次划分，（1）省本级支出1 171亿元，占21.3%；（2）对市县税收返还、转移支付及债券转贷支出4 173.39亿元，占75.8%，其中返还性支出487.79亿元，一般性转移支付1 473.85亿元，专项转移支付995.75亿元，债券转贷支出1 216亿元；（3）上解中央支出154.33亿元，占2.8%；（4）债券还本支出6.3亿元，占0.1%（见图4）。

——省本级支出1 171亿元的主要情况。

（1）一般公共服务支出112.85亿元，完成预算的101%，增长18.6%。（2）公共安全支出112.43亿元，完成预算的133.2%，增长40.9%。（3）教育支出196.69亿元，完成预算的114.2%，增长26.4%。（4）科学技术支出89.82亿元，完成预算的306.4%，增长160.6%，增幅较高的主要原因是省级加大对科技创新驱动战略的支持力度。（5）文化体育与传

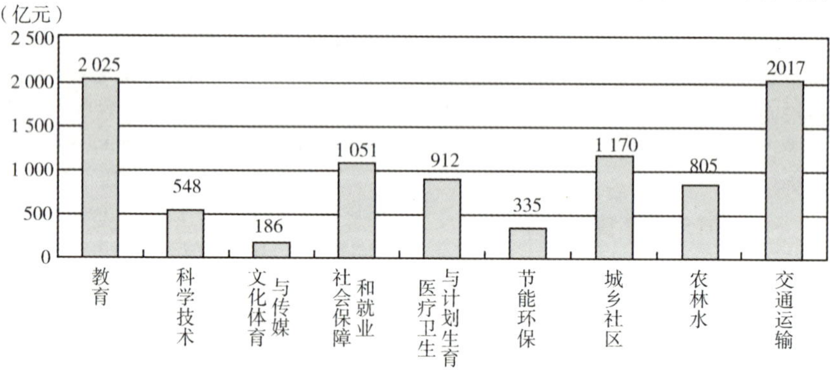

图2　2015年全省一般公共预算重点支出情况

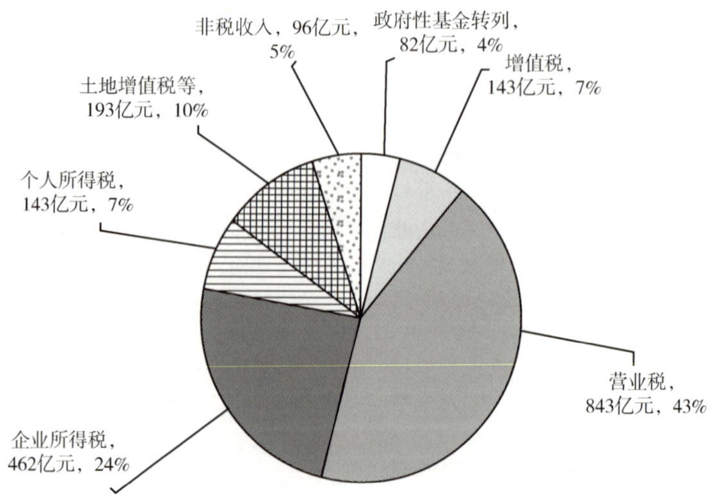

图3　2015年省级一般公共预算主要收入构成

媒支出 18.21 亿元，完成预算的 99.1%，增长 28.7%，未能完成年初预算的主要原因是年中部分本级支出转列对下转移支付。（6）社会保障和就业支出 99.92 亿元，完成预算的 127.4%，增长 125.5%。（7）医疗卫生与计划生育支出 31.31 亿元，完成预算的 141.9%，增长 36.6%。（8）节能环保支出 24.14 亿元，完成预算的 684%，增长 1 108.4%，增幅较高的主要原因是 2015 年新增安排省级污水和垃圾处理设施基金 20 亿元。（9）农林水支出 56.43 亿元，完成预算的 126.6%，增长 5.4%，增幅较低的主要原因是按照“压本级、保基层”的要求，2015 年农林水科目大部分增支均反映为对市县转移支付。（10）交通运输支出 309.87 亿元，完成预算的 212.2%，增长 25%。

（二）2015 年一般公共预算执行的主要特点

总体来看，2015 年全省一般公共预算收支运行总体良好。一是落实新预算法，规范预算执行。全省各级财政部门按照预算法规定，严格预算编报，强化预算约束，未列入预算的项目不予支出，预算调整事项严格按规定报同级人大审批；限时拨付资金，积极盘活财政存量资金；全面推进预决算信息公开。二是财政收入增长较快。全省地方一般公共预算收入 9 364.76 亿元，增长 16.2%，剔除 11 项政府性基金转列一般公共预算因素后可比增长 12%。三是财政收入质量保持较好水平。全省税收收入增长 13.4%，比非税收入增幅高 6.4 个百分点，剔除转列一般公共预算的政府性基金收入后，税收占比为 81.5%，比上年的 80.7% 提高 0.8 个百分点。四是财政支出增幅提高，结构优化。从增幅看，全省地方一般公共预算支出 12 801.64 亿元，增长 40.1%，比上年提高 29.6 个百分点，完成各级调整预算的 109.7%，增幅较高的主要原因是盘活财政存量资金和年中财政部下达地方政府债券资金增加支出。从结构看，支出重点用于保民生。全省民生类支出 8 912.66 亿元，占地方总支出的 69.6%，比上年提高 2 个百分点；全省和省级十件民生实事分别支出 2 139.4 亿元和 900.28 亿元，完成预算的 110.9% 和 113.6%；全省和省级底线民生保障分别支出 254.05 亿元和

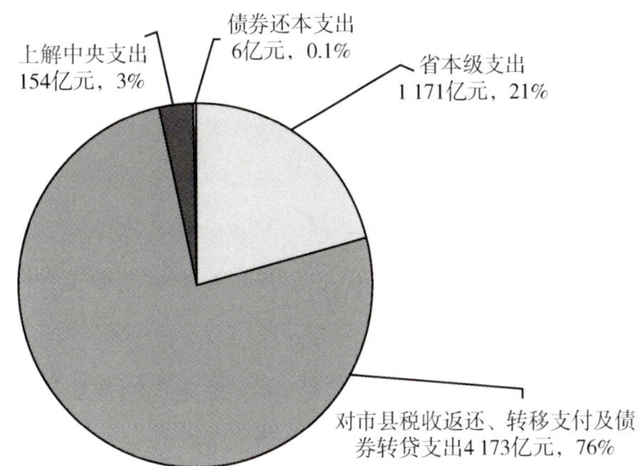

图 4 2015 年省级一般公共预算支出构成（按预算级次）

139.9 亿元，完成预算的 111.8% 和 123.1%；全省和省级一般公共服务占总支出的比重分别为 8% 和 9.6%，比上年降低 3.2 和 1.2 个百分点；2015 年，省级行政和参公事业单位会议费及“三公”经费财政拨款支出减少 19.7%，各级财政厉行节约，严控一般性支出成效明显。

（三）政府性基金预算执行情况

1. 全省政府性基金预算执行情况。2015 年全省政府性基金预算收入 3 555.15 亿元，完成各级调整预算的 119.6%，同比下降 12.5%；全省政府性基金预算支出 2 983.1 亿元，完成各级调整预算的 86.4%，下降 20.8%；收支下降的主要原因：一是受房地产市场调整影响，全省国有土地使用权出让收入大幅下降 505.98 亿元，下降 14.7%；二是 2015 年 11 项政府性基金转列一般公共预算，政府性基金总体规模缩小。

2. 省级政府性基金预算执行情况。2015 年省级政府性基金预算总收入 435.98 亿元，其中：（1）省本级收入 137.09 亿元，完成年初预算的 169.1%，下降 16.5%，超额完成年初预算的原因是：新增建设用地土地有偿使用费超收 40.44 亿元、彩票发行机构和销售机构业务费从 2015 年起纳入政府性基金预算管理增加收入 12.19 亿元，彩票公益金超收 2.14 亿元，农业土地开发资金超收 1.8 亿元；同比下降的原因是 8 项省级政府性基金转列一般公共预算。（2）中央年中下达的转移支付、新增专项债券、置换专项债券等收入 298.89 亿元。

2015 年省级政府性基金预算总支出 457.81 亿元，完成年初预算的 564.8%，同比增长 114.4%。其中：省本级支出 52.04 亿元，对下转移支付 405.02 亿元。超额完成预算的主要原因是中央年中下达我省新增和置换专项债券以及部分基金项目超收，报经省十二届人大常委会第十七次、二十次、二十一次会议审议通过后安排支出。支出大于收入的主要原因是以前年度结转资金形成支出。

（四）国有资本经营预算执行情况

2015 年全省国有资本经营预算收入 208.23 亿元，完成年度预算的 116.5%，增长 109.9%；支出 198.35 亿元，完成年度预算的 110.1%，增长 106.3%。增幅较大的原因是 2015 年编制国有资本经营预算的地级市从 11 个增加到 20 个，以及省级国资收益上缴比例从 15% 提高到 20%。

2015 年省级国有资本经营预算收入 22.52 亿元，完成年初预算的 100%，增长 51.1%；支出 28.77 亿元，完成年初预算的 127.4%，增长 80.6%。增幅较大的主要原因：一是 2015 年将省级国有资本收益收缴比例从 15% 提高到 20%；二是国有资产处置收入增加，一次性增加上缴收益资金约 5 亿元；三是多数企业经营效益比上一年度有所提升，国资收益增加。预算支出大于收入的主要原因是按照中央清理盘活财政存量资金的要求，将以前年度的存量资金收回预算后再统筹安排支出。

（五）社会保险基金预算执行情况

2015 年全省社会保险基金预算收入 [illegible] 亿元，完成预算的 110.9%，

比上年增加783.8亿元，增长21.1%；支出2 930.51亿元，完成预算的103.6%，比上年增加392.38亿元，增长15.5%；结余1 575.78亿元，比上年结余增加391.43亿元，年末滚存结余9 591.09亿元。

2015年省级社会保险基金预算收入396.31亿元，完成预算的120.9%，比上年增加87.44亿元，增长28.3%；支出313.78亿元，完成预算的104.1%，比上年减少13.78亿元，降低4.2%，主要原因是2014年支出中包含2013年下半年省级调剂金，抬高了支出基数；结余82.53亿元，年末滚存结余634.14亿元。

（六）地方政府债务管理情况

1. 2015年全省政府债务限额和余额情况。按照新预算法和《国务院关于加强地方政府性债务管理的意见》（国发〔2014〕43号）有关规定，地方政府债务余额实行限额管理，年度地方政府债务限额等于上年地方政府债务余额加上当年新增债务的限额。2015年，财政部核定我省2014年末地方政府债务余额8 808.6亿元，加上2015年财政部下达我省的新增限额333亿元，2015年我省地方政府债务限额9 141.6亿元。其中，新增债券方面，财政部下达我省2015年新增政府债务限额333亿元，已按规定编制预算调整报告提交省人大常委会第十七次、二十次会议审议批准。新增地方政府债券资金按照财政部要求，用于棚户区改造等保障性安居工程、普通公路建设、城市地下管网建设改造、智慧城市建设以及城市扩容提质等重大公益性项目支出。置换债券方面，财政部下达我省2015年置换债券额度1 255亿元，用于置换政府负有偿还责任的债务，但不涉及新增债务收入，存量债务总规模不变，按照预算法和财政部规定无须列入预算调整事项，已专门向省人大常委会报告。置换债券腾出的资金，优先用于高速公路、国铁干线和城际轨道项目地方资本金，在上述项目资本金安排到位的前提下，腾出的财政资金用于支持其他民生政策措施。

2. 2015年省级政府债务还本付息支出情况。2015年，省级政府债务一般公共预算还本付息支出14.48亿元，其中，还本支出6.3亿元，付息和发行费支出8.18亿元。

（七）预算执行中存在的问题

2015年，我省预算执行情况较好，但仍存在如下问题：

1. 一般公共预算。

一是财政收支矛盾更加突出，加大了财政收支平衡压力。收入方面，全省收入增长的稳定性不足，若剔除深圳超常增长（可比增长23.8%）等因素，2015年收入增幅降低至7.7%；若剔除金融保险业大幅增长及其他一次性入库因素，增幅将降低至7.5%左右，低于年初预算10%的增长目标。部分地区税源增长乏力，全省有12个市未完成年初预算（已完成调整后预算）。支出方面，2015年全省一般公共预算支出12 801.64亿元，收支差额3 436.88亿元，除了部分来源于中央补助收入外，将近2 000亿元通过清理存量资金等筹集一次性财力解决。由于一次性资金没有可持续性，将增加以后年度预算收支平衡的压力。特别是粤东西北地区全年一般公共预算支出增长39.7%，增支915.09亿元，一般公共预算收入仅增长4.2%，增收62.52亿元，支出增量是收入增量的14.6倍。

二是部分地区非税收入占比偏高，收入可持续增长压力大。从全省来看，我省财政收入质量总体较好，但部分地区特别是欠发达地区非税收入占比仍然偏高。全省21个地级以上市非税收入比重在30%至40%的有9个，超过40%的有5个，最高的市非税收入占比达到48.9%。全省58个县（市）非税收入比重在30%至50%的有36个，超过50%的有7个，最高的县非税收入占比达到56%。

三是区域财力不平衡问题仍较突出，财力区域差距拉大。由于产业基础薄弱、经济增长放缓，2015年粤东西北地区一般公共预算收入完成1 011.35亿元，仅增长4.2%，增幅比上年降低8.5个百分点，12个市中有6个收入增幅低于5%。自2014年1月以来，粤东西北地区收入累计增幅已连续24个月低于珠三角地区，2015年全年增幅差距达10.1个百分点，比2015年上半年扩大了4.4个百分点，改变了2008—2013年粤东西北一般公共预算收入增幅持续高于珠三角的趋势，使得区域间财力差距进一步扩大。

四是政府投资对社会资本的撬动作用仍有待加强。按固定资产投资本年到位资金结构分析，2015年我省国家预算资金大幅多于东部沿海省份，但国内贷款、自筹资金则明显少于东部沿海省份。

五是财政管理仍较粗放，资金使用效益有待提高。部门“重分配、轻管理”的情况仍然存在。大部分部门对申请和分配专项资金比较重视，但对专项资金拨付到市县后的执行进度、执行效果了解不够，监督力度不足。2015年接受重点评价的49项到期专项资金中，粤港、粤澳合作框架协议工作经费、基础教育课程体系改革专项资金等7项资金基本没有使用。部分专项资金缺乏明确的绩效目标，部分省级单位申报预算绩效目标时，对绩效目标的要求和内容不够了解。省人大常委会专题调研组关于我省战略性新兴产业发展专项资金支出绩效情况的调研报告反映，主管部门对项目绩效关注度不够，绩效评价覆盖面小，绩效评价的指标体系和评价机制有待进一步健全，绩效评价结果应用乏力，客观上造成了被扶持企业不注重项目绩效。

2. 政府性基金预算。政府性基金预算按照“专款专用”原则，由各职能部门管理分配，2015年省级政府性基金结余19亿元（最终金额待决算后确定），虽然没有可安排的支出项目，但仍需继续结转用于专项领域，不能收回统筹。一些政府性基金项目还存在与一般公共预算多头申报、监管不力等情况。

3. 国有资本经营预算。国有资本经营预算受企业经营投入产出绩效不高、资产利润率偏低以及企业资产处置等一次性因素的影响，预算收支总规模小，不均衡、不稳定。近年来，国有资本经营收益上缴比例虽逐年提高，但国有资本经营预算总规模却下降，当前国有企业改革面临“爬坡越坎”的关键时期，要按照国务院规定到2020年将国有资本经营收益上缴比例提高到30%，压力仍然较大。

4. 社会保险基金预算。2015年全省社会保险基金预算结余达9 591亿元。按现行政策规定，基金结余只能存银行或购买国债。因此，虽然省级已积极制订合理的存储方式和增值计划，尽最大努力实现存储结构最优化和利息收入最大化，但政策空间有限，保值增值能力仍然不足。

（八）落实人代会决议及办理人大代表建议有关情况

省财政厅认真落实省十二届人大三次会议对2015年预算草案及其报告的决议、审查报告、审查意见，以及省人大常委会关于批准2015年省级财政预算调整方案的决议。有关决议、审查意见和建议已全部落实到位，落实情况已按规定向省人大财经委报告。2015年预算草案报告及预算调整报告均已按预算法规定向社会公开。

1. 落实省十二届人大三次会议对预算草案及其报告的决议、审查报告及审查意见情况。一是依法抓好收入征管，指导、督促欠发达地区改善财政收入质量，促进财政收入均衡稳定增长。建立财税等部门间信息共享机制，规范收入征管秩序；加强引导市县非税收入真实合规增长；加大对重点产业扶持力度，培植财源。二是切实做好预决算信息公开和预算执行工作，提高预算执行率和透明度；强化预算约束，预算调整严格按规定程序报省人大审批；细化预算计划管理，优化预算执行管理流程；完善支出进度考核办法，建立“三挂钩一通报”制度。三是加强预算监督和绩效管理。配合省人大提前介入预算编制工作；加强财政资金专项检查、审计；建立完善专项资金设立、审批、分配等各个环节的监管制衡机制；建立省级财政预算支出联网监督系统；建立预算绩效目标申报制度，完善事前、事中、事后全过程绩效评价机制，对500万元以上的项目重点绩效评价。四是依法加强和改进地方政府债务管理，出台《广东省人民政府关于加强政府性债务管理的实施意见》，研究起草《广东省政府性债务风险应急预案（试行）》，明确责任，构建省、市、县三级政府性债务防控体系。五是清理财政存量资金和加强库款管理，出台《关于进一步做好盘活财政存量资金工作的实施意见》，加强结转结余动态监控；召开全省财政支出进度集体约谈会和全省盘活地方财政存量资金工作专题视频会议，落实工作责任。六是认真承办人大议案，努力落实人大代表提出的有关意见和建议，切实解决人民群众的实际困难和问题。2015年，省财政厅承办省十二届人大三次会议代表建议共323件，占全省提出建议总数的38.73%，是省直单位办理第一大户。其中：主办件37件、会办件285件，参阅1件。主办件办理类型为A类（建议所提问题已经基本解决）30件，B类（所提问题已列入计划解决）5件，C类（所提问题列入规划，将逐步解决）2件。

2. 落实省人大常委会关于省级财政预算调整方案的决议情况。省财政厅认真落实省人大常委会关于省级财政预算调整方案的决议，进一步完善预算管理体系，科学统筹使用资金，保障民生事业，推动区域协调发展；更加合理地安排好地方政府债券资金，完善地方政府债务管理和风险预警制度。

（九）完成2015年预算工作情况

1. 抓收支管理。收入方面，加强对财政收入运行的监测和分析，强化收入组织工作；印发实施市县财政收入质量考核办法，促进提高收入质量。支出方面，多次召开专题会议抓预算执行，建立“三挂钩一通报”制度，2015年全省和省级预算执行率和均衡性显著提高。进一步优化支出结构，突出“压一般”，从严控制一般行政性经费和“三公”经费增长；突出“保重点”，确保民生和重点领域支出需要；突出“保基层”，加大对基层特别是欠发达地区转移支付力度。

2. 促进经济稳定增长。加大资金投入，在年初预算安排2 450亿元的基础上，出台八个方面16条支持稳定经济增长的财政政策措施，全省各级财政共统筹相关资金8 002亿元。2015—2017年省财政计划统筹近1 000亿元支持创新驱动战略实施，围绕重点环节支持科技创新，实施企业研发事后奖补、创新券补助政策试点、省市共建科技企业孵化风险补偿金等；激发创新驱动内生动力，对再培育进行补助、支持高水平大学及理工科院校建设等；支持科技和经济融合，设立重大科技成果产业化基金、应用型科技研发扶持专项资金等；建立创新产品（服务）政府采购需求标准和评审制度、政府首购和订购制度等。安排45亿元支持工业企业实施新一轮技术改造、安排75.2亿元支持珠江西岸先进装备制造业发展。集中向社会公开发布PPP项目122个，总投资额达2 814亿元；各级财政出资设立各类基金42项，其中省级基金22项，引导带动社会资本投入。

3. 协调城乡区域发展。坚持财力向农村倾斜，向欠发达地区倾斜，缩小城乡区域发展差距。贯彻落实粤东西北加快发展和珠三角优化发展战略部署。推进实施政策性农业保险和巨灾保险改革、完善农村基层组织工作经费保障制度等；选择开平、德庆等8个县（市、区）开展基层公共服务综合平台建设试点；2014—2015年投入22.67亿元支持“四河”跨界河流污染整治；全省32.87万户农村危房改造任务的省级财政资金已全部下达；拨付应对超强台风“彩虹”等省级救灾救助资金28亿元；进一步提高义务教育生均公用经费、医疗保险、基础养老金、低保补差、医疗救助、残疾人津补贴等民生补助标准。

4. 深化财政体制改革。印发各类改革文件35项，其中以省政府名义印发10项，经省政府同意以省财政厅名义印发25项。重点推进预算管理制度改革，探索跨年度预算平衡机制，推进项目库管理，开展零基预算改革试点等。扩大基本公共服务均等化综合改革试点，新增珠海、河源、湛江市纳入改革试点范围，积极探索健全完善基本公共服务投入机制、财政转移支付与农业转移人口挂钩机制等。研究推进建立省以下事权和支出责任相适应制度改革试点。根据中央统一部署，做好“营改增”扩围等税制改革工作。协调推进各相关领域改革，包括支持行政事业单位养老保险制度改革、公务用车制度改革、省以下地方法院检察院人财物统一管理改革等。

5. 加强财政资金管理和信息公开。清理盘活财政存量资金，2015年全省和省级存量资金消化率分别达83%、95%。规范专项资金管理，修订省级财政专项资金管理办法，建立专项资金实时在线联网监督系统。加强对库款的统计分析和动态监测，建立库款通报制度，印发库款资金存量与增量调度挂钩暂行办法。整合改进各类财政业务系统，推进财政一体化信息系统建设。组织开展专项转移支付资金和一般性转移支付资金检查，对27项、114.36亿元专项资金进行重点检查，作出行政处理处罚决定27件，收缴违规资金5 300多万元。建立绩效目标全覆盖机制、绩效自评机制、重点评价机制和第三方绩效评价机制，强化绩效评价结果运用。2015 年绩效评价财政资金累计达到 3 000 多亿元。部门预算 500 万元以上项目重点编制绩效目标；2015 年对 49 项到期专项资金进行了绩效评价，评价结果为低的 1 项不再继续安排；开展基本公共服务均等化绩效评价，对十件民生实事等资金实施第三方评价。按照时限要求公开省级预决算，通过省级专项资金管理平台向社会及时公开专项资金信息。加大对省级各部门及市县预决算信息公开的督促力度，截至 2015 年底，省级有 106 个部门公开了部门预算、“三公”经费预算；21 个地级以上市全部公开了总预算及市本级部门预算、“三公”经费预算；119 个县（市、区）全部公开了本级总预算、部门预算和“三公”经费预算。

二、2016 年全省和省级预算草案

展望 2016 年，我省财政收支形势有望延续平稳态势。但同时影响财政平稳运行的不确定不稳定因素仍然较多。收入方面，全球经济将延续疲弱复苏态势，国内投资增速放缓，消费动力不足，将明显影响地方财政增收；国家实行减税政策，扩大“营改增”试点范围，落实普遍性降费等政策，以及可能调整中央与地方财政收入划分办法，将对我省财政带来减收影响。仅“营改增”全面扩围一项就预计减收 1 000 亿 - 1 200 亿元。支出方面，实施更加积极有力的财政政策，支持稳增长、调结构、惠民生各项事业发展，实施珠三角优化发展和粤东西北加快发展战略，补齐三大短板，全面建成小康社会，保证政府应该承担的支出责任，都要适当增加必要的财政支出。预计 2016 年省级财政收支矛盾仍然较为突出，必须审时度势，科学合理编制 2016 年预算。

编制 2016 年预算的指导思想是：以邓小平理论、“三个代表”重要思想、科学发展观为指导，全面贯彻党的十八大、十八届三中、四中、五中全会、中央经济工作会议、习近平总书记系列重要讲话和省委十一届三次、四次、五次、六次全会精神，按照“十三五”规划部署，坚持创新、协调、绿色、开放、共享的发展理念，实行宏观政策要稳、微观政策要活、改革政策要实、民生政策要托底的总体思路，保持稳增长、促改革、调结构、惠民生、防风险综合平衡；深化财税体制改革，创新财政支出方式，盘活财政存量资金；硬化预算约束，严肃财经纪律；着力补齐民生发展短板，推动供给侧结构性改革，适度扩大总需求，提高资金支出效率，支持去杠杆、去库存、降成本、补短板；促进经济持续健康发展，为实现“三个定位、两个率先”目标任务提供坚强财力保障。

编制 2016 年预算的基本原则：一是依法依规，强化约束；二是积极稳妥，收支平衡；三是细化预算，精准编制；四是加强统筹，盘活存量；五是加强调控，力促增长；六是民生优先，保障底线；七是举债适度，防范风险；八是信息公开，预算透明。

（一）2016 年全省一般公共预算草案

按照适应经济下行压力状况、保障经济社会平稳运行的财力需要、树立过“紧日子”的原则，参考 2016 年 GDP 预计实现 7% - 7.5% 的增幅，在汇总全省经济财政预测情况的基础上，编制 2016 年全省一般公共预算（不含中央未下达的 2016 年政府债务预算，下同）。2016 年全省一般公共预算收入按可比增长 9%（自然增长 8%）安排，预计完成 10 113.95 亿元，人均一般公共预算收入 9 307 元，比上年增加 672 元。

2016 年全省一般公共预算收入结构如下：（1）税收收入 8 002.89 亿元，其中增值税 1 459.65 亿元，营业税 2 259.4 亿元（由于国家尚未出台“营改增”全面扩围政策，2016 年收入预算暂按扩围前政策预计，下同），企业所得税 1 357.98 亿元，个人所得税 566.25 亿元，城市维护建设税 511.9 亿元，房产税 262.69 亿元，城镇土地使用税 153.75 亿元，土地增值税 621.51 亿元；（2）非税收入 1 618.49 亿元；（3）政府性基金预算转列一般公共预算收入 492.57 亿元（见图 5）。

全省一般公共预算支出按可比增长 9.5% 安排，同比下降 10.8%（主要是 2015 年清理一次性存量资金形成支出，抬高支出基数），预计完成 11 458.54 亿元，人均一般公共预算支出 10 544 元，比上年增加 713 元。

按支出科目划分：教育支出 2 303.62 亿元；科学技术支出 345.48 亿元；文化体育与传媒支出 221.59 亿元；社会保障和就业支出 1 020.93 亿元；医疗卫生与计划生育支出 989.24 亿元；节能环保支出 318.15 亿元；城乡社区支出 990.71 亿元；农林水支出 842.16 亿元；交通运输支出 1 024 亿元；住房保障支出 322.67 亿元（见图 6）。

按照新预算法规定，我省将严格在当年政府债务限额内举借债务。2016 年政府债务限额，将待 2016 年全国人大审议通过下达各省后另行向省人大常委会报告。2016 年全省新增债务收入待限额下达后，相应编制调整预算方案提交省人大常委会审议。

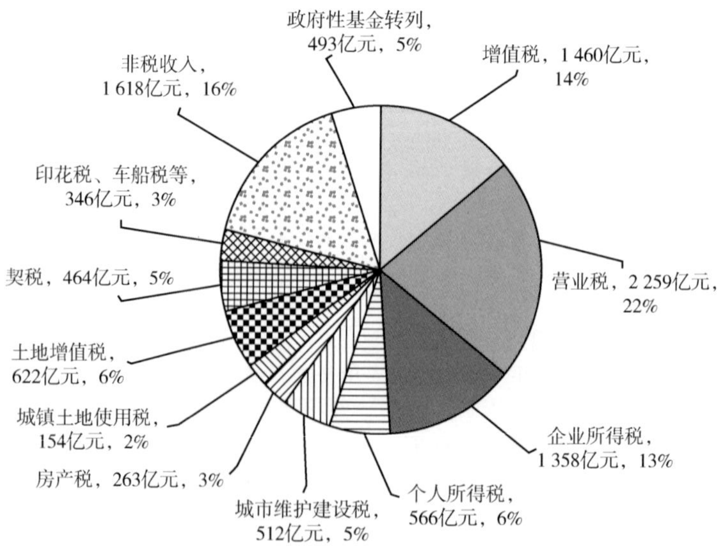

图 5　2016 年全省一般公共预算收入构成

2016年全省政府存量债务还本付息84.28亿元，其中：一般公共预算还本支出15.5亿元，付息支出65.88亿元；政府性基金预算付息支出2.9亿元。

（二）2016年省级一般公共预算草案

1. 省级收入预算安排。

2016年省级一般公共预算收入拟在上年执行数的基础上，按可比增长8%（自然增长7%）安排，预计完成2 102.23亿元。收入结构如下：（1）税收收入1 916.76亿元，其中增值税154.39亿元，营业税919.31亿元，企业所得税480.69亿元，个人所得税155.96亿元，土地增值税等206.43亿元；（2）非税收入121.04亿元；（3）政府性基金预算转列一般公共预算收入64.42亿元（见图7）。

2016年省级一般公共预算收入2 102.23亿元，加上中央税收返还和转移支付以及下级上解收入等，2016年省级一般公共预算总收入3 752.55亿元。具体构成如下：（1）省本级一般公共预算收入2 102.23亿元；（2）中央补助收入1 122.39亿元（详见附件二表10）；（3）下级上解收入389.48亿元；（4）从预算稳定调节基金调入123.04亿元；（5）从国有资本经营预算、政府性基金预算调入15.41亿元（见图8）。

2. 2016年省级支出预算安排。2016年省级一般公共预算总支出比上年预算增长9.5%，预计完成3 752.55亿元，收支平衡。

按预算级次划分：（1）省本级支出988.34亿元，剔除市县法院、检察院共284个部门新增纳入省级预算管理等体制上划因素后（下同），占23.6%，比上年下降0.8个百分点；（2）补助市县支出2 557.61亿元，剔除体制上划因素后，占71%，比上年提高0.5个百分点；（3）上解中央支出155.44亿元，占4.1%，比上年下降0.3个百分点；（4）预备费24亿元，占总支出的0.6%，占本级支出的2.4%，符合新预算法规定比例；（5）援助其他地区支出16.15亿元，占0.4%；（6）债务还本付息支出11.01亿元，占0.3%（见图9）。

按支出科目划分：教育支出（含省本级支出和转移支付支出，下同，以及动用上年结转资金17.63亿元）470.02亿元，可比增长10%；科学技术支出121.03亿元，增长14.9%；社会保障和就业支出286.81亿元（含动用上年结转资金25亿元），可比增长21%；医疗卫生与计划生育支出308.91亿元，增长23.1%；节能环保和生态环境保护支出36.02亿元（含动用上年结转资金6.95亿元），可比增长11%；农林水支出363.08亿元（含动用上年结转资金67.1亿元），可比增长34.4%；交通运输支出240.11亿元（含动用上年结转资金37亿元），可比增长7.9%。

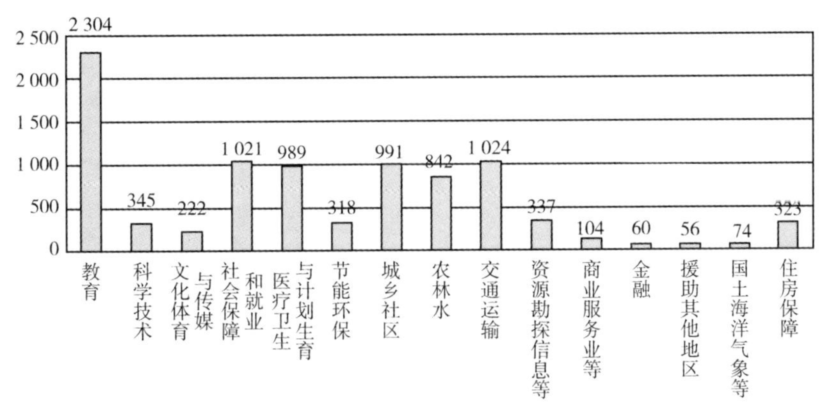

图6　2016年全省一般公共预算重点支出情况

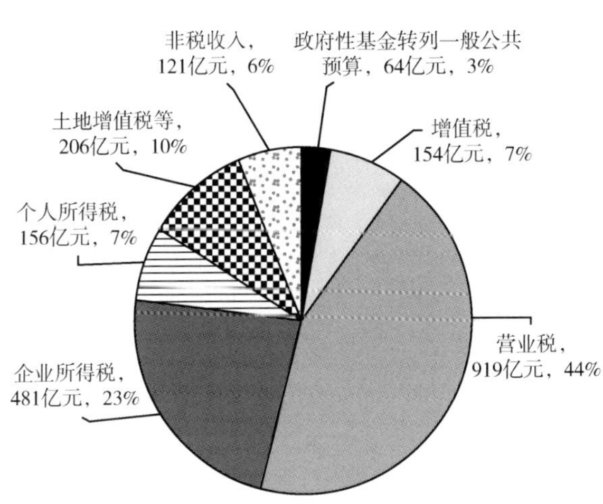

图7　2016年省级一般公共预算收入构成

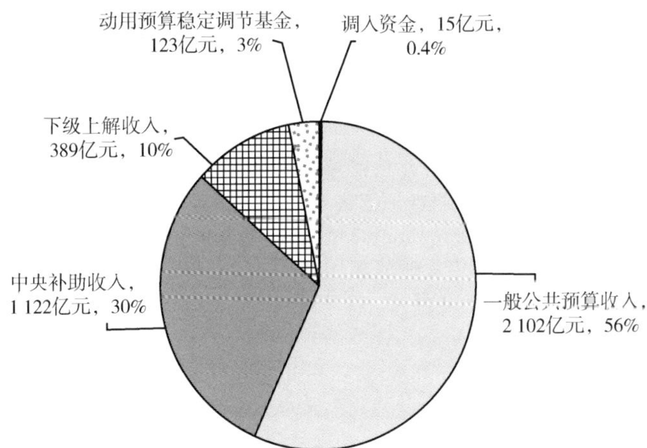

图8　2016年省级一般公共预算总收入来源结构

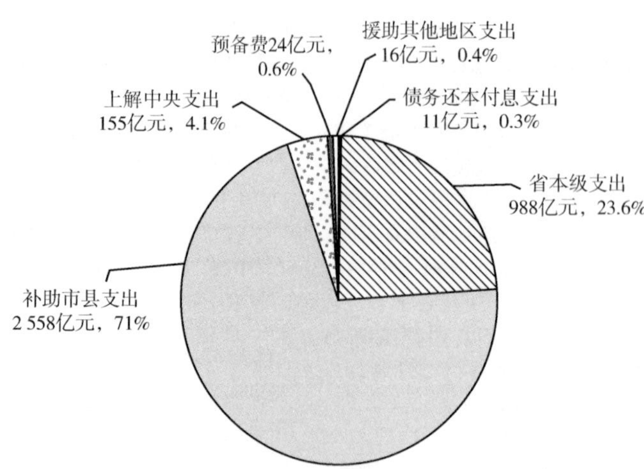

图9　2016年省级一般公共预算支出构成（按预算级次）

2016年省对市县税收返还和转移支付2 557.61亿元，剔除体制上划因素后，可比增长10.7%。其中，一般性转移支付1 342.81亿元，可比增长14.2%；专项转移支付704.73亿元，可比增长8.7%。2016年省级预算支出中用于保障和改善民生、均衡区域基本公共服务水平和帮助市县增强发展后劲的支出3 057亿元，占省级总支出的81.5%，比上年提高0.5个百分点。省级支出安排体现了民生优先、区域协调、促进转型、厉行节约的要求。

2016年省级行政事业单位行政经费163.85亿元，占省级总支出的4.4%。其中："三公"经费7.29亿元，金额比上年增加0.4亿元，占省级总支出的0.19%，占比比上年下降0.01个百分点，具体是：因公出国（境）支出1亿元、公务用车购置及运行维护支出4.32亿元、公务接待费支出1.97亿元。金额增加的主要原因是市县法院、检察院系统上划后略有增加，剔除体制上划因素，"三公"经费实际比上年下降0.69亿元，下降10%。

2016年省级一般公共预算总支出3 752.55亿元中，按照新预算法规定，2016年预算年度开始后、预算草案经批准前，预安排必须支付的部门基本支出、项目支出83.62亿元，以及对市县转移支付187.53亿元，合计271.15亿元。

3. 2016年省级一般公共预算重点支出安排情况。

（1）支持创新发展。2016年共安排121.03亿元，比上年增加15.65亿元，增长14.9%，支持企业技术改造和加大研发投入，支持应用型科技成果转化，发挥财政资金在科研成果产出和转化两个阶段的引导和撬动作用。

（2）支持协调发展。2016年共安排3 057亿元，比上年增加287亿元，增长10.4%，补齐粤东西北发展的短板，推动粤东西北地区振兴发展和珠三角优化发展。

——支持稳增长，帮助实体经济脱困。2016年共安排稳增长、调结构资金约2 600亿元（不含中央年中下达的转移支付和地方债资金），比上年增加150亿元。注重发挥好各类投资引导基金的作用，壮大贷款融资规模，加大筹集社会资本参与经济社会事业建设力度。运用财政投入和落实税费减免等"一揽子"政策措施，进一步降低企业制度性交易成本、人工成本、税负成本、财务成本、物流成本，支持企业固定资产投入、技术改造、技术创新、合规性补贴资金，推动企业健康发展。

——加大对基层困难地区的补助力度，促进财力下移。2016年共安排对市县转移支付2 557.61亿元，比上年增加247.7亿元，可比增长10.7%。省级财力更多地向基层倾斜，省本级支出剔除体制上划因素后比上年下降0.8个百分点，补助市县支出剔除体制上划因素后比上年提高0.5个百分点。在省级转移支付中，一般性转移支付占比进一步提高到65%。加大对原中央苏区和少数民族地区的扶持力度，在分配一般性转移支付时，对少数民族县、原中央苏区县和扶贫开发重点县适用最高档次标准。

——实施粤东西北地区振兴发展战略，帮助粤东西北地区补短板、增后劲。2016年共安排1 893亿元，比我省进一步促进粤东西北地区振兴发展的原定投入计划1 346亿元增加547亿元。统筹投入资金475亿元重点加强交通基础设施建设，其中投入335.1亿元支持高速公路及普通公路建设，投入70.5亿元支持轨道交通建设，投入32.3亿元推进西江、北江航道扩能升级及港口项目建设。安排17.5亿元支持粤东西北地区中心城区扩容提质。安排19.75亿元（含上年结转资金10.05亿元）支持粤东西北地区省产业园扩能增效。

——支持珠三角优化发展战略，推进珠三角一体化发展，巩固珠三角城市群核心竞争力。安排67亿元支持横琴新区、南沙新区、中新广州知识城等重大平台发展，促进广东自贸区、珠三角自主创新示范区建设。安排20.4亿元支持珠江西岸先进装备制造业发展。

（3）支持绿色发展。2016年共安排节能环保和生态环境保护支出101.67亿元，比上年增加13.67亿元（含动用上年结转资金6.95亿元），增长15.5%，支持保障生态安全，着力增强发展可持续性。

（4）支持开放发展。2016年共安排外经贸、口岸建设和生产服务业等支出21.3亿元，重点支持外经贸稳增长调结构、促进进出口、招商引资、加工贸易转型升级、生产服务业发展、国际旅游发展等，着力提升我省经济国际竞争力。

（5）支持共享发展。2016年共安排民生保障资金1 759亿元，比上年增加266亿元，可比增长约18%，补齐民生社会事业发展的短板，促进社会公平，着力增进民生福祉。

——支持教育、社会保障和就业、医疗卫生保障、农林水等事业发展，共安排1 428.82亿元。重点支持城乡义务教育、职业教育、特殊教育、高水平大学建设，推进教育现代化；落实城乡养老保险、基本医疗保险等各项民生保障，促进就业、创业和劳动力转移，提高技工教育水平；改善欠发达地区医疗设施和设备，提高医务人员补贴水平，加强疫病防控体系建设，提升我省基本医疗卫生服务能力；促进农业、水利、林业、渔业基础设施建设及产业发展，建立健全巨灾保险及农业保险体系，推进农村综合改革、农业"三项补贴"改革，提高农业补贴政策效能等。

——补齐扶贫开发的短板。2016年安排扶贫资金104.35亿元，完善扶贫资金增长机制，实施精准扶贫、精准脱贫；加上产业扶贫、转移就业、教育扶持、医疗救助、落实社保政策、危房改造和农村基层组织保障、贫困村基础设施建设等措施，共投入约690亿元，实行开发性扶贫，增强贫困户自我发展能力，改善贫困村生产生活和发展条件。

——重点解决好十件民生实事等热点民生问题。2016年共安排872亿元，占省级一般公共预算支出的23.2%，比上年增加80亿元，增长10.1%。具体包括：一是投入136.53亿元巩固提升底线民生保障水平。二是投入30.4亿元加大困难弱势群体帮扶力度。三是投入14.48亿元强化低收入住房困难群体住房保障。四是投入112.74亿元改善农村生产生活条件。五是投入254.08亿元改善基层医疗卫生服务。六是投入243.82亿元促进教育资源公平均衡配置。七是投入21.98亿元促进创业就业。八是投入41.17亿元加强污染治理和生态建设。九是投入4.51亿元强化公共安全保障。十是投入11.8亿元抓好防灾减灾。

（三）2016年政府性基金预算草案

1. 全省政府性基金预算。2016年全省政府性基金预算收入3 008.13亿元，支出3 008.13亿元，与上年调整预算数基本持平。根据《国务院关于印发推进财政资金统筹使用方案的通知》（国发〔2015〕35号）规定，自2016年起，将水土保持补偿费、政府住房基金、无线电频率占用费、铁路资产变现收入、电力改革预留资产变现收入五项基金转列一般公共预算，不再列入政府性基金预算。

2. 省级政府性基金预算。纳入2016年省级政府性基金预算编制范围有12项。无线电频率占用费根据国发〔2015〕35号文规定从2016年起转列一般公共预算，不再列入政府性基金预算。

按照“以收定支、量入为出、收支平衡”的原则编制，2016年省级政府性基金预算收入安排125亿元，增长54.2%；支出125亿元，增长54.2%，收支平衡，较2015年增加43.95亿元。增加的主要原因：一是彩票发行机构和销售机构的业务费、国家电影事业发展专项资金纳入省级政府性基金年初预算编制范围；二是新增建设用地土地有偿使用费等基金项目收入增加；三是中央提前下达转移支付列入2016年预算。

2016年省级政府性基金预算支出主要有：小型水库移民后期扶持基金1.7亿元、农业土地开发资金2.2亿元、新增建设用地土地有偿使用费45亿元、车辆通行费18.7亿元、港口建设费6.3亿元、彩票公益金12.4亿元、彩票发行机构和彩票销售机构的业务费12.6亿元、国家电影事业发展专项资金2亿元、大中型水库移民后期扶持基金13.8亿元。

（四）2016年国有资本经营预算草案

1. 全省国有资本经营预算。2016年全省国有资本经营预算收入179.03亿元（省本级以及21个地级以上市均编制了国有资本经营预算），比上年增加0.25亿元，增长0.1%，加上上年结转资金16.13亿元后，总收入195.16亿元。若剔除2015年广州市改革重组一次性收入约55亿元，以及省本级国有资产处置一次性增加收益资金约5亿元抬高基数的因素，按可比口径计算，2016年收入比上年增长50.7%。收入增长的原因：一是部分市提高了收益收缴比例；二是企业经营效益总体比上一年度有所提升，企业利润增长。

2016年全省国有资本经营预算支出195.16亿元，比上年增加15.04亿元，增长8.3%。按支出科目分：国有资本经营预算支出151.71亿元、转移性支出43.45亿元。

2. 省级国有资本经营预算。2016年省级国有资本经营预算收入15.92亿元（包括利润收入8.75亿元、股利股息收入7.17亿元），比上年减少6.65亿元，下降29.5%。收入减少的主要原因是2015年预算收入中粤海控股集团出售下属企业资产，合并报表后反映至母公司粤海控股增加一次性上缴收益，2016年无此项因素。按可比口径计算，收入比上年增加2.77亿元，增长21.1%，反映企业经营效益提升，企业利润逐步增长。

2016年省级国有资本经营预算支出15.92亿元，比上年减少6.65亿元，下降29.5%，收支平衡，支出下降的主要原因是收入减少相应减少支出。省级国有资本经营预算支出主要用于解决省属企业关闭破产等国有企业改革历史遗留问题及改革成本支出、珠三角城际轨道建设中期票据还本付息等重点项目支出、支持企业改革发展、国有资产监管费用以及调入一般公共预算等。

（五）2016年社会保险基金预算安排情况

1. 全省社会保险基金预算。2016年全省社会保险基金预算收入5 191.62亿元，比上年增加1 129.64亿元，增长27.8%；全省社会保险基金预算支出3 924.91亿元，比上年增加1 097.53亿元，增长38.82%，收支增长较快的主要原因是2016年新增加了机关事业单位基本养老保险基金。2016年全省社会保险基金预算收支结余1 266.71亿元，年末滚存结余为10 857.8亿元。

2. 省级社会保险基金预算。2016年省级社会保险基金预算编制范围包括：企业职工基本养老保险、工伤保险、机关事业单位基本养老保险、生育保险（仅含利息）和失业保险（仅含调剂金及利息）；除利息外的生育保险、除调剂金及利息外的失业保险、城镇职工基本医疗保险、城乡居民基本养老保险以及城乡居民基本医疗保险实行属地管理，当年无收支（下同）。

2016年省级社会保险基金预算收入385.76亿元，比上年增加57.83亿元，增长17.6%。其中：企业职工基本养老保险收入339.56亿元，增长7.2%；失业保险收入4.6亿元，增长18%；工伤保险收入5.57亿元，增长1.1%；生育保险收入0.01亿元，减少99.5%（主要原因是生育保险下放广州市属地管理后，剩余利息收入）；机关事业单位基本养老保险收入36.02亿元。

2016年省级社会保险基金预算支出382.91亿元，比上年增加81.55亿元，增长27.1%。其中企业职工基本养老保险支出320.53亿元，增长8.1%；失业保险支出0.21亿元，与2015年预算持平；工伤保险支出3.01亿元，增长15.3%；无生育保险支出（已下放广州市属地管理）；机关事业单位基本养老保险支出59.16亿元。

2016年省级社会保险基金预算收支结余2.85亿元，年末滚存结余636.99亿元。

（六）2016年部门预算安排情况

按照部门预算的编制原则和方法，2016年省级部门预算由404个部门组成，列入部门预算的财政拨款支出499.8亿元（其中，一般公共预算拨款支出489.04亿元；政府性基金预算拨款支出10.76亿元），比2015年增加137.72亿元，增加的主要原因：一是省以下法院、检察院体制上划后，共284个部门新增列入省级预算单位，相应增加省级部门预算支出；二是根据国家统一政策，调整行政事业单位人员工资，以及正常的人员职务晋升等基本支出增加；三是进一步推进项目库改革，提前将项目支出明确具体支出用途、金额，落实到具体实施部门。

（七）2016年预算编制改革创新情况

1. 进一步细化预算编制。一般公共预算支出按其功能分类编列到项；按其经济性质分类，基本支出编列到款。政府性基金预算、国有资本经营预算、社会保险基金预算支出，按其功能分类编列到项。社会保险基金预算进一步补充企业职工基本养老保险抚养比、替代率和个人账户利率、视同缴费账户记账利率等情况。除自然灾害等突发事件处理的资金和据实结算的体制补助等特殊项目外，所有项目支出预算原则上细化到具体执行项目。属于部门本级自身支出的，列入部门预算；属于对下转移支付的，分地区、分项目编制，提前告知市县转移支付数额。2016年提前告知市县的转移支付数额超过75%。

2. 全面加快推进项目库改革。建立跨年度预算平衡机制，将上年结余补充预算稳定调节基金，2016年收支缺口通过预算稳定调节基金弥补。加强对未来三年财政收支情况分析预测，合理确定主要收入政策改革、支出政策改革和债务风险控制。2016年将除基本支出之外的全部省级财政资金纳入项目库改革范围，改变以往“先定预算、后找项目”的做法，各主管部门提前做好项目可行性研究、评审等前期准备工作，提前准备好细化到用款单位的具体项目。2016年省级项目库共入库2万多个项目，均落实到具体单位。

3. 扩大零基预算改革试点。试点部门由6个扩大到20个，争取2017年全面铺开实施；进一步修订完善行政和参公单位基本支出标准、事业单位基本支出标准；严格机关运行经费管理，建立定额标准动态调整机制，充分发挥支出标准在预算管理中的基础支撑作用。

4. 清理整合专项资金。进一步压缩专项资金数量，按照“一个部门一个专项”的原则设置专项资金，2016年省级一般公共预算专项资金共50项，比2015年减少169项，下降77.2%。实行专项资金预算“一年一定”，打破固化安排。根据当年事业发展所需和工作重点统筹安排使用计划。进一步完善转移支付制度，提高一般性转移支付比例，增强市县可统筹财力。2016年，省级一般性转移支付占转移支付比重达65.6%，比上年提高1.9个百分点。

5. 健全完善预算审核制度。逐步合理清晰划分省以下事权和支出责任，优化各级财政支出结构。项目支出应明确绩效目标、实施计划和时间进度，提交绩效目标的一级项目2 000多个，二级项目2万多个。前期准备工作不到位、当年尚不具备支出条件的项目，不予安排预算。财政投资基本建设的项目根据开工条件，明确分年度项目建设计划和资金需求后列入当年预算。2016年安排47个基建项目预算59.8亿元，根据实际用款需要压减支出比重达52%。

6. 加大资金统筹使用力度。政府性基金预算与一般公共预算投向类似的9.6亿元，调入一般公共预算统筹使用。国有资本经营预算调入一般公共预算5.85亿元，比2015年增加1.04亿元。加强债务资金的统筹使用，腾出资金统筹用于重点民生项目建设。建立预算执行与预算编制相适应的机制，2016年有新增预算需求的，优先消化历年结转结余资金，共腾出资金60亿元用于其他稳增长、惠民生项目。对预算执行慢或不具备支出条件的资金，压减2016年预算102亿元。

7. 采取有力措施补齐全面建成小康社会短板。补齐粤东西北地区发展短板、民生社会事业发展短板和扶贫开发短板。继续落实“三大抓手”战略部署，安排512亿元，加快粤东西北交通基础设施建设、工业园区建设、中心城区建设；按照坚守底线、突出重点、完善制度、引导预期的要求，2016年共安排教育、社会保障、医疗卫生等民生保障资金1 759亿元；安排690亿元实施精准扶贫精准脱贫攻坚计划，培育贫困地区内生发展动力和发展能力。

8. 根据国家有关财政体制改革情况，适时完善省以下财政体制。密切关注中央与地方收入划分调整情况，认真测算收入划分调整对我省的影响。同时，结合事权与支出责任调整改革进展情况，研究调整省以下财政体制，通过加大转移支付力度，促进我省区域协调发展。

三、完成2016年预算目标主要措施

2016年，我们将围绕上述预算安排，主动适应经济发展新常态，以五大发展新理念引领财政工作，立足更好地发挥财政职能作用，努力完成全年预算目标。

（一）注重抓收支促平衡，确保财政平稳运行

收入方面，加强新常态下财政经济运行规律的研究分析，落实市县财政收入质量考核办法，积极争取优化中央与地方税收分享机制。支出方面，增强预算严肃性，强化预算约束力；坚持厉行节约、反对铺张浪费，严控一般性支出；落实抓支出的“三挂钩一通报”机制，进一步提高预算执行均衡性和有效性。

（二）注重转方式调结构，推动提升发展质量效益

充分发挥财政杠杆作用，支持供给侧结构性改革。制定实施支持企业降低成本的一揽子政策措施，大力支持实体经济发展。支持产业结构优化升级，推进去产能、去库存，支持提升改造传统产业。实施创新驱动发展战略，补齐创新领域短板。完善促进外贸扩大出口和转型升级的政策措施。创新公共服务供给机制，进一步推广运用PPP等新型投融资模式。

（三）注重优机制促协调，推动城乡区域协调发展

调整优化省以下政府间财政关系，推动建立事权和支出责任相适应的运行机制。推动生态文明建设，完善以支持环境保护、生态安全、资源节约、低碳发展、绿色消费、污染防治、防灾减灾为重点的财政分配与管理机制。完善农业农民补贴制度和涉农资金监管制度，扶持现代农业发展，完善城乡发展一体化的财政体制机制。

（四）注重补短板兜底线，推动民生福祉持续改善

梳理民生社会事业短板指标，研究制定补齐措施。完善基本公共服务均等化的财力支撑机制，推动基本公共服务常住人口全覆盖。建立多元投入机制，引导和撬动社会资金投入，探索公共服务多样化供给形式。完善财政扶贫资金增长机制，支持精准扶贫、精准脱贫，推进解决特定人群特殊困难和区域性整体贫困。

（五）注重推改革增活力，推进建立现代财政制度

改革和完善省对下财政转移支付制度，深化预算管理制度改革，全面推进项目库改革，扩大零基预算改革试点。清理整合省级财政专项资金，实行“一个部门一个专项”。按照中央深化税收制度改革部署，进一步推进“营改增”扩围，贯彻落实好消费税、资源税等各项税制改革。支持养老、司法、医药卫生等其他领域改革。继续推进政府综合财务报告制度试编工作，按照财政部要求逐步探索建立规范化的政府财务报告制度。

（六）注重防风险保稳定，促进经济社会持续健康发展

完善全口径政府性债务管理，做好地方政府存量债务置换工作。防范个别地区特别是欠发达地区因财力缺口引发的财政运行风险。保障基层运转，加大对基层的补助力度，促进财力下移。支持维护社会稳定，加大对公共安全领域的投入，维护生态安全、食品安全、生产安全等。支持经济社会其他领域做好风险防控。

（七）注重强管理促规范，推动提升财政管理水平

加强财政管理，重点加强专项资金监管，完善专项资金实时在线联网监督机制。加强财政监督，健全日常监督机制；创新监督理念，把监督重点从资金分配转向预算编制，推进依法行政、依法理财。树立发展新理念，进一步推进财政工作转型，提高工作执行力，增强财政服务中心大局的能力。

四、征询人大代表意见建议情况

2016 年省级预算编制进一步完善征询机制，通过网络、召开座谈会等方式充分听取人大代表、省直部门、专家学者和社会各界对预算编制和十件民生实事遴选等方面意见、建议。预算编制方面，累计征询 979 人次，收集意见共 420 条；十件民生实事遴选方面，收到 21 个地级以上市，267 位党代表、人大代表、政协委员和省直有关部门的建议 135 条，收到网友和各地、各部门反馈意见 156 份。省财政厅已对收到的意见建议进行了充分研究采纳并体现在预算编制中。省人大代表专项介入预算编制工作方面，省人大常委会组织省人大代表视察组到省财政厅视察，提出了很多很好的意见建议。省财政厅对合理的意见建议全部吸纳。专项介入预算编制的资金安排情况如下：一是在原“欠发达地区教育创强资金”2015 年底到期后，从 2016 年起设立“省级推进教育现代化建设资金”，2016 年安排 17.2 亿元，主要用于加强教育强县和义务教育发展基本均衡县补短板省级奖补、学前教育、欠发达地区“全面改薄”、欠发达地区“五无”整改、普通高中优质多样特色发展奖补等。二是从 2016 年起设立卫生强基创优资金，2016 年安排 57.11 亿元，主要用于加强经济欠发达地区县级以下医疗卫生机构建设，建立健全我省公共卫生防疫体系，加大卫生人才培养力度。同时，督促并积极配合有关主管部门落实主体责任，认真做好项目前期统筹规划工作。

各位代表，新的一年，我们将以邓小平理论和“三个代表”重要思想、科学发展观为指导，坚决贯彻落实习近平总书记系列重要讲话精神和党的十八届三中、四中、五中全会、中央经济工作会议及省委十一届三次、四次、五次、六次全会精神，在省委、省政府的正确领导下，在省人大的监督支持下，坚定信心，解放思想，开拓创新，锐意进取，圆满完成全年财政预算目标，为实现“三个定位、两个率先”目标任务作出新的更大贡献！

广东省第十二届人民代表大会财政经济委员会关于广东省 2015 年预算执行情况和 2016 年预算草案的审查结果报告

（2016 年 1 月 29 日广东省第十二届人民代表大会第四次会议主席团第四次会议通过）

广东省第十二届人民代表大会第四次会议审查了省人民政府提出的 2016 年预算草案及省财政厅厅长曾志权受省人民政府委托所作的《广东省 2015 年预算执行情况和 2016 年预算草案的报告》（以下简称预算草案及报告）。会议期间，财经委员会分别召开了全体会议和各代表团代表参加的预算审查座谈会，听取了各代表团的审

查意见和建议。代表们对省人民政府及其财政部门的工作给予充分肯定。财经委员会在对预算草案及报告进行初步审查的基础上，根据各代表团和省人大各专门委员会的审查意见，对预算草案及报告作了进一步审查。现将审查结果报告如下：

财经委员会认为，2015 年全省各级人民政府及其财政部门全面贯彻落实党的十八大、十八届三中、四中、五中全会和习近平总书记系列重要讲话精神及省委的决策部署，贯彻落实预算法，围绕中心、服务大局，深化财政体制改革，加强财政收支管理和预决算信息公开，积极盘活财政存量资金，加大重点支出和民生支出保障力度，充分发挥财政资金在促进经济稳定增长，推动城乡区域协调发展、保障和改善民生等方面的作用，做了大量工作，取得了明显成效。总的来看，我省 2015 年预算执行情况是好的，省十二届人大三次会议通过的预算决议要求得到了较好的落实。同时，预算执行和财政运行中也还存在一些问题，主要是：区域间财力不平衡，部分地区财政收支平衡压力较大、非税收入比重偏高，部分专项资金使用效益有待提高，政府投资对社会资本的撬动作用有待增强等。对此，要采取有效措施切实加以解决。

财经委员会认为，省人民政府提出的 2016 年预算草案体现了党的十八大、十八届三中、四中、五中全会和习近平总书记系列重要讲话精神，体现了中央经济工作会议精神，体现了省委十一届五次、六次全会的部署要求，体现了创新、协调、绿色、开放、共享的发展理念，遵循统筹兼顾、勤俭节约、量力而行、讲求绩效、收支平衡的原则，紧紧围绕“三个定位、两个率先”目标，坚持稳中求进工作总基调，继续实施积极的财政政策，深入推进财税体制改革，落实稳增长、促改革、调结构、惠民生、防风险各项政策措施，为确保财政平稳运行、推动提升经济发展质量效益、推动城乡区域协调发展、增进改善民生福祉、推进建立现代财政制度、促进经济社会持续健康发展提供了坚强的财力保障。总的来看，2016 年预算安排与国民经济和社会发展方针政策相适应，收支政策比较切实可行，预算编制比较全面，重点支出和重大投资项目安排比较适当，对下级政府转移性支出逐步规范。此外，省人民政府及其财政部门在落实细化预算和促进预算公开透明方面还作了一些新尝试新探索。比如在上年基础上提供了比较完整的省级对各市县税收返还和转移支付预算表和更加详细的专项资金项目库明细表，首次提供了省级财政出资设立政策性基金表，按经济分类提供省级对下转移支付支出表，等等。这些举措进一步体现了预算法的要求。财经委员会建议，批准 2016 年省级预算草案，批准省人民政府提出的《广东省 2015 年预算执行情况和 2016 年预算草案的报告》。

为进一步做好 2016 年财政工作，顺利完成年度预算任务，财经委员会提出以下建议：

一、全面推进全口径预算管理

按照预算法的要求，进一步完善全口径预算体系，将政府的全部收支纳入预算，全面落实人大对同级政府全口径预算的审查监督。夯实预算编制基础工作，做实年初预算，提高预算的科学性、准确性。严格政府性基金预算管理。适应分类推进国有企业改革要求，改进国有资本经营预算编制方式。细化社会保险基金预算，加强对社会保险基金收支的监督管理，巩固提升基金统筹层次和保障能力。开展全口径预算编制情况调研督查，督促市县政府及时将中央和省提前下达的转移支付编入本级预算，提请同级人大审查批准。

二、充分发挥积极财政政策作用

坚持依法征税，应收尽收，同时坚决防止和纠正收过头税，加大对重点财源、新兴财源的扶持力度，大力涵养税源，增强财政收入的稳定性和可持续性。加强非税收入监督管理，坚决遏制各种乱收费、乱罚款，进一步提高市县财政收入质量。将国家减税降费政策措施落到实处，切实减轻企业负担，提升实体经济活力。创新和优化财政支持经济发展投入方式，加快完善政策配套，支持创业创新和产业转型升级。加大财政资金统筹使用力度，用好用活财政政策，为推进供给侧结构性改革措施的落实提供财力保障。

三、继续调整优化财政支出结构

加大对产业优化升级、创新驱动发展、粤东西北振兴发展、人才建设、公共服务的投入；进一步增加民生类支出规模，加大对人民群众关注的“三农”、教育、医疗卫生、社会保障、防灾减灾、污染治理和环境保护等方面的投入力度。统筹使用扶贫开发资金，落实好扶贫攻坚工程，为精准扶贫、精准脱贫提供财政保障；一般性转移支付、涉及民生的专项转移支付和政府重大投资资金补助及项目安排，要进一步向欠发达地区倾斜，促进城乡区域协调发展和基本公共服务均等化。继续做好人大常委会提前介入预算编制监督项目资金安排落实工作，更好地回应人大代表和社会的关切。

四、强化预算执行监督和绩效管理

进一步完善预算资金审核、批复和拨付机制，均衡预算执行进度，提高支出时效性。继续厉行勤俭节约，反对铺张浪费，严控一般性支出。强化预算资金使用的后续监管，坚决防止和纠正资金挤占挪用、闲置浪费。积极主动做好预算支出联网监督工作，推进实现联网系统的统计、分析、预警功能，将监督平台拓展到社会保险基金监管系统。加强对重点市县财政运行的动态监控，保障基层财政平稳健康运行。继续推进绩效预算管理，强化支出责任，扩大第三方评价范围，加大评价成果运用力度，对偏离绩效目标的项目要及时采取措施予以纠正，不断提高财政资金使用效益。加强部门决算审查，完善审计查出突出问题整改情况向人大常委会报告制度，审计结果及其整改情况按规定向社会公开。

五、切实防范和化解财政风险

建立健全政府债券资金分配决策机制，完善政府债务风险评估和预警信息披露制度，扎实做好债务规模控制和统计分析，严格控制新增债务。加强和改进政府债务预算管理，分类将政府债务纳入预算，明细反映债务规模结构、安排使用以及还本付息情况，防范出现区域性和系统性风险。认真落实政府债务限额报人大常委会批准的规定，依照规定及时报告政府债务管理工作情况。加强政府债务的审计监督。

财经委员会将综合整理各代表团的审查意见，会后转送省人民政府研处，并跟踪处理情况。

关于广东省2015年省级决算草案的报告

——2016年7月26日在广东省第十二届人民代表大会常务委员会第二十七次会议上的讲话

广东省财政厅厅长 曾志权

主任、各位副主任，秘书长，各位委员：

广东省2015年预算执行情况已向省十二届人大第四次会议报告并经审议同意，现2015年省级财政决算草案已按要求正式编成。受省人民政府的委托，我向本次常委会报告广东省2015年省级财政决算草案，请予审议。

2015年，全省各级财税部门积极贯彻落实中央和省委、省政府各项决策部署，以及省十二届人大三次会议关于2015年预算草案的审议意见，发挥财政职能作用，全面深化财政体制改革，全力落实财政稳增长政策，切实保障民生财政支出，为全省稳增长、调结构、促改革、惠民生、防风险提供有力支撑。在各部门的共同努力下，省十二届人大三次会议及省十二届人大常委会第十七、二十、二十一次会议通过的预算及调整后预算完成情况良好，年终执行结果，省级财政实现了收支平衡。

一、2015年省级一般公共预算收支决算情况

2015年，省级一般公共预算收入完成1 963.29亿元，比2014年（下同）增加222.77亿元，同比增长12.80%，完成年初预算的101.89%。加上中央补助收入1 414.66亿元、市县上解收入431.27亿元、自行发行地方政府债券收入1 326亿元、上年结转收入540.18亿元、国债转贷资金上年结余0.19亿元、调入资金506.54亿元，省级一般公共预算总收入完成6 182.14亿元。

2015年省级一般公共预算总支出完成5 884.93亿元，增加1 997.56亿元，同比增长51.39%。其中，省本级支出1 176.08亿元，对市县税收返还、转移支付及债券转贷支出4 335.21亿元，上解中央支出153.46亿元，调出资金213.70亿元，地方政府债券还本6.3亿元，国债转贷支出及结余0.19亿元。

收支相抵，2015年省级一般公共预算结转结余297.21亿元，比上年减少242.97亿元，下降44.98%；占省级总支出的比重为5.05%，比上年降低8.85个百分点。其中：结转下年支出297.21亿元，全部按规定结转下年继续安排；净结余为0。

（一）收入决算情况

1. 省级一般公共预算收入完成1 963.29亿元，各主要项目完成情况如下：增值税完成142.98亿元，完成年初预算的91.59%，同比增长21.84%。剔除改征增值税，国内增值税完成26.03亿元，同比增长12.16%。增长较快的原因主要是煤炭价格下降、电力价格平稳导致的电力增值税收益增长的影响；未能完成年初预算的原因，主要是在编制年初预算时预计年中“营改增”扩围，实际执行中根据国家的统一部署未扩围。

营业税完成843.40亿元，完成年初预算的104.42%，同比增长9.19%，增幅相对平稳。

企业所得税完成462.56亿元，完成年初预算的100.45%，同比增长5.79%，增幅较低主要是受个别炼油大企业，如惠州炼油厂等停产检修（几年检修一次）一次性因素减收30.5亿元影响。

个人所得税完成143.08亿元，完成年初预算的102.49%，同比增长19.02%，增幅较大的原因主要是“营改增”后，商务服务业、金融保险服务业等现代服务业发展势头较好，该行业部分高收入群体收入增加。

土地增值税完成192.61亿元，完成年初预算的86.10%，同比增长0.75%，增幅较低、完成预算不理想的原因主要是房地产业成交量下滑，土地出让收入减少。

非税收入完成178.42亿元，完成年初预算的128.13%，同比增长75.4%，增幅较大的原因主要是按照中央要求，将8项基金项目转列一般公共预算收入。剔除政府性基金转列因素后，非税收入96.2亿元，同比下降5.42%。下降的原因是贯彻落实中央停征和减免部分行政事业性收费政策（见图1）。

2. 中央补助收入1 414.66亿元，增加155.13亿元，同比增长12.32%，完成年初预算的132.66%。超预算的主要原因是：预算执行过程中财政部对我省增加一般性转移支付及其他专项补助。

3. 市县上解收入431.27亿元，增加97.24亿元，同比增长29.11%，完成年初预算的155.29%。超预算的主要原因是：所在市与省直管县之间的补助款项增加，按现行体制增加结算列收列支。

4. 自行发行地方政府债券收入1 326亿元，其中置换债1 051亿元，此项收入由财政部年中下达，是2015年决算超出预算较多的主要原因。

5. 国债转贷资金上年结余0.19亿元。

6. 调入资金506.54亿元，主要是经调整预算批准的政府性基金199.52亿元、财政专户资金116.94亿元等调

入一般公共预算安排使用。

7. 上年结转结余收入 540.18 亿元。

（二）支出决算情况

省级一般公共预算总支出完成 5 884.93 亿元，完成预算的 172.10%，比上年增加 1 997.56 亿元，同比增长 51.39%。增长的主要原因是 2015 年年中财政部下达地方政府债券规模较大，达 1 326 亿元，以及按中央规定加大清理盘活存量资金力度。在 5 884.93 亿元中，省本级支出 1 176.08 亿元，占省级总支出的 19.98%，占比比上年下降 2.04 个百分点；对市县税收返还、转移支付及债券转贷支出共 4 335.21 亿元（相应形成市县财政收入，并由市县安排支出），占省级总支出的 73.67%，占比比上年提高 6.75 个百分点；上解中央支出 153.46 亿元，占省级总支出的 2.61%；调出资金 213.70 亿元，占省级总支出的 3.63%；地方政府债券还本 6.3 亿元，占省级总支出的 0.11%；国债转贷支出及结余 0.19 亿元。

1. 省本级支出 1 176.08 亿元，完成预算的 141.25%，比上年增加 320.09 亿元，同比增长 37.39%，增长的主要原因是：2015 年出台 16 条财政支持稳定经济增长的政策措施，经调整预算，从发行地方政府性债券收入和清理盘活财政存量资金中，新增安排交通基础设施建设等重点项目支出，省本级支出相应增加；设立并拨付政府投资基金 21 项，合计 229.78 亿元，增加了省本级支出。

2015 年省级行政事业单位的出国（境）经费、车辆购置及运行费、公务接待费财政拨款决算数 5.83 亿元，比 2014 年减少 1.05 亿元，下降 15.26%。其中：出国（境）经费 1.14 亿元、车辆购置及运行费 3.52 亿元、公务接待费 1.17 亿元。下降的主要原因是省级各部门严格落实“八项规定”，压减“三公”经费支出。

2. 省对市县税收返还、转移支付及债券转贷支出 4 335.21 亿元，完成预算的 182.03%，比上年增加 1 733.70 亿元，增长 66.64%，增长的主要原因是增加发行地方政府债券和清理盘活存量资金，省级加大对市县的转移支付力度。具体情况如下：税收返还 484.26 亿元，其中增值税和消费税税收返还支出 128.25 亿元、所得税基数返还支出 84.48 亿元、成品油价格和税费改革税收返还支出 55.73 亿元、其他税收返还支出 215.80 亿元；一般性转移支付支出 1 537.69 亿元，剔除列收列支因素后，省对市县（不含深圳）的一般性转移支付占比达到 60%，其中均衡性转移支付支出 316.85 亿元、县级基本财力保障机制奖补资金支出 134.29 亿元、义务教育转移支付支出 205.60 亿元、基本养老保险和低保等转移支付支出 141.15 亿元、新型农村合作医疗等转移支付支出 175.45 亿元；专项转移支付支出 1 097.26 亿元，其中农林水事务支出 301.26 亿元、科学技术支出 134.0 亿元、节能环保支出 71.74 亿元、教育支出 62.94 亿元、社会保障和就业支出 48.43 亿元、医疗卫生支出 31.75 亿元；债券转贷支出 1 216 亿元，用于支持市县公益性项目建设。

3. 上解中央支出 153.46 亿元，减少 0.27 亿元，降低 0.18%。

4. 调出资金等 213.70 亿元，主要是根据预算法及国务院、财政部关于盘活财政存量资金的规定，按法定程序用于弥补以后年度预算缺口（见图 2）。

（三）重点支出项目执行情况及效果

2015 年，省财政紧紧围绕“三个定位、两个率先”目标任务，不断优化财政支出结构，有力保障省委、省政府重大决策部署的落实。省财政用于教育、文化体育与传媒、社会保障和就业、医疗卫生、节能环保、城乡社区事务、农林水事务、交通运输、住房保障支出、粮油物资储备等方面的民生支出（含省本级支出和转移支付）共 1 413.31 亿元（含中央补助资金，下同），加上对市县税收返还、一般性转移支付和政府债券转贷支出后，2015 年省财政用于改善民生、提供基本公共服务以及均衡区域基本公共服务水平、帮助市县增强发展后劲的支出共达 4 651.26 亿元，占省级总支出的 79.04%，占比比上年提高 3.91 个百分点，较好地保障了各项重点支出需要。

1. 完善强农惠农政策体系，推动城乡统筹发展。

一是加大财政支农力度，拨付资金 179.43 亿元（含一般性转移支付资金 88.58 亿元），同比增长 56.46%（增幅较高的原因主要是通过清理盘活存量资金加大农村危房改造、新农村建设投入，以及中央加大一般性转移

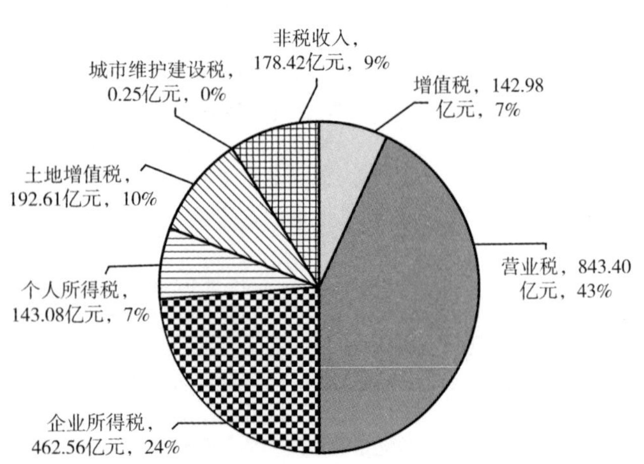

图 1　2015 年省级一般公共预算收入结构

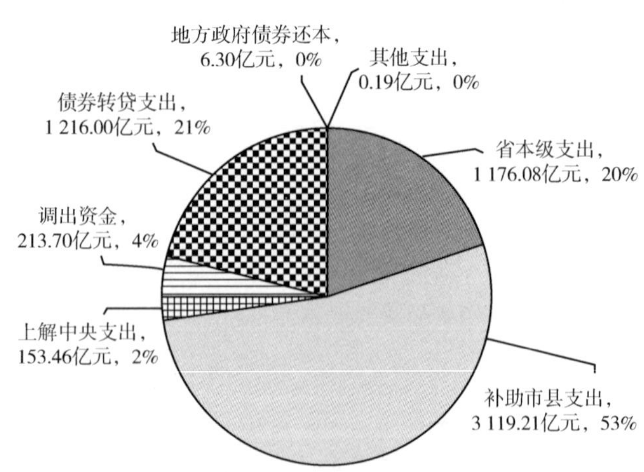

图 2　2015 年省级预算支出结构

支付力度等）。拨付11.19亿元，进一步完善全省基本农田保护经济补偿制度。拨付52.44亿元，推进新一轮农村危房改造。拨付14亿元，支持我省欠发达地区新农村示范片建设。拨付1.5亿元，积极培育龙头企业等经营主体，加快农业经营主体培育。拨付5亿元，在全省开展良种补贴，推广种植水稻、玉米、小麦优良品种。拨付8.04亿元，统筹推进家禽、生猪、水果和水产养殖保险试点工作。选取江门开平市等8个县开展试点，设立拨付省级以奖代补资金4.96亿元，积极推进基层公共服务平台建设。

二是支持林业生态发展，拨付资金42.66亿元，同比增长7.92%。拨付省以上生态公益林效益补偿资金17.11亿元，省级生态公益林补偿标准提高至每亩24元。拨付4.1亿元支持国有林场改革，推动建立现代国有林场发展机制。拨付森林碳汇重点生态工程建设和森林碳汇林抚育专项资金8.72亿元，拨付1.5亿元支持生态景观林带建设，积极支持林业重点工程建设和现代林业发展，推进生态景观林带、森林碳汇等重点生态工程。

三是支持水利事业发展，拨付资金191.71亿元，同比增长70.36%（增幅较高的原因主要是通过清理盘活存量资金加大中小河流治理、重大水利项目建设等方面投入，以及中央追加下达重大水利工程、病险水库除险加固、农田水利设施建设等）。主要支持推进中小河流治理工程、海堤加固达标工程、练江流域水环境综合治理工程建设。支持韩江（高陂）水利枢纽工程、湛江鉴江供水枢纽工程、惠东县稔平半岛供水工程等供水调水重点工程建设。支持韩江粤东灌区续建配套与节水改造工程、省河口水利工程实验室建设工程、飞来峡水利枢纽社岗防护堤除险加固工程等省属重点水利工程建设。继续推进中央及省级财政小型农田水利重点县、省级水利建设示范县、村村通自来水工程示范县等示范项目工程建设。支持病险水库除险加固、中小型灌区续建配套和节水改造工程、农村中型及重点小型机电排灌工程等民生水利项目建设。

2. 着力改善民生，切实增进民生福祉。

一是支持教育优先发展，拨付资金465.21亿元（含一般性转移支付资金205.60亿元），同比增长27.81%（增幅较高的主要原因是通过清理盘活存量资金省级加大对义务教育、高等教育等方面投入，以及中央追加下达现代职业教育质量提升计划专项资金预算、支持地方高校发展专项资金预算、农村义务教育薄弱学校改造计划中央专项资金预算等）。支持义务教育均衡优质标准化发展。将义务教育全面纳入公共财政保障范围，将城乡免费义务教育生均公用经费补助标准小学从950元提高1 150元，初中从1 550元提高到1 950元。拨付城乡免费义务教育公用经费中央和省财政补助资金90.12亿元。拨付15.26亿元，用于解决外来务工人员随迁子女平等接受义务教育问题。拨付34.26亿元，用于奖补欠发达地区创建基础教育强镇强县。持续提升高等教育和职业教育质量水平。拨付71.9亿元用于普通高校生均定额补助经费，其中高水平大学生均提标经费5.44亿元，提升高等教育发展水平。拨付15亿元，大力支持我省高水平大学建设。拨付3.65亿元，支持职业教育实训基地建设。实施强师工程，加强师资队伍建设。拨付6.81亿元，支持全省学前教育阶段至高等教育阶段的教师队伍建设。拨付17.75亿元，用于落实山区和农村边远地区义务教育学校教师岗位津贴补助，进一步提高农村教师待遇保障水平。拨付8.82亿元，进一步落实欠发达地区实施绩效工资政策落实教师工资待遇“两相当”政策。加大对学前教育、民办教育和特殊教育的投入。拨付1.74亿元，继续改善幼儿园办学条件。贯彻落实《广东省特殊教育提升计划（2014—2016年）》，拨付特殊教育资金5.62亿元。拨付6 600万元，加大对民办教育资金投入。

二是推进基本医疗卫生服务均等化，拨付资金265.94亿元（含一般性转移支付资金202.87亿元），可比增长9.7%（增长的主要原因是中央追加下达公立医院补助资金、公共卫生服务补助资金、基层医疗卫生服务体系和地市级医院建设项目中央基建投资预算等）。均衡提高医疗保险待遇水平。拨付城乡居民医疗保险补助资金134.95亿元，提高参保参合人群的补偿比例和最高封顶线，2015年全省各级财政对城乡居民基本医疗保险补助标准提高到380元，其中省财政对欠发达地区补助标准达到人均247元。进一步推进基本医疗保险城乡统筹，全省职工医保和城乡居民医保政策范围内住院费用报销比例达到87%和76%，全省大病保险可报销比例超过50%。推进城乡基层医疗卫生服务体系建设。拨付基层医疗卫生机构事业费补助8.26亿元、农村和边远地区乡镇卫生院医务人员岗位津贴资金1.70亿元、村医补贴资金1.33亿元、离岗接生员和赤脚医生生活困难补助资金2.55亿元、基层医疗卫生机构“五个一”设备购置资金1亿元、基层医疗卫生机构实施基本药物制度和综合改革以奖代补资金1亿元、边远地区乡镇卫生院标准化建设项目资金1亿元，用于支持基层医疗卫生事业建设。促进基本公共卫生服务逐步均等化。拨付基本公共卫生服务补助资金10.74亿元，2015年全省人均基本公共卫生服务经费不低于40元，对经济欠发达地区人均补助18元。拨付11.43亿元，落实重大公共卫生服务项目。对经济欠发达地区实施结核病、艾滋病等重大疾病防控、地中海贫血等出生缺陷防控、计划免疫预防接种、贫困白内障患者复明、农村妇女两癌检查等重大公共卫生服务项目予以补助，不断健全我省公共卫生防疫体系。推动公立医院综合改革。拨付公立医院改革补助资金7.3亿元，以取消药品销售加成为抓手，大力推动公立医院综合改革，建立健全公立医院与基层医疗卫生机构、公共卫生机构的分工协作机制。

三是完善生活保障和公共就业服务，拨付资金289.50亿元（含一般性转移支付资金141.15亿元），同比增长44.69%（增幅较高的主要原因是落实机关事业单位养老保险制度改革，以及中央追加下达退役安置补助、抚恤补助资金、困难群众基本生活救助补助资金等）。加大财政对提高养老保险待遇的补助力度。拨付城乡居民基础养老金67.85亿元，从2015年7月起城乡居民基本养老保险基础养老金水平达到人均100元/月。2015年起调整企业退休人员基本养老金，基本养老金人均增加218.7元，调整后全省企业退休人员月人均基本养老金达2 400元。落实城乡社会救助和自然灾害救济经费保障。拨付城乡医疗救助资金12.53亿元、优抚对象补助资金16.21亿元、退役士兵安置补助2.62亿元，用于全省医疗补助和优抚对象的抚恤生活。拨付1.41亿元，支持全省特别是经济欠发达地区做好各项优抚安置以及流浪乞讨人员救助工作；拨付自然灾害生活救助资金4.16亿元，为全省救灾和全倒户重建新居提供经费保障。支持实施更加积极的就业扶持政策。拨付10亿元用于设立创业引导基金、建设创业孵化基地、小额担保贷款、创业资助以及优秀创业项目奖励等。拨付促进就业专项资金3.09亿元、劳动力培训转移就业专项资金4亿元、人力资源市场建设资金1.37亿元，用于对各类就业扶持对象按规定给予职业培训等各项就业补贴。拨付技工学校建设资金2.88亿元，技师学院建设资金1亿元，构建高水准的技能教育体系，建立覆盖城乡的职业技能培训体系。落实城乡居民最低生活保障和农村五保供养经费。拨付40.29亿元，为经济欠发达地区做好城乡居民最低生活保障工作提供资金保障；拨付8.81亿元，支持地方保障五保对象基本生活。城镇低保补差水平从每月333元提高到每月374元，农村低保补差水平从每月147元提高到每月172元。落实残疾人和孤儿生活保障投入。拨付残疾人生活津贴和重度残疾人护理补贴7.05亿元，帮助残疾人缓解生活困难，残疾人生活津贴从每年600元提高到1 200元，重残护理补贴从每年1 200元提高到1 800元。拨付孤儿基本生活保障资金3.37亿元，支持全省特别是经济欠发达地区做好孤儿基本生活保障工作。

四是提高公共文化体育均等化水平，拨付资金32.57亿元，同比增长9.99%（增长的主要原因是中央追加下达公共文化服务体系建设专项资金、文物保护专项资金、文化产业发展专项资金等）。支持推动媒体融合发展。拨付1.5亿元，支持南方报业传媒集团等省主流传统媒体巩固壮大和转型发展。拨付0.5亿元，推动传统媒体和新兴媒体融合发展。推进文化单位转企改制。拨付3亿元财政贴息资金，推进全省有线广播电视网络改革重组。拨付3亿元，用于全省新华书店重组整合扶持资金。拨付1.86亿元，用于县镇数字影院奖补。支持加快公共文化服务体系建设。拨付2.5亿元，奖补扶持粤东西北地区县级“三馆”、乡镇（街道）综合文化站、行政村（社区）文化室建设。拨付1.38亿元，补贴农村文体协管员和补助城乡低保户购买书籍和音像制品等基本文化消费。拨付0.8亿元，保障粤东西北地区“三馆一站”和省级公益性文化设施免费开放运营。拨付0.4亿元，实行农村电影公益放映场次补贴。

五是支持保障性住房建设，拨付资金30.63亿元，同比下降3.74%（下降的主要原因是2014年通过清理盘活存量资金增加了部分一次性支出，如拨付棚户区改造省级融资平台注册资金等，拉高了上年基数）。切实支持住房保障工作，下达补助资金29.3亿元，支持我省2015年新开工各类保障性安居工程住房（含租赁补贴）164 241套，占目标任务的107.8%；基本建成各类保障性安居工程住房119 137套，占目标任务的111%。其中，新开工保障性住房65 861套、城市棚户区改造59 868套、国有工矿棚户区改造21 150套，分别占目标任务的114.1%、105.1%和102.8%。拨付国有工矿棚户区改造省级补助资金7.63亿元、棚户区改造贷款贴息资金2.42亿元，支持保障性安居工程建设工作。

六是加大交通基础设施建设投入，拨付资金391.59亿元，同比下降1.3%（下降的主要原因是普通国省道“迎国检”项目资金已于2014年基本落实完毕，拉高了上年基数）。拨付306.93亿元支持高速公路建设，2015年我省高速公路新开工19项1 066公里，建成高速公路11项，新增通车里程738公里，全年完成投资847亿元，同比增长10.3%。提高普通公路（桥梁）省级补助标准，包括中央苏区县、少数民族等地区在内的国省道新改建项目、县乡公路建设、危桥改造（含桥梁新改建）省财政补助总体提高幅度约15%、10%、30%，新农村公路路面硬化工程项目省补助标准由15万元/公里提高到18万元/公里。加大轨道交通、机场建设等方面投入，拨付珠三角城际轨道交通项目资本金107亿元（含铁路发展基金省财政引导资金50亿元），拨付机场建设资本金3.88亿元，拨付港珠澳大桥工程资本金13亿元（含港珠澳大桥珠海口岸工程10亿元、港珠澳大桥主体工程3亿元）。

3. 发挥财政杠杆作用，促进经济稳定增长。

一是加大资金投入，支持稳增长政策落地。充分发挥财政的调控作用，研究制定并报请省政府出台八个方面16条支持稳定经济增长的财政政策措施，全年全省各级财政共统筹约8 002亿元，2015年纳入GDP考核的财政支出八项指标直接拉动GDP增长1.6%，推动稳增长等各项政策落地。

二是支持创新驱动战略实施，促进结构调整。贯彻省委、省政府实施创新驱动发展战略的决策部署，综合运用补助、贴息、风险补偿、设立引导基金等方式，瞄准创新驱动的重要环节，精准发力。安排高新技术企业培育资金，对纳入省高新技术企业培育库、未获得国家授予的高新技术企业称号的企业，给予在库培育补助，2015年已拨付20亿元，惠及企业3 119家。大力支持我省高水平大学建设，共下达高水平大学建设专项资金15亿元。创新保障机制，省财政出资支持省科学院重组和清华大学珠三角研究院建设等。整合设立重大科技成果产业化基金、重大科技成果产业化扶持资金、应用型科技研发扶持资金，2015年已分别拨付资金39.89亿元、3.5亿元、17.24亿元。拨付下达基础与应用基础研究资金（省自然科学基金）、公益研究与能力建设资金、协同创新与平台环境建设资金、前沿与关键技术创新及省产业技术创新与科技金融结合资金等共27亿元。拨付资金0.6亿元，开展科技创新券政策试点。拨付资金0.4亿元，支持孵化器内企业创业投资和在孵企业融资。注重发挥政府采购政策功能，建立面向创新企业的政府采购预算份额预留制度、创新产品（服务）政府采购需求标准和评审制度以及激励创新驱动发展的政府首购和订购制度等。

三是支持产业发展，促进产业转型。突出支持重点，抓住既能拉动即期经济增长又有利于长远发展的领域，重点支持技术改造、先进装备制造业发展、基础设施建设等。支持引导战略性新兴产业发展，用好“十二五”期间安排的220亿元战略性新兴产业发展资金。完善省战略性新兴产业创投计划，择优扶持4支基金，以市场化手段推动战略性新兴产业发展及创新创业。拨付77.29亿元，支持珠江西岸先进装备制造业及珠江东岸电子信息产业带发展。实施工业企业技术改造事后补助政策，进一步提高工业企业技术改造的积极性，拨付技术改造资金38.6亿元。拨付1.3亿元扶持服务业发展，提升我省生产性服务业发展水平，优化现代服务业结构。拨付资金2.8亿元大力支持广货网上行促销活动、农村电商平台建设等。支持东莞、佛山、中山、肇庆市成为国家物流标准化试点城市，支持原中央苏区县中的龙川县、饶平县、平远县、南雄市成为国家电子商务进农村示范县（市），积极推进我省商务诚信体系建设。下达环保资金、污染减排资金、节能降耗资金、低碳发展资金等支持污染减排资金105.55亿元，推动“绿色广东”建设，实现经济和社会的全面协调可持续发展。

四是落实税费减免措施，减轻企业负担。落实小微企业、创新型企业税收优惠政策，对符合条件的小微企业免征部分政府性基金。调整部分资源税费标准，将煤炭、原油、天然气矿产资源补偿费费率降为零，停止征收煤炭、原油、成品油、天然气价格调节基金。落实行政事业性收费减免政策，继续对全省范围内所有企业免征32项中央设立和7项省设立涉企行政事业性收费的省级收入；取消或暂停征收12项中央级设立的行政事业性收费，对小微企业（含个体工商户）免征42项中央级设立的行政事业性收费。减免养老和医疗机构行政事业性收费，对非营利性养老和医疗机构建设全额免征、营利性机构减半收取行政事业性收费。

五是创新财政投融资机制，放大财政资金效应。发挥财政资金引导效应，通过设立政府投资基金、加快推进PPP等，引导带动社会资本投入。印发《关于规范省级财政出资相关基金管理的意见》，明确省级财政出资相关基金原则上要争取募集放大社会资本10倍以上；按照统一原则、程序遴选受托管理机构和托管银行，实现基金所有权、管理权、托管权三权分离。构建广东PPP模式制度框架，以省政府名义印发《广东省关于在公共服务领域推广政府和社会资本合作模式的实施意见》，作为广东省推广运用PPP模式的重要政策依据。促进PPP项目落地，建立全省PPP项目库，对全省PPP项目实行分类管理，截至2015年底，广东省已纳入PPP项目库管理的项目数量为119个，总投资额2 752亿元。成功举办广东省PPP项目推介会，27个一、二类项目（财政部第二批PPP示范项目和省重点项目）中1/3已落地，按期完成了2015年我省PPP项目实施计划目标。

（四）基本公共服务均等化及重点项目绩效情况

1. 基本公共服务均等化绩效考评情况。2015年，省财政厅针对2014年度基本公共服务均等化的支出实施情况进行了绩效考评。经评价，2014年全省基本公共服务均等化系数为0.9774（即目标完成率为97.74%），连续三个年度达到优秀等级。从财政支出水平看，2014年，全省各地市基本公共服务支出3 141亿元，比2013年增长316亿元，增长率达到11.19%；人均基本公共服务支出增长率达到10%；财政基本公共服务支出占比达到38%。

从考评结果看，珠三角地区的均等化系数为0.9816，达到了优秀等级，粤东西北地区的均等化系数为0.9718，达到了良好等级，珠三角地区与粤东西北地区的均等化差异不断减小。十大领域的均等化成效显著，如，医疗保障领域任务完成率达到100%；中等职业教育免学费覆盖率、食品安全风险监测点覆盖率、国家免疫规划疫苗接种率、免费孕前优生健康检查目标人群覆盖率等21个指标任务值各地市均100%完成。全省公共教育均等化任务完成率达到96.73%；全省公共卫生均等化任务完成率达到96.74%；全省公共文化体育均等化任务完成率达到97.93%；全省公共交通均等化任务完成率达到92.89%；全省生活保障均等化任务完成率达到99.92%；全省就业保障均等化任务完成率达到99.84%；全省医疗保障任务完成率达到100%；全省住房保障均等化任务完成率达到99.72%；全省生态环境保障均等化任务完成率达到98.25%。2014年，公众满意度达到82.76分，达到比较满意等级，比上年提高1.37分，总体满意度呈提升态势，均等化成效得到公众普遍认同。

2. 2014年十件民生实事类省级财政资金使用绩效情况。2015年，省财政厅对2014年省级财政投入十件民生实事的资金进行了绩效评价。2014年全省各级财政共投入1 941亿元，其中省级财政投入783.8亿元，比2013年增加了151.12亿元，集中力量为人民群众办好十件民生实事，顺利完成政府承诺的预定目标任务，各项民生工作较上年有新的进步，人民群众得到更多实惠，民生福祉不断增进。

3. 部分重点项目的绩效评价情况。2015年，省财政厅对即将到期战略性新兴产业、现代服务业发展引导、教育创强、森林碳汇重点生态工程、宣传思想文化人才等省级财政专项资金进行了重点评价，涉及20个部门、404亿元，数量和金额均为历年最多。其中，绩效等级达到“良”以上的有20项，达到“中”的20项，评为“低”的1项。

（五）经批准举借债务情况

经清理核查，2014年末全省地方政府债务（即审计口径中政府负有偿还责任的债务）余额8 808.6亿元，其中，省级808.3亿元。2015年我省的地方政府债务余额限额为9 141.6亿元，截至2015年末的存量债务情况，目前财政部正在汇总审核各省（市）的债务情况，尚未最终确定。

鉴于国务院尚未批复我省情况，按照国家的管理规定，我省截至2015年12月31日的债务情况，将依据国务院批复情况，另行向同级人大常委会报告。

（六）省本级预备费、预算周转金使用情况

2015年省级财政安排预备费共支出5.09亿元，主要用于如超强台风“彩虹”省级救灾复产重建补助资金、调整优抚对象和生活补助标准资金、第十一届中国国际航空航天博览会专项补助等项目支出，年终余额按规定作为结余资金管理，用于弥补以后年度预算缺口。2015年省级财政安排的预算周转金未实际使用，年终余额按规定作为结余资金管理，用于弥补以后年度预算缺口，目前余额为零。

（七）上年结转资金和超收收入安排情况

2014年结转至2015年安排的支出540.18亿元，已全部执行完毕，主要用于2015年尚未执行完毕的预算安排项目，如教育、公共交通建设等方向的支出。2015年省级一般公共预算收入完成1 963.29亿元，较年初预算超收36.44亿元，按规定作为结余资金管理，用于弥补以后年度预算缺口。

（八）中央财政补助资金安排和使用情况

2015年中央财政共下达我省补助

资金（不含返还性收入）共834.78亿元，当年实际执行834.43亿元，执行率99.96%，主要用于交通基础设施建设和运营维护、城乡义务教育、农资综合补贴、困难群众基本生活救助、城市管网建设等，剩余资金结转下年使用。

（九）省本级预算调整及执行情况

根据省十二届人大常委会第十七、二十次会议通过的预算调整方案，省财政调整了2015年一般公共预算收支，包括新增债券资金275亿元（省级支出110亿元和转贷市县165亿元），以及将部分政府性基金结转结余资金、财政专户资金等调入一般公共预算372亿元。上述资金已按照省人大审议通过的预算调整方案予以执行，全部用于安排支持稳增长政策措施、保障和改善民生等重点项目。

2015年的预算执行等财政工作取得了良好成效，同时我们也清醒地认识到，在财政运行和管理工作中还存在一些问题，主要包括：财政收支矛盾更加突出，加大了财政收支平衡压力；部分地区非税收入占比偏高，收入可持续增长压力大；区域财力不平衡问题仍较突出，财力区域差距拉大；政府投资对社会资本的撬动作用仍有待加强；财政管理仍较粗放，资金使用效益有待提高。我们将高度重视这些问题并切实采取有效措施，努力加以解决。

二、2015年省级政府性基金收支决算情况

（一）基金收入决算情况

2015年，省级政府性基金总收入完成690.62亿元。主要项目如下：

1. 省本级基金收入137.25亿元，完成调整后预算数的111.67%。各主要项目完成情况如下：

（1）国家电影事业发展专项资金收入0.17亿元。根据《国家电影事业专项资金征求使用管理办法》（财税〔2015〕91号），从2015年10月1日起，电影专项资金实行分成共享，按4∶6的比例分别缴入中央和省级国库。

（2）小型水库移民扶助基金收入1.95亿元，完成调整后预算数的121.98%。收入增加的主要原因是：小型水库销售电量的增加。

（3）农业土地开发资金收入5.32亿元，完成预算的152.13%。收入增加的主要原因是：土地有偿使用量增加，土地出让市场化机制进一步完善，以及各地加大土地出让收入征收清缴力度。

（4）新增建设用地有偿使用费收入75.39亿元，完成调整后预算数的116.91%。收入增加的主要原因是：各地加快用地审批进程以及征收部门加大征管力度带动收入增加。

（5）大中型水库库区基金收入0.41亿元，完成预算的92.02%。收入减少的主要原因是：大中型水库销售电量略有减少。

（6）车辆通行费收入23.79亿元，完成预算的95.14%。收入减少的主要原因是：部分地市年票制车辆通行费收缴率下降，导致年票收入减少。

（7）港口建设费收入1.52亿元，完成预算的101.37%。收入增加的主要原因是：水运事业较高于预期，使得港口建设费收入略有超收。

（8）彩票发行销售机构业务费收入12.36亿元，完成调整后预算数的101.49%。该项收入2015年起纳入政府性基金预算管理。

（9）彩票公益金收入16.33亿元，完成预算的115.06%。收入增加的主要原因是：一是开展彩票专项募集销售活动，集中了部分原属于市县分成的公益金用于特定公益事业；二是彩票机构加大了市场开拓的力度，通过开展促销，加奖派送等活动促进我省部分彩票品种销量的增长。

2. 上年结转结余收入238.96亿元。

3. 中央补助收入39.24亿元，主要是年度执行过程中中央增加补助大中型水库移民后期扶持基金、港口建设费、补助地方的彩票公益金、无线电频率占用费、国家电影事业发展专项资金、新增建设用地土地有偿使用费、民航发展基金等。

4. 下级上解收入13.17亿元，主要是省直管县与所在市之间的补助款项增加，按现行体制增加结算列收列支。

5. 债务收入262亿元，均为发行政府债券收入，其中，置换债204亿元。

（二）基金支出决算情况

2015年，省级政府性基金总支出完成660.25亿元，完成调整后预算数的173.9%。具体包括：

1. 省本级基金支出52.04亿元。主要项目如下：

（1）国家电影事业发展专项资金支出0.75亿元（加上补助市县支出0.95亿元，实际完成1.7亿元）。主要用于经国家电影事业发展专项资金管理委员会审核同意的数字影院建设补助。

（2）大中型水库移民后期扶持基金支出1.07亿元（加上补助市县支出20.99亿元，实际完成22.06亿元）。按照我省核定的大中型水库移民数，专项用于实施库区和移民安置区基础设施建设和经济发展规划。

（3）新增建设用地有偿使用费安排的支出0.94亿元（加上补助市县支出79.96亿元，实际完成80.91亿元）。主要用于高标准农田补助、农村土地确权登记发证省级补助和灾毁农田垦复补助等。

（4）车辆通行费安排的支出28.22亿元。主要根据车辆通行费管理规定及相关办法用于公路的管理、养护费用及还贷支出。

（5）港口建设费安排的支出4.73亿元（加上补助市县支出4.2亿元，实际完成8.93亿元）。主要根据港口建设费管理规定以及省政府工作安排，安排用于港口公共基础设施建设、港航保障系统建设以及内河船型补贴等。

（6）彩票发行销售机构业务费安排的支出8.77亿元（加上补助市县支出3.34亿元，实际完成12.11亿元）。全部用于我省福利彩票、体育彩票的发行销售业务。

（7）彩票公益金安排的支出6.26亿元（加上补助市县支出20.25亿元，实际完成26.51亿元）。省级体彩公益金专项用于我省体育事业发展，包括全民健身项目和奥运争光项目；福利彩票公益金主要用于社会福利、养老服务体系建设、医疗救助、残疾人事业等方面支出。

2. 调出资金199.52亿元，主要是根据国务院关于盘活财政存量资金的要求，将部分政府性基金结转结余资金调入一般公共预算统筹使用。

3. 补助市县支出146.69亿元。

4. 债务转贷支出262亿元。

收支相抵，2015年省级政府性基金结转结余30.37亿元，较上年减少208.59亿元，同比下降87.29%。其

中，根据国务院盘活财政存量资金的要求，结转资金超过当年收入30%的部分4.79亿元，按规定统筹使用。

（三）上年结转资金使用情况

2014年省级政府性基金结转结余238.96亿元中，根据国务院、财政部关于完善政府预算体系和盘活财政存量资金的要求，调入一般公共预算统筹使用198.77亿元；剩余保留在政府性基金目录中的基金项目结转资金40.19亿元，当年实际执行37.79亿元，执行率94.03%。

（四）省本级预算调整及执行情况

根据省十二届人大常委会第十七、二十、二十一次会议通过的预算调整方案，省财政调整了2015年政府性基金预算收支，包括新增债券转贷资金58亿元、安排政府性基金超收支出29.67亿元，以及将彩票发行机构和销售机构业务费12.18亿元纳入政府性基金预算管理。上述资金已根据省人大审议通过的预算调整方案予以执行，部分未支出项目结转下年继续使用。

三、2015年省级国有资本经营收益收支决算情况

（一）国有资本经营预算收入决算

2015年省级国有资本经营收入完成22.95亿元，同比增长54.0%，完成年初预算的101.9%。其中：省属企业上交利润12.19亿元，省属控股参股企业上缴股利股息10.33亿元，其他收入0.43亿元。加上上年结转9.36亿元，总收入完成32.31亿元。收入比上年增幅较大的主要原因：一是2015年将省级国资收益上缴比例从15%提高到20%；二是一次性国有资产处置收入增加；三是除个别企业外，多数企业经营效益比上一年度有所提升。

（二）国有资本经营预算支出决算

2015年省级国有资本经营预算支出完成28.77亿元，同比增长80.6%，完成年初预算的127.4%。其中：文化体育与传媒支出1.30亿元、交通运输支出9.52亿元、资源勘探电力信息等事务支出6.67亿元、其他支出6.46亿元、转移性支出4.81亿元。支出主要用于解决国有企业历史遗留问题及相关改革成本支出、对国有企业的资本金注入及国有企业政策性补贴等方面，以及按规定调入一般公共预算统筹用于民生支出。支出比上年增幅较大的主要原因：一是以收定支，支出随收入增大而增大；二是按照国发〔2015〕35号文有关全面盘活结转结余资金、推进结转结余资金的统筹使用的要求，对以前年度连续两年未用完或不具体实施条件的项目结转资金，收回预算统筹安排使用。

四、2015年省级社会保险基金收支决算情况

省级社会保险基金包括企业职工基本养老保险基金、机关事业单位基本养老保险基金、失业保险基金（仅含调剂金及利息）、工伤保险基金和生育保险基金；城乡居民基本养老保险基金、除调剂金及利息外的失业保险基金、城镇职工基本医疗保险基金以及城乡居民基本医疗保险基金实行属地管理，当年无收支（下同）。机关事业单位基本养老保险由于尚未正式启动，根据国家统一要求以及社保经办机构账套尚未启用的实际情况，2015年机关事业单位基本养老保险基金收入暂列入暂收款科目，在社会保险基金资产负债表中反映（当年无基金支出）。待正式启动后，转列基金收入。

（一）社保基金收入决算

2015年省级社会保险基金收入337.3亿元，比上年增加28.43亿元，增长9.2%。其中：企业职工基本养老保险基金收入327.77亿元，比上年增加30.07亿元，增长10.1%；失业保险基金收入4.06亿元，比上年增加0.32亿元，增长8.6%；工伤保险基金收入5.44亿元，比上年减少0.26亿元，减少4.6%，主要原因是阶段性下调工伤保险费率；生育保险基金收入0.03亿元，比上年减少1.7亿元，减少98%，主要原因是省级生育保险逐步下放属地管理。

（二）社保基金支出决算

2015年省级社会保险基金支出308.98亿元，比上年减少18.58亿元，减少5.7%，主要原因是2014年拨付2013年下半年省级社会保险调剂金，因此，2014年支出金额较大。其中：企业职工基本养老保险基金支出305.35亿元，比上年减少16.31亿元，减少5.1%，剔除2014年拨付2013年下半年调剂金因素影响外，支出增长主要原因是养老金年度调整和领取待遇人数增加；失业保险基金支出0.21亿元，减少50%，主要原因是2014年拨付2013年下半年调剂金；工伤保险基金支出2.63亿元，比上年减少1亿元，减少27.7%，支出增长主要原因是2014年拨付2013年下半年储备金；生育保险基金支出0.79亿元，比上年减少1.06亿元，减少57.2%，主要原因是省级生育保险逐步下放属地管理。

2015年省级社会保险基金当年结余为28.32亿元。其中：企业养老保险基金当年结余为22.42亿元，失业保险基金当年结余为3.85亿元，工伤保险基金当年结余为2.81亿元，生育保险基金当年结余－0.76亿元。2015年省级社会保险基金滚存结余543.13亿元，比上年增长5.5%。其中：企业职工基本养老保险基金滚存结余492.23亿元，失业保险基金滚存结余16.17亿元，工伤保险基金滚存结余33.32亿元，生育保险基金滚存结余1.41亿元。

五、2015年全省财政总决算汇编情况

2015年，在各级人大及其常委会的监督支持下，全省各级政府和财政部门认真执行经各级人大批准的2015年预算，全省财政实现了收支平衡，略有结余。

（一）全省一般公共预算收支决算情况

根据汇编的决算，2015年，全省地方一般公共预算收入完成9 366.78亿元，为省十二届人大三次会议通过预算的101.91%，比上年增加1 301.7亿元，增长16.14%。全省地方一般公共预算收入9 366.78亿元，加上中央补助收入1 590.47亿元（含税收返还补助）、新增一般债券收入275亿元、置换一般债券收入1 051亿元、国债转贷收入及结余0.48亿元、上年结转结余收入1 836.37亿元、调入资金3 127.22亿元之后，全省一般公共预算总收入完成17 247.32亿元。

2015年，全省一般公共预算支出完成12 827.80亿元，为省十二届人大三次会议通过预算的122.58%，比上年增加3 675.16亿元，增长40.15%，增幅较大的原因是置换债券还本支出

增加以及全省各级财政大力盘活财政存量资金。全省一般公共预算支出12 827.80亿元，加上上解中央支出247.55亿元、增设预算周转金-22.84亿元、拨付国债转贷资金数0.05亿元、国债转贷支出及结余0.44亿元、一般债务还本支出1 030.84亿元、待偿债置换一般债券结余46.64亿元、调出资金1 807.06亿元之后，全省一般公共预算总支出完成15 939.75亿元。

收支相抵，2015年全省一般公共预算结转结余1 307.57亿元，其中：结转下年支出1 307.57亿元，净结余为0。

（二）全省政府性基金收支决算情况

2015年，全省政府性基金总收入完成5 623.63亿元。其中：当年本级基金收入3 557.12亿元，上年结转结余收入1 690.25亿元，上级补助收入43.94亿元，调入资金70.31亿元，新增专项债券收入58亿元，置换专项债券收入204亿元。

2015年，全省政府性基金总支出完成4 309.63亿元。其中：当年本级基金支出2 991.53亿元，调出资金1 110.82亿元，专项债务还本支出206.53亿元，待偿债置换专项债券结余0.75亿元。

收支相抵，2015年全省政府性基金结转结余1 314亿元。

（三）全省国有资本经营预算收支决算情况

2015年全省国有资本经营收入决算208.80亿元，其中：利润收入134.06亿元，股利股息收入52.57亿元，产权转让收入11.23亿元，清算收入0.04亿元，其他国有资本经营预算收入10.90亿元。

2015年全省国有资本经营支出决算171.49亿元，按科目分类：资源勘探信息事务支出82.30亿元，其他支出35.47亿元，商业服务业等事务支出20.24亿元，交通运输支出17.02亿元，城乡社区事务支出12.59亿元，文化体育与传媒支出1.71亿元，科学技术类支出1.11亿元，农林水事务支出0.64亿元，教育支出0.34亿元，节能环保支出0.06亿元。

（四）全省社会保险基金收支决算情况

截至2015年底，全省企业职工基本养老保险、城乡居民基本养老保险、失业保险、城镇职工基本医疗保险、城乡居民基本医疗保险、工伤保险和生育保险总参保人数约达2.66亿人次，同比增长3.1%。社会保险基金总收入4 382.75亿元，增长17.7%，完成预算4 061.98亿元的107.9%。

2015年全省社会保险基金支出2 845.28亿元，增长12.1%，完成预算2 827.38亿元的100.63%。其中：企业职工基本养老保险基金支出1 633.84亿元，占全部基金支出的57.42%，同比增长9.9%，增长的主要原因是离退休人数增长和年度提高待遇水平；城镇职工基本医疗保险基金支出654.01亿元，占全部基金支出的22.99%，同比增长12.48%；其他各项社会保险基金支出增长的主要原因是受社会保险待遇标准提高和领取待遇人数增加的影响。

截至2015年底，全省社会保险基金滚存结余9 328.6亿元，同比增长19.73%。其中：企业职工基本养老保险基金滚存结余6 157.96亿元，占全省基金的66.01%，比2014年增长20.08%；城镇职工基本医疗保险基金滚存结余1 542.92亿元，占全省基金的16.54%，比2014年增长15.41%。

六、落实省人大2014年省级决算决议意见的有关情况

省十二届人大常委会第十九次会议审查和批准我省2014年省级决算，并作出了《关于批准广东省2014年省级决算的决议》（以下简称《决议》）。按照省人大常委会办公厅《印送省人大常委会关于批准广东省2014年省级决算的决议的函》（粤常办函〔2015〕308号）要求，省政府已以《广东省人民政府关于贯彻落实省人大常委会批准2014年省级决算决议情况的报告》（粤府函〔2016〕68号）向省人大常委会报告，执行情况如下。

（一）贯彻落实新预算法的要求，切实完善和改进政府全口径决算编制工作

1. 进一步细化决算编制，全口径编报决算。我省严格按照新预算法的要求，不断健全预算体系，完善全口径编报决算，主要体现在以下几个方面：一是省级财政决算涵盖一般公共财政、政府性基金、国有资本经营、社会保险基金，全面反映了省级财政年度执行情况；二是严格按照新《预算法》对于决算编制的要求，进一步细化决算编制，将省级支出科目细化到“项”级科目，对重点项目绩效情况、经批准举借债务情况、省本级预备费、省级预算周转金、超收收入、预算调整及执行等情况进行专项报告；三是加强对收入执行变动情况的分析，对不同预算体系的资金调拨用途及原因进行专项说明，对重点项目支出的年初预算完成情况、增长原因以及社会关注度高的民生支出、基金收支等事项加强解释力度，增强决算草案的易读性。

2. 加强部门预决算衔接，提高年初预算到位率。近年来，省财政不断深化部门预算编制管理改革，切实减少和规范年中追加，提高年初部门预算到位率和准确率。一是不断深化部门预算改革，通过项目库、零基预算等改革，健全预算标准体系，细化部门预算项目编制，提高部门预算编制的科学性和准确性。二是严格控制部门预算年中追加，年度预算执行中原则上不追加安排资金，减小部门预决算差异。三是指导和督促各部门严格按照年初预算草案，及时制定资金分配方案，加快资金拨付进度，同时加大对存量资金的清理力度，压减年终结转结余规模。

下一步，省财政将积极采取措施，继续推进全口径预算决算工作：一是按照新《预算法》的要求，继续细化预算决算编制，丰富和完善向人大报送的预算、决算内容，按《预算法》要求细化报送内容，并提供相应的表格说明。二是按照国家关于财政预决算信息公开的要求，努力扩宽财政预决算信息公开范围、丰富信息公开内容、创新信息公开的方式，自觉接受省人大和社会各界的监督。

（二）加强预算收支的管理和监督，提高资金使用效益

1. 依法加强收入征管，严格预算执行。一是着力抓好收入征管，指导、督促欠发达地区改善财政收入质量。制定实施《广东省市县财政收入质量考核办法》，对市县非税收入质量进行考核，严格控制市县非税收入非理性增长，促进财政收入均衡稳定增长。建立财税等部门间信息共享机制，规范收入征管秩序。二是按照预算法规定，严格预算编报，强化预算约束，

未列入预算的项目不予支出，预算调整事项严格按规定报同级人大审批。

2. 严格执行年度预算，强化预算执行刚性约束。一是提高预算支出均衡性和时效性。加快预算下达和预算执行进度，促进我省公共财政预算月度支出进度与序时进度相适应，切实保障资金到位率和预算执行效率。二是硬化预算约束。严格控制部门预算追加，预算未安排的事项一律不得支出，年度预算执行中原则上不追加安排，一些必须安排的支出项目，通过以后年度预算安排资金。加大对存量资金的清理力度，将清理收回的结转结余资金统筹用于经批准的底线民生及支持我省经济社会发展的重点支出。

3. 进一步推进预算绩效管理，加强财政资金管理。加强预算监督和绩效管理，建立完善预算支出的审核机制。一是健全完善预算审核制度，项目支出应明确绩效目标、实施计划和时间进度，提交绩效目标的一级项目达2 173个，二级项目2万多个。前期准备工作不到位、当年尚不具备支出条件的项目，不安排预算。二是建立绩效目标全覆盖机制、绩效自评机制、重点评价机制和第三方绩效评价机制，强化绩效评价结果运用。2015年绩效评价财政资金累计达到3 000多亿元。部门预算500万元以上项目重点编制绩效目标；2015年对41项到期专项资金进行了绩效评价，评价结果为低的1项不再继续安排；开展基本公共服务均等化绩效评价，对十件民生实事等资金实施第三方评价。

（三）进一步完善省级财政转移支付制度，提高基层政府财政保障能力

1. 支持协调发展，促进财力下沉。按照补齐粤东西北发展短板的要求，加大对基层困难地区的补助力度，省级财力更多地向基层倾斜。在编制2016年度预算时，共安排实施粤东西北地区振兴发展战略1 893亿元，比我省进一步促进粤东西北地区振兴发展的原定投入计划1 346亿元增加547亿元；支持珠三角优化发展战略，推进珠三角一体化发展，安排67亿元支持横琴新区、南沙新区、中新广州知识城等重大平台发展。2015年，省级补助市县支出占总支出的比重达到80.02%，比上年提高2.04个百分点。

2. 继续优化转移支付支出结构，提高一般性转移支付比重。进一步完善转移支付制度，压减专项转移支付，提高一般性转移支付比例，增强市县可统筹财力。2015年省级一般性转移支付比重达到60%。加大对原中央苏区和少数民族地区的扶持力度，在分配一般性转移支付时，对少数民族县、原中央苏区县和扶贫开发重点县适用最高档次标准。

3. 重点推进专项资金清理整合改革，完善专项资金管理制度体系。全面梳理省级财政专项资金，裁减、合并、收回、优化一批财政专项资金，按照“一个部门一个专项，没有专项的部门不新增专项”的原则，将省级一般公共预算专项资金由2015年的219项整合至2016年的50项，压减169项，压减幅度高达77%。构建“1+8+X”的专项资金管理制度体系，即1个总办法、8个配套办法及各专项资金具体管理办法，并根据新预算法的要求，修订完善省级专项资金管理办法，建立完善专项资金设立、审批、分配等各个环节的监管制衡机制。推进专项资金信息“八个公开”，建立专项资金实时在线联网监督系统。

4. 加快转移支付下达进度，及时拨付转移支付资金。一是在年初向各省直单位发出书面通知及上门走访，要求各用款部门切实落实新预算法，加快财政资金执行进度，对有关用款部门抓紧发布专项资金项目申报指南，组织专家评审，尽快拟定专项资金分配方案，加快资金审核，及时拨付财政专项资金。二是严格按照新预算法规定时限下达转移支付资金，一般性转移支付在人大会批准预算后30日内下达，专项转移支付在人大会批准预算后的30日和60日内下达。三是及时跟踪市县对转移支付资金的管理使用及财政支出进度情况，针对资金到位滞后等问题，督促省直有关部门及时明确工作要求，积极研究加快资金使用的办法，采取有力措施加以解决。

5. 深化财政体制改革，适时完善省以下财政体制。密切关注中央与地方收入划分调整情况，认真测算收入划分调整对我省的影响。同时，结合事权和支出责任划分改革进展情况，研究调整省以下财政体制，通过加大转移支付力度，促进我省区域协调发展。扩大基本公共服务均等化综合改革试点，新增珠海、河源、湛江市纳入改革试点范围，积极探索健全完善基本公共服务投入机制、财政转移支付与农业转移人口挂钩机制等。

（四）加大审计查出问题的整改力度，切实提高整改实效

1. 强化对审计查出问题的整改落实和跟踪问责。一直以来，省财政高度重视审计工作，对审计发现的问题积极整改、举一反三，完善审计查出问题整改跟踪机制。一是高度重视，上下联动。严格落实整改任务和整改责任，确保每项工作有专人负责、有专人落实。同时充分发挥作为审计牵头部门的作用，建立健全纵横结合的联动工作机制，加强与相关省直部门和下级财政部门的协商沟通，切实将审计整改工作抓好抓实。二是分类整改，完善机制。坚持问题导向，一方面，分工协作，狠抓限期整改，分解整改事项，将整改责任落实到人，逐条对照规范、梳理整改，力求不留死角。另一方面，多措并举，完善机制建设。在抓好落实整改工作的基础上，立足长远，深入研究，从源头上解决审计查出问题的治本措施，堵塞漏洞。通过健全制度、规范管理、深化改革，努力构建管理制度规范完善、管理手段科学精细、监督问责透明有力的财政管理机制，不断提高财政管理的科学化、精细化水平。

2. 借助审计监督的成果不断完善财政管理工作。在认真做好审计整改工作的基础上，省财政积极研究运用审计整改成果，深化改革，完善机制，努力做到有的放矢，不断推进财政科学化、精细化管理，提高财政管理效能。

一是建立健全审计整改落实和反馈制度。对审计查出的问题和提出的建议，分类按规范要求积极实施整改，立足长效机制建设，深入研究从源头上解决审计查出问题的根本措施，真正做到用制度管权、用制度管事、用制度管人，进一步规范财政财务收支行为，不断提高财政资金使用效益。在审计整改过程中注重做好审计整改反馈工作，及时向审计部门反馈审计整改情况，在收到审计报告、审计决定书和移送处理书送达之日起积极进行审计整改，整改过程中遇到问题及时与审计部门沟通协调，确保按时、按要求报送审计整改情况。

二是加强财政资金监督管理。加

强财政管理，重点加强专项资金监管，完善专项资金实时在线联网监督机制。加强财政监督，健全日常监督机制；创新监督理念，把监督重点从资金分配转向预算编制，推进依法行政、依法理财。树立发展新理念，进一步推进财政工作转型，提高工作执行力，增强财政服务中心大局的能力。

三是积极主动做好预决算公开工作。按照时限要求公开省级预决算，通过省级专项资金管理平台向社会及时公开专项资金信息。加大对省级各部门及市县预决算信息公开的督促力度，截至2015年底，省级有106个部门公开了部门预算、“三公”经费预算；21个地级以上市全部公开了总预算及市本级部门预算、“三公”经费预算；119个县（市、区）全部公开了本级总预算、部门预算和“三公”经费预算。

主任、各位副主任，秘书长，各位委员：

2016年作为“十三五”开局之年，进一步做好财政工作，对于全面落实我省率先全面建成小康社会决胜阶段各项部署，打赢推进结构性改革攻坚战等具有重要意义。我们将在省委、省政府的正确领导下，在省人大的监督支持下，坚定信心，解放思想，开拓创新，锐意进取，努力开创我省财政改革发展新局面，为我省“十三五”开好局，为实现“三个定位、两个率先”目标任务作出新的更大贡献！

广东省人民代表大会常务委员会关于批准广东省2015年省级决算的决议

（2016年7月28日广东省第十二届人民代表大会常务委员会第二十七次会议通过）

广东省第十二届人民代表大会常务委员会第二十七次会议听取了省财政厅厅长曾志权受省人民政府委托所作的《关于广东省2015年省级决算草案的报告》和省审计厅厅长何丽娟受省人民政府委托所作的《关于广东省2015年度省级预算执行和其他财政收支的审计工作报告》。会议结合审议审计工作报告，对广东省2015年省级决算草案及其报告进行了审查。会议同意省人民代表大会财政经济委员会提出的《关于广东省2015年省级决算草案的审查结果报告》，决定批准2015年省级决算。

关于广东省2015年省级决算草案的审查结果报告

——2016年7月26日在广东省第十二届人民代表大会常务委员会第二十七次会议上的讲话

广东省人大财经委员会副主任委员　林秀玉

主任、各位副主任、秘书长、各位委员：

现将财经委员会对我省2015年省级决算草案的审查情况报告如下：

7月1日，财经委员会召开全体会议，听取了省财政厅关于广东省2015年省级决算草案的报告和省审计厅关于广东省2015年度省级预算执行和其他财政收支的审计工作报告，并对2015年省级决算草案进行了初步审查。会前，预算工作委员会对上述两个报告进行了研究并提出了意见。

根据决算草案，2015年省级一般公共预算总收入完成6 182.14亿元，总支出完成5 884.93亿元，收支相抵，结转结余297.21亿元。2015年省级政府性基金总收入完成690.62亿元，总支出完成660.25亿元，收支相抵，结余结转30.37亿元。2015年省级国有资本经营预算收入完成22.95亿元，总支出完成28.77亿元。2015年省级社会保险基金收入337.3亿元，支出308.98亿元，收支相抵，当年结余为28.32亿元，滚存结余543.13亿元。

财经委员会认为，省政府及其财政部门和各预算执行单位认真贯彻落实中央和省委的各项决策部署以及省十二届人大三次会议有关决议要求，充分发挥财政职能作用，全面深化财政体制改革，认真落实稳增长、调结构、促改革、惠民生、防风险各项政策措施，较好地完成了省十二届人大三次会议批准的年度预算。省审计部门围绕中央和省的工作重点，对省级预算执行和其他财政收支进行审计，持续组织对重大项目推进、工业转型升级、粤东西北振兴发展、创新驱动发展战略和简政放权等重大政策措施的落实跟踪审计，强化城镇保障性安居工程、住房公积金、重点科技专项资金等民生项目和重大投资项目的审计，较好地发挥了审计监督作用。财经委员会建议省人大常委会批准省人民政府提出的2015年省级决算草案，批准2015年省级决算草案的报告。

同时，根据决算报告反映，在财政运行和管理工作中还存在一些问题，主要是：财政收支矛盾仍然突出，财政收支平衡压力加大；部分地区非税收入占比偏高，收入可持续增长压力大；区域财力不平衡问题仍较突出，区域差距拉大等。此外，审计工作报告也反映，在财政管理、部门预算执行、重大政策措施贯彻落实、重点民生项目和科技专项资金等方面也还存在不少问题。对上述问题应引起高度重视，采取有效措施加以解决，并扎实做好审计发现问题的整改工作。

针对2015年省级决算反映出的问题，财经委员会提出如下建议：

一、贯彻落实预算法的要求，切实完善和改进政府全口径决算编制工作

进一步改进决算编制工作，全面落实决算草案与预算相对应的要求，充实省级一般公共预算收入（含中央转移支付收入）情况、中央财政补助资金安排和使用情况、省级预算稳定调节基金管理使用情况、省级预备费使用情况等方面的内容。推动专项规划与年度预算编制、项目库管理的有机结合，着力加强部门项目库和财政项目库建设；做好部门预算和决算的有机衔接，使决算与预算相对应。

二、深化财政管理改革，严格预算约束

进一步改进和完善预算管理，推进零基预算编制，建立跨年度预算平衡机制。进一步细化预算编制，提高预算编制精准度，严格控制年中追加和调整预算。强化预算执行的刚性约束，严格执行先有预算、后有支出的规定，并提高预算到位率，按规定时限下达预算资金。

三、全面推进预算绩效管理，提高财政资金使用绩效

积极推进预算绩效管理全覆盖，加强对重点支出和重大投资项目的绩效评价，强化预算单位的绩效意识。逐步将部门重点支出项目的绩效目标及其评价结果随部门预算、决算向省人大常委会报告，并向社会公开，绩效目标完成情况应作为下一年度预算编制的重要依据。

四、完善省级财政转移支付资金管理，增强基层政府财政保障能力

健全事权与财权相匹配的财税体制，优化转移支付支出结构，进一步增加均衡性转移支付的规模和比例，防止一般性转移支付专项化，促进财政资金向欠发达地区倾斜，增强基层财政保障能力。进一步增强转移支付资金分配的公平性和透明度，提高转移支付预告知的准确性和完整性。加快转移支付资金拨付进度，严格按预算法规定的时限批复预算和下达各类转移支付资金。

以上报告，请予审议。

第二部分

领导批示和讲话

Leader’s Instructions and Speeches

领导批示

全省财政工作

朱小丹省长在审阅2016年全省财政工作会议材料时，对省财政厅出色完成各项任务作出肯定批示：

过去一年，省财政厅发扬“三严三实”精神，全面深化财政体制改革，全力落实财政稳增长政策，切实保障民生财政支出，不断加强财政支出绩效管理，出色完成各项任务，为我省全面完成全年经济社会发展目标任务、实现“十二五”胜利收官作出积极贡献。新一年，要千方百计保证财政持续稳定增长和收支总体平衡，更好发挥财政对供给侧结构性改革的支撑作用，对经济平稳增长和民生持续改善的保证作用，为全省“十三五”开好局、起好步作贡献。

（办公室提供）

财政收支

朱小丹省长2015年1月12日在《2014年全省财政收支情况简要分析》上，对省财政厅在财政收支方面的成绩作出肯定批示：

发扬成绩，解决问题，确保财政持续稳定增长，并较大幅度高于全国平均增幅。

（国库处提供）

财政金融

徐少华常务副省长2015年4月17日在审阅PPP有关情况汇报时，对省财政厅PPP有关情况的分析作出肯定批示：

资料简明清晰，对了解此项定义很有帮助，财政厅可否会相关厅局，在若干个项目领域提几个具体项目，试引用PPP模式进行推介，看社会投资者如何响应。

（金融与政府债务处提供）

政府一般债券

徐少华常务副省长对省财政厅在政府一般债券发行工作方面的主动性和成效给予肯定。

2015年11月24日在《关于2015年广东省政府债券发行情况的报告》上批示：省财政厅工作认真负责，落实扎实有力，政府债券发行圆满完成。

2015年6月18日在《关于2015年第1批广东省政府一般债券发行有关情况的报告》上的批示：工作主动，效果良好。

2015年7月22日在《关于发行2015年第2批广东省政府一般债券的报告》上批示：省财政厅工作，有力促进和推动了全省和各地稳增长、调结构、保民生、防风险任务落实。

2015年8月14日在《关于2015年第1批广东省定向承销政府债券发行有关情况的报告》上批示：省财政厅工作布置主动，完成任务很好，将有力支持经济社会发展。

（国库处提供）

领导讲话

在全省财政工作会议上的讲话

（节选）

省委常委、常务副省长 徐少华

（2016年1月19日）

召开全省财政工作会议，主要是贯彻落实省委十一届六次全会和全国财政工作会议精神，总结“十二五”时期全省财政工作，分析“十三五”时期我省财政经济形势，研究部署2016年及今后一个时期全省财政工作。朱小丹省长高度重视此次会议，会前专门作出重要批示：过去一年，省财政厅发扬“三严三实”精神，全面深化财政体制改革，全力落实财政稳增长政策，切实保障民生财政支出，不断加强财政支出绩效管理，出色完成各项任务，为我省全面完成全年经济社会发展目标任务、实现“十二五”胜利收官作出积极贡献。新一年，要千方百计保证财政持续稳定增长和收支总体平衡，更好发挥财政对供给侧结构性改革的支撑作用，对经济平稳增长和民生持续改善的保证作用，为全省“十三五”开好局、起好步作贡献。希望大家认真学习贯彻朱小丹省长重要批示精神和这次会议部署，进一步坚定决心，振奋精神，推动财政工作再上新台阶。

一、“十二五”时期我省财政改革发展取得了突出成绩，为推动全省经济社会发展发挥了不可替代的重要作用

“十二五”时期，我省改革开放和社会主义现代化建设取得新的重大成就。2015 年，在经济下行压力较大的形势下，省委、省政府全面贯彻落实党中央、国务院关于经济工作的决策部署，紧紧围绕“三个定位、两个率先”目标，主动适应和积极引领经济发展新常态，推动全省经济发展稳中有进、稳中向好、稳中提质，较好发挥习近平总书记提出的“两个支撑”作用，顺利兑现向李克强总理作出的“两个高于”承诺。2015 年，全省实现生产总值 7.28 万亿元，增长 8.0% 左右，比全国平均水平高 1 个百分点，总量约占全国的 1/9；进出口总额继续保持 1 万美元以上，总量约占全国 1/4；固定资产投资总额和社会消费品零售总额双双突破 3 万亿元。

“十二五”时期，也是我省财政改革发展取得重大进展、财政实力实现新跨越的时期。全省财政部门紧紧围绕着主题主线和习近平总书记对广东提出的“三个定位、两个率先”的目标，努力建设法治财政、民生财政、绿色财政、绩效财政、阳光财政，各项工作取得了新成效，为全省经济社会发展提供了最有力保障，发挥了不可替代的重要作用。来源于广东的财政总收入，从 2011 年 13 667 亿元增加到 2015 年的 20 934 亿元，年均增长 12.1%；全省地方一般公共预算收入从 2011 年的 5 515 亿元增加到 2015 年的 9 365 亿元，一年迈上一个新“千亿”台阶，年均递增 15.78%，财政总量连续 25 年居全国各省市首位。我省财政工作取得的突出成绩主要体现在以下几个方面：

（一）支持稳增长促转型，推动经济发展平稳运行、提质增效

认真贯彻党中央、国务院及省委、省政府决策部署，积极应对经济下行压力，改进财政调控机制，完善财政政策措施，瞄准经济发展的重要领域和关键环节精准发力，发挥财政资金“四两拨千斤”作用，着力稳增长促转型。一是围绕应对经济下行压力，省政府连续出台支持稳定经济增长的财政政策措施。其中，2015 年出台了 16 条财政政策措施，全省各级财政共筹集 8 000 亿元支持稳增长，同时撬动 2 万多亿元社会资金，有效地发挥了财政资金的杠杆作用。二是围绕加快产业转型升级，省级财政统筹 120 亿元支持启动工业转型升级攻坚战三年行动计划、新一轮技术改造和珠江西岸先进装备制造产业带、珠江东岸电子信息产业带建设。三是围绕实施创新驱动发展战略，2015—2017 年省财政计划统筹 1 000 亿元支持科技创新和成果转化。四是围绕促进区域协调发展，2013—2017 年省财政统筹 6 720 亿元支持实施“三大抓手”，大力推进粤东西北地区振兴发展。特别是积极筹措资本金用于交通基础设施建设，有效改善了粤东西北地区内联外通的条件。此外，在加大支持力度的同时，注重创新资金使用方式，通过开展股权投资改革、设立政策性基金、推进政府与社会资本合作等方式，有效发挥财政资金稳增长的放大效应。

（二）切实保障改善民生，推进全省基本公共服务均等化

修编实施基本公共服务均等化规划纲要并在惠州、清远、江门、阳江、河源、珠海、湛江七市开展综合改革试点，坚持保基本、兜底线、建机制，注重向弱势群众“雪中送炭”，让人民群众共享发展成果。“十二五”期间，全省各级财政投入超过 3 万亿元推进基本公共服务均等化，城乡居民医疗保险补助标准、免费义务教育生均公用经费补助标准、医疗救助补助标准、城乡居民最低生活保障等大幅提升，绝大部分基本公共服务项目保障标准超过全国平均水平或居全国前列。五年间，全省民生支出占总支出的比重从 63.7% 提高到 69.6%；各级财政共投入十件民生实事资金 8 470 亿元，其中省级财政投入 3 072 亿元，年均增长 15.8%。特别是近两年共投入 445 亿元，有效解决了我省底线民生保障水平和覆盖率总体不高等问题，推动我省底线民生项目保障水平跃居全国前列。这些工作的推进，体现了财政部门坚持以人为本、主动作为、保障和改善民生的价值取向。

（三）深入推进财政改革，探索率先基本建立现代财政制度

围绕率先基本建立现代财政制度的目标，破除定势，大胆创新，系统有序推进财政体制、预算管理制度、财政分配、财政管理等各环节改革，开展近 40 项创新性工作，在预算编制、执行和绩效管理等方面取得了新突破。一是加强改革总体设计。印发实施《广东省深化财税体制改革　率先基本建立现代财政制度总体方案》，明确我省全面深化财税体制改革的时间表、路线图，搭建了我省现代财政制度的框架体系。二是坚持预算制度改革先行。全面推进建立全口径政府预算体系、中期财政规划管理、建立跨年度预算平衡机制、加强政府性债务管理、零基预算编制试点、压专项扩一般、清理整合专项资金及清理盘活存量资金等系列改革，仅 2015 年就开展了 25 项改革，逐步形成具有广东特色、体现率先作为的预算管理模式。三是注重改革整体推进。调整完善转移支付制度，探索建立省以下事权和财政支出责任相适应制度改革、政府公共资源向各类投资主体公平配置改革，稳步推进营业税改增值税改革、权责发生制政府综合财务报告制度改革、省以下法院和检察院财物统管制度改革等，增强改革合力和实效。接下来，省以下地方审计机关人财物管理改革、环保机构监测监察执法垂直管理制度改革也将部署展开，全省各级财政部门要给予积极支持配合。关于省以下事权和财政支出责任相适应制度改革，下来要根据中央的顶层设计予以推进。

（四）全面加强财政管理，推进财政管理科学化规范化

我省财政工作积极适应政府职能加快转变、财政收支规模不断扩大、财政改革步入深水区的新形势新要求，严格执行新预算法的各项规定，创新财政管理，规范财政行为，提升工作

效能。收支管理方面，既立足当前，通过实行“三挂钩一通报”等措施，强化了支出进度管理；又着眼长远，通过编细编实预算、推进项目库管理、零基预算改革等，从根本上打破支出进度“年年抓、年年慢”的怪圈。存量资金管理方面，2013年以来先后开展10批次存量资金清理工作。仅2015年全省清理存量资金就达4 043亿元，其中省级1 710亿元，2015年全省和省级存量资金规模比上年分别下降83%、95%。专项资金管理方面，在全国推出多项首创措施，建立完善专项资金设立、审批、分配等各个环节的监管制衡机制，构建“1+8+X”的管理制度体系，省级专项资金减至50项。

（五）从严从实狠抓队伍建设，有力推动各项工作落实

全省各级财政财务部门以开展党的群众路线教育实践活动、“三严三实”专题教育等为契机，坚持业务、队伍建设两手抓、两手硬，严格管理干部、用心带好队伍，有力推动各项工作落实。一是工作高效，执行力强。各级财政财务部门贯彻落实省委、省政府的决策部署态度坚决、行动迅速、效率很高，不仅体现了财政财务干部是业务的行家里手，更反映了高效率背后的高度事业心和责任感。二是敢于担当，善打硬仗。面对非常复杂严峻的形势和各种困难挑战，各级财政财务部门强化使命担当，勇于攻坚克难，大胆探索创新，在重大政策的拟定、大规模资金的落实、重要改革的推进、资金政策的争取等方面做了大量卓有成效的工作。特别是做到两个保障，即资本金安排保障重大项目建设、重要政策出台保障重要改革推进。三是勤政为民，清正廉洁。针对曾经出现的违纪违法案例，各级财政财务部门认真汲取教训，举一反三，建章立制，标本兼治，要求无私理财两袖清风。同时，认真接受人大、政协以及审计监督。

我省财政各项工作五年来取得的显著成绩，是上级主管部门指导支持的结果，是省委、省政府正确领导的结果，是省人大和人大代表监督支持的结果，是全省财政系统干部职工付出宝贵心血、辛勤劳动和无私奉献的结果。借此机会，我谨代表省委、省政府，代表胡春华书记、朱小丹省长，向在座各位同志并通过你们向全省财政财务系统的广大干部职工表示衷心感谢和崇高敬意！

二、准确把握面临的形势，科学谋划“十三五”时期我省财政改革发展工作

当前，我国经济发展已经进入新常态，正从高速增长转向中高速增长，从规模速度型粗放增长转向质量效率型集约增长。我们要深入认识新常态、主动适应新常态、积极引领新常态。近年来，我省坚持转型升级，不断提高财政质量和效益，实现了两位数的增长。但必须看到，目前工业、投资、外贸出口、企业利润等主要经济指标不景气，将明显影响相关主体税种收入的增长，国家结构性减税政策也将在一定程度上影响财政增收，财政收入增幅将有所回落。

对照新的形势任务要求，我省财政工作面临着三大挑战：一是收支平衡的挑战。在财政收入增幅由高速转为中低速的同时，财政支出呈刚性增长趋势，支持经济发展方式转变、统筹城乡区域协调发展、保障和改善民生，都需要强大的财力支持和保障。在不考虑新增项目的情况下，预计2016－2018年省级预算收支缺口将达1 603亿元，其中2016年收支缺口507亿元；从市县来看，由于支出增幅持续高于收入增幅，收支缺口更大，亟须调整优化。二是稳当前与保长远的挑战。目前我省政府性债务风险总体可控，但个别地区和部门债务规模较大、偿债能力较弱，存在风险隐患。同时，金融领域存在地方融资平台贷款风险、“影子银行”风险等，这些金融风险的防范也需要财政支撑。随着各类贷款还本期的陆续到来，在投资项目效益有限的情况下，最终还贷压力将集中到政府财政，将进一步加大财政经济保持平稳运行的压力。三是稳增长与促改革的挑战。无论是稳增长还是促改革，都需要财政资金支撑，特别是随着改革向纵深推进，将触及一些深层次的矛盾，而要解决好这些问题，发挥财政职能十分重要和关键。

全省财政系统要进一步提高认识，因势利导、趋利避害，坚定信心、抢抓机遇，科学谋划“十三五”时期我省财政改革发展工作，切实做到三个突出：一是突出贯彻落实五大发展理念。按照党的十八届五中全会提出的创新、协调、绿色、开放、共享发展理念，充分发挥财政支持改革发展的杠杆作用，瞄准经济社会发展重点领域和薄弱环节精准发力，努力在促进全省经济社会发展中发挥更大的作用。二是突出依法管理与强化服务并重。要依法把关，管严管实，不给任何以权谋私的行为开口子，坚决杜绝财政资金“跑冒滴漏”。同时要坚持换位思考、主动服务，关注基层运转的困难，关注百姓生活的艰辛，将服务融入财政管理和惠民实践，着力补齐民生社会事业发展短板，做到服务基层、服务群众。要坚持因财施力、量力而行，真正为百姓办实事办好事。三是突出提升干部能力。坚持内强素质、外树形象，持之以恒加强作风建设，在忠诚干事、勤政干事、干净干事方面下更多的功夫，不断提高财政自身建设水平，为财政各项工作开展打好基础、创造条件。要加强信息化建设，确保在线管理、在线监督以及信息共享。

三、围绕中心、服务大局，推动全省财政工作实现“十三五”良好开局

2016年是“十三五”的开局之年，全省各级财政财务部门要认真贯彻落实党的十八届三中、四中、五中全会、中央经济工作会议以及习近平总书记系列重要讲话精神和省委十一届五次、六次全会精神，振奋精神，狠抓落实，推动财政财务工作再上新台阶。

（一）支持供给侧结构性改革

中央经济工作会议特别强调要加强供给侧结构性改革，着力抓好去产能、去库存、去杠杆、降成本、补短板五大任务。省委十一届六次全会明确要求打好供给侧攻坚战。财政工作要紧紧围绕“三去一降一补”，充分发挥职能作用，支持供给侧结构性改革，实现有质量、有效益的发展，重点是建立“三个供给端”：一是以企业降负增效为核心的政策供给端。积极开展降低实体经济企业成本行动，打出“组合拳”，在支持引导企业实施技术创新、提高生产效率的同时，采取更有力的政策措施帮助企业降低成本，重点要进一步正税清费，落实好普惠

性减税政策，清理各种不合理收费特别是垄断性中介服务收费，研究降低社会保险费率等。要加快实现省本级及珠三角各市涉企行政事业性收费“零收费”，支持全省供给侧结构性改革。二是以产业转型升级为重点的资金供给端。通过实施差别化扶持政策，提高财政投入的有效性和精准度。一方面，落实支持战略性新兴产业、珠江西岸先进装备制造业、珠江东岸电子信息业的各项财政政策措施，支持企业技术研发与升级改造，以增量稀释存量。另一方面，实施有利于去产能、去库存、去杠杆的财税政策措施，清理对“僵尸企业”的财政补贴和各种保护形式，取消无效的市场供给，促进资源要素从产能过剩、增长空间有限的产业中释放出来。要坚持精准发力，比如处置“僵尸企业”，财政资金要重点用于安置职工。三是以发挥杠杆作用为动力的资本供给端。紧紧围绕支持实体经济发展，通过设立产业发展引导基金、经营性资金股权投资改革、推进政府与社会资本合作等，变无偿资助为股权主导，将财政手段和货币手段相结合，使社会资本加码扶持资金，实现财政资金“四两拨千斤”的杠杆效果。

（二）完善民生保障体系

推动从点上用力向全面提升转变，确保各项民生保障标准不低于全国平均水平，重点要把握好以下两个方面：一是注重聚焦短板，雪中送炭。由于行政决策和财政体制等原因，过去政府在支持民生社会事业上做了不少锦上添花的事，但是真正需要我们考虑的是，究竟民生事业中的哪些领域、社会中的哪些人群是最需要政府帮助的。要牢固树立民生工作的底线思维，多做“雪中送炭”的事，少干“锦上添花”的活，将民生资金投入更多地向弱势群体倾斜，提高财政支出的边际效用。二是注重引导预期，水平适度。统筹好财力安排，既积极主动、又量力而行，避免形成新的财力缺口。要立足当前可承受、未来可持续，突出“底线保障”，防止产生“等靠要”及盲目攀比等思想，避免对财政的过度依赖，避免虚高社会福利目标，切实做到保障水平与经济社会发展水平相适应、与地方财力相匹配。

（三）深化财税体制改革

今年，中央在财税体制改革方面部署的重大措施，我们要积极配合、抓好落实，通过改革创新发挥更好的绩效和更好的杠杆效应，着力解决财政体制机制上的深层次问题，使财政管理更加科学规范，财政体制更加充满活力。一是立足形成制度成果。党的十八届三中全会以来，我省围绕率先基本建立现代财政制度，在财政体制、预算管理、事权和支出责任制度划分等领域推进了一系列改革，这些改革措施必须以制度成果固定下来，形成制度安排，确保改革取得实实在在的成效。二是立足突破重点难点。随着改革的深入推进，好改的、容易改的，都已经改了，剩下的都是难啃的“硬骨头”，比如事权和支出责任划分调整，涉及方方面面，情况非常复杂，全省各级财政部门必须以更新的思路和办法，凝聚改革共识，推动改革攻坚，突破重点难点。三是立足激发机制活力。改革成功与否，一个重要衡量标准就是能否调动各方积极性、激发动力活力。财政改革形成新的机制安排既要“保底”，又不能养“懒人”。要通过激励机制安排，在调动各方面积极性的同时，提高资金使用效益。

（四）全面提升财政管理水平

重点在增强规范性、透明性、严肃性、有效性、绩效性上下功夫。一是增强预算执行的规范性。必须按照新预算法的要求，突出预算执行的规范性、约束性，严格执行经过人大审批批准的预算，未列入预算的不得支出。财政部门要妥善处理好预算安排随意性、部门化与财政预算安排原则性之间的关系，对部门提出的在预算执行中追加、追减等事项一概不批，对于必须进行的预算调整，也要严格按照程序报请人大审查和批准。同时，要提高预算执行的时效性和均衡性，落实对预算执行进度和资金下达时限的规定。二是增强预算信息的透明性。要严格按照新预算法的要求，及时公开预算信息，把政府的账本晒在阳光下，保障群众对预算信息的知情权。特别要强调的是，要落实推进预算信息公开的主体责任，部门预算、政府采购等信息由各部门向社会公开，政府各部门必须在规定时限内公开部门预算等，各级财政部门要加强督促。三是增强财政监督的严肃性。坚持“立体、刚性、实效”，对财政资金运行分配环节和掌握财政资金分配权的部位，要强化监督约束。要加强对财政资金的监督检查，特别是对“三农”、教育、就业、社会保障等财政投入资金的监督检查，坚决纠正损害群众利益的行为。四是增强风险防控的有效性。要按照中央和我省加强政府性债务管理的意见要求，通过建立规范的地方政府举债融资机制、完善债务资金使用管理、严格债务风险预警、建立考核问责机制等，构建举借有度、偿还有方、管理有序、监管有力的政府性债务监管体制，确保全省政府性债务规模合理、风险可控、使用规范。同时，各市、县是本地区政府债务责任主体，要加强对本级和下级政府性债务的监督管理，切实防范和化解风险。五是增强资金使用的绩效性。面对收支矛盾不断加大的实际，注重资金使用绩效，既要重视程序上的合规绩效，更要重视资金政策目标的实现。近年来，我省财政在加强绩效评价、提高资金使用方面进行了积极的探索，开展了第三方绩效评价改革等，下来要进一步研究完善绩效管理措施，努力做得更好、更扎实。

（五）从严从实加强队伍建设

要把队伍建设放在突出重要的位置，不断提高财政干部理论素养、专业水平和管理能力，努力打造一支对党忠诚、为民负责、勤政廉政、干净干事的队伍。希望财政干部努力做到以下四点：一是讲大局的观念。财政干部首先要有大局意识，在财政政策制定、体制调整、预算安排等事关全局的重大问题上，要与党委、政府保持高度一致。要跳出财政看财政，牢固树立“一盘棋”的思想，主动为全省经济社会发展出谋划策，统筹财力安排，做到纲举目张。二是重服务的作风。财政部门权、钱相对集中，广大财政干部要切实增强服务意识，弘扬换位思考、主动服务的优良作风，不仅要把服务当作一种工作态度，更要把服务变成一种职业习惯。特别是要深入基层、深入群众，加强调查研究，真诚倾听群众呼声，真实反映群众愿望，真情关心群众疾苦，多为群众办好事、办实事。三是敢担当的精神。要敢于较真，严格把关，批拨的每一笔钱，都应该按照规章程序来办理，决不能为“人情审批”开绿灯，导致本来不该批的批了，本来该批少的批多了。要强化源头管控，严肃财经纪律，坚持勤俭办一切事业，严控“三公”经费等一般性支出，做到该花的钱花好，不该花的钱一分也不能花。四是守清廉的品质。秉公用权才能赢得人心。各级财政部门一定要时刻紧绷廉洁从政这根弦，深刻认识到管财理财的权力是党委、政府和人民赋予的，不能把手中的权力当成个人谋利的工具、交易的筹码，决不能有任何形式的权钱交易行为，防微杜渐，警钟长鸣，切实做到“为民理财一身正气，无私理财两袖清风”。

以新理念为引领开创我省财政工作新局面

——在全省财政工作会议上的讲话（节选）

省财政厅厅长　曾志权

（2016年1月19日）

这次会议在“十三五”开局之年召开，省委、省政府领导高度重视此次会议，朱小丹省长在审阅会议材料时作出重要批示：过去一年，省财政厅发扬“三严三实”精神，全面深化财政体制改革，全力落实财政稳增长政策，切实保障民生财政支出，不断加强财政支出绩效管理，出色完成各项任务，为我省全面完成全年经济社会发展目标任务、实现“十二五”胜利收官作出积极贡献。新一年，要千方百计保证财政持续稳定增长和收支总体平衡，更好地发挥财政对供给侧结构性改革的支撑作用，对经济平稳增长和民生持续改善的保证作用，为全省“十三五”开好局、起好步作贡献。今天上午，省委常委、常务副省长徐少华同志亲临会议并作重要讲话，肯定了“十二五”时期我省财政工作取得的成绩，深入分析了“十三五”时期我省财政经济面临的形势，对做好“十三五”及2016年财政工作提出了殷切期望和明确要求。

一、“十二五”时期我省财政工作回顾

“十二五”时期，我省财政工作在省委、省政府的正确领导下，全面贯彻落实习近平总书记系列重要讲话精神及党的十八大、十八届三中、四中、五中全会精神，紧紧围绕我省“三个定位、两个率先”总目标，主动适应经济发展新常态，充分发挥财政职能作用，全力支持稳增长、促改革、调结构、惠民生、防风险的各项工作，顺利完成“十二五”规划确定的目标任务，为全省经济社会发展提供了有力支撑。

（一）财政、财务工作转型取得初步成效

“十二五”开始，我们主动适应形势发展要求，明确提出广东财政要继续当好排头兵，必须围绕建设法治财政、民生财政、绿色财政、绩效财政、阳光财政等“五大财政”，加快财政工作转型，努力推动在新起点上实现新突破。五年来，我们坚持破除思维定式，勇于担当，积极作为，找准突破点，扎实推动财政工作转型。在理财模式上，提出要合理界定财政支出范围，坚持“有所为有所不为”，解决财政“缺位”、“越位”和“错位”问题。五年来，我们积极践行理财模式转型思路，财政支出结构不断优化，财政政策的针对性和有效性不断加强，对市场主体的直接补助逐步减少，民生投入不断加大，民生政策注重保障基本和兜住底线，构建了对弱势群体的“雪中送炭”保障机制。在工作理念上，提出要提高工作效率，增强服务意识，秉持科学与创新的理念，强化财政绩效的观念。五年来，我们实行首问负责制和重要工作限时办结制，不断完善办事流程，牢固树立换位思考、主动买单意识，坚持未雨绸缪、提前介入，扎实推进优质服务型机关建设不断取得新成效；完善绩效预算管理，创新提高资金绩效的政策措施，以创新、科学、竞争、绩效为主要内容的新型财政文化建设取得明显成效。在投入机制上，提出要集中财力办大事，发挥财政资金的杠杆作用和放大效应，在稳增长、公共基础设施建设领域注重财政与金融相结合，利用市场配合私营部门优势进行有效供给，积极探索政府购买社会服务。五年来，改革财政分配方式，开展了财政资金竞争性分配、财政经营性资金股权投资管理改革，推广运用PPP模式及政府购买社会服务等一系列改革。在财政管理上，提出要打造阳光财政，大力推进预算执行透明化、预决算信息公开化等。五年来，我们突出规范、透明、高效，推进财政管理创新，实施了预算支出联网监督、财务核算信息集中监管等改革工作，深化预算执行动态监控，省级将一级预算单位和行政单位100%纳入改革范围，全省20个地级以上市（不含深圳）均开展了相关改革，预决算信息公开工作走在全国前列。

（二）财政总体实力不断壮大

五年来，我们牢固树立主业意识，完善抓收入工作机制，规范收入秩序，加强收入质量考核，实施支出考核“三挂钩一通报”的办法。推动财政收支实现平稳运行。收入规模不断扩大。来源于广东的财政总收入从2011年的13 667亿元增加到2015年的20 934亿

元，年均递增12.1%；全省地方一般公共预算收入从2011年的5 515亿元增加到2015年的9 365亿元，一年迈上一个新“千亿”台阶，年均递增15.78%，其中2015年增长16.2%，可比增长12%，总量连续25年居全国各省市首位。地方可支配财力逐年增加。2011—2015年，我省四项预算（公共财政预算、政府性基金预算、国有资本经营预算和社会保障预算）地方收入总额分别完成10 110.29亿元、11 207.47亿元、13 898.47亿元、15 710.8亿元和17 634.44亿元，年均增加1 504.83亿元，增长14.88%，为全省“十二五”时期各项工作落实奠定了坚实的物质基础。

（三）财政支出结构更加优化

五年来，我们坚持有所为有所不为，突出财政的普惠性，集中有限财力用于保重点、保民生，支出结构不断优化。民生支出占比不断提高，全省财政民生投入占全省公共财政预算支出的比重从2011年的63.7%提高到2015年的69.6%；“压省级、保地方”，省级预算支出中用于保障和改善民生、均衡区域基本公共服务水平和帮助市县增强发展后劲的支出占省级总支出的比重从2011年的78%提高到2015年的81%；从严控制一般行政性经费和“三公”经费增长，全省主要用于维持行政运行的一般公共服务支出占全部支出的比重从2011年的12%降低到2015年的8%。

（四）财政调控作用效果明显

五年来，我们认真把握新常态下财政工作的新要求，充分发挥财政的调控作用，支持稳增长。为有效应对经济下行压力，2014年、2015年分别出台22条、16条财政支持稳定经济增长的政策措施，全省财政统筹安排资金6 000亿元、8 000亿元支持稳增长，2015年纳入GDP考核的财政支出八项指标直接拉动GDP增长1.6%。支持调结构。近三年统筹近1 000亿元支持创新驱动战略实施，投入220亿元加快培育和发展战略性新兴产业，投入256.25亿元支持高校发展、高水平大学及理工科院校建设，促进发挥创新引领和支撑作用，促进发展动力切换。支持促转型。省财政投入171.3亿元推动产业转移，投入74.65亿元支持工业企业实施技术改造，投入75.2亿元支持珠江西岸先进装备制造业及珠江东岸电子信息产业带发展。支持减负担。实施“营改增”试点累计为各类企业减税918.2亿元，落实小微企业税收优惠政策减税240亿元，减免行政事业性收费350亿元，五年累计减轻企业负担超过6 500亿元。做好政府债务管理工作，印发《关于加强政府性债务管理的实施意见》、《广东省政府性债务应急和责任追究预案》，对全省地方政府债务存量进行了全面清理甄别，将债券收支纳入预算管理。五年来，共发行地方债2 012亿元，偿还地方债188.5亿元，其中，2015年经省人大常委会批准后组织发行新增地方政府债券333亿元，共发行地方债1 588亿元。不断规范政府债务管理，更好发挥政府债务促进经济社会发展的积极作用。

（五）促进协调发展成效显著

五年来，我们注重发挥财政政策和资金引导作用，推动城乡、区域协调发展。省财政共统筹安排资金7 185亿元，支持粤东西北地区加快发展。以交通基础设施建设、产业园区建设和中心城区扩容提质“三大抓手”为重点，支持粤东西北发展。2011—2015年，东西两翼和粤北山区财政收入年均分别增长14.9%和17.98%，增幅高于珠三角地区4.57个和7.65个百分点，东西两翼和粤北山区财政收入占全省市县级财政收入的比重从20.36%提高到21.96%。支持珠三角优化发展。省财政累计安排珠三角9市税收返还及转移支付4 921亿元，支持包括珠江西岸先进装备制造业产业带、珠三角创新示范区等重大平台建设和发展，落实横琴、南沙、中新知识城等省级税收增量专项补助等。支持县域经济发展。完善激励型财政机制，推动县域财力明显增强。2011—2015年，全省67个县（市）一般公共财政预算收入从467.54亿元提高到745.13亿元，占全省地方财政收入比重从8.48%提高到9.24%；县均一般公共财政预算收入从6.98亿元增加到11.12亿元，按财政供养人口计算的人均财力从6.5万元提高到13.5万元。

（六）保障改善民生机制不断完善

五年来，我们坚持把保障和改善民生作为公共财政建设的出发点和落脚点，以实施《广东省基本公共服务均等化规划纲要（2009—2020年）》为抓手，着力推进民生改善和社会事业发展。落实民生保障资金。五年全省财政民生支出累计达30 065亿元，占全省公共财政预算支出的比重提高了6个百分点；五年全省各级财政共投入十件民生实事资金8 479亿元，其中省级财政投入3 072亿元，年均增长15.8%；2014—2015年，全省各级财政投入底线民生保障资金445亿元，推动我省底线民生项目保障水平跃居全国前列。其中，2015年全省民生类支出完成8 961.15亿元，占一般公共预算支出比重达到69.7%，并进一步提高了义务教育生均公用经费、医疗保险、基础养老金、低保补差水平、医疗救助、残疾人津补贴等补助标准。完善民生保障机制。建立十件民生实事项目遴选机制和资金拨付进度通报制度，确保民生资金“花得出、用得好”；建立健全救灾应急资金管理机制，加强救灾救助保障；基层公共服务平台统一整合，推动公共服务向基层延伸；开展基本公共服务均等化综合改革试点，在惠州市试点进展顺利、成效显著的基础上，2015年试点范围已扩大到7个市，积极探索建立完善基本公共服务均等化投入机制、供给机制和实现机制；推动珠三角基本公共服务一体化，促进要素共享、待遇互认、流转顺畅；探索为民办事问民意工作，努力实现群众的幸福由群众做主。

（七）财政改革取得重要突破

五年来，开展了近40项改革和创新性工作，是我省财政改革领域最广、力度最大、改革事项最多的时期。2015年，省委、省政府年初部署的8项第一牵头单位重点改革、26项第一牵头单位计划出台改革成果已全部完成；11项第一牵头单位改革试点任务中，已部署开展6项，有5项积极向中央申请；制定印发各类改革文件35项。构建完善财税体制改革制度框架。制定实施《广东省深化财税体制改革率先基本建立现代财政制度总体方案》，明确重点改革任务的目标、措施、时间表，路线图。完善省以下财政体制。建立健全县级基本财力保障机制，提高困难县财力保障水平；建立重点生态功能区转移支付，将转移支付与保护和改善生态环境的成效挂钩；推进省直管县财政改革，省直管县财政改革试点县（市）分四批达到目前的36个，占全省67个县（市）的一半以上；大力压减专项转移支付、扩大一般性转移支付，增强市县理财自主权。省级一般性转移支付占转移支付比重从2011年的34%提高到2015年的60%，2016年争取提高到65%。深化预算管理改革。印发实施《关于深化预算管理制度改革的实施意见》，明确深化预算管理制度改革的总体要求和主要任务；建立健全政府预算体系，细化完善预算编制；加强一般性转移支付资金管理；规范专项资金管理，构建“1+8+X”，即1个总办法、8个配套办法及各专项资金具体管理办法的专项资金管理制度体系；建立省级财政专项资金管理平台，对资金使用全过程实时在线联网监督；清理整合专项资金，将省级专项资金从219项压缩到50项；建立“三挂钩一通报”的支出进度考核制度，提高预算执行的时效性和均衡性；探索推进中期财政规划管理、跨年度预算平衡机制、项目库管理等，提高预算编制的科学性、精准度。在清远市零基预算改革试点的基础上，2015年省级选取6个部门开展零基预算改革试点，一年来，省司法厅、省文化厅等部门认真组织实施，取得了预期效果，2016年试点部门将扩大到20个，争取2017年全面铺开实施。统筹推进各项改革。协调推进第三方评价财政支出绩效、省级国有资本经营预算管理、权责发生制政府综合财务报告制度、政府向社会转移职能和购买服务等改革事项。积极参与和支持其他领域改革。包括支持开展排污权交易试点，省以下地方法院、检察院人财物统一管理改革，公务用车制度改革，工商质监系统管理体制改革，行政事业单位养老保险制度改革，医药卫生体制和教育体制改革等。

（八）财政监督、绩效评价、信息公开协调有力

五年来，我们始终把加强财政监督、绩效评价、信息公开作为财政管理的必要环节和重要组成部分，提升监管效能，提高资金使用效益。加强财政监督管理。建立完善财政大监督系统，逐步从检查型监督转变为管理型与检查型并重的监督，从业务口各自监督转变为各业务口联合、上下联动监督，从事后监督转变为实时和全程监督。五年来，组织开展了13次清理整治“小金库”、专项资金及一般性转移支付资金、会计信息质量检查，累计检查重点财政资金260亿元，收缴违规资金1.9亿元，查处小金库400多个，作出处罚决定176件。加强省直单位财务管理。组织省级预算单位全面自查自纠并进行巡查督导，2014年和2015年分别对32家和14家省级预算部门的会议费、培训费及“三公”经费管理使用情况进行了重点检查；持续强化省级预算单位银行账户管理，从严控制单位新增开设银行账户，完善银行账户信息管理系统，对保留必要性不强的单位账户予以撤并。加强绩效评价管理。建立完善专项资金绩效目标申报和绩效评价考核机制，扩大第三方绩效评价，严格落实绩效评价考核结果运用，实行评价结果与资金安排挂钩机制、评价整改措施备案核查机制、依规将评价结果向社会公开机制等。五年来，累计组织对303项、2 070亿元财政资金进行了绩效评价，其中：委托第三方对140项、1 270亿元资金进行了绩效评价，绩效评价结果全部向社会公布；2015年，对其中4项使用绩效差的专项资金予以收回，涉及资金35.86亿元。推进财政信息公开。完善公开制度，细化公开内容。2011年起省级预决算教育、科技、农林水等重点支出细化公开到“项”级科目；2013年起省级预算公开行政经费和“三公”经费具体情况；2014年起省级预算支出按功能分类全部细化公开到“项”级科目；广州市2013年成为全国首个市、区、镇三级政府全部公开“三公”经费信息的城市。截至2015年底，116个非涉密省级部门中，有106个公开了2015年部门预算、“三公”经费预算；21个地级以上市全部公开了2015年总预算及市本级部门预算、“三公”经费预算。

（九）财政管理效能不断增强

五年来，我们坚持突出财政的基础和重要支柱作用，规范财政管理，增强财政工作效能。清理盘活财政存量资金。2013年以来先后开展十批次清理存量资金工作，重点围绕2012年及以前年度一般公共预算、政府性基金预算以及财政专户资金等应收回的资金进行清查。其中，2015年全省共消化盘活存量资金4 043亿元，其中省级1 710亿元，消化率分别达83%、95%。加强国库管理。实现国库集中支付制度全覆盖，稳步实施国库现金管理，努力将库款维持在合理水平。截至2015年底，全省库款规模同比下降34.65%；全省库款保障水平为1.05%，比上年同期水平下降1.14%。加强内部控制建设。探索建立了包括内部循环监督系统、财政资金稽核、省级财政专项资金内控管理制度等在内的一系列内控制度办法和机制。全面启动省财政厅内部控制管理工作，构建以厅内控基本制度为主体，8个专项内控办法为重点，“1+8+X”模式的内控制度体系。推进财政信息化建设。深入推进金财工程，积极推进财政一体化信息系统升级改造和财政大数据战略实施，为财政改革发展各项工作提供技术支撑。同时，全面加强行政事业资产管理、政府采购监管、投资审核管理、公务用车管理、会计管理、注协、评协行业管理工作，推进财政职业学校教育发展，财政资源整合不断取得新成绩。

（十）财政软实力得到提升

五年来，我们以开展党的群众路线教育实践活动和“三严三实”专题教育为契机，全面加强干部队伍建设，加快建设一支讲大局、专业务、有思路、干实事、勇担当、重廉洁的财政干部队伍，提升财政软实力。五年来，仅省级财政部门，就有35次获得财政部或省委、省政府表彰，累计58人次获得国家或省的表彰，各地市财政部门也多次受到上级政府的表彰肯定。其中，省财政厅预算处处长肖映波、深圳市罗湖区财政局科长邓敏怡、韶关市财政局办公室主任杨文乐3位同志被授予“全国财政系统先进工作者”荣誉称号，东莞市财政局横沥分局、梅州市梅县区财政局、阳江市阳东区东平财政所3个单位被授予“全国财政系统先进集体”荣誉称号，省财政厅地财处处长罗睿同志被省委、省政府授予“广东省先进工作者”称号。加强思想建设。深入学习贯彻党的十八大和十八届三中、四中、五中全会以及习近平总书记系列重要讲话精神，加强理论武装，坚定正确的政治方向。加强作风建设。落实治庸问责机制、首问责任制、重点工作限时办结制、重大事项跟进督办制度等，提高工作效率质量。优化和重造办事流程，进一步简化办事流程，提高办事效率，

财政干部精神面貌为之一新。加强能力建设。举办5期市县长专题培训班，开展新预算法学习培训和宣传解读活动，举办公文处理及信息化培训班、省以下两院财务管理改革培训班、财政总预算会计制度培训班等财政业务专题培训班100余期，累计超2万人次参加培训学习，推动全省各级财政财务干部适应新常态，知识结构不断优化，切实提高干部队伍业务能力。加强廉政建设。各级财政部门制定并落实了党风廉政建设党组主体责任、纪委监督责任工作的意见、党风廉政建设责任制考核暂行办法、工作人员问责办法等。省财政厅连续五年组织全厅副处以上干部及重要岗位人员集中开展“三纪”学习教育活动，累计1 000余人参加，深入开展以案为鉴警示教育，确保财政资金和干部“双安全”。加强舆论引导。充分利用各类宣传平台，宣传财政工作成绩，及时回应财政热点问题，引导各界宣传、了解、支持财政工作，为财政工作的顺利推进营造良好氛围。五年来，在《人民日报》、《经济日报》、《中国财经报》、《南方日报》、《羊城晚报》、《广州日报》、中央电视台、广东电视台等主流媒体上共播发我省财政新闻信息2 000余条。

上述成绩的取得，是省委、省政府科学决策、正确领导的结果，是各地、各部门大力支持的结果，是全省各级财政、财务干部努力工作的结果。在此，我代表省财政厅党组向全省财政、财务干部职工表示亲切慰问！向关心支持财政工作的各级领导，省直各有关部门、单位和各界朋友表示衷心感谢！

回顾“十二五”时期特别是近年来我省财政工作实践，我们深刻体会到，要做好新常态下的财政工作：必须坚持围绕中心、服务大局的全局思维，始终坚持正确的政治方向，围绕省委、省政府中心工作，算好政治账、经济账，社会账，充分发挥财政政策调控作用。必须突出未雨绸缪、主动买单的担当精神，准确把握经济社会发展形势趋势，在正确判断自身财力及经济社会发展情况的基础上，坚持“被动请客不如主动买单”，掌握工作的主动权。必须把握问题导向、统筹兼顾的工作方法，坚持以问题为导向，善于在工作中发现问题、剖析问题、研究和解决问题，同时坚持统筹兼顾，处理好当前和长远的关系。必须树立保障基本、坚守底线的民生情怀，坚持保基本、兜底线，不断优化财政支出结构，切实增进民生福祉，同时坚持民生改善与经济发展相协调，确保当前可承受、未来可持续。必须强化先行先试、开拓创新的改革意识，不断深化财政改革，先行先试，开拓创新，推动重点领域和关键环节改革，努力率先基本建立现代财政制度。

在看到成绩的同时，也要清醒地认识到，我省财政运行和财政工作中还存在一些亟须解决的问题，主要包括：一是财政收支矛盾将更加突出，加大了财政收支平衡压力。收入方面，全省收入增长的稳定性不足，以2015年为例，若剔除深圳超常增长（可比增长23.8%）等因素，全省收入增幅降低至7.7%；若剔除金融保险业大幅增长及其他一次性入库因素，增幅将降低至7.5%左右，低于年初预算增长目标10%。支出方面，2015年全省一般公共预算支出12 852.52亿元，收支差额3 487.76亿元，除了部分来源于中央补助收入外，将近2 000亿元通过清理存量资金等筹集一次性财力解决。由于一次性资金没有可持续性，将增加以后年度预算收支平衡的压力。特别是粤东西北地区全年一般公共预算支出增长41.5%、增支955.94亿元，一般公共预算收入仅增长4.2%，支出增量是收入增量的15.3倍。二是部分地区非税收入占比偏高，收入可持续增长压力大。从全省来看，我省财政收入质量总体较好，但部分地区特别是欠发达地区非税收入占比仍然偏高。全省21个地级以上市非税收入比重在30%—40%的有9个，超过40%的有5个，最高的市非税收入占比达到48.9%。全省58个县（市）非税收入比重在30%—50%的有36个，超过50%的有7个，最高的县非税收入占比达到56%。三是区域财力不平衡问题仍较突出，财力区域差距拉大。由于产业基础薄弱、经济增长放缓，2015年粤东西北地区一般公共预算收入完成1 011.35亿元，仅增长4.2%，增幅比2014年低8.5个百分点，12个市中有6个收入增幅低于5%。收入增幅低导致粤东西北地区一般公共预算收入仅完成年初预算的95.1%，除梅州（105.4%）和茂名（105.2%）外，其他10个市均没有完成年初预算收入目标。与珠三角地区相比，自2014年1月以来，粤东西北地区收入累计增幅已连续24个月低于珠三角，2015年全年增幅差距达10.1个百分点，比2015年上半年扩大了4.4个百分点，改变了2008—2013年粤东西北地区一般公共预算收入增幅持续高于珠三角的趋势，区域收入增长速度出现逆转，使得区域间财力差距进一步扩大。四是财政管理仍较粗放，资金使用效益有待提高。“重分配、轻管理”、“重实用、轻绩效”的情况仍然存在，部分预算单位对申请和分配专项资金比较重视，但对专项资金拨付到项目单位后的执行进度、执行效果了解不够，监督力度不足。2015年接受重点评价的省级49项2016年到期专项资金中，粤港粤澳合作框架协议工作经费、2014－2015年基础教育课程体系改革专项资金等7项资金基本没有使用。部分专项资金缺乏明确的绩效目标，部分省级单位申报预算绩效目标时，对绩效目标的要求和内容不够了解。省人大常委会专题调研组关于我省战略性新兴产业发展专项资金支出绩效情况的调研报告反映，主管部门对项目绩效关注度不够，绩效评价覆盖面小，绩效评价的指标体系和绩效评价机制有待进一步健全，绩效评价结果应用乏力，客观上造成了被扶持企业不注重项目绩效。我们要高度重视这些问题，采取有力措施加以解决。

二、“十三五”时期我省财政改革发展思路和主要任务

今天上午，徐少华常务副省长对“十三五”我省财政经济形势进行了深入分析，省人大财经委等四个单位负责人也指出了我省财政工作中应关注的问题并提出了改进意见。根据面临的新形势新任务，“十三五”时期我省财政工作的总体要求是：深入贯彻习近平总书记系列重要讲话精神，全面贯彻党的十八大、十八届三中、四中、五中全会和中央经济工作会议、全国财政工作会议及省委十一届五次、六次全会精神，紧紧围绕省委、省政府工作部署，牢固树立和落实创新、协调、绿色、开放、共享的发展理念，以提高发展质量效益为中心，以全面深化改革为动力，狠抓增收节支、支持创新发展、优化资源配置、保障改善民生、防范化解风险，充分发挥财政职能作用，为我省“十三五”开好

局、实现“三个定位、两个率先”总目标提供财政保障。

根据上述总体要求，实现“十三五”时期我省财政改革发展目标，必须在以下八个方面上下功夫：

一是围绕中心服务大局，始终坚持正确的政治方向。坚持围绕中心、服务大局，开拓创新、勇于担当、真抓实干，全面贯彻落实省委、省政府各项决策部署和工作要求，着力保运转、保民生、保稳定，促发展、促协调、促改革，把创新、协调、绿色、开放、共享的发展理念落到实处，切实做好服务大局、服务预算单位及用款单位、服务基层、服务群众的各项工作。

二是抓收支强管理，实现财政平稳运行。围绕实现财政可持续发展，加强新常态下财政经济运行分析，强化财政收支管理，规范收入征管秩序，强化预算约束力，优化支出结构，实现财政收支平衡。

三是转方式调结构，推动提升发展质量效益。充分发挥财政杠杆作用，支持供给侧结构性改革，围绕实现投资有回报、产品有市场、企业有利润、员工有收入、政府有税收、环境有改善的目标，探索财政支持创新发展的新机制新方法，实现财政投入更有质量和效益。

四是优机制促协调，推动城乡区域协调发展。完善体制机制，大力支持珠三角地区优化发展战略和粤东西北地区振兴发展战略实施。完善财政扶贫资金增长机制，推进财政支持扶贫机制创新，支持实施精准扶贫、精准脱贫，在推进协调发展上实现新突破。

五是补短板兜底线，着力改善民生福祉。围绕率先实现全面小康目标，推动率先实现基本公共服务均等化、社会保障城乡一体化，加大投入力度，支持补短板、强基础、保基本、兜底线、促协调，增加公共服务供给，解决好教育、就业、医疗卫生、社会保障等人民群众最关心、最直接、最现实的利益问题。合理引导预期，适当降低支出方面的过高承诺，在全社会进一步树立勤劳致富改善生活的观念。

六是推改革增活力，推进建立现代财政制度。围绕贯彻中央和省委、省政府的改革部署，以改进预算管理、明晰事权和支出责任、构建地方税收体系、公平配置政府公共资源等为重点，全面深化财税体制改革。积极配合做好其他领域改革任务。

七是防风险保稳定，促进经济社会持续健康发展。增强风险防控意识和能力，自觉地运用法治思维和法治方式来深化改革、推动发展、化解矛盾、维护稳定，管控好地方政府性债务、防控财政运行风险，支持经济社会其他领域做好风险防控。

八是提能力促规范，提高服务质量水平。主动适应形势发展要求，加强财政部门自身建设、基础工作和干部队伍管理，切实提高工作质量效率和服务水平。加强班子建设、能力建设、作风建设、廉政建设和党建工作，提高财政干部落实五大发展理念，引领和推动新常态下发展的能力。

三、2016年我省财政重点工作任务

2016年是“十三五”的开局之年，要围绕贯彻落实省委、省政府的部署和朱小丹省长的批示及徐少华常务副省长的讲话精神，做好财政各项工作，在“十三五”起始之年开好头、起好步。

（一）确保财政稳定可持续运行

一方面，依法依规组织收入，加强新常态下财政收入监测分析，处理好依法征收与减轻企业负担的关系，支持税务等执收部门依法征收、应收尽收。坚决防止和杜绝收过头税、“空转”等行为。另一方面，提高收入质量，促进财政收入平稳、持续、健康发展。要关注并解决部分地区特别是欠发达地区非税收入占比仍然偏高的问题，落实好中央大力推进正税清费、减轻企业负担的各项政策。执行好《广东省市县财政收入质量考核办法》，以2014年为基期，对市县非税收入可比增长率超过正常上限的，按超过上限金额的相应比例上解省级财政，让非税收入超常规增长行为，付出相应的“经济成本”。

（二）加强预算执行管理

刚刚叶梅芬副厅长通报了我省2015年财政支出进度情况，从通报情况看，虽然我们下了很大力气抓预算支出，也取得了一定改进，但部分市县综合支出进度和部分预算单位实际支出进度偏慢、政府性基金支出情况不理想、不均衡等问题仍然存在，根据财政部最新通报的截至2015年11月的综合支出进度情况，我省在全国仅排名第31位，需要引起我们的高度重视。按照《广东省市县财政支出进度考核办法》有关工作要求，对支出进度较慢的地区，要进行约谈，今天我就借此次会议也作一次集体约谈。请按通报规定被约谈的市、县，抓紧纠正，切实采取措施，抓好今后的工作。新预算法对预算执行时限作出了明确规定，违反相关要求的，对相关责任人要依法予以处理。中央和省高度关注预算执行管理工作，把提高财政支出的均衡性和有效性，作为实施积极财政政策、缓解经济下行压力的重要手段。国务院大督查第二批核查问责中，我省就有3个财政部门、14位财政干部因为预算执行不力、资金沉淀过多、虚列财政支出、库款保障水平过高等受到问责，对此，我们要深刻汲取教训。为进一步提高预算执行的均衡性和有效性，省财政制定了“三挂钩一通报”机制，2015年底已经将高于70%的2016年转移支付预计数提前下达市县，关键是要抓好落实。对市、县来说，一是支出要抓早抓好，争取主动，从现在开始就要部署抓好2016年预算执行各项工作；二是要细化预算编制，通过实施项目库管理等，做实资金分配的具体项目，提高年初预算到位率；三是要科学预计预算收入，避免出现2015年因短收大幅预算调整情况；四是硬化预算约束，提高预算执行效率；五是加强督促力度，完善预算执行责任追究机制。对省直各有关部门、预算单位来说，要落实主管部门职责，按照“谁使用、谁负责”的原则，承担财政支出主体责任，重点抓好预算实际支出的具体工作，提高资金支出的时效性，特别是专项转移支付、一般性转移支付和中央资金必须按法律规定时限下达。

（三）支持实体经济发展

当前，稳增长就是稳实体经济。一方面，要加大资金支持力度，把资源更多更高效地投向实体经济。如支持企业固定资产投入、推动企业实施技术改造、鼓励企业进行技术创新、给予企业合规性补贴资金等，推动企业健康发展。另一方面，要把当前较高的企业成本降下来，缓解企业生产经营压力。当前，企业成本较高主要

是受涉企行政事业性收费项目和中介服务收费行为仍然较多，人工成本上涨较快，税负较重，融资、用地、物流成本较高等因素影响。目前，省财政厅正按省政府布置牵头研究制定降低企业成本的一揽子政策措施，财政政策方面主要包括：一是减免涉企行政性收费，实行省定涉企“零收费”，进一步降低制度性交易成本。二是落实中央有关精简归并“五险一金”的政策研究制定情况，降低部分社会保险的缴费比例。三是落实中央普惠性降税政策，积极争取国家财税政策支持并在我省先行先试。四是帮助企业降低融资成本和债务成本方面。如将以前年度通过企业信用举借的高成本存量债务，置换为凭借省级政府信用发行的低成本、长期限的地方政府债券。加上积极协调配合其他部门，做好降低企业用地、用水、用电、物流成本等工作，经初步测算，预计2016年全年可为全省企业减负约4 000亿元，综合成本较2014年水平下降约8%，将极大地缓解我省企业生产经营成本压力。我们已拟订工作方案报省政府，下一步将加强与省直有关部门沟通协调，希望予以大力支持配合。各地也要积极开展调查研究，了解诉求、摸清底数，提前做好财力测算和预案。

（四）更好地发挥财政资金放大作用

当前，我省财政资金放大引导作用发挥不理想。从固定资产投资本年到位资金结构看，2015年1－11月，我省国家预算资金（1 532亿元）大幅多于江苏（731亿元）、山东（676亿元），但国内贷款（4 132亿元）少于江苏（4 391亿元），自筹资金（18 250亿元）则明显少于江苏（33 009亿元）、山东（36 583亿元）。下一步，一是鼓励企业直接融资。据测算，中期票据、企业债、公司债等直接融资平均利率为4.72%，低于同期银行短期借款的6.08%平均利率及长期借款5%的平均利率。财政可通过支持企业直接融资方式对现有债务进行置换，仅以省属国有企业为例，以提高直接融资比例达到20%左右目标预计，每年可降低企业利息支出约13亿元。二是积极发挥投资引导基金放大作用。目前全省设立了42项改革性基金，其中省财政共安排资金366.15亿元，设立（含拟设立）23项基金，关键是要真正实施市场化运作，加强监督、规范管理，充分发挥牵引带动社会投资作用。三是积极推广运用PPP模式。推进PPP融资支持基金尽早运作，加大PPP规范推广和项目落地力度，拉动社会资本进入公共服务领域，提高公共服务供给质量和效率。

（五）补齐民生社会事业短板

要按照省委十一届五次全会关于补齐民生社会事业短板的部署，以贯彻实施《广东省基本公共服务均等化规划纲要（2009—2020年）》为抓手，突出建机制、补短板、兜底线，增加公共服务供给，推动率先实现城乡、区域和不同社会群体间基本公共服务均等化。一是梳理短板指标。我们正在根据《规划纲要》和全面建成小康社会评价指标体系，制定我省率先建立基本公共服务均等化指标体系，并会同省直有关部门梳理排查其中的短板指标。经过初步筛查，就全省层面而言，我省在高等教育毛入学率、城乡居民社会养老保险基础养老金补助水平、医疗救助保障水平、城乡居民家庭人均住房面积达标率、城市生活垃圾无害化处理率等方面距离国家要求或先进地区水平还有一定差距。各地也要结合本地实际，聚焦群众最关注的就业、教育、文化、医疗、住房等领域，认真梳理与我省经济社会水平、率先全面建成小康社会要求不相适应的短板指标，明白到底“短在哪里”，“要补什么”。二是研究财政支持补齐措施。要围绕2018年全面率先建成小康社会和率先实现基本公共服务均等化的目标，针对短板指标，研究制定财政支持民生社会事业短板补齐措施。要细化阶段任务目标，并做好资金测算和安排工作，特别是要在目前民生保障资金占比已经很高的情况下，改进完善已不合时宜的改革内容，聚焦重点、难点，找准着力点，实现精准发力，提高资金边际效益。同时，对目前不属于短板的民生保障项目，要建立正常调整机制，在巩固基础上提高保障水平，防止出现新的短板指标。

（六）完善省以下财政体制

全国财政工作会议提出要推进中央与地方事权和支出责任划分改革，减少中央和地方职责交叉、共同管理事项，并在部分条件成熟领域率先启动。同时，要完善并择机出台调整中央和地方收入划分过渡方案，深入研究收入划分改革整体方案，调动中央和地方两个积极性。会议期间还就“营改增”全面推开后调整增值税收入划分的问题听取了地方意见。基本思路是“营改增”全面推开后，增值税中央和地方按50%∶50%或75%∶25%比例分享，中央将适当集中部分财力，用于推进全国基本公共服务均等化。我们正积极向财政部反映我省的意见，密切关注中央与地方收入划分调整最新进展情况，认真测算收入划分调整和税制改革对我省的影响，研究调整完善省以下财政体制，各地也要提前谋划，做好预案。

（七）深入推进财政改革

按照财政部和省委、省政府关于深化财政体制改革的部署，协调推进20余项重点改革。主要包括：一方面，抓紧推进财税重点改革任务。一是进一步深化预算管理制度改革，加大四大预算统筹力度，实行中期财政规划管理，推进预算绩效管理，建立跨年度预算平衡机制，扩大零基预算改革试点等。二是稳妥推进建立省以下事权和支出责任相适应制度改革试点，根据中央部署及时修改完善改革文稿，争取尽快启动省以下事权和支出责任置换调整改革试点。三是深化税收制度改革，建立地方税体系，按照中央部署，全面实施“营改增”，并按照要求做好增值税、消费税、资源税改革工作，积极做好房地产税、环境保护税、个人所得税改革调研。另一方面，根据中央部署，结合我省实际，积极支持推进其他领域改革。一是完善卫生投入保障机制，推进医疗卫生资源布局调整，促进医疗资源向基层和农村流动。二是支持养老保险制度改革，坚持精算平衡，建立更加透明易懂的收付制度，进一步健全多缴多得、长缴多得的激励约束机制。三是支持医疗制度改革，建立合理分担、可持续的医保筹资机制，继续支持推进公立医院和基层医疗卫生机构改革，提升个人缴费占总体筹资比重。四是支持国企改革，通过国有资本经营预算，重点支持加快剥离国有企业办社会职能和解决历史遗留问题，盘活国有资产，提高国有资本配置和运行效率。五是支持科技体制改革，发挥财税政策引导作用，吸引社会资本和金融资本进入技术创新领域。六是推行农业“三项补贴”改革，逐步完善农业补贴政策，改进农业补贴办法，提高农业补贴政策效能等。七是支持宣传文化领域改革。上述各项改革都体现了新的工作要求，影响较大，各地各部门要及早谋划，加强沟通，协同推进，确保改革工作稳步有序进行。

（八）加强地方政府债务管理

经清理核查，2014 年末全省地方政府债务（即审计口径中政府负有偿还责任的债务）余额 8 808.6 亿元，比 2013 年 6 月末审计数增加 1 877 亿元。省级、市级和县级分别为 808.3 亿元、4 691.3 亿元和 3 309 亿元，分别占 9%、53%和 38%。另外，地方政府或有债务（包括审计口径中政府负有担保责任的债务、政府可能承担一定救助责任的债务）2 073 亿元。总体来看，我省地方政府债务规模合理、风险可控，但出现局部风险的可能性不可轻视，2014 年的一般债务率已达到 97.51%，专项债务率为 60.02%，特别是一些地区债务率过高，偿债压力较大。目前，我省已经顺利完成了 2015 年 1 588 亿元地方政府债券发行工作，据初步了解，财政部已同意我省 2016 年发行 3 234 亿元地方债，全省各级财政部门要充分认识加强政府性债务管理的重要性和紧迫性，增强风险防控意识和能力，进一步加强和规范地方政府债务管理。一是严格实行地方政府债务限额管理。各地应及时将省财政下达的政府债务限额报本级人民代表大会常务委员会批准，并向社会公开。地方政府在批准的限额内举借债务，必须报同级人大或其常委会批准，不得在预算之外举借任何债务。二是将地方政府债务分类纳入预算管理。三是置换债券资金必须优先用于偿还清理甄别确定的截至 2014 年 12 月 31 日政府负有偿还责任的债务中 2016 年到期的债务本金，地方政府已经安排其他资金偿还的，可以用于偿还清理甄别确定的政府负有偿还责任的其他债务本金。置换债券腾出的资金，各地务必优先确保高速公路、国铁干线和城际轨道项目地方资本金，在上述项目资本金安排到位的前提下，腾出的资金应用于支持省委、省政府部署的其他重点工作，支持实体经济平稳发展，以及落实其他民生政策措施。省财政厅将对各地置换债券腾出资金的使用情况进行监督检查。四是积极消化存量债务。五是探索债务风险预警和应急处置机制，并制定风险应急处置预案。

（九）加强财政监督和绩效管理

从上午各监督部门反映的情况看，各地、各部门在财政资金管理使用方面还存在一些不规范、不严格的现象，迫切要求进一步加强财政监督和绩效管理，严肃财经纪律，充分发挥财政源头防腐治腐作用。一是要切实加强财政管理。重点加强专项资金、“三公”经费支出、政府采购等方面的管理工作，建立健全财政资金全链条、全过程监管制衡机制，继续推进专项资金实时在线联网监督。二是要切实加强财政监督。坚持问题导向，重点加大对转移支付资金、会议费及“三公”经费的重点检查力度，充分发挥会计日常监督作用，重点对新预算法规定需要承担法律责任的违法行为以及影响当前财经秩序的突出问题进行重点监督和查处；逐步把监督重点从资金分配转向预算编制，提高预算编制水平，强化预算约束力。三是要加强绩效管理。结合新预算法和即将出台的实施条例，完成省预算绩效管理办法的修订工作，进一步扩大绩效评价范围、创新绩效评价方式、强化评价结果应用，加大对稳增长、十件民生实事等重点支出的绩效评价力度，实现单一的“绩效评价”向系统的“绩效管理”转变。

（十）做好预算编制工作

全省代编预算方面，初步考虑，2016 年全省一般公共预算收入按可比增长 9%（自然增长 8%）安排，预计完成 10 113.95 亿元，全省一般公共预算支出按可比增长 9.5% 安排，负增长 10.8%（主要是 2015 年清理一次性存量资金形成支出，抬高基数），预计完成 11 458.54 亿元。各地要做好充分准备，既要编好预算，又要配合人大代表做好审议工作。首先，要严格按照新预算法要求做好预算编制工作，确保预算报告口径全、内容实、项目细，帮助代表“大账看得懂、细账看得清”；其次，要加强与人大代表沟通，主动向他们介绍财政改革发展情况、充分反映财政工作的重点、难点、亮点，赢得他们的理解和支持；最后，要加强人代会期间的舆情监测分析，及时回应人大代表和媒体的关切，主动设置舆论议题，积极引导舆论导向。

（十一）做好预决算信息公开工作

虽然我省预决算信息公开工作整体情况较好，但截至 2015 年底，仍有 10 个部门尚未向社会公开 2015 年部门“三公”经费预算信息（市县已全部按要求公开了 2015 年政府总预算、部门预算、“三公”经费总预算情况）。要切实转变观念，按照“公开是原则，不公开是例外”的要求，严格执行新预算法关于预决算公开的内容和时限要求，全面推进预决算信息公开。特别是要做到，公开总预算时应将经同级人大批准的政府预算报告、报表以及相关说明全部公开，公开部门预算时应将同级财政部门批复的预算表全部公开，为便于公众理解，还应公开本部门职责、机构设置、数据增减变化的情况说明。同时，根据财政部建立定期统计和汇总上报制度的有关要求，各地级以上市应及时向省财政厅报送本地区的预算公开情况，不按时报送的视同没有公开。

（十二）做好预算单位财务会计管理和监督工作

各级财政部门除了加强对下级财政部门的纵向监督管理工作，更要切实履行职责，做好同级预算单位横向财务会计管理和监督工作，防止“灯下黑”。对省级而言，要积极配合指导各省直财务部门做好以下工作：一是加强预算编制执行管理。高度重视预算编制工作，依法依规编好编细预算，提高预算的精准度和到位率，避免出现“钱等项目”的现象，待预算批复后及时下达预算。二是积极配合推进预算编制改革。认真做好零基预算管理、项目库管理、中期财政规划等预算编制改革工作，做到基础数据准、资金计划实，避免随意调整变更。如项目库管理方面，各部门一定要转变观念，按照项目库管理的要求，提前一年开展项目可行性研究、评审、招投标等工作，将项目细化到用款单位、具体项目。又如零基预算方面，2017 年要在省直部门全面推开，已实行零基预算改革的单位要总结改革经验，进一步提高编制水平；未实行零基预算改革的单位要对照改革方案，吃透改革精神，提前厘清单位人员构成和性质、项目的整理和储备、行政经费实际开支水平、本部门支出定额标准研究拟订等基础工作。三是加强专项资金使用管理。要按照一个部门一个专项、一年一定预算的要求，待预算批复后按规定时限做好总体计划报批和明细计划下达工作，确保在人大批准预算60日内正式下达专项转移支付资金，同时提前一年做好下一年项目细化工作。四是严控一般性支出。严格遵守会议费、差旅费、公务用车、公务接待、公务出国（境）经费各项管理制度。目前省财政厅正在结合公务用车制度改革，完善国内差旅费、住宿费、会议费标准，提高政策的可操作性，请各部门予以配合并共同抓好落实。五是加强会计信息管理。进一步规范财务管理，严格遵守有关财务制度，提高会计信息质量。六是加强沟通联系。财政部门将会主动做好服务，同时也希望省直部门加强与我厅工作联系，共同做实基础工作，共同分析研究资金管理使用中出现的问题，确保资金使用的时效性和有效性。

（十三）加强财政、财务部门自身建设工作

主动适应形势发展要求，加强自身建设，切实提高工作质量和执行力。一是加强干部队伍建设。主动适应新常态对财政工作的新要求，加强业务和专题培训，推动领导干部更新知识结构，提升工作能力。增强服务意识，改进服务作风，创新服务机制，提高服务效能。进一步加强党风廉政风险防控机制建设，实现各环节工作全覆盖。特别是要加强财务部门会计人员教育管理，严守会计法、维护财经纪律。二是加强内控机制建设。要按照全国财政工作会议提出的各级财政部门要在2016年全面完成内控制度机制建设的要求，全面加快内控机制建设。目前，省财政厅已经制定了内部控制基本制度，正在加快建立由基本制度、专项办法和单位内部控制操作规程组成的三级内控制度体系。市县财政部门也要高度重视，尽快推动建设并不断完善本单位内控机制。三是财政信息化建设。继续深入推进财政信息一体化系统建设，解决财政信息系统间数据共享难、上下级联通不畅、技术架构陈旧等突出问题，实现省、市、县三级信息互通互联，提升财政信息化水平。继续实施财政大数据战略，抓紧建立完善财政数据库，提高财政部门收集、分析、应用数据的能力水平。

第三部分

全省财政工作概况与专题

Provincial Public Finance and Special Topics

概　况

全省财政工作综述

2015年，省财政厅协调引导全省财政系统和协同配合省直各部门，紧紧围绕贯彻落实中央和省委、省政府各项决策部署，主动适应经济发展新常态，积极发挥财政职能作用，全面深化财税体制改革，千方百计为全省稳增长、调结构、促改革、惠民生、防风险提供有力支撑。

一、狠抓增收节支，力促财政平稳运行

增强抓收支管理的主业意识，强化增收节支，推动财政收入基本与经济增长速度相适应，财政运行态势良好。一是加强收入管理，收入保持稳定增长。适应新预算法关于收入增长从任务性向预期性转变的要求，加强收入管理，建立财税等部门间的信息共享机制，加强对收入运行的监测和分析；会同执收部门强化收入组织工作，规范收入征管秩序，促进应征尽收；制定印发《广东省市县财政收入质量考核办法》，对市县非税收入可比增长率、非税占比超过规定上限的通过财政体制手段适度控制，提高收入质量。来源于广东的财政收入完成20 938.18亿元，增长9.7%。全省一般公共预算收入完成9 366.78亿元，比2014年增收1 301.71亿元，剔除11项政府性基金转列一般公共预算因素后可比增长11.9%，收入总量连续25年位居全国各省市首位，其中，税收收入完成7 377.07亿元，比2014年增长13.3%。省级一般公共预算收入完成1 963.29亿元，比2014年增收222.77亿元，剔除11项政府性基金转列一般公共预算因素后可比增长8.7%，其中，税收收入完成1 784.88亿元，比2014年增长8.9%。二是加强支出管理，支出进度更加均衡。深入贯彻新预算法，按照中央关于加快预算执行进度、盘活财政存量资金的要求，多次召开全省视频会议布置抓预算支出工作，并通过建立以“三挂钩一通报”为主体的预算执行管理考核制度，加强重点支出监控力度，进一步优化资金申报、审批流程，督促省直部门和市县加快支出进度。全省一般公共预算支出完成12 827.8亿元，比2014年增支3 675.16亿元，增长40.2%。省本级一般公共预算支出完成1 176.08亿元，比2014年增支320.09亿元，增长37.4%。三是坚持有保有压，支出结构继续优化。突出“压一般”，从严控制一般行政性经费和“三公”经费增长，落实各项节支措施。全省主要用于维持行政运行的一般公共服务支出占全部支出的7.9%，比2014年降低2.6个百分点；省级行政和参公事业单位会议费及“三公”经费财政拨款支出2.79亿元，同比减少20.20%。突出“保重点”，确保民生和重点领域支出需要。全省民生类支出占全部支出的69.6%，比2014年提高0.6个百分点。突出“保基层”，加大对基层特别是欠发达地区转移支付力度，提高基层保障能力。省对市县税收返还、转移支付及债券转贷支出4 335.21亿元，增长66.6%，占省级支出5 884.93亿元的73.7%，其中一般性转移支付1 537.69亿元，增长37.7%，专项转移支付1 097.26亿元，增长18.7%。

二、发挥杠杆作用，促进经济稳定增长

严格落实中央及省委、省政府关于财政稳增长决策部署，加大资金投入力度，突出支持重点，发挥财政资金引导放大作用。一是加大资金投入，在年初预算安排2 450亿元的基础上，研究制定并报请省政府出台八个方面16条支持稳定经济增长的财政政策措施，全年全省各级财政共统筹安排8 002亿元，推动稳增长等各项政策落地。二是突出支持重点，抓住既能拉动即期经济增长又有利于长远发展的领域，重点支持技术改造、先进装备制造业发展、基础设施建设等，包括：安排45亿元支持工业企业实施新一轮技术改造；安排77.29亿元支持珠江西岸先进装备制造业及珠江东岸电子信息产业带发展等。三是发挥财政资金引导效应，创新投融资机制，通过设立政策性基金、加快推进PPP（政府和社会资本合作）等，引导带动社会资本投入。制定并以省政府名义印发《关于在公共服务领域推广政府和社会资本合作模式的实施意见》；召开PPP项目推介会，集中向社会公开发布PPP项目122个，总投资额达2 814亿元，现场签约项目10个，总投资额达242亿元；省财政设立（含拟设立）23项基金，共安排资金366.15亿元，预期带动社会资本投入超过3 000亿元。四是落实税费减免，切实减轻企业负担。落实小微企业、创新型企业税收优惠政策；继续对全省范围内所有企业免征32项中央设立和7项省设立涉企行政事业性收费的省级收入；取消和暂停征收征地管理费等49项中央级设立的行政事业性收费，对小微企业免征42项中央级行政事业性收费，对非营利性养老和医疗机构建设全额免征、营利性机构减半收取行政事业性收费。

三、支持创新驱动，提高经济发展质量

贯彻省委、省政府实施创新驱动发展战略的决策部署，2015—2017年省财政计划统筹1 000亿元支持创新驱动战略实施，综合运用补助、贴息、风险补偿、设立引导基金等方式，瞄准创新驱动的重要环节，精准发力。一是围绕重点环节，支持科技创新。重点支持实施企业研究开发事后奖补、创新券补助政策试点、新型研发机构建设和省市共建面向科技企业孵化器的风险补偿金等。二是围绕创新主体，激发创新驱动内生动力。包括：设立高新技术企业培育资金，对纳入省高新技术企业培育库、未获得国家授予的高新技术企业称号的企业，给予再培育补助；2015—2017年省级财政安排256.25亿元（其中新增高水平大学建设资金50亿元、高水平理工科大学

10亿元），支持高水平大学及理工科院校建设；创新保障机制，省财政出资支持省科学院重组和清华大学珠三角研究院建设等。三是围绕成果转化，支持科技和经济融合。整合资金105.5亿元，设立重大科技成果产业化基金、重大科技成果产业化扶持专项资金、应用型科技研发扶持专项资金。四是围绕创新链条，专项支持各环节创新工作。安排下达基础与应用基础研究专项资金（省自然科学基金）、公益研究与能力建设专项资金、协同创新与平台环境建设专项资金、前沿与关键技术创新专项及省产业技术创新与科技金融结合专项资金等共27亿元。同时，注重发挥政府采购政策功能，探索研究政采购支持创新驱动发展相关政策措施。

四、优化资源配置，协调城乡区域发展

充分发挥财政资源配置效应，坚持财力向农村倾斜，向欠发达地区倾斜，缩小城乡区域发展差距，提高协调发展水平。一方面，促进城乡协调发展。进一步加大财政投入力度，完善强农惠农政策体系，推动城乡统筹发展，促进农业增产、农民增收、农村发展。一是改善农业生产条件。继续推动小型农田水利重点县建设、省级水利建设示范县建设，支持病险水库除险加固、海堤加固达标等水利项目建设，开展中小河流治理工程建设；统筹安排23亿元，建立政策性农业保险，探索巨灾保险试点；下达自然灾害救助资金28亿元，支持强台风“彩虹”及其他灾害受灾地区救灾复产重建。二是支持改善农民生活环境。安排53亿元，支持泥砖房、茅草房等农村危房改造，开展具有岭南乡村特色和生态宜居的省级新农村示范片建设，推进农村土地承包经营权确权登记颁证和扶贫“双到”工作。安排8.4亿元，完善农村基层组织工作经费保障制度。另一方面，发挥财政资源配置效用，促进区域均衡发展。一是促进粤东西北加快发展。认真贯彻实施粤东西北加快发展“三大抓手”决策，统筹中央和省级一般公共预算资金等464.56亿元，支持高速公路、轨道交通、航运等交通基础设施建设；安排47亿元，支持粤东西北地区新区和中心城区容提质；安排29.46亿元，支持粤东西北地区产业园区提质增效。二是支持珠三角优化发展。大力支持珠江西岸先进装备制造业等重大产业发展；继续推动重大平台建设和发展，落实横琴、南沙、中新知识城等重大发展平台专项补助。

五、着力改善民生，切实增进民生福祉

认真贯彻实施《广东省基本公共服务均等化规划纲要（2009—2020年）》，突出建机制、补短板、兜底线，加大公共产品、公共服务投入，健全公共服务体系，提高民生保障水平。一是落实民生保障资金。2015年全省民生类支出完成8 934.41亿元，占一般公共预算支出的69.6%，比2014年提高0.6个百分点。全省和省级十件民生实事支出2 139.4亿元和900.28亿元，分别完成预算的110.9%和113.6%；全省和省级底线民生保障分别支出254.05亿元和139.9亿元，分别完成预算的111.8%和123.1%。二是提高民生保障水平。包括将城乡免费义务教育生均公用经费补助标准小学从950元提高1 150元，初中从1 550元提高到1 950元；城乡居民医疗保险补助标准从年人均320元提高到380元；城乡居民基本养老保险基础养老金从每人每月80元提高到每人每月100元；城镇低保补差水平从每月333元提高到每月374元，农村低保补差水平从每月147元提高到每月172元；城乡医疗救助人均补助标准从每年934元提高到1 556元；残疾人生活津贴从每年600元提高到1 200元，重残护理补贴从每年1 200元提高到1 800元等，推动人民群众共享改革发展成果。三是完善民生保障机制。深化民生财政保障制度改革，扩大基本公共服务均等化综合改革试点，新增珠海、河源、湛江市纳入改革试点范围；选择江门开平市、肇庆德庆县等8个县（市、区）开展试点，推进基层公共服务综合平台建设，推动公共服务向基层延伸；探索建立财政转移支付与农业转移人口挂钩机制，推动基本公共服务常住人口全覆盖。

六、深化财政改革，建立现代财政制度

按照中央深化财税体制改革的总体部署，立足省情实际，主动作为，狠抓落实，积极推进各项改革工作。2015年，除个别因中央和省工作部署暂缓推进的改革事项外，省委、省政府年初部署的8项第一牵头单位重点改革、26项第一牵头单位计划出台改革成果已全部完成；11项第一牵头单位改革试点任务中，已部署开展6项，有5项积极向中央申请。一是坚持顶层设计，构建完善财税体制改革制度框架。坚持总体设计，制度先行，围绕实施《深化广东省财税体制改革 率先基本建立现代财政制度总体实施方案》，制定印发各类重要改革文件35项，其中：以省政府名义印发的10项，经省政府同意以我厅名义印发的25项，包括《关于深化预算管理制度改革的实施意见》、《关于加强政府性债务管理的实施意见》、《广东省省级财政专项资金管理办法》、《广东省省级财政资金项目库管理办法》、《政府向社会力量购买服务指导目录》等，推动形成全面深化财政改革的制度体系。二是坚持突出重点，推动财税体制改革总体方案落地见效。预算管理制度改革方面，制定印发《关于深化预算管理制度改革的实施意见》及预算管理改革系列具体办法，全面推进全口径预算编制、中期财政规划管理、跨年度预算平衡机制、项目库管理、零基预算改革等。省以下事权和支出责任相适应制度改革方面，制定试点组织实施工作方案，会同主管部门对教育、交通、社保、民政、水利五个试点领域的所有事权进行调查摸底，制定了省以下事权和支出责任置换调整清单以及《广东省建立省以下事权和财政支出责任相适应制度改革试点方案》并呈报省政府。税制改革方面，继续实施“营改增”试点，截至2015年11月，全省“营改增”试点纳税人共99.51万户（含深圳，下同），整体实现减税277.59亿元，减税面达到98.24%。同时，给原增值税纳税人提供抵扣减税125.35亿元，出口服务退免税31.33亿元，合计减税规模达448.97亿元。同时，积极做好建筑、房地产、金融和生产服务业“营改增”前期准备工作。政府公共资源投入公平配置改革方面，拟订广东省政府公共资源向各类投资主体公平配置实施办法，出台《关于在公共服务领域推广政府和社会资本合作模式的实施意见》，积极推广政府和社会资本合作（PPP）模式。基本公共服务均等化改革方面，继续推进综合改革试点，研究拟定率先实现基本公共服务均等化的实施意见，着力补齐民生社会事业

短板。三是坚持统筹兼顾，推进各项改革全面落实。根据《广东省贯彻党的十八届三中全会重要举措实施规划（2014—2020）》、《广东省2015年重点推进的改革事项》等要求，全方位统筹推进各项改革。包括：完善省级国有资本经营预算管理，印发《关于进一步完善省级国有资本经营预算管理的实施意见》，进一步规范省级国有资本经营预算编制、执行和监督管理。推进权责发生制政府综合财务报告制度改革，制定《权责发生制政府综合财务报告制度改革实施方案》并经省政府批转实施，实现地市一级试编工作覆盖面达到100%，县（市、区）一级覆盖面达到50%。完善政府向社会转移职能和购买服务标准体系，报请省政府批准印发《政府向社会力量购买服务指导目录》，包括基本公共服务事项、社会事务服务事项、行业管理与协调事项、技术服务事项、政府履职所需辅助性和技术性事务5个一级目录，57个二级目录，323个三级目录。支持司法体制改革，推进省以下法院、检察院财物统管制度改革，印发《关于做好省以下法院检察院财物统管试点相关工作的通知》，妥善做好资金测算、财物划转、非税收入管理等工作，推进建立经费保障长效机制。健全农村金融服务机制，联合省金融办、广东保监局制定《广东省巨灾保险试点实施方案》并呈报省政府，在汕头、韶关、梅州、湛江、清远等5市开展巨灾保险试点工作。

七、加强财政管理，提升财政管理效能

突出财政的基础和重要支柱作用，全面规范财政管理，提升财政工作效能。一是清理盘活财政存量资金。在2013年以来先后开展十批次清理存量资金工作的基础上，2015年进一步加大清理盘活力度，重点围绕2012年及以前年度一般公共预算、政府性基金预算以及财政专户资金等应收回的资金进行清查。截至2015年底，全省和省级存量资金规模比2014年末分别下降83%、95%。二是规范专项资金管理。全面梳理省级财政专项资金，裁减、合并、收回、优化一批财政专项资金，在编制2016年预算时，按照“一个部门一个专项，没有专项的部门不新增专项”的原则，将省级一般公共预算专项资金从219项压减到50项；修订省级财政专项资金管理办法，建立完善专项资金设立、审批、分配等各个环节的监管制衡机制；推进专项资金信息“八个公开”，建立专项资金实时在线联网监督系统。三是加强库款管理。加强对库款的统计分析和动态监测，建立库款通报制度，督促市县增强库款管理水平，压减库款规模。同时，加强机制建设，制定印发《广东省库款资金存量与增量调度挂钩暂行办法》，努力将库款维持在合理水平。截至2015年底，全省库款规模同比下降34.65%；全省库款保障水平为1.05%，比2014年同期水平下降1.14%。四是推进财政信息化建设。加强信息化建设规划，制定《广东省财政信息一体化系统升级改造工作方案》，积极推进财政一体化信息系统建设，完成新的预算管理系统、办公自动化系统开发并上线试运行，完成省、市、县三级统一的“金财工程”应用支撑平台建设，实现通过纵向网传递报送财政预算、支付数据，为财政改革发展各项工作提供技术支撑。同时，全面加强行政事业资产管理、政府采购监管、投资审核管理、公务用车管理、会计管理和行业管理工作，注重统筹推进、资源整合，财政管理效能稳步提升。

八、加强财政监督，完善绩效评价管理

组织开展专项转移支付资金和一般性转移支付资金检查，对包括教育、文化、水利、科技及彩票公益金等27项专项资金进行重点检查；共组织对6个地市级及所属12个县（市、区）进行重点检查，检查转移支付资金114.36亿元，收缴违规资金5 300多万元。进一步完善专项资金绩效目标申报和绩效评价机制，完善第三方绩效评价，严格落实绩效评价结果运用，实行评价结果与资金安排挂钩机制、评价整改措施备案核查机制、依规将评价结果向社会公开机制等。组织对41项、108亿元到期专项资金进行重点绩效评价，评价结果为良的20项，中的20项，低的1项；委托第三方对696亿元资金进行绩效评价，绩效评价结果按规定公布；收回4项专项资金，涉及资金35.86亿元。

九、推进预算公开，提升财政透明度

按照新预算法关于推进预决算信息公开的要求，完善公开制度，细化公开内容，多项财政信息公开工作走在全国前列。一是加强制度建设，先后印发《关于进一步推进省级预决算信息公开的意见》、《关于进一步推进市县预决算信息公开的指导意见》等制度，明确公开的内容和规范及要求，进一步健全完善财政预决算、“三公”经费公开制度体系。二是落实公开责任，做好省级财政预决算信息公开及省级专项资金信息公开工作。按照时限要求分别于2月15日和8月15日公开2015年预算报告和2014年省级总决算，并通过省级专项资金管理平台及时公开专项资金信息。三是加强督促指导，建立信息公开定期通报机制，督促省直各部门和指导市县及时公开预决算信息。截至2015年底，116个非涉密省级部门中，有106个公开2015年部门预算、“三公”经费预算；21个地级以上市全部公开2015年总预算及市本级部门预算、“三公”经费预算，119个县（市、区）全部公开本级总预算，本级部门预算和“三公”经费预算。

十、规范债务管理，有效防范财政风险

创新管理思路和手段，规范地方政府性债务管理。一是分类处理，解决存量债务。按照财政部的统一部署，对全省地方政府债务存量进行全面清理甄别。对清理甄别认定的存量政府债务，通过发行地方政府置换债券置换，降低利息负担，优化债务结构。对融资平台公司在建项目，按照《国务院办公厅转发财政部人民银行银监会关于妥善解决地方政府融资平台公司在建项目后续融资问题意见的通知》的规定，分类妥善处理后续融资事宜。二是公开透明，规范债务管理。将债券收支纳入预算管理，当年新增一般债券、专项债券分别纳入一般公共预算、政府性基金预算的收入预算；实施政府债务限额管理，按照财政部下达广东省2015年政府债务限额，经报省政府、省人大常委会审议同意后，向社会公开并将政府债务限额下达各市、财政省直管县；及时编制新增地方政府债券预算调整报告提交省人大审议，经省人大常委会批准后组织发行新增地方政府债券333亿元。三是建立机制，防范债务风险。制定印发《广东省人民政府关于加强政府性债务管理的实施意见》，明确地方政府性债

务举债主体、限额管理、预算管理、风险预警、清理甄别、政绩考核等方面规范管理的要求。

十一、加强队伍建设，提升干部队伍素质

以开展“三严三实”专题教育为契机，全面加强干部队伍建设，进一步增强创造力凝聚力战斗力，推动各项改革发展任务落实。一是加强作风建设。继续落实治庸问责机制、首问责任制、重点工作限时办结制、重大事项跟进督办制度等，提高工作效率质量。优化和重造办事流程，提高办事效率。二是加强能力建设。举办市县长新预算法专题培训班、公文处理及信息化培训班等，开展新预算法学习培训和宣传解读活动，推动全省各级财政干部适应新常态，优化知识结构，提高能力水平。三是加强内控建设。完善财政内控机制，构建以《广东省财政厅内部控制基本制度（试行）》为主体，8个专项内控办法为重点，“1+8+X”模式的内部控制制度体系。四是加强廉政建设。组织制定落实党风廉政建设党组主体责任、纪委监督责任工作意见，明确厅党组及各成员主体责任清单117项并实行动态管理；制定并实施厅党风廉政建设责任制考核暂行办法、工作人员问责办法等，组织全厅副处以上干部及重要岗位人员集中开展“三纪”学习教育活动，深入开展以案为鉴警示教育，确保财政资金和干部“双安全”。

（办公室供稿，柯迪执笔）

财政法制税政

2015年，省财政厅法制税政工作以建设法治财政和推进税制改革为中心，深化改革、主动服务，促进依法行政、依法理财，推进税收制度改革，在2015年省政府依法行政考核中获得优秀等次。

一、创新财政法制工作机制，法治财政建设有新成效

（一）强化立法和规范性文件管理

积极配合国家和省有关部门开展预算法实施条例等法律、法规的修订工作，认真办理有关法律、法规、规章等征求意见稿80份，党内规范性文件备案审查118份。加强规范性文件管理和制度审查，发布《广东省市县财政支出进度考核办法》等财政规范性文件3份，对省财政厅各业务处室制定的各类政策文件共300多份进行合法性审核，并开展省政府规章全面清理和注册资本制度改革相关规范性文件清理工作。

（二）加强法治财政制度建设

坚持规范、严谨、审慎、细致，推进财政法治建设，制定出台《广东省财政厅行政复议和行政应诉工作管理办法》和《广东省财政厅规范性文件制定管理办法》，起草《广东省财政厅法律风险内部控制办法》，规范行政执法权力运行，防范财政管理法律风险。

（三）推进行政审批制度改革和职权清理

按照简政放权、转变职能的要求，进一步清理非行政许可审批事项。省财政厅保留行政许可5项：资产评估机构（含分支机构）审批、省级工商机关登记的中外合作经营企业外国合作者先行回收投资审批、会计师事务所（含分所）的设立审批、境外会计师事务所临时办理审计业务审批、省属单位申办会计从业资格证书核发；保留政府内部审批事项2项：省级预算单位预、决算审核，采购方式审批；调整率达81%。按照省编办的部署，开展中央指定地方实施行政审批事项、行政审批中介服务工作、职业资格等专项清理规范工作。此外，做好省财政厅行政审批事项标准化录入工作，完成行政许可事项的办事指南、业务手册的编写及系统录入。

（四）办理行政复议和诉讼应诉案件

2015年，依法办理行政复议案件20件和行政诉讼案件9件。其中：省财政厅作为复议机关审理复议案件18件（驳回复议申请1件、维持9件、撤销2件、责令被申请人作出具体行政行为1件、依法变更具体行政行为1件、终止审查3件、中止审理1件）；被提起复议案件2件（最终维持1件、仍在审理1件）；被提起行政诉讼案件9件（二审上诉2件，提请最高院再审1件），案件总数比2014年增长20%。

（五）建立常年法律顾问制度

为适应财政工作新形势、新要求，促进依法行政、依法理财，制定《广东省财政厅法律顾问管理办法》，依法依规开展常年法律顾问试点选聘工作。

（六）加强财政法制宣传教育

创新普法形式，组织各地市财政部门开展财政“六五”普法验收工作。11-12月，省财政厅组织开展了一系列以“弘扬宪法精神、建设法治财政”为主题的法治宣讲活动，紧密结合法治财政工作实践，针对依法行政基本理论与原则、行政诉讼及风险防范、政府规范性文件审查管理等内容对财政干部进行培训教育。

二、扎实抓好税制改革工作，税收制度改革有新突破

（一）“营改增”试点

加强试点运行分析，及时调整电信企业汇总缴税预征率，确保试点平稳顺利。截至2015年底，全省试点户数从试点启动时的18.87万增加到99.51万户（含深圳，下同），增长427%，其中一般纳税人和小规模纳税人分别为18.29万和81.22万户，分别占19%和81%，累计实现减税953.13亿元，其中试点纳税人累计减税605.56亿元，试点纳税人减负面为98.2%，为原增值税纳税人提供抵扣减税275.71亿元，出口服务退免税71.86亿元。同时，落实“营改增”财政扶持政策，下拨2014年度（含2013年补充）“营改增”扶持资金1.11亿元，减轻企业负担。

（二）消费税扩围

自2015年2月起，按照国家部署将电池、涂料纳入消费税征收范围，同时，积极做好消费税进一步扩围研究和相关准备工作。

（三）资源税改革

2015年5月起，实施稀土、钨、钼有色金属资源税从价定率计征，铁矿石资源税由减按规定税额标准80%征收调整为减按规定税额标准的40%

征收。开展资源税改革调研，就进一步扩大资源税征收范围提出意见建议。

（四）个人所得税改革

争取财政部将广州市列入商业健康保险个人所得税政策试点，制定《广东省商业健康保险个人所得税政策试点工作实施方案》，经省政府同意报财政部备案。

三、扎实抓好地方税政工作，税政管理水平有新提升

（一）推进广东自贸试验区有关工作

积极加强与财政部的沟通协调，争取财政部对广东自贸区总体方案给予大力支持，推进相关税收政策尽早落地，争取财政部出台自贸区进口税收政策，允许广东开展选择性征收关税、保税展示交易、货物状态分类监管等试点。开展境外旅客离境退税政策实施准备及启运港退税政策研究工作，促进自贸区发展。

（二）开展税收调查

按照财政部的统一部署，开展重点税源快报、税式支出、重点产品国际竞争力、关税调整建议等四项调查工作，坚持创新方式方法，积极牵头组织开展工业机器人、集成电路、数控机床等产业国际竞争力调查，并形成调研报告。

（三）开展税收政策研究

按照财政部部署，先后开展资源税专题调研、耕地占用税立法调研，科技企业孵化器和大学科技园房产税、城镇土地使用税优惠政策调研，新型创业服务平台、天使投资在内的种子期、初创期等创新活动有关税收政策调研，开展农村集体土地流转税制安排研究，研究报告获财政部调研报告二等奖。

（四）落实税收优惠政策

做好社会组织公益性捐赠税前扣除资格以及非营利组织免税资格的审核认定工作。2015 年，经认定获得公益性税前扣除资格的社会团体共 381 家，获得免税资格的非营利组织共 190 家。落实横琴新区个人所得税优惠政策，审核批复 58 位港澳居民个人所得税税负差额补贴，共 1 047 万元。参与审核动漫企业、软件企业、集成电路企业等税收优惠资格，促进税收优惠落实到位。

（五）做好涉税政策管理服务

全年办理有关政策文件涉税征求意见会办件 330 件，切实把好税政管理关。办理涉税人大代表建议主办件 1 件、人大代表建议会办件 3 件、政协提案会办件 2 件，及时协调解决有关税收政策落实问题，对不属省级权限、一时难以解决的问题，向有关方面作出合理的解释和沟通。

（六）提出综合治税初步思路

2015 年初，省财政厅在初步征求省国税、地税部门意见的基础上，提出加快涉税信息共享和健全综合治税工作初步思路。

（法规处供稿，潘敏执笔）

财政预算管理

一、财政收支基本情况

2015 年，编制财政收支预算总的指导思想是：严格落实党的十八大、十八届三中、四中全会和中央经济工作会议精神、习近平总书记系列重要讲话精神以及省委、省政府决策部署，紧紧围绕“三个定位、两个率先”总目标，主动适应经济新常态，促进财政收入稳定增长，深入推进财税体制改革，落实稳增长、促改革、调结构、惠民生、防风险各项政策措施。

2015 年初预算，全省一般公共财政预算收入按增长 10% 安排 8 866 亿元，加上政府性基金转入一般公共预算收入共 9 191 亿元，人均收入 8 635 元，比 2014 年增加 1 288 元。主要收入项目安排为：增值税 1 457 亿元；营业税 1 831 亿元；企业所得税 1 316 亿元；个人所得税 470 亿元；城市维护建设税 446 亿元；土地增值税 553 亿元；城镇土地使用税 162 亿元；房产税 259 亿元；非税收入 1 622 亿元。

2015 年初预算，全省一般公共财政预算支出按增长 11% 安排 10 464 亿元，人均支出 9 831 元，比 2014 年增加 1 326 元。主要支出项目安排：教育支出 2 094 亿元；科学技术支出 314 亿元；文化体育与传媒支出 219 亿元；社会保障和就业支出 920 亿元；医疗卫生与计划生育支出 903 亿元；节能环保支出 303 亿元；城乡社区支出 826 亿元；农林水支出 769 亿元；交通运输支出 1 004 亿元；住房保障支出 281 亿元。

二、财政预算执行情况

（一）狠抓增收节支管理

不断强化主业意识，促使财政收入与经济中高速增长相适应，为广东省各项事业发展提供物质基础和资金保障。一是加强收入管理，有效促进收入稳定增长。关注收入形势变化，累计组织 3 次财税联席座谈会，深入分析收入形势，并根据经济形势合理调整税务部门收入预期，促进收入增长与经济发展相适应。密切关注“营改增”全面扩围等国家税制改革动向，加强收入影响测算，增强收入组织工作的预见性。2015 年，全省地方一般公共预算收入完成 9 366.78 亿元，增长 16.2%，可比增长 12%，较大幅度高于全国平均增幅（5.9%），连续 25 年居全国各省市首位。二是提高收入质量，促进财政收入平稳、持续、健康发展。研究制定《广东省市县财政收入质量考核办法》，对市县非税收入质量进行考核，严格控制市县非税收入非理性增长。剔除转列的政府性基金收入后，2015 年全省一般公共预算税收占比为 81.5%，比 2014 年提高 0.8 个百分点，收入质量总体保持较高水平。三是优化支出结构，严控一般性支出。坚持厉行节约，围绕贯彻落实中央“八项规定”、新一届中央政府“约法三章”精神以及广东省实施意见，对各项支出从严审核。2015 年，省级行政和参公事业单位会议费及“三公”经费财政拨款支出减少 19.7%，严控一般性支出成效明显。

（二）优化支出结构

一是改善民生，增进民生福祉。认真贯彻实施《广东省基本公共服务均等化规划纲要（2009—2020 年）》。加大公共产品、公共服务投入，提高民生保障水平。2015 年全省民生类支出完成 8 912.66 亿元，占一般公共预算支出的 69.6%，比 2015 年提高 2 个百分点。全省和省级十件民生实事支出 2 139.4 亿元和 900.28 亿元，完成

预算的110.9%和113.6%；全省和省级底线民生保障支出254.05亿元和139.9亿元，完成预算的111.8%和123.1%。二是强化资金配置，协调区域发展。充分发挥财政资源配置效应，坚持财力向农村倾斜，向欠发达地区倾斜，缩小城乡区域发展差距，提高协调发展水平。2015年省财政用于改善民生、提供基本公共服务以及均衡区域基本公共服务水平、帮助市县增强发展后劲的支出共达4 651.26亿元，占省级总支出的79.04%，占比比2015年提高3.91个百分点。

（三）稳增长促转型发力增效

严格落实中央及省委省政府关于财政稳增长决策部署，及时制定《关于2015年省财政支持稳增长的政策措施》，出台八个方面16条政策措施，全省各级财政综合运用财政资金和政策手段，共统筹安排财政资金达到8 002亿元，着力促进稳增长，2015年纳入GDP考核的财政支出八项指标直接拉动GDP增长1.6%。一是保持政府投资适度增长，支持扩大基础设施建设。重点推进“三大抓手”项目建设，安排464.56亿元全力支持建设高速公路、铁路、城际轨道、航运等交通基础设施；安排47亿元推动粤东西北地区新区和中心城区扩容提质；安排29.46亿元支持粤东西北地区省产业园扩能增效，加快推动省产业园基础设施建设、产业集聚发展；安排261亿元支持水利基础设施建设、棚户区改造、保障性住房建设、农村危房改造、环保设施建设和污染防治。二是支持创新驱动战略和产业转型升级。综合运用补助、贴息、风险补偿、设立引导基金等方式，瞄准创新驱动的重要环节，精准发力，促进科技创新。支持产业发展，抓住既能拉动即期经济增长又有利于长远发展的领域，重点支持战略性新兴产业、先进装备制造业、现代服务业、企业技术改造等。三是严格落实税费减免，切实减轻企业负担。继续免征32项中央设立和7项省设立涉企行政事业性收费的省级收入；取消和暂停征收49项中央级设立的行政事业性收费，对小微企业免征42项中央级行政事业性收费，对非营利性养老和医疗机构建设全额免征、对营利性机构减半收取行政事业性收费，其中涉企行政事业性收费当年度约可减负53亿元。

（四）严格预算执行管理

一是严格落实新《预算法》，限时批复下达预算。配合省政府召开“全省财政支出进度集体约谈会”，多次召开全省会议、厅长办公会议、抓支出进度专项工作会议，研究部署加快资金拨付进度的措施，及时批复部门预算，并按一般性和专项转移支付30日和60日下达时限要求，及时拨付转移支付资金。二是建立以“三挂钩一通报”为主体的财政执行管理考核制度。通过建立市县支出进度与转移支付挂钩、市县库款规模与资金调度挂钩、省直部门支出进度考核、绩效考核与财政资金安排挂钩制度，并完善省级和市县支出进度通报制度，加快支出进度的体制机制基本形成。从3月起，按月通报省直部门、各市县支出进度情况；2015年预算执行结束后，及时开展省直部门支出进度考核挂钩工作，对支出进度不达标的部门，按一定比例收回部门预算资金。三是积极盘活财政存量资金。制定印发《关于进一步做好盘活财政存量资金工作实施意见的通知》、《关于盘活2014年及以前年度省级部门存量资金的通知》等文件，完善盘活财政存量资金的制度体系。积极开展存量资金清理专项工作，截至2015年底，全省和省级财政存量资金消化率达83%和95%。四是严格控制结转结余规模。加大清理统筹力度，对超过2年未用完的资金，一律收回统筹，2015年省级一般公共预算结转结余297.21亿元，比2015年减少242.97亿元，下降44.98%。

三、预算管理改革情况

（一）建立健全预算管理制度体系

研究并报请省政府出台《广东省人民政府关于深化预算管理制度改革的实施意见》等纲领性文件，明确深化预算管理改革的总体目标、要求及改革实施路线图，为各项预算管理改革深化提供指引。在此基础上，在中期财政规划、项目库管理、专项资金管理等改革方面制定一系列具体措施。主要包括：《广东省人民政府关于实行中期财政规划管理实施意见》、《广东省省级财政专项资金管理办法（2015年修订）》、《广东省人民政府关于改革和完善省对下财政转移支付制度的实施意见》、《关于进一步做好盘活财政存量资金工作实施意见的通知》、《广东省省级财政资金项目库管理办法》等，进一步建立完善广东省现代预算管理制度体系。

（二）健全政府预算体系

在2014年省级建立起覆盖“四本预算”的全口径预算体系的基础上，对全省市县建立完善全口径预算体系加强督导。继续加大政府性基金与一般公共预算统筹力度，按规定将政府性基金转列一般公共预算，2015年按规定将8项省级政府性基金、66亿元转列一般公共预算；继续保留在政府性基金预算管理的资金，与一般公共预算统筹安排。完善国有资本经营预算制度，2015年将省级国有资本经营预算收缴比例从15%提高到20%；将国有资本收益调入一般公共预算占国有资金经营预算的21.38%，超过规定的15%的比例。加大部门资金统筹力度，按照整合用途相近、集中财力办大事的原则，推进跨部门、跨科目专项资金清理统筹，逐步下放具体资金分配权、项目选定权，省级侧重加强监管。推进预算编制和预算执行的统筹协调，将预算编制和预算执行相挂钩，预算执行率低的项目按一定比例扣减下年预算。年终一般公共预算出现超收的，全部用于补充预算稳定调节基金，次年预算编制出现缺口时，调入预算稳定调节基金予以弥补。

（三）细化预算编制

一方面，严格按照预算法规定，将一般公共预算支出按其功能分类编列到项，按其经济分类，基本支出编列到款；政府性基金预算、国有资本经营预算、社会保险基金预算编列到项。另一方面，2015年编制2016年度预算时，预算报表进一步丰富，省本级支出、专项资金预算、转移支付预算更细化，提交省人代会审议的预算草案附表从62张增加到69张，进一步突出“五个首次”和“五个率先”。首次编制《预算报告资金安排附表》，增列明细使用计划、省直主管部门及补助政策标准的索引；首次分地区编制《税收返还和转移支付补助预算表》，细化到14 000多项，细列至地级以上市和省直管县；首次公开地方政府债务预算，将政府债务分门别类纳入全口径预算管理；率先编制《专项资金总体使用计划表》和《专项资金项目库表》，将50项专项资金拆分为7 420个落实到补助对象或用款单位的明细项目；率先编制《政策性基金情况表》，集中公布22项政策性基金设立情况。

（四）实行中期财政规划管理

中期财政规划是在科学研判未来三年财政收支情况的基础上，逐年滚动编制管理，实现规划期内跨年度平衡的预算收支框架。2015年，省财政厅起草并报请省政府印发《广东省人民政府关于实行中期财政规划管理实施意见》，建立中期财政规划制度，与省委省政府的重大决策部署紧密衔接、与各类事业发展规划紧密衔接，并强化对年度预算的约束。2015年，省财政启动2016—2018年中期财政规划编制，加强中期财政收支情况分析预测，合理确定主要收入政策改革、支出政策改革和债务风险控制。

（五）扩大零基预算改革试点

在2015年度预算率先开展零基预算改革试点的基础上，2015年编制2016年度预算时，将试点范围扩大至20个部门。根据国家、省的政策规定，结合财力实际核定定员定额标准，做实人员公用经费。对申报项目严格审核论证，分轻重缓急对项目进行排序，视财力情况择优选择，并将所有项目支出预算细化到具体单位和具体用途。对支出项目设置准入条件，根据项目开工条件和年度用款计划据实编报预算。通过零基预算改革，逐步建立起基本支出定员定额标准体系和项目支出保障重点、绩效优先的评估机制，进一步提高年初预算的准确度和到位率；打破原“基数+增长”的预算编制模式，进一步优化支出结构，突出加强重点项目保障。

（六）加快推进项目库改革

在2014年率先在全国开展项目库改革试点的基础上，2015年改革扩大到除基本支出之外的全部省级财政资金。将预算管理模式由“以资金分配为主线”转变为“以项目管理为主线”，由“先定预算，再定项目”转变为“先定项目，再定预算”。通过项目库改革，落实主管部门责任，由主管部门提前做好项目可行性研究、评审、招投标、政府采购等前期准备工作，建立完善项目储备，提高项目选项质量和准确性。在预算编制阶段，从项目库中优选项目，细化项目预算项目编制至具体用款单位和执行项目，并谋划与中期财政规划相衔接，将多年实施的项目纳入项目库编制滚动计划，逐年安排，分年度实施。建立完善项目库管理系统，并与专项资金管理平台相衔接，实现项目库信息按不同权责实时共享。2015年编制2016年度预算时，申报入库项目达2万多个。

（七）完善预算征询机制

通过网络、召开座谈会等方式充分听取人大代表、省直部门、专家学者和社会各界对预算编制的意见、建议；建立人大代表信息互联平台，同步将预算编制情况、资料等通过人大选联工委以短信或邮件形式发送代表；主动配合省人大代表专项介入预算编制工作；开展厅领导赴各地听取代表意见工作；在厅门户网站开设预算编制征询专栏收集意见建议等。同时，提前一周左右将预算报告电子版发给人大代表，便于代表提前查阅。2015年编制2016年度预算时，累计征询意见达979人次，收集意见共420条，对收到的意见建议进行逐项研究，充分吸纳合理意见并体现在预算编制中。

（八）全面推进预决算公开

坚持以公开为常态、不公开为例外的原则，推进预决算信息公开工作。除涉密信息外，要求各部门单位应按财政部门批复的表样，将预算表全部公开，包括本级预算和所属单位预算。所有财政资金安排的“三公”经费都要随部门预算一并详细公开，包括财政拨款预算总额和分项数额。依托省政府网上办事大厅建立省级财政专项资金管理平台，对专项资金管理办法、申报情况、分配结果等8个方面内容实行“八个公开”，主动接受社会监督。推进专项资金实时在线监督，建立健全财政、审计、检查和资金使用单位互联互通、信息共享的在线监管系统。

（九）规范专项资金管理

一是完善管理办法。按照预算法要求，重新修订了《广东省省级财政专项资金管理办法》，进一步完善了专项资金管理制度机制。二是完善投入机制。规范专项资金的设立，严格控制专项资金规模，控制设立引导类、救济类、应急类的专项资金；凡是市场竞争机制能够有效调节的事项不得设立专项资金。三是加强专项资金清理整合，2015年将省级一般公共预算和政府性基金预算专项资金从219项减至50项。四是改革专项资金分配方式，提高提前下达专项转移支付预计数的比例，2016年提前告知市县的转移支付数额超过75%；推广专项资金因素法分配，实行“预安排、后清算”制度，根据事权和支出责任相适应的原则，逐步将项目选定权下放至市县。五是落实部门主体责任，加快计划制订、资金申请进度，完善专项资金审批流程，推行集中、并联审批，建立限时办结制，专项资金使用效率和效益得到提高。

四、省以下财政体制工作情况

（一）完善省以下财政体制机制

为进一步规范省和市县政府间财政分配关系，完善分税制财政管理体制，广东省于2010年调整完善分税制财政管理体制，以促进区域协调发展和推进基本公共服务均等化为出发点；以进一步形成省级与市县财政收入同步增长机制，增强省级调控能力为主要目标；坚持“存量不变，增量调整”和“大稳定、小调整”原则，适度调整增量，在确保各级政府既得利益同时，适当提高省级财力集中度。将营业税、企业所得税、个人所得税、土地增值税地方收入部分，省与市县分享比例由“四六”调整为“五五”，省级集中的财力主要用于加大对欠发达地区转移支付力度，增强欠发达地区财政保障能力，为推进基本公共服务均等化，实现区域间全面协调可持续发展创造条件；同时，通过制定面向全省的产业发展财政政策，促进珠三角地区提升综合竞争力，增强辐射作用，带动粤东西北地区发展。

（二）完善财政转移支付制度

一是印发《关于改革和完善省对下财政转移支付制度的实施意见》，通过优化转移支付结构、完善一般性转移支付制度、清理规范专项转移支付、规范资金分配和使用、加强监督检查和绩效评价等措施，建立健全科学、规范、统一的省对下财政转移支付制度。2015 年省级一般性转移支付占转移支付比重达 60%。二是完善市县财政激励机制，按照“保基本”和“强激励”相结合的原则，对欠发达地区县（市）实施财政增量返还和协调发展奖，2015 年省财政共安排激励性转移支付 231.9 亿元，市县发展的积极性得到有效提高。三是健全县级基本财力保障机制，有效缓解县乡财政困难。2015 年省财政共下达粤东西北地区县级基本财力保障机制奖补资金 122.91 亿元。四是积极落实重点生态功能区转移支付和“老少边穷”地区转移支付等各项资金，提升欠发达地区基本公共服务水平。2015 年省财政共落实重点生态功能区转移支付 19.98 亿元，安排原中央苏区县补助 3.8 亿元、革命老区转移支付资金 22 085 万元。

五、规范政府债务管理、创新财政投融资机制情况

（一）建立健全债务管理制度

制定出台《广东省人民政府关于加强政府性债务管理的实施意见》，明确举债主体、限额管理、预算管理、风险预警、清理甄别、政绩考核等方面规范管理的要求，实现地方政府债务管理有章可循。转发财政部《2015 年地方政府一般债券预算管理办法》和《2015 年地方政府专项债券预算管理办法》，对地方政府债券发行管理、发行程序、预算管理、协议签订、还本付息工作、专项债券项目管理以及制定地方政府债券中期规划提出贯彻落实中央办法的意见以及广东省的具体要求。

（二）规范债务管理

一是将债券收支分类纳入预算管理，并将预算调整方案报同级人大批准。二是开展存量债务清理甄别和置换，缓释债务风险。按照财政部统一部署，组织全省对存量政府性债务进行全面清理甄别，并将财政部下达广东省的 3 批置换债券 1 255 亿元全部分配至市县置换存量债务。三是实施地方政府债务限额管理，完善债务风险防控体系。按照预算法的规定，在财政部下达的广东省 2015 年地方政府债务限额内，根据各地债务风险情况，将债务限额分解至省本级和市县，顺利实现债务限额管理。同时，制定印发《广东省政府性债务风险应急预案（试行）》，构建省、市、县三级政府性债务风险防控体系。四是发行新增债券 333 亿元，筹集资金支持经济稳定增长。

（三）推进 PPP 模式运营

构建广东 PPP 模式制度框架，以省政府办公厅转发省财政厅、省发展改革委、人民银行广州分行《关于在公共服务领域推广政府和社会资本合作模式的实施意见》，作为广东省推广运用 PPP 模式的重要政策依据。促进 PPP 项目落地，建立全省 PPP 项目库，对全省 PPP 项目实行分类管理，截至 2015 年底，广东省已纳入 PPP 项目库管理的项目数量为 119 个，总投资额 2 752 亿元。成功举办广东省 PPP 项目推介会，27 个一、二类项目（财政部第二批 PPP 示范项目和省重点项目）中 1/3 已落地，按期完成 2015 年广东省 PPP 项目实施计划目标。

六、规范非税收入管理情况

（一）健全非税收入管理体制机制

一是研究草拟《广东省政府非税收入管理条例（稿）》，明确非税收入的定性、基本管理要求等，并加快推进其立法步伐，形成广东省非税管理纲领性文件，提高非税管理制度层次。二是制定《广东省省级非税收入退库管理暂行办法》。三是进一步完善非税系统建设，制定《广东省省级非税收入管理系统二期需求升级改造建设方案》，推进建立全省非税收入联网系统，完善台账报表体系，推进网上收缴平台建设，推进实现非税收入退库系统办理等。四是配合做好司法体制改革工作。制定印发《广东省省以下法院、检察院非税收入收缴实施方案》等，做好全省法院、检察院系统非税收入收缴上划等改革配套对接。

（二）落实非税惠企利民政策

一是开展全省涉企收费清理规范工作。会同有关部门对全省涉企政府性基金、行政事业性收费、强制垄断性的涉企经营服务性收费、行业协会商会涉企收费进行全面摸查和严格清理，对违规收取的项目予以取消效。对保留的收费基金项目，形成《广东省政府性基金目录清单》、《广东省涉企行政事业性收费目录清单》、《广东省省级涉企行政审批前置服务收费目录清单》、《广东省省级政府定价的涉企经营服务收费目录清单》4 个目录清单，实行“涉企收费进清单，清单以外无收费”，为构建项目法定、权责一致、简政放权、公开透明的收费监管体系建立基础。二是推进便民、利民政策实施。联合有关部门打造了“广东省交通违法罚款网上缴纳系统”，在珠海、佛山、湛江、惠州、河源、清远 6 市试点交通违法罚款网上缴纳，实现了收缴交通违法罚款跨地区汇缴及对账，解决异地缴纳交通违法罚款难的问题，便于群众办理，提高政府部门办事效率。

（预算处供稿）

外经金融财政财务

2015 年，省财政厅认真贯彻落实新《预算法》和各项财政政策措施，积极扶持广东省外经贸和旅游业发展，推进地方财政金融财务监管改革。

一、加大资金投入，切实保障外经贸稳增长、调结构

（一）认真研究支持外经贸发展的财政政策，并加大外经贸资金扶持力度

按照省委、省政府关于大力支持稳定外贸增长、提高外贸发展质量的决策部署，积极筹措资金，在 2015 年年初预算安排 11 亿元的基础上，又新增 10 亿元资金用于促进外贸稳增长、调结构，大力支持广东省外经贸平稳健康发展。

1. 稳增长，巩固和培育外贸增长点。一是安排开拓国际市场专项资金，支持企业参加境内外国际展览会、运用第三方电子商务平台开拓国际市场以及跨境电子商务等外贸新业态项目，拓宽企业境外销售渠道；二是安排促进投保出口信用险专项资金，对企业投保出口信用险的保险给予一定比例的资助，健全出口信用风险保障机制；

三是安排服务贸易发展专项资金，引导服务贸易企业开拓国际市场和自主创新，提高国际竞争力；四是安排稳增长调结构专项资金，结合地方各市稳增长资金统筹使用，共同推动各市（区）重点外贸企业提高自身竞争优势和增产提效，积极扩大进出口。

2. 调结构，促进外贸发展模式转变。一是安排科技兴贸与品牌建设专项资金，扶持出口产品技术创新和品牌创新建设，支持外经贸可持续发展能力不断提升；二是安排加工贸易转型升级专项资金，支持提升加工贸易核心竞争力，推动加工贸易企业自主创新及研发、加工贸易博览会电子商务平台和加工贸易联网监管公共平台建设；三是安排中国加工贸易博览会筹办经费，引导和推动加工贸易企业“创新加工贸易模式”，促进加工贸易转型升级。

3. 促平衡，推动外贸平衡发展。一是积极扩大进口，安排促进进口专项资金，鼓励和引导广东省企业进口先进技术、设备、省内短缺资源类产品、重要物资、消费品和开展技术改造等，对企业进口贷款予以贴息，对进口服务平台、进口商品交易中心、进口分销体系、投保进口信用保险、进口促进及公共服务等方面予以支持；二是推动实施“走出去”战略，安排“走出去”专项资金，通过贷款贴息、直接资助、股权投资等多种方式，鼓励有条件、有实力的企业通过投资、并购、重组、战略合作等多种形式开展对外投资合作，促进“走出去”战略深入开展。

（二）加大广东省口岸建设的支持力度，提高口岸通关能力

一是加强和规范口岸建设专项资金管理，下达口岸建设专项资金18 578万元，支持广东省重点口岸建设发展；二是支持组建广东省电子口岸管理有限公司，安排了电子口岸建设资金1.5亿元，加强全省电子口岸平台基础设施及相关应用项目建设和平台运维管理；三是为提高口岸物流通关效率和海关监管服务综合效能、推动广东外向型经济发展，省财政安排海关广东分署2.31亿元用于配置集装箱检查设备。

（三）做好免除查验没有问题外贸企业吊装移位仓储费用试点工作

为贯彻落实《国务院关于改进口岸工作支持外贸发展的若干意见》中关于“对查验没有问题的免除企业吊装、移位、仓储等费用，此类费用由中央财政负担”的改革事项，根据《财政部 海关总署 国家质检总局 国家发展改革委 交通运输部 商务部关于免除查验没有问题外贸企业吊装移位仓储费用试点工作的通知》的要求，从9月中旬起至11月在全省范围内开展试点工作。按照省政府的工作部署，深入调查研究，制定了改革试点实施方案，扎实推进试点工作在全省口岸落地实施，取得阶段性的工作成效，并将试点工作有关情况总结上报财政部和省政府。

二、建设金融强省，着力推动金融产业改革创新

（一）支持农村金融改革发展

一是根据省政府的工作部署，积极与中央有关部委沟通，推进汕头特区农信联社深化改革工作。二是积极组织村镇银行申报农村金融机构定向费用补贴资金，全年拨付中央补助资金4 316万元和省级配套资金190.5万元。三是为推进城乡基础金融服务均等化，打通社会信用体系建设和基础金融服务的“最后一公里”，从2015年起在全省20个试点县开始普惠金融“村村通”试点工作，由省财政安排4 975万元，对试点县县级综合征信中心、2 784条信用村建设、3 982个乡村金融（保险）服务站和3 982个乡村助农取款点给予奖励补助。

（二）支持解决中小企业融资难

一是加强小额贷款公司风险补偿专项资金管理，充分发挥小额贷款公司为“三农”和中小企业融资的重要作用。2015年安排专项资金5 000万元，专项用于支持小额贷款公司发生的涉农和中小企业贷款的风险补偿等。二是认真落实国务院促进融资担保行业发展电视电话会议精神，研究融资担保政策，支持融资担保公司发展。

（三）加强金融企业国有资产管理

一是贯彻落实有关金融企业国有资产管理法律法规，做好广东省2014年度金融类企业国有资产产权登记年检工作。二是加强地方金融企业国有资产管理工作，研究加强广东粤财投资控股有限公司监管办法，批复粤财控股负责人2014年度薪酬。三是理顺省政府持有中航通用飞机有限公司股份事宜，经报省政府同意，将省出资16.6亿元和11.36亿元分别转增为广东粤财投资控股有限公司和广东恒健投资控股有限公司的资本金。

（四）做好广东丝路基金筹建工作

为贯彻中央“一带一路”战略，推动广东省扩大对外开放，加快转型升级的实践创新和具体举措，根据省委、省政府决策部署，省财政出资20亿元设立广东丝路基金。主要做了以下工作：一是会同省发改委和有关单位研究基金组建方案；二是遴选省财政出资广东丝路基金受托管理机构；三是选取广东丝路基金托管银行；四是签订《省财政出资广东丝路基金委托管理协议》和拨付省财政出资20亿元；五是会同省发展改革委向省政府正式上报《广东丝路基金设立方案（送审稿）》。

（五）积极推进广东省道路交通事故社会救助基金工作

根据各市开展的救助基金管理情况，及时下拨省级道路交通事故社会救助基金2 000万元，推动救助基金管理工作顺利开展。

（六）认真开展财政支持解决中小企业融资难问题课题研究

按照厅党组的工作部署，开展财政支持解决中小企业融资难问题课题研究工作，通过到佛山、东莞进行实地调研，走访企业，并与当地财政、经信、金融等部门进行座谈等形式，认真整梳理研究，撰写了《财政支持解决中小企业融资难问题研究报告》，提出了财政支持解决中小企业融资难的政策建议。

三、优化旅游产业结构，大力扶持重点项目做大做强

（一）支持高端旅游、旅游扶贫、旅游景点等项目全面发展

通过参与和组织专项资金的评审等环节，对高端旅游、旅游扶贫和旅游景点项目予以资金扶持。一是通过竞争性评审，对珠海长隆海洋王国等5

个项目安排高端旅游项目发展专项资金5 000万元，扶持优质性高端旅游项目引导全省高端旅游业发展；二是按照全国旅游厕所革命的工作部署，对全省320个旅游厕所改扩建项目及3个旅游扶贫项目安排旅游扶贫项目资金4 200万元，实施旅游精准扶贫；三是对肇庆市星湖景区等10个旅游景点建设项目安排扶持资金3 450万元，扶持当地重点项目完善旅游公共服务基础设施。

（二）做好中央旅游发展基金补助地方项目资金的申报、分配和拨付工作

一是根据中央文件通知要求，将中央资金300万元安排粤东西北地区15个地市，用于扶持29个纳入全国旅游厕所建设方案的旅游厕所项目建设；二是通过专家评审，选出梅州市八乡山大峡谷休闲度假区项目等5个项目，积极上报申请中央旅游转型升级项目资金。

四、防范资金风险，完善资金管理制度和办法

根据《广东省省级财政专项资金管理办法（新修订）》和《广东省省级财政专项资金信息公开办法》的规定，全面梳理、修订和完善各项资金分配管理制度和办法，重新制（修）订完善了一系列专项资金管理办法，包括《广东省稳增长调结构专项资金管理办法》、《广东省出口企业开拓国际市场专项资金管理办法》、《广东省促进进出口公平贸易专项资金管理办法》、《广东省促进投保信用保险专项资金管理办法》、《广东省服务贸易专项资金管理办法》、《省级旅游景点专项资金管理办法》、《广东普惠金融“村村通”奖补专项资金管理办法》等多项资金管理办法。

此外，认真做好粤港直通车指标费的收缴工作，全年收缴粤港直通车指标费收入19 747万港元，解缴入库人民币15 985万元。积极做好非贸易非经营性用汇管理工作，分别下达各市用汇预算4 610万元和省直单位用汇预算14 219万元，严格按照因公出国（境）费用开支标准和有关规定，审批省直单位的出国用汇。

（金融债务处供稿，陈高华执笔）

国库管理

2015年，国库处紧紧围绕财政中心工作，不断夯实基础，努力开拓创新，在推进国库管理改革、完善国库运行机制、提高资金运行效益上取得了明显成效。

一、全面深化推进财政国库改革

（一）推进国库集中支付制度改革

在巩固省、市、县三级全面实施国库集中支付制度改革的基础上，重点推进乡镇国库集中支付改革。一是明确任务目标，制定印发《广东省乡镇国库集中支付制度改革实施方案》，要求到2015年实现珠三角地市90%以上乡镇实施改革，其他地区70%以上乡镇实施改革。二是跟踪掌握进展情况，按季度统计乡镇改革情况，召开乡镇国库改革座谈会，及时了解改革进展情况和存在问题。三是加强督促指导，开展乡镇国库改革进展情况通报，督促各地及时完成改革任务。

（二）推进财政预算会计制度改革

一是配合财政部修定《财政总预算会计制度》工作。结合财政预算会计管理实际积极提出意见建议，先后7次反馈修改意见，2次参与财政部组织的座谈讨论。二是认真研究新制度、新要求，按照财政部工作部署，组织部分市县按新制度提前实施系统设置和数据衔接的模拟运行，并就相关经济业务进行模拟记账、编制资产负债表等。三是做好新旧总预算会计制度衔接的准备工作，及时组织全省各级财政部门开展总预算会计制度视频培训，为新制度的顺利实施奠定基础。

（三）推进库款管理机制改革

贯彻落实国务院和财政部关于有效控制库款规模的工作要求，强化库款管理，建立完善财政库款管理的一系列机制。一是完善全省库款统计和监控制度。进一步细化市县库款统计内容，按旬开展全省库款监控，加强对市县库款结构和变动情况分析。二是建立全省完成库款管理目标责任制。召开压减库款工作约谈会，要求市县财政部门制定压减库款分月计划，明确压减责任和目标。三是建立全省库款通报制度。从8月起按月实施市县库款情况通报，跟踪督促落实库款压减工作。四是积极开展国库现金管理试点工作。会同人民银行广州分行印发《广东省省级国库现金管理操作细则（试行）》。在此基础上，科学确定实施规模，严格审定参与银行资质，公开招标选定存放银行，并开展4期共计550亿元省级国库现金管理。五是建立库款资金存量与增量调度挂钩机制。制定印发《广东省库款资金存量与增量调度挂钩暂行办法》，从2016年起将省对市县调度资金拨付与市县库款存量挂钩，进一步加强市县库款管理，提高财政资金使用效率。

（四）推进政府综合财务报告改革

一是明确目标任务。制定《权责发生制政府综合财务报告制度改革实施方案》并报经省政府批转实施，部署全面推行权责发生制政府综合财务报告制度改革。二是扩大试编范围。将试点范围扩大到全部20个地级以上市和60个县（市、区），地市一级试点覆盖面已达到100%，县一级试编覆盖面已达52.6%。三是提高编制水平。在不断改进编制方法，顺利完成2014年度省本级政府综合财务报告试编工作的基础上，组织地市财政开展试编工作培训，详细讲解编制要求。四是加强理论前瞻。深入调研，完成《建立权责发生制政府综合财务报告制度研究》、《政府综合财务报告应用与分析指标体系研究》等课题研究工作。

二、加强财政资金安全管理

（一）规范财政总预算会计管理

一是做好省级财政资金拨付审核。在安全、规范、高效完成各项财政资金拨付审核的基础上，明确资金支付方式的划分依据及办理标准，优化支付审核流程，进一步提高资金拨付效率。2015年共办理各类资金拨付审核104 952笔，金额合计8 872亿元。二是做好总预算会计核算。及时、准确完成会计核算和报表编报工作，积极

清理历史挂账事项，收回委托粤财控股的存放资金8.26亿元，分类清理单位误缴、错缴资金1亿多元。制定《广东省财政厅办理权责发生制核算事项内部操作规程》，进一步完善权责发生制核算事项管理。

（二）完善财政专户管理及资金存放工作

一是加强财政专户管理。严格执行账户审批制度，对财政专户开设事项严格审核把关，全年共办理全省8个财政专户的开户申请审核手续，并督促地市财政及时办理专户撤并。二是强化存放银行监管机制。继续开展2014年度省级财政资金开户及存放银行年度考评，防范财政资金管理外部风险。三是进一步优化省级财政资金保值增值竞争存放机制。2015年，开展3期共计161.5亿元省级社保基金定期存款竞争存放工作。

（三）规范省级单位银行账户和垫支归垫管理

一是强化省级预算单位银行账户管理。从严控制单位新增开设银行账户，对“可开可不开”的账户坚决不开，认真开展账户年检，对保留必要性不强的单位账户坚决要求撤并。二是强化省级预算单位财政资金垫支归垫管理制度机制，从严把好垫支归垫申请审核关，强化预算执行硬约束，有效规范预算单位财政资金使用行为。

三、提升预算执行分析水平

（一）完成预算执行报表编报

一是扎实做好报表编报工作。按时保质做好旬月报、专项统计表和十件民生实事汇总报送等基础工作，加强数据审核和系统支撑，为领导第一时间了解财政运行情况做好服务。二是顺利完成2014年度财政总决算汇审。切实做好决算布置和业务指导，正式启用决算审核平台，进一步优化审核流程，规范业务对账，顺利完成2014年度全省财政总决算报表汇审编制，并获得财政部2014年度地方财政总决算工作考核评比三等奖。

（二）加强预算执行分析

一是建立健全预算执行分析制度。制定印发《广东省财政厅预算执行分析工作规程》，明确各处室职责分工，按月组织召开厅内预算执行分析会议，加强对全厅预算执行分析工作的统筹协调。二是强化预算执行分析基础。建立纵向涵盖全国、全省、各市，横向涵盖经济、财政、税收、金融等领域的《广东省财政厅预算执行分析数据库数据采集清单》，进一步扩大数据采集范围。完善大数据决策分析系统，优化已有分析模块和展现形式，并根据工作需要研究提出新的分析需求。三是加强预算执行分析时效性、针对性、前瞻性。通过加强日常积累和重要时点的加班加点，高时效、高质量完成月度、季度执行分析材料和厅领导交办的各项专项分析任务，获得厅领导的肯定和表扬，并在2015年财政部开展的地方预算执行分析工作评比中获得三等奖；坚持问题导向，密切跟踪经济财政运行中存在的新情况、财政经济改革的新动向，开展中长期财政收入形势分析，完成广东省产业发展与税收增长关系的重点课题研究等；借助外部专家力量，修正完善广东财政收入预测模型，进一步提高收入预测的准确性。

四、抓好财政国库管理专项工作

（一）做好广东省政府债券发行工作

一是充分做好前期准备。成立自行发债工作领导小组，制定广东省地方政府债券发行工作方案，公开招标选取信用评级机构，规范开展信用评级，公开组建承销团，招标选取6家主承销商。制定发行兑付办法、招标发行规则等文件，及时做好债券发行信息披露工作。二是积极推进公开招标发行。动员承销团成员参与债券招标发行，先后召开4次承销团成员会议、6次主承销商会议，争取相对较低的发行利率，降低财政债务负担。加强与承销团成员的沟通联系，详细了解承销团成员承销意向，确保5批次公开招标债券全额发行。三是稳妥开展定向承销发行。组织市县财政部门、商业银行核对3批次置换涉及3 500多个存量银行贷款项目情况，确保置换项目信息无误。加强与承销团成员沟通协商，与定向承销涉及的各个银行机构逐一落实承销额度和发行安排，针对其中40多家农信社、农商行缺乏承销资质和经验的情况，重点指导各机构及时开立承销专用账户，申请承销权限，确保各期定向承销债券顺利发行。布置落实债权置换，3次召开发行工作视频会议，动员布置市县财政部门、债务单位、债权人机构规范有序做好债权解除工作。四是组织完成发行工作。先后赴北京组织7批次顺利发行2015年广东省政府债券，完成全年1 588亿元的政府债券发行任务。

（二）做好财政存量资金清理回收

围绕盘活财政存量资金相关要求，重点抓好省直预算单位实有资金账户清理盘活工作，要求省直预算单位按规定将预算结余资金或预算结转两年以上的资金上缴国库。累计收缴资金11.04亿元。同时，发文通知有关部门重新申报预算项目资金使用计划，进一步加快存量资金使用，避免资金二次沉淀。

（三）做好审计配合工作

一是主动协调相关部门（处室），配合审计署广州特派办、审计署深圳特派办和省审计厅开展的多项审计工作，积极加强与审计部门沟通，及时提供审计资料，根据审计部门出具的审计报告征求意见稿共报出14份反馈意见。二是强化审计整改工作。研究审计提出的问题和意见建议，制定整改方案，落实整改责任，加强与相关部门和下级财政的协同配合，共完成19份审计整改情况报告和2份审计问题专项督查情况报告。三是积极配合预算处、监督局完成北京专员办实施的存量资金情况检查工作。

（四）做好部门决算批复和公开

一是积极推进省级部门决算批复公开。全口径批复2014年度省级部门决算，按统一公开时间、统一公开内容、统一公开程序和格式的“三统一”要求，进一步规范部门决算和“三公”经费信息公开内容，部门决算、“三公”经费决算信息公开的省级部门数分别达到106家、104家，分别占批复省级部门总数的91.4%、91.2%，公开范围比2015年进一步扩大。二是指导各地做好2014年度部门决算批复和公开工作。21个地级以上市、119个区县全部公开本级2014年度部门决算和“三公”经费决算信息。

（国库处供稿，吴宇执笔）

综合财政

2015年，综合处认真贯彻落实《预算法》和厅党组的工作部署，努力抓好职责范围内的各项工作任务，整体推进，重点突破，进展情况良好。

一、抓好预算执行工作

2015年，综合处从稳增长、调结构的大局和依法行政的严肃性出发，多措并举抓好支出进度。一是加强与中央有关部委的联系沟通，了解中央资金安排广东省情况，提前做好资金下达准备。二是采取上门拜访、座谈约谈、文件催办、电话督办等多种形式，由厅领导、处领导带队多次赴省交通运输厅、省体育局、省海洋与渔业局、省福彩中心、省体彩中心等相关部门进行座谈培训，并召开两次服务单位预算执行工作座谈会，提高主管部门对加快预算执行进度重要性的认识，督促服务单位切实加快支出进度。三是在处内实行专项资金和一般性转移支付资金下达情况每天通报制度，遇到问题及时研究解决，确保专项转移支付和一般性转移支付资金按照《预算法》要求的时限下达。1－11月，综合处省级一般公共预算下达进度为99%，其中：对口服务的省级预算单位一般公共预算用款进度95.5%，快于时间进度3.9个百分点；专项资金下达进度93.2%，中央资金下达进度100%。

2015年，综合处年初预算任务243.81亿元，实际下达资金共计611.18亿元（含预安排），其中，一般公共预算417.12亿元，政府性基金61.2亿元，权责发生制资金33.18亿元，国资预算0.26亿元，其他财政资金99.42亿元，比年初任务增加367.37亿元，完成年初任务的250.67%。

二、抓好稳增长相关工作

一是大力支持交通基础设施建设。综合处从加快支出执行进度大局和支持交通建设角度出发，认真做好交通口资金测算工作，合理做好各项基础设施建设资金安排计划，统筹用好存量资金，挖掘财政资金潜能，做好各项资金下达拨付工作，保障交通各项建设资金需求。2015年共下达交通资金404.19亿元，比年初预算增加331.49亿元。二是大力支持棚户区改造等保障性安居工程建设工作。及时下达2015年国有工矿棚户区改造省级补助资金4.11亿元、预安排棚户区改造贷款贴息资金2.42亿元、预下达2016年国有工矿棚户区改造省级补助资金3.515亿元、安排棚户区改造工作经费1 000万元；制定棚户区改造贷款贴息专项资金管理办法，参与国务院督查组的棚户区改造督查工作，督促市县加快棚户区改造工作，确保年度工作任务完成。此外，及时下达中央财政城镇保障性安居工程专项资金7.6437亿元和省级公共租赁住房省级奖补资金3亿元，支持广东省城镇保障性安居工程建设工作。

三、抓好“十三五”规划编制工作

一是成立了广东财政发展“十三五”规划编制工作领导小组和规划起草小组。二是草拟了《广东财政发展“十三五”规划提纲（稿）》，提出广东省财政“十三五”规划初步思路。三是制定印发《广东财政发展“十三五”规划子课题研究工作方案》，组织有关处室进行“十三五”规划子课题研究。四是组织有关处室开展“十二五”规划执行情况的总结提炼。五是组织开展“十三五”规划文本的草拟工作。

四、抓好改革工作

一是根据十八届三中全会“建立兼顾国家、集体、个人的土地增值收益分配机制”、“保障农民公平分享土地增值收益”的改革要求，以及中央《关于农村土地征收、集体经营性建设用地入市、宅基地制度改革试点工作的意见》精神，联合省国土资源厅到佛山等地开展土地增值收益合理分配机制改革调研，结合佛山市南海区开展集体经营性建设用地入市改革试点的实际情况，研究制定《广东省土地增值收益分配管理办法》（征求意见稿），并征求省直有关部门及改革试点地区财政、国土部门意见。二是探索建立跨部门涉案财物集中管理信息平台，组织到省委政法委、省公安厅进行涉案财物管理情况实地调研，观摩正在建设和运行的政法信息网及公安系统的涉案财物管理系统，对省检察院、省法院、省安全厅、海关总署广东分署的涉案财物管理情况、广东省公物仓情况等进行了解，并草拟《跨部门涉案财物集中管理信息平台建设工作方案》，初步拟定《广东省跨部门涉案财物集中管理信息平台暂行管理办法（征求意见稿）》。三是认真配合做好相关改革工作。配合做好预算管理制度改革中零基预算、项目库等改革工作，认真编制2016年预算；配合做好事权与支出责任相适应改革，制定交通领域的试点方案；积极参与政府和社会资本合作（PPP）改革工作。

五、抓好审计检查相关工作

一是抓好彩票资金审计整改工作，加强彩票资金管理。组织全省各市、各部门对审计报告和审计决定书提出的问题进行认真整改，并汇总报送全省整改情况；组织开展互联网销售彩票治理工作和彩票资金自查自纠和重点检查工作，对广东省彩票资金管理工作进行反思；协调有关处室共同做好彩票销售机构业务费纳入政府性基金预算工作，理顺彩票销售机构业务费管理方式改变后预算管理、资金缴库、资金拨付等相关工作，并联合彩票销售机构认真测算研究编好2016年政府性基金预算及项目库；开展彩票管理改革研究，向财政部提出彩票管理改革有关意见建议；定期召开彩票销售机构联席会议，交流分析彩票市场形势，研究解决彩票管理的问题。2015年，广东省彩票销售保持了稳定态势，全省彩票实现销量357.49亿元，居全国首位，共筹集彩票公益金96.87亿元。二是抓好国土审计整改有关工作，认真做好从土地出让收入中农田水利建设资金和教育资金计提清算缴入省库工作；统筹安排省级土地使用权出让收入安排支出结余结转资金用于农田水利建设、教育发展等民生领域；严格按照《预算法》编列省级土地出让收支预算，力求将预算做准、做细、做实；严格按照中央和省规定自己使用范围使用资金，确保资金使用依法依规。三是开展省管政府还贷公路车辆通行费第三方评价工作，查找广东省车辆通行费使用管理存在的问题，进一步规范和健全省管政府还贷公路车辆通行费管理制度。

六、抓好其他工作

一是牵头草拟《广东省财政厅政

策制定风险内部控制办法》初稿，并进行修改完善。二是完成广东省计缴中央2014年度省直机关津贴补贴调节基金的申报工作。三是认真做好处室职能调整相关工作。全面梳理，做好工作交接，特别是历史工作资料的移交，并做好职能移交前已接收业务的收尾工作。同时，对新划入职能进行关注和研究思考，做好业务承接准备。

（综合处供稿，林晓燕执笔）

行政财政财务

2015年，行政处（原行政政法处）围绕建立与社会市场经济相适应现代财政制度的改革方向，坚持服务政权运转和社会稳定，稳步推进行政政法财政管理各项改革，解放思想、转变作风、加强管理、提升服务，按时保质完成各项任务。

一、稳步推进行政财政管理改革

按照建立与社会市场经济相适应现代财政制度和加快政府职能转变的改革方向，稳步推进公务用车制度改革、规范机关事业单位收入分配改革、政府购买服务改革、工商质监系统行政管理体制调整经费下划等工作。

（一）推进公务用车制度改革

配合省公务用车制度改革领导小组办公室上报并出台《广东省全面推进公务用车制度改革总体方案》和《广东省省直机关公务用车制度改革实施方案》，牵头制定《广东省省直机关公务交通补贴管理办法》、《广东省财政厅公务用车制度改革任务落实工作方案》、《广东省省直机关公务交通补贴操作规程》等制度；测算公务用车制度改革所需资金，明确补贴的预算、拨付、发放及管理流程，确保补贴及时到位；积极加强与省发展改革委的沟通联系，指导省直单位和市县财政部门公务交通补贴发放管理工作，协助省公务用车制度改革领导小组审核省直单位和地市改革方案。

（二）推进机关事业单位收入分配改革

一是积极会同省人力资源社会保障厅制定出台《广东省调整机关事业单位工作人员基本工资标准和增加机关事业单位离退休人员离退休费的实施意见》，审核批复各地市调整基本工资和增加离退休费实施方案。二是会同省人力资源社会保障厅研究建立全省乡镇机关事业单位工作人员乡镇工作补贴制度和建立县以下机关职务与职级并行制度。三是牵头完成省直单位调整基本工资和增加离退休费等5项工资制度改革所需经费的测算工作，保障经费及时落实到位。四是向财政部沟通汇报广东省津补贴情况。

（三）推进政府购买服务改革

一是根据广东省经济发展水平、政府转移职能要求以及财政收支状况等因素，结合各部门“三定”方案，省财政厅对2012年《省级政府向社会组织购买服务目录》进行修订，并报省政府印发《省级政府向社会力量购买服务目录》。二是根据省政府修订的《广东省省级培育按照社会组织专项资金管理办法》，印发《2015年广东省省级培育发展社会组织专项资金申报指南》，择优扶持735家行业协会商会类、科技类、公益慈善类、城乡社区服务类等社会组织，支持社会组织有效承接政府职能转移、购买服务和授权委托事项，支持社会组织培育服务品牌，提供公共产品和公益支持。

（四）推进工商质监系统体制调整经费下划

按照省政府工作部署，根据事权与支出责任相适应原则，牵头组织全省工商质监系统经费进行全面摸底，根据摸底情况和往年经费安排情况，提出下划基数建议数，报省政府审定后完成工商质监系统体制调整经费基数划转。

二、加强行政部门经费保障

（一）加强预算管理

一是做好经管预算单位结余结转资金审核拨付和2015年部门预算执行有关工作，并负责做好省财政厅、省质监局、省审计厅2016年零基预算改革工作，优先保障部门基本支出和省委、省政府重点工作项目支出。二是在编制部门预算时，对经管的资金科目细化到“项”级，专项转移支付列至具体项目。三是加强与部门单位的沟通，对预计年底可能形成较多结转或结余资金的项目，督促部门及时提出调减当年预算或调整用于其他重点支出的建议。在确保资金安全的前提下，加快资金审核进度并及时办理资金拨付手续，提高资金执行效率，大力压减结余结转资金规模。

（二）落实重点经费保障

一是加强省直部门经费保障。不断加强政府事务、发展改革、民族宗教、财政审计、外事侨务、税务统计、知识产权、机构编制等行政部门工作经费保障；积极落实劳模津贴、“两新”组织补助、欠发达地区社区工作和大学生村官补助、军转干部专项经费，支持工青妇事业发展。二是加强垂直管理部门执法经费保障。积极研究理顺工商质监系统食品安全监管人员和经费划转意见，落实质监系统免征涉企收费保障经费和工商系统市县人员保障经费。

（三）加强专项资金管理工作

一是根据新出台的省级财政专项资金管理办法，研究制定《广东省扶持妇女创业小额担保财政贴息贷款专项资金管理办法》等20项专项资金管理办法。二是严格按照规定，做好专项资金申报、审核、审批、公示、拨付及监督管理等工作。

三、坚持勤俭办事业

贯彻落实中央“八项规定”、新一届政府“约法三章”和省政府廉政工作会议精神，厉行节约反对浪费，采取有效措施确保“三公”经费和一般性行政开支只减不增。

（一）建立健全公务支出管理制度

一是抓好省直单位差旅费、因公临时出国经费、外宾接待经费、因公短期出国培训费用和培训费等公务支出制度的执行。二是为进一步规范省直单位差旅费管理，加强与省直机关公务用车制度改革的衔接，按照中央及省的有关规定，研究起草《关于省直党政机关和事业单位差旅费管理问题的补充通知》。三是按照财政部细化完善差旅住宿费标准的要求，组织各市县开展修订差旅住宿费标准的调研工作，并在汇总分析各地数据和修改意见的基础上，研究起草《关于调整省直党政机关和事业单位差旅住宿费标准等有关问题的通知》。四是严格按照中央文件精神，实施广东省公务机票购买管理改革工作。

（二）强化行政经费节约考核

根据新修订的省直行政事业单位行政经费节约考核办法开展2014年度考核工作，严格控制“三公”经费在机关运行经费总预算中的规模和比例。2014年度纳入省直行政事业单位行政经费节约考核的单位为101个，其中评为“良好”级次的有96个单位，占全部考核单位的95.05%，达到良好级次单位的比率较2013年提高8.64%；评为“合格”级次的有5个单位，占全部考核单位的4.95%；2014年度无评为“不合格”级次的单位。

（三）落实“八项规定”和“三公”经费只减不增

对照“八项规定”的要求，对省直部门和各地落实“八项规定”及“三公”经费只减不增涉及的会议费、因公出国（境）经费、接待费、车辆购置及运行费支出按季度统计，加强对全省会议费及“三公”经费使用监督。严格执行因公出国（境）财政经费先行审核办理程序，严控出国（境）经费额度。

（四）加强机构编制事项的审核工作

坚决落实财政供养人员和机构“只减不增”承诺，完善省直单位减编控编政策措施，审核提出省司法厅等18家单位主要职责、内设机构和人员编制的意见，全年提请厅长办公会议审议的机构编制事项20项，切实从源头上控制财政供养人员规模，优化部门职能设置，并配合有关部门开展“吃空饷”专项治理活动。

（五）加强机关运行经费管理工作

2015年，组织各地级以上市（财政部门）和省直机关单位开展机关运行经费管理工作自查。从自查的情况看，各地各部门均能按照厉行节约反对浪费各项制度规定管理使用机关运行经费，同时针对自查发现的问题，各地各部门积极细化完善管理制度，加强财经法规学习，强化内部监督检查，构建长效机制。

四、切实转变工作作风

坚决遵守《中央政治局关于改进工作作风、密切联系群众的八项规定》和省委实施意见，把作风建设的各项要求贯彻落实到财政工作和队伍建设的各方面和全过程。

（一）认真办理人大议案、政协提案

高度重视人大代表、政协委员对政府购买社会服务等热点内容，主动与代表、委员沟通，自觉接受监督，积极回应社会关切。2015年全处承办人大议案23件、政协提案15件，办理结果满意率均为100%。

（二）积极配合审计专项工作

按照审计工作要求，积极配合做好审计署、省审计厅年度预算执行、专项资金使用管理和结余结转资金等专项审计工作，及时填报数据，客观、全面提供审计资料，对审计提出的的问题认真分析原因，采取切实有效措施，落实整改，进一步提高工作管理水平。

（行政处供稿，杨威执笔）

政法财政财务

2015年，政法处（原行政政法处）围绕建立与社会主义市场经济相适应的现代财政制度改革方向，坚持服务政权运转和社会稳定，稳步推进司法体制财物统管改革工作，解放思想、转变作风、加强管理、提升服务，完成各项任务。

一、深入推进省以下法院、检察院财物统管改革

根据党的十八届三中、四中全会关于全面深化改革部署和广东省司法体制改革的任务及分工，省财政厅具体牵头省以下法院、检察院财物省级统管工作。2015年，经过完善方案、测算基数、建立制度等措施，广东省以下法院、检察院财物统管改革全面推进，284家省以下法院、检察院于2015年12月向省财政编报2016年预算，于2016年1月1日全部纳入省级财政预算管理。

（一）主动研究，科学完善实施方案

为认真贯彻落实司法体制改革精神，在对全省法院、检察院经费保障情况全面调研摸底基础上，根据新的改革精神完善《广东省省以下法院、检察院财物统一管理改革实施方案》（以下简称《统管方案》）及3个子方案。一是提高保障水平，加大财政投入力度。对全省法院、检察院基数划转和经费保障内容按照测算情况进行修改，进一步加大省级财政投入力度。二是按中央改革要求，完善预算管理体制。根据中央关于市县两院预算级次的规定，在《统管方案》中明确284家市县法院、检察院全部作为省级政府财政部门一级预算单位，保证其在预算管理、非税管理、资产管理上的独立性。此外，根据广东省司法体制改革总体方案要求，充分发挥省法院、省检察院对全省法院、检察院系统的统筹指导职能，市县两院预算编制报送省法院、省检察院汇总审核，大要案办案经费、装备等专项经费申请等由省法院、省检察院结合本系统的工作要点和全省情况汇总提出安排意见。三是按新预算法精神，细化预算管理要求。按照新《预算法》关于年初预算未列项目不得支出和资金结余结转的规定，要求市县法院、检察院科学合理编制2016年预算，均衡年度用款进度，规范单位经费管理；要求市县两院按规定配备财务人员和相关机构，提高财务人员业务水平，加强单位财务管理内控机制，进一步强化预算绩效管理等。

（二）增加投入，确保改革顺利推进

按照中央司法体制改革关于确保改革后经费保障水平不降低的精神，在认真测算的基础上，通过经费划转和适当增加省本级投入，逐步缩小区域间差异。一是加大投入，加强法检两院经费保障。通过加大省级财政保障力度，适当增加人员和公用经费投

入，努力实现珠三角地区经费保障水平不降低、欠发达地区整体提高。二是切合实际，逐步缩小区域间差距。在既考虑各地区办案量和办案成本的情况下，结合各级法院检察院人员构成及业务职能特点，分区域分层次统一保障标准，逐步实现同区域、同级次经费保障水平一致。三是平稳过渡，确保改革稳妥推进。设立2－3年过渡期，过渡期内摸清情况，积累经验，为建立经费保障长效机制打下基础。过渡期后探索建立经费保障长效机制，逐步实现同一地区、同一类别、同一级别法院、检察院人员待遇同一标准。

（三）稳妥实施，切实做好财物统管改革

一是积极推动财物统管改革模拟演练工作。根据省政府常务会议关于省以下法院、检察院财物统管的工作部署，在2015年省级财政预算编制过程中落实广东省司法体制改革经费保障；赴佛山、茂名、汕头等试点地区调研，推进试点地区财物统管模拟演练工作，全面了解试点单位经费需求和落实情况，要求试点地区财政部门继续做好试点法院、检察院经费保障，并将2015年预算情况报省备案；开展试点法院、检察院财政业务网络连接等基础设置工作，准备预算编制、国库集中支付操作等财政业务模拟，为全面统管做好准备。二是建立完善财物管理制度。会同省法院、省检察院联合印发《关于做好2016年省以下法院、检察院财物统管工作的通知》，同时下发《统管方案》，明确统管后省以下法院、检察院预算编报、管理等要求；印发《广东省省以下法院、检察院财物统一管理暂行办法》，对部门职责、预算管理予以明确，对内部控制和财务管理提出明确要求，对统管后国库集中支付、政府采购、非税收入、资产管理操作制定管理办法。三是提前做好财物统管具体实施相关准备。组织市级法院、检察院参加2016年省级预算布置会，并在2016年部门预算系统增设284家省以下法院、检察院部门预算编码。会同省法院、省检察院审核各单位银行账户信息、核定各单位2016年预算编制控制数等。2015年11月和12月，分两次会同省法院、省检察院组织省以下法院、检察院财务人员分别开展财务人员培训，全面讲解省级预算单位预决算编制、预算执行、政府采购、非税管理等内容和财政各业务系统操作。

二、加强政法部门经费保障

（一）加强预算管理工作

一是做好经管预算单位结余结转资金审核拨付和2015年部门预算执行有关工作，并负责做好省司法厅2016年零基预算改革工作，优先保障部门基本支出和省委、省政府重点工作项目支出。二是在编制部门预算时，对经管的资金科目细化到“项”级，专项转移支付列至具体项目。三是加强与部门单位的沟通，对预计年底可能形成较多结转或结余资金的项目，督促部门及时提出调减当年预算或调整用于其他重点支出的建议。在确保资金安全的前提下，加快资金审核进度并及时办理资金拨付手续，提高资金执行效率，压减结余结转资金规模。四是提高预算完整性，提前下达地市政法转移支付资金、公安边防业务经费、公安禁毒等专项经费。监督各级财政落实基层政法单位经费保障，督促各地及时拨付政法转移支付资金。

（二）落实重点经费保障

一是加强省直部门经费保障工作。不断加强公安、国安、检察院、法院、监狱、戒毒等政法部门工作经费保障。二是按照省委、省政府的工作部署，完成欠发达地区法律援助、一村（社区）一法律顾问省级补助资金保障工作。三是根据新刑事诉讼法的要求，落实检察监视居住点工作经费、省属监狱视频监控报警系统、安全警戒设施等经费保障。四是配合有关部门研究落实广东省公安体制改革。五是配合铁路法院租赁办公办案场所，做好铁路法院管辖权改革经费保障。六是落实广州知识产权法院经费保障，将该院人员工资纳入财政统发。

（三）加强监狱戒毒经费监管

一是会同省监狱局落实省属监狱企业利润上缴省财政、建立省属监狱及企业财务监管系统等事宜。进一步加强省属监狱监企收支管理，出台《规范省属监狱监企收支分开实施办法（试行）》和《省属监狱经费保障办法（试行）》，切实解决省属监狱“监企收支不分”、管理不规范、信息不透明等问题。二是会同省戒毒局出台省属司法行政系统强制隔离戒毒所基本支出经费保障标准，重点保障强戒人员的生活费和医疗康复费等。

（四）加强专项资金管理工作

一是根据新出台的省级财政专项资金管理办法，研究制定《广东省一村（社区）一法律顾问专项资金管理办法》等10项专项资金管理办法。二是严格按照规定，做好专项资金申报、审核、审批、公示、拨付及监督管理等工作，提高资金使用效率。

此外，2015年政法处（原行政政法处）承办人大议案10件、政协提案4件，办理结果满意率均为100%；严格执行因公出国（境）财政经费先行审核办理程序，严控各政法单位出国（境）经费额度。

（政法处供稿，张可薇执笔）

教科文财政财务

2015年，教科文处不断深化和完善教科文事业各项改革工作，强化科学管理，狠抓支出进度，切实保障教育经费投入“三个增长”，积极落实创新驱动发展战略，推动公共文化服务体系建设和实施“人才强省”战略，较好地完成了各项工作任务。

一、优化支出结构，加大教科文省级财政投入

2015年，教科文处共安排下达教育、科技、文体与传媒等公共预算资金560.81亿元，完成全年支出任务，其中教育资金439.47亿元，科技、文体与传媒资金121.34亿元；共安排下达政府性基金支出2.85亿元、国资收益支出0.9984亿元、学费和考务费等非税收入返还41.81亿元。

（一）加大教育投入，支持教育优先发展

1. 支持义务教育均衡、优质、标准化发展。按照国务院确定的“明确各级责任、中央地方共担、加大财政投入、提高保障水平、分步组织实施”基本原则，不断加大财政教育投入，逐步将义务教育全面纳入公共财政保障范围，建立起省、市、县（市、区）

分项目、按比例分担的义务教育经费保障机制。一是继续按照小学每生每年提高200元、初中每生每年提高400元的标准提高城乡免费义务教育公用经费补助，即小学每生每年达到1 150元、初中每生每年1950元的水平。推动落实“不足100人小规模学校按100人核定经费”政策。2015年，省财政根据全省义务教育阶段学校在校生人数及小规模学校学生数，及时拨付乡免费义务教育公用经费中央和省财政补助资金共计90.12亿元。同时，科学分配中央奖补资金15.2637亿元，用于解决外来务工人员随迁子女平等接受义务教育问题。二是落实免收义务教育阶段课本费政策。省财政共拨付2015年免费教科书补助资金9.63亿元。其中：免费教科书省统一采购资金8.61亿元，补助珠三角地区免费教科书资金1.02亿元。三是加强欠发达地区义务教育学校基础设施建设。共下达34.26亿元用于奖补欠发达地区创建基础教育强镇强县，下达中央补助资金7.1亿元推动义务教育薄弱学校全面改造工作，安排省级补助资金2.86亿元及中央补助资金4.07亿元落实农村中小学维修改造长效机制。

2. 持续提升高等教育质量水平。一是安排下达普通高校生均定额补助经费71.9亿元，其中高水平大学生均提标经费5.44亿元；二是大力支持广东省高水平大学建设，共下达高水平大学建设专项资金15亿元；三是深入推进高等教育“创新强校”工程，认真研究进一步加大高校本科、研究生学科建设和教学质量工程的政策措施，加强“四重”建设，共安排资金5.485亿元；四是加强高等学校基本建设，改善学校基础办学条件，共下达资金3亿元；五是继续支持汕头大学改革和发展，根据省政府的决定和李嘉诚基金会的实际捐赠情况，安排省财政配套资金1亿元。

3. 支持加快发展现代职业教育。一是继续安排高等职业教育、高技能公共实训基地和中等职业技术教育实训中心（基地）建设资金共3.65亿元，推动职业院校的高水平建设；二是安排省属职业技术院校生均经费和年初部门预算共7.99亿元；三是下达现代职业教育质量提升计划中央专项资金6.34亿元；四是落实中等职业学校免学费政策，及时拨付中央和省级中职免学费补助资金9.06亿元，保障全省中等职业学校健康发展。

4. 实施强师工程，加强师资队伍建设。一是安排下达强师工程资金6.81亿元，对全省学前教育阶段至高等教育阶段的教师队伍建设给予支持，推进教师教育体制机制创新，提升教师队伍专业素质和能力；二是安排下达山区和农村边远地区义务教育学校教师岗位津贴补助资金17.75亿元，进一步提高农村教师待遇保障水平；三是为进一步落实欠发达地区实施绩效工资和教师工资待遇“两相当”政策，共下达补助资金8.82亿元；四是为稳定农村教师队伍，吸引优秀人才到艰苦地区任教，安排大学毕业生到农村从教上岗退费经费0.96亿元。

5. 落实家庭困难学生资助政策。一是安排下达普通高校本专科、研究生国家奖助学金等中央和省级资金共10.57亿元；二是下达普通高中和中等职业学校助学金共3.53亿元，其中中央资金0.63亿元；三是安排学前教育家庭困难幼儿生活费补助、农村义务教育学生营养改善计划、高校家庭经济困难学生免学费补助、少数民族地区少数民族大学生资助、高校助学贷款贴息等各类资助资金共2.19亿元。

6. 加大对学前教育、民办教育和特殊教育的投入。一是积极争取中央学前教育奖补资金1.74亿元，继续改善幼儿园办学条件；二是加大对民办教育资金投入，下达民办教育发展专项资金6 600万元；三是贯彻落实《广东省特殊教育提升计划（2014—2016年）》，经费保障全面覆盖特殊教育各类机构和各学阶，共安排下达特殊教育省级和中央补助资金5.62亿元。

（二）深化科技资金管理改革，积极推动科技创新发展

1. 积极贯彻落实《广东省人民政府关于加快科技创新的若干政策》，激发创新主体创新驱动内生动力。一是加大研发扶持力度。2015年各安排1亿元，对新建或改扩建新增孵化面积的科技企业孵化器给予一定后补助和支持新型研发机构建设发展。整合相关资金安排17.2425亿元支持应用型科技研发，重点扶持广东省企业、高校和科研机构根据市场和企业需求开展工业应用研究。二是创新保障机制支持省科学院重组。按照省委、省政府重新组建省科学院的工作部署，省财政认真研究，加大资金保障力度，创新资金保障机制，支持省科学院进一步释放创新动能。三是支持清华大学珠三角研究院建设。为推动创新驱动发展战略的实施，进一步提升珠三角地区自主创新能力，根据省政府与清华大学签署的共建协议，省财政安排3亿元支持清华大学珠三角研究院建设。

2. 科学安排覆盖创新链条各环节的专项资金。一是安排下达基础与应用基础研究专项资金（省自然科学基金）3亿元，资助广东省境内的高校、研究院所与医院等科研机构开展的基础与应用基础研究项目和优秀科研人才培养。二是安排下达公益研究与能力建设专项资金6亿元（另有1亿元用于省质监局产品质量检测公共技术服务平台建设），支持省属科研机构改革创新、科技基础条件建设、大型仪器设备共享、国家部委在广东省布局的大科学工程（如散裂中子源、中微子实验站、深圳和广州超算中心、国家基因库等）的基础研究项目、面向产业和社会民生的应用开发和软科学研究。三是安排下达协同创新与平台环境建设专项资金5亿元，支持产学研协同创新与国际科技合作、重大科学工程创新与应用、创新载体与创新服务体系建设和创新创业环境的营造。此外，2015年一并下达2014年科技资金整合和科技系统实行业务整改和流程再造专项资金。

3. 围绕提高资金效率，不断深化财政科技资金管理改革。一是深化财政科技计划管理改革，联合省科技厅研究制定《关于深化广东省级财政科技计划（专项、基金等）管理改革的实施方案》并呈省委常委会审议。二是完善科技项目结余结转资金管理。根据广东省预算管理改革总体要求和地方财政结余结转资金管理规定，结合省级科技项目特点，研究制定系列组合措施，解决省级科技项目资金在研期间的持续使用问题。

4. 积极推动知识产权保护工作。一是安排知识产权工作专项资金2 753万元开展知识产权保护，鼓励发明创造，组织实施知识产权战略工作。二是安排专利申请资助及奖励专项资金4 500万元，用于资助申请专利、广东专利奖奖励，提高专利申请数量和质量，优化专利申请结构，保护创新成果。三是安排下达中央资金1.5亿元，支持探索以市场化方式促进知识产权运营服务工作，包括：支持珠海知识

产权运营公共服务平台建设、省产权交易集团股权投资、支持广州等5个市设立知识产权质押融资风险补偿基金、引导设立重点产业知识产权运营基金。

（三）调整优化支出结构，推动文化强省建设

1. 加大财政文化投入。2015年省财政预计投入29.78亿元，全省财政预计投入219.4亿元，保障公共文化财政支出稳定增长。贯彻实施新预算法，进一步整合规范省财政公共文化专项资金管理，资金分配突出规范性、公益性、普惠性、公开化，推进财政文化专项资金项目库管理，实行文化事业建设费纳入一般公共预算管理，省级转移支付资金重点向粤东西北欠发达地区倾斜，推动全省文化体制改革发展和基本公共文化服务标准化、均等化，提升公共文化服务水平。

2. 支持推动媒体融合发展。贯彻落实中央和广东省关于推动传统媒体和新兴媒体融合发展部署，2015年省财政投入资金0.5亿元，支持新媒体传播平台建设、媒体采编系统升级改造和省主流媒体内容和用户数据库标准化建设等，促进媒体新闻生产方式转变。同时，省财政统筹安排资金0.1亿元，支持省委宣传部与暨南大学共建新闻与传播学院工作；并继续安排拨付1.5亿元资金，支持南方报业传媒集团、羊城晚报报业集团和广东广播电视台等省主流传统媒体巩固壮大和转型发展。

3. 推进文化单位转企改制。为推进全省有线广播电视网络改革重组，省财政累计投入3亿元财政贴息资金，扶持省网络公司20个发起组建单位的有线网络进行数字化改造和80多个县区约500多万用户有线网络重组。同时，省财政安排全省新华书店重组整合扶持资金3亿元，帮助全省103家市县新华书店完成转制任务，支持93家新华书店完成重组签约工作；并累计投入县镇数字影院奖补资金1.86亿元，帮助121个县（市、区）完成109个单厅影院和103个三厅影院建设任务。

4. 落实财政文化经济政策。贯彻国家关于进一步促进电影发展政策，印发并落实《支持广东省电影发展若干经济政策》。支持统筹开展全省对外宣传和对外文化交流，2015年省财政安排资金0.2万元，扶持对外文化交流、文化形象对外传播、文化产品和服务出口以及对外宣传活动等项目，研究建立健全广东省对外文化交流项目招投标机制和评估考核办法。支持开展海上丝绸之路申报世界文化遗产前期工作，推进第一次全国可移动文物普查，2015年省财政安排0.77亿元扶持非物质文化遗产及代表性传承人和重点文物保护，并由省财政分别投入4亿元和0.5亿元加大对文化产业发展和文艺精品创作的扶持。投入财政资金0.16亿元配套落实国家关于扶持地方戏曲发展的政策措施。

5. 支持加快公共文化服务体系建设。落实基层公共文化服务设施全覆盖工程，2015年省财政投入2.5亿元奖补扶持粤东西北地区县级“三馆”、乡镇（街道）综合文化站、行政村（社区）文化室建设。启动省级公共文化服务体系示范区（项目）创建工作，省财政安排专项资金从2015－2020年分三批创建20个省级示范区、培育50个省级示范项目。推进实施公共文化设施免费开放政策，2015年省财政投入0.8亿元保障粤东西北地区“三馆一站”和省级公益性文化设施免费开放运营。采取财政补贴、市场运作的方式，组织乐团、剧团、剧院、影院等艺术院团实行低票价惠民演出。2015年省财政继续投入0.4亿元实行农村电影公益放映场次补贴，扩大农村电影公益放映服务范围；安排1.38亿元补贴农村文体协管员和补助城乡低保户购买书籍和音像制品、订阅报刊、看电影、观赏文艺演出、收看有线电视等基本文化消费。

（四）加大人才投入，推动实施“人才强省”战略

1. 支持引进高层次人才。一是安排引进创新科研团队和领军人才专项资金8.5亿元，用于资助广东省引进创新科研团队和领军人才。二是安排2015年“千人计划”省财政专项资金4 875万元。三是拨付博士后专项经费3 660万元，用于广东省引进博士后的工作生活补贴。四是安排2015年享受政府特殊津贴专家补贴经费3 175.84万元。

2. 加大人才培养力度。安排第一批广东特支计划专项资金12 890万元，用于广东省三个层次九类人才培养。

3. 支持欠发达地区人才发展。围绕省委、省政府加快实施创新驱动发展战略，以及加快粤东西北地区振兴发展的战略部署，推动粤东西北地区人才工作扬帆起航、经济社会加快发展，2015年省财政进一步加大对欠发达地区人才工作的扶持力度，安排第三批扬帆计划专项资金11 192万元。

4. 协助制定部分人才政策。协助制定《广东省深化人才发展体制机制改革服务创新驱动发展实施意见》、《关于促进广东自贸试验区人才发展的若干政策意见》、《广东省重大人才工程评审工作巡察办法（试行）》和《重大人才工程入选人才退出办法（试行）》等。

二、认真落实新预算法要求，完善预算编制工作

（一）加大专项资金整合统筹力度

按照“一个部门一个专项”和专项资金预算“一年一定”的原则，指导部门做好专项资金整合工作。在既定资金规模和保障重点支持方向的前提下，根据各经管部门2016年广东省发展需要和工作重点，会同部门研究确定2016年各部门专项资金的明细使用方向，使资金安排方向和项目紧贴发展新形势。

（二）编制经管部门的中期财政规划，实施和完善资金项目库管理

按照厅统一部署，认真做好2016—2018年中期财政规划编制工作，建立跨年度预算平衡机制，提前确定重大改革、重要政策和重大项目，加强中期财政规划对年度预算的约束，提高预算的前瞻性和财政预算的统筹能力。配合经管部门提前做好项目可行性研究、项目评审和入库等工作。

（三）推进零基预算改革试点，保障优先保障试点单位的运转支出

根据零基预算改革计划，教科文处经管的省科技厅、省文化厅和省体育局列为2016年省级零基预算试点部门。认真组织部门对基本支出进行测算，提出控制数调整方案和完成报批等工作，优先保障部门基本支出，科学保障事业管理和发展需要。

三、严肃工作纪律，加强队伍和作风建设

一是落实处内会议制度、考勤制度、学习制度等处室内部综合管理制度的执行，加强处室内部管理，严格执行工作事项督办制度、公文处理办法，全年共办理文件2 812份，其中人大建议53份、政协提案64份。二是落实与部门之间的沟通联系机制，了解掌握经管部门的工作需要和诉求，共同研究解决工作中存在的问题，及时督促部门加快预算支出进度。真正做到主动上门服务解决问题，切实改进工作作风。

（教科文处供稿，姚晓龙执笔）

财政工贸发展

2015年，工贸发展处紧紧围绕财政中心工作，充分运用财政政策引导带动作用，积极应对经济下行压力，在促进产业转型升级、加强环境生态保护、抓好民生政策实施、推进产业园区扩能增效、强化财政业务改革创新上取得成效。

一、支持产业经济发展，积极应对经济下行压力

（一）扶持珠江西岸先进装备制造业发展

省财政厅印发《关于印发珠江西岸先进装备制造业发展的财政政策措施的通知》，明确2015—2017年相应安排资金、减免税费250亿元，专项用于支持珠江西岸先进装备制造业发展。2015年下达珠江西岸先进装备制造业资金77.291亿元，珠江西岸装备制造业增加值和投资额均实现快速增长。

（二）推动新一轮工业企业技术改造

落实《广东省人民政府办公厅关于推动新一轮技术改造促进产业转型升级的意见》精神，推动全省工业企业完成新一轮技术改造，2015—2017年安排168亿元，采用股权投资、贷款贴息、事后补助等支持方式，重点支持《广东省工业企业技术改造指导目录》内的项目，2015年下达技术改造专项资金40亿元，全省工业技术改造投资增长速度呈持续加快态势。

（三）支持省产业园扩能增效

印发实施《广东省省级产业园扩能增效专项资金管理办法（2015年修订）》，对省产业园扩能增效专项资金使用进行调整完善。2015年实际拨付省产业园扩能增效扶持资金56.37亿元，支持产业园区基础设施建设、产业集聚发展、招商选资及重点园区建设。

（四）支持引导战略性新兴产业发展

完善战略性新兴产业发展财政扶持政策，统筹资金使用，优化支持方式，提升战略性新兴产业发展水平和核心竞争力。一是落实下达省政府重大项目资金5项共20亿元。二是中央和省财政共安排4.2亿元实施省战略性新兴产业区域集聚发展试点。三是拨付4亿元战略性新兴产业再担保资金、创业风险投资资金。四是加强创业投资引导基金使用管理，择优扶持4支基金，以市场化手段推动战略性新兴产业发展及创新创业。五是盘活存量64亿元，主要用于参股国家先进制造产业投资基金、新能源汽车推广应用、珠江西岸先进装备制造产业发展基金等。

（五）支持服务业加速发展

一是安排生产服务业发展专项资金8 000万元。二是安排现代服务业发展专项资金5 000万元。三是安排广货网上行专项资金2.80亿元。四是统筹用好省级拓展内销市场专项资金2 000万元。五是中央和省财政共安排3 700万元支持举办第十二届中国国际中小企业博览会。六是争取中央资金4.11亿元，提升广东省服务业发展层次，推动国家物流标准化试点城市建设、电子商务进农村、供销系统综合改革试点、商务诚信体系建设、茧丝绸发展以及市场监测统计等。

二、支持创新驱动发展，推动企业研发和技改

（一）积极贯彻落实加快科技创新的若干政策

2015—2017年省级财政研究制定支持创新驱动发展战略相关政策措施，新增设立相关资金，创新使用方式。一是2015年下达企业研究开发补助资金11.32亿元，运用财政事后奖补机制激励引导企业开展技术研究开发，惠及企业1 494家；二是2015年安排6 000万元开展科技创新券政策试点，引导中小微企业加强与高等院校、科研机构、科技中介服务机构及大型科学仪器设施共享服务平台的对接；三是安排4 000万元支持省市共建面向科技企业孵化器的风险补偿金，支持孵化器内企业创业投资和在孵企业融资。

（二）以培育高新技术企业为抓手推动创新驱动发展

2015—2017年，省财政设立高新技术企业培育资金，对纳入省高新技术企业培育库、未获得国家授予的高新技术企业称号的企业，由高新技术企业培育资金给予培育补助。2015年下达高新技术企业培育资金20亿元用于分批兑付培育补助，惠及企业3 685家。

（三）集中财力支持重大科技成果转化

一是整合设立重大科技成果产业化基金，重点面向成长性好、还需要在关键节点上扶持的战略性新兴产业。2015年下达重大科技成果产业化基金43.8935亿元。二是整合设立重大科技成果产业化扶持专项资金，重点用于战略性新兴产业领域重大成果转化，2015年下达资金3.5亿元。

（四）以财政投入引导企业创新链、产业链、资金链的对接

一是安排前沿与关键技术创新专项6亿元，促进创新链与产业链结合；二是安排省级产业技术创新与科技金融结合专项资金4亿元，进一步完善科技型企业投融资体系建设。

三、注重节能环保，推动“绿色广东”建设

“十二五”期间，省财政安排中央和省级环境保护相关专项资金合计232.44亿元，其中2015年省财政预算安排环保专项资金、污染减排专项资金、节能降耗专项资金、低碳发展专项资金等支持污染减排专项资金105.55亿元（其中省级62.78亿元，中央42.77亿元），推动“绿色广东”

建设，实现经济和社会的全面协调可持续发展。

（一）加大省级财政支持力度

2015年省财政安排节能环保和生态环境保护支出62.78亿元，主要包括：一是安排省环境保护专项资金3.27亿元，加强环境监管能力建设，提升环境执法水平。二是安排水质保护专项资金2.36亿元，支持欠发达地区水环境综合整治、集中式生活饮用水源地保护项目等。三是2012—2015年共安排污染减排专项资金23.58亿元，支持生态县污水处理设施建设、粤东西北污水处理设施"以奖促减"、工业锅炉污染整治奖励、"黄标车"提前淘汰补助等重点领域污染减排。四是安排节能降耗专项资金2.8亿元，促进资源节约利用。五是安排省级农村环境保护专项资金1.5亿元，推进农村环境综合整治。六是2015年安排9.44亿元用于支持新能源汽车推广。七是支持农村垃圾处理。2012—2015年，省财政安排省农村生活垃圾处理设施建设专项资金8.4亿元（每年2.1亿元）。2015年安排4.82亿元用于支持各地建立农村垃圾处理长效机制建设；安排治污保洁专项资金8 000万元。八是省财政出资20亿元设立省环保基金，支持垃圾和污水处理等环保基础设施建设。

（二）积极争取中央财政资金支持

2015年共争取中央财政资金42.77亿元，支持（珠江流域）水污染防治、珠三角空气污染防治和广东省污水处理设施建工作。

四、创新财政投融资机制，发挥财政资金放大作用

（一）支持中小微企业完善投融资机制

一是按照《广东省人民政府关于创新中小微企业完善投融资机制的若干政策意见》，2015—2017年统筹安排财政资金约66亿元，发挥财政政策引导作用，缓解中小微企业融资难和融资贵。2015年按规定拨付省财政新增安排的30亿元资金。二是拨付省级中小微企业发展专项资金贷款贴息资金5 956万元，带动银行贷款约47亿元；拨付中小企业融资风险补偿平台资金8 000万元，引导银行发放10－30倍的企业贷款额。三是安排上网触电资金1 800万元，计划帮助3 000家以上新入驻的中小微企业上网触电。

（二）推进财政出资政策性基金设立和组建

一是规范管理。印发《关于规范省级财政出资相关基金管理的意见》，明确省级财政出资相关基金定性为政策性基金，原则上要争取募集放大社会资本10倍以上，明确省财政部门、省相关主管部门、受托管理机构及基金管理公司的职责。二是坚持原则。按照统一原则、程序遴选受托管理机构和托管银行，实现基金所有权、管理权、托管权三权分离。三是按规定向省政府报送珠西基金、中小微企业发展基金等组建方案，推进基金组建工作。四是落实国家中小企业基金工作会议精神，整合相关基金，加大省中小微企业发展基金的投入。

（三）继续推进财政经营性资金股权投资改革

一是督促受托管理机构完善操作制度，规范完善股权投资业务流程。二是鼓励支持财政资金市县持股和优先股方式投资。三是加强股权投资风险防控。在股权投资管理协议中明确以所投资额为限承担有限责任，受托管理机构需每半年向省主管部门报送被投资企业相关情况等。四是完善已投资项目跟踪管理。及时了解已投资项目进展情况，对于投资进展缓慢、被投资企业放弃参与股权投资等情况，会同省主管部门按规定办理项目调整及财政资金收回。

（四）发挥财政贴息资金作用

加强战略性新兴产业政银企贴息资金管理，明确贴息资金实行先付后贴的原则，实行标准法核算，拨付资金约5亿元，拉动银行贷款金额超过200亿元，贴息放大倍数明显。

五、编制和实施国有资本经营预算，推进国企改革发展

（一）做好国有资本经营预算编制和实施

一是研究出台《关于进一步完善省级国有资本经营预算管理的实施意见》，提高国有资本收益上缴比例和国有资本经营预算调入一般公共预算的比例。二是抓好2015年国有资本经营预算执行。2015年省属国有企业利润收缴比例从15%提高到20%，省级国有资本经营预算收入22.52亿元，支出28.77亿元。三是编制2016年省级国有资本经营预算。2016年全省国有资本经营代编预算收入安排179.03亿元，支出安排195.16亿元；省级国有资本经营预算收入安排15.92亿元，支出安排15.92亿元。

（二）支持国有企业改革发展

一是支持深化省属国有企业改革，研究推进组建广东国有企业重组发展基金，配合省主管部门出台实施省属企业负责人薪酬制度改革实施方案。二是继续做好省属企业政策性关闭破产工作，及时审核安排政策性关闭破产企业关闭费用，化解社会矛盾。三是加强省属企业改革发展资金管理，修改完善专项资金管理办法，规范资金使用。

六、切实改善民生，贯彻落实惠民政策

（一）全面完成种粮直补、成品油价格补贴资金拨付和兑付工作

一是全省兑付农资综合补贴和种粮直补资金合计20.59亿元，兑付率100%，惠及全省种粮农户700多万户。二是扎实做好拨付成品油价格补贴资金55.81亿元，妥善处理渔业油价补贴政策调整中出现的新情况、新问题，维护渔民生产生活稳定。扎实做好国内渔业、城市公交油价补贴政策调整工作。

（二）做好粮食等重要物质储备工作

一是加大对粮油、药品、化肥和冻肉储备体系建设支持力度，及时拨付相关储备费用补贴。二是分解下达地方粮食储备任务，进一步构建完善储备粮管理制度体系，牵头研究制定《省级储备粮动态管理实施细则》（暂行），积极推进省级储备粮动态储备管理。三是举办8场省级储备粮竞价交易会，销售采购省级储备粮60.4万吨。四是2015年争取中央财政扶持资金1.1亿元，支持广东省粮食储备危仓老库维修改造工作，做好军粮财政财务

管理工作。

（三）做好应急资金保障工作

一是支持安全生产和地质灾害防治。安排省级安全生产专项资金 1.1 亿元，支持开展应急救援基地、队伍建设，事故隐患排查，监管监察能力建设等。安排地质灾害防治专项资金 0.5 亿元，支持粤东西北地区地质灾害隐患治理、搬迁避让、地质灾害预警预报体系建设等。二是安排各类救灾资金 2 200 万元，做好安全生产、地质灾害、海上搜救、核应急、电力应急等应急准备工作。三是安排地质勘查基金、铀矿风险勘查专项、省级地勘事业发展经费 7 779 万元，支持省属地勘单位探矿、找矿，降低勘查风险，加强矿产资源储备。

（四）落实惠民政策补贴

一是落实内河船型标准化和老旧运输船舶提前报废更新工作，落实内河船型标准化补助资金省级配套 3 500 万元。二是按照财政部的统一部署和要求，对节能惠民家电、金太阳示范工程中央专项补助资金进行清算，涉及清算金额 9 亿元。

七、规范基础管理，确保工作有序开展

一是进一步规范资金管理，制定完善《广东省省级地质勘查基金管理办法》等 3 份资金管理办法等，按规定实行一项资金有一个管理办法。二是抓好 2016 年预算编制和提前下达工作，2016 年列入部门预算和提前下达对下转移支付资金共 152.43 亿元，牵头完成 2016 年省发展改革委、省环保厅零基预算编制试点工作。三是扎实开展党风廉政建设，确保资金、干部双安全。四是做好财政监督。严格资产评估机构的审批和监督，参与高新技术企业认定、复审、投诉处理等。配合审计部门开展财政资金审计，落实财政资金后续管理等。

（工贸发展处供稿，陈斌执笔）

农业财政财务

2015 年以来，农业处围绕“加大改革创新力度、加快农业现代化建设”的中心任务，进一步加大财政支农投入，积极落实完善各项强农惠农富农政策，全面推进农业财政科学化、精细化管理，不断提高农业财政工作水平和支农资金使用效益，为统筹城乡发展、建设和谐社会提供物质基础和体制保障。

一、健全财政支农投入稳定增长机制

2015 年，按照《中共中央 国务院关于加大改革创新力度 加快农业现代化建设的若干意见》要求，抓住继续实施积极财政政策的机遇，进一步调整财政支出结构，切实增加财政支农投入，确保财政支农投入增量和比例均有增长。2015 年，农业处实际下达预算 623.68 亿元（全口径），比 2014 年增支 135.19 亿元，增支 27.68%。在加大投入的基础上，继续调整财政支农支出结构。

二、支持水利事业投入发展

2015 年，省级以上财政安排 192.33 亿元水利建设资金，其中省级财政已安排 174.80 亿元，中央财政安排 17.53 亿元。主要用于：一是加大投入力度推进中小河流治理工程、海堤加固达标工程、练江流域水环境综合治理工程建设。二是支持韩江（高陂）水利枢纽工程、湛江鉴江供水枢纽工程、惠东县稔平半岛供水工程、茂名市滨海新区供水工程、乳源县南水水库供水工程、连山县德建水库、饶平县引韩济饶供水工程、汕头市潮阳引韩供水工程等供水调水重点工程建设。三是支持韩江粤东灌区续建配套与节水改造工程、省河口水利工程实验室建设工程、飞来峡水利枢纽社岗防护堤除险加固工程、省水资源监控能力建设项目等省属重点水利工程建设。四是继续推进中央及省级财政小型农田水利重点县、省级水利建设示范县、村村通自来水工程示范县等示范项目工程建设。五是支持病险水库除险加固、中小型灌区续建配套和节水改造工程、农村中型及重点小型机电排灌工程等民生水利项目建设。六是支持珠江三角洲水资源配置工程等重点工程开展前期准备工作。

三、支持农业基础设施建设工作

2015 年，按照国务院“十二五”时期广东省建成 1 510 万亩高标准基本农田的总体要求下达 46.95 亿元，支持全省建设 300 万亩高标准基本农田和土地整理复垦开发，增加有效耕地，实现耕地占补平衡和耕地总量动态平衡；下达基本农田保护经济补偿省级补助资金 11.19 亿元，建立健全基本农田保护长效机制，耕地保护工作取得实效。

四、支持农村危房改造工作

2015 年，省财政根据省住房城乡建设厅报来 2015—2017 年农村危房改造任务资金分配计划方案，将 2015—2017 年农村危房改造补助资金 52.44 亿元全部下达至市县，推进新一轮农村危房改造；安排资金 2.60 亿元，推进广东省 9848 户不具备生产生活条件贫困村庄搬迁农户的安置工作。

五、推进新一轮扶贫工作

一是在完成上一轮扶贫工作任务的基础上，根据新一轮扶贫工作目标及任务，积极配合部门认真开展调研工作，针对财政资金支持重点帮扶村发展，加强财政扶贫资金的监督管理等问题，深入农村开展财政扶贫政策调研宣传活动，做好有关资金测算和方案拟定。二是推进农村基层组织工作经费保障制度建设工作。2015 年，省财政安排资金 8.4 亿元，继续对欠发达地区贫困村农村基层组织工作经费给予补助，将村干部补贴提高到每月不低于 2 000 元，村级组织办公经费补助提高到每村 5 万元/年。三是会同省纪委、省民政厅研究制定村务监督委员会委员补贴政策，从 2015 年起，按照村“两委”干部补贴标准的 1/4 对村务监督委员会委员给予补助，下达资金 9 216 万元，平均每村补助 3 名村务监督委员会委员。四是根据省委组织部的要求，开展基本公共服务向基层延伸专题调研，并撰写《基本公共服务向农村延伸专题报告》。

六、支持各项惠农政策及补贴工作

一是大力推进扶持农民专业合作组织发展和农业现代园区建设。整合安排专项资金 1.4984 亿元，积极培育龙头企业、合作社、家庭农场、种养大户等经营主体，加快农业经营主体培育。整合安排省级农业基础设施建设专项资金及其他相关资金共 3 亿元，

继续深入推进省级农业示范区建设，加快农业产业化发展步伐。二是大力推进农村综合改革工作。安排中央和省级村级公益事业一事一议财政奖补资金6.7亿元，支持农村公益基础设施建设。安排新农村连片示范工程建设专项资金14亿元，用于支持广东省欠发达地区新农村示范片建设。三是大力推进落实各项惠农补贴政策。安排农作物良种补贴资金约5亿元，在全省开展良种补贴，推广种植水稻、玉米、小麦优良品种。争取2015年中央财政农机购置补贴资金3亿元，对广东省符合补贴条件的农民和直接从事农业生产的农机专业服务组织购买农机具给予补贴。安排政策性农业保险保费补贴资金8.04亿元，统筹推进家禽、生猪、水果和水产养殖保险试点工作。

七、支持林业生态发展工作

一是安排1.5亿元对粤北山区和东西两翼的生态景观林带建设进行补助；安排森林碳汇生态工程建设专项资金6亿元、碳汇林抚育专项资金3亿元，支持碳汇林建设。二是争取中央新增安排广东省中央财政森林生态效益补偿基金31 327万元，省级安排资金13.98亿元，将省级以上生态公益林补偿标准提高至24元/亩。三是根据国有林场职工人数和经营面积，安排资金4.1亿元，主要用于拖欠职工工资、拖欠社会保险费、拖欠职工住房公积金、应发未发职工住房货币补贴、分离办社会费用和工作经费等，支持国有林场改革工作。四是继续安排资金支持林业防灾减灾、林业科技创新、湿地保护等工作。

八、大力支持推动现代海洋渔业发展工作

2015年，围绕“一带一路”国家战略，大力支持广东省实施海洋强省战略，推动海洋经济创新发展，现代海洋渔业转型升级。一是安排5 000万元，用于海洋规划与区划、海洋经济运行监测、海域和海岛管理、海洋生态修复、海洋保护区建设、海洋战略研究、海洋生态和资源调查等日常管理工作。二是大力支持海洋经济发展，统筹安排3.57亿元用于支持推进海洋经济综合试验区试点建设，推动珠江口及粤东粤西海域入海污染物在线监测系统、美丽海湾、人工鱼礁、海洋产业集聚区、远洋和南沙渔船更新改造、海岛保护与开发等项目建设；争取中央资金6 900万元用于支持广东省海洋经济创新发展区域示范项目建设。三是安排4 750万元，推动海洋科技创新与成果转化，推进建立健全海洋与渔业科技创新体系，支持重大海洋科技项目攻关与研发，促进高新海洋科技成果转化和推广。四是安排4 000万元，加快发展现代渔业。其中：安排2 000万元大力发展“深蓝渔业”，支持推进深水网箱养殖模式；安排2 000万元继续支持水产良种体系建设。五是安排6 000万元，支持水产品质量安全监管体系建设、扶持开展水产品质量安全基础研究，提高水生动物防疫检疫体系能力。六是安排1 200万元，支持渔业机械化建设，扶持建设一批机械化循环水育苗示范场、高效水产养殖机械化示范场及高效生态的工厂化生产示范场。七是统筹安排11亿元，高标准启动广东省现代渔港建设，着力推动建设10个示范性现代渔港和3个区域性避风锚地，安排2600万元支持受灾地区开展海洋渔业救灾复产工作，不断提高海洋渔业防灾减灾能力和渔港综合服务能力，推动渔业增效、渔民增收和渔区经济社会和谐发展。

九、推进基层公共服务平台建设试点

根据2015年全省基层工作会议和省委基层治理领导小组会议精神，省财政厅研究部署基层公共服务平台建设工作，并成立工作小组落实各项工作。一是制定工作方案。印发《广东省推进基层公共服务综合平台建设工作方案》，明确全省基层公共服务平台建设目标、任务、措施及步骤等，对2015年开展试点和2016年全面铺开作出工作安排。二是确定试点县。选取江门开平市、肇庆德庆县、揭阳揭东区、云浮新兴县、清远阳山县、韶关乳源县、河源紫金县和梅州蕉岭县为2015年的8个试点县。三是召开全省动员会。与省委组织部联合召开基层公共服务平台建设试点动员会暨培训会议，正式启动工作。四是建立资金补助机制。省财政设立省级以奖代补资金，并将2015年补助资金4 639.5万元下达给8个试点县（市、区）；2016年基层公共服务平台补助资金45 258万元的预算指标提前下达给欠发达地区的各有关地级市及财政省直管县（市）。五是建立工作考评制度。围绕机构人员及场所标识、服务项目及服务流程、平台信息系统及网络建设、保障措施、满意度评价、工作创新亮点六个方面内容，制定印发基层公共服务平台考核验收办法。六是建立工作督导机制。联合省委基层治理领导小组办公室对各试点县开展工作督导，深入镇、村实地察看工作进展。七是召开试点县推进会强化督导。联合省委组织部召开试点县工作推进会，通过交流经验，分析问题和不足，加大对试点县的工作督导力度。八是建立部门协调机制。加强与省委组织部、省民政厅等有关部门的沟通协调，研究明确基层公共服务平台挂牌名称、基层公共服务基本目录编制等有关工作事项。九是定期收集试点县工作进展情况，综合整理后印发工作简报或情况通报。按照省的“机构人员统一、场所标识统一、流程内容统一、信息系统统一、经费保障统一”“五个统一”的建设标准，2015年8个试点县93个镇1 442个村（社区）全部建立基层公共服务中心（站）。

十、提高财政资金管理水平

一是按照中央开展涉农资金专项整治行动的统一部署，开展全省范围内的涉农资金专项整治行动，包括启动、自查自纠、省级重点检查、部级重点抽查、整改完善、全面总结六个阶段。二是继续建立健全完善资金管理办法。按照“标本兼治、综合治理、惩防并举、注重预防”的方针，会同有关部门制定完善各种资金管理办法。2015年，修订完善涉农资金管理办法十余项。三是牵头或配合做好审计署2014年度农林水专项审计等十多项专项审计工作。四是根据厅改革办的统一部署，落实省委改革办要求的11项改革工作。其中，推进改革先行试点工作5项，推进深化改革工作6项。五是印发《关于进一步加强涉农资金监管的意见》，进一步加强和规范涉农资金使用管理。

十一、完成农业财政各项工作

一是牵头做好强台风“彩虹”各

项救灾复产重建工作。一方面，在强台风“彩虹”发生后，紧急下拨救灾应急资金2.5亿元（应急统筹2.3亿元，民政救助0.2亿元）至重灾区。另一方面，积极向中央申请救灾复产补助资金计2亿元，其中中央财政特大防汛抗旱补助费1亿元、自然灾害生活补助资金1亿元。为支持灾区尽快恢复正常生活生产秩序，省财政厅会同相关部门研究制定省财政支持台风“彩虹”重灾区救灾复产重建补助资金安排一揽子方案，安排救灾复产资金共140 959万元（含已紧急拨付救灾应急资金25 000万元）。2015年，省财政共下达“彩虹”救灾资金13.71亿元。二是高质高效完成人大建议、政协提案办理工作。2015年，共承办人大建议70件，承办政协提案25件。

（农业处供稿，林侃执笔）

基本建设财政财务

2015年，经济建设处围绕财政中心工作，服务经济社会发展大局，全面推进省委、省政府各项决策部署，充分发挥财政管理职能，不断提高经济建设工作规范化、科学化、精细化管理水平。

一、围绕中心，全力保障重要基础设施建设

围绕促进区域协调发展中心任务，推进重大交通基础设施建设，确保重要基础设施项目顺利建设。一是定期与相关部门沟通交流，掌握最新工作进展，协调解决各类问题，保障工作有序开展。二是及时安排拨付各项资金。2015年累计拨付轨道交通等项目省级资本金107亿元，保障重点交通基础设施项目顺利建设。三是协调落实港珠澳大桥珠海口岸及人工岛工程省级出资，加快推进港珠澳大桥项目建设。经省政府同意，省财政新增安排港珠澳大桥珠海口岸及人工岛项目省级出资10亿元。四是推进铁路投融资体制改革，省财政投入引导资金100亿元，成功设立铁路发展基金400亿元（引入社会资本300亿元），扩大建设资本金来源，推动投资主体多元化。五是积极配合省纪委开展廉政建设监督管理工作，派员实地驻点参与港珠澳大桥工程建设的财务监管工作。

二、厉行节约，严格控制党政机关楼堂馆所建设

根据中办发〔2013〕17号、粤办发〔2013〕20号文件精神，充分发挥财政监管职能，采取一系列措施，配合有关部门开展严格控制楼堂馆所建设工作：一是严格履行基建审核把关职能，对涉及使用财政性资金的新建、扩建、改建、迁建、购置楼堂馆所申报项目，一律停止审核。二是对已批准但尚未开工建设的楼堂馆所项目，一律停建，并相应调整资金用于其他民生项目。三是严格控制办公用房维修改造项目。严格控制建设规模和建设标准，严禁豪华装修。四是对擅自扩大项目建设规模、提高建设标准、突破投资概算的项目一律不予追加安排财政资金。五是严格公共财政预算管理，对未按规定履行审批手续的项目，一律不下达预算、不拨付资金。六是强化预算管理和财政监督，加强资金源头控制，建立健全长效机制。

三、突出主业，加快基建项目预算支出进度

增强抓预算支出的主业意识，结合新《预算法》有关要求，研究并采取有效措施，切实提高预算执行进度。一是梳理项目，提出对策。通过建立完善的项目台账，全面梳理和掌握各个项目的预算执行情况，对新《预算法》要求收回的项目坚决予以收回；对可以继续支出的项目，逐一分析并采取“一项目一措施”的原则，切实抓项目支出，确保提高预算执行进度。二是分解任务，加快拨付。对所有基建项目进行分解，落实责任到具体经办人，快速分解和下达预算，加快审核拨付资金。2015年，经济建设处累计下达预算指标267.59亿元，均在预算法规定时限内下达完毕，预算执行率达90.21%，比2014年提高2个百分点。三是加强督导，形成合力。通过约谈、督促、提醒等多种方式，加强与预算单位的协调沟通，理顺工作机制并形成合力，提高项目支出进度。四是提高效率，限时办结。进一步提高基建项目拨款审核效率，实行限时办结制度；对专项资金制定明细时间表，并采取因素分配等方式，确保专项资金按时下达。

四、服务大局，全力做好对口援建工作

省财政高度重视对口支援工作，足额筹措并科学管理对口支援资金，全力推动对口援助工作。一是根据国家对口支援工作部署，拨付对口援助资金，保障对口支援工作有序开展。2015年，广东省共筹集拨付援疆资金14.67亿元、援藏资金4.92亿元、援川资金1.89亿元（国家任务数）。此外，省财政还另行安排鲁朗国际旅游小镇建设资金2.7亿元，充分发挥资金带动作用，达到以重大项目建设带动特定区域建设和特色产业发展的目标。二是履行财政管理职能，建立健全对口支援工作机制。一方面加强工作沟通协调机制，实时掌握项目情况，切实加强资金监管；另一方面加强制度建设，从源头规范管理。2015年，起草加强资金管理系列文件，配合有关部门制定一系列对口支援工作方案，进一步从源头上加强资金监督管理，充分发挥资金效益。三是派员参加“十三五”对口支援规划编制调研工作，实地考察调研，了解掌握援建项目具体情况。四是按照国家政策，做好“十三五”对口支援资金筹措测算等有关工作，贯彻落实国家和省委对口支援政策。

五、规范管理，提升财政经建工作水平

一是按照项目审批进度和实际资金需求，做实年度预算安排，按时按质完成2016年基建支出预算、项目库以及三年中期规划的编制工作。二是继续全面推进基建项目预算公开。除涉密项目外，年初预算安排的省知识产权服务业集聚中心等9个基建项目全部纳入2015年基建项目预算公开范围，主动接受社会监督。三是修订完善基建项目相关管理办法。配合省编办等部门修订完善《广东省政府投资省属非经营性项目代建管理办法》，进一步理顺广东省代建管理机制；配合省发展改革委研究社会领域省属公办事业单位自筹项目立项管理方式和程序。四是多渠道筹措“十三五”监狱布局调整项目资金56.6亿元。积极与省委政法委、省发展改革委、省监狱局等部门沟通协调，争取中央支持，统筹盘活财政资金，最大限度降低财政新增预算压力。五是做好渔港项目

基建管理工作，将标准化渔港建设项目结余资金5.9亿元调整用于现代渔港项目建设，盘活存量资金。同时，加强与省海洋渔业局协调沟通，保障渔港项目顺利建设。六是做好国债还本付息工作。每季度收缴下级财政和有关单位还款，及时归还财政部，减少暂存暂付款挂账；同时逐步清理历史债务，根据实际情况对下级财政和有关单位历史债务实施扣款，规范国债转贷债务管理。

（经济建设处供稿，陈明杰执笔）

社会保障财政财务

2015年，社会保障处加大财政投入力度，重点保障和改善民生，完成各项工作任务。全省医疗卫生与计划生育支出912.16亿元，比2014年增长21.27%；全省社会保障和就业支出1 050.55亿元，比2014年增长32.87%。主要情况如下：

一、关注困难群众切身利益，扎实做好底线民生保障工作

按照《广东省人民政府关于印发提高广东省底线民生保障水平实施方案的通知》要求和省委、省政府关于重点推进保障和改善民生工作的部署，省财政调整支出结构，加大底线民生投入力度，认真做好城乡低保、农村五保、医疗救助、基础养老金、残疾人保障及孤儿保障6类底线民生保障工作，落实底线民生预算139.7亿元。

（一）落实城乡居民最低生活保障资金

按照《广东省最低生活保障资金管理暂行办法》确定的城乡低保补助标准，中央和省财政共下达低保补助资金40.29亿元，为经济欠发达地区做好城乡居民最低生活保障工作提供了资金保障。2015年10月，全省城乡低保对象共185万人，全省月人均城乡低保标准分别为510元、400元，月人均城乡低保补差分别为410元、200元。

（二）落实农村五保供养保障资金

省级财政按照农村五保供养标准不低于上年度当地农村居民人均纯收入60%的目标任务，加大省对农村五保供养资金的补助，全年安排经济欠发达地区农村五保供养生活补助资金8.81亿元，使地方保障五保对象基本生活与社会经济发展水平保持一致。2015年10月，全省农村五保供养对象24万人，年人均集中、分散供养标准分别为8 400元、6 500元。

（三）落实城乡医疗救助保障资金

省级财政共安排城乡医疗救助资金12.33亿元，支持欠发达地区为农村低保户、五保户等困难群众提供医疗救助和为城镇低保对象购买住院医疗保险、大病救助，帮助解决特困群众“看病难、看病贵”等问题。2015年，年均每人次住院医疗救助标准提高到1 708元，实现政策范围内住院自负医疗费用的救助比例提高到70%以上。

（四）落实残疾人生活津贴和重度残疾人护理补贴资金

省级财政共安排经济欠发达地区残疾人生活津贴和重度残疾人护理补贴资金7.05亿元，支持经济欠发达地区残疾人事业的发展，帮助残疾人缓解生活困难。2015年，残疾人生活津贴补贴标准每人每年1 200元。重度残疾人护理补贴标准每人每年1 800元。

（五）落实孤儿基本生活保障资金

省级财政安排孤儿基本生活保障资金3.37亿元，支持全省特别是经济欠发达地区做好孤儿基本生活保障工作。全省孤儿基本生活最低养育标准提高到集中供养1 240元/人/月、分散供养760元/人/月。

（六）落实基础养老金保障资金

省级财政共安排基础养老金保障补助资金67.85亿元，支持全省特别是经济欠发达地区做好基础养老金保障工作。2015年7月起，城乡居民基本养老保险基础养老金水平达到人均100元/月。

（七）优抚对象生活待遇、退役士兵安置、流浪乞讨人员救助

中央和省级财政分别安排优抚对象抚恤和生活补助资金16.22亿元；退役士兵安置一次性经济补助和职业技能培训等支出2.63亿元；流浪乞讨人员补助资金1.41亿元，支持全省特别是经济欠发达地区做好各项优抚安置以及流浪乞讨人员救助工作。

（八）自然灾害救济经费保障

省级财政安排自然灾害生活救助和全倒户补助资金2.14亿元，并积极向中央争取安排广东省自然灾害生活救助资金2.02亿元，针对各地冬令春荒、暴雨、台风等自然灾害发生情况安排相应支出，全年共安排冬春救助、暴雨灾害、台风“威马逊”、“海鸥”等救灾资金4.16亿元。

（九）完善养老服务体系建设

认真贯彻落实《广东省人民政府关于加快发展养老服务业的实施意见》，中央和省级财政安排全省养老服务体系建设项目资金3.99亿元，用于支持全省特别是经济欠发达地区福利院、敬老院、光荣院等养老服务机构新建、扩建、改建和设施改造、设备购置更新及养老服务补贴等支出。

二、实施积极就业政策，全方位促进就业增长

（一）完善政策，加大促进就业力度

2015年，广东省实施更加积极的就业政策，全方位促进就业增长，并扶持大众创业万众创新。按照省委、省政府以创业带动就业的战略部署，设立省财政创业带动就业专项资金，安排10亿元用于设立创业引导基金、建设创业孵化基地、小额担保贷款、创业资助以及优秀创业项目奖励等，建立普惠性创业资助体系。在此基础上，省财政继续安排促进就业专项资金3.09亿元，人力资源市场和基层服务平台建设资金1.37亿元，主要用于对包括下岗失业人员在内的各类就业扶持对象按规定给予职业培训等补贴以及加强公共就业服务机构建设。

（二）推进技工学校建设，构建高水准的技能教育体系

省级财政安排技工学校建设专项资金2.88亿元，技师学院建设专项资金1亿元，用于加强全国示范性技师学院建设及经济欠发达地区技工学校建设补助，促进以技工学校为主阵地，

建立覆盖城乡的职业技能培训体系。安排0.85亿元用于加强技工学校实训中心建设，支持实训基地充分发挥培养高技能人才的基础作用，提升培训层次。

（三）支持开展多层次职业技能培训

继续安排推进劳动力培训转移就业专项资金4亿元，专项用于劳动力培训转移就业的技能晋升培训补贴和“圆梦计划”补助。补助对象为法定劳动年龄内的城乡劳动者，含外省来粤务工人员和余刑在24个月内的在粤服刑和强制戒毒人员，全面建立起农村劳动力技能培训普惠制度。

继续对农村贫困家庭子女入读中等职业技术学校、技工学校实行免学杂费和补助生活费，省级财政对经济欠发达地区的免学费基准补助标准从人均2 500元/年提高到3 000元/年，并纳入中等职业学校国家助学金体系统一给予生活费，省级财政的基准补助标准从人均1 500元/年提高到2 000元/年。同时，积极推动现有政策向农村家庭经济困难学生及涉农专业学生免费入读中等职业学校政策过渡。2015年省财政安排技工院校免学费和国家助学金补助资金9亿元。

三、着力推进医药卫生体制改革

（一）着力推进基本医疗保障制度建设，均衡提高医疗保险待遇水平

一是继续加大对城乡居民基本医疗保险的财政补助力度。2015年，全省各级财政对城乡居民基本医疗保险补助标准提高到380元，其中省财政对欠发达地区补助标准达到人均247元，省财政安排城乡居民医疗保险补助资金134.95亿元。二是均衡提高医疗保险待遇水平，进一步推进基本医疗保险城乡统筹。全省职工医保和城乡居民医保政策范围内住院费用报销比例达到87%以上和76%，最高支付额平均提高到51万元和44万元。普遍建立普通门诊统筹制度，门诊特定病种数量扩大到23种，实现住院和门诊双重保障。三是大病保险全面推进。全省21个地级以上市均建立城乡居民大病保险制度，参保人不需另行缴费，个人负担的合规医疗费用超过一定额度以上的部分，可再享受不低于50%的报销。2015年全省共划拨约17亿元开展城乡居民大病保险，受益超过30万人次。四是按照“统一结算、一站式服务”的原则建立全省异地就医平台和管理协作机制，基本实现省内异地就医医疗费用直接结算。

（二）着力推进城乡基层医疗卫生服务体系建设

为进一步完善基层医疗卫生机构补偿机制，省财政继续对经济欠发达地区乡镇卫生院按每万常住人口核定13名医务人员和每人每年1.2万元的标准安排事业费补助，对经济欠发达地区社区卫生服务机构按每万常住人口核定8名医务人员和每人每年1万元的标准安排事业费补助，共安排基层医疗卫生机构事业费补助资金8.26亿元。此外，2015年省财政下达山区和农村边远地区乡镇卫生院医务人员岗位津贴补助资金1.7亿元、乡镇卫生院“五个一”设备配备补助资金1亿元、乡镇卫生院标准化建设补助资金1亿元、基层医疗卫生机构实施基本药物制度和综合改革以奖代补资金1亿元、村医补贴资金1.33亿元、离岗接生员和赤脚医生生活困难补助资金2.55亿元。此外，省财政积极配合卫生部门制订《中共广东省委 广东省人民政府关于建设卫生强省的决定》、《广东省医疗卫生强基创优行动计划》等政策文件，明确广东省下一步医改路径。

（三）着力促进基本公共卫生服务逐步均等化

一是落实好基本公共卫生服务项目。为促进基本公共卫生服务逐步均等化，广东省从2009年起启动基本公共卫生服务项目，按项目免费向城乡居民提供。2015年广东省人均基本公共卫生服务经费不低于40元，用于建立居民健康档案以及开展儿童、孕产妇、老年人保健等服务。在中央财政对广东省人均补助6.5元（共安排6.25亿元）的基础上，省级财政对经济欠发达地区人均补助18元，共下达补助资金10.74亿元，推动基本公共卫生服务项目深入拓展。二是落实好重大公共卫生服务项目。2015年，在中央财政对广东省补助7.1亿元的基础上，省财政另行安排重大公共卫生服务项目补助经费4.3亿元，对经济欠发达地区实施结核病、艾滋病等重大疾病防控、国家免疫规划、农村妇女两癌检查、地中海贫血防控、新生儿出生缺陷防控等重大公共卫生服务项目给予补助，不断健全广东省公共卫生防疫体系。

（四）着力推动公立医院综合改革

一是积极完善政策措施，配合卫生部门研究出台《广东省人民政府办公厅关于印发广东省全面深化县级公立医院综合改革若干意见的通知》，明确广东省县级公立医院补偿政策。2015年，广东省县级公立医院综合改革试点扩面覆盖至全省100%的县（市），所有县（市）人民医院、中医院均纳入改革试点范围；深圳市、东莞市、珠海市纳入国家城市公立医院综合改革试点范围。二是及时足额安排公立医院补助资金。2015年，在中央财政安排广东省公立医院改革补助资金2.09亿元的基础上，省财政另行安排广东省公立医院发展建设补助资金2.4亿元、县级公立医院综合改革专项资金0.43亿元，以取消药品销售加成、调整医疗服务价格为突破口，积极配合卫生主管部门，着力推进公立医院管理机制、补偿机制、药品采购机制、人事薪酬制度等全方面地综合改革，建立健全公立医院与民营医院、基层医疗卫生机构的分工协作机制。

四、积极推进社会保障体系建设，建立健全全方位的民生保障制度

（一）继续提高企业退休人员养老保险待遇

按照国家的统一部署，继续提高企业退休人员养老保险待遇。从2015年1月1日起，广东省按2014年企业退休人员月人均基本养老金水平的10.02%，调整企业退休人员基本养老金水平，全省平均提高幅度为218.7元/人月左右。

同时，省级财政安排8 000万元，专项补助用于经济欠发达地区提高基本养老金发放标准后造成的基金增支缺口，确保企业离退休人员基本养老金按时足额发放；安排4 000万元专项资金，提高省属企业部分早期退休人员生活待遇，解决企业部分早期退休

人员生活待遇偏低问题。

（二）稳步提高城乡居民基本养老保险基础养老金

从2015年7月1日起，将城乡居民基本养老保险基础养老金标准由每人每月95元提高到每人每月100元。省财政预算安排补助城乡居民基本养老保险补助资金30.35亿元，确保养老保险待遇按时足额发放。

（三）制定出台广东省机关事业单位工作人员养老保险制度改革实施办法

为贯彻落实国务院关于机关事业单位工作人员养老保险制度改革的决定，省财政厅积极配合省人力资源社会保障厅，制定出台广东省机关事业单位工作人员养老保险制度改革实施办法，建立与企业职工等城镇从业人员统一的社会统筹和个人账户相结合的基本养老保险制度，实行单位和个人缴费，按照多缴多得原则改革退休费计发办法，从制度上化解“双轨制”矛盾。

五、完善人口计生经费保障机制，推动全省人口计生事业发展

2015年，省级财政安排各项计划生育经费3.33亿元。一是安排农村部分计划生育家庭奖励专项补助资金8 758.27万元，用于支持经济欠发达地区实施农村计划生育家庭奖励政策，全省计划生育奖励受益对象约20万人。二是安排计划生育技术服务经费5 386万元，对基层开展计划生育免费技术服务给予专项补助，向农村实行计划生育的育龄夫妻免费提供避孕、节育技术服务。三是安排计划生育家庭特别扶助制度专项补助资金1 675.45万元。用于支持经济欠发达地区实施计划生育家庭特别扶助政策并将计划生育手术并发症人员纳入特别扶助范围。四是安排国家免费孕前优生健康检查项目省财政补助经费3 287.78万元，对目标人群按每对夫妇282元的结算标准予以补助。五是安排计划生育专项资金14 213万元，用于基层妇幼保健机构建设和服务设备购置、市县开展计生宣传教育等业务工作，确保计生工作有序开展。

六、大力扶持残疾人康复设施建设及康复服务工作

按照广东省残疾人事业“十二五”发展规划纲要的目标任务，继续加大对残疾人事业的支持力度，确保残疾人康复服务等重点项目支出。省级财政安排扶持残疾人事业专项资金2.5亿元，通过补助各地残疾人托养以及康复机构建设、综合服务设施建设、康园工疗网络建设、日常康复等项目，改变广东省残疾人康复基地基础设施相对薄弱的状况。

（社会保障处供稿，廖建中执笔）

会计管理

2015年，广东省会计管理工作紧紧围绕财政中心工作，在会计制度贯彻实施、会计信息化建设、会计人才培养、注册会计师行业监管、粤港澳会计服务合作以及会计服务等工作上积极推进，并取得了新的成绩。

一、深入调研，扎实推进会计法规制度贯彻实施

（一）积极配合财政部开展有关会计准则、制度的调研工作

一是配合财政部准则委员会调研工作组前往碳排放交易试点企业广东省粤电集团实地调研，走访省碳排放交易中心，并与省发改委等单位召开座谈会，实地了解广东省碳排放交易情况，为制定相关会计处理制度提供坚实基础。二是配合财政部会计司调研工作组前往立白集团等单位开展调研，全方位的了解中小企业的内部控制建设情况、推行内部控制建设过程中面临的主要问题与困难，为加强和规范中小企业内部控制制度建设提供一手资料。三是配合财政部会计司调研组召集多家会计事务所、境内外同时上市的企业召开座谈会，深入了解企业会计现实情况，为企业会计准则的修订提供帮助。

（二）加强行政事业单位内部控制规范的贯彻实施

对全省行政事业单位内部控制规范执行情况开展广泛调研，在总结经验的基础上，出台广东省行政事业单位内部控制规范的实施意见。

二、积极参与，稳步推进管理会计体系建设

一是根据财政部要求，组织开展管理会计征文活动。向财政部推选5篇文稿。二是积极开展管理会计调研工作。结合财政部会计司调研组两次到广东省调研，组织和邀请会计领军人才及相关人员，召开财政会计管理“十三五”规划及管理会计座谈会，就推进管理会计建设、加强会计人才队伍建设、提升会计人员地位等内容开展座谈，为管理会计体系建设出谋献策。

三、强化管理，整体提升会计队伍业务素质和专业水平

（一）积极加强会计从业资格考试及相关业务管理工作

为进一步优化省属会计从业资格业务流程，提高办事效率，对省属会计从业资格业务流程进行梳理，在严控风险的基础上，按照“规范、便民”的原则进行流程再造，通过信息化手段提高工作效率。全年共组织全省会计从业资格考试355 409人次，其中，通过考试取得会计从业资格103 132人；受理证书申领118 399件，调转42 178件，信息变更14 121件；接通咨询电话56 727个。

（二）圆满完成2015年度会计初、中、高级专业技术资格考试

2015年，全省初、中、高级资格考试报名总人数为18.9万人，位居全国第一，其中，报名人数初级11.5万人、中级7.2万人，高级2210人；考试通过率初级29.02%、中级18.56%、高级41.37 %。一是会同省人力资源和社会保障厅印发会计专业技术资格考试考务日程安排及有关事项的通知，认真部署全省会计资格考试报名工作。二是制订初级资格考试无纸化考试实施工作方案和考试技术设备突发事件应急处理工作方案，并对相关人员进行培训。全省落实67个考点、512个考场，共约3.1万个机位。并及时组织相关机构对67个考点所属考场开展模拟测试，协同供电部门做好供电保障准备工作。三是在初、中、高级会计

资格考试期间，切实做好试卷押运、传输以及保密工作，与各考区签订责任书，并向各考区派出巡视小组，加强考场监督检查，确保考试顺利进行。考试完成后，采取网上评卷方式做好中、高级笔纸考试评卷工作，并及时将考试成绩报送财政部。

（三）组织做好会计领军（后备）人才选拔培养工作

一是配合财政部做好全国会计领军人才选拔考试报名工作，1 人获得财政部 2015 年全国会计领军（后备）人才（企业类）培训资格。二是启动广东省会计领军人才（管理会计方向）培养工作。全省受理报考人员 165 人，其中 133 人参加了笔试，出考率达到 80.61%。经北京国家会计学院对申报材料和笔试试卷进行集中评阅，按照笔试成绩占 80%、材料占 20%，1∶1.5 的比例，从高分到低分确定面试人员名单 76 人。经北京国家会计学院专家面试，选拔出第一期会计领军（后备）人才（管理会计方向）培训班学员共 50 人，其中，企业类学员 25 人，行政事业类学员 10 人，学术类学员 5 人，注册会计师类学员 10 人。

（四）组织做好高级会计师资格评审工作

一是做好 2014 年度高级会计师资格评审工作。1 月，组织召开 2014 年度省高级会计师资格第一评审委员会评审工作会议，经对 372 人投票表决，评审通过 261 人，通过率达 70.16%。二是组织开展 2015 年度高级会计师资格评审工作。11 月，印发《关于做好 2015 年度高级会计师资格评审工作的通知》。2015 年度全省申报高级会计师人数为 387 人。

（五）加强代理记账行业监管

全省通过广东省会计信息服务平台进行年度登记的代理记账机构达 2 326 家，从业人员 10 801 人。一是组织开展全省代理记账机构信息采集、年度基本信息报备和换证工作。对全省代理记账机构及从业人员数据进行摸底清查，统一全省代理记账许可证书编号规则，重新换发证书。二是积极配合财政部开展《代理记账管理办法》修订工作。参加财政部组织的修订工作调研座谈会，并结合工作实际，提出针对性的意见和建议。

（六）组织会计人员继续教育工作

印发《关于 2015 年会计人员继续教育培训有关事项的通知》，通过分类培训方式，部署全省继续教育培训工作。明确规定，各级财政部门采用面授培训、远程教育等方式多形式、多渠道开展继续教育；各培训机构应尽量选择财政部编写的培训参考教材，但不得强制购买。全省共完成继续教育登记 1 601 821 件，办理遗失补办业务 144 662 件。

（七）完成实施大中型企事业单位总会计师素质提升工程工作

根据财政部要求，省财政厅印发《关于组织开展 2015 年总会计师素质提升工程培训报名工作的通知》。报名期间，开通“广东省会计”微博，实时反馈报名情况。培训期间，积极加强与北京、上海、厦门国家会计学院协调沟通，圆满完成年度培训工作。全省共培训 662 人，其中一类班级 291 人，二类班级 371 人。

四、强化监管，促进注册会计师行业健康发展

（一）加强信息沟通共享，改善会计师事务所执业环境

会计处与监督检查局、省注协联合举办注册会计师行业管理工作联席会议，在总结多年工作经验基础上，三方进一步凝聚共识，继续深化打造联席工作机制。会后，按照职责分工分别对 2014 年检查发现存在执业问题的会计师事务所进行行政处罚，对相关注册会计师进行诫勉谈话。

（二）及时办理人大议案和政协提案

牵头办理《关于要求充分利用注册会计师行业管理信息加强财政扶持补助资金审批管理的建议（第 1633 号）》议案。积极与相关人大代表保持沟通联系，并会同相关单位研究方案，通过认真梳理和归纳总结，及时将形成办理意见报送相关代表审阅并得到充分的肯定。

（三）积极配合财政部开展《会计师事务所审批和监督暂行办法》修订调研

2015 年年初，财政部会计司就修订《会计师事务所审批和监督暂行办法》工作来粤进行实地调研，省财政厅认真组织有关会计师事务所及财政会计管理部门进行研究和讨论，针对实际工作中存在的问题提出修订建议。

（四）做好注册会计师行业日常管理工作

2015 年，全省（不含深圳）共批复成立 4 家会计师事务所，1 家会计师事务所分所；批复境外会计师事务所来内地临时执行审计业务 14 次。受理 12 家会计师事务所更名；审查确认 9 家会计师事务所终止备案材料，92 家事务所变更股东、地址等备案材料。责令 7 家会计师事务所整改；撤回 3 家整改后仍不符合存续条件的会计师事务所分所。

五、落实政策，推进粤港澳会计服务合作交流

一是积极宣传，确保开放政策顺利实施。参加在香港、澳门举办的《2015 年 CEPA 服务贸易自由化政策宣讲会》，向港澳会计专业人士进一步宣传 2014 年底签订的服务贸易自由化协议中有关会计行业的开放政策。二是及时制定实施细则，确保开放政策落地。根据最新的 CEPA 服务贸易自由化协议，4 月，省财政厅制定发布《香港特别行政区和澳门特别行政区会计专业人士担任广东省会计师事务所合伙人试行办法》，港澳专业人士可在广东省内担任合伙制会计师事务所合伙人，且其在港澳的执业经历可与境内执业经历等同。三是加强联系，促进粤港澳合作交流。依托“2015 粤港经济技术贸易合作交流会”的工作平台，7 月，省财政厅在香港组织召开“粤港会计服务合作交流研讨会”，参会粤港双方代表共 106 人，其中港方代表近 90 人，有 17 个会计、税务、审计、咨询等专业团体的会长及重要成员应邀参加会议。

（会计处供稿，李志宏执笔）

财政绩效管理

2015 年，绩效管理处以建设“绩效财政”为目标，进一步深化预算绩效评价改革，逐步建立完善“资金分

配有绩效目标管理，资金使用有绩效跟踪与督查，支出结果有绩效评价和绩效问责”全过程的预算绩效管理体系；扎实做好决算数据基础管理工作，提升决算服务功能。预算绩效管理工作在财政部考核评比中获得优秀；决算工作在财政部考核评比中获得优异成绩，其中，部门决算工作连续三年获得财政部考核评比一等奖，金融决算工作获得财政部金融司通报的2014年度全国金融企业财务决算工作先进单位。

一、加大预算绩效改革和制度建设力度

一是按照新《预算法》的规定和财政部有关要求，在广泛征求各部门、各地市意见的基础上，对《广东省预算绩效管理办法》文稿进行多次修改。二是制定《广东省省级部门整体支出绩效评价暂行办法》。赴四川、广西等地学习部门整体支出绩效评价开展的经验，结合财政部的有关要求和广东省实际情况，制定和印发《广东省省级部门整体支出绩效评价暂行办法》。三是修订《广东省基本公共服务均等化绩效考评办法》。根据《广东省基本公共服务均等化规划纲要（2009—2020年）》（修编版），对《广东省基本公共服务均等化绩效考评办法》进行修订，在原有的公共教育、公共卫生、公共文化体育、公共交通、生活保障、住房保障、就业保障和医疗保障八项内容的基础上，增加公共安全和生态环境保障两项内容，并修改部分考评指标。四是参考兄弟省市开展绩效监控的经验，设计广东省的绩效目标运行监控方案，升级绩效管理系统的功能。

二、积极开展部门预算项目绩效目标管理工作

根据预算编报要求，以前年度要求申报绩效目标的范围是拟列入年度部门预算“一上”申报建议且要求省财政资金安排额度在500万元（含500万元）以上的项目支出，2016年预算要求申请加入项目库的所有一、二级项目均需通过绩效目标审核，即所有纳入预算编制范围的支出均需申报绩效目标，申报绩效目标成为编制年度预算或项目申请加入项目库的前提条件。为此，2015年申报绩效目标的项目数量大幅增加，共完成2 173个一级项目、2万个二级项目的绩效目标审核。

三、不断拓展重点项目、资金和政策的绩效评价

一是加大重点评价力度。为配合做好2016年预算编制工作，检验到期项目绩效目标完成情况，会同厅预算处、有关业务处对将于2015年到期的49项、共计404亿元专项资金进行重点评价，数量较2014年翻了一番，评价金额是2014年的6倍。二是深化第三方评价工作机制。首次尝试由多个机构联合对重大资金和项目进行独立第三方评价。为衡量和检验省财政2014年投入十件民生实事类资金预期目标实现程度，整体委托广东粤诚会计师事务所有限公司、广州中职信会计师事务所有限公司、广东诚安信会计师事务所有限公司、广东三胜管理顾问有限公司、广东丰衡会计师事务所有限公司及广州尚德会计师事务所有限公司6家机构，组成联合评价小组对2014年省财政十件民生实事资金开展绩效评价，覆盖85项省级财政专项资金共计641.83亿元。三是开展新领域的绩效评价。首次对税收分成返还优惠政策的执行情况和实施效果进行评价。分别对中新广州知识城、顺德清远（英德）合作区、深汕（尾）特别合作区2011—2015年的税收返还优惠政策实施绩效评价，涉及税收返还资金8.7亿元。评价结果作为下一阶段是否继续延续税收返还政策的依据。

四、推进全省基本公共服务均等化绩效考评

继续实施省基本公共服务均等化绩效考评工作，推动全省基本公共服务均等化工作深入开展。按照修订后的《广东省基本公共服务均等化绩效考评办法》，制定《2014年度广东省基本公共服务均等化绩效考评实施方案》，组织省社科院和国家统计局广东调查总队对全省2014年基本服务均等化工作实施绩效考评，涉及全省各地市基本公共服务支出3 141亿元。

五、着力加强各类决算数据基础管理工作

主要从“扎实做好决算培训，狠抓决算数据汇审，拓展决算数据服务功能、提升决算数据分析水平”等方面，认真完成2014年度全省部门、企业（含国有、集体企业）、固定资产投资、金融企业等4大套7类会计决算工作，积极推进决算数据网络管理系统建设。

（一）认真做好各类会计决算数据的审核、汇总、分析和上报工作

一是加大决算报表汇审工作力度。针对部门、企业（含国有、集体企业）、固定资产投资和金融类4大套7类决算报表的不同特点，绩效管理处采取预审、网络上报审核及集中汇审等方式，共对全省26 659户部门类、10 036户企业类、28 473户固定资产投资类、258户金融企业类决算数据进行收集、审核，确保决算数据的“真实、准确、及时、全面”。二是按时完成全省各类会计决算报表分析、上报工作。通过对全省部门、企业（含国有、集体企业）、固定资产投资和金融类决算数据进行收集、审核，从多维度进行分析，认真撰写了7类决算分析报告和编报说明，按财政部的要求时限，顺利完成2014年度4大套7类决算报表的上报等各项工作任务。

（二）充分利用决算数据，提升数据服务功能

一是继续开展厉行节约执行情况绩效评价。制定《2014年省直部门厉行节约执行情况绩效评价方案》，根据省直各部门报送的基础数据信息表、指标评分表及有关佐证材料和2014年决算数据，通过审核分析、现场复核及综合评价，撰写《关于2014年省直部门厉行节约执行情况绩效评价结果的报告》，呈报省政府。二是加强数据服务功能。根据数据所需单位的要求，为省卫计委等有关部门及厅各业务处室整理加工相关决算数据资料，提供数据支撑，充分发挥决算数据的利用服务功能。

（三）认真做好2015年决算的布置培训工作

一是积极组织参加财政部相关业务司局的决算培训工作，认真学习和领会财政部对决算报表的编报要求。二是认真抓好2015年决算工作布置培训，认真编写培训教程，印发相关材料，组织全省各地市和省级的部门、企业、金融和固定资产培训会议，对部门或单位的报表编制工作进行指导，

及时解答有关问题，督促部门或单位严格按照财政部要求完成决算报表编报工作。

（四）加快推进决算数据基础管理网络系统建设

一是推动各地市建设部门决算网络系统。印发《关于加快推进决算数据基础管理网络系统建设的通知》，要求各地加快建设部门决算网络系统。二是推动建设企业决算网络报送系统。

（绩效管理处供稿，王炜清执笔）

行政事业资产和公务用车管理

2015年，行政事业资产管理处和公务用车管理处积极促进资产管理、公务用车管理与财政中心工作紧密结合，突出抓好重点工作，进一步提高管理水平。

一、加强党政机关办公用房规范管理

（一）进一步明确要求

按照中央实践办和省政府关于抓紧加大清理广东省办公用房公务用车清理整改工作力度的要求，印发《关于进一步落实办公用房清理整改工作的通知》，明确对使用面积超过规定标准的个人办公室进行整改的方式。

（二）进一步核实整改

督促各地、各单位迅速采取措施，自觉对办公用房整改情况进行全面再核实、再清理。对前期清理中因各种客观原因暂未整改的办公用房，主要采取调换或合并办公的方式进行整改；对采用工程方式整改的办公室，严格按照“实墙实门”的原则，避免改造后仍由个人单独使用，变成虚改、假改的临时工程。

（三）进一步加强督导

省财政厅与省委督查室、省政府办公厅、省发展改革委、省住房与城乡建设厅等部门联合组成办公用房清理专项督查调研组，分赴全省各地、各单位开展办公用房清理专项督查。对11家省直单位和惠州、东莞、河源、佛山、清远6个地区办公用房整改工作进行实地督查，对89个省直单位的工作开展情况进行督查，实地丈量省直各单位副厅级以上领导干部128间和各市几套班子成员的个人办公室115间，并逐一列表记录备查。

二、深化公车改革，加强公车管理

（一）继续推进广东省公务用车制度改革

根据《中共中央办公厅 国务院办公厅印发〈关于全面推进公务用车制度改革的指导意见〉的通知》和广东省公务用车制度改革的相关要求，做好有关工作。

1. 规范公务用车制度改革有关事项。研究制定《广东省省直机关公务用车制度改革涉及的车辆处置办法》、《广东省省直机关公务用车制度改革车辆处置操作规程》等配套办法，规范车辆处置流程等事项。制定省直党政机关执法执勤用车制度改革实施办法。对车改后执法执勤用车的核定原则、核定程序、监督管理措施等进行明确。制定定向化保障公务用车的使用管理办法，明确定向化保障车辆的范围、编制和配备标准、规定配备程序和其他相关政策。

2. 省直党政机关公务用车制度改革车辆处置。代表省政府委托省公共资源交易中心承担省直机关公务用车制度改革取消车辆处置工作，批复各单位车辆处置申请，指导省直机关和省公共资源交易中心组织车辆鉴定评估和拍卖准备，监督中介机构按照文件规定和委托协议内容开展工作。确保参与车辆处置的鉴定评估和拍卖机构不受车改单位干预，最大限度回收封存车辆价值。2015年批复45个省直机关665台车辆处置申请，其中拍卖车辆574辆，报废车辆91辆。拍卖机构举办5场拍卖会，参拍车辆280辆，成交车辆246辆，成交率87.86%，平均成交价格5.66万元。

3. 开展省直机关车改留用车辆审核业务。按照中央批复广东省公务用车制度改革方案中执法执勤用车和定向化保障公务用车核定的有关规定，配合省公务用车制度改革领导小组办公室做好省直机关留用车辆初审工作。

4. 配合开展地级以上市车改方案的审核工作。按照省车改总体方案的要求对地级以上市的车改方案进行初审。

（二）整治超标配备公车，清理省级干部用车

为进一步压缩公车消费，加强公务用车管理的规范化、制度化建设，省财政厅组织开展整治超标配备公车和严格公车经费支出专项行动回头看工作。截至2015年11月底，全省第一批和第二批教育实践活动单位清理清退公务用车应整改9 101辆，已整改9 101辆，整改完成率100%。

按照中共广东省委办公厅印发的《关于进一步做好省部级干部住房和用车集中清理工作协调会纪要》的要求和相关规定，在征求省直有关单位意见和地级以上市意见的基础上，拟定《广东省省部级干部用车清理相关政策实施细则》。

（三）加强公务用车监督管理，查处违规购车用车行为

会同省监察厅加强对公务用车违规行为的监督检查，坚决查处超标准配车，长期借用、占用外单位或下属单位车辆等违规行为，以严明的纪律确保中央的部署和省的改革落到实处。2015年，配合省监察厅对2个省直单位违规配备使用公务用车行为进行核查。

三、配合做好各项管理体制改革配套工作

（一）司法体制改革省以下法院、检察院资产上划移交指导和审核

1. 拟定工作制度。起草《广东省省以下法院、检察院资产管理工作方案》、《广东省省以下法院、检察院财务统一管理改革试点方案》中资产管理部分的内容。对省以下法检两院资产划转的原则、分工、步骤及上划省管后资产购置、使用、处置等各项管理要求予以明确。

2. 做好业务培训。派员参加省法院、省检察院组织的省以下法检两院财务人员业务专题培训班和业务专题视频培训会议。向省以下法检两院负责人和经办同志详细讲解省级行政事业资产管理规章制度、管理要求和工作流程，对上划省统管后资产使用、处置、收益收缴等业务流程的变化作

详细说明。

3. 摸清各地情况。要求前期开展试点工作的佛山、茂名等地法检两院上报上年度资产管理统计报表，并深入到基层法检两院了解情况，摸清市、县法检两院资产大概规模和组成。

4. 布置资产清查。印发《关于开展省以下法院、检察院资产清查上划工作的通知》，对省以下法检两院资产清查上划工作内容、基准日、程序和要求等作明确要求，规定各地于2016年4月1日前将经当地人民政府批准的法检两院资产清查结果分送省法院、省检察院汇总审核，再按省工作方案规定送省财政厅审核后报省政府审定。

（二）工商、质监系统省以下单位资产下划移交

审核省工商系统提交的19个市（不含广州、深圳）工商系统国有资产（国有资产总值66.34亿元，负债总值1.21亿元，净资产总值65.13亿元）的下划移交申请，按程序呈省政府审定后以《关于同意办理省工商系统体制调整国有资产划转手续的复函》批复省工商局办理相关手续。指导省质监局开展全省质监系统资产清查工作，为办理下划移交手续做好准备。

四、完成事业单位及其所办企业国有资产产权登记

按照产权登记的要求对已上报单位的产权登记材料进行初审、复审，核发产权登记证、表。2015年，事业单位及其所办企业的产权登记工作基本完成。

五、制定分行业配置统一标准

一是与省科技厅联合下发《广东省科学事业单位（工业类）大型科学仪器设备配置标准》。二是与省地质局共同讨论，根据工作实际进一步修改完善地质行业专用配置标准（初稿），并向省地质局归口事业单位征求意见。

六、规范管理，完善相关资产管理制度

一是结合审计部门查处部分单位国有资产违规对外出租、出借和租金收入管理不规范问题，印发《关于进一步规范事业单位出租出借管理工作的通知》，进一步规范和加强省直事业单位对外出租、出借收入的使用管理。强调各单位要依据新修订出台的《预算法》，将单位所有收入和支出全部纳入预算，杜绝部分收入和支出游离于预算管理之外。对资产出租事项的审批，租金收入的使用等方面也作了规范。

二是针对部分省直单位大宗不动产处置操作不规范的问题，印发《省直行政事业单位不动产处置管理操作规程》，对省直单位涉及不动产的无偿调出、有偿转让、置换、报废、报损等行为提出事前审核、规范评估、公开转让等方面的要求，防止因操作不规范造成国有资产流失。

七、建立行政事业资产数据定期统计分析制度

按照结合财政部有关编报2014年行政事业单位资产报表的要求，对全省行政事业资产管理信息系统数据进行深入分析，对比上年度相关数据开展各类资产增减变化的纵向分析和各行业、部门同类资产数量分布、比对等横向分析。

八、完善行政事业资产管理信息系统建设

一是根据2015年行政事业资产管理信息系统项目建设规划，在行政事业资产管理信息系统基础上研发办公用房管理功能模块，广泛征求单位意见，落实好中央关于建设办公用房管理台账等制度的要求。

二是结合省直机关公务用车制度改革工作，完善系统数据。要求省直车改参改单位通过系统上报公车改革统计报表，充分利用系统车辆存量数据，对比车改单位报送的车辆信息和车辆评估机构出具的车况评估报告，切实做好车改处置车辆信息的审核工作，补充完善系统相关数据。

三是配合做好县（区）级系统推广使用验收工作。协调各县（区）财政部门做好系统推广使用用户意见反馈工作。派员参加系统验收会议，提出验收合格意见。

九、做好行政事业资产日常管理工作

按行政事业资产管理各项制度，做好行政事业单位资产配置、使用、处置、收益监缴及事业单位所属企业及行政单位未脱钩经济实体的各类事项审核管理工作。资产使用管理方面，审批资产出租出借、对外投资等事项10项；资产处置管理方面，审批监狱、林业、地质等系统的资产处置事项31项，协调解决省质监局南田路563号原办公楼划归省标准化研究院使用、省航空林站建设项目用地等重大资产处置事项；资产收益监缴方面，全年省直单位通过非税收入系统上缴资产处置收入和行政单位资产出租、出借收入5.52亿元。

十、开展调查研究

根据财政部工作部署，会同省交通运输厅、省公路局完成政府重点资产（公路）专题调研报告撰写。针对省属高校资产管理情况复杂、资产管理难度大的实际，对省属高校资产管理工作开展专题调研，基本摸清省属高校资产管理情况，并提交调研报告。

［行政事业管理处（公务用车管理处）供稿，王婧玮执笔］

农业综合开发

2015年以来，农业综合开发办紧紧围绕省委、省政府关于加快农业现代化建设的决策部署，聚焦服务广东省“三农”工作大局，以提高效率和规范管理为主要抓手，助力现代农业发展。

一、多措并举，全面提高农业综合开发项目资金使用效率

全年共安排农业综合开发项目194个，其中土地治理类项目115个（其中现代农业园区项目1个，中型灌区项目4个），产业化经营类项目80个（含部门项目），涉及财政资金12.65亿元。一是按管理绩效分配资金。将项目库“先进先出”的资金安排模式改为“择优立项安排”模式，建立健全绩效导向的资金分配机制，最大程度压缩自由裁量权。在资金安排过程中，明确以资金安排促管理规范的原则，根据检查中发现的市县和项目单位的问题，初步形成项目立项负面清单，将以往问题较严重的市县和项目单位纳入负面清单，在一定期限内不予扶持，以奖优罚劣的方式促进各地市和项目单位改进资金项目管理。二是精心组织项目实施。在择优安排项

目的基础上，组织编制并批复2015年全省土地治理项目、产业化补助项目实施计划，共批复实施高标准农田建设项目82万亩，扶持各类农业产业化企业（合作社）69家。在批复过程中，重点对照审核实施计划各项内容的合规性，确保项目实施符合政策要求。三是加快预算执行进度。严格按照新预算法和盘活存量资金管理的有关规定，在编制年度预算时，做细、做实、做准年初预算，对于已有支出计划的项目督促相关单位加快实施进度。2015年共下达财政资金11.44亿元，其中中央财政资金6.3亿元，省级财政资金5.14亿元。四是进一步加强有偿资金回收工作。通过发文催收并将财政资金欠款回收情况作为项目和资金安排的重要考量因素，将市县欠款偿还情况作为资金分配的重要依据，在欠款单位和市县归还欠款前，不予安排项目。2015年累计共收回农业综合开发财政资金3 380.9万元，剩余农业综合开发财政资金欠款10 384.18万元。

二、规范管理，以严格监管确保财政资金安全高效

一是加大项目检查和整改力度。组织对2014年农业综合开发项目的专项检查，查漏补缺，对重点地区深入检查，共抽查韶关、肇庆、清远、云浮等市的43个项目，占当年项目安排总数的1/6，并督促相关市县对检查中发现的问题进行整改。组织专家对存在较严重违规问题或仍存在疑点的项目先后进行室内讨论审核与现场复核环节，逐一确认各项目存在的违规问题，在注重全面覆盖的同时，特别加强对部分问题单位和地区进行深度检查。二是加大违规处理处罚力度和完善查漏补缺机制。对2014年综合检查发现存在严重违规问题及立项后长期不实施的9个项目予以终止，涉及收回项目财政资金1 600多万元。同时，注重从源头解决问题，将发现的问题分门别类，深入分析其发生的原因，重点对不符合实际的制度、存在漏洞的管理流程及时予以修订，对改革创新出现的新问题及时制订制度加强管理，提升农业综合开发项目和资金的管理水平。

三、加强沟通，认真做好农业综合开发系统上下协调衔接

一是加强与上级业务指导部门的工作沟通。注重加强与国家农业综合开发办的沟通交流，做到日常工作电话请示，重要工作当面请示。特别是在多项国家农业综合开发政策进行调整、修订的过程中，从自身工作实践出发，利用书面材料、座谈会发言等方式建言献策。二是促进与下级部门的交流。召开全省农业综合开发工作会议，组织工作开展较好的个别市县介绍先进工作经验，并就如何进一步完善农业综合开发制度、政策召开座谈会，广泛听取各市县的意见。三是加强业务培训。2015年先后举办统计报表、决算报表、项目竣工验收工作等全省性的培训。

四、规划布局，提前做好2016年项目准备工作

一是加快推进高标准农田建设。部署各有关市县在2015年5月开始准备2016年项目规划设计编报工作，实现项目申报提前准备、项目规划细致完备、项目评审全面深入。2015年10月底，农业综合开发提前下达资金全部对应项目分配并下达有关市县。同时，积极探索创新投融资机制，综合利用补助和贴息两种方式，撬动金融资本投入高标准农田建设。二是编制完成广东省农业综合开发扶持农业产业化发展规划。开展《农业综合开发优势特色产业发展扶持规划（2016—2018年）》编制工作，对未来三年广东省范围的产业化项目的扶持方向进行重点规划。同时，以优势特色产业规划的编制为指导，汇总编制全省2015年贷款贴息项目计划。

（农业综合开发办供稿，杨伟光执笔）

农村财务管理

2015年，农村财务管理处（以下简称农管处）推进村级会计委托代理服务，强化农村财务公开和民主理财，完善农村审计监督，推动全省农村财务管理规范化、制度化、信息化建设，促进农村集体经济的健康发展。

一、认真办理省人大代表建议

省十二届人大三次会议第1799号代表建议提出“关于对《我省农村集体经济组织固定资产分类折旧方法》调整的建议”。农管处制定办理工作方案并上报省政府；登门拜访省人大代表，听取代表的意见和建议；开展全省问卷调查，对全省反馈的调查数据进行汇总和分析；根据人大代表建议及各地意见，提出初步办理意见，在征求代表意见后进行修改补充，并书面答复代表。

二、建立健全农村财务管理法规制度

一是制定《广东省农村集体经济组织固定资产分配及折旧办法》的补充规定。二是修订完善《广东省农村集体经济组织财务管理办法》（征求意见稿）。三是研究《广东省农村集体经济审计条例》修订工作。四是加强与规范广东省农村集体经济组织财务收支票据管理，在2009年省财政厅印发《关于开展村级会计委托代理服务工作的通知》的基础上，印发《关于进一步加强村级会计委托代理服务工作的意见》，进一步要求各地加强基础会计工作，加强票据管理。

三、认真开展农村财务管理专项整治

按照省委农办工作部署，省财政厅会同省民政厅、省农业厅联合印发《2015年广东省农村财务管理专项整治实施方案》，在全省范围部署开展农村村级财务管理专项整治工作。各地按照省的工作部署，迅速成立工作协调小组，认真做好自查和抽查工作。在此基础上，省财政厅会同省民政厅、农业厅对汕头市、中山市、湛江市、清远市、揭阳市开展重点检查工作。通过自查、抽查和重点检查，初步摸清全省农村财务管理现状和存在问题，包括：现金管理、票据管理、经济合同签订和村务（财务）公开不规范；未按规定对固定资产计提折旧；民主监督执行不到位。各地坚持边清查边整改，结合存在问题，有针对地进行整改和建章立制，加强和规范农村财务会计工作。

四、进一步加强村账镇代管，夯实农村会计基础工作

针对各地村级会计委托代理服务工作的存在问题，省财政厅印发《关于进一步加强村级会计委托代理服务工作的意见》，要求各地进一步推进和

完善全省村级会计委托代理服务。各级财政部门结合实际，规范会计基础工作；加强财务票据管理；强化涉农资金监管；完善会计委托代理手续，在尊重农民意愿的基础上依法与村民小组签订会计委托代理服务协议，逐步推进“组账镇代管”工作；提升财务公开质量；加大人员培训力度。

五、抓好定点联系县村务公开示范化创建

省财政厅会同省民政厅等有关部门及河源市深入农村指导、监督省财政厅定点联系县龙川县村务公开规范化示范创建活动；印发《关于进一步做好龙川县2015年村务公开工作的通知》，对龙川县村务公开工作提出要求。截至2015年12月，龙川县村务公开规范化创建工作达到村务公开示范化认定标准。

六、抓好农村财务监管平台建设

为促进全省农村财务监管平台加快建设，省财政厅印发《关于全省农村财务监管平台建设工作进展情况的通报》，对全省各地推进农村财务监管平台建设工作情况进行通报，同时针对各地存在的农村财务监管平台建设进度不均衡等突出问题提出下一步工作要求。各地采取措施推进财务监管平台建设，通过完善监管平台功能，加强监管平台制度建设；利用政府现有网络及电子设备资源，健全数据信息与网络安全机制，强化监管机构和人员管理；做好与“三资”管理服务平台融合建设，落实建设和运维经费保障等。

截至2015年12月，珠三角地区已按计划如期完成建设工作任务并进一步提高整体建设质量；粤东西北地区12个地市所辖86%以上乡镇已建成农村财务管理监管平台并投入运行。

七、做好农村财务管理专项经费的申报和分配工作

一是根据《广东省农村财务管理专项经费管理办法》的要求，制定并下发《2015年农村财务管理专项经费申报指南》，明确2015年农村财务管理专项经费使用方向，全省共有42个单位申报农村财务管理专项资金。二是会同厅监督检查局、财政数据信息中心从专家库抽取7名专家，对42个申报项目进行评审，对评分在60分以上的31个项目进行筛选，确定扶持22个县（区、市）开展农村财务监管平台建设和2个地市开展农村财务管理业务培训，并及时下达专项经费。三是根据厅预算处的工作要求，及时做好2016年农村财务管理专项经费提前下达工作。

八、强化农村审计监督工作

一是指导各地做好农村集体经济组织日常财务收支、预决算、收益分配等定期审计工作。二是指导各地开展集体土地征用补偿、涉农财政资金等专项审计和重点审计。三是指导各地做好农村审计人员上岗资格培训，农村审计人员上岗证发放及在岗人员继续教育工作，加强农村审计队伍建设。

九、妥善处理农民群众来信来访案件

2015年，共接到涉及农村财务管理工作的群众来信来访案件7件，其中，不予（再）受理3件；越级上访转办3件；申请复核1件。农管处严格按照《信访条例》、《广东省信访条例》、《广东省信访事项复查复核办法》、《广东省财政厅信访工作办法》的规定进行办理、转办和督办；同时，注重加强对信访人的思想疏导工作。

十、加强学习培训，提高农村财务管理干部队伍素质

2015年，依托厅会计处和会计函授学校的培训平台，将全省地市、县（市、区）农村财务管理科负责人和业务骨干纳入农村财务人员财政支农政策省级师资培训对象。同时，组织全处同志作为支农政策培训班老师参与授课。

（农村财务管理处供稿，陈妍斐执笔）

政府采购监管

2015年，政府采购监管处以构建有利于结果导向的政府采购管理体制为着力点，以推进放管结合的监管模式为切入点，以促进预算执行的透明为重点，狠抓制度建设，创新管理机制，强化信息公开和监督管理，充分发挥政府采购政策功能和作用，各项工作取得成效。

一、改革精准发力，创新制度先行

以办理省政协反映政府采购存在问题的系列提案为契机，广泛开展调查研究，总结归纳政府采购管理实践的经验做法，深入挖掘存在的问题和不足，以问题为导向、以改革为主线，形成《关于进一步深化政府采购管理制度改革的意见》（以下简称《改革意见》），并以广东省人民政府办公厅名义印发执行。《改革意见》重点围绕简政放权、创新机制、政策功能、信息公开、监督检查、诚信建设、问责追究七个方面提出了政府采购管理制度改革的具体实施意见。

二、发挥市场作用，遏制权力寻租

针对政府采购中“偏向采购”、“政府特供”等不规范问题，积极改革创新，强化需求管理，打破价格垄断，提高采购效率和透明度，压缩权力寻租空间。一是积极推进批量集中采购改革。省级、广州和东莞积极开展批量集中采购工作，建立健全批量集中采购基本配置标准体系，狠抓履约管理，通过竞争报价大幅降低采购成本。2015年，共实施了5期批量集中采购活动（含东莞），预算金额43 559万元，采购金额27 508万元，节约资金16 052万元，节约率36.85%。其中，台式计算机、便携式计算机低于市场价15%－25%，打印机、空调机低于市场价20%－40%。省级在2015年11月开始上线试运行批量集中采购履约管理系统，进一步厘清各方职责，提高采购效率。二是大力推进网上竞价、电商直购等电子化采购改革。印发《关于省级政府采购协议供货制度改革有关事项的通知》等3个文件，明确了不同采购模式的适用范围和限额标准，于2015年10月1日起在省级开始执行。截至2015年底，网上竞价完成采购金额2 439万元；电商直购完成采购金额2 976万元。

三、推动信息公开，打造阳光采购

2015年，省财政厅将促进信息公开作为政府采购管理制度改革重点全力推开。一是坚持权责一致原则，构

建覆盖政府采购全流程的政府采购信息公开机制，印发《关于做好我省政府采购信息公开工作的通知》，在2015年年底前全面规范全省政府采购信息公开工作。二是坚持放管结合的原则，进一步简化政府采购管理流程，印发《关于做好省直预算单位政府采购计划备案工作的通知》，将计划审核转为计划备案，开辟政府采购绿色快捷通道。

四、强化监督管理，落实责任追究

强化监督检查，把加强监管作为常态化工作，不断完善内审机制，坚持依法行政、监督管理双管齐下。一是开展全国联动的专项检查。按照财政部统一部署要求，组织完成对全省41家代理机构执业情况的专项检查，对存在问题书面通知整改并依法处理，形成《广东省2015年度全国政府采购代理机构监督检查工作情况报告》上报财政部。二是认真做好政府采购供应商投诉处理工作，加大对违法行为的处罚问责力度。2015年，省级依法作出投诉处理15件、行政处罚5件，并对各项投诉处理及行政处罚结果实行全网通报，强化执行效果。三是防范风险管理，规范专家库管理及专家抽取工作，研究专家库清理扩容和规范使用的具体管理办法。四是建立健全由财政、纪检、审计等多部门共同参与的政府采购监管体系，积极利用电子化手段，实现与审计监察在线监督。

五、增强服务意识，提高信息化水平

一是全面推进政府采购监督管理信息化工作，实现政府采购计划编制、采购交易、合同履约和结果评价的闭环运行，确保采购活动全过程可跟踪、可查询。二是完成计划管理、合同备案、定点协议采购、网上委托、信息发布和专家抽取等业务系统升级改造，增加批量集中采购、网上竞价、电商直购、批量跟单、批量履约管理等业务系统，进一步完善代理机构库、供应商库、专家库和商品行情库等功能模块。三是升级改造门户网站，支持省、市、县三级共享，加快平台的实施推广力度，推进全省政府采购联动一体发展。四是做好主动服务，靠前服务，全面梳理政府采购业务管理和办事流程，修订完善政府采购网上办事指南，增强服务指导。

六、研究制度措施，发挥政策功能

在强化监督管理的同时，积极研究探索发挥政府采购在经济社会发展中的政策优势，努力为财政中心工作服务。一是围绕贯彻落实中央和省委、省政府关于加快实施创新驱动发展战略的有关精神，探索研究政府采购有关政策措施。二是会同省司法厅等单位开展专项调研，积极研究制定政府采购支持监狱企业发展的有关政策措施。

七、加强宣传培训，提升改革质效

针对社会上对于政府采购的片面认识和错误理解，结合政府采购工作实际，认真总结政府采购工作亮点，主动做好对外宣传；围绕重大改革事项，多角度着力加强从业人员培训。一是加强政府采购政策制度、改革工作的正面宣传。积极总结协议供货制度改革、信息公开等工作经验亮点，获得《人民日报》、《中国财经报》、《政府采购报》等主流媒体头版头条重点宣传；《广东精准发力将政府采购改革推向纵深》、《广东全面变革协议供货采购制度》、《广东将政采信息公开进行到底》等涉及广东省政府采购管理制度改革均在头版重点报道，相关新闻报道37篇；获评《政府采购报》“年度创新奖”、《政府采购信息报》“全国政府采购创新制度”等荣誉；编印《广东财政理论与实务》政府采购专刊。二是重视政府采购业务培训。组织完成省、市、县三级达万人规模的《政府采购法实施条例》专题视频培训班以及举办省直预算单位及代理机构近1 300人次的政府采购信息系统操作培训班；派员参加对省直单位、地市财政部门进行政府采购业务辅导授课17次，并参加厅内组织专项业务培训，面对面服务一线采购单位。三是指导行业协会建立对采购人、采购代理机构、评审专家以及供应商等各类人员业务培训长效机制。充分发挥政府采购行业协会加强行业在业务培训、学术研究以及行业诚信自律建设等方面作用。

（政府采购监管处供稿，王俊哲执笔）

财政监督检查

2015年，监督检查局坚持问题导向，依法依规开展财政监督检查工作，不断推进财政监督管理规范化、制度化、信息化建设，努力开创财政监督工作新局面。

一、认真谋划，统筹推进全省财政监督工作

2015年，省财政厅加强统筹推进全省财政监督工作。一是贯彻落实全国财政监督工作会议以及全省财政工作会议精神，全省一盘棋统筹考虑，整体推进全省财政监督工作。在切实抓好省本级财政监督检查工作的同时，进一步加强财政系统上下联动，周密组织部署财政部门工作。二是精心组织，在河源市召开全省财政监督工作会议。三是坚持问题导向，扎实做好财政监督检查工作。在制订财政监督检查计划方案时，有针对性地选择违法违规问题较为突出的部门、单位、地区或存在问题较多的资金项目开展监督检查。

二、精心组织，扎实开展财政部部署的监督检查工作

（一）开展盘活财政存量资金重点检查工作

根据财政部关于开展地方盘活财政存量资金专项检查的部署要求，2015年3月22日至4月15日省财政厅派出检查组共计80人对除深圳和中央抽查的佛山、惠州以外的18个地级以上市本级和所属16个县（市、区）本级盘活财政存量资金情况进行检查和调研，并按要求延伸检查资金管理使用部门和单位170家。通过检查，摸清18个地级以上市财政存量资金规模、结构、结存状态和盘活情况，掌握盘活存量资金各项政策落实情况及存在问题的成因，并将有关检查情况按要求报送财政部。同时，省财政厅下发检查结论和处理决定，要求各地财政局呈报同级人民政府并会同有关部门进行整改。截至2015年底，所有涉及的结余结转资金已全部整改完毕。

（二）开展地方预决算公开专项检查工作

根据财政部关于开展地方预决算公开情况专项检查的工作要求，采取现场检查与非现场检查相结合、自查自纠与网上核查相结合的方式，组织开展除由财政部驻广东省财政监察专员办直接检查的广州市市级及其天河区、云浮市市级及其新兴县外的18个地级市（不含深圳）和126个县（市、区，包括有同级人大的非建制区）的政府及部门预决算公开情况检查，涉及预算公开市级部门2 273个、决算公开市级部门2 267个、预算公开县级部门8 103个、决算公开县级部门8 071个（因存在部门的新设及撤销，预算与决算的部门数量不一致）。检查发现，市县预决算公开情况整体良好，但部分地方政府和预算部门在预决算信息公开的及时性、完整性及详细程度等方面仍存在一些问题，需进一步改进和完善。

（三）开展会计信息质量检查工作

省财政厅认真研究制定工作方案，指导全省20个地级以上市（不含深圳）开展2015年会计监督检查工作，重点检查农业、粮食行业会计信息质量，实行上下联动检查。同时，各地结合实际，以促进转变经济发展方式、保障和改善民生为目标，围绕地方经济社会发展、群众关心的热点、难点，以及财政资金投入的其他重点领域和行业开展监督检查。2015年，全省共投入检查力量1 420人，其中财政部门834人，聘请专业人员586人，结合“三公”经费检查等专项行动，对941个党政机关、事业单位、社会团体和企业等进行会计信息质量检查，发现资产、负债、收入、费用等会计核算不真实及财政资金违规等问题金额共计134 151.13万元。其中，追缴财政资金1 087.95万元，补缴税款134.48万元，其余主要为调账处理，并对13户单位处以罚款32.71万元，对1名相关责任人处以罚款0.2万元，移送其他部门处理2户，涉及金额15.31万元。

（四）强化会计师事务所监管

一是组织全省（除深圳外）510家非证券资格会计师事务所开展执业质量自查工作，并按照执业质量检查轮空、新批准设立或新合并重组、以前年度检查中发现问题较多、业务数量与事务所规模不匹配等筛选原则，选取105家事务所开展重点检查。二是继续加强与注册会计师协会的联合以及各级财政部门的联动，联合开展执业质量重点检查。同时，根据财政部“双向延伸”的检查要求，全省共对14家会计师事务所开展延伸检查。全省共投入检查力量118人，抽查事务所验资、审计等业务报告超过1 000份。三是及时认真办理涉及注册会计师行业的投诉举报。共办理涉及注册会计师行业的群众投诉举报件和部门转交移送件2件。

三、落实要求，认真组织实施会议费及“三公”经费检查

按照中央有关精神和省政府关于省财政厅每年对省级预算单位会议费及“三公”经费重点检查面不低于10%的工作要求，2015年，省财政厅继续组织14个检查组共计112人对省政府办公厅、省教育厅等14家省级单位2013—2014年度预算执行情况、会计信息质量和2014年度会议（培训）费及“三公”经费管理和使用情况开展重点检查，检查范围覆盖省级一级预算单位的10%。

四、多措并举，周密部署财政资金监督检查工作

根据《广东省人民政府关于修订广东省省级财政专项资金管理办法的通知》、《广东省人民政府办公厅关于印发广东省财政一般性转移支付资金管理办法的通知》相关要求，省财政厅每年按规定组织巡查监督或重点抽查，每年对专项资金、一般性转移支付资金监督检查范围达到当年专项资金、一般性转移支付资金总量的10%以上。按照要求，省财政厅积极部署开展工作，印发市县《关于开展2015年省级财政专项资金自查的通知》，提出具体工作要求，并结合该项工作，对省财政厅各业务处负责管理的相关资金组织开展自查。在全面自查的基础上，2015年9月省财政厅派出12个检查组共计110人分别对清远、韶关等6个地级市及所属12个县（市、区）开展省级财政专项转移支付资金和一般性转移支付资金重点检查，共检查教育类、文化类、发展类专项资金等28个专项，涉及资金60亿元。

五、建章立制，全面启动省财政内部控制工作

按照财政部统一部署，省财政厅从2015年7月起全面启动厅内部控制工作。一是成立厅内控委和内控办。省财政厅厅长曾志权任内控委主任，内控委下设内控办，内控办设在监督检查局。二是组织召开厅内控委第一次工作会议。明确建立“1+8+X”模式的内控制度，研究部署厅各处室（单位）开展内控工作的职责分工。三是已制定内部控制基本制度，建立各处室（单位）内控管理岗和内控工作联络员制度。四是正积极组织制定八个专项内控办法。五是部署推进市县财政内控建设工作。转发财政部印发的《关于加强财政内部控制工作的若干意见》，明确对市县财政部门启动内控工作、建设组织管理架构等方面工作的时间要求。

六、提升能力，进一步加强财政监督队伍建设

2015年，省财政厅监督检查局共组织473人次专业人员进行检查前培训，及时学习更新财政改革前沿动态、政策理论、查账技巧等业务知识。明确要求检查过程中必须遵守《广东省财政厅财政检查人员检查工作纪律》规定。此外，2015年市县财政监督部门根据各地实际情况，开展各种类型的培训教育共2 147人次。

（监督检查局供稿，方雯婕执笔）

财政国库支付管理

2015年，国库支付局认真贯彻落实厅党组的工作部署，紧密围绕广东省财政中心任务，真抓实干，努力开创财政国库支付工作新局面，推动国库支付工作取得新成绩。

一、牢牢抓住资金支付安全这一主线，注重规范操作，及时准确完成资金拨付管理工作

（一）做好省级财政资金支付

一是及时、准确、安全办理102 810笔合计约7 600亿元省级财政

资金（额度）的拨付下达工作。二是严格按照“指标流控制资金流”的原则，确保省级统发工资及时准确发放。

（二）进一步完善资金拨付管理制度

一是出台《省级财政资金应急拨付内部工作规程》，保障非常规业务办理状态下应急拨付的安全性、及时性和准确性。二是通过信息化手段规范拨款申请单据和拨款凭证的对应控制关系，为拨付安全提供系统保障。

（三）完成省级财政资金支出核算管理

一是严谨高效完成国库集中支付账务处理、对账、旬月报表编制、凭证装订和归档等工作。二是积极开展省级部门预算支出进度通报工作。三是认真做好省级财政资金拨付情况月度分析工作。

（四）做好省级国库集中支付银行代理业务管理

一是强化代理银行监督管理，及时对各代理银国库集中支付业务开展考评，定期结算各代理银行业务手续费。二是通过公开招标确定2016—2018年度省级财政国库集中支付代理银行。

二、以深化改革为抓手，创新思路，扎实推进国库支付专项改革工作

（一）完善预算计划和资金支付稽核系统

一是配合有关处室做好业务咨询、解答和培训工作，确保系统顺利运行。二是通过征求意见、反馈需求、增强分析报表模块功能等措施，不断完善稽核系统。三是定期为厅领导编报月（季）度稽核数据分析报告。

（二）推进省级财政专项资金实时在线联网监督系统建设

根据2014年省政府十二届29次常务会议关于“广东省要抓紧建立财政、审计、监察部门和资金使用单位互联互通、信息共享的省级财政专项资金实时在线联网监管系统”的要求，省财政厅专门成立省级财政专项资金实时在线联网监督管理工作领导小组，指定国库支付局牵头会同预算处、监督局、数据信息中心等有关处室全力推进相关工作。2015年12月20日，该系统（一期）建设如期完成并上线试运行。该系统分别与省级财政专项资金管理平台（外网）、预算执行系统（内网）建立接口，将有关专项资金拨付数据信息进行标识分类，自动提取专项资金管理平台中的专项资金申报、评审、分配、绩效评价信息和预算执行系统中的有关资金拨付、使用信息，实现专项资金全流程追踪反馈。省财政、审计、监察部门、业务主管部门依托该系统可以开展省级财政专项资金信息查询、收集、监督等工作，实现对省级财政专项资金全过程各环节互联互通、信息共享、共同监督的目标。

（三）推进公务卡制度改革

一是健全机制，向各有关代理银行发文提出进一步规范公务卡业务办理的具体措施要求。二是完善系统，提高预算执行系统公务卡结算模块的使用效率。三是配合做好广东省公务机票购买管理改革工作。四是到部分省一级及基层单位、深圳市开展调研督导。截至2015年年底，全省公务卡累计开卡466 630张，比2014年增长13.64%，全省公务卡结算额为28.57亿元，比2014年增长11.29%。

（四）推进预算执行动态监控工作

一是出台《广东省省级预算执行动态监控管理暂行办法》，促进制度化与规范化。二是升级动态监控系统版本，优化完善事前预警提示功能，强化系统技术支撑。三是加强数据分析利用，每季度以便函、电话沟通等形式向预算单位反馈动态监控预警情况，编制年度预警情况分析报告。

（五）深化财务核算信息集中监管改革

一是启动第五批省级财务监管改革工作，通过加强与试点单位的沟通协调、举办业务培训班等方式，积极协助试点单位做好上线记账工作。二是加强数据收集利用，按季向省一级部门通报记账情况，按季汇总统计全省改革情况，按年编制年度财务分析报告，促进试点单位不断提高财务管理和会计核算水平。

（六）推进国库集中支付电子化管理改革

加强对市县业务指导，明确进一步加强和规范全省电子化改革工作的指导意见，并召开全省业务培训班。

（七）推进其他专项改革工作

发挥牵头作用，认真做好人大预算支出在线联网监督工作、财税库银税收收入电子收缴横向联网工作等。

（国库支付局供稿，付保华执笔）

外债管理

2015年，国际金融合作办公室围绕财政中心工作，积极稳妥开展利用国际金融组织和外国政府贷款管理工作。2015年，广东省在建国际金融组织和外国政府贷赠款项目7个，利用贷赠款金额约4.55亿美元。

一、服务财政中心工作，积极推进新项目实施

国际金融合作办公室紧紧围绕“三个定位、两个率先”总目标，将推动发展、改善民生、促进和谐摆在突出的位置，找准利用国际金融组织和外国政府贷赠款工作的切入点和着力点，指导项目单位开展各项准备工作，推动项目顺利实施。

（一）围绕绿色低碳，生态文明建设取得新成效

按照省委、省政府“十二五”时期的战略部署，国际金融合作办公室将推动绿色发展战略作为2015年的工作重点。一是世界银行贷赠款广东农业面源污染治理项目已进入全面实施阶段。项目总投资2亿美元，其中世界银行贷款1亿美元，全球环境基金赠款510万美元。项目旨在减少农业有机废弃物向水体、土壤和大气环境的排放，推动示范点经验在广东省乃至全国范围的推广。二是亚洲银行贷款潮南区水资源保护及综合开发利用示范项目开始实施。项目利用亚洲银行贷款1亿美元，为广东省汕头市潮南区提供城乡一体化集中供水服务、保护水资源以及改善总体生活条件。在招标采购方面，项目已完成1个货

物、4个咨询合同与考察培训合同的招标采购；在提款报账方面，已办理项目专用账户开设手续，并首次向亚洲银行提款600万美元；在沟通协调方面，注重加强项目实施单位能力建设，协调省审计厅开展前期调研，配合亚洲银行检查团开展项目检查工作。三是广东亚洲银行贷款节能减排促进项目取得明显成效。截至2015年底，累计发放贷款12.87亿元，扶持子项目个数达38个，拉动社会投资超过20亿元。项目贷款还本付息情况良好，贷款风险得到有效控制，基本实现稳健略有盈余的目标。2015年获得亚洲银行颁发的“可持续发展”奖项，这是亚洲区唯一一个获此殊荣的能源项目。此外，该项目第三批次项目还获得亚洲银行2014年度“最佳表现奖”。四是全球环境基金赠款绿色货运示范项目顺利完成。广东绿色货运示范项目是在中国道路货运业实施的首个节能减排示范项目，2015年，顺利完成绿色货车技术示范、甩挂运输示范、物流交易信息平台示范，并由第三方广东工业大学出具评估报告。

（二）围绕升级转型，积极推进经济综合开发示范镇项目

经济综合开发示范镇项目利用世界银行贷款5 000万美元，积极借鉴发达国家的先进管理经验，通过示范镇项目建设，支持公共基础设施的发展和加强相关机构的能力建设，培育示范镇主导产业，带动城乡居民增收和改善城乡居住环境。中山古镇和乳源乳城镇项目进展顺利，已提款11笔共444.78万美元。

此外，国际金融合作办公室还通过外国政府贷款，促进地方转型升级。2015年向国家发展改革委和财政部上报揭阳市2亿欧元电镀酸洗定点基地工程项目以及广东新天保再生资源集团有限公司4 000万欧元建设再生资源基地升级项目。

（三）围绕基本公共服务均等化，积极推动世界银行贷款广东义务教育项目以及社保一体化和农民工培训项目

一是世界银行贷款广东义务教育项目进展顺利。项目总投资18.3亿元人民币，其中利用世界银行贷款1.2亿美元。项目已通过世界银行的预鉴别、鉴别、准备阶段。二是社保一体化和农民工培训项目进入建设阶段。该项目利用世界银行贷款8 000万美元，分两个子项目实施。社保一体化子项目以建设集中式信息系统为目标，全面提升人力资源社会保障行政能力和服务社会的水平；农民工培训子项目以项目为载体，在广东省内建成3个具有国际水平的全省农村劳动者转移就业职业技能培训示范基地。2015年，城乡社保一体化子项目完成了总体设计报批工作，启动了总集成招投标工作，完成了3个合同包采购。农民工培训项目完成了5个合同包采购，同时围绕校企合作、能力本位课程开发、能力建设、项目监测评估管理等方面，全面提升学校办学能力。

（四）围绕项目保障，做好贷款协调管理费分配工作

为保障国际金融组织贷赠款项目的顺利执行，省财政安排专项资金，用于省级有关部门、地方财政部门承担国际金融组织贷赠款项目的组织协调、指导监督和实施管理等工作。2015年国际金融合作办公室经管的国际金融组织贷款协调管理费760万元指标全部提前下达。

二、配合中央“一带一路”战略，积极筹办第二届对非投资论坛

2015年，世界银行副行长迪奥普来访，与广东省领导会见并达成共识：借助世界银行等多边组织，在广东省举办第二届对非投资论坛，吸引广东乃至中国的企业到非洲投资。经广东省申请，财政部同意由广东省人民政府、世界银行和国家开发银行作为主办方，共同举办第二届对非投资论坛。

（一）成立第二届对非投资论坛筹办组

为落实好论坛的各项工作，国际金融合作办公室积极谋划，主动做好各项前期准备工作：召开多次会议，认真研究论坛筹备工作和论坛活动设计，并草拟工作方案。会同国家开发银行有关同志赴西安调研欧亚经济论坛会议筹办经验，深入了解筹办国际论坛的组织协调、内容设置、宣传接待等工作安排。

（二）观摩学习第一届对非投资论坛举办经验

2015年6月，由省财政厅郑贤操副厅长带队，会同省府办公厅、省外事办、省商务厅等代表组成观摩团出席了在埃塞俄比亚举行的第一届对非投资论坛，近距离全过程了解论坛的筹办和召开情况，并撰写观摩报告，提出做好第二届对非投资论坛的工作建议。

（三）启动前期课题研究工作

为确保第二届对非投资论坛的成效，及时掌握对非投资的相关情况，省财政厅于8月成立课题研究领导小组，课题组由省财政厅、商务厅、省发展研究中心、广东国际战略研究院相关人员组成。9月课题组成员单位召开协调会，正式启动课题研究各项工作，并就职责分工、工作方案、总体时间安排、下一步工作等有关问题进行充分讨论并达成一致意见。2015年，编制完成研究大纲初稿，各项工作全面开展。

（四）研究细化第二届对非投资论坛工作方案

省财政厅多次组织省直部门召开会议，研究细化工作方案。10月，财政部国合司杨英明副司长带队，财政部、国家开发银行与广东省直有关部门商谈第二届对非投资论坛筹备工作，初步拟定《中方关于第二届对非投资论坛筹备有关工作的初步设想》，形成会议纪要报省政府和财政部。

（五）深化与国际金融公司合作，推动广东对非投资

为配合第二届对非投资论坛召开，支持广东企业走进非洲，投资非洲。10月，世界银行国际金融公司和广东省财政厅主办、省商务厅和省贸促会协办的企业对外投资研讨会在广州举办，共有100多家企业参会。

三、加强贷赠款资金管理，防范偿还债务风险

（一）夯实债务偿还基础管理工作

国际金融合作办公室按照科学化、精细化管理的要求，规范工作流程，明确工作职责，加强事前、事中、事后的监督检查，扎实推进债务管理工作。按照财政部有关规定办理国际金融组织贷款利费申报减免有关工作；按照财政部和国家外管局的要求做好

有关报表的统计报送工作；按外汇管理要求，及时办理外汇贷款的购汇、支付和偿还工作。广东省 2015 年底还贷准备金余额合计约 1.78 亿美元，占广东省地方政府外债余额的比例为 19%，2015 年广东省应偿还地方政府外债本息合计 1.4 亿美元，已 100% 全额归还。

（二）加强项目监督检查工作

为确保项目规范执行，2015 年，国际金融合作办公室继续加强对在建项目的监督检查，配合省审计厅和国际金融组织做好项目审计检查工作；配合审计署完成对省直单位债务数据的确认和检查工作；对省供销社利用德国促进贷款建设两校项目进行不定期跟踪，推进项目开展，审核同意该项目申请延期提款手续。

（三）建立健全规章制度

一是印发《关于进一步规范广东节能减排促进项目循环资金工作要求及流程的通知》。进一步理顺循环资金贷款的工作流程，重点加强资金预算管理、信息公开及全过程监督工作。二是制定《国债办信息共享管理办法》，建立国际金融组织贷赠款管理工作的信息共享平台，规范项目管理工作资料的更新、储存和分享，提高债务管理信息的及时性、便利性和有效性。

（四）提高干部队伍素质

国际金融组织每年均根据实际情况，在项目管理、财务管理、招标采购等方面开展培训。国际金融合作办公室相关人员按照要求积极参加培训，不断提高管理能力和业务水平。

四、落实财政部交办工作，完成各项外事接待任务

（一）做好 38 号令修订工作

为贯彻落实新《预算法》要求，适应新形势下国际金融组织和外国政府贷款管理工作的需要，财政部 2015 年启动《国际金融组织和外国政府贷款赠款管理办法》（财政部令第 38 号）的修订工作。广东省作为财政部指定参与修订工作的 7 个省份之一，多次召开会议，从合法性、合理性以及可操作性方面，对 38 号令中的每一条款充分开展讨论，认真研究，并提出我省的意见，顺利完成财政部交办的工作任务。

（二）做好各项外事接待工作

国际金融合作办公室按照精心组织，周密安排，稳妥开展的要求，认真落实好外事接待工作。全年共接待 10 多次国际金融组织和外国政府代表团来粤检查工作与调研，主要包括：接待世界银行非洲地区副行长迪奥普来粤访问、世界银行中蒙局长郝福满考察贵广高铁项目座谈会以及承办第七届中非共享发展经验高级研讨班等。

（国际金融合作办公室供稿，陈海平执笔）

财政纪检监察

2015 年，派驻省财政厅纪检组聚焦主业主责，严格监督执纪问责，坚持“把纪律挺在前面”，不断强化对财政权力运行的制约和监督，推进财政党风廉政建设和反腐败工作取得新进展、新成效。

一、发挥职能作用，推动落实党风廉政建设“两个责任”

驻厅纪检组认真履行监督职责，以确责、履责、追责为主线，积极推动厅党组落实党风廉政建设主体责任，全面推进反腐倡廉建设。一是及时部署，抓好落实。紧紧围绕财政中心工作，配合厅党组统筹谋划党风廉政建设全年性及阶段性工作，督促驻在单位及下属各部门抓好落实。2015 年初召开全省财政系统反腐倡廉建设工作会议；制定《广东省财政厅 2015 年党风廉政建设和反腐败工作安排》，把省财政厅承担的 2 项牵头和 7 项配合工作细化为 40 项具体工作，重点加强对深化预算编制改革、健全预算执行动态监控、强化专项资金监管、清理整合财政专项资金、建立省级财政专项资金在线联网监督系统、建立财政存量资金清理盘活机制等财政重大改革的监督。二是细化任务，明确责任。着力构建权责对等的责任分解体系，制定《广东省财政厅落实党风廉政建设党组主体责任、纪委监督责任工作的意见》，明确厅党组分别承担的全面领导责任、厅党组书记“第一责任人”责任、厅党组成员主要领导责任和纪检组监督责任共四大类 22 项责任；制定厅党组及各成员主体责任清单 117 项并实行动态管理，全面推进落实厅党组的主体责任。三是加强监督，强化考核。严格执行《广东省财政厅党风廉政建设责任制考核暂行办法》，开展 2015 年度党风廉政建设责任制考核，首次将党员领导干部“八小时以外”活动情况列入考核内容，从 16 个方面对处室、单位进行量化考核，对发生违规违纪行为的处室、单位进行一票否决，相关处室（单位）全体人员取消当年年度考核评优和评选各类先进的资格。

二、明确主业主责，认真做好“三转”工作

驻厅纪检组从思想观念、职能定位、工作方式、工作作风等四个方面存在的不适应、不符合问题切入，积极推进“三转”示范点创建活动。一是端正思想认识。认真组织学习中央纪委、省纪委有关“三转”文件精神，积极转变思想观念，明确派驻机构的第一位职责是加强对驻在部门领导班子及其成员的监督，把更多的人力、精力转变到抓监督执纪问责主业上，结合工作实际分类探索监督工作的有效途径和方式方法。二是积极开展创建“三转”示范点活动。拟订《省纪委派驻省财政厅纪检组创建“三转”示范点活动实施办法》，从推动主体责任落实、履行监督责任、加强执纪问责、深化纪检组管理改革和强化对全省财政系统和授权管理单位的指导等五个方面，明确开展“三转”活动须落实的 14 项举措。三是进一步明确主业主责。对驻厅纪检组承担的工作任务进行全面梳理，整理形成《派驻省财政厅纪检组职责清单》，驻厅纪检组承担的工作任务共 19 项，其中纪检监察任务 7 项，驻在单位工作任务 12 项。原由驻厅纪检组承担的行风评议、财政内部控制机制建设、财政专项资金分配评审现场监督 3 项工作转由厅有关处室负责。

三、严格执纪问责，严肃查处违纪行为

充分发挥驻厅纪检组的监督作用，严肃执纪问责，切实维护法纪权威。认真受理信访投诉，坚持把做好信访工作和查办案件与关心保护干部相结

合，严肃查处财政干部违反廉政准则和纪律规定的行为，对腐败“零容忍”。2015 年收到群众信访举报 57 件（含重复件 8 件），其中涉及省财政厅 7 件、财政系统 3 件，授权管理单位 47 件。按照“属地管理、分级负责，谁主管、谁负责”的原则分类转办处理 52 件，初核 5 件，了结 5 件，立案 1 件，已结案处理。坚持依纪依法、安全文明办案，严格遵守办案纪律，严格执行初核、立案请示报批制度，规范涉案资料和款物管理，绝不允许泄露秘密、以案谋私。切实推进办案工作谈话点建设，在一楼新建成谈话室并按要求建设视频监控等办案设备，确保办案安全。

四、加强作风建设，坚决贯彻落实中央八项规定精神

驻厅纪检组始终把作风建设牢牢抓在手上，切实加强对八项规定精神落实情况的监督。一是深入贯彻落实中央八项规定精神，及时通报某省属国有企业领导干部违规打高尔夫球情况，要求各处室、单位吸取教训，坚决杜绝违规打高尔夫球、收送“红包”礼金、公款吃喝等违反中央八项规定行为。二是严格执行党员领导干部操办婚丧喜庆事宜报告制度和工作人员考勤管理制度，人手一册发放并组织党员干部学习《中国共产党廉洁自律准则》和《中国共产党纪律处分条例》，重申节假日期间廉洁自律有关规定，坚持重大节假日前打招呼提醒、发送廉政短信等制度，促进形成勤俭务实的良好风气。三是加强对执行厉行节约、反对铺张浪费条例及各项经费管理规定情况的监督。督促省财政厅进一步健全财务管理制度等公务支出制度体系，积极推动公务用车等制度改革。建立八项规定经费支出统计制度，广东省省级行政和参公事业单位会议费及“三公”经费财政拨款支出比 2014 年同期有较大幅度的减少。

五、加强教育监督，筑牢财政干部廉洁自律防线

驻厅纪检组创新形式开展内容丰富的教育活动，加强党风党纪教育、廉政教育和警示教育。一是精心筹划纪律教育学习月和“三纪”教育活动。创新活动形式、丰富活动内容，以“守纪律、讲规矩、作表率”为主题，连续第五年举办全厅副处以上及重点岗位干部党纪政纪法纪教育学习活动。分两批组织党员干部 200 人到广东女子监狱和广东清远监狱开展警示教育活动，活动中安排服刑人员现身说法，对党员干部心灵起到很大的触动作用。同时，通过召开纪律教育辅导报告会、组织全厅党员干部观看教育片《这个局长“请不动”》、《“红包”之祸》、《王岐山同志在加强中央纪委派驻机构建设工作培训班开班式上的辅导报告》和反腐题材电影《黑瞳》等，集中学习反腐倡廉教育读本以及中央和省领导有关反腐倡廉建设的讲话、报告摘编、财政系统违纪违法案件剖析材料等，脱产集中举办“三纪”教育学习讨论会，提高党员干部的法律意识、廉政意识和纪律意识。二是认真组织开展“三严三实”专题教育活动。以上专题党课、召开专题学习研讨等多种方式开展“三严三实”教育。活动中厅党组书记、厅长曾志权给全厅党员干部作题为《践行三严三实 加强作风建设》的党课；厅党组成员、厅各党支部书记结合平时“三会一课”要求为党员干部上专题党课，党组成员、纪检组长项天保到部分处室支部上题为《学习焦裕禄精神，做“三严三实”的党员干部》的党课，推动全厅党员干部把学习“三严三实”的成果转化为转作风、推改革、促发展的具体成效。三是强化对党员领导干部的监督。严格落实领导干部个人有关事项报告、任前考察谈话、诫勉谈话、“三会一课”、因公（私）出国境管理、处室（单位）与家属联系家访等监督制度，及时了解党员干部思想行为和“八小时以外”活动情况，对 6 名轮岗的处级领导干部开展离任审计，强化制度的刚性约束。

六、加强督促指导，认真做好授权管理单位管理工作

驻厅纪检组高度重视 8 家授权管理单位的党风廉政建设工作，通过建立完善沟通交流和工作报告机制，督促指导授权管理单位做好党风廉政建设工作。一是及时部署党风廉政建设工作。每年年初召开授权管理单位反腐倡廉建设工作会议，传达学习省纪委全会精神，总结交流各单位的党风廉政建设工作情况，剖析存在问题并部署反腐倡廉工作的思路和任务；通过印发《纪检通讯》、及时转发中央纪委和省纪委有关文件规定、定期召开工作座谈会等形式，为各单位开展工作提供良好的交流平台。二是加强对各单位安全文明办案的指导。召开授权管理单位办案安全工作会议，学习贯彻中央纪委、省纪委有关安全文明办案工作精神，对依纪依法、安全文明办案工作进行部署，并在会上印发有关安全文明办案工作文件汇编。三是切实加强作风建设。针对一授权管理单位高层干部违规打高尔夫球的情况，专门召开会议要求各授权管理单位举一反三，认真开展自查，全面清查本单位特别是领导干部是否存在违规打高尔夫球、出入私人会所、办公用房超标、公车超标准配置使用、超标准接待等违反中央八项规定的行为。

七、提高履职能力，强化纪检监察干部队伍建设

驻厅纪检组聚焦财政中心任务，实行严格教育、严格管理、严格监督，认真落实“三转”工作要求，做到不越位、不缺位、不错位。一是加强思想教育。落实驻厅纪检组集体学习制度，平均每周组织一次集体学习。认真学习中央纪委和省纪委全会精神，以支部学习会等形式定期组织学习王岐山书记和先耀书记等领导的讲话，积极参加中央纪委、省纪委举办的培训活动。二是加强业务培训。6 月集中两天时间举办全省财政系统和授权管理单位纪检监察干部业务培训班。三是完善监督机制。严格落实《广东省纪检监察干部行为规范》和《派驻机构监督权限》等规定。

（驻厅纪检组供稿，张可薇执笔）

省直行政事业单位经营性资产管理

2015 年，省直行政事业单位物业管理中心（以下简称“物管中心”）努力践行群众路线，扎实开展“三严三实”专题教育以及“学党章 守纪律 当先锋”主题教育，进一步加强作风建设，切实做好物业管理各项工作。

一、提升物业管理效益，确保国有资产保值增值

（一）努力提升物业出租效益

在受托物业总面积受政策影响难

以增加的前提下，物管中心与受托物业管理公司积极探讨，多渠道、多形式提升物业出租效益。由于租金收入主要来源于面积较大的物业，物管中心以此为突破口，在这些物业原有租赁合同到期前拟定对应策略。一方面深入了解掌握市场行情，确保租金得到合理调整；另一方面通过竞争性谈判、改变经营业务、改善经营环境等方式，提高单个物业的租金收益。以广州大道中345号物业为例，该物业面积3 897平方米，地理位置较为优越，但由于历史原因造成出租对象受限、租金难以提升等问题，物管中心将其定为支部书记项目来抓，多次与粤财物业公司共同研究，制定整改方案。在原有合同到期前，物管中心提前拟定招租策略，在报纸、网络等媒体上广泛发布招租信息，以竞价方式进行招租，同时主动与原承租人及与物业关联单位协商，理顺关系，最终签订合同，租金由每平方米42元提升至80元，每月租金总额由16万元提升至31万元。

（二）积极推动空置物业的招租

物管中心对因承租人变更或业务调整等市场行为造成物业空置的现象，要求粤财物业在租赁合同到期前三个月以上向原承租人了解承租意向，并对物业进行市场推广；对因行政调配引起的政策性空置，物管中心认真研究并采取针对性措施，加强与需要政策性照顾或调配的行政单位沟通，争取尽早落实使用。2015年，物业平均出租率保持在97%以上，全年物业出租经营收入9 445万元，比2014年增长14.8%。

二、理顺物业产权关系，做好物业政策性保障工作

（一）有序开展物业产权变更工作

积极联系国土、房管有关部门以及省直有关单位，按照未分割产权证物业清单和待分割产权物业清单，先易后难，逐步完善产权资料并办理过户手续。截至2015年12月31日，累计完成170处、合计81 848平方米物业的产权变更，占物业总面积的71.32%。

（二）推进物业盘活核销工作

加强对纳入粤港澳自贸区范围的横琴两地块的跟踪管理，通过与横琴开发区管委会多次谈判，签订置换协议，明确土地置换办公楼具体事项。

（三）认真履行物业行政划拨职责

按照省领导和厅领导的批示精神，精心挑选物业，积极主动协助省委农办、铁路法院、叶剑英精神研究会以及延安精神研究会等单位解决办公用房选址事宜，并最终落实两家研究会的办公用房。

三、完善物业基础管理工作，确保物业管理安全

（一）严格执行物业安全巡查制度

为确保物业安全无事故，实现国有资产保值，严格执行物业定期安全巡查制度，积极督促并会同粤财公司做好物业日常安全巡查工作。特别是在春节、国庆等节假日前，对重点物业逐个落实巡查。2015年12月，物管中心与粤财物业公司联合召开物业管理“双安全”（物业安全、人员安全）会议。全年共对72处物业进行了实地巡查，覆盖率达87%（不含香港、澳门物业）。

（二）切实加强物业的维护维修工作

对可能存在安全隐患的物业进行实地勘查，积极加强与物业管理公司以及租户沟通，将预计需要大修的物业纳入预算支出范围并制订工作计划逐一落实。2015年，先后对金山大厦、庙前直街等地的物业进行较大规模的维修，并完成13处小型维修。

（三）规范物业租赁管理事务审批

为杜绝发生租赁事务上的腐败行为，物管中心进一步细化工作流程，明晰各岗位职责，明确区分物管中心与委托管理公司之间、各岗位人员之间的责任，并细化到招租、维修、改造等具体项目，做到全面考查无死角，确保各项物业租赁业务公开透明。2015年，共审批租赁合同133份、其他租赁事项52份，开出非税缴款单3 217份，实现零投诉。

四、加强内部管理，提高中心运行效率

（一）积极配合厅开展各项改革工作

按照《广东省全面推进公务用车制度改革总体方案》要求，认真填报公车改革车辆信息，完成公务车清理工作。积极配合厅开展办公用房清理工作，认真开展自查自纠，及时向主管单位报送相关信息，并按要求认真落实整改，规范办公用房的管理使用。

（二）积极推进物业管理信息化

为提高工作效率，推动物业管理科学化、精细化，积极筹划推进物业管理信息化建设，研究制订相关工作计划、目标和具体工作方案；加强与厅信息办协调，及时落实资金来源，推动项目纳入2015年省财政厅信息化建设计划。2015年，该项目通过政府采购交由中标单位广州市盛祺计算机信息技术有限公司开始建设设计。

五、规范财务支出，完善预算管理

（一）认真做好2015年预算执行和2016年部门预算编制工作

一方面严格按照批复的部门预算执行，精心做好预算项目支出详细计划，努力加快预算支出进度，认真清理历年结转结余情况，并按规定将有关资金缴入国库；另一方面科学编制2016年部门预算，按照部门预算编制要求，结合实际情况和工作规划，认真测算，力求预算符合工作实际，按时完成编制任务。

（二）厉行节约

严格执行“八项规定”和《广东省财政厅工作人员廉洁从政若干规定》，严控“三公”经费，厉行节约，压减财务开支。2015年，会议费、因公出国（境）费、公务接待费及公务车购置费均保持零增长、零支出，公务用车运行维护费比2014年节减85.5%。

（三）完善工作流程

根据实际情况，重新修改完善物业保证金退还的工作流程，进一步规范物业保证金管理。

（四）做好审计自查工作

按照厅监督办要求，对内部预算执行情况、会计信息质量、会议费及“三公”经费管理和使用情况进行了认真自查，并积极配合完成后续稽查工作。

（省直行政事业单位物业管理中心供稿，欧颖执笔）

财政投资审核

2015年，省财政厅投资审核中心（以下简称“投审中心”）以“提高效率、优化服务”为导向，全面推动建立责任到位、管理规范、高效办结的投资评审新型工作机制，取得良好成效。

一、积极履职，严格把关，促进财政资金节支增效

投审中心坚持“不为增、不为减、只唯实”的科学评审理念，2015年不断扩展评审范围，共完成审核任务596项，审核金额186亿元，审定金额166亿元，核减各项不合理支出20亿元。同时，通过审核工作发现并指出各基本建设项目管理中存在的问题，投资评审的公信力、权威性得到各部门的认同。

二、完善制度，明晰责任，创新审核工作机制

一是完善项目资料预审机制。制定《财政投资项目送审资料审核要点》，明确各类型项目受理的必备条件和报送文本标准，提高项目受理质量。二是明确审核各方责任。印发《关于加强省级财政投资项目工程结算审核工作有关事项的通知》，明确送审工程结算的基本要求和规范程序，落实建设单位及其主管部门的建设主体责任和配合评审的规范要求；修订《中介机构参与省级财政投资评审考核办法》，强化项目考核和综合评价的力度，促进中介机构提升服务质量。

三、明确时限，优化机制，提高审核工作效率

一是规范急件审核流程。制订《投审中心应急项目审核工作方案》，明确应急项目的分配、审核流程和各岗位的时限要求，确保应急项目限时办结。二是严格规定评审时限。对各类型项目的评审时限进行调整，合理划分各环节的审核控制时间。2015年工程结算审核平均时间大幅缩短，估算、概算、预算全部实现在1个月内审结。三是完善集中复审工作制度。制定《投审中心集中复审工作规定》，规范批量评审项目的集中复审操作，保证了全省民生水利项目的顺利开展。四是推进评审系统建设。与中介机构互联，实现审核过程的全过程监管；推进评审项目网上申报、受理、审核、查询等功能的实现，通过建设单位及其主管部门、省财政厅各业务处室及投审中心联网，使评审工作更加公开透明。

四、强化管理，公开透明，夯实廉洁评审基础

一是加强自我监督。制定《省级财政投资评审工作外部评价暂行办法》，对已审结的省级财政投资评审项目，每年聘请外部专家进行外部评价，校验评审结论的准确性、合理性；严格“三级复核”的审核过程管理，强化岗位制衡，防止评审过程的“权力寻租”。二是建立争议问题的公开处理机制。建立严格的业务会议制度，明确争议问题的处理机制，确保争议处理公开透明。三是规范专家使用管理。修订《广东省财政厅投资评审专家管理办法》，从专家入库、抽取、使用、评价等方面规范专家的使用。四是细化评审成果工作标准。制定各种评审工作底稿格式，印发评审标准成果文本样式，提升评审成果标准化水平。五是严抓评审过程监管。制订《2015年投审中心领导全过程跟踪评审项目工作方案》，试行由中心领导对大中型工程结算审核项目进行全程跟踪监管的模式。六是深入研究评审风险防控机制。分析评审风险的来源、特点、类型等，形成《财政投资评审风险防控分析报告》，提出加强财政投资评审风险防控的对策措施。七是推进档案管理规范化水平。按照省机关档案综合管理升级考核标准（省一级），全面提升综合档案管理水平。八是加强对中介机构的日常监管。包括对中介机构的审核项目稽核复审、督促监管和质量考核，提升中介服务质量和水平。

五、立足大局，主动服务，提升审核服务质量

一是服务财政改革和发展的大局，不断调整投资审核工作重点，积极配合财政项目库管理、中期财政规划等预算管理改革工作，探索对基建项目三年滚动预算支出安排审核的方法和模式，对基建项目滚动编制预算提出建议。二是结合实际改进工作，确保水利项目高效审结。会同农业处与省水利厅就加快水利项目审核效率的有关问题进行研讨，从建立协调机制、强化评审计划、加强资料报送等方面提出建议，并主动优化流程、改进服务，提升水利项目评审效率。三是评审结合，主动服务财政投资决策。向省政府呈报《省级财政投资信息化项目建设管理存在问题及相关工作建议的报告》，将代建项目存在问题进行梳理。四是强化培训服务。组织省直单位开展省级财政投资评审业务培训，帮助单位加强财政投资项目的管理，提升配合做好财政投资评审工作的规范性。

（投资审核中心供稿，王勇执笔）

财政票据监管

2015年，票据监管中心严格执行财政票据监管有关法律法规，主动适应新形势发展要求，围绕中心，服务大局，继续完善管理制度，进一步规范票据全过程管理，强化监督检查，大力推动票据管理信息化建设，促进票据监管工作转型升级。

一、创新票据监管理念

一是加强观念更新。在日常工作中增强大局意识，把票据监管放在财政工作大局中谋划，改变和摒弃不适应新形势的旧观念、旧思路，主动更新观念，适应工作新常态。

二是加强培训交流。针对广东省票据监管制度更新快、管理人员变动大、监管水平参差不齐等现状，组织完成全省卫生医疗系统和高校系统票

据管理业务培训会，加强协调交流，加大宣传培训和统一思想工作力度，提升业务能力。

三是加强综合协调。加强业务指导和工作协调，推进各地区、各单位上下联动，实现财政票据从印制到销毁全生命周期、覆盖面“横向到边，纵向到底”的全方位有效监管，推动全省财政票据监管工作形成“一盘棋”的良好格局。

二、继续健全和完善财政票据监管制度

一是研究票据申领登记和审核办法。研究草拟《广东省财政票据领购申请审核办法（试行）》，明确财政票据领购资格条件和申请、审核的工作要求；启用新版《广东省财政票据申领登记表》，对原《广东省行政事业性收费财务注册登记表》和《广东省行政事业单位（社会团体）资金往来结算（会员费、公益事业捐赠）票据申领审批表》进行调整归并，简化办理流程，规范申领工作，提高行政效能。

二是进一步明确财政票据配送管理要求。下发《关于明确广东省财政票据配送管理要求的通知》，进一步明确配送各环节的流程、工作要求和各级财政票据监管机构的职责分工，落实票据配送厂家和票据领购单位的主体责任，确保票据配送安全、供应及时，保证财政票据完整、准确。

三是制定上门核销财政票据工作指引。印发《广东省上门核销财政票据工作指引》，对用票量大、票据存根多的医疗单位、银行、公安、交通等部门实行上门核销服务，规定办事流程，明确对核票各方的具体要求，推动票据核销工作的标准化、规范化。

四是进一步建立健全办事流程，方便用票单位办事。联合省民政厅印发《关于全省社会组织财政票据领用事宜的通知》，进一步明确广东省社团组织领用财政票据的要求和业务流程；继续健全完善票据管理工作手册，把整个财政票据生命周期的相关事项统一纳入规程，印成小册子等宣传资料，免费供用票单位取阅，提高办事效率。

五是进一步优化和规范中心内部相关管理制度。按照国家和省有关建立健全财务和会计制度的要求，进一步完善中心内部财务制度，规范财务管理流程，提高预算执行率；进一步优化办票大厅办事环境，完善工作措施，简化票据申请、领购、核销等业务办理流程。

三、规范和加强票据全过程管理，推动票据监管工作转型升级

一是完成全年票据印制和发放任务。增强票据印制和发放工作计划性，坚持因需、因时、因地制宜，指导各地区财政票据监管机构和各用票单位做好票据印制计划管理，加强审核把关，完成票据印制和发放任务。2015年，共监制各类财政票据10.85亿份，印制费用9 016万元；全省共发放财政票据10.69亿份，完成票据工本费总收入1.11亿元，超额完成年度工本费收支预算。

二是进一步提高核销销毁工作水平。严格要求用票单位购票时“验旧换新”，及时查验票据使用情况。采取集中审核、现场核票、上门服务等多种方式，督促并及时核销各地各用票单位上报的已使用的票据。对核销过程中发现的问题全面进行跟踪，督促各单位进行整改，规范各单位的票据使用行为。2015年，全省全年共批复并安全销毁票据6.81亿份，票面金额1 964亿元。

三是加强票据质量安全管理。重点监控票据印制、发放、核销等关键环节，积极应对票据监管出现的问题；适时更新升级票据防伪技术措施，加强安全保密管理；严格按照票据管理要求，对票据印制质量和纸张、油墨情况以及印制过程进行全程监控；依法协助公安部门打击伪造票据违法行为14起，维护监管权威和用票秩序。

四是加强监督检查。根据财政票据管理要求，组织开展对有关用票单位财政票据申领、保管、使用及核销状况的专项检查和重点稽查，督促用票单位完善财政票据内部管理制度。同时，对与财政票据相关的延伸业务进行稽查，及时督促相关单位对违规问题进行整改落实，严格规范管理。

四、扎实推进票据监管信息化、电子化建设

一是更新管理理念，做好顶层设计。明确票据管理“横向到边，纵向到底”、全省财政票据监管工作“一张网”的管理思路，通过运用现代电子信息技术，将各级财政票据监管机构和用票单位的工作联动起来，逐步实现财政票据从印制计划、申领、入（出）库、使用到核销、销毁的全过程实时在线管理。

二是健全工作机制，扎实推进工作。为推动全省财政票据监管信息化建设，票据监管中心专门成立信息化建设“攻关小组”，在全省财政票据监管系统抽调精兵强将，集思广益，制定信息化改革路线图；严格按信息化建设关键节点，扎实推进各项工作。

三是严格执行公开招标，严控项目总投资。研究信息化建设业务需求，配合数据信息中心开展并完成公开招标工作，召开项目建设研讨和演示会，对系统功能进行完善。

五、圆满完成票据定点印制服务资格公开招标

组织开展票据定点印制企业服务资格公开招标工作，研究制定公开招标文件，严格按照政府采购的要求和程序以及“公平、公正、公开”的原则开展招标工作；经过公开招标，确定资质好、服务佳的3家公司作为新一轮定点印制企业，并签订新的票据印制合同，节约票据印制成本达15%。

六、配合做好司法体制改革涉及的“两院”票据监管工作

为做好省以下法院、检察检财物统管改革后财政票据监管的相关工作，研究下发省以下法院、检察院财物统管改革后财政票据监管相关工作通知，对两院在使用财政票据方面提出工作要求，确保省以下法院、检察院财物划归省统一管理改革工作的平稳过渡及顺利衔接，理顺财政票据统一监管关系，推动广东省司法体制改革。

（票据监管中心供稿，吴文春执笔）

人事管理和教育

2015年，人事教育处紧紧围绕财政改革发展中心工作，锐意创新，强化管理，不断提高人事教育工作水平。

一、坚持正确方向，着力服务干部选拔任用工作

坚持党中央“信念坚定、为民服务、勤政务实、敢于担当、清正廉洁”的好干部标准，坚持厅党组“凭能力定使用、靠实绩求进步”的选人用人导向，不断改进干部选拔任用工作。一是加大干部选拔任用工作的宣传力度。积极做好《党政领导干部选拔任用工作条例》、《事业单位人事管理条例》和《事业单位领导人员管理暂行规定》的宣传解释工作，切实维护好干部职工对干部选拔任用工作的知情权、参与权、选择权和监督权，提高选人用人公信度。二是积极配合做好省管干部的选拔任用工作。在厅党组的指导下，全力以赴配合省委组织部做好选拔省财政厅3名副巡视员和交流担任1名省直机关班子副职人选的民主推荐和考察测评等工作，做到密切配合、组织有序、严谨细致、周到服务。三是不断改进完善厅内干部选拔任用工作。参照省委组织部《省管干部选拔任用工作规程》，结合省财政厅探索实际，进一步改进省财政厅干部选拔任用工作规程。改进完善民主推荐，将推荐投票数按干部级别设置不同权重并进行百分制量化，防止简单以票取人。改进考察方式方法，开展全厅干部个人重大事项报告工作，建立定期家访和约谈制度，突出考察干部的政治品质、道德品行和廉政情况，防止“带病上岗”、“带病提拔”。增加个人有关事项“凡提必核”环节，全年重点核查拟提拔考察对象21人。

二、坚持优化配置，着力整合全厅资源

根据中央和省委、省政府关于政府职能转变和机构改革的有关要求，对厅机关各处室及厅属单位主要职责、内设机构和人员编制进行全面梳理和整合，组织拟定《广东省财政厅主要职责 内设机构和人员编制规定》，并报省编办审批。一是根据新预算法关于改进预算管理制度、建立跨年度预算平衡机制的要求，申请新设预算编审处，并相应撤销地财处。二是为加强地方政府债务管理，防范和化解地方债务风险，申请新设金融与政府债务管理处，并相应撤销外金处。三是结合广东省司法体制改革方案，申请将行政政法处拆分为行政处和政法处，并相应撤销公车处。

三、坚持规范权力，着力梳理行政权责清单

按照省政府办公厅的有关要求和厅党组的工作部署，全面清理行政权责清单，着力规范行政权力运行机制。一是修订省财政厅横向权责清单，进一步规范明确权责主体，统一规范机构名称，优化调整权责分类。省财政厅横向权责清单共9大类128项（含子项共262项），并正式向社会公布。二是积极配合省编办对全省财政部门纵向权责清单进行全面清理、审核，全省纵向权责清单共9类335项。

四、坚持改革创新，着力完善干部管理工作机制

抓创新，强管理，不断提高干部管理科学化、精细化水平，激发财政干部队伍新活力。一是不断提高干部交流轮岗科学化水平。按照干部交流轮岗制度化、常态化要求，多层次、多方式推动干部交流，努力做到人尽其才、人岗相适，进一步优化干部队伍结构，形成合理的队伍梯次，提高队伍的整体素质。二是不断创新完善干部考核体系。进一步完善综合考核体系，细化年度考核指标，调整专项考核权重，增加干部考勤统计、办事群众满意度调查考评等专项量化考核指标，确保把业绩考实、能力考准。三是不断提高利益冲突风险防控水平。根据厅内部控制委员会的统一部署，研究制定《广东省财政厅岗位利益冲突风险内部控制办法》，进一步明确各单位在岗位利益冲突风险防控工作中的职责分工。四是不断加强干部考勤管理工作。重新修订《广东省财政厅工作人员考勤管理办法》，建立干部职工日常考勤管理制度。五是不断做好人事教育信息系统升级工作。根据人事系统2014年9月上线运行以来收集汇总的各方面意见和建议，提出系统升级具体需求，拟定系统升级改造方案。

五、坚持从严治吏，着力加大干部监督工作力度

一是加强干部选拔任用的监督工作。认真执行《关于加强干部选拔任用工作监督的意见》“十个严禁”的纪律要求，严格按规定的原则、标准、条件、资格、程序和纪律开展省财政厅的各项干部选拔任用工作；完善干部选拔任用监督联席机制，切实加强对投票推荐、谈话推荐和考察等重要环节的全程参与、全程监督，不断增强干部选拔工作的公信力和透明度。二是加强干部人事档案专项审核工作。按照省委组织部的有关安排以及省财政厅制定的档案审核计划，全面开展全厅干部人事档案审核，共审核档案348卷，重点复审处级以上干部档案133卷，全力整治干部人事档案“三龄二历一身份”问题，确保干部人事档案真实、准确、完整、规范。三是加强全厅干部个人重大事项报告工作。按照省委组织部要求，组织全厅处级干部填写个人重大事项报告，做好随机抽查核实以及新提拔处级干部“凡提必核”工作等。同时，按照《全省组工干部个人有关事项报告抽查核实工作方案》要求，做好人教处全体干部填报核查工作。四是加强因公、因私出国（境）管理。根据中央和省的新要求，研究制定省财政厅干部因公、因私出国（境）管理规定。对全厅公务员及参公人员信息重新登记造册报省公安厅备案，严格执行证件集中保管制度，做到有保有压、按章办事，确保因公、因私出国（境）管理工作规范、有序开展。

六、坚持学用结合，着力提升财政干部队伍素质

紧密围绕全面深化财政改革中心任务，不断创新培训思路、拓展培训平台、丰富培训内容，为建设高素质财政干部队伍、推动财政事业改革与发展提供有力支撑。一是组织开展法治教育，深入贯彻落实党的十八届四中全会精神。举办为期3天的全省市、县（市、区）长新预算法专题培训班和5期专题讲座。二是组织开展财政业务培训，积极服务财政改革中心工作。分期分批举办省财政厅公文处理及信息化培训班；协助厅机关各处室及厅属单位举办各类业务培训班19期。三是组织开展干部岗位培训，不断增强干部履职能力。举办新录用人员培训班；选派干部参加省委组织部、省人社厅举办的各类岗位培训班共13个班次，其中境内岗位培训班6个班次、境外专题培训班7个班次。

七、坚持督导协调，着力做好扶贫“双到”收尾工作

积极督导厅驻十二排村工作组着

力做好扶贫“双到”收尾工作。一是突破了交通瓶颈。2015年驻村工作组广泛发动该村乡贤、村民捐资修路，加快改造村道建设进度，实现十二排村“户户通”道路硬底化，彻底改善农产品运输条件和方便村民出行。二是补齐了教学短板。为十二排小学新建200米跑道的运动操场、学校图书室和电教室等。助力十二排小学升格为丰稔镇中心小学，在龙川县组织的教育强镇评比中名列前茅。三是美化了村容村貌。着力抓好美化村庄建设，协助清理村民房前屋后杂草、垃圾等，并在十二排村路口至田咀自然村安装路灯，在该村道两旁实施绿化工程。十二排村被省卫计厅定为2015年卫生村示范点。四是做好了验收准备。按照省扶贫办关于扶贫“双到”工作考核标准23类34项内容，对3年帮扶工作进行总结梳理、查漏补缺，积极迎接省、市、县三级考核验收。

八、坚持以人为本，着力提升人事服务管理水平

牢固树立“人事工作无小事”思想，夯实基础，规范管理，不断提高人事工作的执行力和服务水平。一是做好机关公务员录用及人员选拔调配等管理工作。2015年共招录10名公务员，按照人岗相适原则，根据个人特点、专业特长及工作经历进行岗位安排，发挥个人才干；组织公开遴选4名基层公务员工作；组织选拔推荐5人到省直有关单位任职；办理退休手续11人、调出3人、辞职4人；接收安置军转干部2人。二是加强事业单位人事管理服务。根据厅党组的部署，为厅属有关单位补充班子成员2名，加强厅属单位班子建设；选拔聘用省注协中层（科级）干部4名；组织数据信息中心、科研所、省注协完成岗位设置首次人员聘用工作；全力配合省财校做好高职院筹建有关准备工作，公开招聘省财校事业编制工作人员8人；从厅属单位调任2人到厅机关工作；办理退休手续4人。三是配合做好车改司勤人员安置工作。按照全省公务用车制度改革工作部署和厅改革工作方案的任务分工，积极与省人力资源和社会保障厅沟通，拟定厅司勤人员安置工作方案，确定司勤人员范围、人数及具体工作岗位，按照以人为本、积极稳妥、内部消化的基本思路，在政务中心现有在编司勤人员中择优确定留用人员，妥善安置好其他司勤人员，确保新旧机制平稳过渡，有机衔接。四是做好工资福利、计划生育、休假管理等服务工作。按照省人力资源社会保障厅的部署，完成厅机关及所属事业单位调整基本工资标准和增加离退休费工作；积极为厅干部职工做好计生服务、休假审批以及出具有关证明等人事服务。计划生育工作顺利通过2015年度考核及达标审核，考核结果为优秀，获得省、市计划生育主管部门的通报表扬。五是切实加强安全保卫管理。会同公安部门，做好厅大院及周边的安全监管；会同厅政务中心，认真做好重要年节假日特别是法定长假前的安全检查工作；不定期在全厅范围内开展安全隐患排查工作；合理有序安排好省财政厅领导干部节假日值班工作。

（人事教育处供稿，刘征执笔）

机关党建

2015年，省财政厅直属机关党委以全面落实从严治党要求为主线，以开展“三严三实”专题教育为抓手，坚持“严”字当头、“实”字着力，进一步创新党建工作路径和活动载体，全面推进新常态下机关党建工作。同年，厅直属机关党委办公室被评为“广东省文明单位”。

一、坚持从严抓思想教育，进一步强化党员干部理论武装

坚持把理论武装放在机关党建的首要位置，系统深入学习贯彻党的十八大、十八届三中、四中、五中全会精神，坚持以学习贯彻习近平总书记系列重要讲话精神为重点并贯穿于学习教育的全过程，教育引导党员干部加强理论学习，坚定理想信念，增强党性修养，全面改进作风，形成坚决贯彻落实党中央、省委、省人民政府决策部署和厅党组工作安排的思想自觉和行动自觉。一是深入开展“三严三实”专题教育。按照“融入领导干部经常性学习教育”的要求，创新载体开展“6个学”，即党组带头学、专题轮训学、讨论交流学、支部集中学、结对互促学、聚焦纪律学。省财政厅党组书记、厅长曾志权为全厅党员干部上了2堂党课，7名厅党组成员到支部上党课、参加组织生活34次。特别是：厅党组理论学习中心组带头开展严以修身、严于律己、严以用权等三个专题学习研讨活动，积极采取专家辅导、观看教育片、集中学习研讨相结合的方式，有效增强研讨效果；坚持把加强纪律教育作为重点，曾志权厅长为全厅党员干部作了专题辅导；联合省纪律检查委员会驻省财政厅纪检组组织全厅处级以上干部及部分重点岗位科级干部近200人到教育基地进行观摩学习，开展交流讨论；开展以案治本、正反典型学习教育、“学法崇法 依法理财”专题读书、廉洁读书月等活动。省财政厅开展“6个学”的有关做法被广东电视台、《南方日报》等省级媒体予以专题宣传报道。二是开展党史、党章、党性系列学习教育活动。组织开展“学党章 守纪律当先锋”主题教育、党章知识测试、七一专题党日、“四重温四增强”等活动，组织学习收看历史文献纪录片《筑梦中国》等。厅各党支部（党委）精心组织开展形式多样的专题学习研讨并撰写学习心得体会文章，厅直属机关党委择优进行宣传刊发，共编印《党务信息简报》22期、《读书园地》3期。

二、坚持从严抓党内生活，进一步加强基层党组织建设

贯彻落实《中国共产党党和国家机关基层组织工作条例》、省委贯彻意见以及省财政厅工作规则，在从严管理上下功夫，全面提高党内政治生活质量和规范化水平。一是严格党内政治生活。贯彻落实《关于党内政治生活的若干准则》，通过健全完善党务管理信息系统，开设厅内网党务公开、“三严三实”专题教育、学习园地栏目，以及微信群等信息化手段，对厅各党支部（党委）开展组织生活情况实时登记、宣传，定期提醒、督促、通报，通过量化考评指标对基层党组织进行考评，2015年各基层党组织均完成“三会一课”等学习。省财政厅基层党组织建设考评机制得到财政部机关党委充分肯定，在全国财政党建工作座谈会上作经验交流。二是严格党员管理。组织全厅120多名党务干部参加专题培训，学习《发展党员工作细则》，通过制订发展计划、严格发展程序、严格审核入党资料等措施，

确保党员发展质量，同时，加强党员教育管理，做好轮岗党员组织关系接转。全年共发展新党员 13 名，预备党员转正 12 名、入党宣誓 12 名，出党 3 名，办理组织关系接转 53 人次，组织 3 名新招录党员、3 名入党积极分子参加中共广东省直工委党校培训，向 2 名 50 年党龄老党员发放纪念章。三是加强党委自身建设。带头深入开展学习，每次党委会至少安排一个专题学习，带动各党支部广泛开展学习；制定厅直属机关党委、纪委换届公推直选工作方案，做好换届前期准备工作；每位党委委员除抓好所在党支部组织生活外，还选择 3 个党组织作为联系点参加组织活动。四是加强支部班子建设。全面完成厅各党支部换届选举工作，对新一届党支部班子及成员履职尽责提出明确要求，并举办“加强基层党组织建设”专题培训班，邀请专家对厅各党支部（党委）书记、副书记、委员近 120 人进行培训，组织 3 名新任党支部书记、1 名党务干部参加省直机关工委培训。结合干部轮岗，及时任免党支部书记、副书记 9 人次，增补支委 2 人。

三、坚持从实抓服务大局，进一步提高机关党建工作成效

把抓落实作为党的政治纪律的要求，以机关党建融入和服务中心工作的实际成效，确保厅党组确定的全面深化财政改革、建设法治财政等目标任务的贯彻落实。一是攻坚克难抓落实。落实省财政厅党组成员重点抓落实工作制度，各厅党组成员带头开展攻坚克难行动。2015 年，曾志权厅长选择财政支持稳定经济增长、创新财政投融资机制、深化预算管理改革等作为重点工作，7 名班子成员共选择 18 项事关财政改革发展全局的任务作为重点工作。二是创先争优抓落实。省财政厅预算处、教科文处、工贸发展处、农业处、政府采购监管处 5 个党支部设立服务创新驱动发展战略“共产党员先锋岗”，紧密结合工作职责制定创岗方案，明确创岗职责和目标并在全厅公开，接受党员群众监督，均被省直机关工委确认为创建服务创新驱动发展战略“共产党员先锋岗”基本单元。三是形成亮点抓落实。厅各党支部（党委）根据厅党组关于改革的部署，确定 1－2 项最能体现职能特点、最能体现改革成效的事项作为部门“示范工程”。预算处党支部罗睿被省委、省政府授予“广东省先进工作者”荣誉称号。

四、坚持从严抓党风廉政，进一步推动党员干部良好作风养成

按照厅党组的部署，教育引导党员干部不断改进作风，着力打造一支为民务实清廉、敢于担当、作风优良的党员干部队伍。一是把正风肃纪贯穿“三严三实”专题教育始终。坚持问题导向，厅领导班子带头制定“不严不实”问题清单，并积极采取专题党课点、学习研讨挖、正风肃纪改 3 项措施，把发现问题、解决问题贯穿专题教育的全过程。曾志权厅长为全厅党员干部所作的专题党课，以问题为导向，严肃指出全厅党员干部特别是领导干部中存在的“不严不实”问题；每一次的专题学习研讨，都在专题党课点明问题的基础上进一步交流讨论、深挖“不严不实”问题，努力把问题找细、找准、找全；在开展党的群众路线教育实践活动制定 8 个方面 46 项制度的基础上，针对查找出来的问题，印发实施办事群众满意度调查考评及责任追究、落实党风廉政建设党组主体责任意见等制度，进一步健全完善作风建设制度体系。二是继续巩固深化群众路线教育实践活动成果。按照省委要求，开展教育实践活动整改落实情况“回头看”，对承担的省委省政府专项整治任务、厅领导班子整改任务，以及落实厅开展的厉行节约反对浪费等专项整治工作、支部班子及班子成员制定的整改方案，进行全面梳理分析，确保整改到位，坚持把作风建设抓常、抓细、抓长，切实防止“四风”问题复发和反弹。三是推进服务型党组织建设。实施《广东省财政厅创建优质服务型党组织方案》和以“创建优质服务型党组织‘565’工程”为题的厅党组书记项目，围绕将省财政厅打造成为广东省直机关服务型党组织建设先行点，设立 5 个服务平台、建立 6 项服务机制、开展 5 项服务行动，其中对省会计服务大厅进行流程再造的有关做法被人民网、紫光阁等进行宣传报道，省会计服务大厅被《紫光阁》杂志评为全国“百优十佳”服务窗口单位；继续开展党员到社区报到为群众服务、“志愿服务岗”活动，全厅志愿服务总时长超过 600 小时；开展办事群众满意度调查考评，并列入年终考核指标体系。厅党组书记项目被列入省直机关工委 16 个重点扶持项目之一，实施方案被省直机关工委简报全文刊载，被省委组织部列为示范性项目通报表扬。

五、坚持从严抓责任落实，进一步完善机关党建工作机制

把落实党建工作职责作为进一步加强机关党建工作的重要抓手，协助厅党组带头落实党建主体责任，从严落实党支部书记抓党建工作的职责。一是协助厅党组成员落实“一岗双责”。对照习近平总书记提出的党建“三问”［是不是各级党委、各部门党委（党组）都做到了聚精会神抓党建？是不是各级党委书记、各部门党委（党组）书记都成为了从严治党的书记？是不是各级各部门党组（党委）成员都履行了分管领域从严治党责任?］，厅党组带头落实抓党建的主体责任，厅党组书记、厅长曾志权专门主持召开厅党组会议听取厅机关党建工作汇报，对下一步工作提出明确要求，带头作出落实党建责任的公开承诺，并与 150 多个副处级以上干部和 100 个普通干部进行谈心谈话；各厅党组成员履行“一岗双责”，积极采取参加支部活动、加强和党员干部特别是科以下党员干部直接沟通交流等措施，强化对分管处室（单位）党组织的工作指导和对党员干部的教育引导。二是严格落实基层党组织书记责任。组织全厅 36 个党支部（党委）书记开展抓基层党建工作述职评议考核，重点考核推进全面从严治党、践行“三严三实”要求、严格机关党建工作责任制、加强基层党组织建设各项任务的落实情况及存在问题、原因分析和改进措施等，并将考核结果作为年终考核、评先评优的重要依据，推动形成机关党建工作“书记抓、抓书记”的良好机制。三是研究制定责任清单。根据《省直单位抓机关党建工作责任清单》，初步研究制定责任清单，进一步明确厅党组、党组书记、党组成员、厅直属机关党委、党委书记、各党支部（党委）及书记抓党建的工作责任。

六、坚持从细抓精神文明，进一步营造和谐进取良好氛围

围绕加强以“务实、创新、高效、清廉、和谐”为核心的机关文化建设，

开展富有特色、富有成效的主题活动，以党建带团建，推动工会、团委、妇委会等活动开展，并通过厅机关文化专栏等载体展示交流。一是推行“周周有运动、月月有活动”，针对不同干部职工群体的不同文体活动需求，逢周一、周三开展舞蹈培训，周二开展羽毛球运动，周三开展网球运动，周四开展太极拳健身活动，周六开展足球运动，并聘请专业老师进行指导；举办第十七届全民健身运动会、迎春文艺汇演、摄影基础培训班及摄影比赛，开展“庆祝三八”系列活动、保健知识专题系列讲座；支持厅直属机关团委开展“奔跑吧，财政青年”、“走出健康、走出快乐、走向未来”、“踏春科学游”等主题团日活动。二是突出人文关怀落实干部职工合法权益。日常及时开展关怀慰问，全年共慰问生育、住院及直系亲属去世的干部职工58人次；推行干部职工医疗互助保障，帮助2名干部职工申领重大疾病医疗互助金共10万元、1名干部申领意外医疗互助金1万元、20名干部职工申领住院医疗互助金共15 000多元；落实生日慰问、观看电影等正常福利。三是弘扬道德风尚。开展扶贫济困日捐款活动，全厅干部职工踊跃捐款5万元；组织开展无偿献血活动，48人参与活动，共献血14 100毫升；组织参加中国传统文化讲座等。此外，积极参加省直机关工委各项活动并取得良好成绩，组队参加省直单位工作技能大赛并荣获优秀组织奖、代表队荣获第3名。

（厅党办供稿，廖冬云执笔）

机关政务

2015年，政务服务中心按照厅党组的总体部署，围绕财政中心工作，牢固树立服务与保障意识，充分发挥机关后勤管理、服务、保障、协调的职能作用，较好地完成了各项工作任务。

一、坚持以服务为宗旨，做好各项保障工作

（一）财务管理

一是认真做好各资金账户的报账、算账、结账工作，如实、全面地反映资金活动情况，做到了手续完备，内容真实，数字准确，账目清楚，按期结算。二是做好日常各项收费工作，扎实进行厅出租房屋、办公场地、大院住户管理费及租金收缴工作。三是编制并严格执行财务预算，遵守各项收支制度，加强对资金的管理。四是完成决算报表工作，坚持月报、季报、年报表的财务制度。五是加强制度建设，制定完善财务审批、财务报销和财务管理制度，杜绝违规现象的发生。

（二）厅机关车队管理

积极配合厅办公室、资产处（公车处）于2015年6月底前顺利完成省财厅公车改革第一阶段任务，认真做好原有公车的拍卖处置和司勤人员的安置工作。在充分论证的前提下，参与制定《广东省财政厅定向化保障车辆及公务出行用车管理暂行办法》，做到有据可依，服务保障到位。2015年1－12月，厅机关车队安排出车1 607车次，出差95天，行车里程64 555公里，安全无事故。

（三）物业管理

一是做好厅办公楼、厅属物业、厅周转房的日常物业维修工作。全年对物业修缮、防水补漏、化粪池及排污管疏通、消防、安全、维修处理约290次，处理厅通信、办公网络线路、会议系统等故障约450次；认真组织403会议室的升级改造，确保会议视听传播系统正常运行。二是规范来访登记制度，在厅机关办公楼门口安装“访客易”系统，实行机关来访人员电子登记制度，提升厅机关的安全防范水平。三是更换厅大院停车管理系统，对地下和地面停车实行分类管理，重点解决一卡多用、重复取卡、车卡不一致等问题，保障厅停车出入管理的高效性、智能性和便捷性，着力解决大院停车难问题。四是加强对厅周转房的管理，优化周转房的合理调配，安排新公务员入住10人，清退不符合租住资格的住户16人，确保周转房的良性运转。五是建立健全厅机关大院的安全防范责任制，加强厅大院的内部管理，确保机关办公和大院住户的正常工作和生活秩序。

（四）水电管理

一是圆满完成厅大院3号楼189户供水管道“一户一表”改造工程，有效降低主水管爆管风险，并对大院2号楼、3号楼的供水系统进行升级改造，提高了供水效率及管网稳定性，延长了设备的使用寿命。二是将厅大院地下车库500个高耗能照明产品全部更换为寿命长，光效高的LED节能光源产品，提高了照明效率。三是对办公场所及厅属物业定期开展安全大检查，全面检查各类设备设施，对不符合消防安全要求的器材，予以淘汰和更新，对厅大院、仓边路、环市路综合楼的水电、空调、消防系统进行安全保养，保证全年的安全正常运行。四是加强对用水用电设施设备的维修和保养，保证厅大院办公楼和住宅楼的正常用水用电。五是做好厅2015年度公共机构能源资源消费指标的抽样调查工作，配合省府机关事务管理局做好节能现场监察工作、节能降碳的宣传工作等。

（五）食堂管理

一是认真贯彻执行中央八项规定和厅改进机关作风的有关要求，在确保饭菜质量的基础上，注重抓好节约，调整控制菜品数量，响应“光盘”行动，杜绝“舌尖上”的浪费。二是规范食堂的运作。对厅职工食堂进行招标，进一步规范食堂的管理，完善食堂的服务。三是定期收集干部职工意见，不断在菜式方面增加花样品种，改善就餐质量。四是每周四召开膳食健康和安全反馈会，定期研究时令的季节性菜谱，改进和完善膳食服务保障，确保厅干部职工“吃得健康”、“吃得安全”。五是切实做好加班晚餐服务，为因工作需要加班的干部职工提供完善的后勤支持，更好地保障厅机关工作的正常运行。

二、坚持从实际出发，强化单位内部建设

（一）后勤制度建设不断完善

在抓基础建设、建章立制的基础上，进一步完善制度，规范程序，做到按规章办事，按工作程序办事，按职责要求办事，优质高效地做好省财厅机关后勤服务管理工作。2015年，针对省直公务用车制度改革的新形势，认真贯彻落实《广东省财政厅公务用车制度改革工作方案》、及时制定《广东省财政厅定向化保障车辆及公务出

行用车管理暂行办法》，修订并印发了《广东省财政厅停车场车辆停放管理暂行办法》，进一步完善厅大院停车场管理体系。修订完善了财务管理、水电管理、周转房管理等规定，实现用制度管人、管事、管物。从实际出发，强化管理，对机关后勤服务工作的方方面面，严格按规章制度狠抓管理，各项工作安排到人，落实责任制，确保每一项工作扎实到位。

（二）加强人事管理

一是做好职工退休后生活待遇保障工作，及时划转退休后管理关系，转移组织关系和工资，消除后顾之忧，让退休人员安享晚年。二是认真做好人员招聘工作。及时补充打字、会务岗位等重点岗位人员，按照有关规定，面向社会公开、公平、公正招聘会务工作人员1名，打字岗位人员2名，充实了后勤保障队伍的力量。三是按照事业单位绩效工资改革的要求，认真做好推行绩效工资考核的准备工作，打破“大锅饭”，奖勤罚懒，充分体现多劳多得，从而最大限度提高员工的工作积极性和工作效率。四是抓好业务技能培训，提升工作人员履行后勤保障能力。结合岗位工作特点，组织水电维修、公共机构节能等相关培训7次。

（三）建立后勤保障长效机制

2015年，政务中心受厅办公室的委托，全面承担后勤行政服务管理职能，为了确保机关的正常运转，着重抓好三方面的工作。一是明确职能定位，全面开展服务管理工作。二是按照与厅办公室签订的后勤服务协议内容，细化后勤服务项目，扎实开展具体工作，不断提升后勤服务保障能力和办事效率，更好地为广大干部职工提供便捷、优质的服务。三是对政务服务中心服务事项流程进行了梳理，建立服务项目目录，为干部职工查阅备用提供便利。

（政务服务中心供稿，陈倩芸执笔）

离退休人员服务

2015年，离退休人员服务处紧紧围绕中心工作，全面落实离退休干部政治、生活待遇，较好完成全年的各项工作任务。

一、落实离退休人员的政治待遇

（一）组织好离退休人员的政治理论学习

坚持离退休党员每月一次集中过组织生活，确保学习时间的落实。组织离退休党员学习党的十八届四中、五中全会精神，“三严三实”专题教育、《2015广东老干部政治理论读本》、《离退休干部党支部学习参考》以及厅党组会议决定和决策等。2015年，共组织老干部各种形式的政治学习9场，并组织人员参加省老干部局组织的形势报告会。

（二）开展思想政治工作

针对离退休老同志中出现的一些思想和生活问题，在认真分析原因，把握思想脉搏的基础上，开展有针对性的思想政治工作，为他们释疑解惑，解难济困。及时掌握离退休人员的思想动态，对出现的思想异动，及时跟进，适时报告，准确反馈。

二、保障离退休人员的生活待遇

（一）做好离退休人员的日常服务

一是订阅《秋光》、《健康文摘》、《长寿生活》等保健书刊，提升离退休人员的保健常识水平；开辟看病绿色通道，邀请机关门诊医生每月一次到厅坐诊，方便有需要的离退休人员看病开药；沟通协调有需要的老干部看病就医、入院出院。二是坚持定期走访和春节、中秋、生日等重大节日慰问制度。全年走访慰问离退休人员118人次，探望患病住院人员达90多人次，协助4位去世离退休人员家属处理丧葬善后工作。三是进一步加强对异地安置和外地居住老同志的关心。工作人员坚持每月和他们电话联系，随时关心他们的生活和思想状况，为他们办理福利费、医药费等。四是邀请广州军区陆军总医院心血管内科教授讲解心脑血管高发病的预防保健，并派发保健小手册。五是在9月顺利完成离休和副厅以上退休干部在省干部疗养院疗养保障工作。六是11月组织全体离退休人员参加健康体检。七是完成厅离退休人员办理社会保障（市民）卡的信息统计和发卡工作。八是及时向3位抗战老战士送达中国人民抗日战争胜利70周年纪念章和慰问金，并向他们传达党和政府的关怀。

（二）开展文体活动，组织外出学习

支持离退休老年舞蹈队，提供训练场所和音响设施，组织老年舞蹈队参加厅迎春文艺汇演；7月参加省直机关老年人扑克“拖拉机”邀请赛获得团体第一名、个人组第二名、第三名的好成绩；8月参加省直机关中老年人太极拳比赛和传统武术锦标赛并获得42式太极拳比赛一等奖。3月、4月、9月和11月分别组织部分离退休人员到番禺莲花山、花都香草世界、南沙大角山炮台和增城二龙山等地参观学习。

三、积极提升管理服务水平，不断强化自身建设

一是加强完善内部管理，细化各项管理制度。如离退休人员管理、离退休党员管理、离退休人员健康档案管理、医疗记账单发放、参加外出工作安排登记表、慰问住院老同志登记表、党费收缴管理，事前登记造册，及时做好记录。二是加强学习培训，选派4位同志参加财政部离退休干部局、省和厅组织的7批次业务培训，并配合财政部离退休干部局完成“社区养老”课题调研。

四、做好关心下一代工作

2015年，组织2名小学生和1名离退休老同志撰写书法作品参加“省直关工委纪念反法西斯战争（抗日战争）胜利70周年青少年书法大赛”和“牵手你我·携梦人生”书法大赛；为纪念反法西斯战争（抗日战争）胜利70周年，组织20多名中小学生观看抗战电影；组织13名中小学生在厅内聆听摄影知识讲座，组织参加省科教中心举办的“青少年科技七巧板创意活动”培训班。此外，厅关工委办公室到龙川县丰稔镇十二排村小学献爱心，共资助30名贫困学生该学期午餐费。

（离退休人员服务处供稿，张江涛执笔）

财政信息化

2015年，数据信息中心以全面创新支持财政改革为理念，着力推进财政信息一体化系统建设，进一步整合全厅业务数据资源，优化厅内部行政办公工作流程，统筹推进预算支出和专项资金实时在线监督系统、网上办事大厅等系统建设，完善非税、资产、政府采购等业务系统功能，优化服务器、存储、网络等基础设施和信息系统安全体系，保障和提升财政履职能力和服务效率。

一、创新打造财政信息一体化系统，展现财政管理新局面

按照厅党组关于建设财政信息一体化的决策部署，数据信息中心大胆创新，多措并举：一是围绕厅党组决策部署精神和财政管理、改革的新要求，多方走访调研，汲取先进经验，会同相关处室研究出台了《广东省财政信息一体化系统升级改造工作方案》。二是根据厅领导关于自主可控的系统建设理念，充分发挥中心人员既懂业务也熟技术的优势以及公司人员设计、开发的长处，打破项目外包开发的传统模式，组建以数据信息中心人员+多家公司开发人员组成的团队，既保证项目快速推进，同时为后期完善和运维打好基础。三是认真细致组织需求梳理、业务流程重构、系统设计等环节，兼顾通用经验与个性需求，实现技术与业务的良好沟通互动，保证系统“量身定制”。四是转换单一系统建设思路，按照一条主线、一个平台、三大体系，对现有系统整合、升级、改造，着力抓好一体化系统建设。即基于SOA架构、Portal技术，构建系统间数据共享，流程互联互通，业务协同，信息、操作高度集成、统一的一体化技术支撑平台。逐步推进三大系统建设，包括重新开发了包含项目库、部门预算、中长期财政规划和预算执行等功能模块的预算管理系统；重新设计办公自动化新流程，实现内部公文流转环节“无纸化”和会签并行，全面提高办公效率，探索行政办公业务流程与财政管理业务无缝衔接，实现协同办公；按照构建财政数据库系统（大数据库）的要求，在信息管理综合平台上初步完成数据库架构设计，为财政数据集中共享和分析利用奠定坚实基础。2016年1月1日，预算管理系统和办公自动化系统按计划投入使用，全新的财政信息一体化管理模式逐步展现。

二、着力完善实时在线监督系统，提升财政收支透明度

根据人大监督和加强阳光财政建设要求，应用新的信息技术不断完善预算支出实时在线监督系统，在系统监督的范围、力度和深度，监督查询操作的便捷、动态，结果展现的直观等方面狠下功夫。一是对多年度、多系统数据进行整合，进一步充实了监督查询的内容，将历年来预算单位的部门预算、国库集中支付等多种基本数据和正在发生的所有通过国库集中支付、一般预算拨款的财政资金动态实时提供给人大、审计和纪检监察部门在线查询。二是不断丰富查询方式和报表展现功能，提供了按单位、支付类型、资金性质、支付日期等条件灵活多样的查询方式，还可根据需要自行定义展现报表，过滤冗余信息，大大提高了查询效率与监督效果，实现人大对预算更为便捷、动态、直观的监督，进一步提升了财政收支透明度。2015年，全国人大财经委主任李盛霖专程到广东听取了省财政厅财政预算实时在线监督系统的专题汇报，对系统给予了高度评价和充分肯定。

为加强对财政专项资金的管理，根据新出台的《广东省省级财政专项资金管理办法》和《省级财政专项资金实时在线联网监督管理办法》，自主研发财政专项资金实时在线联网监督系统。充分利用现有的实时在线财政预算监督系统与省级财政专项资金管理平台构建新的监督系统，通过将专项资金管理平台和预算执行系统中的专项资金信息建立对应关系，实现对每项专项资金从申报、评审、分配、拨付全流程的信息串联，以平台中专项资金目录为基本维度，按照预算年度、主管部门和专项资金名称分类筛选、全面展示省级财政专项资金的申报、评审、分配、资金总额、主管业务部门、已下达资金及占比、已拨付金额及拨付进度等信息。同时，将系统提供给财政监督检查部门、审计部门、纪检监察部门和资金使用单位使用，提升对专项资金全流程的监管水平，及时发现疑点，突出预警作用，前移监督关口，体现“资金流到哪里，监督就跟到哪里”的监督目标，打造财政专项资金“玻璃钱柜”。

三、全面建成网上办事大厅系统，助力服务型机关上新阶

按照省政府和厅办公会议要求，数据信息中心与厅办公室积极会商相关业务处室，反复研究，梳理优化业务办理流程，按照网上全流程办理率、网上办结率两个100%，尽量减少办事人员到现场次数为建设目标设计程序，完成了省财政厅网上办事窗口改造和审批平台的建设，同时按照省网上办事大厅建设规范，开发相关接口，实现了与省信息中心数据交换平台的对接，完成了规范数据报送的要求。升级后的省财政厅网上办事大厅系统于2015年7月20日开始上线试运行。截至12月14日，省财政厅入驻网上办事大厅的11项行政审批事项和9项社会服务事项共收到办事申请12 147件，其中：行政审批事项总业务量430件，上网办理率100%；受审批业务的特殊要求限制，网上全流程办理率72.7%，网上办结率75%，审批时间压缩率3.3%；社会事务服务事项总业务量11 717件，上网办理率100%，网上办结率99.46%，实现全部网上申办事项到现场次数不超过1次。

四、统筹抓好业务系统建设和运维，保障财政业务运转稳顺畅

省财政厅2015年信息化建设计划项目共27个，其中新建类9个、续建类5个、完善类5个、备建类8个，至年底，除1个项目因具体建设需求尚不明确暂缓建设外，26个项目全部达成年度建设目标；年中，根据实际业务需要，快速及时完成了移动支付交通罚款接口、法院诉讼费缴费功能等开发。

在做好项目建设的同时，数据信息中心继续抓实、抓好信息系统日常运维工作，确保各项财政业务工作稳定顺畅开展。一是认真做好机房、计算机、网络设备的巡检运维，确保及时发现和排除故障，消除隐患。2015年共主动发现和排除服务器、网络故障20余次；协助排除系统软件、业务系统等故障30余次。二是认真做好业

务系统用户的咨询服务和厅工作人员计算机及网络设备的维修维护。2015年共开展台式机、笔记本及打印机等硬件维护工作460余台次；新装、重装操作系统、业务应用系统和Office等办公软件670余台次；完成网络端口调整和计算机、打印机连接等相关工作530余台次；为厅各处室、地市财政局访问文件服务器，调整和分配网络接入280余台次；排查、处理各类硬件故障1 900余台次。三是认真做好安全管理工作，及时做好终端设备系统补丁的更新，堵塞安全漏洞；做好计算机病毒防御，及时发现和阻断计算机病毒在省财政厅网络的传播；做好个人CA证书的发放与管理。四是做好视频会议维护保障工作。全年共完成全国和全省财政视频会议维护和技术保障共30余次，参会人数达到3万余人次。

五、持续夯实IT基础设施，提升信息技术服务快广便

按照IT基础设施建设规划和业务扩展对IT基础设施提出的升级要求，我们不断完善IT基础设施建设，为信息系统稳定顺畅运行保驾护航。一是在全面完成省直二、三级预算单位专线联网改造升级工作的基础上，为配合做好省以下各级人民法院、检察院2016年纳入省级经费保障，迅速启动省以下288个法、检两院基层单位的联网工作。二是未雨绸缪，根据财政业务数据持续快速增长的存储需要，开展内网数据中心存储设备升级扩容项目，增购一台裸容量300TB的高端存储阵列。三是主动作为，按照厅领导有关资料库建设要求，为工作资料共享提供便利，全面革新财政部门内部、上下级财政部门间、财政部门与预算单位间的信息传递与数据共享方式，研究建设内网网盘。四是开展核心网络设备升级、服务器扩容、全省财政系统视频会议设备升级等项目的技术方案研究制定和论证。

六、不断健全信息安全体系，力保财政数据信息真平安

继续加强日常信息网络安全管理，并不断完善和推进信息网络安全体系在全省财政系统的建设，全面提高财政信息系统安全性。一是开展省级外网身份认证与授权管理系统建设，完善外网业务系统的身份认证与授权管理，提升外网系统的安全性。二是按照“金财工程”规划和全省财政电子支付改革工作进度，开展地市财政部门内网身份认证与授权管理系统建设，为电子支付增强安全保障。三是为进一步完善省级财政容灾体系的改造升级，并给市、县财政部门提供远程异地数据备份服务，认真研讨、多处实地调研、反复论证，制定全省财政数据容灾中心技术方案，按程序开展采购实施工作。四是定期对省财政厅内、外网业务系统进行全面的漏洞扫描，同时进行安全加固工作；开展全省财政部门信息系统安全检查，对安全检查中发现的问题和专家的意见和建议，研究制订整改方案，及时采取有效措施，确保财政部门信息网络及系统安全达标。

七、细致组织信息化知识和实操培训，促进财政业务人员强素质

2015年，根据有关工作需要，我们认真抓好信息化培训工作。一是会同人事教育处继续组织抓好全厅公文处理与信息化培训工作，完成第5－9期210人的培训和考试。二是配合新系统上线需要，面向全厅干部职工和预算单位相关用户开展了政府采购系统操作、新部门预算系统操作、新OA操作等业务系统操作培训，参训人数共计800人次，确保新系统顺利上线运行。

（省财政数据信息中心供稿，谢峰执笔）

财政科研宣传

2015年，广东省财政科学研究所（以下简称科研所）紧紧围绕厅中心工作，根据厅党组对新形势下财政科研工作的新定位、新要求，以“规范管理、提升能力，改革创新、服务财政”为指导思想，不断推进各项工作呈现新面貌。

一、抓规范管理，提升合力

科研所通过狠抓建章立制，完善有关制度，形成涵盖综合管理类、财务管理类、科研管理类、业务流程类4类共28项制度，并汇编成《工作制度汇编》。一是建立健全财务管理制度。建立《科研所财务支出管理操作细则》、《科研所内部财务稽核制度》、《科研所绩效工资考核分配办法》、《科研所项目经费使用管理办法》、《科研所事业收入管理办法》5项制度，对科研所的财务收支进行规范。二是建立完善财政科研课题管理办法。制定并完善《广东省财政科研课题管理办法》、《科研所课题研究内部操作规程》、《科研所调研工作制度》6项制度。三是建立健全其他内部管理制度。建立《科研所内部管理流程控制制度》、《科研所工作督办制度》、《科研所党支部“三会一课”制度》等17项制度。

二、抓改革创新，服务财政

科研所通过抓科研、宣传、图书资料和史鉴等工作的改革创新，不断提升服务财政的能力和水平。

（一）创新财政科研工作

1. 创新工作理念。突出研究重点，围绕厅党组的决策

部署做实、做新课题研究。对广东省财政支出问题进行研究，形成《广东财政支出总量、结构及投入机制研究》报告；开展广东省财政收入与GDP关系课题研究，形成《广东财政收入与GDP关系研究》；开展《粤东西北三大抓手财政支持政策实施成效》、《粤苏两省固定资产投资比较》等课题研究，形成研究报告，并以《财政研究报告》形式印发参阅。启动“广东财政改革转型”专题研究工作，全面反映广东省财政改革转型经验、亮点和规律，形成系统体现广东财政改革转型的研究成果。积极参与厅“十二五”规划总结和“十三五”规划编制工作，承担部分内容写作任务。参与部科研所组织的《PPP模式在财政工作中的推广应用研究》，作为课题牵头单位完成分报告和总报告撰写工作。本着“为领导决策服务、为财政中心工作服务”和“好中选优，优中选精”的原则，组织2014年全省财政科研课题验收结项工作，完成对27个课题的评审。

2. 创新课题管理方式。根据新形势新要求，修订《广东省财政科研课题管理办法》，公开择优课题以政府购买服务方式面向研究团队、通过公平竞争实现课题立项。组织对25个公开

择优申报课题和43个自主参与申报课题进行评审，最终确定10个公开择优课题和30个自主参与立项课题。同时，制定跟踪管理责任表，明确课题小组成员责任，确保课题研究进度和质量。

3. 创新研究方法。相关研究报告在作定性研究之前，注重定量分析方法的运用，通过定量分析，用数据支撑研究观点。

（二）创新杂志宣传工作

1. 创新办刊理念。杂志宣传紧紧围绕厅中心工作，注重反映广东省重大财政改革成效，先后围绕财税改革、预算绩效管理改革、PPP模式的地方推广应用、财政监督、政府采购、基本公共服务均等化综合改革、国库集中支付改革、财政支持创新驱动等专题进行深度宣传和探讨。

2. 创新栏目设置。增设财政理论前沿、财政基础知识、局长论坛、代表视点、党建廉政、财经史话等栏目，提高读者群参与度与杂志可读性。

3. 创新宣传方式方法。开展“我为广东财政改革发展建言献策”、“我为广东财政献青春”、迎“五四”征文活动和“茂财杯”全省财政征文大赛等，进一步营造全省浓厚的财政文化氛围。

（三）创新年鉴和图书资料工作

1. 调整完善年鉴内容。一是简化全省财政工作概述标题和统一标题体例。二是调整概述排序，将原来文章顺序调整为先业务、后其他，以及先机关处室、后事业单位的排列顺序，并将原属“附录”部分的财校、函校情况调整到概述中。三是增加省领导批示和5个统计表，并删减不够系统、全面的3个统计表。

2. 编印《财经信息辑要》。围绕改革热点、重点，编印《财经信息辑要》共21期，涉及“四个全面”、“创新驱动发展战略”、“稳增长财政政策”、“五中全会精神解读”、“供给侧结构性改革”等专题。

3. 图书馆服务。完善“网上导读”和“数字图书馆”服务，为厅广大干部职工查阅信息资料提供便利。

（省财政科学研究所供稿，张晓军 杜婷婷执笔）

农业综合开发评估

2015年，农业综合开发评估中心（以下简称农评中心）立足项目评审中心任务，努力创新评审机制，完善评审程序，加强廉政建设和改善评审作风，致力于实现项目评审的科学性、公正性和透明性，全面完成全年各项工作任务。

一、认真履行职责，完成年度项目评审任务

2015年，农评中心一方面进一步创新项目评审工作机制，评审指标设置突出规范化、科学化要求，评审程序突出客观公正与相互制约的要求，评审结果突出项目质量把关和服务工作对象的双重作用；另一方面不断完善《农业综合开发项目评审操作流程》、《现场评审带队人员工作要求》、《项目评审回避制度》、《项目评审保密制度》、《专家评审纪律要求》、《项目评审责任书》、《被评审单位承诺函》等制度，并制定《项目评审廉政公约》等评审业务规范。全年共组织开展3大类别共117个项目的评审工作，包括：2014年国家农业综合开发现代农业园区试点滚动计划子项目2个、2015年国家农业综合开发供销合作总社新型农业社会化服务体系试点项目2个和2016年国家农业综合开发土地治理高标准农田建设项目113个。

二、创新评审模式，不断完善项目评审程序

2015年，农评中心继续将创新项目评审模式和完善项目评审程序作为加强评审能力建设的一个重要着力点。在总结以往评审经验的基础上，创新农业综合开发项目评审工作机制，逐步建立以量化评分制为主要特点的评审新方式。

（一）评审指标设置突出规范化、科学化要求

评审指标及其标准的设置力求符合有关政策要求，依据充分、系统全面，且操作性强；划分前置性评审指标和量化评分指标两种类型，前置性评审指标的设置主要是便于通过前置性评审将明显不符合立项条件或明显弄虚作假的项目排除在外，提高评审的效率性，而量化评分指标更加注重评分指标和扣分标准设置的科学合理性，要求逐项量化、尽可能统一标准、客观公正，以有利于择优选项。评审指标的设置要反映广东省财政改革的要求，尤其要符合新修订的省级财政专项资金管理办法的有关规定。

（二）评审程序突出客观公正与相互制约的要求

专家选定上，由农评中心提出业务需求后，严格按照省财政厅专家库管理办法，通过厅办公室随机抽取，并实行回避制度，确保专家选取公正、公平，厅内部有关部门既相互配合又相互制约；评审标准由农评中心拟订，政策依据由厅农业综合开发办把关，确保评审工作规范、统一；具体评审工作由专家依据业务规范独立负责，确保项目评审的客观性和专业性；评审结论由参评专家讨论确定，同时农评中心对专家评审结论进行合规性审核把关，避免专家判断的主观随意性；评审结果的应用由厅农业综合开发办结合其他相关因素拟定意见并按程序报批后公开，接受公众监督。

（三）评审结果突出项目质量把关和服务工作对象的双重作用

委托评审的部门通过专家客观专业的判断以及农评中心对规范性的审核把关，对评审结果掌握得更全面、准确、科学。评审内容更明确，要求更具体，标准更统一，操作性、可行性更强，参评专家作出的判断也更客观专业；市县农发部门和项目单位按照规范流程运作，评审过程的透明度更高、评审结论的说服力更强；市县农发部门根据存在问题和专家建议，组织项目单位进一步提高项目编报质量。

三、完善专家库建设，规范抽选和使用专家

（一）加强专家队伍建设，提高在库专家的数量和质量

在原有专家库的基础上，继续拓宽专家的来源渠道，及时对专家数据进行更新；在项目评审前坚持对专家进行岗前培训，讲解农业综合开发有关政策及项目评审工作要求。2015年，

“农综开发”专家库的在库专家超过700人，专业门类齐全。

（二）规范专家抽选和使用

“农综开发”专家库纳入省财政厅专家库，统一实行信息数据化管理。根据专家库管理暂行办法及相关操作规程，农评中心结合实际，制定《广东省财政厅“农综开发”专家管理实施办法》；在抽选使用专家时，按照事先设定的专业方向、应用领域、专家人数及其他条件，从专家库内随机抽选，规范管理。

四、加强廉政建设，防控评审廉洁风险

（一）加强干部廉政建设

在制度执行上，严格执行《廉政准则》以及中央《八项规定》、省委《实施办法》和《广东省财政厅工作人员廉洁从政若干规定》等有关规定和要求，同时对工作人员在项目评审过程中的有关纪律和作风要求进行明确规定。在内部管理上，修订完善并认真执行《省农发评估中心领导班子廉政岗位职责》和《省农发评估中心财务审批制度》，完善落实《邀请专家参与工作各项费用标准和支付办法》、《固定资产管理办法》等财务规章制度。

（二）加强评审专家廉政管理

在制度上，严格按照《广东省财政厅专家库管理办法》和《广东省财政厅专家库管理内部操作规程（修订）》等有关规定，采取随机方式抽选评审专家，确保专家来源客观公正；同时结合实际，修订完善专家管理具体制度，对专家分类和使用方向、专家入库要求、专家权利和义务、专家回避、工作规范等具体要求进一步进行明确。在具体措施上，与评审专家签订《项目评审责任书》、明确评审职责，加强对专家参与评估工作的纪律要求，对不符合条件的专家以及评审过程中违反评估工作纪律等的专家坚决予以清除或列为“黑名单”；在评审开始前向专家宣传并强调评审纪律尤其是廉政纪律具体要求。

（三）提高对评审对象的廉政要求

通过印发评审通知，采取与基层财政、农业综合开发部门签订《项目评审廉政公约》，要求项目单位签订《被评审单位承诺函》等形式，以书面形式明确基层财政、农业综合开发部门及项目单位在评审特别是实地考察环节必须配合并履行廉政评审的纪律，明确对于违反评审纪律有关要求的，所申报项目实行一票否决。此外，还要求基层农发办及项目单位对农评中心干部及专家赴现场开展项目评审等工作时予以监督，及时反馈有关情况，强化相互监管。

五、加强干部队伍建设，营造风清气正的工作环境

（一）加强干部队伍建设，提高执行力

进行合理的内部分组和人员分工，干部之间做到分工不分家，在人手偏紧的情况下尽可能实行AB角制度。还尽可能派人参加财政部、厅组织的各类培训班，培育和提高干部队伍的政治理论综合素养和业务知识。此外，加强新入职干部培养，提升综合素质，为年轻干部搭建熟悉业务、开阔视野、提高水平、尽快成熟的平台。

（二）文化建设多样化，增进内部团结

采取业务专题学习会等形式，组织集中学习，建设学习型机关。采取压缩日常开支、节约评审经费等方式，建设节约型机关。此外，还积极组织干部参加厅运动会、读书月活动以及其他集体活动，以及加强与财政厅内其他处室干部相互多交流学习等，为干部营造有活力、讲融洽的工作和生活环境，创造良好的干事创业氛围。

（农业综合开发评估中心供稿，刘强执笔）

注册会计师行业管理

2015年，省注册会计师协会（以下简称省注协）全面推进“国际化建设年”主题活动，主动适应经济发展新态势，抓服务、拓业务、促发展，圆满完成年度工作目标，行业发展和协会建设取得新成效。

一、深化行业党群建设

（一）实施省注协党委“书记项目”

实施以“搭平台强管理构筑注册会计师行业党建新格局”为题的“书记项目”，借助现代信息技术手段，打造广东行业党群管理、先锋考核、信息传播、互通共享等“四个平台”，逐步破解行业党建工作难题。

（二）深化行业党建工作

稳妥做好省注协行业党委委员调整工作，制定完善《中共广东省注册会计师协会委员会工作规则》。召开2次省注协党委会议，集体研究部署行业党建工作。组织全省行业250多名基层党组织书记参加能力提升（远程）培训班。截至2015年年底，全省行业共建立事务所党组织269个，党的组织和工作覆盖率达100%；全省行业党员4 431人。

（三）巩固行业统战工作

与行业代表人士密切联系，推荐行业优秀人士进入人大、政协等部门。全省行业共有19名民主党派人士，有36人担任不同级别的人大代表、政协委员和党代表。

（四）推进行业团建工作

树立先优典型，引导团员青年在行业发展中实现价值、成长成才，开展创建“青年文明号”、“最美青工”、“五四”等评选表彰活动。

二、深入开展“国际化建设年”活动，促进党建与业务有机结合

（一）部署行业“国际化建设年”主题活动

出台广东行业“国际化建设年”主题活动实施方案，提出开展活动“三个结合”的总体要求，明确5大具体目标，细化16项主要任务，并提出4个工作要求，指导全省行业活动深入推进。

（二）落实挂靠联系制度

建立以省注协党委委员、省注协党支部委员为指导人的分片指导和挂靠联系点制度，明确分工、责任到人，督促抓好“国际化建设年”主题活动

的深入推进。

（三）探索党建与业务相结合

制定出台《广东省注册会计师行业新时期党建工作指导意见》，深入分析广东省行业党建工作面临的形势与任务，提出下阶段行业党建工作的指导思想、基本原则和主要目标，明确六大方面共23条措施，有计划指导行业党建工作深入开展。

三、推动事务所做强做大，鼓励行业科学发展

（一）落实做强做大扶持措施

继续落实《广东会计师事务所做强做大做优若干扶持措施》文件精神，及时向各市拨付专项补助经费逾592万元支持地方协会发展，划拨50万元促进行业人才培养及注册会计师后续教育培训。起草行业“十三五”发展规划建议稿，引领行业科学发展。

（二）组织完成2015年度事务所综合评价工作

公布2015年度广东省事务所综合评价排名相关信息，2014年度，全省行业实现业务收入61.11亿元，同比增长2.27%，截至2015年12月，全省有会计师事务所819家，有3家事务所进入2015年度全国综合排名前百强；从业人员3.2万人，其中：执业注册会计师8 998人，非执业会员12 098人。

（三）引导事务所拓展新型业务

利用毗邻港澳的优势，指导和促进事务所围绕客户走出去融资、收购等需求提供服务，拓展专业服务市场。指导事务所提高开拓国际业务的前瞻性、预见性，着眼开拓2－3年以后的业务，提升跨境服务能力和咨询服务水平。

四、深化行业人才培养，增强行业持续发展能力

（一）强化执业会员的培训工作

以国际化人才培养为导向，以经济新常态热点问题为重点内容，突出“请进来、走出去”，坚持分级分类分模块培训模式，多角度开展执业会员培训工作。全年培训人数约6 500人，执业会员继续教育培训工作顺利完成。

（二）加大行业高端领军人才培养力度

2015年，省注协认真探索，立足本土，放眼国际，尝试多元化的培训方式，加大对高端领军人才的培养。与英格兰及威尔士特许会计师协会、英国皇家特许管理会计师公会、特许公认会计师公会、澳大利亚公共会计师协会、香港华人会计师公会、上海国家会计学院、中山大学、福建注协联合举办培训班。

（三）积极推进行业后备人才培养

首次走入校园［北京师范大学－香港浸会大学联合国际学院（UIC）］宣介中国注册会计师考试制度、广东行业发展情况及未来展望，吸引并充实后备力量。与有关院校合作，开展会计人才培养，引导事务所设立高校优秀学生实训基地。

五、推进行业信息化建设，提升行业管理服务效能

（一）明确信息化建设的国际化思路

围绕“国际化建设年”主题活动，积极探索，以国际水平为标杆，瞄准国际先进理念、技术、应用和系统，不断消化、吸收、完善、拓展和创新，为事务所“走出去”提供支持，为企业“走出去”提供保障。

（二）推进实施广东行业信息化改革工作

继续以行业公共服务平台、事务所综合管理软件、审计作业软件为信息化抓手，以“安全、高效、便捷、先进”理念为指引，推进实施广东行业信息化改革工作。

（三）推动行业网站建设及综合管理系统建设

推动行业网站建设，引导地方注协通过网站实现信息公开、在线办事、专业技术咨询和指导、会员参与以及在线咨询、申报、办事、查询等功能；引导事务所依托网站提升形象、发布信息、拓展商机、在线服务、在线咨询、招聘人员等。

（四）启动全省行业业务报告报备一体化系统

积极推动省、市业务报告报备系统一体化建设，推动行业网络化、规范化、精细化管理，打破地域界限，促进执业业务互融互通。

六、树立服务理念，圆满完成考试组织工作

（一）完成考试报名工作

2015年，省注协考试委员会发布广东考区报名简章，全省报名参加专业阶段考试共86 607人，合计225 588科次，报名参加综合阶段考试2 229人，报名参加英语测试40人，人数与科次较2014年同比增长26%，创历史新高。

（二）落实机位检查工作

2015年6月，省考办派出10个检查组，会同各市注协对全省19个考区98个考点，1 025个考场的环境设施和机位的配置进行检查。

（三）组织完成2015年全国注册会计师统一考试工作

2015年8月29日、10月17－18日，组织完成2015年度注册会计师全国统一考试综合阶段考试和专业阶段考试广东考区工作，考场秩序良好，无重大异常情况。全省通过专业阶段考试共11 444科次；通过综合阶段考试共1 354人，通过率达81.86%。

七、严格行业监管，提高行业整体服务质量

（一）构建多层次行业监管制度体系

制定印发《广东省注册会计师协会黑名单会员管理试行办法》和《广东省注册会计师协会优秀执业质量检查人员评选办法》。起草《广东省注册会计师协会专家库管理办法》，修改完善《广东省注册会计师行业业务报告防伪报备管理办法》。

（二）扎实开展2015年执业质量检查与对标提升活动

抽查审计报告2 103份，验资报告79份；对5家事务所和12名注册会计师给予行业惩戒；注重监管与帮扶并

重，日常监控与重点检查并重。

（三）探索研究行业工时预算分类成本控制标准

利用数学建模，分地区、分类型对事务所承办业务所耗费工时与人工成本进行研究，掌握广东省区域内的事务所依照执业准则规范、履行相关审计程序、出具审计报告所需审计成本，指导事务所充分利用研究结果建立内部分类成本体系，防范行业不正当低价竞争。

（四）主动配合政府部门开展相关工作

针对事务所从事高新企业认定专项审计的难点问题，邀请评审专家对167家事务所、194人次进行培训。积极为省国有资产监督管理委员会、省审计厅、省地税局等部门提供、更新广东省事务所诚信情况信息，协助有关部门择优选取事务所购买服务。

八、加强管理服务，强化会员沟通与联系

（一）率先出台协会团体会员管理办法

研究借鉴境外会计专业团体的治理经验，在全国行业率先制定出台《广东省注册会计师协会团体会员管理暂行办法》，用以明确协会与团体会员之间的法律关系，规范对团体会员的管理工作。

（二）完成注册会计师任职资格年检

2015年，通过年检注册会计师5 628人，不予通过年检的223人。广东省注册会计师任职检查工作，特别是现场检查和留取注册会计师个人印鉴的做法得到中国注册会计师协会的肯定。

（三）认真做好会员管理与服务工作

2015年，召开6次注册管理委员会会议及4次小组工作会议，对126名拟担任事务所股东（合伙人）的注册会计师进行评审，通过116名。共批准注册会计师注册406人，办理非执业会员入会及注册会计师转非执业785人、注册会计师转所452人、非执业会员转会70人。为80多家事务所出具相关工作证明，为3名非执业会员出具积分入户身份证明。

（四）完成事务所基本信息报备

通过网上系统及时对100多家事务所法人、地址、股东、合伙人的变更信息进行报备，备案率达100%。

（五）开展其他工作

积极参与财政部的24号令修改，多次向财政部会计司、中注协等收集、整理和反馈修改意见；配合省财政厅法规处开展“推进涉税专业服务社会组织立法”调研以及省编办对社会组织承办政府职能转移事项的调研；配合厅法规处、信息中心完成注册会计师注册行政许可事项网上办事大厅建设；布置中国注册会计师协会第三批资深会员评选工作；举办“新常态 新机遇 新挑战”非执业会员沙龙活动。

九、加强交流合作，扩大行业宣传与影响

（一）加强与境外会计专业团体的交流与合作

组团赴英国与英格兰及威尔士特许会计师协会广泛交流；访问BDO（伦敦）并与BDO伦敦负责人进行深入探讨。组团赴韩国参加“第19届亚太会计师联合会大会”、赴中国香港参加“2015年海峡两岸及港澳地区会计师行业交流研讨会”、“粤港会计服务合作交流研讨会”、“香港华人会计师公会2015年春茗联欢晚宴”、“香港会计界庆祝六十五周年国庆联欢晚会”等。

先后接待特许公认会计师公会、英国皇家特许管理会计师公会、加拿大特许会计师协会香港公会、澳洲会计师公会华南委员会、香港会计师公会、香港华人会计师公会、香港会计资源中心等来访交流。

（二）扩大行业宣传和影响力

编印《广东省注册会计师协会第六次会员代表大会纪念册》，制作省注协宣传幻灯片；上线运行协会微信公众平台，建立微信交流群；全年共编印出版《广东注册会计师》杂志4期，在《广东电视台》、《中国会计报》、《羊城晚报》、《新华社广东分社》等播报、宣传行业换届情况10次、在《大社会》杂志宣传行业诚信建设1次，进高校宣讲1次，在中国注册会计师协会、省财政厅、省注协门户网站等网站发布上网信息和宣传工作动态100余次。

十、加强协会建设，提升协会服务与管理能力

（一）召开全省第六次会员代表大会

6月18日，在广州举行第六次会员代表大会，选举产生新一届理事会和监事会，其中：理事会由119名人员组成，监事会由5名人员组成，表决通过新修订的《广东省注册会计师协会章程》。

召开第六届理事会一次会议，选举产生第六届理事会常务理事、会长、副会长及秘书处领导班子成员。其中，常务理事会成员29名，会长1名，副会长7名，秘书处班子成员5名。

（二）强化自律运作机制建设

2015年，共召开4次常务理事会、12次省注协办公会议、9次专门（专业）委员会。修订完善专门（专业）委员会规则及行业制度办法，通报行业工作，充分发挥常务理事会的民主决策和重大事项集体决策职能。

（省注册会计师协会供稿，林壮镇执笔）

资产评估行业管理

2015年，省资产评估协会（以下简称“省评协”）坚持求真务实，紧紧抓住全面深化改革的契机，围绕行业重点开展资产评估管理工作。

一、抓住行业管理改革契机，加快行业转型升级

（一）稳步推进资产评估收费改革工作

2015年1月，省评协与省注册会计师协会联合召开了行业应对注册会计师、资产评估服务收费改革座谈会，共同探索行业收费改革。9月，为协助广东省价格政策研究中心开展资产评估收费监测工作，省评协组织省内部分评估机构成立资产评估收费监测小

组，定期收集评估机构收费数据，分析资产评估收费情况。

（二）配合做好资产评估师职业资格管理等改革工作

一是在政府管理层面上取消了注册资产评估师等准入类职业资格，改为水平评价类职业资格；二是评估机构审批由前置审批改为后置审批。省评协及时梳理相关法规制度，配合中国资产评估协会（以下简称“中评协”）和省财政厅研究与管理体制改革相适应的配套措施。

二、狠抓制度建设，推动作风建设常态化

为促进行业健康发展，省评协在积极推进行业依法依章治理的同时，不断加强作风建设，提升服务和管理水平。一是根据行业管理和服务需要，继续研究完善各项行业制度，建立健全行业管理制度体系，实现行业自律监管制度化、规范化、精细化。2015年初，出台《广东省注册资产评估师继续教育培训班考核办法（试行）》等制度。二是对协会现有制度进行梳理，进一步规范协会内部管理。2015年底，草拟《广东省资产评估协会会员代表大会制度（审议稿）》、《广东省资产评估协会理事会制度（审议稿）》、《广东省资产评估协会重大活动备案报告制度（审议稿）》、《广东省资产评估协会信息披露制度（审议稿）》等。

三、继续做好各项监管工作，提高自律管理水平

（一）资产评估师年检

2015年上半年，省评协开展2014年度资产评估师年检工作，全省应参加年检资产评估师1 454人（不含深圳市，下同），其中：通过年检1 429人，暂缓通过9人，未通过年检16人。

（二）评估机构年度报备

2015年，省评协开展了评估机构年度报备工作，全省（含深圳市）应参加年度报备的评估机构200家，年度报备合格的评估机构170家，不合格的评估机构30家（含未参加报备4家）。

（三）执业质量检查

广东省资产评估行业执业质量检查工作于2015年5月正式启动，在全省145家评估机构（含分支机构）自查的基础上，省评协派出8个检查组对32家评估机构进行实地检查，并召开惩戒委员会会议。会议决定对7家评估机构进行约谈，并发出监管关注函。

（四）评估机构综合评价

2015年4－8月，省评协开展评估机构综合评价工作。经过对评估机构综合评价申报材料的收集整理、审核分析和数据评分，以及权重系数的论证等工作环节，于9月公开发布综合评价排名前80名机构名单。

（五）评估机构审批和日常管理

2015年，省评协收到评估机构设立（注销）事项网上申请42件，受理办结11件；收到评估机构变更备案事项申请37件，受理办结26件。由于中评协于5月暂停办理资产评估师注册事项，2015年度办理资产评估师注册仅1批次，完成注册11人，办理资产评估师转所115人，出具无不良执业记录证明115份，开具业务咨询意见函20份。

（六）认真办理投诉举报事项

截至2015年底，省评协秉持公平、公正、公开的原则，对受理的10家评估机构投诉事项，及时展开调查研究，化解矛盾，维护相关当事方合法权益。

四、强化人才培养，保证行业持续发展

一是召开行业人才发展规划工作会议。3月，省评协在暨南大学召开行业人才发展规划工作会议。二是加强校协合作。与暨南大学合作完成《广东省资产评估行业人才培养与队伍建设的研究》课题；与广东金融学院签订了“资产评估专业教育与科研战略合作框架协议”。三是专家库有序运作。2015年底，省评协完成第二批38名专家入库后，专家库入库专家达到130名。四是开展继续教育培训工作。省评协全年共举办资产评估师继续教育培训班5期，共培训1 516人次（含岗前培训人员6人、参加协会年度行业检查折合培训课时的人员32人和参加中评协骨干班53人）。五是开展资产评估行业专业人士统战调研。8月，中评协专职党委副书记宋阳带队到广东省开展资产评估行业专业人士统战工作专项调研，省评协积极配合，进一步摸清广东省资产评估师参政议政的相关情况。

五、开展周年纪念活动，提升行业凝聚力

2015年，省评协向全省评估机构发出了《20周年系列活动倡议书》，征求评估机构意见，研究制定20周年系列活动方案，有序开展各项纪念活动。

（一）举办专题沙龙活动

2015年5月，省评协与广东金融学院联合举办了以促进行业转型升级，探讨知识产权评估、金融资产评估等业务领域的评估理论和实践为主题的评估沙龙活动，来自高等院校代表和评估机构40多名代表参加了活动。

（二）举办经济论坛活动

2015年7月，省评协与暨南大学举办以“时局与前瞻：新常态下的经济发展”为主题的资产评估行业经济论坛。暨南大学等有关高校、评估机构的负责人和资产评估师近200人参加了论坛。

（三）开展成立20周年行业先进推选活动

2015年，为进一步推动行业发展，省评协开展成立20周年行业先进推选活动。经过机构推荐、省评协审核、网上公示、常务理事会审议表决等程序，选出行业杰出代表20名，行业“十佳”评估机构10家。

六、加强协会自身建设，促进协会工作再上新台阶

（一）积极参加省社会组织管理局组织的专业类社会团体5A级评选活动

按照省社会组织管理局的要求，省评协高度重视，认真部署，对照4个一级指标、17个二级指标、119个三级评分指标，收集、整理、汇编了相关评级材料，于2015年10月通过省社会组织管理局的现场评价。

（二）召开省评协第三届理事会第三次常务理事会会议

2015 年 12 月 15 日，省评协召开第三届理事会第三次常务理事会会议。会议审议通过了《广东省资产评估协会 2015 年工作总结和 2016 年工作要点》、《广东省资产评估行业“十佳”评估机构名单》、《广东省资产评估行业杰出代表名单》、《广东省资产评估协会专家库第二批入库专家名单》及专门委员会个别委员调整事项；研究讨论省评协相关制度、省评协成立 20 周年总结大会暨第三届理事会第三次会议筹办事项。

（三）加强行业宣传工作，促进行业信息交流

2015 年，省评协共编辑《广东资产评估》期刊 4 期，印发 1 000 多册，内容涵盖协会建设、行业制度建设、专业文摘、行业文化及机构动态等。

（省资产评估协会供稿，黎雪瑜执笔）

财政职业技术教育

2015 年，广东省财政职业技术学校（以下简称学校）按照省财政厅的工作部署和省教育厅的工作要求，自觉践行“三严三实”，在教育教学改革、推动事业发展等各方面取得成效，分别获得“十二五中国教育贡献突出单位”、“中国职业教育百强”、“广东省校园安全公约示范校”等荣誉称号。

一、以重点工作为核心，推动教育事业不断向前发展

（一）推进广东财贸职业学院筹建工作

根据省财政厅党组关于“筹建广东财贸职业学院”的决策部署以及省教育厅的相关要求，经实地调研和勘察，完成校园总体规划和《筹建广东财贸职业学院申报材料》。12 月 17 日，在省教育厅组织召开的筹建广东财贸职业学院论证会上，材料申报和项目选址成果汇报等相关工作得到与会专家的认可、支持和指导。

（二）完成学校章程建设工作

学校严格按照章程制定的程序要求，在广泛调研、深入论证、充分听取各方面意见的基础上，以法律法规及政策文件为依据，做好《广东省财政职业技术学校章程》（以下简称《章程》）的起草工作。12 月底，《章程》经三下三上完成修改审定核准，成为第一批审定通过的省属 12 所学校章程，章程建设走在省属兄弟院校的前列。

（三）落实国家助学金和免学费政策工作

严格遵守国家和省的有关文件和政策规定，按政策实施要求推进资助档案和资助财务工作的标准化、规范化、科学化管理，落实对学生的资助工作。上半年，省教育厅对全省地级以上市和顺德区中等职业学校免学费和国家助学金政策落实情况进行全面检查，学校在检查中获得优秀成绩。2015 年 10 月底，学校修改完善并印发《广东省财政职业技术学校学生资助管理制度》等系列文件，进一步规范学生资助工作。

（四）完成校庆“两刊”印发

整理校庆征集作品及相关材料，经过素材组织、文字编辑、排版校对等程序，数易其稿，以图文并茂的形式完成校庆专刊《财税黄埔，精神家园》和增刊《财校梦，家园情》的编撰和印发，展示学校办学 41 周年暨龙归建校 35 周年的历程、特色、成果。

二、以内涵建设为动力，综合管理水平务实高效

（一）完善校务工作体系，提升行政管理效能

学校校务工作以“运转有序、协调有力、督办有效、服务到位”为目标，围绕学校中心工作，对内对外坚持提供优质服务。具体来说就是服务理念增强、综合协调提升、工作节奏加快、文字水平提高、接待和会务到位、车辆运行安全。

（二）完善财务工作程序，规范收支管理

财务管理进一步规范，支出方面继续坚持“优化支出结构、厉行节约、勤俭办事”原则，圆满完成 2014 年度会计决算报表的编报、会审和会计凭证装订及归档等工作，编制完成 2016 年部门预算和 2016—2018 年中期财政预算编制的工作；顺利完成合同制职工公积金的缴存；按规定办理教工 2015 年度住房公积金缴存基数和月汇储额调整；及时办理国库集中支付相关事项和进行会计核算等工作。

（三）完成固定资产清查登记工作，规范资产管理

根据省财政厅《关于开展固定资产清查工作的通知》，对学校固定资产进行全面清查，及时对固定资产进行录入、制卡等工作，根据实存情况，调整固定资产系统数据和财务系统数据，做到账实相符、账账相符，并着手解决软件开发购置、制度修订完善等工作。

（四）完善安全保卫工作，推进“平安校园”建设

学校加强保安队伍的政治和业务学习，举办消防安全知识讲座等活动，强化师生消防安全意识。同时进一步完善消防设施，完善消防户籍管理系统资料，建立消防预警系统和增加部分烟控感应系统，完成灭火器补充粉末和水剂工作，确保设施设备完整良好。全年无重大安全责任事故发生，无重大、特大刑事和治安案件和重大影响的群体性事件发生。

三、以教育教学为中心，营造学生培养新局面

（一）加强技能培养

学校重视技能教学与学生技能培训活动，积极组织开展多形式、多专业、多层面的专业技能竞赛活动。在校内举办的各类专业技能竞赛中，共有 27 个项目 3 557 人次参加。

（二）加强教育教学改革工作

学校立足实际，以改进实践、服务学生的发展为指向，开展科研、教研工作。组织开展“信息技术进课堂”的实践教学研讨课。同时，学校进一步深化会计电算化“理实一体化”、“工学一体化”教学模式的研究，践行任务引领式教学，继续重视实践教学体系建设，加强学生专业实习、实训。

（三）加强校企、校校合作

学校筹划准备、组织举办以“协同育人 创新发展”为主题的2015年合作办学经验交流暨人才供需见面会。见面会有80多家企业为2013级800多名顶岗实习学生提供2 000多个实习或工作岗位。2015年，学校不断拓展校校合作，与普宁市中等职业技术学校、罗定市中等职业技术学校联合办学，双方合作招收电子商务、会计电算化、汽车维修等专业学生，并与广州民航职业技术学院开展电子商务专业（3＋2）中高职衔接一体化人才培养的合作，共同培养人才。

四、以促进学生全面发展为目标，构建全方位育人体系

（一）深入开展思想教育活动，培养学生良好的品行

利用周一国旗下讲话、校会、班会、重大节日等时机，加强对学生的法纪教育、安全教育与思想教育，细化学生日常行为标准，做好学生日常仪容仪表及早操、晚修纪律、出勤、卫生等方面的考核、监督、检查和教育，促使学生养成良好的行为习惯。

（二）深入开展各项文体活动，丰富校园文化建设

注重学生人文素质的培养和校园文化建设，充分利用校园网、宣传栏、黑板报、校刊、校报、通讯社、广播站等媒介，创设浓厚的德育教育氛围。2015年，举办“三走”活动（走下网络、走出宿舍、走向操场）和第六届“自信自立励志成才，明礼修身厚德端行”主题教育活动、系列活动月（学雷锋活动月、第八届心理健康教育活动月、第十四届社团活动月）、第十六届校园文化艺术节活动等，组织迎新文艺晚会、校园十大歌手比赛、第十八届校园文学创作大赛、手工艺制作大赛、硬笔书法比赛、篮球友谊赛、乒乓球比赛、文学交流会、书法讲座等活动。

（三）加强队伍建设，提高德育教育成效

一方面，加强班主任团队的培训与指导。注重班主任专业能力培养，开阔班主任工作视角，加强班主任间沟通，丰富班级工作办法，举办2015年班主任专题研修班。另一方面，加强学生队伍管理。组织学生干部系列培训活动，强化监督与管理，完成学生会、团委会的换届选举。

五、以完善服务为宗旨，提升后勤教辅功能

（一）完善校园基础建设

一方面，根据财政下拨的实训基地建设专项资金使用计划，完成学校汽修实训室、商务礼仪实训室、学生第二课堂综合实训室等场所的建设规划、项目招标、建设和验收等；另一方面，根据学校统筹安排，完成学生宿舍电增容项目、7号楼学生公寓改造升级、部分消防设施升级改造以及运动场（排球场、部分跑道）、档案室间隔、校园围墙改造校园维修工作。

（二）加强膳食、医务管理

对食堂日常工作的巡查记录和日常量化考核，强化安全监管，确保膳食供应的安全和卫生，完成对教工食堂静电除油烟设备的安装调试，并对学生食堂的柴油炉头等炉具进行维修保养；常规的做好卫生宣传、传染性疾病预防和治疗工作以及学校绿化及消毒灭蚊工作；加强保卫等安全防范工作，及时消除安全隐患。

（三）发挥图书馆藏作用

上半年，学校举办以“读书成就梦想，知识照亮人生”为主题的读书活动，营造“书香校园”的浓厚氛围。同时，为进一步营造书香校园的文化氛围，激励同学们多读书，读好书，下半年首次举行“阅读之星”评选活动，共评选出2014—2015学年学生“阅读之星”12名。

（四）进一步完善信息支持

做好实训设备、电教设备及配件、耗材的采购，校园网络和各类实训室以及多媒体电教设备、广播音响的管理与维护；完成校园网络外网150M混合带宽的扩容，搭建并完善学校微信公众平台，逐步完善公众平台的功能；完成学校《校园安防监控系统维修及升级改造工程项目》和《视频直播系统维修改造工程项目》的方案设计、公开招标、合同签约等工作。

（广东省财政职业技术学校供稿，郑金荣执笔）

会计函授职业技术教育

2015年，省会计函授职业技术学校（以下简称省函校）深化改革、转变作风、加强管理、提升服务，按时保质完成各项工作任务。

一、培训和研究

（一）财政支农政策培训

2015年2－4月期间，组织省师资库教研组开展3次教研、调研活动，了解农村财会人员财政支农培训需求；开发“财政支农政策讲解”、“会计法律制度”等8个培训专题，编写14万多字的专题培训讲义，并制作配套课件。此外，实地监督检查和指导全省各地开展财政支农政策培训工作，全年全省共完成培训人数52 482人；组织广东省2014年财政支农政策培训考核，对培训工作进行全面总结。

（二）师资培训

2015年5－6月，分别在广州市番禺区、珠海市举办三期师资培训班，共为20个地级以上市（不含深圳）培训342名骨干师资。12月，在广州举办省师资库培训班，省师资库成员、各市骨干师资、教学工作联系点师资共62人参加培训。此外，选派授课老师参加中华会计函授学校师资培训授课和经验介绍。

（三）课题研究

完成“财政基层培训课程体系建设”的子课题——“农村财会人员财政支农政策培训课程体系建设”的研究。

二、开展会计从业资格考试考务工作，协助会计服务大厅管理

（一）会计从业资格考试考务

2015年，参加省直会计从业资格考试共1 664人次，其中考试及格并符合发证条件的共814人，考试合格率48.7%。全年接受各地市的试卷申请共178次，发出试卷共367 473份。

改革创新考试流程。省属会计从

业资格考试报考流程从原来的先缴费后选考位，改革为先选考位后在规定时间内缴费，逾时重新选考位缴费；为防范考场替考的风险，采集相片方式从原来根据考生网上填报和身份证读卡，改革为考生考试结束后现场拍照，成功采集考生相片后不得更改，直接打印在会计从业资格证书上的方式。

注重细节管理。为避免考生因遗失准考证无法参加考试，省函校修改流程，实现进入考场无须使用准考证；调整考场拍照技术，加入各种优化手段提高照片质量；及时发送短信通知考生申领证书；在考场和网站全方位宣传告示，提醒考生防骗；在业务系统加入物理认证登录，把密码和密匙分离管理，同时加入日志记录，保护业务系统免受内部影响。

（二）提供对外服务

利用信息服务平台做好对外服务。2015 年受理会计从业资格申领业务人数共 801 名，办理申请、变更、调转、继续教育登记和遗失补办等业务共 5 722 笔，回复网上咨询来信 5 536 次，接听咨询电话共 3 918 次，受理省属单位备案 109 个；参加共 220 小时的省直单位志愿服务岗活动；行风评议活动群众回复满意率 100%。

（三）完善日常业务

按照现有的法规和文件规定，统一制定业务办事流程指南，实现所有前台业务当场办结、短信通知、邮件办理业务和邮件办理进度的查询功能。

（四）推进文明窗口建设

围绕文明规范用语、行为规范等主题，进行沟通技巧、形象塑造、服务意识、社交礼仪等方面内容，组织员工认真观看培训专家授课录像，采取互动交流、模拟演练等方式提高培训效果；建立严谨的考核制度并与绩效工资挂钩，督促矫正员工的不良行为。

三、做好综合管理工作

一是财务管理。做好日常财务核算，规范审批程序，审核会计凭证，确保财务工作安全规范；认真完成部门决算，真实、完整、准确、及时反映省函校预算执行和财务收支活动；组织完成部门预算编制审核，为省函校各项工作的开展提供经费保障。二是公文处理。坚持在公文处理时效和质量上下功夫，切实保证在公文流转及时、衔接有序。累计上报各部门文稿达 60 多份，完成公文制发、打印排版 50 多份，办理收文登记 690 份，交换、邮寄文件和信件共计 270 件，完成档案的接收、整理、编目、装订 660 份，接待查阅、复印、档案资料约 130 份。三是人事劳资。为深化省函校人事制度改革，建立健全岗位管理制度和人员聘用制度，起草并修改《岗位设置实施方案》和《专业技术岗位选聘方案》；配合人事教育处实施职工家访和约谈制度，及时了解职工家庭生活、经济、思想动向等情况。四是资产管理。严格执行政府采购、资产配置等相关规定，组织开展环市路会计服务大厅装修工程所涉及的三个单位部门设备、家具的大批采购，编制采购需求、申请经费预算、申报采购计划、审核修改招投标文件、采购协议、实施采购等工作。2015 年，办理办公设备采购 11 项，采购金额 348 949 元，办公家具采购 26 项，采购金额 258 000 元；按规定程序清理报废固定资产 14 项，原值共计 43 380 元。五是狠抓环市路装修工程的工作进度和质量。针对装修工程出现的问题，多次与各有关单位协调沟通，确保及时整改落实。并相继做好制作招牌、室内清洁、环境治理和空气质量检测等工作。六是搬迁有关工作。拟定搬迁事项和搬迁计划，落实各项工作责任，协调和解决搬迁工作中出现的矛盾和问题。

四、转变作风，着力提升干部队伍素质

一是进一步优化工作流程，简化群众办事程序。二是深入推进作风建设与领导带头相结合，以上带下率先垂范，带头学习提高，带头查摆、解决“不严不实”的问题。三是深入推进作风建设与省直单位行风评议活动相结合，把“为人民群众办实事”作为工作常态。四是加强业务学习，提升干部素质。坚持定期学习制度，及时了解工作要求，更新业务知识。五是校务会议制度常态化。坚持每月初召开校务会，各部门负责人总结上月工作完成情况，并列出下月工作计划，共同研究讨论难题。

（省会计函授职业技术学校供稿，关坤翘执笔）

专 题

深入推进财税体制改革

2015年，按照中央和省委、省政府深化财税体制改革的总体部署，全省各级财政部门坚持立足实际，主动作为，狠抓落实，积极推进各项改革工作。围绕贯彻实施《广东省深化财税体制改革 率先基本建立现代财政制度总体方案》，省财政厅制定印发各类改革文件35项，其中，以省政府名义印发的10项，经省政府同意以省财政厅名义印发的25项。除需待中央统一部署和中央已明确不实施试点的事项外，省委、省政府部署省财政厅作为第一牵头单位的重点改革任务、改革试点任务及计划出台的改革成果已基本完成。

一、预算管理改革方面

坚持预算管理改革先行，突出预算管理制度的基础和龙头作用，推动建立现代财政制度。以省政府名义印发《关于深化预算管理制度改革的实施意见》，并在此基础上出台关于实行中期财政规划管理、加强政府性债务管理、规范一般性转移支付资金管理、规范省级财政专项资金管理、开展省级财政零基预算改革等一系列改革文件，努力建立预算编制科学完整、预算执行规范有效、预算监督公开透明“三位一体”的预算管理制度。

（一）细化完善预算编制

一般公共预算支出按其功能分类编列到项；按其经济性质分类，基本支出编列到款；转移支付分地区、分项目编制，转移支付预计数提前下达市县（2016年提前下达比例高于70%）；政府性基金预算、国有资本经营预算、社会保险基金预算支出，按其功能分类编列到项。2016年预算草案着重细化部门预算和转移支付预算，“部门预算表”全覆盖404个一级预算单位；“税收返还和转移支付补助预算表”细化到6376项。整个预算草案达2 600多页，清晰反映教育、科技、文化、卫生、农业、财力性补助等各类资金在各市县间的分布情况。

（二）稳步推进零基预算改革

将预算安排由“基数+增长”向“动态加标准”转变，2015年选取6个部门开展试点，2016年扩大到20个，争取2017年省级全面铺开实施。通过改革，健全预算标准体系，严格机关运行经费管理，建立定额标准动态调整机制，充分发挥支出标准在预算管理中的基础支撑作用。

（三）完善省级国有资本经营预算管理

印发《关于进一步完善省级国有资本经营预算管理的实施意见》，进一步规范省级国有资本经营预算编制、执行和监督管理。

（四）加快推进项目库改革

改变以往“先定预算、后找项目”的做法，将除基本支出之外的全部省级财政资金纳入项目库改革范围，由各主管部门提前做好项目可行性研究、评审、招投标、政府采购等前期准备工作。入库项目达2万多个，预算中首次编制《省级财政专项资金项目库表》，将50项、涉及金额648亿元的专项资金逐一拆分为7 313个项目落实到补助对象。

（五）建立跨年度预算平衡机制

制定实施《广东省人民政府关于实行中期财政规划管理的实施意见》，编制2016—2018省级中期财政规划，加强对未来三年的财政收支情况分析预测，提高预算的前瞻性和财政预算的统筹能力。

（六）增强预算执行的时效性和均衡性

完善财政预算执行管理考核奖惩制度，建立支出进度与转移支付挂钩办法、库款规模与资金调度（拨款）挂钩办法、存量资金与资金安排挂钩办法，完善支出进度通报机制，强化责任考核，加大考核力度。严格按照新预算法“先有预算、后有支出，无预算不得支出”的原则，强化预算执行刚性约束。制定印发《关于进一步做好盘活财政存量资金工作的实施意见》，加强财政存量资金监控和清理，建立盘活财政存量资金的长效机制。

（七）推进预决算信息公开

制定印发《关于进一步推进省级预决算信息公开的意见》、《关于进一步推进市县预决算信息公开的指导意见》，按照时限要求公开省级预决算，通过省级专项资金管理平台及时公开专项资金信息。加大对省级各部门及市县预决算信息公开的督促力度。

（八）完善专项资金管理

构建“1+1+8+X”的专项资金管理制度体系，牵头会同有关部门重新修订各项省级具体专项资金的管理办法。加强专项资金清理整合，2015年将省级一般公共预算专项资金整合压减至219项，编制2016年预算时，按照“一个部门一个专项，没有专项的部门不新增专项”的原则，进一步将省级一般公共预算专项资金压缩到50项。

（九）规范地方政府性债务管理

按照财政部的统一部署，对全省存量政府性债务进行全面清理甄别。印发《关于加强政府性债务管理的实施意见》，明确要求全省各地建立规范的地方政府举债融资机制，从举债主体、限额管理、预算管理、风险预警、清理甄别、政绩考核等各方面全面规范债务管理。完善债务预算管理，置换存量债务，实施地方政府债务限额管理，研究制定广东省政府性债务风险应急预案，构建省、市、县三级政府性债务风险防控体系。

（十）调整完善转移支付制度

将属于地方事权的项目，划入一般性转移支付，增加一般性转移支付规模和比例，增强市县可统筹财力和资金分配使用自主权。印发《关于改革和完善省对下财政转移支付制度的实施意见》，强化省级统筹推进基本公共服务均等化的职能，明确市县用好上级转移支付促进经济社会发展的主体责任。按2016年预算安排计划，省级一般性转移支付占转移支付比重达65.4%，比2015年全国57%高出8.4个百分点。

（十一）调节完善省以下财政体制

密切关注中央与地方收入划分调整最新进展情况，认真测算收入划分调整对广东省的影响，结合事权与支出责任调整改革进展情况，通过加大转移支付力度，优化转移支付结构，促进广东省区域协调发展。2015年增加韶关翁源县、河源连平县、汕尾海丰县、湛江雷州市、肇庆广宁县、揭阳惠来县等6个县（市）纳入第5批省直管县财政改革试点范围，此次扩围后广东省试点县数量达到36个。

二、省以下事权和财政支出责任改革方面

按照从财权到事权的改革思路，坚持试点先行、循序渐进，探索推进省以下事权和支出责任相适应改革。

（一）梳理拟试点地区试点领域事权和支出责任清单

按工作方案安排，会同主管部门对试点地区的有关情况进行调查摸底，全面梳理教育、民政、社保、交通、水利五个试点领域的所有事权，共二级事权40项、三级事权178项。178项三级事权中，省级承担5项事权的支出责任，市县承担41项事权的支出责任，其余132项事权的支出责任为省市县共担，形成省以下事权和支出责任划分清单。

（二）研究起草试点方案稿

按照适当提高省级政府统筹能力、保持现有财力格局大体不变、有利于调动各级积极性以及地理信息复杂程度、符合法律法规规定等原则，探索推进省以下事权在省与试点市县之间进行置换调整。经反复沟通、多次研究，178项三级事权中，拟上收省级16项、下划地方46项、调整支出比例8项、市县承担改为省市县共担1项、维持现状107项，并对改革后省和试点市县的财政支出变动情况进行详细测算。在此基础上，制定省以下事权和支出责任置换调整清单并研究制定《广东省建立省以下事权和支出责任相适应制度改革试点方案》（稿）。

（三）加强与中央事权和支出责任改革的对接

对财政部《关于推进中央与地方事权和支出责任划分改革的指导意见（征求意见稿）》提出修改意见。对照中央改革意见和步骤安排，广东省改革试点方案既体现相互衔接的一面，同时也需在事权划分和支出责任确定上进行完善，准确把握中央改革思路，密切跟踪改革动态，力争广东省先行先试，率先开展建立省以下事权和财政支出责任相适应制度改革。

三、推进基本公共服务均等化方面

根据《广东省基本公共服务均等化规划纲要（2009—2020年）》（修编版）既定的目标任务，探索体制机制创新和完善配套措施，持续加大财政民生投入力度和提高基本公共服务支出占比，加快推进基本公共服务均等化。

（一）完善基本公共服务均等化投入机制

加大财政投入力度，进一步调整和优化公共财政支出结构，逐步提高基本公共服务支出所占比重，保证每年度基本公共服务均等化预算支出增长幅度高于财政经常性支出增长幅度。同时，加大预算统筹力度，建立健全定位清晰、分工明确的政府预算体系，实现一般公共预算与国有资本经营预算、政府性基金预算相互衔接，通过提高国有资本收益上缴公共财政比例和将相关政府性基金收入转入公共财政，安排更多财政资金用于提供基本公共服务和推进基本公共服务均等化，切实保障和改善民生。

（二）落实县级基本财力保障机制

以县乡政府实现“保工资、保运转、保民生”为目标，逐步提高县级基本财力保障水平，实现县级政府财力与保障责任相匹配。2015年，省财政下达县级基本财力保障机制奖补资金37.97亿元，比2014年增长5.3%，加上以前年度基数部分，2015年共下达粤东西北地区122.91亿元。

（三）深化基本公共服务均等化综合试点改革

进一步扩大基本公共服务均等化综合改革试点，在惠州、江门、阳江、清远市继续开展试点的基础上，将珠海、河源、湛江市纳入综合改革试点范围，围绕进一步完善基本公共服务投入机制、供给方式、管理机制、民主决策机制，积极探索新思路、新办法和新举措。

（四）创新公共服务提供方式

将适合市场化方式提供的基本公共服务事项，交由有相应资质和能力的社会组织或企业等承担，推动基本公共服务提供主体多元化。凡属事务性、专业性较强的基本公共服务项目，引入竞争机制，实行政府向社会力量购买服务。建立完善政府购买服务制度，形成与经济社会发展相适应、高效合理的基本公共服务资源配置体系和供给体系。各地综合运用财政贴息、补助、奖励、竞争性分配等方式引导社会资金投入民生领域，完善基本公共服务保障网络，提高基本公共服务产品供给的效率和质量。

（五）完善管理机制

建立健全区域基本公共服务均等化协调机制，不断缩小区域间基本公共服务差距，在现行体制框架内实现区域间基本公共服务支出水平的初步均衡，区域间基本公共服务范围和标准基本保持一致；研究制定异地务工人员享受基本公共服务办法，探索建立财政转移支付与农业转移人口挂钩机制，逐步实现基本公共服务常住人口全覆盖。

（六）完善绩效考评机制

修订印发《广东省基本公共服务均等化绩效考评办法》，突出对基本公共服务均等化过程及其结果的综合绩效管理，发挥绩效考评导向、激励和约束作用。

四、财政投融资改革方面

按照“政府引导、市场运作、规范透明、监管有力”的要求，深化公共资源交易体制改革，构建政府公共资源向各类投资主体公平配置机制，探索创新财政投融资模式，推进重大基础设施建设项目政府和社会资本合作（PPP）、政策性基金等融资模式试点。

（一）推广PPP模式

印发《广东省关于在公共服务领域推广政府和社会资本合作模式的实施意见》，在公共服务领域推广PPP模式，明确PPP模式的适用领域、运作方式、项目管理、回报机制、风险防范和保障措施等。依托财政部PPP综合信息平台，筹建全省PPP项目库，对全省PPP项目实行分类管理。

（二）推进财政经营性资金股权投资改革

进一步扩大省财政经营性资金股权投资改革试点，完善股权投资支持方式，督促受托管理机构完善操作制度，鼓励支持财政资金市县持股和以优先股方式投资，加强风险控制，并对2013年以来受托管理省财政经营性资金实施股权投资进展情况进行梳理，总结完善相关工作经验，优化工作流程，继续深入推进股权投资改革。

（三）设立政策性基金

规范财政出资相关基金管理，按照“政策引导、市场运作、科学决策、防范风险”的原则，实施投资管理，推动落实省委、省政府确定的发展目标，放大财政资金使用效益。明确财政部门、业务主管部门、受托管理机构的职责关系，遴选受托管理机构和托管银行，规范设立基金管理公司，确保基金有效运转。

（四）构建政府公共资源向各类投资主体公平配置机制

根据国务院办公厅《整合建立统一的公共资源交易平台工作方案》要求，修改完善《广东省政府公共资源向各类投资主体公平配置实施办法》（稿），适时推进改革试点。

五、税制改革方面

会同省国税、地税部门按照中央和省委、省政府的有关部署，积极落实税收制度改革相关任务。

（一）抓好营业税改征增值税改革试点

加强对已改征行业的培训指导，引导试点企业适应新税制、用好新政策，并积极做好全面扩围的各项准备工作。同时，落实“营改增”财政扶持政策，下拨2014年度（含2013年补充）“营改增”扶持资金1.11亿元，减轻企业负担。

（二）清理规范税收等优惠政策

按照国务院和广东省清理规范税收等优惠政策实施方案要求，分类规范税收等优惠政策，共清理出优惠政策文件4 262项（不含深圳），其中提出废止的1 360项，提出保留的2 902项。

（三）抓好消费税扩围工作

2015年2月起，按照国家部署将电池、涂料等纳入消费税征收范围，全年预计新增消费税12亿元；积极参与研究进一步扩大消费税征收范围，推动消费税征收环节由生产环节逐步后移。

（四）抓好资源税改革有关工作

2015年5月起，实施稀土、钨、钼有色金属资源税从价定率计征，铁矿石资源税由减按规定税额标准80%征收调整为减按规定税额标准的40%征收。积极参与研究进一步扩大资源税征收范围，促进资源节约使用。

（五）做好个人所得税改革有关工作

争取财政部将广州市列入商业健康保险个人所得税政策试点，制定《广东省商业健康保险个人所得税政策试点工作实施方案》。同时，组织开展个人所得税改革政策研究，就建立综合与分类个人所得税税制提出意见建议，应邀参加财政部改革方案征求意见会，积极做好个税改革有关准备工作。

此外，参与中央环境保护税和房地产税立法相关工作，开展耕地占用税专题调研，积极推动地方税建设。

六、其他领域改革方面

坚持统筹兼顾，加强协调配合，全面落实各项改革任务。

（一）开展权责发生制政府综合财务报告制度改革

编制完成《广东省本级2014年度权责发生制政府综合财务报告（试编）》。制定《权责发生制政府综合财务报告制度改革实施方案》并经省政府批转实施。指导各市县进一步扩大综合财务报告试编工作范围。

（二）推进巨灾保险试点

联合省民政厅、省水利厅、广东保监局印发《广东省巨灾保险试点实施方案》，在汕头、韶关、梅州、湛江、清远5市开展巨灾保险试点工作。

（三）推进公立医院改革

会同省卫生计生委、省发展改革委、省人力资源社会保障厅联合印发《关于新增县级公立医院综合改革医院名单的通知》，全省100%的县（市）人民医院、中医院均纳入县级公立医院综合改革试点范围，全面取消药品加成，同步进行县级公立医院收费项目的价格调整并落实医保支付政策，建立财政、医保、价格三联动的补偿机制。

（四）完善政府向社会转移职能和购买服务标准体系

报请省政府批准印发《政府向社会力量购买服务指导目录》，包括基本公共服务事项、社会事务服务事项、行业管理与协调事项、技术服务事项、政府履职所需辅助性和技术性事务等5个一级目录，57个二级目录，323个三级目录。

（五）推进省以下法院、检察院财物统管制度改革

印发《关于做好省以下法院检察院财物统管试点相关工作的通知》、《关于做好2016年省以下法院、检察院财物统管工作的通知》和《关于加大工作力度切实推进省以下法院、检察院财物统管工作的意见》，按照“依法依规、保障运行、稳妥实施、规范管理”等原则，妥善做好资金测算、财物划转、非税收入管理等工作，将

省以下法院、检察院全部纳入省级财政管理，建立经费保障长效机制。

（办公室供稿，柯迪执笔）

广东自贸试验区税收政策及时落地执行良好

2014 年 12 月 31 日，国务院批复设立广东自由贸易试验区，包括广州南沙片区（60 平方公里）、珠海横琴片区（28 平方公里）、深圳前海蛇口片区（28.2 平方公里），共 116.2 公里。国务院批复的广东自贸区总体方案提出抓紧落实好现有相关税收政策，充分发挥现有政策的支持促进作用。并明确了以下税收政策：一是上海试点的税收政策（共 8 项政策）原则上可复制到广东自贸区。二是前海、横琴已有的税收优惠政策不适用于自贸区其他区域。三是研究实施启运港退税（属上海政策之一）、境外旅客离境退税政策。省财政厅高度重视，积极加强与财政部的沟通协调，争取国家加快复制推广有关税收政策，并会同有关部门认真贯彻落实。

一、上海自贸区税收政策在广东自贸区复制推广

上海自贸区 8 项税收政策，除境外股权投资和离岸业务发展税收政策还没有出台、启运港退税政策没有在广东落地外，其他 6 项均在广东自贸区复制推广。

（一）4 项政策在全国推广实施

一是企业或个人股东因非货币性资产对外投资等资产重组行为而产生的资产评估增值部分，可在不超过 5 年期限内分期缴纳所得税（包括企业所得税和个人所得税）。二是对企业以股份或出资比例等股权形式给予企业高端人才和紧缺人才的奖励，实行已经在中关村等地区试点的股权激励个人所得税分期纳税政策，缴纳期限最长不超过 5 年，已在各地高新技术园区推广。三是将融资租赁企业或金融租赁公司在试验区内设立的项目子公司纳入融资租赁出口退税试点范围。四是对试验区内注册的国内租赁公司或租赁公司设立的项目子公司，经国家有关部门批准从境外购买空载重量在 25 吨以上并租赁给国内航空公司使用的飞机，减按 5% 征收进口环节增值税。

（二）原有的 2 项进口税收政策继续适用广东自贸区

上海自贸区试点选择性征收关税、试验区内进口生产性货物免税 2 项政策，为广东省横琴新区和相关保税区原有政策，财政部、海关总署、国家税务总局《关于中国（广东）自由贸易试验区有关进口税收政策的通知》进一步明确广东自贸区复制推广上海自贸区进口税收政策、试点选择性征收关税政策。

（三）启运港退税试点政策争取落地

广东自贸区方案明确结合上海试点实施情况，在统筹评估政策成效的基础上，研究实施启运港退税政策试点。省财政厅于 2016 年 2 月底通过省政府向财政部报送了《关于在广州南沙保税港区和深圳前海湾保税港区实施启运港退税政策试点的实施方案》。

二、前海、横琴现有的税收优惠政策落实到位

国家为加快前海、横琴开发专门出台税收优惠政策，财政部等国家部委均陆续出台相关政策文件（其中前海 2 项，横琴 5 项）在广东自贸区获批前落地。

三、境外旅客离境退税政策实施

根据《财政部关于实施境外旅客购物离境退税政策的公告》，在全国符合条件的地区实施境外旅客购物离境退税政策。境外旅客（指在我国境内连续居住不超过 183 天的外国人和港澳台同胞）在实施离境退税政策的口岸离境时，对其在经备案的退税商店购买的退税物品按 11% 退税率退还增值税。省人民政府办公厅发布《关于印发境外旅客购物离境退税政策实施方案的通知》，自 2016 年 7 月 1 日起在白云机场、南沙客运港、珠海九洲港三个口岸实施境外旅客离境退税政策。

（法规处供稿，潘敏执笔）

全面铺开零基预算改革

一、工作内容及目标

2014 年广东省印发《广东省省级财政零基预算改革方案》，从 2015 年开始开展零基预算改革试点。在总结 2015 年零基预算改革试点经验的基础上，省财政厅印发《2016 年省级财政零基预算改革试点工作实施细则》，从 2016 年起将试点范围从 6 个部门扩大至 20 个部门。

2016 年，纳入零基预算编制的试点部门共有 20 个。一是从 2015 年起纳入试点的部门 6 个，包括：省司法厅、省财政厅、省人力资源社会保障厅、省交通运输厅、省水利厅和省文化厅本部及其下属单位。二是从 2016 年起增加纳入试点的部门 14 个，包括：省质监局、省审计厅、省环保厅、省发展与改革委、省旅游局、省商务厅、省体育局、省科技厅、省住房与城乡建设厅、省卫计委、省民政厅、省农业厅、广东画院和省社科院及其下属单位。

二、工作措施

（一）完善基本支出预算编制

基本支出是指保障行政事业单位机构正常运转、完成日常工作任务、正常履行公共管理和服务职能必需的基本开支，包括人员经费和公用经费两类。

1. 明确制定标准的依据。定员定额标准依据国家、省的政策规定和有关财务制度，同时统筹考虑实际支出因素的变化。人员经费的定额标准，严格按照国家、省的工资制度和有关政策规定的开支范围、开支标准核定。公用经费定额标准有文件规定的，原则上按文件规定为准；没有文件规定的，参照相关因素结合实际情况核定。

2. 明确定额的计算对象。人员经费定额以人作为计算对象。公用经费分为人员定额和实物费用定额两类：人员定额以人为计算对象的定额标准，包括差旅费、因公出国（境）费、会议费、福利费、办公及印刷费、邮电费、租赁费、专用材料费、一般购置

费及其他费用等；实物费用定额指以物耗为计算对象的定额标准，包括按面积计算的办公用房水电费、维修费、物业管理费以及按车辆台数计算的公务用车运行维护费和购置费。

3. 建立单位基础信息数据库。为确保各项数据资料准确并在测算口径上具有可比性，在收集基础数据的基础上进行整理分析，剔除不合理因素。在此基础上建立单位基础信息数据库。主要包括单位收支数据以及人员、资产、工作任务、业务性质等基础数据。一般以单位各年度财务决算数据为依据，同时参考单位预算数据或通过专项调查收集有关数据资料。

4. 明确基本程序。由单位整理汇总近3年人员经费和公用经费支出情况，提出人员经费和公用经费定额标准安排建议。财政部门对各单位报送的基本情况进行整理、审核，同时结合同类部门间的横向比较情况，进行修正后确定人员经费定额标准。

5. 核定定额标准。财政部门在测算各类部门的单项基准定额的基础上，兼顾公平和现状，确定同类部门的分档定额标准，再确定所应执行的各个单项定额标准。各个单项定额标准的总和，构成单位基本支出的综合定额。

（二）完善项目支出预算编制

项目支出指部门为完成其特定的工作任务或事业发展目标，在基本支出预算之外编制的年度支出计划。按照资金性质，项目支出分为专项性工作经费、基建项目和事业发展性支出三类。

1. 明确项目安排依据。国家、省已确定项目应提供项目安排依据（如国家、省文件，财政部门批复文件，投资主管部门批复文件）；跨年度支出项目应提供项目分年度实施计划以及切实可行的用款申请；专项性工作经费项目应提供部门工作规划或其他政策文件，确实不能提供安排依据的，要说明理由，并逐项说明项目支出范围。

2. 申报前进行可行性论证。项目安排应严格审核论证，包括计划任务、实施方案、实施年限及分年度计划，预期效益、绩效目标明确清晰，投资及资金筹集方案科学合理等。

3. 实行项目清理。申报预算前，单位应对原有项目进行清理评估：工作目标已完成的应及时取消；实际情况发生变化的应调整优化；性质相近的应整合归并；新增的项目应严格准入条件，经过多方评审论证。

4. 项目安排有保有压、有先有后。保障重点支出，控制一般性支出。同时按照轻重缓急的原则对项目支出进行合理排序。其中，“非常重要”和“比较重要”的项目占所有申报项目中的比例分别不超过30%、40%。

5. 细化支出用途。所有项目支出预算应细化到具体单位和具体用途，上级单位不得代编下级单位预算。资金明细分配方案应符合有关财政资金管理办法、规定的扶持政策、方向、范围和内容。

6. 明确编制程序。单位提前准备明细项目，发布申报指南、开展项目评审，并将拟安排的明细项目录入项目库系统。省财政部门根据省直有关部门报送的正式文件，结合省政府批准的中期财政规划方案，在项目库管理系统上进行二级项目入库初审。财政部门在中期财政规划框架下，在项目库系统中筛选政策项目和明细项目，提出年度预算编制建议。

三、工作成效

（一）完善定员定额标准，做实人员公用经费

零基预算单位人员经费标准按实际职级、工资政策据实核定。一是完善行政和参公单位人员经费标准。在2015年标准基础上，增加2015年国家基本工资调整因素以及特殊岗位津贴。二是完善事业单位基本支出定额标准。对公益一类事业单位在职人员经费标准全额保障。定员定额标准的完善，减少了年中预算调整，缩小了部门预决算差异。

（二）细化项目支出编制，优先保障重点支出

2016年零基预算编制严格按照《广东省省级财政资金项目库管理办法》执行，依托项目库系统编制，分轻重缓急对申报的项目进行合理排序，视财力情况择优选择。同时，按财政部门制定的经费开支标准（如会议费、差旅费等）细化安排依据和测算过程。通过严格的项目申报和审批流程，集中财力优先保障重点支出。

（三）衔接中期财政规划，科学核定控制数

严格按照《广东省关于编制中期财政规划实施意见》有关规定，用2016—2018年中期财政规划指导2016年零基预算改革。其中，以部门2015年预算安排为基数，根据部门三年中期财政规划以及2016年工作安排，科学合理核定部门2016年零基预算控制数。充分发挥中期财政规划的指导作用，有利于部门做好预算编制的整体工作，保障了零基预算编制工作的规范、有序、高效。

（四）强化绩效管理要求，提高资金使用效益

按照省财政项目支出绩效目标管理要求，2016年零基预算将全部支出项目纳入绩效目标审批，作为项目纳入项目库的先决条件。通过预算编制与绩效管理的有效衔接，敦促部门积极落实责任，合理申报项目支出需求，科学设定项目实施目标，细化资金使用计划，引导做好项目实施工作，进一步提高财政资金使用效益。

（预算处供稿）

规范省级财政专项资金管理

2015年，为适应深化财税体制、改进预算管理和建立现代财政制度的新形势、新要求，按照省委、省政府的统一部署，省财政厅坚持问题导向，在完善制度、清理整合、优化流程、强化监督等方面下功夫，切实加强和规范省级财政专项资金管理，推动专项资金管理迈上新台阶。

一、建立完善专项资金管理制度体系

2015年，根据新《预算法》的新要求，省财政厅进一步修订完善《广东省省级财政专项资金管理办法》，健全完善1个总办法、8个配套办法和多个具体办法，构建“1+8+X”的专项资金管理制度体系。8个配套办法包括《广东省省级财政资金项目库管理办法》、《广东省省级财政专项资金目录管理办法》、《广东省省级财政专项资

金联席审批办法》、《广东省省级预算预备费管理办法》、《广东省省级财政专项资金竞争性分配管理办法》、《广东省省级财政专项资金信息公开管理办法》、《广东省省级财政专项资金常规性监督检查工作方案》、《省级财政到期资金使用绩效评价暂行办法》。多个具体管理办法按照“一项专项资金，一个具体管理办法”的原则制定，进一步各项专项资金的分配方式、申报程序、审批办法、资金拨付流程、信息公开内容和部门职责分工等，细化专项资金管理。

二、规范专项资金的设立和退出

严格规范专项资金的设立，控制设立引导类、救济类、应急类的专项资金；凡是市场竞争机制能够有效调节的事项不得设立专项资金；不得每办理一项工作或开展一项事业都设立一项专项资金。确需设立专项资金的，必须有明确的政策依据、主管部门、设立期限和实施计划，按规定进行可行性研究并提出明确的绩效目标，按程序报经省级财政部门审核和省政府审批后设立。实行专项资金到期退出制度，确需延续安排的，按照新增设立专项资金办理。省财政部门会同省直有关部门对存续期间的专项资金进行定期清理和评估，原定用途期限到期、原定目标任务已完成或不存在、原审批依据已作调整、监督检查发现存在违法违纪问题整改无效、绩效评价结果为差的，收回相应专项资金额度；预算执行效率低下、连年结余、支出结构不合理、具体用途分散的，压减相应专项资金额度。

三、加强专项资金清理整合优化

按照省委、省政府决策部署，省财政厅按照“一个部门一个专项”的原则实施专项资金清理、整合、优化，对“小、散、乱”、使用方向类同、支持对象相近的专项资金进行归并；对连年结转、不符合社会经济发展实际情况、效益低下、效用不明显、支出结构有待优化，以及市场竞争机制能够有效调节的专项资金项目及时进行调整或取消。2015 年，将一般公共预算专项资金由 219 项整合至 50 项，压减 169 项，压减幅度高达 77%。

四、专项资金项全部纳入项目库管理

针对以前年度主管部门前期准备工作不足，项目选项不够科学、准确，导致预算执行中部分项目无法按计划执行或被迫中止，影响专项资金支出进度滞后，预期效益无法实现等问题，将省级财政专项资金全部纳入项目库管理，实行动态化、常态化申报。及早谋划，明确责任分工，对于实行“项目制”管理，需要组织项目申报的专项资金，由主管部门提前一年组织项目入库，建立项目储备，给申报项目、评审论证、筛选项目、申报入库预留充足的时间，提高项目选项、立项质量。改变以往“先定预算、后找项目”的方式为“先定项目，再编预算”，在建立项目储备的基础上，编细、编好、编实专项资金预算，细化项目至地区、用款单位和执行项目，2015 年编制 2016 年度预算中，细化专项转移支付项目 14 000 多项。严格按照预算法规定，将项目计划纳入年度预算呈报省人代会审查批准，强化预算约束，加快预算执行进度。

五、改进专项资金分配方式

积极推广因素法分配，加大专项资金统筹整合力度。实行因素法分配的，无须组织具体项目申报，将相关工作要求量化为具体因素，按公式化计算，分配至具体市县。需根据当年工作实绩等情况据实核定的，可实行“当年预安排、跨年清算”制度，减少年度预算执行中调剂。专项资金按因素法分配下达后，由市县根据当地实际筛选项目，制定资金具体使用方案，上报省级有关部门备案，提高项目立项的精准度，省级有关部门通过加强资金使用和项目实施的监管考核，确保专项资金运行安全。同时，逐步减少专项资金行政性分配方式，引入市场化运作模式，通过风险补偿、创投引导、股权投资、间接资助等方式发挥财政资金的杠杆作用，提高资金分配效率和使用效益。

六、加强专项资金预算执行管理

按照预算法要求，硬化预算约束，在当年预算执行中一般不出台新的增加财政专项资金支出的政策和措施，未列入预算的不得支出，严格控制专项资金预算调剂。按照预算法关于专项转移支付资金应在人代会批复预算后 60 日内正式下达的时限要求，加快专项资金批复下达进度，确保按法定要求完成下达任务。督促主管部门提前制订专项资金支出进度计划，提前做好申请资料的准备，确保申报材料的规范性和完整性，在预算下达后，加快资金申请进度；要求省财政部门及时批复和下达专项资金预算，加快资金审核进度，严格抓好财政专项资金支出工作，加快资金拨付进度。分类推进、突出重点，重点跟踪督办交通、水利、基建、十件民生实事、战略性新兴产业等重点专项资金支出，提高专项资金支出的时效性和均衡度。

七、加大专项资金结转结余管理力度

建立财政专项资金结转结余动态监控机制和支出进度通报制度，密切关注专项资金各项支出及可能形成结转结余的情况，摸清底数、分类处理、定期清理，及时收回和统筹结余资金，切实压缩专项资金结转结余规模。加强结转结余资金安排使用。对于专项资金结转结余，加快安排使用，防止形成资金沉淀。连续两年未用完的结余资金和项目已完成或终止形成的项目剩余资金，作为结余资金收回统筹管理，用于亟待支出的重点项目和民生支出领域。

八、优化精简专项资金审批流程

针对原来专项资金管理程序较为复杂、审批流程较长、与新修订的《预算法》要求有所不符等问题，根据 2015 年新修订的专项资金管理办法，省财政厅牵头对专项资金审批程序和流程进行全面梳理，切实减少审批环节，克服工作交叉和衔接不畅的现象。在依法依规、高效严密和确保资金安全的前提下，优化简化资金运行流程，明确各环节办理时限，建立限时办结制，推行集中审批、并联审批。财政部门和主管部门根据工作实际，完善岗位设置，优化内部运转流程，将部分审批环节和程序进行合并或同步进行，加强效能考核，提高资金审核、审批和支出效率。

九、落实专项资金管理部门职责

明确责任主体，落实部门责任。切实改变“重预算、轻执行”和“重分配、轻管理”的观念，财政部门负起牵头组织和协调责任，重点做好资金拨付及组织实施专项资金财政监督检查和总体绩效评价等工作；主管部门按照“谁使用、谁负责”的原则承担使用资金的主体责任，负责相关资金的具体管理工作，重点抓好编制专项资金分配使用计划、合理确定部门预算、及时组织做好项目申报评审等工作。加强沟通衔接，健全部门间密切沟通、高效对接、联动互促的工作机制，减少“文对文”的推诿扯皮，提高资金使用的时效性和有效性。同时，省财政厅建立健全专项资金支出按季度通报考核机制，定期提醒和督促主管部门抓好专项资金支出工作，确保预算支出进度。

十、强化专项资金监管和绩效管理

加强专项资金监督检查，建立主管部门自查和财政巡查抽查、审计监督等相结合的监督机制。根据专项资金管理办法规定，省财政部门每年组织巡查监督或重点抽查专项资金的比例达10%以上；审计部门每年重点审计的比例一般达到10%以上。省财政部门与省人大部门及有关部门实行专项资金实时在线联网监督，对支出进度慢、使用效果差的亮灯预警。加强专项资金绩效管理，对绩效目标进行评审，凡未通过绩效目标评审的，原则上不得列入项目库和年度预算。全面推进专项资金信息公开，按照预算法的规定，除涉密信息外，专项资金相关信息纳入预决算草案依法公开；依托省政府网上办事大厅建立省级财政专项资金管理平台，对专项资金管理办法、申报情况、分配结果等8个方面重点内容实行“八个公开”，主动接受社会和舆论监督。建立健全专项资金管理问责问效机制，对专项资金管理相关责任人在专项资金管理过程中存在违法违纪行为的，依照相应法律、法规进行责任追究，加大对违法违纪行为的处理处罚力度，严肃财经纪律。

（预算处供稿）

加强地方政府性债务管理

广东省高度重视政府性债务管理工作，印发《广东省人民政府关于加强政府性债务管理的实施意见》，进一步规范政府性债务管理，防范和化解债务风险。同时，按照财政部的统一部署，抓好各项配套政策的研究实施。

一、完善债务管理制度框架，规范政府举债融资

2015年4月，省政府印发《广东省政府关于加强政府性债务管理实施意见》，在地方政府性债务举债主体、限额管理、预算管理、风险预警、清理甄别、政绩考核等方面明确规范管理的要求。在贯彻落实国务院意见的基础上，结合广东实际，创新管理思路和手段，包括实施新增债务与债务存量消化挂钩政策，鼓励市县政府加大力度消化存量债务规模；加强偿债准备金管理，从2015年1月1日起，地方各级政府不得新设各种形式的偿债准备金，确需偿债的，一律编制三年滚动预算并分年度纳入预算安排；按照疏堵结合的原则，在规范举债约束机制的同时，鼓励采用PPP模式创新投资，并重点保障在建项目后续融资问题。

二、实施债务限额管理，加大预算监管力度

2015年，广东省按照新预算法要求，实行债务余额限额控制，《广东省政府关于加强政府性债务管理实施意见》明确省财政厅在国务院批准的全省限额内，根据各地债务指标、财力状况、税收占比等情况，按因素法评估各地债务风险等级和财政承受能力，分类测算省本级、各地级以上市、财政省直管县的一般债务和专项债务余额限额，并报省政府批准确定。市县政府不得突破上级批准的限额举借债务。在财政部下达的政府债务限额内，制定新增地方政府债券总体分配方案，纳入预算调整方案，报送省人大常委会审议通过，并就地方政府债务限额问题专门向省人大常委会报告。

三、探索试点自行发债，市场化机制得到激发

广东省通过积极做好债券发行前准备、开展信用评级、规范披露地方政府债券信息、公开招标选择主承销商、规范定向承销债券发行、及时跟踪落实债券发行后续等工作。2015年累计发行地方政府债券1 588亿元，其中新增债券333亿元，置换债券1 255亿元。通过发行地方政府债券，债券市场市场化机制得到激发，也为广东省经济建设、社会发展提供价廉质优的资金来源，并促进重大基础设施建设项目的落地和实施，同时置换债券腾出预算资金重点用于基础设施和民生等重点项目，对经济社会的稳定发展提供有力支持。

四、建立风险提示制度，制定风险应急预案

一是建立风险提示制度。2015年，广东省根据财政部风险通报结果，对债务指标超警戒的风险地区进行债务风险预警提示，敦促其制定化解债务风险工作方案、确定未来还本付息计划和资金来源，并严格控制新增债务，加大偿债力度，逐步降低债务风险。二是将市县政府债务风险情况作为一项重要的考核指标，纳入2015年度广东省金融市场监管体系考核中，加强对党政领导举债约束。三是制定《广东省政府性债务风险应急预案（试行）》。预案以构建省、市、县三级政府债务风险防控体系为目的，明确组织指挥体系和职责、政府性债务风险范围、风险预警、风险报告、危机应急响应、责任追究、后期处置等内容。四是建立债务高风险地区举债报备机制。债务高风险市县经本级人大或其常委会批准的新增债务项目或新增债务支出，要由本级政府及财政部门按明细项目逐项向上级政府及财政部门报备。

五、规范或有债务管理，强化融资平台管理

一是划分政府与企业边界。政府性债务只能通过政府及财政部门举借，不得通过包括融资平台在内的任何企事业单位等举借。除财政部门外，行政机关和承担行政职能的事业单位及公益一类事业单位不得举借任何债务。二是强化对公益性项目的债务管理。《广东省政府关于加强政府性债务管理实施意见》要求公益二、三类事业单位举借债务必须报财政部门审核、本级政府审批。三是合理控制融资平台规模。2011年至今，广东省本级融资平台公司个数和政府性债务融资规模

均没有新增。

六、加强债务监管，禁止违法违规举债

一是债务情况纳入政绩考核，由广东省组织部门负责将政府性债务作为一项硬指标，纳入政绩考核。二是实行债务信息公开，主动接受社会监督。《广东省政府关于加强政府性债务管理实施意见》中规定：人大及其常委会批准的债务情况，由财政部门在批准后20日内向社会公开；财政部门批复的部门和单位债务情况，由各部门和单位在批复后20日内向社会公开。三是开展监督自查。2014年末至2015年初，根据国务院部署，开展存量债务清理工作，针对部分地区新增债务较为集中的现象，印发《关于进一步核实新增政府性债务的通知》要求各地坚持实事求是的原则，杜绝弄虚作假和突击举借行为。四是接受上级和审计监督。2015年先后接受财政部专员办、审计署特派办的检查和审计工作，并按照检查结果和审计意见抓好整改落实。

七、做好债务管理能力建设，规范债务日常管理

一是设立债务管理专职部门，2015年广东省有广州市、珠海市、惠州市、中山市、江门市、清远市等6市设立债务管理专职机构，加强债务管理工作。二是建立债务动态监控机制，2015年分别印发《关于建立省本级债务动态监控机制的通知》、《关于建立省以下债务动态监控机制的通知》，明确职责分工、强化债务审核管理、建立债务月报机制和高风险地区举债报备机制。三是组织业务培训。新预算法和《国务院关于加强地方政府债务管理的意见》出台后，广东省组织省直部门及举债单位、市县财政部门相关人员共400人，开展广东省政府性债务业务培训班，解读中央政策，部署全省开展存量债务清理甄别工作。

（预算处提供）

发挥财政职能作用
促进县域经济发展

一、县域财政经济总体情况

省财政根据经济形势变化和促进区域协调发展的需要，在不断加大转移支付力度、集中财力向欠发达地区倾斜的同时，积极探索并不断改进完善省以下财政体制，构建有利于促进基本公共服务均等化和区域协调发展的财政体制机制。2015年，广东省市县一般公共预算收入完成7 403.39亿元，同比增长17.1%；一般公共预算支出完成11 651.72亿元，同比增长40.4%。县域财政运行总体平稳，全省57个县完成一般公共财政预算收入553.55亿元，同比增长4.38%；完成一般公共预算支出2 074.48亿元，同比增长33.25%。省对57个县（市）转移支付总额从2014年的1 135.31亿元增加到1 464.87亿元，增长29.03%。

二、省财政促进县域经济社会发展情况

为支持广东省县域经济发展，省财政注重发挥财政政策和资金引导作用，不断加大对基层和欠发达地区的支持力度。

（一）调整完善省以下财政体制，促进区域协调发展

为进一步规范省和市县政府间财政分配关系，完善分税制财政管理体制，广东省于2010年调整完善分税制财政管理体制，以促进区域协调发展和推进基本公共服务均等化为出发点；以进一步形成省级与市县财政收入同步增长机制，增强省级调控能力为主要目标；坚持“存量不变，增量调整”和“大稳定、小调整”原则，适度调整增量，在确保各级政府既得利益同时，适当提高省级财力集中度。将营业税、企业所得税、个人所得税、土地增值税地方收入部分，省与市县分享比例由“四六”调整为“五五”，省级集中的财力主要用于加大对欠发达地区转移支付力度，增强欠发达地区财政保障能力，为推进基本公共服务均等化，实现区域间全面协调可持续发展创造条件；同时，通过制定面向全省的产业发展财政政策，促进珠三角地区提升综合竞争力，增强辐射作用，带动粤东西北地区发展。

（二）改革完善省对下财政转移支付制度

为深化财税体制改革，加快建立现代财政制度，经报省政府同意并以省政府名义印发《广东省人民政府关于改革和完善省对下财政转移支付制度的实施意见》，着力优化调整转移支付结构，结合事权划分调整转移支付结构，提高一般性转移支付比重，扩大转移支付支出规模，省级一般性转移支付占转移支付比重，2015年达60%；完善一般性转移支付体系，发挥保障性转移支付托底作用，加强激励性转移支付的引导效应，完善生态地区转移支付，加大对特殊困难地区转移支付倾斜。同时，清理规范专项转移支付，规范转移支付资金分配，强化转移支付预算管理，提高区域间、级次间财力分布均衡度，促进全省经济社会均衡协调发展。

（三）稳步推进省直管县财政改革，强化省、市对县级的帮扶作用

省财政厅通过做好省直管县财政改革试点工作，在增强县级财权与事权完整性、协调性的基础上，进一步增强省级帮扶责任和管理力度，优化县域发展环境，增强县域发展动力，努力构建符合广东省实际情况的省直管县财政体制。2010—2015年，广东省选取5批共35个县（市）（不含顺德区，简称试点县）开展省直管县财政改革试点，实行完全意义上的省财政直接对试点县，即在收支划分、转移支付、资金往来、预决算、年终结算五个方面由省财政与试点县财政直接联系。

（四）调整完善激励型财政机制，促进县域经济加快发展

为提高县级财政增收的积极性，促进县域经济财政发展，广东省于2013年调整完善激励型财政机制，印发《广东省人民政府办公厅转发省财政厅关于完善省级财政一般性转移支付政策意见的通知》，按照“保基本”和“强激励”相结合的原则，在确保基本公平的前提下，重点强化激励作用。在“保基本”方面，将现行各项一般性转移支付的基数列入基础性转移支付，基础性转移支付比重保持在60%以上。在“强激励”方面，将新增资金用于激励性转移支付，通过运用由经济、财政、民生、生态等四个方面指标组成的综合增长率进行考核，对实现协调发展的县（市）予以适当奖励。2015年，省财政共落实激励型

财政机制资金231.9亿元。

（五）健全县级基本财力保障机制，保障基层财政运转

《广东省县级基本财力保障机制奖补资金管理办法》保障范围包括人员经费、公用经费、民生支出以及其他必要支出等，将政策着力点由解决财力缺口问题转向解决财力均衡的问题。为进一步增强保障资金的激励引导效应，新的县级基本财力保障机制将保障资金分为：市本级奖励、县级新增需求补助、县级加强管理奖励3部分。同时，充分考虑广东省区域发展不平衡的突出问题以及欠发达地区县乡财政困难等问题，结合中央对广东省的资金分配范围，将县级基本财力保障范围扩展至粤东西北欠发达地区，把绝大部分县（市、区）纳入保障范围，加大省级资金支持力度，充分保障落后地区的政权运转和各项社会民生事业发展。2015年，省财政共安排县级基本财力保障机制资金122.91亿元。

（六）完善重点生态功能区转移支付机制，加强生态县环境保护

广东省研究建立补偿和激励相结合的生态保护补偿机制，制定《广东省生态保护补偿办法》，对广东省国家级、省级重点生态功能区实施激励与补偿相结合的财政补偿机制。一方面，对重点生态功能区为保护生态环境而放缓经济发展予以适当补偿，维持其基本公共服务支出。另一方面，与重点生态功能区保护和改善生态环境的成效挂钩，生态保护越好，获得奖励越多。省财政修订完善《广东省生态保护补偿办法》，明确《生态环境保护指标考核实施细则》和《生态保护补偿资金分配实施细则》，建立完善生态环境保护考核指标体系，从水资源、空气、林业、节能减排等方面设置两级共16项生态指标，其中引入社会普遍关注的“可吸入颗粒物（PM10）/细颗粒物（PM2.5）年均浓度”、“重点重金属污染物排放量”等指标。2015年，省财政依据《广东省生态保护补偿办法》共下达生态保护补偿资金19.98亿元。

（七）落实“老少边穷”地区转移支付等各项资金

除省统一的转移支付政策以外，省财政认真落实有关转移支付政策要求，不断加大对原中央苏区、革命老区、民族地区、边境地区、薄弱镇（乡）等转移支付，促进上述地区各项经济社会事业稳步发展，支持当地改善和保障民生。在分配一般性转移支付时，对少数民族县、原中央苏区县和扶贫开发重点县适用最高档次标准。在安排县级基本财力保障机制、重点生态功能区转移支付资金时，对重点生态功能区县适用最高系数。从2015年起分三年逐步提高生态镇和非生态镇的补助标准，补助资金分配适当向生态镇倾斜，补助标准适用最高档次标准。此外，在新一轮扶贫开发中重点支持原中央苏区县和少数民族县，加快推进精准扶贫、精准脱贫。

（预算处供稿）

深入推进权责发生制政府综合财务报告试编工作改革

按照财政部统一部署，广东省是全国第一批财政部门试编政府综合报告工作试点的11个地区之一。从2011年开始，省财政厅完成5个年度省级财务报告试编工作。2012年起，逐步选取部分市、县（市、区）财政部门作为试点探索开展试编工作，全省各级试编范围不断扩大。

一、政府综合财务报告试编工作改革主要做法

（一）建章立制，强化制度保障

一是及时转发财政部《2014年度权责发生制政府综合财务报告试编办法》和《2014年度权责发生制政府综合财务报告试编指南》，明确工作方法和要求。二是制定《权责发生制政府综合财务报告制度改革实施方案》并经省政府批转实施，部署全面推行权责发生制政府综合财务报告制度改革。

（二）强化沟通，形成编制合力

一是加强纵向沟通。通过召开座谈会、建立综合财务报告微信群等沟通机制，便于各市县与省财政厅、各市县之间的沟通。二是加强横向沟通。及时做好与省直其他兄弟部门的沟通工作，争取其他部门支持，及时取得有关数据资料，形成合力，共同做好试编工作。

（三）丰富手段，提高数据质量

一是继续借助信息化手段提高数据收集效率。对省级试编工作需要但现行会计核算报表中无法获取的部门固定资产累计折旧、应收应付利息、借入借出款项等财务明细信息，借助省级部门决算编报系统收集并增设审核公式。二是加强与省直有关部门的沟通合作。在布置部门决算工作的同时针对省级政府综合财务报告工作要求加强对单位编报相关财务数据表的指导培训，夯实试编工作的财务数据基础。三是加强对市县的指导培训。组织市县财政部门开展权责发生制政府综合财务报告试编工作培训，详细讲解最新试编要求、试编流程、注意事项等，帮助市县试编人员提升业务水平。

（四）加强研究，提高试编水平

一是密切关注行政事业单位会计制度改革，根据改革情况及时改进试编方法，提高省级试编财务报告的数据准确性。二是加强理论研究，完成《建立权责发生制政府综合财务报告制度研究》专题调研，同时积极配合全国预算会计研究会完成《政府综合财务报告应用与分析指标体系研究》课题研究工作。

二、政府综合财务报告试编工作改革进展

（一）省本级政府综合财务报告编制工作

编制完成《广东省本级2014年度权责发生制政府综合财务报告（试编）》，包括2014年度广东省省级政府资产负债表、收入费用表、报表附注、省级政府财政经济状况分析报告和省级政府财政财务管理情况报告等材料。

（二）继续扩大试编试点范围

2015年，根据财政部相关部署，广东省试编试点范围在2014年10市8县（市、区）的基础上加快扩大试点

步伐，2015 年已扩大到全部 20 个地级以上市（不含深圳）和 60 个县（市、区）。

三、政府综合财务报告试编工作改革取得成效

从试编情况来看，各试点地区结合各自实际情况开展有益探索，积累试编工作经验，取得成效。

（一）初步反映政府财务状况

在试编过程中通过对预算会计数据按照权责发生制原则进行调整，补充完善相关资产负债数据，初步反映一级政府财务状况和运营情况。

（二）强化财政财务基础管理

对在财政财务数据收集整理过程中发现的部分政府资产和负债的统计口径、方法不统一，部分领域的资产和负债的会计核算资料不齐全等问题，各级财政部门探索研究解决方法，加强财政财务基础管理。

（三）规范整合政府财务信息

试编的财务报告对反映政府在一定时期内财务运行存量结果的资产、负债信息和反映政府运营流量结果的收入、费用信息进行规范整合，为监控政府债务规模、制订融资偿债计划、配置政府资源等提供科学的数据支撑。

（四）提升政府财政财务管理人员的专业水平

各级财政和有关部门的业务人员通过试编工作对政府各类资产、负债项目进行初步梳理，对财政财务管理相关事项的管理体制、运行模式、信息渠道进行研究。拓宽知识面，为正式建立政府财务报告制度储备人才。

（国库处供稿，张延彬执笔）

加大财政投入力度支持实施创新驱动发展战略

省委、省政府深入实施创新驱动发展战略，把创新驱动发展摆在全省经济发展全局的核心位置来抓紧抓好。按照省委、省政府的决策部署，全省财政部门积极履行职能，大力统筹资金，完善投入机制，发挥资金引导放大作用，大力支持科技创新发展，营造良好创新创业环境，助力广东创新驱动发展。

一、2015 年全省财政创新驱动投入情况

2015 年，全省财政科学技术支出达 569.55 亿元，较 2015 年大幅增长 107.61%，是同期上海市财政科技支出 270 亿元的 2.1 倍。其中，基础研究投入 5.74 亿元，用于支持基础研究机构、专项科学研究以及重点实验室和重大科技工程。应用研究投入 15.88 亿元，主要用于支持社会公益研究、高技术研究以及专项科研试制等方面。技术研究与开发投入 266.68 亿元，主要用于应用技术和产业技术的研究与开发以及科技成果的转化与扩散。科技条件与服务投入 40.25 亿元，主要用于完善科技条件、科技数据信息采集加工等为科技活动提供基础性服务的支出。科学技术普及投入 5.87 亿元，主要用于科普活动、学术交流活动、以及科技馆站的支出。科技重大专项投入 6.82 亿元，主要用于科技重大专项经费支出。其他科技投入 212.42 亿元，主要用于科技奖励、科技人才引进和培养，以及对转制科研机构的补助等。

二、省财政支持创新驱动发展工作举措

（一）强化财政资金保障和引导，支持科技创新

为支持创新驱动发展战略实施，2015 起连续三年省财政统筹 1 000 亿元支持创新驱动战略实施，综合运用补助、贴息、风险补偿、设立引导基金等方式，瞄准创新驱动的重要环节，精准发力。

1. 以企业为主体、市场为导向，支持技术创新。

一是支持高新技术企业培育发展。为全面贯彻落实进一步加大高新技术企业扶持力度的决定，以培育发展高新技术企业为抓手推动创新驱动发展，省财政新增安排 60 亿元，设立高新技术企业培育资金，对纳入省高新技术企业培育库、未获得国家授予的高新技术企业称号的企业，由高新技术企业培育资金给予在培育补助。

二是实施企业研究开发事后奖补。省财政共安排资金约 75.66 亿元，运用财政补助机制激励引导企业开展技术研究开发。对已建立研发准备金制度的企业，省市县财政通过预算安排，根据经核实的企业研发投入情况对企业实行普惠性财政补助，引导企业有计划、持续地增加研发投入。

三是支持应用型科技研发和重大科技成果转化。设立重大科技成果产业化基金 50 亿元、重大科技成果产业化扶持资金 25.5 亿元，重点面向成长性好、还需要在关键节点上扶持的战略性新兴产业，如高端新型电子信息、生物、高端装备制造、节能环保、新能源、新材料等高端领域；设立应用型科技研发扶持资金 30 亿元，重点扶持企业、高校和科研机构根据市场和企业需求开展工业应用研究。

四是支持重大项目关键技术突破。安排前沿与关键技术创新资金 18 亿元，围绕全省重点领域、重点产业的重大科技需求支持研发创新项目，促进创新链与产业链相结合。

五是开展创新券补助政策试点。省财政共安排资金 1.8 亿元实行创新券补助，引导中小微企业加强与高等学校、科研机构、科技中介服务机构及大型科学仪器设施共享服务平台对接。

六是安排省产业技术创新与科技金融结合资金 12 亿元，探索开展科技融资补贴与风险补偿、科技成果转化引导基金的引导性投资、科技创投联动、科技金融服务体系建设等新的扶持方式，进一步完善科技型企业投融资体系建设。

2. 强化基础研究投入，补好原始创新短板。

一是安排基础与应用基础研究资金（省自然科学基金）9 亿元，资助广东省境内的高校、研究院所与医院等科研机构开展的基础与应用基础研究项目和优秀科研人才培养。

二是安排公益研究与能力建设资金 19 亿元，支持省属科研机构改革创新、科技基础条件建设、大型仪器设备共享、国家部委在广东布局的大科学工程（如散裂中子源、中微子实验站、深圳和广州超算中心、国家基库等）的基础研究项目、面向产业和社会民生的应用开发和软科学研究。

三是安排高水平大学、高水平理工科大学和一流大学一流学科建设资金 62 亿元，推动广东高校提高服务经

济社会发展的基础研究、应用研究等科研活动水平，推进产教融合，主动服务创新驱动发展战略。

3. 支持创新平台建设，推动协同创新。

一是支持新型研发机构建设发展。省财政安排资金3亿元，对新型研发机构上年度非财政经费支持的研发经费支出额度给予不超过20%的补助，单个机构补助不超过1 000万元；对符合条件的新型研发机构进口科研用仪器设备却未能享受相关税收优惠的，根据上年度进口科研用仪器设备金额给予一定比例的经费支持。

二是推动科技企业孵化器建设和发展。省财政共安排资金3亿元，对新建或改扩建新增孵化面积的科技企业孵化器，以及运营成效优良的科技企业孵化器，省财政给予后补助。同时，省市共建面向科技企业孵化器的风险补偿金。省财政安排资金1.2亿元，支持孵化器内创业投资和在孵企业融资。对天使投资失败项目，由省市财政按损失额的一定比例给予补偿。

三是支持高水平重点研究院建设。如为推动创新驱动发展战略的实施，进一步提升珠三角地区自主创新能力，根据省政府与清华大学签署的共建协议，省财政统筹安排2015年省级科技专项资金和科技存量资金3亿元，支持清华大学珠三角研究院建设。

四是支持协同创新与平台环境建设。安排协同创新与平台环境建设资金15亿元，支持产学研协同创新与国际科技合作、重大科学工程创新与应用、创新载体与创新服务体系建设和创新创业环境的营造。

4. 实施重点人才计划，支持创新人才引进和培养。

一是实施“珠江人才计划”。省财政每年安排实施“珠江人才计划”资金9亿元，围绕战略性新兴产业领域，用5—8年时间引进一批能够突破关键技术、带动新兴学科、发展高新产业的高层次人才。

二是实施“广东特支计划”。省财政每年安排实施“广东特支计划”资金1.64亿元，有计划、有重点地遴选支持一批自然科学、工程技术和哲学社会科学领域的人才，并为国家“万人计划”选拔一批后备人才。

三是实施“扬帆计划”。省财政每年安排实施“扬帆计划”资金1.25亿元，面向粤东西北地区12个地级市及下属80个县（市、区）实施“竞争性扶持市县重点人才工程”、“引进创新创业团队和紧缺拔尖人才”、“培养高层次、高技能人才”三大帮扶项目，以促进人才优先发展，加快粤东西北地区振兴发展。

（二）创新机制优化政策，激发创新活力

一是创新保障机制支持省科学院重组。按照省委、省政府重新组建省科学院的工作部署，省财政加大资金保障力度，创新资金保障机制，支持省科学院进一步释放创新动能。完善人员经费保障机制，实行“老人老办法、新人新制度”，财政供给部分按其原事业单位分类水平予以保障，由其依自定的工资制度统筹使用。转入省科学院的现有退休人员按现有身份管理，原有待遇水平不降低，养老保险制度实施后，基本养老金按国家和省的规定发放，其余部分按原渠道发放，所需费用由省财政全额负担；离休人员按现行体制管理，经费由省财政全额负担。设立省科学院发展基金，用以保障该院自主研发、补充市场项目资金配套、提供成果转化初期支持等。省财政投入经费、相关配套资金、成果转化绩效以奖代补奖金中的由省科学院统筹部分，均可划入该基金。

二是探索试行创新产品与服务远期约定政府购买制度。围绕全省经济社会发展重大战略需求和政府购买实际需求，省财政、科技主管部门委托第三方机构向社会发布远期购买需求，通过政府购买方式确定创新产品与服务提供商，并在创新产品与服务达到合同约定的要求时，购买单位按合同约定的规模和价格实施购买。

（三）深化财政管理改革，服务创新驱动发展

一是加大科技资金整合统筹使用力度。按照“一个部门一个专项”和专项资金预算“一年一定”的原则，在既定资金规模和保障重点支持方向的前提下，统筹安排五大类科技资金明细使用计划，使资金安排方向和项目紧贴科技创新发展新形势，不断提高科技资金使用效率。

二是编制省级科技资金中期财政规划，实施和完善科技项目库管理。省财政启动实施省级科技资金中期财政规划编制工作，围绕省委、省政府创新驱动战略部署，做好广东科技领域重大改革、重要政策和重大项目的资金预测和评估，提高财政科技资金预算的前瞻性和统筹能力。

三是完善科技项目结余结转资金管理。根据广东预算管理改革总体要求和地方财政结余结转资金管理规定，结合省级科技项目特点，研究制定系列组合措施，解决省级科技项目资金在研期间的持续使用问题。

四是推进零基预算改革，保障省科技厅及其下属事业单位运转支出。根据零基预算改革计划，将省科技厅及其下属单位列入2016年省级零基预算试点部门，优先保障科技部门和单位的基本支出，满足科技事业管理和发展需要。

（教科文处供稿，张书苑执笔）

基层公共服务平台建设试点

根据省委、省政府全面创新基层治理、推动公共服务向基层延伸的统一部署，以及2015年全省基层工作会议要求，省财政厅牵头推进全省基层公共服务平台建设。在坚持“政府主导、整合资源，统一建设、规范运作，信息共享、便民高效”原则的基础上，省财政厅按照“机构人员统一、场所标识统一、流程内容统一、信息系统统一、经费保障统一”等五个要求，通过整合现有各类基层公共服务平台的场所、设备、人员、经费等资源，将面向基层群众的公共服务事项纳入县、镇、村（社区）三级综合平台集中办理，实现公共服务事项办理“一条龙”服务。

一、牵头工作情况

（一）成立工作机构

成立由省财政厅厅长任组长，分管厅领导任副组长，相关处室负责人任组员，抽调有关处室同志集中办公、专人负责的工作机构。

（二）制定工作方案

2015年7月，印发《广东省推进基层公共服务综合平台建设工作方案》，明确全省基层公共服务综合平台

建设目标、任务、措施及步骤等，并安排2015年开展试点和2016年试点全面铺开工作。

（三）确定试点县

选取江门开平市、肇庆德庆县、揭阳揭东区、云浮新兴县、清远阳山县、韶关乳源县、河源紫金县和梅州蕉岭县作为2015年的8个试点县。

（四）全省动员，试点启动

7月，省财政厅与省委组织部联合召开基层公共服务平台建设试点动员会暨培训会议，各试点地区召开试点工作启动会议，试点工作正式启动。

（五）设立财政专项资金

省财政设立省级以奖代补资金，2015年起连续四年对欠发达地区给予资金补助，合计8.34亿元。省级以奖代补资金包括建设费补助（每县500万元）和运行费用补助（每村1万元，其中2015年每村0.5万元）。2015年下达给8个试点县（市、区）的补助资金4 639.5万元拨付到位。

（六）加强督导工作

定期开展督导工作，联合省委基层治理领导小组办公室到试点县开展工作督导，深入镇、村实地察看工作进展，召开座谈会听取工作汇报和意见建议。

二、试点县工作情况

（一）建立健全领导体制和工作机制

开平市等8个试点县召开工作启动会和制定实施方案，成立党委领导、政府主抓、财政牵头、各部门各负其责、纪检监察监督检查的领导小组和建立工作机制。

（二）落实“五个统一”要求

8个试点县按“机构人员统一、场所标识统一、流程内容统一、信息系统统一、经费保障统一”“五个统一”的工作要求扎实推进工作。

1. 机构人员统一。8个试点县93个镇1 442个村（社区）全部建立基层公共服务中心（站），全部正式运转。工作人员整合到位，其中村（社区）公共服务站工作人员由村干部及大学生“村官”兼职为主。

2. 场所标识统一。1 442个村（社区）全部按照经省委基层治理领导小组办公室同意印发的《关于基层公共服务综合平台按统一名称挂牌的通知》要求，统一以“××村（社区）公共服务中心（站）”名称挂牌。

3. 流程内容统一。8个试点县完成县镇村（社区）三级服务权责清单编列和服务事项梳理工作，编制标准化的服务流程和办事指南。其中，平均每个试点县梳理出527项服务事项，其中进驻县级实体办事大厅集中办理的平均有434项（占县级事项的82%），进驻网上办事大厅集中办理的平均有424项（占县级事项的80%）；平均每个镇梳理出105项服务事项，全部进驻镇级实体办事大厅集中办理，进驻网上办事大厅的平均有95项（占镇级事项的90%）；平均每个村（社区）梳理出118项服务事项，全部进驻村（社区）公共服务站集中办理，进驻网上办事大厅的平均有109项（占村级事项的92%），属于生活服务类的平均有54项（占村级事项的46%），代办服务的平均有92项（占村级事项的78%）。

4. 信息系统统一。8个试点县全部贯通县镇村（社区）三级基层公共服务平台之间的网络，建成涵盖网上信息查询、业务办理、投诉举报等功能的县镇村（社区）三级多功能基层公共服务平台。

5. 经费保障统一。8个试点县均将基层公共服务平台经费列入财政预算，统筹财力，加大投入。2015年7月启动试点工作后，8个试点县投入资金合计达2.25亿元，平均每个试点县投入达2 800万元。

（三）因地制宜打造个性特色

8个试点县立足本地实际，将基层公共服务平台信息网络外延拓宽，或将生产生活服务类事项内容进行拓展。其中个性特色较为突出的有开平市、阳山县、新兴县、揭东区、蕉岭县。开平市改建升级镇政务网站，建立镇村微博、微信公众号，利用三个平台及时发布权威政务信息、接受群众咨询建议、开展互动交流、提供在线服务，同时开通农资直购、农产品销售、工业品下乡等业务，及时向农村群众提供生产生活信息。阳山县将生活用品网上代购、医疗救助、农村金融、快递物流等服务引进基层公共服务平台，建成集农村金融服务站、生活便民超市、农资产品服务站等一体化的“互联网+N”多功能服务平台。新兴县将公共服务事项分为政务服务类、生产生活服务类（农技知识、农产品销售信息、气象信息、网上预约诊疗挂号、网上缴费、网上购票、手机充值等）、查询咨询类（整合“三资管理”、党建网、廉政直通车等平台）、个性化服务类（根据群众不同的身份推送不同的信息）四类，并开通基层公共服务平台信息系统网站版、手机APP，为各镇、村（社区）配备一体化终端机，实现24小时全天候服务。揭东区将县级网上办事大厅、三资监管平台、远程教育、农村电商、金融工作站等现有各类资源整合进基层公共服务平台，拓展网上办事系统。蕉岭县将农村普惠金融服务融入基层公共服务平台信息系统。

（四）便民利民效应显现

各试点县按照“应进必进”要求，基本上将面向群众的公共服务事项统一整合进基层公共服务平台进行集中办理，方便群众办事；按照标准化和制度化要求编制县镇村（社区）三级公共服务事项清单、办事指南和办事流程图，为群众提供统一规范和清晰易懂的办事指引；按照“把简单带给群众，把复杂留给政府”的理念积极推进公共服务向村（社区）延伸，建成县镇村（社区）三级连通的网上办事系统，村（社区）一级实行代办制度，并开始直接办理部门事项，实现群众在家即可上网查询、申办有关事项。

三、存在问题

各试点县之间和县、镇、村（社区）之间的工作进度不一致；大部分试点县将基层公共服务平台建设工作重点放在县镇两级，县镇两级未做到充分的简政放权；各试点县所整合的服务事项主要是原有的纳入网上办事大厅的行政审批类服务事项，村（社区）一级公共服务内容集中在收集资料、出具证明等方面；大部分试点县注重行政服务类平台建设，个别部门要求基层设立服务平台（中心）并安排专项资金，有些部门的业务系统尚未与县级网上办事大厅进行对接；服务中心（平台）服务机制合理化建设不到位；具备专业知识和专职的人员配备不足。

（农业处供稿，林侃执笔）

创新财政支农模式 建设现代农业示范区

按照财政部部署，广东省农业综合开发以资金集中投入为主要方向，以创建现代农业园区试点为抓手，切实改变财政支农资金投入“撒胡椒面”的情况，抓项目、抓基地、抓品牌，推进农业的规模化、标准化、科技化、品牌化、产业化进程，打造农业产业集群。

广东省农业综合开发在梅州市平远县投资建设新型农业经营主体蓬勃发展、产业链紧密对接、绿色环保、先进高效的现代农业示范区，将优质粮食作物生产功能区、优质慈橙标准化种植功能区、生态畜牧养殖功能区、特种水产养殖功能区、农产品加工与流通功能区集中于一体，以点带面，为县域发展特色农业提供借鉴。2015年，平远县财政部门围绕实施建设现代农业园区试点项目，整合各职能部门力量，加强协调配合，通过政策、资金、技术等全方位扶持服务，总计完成各项投资7 000多万元。

一、实施规模开发，打造现代标准农田样板区

立足于高起点、高效益的规划，从产业发展和基础设施两方面着手，将现代农业园区内的1.5万亩高标准农田建设作为基础性、示范性工程，突出山区特色，优化布局，提高标准，因地制宜推进农业基础设施建设。在建设中重点完善水源工程、灌排渠工程和机耕道路，大力发展节水灌溉，推广渠道防渗等技术，提高水资源利用率和耕地使用率。2015年，投入资金1 980多万元建设高标准农田1.01万亩。

二、实施产业开发，打造精致高效农业产业化示范区

立足于开发粤东北山区的农业资源优势，根据园区范围内产业基础和市场需求，在保障粮食安全的基础上，着力发展生态型精致高效农业，发展以优质粮食、慈橙为主导，以油茶、南药、生态畜牧、特种水产、农产品加工与流通和休闲观光农业为特色的产业体系，构建“山上种树、山腰种茶、山脚种果、山坳养猪、旱地种药、水田种稻、水下养鱼、园区加工”的现代立体田园发展模式，提高现代农业的产业竞争力。2015年，先后投入资金4 500多万元推进建设1 050亩慈橙种植改扩建项目、3万头生猪繁育养殖扩建项目和1 500吨蜗牛繁育养殖项目等一批示范性项目。

三、实施综合开发，打造农产品加工流通重点区

为了提高农业产业附加值，延伸产业链条，围绕粮食、慈橙、油茶、南药、畜牧、特色水产等主导的特色产业，大力发展加工型龙头企业、实现农副产品深度开发，做大做强区域农业品牌。在农产品精深加工领域重点扶持优质稻和慈橙加工产业，提高园区粮食、慈橙等主要农产品加工、储运和交易能力。同时对县城、中行、八尺和仁居的农贸市场进行升级改造，积极推行“农超对接”、网上交易、竞价拍卖、期货交易等先进交易方式，发展区域性的农产品网上集成交易平台，降低本地农产品交易成本。2015年，总投资2 810万元的2万吨NFC鲜橙汁加工新建项目和总投资2 800万元的5万吨大米加工新建项目动工建设，完成项目投资500多万元。

四、实施创新开发，打造现代农业经营体系创新区

以园区为载体，以创新现代农业经营体系为重点，对园区实行“规划统一化、运作企业化、服务社会化、生产标准化”建设。政府负责优选项目，进行园区水、电、路等基础设施的投资建设，按照“投资业主制”，扶持一批农业经营主体，实现“公司或合作社+基地+农户”的模式，逐步形成利益共享、风险共担的经营机制。2015年，园区内有8家农业龙头企业（其中省级龙头企业3家）和5家农民专业合作社参与园区建设，直接带动农户5 600户。同时坚持依法、自愿、有偿的原则，规范土地流转程序，探索制定分区域土地流转指导价，成立镇土地承包经营权流转服务中心试点，建立县级土地流转平台，建立健全土地承包经营权流转备案、登记和档案管理等工作制度，采用合作开发、反租倒包、土地入股等形式，确保失地农民利益。通过一系列机制的实施和落实，依法流转土地0.78万亩。

五、实施新村开发，打造农村生态文明示范区

结合新农村建设进程，提升镇村建设水平，着力改善农村通行条件和抓好村居水利建设、农村危房改造，开展植树造林、村居环境整治。进一步优化园区农村发展环境，营造和谐、美丽、活力的新农村，打造农村生态文明示范区。2015年，园区内各镇围绕精致休闲山水城镇和美丽乡村建设目标，创新方法加快城镇提质改造步伐，仁居镇利用古民居、古建筑抓好古镇规划建设，八尺镇抓好省级幸福村居建设，大柘、中行镇推进南台山至大河背旅游公路等景区景点连接公路建设，整合资源支持金穗农业观光休闲产业园及周边大型种养基地道路建设，将景区景点庄园基地串球成链，打造农村生态文明示范区。2015年完成各项投资1 000多万元。

六、实施绩效开发，打造支农资金项目管理先进区

农业综合开发资金和项目管理特点在精、在细，平远县现代农业园区试点项目实施过程中，同样坚持公平、公开、公正选项，严格执行项目申报、入库环节的专家评审制，实行竞争比选、择优立项机制，做到申报、立项、批复、建设、验收的全过程阳光操作，确保项目管理规范化，树立管理样板。在项目和工程建设中，以项目进度和质量为核心，坚决执行项目公示制、工程招标制、工程监理制、项目法人制、进度“一月一通报”和重大问题挂牌督办等一系列行之有效的制度，探索建立健全工程质量和进度内控机制，加强资金财务管理，对项目严格实行专人管理、分账核算、专款专用，全面推行国库集中支付制度。按照《国家农业综合开发项目资金绩效评价办法（试行）》制定项目绩效管理办法，确保资金、项目安全有效和干部廉洁高效。

（农业综合开发办供稿，杨伟光执笔）

广东省财政厅深入开展“三严三实”专题教育

省财政厅紧紧围绕“深化学习教育—解决突出问题—推动工作开展”这条主线，紧密结合自身实际，创新实行“635”工作法，有力推动“三严三实”专题教育的深入开展、取得实效。

一、创新载体，以“6个学”营造学习教育浓厚氛围

按照“融入领导干部经常性学习教育”的要求，积极创新学习教育载体，重点开展“六个学”，即党组带头学、专题轮训学、讨论交流学、支部集中学、结对互促学、聚焦纪律学。一是突出以上率下。省财政厅党组理论学习中心组带头完成严以修身、严于律己、严以用权三个专题的学习研讨。各厅党组成员在深入学习的基础上，以讲好高质量党课为抓手、以落实双重组织生活制度为契机，积极加强与党员干部的思想互动。2015年，省财政厅厅长曾志权为全厅党员干部上了2堂党课，7名班子成员到支部上党课、参加组织生活30次。二是突出创新方式。厅领导层面的专题学习研讨，集中2天以上时间，安排邀请专家辅导、观看警示教育片、开展交流研讨等，如开展严以用权专题学习研讨，连续举办3期广东财政大讲堂，邀请3位专家领导作专题报告。党支部层面，鼓励在落实统一要求的基础上积极创新学习方式，一些党支部到革命教育基地开展“四重温四增强”活动，一些党支部结合建立社情民意直通机制，与基层财政部门、志愿服务点等“结对子”，开展互促互学。三是突出聚焦纪律。针对财政作为资金密集领域的实际，坚持把加强纪律教育作为学习教育重点，组织全厅处级以上干部及部分重点岗位科级干部200人，到教育基地进行观摩学习，开展一整天的交流讨论，省财政厅厅长曾志权为全厅党员干部作专题辅导，开展以案治本、正反典型学习教育、廉洁读书月等活动，广大党员干部撰写学习心得体会80篇。

二、聚焦问题，以“3举措”推动正风肃纪贯穿始终

坚持问题导向，省财政厅领导班子带头制定“不严不实”问题清单，并积极采取专题党课点、学习研讨挖、正风肃纪改3项措施，切实把发现问题、解决问题贯穿专题教育的全过程。一是专题党课点问题。各厅领导及各党支部书记的专题党课，突出问题导向，点明存在的“不严不实”问题。其中省财政厅厅长曾志权针对党的群众路线教育实践活动后存在的问题，开展专题调研，并在专题党课上严肃指出全厅党员干部特别是领导干部中存在的18个“不严不实”问题。二是学习研讨挖问题。每一次的专题学习研讨，都把问题导向作为重要原则一以贯之，在专题党课点明问题的基础上进一步交流讨论、深挖“不严不实”问题，努力把问题找细、找准、找全。其中曾志权厅长在三个专题的中心发言，均深挖党员干部特别是领导干部的问题。三是正风肃纪改问题。在开展党的群众路线教育实践活动制定8个方面46项制度的基础上，针对查找出来的问题，印发实施群众满意度调查考评及责任追究、落实党风廉政建设党组主体责任意见等制度，进一步健全完善作风建设制度体系。同时强化制度的刚性执行，对作风不严不实的、没有明显改进的，按照省财政厅工作人员问责办法予以严格问责。如对有关工作差错事件中的直接责任人、相关领导进行严格问责，个别同志还进行组织调整。

三、学用结合，以“5行动”确保转作风促发展实效

注重财政特色，围绕专题教育与财政工作的有机融合、相互促进，组织开展5项践行“三严三实”行动，即党性锤炼行动、作风建设永续行动、效能提升行动、便民服务行动、纪律教育行动，推动党员干部把学习“三严三实”的成果转化为转作风、推改革、促发展的具体成效。一方面，注重推动党员干部强党性、守纪律、转作风。围绕巩固拓展省财政厅开展教育实践活动的作风建设成果，实施党性锤炼、作风建设、便民服务、纪律教育等行动，进一步锤炼党员干部党性修养，加快作风转变。其中曾志权厅长牵头实施“建设优质服务型党组织‘565’工程”的厅党组“书记项目”，积极打造5个服务平台、建立6项服务机制、开展5项服务行动。另一方面，注重融入工作实践，接受严和实标准的检验。实施效能提升行动，各厅领导带头践行“三严三实”，分别选定2–3项重点难点工作，带头推进攻坚克难；各党支部分别确定1–2项工作由支部书记负总责，开展亮点创建行动；此外还开展服务财政改革“党员先锋岗”等创建活动，使党员干部接受严和实标准的检验，有效带动省财政厅各项改革任务的全面落实、财政职能作用的更好发挥。2015年，来源于广东的财政总收入达20 938亿元，连续25年位居全国各省市首位，财政总体实力不断壮大；全年全省民生类支出完成8 934.41亿元，占一般公共预算支出比重达到69.6%，支出结构继续优化，民生保障水平进一步提高；省委、省政府部署省财政厅作为第一牵头单位的8项重点改革、26项计划出台的改革成果已全部完成，财政改革取得重要突破，同时还制定并落实支持稳增长的16条财政政策措施等。

（党委办供稿，廖冬云执笔）

深入推进“书记项目”

根据中共广东省委组织部和中共广东省直机关工委关于实施“书记项目”的部署要求，2015年，省财政厅在深入总结推进服务型党组织建设经验做法的基础上，实施以“建设优质服务型党组织‘565’工程”为题的厅党组书记项目，成立由厅党组书记、厅长曾志权任组长的项目实施领导小组，制定具体实施方案，细化任务要求、明确职责分工和时限，实行厅党组书记领办、厅直属机关党委督办、厅各党支部（党委）承办的“三办”机制。省财政厅厅长曾志权积极履行职责，亲自协调解决项目实施中的重点难点问题，对项目实施涉及的建设财政大数据决策分析系统、专项资金管理平台、财政信息一体化建设、开展群众满意度测评、制定财政权责清单等各项工作，多次召集会议进行研究布置，并带头推进创建社情民意直通机制、直接联系服务机制，带头开

展攻坚克难、优化服务等行动。在曾志权厅长的表率带头、亲力亲为、严格督导下，目前已完成年度确定的目标任务，通过打造5个服务平台、建立6项服务机制、开展5项服务行动，全面加强了服务质量水平的软硬件建设。

一、突出全面覆盖、快捷高效，打造5个服务平台

围绕进一步强化财政服务功能，以推进省财政信息一体化系统建设为突破口，着力加强提升财政服务质量水平的服务平台建设。一是服务财政决策的支撑平台。建立财政数据仓库及决策分析系统，收集广东省2011—2015年的财政收支数据、宏观经济数据、行业部门数据、地方数据4 000万条，对宏观经济运行、财政收支运行、财政收支趋势、财政资金安全、市县财力状况等进行分析。二是服务财政管理的业务平台。围绕“预算收、支、管”全流程，重建包括项目库、部门预算、中长期财政规划、预算执行、总会计核算、决算管理、资产管理、绩效评价、监督、政府采购、信息公开在内的预算管理一体化体系，方便预算单位办理财政业务。2015年，预算管理一体化新系统已正式投入试运行。三是服务资金管理的统一平台。围绕专项资金设立、审核、分配、使用、监管全过程，构建包括1个总办法、1个管理平台、8个配套管理办法、280多项具体管理办法的“1+1+8+X”的省级专项资金管理制度体系，其中依托网上办事大厅建立专项资金管理统一平台，全面实行管理办法、申报指南、申报情况、分配方式和分配程序、分配结果、绩效评价、监督检查和审计结果以及接受和处理投诉情况等信息“八公开”，方便部门和市县加强资金管理、企业申报专项资金、群众监督资金安排。四是服务公众办事的窗口平台。推进网上办事大厅建设，将非税收入、会计服务、政府采购、资产评估等涉及财政审批的事项入驻网上办事大厅，逐步实现网上办事事项全部全流程网上办理。2015年，厅网上办事大厅入驻事项20项，其中：行政审批事项11项，社会服务事项9项，实现应进驻事项的100%进驻，上网办理率全部达到100%。会计服务大厅被《紫光阁》杂志评为全国“百优十佳”服务窗口单位，其流程再造的有关做法被人民网、《紫光阁》杂志等媒体进行宣传报道。五是服务党员干部的党建平台。围绕服务厅党员干部开展服务活动，建设网络版的党务管理信息系统，在厅内网开设机关文化、党务公开、“三严三实”专题教育、学习园地等栏目以及工、青、妇等微信群，为厅党员干部开展服务活动提供组织、宣传、沟通交流平台。

二、突出务实管用、常态长效，创新6项服务机制

积极推进优质服务型党组织建设的体制机制创新，促使厅各基层党组织、党员干部将改进作风、密切联系群众、做好服务工作作为一种常态、一种习惯。一是建立财政权责规范运行机制。制定权责清单，明确财政“该干什么、不该干什么”的边界，对省财政厅横向权责清单和广东省财政系统纵向权责清单进行全面梳理，9大类128项横向权责清单于2015年初正式向社会公布，9类335项纵向权责清单已报省编办审核。加强内控制度建设，构建以《广东省财政厅内部控制基本制度（试行）》为主体，8个专项内控办法为重点，“1+8+X”模式的内部控制制度体系，做到过程留痕、责任可追溯。二是建立党员干部带头抓工作落实机制。制定实施首问责任制、重点工作限时办结制以及重大事项跟进督办等制度规定，对领导批示、厅长办公会议议定事项、厅党组成员年度重点抓落实工作等实行定期督办、通报制度，健全抓落实工作机制。制定实施了厅党员领导干部重点工作抓落实工作制度，曾志权厅长带头，班子成员结合各自分管工作，每年选定2-3项事关财政改革发展全局的任务作为重点工作，带头抓好财政改革发展工作。三是建立决策咨询问政机制。完善财政重大事项决策机制，坚持民主集中制原则，完善领导班子议事规则和决策机制，严格执行厅党组会议、厅长办公会议等决策制度，凡涉及厅的重大决策、重大资金安排、干部任免等事项，在原已按规定提交党组会或厅长办公会议集体讨论决定的基础上，进一步完善细化相关制度措施，形成制度性、规范性的工作措施，改进工作方法。2015年共召开厅党组会议和厅长办公会议53次，研究有关重要事项和重大议题200多项。建立厅党员领导干部调研制度和为民办事征询民意制度，2015年各厅党组成员就中期财政规划管理研究、机关事业单位养老保险制度改革等8项课题带头开展专题调研；围绕2016年预算编制，以书面发函、厅党组成员带队赴各地市召开座谈会等形式征询省人大代表对意见建议，累计1 000余人次，收集意见共500余条。四是建立社情民意直通机制。推行基层联系点制度，2015年，各厅领导均率分管处室负责同志赴十二排村考察指导扶贫“双到”工作，各党支部结合开展“三严三实”专题教育，积极与基层单位开展“结对互促学”，开展共建互促活动。建立公众互动交流平台，筹划建设广东财政政务微信，在厅门户网站设置厅长信箱、网络问政、咨询反馈、意见征集、在线访谈、会计咨询等栏目，及时为群众答疑解惑，处理举报投诉，方便群众对财政工作提出意见建议。五是建立直接联系服务机制。建立厅领导直接联系服务工作对象制度，各厅领导每年不少于3次，带队走访人大代表、政协委员、人民群众以及预算单位、基层部门，开展调查研究，宣传财政政策，征求意见建议，帮助解决问题；建立厅领导亲自阅办群众来信制度，对重要信访事项亲自协调、督促办理，2015年省财政厅厅长曾志权亲自阅办群众来信超过50份；建立省直管县财政改革上下沟通联系机制，加强与财政省直管县的沟通联系，实行对口联络、定期报送信息、定期通报。六是建立严格考核问责工作机制。制定实施基层党组织建设考评办法、党风廉政建设责任制考核办法、综合考核办法，其中：对基层党组织建设，从5大类24个方面进行量化考评；对落实党风廉政建设责任制，从15个方面量化考核标准；对处室的综合考核中，引入量化考核，在分类考核的基础上，对各处室落实领导批示办理、人大建议和政协提案办理、厅党组会和厅长办公会议议定事项办理以及基础管理、干部管理和教育培训、党风廉政建设等进行量化考评。同时，严格执行省财政厅工作人员问责暂行办法，对作风不实、纪律不严、工作不力的，对直接责任人、基层组织负责人进行问责。

三、突出特色鲜明、主动作为，开展5项服务行动

紧扣为省委省政府、省直预算单

位、地方各级政府、基层财政部门、人大代表和政协委员、社区和人民群众等服务对象提供优质良好服务的目标要求，积极抓落实、见行动，开展特色鲜明的服务行动。一是攻坚克难行动。落实《广东省财政厅党组成员重点工作抓落实制度》，2015年，围绕省委、省政府确定的中心工作，确定财政支持稳定经济增长、创新财政投融资机制、深化预算管理改革等18项作为重点工作，由7名班子成员分工抓落实，2015年全部完成。二是亮点创建行动。根据厅党组关于改革部署，厅各党支部（党委）选择1－2项最能体现职能特点、最能体现改革成效的事项，作为本处室（单位）“示范工程”，由党支部书记负总责，亲自抓，2015年36个党支部（党委）累计确定约60项工作作为“示范工程”。三是亮诺践诺行动。组织党员干部就服务好各类服务对象提出具体打算，作出承诺、接受监督。其中预算处等5个党支部设立了服务创新驱动发展战略“共产党员先锋岗”，紧密结合工作职责制定了创岗方案，明确创岗职责和目标并在全厅公开，接受党员群众监督，被省直机关工委确认为创建服务创新驱动发展战略“共产党员先锋岗”基本单元。四是志愿服务行动。组建省财政厅志愿服务队伍，开展系列志愿服务活动，在会计服务大厅设立党员志愿岗，利用休息时间为群众办理业务；开展在职党员到社区报到为群众服务，组织党员干部走进社区，宣传政策、了解民意、解决困难，全年志愿服务总时长超过600小时。五是优化服务行动。在省直机关工委开展办事群众满意度短信测评的基础上，制定《广东省财政厅办事群众满意度调查考评及责任追究工作方案》，扩大群众满意度测评范围，对面向群众，且具有行政审批事项、省网上办事大厅办理事项、参与省直民主评议政风行风活动的处室（单位），以及省级有关部门公布的对外办事窗口，开展办事群众满意度调查考评，并列入年终综合考核指标体系。推广“五个一”服务程式，对来办事的人员，坚持做到一张笑脸相迎、一张椅子让座、一杯清茶暖心、一腔热情办事、一句好言相送。

省财政厅党组书记项目的实施，通过打造5个服务平台、建立6项服务机制、开展5项服务行动，全面加强提升省财政厅服务质量水平的软硬件建设。一是服务理念进一步强化，使广大财政干部进一步牢固树立“预则立”、“资金不足以服务和效率弥补”、“服务程式”、“主动买单”的服务理念，内化于心、践之于行。二是服务能力进一步提高，2015年基本完成优质服务型党组织的各项平台建设、机制创新等工作。三是服务氛围进一步浓厚，通过连续实施以推进服务型党组织建设的厅党组书记项目，通过加强领导、督促检查、考核问责、宣传引导，形成全面提升服务质量水平的鲜明导向，营造全厅持续改进作风、做好服务工作的浓厚氛围。四是服务成效进一步提升，扎实推动财政在理财模式、工作理念、投入机制、财政管理加快转型，更好地服务省委、省政府决策部署、预算单位和市县工作、社会群众办事、重点工作落实，实现党建与业务的互促互强。

2015年，来源于广东的财政总收入达20 938.18亿元，连续25年居全国各省市首位，财政总体实力不断壮大；研究制定并报请省政府出台八个方面16条支持稳定经济增长的财政政策措施，全年全省各级财政共统筹安排8 002亿元，推动稳增长等各项政策落地。全年全省民生类支出完成8 934.41亿元，占一般公共预算支出比重达到69.6%，财政支出结构不断优化，民生保障水平进一步提高；落实省委、省政府粤东西北振兴发展、珠三角优化发展、县域经济发展等部署，突出完善激励型财政机制，加大支持力度，发挥财政政策和资金引导作用；省委、省政府部署省财政厅作为第一牵头单位的8项重点改革、26项计划出台的改革成果全部完成。

（党委办供稿，廖冬云执笔）

全面加强审核质量体系建设

省级财政投资评审工作紧密围绕财政预算改革发展大局，着力推进审核质量体系建设，一方面落实建设单位主体责任，强化审核质量源头把控；另一方面，健全完善内部控制制度和外部监督机制，以制度机制建设推动、规范和保障评审工作，促进财政投资评审工作的规范管理。2015年，省财政厅投资审核中心（以下简称“投审中心”）全年共完成审核项目596项，审核金额186亿元，核减不合理支出达20亿元，审核效率和审核质量水平均迈上新台阶。

一、落实建设单位主体责任，强化审核质量源头把控

投审中心紧紧围绕全过程评审流程的主线，通过制定相关评审制度、规范，落实新预算法中强化建设单位预算执行主体责任的要求，将财政投资审核的原则转化为建设单位项目管理的标准，从源头上促进省级财政投资资金规范使用，推进财政投资审核机制改革。

（一）明确配合财政评审工作的要求和职责

制定《关于配合做好省级财政投资项目审核工作有关事项的通知》，加强项目主管部门对配合财政投资审核工作的监管。一是及时、规范报送项目资料。要求建设单位高度重视财政投资项目的资料收集工作，加强对建设项目全过程的资料管理，严格按照城建档案和财政投资评审送审资料的要求，做好建设项目施工过程资料的新建、搜集和整理归档等工作。明确提出“两次催补、退审告知、限时办结”的要求，规范受理审核各环节的工作，强化资料前移审核把关。二是协助开展询证工作。要求建设单位询证过程中严格执行廉政纪律规定，全程跟踪检查，避免私下交易。三是配合进行现场勘察工作。投审中心对需要现场勘察的项目，按相关规定与建设单位确定现场勘察时间，并明确具体人员、程序和记录要求。四是及时反馈《建设项目评审结论征求意见书》。对于工程结算评审项目和竣工财务决算评审项目，投审中心在项目评审后向建设单位发出《建设项目评审结论征求意见书》，要求建设单位在规定时限内提出书面反馈意见，加强对审核结论可靠性的检查。五是协助做好对中介机构服务质量的考核工作。审核项目完成后，投审中心向建设单位发出《参与省级财政投资项目审核中介机构服务情况回访调查表》，及时了解项目审核中的遵章守纪和服务承诺履行情况。

（二）强化工程结算的规范管理

制定《关于加强省级财政投资项目工程结算审核工作有关事项的通知》，强化落实主管部门作为预算执行主体对本部门工程结算工作的管理和审核责任，要求其严格控制工程造价，规范工程管理。一是对报送财政投资评审项目的送审条件进行初步审核。二是督促项目建设单位制定本部门的年度财政投资评审项目送审计划，于第一季度分别报送省财政厅项目资金主管业务处和厅投资审核中心作为当年审核任务安排的依据。三是加强项目建设过程中的跟踪管理，督促建设单位配合及时向省财政厅提供评审所需资料，并对资料的真实性、合法性负责。

二、完善内控制度建设，提升审核质量

投审中心坚持“全面质量控制”原则，以“初审—复核—复审”的三级复核制度为核心，强化岗位间监督制衡。加强制度建设、廉政教育，对评审结论、工作底稿、评审人员执业行为及廉政情况，进行全面质量控制，提升审核质量。

（一）科学设置岗位流程，加强互相制衡

一是严格执行三级复核制度，科学设置业务流程，落实岗位责任，所有项目审核必须经过初审—稽核—复核—复审—呈批等多个环节层层把关，通过岗位互相制约，使每个审核项目及每个审核人员都置于制度的约束和公开监督之下。二是落实《广东省建设工程造价管理规定》的要求，优化各类型项目的评审时限，按各类型审核项目的工作流程，合理划分各环节的审核控制时间，确保项目在规定时间内审结。三是制定《广东省财政厅财政投资审核工作规程》，理顺省财政厅内部财政投资评审工作职责和流程，从审核任务委托、要件初审、实施评审、争议处理、沟通协调、结果运用、完成时限等方面明确厅内处室间的相关职责和管理要求，建立统一清晰、分工负责、严谨规范、限时办结的高效审核工作机制。

（二）明确业务工作标准，加强规范管理

一是制定《投审中心集中复审工作规定（试行）》，对批量评审项目、类型相同或存在问题类同的评审项目，在指定的地点集中时间完成复核复审工作，提高省级财政投资项目评审工作的质效。二是修订《广东省财政厅投资审核中心工作事项督办制度》和《投审中心应急项目审核工作规程（试行）》，确保工作任务及时办理完成，保证应急项目按时保质完成。三是制定投审中心评审各项会议分类管理制度，完善中心办公会议、复审、复核、三方会审及项目审核例会会议制度，明确需要召开的情形、参加人员、形成会议的成果资料等事项，规范各种会议的召开形式、议事程序，促进提升机体研究、集体评审的质量水平。

（三）树立“常”、“长”意识，加强廉政建设

一是建立“三个一”工作机制。深入开展调查研究，建立投审中心处级干部每月至少深入评审现场一次、全过程跟踪一个在审大中型项目、与一线工作对象开展座谈交流的“三个一”工作机制。二是编制完成《财政投资评审风险分析报告》。严格落实党风廉政建设责任制，建立风险防控管理工作制度。根据业务特点，对每个岗位行使评审的个人自由裁量进行分析，查找潜在风险点，评定风险等级，明确风险管理责任。三是建立项目考核定期通报制度。以评审业务执行情况、审核质量情况为主要考核内容，对评审项目进行考核打分，并将考核结果以季度通报形式发至各家中介机构，促进中介机构加强管理和评审廉洁规范。

三、构筑外部监督机制，提高阳光评审质量水平

投审中心采取多种措施强化管理，构筑外部监督机制，以争议处理机制、外部稽核评价制度、信息化建设等为抓手，提升评审质量。

（一）建立争议问题的公开处理机制

为推进评审工作公开透明，对评审过程出现的争议问题，明确争议问题的公开处理机制，确保审核结论准确可靠。如复核会审、复审会审会议处理三级复核中不同评审阶段间的技术争议问题；集中复审会议集中处理经初审的批量审核项目的技术问题；中心办公会议、业务例会解决评审过程中的共性问题和审核过程发现的重大问题等。对于评审过程中不采纳建设单位意见的事项，进一步征求法规处、委托处室意见，确保审核争议处理公开透明。

（二）完善财政评审外部监督机制

一是完善外部稽核评价制度。制定《第三方抽查稽核制度》和《省级财政投资评审工作外部评价暂行办法》，组织第三方人员对已完成评审工作的项目进行抽查，加大事后抽查机制执行力度，稽核评价项目整个评审过程的规范性、合规性，校验评审结论的准确性、合理性。二是探索第三方复核和中介交叉复核制度。依托中介机构专业力量较强的特点，试行委托项目再由第三方复核或中介机构交叉复核，缩短审核进度，提高评审精度。三是引入专家评审机制。修订《广东省财政厅投资评审专家管理办法》，从专家入库、抽取、使用、评价等方面规范专家的使用，借助专家的力量把关重要的核减、核增事项，确保评审工作的质量。

（三）大力推进信息化建设和阳光评审

一是借助成熟的计价软件，利用软件强大的工作底稿制作和查询功能，对被评审对象进行筛选、对比分析，确定评审重点，提高财政评审质效。二是依托计算机网络技术，在政务内网构建新的财政投资审核业务管理系统，实现与财政部门委托处室、建设单位和中介机构间的数据交换，从而达到相互监督、信息共享的目的。三是依托省网上办事大厅建设，在线办理审批事项，大力推行“阳光评审”。将财政投资评审的范围、内容、送审资料要求和审核的程序、时限、流程、进度、结果，以及相关的规定、要求主动向社会公开，提高财政投资评审工作透明度。

（投审中心供稿，陶东海执笔）

对标国际化 引领新发展
——广东省注册会计师行业“国际化建设年”主题活动成效明显

2015年，根据全国行业党委、中国注册会计师协会开展“国际化建设年”主题活动的统一部署，广东省注册会计师行业围绕国际化建设要求，紧密结合行业实际，扎实深入推进“国际化建设年”主题活动。

一、培育行业国际化建设发展

（一）出台广东行业“国际化建设年”主题活动实施方案

2015年年初，中共广东省注册会计师协会委员会（以下简称省注协党委）、省注册会计师协会（以下简称省注协）制定下发《广东省注册会计师行业“国际化建设年”主题活动实施方案》，提出开展活动“三个结合”的总体要求、五大具体目标，同时细化为16项主要任务，要求全省注册会计师行业加强组织领导、紧密结合实际、注重融合互促、狠抓督导落实，不断推进活动深入。

为确保“国际化建设年”主题活动各项工作落到实处，建立以省注协党委委员、省注协党支部委员为指导人的分片指导和挂靠联系点制度，明确分工、责任到人，定期深入指导地区和挂靠联系点调研指导党建工作，督促抓好“国际化建设年”主题活动深入推进。同时，制定《“国际化建设年”主题活动任务分解表》，要求各部门按照任务分解表的要求，对照部门年度工作计划，抓好各项工作落实。

（二）加强党建工作指导

为指导实施“国际化建设年”主题活动，制定出台《广东省注册会计师行业新时期党建工作指导意见》，从思想建设、诚信建设、人才建设、基层组织建设、统战群工及工作保障六大方面提出了23条具体措施，从制度上把开展“国际化建设年”主题活动与发挥行业党建工作优势有机结合落到实处。

二、开展执业准则国际化对标提升活动

（一）指导事务所对照准则自查自纠

事务所对照执业准则从两方面自查：一是会计师事务所质量控制体系建设情况，包括对业务质量承担领导责任、合伙人机制、客户关系与具体业务的承接与保持、人力资源、业务执行、监控、职业道德七方面内容。二是对业务项目进行自查，主要是检查执行程序是否符合《注册会计师执业准则》要求，获取证据是否充分、审计结论是否合理、出具报告是否合适。

（二）发挥事务所执业质量帮扶作用

一是突出重点。将六类事务所列为重点检查对象：业务规模较大且对行业影响较大的事务所；新批准设立或新合并重组的事务所；涉嫌采取不正当竞争行为的事务所；受到监管机构关注及受到投诉举报较多的事务所；承接业务数量与事务所人力资源、规模明显不匹配的事务所；高新企业认定评审中发现审计报告存在问题的事务所。二是对标评分。省注协对照《中国注册会计师执业准则》、《高新企业认定专项审计工作指南》要求，制定《小型企业会计报表审计检查工作底稿》、《高新企业认定专项审计检查工作底稿》，并确定评分标准，由检查人员对照评分标准进行对标量化评分。三是重点帮扶。对检查发现问题比较突出的事务所、评分较低的事务所，采取专家一对一点评、重点帮扶的方式，指出存在关键问题，提出有针对性的整改措施。

三、拓展国际化专业服务市场和人才培养

（一）拓展国际化专业服务市场

省注协利用毗邻港澳的优势，搭建平台，指导和促进事务所围绕客户走出去融资、收购、拓展市场等需求提供服务。正中珠江为适应客户在港上市、走出去投资的需求，在香港、澳门等地并购事务所，迈出国际化的第一步。广州建华安德作为一家小型事务所，抓住欧美等客户相对国内客户收费高、有延伸拓展新业务等特点，把加入国际会计公司作为拓展海外客户的重要选择，通过与香港CWCC事务所联营和加入金索尔（KSI）国际会计公司网络，成为KSI的联营所，获得大量在中国发展的海外客户，形成合作伙伴国际化、客户本土化的独特生存空间。

（二）培养国际化人才

省注协以“请进来、走出去”的培训理念贯穿全年的培训工作，先后组织各类境内外合作培训班。包括：2015年6月，省注协与香港华人会计师公会在广州举办中小事务所新业务培训班，学习香港事务所多元化的业务发展和合伙文化建设。7月，与英国皇家特许管理会计师公会、中山大学联合举办“全球管理会计原则与最佳实践研讨会”，邀请CIMA全球教育执行总监诺尔·泰戈博士介绍管理会计最新发展趋势。9月，与英格兰及威尔士特许会计师协会（ICAEW）在英国联合举办事务所高级管理人才培训班，共组织26名事务所高层管理人员赴英国学习考察交流15天。11月，与福建注册会计师协会联合举办培训班，组织两省120余名主任会计师参加面授培训、研讨和自贸区实地学习考察；与特许公认会计师公会（ACCA）、澳大利亚公共会计师协会（IPA）联合举办主任会计师培训班，组织220人参加。广州注册会计师协会与暨南大学教育发展基金共同发起设立“广州注册会计师（CPA）讲座教授基金”，吸纳国际知名的会计学、财务学或审计学等相关领域的专家学者担任“讲座教授”前来暨南大学、广州注册会计师协会等开展教学、研究和交流活动，共同培养行业综合性人才。

（三）提升国际执业理念

国际化发展，不仅要熟悉国际准则，更要有国际执业理念和思维。立信广东分所积极推广审计流程工具（APT）培训和试点，建立审计流程工具领军人（APT Champion）实施机制，推进事务所从理念、标准到实践与德豪国际（BDO）进一步趋同。广东正中珠江在技术支持方面，全面推动高级审计软件的使用，强化准则执行，

以审计软件应用为载体引导培养国际执业理念和思维。德勤华永广州分所利用德勤开放的网络平台，持续强化员工对国际准则的学习理解，对执业中遇到的准则没有具体规范的新问题，直接引用国际准则中的相关案例应对。

四、以国际标准为指引推进行业信息化建设

（一）明确信息化建设的国际化思路

省注协明确信息化建设的国际化思路，要以国际水平为标杆，瞄准国际先进理念、先进技术、先进应用、先进系统，不断消化、不断吸收、不断完善、不断拓展、不断创新，为事务所“走出去”提供支持，为企业“走出去”提供保障，服务经济发展方式转变，适应经济新常态。引导大型事务所借鉴国际事务所信息化发展成果，建设领先水平的信息基础设施、应用体系和支撑体系，打造适应国际化要求的业务管理和内部管理平台，提高承接国际业务胜任能力，适应国际化的业务环境，推动行业国际化战略在广东落地生根，实现行业跨越式发展。

（二）推进实施广东行业信息化改革工作

在“网络建设年”取得的建设成果基础上，继续以行业公共服务平台、事务所综合管理软件、审计作业软件为信息化抓手，以“安全、高效、便捷、先进”理念为指引，推进实施广东行业信息化改革工作，做到“四个坚持”：一是坚持顶层设计，围绕全国行业信息化总体战略目标积极发挥主体作用；二是坚持建改结合，建立健全省、市两级数据中心，注重形成多维发展机制，实现业务流程优化再造；三是坚持互联互通，使行业信息化加速迈向一体化管理轨道，把市级注协业务系统基础数据纳入省级系统管理，把注册会计师出具的业务报告全文纳入系统管理，形成行业大数据；四是坚持服务经济社会，广东行业公共服务平台已经被广东省信用办公室纳入信源单位，实现行业信息可靠、及时、准确对外披露，为政府政策制定提供参考依据。

（三）推动行业网站建设及综合管理系统建设

引导地方注协通过网站实现信息公开、在线办事、专业技术咨询和指导、会员参与以及在线咨询、申报、办事、查询等功能。引导事务所通过网站提升形象、发布信息、拓展商机、在线服务、在线咨询、在线调查、招聘人员等。2015 年，有 97 家市注册会计师协会和事务所报名开展域名注册和网站在线建设。指导事务所完成内部管理系统建设，系统以审计作业流程为主线，模块涵盖个人事务管理（流程管理）、组织架构、客户管理（客户信息、客户关系）、独立性管理（声明、禁投名单、签字冲突防范）等。广东正中珠江、广州中职信、广东智合、广东中天粤、佛山智勤 5 家事务所完成内部管理系统上线运行。

（四）启动全省行业业务报告报备一体化系统

为推动行业网络化、规范化、精细化管理，打破地域界限，促进执业业务互融互通，省注协积极推动省、市业务报告报备系统一体化建设。8 月 26－27 日，举办业务报告防伪报备系统一体化操作培训班，全省共 549 人参加培训。8 月 31 日，全省业务报告报备一体化系统正式启用。

五、提升协会自律治理的现代化水平

（一）在全国行业率先出台协会团体会员管理办法

在研究借鉴境外会计专业团体的治理经验的基础上，省注协在全国行业率先制定出台《广东省注册会计师协会团体会员管理暂行办法》，用以明确协会与团体会员之间的法律关系，规范对团体会员的管理工作，依法治会、办会。

（二）健全完善行业工时预算分类成本控制标准

为应对事务所服务收费政策改革，省注协开展“工时预算分类成本”课题研究，利用数学建模，分地区、分类型对事务所承办业务所耗费工时与人工成本研究，掌握广东省区域内的事务所依照执业准则规范、履行相关审计程序、出具审计报告所需必要审计成本，指导事务所充分利用研究结果建立内部分类成本体系，制定与国际接轨、与成本相关的计时服务收费政策。2015 年，课题组与省注协专业指导委员会多次论证，初步形成预算工时和计费标准的研究报告。

（三）建立协会黑名单会员管理制度

借鉴相关部门黑名单制度的管理做法，制定《广东省注册会计师协会黑名单会员管理试行办法》，将受到行业惩戒、行政处罚及以不正当手段逃避监管的会员列入黑名单，对列入黑名单的会员采取约谈、强化培训、注册会计师现场年检、分类信息公开等方式进行管理，规范执业行为，防范执业风险。

（四）建立完善相关制度

制定《广东省注册会计师协会优秀执业质量检查人员评选办法》，将优秀检查人员评选规范化、制度化。出台《广东省注册会计师协会专家库管理办法》，规范行业专业库建立、适用、考评与管理等各项工作。修订完善《广东省注册会计师行业业务报告防伪报备管理办法》，通过挖掘大数据信息价值，主动融入市场，打破地域限制，实现我省行业信息化管理水平。

（省注册会计师协会供稿，林壮镇执笔）

第四部分

各市财政工作概况

Public Finance of
Prefectures-level Cities

广州市

2015年，广州市实现地区生产总值（GDP）18 100.41亿元，按可比价格计算，比2014年增长8.4%。其中，第一产业增加值228.09亿元，增长2.5%；第二产业增加值5 786.21亿元，增长6.8%；第三产业增加值12 086.11亿元，增长9.5%。全年完成固定资产投资5 405.95亿元，比2014年增长10.6%。全年社会消费品零售总额7 932.96亿元，比2014年增长11.0%。全年商品进出口总值8 306.41亿元，比2014年增长3.5%（1 338.70亿美元，比2014年增长2.5%）。全年交通运输、仓储和邮政业实现增加值1 265.68亿元，比2014年增长7.5%。年末全部金融机构本外币各项存款余额42 843.67亿元，比年初增加5 194.03亿元，其中人民币各项存款余额41 574.49亿元，增加5 224.89亿元。年末常住人口1 350.11万人，城镇人口比重为85.53%。

2015年全市财政总收入2 546.6亿元，其中市本级总收入1 458.1亿元，区级总收入1 088.5亿元；全市财政总支出2 791.1亿元，其中市本级总支出1 367.8亿元，区级总支出1 423.3亿元。

一、财政收支保持平稳增长

伴随广州市经济发展进入新常态，财政收入相应由高速增长转为中高速增长的新常态。为保持合理的财政收入增长速度，保障广州市经济持续健康发展和社会和谐稳定，广州市财政局研究制定《应对新常态下财政工作面临主要问题的工作方案》，从深化财政体制改革、转变经济发展方式、优化政务服务环境、减轻政府债务负担四个方面，提出应对新常态下财政工作面临主要问题的23条工作措施，报经广州市委、市政府审定后印发全市实施。

积极组织财政收入。加大综合治税力度，联合广州国税、地税等部门做好经济和财政运行监测分析，对可能出现的问题研究应对措施，狠挖增收潜力，确保应收尽收。2015年，全市一般公共预算收入1 349.1亿元，同比增长8.5%，剔除“营改增”试点改革、停征堤围防护费等一次性减收因素后，可比增长9.1%。其中：税收收入1 056亿元，同比增长6%；非税收入293.1亿元，同比增长18.8%。从级次看，市本级收入609.7亿元，同比增长12%。

狠抓财政支出进度。召开全市财政支出进度和国库压减库款工作协调会，建立以“四挂钩一通报”为主体的财政执行管理考核制度，把财政支出进度、存量资金与各区转移支付、税收返还以及各部门本年、下一年预算安排挂钩。每月对广州市直各部门、各区支出进度进行通报，对支出进度慢的部门、区实施约谈。2015年，全市一般公共预算支出1 728.2亿元，同比增长20.3%。其中市本级支出682.1亿元，同比增长19.4%。全市一般公共预算支出完成年度预算87.7%，其中市本级完成91.9%。

二、民生保障力度持续加大

坚持以保障和改善民生为工作导向，将政策支持和财力保障的重点向民生领域倾斜，2015年民生投入占一般公共预算支出比例达到76.6%。

（一）教育投入不断加大

安排3.4亿元发展公办幼儿园，支持普惠性民办幼儿园改善办园条件及农村学前教育发展。广州市城乡免费义务教育公用经费补助标准由小学每生每年950元提高到1 150元，初中从每生每年1 550元提高到1 950元；免费提供课本的补助标准调整为小学每生每学年200元、初中每生每学年450元。筹措24.7亿元推进教育城建设，支持职业教育发展。

（二）社保标准不断提高

2015年城乡居民基本养老保险基础养老金标准由2014年的165元/月提高至180元/月，远远高于广东省要求的95元/月标准的水平；城乡居民医疗保险政府资助标准由2014年的320元/月的标准提高至380元/月。全市城乡低保标准统一提高到650元，实现城乡低保标准一体化的目标，全市有8万多低保人员的基本生活得到保障。

（三）医疗保障水平有所提升

基本公共卫生服务标准从2014年的40元/人提高到50元/人，重大公共卫生服务从2014年的五项增加到六项，并安排专项经费用于艾滋病、结核病等防治工作。对基层卫生机构综合改革实施“以奖代补”，对实施基本药物制度的社区卫生服务站和村卫生室实施补助。

（四）保障性住房建设扎实推进

筹集保障性住房资金35.2亿元，全市新开工保障性住房、棚户区改造住房15 144套，基本建成21 372套，新增发放租赁补贴1 880户，分别完成年度目标任务的110.31%、100.75%、104.44%。

三、助推经济发展积极有效

以加快转变经济发展方式为主线，实施积极的财政政策，促进经济平稳运行和提质增效。

（一）支持经济转型升级

安排40亿元战略性主导产业发展资金，支持广州市总部经济、现代服务业、民营经济、融资租赁新业态、电子商务以及节能环保等产业发展。从2015年起分三年共安排30亿元专项资金，支持广州市工业转型升级。落实广州市政府60亿元出资方案，积极推进设立广州国寿、新华基金，拓宽广州市重点项目建设融资渠道。

（二）优化企业发展环境

开展“暖企行动”，通过实地调研、发放征求意见表等形式，主动听取和了解企业在生产经营和发展过程中需要协调解决的事项，有针对性地提出解决方案，切实帮助企业解决难题。继续推进清费减负，从2015年1月1日起停征堤围防护费，为全市企业年减负近40亿元，是近年来减负力度最大的一项举措。取消和停征56项行政事业性收费，降低12项行政事业性收费标准，对养老、医疗机构等健康养老服务工程减免土地闲置费等13项行政事业性收费，对所有小微企业免征42项行政事业性收费，对符合条件的小微企业在2015—2017年期间免征5项政府性基金，全年为企业减负逾5亿元。向社会公布涉企行政事业性收费目录和实行政府定价、政府指导价的经营服务性收费目录，明确目录清单外的行政事业性收费和属于政府定价、政府指导价的经营服务性收费一律不得对企业收取，保障企业合法权益。

（三）扎实推进“营改增”试点改革

加强对“营改增”试点效应的评估，分析“营改增”差额征税政策对产业结构调整和转型升级的影响，研究试点改革对广州市经济发展的促进作用，广泛收集纳税人对政策的诉求，并形成报告上报广东省财政厅，为国家深化税制改革建言献策。协调国税、地税部门，及时解决试点中的问题，落实对企业的税收优惠，确保政策落地生效，促进经济结构优化。

四、财政体制改革稳步推进

经广州市委、市政府批准，《广州市全面深化财政体制改革总体方案》于2015年3月以市政府名义印发执行，广州市财政局会同各区政府和相关部门积极组织实施。

（一）推进建立事权和支出责任相适应制度

在广泛调研的基础上，向广州市政府提交《关于推进市区两级政府事权与支出责任相适应改革的报告》，提出推进广州市区两级政府事权与支出责任相适应改革的工作思路，为市领导决策提供参考。完善现行财政体制，对区属地一般共享收入增长幅度超过全市平均水平的，超出部分奖励标准从市本级分成收入的30%提高至50%，体现强区激励。梳理现有市、区配套项目，力争在目前中央、省分担比例不变的情况下，按照市、区两级支出规模大体不变的原则，压减清理市、区配套项目，为下一轮建立市对区事权与支出责任相适应的财政管理体制打好基础。

（二）改进预算管理制度

起草《广州市关于深化预算管理制度改革的实施意见》，改进预算管理，实施全面规范、公开透明的预算制度。根据国家和省要求，研究制定广州市权责发生制政府综合财务报告制度改革实施方案，并由广州市政府印发全市贯彻执行。起草《广州市关于实行中期财政规划管理的实施意见》，推动三年滚动式项目库申报，为实行中期财政预算，加快建立现代财政制度做准备。

（三）加强国资经营预算管理

不断细化和完善国有资本经营预算管理，以广州市政府名义印发《广州市本级国有资本经营预算办法》、《广州市市属国有企业国有资本收益收缴管理暂行办法》和《广州市市属国有企业国有资本收益支出管理暂行办法》。加大对国资收益的统筹力度，用于广州市委、市政府重点项目建设、推进产业重组和企业转型发展、解决历史遗留问题以及偿还政府性债务等。

（四）深化绩效管理改革

进一步完善绩效管理制度体系，制定《广州市预算绩效目标管理办法》和《广州市财政局委托第三方机构实施绩效评价工作规程（试行）》。对57个项目进行绩效自评，对10个项目进行第三方评价，涉及财政资金70.12亿元。评价首次涉及政府债务、产业发展资金、政府购买服务资金等领域，并首次开展政策性评价，评价深度明显提升。首次对30个预算绩效评审项目进行绩效目标批复，并在部门网站公开项目绩效目标和2014年8个项目的第三方评价报告。

（五）推进政府购买社会服务改革

调整政府购买服务指导目录，购买内容从140项增加到323项，涵盖市政府承担的基本公共服务、社会事务服务、行业管理与协调、技术服务和政府履职所需辅助性和技术性事务5大类。建立指导目录动态调整和信息公开机制，确保具备条件的社会力量可以平等参与竞争，实现政府购买服务全过程公开。

五、财政管理更加严格规范

（一）加大力度清理盘活财政存量资金

按照中央、省盘活财政存量资金有关要求，广州市通过调入预算稳定调节基金，回收各部门存量资金，对预算净结余、预算结转、专户管理资金等进行清理，统筹财政存量资金197亿元。全面完成市本级财政暂付款清理工作，市本级财政暂付款余额1.7亿元（待省财政厅安排资金归还），比年初减少106.7亿元。清理回收2013年以前列支转暂存，清理部分暂付款统筹安排，暂付款规模减少12.6亿元。

（二）强化财政资金和资产管理

对105个单位进行财政监督检查，查出问题资金2.10亿元，已追缴财政资金349.68万元，正在追缴8 000余万元。全力清理回收财政周转金，财政借款余额从年初的5.15亿元减至0.28亿元，清理回收率达95%。完成评审资金总额668.64亿元，核减资金88.2亿元，核减率达13.19%。清理整合113项市级财政专项资金共196.7亿元，专项资金数量减少55项、金额减少59.81亿元，清理压减率达30.4%。完成全市清产核资收尾工作，并开展新一轮办公用房清理，共清理整改人均建筑面积超标的办公用房132 175平方米，清退超标服务用房21 324平方米、超标设备用房3 209平方米、离退休领导干部占用办公用房1 751平方米。

（三）规范“三公”经费管理

制定印发《广州市市直党政机关事业单位“三公”经费管理办法》、《广州市市直党政机关外宾接待经费管理办法》、《广州市市直党政机关和事业单位差旅费管理办法》、《广州市市直党政机关和事业单位会议费管理办法》和《广州市市直党政机关和事业单位培训费管理办法》等一系列管理制度，进一步加强广州市各级党政机关和事业单位行政性经费管理。

（四）深化财政预决算公开

2015年广州市部门预算信息公开的实施主体从政府序列部门和单位扩大到非政府序列的部门和单位，实现所有向财政编报预算的部门及所属行政、事业单位全覆盖，并将政府性基金、项目支出政府采购、项目绩效目标等财政重要领域的预算信息，以及上年预算调整、执行情况增加纳入公开范围。广州市各区也主动公开2015年度政府采购预算。在清华大学发布的2015年全国地方政府财政透明度评价排行榜上，广州市在294个地级以上市中再次位居前列（仅落后北京市，排名第2位）。

六、政府债务化解成效明显

以广州市府办公厅名义印发《广

州市政府性债务管理办法》，进一步完善借、用、管、还统一管理制度。贯彻中央“稳增长”精神，按照广州市政府“坚持还债和建设并重”的工作要求，根据广州市城投集团、广州市水投集团、广州交投集团、广州地铁集团等企业的化债调整方案，以及各区的化债情况，综合制订全市的化债工作调整方案，以广州市府办公厅的名义印发实施。2015 年，广州市政府性债务归还本金 403 亿元，2013 年 7 月至 2015 年 12 月累计已归还本金 1 210 亿元，存量债务余额下降 42%。根据国家实施积极财政政策的部署，广州市财政局积极向省申请发行置换债券 392 亿元，用于归还 2015 年、2016 年到期债务本金，优化债务结构，减轻偿付压力。置换债券到位后，广州市原计划用于还债的 272.7 亿元调整至轨道交通、水环境治理、科技创新、公交行业补贴等重大基础设施建设和民生项目，有力拉动广州市固定资产投资，促进经济平稳运行。

（广州市财政局供稿，周娴执笔）

深圳市

2015 年，深圳市财政委按照市第六次党代会和全国财政工作会议的总体部署，坚持解放思想、真抓实干，突出质量引领、创新驱动，着力稳增长、促转型、抓改革、惠民生，为深圳建设现代化、国际化、创新型城市提供坚强的财政保障。

一、财政收入增速快、贡献率大、质量优

深圳市财政委提前预判经济发展形势，合理编制和调整收支计划。切实组织好各项收费、基金等非税收入征管入库。2015 年深圳市辖区所产生的公共财政收入 7 238.8 亿元，地方一般公共预算收入 2 727.1 亿元，分别增长 30.4% 和 30.9%，财政收入增速创八年来新高（深圳市地方一般公共预算收入 2007 年增长 31.4%）。完成一般公共预算非税收入、政府性基金预算收入和国有资本经营预算收入 1 468 亿元，增长 41.54%。2015 年深圳市财政收入增长呈三个明显特征：一是增速快，深圳市地方一般公共预算收入（以下简称财政收入）增速达 30.9%。二是贡献率大，深圳市财政收入增量达 645 亿元，对全国地方级和全省财政收入增长的贡献率分别达 9.6% 和 51%，较 2014 年同期分别提高 4.3 和 14.7 个百分点。三是质量优，深圳市税收收入实现 2 272 亿元，占财政收入的比重达 83.3%，其中第三产业税收占比约为 70%。

二、大力盘活财政存量资金，加快支出进度，统筹安排重点工程和民生项目，稳增长、调结构、惠民生

（一）全力促进经济有质量稳定增长，实现经济和财政收入稳步协同增长

一是大力盘活财政存量资金。2015 年深圳市共盘活财政存量资金 1 942 亿元，盘活资金重点投向轨道交通、机场建设、水环境治理和保障性住房等事关城市长远发展和民生改善的重大基础性项目，加快缓解制约深圳市经济社会发展的瓶颈。全年全市固定资产投资达 3 298 亿元，增长 21.4%，创 17 年来新高，政府投资和社会投资共同促进深圳经济的稳定增长。二是创新财政支持经济发展方式。深圳市财政出资 310 亿元设立政府投资引导基金，投资引导基金采取市场化方式运作，以股权投资形式参股子基金公司，引导社会资本投向深圳市鼓励优先发展的产业。积极研究境外旅客购物离境退税政策落实事宜，提出《深圳市境外旅客购物退税政策实施方案》。三是狠抓预算执行进度。建立支出进度通报机制，逐级分解支出任务；逐项落实与 GDP 核算相关的八项支出和重大项目的资金支出，全年八项支出增长 23.5%；全面实行国库集中支付，全年深圳市本级完成集中支付约 240 万笔，较上年增加 37.5 万笔。加快支出进度，协调项目早落地，有效发挥财政稳增长的作用。四是大力支持企业开拓市场。积极支持企业外向型发展；落实外贸稳增长“28 条”、“22 条”，保障外贸发展措施资金需求；实施口岸查验配套服务费改革试点，推进跨境贸易电子商务发展。

（二）全力推进产业转型升级，再续产业结构高端化趋势

全年完成对科技、信息、金融等支持经济类支出 448 亿元，大幅增长 92.4%，进一步助推经济结构调整和产业转型升级。一是聚焦创新驱动发展。全面贯彻落实《中共中央 国务院关于深化体制机制改革加快实施创新驱动发展战略的若干意见》。建立健全符合国际规则的支持采购创新产品和服务的政策体系，加大对创新行业中创新产品和创新服务的采购力度。加大科技研发、战略性新兴产业、未来产业、软件产业和集成电路设计产业专项资金投入，大力推动科技基础、前沿科技和产业共性关键技术研究。二是推动产业转型升级。全年向工业设计、新能源汽车等投入专项资金 40 亿元，保障深圳市优势传统产业改造提升，推动工业设计业高端化和新能源汽车产业发展，形成新的经济增长点和国际竞争优势。三是支持生产性服务业发展。大力扶持总部经济，安排总部经济发展专项资金，对 45 家已落户总部企业兑付贡献奖，对 15 家企业拨付办公用房补助。设立创客专项资金，对创客空间、创客项目、创客服务和成果转化给予支持。安排会展业专项资金，对具有重要影响力的品牌展会予以资助。四是支持前海现代服务业发展。配合财政部、商务部安排资金重点支持前海自贸区金融、物流和科技服务业发展，联合前海管理局出台前海现代服务业资金管理办法和修订项目管理办法，推进前海现代服务业综合试点顺利实施。

（三）全力保障和改善民生事业，逐步提升民生福利

加大民生投入，全年教育、医疗等九大类民生支出 2 373 亿元，增长 63.2%，保障 118 件民生实事和 6 700 件“民生微实事”的资金需求。一是聚焦突出问题，提升医疗卫生保障水平。深入调查研究，提出深化医改意见建议，得到市主要领导高度肯定。切实落实社会办医院扶持政策，研究社区医疗卫生财政保障机制和基本公共卫生服务经费补贴标准，推动医疗卫生事业高质量均衡化发展。二是加强统筹研究，完善社会保障财政政策。开展困难社区专题调研，提出帮扶机制措施。做好机关事业单位养老改革政策研究，切实保障基本工资、离退休费调整的经费需求。保障政策性住房建设资金需求，为保障性住房开工 1.76 万套、竣工 2.13 万套、供应

2.14万套提供资金保障。三是加大人才资金投入，助推人事改革。安排“孔雀计划”资金10亿元，较上年增长100%。将出站留深博士后科研资助标准从10万元提升到30万元。扩大人才安居工程实施范围，将新引进人才纳入租房补贴范围。积极参与人才工作“二十条”、特区人才条例制定工作。制定新一轮创业政策财政保障措施，加大创业教育培训和扶持补贴力度。四是完善投入机制，促进教育文体事业发展。完善教育经费财政投入政策，大力支持民办学校改善办学条件和公办学校向社会开放体育场馆工作，进一步完善学校考场设施设备。加大高校资金保障力度，积极研究并支持香港中文大学（深圳）筹建高等金融学院、中山大学深圳分校以及哈尔滨工业大学（深圳）建设。五是支持司法体制改革，实行区两院财物市级统管。顺利完成区级法院检察院财物市级统管试点改革，建立起区级法院检察院经费保障长效机制。六是推进基层公共服务平台建设，提升城市服务保障能力。牵头制定深圳市基层公共服务综合平台实施方案，大力推进基层公共服务综合平台建设。推进社会组织承接政府职能转变工作，制定政府购买服务事项目录。加大安全生产专项经费投入，积极参与并提前介入安全生产项目申报和评审。七是扩大生态文明建设投入规模，提升城市绿色建设水准。提高原特区外城管补助标准，推进特区城市管理均等化。加大垃圾减量和无害化处理资金投入，保障龙岗河、坪山河流域水环境治理经费。加大对绿色建筑的支持力度，扎实推进节能减排财政政策综合示范工作，通过财政部和国家发改委的验收。

三、深化财政改革，贯彻落实新预算法，严格依法理财，提高财政管理精细化水准和预算透明度

紧紧围绕“创新、协调、绿色、开放、共享”五大发展理念和“两区三市”发展目标，积极主动创新财政政策措施，不断深化财政改革，强化财政管理，力争率先建立现代财政制度，为“十三五”提升深圳现代城市治理体系和治理能力提供有力支撑。积极谋划财政发展长远大计。全面启动财政“十三五”规划编制和中期财政规划（2016—2018年）编制工作。全面贯彻新预算法。进一步完善全口径预算编制工作，部门预算编制按功能科目细化至项级科目，按经济科目细化至款级科目。有效控制政府债务规模。有效地控制深圳市地方政府性债务规模，深圳市总债务率在全国副省级城市中最低。推进预算绩效管理。重点加大对部门预算重大专项经费项目和战略性新兴产业专项资金绩效评价工作，建立绩效评价结果应用机制。提升国库集中支付水平。加大国库集中支付的力度，2015年基建拨款和专项资金拨付均实现国库集中支付，集中支付比例达到90%以上。平稳推进税制改革。落实“营改增”过渡性财政政策，为868家“营改增”试点企业拨付过渡期财政扶持资金近9亿元。开展税收优惠政策规范化清理工作，全市共梳理各类优惠政策340条1 646项，涉及239份政策文件。认真开展税收政策调研，密切留意并提前研判国家税制改革方向，完成新一轮财税体制调整对深圳市财税经济影响的研究报告。加强非税收入和资产管理。严格贯彻落实收费减免政策，累计减轻企业和社会负担6.26亿元。加快推进非税收入系统上线、咪表卡余额退还、公车和车牌拍卖等工作。增强财政监督检查力度。深入开展部门预算编制执行和会计信息质量检查工作，组织全市257家会计师事务所开展自查，对罗湖、南山、盐田、龙岗区和四个新区财政进行监督检查。开展“小金库”专项治理，完成市本级100个预算单位自查自纠工作。加强会计管理工作。进一步优化会计师事务所审批和变更的业务流程，实行事先电子备案。将会计师事务所合伙人扩大到港澳地区具有中国注册会计师证书的会计专业人士，加快会计服务市场开放步伐。全面发挥政府采购监管效力。推进公务机票和商场供货改革，推行电商采购，建立高效的政府采购运行机制。开展定点酒店和单位预埋款专项检查。加强对集中采购机构、社会采购代理机构、实体供货商场、评审专家等的监管，对25家违规供应商依法进行处罚。加大财政预决算信息公开力度。推进部门预算决算信息及“三公”经费公开，市本级100个预算单位全面公开部门预算和“三公”经费，区级政府预算全面公开。

四、积极开展流程简化、职能优化工作，完善财政管理机制，全力推进干部队伍建设，提高财政工作质量和效率

切实加强机关作风建设。扎实开展“三严三实”专题教育活动，加快政府职能转变和机关作风建设。大力推进流程简化工作。成立委流程简化职能优化梳理工作专责小组，开展业务流程简化和职能优化梳理工作，对部门预算、项目库管理、专项资金等10方面业务、105个工作事项进行流程简化和优化。强化与人大代表政协委员沟通。坚持定期向人大代表和政协委员报告预算执行情况，定期举办人大代表、政协委员座谈会。认真办理提案建议，全年办理人大代表建议102件，政协委员提案56件，建议提案满意率达100%。加强对重大事项的督察督办工作。认真做好市委、市政府交办的督办工作事项，全年完成督办事项365件。全面加强法治政府建设。加大对新《预算法》宣传培训力度，顺利通过财政部“六五”普法考核验收。建立委内重大执法决定法制审核制度，组织规范性文件清理，开展法治政府建设考核工作，完成权责清单梳理审核工作。提高办文办会质量。加强发文审核和文件会议分办工作，全年共办件16 828件，办会2 537件，制发公文6 173件，外送电子公文3 381件。加强机关财务管理。认真落实“八项规定”精神，坚持厉行节约，严控“三公”经费支出。提高干部队伍综合素质。加强基层党组织建设。认真开展纪律教育学习月活动，落实党风廉政建设主体责任。切实做好干部选拔任用、选调培训等工作。专题组织两期“公共财政监督管理与政府采购工作”赴港培训班、“财政大讲堂”业务培训等活动，全面提升干部队伍的综合素质。

（深圳市财政委员会供稿，陈强执笔）

珠海市

2015年，珠海全市实现地区生产总值（GDP）2 024.98亿元，同比增长10.0%。其中，第一产业增加值

46.63亿元，增长3.0%；第二产业增加值1 006.01亿元，增长10.2%；第三产业增加值972.34亿元，增长10.0%。全年完成固定资产投资1 305.14亿元，比上年增长15.0%。全年完成外贸进出口总额2 960.53亿元，下降12.3%。实际吸收外资21.78亿美元，增长12.8%。2015年商品零售价格指数99.0。居民消费价格指数为101.7，同比增长1.7%。

2015年，全市一般公共预算收入累计完成269.96亿元，同比增长17.2%（可比口径，下同）。一般公共预算支出累计完成388.77亿元，同比增长39.2%。其中，市本级一般公共预算收入累计完成121.28亿元，同比增长15.5%；一般公共预算支出累计完成172.85亿元，同比增长60.6%。

一、狠抓收支管理，财政运行平稳

切实履行抓收支管理这一根本职责，一般公共预算、政府性基金预算、国有资本经营预算、社会保险基金预算均完成年度预算任务。

（一）收入方面

依托全市财税联席会议工作平台，加强预研预判，与税务、国资、国土等部门形成合力抓收入。同时，加大力度对历年非税收入清理清缴，实现收入应收尽收、及时入库，收入增幅位居全省第3位。

（二）支出方面

针对2015年前三季度支出进度偏慢和库款保障水平偏高的不利情况，全市财政部门上下联动，攻坚克难，通过严格执行预算支出执行情况通报、约谈制度，建立健全加强预算支出执行管理长效机制，包括将市直预算单位综合支出进度纳入部门的年度责任白皮书考核，将各区的综合支出进度纳入各区实绩考评范围，建立局内各支出业务科室综合支出进度排名和考核机制，库款保障水平压缩在规定范围，财政支出进度实现预定目标。在加快支出进度的同时，从严控制一般行政经费和“三公”经费增长，珠海市行政及参公单位会议费支出1 390万元，同比下降15%，“三公”经费支出1.61亿元，同比下降29%。

二、坚持服务发展大局，积极支持稳增长、调结构、促改革、惠民生、防风险

主动作为，充分发挥财政调控作用，多渠道筹措资金，切实把稳增长、调结构、促改革、惠民生、防风险落到实处。

（一）稳增长方面

保持政府投资适度增长，支持基础设施建设，2015年市本级拨付资金54.71亿元，推进373个政府投资项目建设。鼓励企业出口拓展国际市场，外贸稳增长专项资金支出9 968万元。培育消费新形态，努力扩大消费需求，商贸流通、电子商务及创名牌专项资金支出1 430万元，会展业专项资金支出1 000万元，旅游产业发展专项资金支出1 000万元。

（二）调结构方面

一是持续加大产业发展扶持资金投入，促进产业转型升级。2015年市本级产业发展专项资金支出17亿元，大力支持新能源汽车、生物医药、高端新型电子信息等战略性新兴产业发展，支持企业技术改造、科技创新、科技和金融融合、协同创新与平台环境建设等。二是落实税费减免政策。抓好“营改增”试点工作，为全市纳税人减税10.58亿元；落实小微企业、创新型企业、高新技术企业的税收优惠和减免政策；严格贯彻执行国家和省政府出台的关于减轻社会负担、促进企业发展的行政事业性收费减免政策。

（三）促改革方面

珠海市各级财政部门积极配合有关部门完善有关政策推进改革。产业扶持方面，配合出台《珠海市加快推进科技创新若干政策措施的通知》、《珠海市人民政府办公室关于印发进一步促进市软件和集成电路设计产业发展意见的通知》，以及《珠海市创新驱动发展三年行动计划（2015—2017年）》等等；教育方面，配合出台《珠海市学前教育第二期三年行动计划（2014—2016年）》、《珠海市深化教育综合改革提升基础教育发展水平三年行动计划（2015—2018年）》、《珠海市进一步促进民办教育规范特色发展实施办法》；社会保障方面，配合出台《珠海市困难群众医疗救助实施办法》、《关于提高珠海市城乡居民基本养老保险基础养老金标准的通知》；医疗卫生方面，牵头制定《珠海市市属公立医院改革政府投入政策的实施意见》，配合出台《珠海市强化镇村一体化管理提升农村医疗卫生服务能力工作方案的通知》、《关于印发珠海市中医药师承项目实施方案》等系列文件；就业创业方面，配合出台《关于进一步落实劳动力技能晋升培训政策的意见》、《珠海市人民政府关于进一步促进创业工作的意见》；国企改革发展方面，拨付国企增资款57亿元，通过注资支持市属国企做大做强。

（四）惠民生方面

积极推进基本公共服务均等化综合改革，出台基本公共服务综合改革工作方案，全市九项民生支出225.11亿元，同比增长26.9%（可比口径为24.5%），占一般公共预算支出的比重为57.9%。

公共教育方面，落实市直幼儿园、市直初中移交香洲区管理的市财政划拨基数和增长机制工作。

公共文化体育方面，印发了《珠海市人均公共文化财政支出指数实现全面建成小康社会目标工作方案》，明确2018年全市人均公共文化财政支出指数达到珠三角地区领先水平；做好2015珠海WTA超级精英赛、第二届中国国际马戏节等重大赛事的经费保障及协调配合工作。

公共卫生方面，支出医改类专项经费3.5亿元，主要用于基本医疗保障改革专项财政补助、基本和重大公共卫生项目补助、公立医院专项补助及欠发达地区乡镇卫生院建设补助。

公共交通方面，安排特定人群乘公交车优惠补贴5 400万元，同城同价补贴资金1.5亿元，绿色公交补贴资金2.5亿元，陆岛交通发展资金4 610万元，有轨电车运营补贴4 500万元。

公共安全方面，确定珠海市公安系统2016年经费保障基数，实现收支脱钩；推动公安“四大员”下放香洲区工作。

生活保障方面，按10%左右增幅调整全市企业职工基本养老金，全市企业离退休人员11万人受惠；城乡居民基础养老金待遇从每人每月330元提高至350元；城乡低保标准由每人

每月 520 元提高到 580 元，全市共 5 741 户 8 712 名低保对象受惠。

医疗保障方面，城乡居民医疗保险财政补助标准从每人每年 340 元提高到 400 元；对享受低保、五保、低收入重病患者、重度残疾人、低收入家庭 60 岁以上的老年人和未成年人等困难群体，个人缴费全部由市区两级财政负担。

就业保障方面，市本级财政安排资金 1 487 万元，用于拨付岗位补贴、社会保险补贴、职业介绍补贴、职业培训补贴等就业支出；对企业发放稳岗补贴 4 513 万元，鼓励企业稳岗保障就业，使珠海市城镇登记失业率处于 2.26% 的较低水平。

住房保障方面，2015 年珠海市开工建设各类保障性住房共 4 439 套（户），基本建成各类保障性住房共 3 986 套（户），超额完成省下达的建设任务。

生态环境保护方面，修订《珠海市饮用水源保护区扶持激励办法》，扶持激励专项资金从 5 000 万元/年提高到 8 500 万元/年；修订《珠海市基本农田保护经济补偿办法（暂行）》，从 2016 年开始，基本农田补偿标准从每亩每年 100 元提高到 150 元。

支农惠农方面，推进基层公共服务综合平台建设；市财政拨付 6.64 万亩种粮补贴面积农资综合补贴和种粮补贴资金 1 161 万元。

幸福村居建设方面，全年安排 2.19 亿元幸福村居建设资金，对幸福村居“六大工程”专项资金实施竞争性分配，提高资金使用绩效。

扶贫开发方面，2015 年安排扶贫专项资金 8 620 万元。转移支付方面，市本级对区转移支付 58.46 亿元，同比增长 78.7%，为西部地区交通基础设施、社会事业建设、基本公共服务均等化提供了有力的财政支持，切实增强了西部地区居民的幸福感和获得感。

（五）防风险方面

一是加强政府债务管理，做好广东省两批次合计 80.34 亿元的地方政府债券置换工作。强化政府性债务管理，编制滚动性动态报表，对政府债务实行动态管理。每月对全市政府性债务进行审核、汇总，并及时上报。二是及时偿还银行贷款本息，2015 年政府投资项目计划安排偿还贷款本息合计 63.39 亿元，全年累计支出 61.64 亿元，支出完成率为 97.24%，切实维护了政府良好信用。三是研究运用 PPP 模式，与发改部门联合拟写《珠海市推进政府和社会资本合作（PPP）工作方案（2015—2017 年）》。

三、深化财政管理改革

以建立现代财政制度为目标，抓住预算管理龙头，积极推进各项改革管理工作。

（一）预算管理方面

一是贯彻落实新预算法，出台《关于深化预算管理制度改革的贯彻落实意见》，明确了 6 个方面 38 项改革任务，着力构建全面规范、公开透明的现代预算制度。二是健全政府预算体系，建立一般公共预算、政府性基金预算、国有资本经营预算、社会保险基金预算四大政府账本。三是推进零基预算改革，印发《珠海市本级财政零基预算改革实施方案》，选取 5 个试点单位进行部门预算现场联审，预算编制由“结果公开”向“过程公开”转变。四是推进中期财政规划管理，印发《珠海市人民政府关于实行中期财政规划管理的贯彻落实意见》、《珠海市本级预算稳定调节基金管理暂行办法》，提升中长期财政收支稳定性，改进预算管理和控制。五是推进预决算公开，在市政府网站公开财政预决算、部门预决算和“三公”预决算等多项内容。根据清华大学公共经济、金融与治理研究中心财政透明度课题组发布的《2015 年中国市级政府财政透明度研究报告》，珠海市排在全国 294 个地级及以上城市的第 5 位。六是强化预算执行管理，成立加快支出进度以及压减国库库款规模工作小组，严格执行预算支出执行情况通报约谈制度，建立预算单位和各区支出进度绩效考评机制，完善预算执行管理长效机制，切实增强预算执行刚性约束。

（二）资金管理方面

一是盘活财政存量资金。建立了市财政局局领导分片抓存量资金盘活工作机制、定期通报制度。2015 年全市累计盘活存量资金 164.1 亿元，盘活率为 94.2%。二是完善专项资金管理。“珠海市财政专项资金申报和管理平台”上线运行，实现项目编制、网上申请、项目评审、项目跟踪、结题验收的“一站式管理”，专项资金管理更加透明、规范和高效。三是加强国库管理。完善市级财政资金存放考核激励暂行办法，完善预算执行动态监控机制，优化市级财政资金拨付流程，加强资金拨付审核。

（三）财政监督方面

一是开展会计信息质量检查，对公安和文化等重点领域 22 家单位进行会计信息质量检查。二是开展盘活财政存量资金监督检查，对各类存量资金逐个部门、逐个项目排查，大力压减财政存量资金规模。三是对各区一般性转移支付资金使用以及结转结余情况开展专项检查，进一步规范一般性转移支付资金管理。四是积极配合做好“2014 年度市本级预算执行和其他财政收支情况审计”等专题项目审计，切实推进审计整改。五是组织开展了 2015 年省级财政专项资金检查、扶贫资金专项检查，以及 2014 年会计师事务所执业质量检查、非统管单位财务巡查等工作。

（四）其他方面

一是加强政府采购监管，印发《进一步规范分散采购和单一来源项目监管通知》、《关于政府采购相关事项的通知》等制度，进一步规范监管，明确主体责任，防范廉政风险。二是完善政府向社会力量购买服务指导目录，及时、充分向全市公布购买服务信息。三是切实做好 2016 年项目库预算绩效目标申报和评审工作，参加绩效申报和评审的项目共计 307 个，涉及市直 85 个部门单位，申报总金额约 24.44 亿元，核减项目 192 个，核减金额约 4.95 亿元，核减率约 20.23%。四是加强办公用房清理，全市纳入办公用房建筑超标应整改面积合计 29 357 平方米，全部整改到位。五是加大财政投资审核力度，全年审核金额 100.93 亿元，审定金额 95.60 亿元，核减金额 5.33 亿元，上缴国库 107.30 万元，核减率 5.28%，较上年度提高 0.59 个百分点。六是严格把好财政资金拨付审核关口，全年支付中心办理国库集中支付业务 134 989 笔，金额 487.87 亿元，同比增长 3.78% 和 76.93%。纳入支付中心会计集中核算的市直预算单位达到 224 个。

四、对照“三严三实”狠抓自身建设

按照市委开展“三严三实”活动的要求，查摆不严不实问题，不断加强财政部门自身建设。一是加强思想建设。深入学习习近平总书记一系列重要讲话及党的十八届三中全会等精神；学习市委、市政府重要会议精神，提升干部道德修养和综合素质。二是加强能力建设。建立健全学习和培训制度，局党组带头开展集中学习；通过支部专题学习会、上党课与全局党员共同学习查摆问题；邀请财政部科研所、市委党校等专家学者作专题讲座，开阔视野，拓宽思路。三是加强作风建设。持续改进“四风”，整改不严不实问题，全面整治局机关国内差旅、公务接待、公务用车、办公用房等方面存在的问题，建章立制推进长效化、常态化。推进“云平台”建设，切实方便人民群众办事。四是加强廉政建设。认真吸取财政系统违法违纪案件教训，引以为戒。严格执行党风廉政建设责任制，加强廉政风险排查，规范权力运行，时刻绷紧廉政建设这根弦。

（珠海市财政局供稿，熊向武执笔）

汕头市

2015年，汕头市认真贯彻落实省委、省政府关于促进粤东西北地区振兴发展的决策部署，以交通基础设施建设、产业园区扩能增效、中心城区扩容提质为抓手，坚持稳中求进工作总基调，真抓实干，奋力拼搏，全市经济增长总体平稳、稳中提质，产业结构得到优化，发展效益稳步提升，民生保障得到改善，社会建设步伐加快。全市生产总值1 850.01亿元，比2014年增长8.4%，高于全国、全省增长水平。其中，第一产业增加值97.31亿元，增长3.3%；第二产业增加值956.69亿元，增长7.4%；第三产业增加值796.01亿元，增长10.4%。固定资产投资延续高位增长态势，全年完成固定资产投资1 274.32亿元，比2014年增长27.1%，增速列全省第四。物价水平保持稳定，全年居民消费价格总水平上升1.1%，全年社会消费品零售总额1 339.34亿元，增长12.9%。完成进出口总额92.85亿美元，下降2.9%。

2015年来源于汕头市财政总收入313.3亿元，比2014年下降9.2%。其中：上划中央收入74.6亿元，下降0.9%；上划省收入39.8亿元，增长9.6%；市县级收入198.9亿元（含一般公共预算收入和政府性基金收入），下降14.8%。全市一般公共预算收入131.26亿元，加上税收返还收入13.97亿元、上级补助收入117.83亿元、债券转贷收入21.71亿元、调入预算稳定调节基金6.07亿元、2014年结余收入31.16亿元（主要是根据省批复决算结转下年使用的专项资金）、调入资金11.46亿元，收入总计333.46亿元。全市一般公共预算支出完成281.08亿元，加上上解上级支出4.86亿元、地方政府债券还本支出12.72亿元、补充预算稳定调节基金6.08亿元，结转下年支出28.71亿元（结转下年使用的专项资金），支出总计333.46亿元。

一、增收节支，精心理财，提升财政保障能力

（一）抓好组织收入工作，改善财政收入质量

主动适应经济发展新常态以及收入预算从约束性向预期性转变，依法加强收入征管。坚持落实减税降费与依法征收相结合，规范非税收入管理，注重培植后续财源和提高收入质量。2015年全市一般公共预算收入131.26亿元，增长5.9%。其中，税收收入80.44亿元，增长6.2%，增幅比非税收入高1.2个百分点，占一般公共预算收入比重为61.3%，比2014年提高0.2个百分点。同时，积极争取上级支持，全年上级转移支付补助资金135.5亿元，增加28.3亿元。

（二）积极争取地方债资金，缓解偿债和建设资金压力

2015年省下达汕头市地方政府债券29.9亿元（其中：置换债14亿元、新增债券转贷资金15.9亿元）。根据上级规定的债券资金用途和全市项目的轻重缓急，安排用于新溪污水处理厂征地补偿、金凤路桥高架桥工程、汕头大围六个应急堤段达标加固、汕头产业转移工业园基础设施建设等项目建设。

（三）推进厉行节约，建立长效机制

认真落实中央“八项规定”、《党政机关厉行节约反对浪费条例》和国务院“约法三章”等要求，严格控制一般性支出。2015年全市“三公”经费（含会议费）同比下降21%。

二、重点优先保障，促进民生和社会事业发展

坚持把保障和改善民生作为财政支出优先方向，全市教育、医疗卫生、社会保障和就业等十类民生支出211亿元，增支69亿元，比2014年增长48%，民生支出占一般公共预算支出比重为75%。其中，拨付市十件民生实事资金10.6亿元，增加3.5亿元，确保十件民生实事扎实推进。

（一）提高城乡教育补助标准

学校人均公用经费小学从每生每学年950元提高到1 150元，初中从每生每学年1 550元提高到1 950元；山区和边远农村教师补贴从人均月500元提高到人均月700元；市中等职业教育免学费补助标准每生每年3 500元，普通高中国家助学金标准每生每学年2 000元。

（二）提高底线民生保障水平

城乡居民社会养老保险基础养老金补助从每人月80元提高到100元，低保标准提高到城镇每人月460元、农村每人月380元以上。重度残疾人生活津贴从每人年600元提高到1 200元、护理补贴从每人年1 200元提高到1 800元。

（三）改进医疗卫生服务

人均基本公共卫生服务经费财政补助从每人年35元提高到40元，城乡居民医疗保险财政补助从每人年均320元提高到380元；对农村已离岗接生员和赤脚医生生活困难补助按人月700元、800元、900元分档安排生活困难补助。对全市1 052个乡镇卫生院配套X光机、B超等“五个一”医疗设备，提升基层医疗服务水平。

（四）做好公交惠民工作

拨付各项资金近7 000万元，落实公交企业惠民政策补贴、智能公交体

系建设以及中心城区新增购买公交车辆，提升公共交通服务能力。

（五）推进保障房项目建设

拨付保障房建设资金2.5亿元，主要用于支付94亩安居工程项目、收购保障房房源以及发放租赁补贴等，有力推进保障性住房建设进展。

（六）落实强农惠农资金保障

多渠道筹措资金11.53亿元，支[illegible]市城乡水利防灾减灾工程、牛田洋海堤、汕头大围建设、村村通自来水等工程建设。拨付资金4.4亿元，落实市直和各区县粮食储备以及各项农资补贴等强农惠农政策。投入资金[illegible]55万元，继续落实扶贫“双到”工作，大力推进老区、农村扶贫开发。

三、发挥财政调控功能，推进稳增长、调结构、促发展

（一）支持交通基础设施建设和城市扩容提质

多渠道筹措安排资金近16亿元，加快推进全市城乡环境综合整治、大学路改造工程、广澳港防波堤、金凤路桥等重点项目建设。

（二）推进生态环境建设

2015年财政共投入资金16.76亿元，主要用于对练江流域环保水利整治和贵屿循环经济项目建设。

（三）促进产业转型升级

积极争取汕头市企业申报省扶持产业发展资金约7亿元，支持骨干企业增强发展后劲，提升竞争实力。发挥财政杠杆作用，围绕实施“四大产业计划”和“五个100工程”，安排拨付产业园区、落实外经贸稳增长、扶持工业骨干企业和战略性新兴产业以及拨付总部经济、企业上市奖励等各类资金1.6亿元，助力企业做大做强。

（四）支持实施创新驱动发展

拨付资金近6亿元，推进广东以色列理工学院加快建设，打造区域科教创新中心。安排拨付市级科技项目和加强知识产权培育资金2 724万元，着力提升企业自主创新能力和产业核心竞争力。

四、努力推进财政改革发展，进一步提高管理服务质效

（一）强化财政资金检查监管

开展“省级财政专项资金自查”、“省财政一般性转移支付资金自查”以及开展对区县财政盘活存量资金进行专项检查等工作，保障财政资金的安全、规范、有效运转和各项政策的落实。

（二）加大统筹盘活存量资金力度

盘活各领域“沉睡”资金，逐步消化历史挂账，统筹用于急需支出项目。2015年全市收回存量资金12亿元，收回存量资金进度在全省排名第1位。

（三）推进财政专项资金项目库管理改革

在原有财政项目库管理基础上，建立市级专项资金明细项目库，并发布2015年、2016年专项资金目录，对列入目录的专项资金通过信息化系统进行具体项目申报、资格审查、项目评审等工作，将专项资金细列至具体用款单位、项目名称和金额，逐步实现专项资金明细分配与预算编审同步。

（四）优化拨款流程，规范资金拨付管理

在抓好“资金支付安全、高效优质服务”两条工作主线的基础上，做好资金调度，优化拨款流程，规范上级补助资金指标登记管理，加快上级资金分配和拨付。建立库款通报制度，监控库款保障水平变动情况，使全市库款保障水平达到省要求的库款保障水平线。市财政资金支付当日办结率达到93%，两日办结率达到100%。

（五）健全完善内部控制制度

汕头市财政局在全省率先建立财政内部控制体系和一系列相关制度，继续健全完善内控制度，加强风险控制，确保资金安全，实现财政业务规范化管理和高效安全运行。

五、推广使用PPP模式，保证重点项目建设资金需要

进一步加强PPP政策宣传和辅导，增进政府和社会共识，提高公众对PPP政策的认知度。结合PPP项目识别和筛选，建立项目备选库，加大项目推介力度，参加省政府组织的PPP示范项目推介会，积极申报国家、省级示范项目，促进项目落地。列入国家、省示范项目有潮阳区和平、铜盂、关埠三座污水处理厂的项目、潮南区陈店、陇田、司马浦污水处理厂项目、澄海区莲下、东里污水处理厂项目。汕头市发挥财政资金引导作用，引导带动社会投资需求，鼓励社会资本进入城市基础设施建设等领域。

六、精心部署，做实扶贫开发“双到”工作

根据全市扶贫工作实施方案，汕头市财政局负责潮南区雷岭镇鹅地村扶贫“双到”帮扶工作。三年来，汕头市财政局坚持规划先行，突出重点，针对性开展基础设施建设与扶贫工作，共筹集投入资金1 504万元，实施扶贫项目57大项。经过三年的扶贫工作，鹅地村的村容村貌、群众生活状况、村集体经济发展势头、贫困农户生活水平均发生很大变化。2015年该村集体经济纯收入达到10万元，贫困户人均纯收入超过万元大关。由于帮扶工作取得显著成效，汕头市财政局、驻村干部分别被省评为2013—2015年“扶贫开发先进单位”和“扶贫开发双到优秀驻村干部”。

（汕头市财政局供稿，张开达执笔）

佛山市

2015年，佛山市国民经济保持平稳增长，促进全市经济社会各项事业全面协调持续健康发展。全市生产总值实现8 003.92亿元，比2014年增长8.5%。其中，第一产业增加值136.42亿元，增长2.6%；第二产业增加值4 838.89亿元，增长7.6%；第三产业增加值3 028.61亿元，增长10.3%。全年社会消费品零售总额2 687.22亿元，增长11.9%。居民消费价格总水平比2014年上涨1.6%。全社会固定资产投资3 035.52亿元，增长16.2%。全市进出口总额657.2亿美元，下降4.5%，其中出口482.1亿美元，增长

3.2%，进口 175.1 亿美元，下降20.7%。

2015年，全市地方一般公共预算收入完成557.43亿元，同比增长11.22%，完成年初各级人大通过预算的102.54%。地方一般公共预算支出完成802.18亿元，同比增长52.79%，完成年初各级人大通过预算的131.48%。

2015年佛山市各级财政部门主动适应经济发展新常态，着力稳增长、促改革、调结构、惠民生、防风险，完成全年财政工作任务。

一、紧扣收支管理主业，实现财政持续稳健运行

收入方面，一是加强收入预判分析，及时研究制定抓收入的措施、方法，增强组织收入的主动性和风险防范的预见性。二是坚持收入预期目标管理。完善“收入预计—确立目标—督促落实”的促收机制及收入定期通报机制，按序时目标紧抓工作进度。三是完善非税收入管理。创新非税收入征缴渠道，规范非税收入管理，促进全市非税收入实现较快增长。四是加大土地收储与出让工作力度，增加政府后备财源。

支出方面，一是逐项排查、分类督导，在确保资金安全的前提下，进一步简化优化资金申报、审批、拨付流程和手续，提高工作效率。二是完善沟通协调机制，建立限时办结制度、支出进度通报机制和约谈督促机制，加快财政支出进度和提升资金执行率。三是加快年初预算项目的支出进度。认真督促相关单位进一步细化完善预算，及时做好用款计划，加快预算执行。四是加快上级转移支付资金的拨付进度。五是大力压减库款规模。制订分月压减库款目标计划，逐月进行检查督导，确保完成省政府确定的压减库款目标任务。六是进一步清理财政结余结转资金，将收回的资金统筹用于重大项目、民生事业等重点领域，提高资金使用效益。

二、立足转型升级主线，促进经济持续健康发展

一方面，发挥财政杠杆作用，助推经济增长与产业升级。一是全市投入扶持经济科技发展方面资金25.34亿元，大力支持佛山国家高新区、中德工业服务区等重大平台建设，加快珠江西岸先进装备制造产业带建设；投入国家创新型城市建设资金21.55亿元，引导创新资源整合，坚定创新驱动战略，加快创建国家创新型城市。二是全市投入新一轮技改专项资金8.41亿元，并争取到省级技术改造专项资金1.29亿元，推动企业实现全方位的技术改造，提升产业竞争力。三是拨付省、市各项扶持外经贸稳增长资金5.19亿元，支持跨境电商、商贸服务业、服务外包产业发展。四是创新财政资金扶持模式，推进金融科技产业深度融合发展。全市财政安排资金37.23亿元，出资设立（或投入）产业引导基金、产业金融引导基金、科技企业信贷风险补偿基金、支持企业融资专项资金、债券融资扶持资金、中小企业信用担保基金、中小企业直接融资发展基金等基金或专项资金，推动民营企业稳步发展。五是落实各项惠企利企的稳增长政策。全年取消、减免、停征或降低征收标准的非税收入项目共125项次，尤其是大幅下调堤围防护费和价格调节基金征收标准，单此两项每年为企业减轻负担5.2亿元；深入推进“营改增”改革扩面，截至2015年底，累计为纳税人减轻税收负担43.95亿元；鼓励帮助企业向上级申报各类扶持资金，全年共获得上级扶持资金25.19亿元。

另一方面，加大财政投入，促进城市升值与环境提升。一是支持打造佛山中轴线，深入实施“强中心”战略，推动“一老三新”及高明西江新城、三水新城等片区特色发展。二是全市投入重点交通基础设施建设方面资金141.54亿元，推动广佛线、佛山地铁2号线一期、3号线前期等重点工程项目建设。三是全市投入节能环保与绿化方面资金25.14亿元，加快推进生态文明建设和生态环境保护。

三、坚持民生优先主旨，深入推进人民满意政府建设

围绕建设人民满意政府的目标，更加注重以民为本、惠民为先、利民为重，切实加大对基本公共服务均等化建设的保障力度，并出台《佛山市推进基层公共服务综合平台建设工作方案》，推动公共服务向基层延伸，着力提升人民群众的幸福指数。2015年，全市民生方面支出509.72亿元，占一般公共财政预算支出比重63.54%，比2014年增支176.75亿元，增长53.08%。其中，投入推进底线民生保障资金6.10亿元，完成底线民生项目年度资金预算的120.99%，超额完成目标任务。

四、把握深化改革主调，加快建立现代财政制度

一是“金财工程”建设揭开新篇章。佛山公共财政综合管理平台项目（二期）项目完成第一阶段工作，动态人员管理系统、政策法规库等7个系统已上线试运行，进一步提升财政管理科学化、规范化、精细化水平。二是预算管理改革迈出新步伐。建立健全预算管理体系，实施全口径预决算管理，推进中期财政规划管理，探索重大建设项目跨年度预算管理模式和滚动式项目库管理系统建设，科学统筹政府财力；细化完善预算编制，加强预算执行管理，强化预算约束，提高预算执行时效性和均衡性；盘活财政存量资金，加大结转资金统筹使用力度，提高财政存量资金使用效益。三是绩效管理改革跨上新台阶。着重建立健全预算绩效管理应用机制，实现绩效目标申报与预算编制、绩效跟踪管理与项目实施、评价结果应用与资金安排“三个同步”。2015年，市级共有58个预算单位，93个项目参与绩效自评，涉及预算资金7.17亿元。四是国库管理制度改革开创新局面。依托财政综合管理平台建设，分步实施财政实拨业务、直接支付业务和授权支付业务的支付电子化管理，使财政资金从预算单位、财政部门、代理银行三方之间业务数据传输无纸化、快速化。同时，大力铺开推进镇（街）国库集中支付制度改革，为财政财务管理提供稳固的基础和保障。

五、突出资金效益主题，全面加强财政监督管理

佛山市财政部门坚持严肃财经纪律，切实履行财政监督职责。主要体现为“一个围绕、两个着力、三个重点”。

“一个围绕”：就是紧紧围绕财政“大监督”体系，以“金财工程”信息化建设为依托，建立上下联动机制，内外互动机制，密切市区财政部门沟通联系，加强与审计、监察等监督部门的协调配合，形成监管合力，建立和完善财政预算实时动态监管系

统，提高财政“大监督”信息化水平。

“两个着力”：一是着力加大财政监督力度。开展对部门预决算、财经纪律执行、“小金库”治理及涉农资金专项整治行动等监督检查，狠抓承诺整改，强化财政资金监管。二是着力加强财政内控建设。启动市级行政事业单位财务与预算管理规范的编制工作，并先后制定保密工作制度、信息化安全管理制度、规范公文运作管理制度以及重点工作任务跟踪督办等一系列管理制度和措施，规范内部运作程序，提升财政管理水平和工作效能。

“三个重点”：一是重点做好会计信息和执业质量监督检查。二是重点提升基建审核水平。制定调整基建工程造价审核相关工作方案，进一步提升财政审核水平。2015 年，全市共完成审核工程概、预、结算项目 1 675 项，完成评审金额 297.25 亿元，核减金额 16.75 亿元，核减率 5.63%。三是重点加大财务总监监督力度。认真履行对市级 32 个 500 万元以上重点项目资金使用环节的监管职责，牢固构筑工程投资事前、事中和事后监控三道防线，促使财务总监委派模式向更高层次拓展。

六、强化队伍建设主导，不断提高财政干部素质

一是认真开展“三严三实”专题教育。一方面，持之以恒落实中央“八项规定”推动反“四风”向深度和广度延伸，巩固拓展教育实践活动成果。另一方面，大力开展“三严三实”专题教育。开展局党组书记局长上专题党课、局党组中心组和各级党支部专题学习研讨、教育基地观摩学习等活动，将“三严三实”专题教育抓严、抓实、抓出成效。二是切实抓好党风廉政建设。围绕重点领域排查廉政风险点，建立起“制度＋科技”的廉政风险主体科技防护网，全面推进财政部门惩治和预防腐败体系建设。三是深化推进干部队伍建设。加强人才库建设，并根据工作需要合理配置岗位和人员，充分、合理地盘活人才资源；继续选派干部到基层挂职锻炼，为年轻干部成长锻炼提供平台；顺利完成招录公务员及政府雇员工作，进一步优化干部队伍结构；研究制定《佛山市财政局重大事项报告制度》，促进干部管理工作规范化、制度化。四是强化培训学习。举办市、区财政部门部分业务骨干参加的 2015 年佛山市财政系统改革创新培训班，组织开展“践行三严三实加强作风建设”专题讲座等，着力提高培训层次、培训质量、培训覆盖面，全面提升财政干部职工综合素质和为民服务能力。五是加强财政科研宣传工作。在 2014 年全国财政系统“中国梦·财政情”征文活动中，全市共获得二等奖 1 个、三等奖 1 个；在 2014 年全省定向择优财政科研课题评审中，全市共获得二等奖 1 个、三等奖 2 个；在“江门杯”财政征文大赛中，全市共获得一等奖 1 个、二等奖 3 个、三等奖 3 个。六是积极组织参与文娱体育活动。开展形式多样、内容丰富的群众文化体育活动，通过组织参与体育比赛、公益性活动等，提升财政干部队伍活力和凝聚力，推进财政文化建设。

（佛山市财政局供稿，上官蔚云执笔）

韶关市

2015 年是“十二五”规划的收官之年。面对错综复杂的发展环境和经济下行压力持续加大的严峻形势，韶关市沉着应对，迎难而上，扎实推动经济运行平稳向好，全面冲刺“十二五”规划目标，努力为“十三五”的发展奠定更加坚实的基础。全市生产总值 1 150 亿元，比 2014 年增长 6.2%。其中：第一产业增加值 149.5 亿元，增长 4.2%；第二产业增加值 429.3 亿元，增长 2.3%；第三产业增加值 571.2 亿元，增长 10.3%。三次产业结构由 2014 年的 12.6：40.6：46.8 调整为 13：37.3：49.7；按常住人口计算，人均 GDP 4 万元，增长 5.5%；固定资产投资 701.7 亿元，下降 5.8%；全社会消费品零售额 579.8 亿元，增长 10.9%；地方公共预算收入完成 85.2 亿元，同比增长 3.9%；居民消费价格比 2014 年上涨 1.2%；城镇居民人均可支配收入 23 504 元，增长 8.9%；农村居民人均可支配收入 11 607 元，增长 10.2%。城乡居民收入比为 2.03：1，差距继续缩小；完成省下达的节能减排目标任务。

一、全市财政收支情况

（一）收入情况

2015 年，来源于韶关的财政总收入完成 219.97 亿元，同比下降 6.81%。全市上划中央收入完成 72.04 亿元，同比增长 0.83%；上划省收入完成 16.47 亿元，同比下降 2.31%。上划中央、省收入均完成全年考核任务。全市一般公共预算收入完成 85.23 亿元，同比增长 3.92%（按可比口径增长 1.54%），完成年初预算的 101.58%。一般公共预算收入加上上级补助收入、债券转贷收入、2014 年结余收入和调入资金等 277.02 亿元，全市财政总收入完成 362.25 亿元，增长 33.07%。2015 年全市政府性基金预算总收入完成 65.87 亿元，其中全市政府性基金预算收入完成 34.67 亿元，完成预算的 100.98%；上级补助收入 8.38 亿元，债务转贷收入 4.95 亿元，2014 年结余 17.87 亿元。2015 年全市国有资本经营预算收入完成 7 135.80 万元，减少 27.91 %。2015 年全市五项社会保险基金（企业养老、失业、职工医疗、工伤、生育）收入完成 55.70 亿元，同比增长 1.04%，完成年初预算的 107.97%。

（二）支出情况

全市一般公共预算支出完成 281.51 亿元，同比增长 42.77%。全市一般公共预算支出加上上解上级支出、债券还本支出、安排预算稳定调节基金等 38.56 亿元，全市财政总支出完成 320.07 亿元，同比增长 56.41%。2015 年全市财政总收支相抵，滚存结余 42.17 亿元，其中净结余 1.36 亿元。全市财政预算实现收支平衡，略有结余。全市政府性基金预算总支出完成 54.30 亿元，其中全市政府性基金预算支出完成 48.40 亿元，完成预算的 112.13%。收支相抵，年终结余 11.57 亿元。全市国有资本经营预算支出完成 5 345.80 万元，减少 46%。全市五项社会保险基金支出完成 51.62 亿元，同比增长 7.08%，完成年初预算的 101.60%，当年结余 4.08 亿元。

（三）市级政府债务情况

截至 2015 年 12 月，市级政府债务余额为 101.53 亿元，比 2014 年增加

7.12亿元，增长7.54%。按2015年综合财力计算，市级政府债务率为112.14%。政府债务余额中，市本级政府信用贷款余额为61.66亿元，其中存量及地方政府新增债券26.77亿元，置换债券19.57亿元，企业债券11.20亿元，其他债务4.11亿元。

二、公共财政预算运行的主要特点

一是财政收入处于低速增长运行区间。受经济下行及政策因素影响，全市财政收入维持低速增长，但波动不大，总体平稳。尤其是从5月开始，全市一般公共预算收入每月波幅不超过2.5个百分点。二是税收收入下降，非税收入增幅较快。全市税收收入完成52.15亿元，同比下降3.64%。在国有资源（资产）有偿使用收入、专项收入以及罚没收入的拉动下，非税收入增长较快，完成33.07亿元，同比增长18.61%，对全市财政收入增长拉动明显。三是民生支出保持稳步增长。全市11类民生支出完成226.91亿元，同比增长58.05%，占一般公共预算支出比重达80.6%，同比提高7.79个百分点。

三、主要工作措施

（一）着力生财聚财，促进经济加快发展

设立财政引导资金，安排资金通过股权投资、贴息等形式，吸引金融、保险等机构投资于棚户区改造、交通基础设施、城市扩容提质、芙蓉新城、产业园区设施和生态环境、旅游文化产业等重点领域。支持产业转型升级，扶持山区农业从“中端数量型”转向“高端质量型”，力促旅游文化创意、特钢循环经济、机械装备制造、清洁电力等产业提速增效，助推经济发展方式转变，培植地方财源。优化财政政策环境，发挥“助保贷”资金作用，扶持税源企业发展壮大。用好用活节能减排财政政策综合示范建设资金，结合项目实际情况，拨付第一批珠江流域北江源头综合治理示范工程项目资金1.01亿元；第一批低碳绿色项目示范建设工程项目资金4 097万元。优化经营环境，落实企业减负措施，对市本级的堤围费税费实行减免优惠。取消和暂停征收12项中央级设立的行政事业性收费，对小微企业免征42项中央级行政事业性收费；对采矿业、制造业、建筑业、批发和零售业、房地产业等8类缴交额度较大的行业实行下调征收费率；对农林牧渔业、住宿和餐饮业等7类缴交额度较小的行业和莞韶园区内的企业全额免征。2015年，全市非营利性服务业增加值核算财政八项支出完成142.39亿元，同比增长21.65%，全面完成市政府下达的支出目标任务。

（二）推进民生建设，提高公共服务均等化水平

坚持把保障和改善民生作为公共财政的优先方向，稳步推进韶关市基本公共服务均等化。全市用于保障和改善民生事业资金达226.91亿元，城乡社区事务、农林水、交通运输等支出增幅均超过全市平均水平，实现较快增长。全市投入省十件民生实事资金23.04亿元，完成年初计划的110.86%，其中改善农村生产生活条件、促进就业和加强困难群体等救助帮扶支出进度达到150%以上。

（三）综合统筹财力，提高财政资金效益

清理沉淀资金，自2015年底起对各单位的年初预算项目结余指标全部不予结转，全年清理盘活历年结转结余资金18.35亿元，主要安排用于补充预算稳定调节基金、解决韶赣高速公路资本金配套、土地储备以及基础设施建设股权基金财政引导资金等，加快支出进度，减少库存规模。加快民生资金拨付进度，及时将省安排的民生资金全部下达到实施单位及各县（市、区）。抓好重点工程项目支出，加快项目审核，提高项目资金拨付率。加快新增地方政府债券项目支出，今年省下达的两批次共18.85亿元债券预算已全部安排完毕，主要用于棚户区改造、高速公路、普通公路等方面。加快落实地方政府置换债券腾出的资金8 255.2万元，用于城市扩容提质股权基金财政引导资金和韶关市第四污水处理厂（西联）及配套管网一期工程建设。提高支出绩效，完成市级50万元以上的225个项目的绩效自评，涉及市级财政资金19.35亿元。完成2016年市级部门预算项目绩效目标申报，共1 280个项目，涉及资金61.06亿元。落实厉行节约各项规定，全市“三公”经费实现“零”增长。

（四）深化财政改革，推进理财转型升级

执行新《预算法》，开展市级部门零基预算编制改革，改变预算编制“基数+增长”的模式。建立覆盖一般公共预算、国有资本经营预算、政府性基金预算和社会保险基金预算的“四本预算”体系，提高财政资金配置效益。推进财政投融资制度改革，以股权基金、PPP等形式，引导和带动银行资本、社会资本参与市重点项目建设。举办PPP项目推介会，搭建政府项目和社会资本对接桥梁，为促成一批PPP项目落地奠定坚实基础。开展权责发生制政府综合财务报告编制工作试点，已形成2014年度权责发生制政府综合财务报告。推进基层财政改革，选取乳源等县为试点，推行乡镇国库集中支付制度，开展城乡基本公共服务均等化、农村集体“三资”管理平台和基层公共服务综合平台建设工作，2016年在全市全面铺开。配合做好公务用车改革工作，完成第一批公务用车处置及公务员交通补贴发放工作。

（韶关市财政局供稿，邓韶江　胡莹莹执笔）

河源市

2015年，河源市国民经济平稳发展，结构调整稳步推进。全市实现地区生产总值（GDP）810.08亿元，比2014年增长8.1%。其中，第一产业增加值93.71亿元，增长4.3%，对全市经济增长的贡献率为5.3%，拉动GDP增长0.4个百分点；第二产业增加值370.72亿元，增长8.5%，对全市经济增长的贡献率为55.8%，拉动GDP增长4.5个百分点；第三产业增加值345.65亿元，增长8.6%，对全市经济增长的贡献率为38.9%，拉动GDP增长3.2个百分点。全年固定资产投资564.14亿元，比2014年增长24.5%。全年进出口总额251.0亿元，比2014年增长3.3%，其中出口总额176.2亿元，增长8.3%。全年合同利用外商直接投资3.43亿美元，比2014年增长4.3%；全年实际利用外商直接投资

1.44亿美元，比2014年下降36.2%。全年社会消费品零售总额482.99亿元，比2014年增长11.0%；全年居民消费价格总水平上涨2.1%。

2015年，河源市财税收入增长较快，实力明显增强。全市实现地方一般公共预算收入67.48亿元，增长11.6%。其中：地方库税收收入46.42亿元，增长11.24%；非税收入21.05亿元，增长12.39%。全市一般公共预算支出268.38亿元，增长27.43%。市本级实现一般公共预算收入24.97亿元，增长11.37%；其中，地方库税收入16.87亿元，增长12.14%；非税收入8.10亿元，增长9.79%。市本级一般公共预算支出60.69亿元，增长38.31%。

2015年，全市财政部门在市委、市政府的正确领导下，紧扣打造“广东绿谷”，建设“幸福河源”和振兴发展的总体目标要求，以开展“财政改革深化年、财政管理绩效年、四型机关创建年”为抓手，突出“六抓六促”工作思路，着力稳增长、促改革、调结构、惠民生、防风险，积极做好新常态下财政工作。

一、全力以赴增财力

高度关注工业经济下行、实施结构性减税政策等因素带来的收入增幅趋缓等新变化，积极会同税务等征收部门，加强分析协调和组织收入，促进财税收入稳定增长。加强预算执行分析，实行“分片分工”抓收入和收入进度跟踪制度，强化对各县、区收入的考核和监督。2015年，全市一般公共预算收入增幅在全省排名第10位，高于粤东西北地区平均增幅5.04个百分点；收入结构保持合理，2015年全市一般预算收入中税收比重占68.8%，收入质量全省排第9位，保持全市财政收入“增长快，结构优”的良好态势。

二、凝心聚力促发展

综合运用贷款贴息政策、地方政府债券政策、股权投资基金政策、推广运用PPP模式等多种手段，结合省促进粤东西北振兴发展资金和稳增长、调结构资金，盘活财政存量资金，推进财政资金统筹使用，为“三大抓手”和重点产业、重点项目建设提供强力支持。建立中小微企业信贷风险补偿机制和中小微企业融资政策性担保机制，缓解企业融资“难”问题。支持企业技术改造和淘汰落后产能、应用型科技研发及成果转化、科技企业创新发展。争取省存量债务置换债券资金16.85亿元，新增地方政府债券转贷资金9.17亿元。市本级安排10.52亿元支持市直重点项目建设。

三、全面保障增福祉

坚持民生投入只加大不减少、困难群众生活水平只提高不降低、民生工程覆盖面只扩展不缩小、新增财力向基本公共服务事业倾斜的原则，贯彻落实各项民生政策。推进基本公共服务均等化综合改革试点工作，印发《河源市全面深化基本公共服务均等化综合改革方案（2015—2017年）》，从十个方面不同领域确立131个项目全面推进综合改革，其中设定底线均等保障项目33个，实行全市统一标准，托底保障，基本公共服务进一步拓展，促进幸福河源建设。2015年，全市民生支出209.48亿元，占一般公共预算支出的78.05%，增长33.17%，比一般公共预算支出增幅高5.74个百分点。全力推进以改善民生为主要内容的省、市“十件民生实事”，支持解决一批民生热点、难点问题，提升人民群众幸福感。

四、紧扣改革添活力

在2015年牵头的22项重要改革任务中，已完成20项，有2项由于上级尚未出台相关意见延后开展。

在预算管理改革方面，全口径政府预算体系建设扎实推进，开展公共财政预算、政府性基金预算、社会保险基金预算和国有资本经营预算等“四块”预算的收支计划编制。制定《河源市深化预算管理制度改革实施方案》和《关于实行中期财政规划管理的实施意见》。制定《河源市财政预决算信息公开管理办法》，全面公开财政预决算和“三公”经费信息。零基预算改革试点顺利推进。推进财政专项资金项目库管理，制定《河源市市级财政资金项目库管理实行办法》。出台规范地方政府性债务管理办法。试编权责发生制政府综合性财务报告试点范围由市级扩大到源城区、紫金县、龙川县。

在财政体制改革方面，完善市与源城区、市与高新区财政体制，提出调整市与源城区政府部分事权与支出责任的意见，调整市与高新区收入分成比例。建立起市对江东新区财政管理体制，完成源城区、紫金县与江东新区财权与事权划转基数工作。

在建立现代市场体系方面，制定政府公共资源清单和准入负面清单。全市有3个项目采用PPP模式运作并纳入省项目库。制定《关于在公共服务领域推广政府和社会资本合作（PPP）模式的意见》。

在财政监督改革方面，全市有88个乡镇实行国库集中支付制度；农村财务监管平台建设稳步推进；基层公共服务综合平台建设试点顺利；印发推进政府向社会力量购买服务的3个配套文件，市级政府向社会组织购买服务制度体系基本建立。

五、建章立制强管理

加大历年结余结转资金清理力度，全力盘活财政存量资金。建立健全财政资金拨付和预算执行动态监控预警制度。建立预算执行进度通报制度，强化对预算执行进度的分析。落实公务用车制度改革，制定《河源市市直公务交通补贴发放管理办法》，稳妥开展公务用车处置工作。制定《河源市市直行政事业单位常用公用设施配置标准》，实行市直行政事业单位办公设备购置财政内部联审制度，加快资产管理信息化建设。推进政府性投资建设项目全面委托市场中介评审工作。建立河源市财政专项资金监管和专项资金信息公开管理制度，实行财政专项资金动态监管和季度统计。开展涉农资金专项整治和全市村居资金使用“双重”公示制度执行情况检查，实行多层次全方位监督。按照分事行权、分岗行权、分级授权的要求，建立财政内部控制制度。

六、严抓队伍优作风

以开展“三严三实”专题教育为契机，以打造“四型”机关为载体，在思想、作风、能力、廉政等方面，全面加强财政干部队伍建设，加快建设一支讲大局、专业务、有思路、干实事、勇担当、重廉洁的财政干部队伍，机关作风明显好转，大幅提升队伍战斗力、凝聚力和执行力。

（河源市财政局供稿，黎章驹执笔）

梅州市

2015年，梅州市坚持稳中求进，围绕稳增长、调结构、促改革、惠民生，落实“两大振兴政策”，聚焦“三大抓手”，大力推进“一区两带”建设，全市经济总体呈现平稳运行、稳中有进、稳中向好的态势，为“十三五”良好开局奠定了坚实基础。全市实现地区生产总值（GDP）955.09亿元，增长8.6%，其中：第一产业增加值187.69亿元，增长4.2%；第二产业增加值350.86亿元，增长8.2%；第三产业增加值416.54亿元，增长11.0%。三次产业结构比例为19.65：36.74：43.61。全社会固定资产投资总额568.06亿元，增长39.4%。全年进出口总额24.54亿美元，增长12.5%。全年社会消费品零售总额555.50亿元，增长11.1%。

2015年，来源于梅州的财政总收入277.44亿元，增长18.88%。其中：国税税收（全口径）93.8亿元，增长6.07%；地税税收（全口径）98.36亿元，增长25.27%。

全市公共财政预算收入103.58亿元，完成年度预算的105.36%，增长21.51%，其中：税收收入73.82亿元，增长21.47%，占公共财政预算收入的比重为71.27%；非税收入29.76亿元，增长21.62%，占公共财政预算收入的比重为28.73%。全市公共财政预算支出377.41亿元，增长39.74%。

市本级公共财政预算收入28.36亿元，增长14.36%，其中：税收收入19.86亿元，增长17.77%，占公共财政预算收入的比重为70.05%；非税收入8.49亿元，增长7.1%，占公共财政预算收入的比重为29.95%。市级公共财政预算支出80.98亿元，增长64.77%。

全市公共财政预算收入加上税收返还收入、各项上级补助款和预算结转、结余，减去公共财政预算支出以及上解上级支出后，全市公共财政预算实现收支平衡。市本级公共财政预算收入加上税收返还、转移支付和上解收入、上年结余等，收入总计126.34亿元；市本级公共财政预算支出加上上解上级支出、市级补助县支出以及债券还本支出122.6亿元，收支相抵滚存结余3.74亿元（其中净结余238万元）。

2015年，梅州市各级财政部门主动适应经济发展新常态，充分发挥财政职能作用，着力稳增长、促发展、保重点、补短板、激活力、增实效，圆满完成了各项目标任务。

一、实现财政收支新跨越

收入方面，面对经济下行压力带来的减收影响，全市财政系统找准抓细实现财政收入目标的有效措施，落实市直财税部门联合挂钩督导县级财税收入工作机制，狠抓收入征管，做到“收足、收实、收好”。2015年，全市一般公共预算收入突破百亿元大关，达到103.58亿元，同比增长21.51%，收入增幅在全省排名第2位，在粤东西北12市中排名首位；收入总量比“十一五”末增加56.69亿元，“十二五”期间实现年均增速21.6%；税收收入占一般公共预算收入的比重为71.27%，在粤东西北12市中财政收入质量最高，是粤东西北地区唯一超过70%的地级市。支出方面，2015年，全市一般公共预算支出达377.41亿元，同比增长39.7%，总量在全省排名第8位，增幅在全省排名第11位。

二、严格规范预算管理

2015年是新《预算法》实施的第一年，全市财政系统能够认真贯彻落实新《预算法》，强化预算刚性约束，改进预算控制方式，优化财政支出结构，提高预算执行效率，有效维护了预算管理的严肃性。积极抓好财政支出进度，加强专项资金管理，清理压减和合并专项资金，压缩结余结转资金规模，清理盘活财政存量资金，提高财政资金使用效率和效益。

三、不断提升服务发展能力

牢固树立服务大局观念，大力推进嘉应新区建设工作，全力支持梅兴华丰产业集聚带和梅江韩江绿色健康文化旅游产业带建设，促进对外综合快速交通体系建设，为全市构建“一区两带”新格局提供了有力的资金支持。2015年，市财政共拨付嘉应新区建设资金28.31亿元，全市产业园区共获得省财政园区扶持资金10.8亿元，全市共争取省级旅游产业扶持资金1.54亿元，全市财政交通运输支出27.9亿元。

四、有力落实积极财政政策

用好原中央苏区和粤东西北振兴发展等政策，全力争取扶持资金支持，2015年，全市共获得上级各项转移支付补助资金246亿元。对接落实上级债务置换政策，全年共争取置换债券27.3亿元，新增政府性债券转贷资金14.7亿元。积极落实“大众创业、万众创新”财政扶持政策措施，市财政统筹安排3亿元作为实体经济振兴发展专项资金，着力扶持以工业为主体的实体经济发展。积极推进挂点服务企业工作，市直单位共落实企业挂点扶持资金4749万元。大力推广应用PPP模式，为我市基本建设拓宽了融资渠道，韩江高陂水利枢纽工程等大型优质PPP项目动工建设。加快实施节能减排财政政策综合示范项目，2015年共下拨节能减排综合示范奖励资金5.47亿元。

五、保障各项民生支出到位

集中财力办好省市“十件民生实事”，落实各项强农惠农资金，提高底线民生保障标准，促进医药卫生、教育、文化、体育等社会事业发展，支持“平安梅州”和基层社会治理服务平台建设，扎实推进基本公共服务均等化。2015年，全市民生支出306.17亿元，同比增长48.02%，高于一般公共预算支出增幅8.28个百分点，民生支出占一般公共预算支出的比重达81.13%。

六、取得财政改革预期成效

积极推进细化预算编制、预决算信息公开等预算管理制度改革，加强地方政府性债务管理，加快实施乡镇国库集中支付制度改革、权责发生制政府综合财务报告试编、财务核算信息集中监管、预算支出联网监督等国库集中支付配套改革，全力配合推进公务用车制度改革，规范县级行政事业单位津贴补贴，完善市级与高新区财政体制，扎实开展基层公共服务综合平台建设试点工作，各项财政改革工作取得预期成效。

七、持续加大财政监督力度

以实施新《预算法》为突破口，全面推进依法行政、依法理财。组织开展“小金库”、“三公”经费、涉农资金等专项整治和检查行动，强化财政支出绩效评价结果应用，积极加强政府采购监管、公共资源交易平台建设、财政投资评审、会计管理、农村集体“三资”管理、行政事业单位资产管理、国有企业资产管理、财政票据管理等工作，全面规范财政管理行为。

八、提升财政软实力

健全完善内部控制体系，进一步加大对权力集中、资金密集、资源富集部门和岗位的监管。强化对财政干部的教育培训，推动财政干部转变知识结构和理财观念。扎实推进“三严三实”专题教育，增强纪律和规矩意识，提高服务效能。切实加强党风廉政建设，有效防范廉政风险。

（梅州市财政局供稿，李振豪 黄访新执笔）

惠州市

2015年，惠州市各级财政部门紧紧围绕“以更好质量更高水平进入珠三角第二梯队”总目标，按照稳中求进、好中求快、改革创新、率先跨越的原则，主动适应新常态，推动财政事业再上新台阶，为经济社会平稳健康发展和社会和谐稳定提供坚实的财力保障。

2015年，惠州市经济呈现平稳较快发展态势，全市地区生产总值3 140.03亿元，增长9.0%，其中，第一产业增加值150.88亿元，增长4.2%；第二产业增加值1 726.68亿元，增长9.6%；第三产业增加值1 262.47亿元，增长8.6%。全市固定资产投资完成1 863.93亿元，增长16.0%。全市进出口总额3 376.0亿元，下降7.5%。实际利用外商直接投资金额11.05亿美元，下降43.8%。全市社会消费品零售总额1 070.72亿元，增长10.5%。全市居民消费价格指数101.9。

2015年，全市地方一般公共财政预算收入完成339.99亿元，完成市代编预算的100.1%，同比增收39.34亿元，增长13.1%。全市地方一般公共财政预算支出完成486亿元，为年度代编预算116.4%，同比增支113.16亿元，增长30.4%。市本级一般公共财政预算收入完成118.59亿元，完成年度预算的101.7%，同比增收13.5亿元，增长12.8%。市本级一般公共财政预算支出完成130.7亿元，同比增支27.18亿元，增长26.3%。

一、积极应对经济下行压力，增强财政实力

2015年，全市各级财政部门努力克服经济下行压力，依托涉税信息共享和欠税清缴两大平台，健全全市财税联席会议制度，深化“五个融合互动”，强化征管，全市地方一般公共预算收入完成339.99亿元，总量居全省第5位，是“十二五”初期（2011年）162.83亿元的2.1倍，财政实力显著增强，增幅居全省第8位、珠三角第5位。同时，全市财政呈现均衡发展态势，县域财力持续增强，全年县（区）级一般公共预算收入共完成221.41亿元，同比增长13.2%。从规模看，大亚湾开发区、惠阳区收入规模首次突破40亿元，惠城区、惠东县和博罗县收入规模均达到30亿元以上；从速度看，仲恺高新区、大亚湾开发区、惠阳区、惠东县这四个县（区）增速超过全市平均增速。

二、优化支出结构，增加民生领域投入，改善民生

（一）优化支出保民生

坚持把财政发展与民生改善结合起来，着力压减一般性支出，继续将市级新增财力的75%、县级新增财力的60%以上投入民生，切实解决底线民生、基本民生和热点民生问题。2015年，全市财政民生支出完成338.34亿元，占一般公共预算支出比重达70%，同比增支77.34亿元，增长30%，增幅比2014年同期提高14个百分点。

（二）办好实事为民生

加大省、市十件民生实事资金保障力度，确实把好事办好、实事办实。2015年落实省十件民生实事资金支出31.26亿元，保障520个项目全面完成、9个项目基本完成；市十件民生实事全市财政投入44.65亿元，完成年度预算的104%，保障61个项目落实，进一步提高群众幸福感。

（三）注重底线补短板

按照“突出重点、守住底线”的原则，保障弱势群体和困难群众基本生活。2015年，市财政落实底线民生项目补助资金2.02亿元，增长14.6%。全市城乡居民养老保险基础养老金标准提高到125元/人·月，高于省规定标准25元；城乡低保标准提高到550元/人·月，达到全省先进水平；农村五保对象供养标准不低于10 800元/人·年，高于省定标准5 000元/人·年。

三、创新机制体制，提高科学理财水平，加快财政改革

（一）积极推进建立省以下事权和支出责任相适应制度改革试点工作

2015年，惠州市被省财政厅确定为建立省以下事权和支出责任相适应制度唯一改革试点地区。财政部门作为牵头部门，大胆创新，主动探索，积极推进教育、民政、社保、交通、水利5个领域改革试点工作，形成置换调整清单。

（二）推进市对区新一轮财政管理体制改革

按照“多予少取、先予后取、放水养鱼”的原则，在合理界定市与区事权基础上，完成对惠城区和仲恺高新区的财政管理体制新一轮调整，突出市对区放权让利，调整共享收入分成比例，给予两区更多政策支持和增量财力倾斜，促进区域实力逐年壮大和经济发展提速增效。

（三）深化基本公共服务均等化综合改革

率先在全省圆满完成全市基本公共服务均等化综合改革试点任务，及时召开基本公共服务均等化三年总结推进会。同时，为继续深化改革试点成果，启动市级基本公共服务均等化“十三五”规划编制工作，探索建立市级专项统筹资金激励引导机制，推动基本公共服务提供主体多元化建设。

（四）探索推动PPP模式

积极探索重点基础设施建设项目政府和社会资本合作（PPP）融资模

式，认真筛选PPP项目，会同行业主管部门依照“成熟一个、推进一个”的原则，大力开展PPP建设模式。2015年，推出惠新大道、梅湖大道建设工程等7个PPP项目，总投资近100亿元，PPP模式改革取得进展。

（五）大力抓好基层试点工作

大力抓好建制镇新型城镇化示范试点工作，科学制定实施方案和竞争性评审方案，经市政府同意后，确定博罗县园洲镇为惠州市建制镇新型城镇化示范试点镇，各项试点工作有序推进。大力推进基层公共服务综合平台建设，扎实做好前期准备，成为全省首个完成并上报工作方案的非试点地级市，为全面铺开基层公共服务综合平台建设打下坚实的基础。

四、优化监管方式，提升资金使用效益，加强资金监管

（一）优化财政资金监督管理方式

全力打造财政专项资金管理平台，实现财政专项资金一张网审批、一张网分配、一张网公开和一张网监管。同时，配合省、市相关部门完成近20项资金检查审计工作，推进信息互通、成果转换，确保审计检查意见落实到位，切实解决财政资金管理中存在的薄弱环节。

（二）开展民生领域重点项目绩效评价

选取“生活污水设施以奖代补资金”等23个涉及民生、社会关注度较高的财政支出项目开展综合绩效评价，委托广东省技术经济研究发展中心等8个中介机构对这些项目开展第三方评价工作，涉及资金6.2亿元。通过绩效评价，对项目资金使用效益进行评分定级，提高公共资源配置效率和财政资金使用效益。

（三）开展涉农资金专项整治行动

在开展自查自纠的基础上，对2013年和2014年度涉农资金进行重点检查，共检查302个项目，涉农资金23.5亿元。针对专项整治发现的问题，研究制定《惠州市级财政支农资金整合方案》、《惠州市林业局财政资金项目公开选取实施企业管理办法》等一系列制度，解决涉农资金管理的薄弱环节。

（四）盘活政府存量资金

为更好地发挥积极财政政策作用，按照中央和省的工作部署，市财政印发《关于收回部门预算2012年及以前年度结转结余资金的通知》，2015年市本级共盘活政府存量资金约12.8亿元，统筹用于经济社会发展亟须支持的领域，提高财政资金使用效益。

五、以财政政策为导向，促进经济社会发展，支持经济建设

（一）出台支持稳增长措施

为应对经济下行压力、促进经济平稳发展，经市政府同意，市财政局印发实施《2015年市级财政支持稳增长政策措施》，全年统筹安排稳增长资金约106亿元。通过扩大财政投资、深化财税体制改革、加快资金拨付进度、增强全市经济发展的内生动力和后劲。

（二）完成年度地方债置换工作

在积极消化政府存量债务的基础上，积极向上级部门争取存量债务的置换额度，累计完成三批次共计116亿元政府债券置换，有效减轻短期内政府的偿债压力，将有限的资金更好地投入发展，服务于稳增长。

（三）加快推进战略平台和产业园区建设

在积极争取上级财政政策支持的同时，市财政安排财政资金2.5亿元，加大环大亚湾新区和潼湖智慧城两大战略平台政策倾斜力度。支持产业转移工业园发展，市财政拨付8 000万元用于惠州产业转移工业园和惠东产业转移工业园两个省级园区的基础设施建设，下达省级产业园扩能增效专项资金1.5亿元。

（四）大力支持创新驱动发展

在落实扶持实体经济发展的“惠28条”、促进民营经济发展的“惠42条”等基础上，贯彻创新驱动发展战略，2015年，市财政投入9.34亿元支持科学技术发展，有力推动企业转型升级和产业结构调整；投入6.8亿元支持人才“双高”计划，以人才建设引领技术创新，带动经济转型发展。

（五）加快推动基础设施建设

做好惠州机场复航和运营资金保障工作，拨付惠州机场航线补贴和机场复航配套建设资金1.74亿元。多渠道筹集资金，积极推动莞惠城轨、惠深高速改扩建等重点工程建设。投入6亿元确保惠大高速如期完工通车，筹集5.1亿元保障三环路改造工程，安排1.01亿元用于沥青罩面工程，有力推动交通设施建设，大幅改善群众出行条件。

六、进入党风廉政建设新常态，助推财政事业发展

（一）扎实开展“三严三实”专题教育活动

高标准高质量开展“三严三实”专题教育，局领导带头在全局干部党员大会上围绕“三严三实”主题上党课、谈体会，使广大党员干部掌握“三严三实”的主要内容和丰富内涵，进一步巩固群众路线教育实践活动成果，增强做好财政工作的使命感和责任感。

（二）落实党风廉政建设“两个责任”

落实党风廉政建设党组主体责任和纪检组监督责任，强化党风廉政建设组织领导，健全责任制，落实《惠州市财政局工作人员廉洁从政若干规定》和《惠州市财政局工作人员问责暂行办法》，主动梳理权责清单，及时将2项行政审批事项、8项服务事项入驻网上办事大厅，党风廉政建设扎实推进。

（三）加强干部队伍“三个建设”

注重党组班子建设，把抓班子、带队伍作为发展的重要保障来抓，促进班子成员之间的优势互补、协调配合，班子成员团结协作、深入科室，起到以身作则的示范作用。注重干部队伍建设，重点搭建干部成长平台，壮大发展骨干力量，营造风清气正的选人用人氛围。注重工作能力建设，加大对基层财政干部的培训力度，全年共培训乡镇财政干部职工及县（区）财政局机关干部545名，提升基层干部服务能力。

（惠州市财政局供稿，陈倩茹执笔）

汕尾市

2015年，汕尾市全市实现地区生产总值（GDP）762.06亿元，比2014年增长8.1%。其中，第一产业增加值118.04亿元，增长4.4%，对GDP增长的贡献率为6.8%；第二产业增加值348.70亿元，增长7.2%，对GDP增长的贡献率为47.1%；第三产业增加值295.32亿元，增长10.8%，对GDP增长的贡献率为46.1%。三次产业结构为15.5：45.8：38.7。全市人均地区生产总值达到25 283元，增长7.4%。全市完成固定资产投资585.2亿元，比2014年增长16.8%；完成社会消费品零售总额488.61亿元，增长11.0%；完成进出口总额32.02亿美元，下降18.9%；实际利用外商直接投资金额9 958万美元，下降38.8%；居民消费价格总指数上涨1.3%；居民人均可支配收入16 474元，同比增长8.3%。

2015年，汕尾市各级财政部门坚持稳中提质、稳中求进的工作基调，坚决贯彻市委、市政府的决策部署，狠抓挖潜提质不放松，着力提高财政收入质量，积极优化支出结构，规范资金管理，全面深化改革，促进全市经济和社会各项事业的发展。2015年全市一般公共预算收入完成288 241万元，完成调整预算的102.17%，下降41.43%。剔除以前年度虚增收入退库调整因素，实现0.21%微幅增长。其中：国税部门完成税收收入43 473万元，下降15%；地税部门完成税收收入141 434万元，下降21.38%；财政部门完成非税收入103 334万元，下降60.42%。全市一般公共预算支出完成2 129 982万元，完成调整预算的180.45%，比2014年增支881 740万元，增长70.64%。市级（不包括市城区、红海湾开发区和华侨管理区）一般公共预算收入完成88 723万元，完成调整预算的101%，下降1.71%。市级一般公共预算支出完成444 837万元，完成调整预算的208.99%，增长107.82%。

一、提高收入质量，增强财政保障能力

认真履行职责，依法依规组织收入。一是狠抓挖潜增收。牢固树立依法理财、依法征收理念，主动适应新预算法关于收入增长从任务性向预期性转变的要求，加大财税动态分析监控力度，密切跟踪税源情况，强化对重点税源、重点行业、重点税种的征收管理，清理规范非税收入项目，规范财政票据使用行为，严格落实“收支两条线”规定，提高收入征管质量，深入挖掘增收潜力。二是狠抓收入质量。按照市委市政府的统一部署，对各县（市、区）历年空转虚增财政收入进行整改，共清理退库各县（市、区）历年空转虚增收入157 400万元，夯实财政收入。2015年全市财政非税收入比重下降到35.85%，比2014年下降17.2个百分点。三是加强预算资金的统筹安排。按照新预算法的要求，加大政府性基金预算、国有资本经营预算与一般公共预算的统筹力度，加强结余结转资金清理，盘活存量资金，提高财政统筹调度能力。

二、优化支出结构，提高民生保障水平

坚持“有保有压、突出重点”的原则，集中财力保障和改善民生。2015年全市一般公共预算支出中用于教育、社会保障和就业、医疗卫生、农林水等9项民生支出1 481 700万元，占一般公共预算支出的69.56%，比2014年增支548 000万元，同比增长58.7%，着力解决人民群众关心的现实利益问题。一是促进教育事业均衡发展。将城乡免费义务教育公用经费小学从950元提高到1 150元，初中从1 550元提高到1 950元；市县中等职业学校免学费补助标准从每生每年2 500元提高到3 000元；中等职业学校和普通高中国家助学金标准从每生每年1 500元提高到2 000元，进一步提高教育均等化水平，促进城乡教育协调发展。二是稳步提高社会保障水平。将城乡居民基本养老保险基础养老金从每人每月80元提高到100元，城镇低保补助补差水平从每月333元提高到374元，农村低保补助补差水平从每月147元提高到172元，孤儿集中供养水平从每人每月1 150元提高到1 240元，分散供养水平从每人每月700元提高到760元；残疾人生活津贴从每年600元提高到1 200元，重度残疾人护理补贴从每年1 200元提高到1 800元。三是深化医药卫生体制改革。投入城乡居民基本医疗保险补助106 319万元，将财政对城乡居民医疗保险的补助标准从年人均320元提高到380元，完善重大疾病保障机制；将基本公共卫生服务经费财政补助标准从每人每年35元提高到40元；落实基层医疗卫生机构经常性收支差额补助、农村和边远山区乡镇卫生院医务人员岗位补贴及村医补贴，开展乡镇卫生院标准化建设扫尾工程，顺利完成汕尾市人民医院、市妇幼保健院、市第三人民医院整体改制工作，扎实推进医药卫生体制改革。四是加大对“三农”扶持。投入127 283万元支持小型农田水利、河道生态工程、防汛抗旱等项目建设，改善农业生产条件；投入9 647万元落实农机购置补贴、种粮直补和农作物良种补贴等惠农财政政策，进一步调动农民种植的积极性；实施5个农业综合开发土地治理项目，建设高标准农田2.25万亩；投入扶贫开发资金3 092万元，支持新一轮扶贫开发；投入村级一事一议奖补资金2 977万元，支持村级公益设施建设；安排农村基层组织工作经费保障资金5 725万元，保证村级基层组织的正常运转。五是大力实施省、市十件民生实事。全市共安排97 019万元落实和配合实施省十件民生实事，完成年初预算的107.38%；安排236 738万元用于市十件惠民实事，完成年初预算的102.31%。

三、加强资金管理，提升财政管理效能

将财政监管贯穿到财政资金的分配、使用、管理、绩效考评等各个环节，确保财政资金的安全、高效。一是加快支出进度。细化预算支出计划管理，优化资金申报审批流程，加强对重点支出监控，建立健全支出进度通报、支出进度与财政资金安排、调度挂钩办法，落实考核奖惩制度和问责机制，督促进度慢的预算单位加快支出，提高预算支出进度的均衡性和时效性。二是清理盘活财政存量资金。建立结余结转资金动态监控机制，对本级结转超过一年和省级结转超过两年的项目资金进行清理，合理控制结余结转资金规模，2015年全市共盘活回收结余结转资金227 000万元，统筹用于冲减超支项目、民生保障和支持经济发展，解决财政资金在账户里“睡觉”的问题。三是积极开展各项财

政专项检查。突出对重大建设项目资金、重点专项资金实施全程监管，开展财政收支和会计信息质量等专项检查，2015 年共查处违规违纪资金 4 895.54 万元，确保财政资金核算规范和专款专用。四是提高财政性资金建设项目的评审质量。强化评审风险防控，全年共完成审核工程预、结算项目 1 860 个，送审金额 582 945 万元，核定金额 522 461.3 万元，核减工程费用 60 483.7 万元，核减率 10.38%。五是加强政府采购监管。全面编制政府采购预算，强化采购预算和计划的约束，规范政府采购行为。2015 年全市政府采购预算资金 61 709.96 万元，实际采购金额 59 345.67 万元，节约采购资金 2 364.29 万元，节约率为 3.83%。六是加强绩效评价。市级财政对国家助学金与免学费市级补助资金、市级污水处理专项补助资金、市级科技专项资金等 3 项资金开展绩效评价，3 项资金到位率均为 100%，较好地发挥资金效率。七是规范政府债务管理。建立健全政府性债务规模控制和风险预警机制，制定《汕尾市政府性债务管理办法》，将政府性债务纳入预算管理，认真做好地方政府债券置换工作，2015 年全市共置换存量债务 72 261 万元，腾出资金用于重点基础设施建设和民生项目。

四、服务发展大局，围绕中心助推发展

围绕经济社会发展大局，切实保障关系经济转型发展的重点支出需求。一是全力支持“三大抓手”建设。推进深汕高速公路长沙湾互通立交改造工程、“迎国检”国省道路面改造、潮惠高速公路陆河段等项目建设，完善外联内通的交通网络；投入 179 000 万元，加快推进产业园区水、电、路及排污等配套建设，推动园区产业项目落地和开工建设，入园投产企业 5 家，新落地工业项目 33 个，新动工工业项目 24 个；全力推进中央商务区、红草高新区、金町湾片区建设，投入 39 000 万元，用于市区火车站广场改造工程、工业大道西段综合改造项目、市区文德路等 7 条“断头路”市政改造工程项目，加快中心城区扩容提质。二是深入开展“暖企行动”。落实各项扶持中小微企业财税优惠政策，取消行政事业性收费 46 项，减免收费 12 523.6 万元；投入 12 000 万元用于企业技术改造、扶持战略性新兴产业和中小企业发展；市级投入 1 000 万元设立市中小微企业融资风险补偿平台，解决企业融资难问题。三是着力支持“三大环境”建设。全市共投入政务环境、城乡环境、社会治安环境整治资金 144 885 万元，推进禁毒和打击非法枪支专项行动，加强和完善社会治安防控体系，推进城乡环境卫生综合整治，提升汕尾新形象。

五、推进财政改革，完善财政运行机制

按照建立现代财政制度的要求，稳步推进财政各项改革。一是细化完善预算编制。按照新预算法的要求，2015 年首次实施全口径预算编制；设立预算稳定调节基金，建立跨年度预算平衡机制；进一步细化预算编制，将一般公共预算支出按功能分类细化到“项”级，基本支出按经济性质分类细化到“款”级。二是推进财政信息公开。及时公开市政府总预算、决算信息和“三公”经费信息，协调、指导各预算单位公开预算信息和“三公”经费数据，提高财政预算透明度。100 个市一级部门全部公开 2015 年部门“三公”经费预算，除 5 个涉密部门外 95 个市一级部门全部公开 2015 年部门预算；6 个县（市、区）全部公开 2015 年总预算、部门预算及“三公”经费预算。三是积极推进 PPP 投融资改革。及时成立市财政局 PPP 项目推进小组，牵头编制市级 PPP 项目的总体框架和实施方案，4 个项目列入省 PPP 推介项目库。四是落实政府综合财务报告改革。市级制定《汕尾市本级试编 2014 年度权责发生制政府综合财务报告工作方案》，并完成市级 2014 年度政府综合财务报告试编工作。五是推进政府向社会力量购买服务改革，完善政府购买服务制度。印发《政府向社会力量购买服务指导目录》，市区道路和公共场所清扫保洁及垃圾运输服务、公安辅警、城市管理协管员、政府专职消防员等 5 个项目实施政府购买服务。六是配合落实公务用车制度改革。牵头制定公务交通补贴管理办法、执法执勤用车制度改革实施办法、定向化保障车辆管理办法、车辆处置等规定，扎实推进公务用车制度改革，改革后全市公务交通支出比改革前整体节约 8.1%。

六、抓好队伍建设，提升依法理财能力

以开展“三严三实”专题教育为契机，以推进增长才干、增加激情、增强协作、增进和谐、增效提速、增光添彩的“六增”建设为载体，深入开展深化政务整治、正风肃纪集中行动，着力加强机关作风和党风廉政建设，梳理优化财政办事流程，强化财政内控机制，规范财政干部日常行为，提升依法理财、依法行政能力。

（汕尾市财政局供稿，方辉轮执笔）

东莞市

2015 年，东莞市经济运行总体稳健，质量效益进一步提升，社会发展更加协调，民生福利持续改善。2015 年东莞生产总值（GDP）6 275.1 亿元，比 2014 年增长 8%。分产业看，第一产业增加值 20.5 亿元，下降 0.4%；第二产业增加值 2 903 亿元，增长 6.2%；第三产业增加值 3 351.6 亿元，增长 10%。全年固定资产投资 1 446.5 亿元，比 2014 年增长 3.3%。全年全市进出口总额 1 676.7 亿美元，比 2014 年增长 3.1%。其中进口 639.6 亿美元，下降 2.4%；出口 1 037.2 亿美元，增长 6.9%。全年合同利用外资金额 50.6 亿美元，增长 17.2%；实际利用外资 53.2 亿美元，增长 17.5%。全年社会消费品零售总额 2 154.7 亿元，比 2014 年增长 10.9%，居民消费价格总水平比 2014 年上涨 1.4%。

2015 年，全市预算执行情况总体平稳。一般公共预算收入 518 亿元，同比增长 10.2%。一般公共预算收入中税收收入 399.5 亿元，增长 9.4%，占 77.1%。以上收入加上上级补助收入 76.5 亿元，地方政府债券上级转贷收入（一般债券）73.5 亿元，从政府性基金和国资预算调入资金 8.7 亿元，2014 年结转结余 23.9 亿元，调入预算稳定调节基金 22.8 亿元，2015 年一般公共预算可支配财力 723.4 亿元。2015 年，全市一般公共预算支出 710.5 亿元。具体包括：拨镇街及园区分成支出 199.7 亿元；市本级安排支出 324.4 亿元；上级转移支付支出 52 亿元；上解上级支出 35.4 亿元；地方政府债券

转贷资金支出（一般债券）74.4亿元；安排预算稳定调节基金24.6亿元。以上收支相抵，2015年结转下年支出12.9亿元，全部为两年内未使用的上级转移支付资金。另外，2015年底预算稳定调节基金滚存余额20.8亿元，按上级规定口径占一般公共预算考核支出的3.6%。

2015年，全市政府性基金预算收入157亿元。以上收入加上上级补助收入1.9亿元，地方政府债券上级转贷收入（专项债券）1.8亿元，2014年结余18亿元，2015年政府性基金预算可支配财力178.7亿元；全市政府性基金预算支出161.3亿元。以上收支相抵，2015年政府性基金预算结余17.4亿元。

2015年，市本级国有资本经营预算收入5.1亿元，比预算超收0.5亿元；市本级国有资本经营预算支出4.6亿元；以上收支相抵，余下0.5亿元结转至2016年统筹使用。

2015年，全市社会保险基金收入425.4亿元，同比增长51.3%；全市社会保险基金支出165亿元，同比增长29.5%。以上收支相抵，2015年全市各项社会保险基金当年结余260.4亿元。加上往年滚存结余资金，2015年年末全市各项社会保险基金累计结余1 137.9亿元。

一、完成财政收入任务

克服经济增速放缓和结构性减税增多的双重压力，狠抓组织收入不放松，千方百计挖税源、抓征管、促增收，完成市委、市政府下达的收入目标任务。2015年市一般公共预算收入518亿元，同比增长10.2%，完成年初确定的增长10%的任务，并首次突破500亿元大关，收入总量稳居全省第4位，收入增速在珠三角七市中排名第4位。2015年市公共财政预算收入中，税收收入占比达77.1%，税收占比全省排名第4位，财政收入质量保持较高水平。非税收入方面，尽管受落实小微企业税收优惠政策，取消和暂停征收涉企行政事业性收费等政策因素影响，通过依法加强征收管理，努力挖掘收入潜力，全年非税收入完成118.5亿元，同比增长13%。

二、有力保障重点支出

（一）积极落实创新驱动发展战略

投入5.3亿元，重点支持中科院云计算产业技术创新和育成中心、北京航空航天大学东莞研究院、广东省智能机器人研究院、东莞深圳清华大学研究院、北京大学东莞光电研究院等重大科研平台和重大产业园区建设。投入3.8亿元，推动加工贸易转型升级，促进内外贸易、商贸服务及现代物流发展。投入3.6亿元，资助东莞市战略性新兴产业特别是新能源汽车行业发展。投入1.7亿元，支持企业“机器换人”，利用先进自动化生产设备实施技术改造。投入1.4亿元，资助创新科研团队引进，支持科技创新成果转化。投入1.3亿元，资助专业镇创新平台、企业研究开发中心、重点实验室及创新型企业等创新创业载体建设。投入9 966万元，资助知识产权保护、名牌名标创建、质量发展等创新环境建设。投入3 084万元，举办高层次人才交流大会，配套资助入选“千人计划”的国家级人才，支持东莞人才发展研究院和工信部人才交流中心华南分中心运营，加快引进创新创业领军人才。投入1 900万元，引导企业应用电子商务，扶持电商平台做大做强。

（二）促进教育文体事业均衡发展

投入18.3亿元，加大市属学校教育经费保障力度，将小学、初中、高中生均公用经费标准统一提高200元。投入11.6亿元，补助镇街教育经费，为新莞人子女提供积分入学公办学位2.8万个。投入9.8亿元，用于松山湖大学创新城建设。投入2.8亿元，用于民办学校免费义务教育及民办中职学校减免学费补助，将中职学生免学费和国家助学金补助标准提高至3 000元和2 000元。投入2.1亿元，重点支持民办教育和学前教育发展，向全市1.6万名民办学校教师发放从教津贴。投入2 000万元，加大高中教育教学奖励力度。投入1 824万元，用于市属学校校舍维护。投入860万元，支持东莞职业技术学院创建省示范性高等职业院校。投入1.8亿元，用于迪士尼暨创意服务中心项目建设。投入4 626万元，举办公益展览及文艺培训，推动千场文艺演出下基层等活动。投入3 524万元，扶持文化产业发展及文化精品创作。投入1 776万元，支持举办苏迪曼杯羽毛球团体锦标赛，保障东莞市承办的首个世界级赛事顺利举行。投入1 291万元，用于海战博物馆改造。投入817万元，为208个社区更换老旧健身路径。投入712万元，支持市民艺术中心开办。投入1.4亿元，为市民免费提供11项基本公共卫生服务以及“两癌”筛查、乙肝母婴阻断治疗等重大公共卫生服务。投入1.1亿元，支持市属公立医院建设。投入2 840万元，将医药分开取消药品加成政策改革范围扩大至所有市属公立医院。投入641万元，用于卫生计生人才培训。

（三）完善社会保障和就业体系

投入14.2亿元，加大城乡一体社会养老保险及医疗保险缴费补助力度。投入1.2亿元，对低保对象等困难群体实施生活、医疗、教育及临时救助，将低保标准由510元/月提高至610元/月。投入1.1亿元，发放应届大中专毕业生企业就业补贴，引导大中专毕业生到一线企业就业。投入9 461万元，用于发放12.7万名高龄老人生活津贴及实施1.6万名老年人居家养老服务，新增为75周岁以上老人购买意外伤害保险。投入9 339万元，用于保障残疾人生活、就业、康复等，新增残疾人免费体检项目。投入8 784万元，对大龄失业人员、享受低保城乡失业人员、“零就业家庭”成员等就业困难群体发放就业补贴。投入6 457万元，加大小额创业贷款贴息力度，降低门槛，简化手续，推进以创业带动就业。投入5 464万元，为劳动者免费提供职业技能培训。

（四）加快城市基础设施建设

投入18.1亿元，用于轨道交通专项支出，撬动金融资本投入轨道交通建设，加快地铁2号线开通运营。投入5.8亿元，用于环莞快速路二期、S256篁村至虎门段、S358虎门至长安段大修等重点工程建设。投入3.1亿元，用于水乡特色发展经济区建设，重点保障水乡大道改造提升，龙湾湿地公园和市儿童医院等项目建设。投入1.8亿元，用于运河综合整治工程。投入8 929万元，用于东江与水库联网供水水源工程。

（五）大力推进节能减排工作

投入17.1亿元，引导53家“两高一低”造纸企业退出水乡地区。投入6亿元，统筹用于全市污水处理及截污主干管网养护。投入1.6亿元，加快淘汰5.7万辆黄标车。投入3 521万元，支持电机能效提升及注塑机伺服节能改造，鼓励企业清洁生产。投入1 721万元，全力推动石马河、茅洲河流域污染整治，加强石马河水质在线监测。投入530万元，用于全市高污染禁燃区内锅炉淘汰改造。投入351万元，支持推广绿色节能建筑。

（六）做好市内扶贫和对口帮扶工作

投入1.8亿元，用于欠发达村（社区）基础设施和优质项目补助。投入1.7亿元，用于援疆、援藏支出。投入7 236万元，用于承担对口帮扶韶关市和揭阳市的新一轮扶贫开发“规划到户责任到人”工作任务。投入2 400万元，完成全市80个欠发达村的定点帮扶任务。投入1 200万元，援助河池市和巫山县。

三、深入推进财政改革

认真贯彻新预算法的各项要求，坚持依法科学理财，深化财政改革，加强预算管理，积极发挥财政职能作用。

完善全口径预算体系。基本建立一般公共预算、政府性基金预算、国有资本经营预算和社会保险预算四本预算编报管理机制，着手试编权责发生制政府综合财务报告，推动镇街预算管理制度和国库集中支付制度改革。

加快财政支出进度。建立财政支出进度与预算资金安排挂钩机制，对支出进度不理想的预算单位，按月通报并由市政府约谈，督促各单位加快支出进度，统筹资金安排使用，提高财政资金使用效益。

积极盘活财政存量资金。清理一般公共预算专项结转资金、部门实有资金账户结转结余资金和已下达到部门超过两年未使用的省转移支付资金。对盘活的财政存量资金除按原用途加快支出运用外，统筹用于设立政府投资基金、偿还政府债务以及水生态文明建设等重点工程投入。

积极创新投融资机制。制定出台在公共服务领域推广运用政府和社会资本合作模式的实施意见，搭建PPP工作的制度框架。推动轨道交通1号线、长安新河项目等工程项目入选省PPP项目库。组织镇街（园区）申报PPP项目库，面向全国范围征集组建市PPP专业咨询机构库，加强与国开行等金融机构合作，采用政府购买服务方式成功实施水生态建设项目一期工程，解决截污次支管网资金筹措问题。

贯彻执行政府债务管理新政。将70.8亿元的置换债券额度全部转贷至镇街用于置换存量债务，并将期限较长的债券优先分配给欠发达镇街。将4.5亿元新增政府债券用于普通公路和保障性住房等民生重点支出。将地方政府债务分类纳入预算管理，债务限额经市人大常委会批准后向社会公开，自觉接受人大和社会监督。

积极推进预决算信息公开。将部门决算信息公开范围扩大至市本级所有预算单位，实现市本级财政预决算、“三公”预决算，部门预决算以及“三公”预决算信息的全面公开，并公开包括因公出国（境）人次和组团数、公车购置数、公车保有数和公务接待批次、人次在内的“三公”支出明细数据。推动镇街首次公开“三公”信息。

大力开展预算绩效管理。积极构建“预算编制有目标，预算执行有监控、预算完成有评价，评价结果有反馈，反馈结果有应用”的全过程预算绩效管理机制，开展财政支出项目绩效目标管理和绩效评价工作。选取20个项目开展重点项目绩效评价，评价报告全面公开。选取59个项目开展预算编制绩效评价，核减金额2.9亿元，切实提高财政资金使用效益。

四、不断提升财政服务管理水平

深入开展“三严三实”教育专题活动，深入查摆“不严不实”问题，作风进一步转变，第六党支部成功创建为首批“机关服务型党组织示范点”。建立健全党员干部经常性教育制度，促使党员干部学习教育工作经常化、制度化、规范化。坚持每月安排举办一期专题讲座。采用“请进来”的方式，每举办一期专题讲座，不断扩宽干部队伍的知识视野，提高整体综合素质。广泛征求预算单位和镇街对财政工作的意见建议，对提出的问题逐一改进、逐一解决。坚持把反腐倡廉工作放在突出的位置，出台廉洁从政若干规定，广泛开展“一岗一预防”活动，将党风廉政建设的主要任务分解落实到班子成员、科室负责人和每个干部职工，切实抓好反腐败源头治理工作。在2015年度市直单位年度工作考评中，市财政局获评经济建设类第1名；横沥财政分局荣获“全国财政系统先进集体”荣誉称号。

（东莞市财政局供稿，陈俊辉执笔）

中山市

2015年，中山市生产总值3 010.03亿元，比2014年增长8.4%。人均生产总值9.4万元，增长7.8%。全年农业总产值116.3亿元，增长1.1%。工业增加值1566.16亿元，增长7.5%。现代服务业增加值779.06亿元，增长12.2%。固定资产投资1 055.4亿元，增长17%。社会消费品零售总额1 079.74亿元，增长10%。出口总值280.1亿美元，增长0.5%。实际利用外资3.84亿美元。三次产业结构调整为2.5：54.2：43.5。城镇常住居民人均可支配收入37 254元，农村常住居民人均可支配收入24 405元，分别增长8.6%和10.2%。

2015年中山市各级财政部门主动适应经济发展新常态，沉着应对经济缓行压力，顺利完成年初预算任务，2015年全市一般公共预算收入287.5亿元，同比增长11.6%。全市一般公共预算支出354.2亿元，同比增长33.4%。

一、加强财政收入征管

强化税源分析，加强与市国税局、地税局及各征管部门沟通协调，做好税源管理和动态监测，分析预测收入形势。开展非税收入稽查、票据检查及代理银行服务质量检查，督促执收单位强化非税收入征管力度，堵塞征管漏洞，依法征收、应收尽收。做好小汽车号牌拍卖、公园特许经营权等国有资源（资产）有偿使用工作。推动社会抚养费、污水处理费等收费项目实行直接缴库工作，规范非税收入管理。全年全市非税收入89.6亿元，比2014年增长22.3%。

二、强化财政支出管理

强化支出管理，增强预算刚性约

束，坚持预算追加联审制度，严控“三公”经费［指政府部门人员因公出国（境）经费、公务车购置及运行费、公务招待费产生的消费］等一般性经费支出。加大预算执行进度管理，实行预算执行通报制度，做到部门预算安排与执行、绩效、监督结果挂钩，采取召开预算部门专题会议、局内部科室支出进度排名等措施，增强财政支出的均衡性、时效性。在全省2015年市县支出进度年度考核中山市获得86分，排名全省第2位。

三、加强财政统筹

积极盘活存量资金，建立盘活存量六项机制，全面清理结转结余资金，按政策将地方教育附加、残疾人就业保障金等9项政府性基金调入一般公共预算管理。2015年底，中山市一般公共预算结余占支出比重约为7%，达到省对市一般公共预算结余占支出比重不超9%考核要求。加强国库库款管理，将存量资金统筹用于“稳增长、调结构、惠民生、防风险”等经济建设重点项目，发挥财政资金撬动效应。自9月起始终控制国库库款规模，到年底止控制的库款保障水平在1.3左右。

四、扶持创新驱动发展战略

贯彻落实创新驱动发展战略，把支持创新驱动发展战略作为中山市财政部门服务全市经济建设的重点，通过主动了解部门资金需求，创新资金扶持方式，全年安排产业扶持资金8.45亿元，其中投入4.99亿元支持科技创新，鼓励企业开展技术改造革新，扶持先进装备制造企业和项目建设，提升产业核心竞争力。

五、扶持中小微企业

加大对中小微企业扶持力度，设立15亿元支持企业融资专项扶持资金，打造中山市中小企业转贷资金池，降低中小微企业“过桥融资”成本，促进企业做大做强，巩固税源财源基础。开展减负惠企政策宣传，督促执收部门执行相关减免政策，及时公布办理范围及流程，落实减负惠企政策。全年全市落实国家、省级减免政策8项，涉及收费项目130个，减免各类收费约1亿元。

六、推进重点项目工程建设

拓宽投融资渠道，统筹安排118.2亿元资金用于保障政府投资工程项目。全力推进PPP项目建设，其中轻型跨座式单轨首期试验段项目获批纳入财政部第二批示范项目，长江路改造项目完成招投标工作，西区马山片区棚户区改造购买服务合同完成签约；争取地方政府债券转贷和置换资金支持，强化政府投资项目制度建设，加强基建财务管理，推进市域交通路网、市政基础设施等重点项目工程建设。

七、实施强农惠农政策

加大农业生产、文化教育、社会保障、生态环保等方面投入，民生支出逐年增长，平均占比财政支出比重超过68%。落实强农惠农政策，提升基层服务水平。拓宽支农资金投入渠道，开展涉农资金专项检查，规范强农惠农资金管理，全年农林水资金支出18.53亿元。发挥财政部门牵头抓总作用，推进基层公共服务平台建设，制定《中山市推进基层公共服务平台建设工作方案》，创新基层治理方式，推动公共服务向基层延伸。

八、推进教科文事业

推进教科文事业长效发展，优化教育支出结构，集中保障规划项目建设，落实义务教育免费、中职免学费等政策，加大学前教育、民办教育资金投入力度，促进教育均衡发展。扶持文化产业和科技事业，制定并落实《中山市人均公共文化财政支出短板指标解决方案》，提高公共文化服务水平。全年全市教育支出62.8亿元，文化与体育支出6.6亿元，科学技术支出16.56亿元。

九、完善社会保障体系建设

推进深化医药卫生体制改革。执行最低生活保障标准自然增长机制，1月1日起，全市最低生活保障金补助标准由原来的533元提高至579元，比2014年增长8.6%，安排低保低收入和优抚对象家庭危房改造补助资金1 000万元。通过新建、改建、收购、租赁等多种渠道，建成保障性安居房3 566套，下调保障性住房申请准入门槛，扩大安居政策普惠力度。

十、支持生态文明城市建设

发挥中央和省级专项资金作用支持生态文明城市建设，重点支持高污染锅炉改造、“黄标车”治理及镇区雨污分流工程建设，其中拨付“黄标车”治理补贴资金1.88亿元，拨付镇区雨污分流工程建设补贴6 220万元。落实分区域激励型财政政策和生态补偿横向转移支付机制，筹集年度生态补偿专项资金；推进公交先行和“公交一盘棋”工作，安排公共交通发展专项资金3.34亿元扶持新能源汽车产业。

十一、推进财政管理改革

根据2015年省、市全面深化改革工作的部署，结合建立现代财政管理制度要求，深化中山市财政管理改革。继续巩固以项目库管理为核心的“零基+滚动”（指财务管理方式）预算管理基础，建立项目库新增、变更动态维护机制，为加强预算编审质量和实施中长期预算奠定基础。进一步完善市镇财政管理体制，优化财政资金专项补助方式，适当调整耕地占用税的市镇分成比例，扩大纳入市级定向财力转移支付范围，截至2016年，全市涉及项目44个，部门13个，资金金额增至5.5亿元，预计2016年一般性转移支付占转移支付总额的比例约60%，促进镇区财力均衡发展。推进镇区国库集中支付制度改革，梳理各镇区收支管理机制、账户设置等相关情况，制定《中山市镇（区）国库集中支付制度改革实施方案》，各镇区将自2016年起全面实施国库集中支付制度改革。进一步规范财政资金专户管理，市级财政资金专户由原来的41个销并为32个。根据《关于加强镇区出借资金管理有关问题的通知》（中财〔2015〕2号），加强督导镇区清收整改出借资金工作。建立全市党政机关办公用房总台账、领导干部办公室用房台账和办公用房管理制度，加强资产管理；组织市镇两级党政机关在2014年的基础上清理整改办公用房，巩固办公用房清理整改成果。创新资产处置模式，将市中医院旧址通过招商形式以高出评估价43%的价格进行公开处置，为处置市属国有资产树立成功先例。推进全市公务用车改革，制定《中山市市直机关公务交通补贴管理办法》等配套制度5项，保障规范公务用车管理。2015年3月制定《关于进一步加强和完善镇区政府采购管理工作的意见》，率先在全省建立县级以下政府采购管理体制，实现市镇两级政府采购监管的统一。协调推进市政府采购中心筹建工作，完善集中采购制度，调整政府集中采购目录及限额标准，规范政府采购行为。全年市级政府采购预算金额17.35亿元，实际采购金额15亿元，节约采购资金2.35亿元，节支率13.54%。

十二、提高财政管理效能

推进绩效评价管理，构建绩效预算项目自评、重点项目评价和第三方评价相结合的多元化绩效评价体系，核查支出项目绩效目标批复和绩效自评，建立以评价结果为导向的财政专项资金调整和退出机制。5月8日，中山市财政支出绩效评审系统正式上线试运行，预算单位、财政绩效管理部门和第三方评审机构将以此为平台分别完成绩效材料报送、监管及评审，及时准确提供绩效评审各项统计数据。全年组织审核支出项目绩效目标241个，涉及支出申报金额12.03亿元，并核减相关资金需求3.17亿元，核减率26.29%。抓好政府债务管理，制定《关于加强中山市政府性债务管理的实施意见》，清理甄别全市政府性债务，确定政府存量债务余额，加大债权清收和抵押资产处理力度，全年共收回和核销市级财政借款本息13.89亿元。向省争取债券资金30.55亿元，降低利息负担，优化期限结构，腾出更多资金空间推进翠亨新区基础设施、市域普通公路和保障性住房等重点项目建设。落实常态化监督检查要求，制定《中山市定向财力转移支付资金监督检查办法》，开展以盘活存量资金、省市专项资金、一般性转移支付资金等为主要内容的监督检查工作，并将专项资金预算执行、资金管理及使用效益、会计信息质量和财政预决算信息公开等作为重点，通过自查自纠和重点抽查，及时查找存在问题，完善内控机制，防范财政管理风险。增强投资评审时效性，提高财政资金的使用效益，厘清零星工程类审核范围，重点加大政府重点项目跟踪协调力度，实行编审同步，简化审核流程，提高评审时效性。全年共完成重点、重大民生建设项目预算、结算审核1 359项，定案价值72.21亿元，直接节约财政资金4.2亿元。提高镇区财政管理水平，各镇区财政部门加强税收优惠政策清理规范、盘活存量资金、加快支出进度和推进国库集中支付改革等工作，火炬开发区、五桂山开展国库集中支付改革工作。火炬开发区、三乡镇、三角镇开展国有资产管理示范点建设工作；火炬开发区和三角镇开展农村财务管理工作，神湾镇开展公共服务综合平台建设和财政信息报送工作；火炬开发区和小榄镇开展税收优惠政策清理工作。

（中山市财政局供稿，李立新 周子婷执笔）

江门市

2015年，江门市经济发展总体呈现平稳发展的良好局面，全市地区生产总值（GDP）实现2 240.02亿元，比上年增长8.4%；规模以上工业增加值925.99亿元，增长8.0%；固定资产投资完成1 307.87亿元，增长17.7%；进出口总额完成1 231.8亿元，下降1.6%；全市消费平稳运行，实现社会消费品零售总额1 032.31亿元，增长11.8%。

2015年，坚持稳中求进的总基调，充分发挥财政职能作用，贯彻落实积极的财政政策，持续深化财政改革，不断探索创新社会管理，完成全年各项财政工作任务，实现全市财政经济平稳较快增长，为加快科学发展提供有力支撑。2015年，全市三库收入（一般公共预算收入+中央库收入+省库收入）357.09亿元，比2014年增长10.47%，其中：中央库收入95.79亿元，增长5.22%；省库收入62.32亿元，增长13.05%；市库收入198.98亿元，增长12.37%。全市一般公共预算收入完成198.98亿元，比2014年增收21.9亿元，同比增长12.37%，高于GDP（8.4%）增长3.97个百分点；市本级一般公共预算收入完成41.21亿元，同比增长15.46%，可比增长10.33%。在市本级及四市三区8个收入单位中，有5个单位一般公共预算收入可比幅度达“双位数”；全市镇级财政收入运行平稳，按财政决算口径计算，即按现行各市（区）镇（街）财政体制口径计算，全市镇级地方财政收入84.95亿元，增收5.85亿元，增长7.4%，占同期全市一般公共财政预算收入198.97亿元的42.69%。全市74个镇（含街道办事处、海侨经济管理区）中，镇级财政实力逐步增强，超亿元镇的数量达到28个。全市一般公共预算支出完成291.42亿元，同比增支57.97亿元，同比增长24.83%。其中，市本级一般公共预算支出完成52.9亿元，同比增支11.16亿元，同比增长26.1%，可比增长22.04%。

一、狠抓收支管理，财政运行平稳

面对减收增支因素较多和收支矛盾突出的严峻形势，以及影响财经发展的各种不确定因素，江门市财政局围绕各级党委政府的决策部署，增强政治意识和全局观念，不畏困难，加强沟通协作，采取积极措施，全力以赴抓收入促增长，完成全年财政收入任务，全市财政收支运行平稳，预算执行情况良好。全年财政运行主要体现“三大特点”：一是财政收入保持平稳增长。全市一般公共预算收入完成198.98亿元，同比增长12.37%，高于市人大审议通过10%的目标任务2.37个百分点；“十二五”期间，全市一般公共预算收入年均递增15%，达到“十二五”预期目标。二是财政收入结构保持较好。全市税收收入同比增长8.95%，税收占比为72.65%；非税收入完成可比增长9.58%，非税占比为27.35%，收入结构保持相对较好。三是重点支出保障到位。全市民生投入202.8亿元，增长22%，占地方一般公共预算支出比重达到70%。同时，确保省、市十件民生实事资金63.8亿元落实到位。

二、勇于开拓，大力发展实体经济

2015年，面对财政收入增长放缓，特别是税务部门短收和政府性基金出现短收、新增财力不足的困难条件，江门市财政局在贯彻落实各项税费减免政策的同时，大力抓好支出管理，盘活存量资金，保障重点和民生支出需要。一方面，落实减税减费政策，减轻企业负担；另一方面，进一步加强财政资金统筹使用，出台加大力度稳增长、促创新、保发展等一揽子财政扶持政策，突出财政对经济的逆周期调控，有力推动各产业的发展，进一步壮大实体经济基础。

（一）全力推进小微“双创”工作，增强小微企业发展活力

在市委、市政府的正确领导下，江门市财政部门行动迅速，主动作为，全力参与市全国小微企业创业创新基地示范城市评审工作。本市成为全国15个示范城市之一，竞得分3年划拨的6亿元国家支持资金后，江门市财政部门再次凝心聚力，全力参与编制“雏鹰计划”和研究出台“1+15”政策，相关财政扶持政策作为第一批向社会公布政策。为体现资金的集聚和引导作用，省市县共落实9.2亿元（其中：省级资金1亿元，市本级资金2.1亿元，县区资金6.1亿元）配套中央财政下达的4.2亿元，共13.4亿元用于扶持小微企业发展。

（二）进一步落实稳增长政策，推动产业发展提质增效

围绕珠西战略和创新驱动战略部署，制定出台《2015—2017年江门市稳增长 促创新 保发展扶持政策》，积聚资金，精准发力，对企业给予倾向性支持，积极发挥财政资金对经济拉动作用力。2015年，中央、省和市共安排稳增长资金22.5亿元，通过财政股权投资、设立政银保基金、融资租赁补助、贷款贴息等多种形式实现重大战略部署和重要领域的吹糠见米，惠及企业500多家，其中涉及工商企业税收大户前100强企业36家，上述企业实现税收收入24.14亿元，同比增收2.02亿元，增长9.13%。

2015年，全市超亿元装备制造业新签约项目27个，计划投资152.07亿元，达产后预计产值400多亿元，包括美国德尔福、德国克诺尔、浙江海亮等一批世界500强、中国500强以及掌握产业核心技术项目；亿元以上装备制造业在建项目37个，总投资168.58亿元，累计完成投资72.4亿元，达产后预计产值400多亿元。其中，新开工项目17个，累计完成投资15.4亿元；亿元以上装备制造业新投产项目9个，预计达产后产值62.7亿元。

（三）认真落实税费减免政策，助力小微企业“减负快跑”

制定出台清理和减免行事收费政策，确保小微企业“轻装上阵”，快速发展。一是扩大免征缓征区域。在执行省政策免征市本级收入基础上，进一步加大对小微企业扶持力度，将免征范围扩展到县级市（区）。二是扩大免征收费目录范围。除减免行政事业性收费外，还免征小微企业价格调节基金；同时对符合条件的科技型小微企业免征残疾人就业保障金。2015年，全市收费减免为企业减负2.3亿元（包括：5月1日起实施的行事收费目录清单企业减负约1.1亿元；7月1日起实施的经营服务性收费减负约6 000万元；10月1日起免征缓涉及小微企业收费减负约6 000万元），堤围费减收1.3亿元。受惠小微企业36 578个，受惠科技型小微企业589个，发放第一批331家科技型小微企业政策“红包”共计1 409万元，包括研发费加计扣除所得税减免、企业研究开发补助资金、高新技术企业培育资金、科技创新券、专利创造补贴等。

（四）严格执行上级政策，清理规范税收等优惠政策

按照中央、省、市相关工作部署，克服时间紧、任务重等困难，江门市局认真履行牵头部门的职责，迅速组织政策排查和清理工作，制定具体工作方案，建立有效的协调机制，积极开展解读政策和相关培训工作，密切与上级部门联系，及时协调解决各部门或各地区出现问题，认真做好上级验收检查工作，对清理出的政策从合法性角度提出意见供市领导参考，确保全市清理规范工作按时顺利完成。同时，以清理优惠政策工作为契机，借鉴先进地区经验，推动招商引资和扶持经济发展的方式方法的转变，进一步促进地方经济可持续发展。

（五）设立政府投资基金，撬动社会资本

2015年，为有效对接上级各项政策和资金扶持，争取更多资金支持江门市小微企业创业创新和先进装备制造业发展，加速实现江门市产业发展的提质增效，江门市财政局积极谋划相关工作，先后赴佛山南海、浙江台州、安徽合肥等金融管理工作先进的地区学习经验，会同有关部门研究组建市政府投资基金。一方面，加强政府投资基金管理的顶层设计，共同制定《江门市政府投资基金管理暂行办法》，并报市政府审批。在此基础上，抓紧设立市企业创业创新基金、先进（装备）制造业基金，实现与省相关基金的无缝对接；另一方面，积极主动与相关金融管理机构衔接，与广东粤财股权投资公司、深圳市创新投资公司等在基金运营管理具有丰富经验的机构进行沟通洽谈，为引入专业公司运营管理市政府投资基金母基金做前期筹备。

三、以民为先，保障社会民生事业

“民生利益无小事”，群众对城市发展的认同感和城市发展的质量都有赖于民生事业的发展，为推动市社会民生事业发展，江门市各级财政部门始终秉承“以人为本”的理念，坚持“从细微处着手”，全面推进以基本公共服务均等化为基础的各项民生工作。

（一）积极推动各项民生事业发展

2015年，全市民生支出预算202.8亿元，占公共财政预算支出比重达70%，有力保障各项民生事业的开展，进一步彰显“幸福江门，和谐侨都”的活力和良好城市风貌。

（二）深入推进基本公共服务均等化

2015年，继续完善全市统筹发展资金机制，完善转移支付机制，促进区域协同发展，深化基本公共服务均等化综合试点改革。全年各级财政基本公共服务均等化投入66.6亿元，同比增长31.6%，全面完成231项目标任务，同比增长68.6%，其中高于省定目标22项，创新指标36项，达到省定目标172项，并完成公共教育、公共交通、住房保障、大民政和底线民生、精准扶贫等第一波次五个领域各项目标，全市基本公共服务均等化保障水平进一步提升，初步编制一张“全覆盖、层次化、动态化”的民生保障网络。2015年省财政厅通报，江门市财政局在2013年全省基本公共服务均等化绩效考评中获得优秀等级。

（三）积极创新体制机制，支持精准扶贫

2015年专项统筹安排“精准扶贫与村级公共服务均等化”资金3 300万元，通过创新体制机制，专项用于建立分类分档资源补助和奖补机制，实

行基本公共服务均等化补助和资源激励型财政补贴政策，精准扶贫工作取得阶段性进展。一是统筹城乡推进贫困户精准脱贫。2015 年底 80 条贫困村贫困户将全部实现脱贫目标；城镇困难家庭已有 15% 脱贫退出低保。二是落实基本公共服务均等化的体制机制全面建立。全市 1 320 个村（社区）公共服务站全部建成并投入运营，向辖区群众提供最少 103 项基本公共服务，惠及 170 多万农民。三是贫困村经济社会发展难题初步得到解决。通过实施村级保护农村自然资源（护林、管水、保农田）财政补贴政策，使村级集体经济实现脱贫、基本公共服务实现下移、生态环境产出效益。80 条重点帮扶村中，有 36 条三年内分别获得名村示范村、卫生村、文明村、宜居村庄等称号。

（四）以点带面，推进基层公共服务平台建设

江门市各级财政部门坚持将“基层公共服务平台建设”作为提升基层基本公共服务水平的重要抓手，在加大政策扶持和资金保障的同时，着力通过思路创新、举措创新狠抓工作落实。全市 1 320 个村（社区）均已建成公共服务站并投入使用，直接面向辖区群众提供社会保障、医疗卫生、志愿助残、农技推广等“一站式”服务。同时，全市村（社区）服务标准均达到 103 项的最低基本公共服务标准，其中最高的江海区村（社区）公共服务事项达 132 项（社区 131 项）。开平市被列为全省 8 个基层公共服务综合平台试点县。

四、锐意进取，全面深化改革

（一）积极探索，推动以 PPP 模式为重点的投融资体制改革

一是注重下好先手棋，实现“三个率先”：率先在全省举办地市级 PPP 专题培训，率先在全省系统性开展 PPP 政策文件汇编工作，率先在全省面向全国征集首批 PPP 咨询服务机构。二是注重顶层设计。拟定江门市推广运用 PPP 模式的实施意见，为市未来 PPP 工作开展提供指导。将 PPP 改革作为市中心组学习会议题，邀请财政部科研所有关专家到会作专题授课。三是注重项目申报。“江门市区应急备用水源及供水设施工程”被成功列为财政部第二批示范项目，4 个项目被纳入省第一批 PPP 示范推介项目。四是注重加强学习。由于 PPP 是一项全新的工作，专业性强，为进一步提升推进 PPP 工作方面的整体理论水平，江门市财政部门组织几批次的外出专题学习活动，积极开拓思维。

（二）全力推进江门大道 PPP 改造

根据市委、市政府的重点工作部署，江门市财政局积极推进江门大道 PPP 改造各项相关工作开展。一是积极探索 PPP 模式与交通基础设施建设相结合的新路径，主动对接社会投资方进行多次研究，确定江门大道进行 PPP 改造方式。二是积极争取省财政厅和省交通厅对江门大道 PPP 改造的支持。三是组织研究成立市 PPP 融资支持基金，为江门大道 PPP 改造提供增信。四是想方设法推进江门大道 PPP 改造纳入广东省首批 PPP 示范项目，由省财政厅向财政部推荐作为第二批 PPP 示范备选项目。在省政府举办的全省 PPP 项目对接会上，江门市与有关合作方就江门大道 PPP 改造项目现场签订合作意向书，各项工作按计划有序推进。

（三）深化财权事权改革

一是深化财政管理体制改革，加强规划引领。围绕“东提西进、同城共融”思路，按照“东部一体，西部协同”建立底线民生保障机制，根据省、市确定的底线民生项目的资金保障标准，对相关项目新增支出部分，按因素法分别对东部片区（三区和鹤山市）、西部片区（台山市、开平市、恩平市）分档分类进行补助。提高补助标准，对西部片区财力薄弱镇和困难镇，再增加补助 30%，即市本级统一补助 50%。二是推进市区管理体制管理改革。根据市委、市政府调整滨江新区（棠下镇）管理体制的决定，调整市本级与蓬江区、滨江新城财政管理体制，在滨江新城范围内实行财政、土地、债权、债务封闭运行，加大对滨江新城扶持力度，推动滨江新城加快发展。

（四）创新地方政府债务管理

一是按照新预算法和中央、省关于加强地方政府债务管理的要求，以严格控制债务规模、防控债务风险为目标，从分类纳入预算管理、建立风险预警执行机制、加强或有债务管理、构建监管体系等四方面着手，构建“四位一体”的地方政府债务管理体系，全面规范市政府债务管理，充分发挥地方政府债务对稳增长的促进作用，防范化解财政金融风险。12 月 23 日，经市人大常委会审议通过市 2015 年地方政府债务限额 511.76 亿元。在做好全市地方政府债务管理的同时，今年积极向省争取51.17 亿元置换债券额度，有效平滑市政府存量债务，降低市 2015—2017 年政府偿债压力和利息负担。二是市、委市政府批准江门市财政局成立投融资和债务管理办公室及 PPP 中心，对有关职能分工和人员安排进行优化。三是通过购买服务方式，引入第三方机构开展江门市投融资中期评估，进一步防范整体债务风险。四是立足长远，统筹全市，加强市政府债务管理，除做好市本级各项工作外，还积极加强对各市（区）的指导。

（五）积极盘活财政存量资金

江门市财政局积极采取措施清理压缩结余结转资金，加大财政资金统筹力度，盘活财政存量资金，减轻财政预算安排压力，保障民生和重点支出。2014 年全市共盘活存量资金 20.48 亿元。2015 年，根据国务院盘活存量资金要求，进一步加大清理盘活财政历年结余资金和部门存量资金力度，全市共统筹存量资金 31.75 亿元，用于解决预算刚性支出缺口、小微双创等扶持政策的配套资金、财政安排资金办理列支或归垫的城建支出、债券利息等暂付款以及补充预算稳定调节金和预留三年滚动预算。省财政厅 2015 年 1 至 12 月各地级以上市盘活财政存量资金进度情况的通报，江门市已收回财政存量资金支出进度位居全省前列。

（六）保障政府重点投资项目

一是为江门大道改造 PPP 工程多渠道筹措项目资本金，顺利完成市出资任务。二是为加强交通大会战项目财政资金的管理，先后制定《江门市交通大会战总指挥部资金运营组工作方案》、《江门市交通建设大会战市本级项目财政资金使用管理办法》、《江

门市政府投资工程投融资加施工总承包项目工程量清单预算编制审定办法》、《江门市交通大会战项目计价回购管理办法》等一系列管理办法。三是落实交通建设大会战项目审核管理，对每个项目实施全过程跟踪管理。2015年财政评审金额达55亿元，同比增长150%。

（七）深化财政管理改革

一是继续规范专项资金管理。要求针对每个专项资金制定和完善管理办法，明确专项资金的绩效目标、使用范围、管理职责、执行期限、分配办法、分配方式、审批程序和监督评价、责任追究等，提高专项资金的分配使用的透明度。二是做好全面实施项目库管理基础性工作。三是深化绩效预算改革。首次运用第三方中介机构对江门市基本公共服务均等化工作和江门市本级财政支出专项资金开展绩效跟踪考评。四是稳步推进预决算及“三公”经费信息公开。市本级预决算及“三公”经费公开工作均在上级要求的公开时限内予以公开。五是加强沟通协作，做好预决算信息公开工作。

（八）积极推进各项重大改革落地

一是推进机关事业单位养老制度改革，落实国家调整机关事业单位工资政策。二是推进公车改革。按上级有关规定，积极履行职责，扎实做好各项车改实施工作任务，推进江门市车改工作顺利实施。三是配合做好“两院”上划工作及“工商质监”下划工作。按照中央、省有关要求，积极配合做好上划及下划涉及单位人员、经费、资产等划转。同时，认真编制下划两个单位2016年部门预算，确保两个单位各项工作顺利开展。

五、重教强学，提升财政队伍软实力

（一）扎实开展“三严三实”专题教育

根据上级要求，按照“突出财政特色”的原则精心部署，深入开展“三严三实”专题教育，实现专题教育与日常财政工作两手抓、两不误、两促进。江门市财政局被推荐为全市“三严三实”专题教育推进会经验交流单位，市局主要领导被推荐为全市“三严三实”专题教育先进事迹宣讲报告会宣讲先进人物。

（二）加强党风廉政建设

一是坚持“一岗双责”，制定财政党风廉政建设主体责任清单，签订《党风廉政建设责任书》。打造完善财政廉政文化长廊，健全廉政风险防控机制。二是加强党员干部“八小时以外”活动监管，认真落实市有关要求，切实规范党员干部“八小时以外”言行，提高干部廉洁自律的自觉性。

（三）不断提升财政干部业务水平

结合新预算法的实施，全市财政系统开展一系列新预算法学习宣传活动，提升财政干部对新预算法的理解和运用能力。一是江门市财政局主要领导亲自授课，为市领导以及全市财政系统干部、市直单位财务工作人员作新预算法专题学习解读。二是举办全市财政系统新预算法知识竞赛。三是组织全市财政系统干部均参加学法考试。四是注重提升综合业务管理水平，组织全市系统财政业务知识培训班，委托湖南大学经贸学院进行财政综合知识培训，全市财政系统共65人参加培训。

（江门市财政局供稿，莫玉冰执笔）

阳江市

2015年，阳江市实现地区生产总值1 250.01亿元，同比增长8.5%。其中，第一产业增加值205.33亿元，增长4.0%；第二产业增加值564.09亿元，增长10.5%；第三产业增加值480.59亿元，增长7.4%。三大产业比例由2014年的16.5：48.0：35.5转变为16.4：45.1：38.5。全市固定资产投资691.13亿元，增长4.4%；社会消费品零售总额584.46亿元，增长9.7%；外贸出口总额24.0亿美元，增长3.6%；进口4.6亿美元，增长23.5%；实际利用外商直接投资0.85亿美元，下降27.5%；金融机构本外币各项存款余额1 014.74亿元，增长11.4%；住户存款665.27亿元，增长8.0%；全体居民人均可支配收入17 777元，增长9.0%；全年居民消费价格总指数同比上升1.4%。

2015年阳江市一般公共预算收入完成679 245万元，比2014年收入实绩639 405万元增收39 840万元，增长6.2%。加上上级补助收入1 050 009万元，地方政府债券转贷资金收入172 983万元，2014年结余（含省批复决算增加数）503 621万元，调入资金44 985万元，调入预算稳定调节基金6 118万元，全年总计收入2 456 961万元。全市一般公共预算支出完成1 736 797万元，比2014年支出实绩1 245 736万元增支491 061万元，增长39.4%。加上上解上级支出86 344万元，债务还本支出10 135万元，安排预算稳定调节基金8 221万元，全年总计支出1 841 497万元。收支相抵结余615 464万元，减除结转下年的支出612 810万元，净结余2 654万元。

一、民生优先，深入推进基本公共服务均等化改革

切实把保障和改善民生作为一般公共建设的出发点和落脚点，通过深入推进基本公共服务均等化综合改革，完善基本公共服务体系，筑牢基本公共服务安全网，实现更高水平的惠民服务。

（一）积极推进基本公共服务均等化工作

按照市委、市政府的部署，以筑牢基本公共服务安全网为目标，牵头制定阳江市基本公共服务均等化实施方案，确定基本公共教育、劳动就业服务、社会保险、基本社会服务、基本医疗卫生、基本住房保障、公共文化体育、公共交通等10个领域的基本公共服务，逐项明确服务对象、服务标准、覆盖水平和支出责任，编织一张保障基本民生的安全网，建立基本公共服务体系。

一是不断普及基本公共教育服务。完善义务教育经费保障机制，拨付免费义务教育补助经费37 485万元，覆盖全市享受免费义务教育学生270 170人；拨付资金3 575万元，认真做好中等职业教育免费政策、扩大免费范围、完善国家助学金制度的实施工作；投入建设资金9 395万元，支持中小学建设和校舍修缮、设备购置等。

二是建立基本公共卫生服务均等化制度。2015年，基本公共卫生服务

经费财政补助标准人均40元，其中：中央财政补助6.5元、省财政补助18元、其余部分市县各负担50%。全市落实基本公共卫生服务经费3 936万元，使城乡居民免费获得建立居民健康档案、健康教育、免疫规划等11类基本公共卫生服务。

三是扎实推进医疗卫生体制改革。2015年，按城乡医保筹资水平提高到每人每年380元，全市落实城乡居民医保资金17 700万元，保证市城乡居民医保正常开展。全面推进县级公立医院综合改革。市县级公立医院补偿由服务收费、药品加成收入和政府补助三个渠道改为服务收费和政府补助两个渠道。

四是不断加强公共文化体育设施建设。市财政安排资金661万元，支持建设一系列场馆及文化设施，加快推进农村公共文化服务体系建设和对繁荣文化事业有促进作用。

五是有力提高困难群众住房保障水平。通过积极筹集住房保障金和落实各项税费优惠政策，加大对保障性住房建设的投入，解决市低收入家庭住房困难问题。2015年，共拨付市区保障性住房建设资金3 327万元，其中廉租住房建设资金122万元，公共租赁住房建设资金3 205万元。

六是支持发展公共交通事业。落实交通运输业成品油价格补贴共1 706万元，拨付交通基础设施建设项目前期工作经费2 000万元，切实加强对资金使用的监督和管理，确保专款专用。加大对公共交通项目资金的投入，落实中央、省级投入6 231万元、市级补助资金1 114万元，支持购置118台新能源公共汽车，满足市民出行需要，提升阳江市城市形象。

（二）不断提高财政支农力度

继续加大各项支农惠农投入和政策实施力度，促进农村经济发展，调动农民发展生产的积极性。2015年，阳江市财政农林水事务支出277 487万元，同比增长157.5%。安排村级公益事业一事一议奖补资金500万元、名镇名村示范村建设资金800万元。继续做好2013至2014年全市农业综合开发立项实施项目共15个，总投资16 325万元，财政资金9 926万元。市财政投入补贴资金555万元，落实农机购置补贴、农作物良种补贴、水稻种植保险补贴和农房保险补贴等农业直补政策。支持美丽乡村建设，2015年至2017年，市财政每年安排2 500万元美丽乡村专项资金，并牵头会同全市各部门整合资金约1亿元支持各自然村创建美丽乡村，每年惠及50条自然村，有效推进乡镇基本公共服务均等化进程。

（三）认真组织实施省、市民生实事

阳江市各级政府加大投入，加快资金拨付执行力度，集中力量为群众办好教育、文化、就业、住房、交通等民生实事。2015年全市一般公共民生支出占一般预算支出比重为59.6%，同比增幅23.07%，拨付22.5亿元资金用于省的十件民生实事。

（四）不断提高底线民生保障水平

城乡居民基本养老保险基础养老金标准从每人每月80元提高到每人每月100元；城镇、农村低保补助补差水平分别从每月333元、147元提高到379元、177元；五保对象人均供养标准提高到每年6 960元；孤儿集中供养水平从每年1 150元提高到1 240元，分散供养水平从每月700元提高到760元；城乡医疗救助人均补助标准从每年934元提高到1 556元。

二、加强地方政府性债务管理，积极防范财政风险

（一）全面加强和规范债务管理

研究将政府债务分类纳入预算管理。严格控制年度债务规模。完善债务风险预警机制，防控债务风险。

（二）积极争取和合理分配政府债券额度

积极向省级财政争取更多的政府债券发行额度，积极推进政府存量债务置换，优化债务期限结构和降低利息负担。

（三）充分发挥债务置换政策作用

对利用置换债券腾出的预算资金，优先用于落实市委、市政府重点项目，重点保障民生项目建设。

（四）做好2015年地方政府债务限额管理工作

按照财政部、省财政厅的统一部署，对2014年末地方政府存量债务进行清理甄别和核查，严格按照审计核准将政府负有偿还责任的债务纳入市地方政府债务。

三、提升财政管理水平，深化财政体制改革

全市各级财政部门把深化改革，作为加强财政制度建设的重要内容和措施，着力推进财政改革创新，进一步提升财政管理水平。

（一）实现“全口径”预算

按照公开透明、完整统一的原则，推进预算体制改革，首次将社会保险基金预算纳入预算编报体系，将一般公共预算、政府性基金预算、国有资本经营预算、社会保险基金预算等四本政府预算一并报送人大审议，实现全口径预算编报。

（二）加强预算执行管理

建立健全专项资金管理体系，认真落实省下达的财政专项资金目录管理办法、项目库管理办法及专项资金联合审核办法等配套制度。加快专项转移支付资金的下达进度，进一步加强对项目资金的管理，督促有关财政资金项目尽快实施，加快资金拨款进度，提高财政支出的均衡性。激活存量资金，进一步加大结转结余资金清理力度，加大统筹力度。

（三）深入推进财政信息公开工作

做好2015年财政预算报告、2015年部门预算、2015年“三公”经费预算等信息公开工作，于2015年3月30日前在市政府网站予以公开，2014年政府决算、部门决算已于2015年10月30日前在市政府网站予以公开。同时也一并在部门预算网站进行公开。

（四）深化和完善国库集中支付改革

坚持按照规范模式推进改革，有效控制财政资金按规范流入和流出，有效提高预算执行力和财政资金运行效率，推动财政政务公开。加强和规范财政管理，在资金拨付、账户管理、

会计核算、资金清算、内部控制等方面制定办法，形成监督制衡约束体系。完善公务卡制度改革，改善用卡环境，切实提高公务卡使用率。

（五）培育扶持社会组织发展

继续推进政府向社会力量购买服务改革，完善政府向社会转移职能和购买服务的标准体系，不折不扣执行《政府向社会力量购买服务办法（暂行）》，完善市级培育发展社会组织专项资金管理办法。

（阳江市财政局供稿，李珊珊执笔）

湛江市

2015 年，全市实现生产总值（GDP）2 380.02 亿元，比 2014 年增长 8.5%。其中，第一产业增加值 452.56 亿元，增长 3.6%；第二产业增加值 907.84 亿元，增长 9.7%；第三产业增加值 1 019.62 亿元，增长 9.1%。三次产业结构 19.0 : 38.2 : 42.8。全年完成固定资产投资 1 313.69 亿元，比 2014 年增长 28.7%。全年外贸进出口总额 51.45 亿美元，比 2014 年下降 18.5%。实际利用外资金额 1.57 亿美元，增长 4.6%。全年社会消费品零售总额 1 297.95 亿元，比 2014 年下降 18.5%。全年市区居民消费价格总水平上涨 1.3%。湛江市全体居民人均可支配收入 16 631.7 元，增长 8.7%。

2015 年来源于湛江市的财政总收入 491.60 亿元，比 2014 年下降 12.9%。全市一般公共预算收入 121.86 亿元，比 2014 年增长 2.7%。其中，税收收入 68.34 亿元，增长 6.23%；非税收入 53.52 亿元，下降 1.46%。加上上级补助收入、2014 年结余收入、调入资金等，全市一般公共预算总收入 570.93 亿元。全市一般公共预算支出 412.36 亿元，比 2014 年增长 45.28%。加上上解省支出、下年结余等，全市一般公共预算总支出 570.93 亿元。湛江市本级一般公共预算收入 49.78 亿元，比 2014 年下降 6.17%。其中，税收收入 26.68 亿元，增长 3.73%；非税收入 23.1 亿元，下降 15.48%。加上上级补助收入、2014 年结余收入、调入资金等，2015 年市本级一般公共预算总收入 190.71 亿元。市本级一般公共预算支出 118.2 亿元，比 2014 年增长 71.83%。加上补助县区支出、上解省支出、下年结余等，2015 年市本级一般公共预算总支出 190.71 亿元。

“十二五”期间，湛江市经济平稳较快增长，各项社会事业健康发展，人民生活不断改善，财政收支稳步增长，预算执行情况良好。地方财政一般预算收入从 2011 年的 80.03 亿元增长至 2015 年的 121.86 亿元，年均增长 12.9%，是“十一五”期末的 1.84 倍。全市财政支出规模从“十一五”期末的 153.65 亿元上升到“十二五”期末的 412.36 亿元，一般公共预算支出累计达到 1 368.5 亿元，其中，全市各级财政对公共教育、公共卫生、社会保障等各项民生投入累计达到 1 073.9 亿元，民生支出从 2011 年 143.38 亿元增加到 2015 年的 336.3 亿元，占全市一般公共预算支出比重从 76.75% 提高到 81.06%。

2015 年，湛江市财政攻坚克难，苦干实干，各项工作主要呈现出“三个全力以赴”、“三个加大力度”、“三个明显提升”的特点。

一、“三个全力以赴”：全力以赴落实市委市政府部署、全力以赴争取上级资金支持、全力以赴拓宽融资渠道

（一）全力以赴落实市委、市政府部署

市财政局筹集 59.77 亿元为打好工业项目建设、交通基础设施建设和城市扩容提质“三场大会战”提供资金保障。其中：拨付 6.74 亿元推进钢铁、石化配套项目、省运会体育场馆、青年运河改造、霞山法国风情街等重点项目建设；安排 4.65 亿元推进脚印城市、海绵城市、循环城市三个城市建设；落实 11.32 亿元推进广州湾大道、新湖大道等市政项目建设；落实 7.83 亿元加快国家卫生城市、国家环保模范城市、国家生态园林城市、国家低碳发展示范市、全国文明城市等城市创建步伐；安排 2 亿元推进东海岛、奋勇高新区、南三岛等三大经济增长极发展；安排科技创新资金 1.49 亿元，突出科技驱动，打造“南方海谷”；拨付 25.74 亿元支持茂湛铁路、汕湛高速、东海岛铁路、云湛高速和国省道“迎国检”项目建设。

（二）全力以赴争取上级资金支持

湛江市共获得上级资金 301.21 亿元。其中：上级一般公共预算转移支付补助资金 243.36 亿元，较 2014 年增加 40 亿元，增长 19.73%；争取广东省财政厅下达湛江三批置换债券额度 44.36 亿元，其中市本级置换债券额度 32.75 亿元；争取省发行的地方政府新增债券 13.49 亿元。省安排湛江市台风“彩虹”救灾复产资金共 6.19 亿元，占全省安排的 43.9%；省财政厅统筹专项资金 6.53 亿元对东海岛至雷州高速公路、鉴江供水工程、小东江治理、保障性住房建设等项目建设给予专项支持。

（三）全力以赴拓宽融资渠道

湛江市共获得各类融资资金 28.1 亿元。其中：落实“彩虹”台风贷款 5.5 亿元，有力支持救灾复产工作；争取棚户区改造贷款 2.6 亿元，着力改善群众居住环境；通过平台公司发债 20 亿元，全力支持重点项目建设。此外，利用省级资金 4.5 亿元设立湛江产业转移工业园省财政扩能增效专项资金股权投资基金，落实 1.6 亿元设立湛江市“南方海谷”股权投资基金。认真探索 PPP 模式，促进投资主体多元化，全市共有 23 个项目纳入省 PPP 项目库，总投资 181.8 亿元，湛江市文化中心等 3 个项目作为省重点示范项目。

二、“三个加大力度”：加大力度支持经济转型、加大力度改善民生、加大力度推动财政改革

（一）加大力度支持经济转型

湛江市财政局投入 3.77 亿元，精准发力促创新、扩就业，推动大众创业、万众创新蓬勃发展。安排企业发展及技改专项资金 1 亿元，扶持工业机器人、技术创新平台建设等 7 大专题，推动关键产业加快转型升级；获得省产业园基础设施建设和产业聚集发展、园区扩能增效扶持资金 2.51 亿元；安排市级科技竞争性分配专项资金 2 590 万元，145 个项目立项，其中重点和重大科技等项目竞争性分配占资金总额的 68%。制定《湛江市扶持企业在“新三板”和区域性股权交易

市场挂牌融资暂行办法》，支持企业融资和调整结构，扶持企业做大做强。

（二）加大力度改善民生

湛江市各级财政落实 53.63 亿元优先保障市政府提出的十件民生实事和十大民心工程的实施。全市 11 项民生支出 334.24 亿元，同比增长 46.8%，占一般公共预算支出的 81.06%。

支持教育优先发展。2015 年，全市教育支出 99.67 亿元，增长 37.81%。其中：安排教育创强奖补经费 2 000 万元，用于支持教育强县（市）1 个，强镇（街）15 个。下达义务教育学校公用经费补助 9.27 亿元，生均补助标准小学每生每学年 1 150 元，初中每生每学年 1 950 元。落实 1.24 亿元实施山区和农村边远地区义务教育学校教师岗位津贴，人均补助标准达 700 元/月。安排 1.19 亿元全面落实中小学教师工资福利待遇两相当政策。安排救灾复产资金 6 030 万元，支持市直 33 所学校和各县（市、区）所属学校救灾复产。拨付全市中职学校免学费补助资金、国家助学金补助资金共 1.36 亿元。

全力保障低收入群体的基本生活。下拨底线民生保障资金 7.9 亿元，提高各项补助标准，其中：城乡低保补助标准分别为 410 元/月和 260 元/月，集中供养孤儿补助标准为 1 240 元/月，分散供养补助标准为 760 元/月，残疾人生活津贴为 1 200 元/年，重度残疾人护理补贴为 1 800 元/年，农村五保补助标准为当地农村居民人均可支配收入的 60%；补助 320 万元落实 80 周岁以上高龄老人生活津贴，全市 14.35 万名高龄老人受益；拨付 3 416 万元落实低收入群体临时价格补贴，开展平抑市场物价、扶持平价农贸市场、平价直销超市、平价医疗、平价药店等建设工作。拨付市区保障性住房资金 2.48 亿元，在建项目 2 个共 1 494 套住房。

大力提高社会保障水平。落实城乡居民基本医疗保险补助 2.42 亿元，参保人数达 665.59 万人，补助标准提高到每人每年 380 元；落实城乡居民养老保险补助资金 1.97 亿元，参保人数达 236 万人，基础养老金补助标准提高到每人每月 100 元；落实基本公共卫生服务市级配套资金 5 350 万元，湛江市基本公共卫生服务标准达到人均每年 40 元；拨付各项医改经费 4 593 万元，全面深化县级公立医院综合改革、县镇医疗卫生服务一体化改革和促进乡镇卫生院标准化建设。拨付 3 964.93 万元，支持做好计划生育免费技术服务、免费孕前优生健康检查项目等工作。拨付 1 001.85 万元落实边远地区乡镇卫生院医务人员岗位津贴政策，发放农村接生员和赤脚医生生活困难补助 3 745.15 万元。湛江市企业退休人员月人均基本养老金由 1 914 元提高到 2 090 元；拨付劳动力培训资金、就业专项资金共 1 651 万元；安排 3 043 万元提高企业离休干部生活补贴。安排残疾人保障金 3 400 万元。

大力保障救灾复产和基层组织建设等资金需求。筹集台风“彩虹”救灾资金 13.14 亿元，全面做好救灾复产工作。累计拨付 3.04 亿元做好农村茅草房改造工作。安排农村基层组织经费保障补助资金 6 889 万元，确保在任村干部每人每月补助标准不低于 2 000 元。下达离任村干部生活补贴补助资金 3 187.63 万元，妥善解决 1.66 万名离任村干部生活补助问题。安排村村通自来水工程配套资金 1 200 万元，解决近 10 万村民的饮水困难问题。安排休（禁）渔期渔民生产、生活补助 317 万元，补贴渔民 7 586 人。

支持做好文化体育工作。落实文化建设资金 800 万元做好文化产业、文物规划编制及非遗项目的传承保护和基层公共文化服务等工作。落实 9 981.89 万元办好广东省第十四届运动会。安排 1 300 万元办好广东省第七届残疾人运动会。

（三）加大力度推动财政改革

认真贯彻落实新预算法，完善政府预算体系，实行“全口径”预算管理。加快支出进度，在全市财政系统开展“三不（即不抱怨、不畏难、不推责）、三清（即底数要清、进度要清、原因要清）、三到位（即主观认识要到位、服务要到位、监督要到位）”工作，共盘活存量资金 14.4 亿元，并按规定用于湛江市经济社会发展亟须安排的项目支出及消化历年国库挂账，提高资金使用效益。坚持开门编制预算，依法推进“三公”经费及财政预算决算信息公开。强化政府性债务管理，加快推进地方债发行。推进经营性财政资金股权投资改革，防范投资风险。启动财政资金项目库管理，提高预算编制的精准性。推进公共资源管理、公务员薪酬制度及公务用车制度改革，第一批公务用车于 2015 年 12 月 28 日公开拍卖，共拍卖公务车 103 辆，总起拍价 445.14 万元，总成交价 609.47 万元，溢价率 36.92%。

三、“三个明显提升”：监管效益明显提升、管理水平明显提升、财政形象明显提升

（一）监管效益明显提升

一是提升绩效评价效果。创新工作方式，通过引入第三方机构实施评价，全面开展现场核查和重点评价工作。2015 年，对超强台风“威马逊”、“海鸥”救灾复产重建补助资金、51 个市直 2014 年度 100 万元以上的资金项目、基本公共服务均等化工作等实施绩效评价。二是提升财政监督检查效果。2015 年，市本级财政监督检查共查出各类违规问题涉及金额 1.11 亿元，其中：应追缴财政资金 1 300.29 万元，原渠道退回财政资金 461.96 万元，纠正不实核算 2 311.41 万元，补缴税款 3.32 万元，其他违规问题金额 7 024.91 万元，督促单位做好违规问题的整改落实工作，规范财政行为，严肃财经纪律。三是提升工程审核节支效果。开展财政投资项目工程审核改革，通过购买社会服务确定 9 家社会中介参与审核，规范工程预决算审核工作。2015 年，审定项目 767 项，送审金额 17.91 亿元，审定金额 15.51 亿元，核减率 13.35%。四是提升政府采购节支效果。政府采购监管坚持“预算在先，计划在前，管理从严”的要求，实行阳光采购。2015 年，全市政府集中采购预算金额 25.03 亿元，实际采购金额 23.85 亿元，节约资金 1.19 亿元，节约率 4.74%。

（二）管理水平明显提升

一是提升非税征管水平。细化预算管理，通过重点稽查、专项检查等方式抓好非税收入的征缴，强化“以票控费、以票促收”，充分发挥财政票据的源头监管作用，挖掘增收潜力和亮点，有效弥补因一次性因素、政策性减免、标准降低造成的减收。二是提升预算单位会计管理水平。认真开展新会计制度、法规的培训，加强预算单位账户管理，规范单位会计核算，推进政府综合财务报告工作，有效提

升政府财务管理水平。三是提升农村财务管理水平。推进农村集体资金管理，县（市、区）、镇实现农村财务监管平台100%覆盖。举办财政支农政策培训班26期，培训农村财会人员4 297人，完成年度计划的127%。开展农村财务专项整治，全市共发现并整改八类财务管理问题3 012个。

（三）财政形象明显提升

一是切实提高服务企业、服务项目、服务基层的能力，将“三服务”工作与业务工作相结合，同部署，齐落实。2015年，市财政主动到湛江市交通投资集团有限公司等重点项目、大型企业、机关单位现场办公、上门服务，解决各类问题368个，其中重点问题73个。二是提升财政文化水平。注重将机关文化建设与作风建设、财政业务、市重要活动相结合，到湛江市鹤地水库参观学习谋事要实、创业要实的建库开河精神，在局内营造良好的学习、工作氛围。三是提升作风建设上水平。扎实开展“三严三实”教育活动，局领导上党课，写心得，认真查摆“不严不实”的毛病，注重加强政治理论学习，提高个人修养，带头遵守工作纪律、廉洁自律，树立实事求是、脚踏实地的工作作风。

（湛江市财政局供稿，黄丽云执笔）

茂名市

2015年茂名市全市实现地区生产总值（GDP）2 445.63亿元，比2014年增长8.0%。其中，第一产业增加值384.88亿元，增长4.3%，对GDP增长的贡献率为7.3%；第二产业增加值1 008.08亿元，增长8.6%，对GDP增长的贡献率为47.9%；第三产业增加值1 052.67亿元，增长8.5%，对GDP增长的贡献率为44.8%。三次产业结构为15.7：41.2：43.1。人均地区生产总值40 324元，增长7.4%。全年居民消费价格总水平上涨1.3%。全年工业增加值增长7.8%，其中规模以上工业完成总产值2 347.89亿元，增长8.2%。全年工业经济效益综合指数540.7%。全年固定资产投资1 115.50亿元，增长28.0%。全年社会消费品零售总额1 214.38亿元，增长11.0%。全年进出口总额163 442万美元，增长19.0%。其中，出口总额109 873万美元，增长12.6%；进口总额53 569万美元，增长34.7%。实际利用外资金额17 191万美元，增长10.4%。年末全市银行业金融机构本外币各项存款余额1 974.75亿元，增长11.4%。各项贷款余额858.33亿元，增长13.0%。全市常住居民人均可支配收入16 847元，增长10.4%，其中城镇常住居民人均可支配收入21 397元，增长9.5%。农村常住居民人均可支配收入13 224元，增长11.0%。

2015年，全市各级财政部门以十八大、十八届三中、四中、五中全会和省委、市委全会精神为指导，按照市十一届人大五次会议审议通过的预算，坚持稳中求进总基调，按照“一体两翼三大抓手”发展思路，狠抓增收节支，规范财政管理，全面深化改革，顺利完成各项工作任务。全市一般公共预算收入113.92亿元，完成年初预算的102.6%，增长13.5%。其中税收收入完成64.64亿元，增长8.2%；非税收入49.28亿元，增长21.2%。在税收收入中，增值税11.24亿元，增长4.1%；营业税9.53亿元，增长6.4%；企业所得税4.41亿元，增长25.7%；个人所得税1.44亿元，增长26.6%。在非税收入中，专项收入10.06亿元，增长125.8%；行政事业性收费收入14.15亿元，增长18%；罚没收入4.11亿元，增长33.6%。全市一般公共预算支出346.78亿元，增长31.7%。其中一般公共服务支出31.88亿元，增长4.1%；公共安全支出14.41亿元，增长21.57%；教育支出90.13亿元，增长20.57%；住房保障支出9.27亿元，增长58.33%；社会保障和就业支出50.78亿元，增长13.19%；医疗卫生与计划生育支出41.87亿元，增长41.92%；农林水支出36.43亿元，增长77.65%；交通运输支出40.54亿元，增长103.76%。2015年全市公共财政预算收入113.92亿元，加上级补助收入235.72亿元、债券转贷收入27.98亿元、国债转贷资金670万元、2014年结余42.61亿元、调入资金5.22亿元，财政总收入425.51亿元，比2014年增长34.8%。全市公共财政预算支出346.78亿元，加上解上级支出19.08亿元、债券还本支出16.29亿元、增设预算周转金-4.45亿元，拨付国债转贷资金150万元，安排预算稳定调节基金18.97亿元，调出资金1 728万元，公共财政预算总支出396.85亿元，收支相抵国债转贷资金结余520万元，年终滚存结余28.61亿元，实现收支平衡。市级和各区（县级市）财政均实现收支平衡。全市政府性基金收入41.34亿元，加上补助收入13.40亿元、债务转贷收入1.68亿元、2014年结余18.03亿元，调入资金1 728万元，总收入74.62亿元；全市政府性基金支出59.37亿元，加上债务还本支出1.68亿元，上解上级支出2.28亿元，调出资金5.14亿元，基金预算总支出68.47亿元。收支相抵，年终结余6.15亿元，实现收支平衡。全市完成上划中央“两税”（不包括中央省属企业上划数）42.74亿元；完成上划省“四税”26.54亿元。

一、增强征管合力，促进财政收入平稳增长

把握中央成品油消费税政策调整的有利因素，加强财税及相关部门协调联动。一是财政收入总量稳居粤东西北第2位、上划中央、省财政比重近七成。2015年，实现来源于茂名的财政总收入（含政府性基金）474.5亿元，增收31.7亿元，增长7.2%，增幅排全省第4位，总量在粤东西北仅次于湛江，其中上划中央、省级财政319.2亿元，占67.3%，上划收入占比全省最高，是全省3个上划收入比重超过50%的地级以上市之一；市、县级财政155.2亿元，占32.7%。二是全市一般公共预算收入连续15年保持两位数增幅、“十二五”时期翻了一番多。全市一般公共预算收入113.92亿元，增收10.93亿元，增长10.6%，完成全年预算的102.6%，全年12个月的财政收入增幅均保持两位数平稳较快增长，增幅排名全省第6位、粤东西北第3位，是粤东西北仅有的两个完成年初预算收入任务的地市之一。收入总量比2010年的51.95亿元翻一番多，五年间年均增长17%，2001年以来连续15年保持两位数的增幅。三是市级一般公共预算收入创新高。市级一般公共预算收入48.27亿元，完成全年预算的108.7%，增收5.08亿元，增长11.8%，自2007年来增幅首次高于区（县级市）级，“十二五”时期年均增长13.6%。四是区（县级市）级财政收入平稳增长。区（县级市）一

般公共预算收入65.65亿元，增长9.8%，非税比重为36.2%。滨海新区、高新区、高州市分别增长30.4%、30.2%和29.1%，电白区成为粤东西北收入总量最高的区（县），4个区（县级市）和高新区、滨海新区完成非税比重控制任务。“十二五”时期，区（县级市）级一般公共预算收入年均增长20%，占全市收入的比重由2010年的50.8%提高到57.6%。

二、积极筹集资金，支持经济社会事业发展

财政部门按照市委市政府确定的“一体两翼三大抓手”发展思路，多渠道筹集资金投入到“三大平台”和县域经济发展项目上，大力支持“三大抓手”建设。一是市级投入资金37.75亿元，大力支持交通基础设施建设，比2014年增长89.7%。全力支持包茂高速建设开通，投入资金6.6亿元建设市民大道、茂东快线、茂名北互通至根子等包茂高速连接线，构建便捷的接驳出入口，基本与包茂高速同时建成通车；筹集深茂高铁、河茂铁路、汕湛高速项目建设资金8.07亿元，加快推进项目建设和前期工作，着力构建对外快速交通通道。投资3.4亿元完成茂化快线改造，构建实现“两区两市”与中心城区半小时生活圈，投资9.7亿元基本完成G207和G325建设改造，水东湾跨海大桥进入施工阶段，加速构建对内交通一体化。茂名博贺新港区东西防波堤推进至4.2千米，完成投资5.88亿元，深水大港雄姿初现。安排经费1 100万元，积极协调省和湛江加快推进湛江机场搬迁至两市交界地区，为茂名市提供快捷航空交通途径。滨海新区累计融资16.65亿元。二是市级投入资金13.81亿元，支持产业园区扩能增效。茂名产业转移工业园连续三年被授予“中国化工园区20强”称号。高新区争取到低息贷款19.7亿元，以建设国家级高新区和成功申报国家新型城镇化综合试点为契机，推动园区转型升级，十大重点项目全部实现开工建设。电白、信宜、高州、化州4个县级工业园区全部成功申报省级产业转移工业园，茂名市成为全省率先实现省级园区县域全覆盖的地级市。三是市级投入资金12.72亿元，支持中心城区扩容提质。市级统筹安排城市维护建设费、城市基础设施配套费、城市公用事业附加费等资金3.3亿元，建设官渡五六路和西粤北路，高山桥按原计划顺利建成通车，实施迎宾二路等道路“黑底化”工程，实施新湖、春苑、人民三个公园引水清淤工程，建设官渡公园，维护路灯、绿化、供排水、消防等市政设施。完善中心城区路网，加快东北五小区、油十片区、市民片区开发和建设。四是支持环境治理，改善居民生活环境。多渠道筹集资金9.3亿元完成乙烯厂防护带和炼油厂防护带首期搬迁安置，扶持茂名石化发展壮大；投入8 000万元实施露天矿环境治理，建设露天矿公园和博物馆，改善周边生态环境，保护居民健康安全。五年投入资金超过10亿元实施“城乡清洁工程”，建设垃圾焚烧发电厂、垃圾填埋场、垃圾转运站和污水处理厂。五是积极争取上级转移支付补助221亿元，增长25.6%，其中获得省财政激励性转移支付补助16.8亿元，增长84.1%，为茂名市县域经济社会发展提供财力保障。

三、坚持厉行节约，保障民生党建支出

一是严格压减公用经费。市直机关和事业单位压减公用经费和专项业务费用6 000万元，全部用于基层党建、文化事业发展和市政公园建设。二是严格控制“三公”经费支出。严格执行中央八项规定，厉行节约，全面规范机关事业单位差旅费、会议费、培训费、公车经费、公务出国经费的管理，全市机关“三公”经费支出下降12.1%。行政运行成本得到有效控制，全市用于维持行政运行的支出比财政支出增幅低19.4个百分点，市级一般公共服务支出下降32.8%，节约的资金主要用于底线民生、基层党建投入和村（居）委经费、扶贫项目的财政保障支出。三是民生支出占比超八成。全市民生类支出275.6亿元，增长27.8%，占全部支出的81.1%，比2010年提高8.1个百分点。全市教育支出86.66亿元，增长11.6%。落实免费义务教育公用经费补助12.68亿元，发放山区和边远地区农村义务教育学校教师岗位津贴4.46亿元。2012—2015年市级财政安排3.72亿元对县镇教育创强进行奖补，争取到省创强奖补资金10.7亿元。信宜市筹集资金近9亿元支持教育创强，获得“广东省教育强市”和“全国义务教育发展基本均衡市”称号。全市社会保障和就业支出49.32亿元。全市医疗卫生与计划生育支出40.03亿元，增长35.7%。全市农林水支出33.51亿元，增长57.6%。全市节能环保支出增长109.9%，住房保障支出增长37.4%。四是省十件民生实事市县级配套资金拨付进度居全省第1位。落实省十件民生实事市县级配套资金31亿元，完成全年预算的164.2%，拨付进度连续三年居全省第1位。五是落实市委市政府重点民生实事和社会建设项目及各类考核项目支出。按照市委十届五次、六次全会和市政府工作报告部署的民生实事和社会建设项目，加大基层党建投入和村（居）委经费、扶贫项目的财政保障力度，落实基本公共服务均等化、教育创强、底线民生等涉及考核的项目资金，确保各项考核顺利通过。

四、主动应对中央和省财税改革，加大市对县镇的转移支付补助力度

明晰理顺市与县级市、经济功能区在具体工作及政府投资项目中的具体责任。在管好用好省安排茂名市基本财力保障机制资金16.31亿元的基础上，市本级落实好县级基本财力保障任务，加大对基层财政的支持力度，提高镇（街）及村（居）委等基层组织运转经费保障标准。一是加大市对县级的转移支付补助力度。市级财政在承担绝大部分全市性的重大交通基础设施、水利项目建设的前提下，仍不断加大对县级的转移支付补助力度，给予各区（县级市）转移支付补助12.73亿元，增长7%，占市级一般公共预算收入的26.4%，其中专项转移支付补助9.78亿元、体制补助2.95亿元。二是落实市辖区基本财力保障机制。从市级重点纳税企业茂石化公司缴入市级增值税增收部分提取10%和市级与茂南区共享税收比2014年实绩增收部分市级让利26.8个百分点，用于市级对区级基本财力保障机制奖补资金，并落实市辖区调资补助和公检法司公用经费补助。三是加大市对镇级基本财力保障。市级每年安排镇（街道）基层政权运转专项资金2 200万元，对全市110个镇（街道、镇级开发区）实施全覆盖的补助，每个补助20万元。市级安排财力薄弱镇保障专项资金200万元，生态发展镇财政

保障补偿专项资金300万元。四是加大帮扶确保村级组织运转。市级按照省规定比例落实村（居）干部补贴2 771万元、村（居）委会办公经费2 165万元、村支书主任通讯费补助78万元、正常离任村（居）干部补助1 300万元。

五、深化预算改革，促进财政收支规范透明

2015年是全面深化财税改革的关键一年，改革范围更广、措施更多、力度更大。一是全面推进零基预算编制。市级财政在2014年开展零基预算编制的基础上，重新逐项审核当年各项费用的内容和标准。二是建立定位清晰、分工明确的全口径政府预决算体系。市县财政首次实行全口径预算编制。三是细化预算编制。预算支出编列至功能分类的“项”级，基本支出编列至经济分类的“款”级，部门预算细化编制到具体执行单位和项目，转移支付细分到具体地区和项目，提高年初预算到位率。四是加快预算支出进度。及时分解支出任务，加强部门预算支出执行管理。加快转移支付资金分配拨付和使用，制定市级财政专项资金管理办法、转移支付资金管理办法、县区资金拨付管理办法和财政支出通报制度，在确保资金安全的前提下加快资金分配拨付速度。五是清理盘活财政存量资金。进一步对存量资金进行清理，结转两年以上的资金一律收回由政府统筹，全市清理财政存量资金70.19亿元，盘活使用资金10.75亿元，统筹用于城市基础设施建设、铁路公路建设、重大水利工程等重点领域。六是推进财政预决算信息公开。市县财政部门已全部按要求公开一般公共预算和政府性基金收支、民生专项资金、“三公”经费预算财政拨款情况统计表等。市直93个一级部门预算单位已对部门预算和“三公”经费财政拨款情况进行公开。七是提高财政管理综合绩效。积极应对省财政厅从2015年开始对地级以上市开展的财政管理绩效综合评价，严格按照48项指标的具体考核要求，加快规范全市财政管理各项工作。

六、加强债务管理，防范化解财政风险

按照新预算法规定和中央、省有关债务管理办法规定，着力加强政府债务管理，构建“借、用、管、还”相统一的政府性债务管理长效机制，在严格执行市级债务管理办法的基础上，督促指导各区（县级市）出台各自债务管理办法。利用国家实施积极财政政策机遇，争取到利率较低的新增地方政府债务12亿元，用于支持全市重大项目建设；在严格甄别的基础上，争取省财政发行的低息置换债券17.7亿元置换到期的高息债务，在不增加债务负担的前提下，降低投资成本，置换出资金用于保障民生支出和经济社会发展急需的项目。积极推进PPP项目投资，茂名水东湾引罗供水项目被财政部选为示范性工程，在全省创造PPP项目启动时间短、中标时间短和动工时间短三项纪录。

七、支持完成重大改革任务，进一步加强财政监管

一是扎实推进公务用车制度改革。全市按期于2015年10月1日起实施公务用车制度改革，市级已溢价101.3%拍卖425辆公车，回收资金2 025万元，报废黄标车264辆，茂名市成为全省公车拍卖处置最好的地市之一。二是完成机关事业单位调资、增加离退休费和县以下公务员职务与职级并行的改革，从2015年7月起按新标准发放个人收入。从2015年1月1日起全市企业退休人员基本养老金提高10%，城镇职工、城乡居民医保报销比例提高15%和全面实行大病医保报销制度。三是提高国库资金调度和国库集中支付的效率。市级试编权责发生制政府综合财务报告，做好新旧总预算会计核算制度的衔接工作。加强市级与下级财政往来资金管理，全年拨付各区（县级市）固定性补助23.03亿元、专项资金87.42亿元。市级库款规模同比下降54.2%，库款保障水平0.6，比2014年同期水平下降0.95。积极实施乡镇国库集中支付制度改革，电白区基本完成规范化财政所建设，镇级国库集中支付率先实现正式上线运行。四是牵头做好党政机关办公用房清理整改和调配处置工作，提高办公用房使用效率。市级收回16个单位腾退的富余办公用房建筑面积40 659平方米，统筹安排25个单位使用调整调剂的办公用房，建筑面积23 936平方米，安排使用率59%。五是加强政府采购监管。加强采购方式审批、采购评审等重点环节监管，进一步减少环节、提高效率、厉行节约。加大评审专家征集和培训力度，健全评审专家约束机制。市直单位政府采购金额1.55亿元，节约率5%。六是加强政府投资审核。按照市政府关于提高投资审核质量和效率的要求，提前介入和全程跟踪重大政府投资项目，加强对隐蔽工程、设计变更工程和临时工程的现场查勘管理。市级审核项目3 592个，送审金额125.61亿元，核减造价18.23亿元，平均核减率14.5%。七是加强财政专项资金监督检查。对全市2013—2014年48.87亿元涉农资金进行自查自纠和重点检查，对市直22个单位开展会计监督重点检查，抽取市直17个单位开展“小金库”专项检查，抽取20个单位进行整治公款送礼工作的重点检查。八是加强财政支出绩效评价。市级开展84个项目绩效自评，选取高州水库水资源保护项目资金使用绩效开展第三方评价。九是加强农村财务管理。市级印发《关于进一步加强和规范农村财务管理工作的意见》，茂南区农村财务监管平台率先进入试行阶段。

八、加强党风廉政建设和干部队伍建设，提高依法廉洁理财水平

扎实开展“三严三实”专题教育。制定干部职工学习制度和每月学习会制度、干部考核评价办法、工作人员问责办法。制定党风廉政建设责任制工作考核办法，从4个方面15项内容进行细化考核。把学习贯彻好新预算法作为“六五”普法重要内容，严格财政行政执法责任和权限。加强队伍能力建设，开展多层次的教育培训。完善重点工作督察、考核及激励机制，完成市委市政府重点工作任务。2015年，市财政局各项工作28次受到省通报表扬，其中12项（次）列入市科学发展观实绩考核加分项目，排全市第1位。十件民生实事市县配套资金完成进度排名全省第1位，并获得全省预算执行分析工作一等奖和全省财政征文大赛组织奖，在农村财会人员财政支农政策培训工作考核排名全省第2位。

（茂名市财政局供稿，梁建旭　李文雀执笔）

肇庆市

2015年，面对复杂严峻的财政经济形势，肇庆市经济社会实现持续稳定发展。全市地区生产总值1 970.01亿元，比2014年增长8.2%，高于全省平均水平0.2个百分点，增幅居珠三角第8位、全省第15位。其中，第一产业实现增加值288.76亿元，增长4.4%；第二产业实现增加值969.09亿元，增长8.5%；第三产业实现增加值712.16亿元，增长9.2%。全年实现规模以上工业增加值938.20亿元，增长7.6%；实现固定资产投资1 330.03亿元，增长16.8%；进出口总额82.07亿美元，增长6.3%；实现社会消费品零售总额632.36亿元，增长12.9%；商品零售价格指数99.10，居民消费价格指数累计上涨0.8%。2015年，全市一般公共预算收入143.36亿元，为年度预算的103.56%，比2014年增收1.68亿元，增长1.19%。全市一般公共预算支出267.71亿元，为年度预算的131.10%，比2014年增支17.84亿元，增长7.14%。一般公共预算收入加上税收返还、省一次性及专项补助、调入资金和上年结余等，财政总收入325.39亿元；一般公共预算支出加上专项上解等支出，财政总支出316.67亿元。收支相抵后，滚存结余8.72亿元（均为专项结余）。市本级一般公共预算收入38.23亿元，为年度预算的103.92%，比2014年增收5.12亿元，增长15.47%。市本级一般公共预算支出62.28亿元，为年度预算的125.86%，增长7.02%。市本级财政总收入104.23亿元，财政总支出99.05亿元。收支相抵，年终滚存结余5.18亿元（均为专项结余）。

肇庆市财政部门深入贯彻落实市委、市政府决策部署，充分发挥财政在促发展、惠民生、推改革等方面的职能作用，采取一系列强有力的措施，推进财政收支平稳有序运行，促进经济社会各项事业的发展。

一、积极组织财政收入

受经济下行压力加大、房地产持续低迷、政策性税费减免、收入结构性矛盾日益凸显等多重因素叠加影响，2015年全市收入组织非常困难。各级政府积极制订收入行动计划，全力落实工作责任，全力摸查财源税源，全力挖掘增收潜力，针对工作中出现的新情况、新问题，多次召开联席会议进行专题研究和针对性部署，在困难中确保全市一般公共预算收入实现增长，其中市直增幅达到15.2%，比年度预算目标增幅高5.2个百分点。“十二五”期间，全市一般公共预算收入由76.8亿元增加到143.36亿元，年均增长14.06%。

二、加大资金统筹力度

树立“大财政”理念，加大政府财力运筹力度，提升财政保障水平。积极盘活存量，通过清理结余结转资金、规范权责发生制核算、严格财政专户管理，收回各类沉淀“趴窝”资金，重新投向经济社会发展急需领域。全力争取增量，打造部门联动机制，加大向上争取力度，努力获得上级转移支付及专项补助等资金、置换债券和新增债券转贷资金，缓解收入增长放缓带来的支出压力。着力激活变量，发挥财政资金乘数效应，通过政府购买服务、PPP等创新模式，引导13.39亿元社会资本、金融资本合力加快经济社会发展。

三、进一步落实经济扶持政策

运用财政杠杆手段，精准扶持经济发展，为“两区引领两化”及建设枢纽门户城市战略提供财力支持。支持创新发展，整合设立创新驱动发展引导资金，加大对企业创新研发、新型研发机构、人才培育与引进、扶持孵化器及中小微企业等重点领域、重点环节扶持力度，撬动经济转型升级。扶持实体经济，落实扶持与促进实体经济发展的20条政策措施，加大对实体企业的奖励、贴息、风险补偿和要素保障，推动实体企业做大做强。减轻企业负担，落实结构性减税和普遍性降费政策，减免中小微企业、“营改增”、高新技术、环境保护等方面税收约15.8亿元，减免涉企行政事业性收费、基金收费1.6亿元，释放企业发展活力。

四、着力保障民生

调整优化支出结构，优先保障各项民生政策落实到位。着力保障底线民生，全年共投入城乡低保、农村五保、医疗救助、基础养老金、残疾人保障及孤儿保障等底线民生领域9.73亿元，增长19.9%。着力保障基本民生，全市共投入公共教育、公共文化、公共医疗、公共卫生等基本公共服务领域115.98亿元，比2014年增长9.05%。着力保障重点民生，全年共投入省、市十件民生（惠民）实事17.40亿元和48.92亿元，分别完成年度计划的106.34%、124.73%。综合计算，全年财政投入民生类支出共192.18亿元，比2014年增长9.58%，占一般公共预算支出的71.79%，提升2.61个百分点。

五、深化财政改革

按照全面深化改革部署，扎实推进财政各项改革。进一步细化编制科目和内容，加强政府性基金预算、国有资本经营预算与一般公共预算的统筹衔接，提高预算编制的科学性和准确性。全面铺开乡镇国库集中支付制度改革，建立健全动态监控及考核通报约谈机制，压减库款规模，加快财政支出进度，为充分发挥财政资金稳增长惠民生作用提供保障。市直、端州、怀集首次试编权责发生制政府综合财务报告，全面反映政府资产负债、收入费用、运行成本、现金流量等财务信息。与此同时，机关事业单位工资制度、公务用车制度改革如期实施，财政管理其他各项改革有序推进。

六、进一步规范管理、依法理财

全面贯彻落实新《预算法》，进一步提高依法科学民主理财水平。强化预算约束刚性，严格按照《预算法》规定执行预算，没有列入预算的事项一律不予追加支出。强化绩效管理，对50万元以上的资金全部实行绩效目标申报，对2.75亿元的重点项目资金委托第三方进行绩效目标评审。强化政府采购和投资评审管理，节约采购资金0.89亿元，节约率2.63%，核减预结算投资1.84亿元，核减率8.17%。强化厉行节约，全市会议费及“三公”经费比2014年减少0.89亿元，下降17.79%。强化资金检查，自觉接受人大、政协和社会监督，认真办理人大建议、政协提案，落实审计整改要求，推进预决算公开，确保财政资金安全规范运行。

（肇庆市财政局供稿，林军强执笔）

清远市

2015年，清远市全市实现生产总值1 285亿元，同比增长8.4%；人均生产总值3.4万元，增长7.8%。全市一般公共预算收入108.38亿元，增长2.8%。固定资产投资增长4.1%。社会消费品零售总额增长9.7%。城镇居民人均可支配收入、农村居民人均纯收入分别增长8.4%和9.8%。

2015年，全市各级财政部门着力“稳增长、调结构、促改革、惠民生、防风险”，进一步发挥财政职能作用，着力改革创新，推进区域协调发展，落实基本公共服务均等化，促进中心区域扩容提质，服务经济社会持续健康发展。在全局财政干部职工共同努力下，清远市财政局被中央精神文明建设指导委员会授予了第四届全国文明单位称号，同时，在市本级获颁预防职务犯罪先进单位荣誉称号。

一、着力抓好增收节支，确保社会经济平稳运行

全市一般公共预算收入完成108.4亿元，同比增长5.61%（可比口径增长2.79%），全市一般公共预算收入在全省排第13位，非税比重35.22%（剔除11项基金转入一般公共预算收入因素非税占比为33.38%）。其中：税收70.2亿元、同比增长4.64%，非税38.17亿元，同比增长7.44%（可比口径下降0.46%）。税收收入总量在全省排第12位、增幅在全省排第13位，增幅比全省平均水平（13.37%）低8.73个百分点，非税收入占比在全省排第10位（2014年排第8位）。

一般公共预算支出累计完成293.1亿元，同比增长36.97%。财政支出以保运作、保民生、促发展为主，全市工资、民生和公共服务等刚性支出得到保证。加大力度压减“三公经费”，全市三公经费支出2.23亿元，同比下降24.90%；市本级三公经费支出0.37亿元，同比下降21.81%。

二、着力发挥财政“聚财”作用，实施积极财政政策

（一）创新方式方法，加大资金筹措力度

是争取省发债转贷资金支持，2015年获得地方置换债转贷资金30亿元，新增地方债转贷资金8.2亿元。二是大力推动PPP，全市已储备项目8个（其中，2个项目进入了省示范性项目），计划投资金额58亿元。三是支持市属国有公司与金融机构开展各类合作，合作金额240亿元，其中包括穗清基金和中信信托基金。四是与国家、省大型国企的合作获得实质性进展（如省建工集团）。

（二）积极开展工作，确保上级政策落地

清远市财政局紧密围绕党中央、省委、省政府财政工作精神，积极开展相关工作，2015年争取上级财政资金43.5亿元。一是争取到国家棚户区改造8.5亿元资金支持，计划新增13亿元（其中4亿为利息）。二是根据省促进粤东西北振兴发展出台的多项政策，粤东西北基金（7.9亿元）、新区税收增量返还政策（2.6亿元）、新区贷款贴息资金1.5亿元等已经全部到位。三是着力筹建市重点项目——职教基地，获得上级支持资金10亿元，项目进展顺利。

（三）利用广州帮扶契机，推进广清一体化工作

积极争取帮扶资金支持，2015年广清基金（10亿元）和穗清基金（20亿元）已经落地。做好与广州市财政局、广清对口帮扶办的对接与联系，加强广州对口帮扶清远资金的日常收支管理，规范对口帮扶资金的使用，确保资金安全。2015年7月，广清两地住房公积金实现互贷。

三、着力推动协调发展，推动基本公共服务上新台阶

（一）推动区域协调发展

2015年市本级补助县区支出约14.44亿元，比2014年增长45%，用于完善中心区域利益共同体财力下沉机制、差异化资金配套机制，以及生态保护补偿机制，安排区域中心城市扩容提质专项资金等。

（二）持续推进基本公共服务均等化，保障和改善民生

清远市市财政局深入领会“发展经济是政绩、改善民生更是政绩”的理念，大力推进基本公共服务均等化综合试点改革工作。2015年，配套的10个专题已全部出台实施细则，各项改革工作顺利推进。2015年全市基本公共服务支出114.96亿元，同比增长25.39%。市级财政安排资金2.87亿元保障市“十项民生实事”的推进。安排底线民生保障资金2.65亿元，保障市5项底线民生保障水平达到或超过省定标准。

公共教育方面，全市义务教育标准化公办学校覆盖率达100%，安排4 377万元推进教育信息化；公共交通方面，全市1 021个行政村全部通达水泥路，符合安全通客车条件的762个行政村班车通达率100%；生活保障方面，全市城乡居民养老保险覆盖率99%，城镇、农村低保平均标准分别达到398元、248元，五保供养人均标准5 897元/年；医疗保障方面，城乡基本医疗保险参保率稳定在98.5%以上，参保率和待遇水平居全省前列，清远市已与省内21家医院确定为异地就医定点医疗机构，完成实时联网结算。加大底线民生保障力度：全市城乡居民低保标准分别提高到410元/月和260元/月，低保补差标准分别提高到374元/月和172元/月。全市残疾人生活津贴和重残护理补贴标准分别提高到1 200元/年和1 800元/年。全市城乡居民基础养老金人均标准提高到100元/月。2015年安排城乡居民医疗市级配套资金8 800万元，各级财政对每人每年补助380元。

（三）稳步推进财政涉农资金整合工作，支持农村综合改革

2015年，完成全市财政涉农资金整合工作领导机构人员配备和制度建设。财政涉农资金整合工作初见成效：一是资金整合达到一定规模。全市涉农资金整合12.5亿元，有力地支持土地整合工作的开展。二是各项配套政策逐步完善。2015年财政涉农资金整合以“消除土地级差，支持土地整合”为主要内容推进实施，有力地支持土地整合工作的开展。三是宣传力度进一步加大，编印《普惠性涉农资金整合宣传手册》和宣传海报。在市委、市政府关心和大力支持下，清远市完成前一阶段涉农资金整合后，被财政部选定为全国涉农资金整合第一个试点地级市。

四、着力创新驱动，推动产业企业发展

（一）加快创新驱动发展的体制机制创新

2015年市本级投入科技专项资金

为2 297万元，改进财政资金对科技领域的投入和管理方式，更好地发挥财政资金对企业创新投入的带动作用。

（二）落实扶持产业企业发展政策

2015年市财政对符合申报条件的34家重点扶持企业合计奖补1 693.32万元，服务重点企业持续发展、增强竞争力。加快推进工业经济转型升级，落实扶持工业企业稳增长政策措施，促进市产业结构调整。通过事后奖补、贷款贴息等方式支持工业企业通过技术改造，扩大生产规模，提高产品质量。鼓励工业企业绿色发展，实施“两化”融合管理体系贯标试点。加大对上市后备企业的扶持力度，安排300万元对上市后备企业完成股改和上市辅导等工作进行分阶段奖励。

（三）加大进出口外贸工作力度

有针对性地安排设立促外贸稳增长专项资金1 000万元，支持清远市服务外包、电子商务、外贸会展、引入世界500强等各项工作。

五、着力推进“法治财政”建设，深化预算管理改革

（一）继续深化预算管理制度改革

一是以编制2015年预算为契机，全面落实新《预算法》，实现“四本预算”和债务收支计划完整编报。探索建立跨年度预算平衡机制，设立预算稳定调节基金。二是不断深化零基预算改革。进一步打破部门利益格局，加大对专项收入的统筹力度，破除“钱等项目”。按照“先有项目，后有预算”的思路，着力形成“可评价，可审核，可执行”的预算体系，提高年初预算编制的准确度。三是不断增强一般公共预算统筹力度。市本级从政府性基金和国有资本经营预算收入中调入（列入）一般公共预算统筹资金达3.2亿元。四是扎实推进项目库建设。将财政性专项资金设立、调整、撤销等审批程序，以及资金的分配范围、对象、标准、期限等重要信息纳入项目库管理。五是硬化预算约束，年度预算执行中除救灾等应急支出通过动支预备费解决外，一般不出台增加当年支出的政策，一些必须出台的政策，通过以后年度预算安排资金。

（二）加快预算支出执行进度

一是预算执行通报制度运行有效，通报制度已经引起预算单位关注，促进预算加快执行。二是年度专项资金收回制度约束有力。对于超过9月30日仍未细化到具体承担单位且无正当理由的专项资金，制定收回方案。三是预算支出执行与预算编制相挂钩制度初步试行。在编报2016年预算时候，市财政已经重申严格执行该制度，并对目前执行率较低的项目告知预算单位。四是预算执行主体责任制度和督办制度呈现效果。经批准设立的专项资金责任已落实到项目主管单位、具体执行单位和负责人。

（三）加强地方政府性债务管理

按要求将市本级的存量债务、债务举借和偿还计划等情况向市人大报告，纳入预算管理；顺利推进30亿元地方政府债券置换和PPP工作，切实减轻债务负担；盘活财政存量资金，提前回购BT项目，减轻成本；积极筹措资金，按时还本付息，防范财政风险，维护政府信誉。

六、着力推进“阳光财政”建设，强化绩效和监督管理

（一）健全预算绩效管理

进一步强化责任主体，全面运用考评结果，评价结果向社会公开。实现专项资金的事前、事中、事后全过程的绩效评价。设立专项资金超过50万元的，全部要申报绩效目标，经绩效评价通过后进入项目库。项目实施过程跟踪阶段目标落实情况。对已实施的超过100万元以上项目进行年度重点评价。

（二）强化财政监督职责

严格按照规程把好专项资金设立关，对不同类别的资金使用不同的流程进行监督管理。对全市各县（市、区）开展专项资金和一般性转移支付资金扩面检查，实现全覆盖。同时，重点对市“2012—2014年中小河流治理项目”财政专项资金检查。切实加强财政资金管理、严肃财经纪律，防止出现“小金库”。

（三）加强财政信息公开管理

在实现“四本预算”的执行情况和预算草案的完整编报基础上，将债务收支计划纳入预算。2015年首次披露市本级的存量债务情况。市级部门预算草案将预算单位的基本职能、机构设置、编制情况等信息一并反映。收入方面，预算单位的基金收入、预算外收入、事业收入等情况都全面反映。支出方面，将功能科目和经济科目相结合，按照最明细一级科目进行编制，行政运行支出都全面得到反映。市级所有部门预算信息，已实现全面对社会公开。

（四）加大财审核算和采购监督力度，提高财政资金使用效益

2015年，共审核概、预、结算738项，送审金额51.5亿元，审定金额46.22亿元，核减金额5.28亿元，核减率为10.25%。全市采购预算金额21.15亿元，实际采购金额20.23亿元，节约资金0.92亿元，节约率4.5%。

七、切实加强干部队伍建设，始终绷紧廉洁从政这根弦

（一）推进“服务财政”建设

建立党员领导干部直接联系服务群众制度，完善财政局党组成员专题调研制度，完善人大代表建议和政协提案办理制度。制定深化财政局行政审批改革的实施办法，完善网上办事大厅工作制度，修订完善行政许可、行政审批和社会服务事项办理流程、管理办法。完善重点工作限时办结的工作督办制度。制定规范财政系统上下级工作联系的意见。切实做好网上信访、12345政府热线等工作。2015年，已办理网上信访件105件，12345政府热线109件。

（二）加强队伍教育培训

认真学习和贯彻落实新《预算法》，邀请国内高校著名教授进行授课解读。开展科室负责人专题授课活动，共同学习新业务，加强财政工作的交流和提升业务水平。与清远市人民银行联合举办“认真贯彻新《预算法》，依法加强预算管理”专题活动，提高基层干部、群众参与财政制度建设与

履行监督权力的积极性。

（三）深入开展“三严三实”教育实践活动

在全局范围内印发《关于在全局处级以上领导干部中开展“三严三实”专题教育方案》，认真组织党组书记在全局党员干部中讲党课、党组成员在各党支部中讲党课，进一步加强全体党员干部的党性修养，提高思想觉悟，严格按照“三严三实”的要求修身做人、为官从政，对组织纪律和作风建设常抓不懈。

（四）更加注重财经纪律和党风廉政建设

财政作为资金管理的综合部门，始终绷紧廉洁勤政这根弦，认真学习各项财经纪律，做到“秉公用权、一身正气，无私理财、两袖清风”。加大预防腐败和廉政建设力度，对以权谋私实施零容忍。积极开展创建预防腐败（职务犯罪）先进单位工作，切实提高干部职工拒腐防变的能力。

（清远市财政局供稿，侯长红执笔）

潮州市

2015年，潮州市经济平稳运行，各项主要经济指标增势良好，经济运行总体平稳。全市实现生产总值（GDP）910.1亿元，同比增长8.3％。第一、二、三产业增加值分别为66亿元、488.3亿元、355.8亿元，同比分别增长4％、7.5％和10.1％。全市实现全部工业增加值458亿元，增长7.3％。其中，规模以上工业增加值361.2亿元，增长7.8％。全市新增工业投资161.4亿元，增长24.5％。全社会固定资产投资总额391.9亿元；海关进出口总额31.4亿美元；实际利用外资金额2044万美元；商品零售价格总指数99.9，居民消费价格总指数101.2。2015年，全市一般公共预算收入完成472 009万元，完成年度预算的102.67％，比2014年增收59 362万元，同比增长14.39％（可比增长11.99%）。全市一般公共预算支出完成1 476 706万元，完成年度预算的147.85％，比2014年增支415 523万元，增长39.16%。2015年全市一般公共预算收入加上省税收返还、各项补助款和2014年预算结转、结余，减去支出以及上解省款项后，全市一般公共预算实现收支平衡，有所节余。市级地方一般公共预算收入181 488万元，完成年度预算的100.07％，增收25 471万元，同比增长16.33％（可比增长13.63）。市级一般公共预算支出423 132万元，增支146 779万元，增长53.11%。2015年市级总收支相抵，有所节余。

2015年，潮州市财政工作在省财政厅的大力支持下，在潮州市委、市政府的正确领导下，以科学发展观为统领，主动适应经济发展新常态，抢抓省振兴粤东西北战略机遇，围绕“一中心三片区”发展格局，积极发挥财政职能作用，全面深化财税体制改革，千方百计为全市稳增长、调结构、促改革、惠民生、防风险提供有力支撑。全市财政运行和预算执行情况良好。

一、依法依规加强收支管理

加强新常态下财政支持地方经济发展规律的研究，切实增强主业意识，狠抓收支管理，收入增幅平稳、增长均衡，支出结构优化、重点突出。收入方面，围绕全年收入预期增长目标，加强对经济运行情况的调研和财税收入形势的分析，提升复杂经济形势下预算执行分析水平，提高分析预测的前瞻性、准确性，积极主动抓综合治税、抓主体税种、抓联动征管、抓分析预测、抓区域监管，确保财政收入总量、质量稳步提升。支出方面，严格遵循“先有预算、后有支出”的原则，硬化预算约束，在确保资金安全的前提下切实加快预算执行进度。严格落实中央、省、市厉行节约各项措施，着力压减一般性支出，严控“三公”经费，保障“一中心三片区”发展战略、“三大抓手”等市委市政府确定的重点项目、资金需要。2015年全市党政机关单位（含参公单位）会议费及“三公”经费支出比2014年下降34％；全市民生类支出科目完成1 082 380万元，同比增长41.8%，高于一般公共预算支出增幅2.71个百分点，占同期一般公共预算支出的73.33%；拨付“市十项民生实事”支出226 487万元，民生支出增幅高于平均水平，民生资金得到有力保障。全市各级投入“治水、治气、治脏”三治资金74 791万元。

二、盘活资金助推经济发展

针对潮州市财力薄弱现状，市财政部门主动作为，千方百计筹集资金支持重点产业项目、基础设施建设、民生事业等投入。一是积极申报，开展存量债务置换工作。向省财政厅申请对市存量债务置换额度，顺利延长市地方政府债务期限并降低市地方政府债务利率成本。二是积极争取，借入增量地方政府债券资金。将省财政厅支持的增量地方政府债券资金，用于市重点项目建设、保障性安居工程及普通公路建设，很大程度上缓解财力不足，保持经济平稳较快增长。三是大胆创新，推进市场化融资工作。按照市委、市政府的指示精神，就市外环西路等重点交通基础设施项目建设资金融资问题，积极与中国银行潮州分行达成协议，为地方融入建设资金10亿元，全力以赴支持基础设施建设和城市扩容提质。四是积极争取省政府支持稳定经济增长的财政资金，支持商贸服务、技术改造、战略性新兴产业等发展。

三、深化改革完善财政体系

坚持立足实际，狠抓落实，积极推进各项财政改革，推动建立现代财政制度。一是完善政府财政预算体系。深化全口径预算编制改革，首次同步编制一般公共预算、政府性基金预算、国有资本经营预算、社会保险基金预算，将政府收入和支出全部纳入政府预算管理范围之内。2015年市级193个单位的部门预算编制采用综合预算、零基预算等方法，全部实行人员经费按编制定员，公用经费按标准定额管理。支出预算细化到“项”级科目，金额单位细化为“元”，专项资金落实到具体执行项目。同时，严格控制预算追加，对部门预算执行中发生不可预见而临时增加确需开支的事项，以及重大政策出台等特殊情况确需财政解决的经费，原则上先在年初部门预算中调剂解决，确需增列的预算严格按审批程序执行。认真贯彻新预算法，在市政府门户网站上常态公开预算报告、财政预决算、部门预决算和“三公”经费预决算等信息。二是理顺区域财政管理体制。制订《潮州市凤泉湖高新技术产业开发区财政体制方案》、《关于理顺南山分园财政分配体制方案》、《关于进一步完善枫溪区财政体制方案》、《闽粤经济合作区财政体制方案》以及《关于进一步完善乡镇（街道）财政管理体制的意见》等，进一步完善各经济区域、乡镇（街道）的财政体制，努力建立责权利高度统一的管理机制。

四、加强监管严肃财经纪律

严格按照《财政部门监督办法》，建立涵盖资金流向和政策实施全过程、全方位的监督系统。开展预算编制执行监督、绩效评价监督、财政信息检查、专项资金检查和盘活财政存量资金等专项治理行动，促进部门认真按照中央“八项规定”要求规范资金的使用和管理。建立健全财政内部控制制度和自身业务监督制度，改进内部稽核环节和流程。同时主动接受和配合审计、监察、人大、社会和舆论的监督，加强专业素质培训，提高财政监督队伍履职能力。

（潮州市财政局供稿，林　娟执笔）

揭阳市

2015 年，揭阳市主动适应经济发展新常态，认真落实振兴发展和创新驱动两大发展战略，按照“抓落实、促发展，抓基层、强基础”的重要部署，坚定产业强市目标，强化对德合作实施引进型创新，推进“互联网 +”培育发展新动力，全年经济运行呈现平稳向好的发展态势。2015 年全市实现地区生产总值（GDP）1 890.01 亿元，增长（同比，下同）8.0%。其中，第一产业增加值 168.46 亿元，增长 4.1%；第二产业增加值 1 144.31 亿元，增长 7.4%；第三产业增加值 577.24 亿元，增长 10.6%。三次产业结构由 2014 年的 8.8：61.7：29.5 调整为 8.9：60.6：30.5，产业结构调整稳步推进。规模以上工业增加值 1 123.35 亿元，增长 7.2%；固定资产投资 1 362.10 亿元，增长 24.5%；社会消费品零售总额 857.42 亿元，增长 13%；外贸进出口 70.44 亿美元，增长 29%。

在经济社会发展稳中有进的基础上，全市财政工作积极贯彻振兴发展和创新驱动“两大战略”，加强财政收支管理，深化财税体制改革，保持财政稳健运行，发挥财政对揭阳经济社会发展的基础性和支撑性作用。2015 年全市地方公共财政预算收入完成 77.39 亿元，增长 5%；全年地方公共财政预算支出 278.97 亿元，增长 48.9%，其中教育支出 69.28 亿元，增长 28.7%。

一、狠抓主业，加强增收节支，确保财政收入稳步增长

面对严峻的经济下行形势和巨大的减收增支压力，全市各级财政部门坚持以主业意识加强收支管理，做大收支盘子，财政保障能力稳步增强，财政收支保持平稳运行。

（一）狠抓财税收入征管

在多种减收因素交织叠加的严峻形势下，坚持强责任、抓协调、解难题，运用财税库协调会、领导分片抓收入等机制解决财税征管难题，推动建立健全财税库横向联网和涉税信息共享机制，强化协税联管合力，促进加强征管、挖潜增收。坚持向管理要收入，加强主体税种管理，完善重点税源监控机制，开展税源调查，完善市场管理，切实抓好经济户口清理工作，强化一般纳税人、小规模企业和个体税收的管理；坚持向项目要收入，加快高速公路等项目的税款入库工作，加强对土地转让、股权转让等涉税薄弱环节的治理，开展企业所得税汇缴清算，着力抓好反避税调查工作。

（二）加快财政支出进度

坚持顾大局、利长远的理财思路，把加快财政支出进度工作作为贯彻落实“两大战略”、全力推动加快发展的重要举措，推动财政资金统筹使用，扩大有效支出。坚持抓大额支出，及时清理库存款项，统筹资金安排，建立重点支出动态监测和限时办结等制度，以重点支出加快支出进度提速。坚持统筹大局、为“效”求“快”，推动财政资金统筹使用，盘活财政存量资金，提高支出的时效性和均衡性，更好地服务各项稳增长调结构惠民生政策目标的有效释放，提高财政资金使用绩效，促进经济社会持续健康发展。研究建立支出情况定期通报机制，完善资金限时拨付机制和预算执行刚性约束机制，落实资金回收统筹制度，推动形成预算执行工作新常态。

（三）压缩一般性支出

坚持开源和节流并重，努力压减一般性支出。“三公”经费预算在部门预算单列并定额标准和限额编制，健全行政性经费控制机制，确保全年“三公”经费预算只减不增，全年全市会议费及“三公”经费支出占财政支出的比重为 0.7%，为历史最低水平。严格执行中央有关规定，停止安排财政性资金用于建设楼堂馆所项目，对已批准尚未开工的楼堂馆所项目一律停止安排预算和拨付资金。严格控制除市委、市政府确定的重大事项之外的新增支出，集中有限财力保障市委、市政府谋划确定的重要决策、重大项目、重点民生、产业平台和支柱产业建设上，把钱用在刀刃上。

二、加快发展，狠抓三大建设，着力促进经济转型升级

深入贯彻振兴发展、创新驱动“两大战略”，优化财政资源配置，促进揭阳经济在加快发展中转型升级。

（一）支持加强交通基础设施建设

通过完善体制分配、争取上级资金支持、公共财政补助、拓宽融资渠道等综合施策，筹措交通公路建设资金 3.5 亿元（不含普宁市、揭西县 2 个省直管县），主要用于交通运输重点项目、国省道灾毁恢复重建、新农村路面硬化建设项目，推进交通基础设施建设提速，加快建设区域性现代化综合交通枢纽，推动交通运输体系扩展优化。

（二）支持产业园区建设和落实产业高端发展

支持产业园区扩能增效，争取省财政产业园区扩能增效资金 1.5 亿元；安排新增地方政府债券转贷资金约 4.3 亿元用于中德金属生态城重点项目、交通设施和保障性住房等建设，争取道路基础设施建设贷款贴息 405 万元，统筹专项资金 1 000 多万元支持中小企业对德合作和改造升级，提高中德金属生态城服务力和承造力。统筹投入财政产业发展资金 7.82 亿元，重点用于企业技术改造、产业公共服务平台建设等方面，推动产业逐步向中高端发展。争取省“中小企业发展专项资金”800 万元，支持首届中德中小企业

合作交流会专项经费600万元，促进中德中小企业合作取得成效。整合资金2 000万元，支持设立科技金融风险准备金，推进首个“三融合创新”贷款业务工作，支持科技型中小企业购置先进设备、开展技术改造，已有中德金属生态城7家入园企业成功通过贷款审批，获得贷款3 850万元。

（三）支持推动中心城区扩容提质

完善相关税费分配制度，对各辖区上缴城市管理行政执法收入按市40%、区60%分成，推动市区城市建设管理事权财权相适应。完善市区土地收入分配制度，逐步理顺“三旧”改造项目土地成本及收益分配等历史问题，支持新城建设、旧城改造和古城保护开发同步推进。筹集投入资金约10亿元支持市区市政工程BT投资项目、三洲拦河闸应急重建工程等重要市政设施项目建设，提升中心城区辐射力和带动力。

三、科学理财，健全管理体制，深化财税综合管理改革

坚持正确的改革方向，主动作为推进财政改革工作，为揭阳振兴发展增创体制机制活力。

（一）深化财税体制改革

按照中央、省和市的统一部署，健全政府预算体系，实现全口径预算编制，推进零基预算管理模式，升级财政支出在线联网监督系统，建立完善预算执行监督约束机制，推动预决算公开常态化，部署开展试编权责发生制政府综合财务报告制度改革，加快建设现代预算管理制度，提高政府依法理财水平。扎实推进“营改增”改革扩围等税收制度改革工作，简化宏观税负，促进经济发展。

（二）推广PPP融资模式

设立市级PPP扶持基金，市级筹集2 000万元（首期）作为扶持基金，建立财政补助和奖励机制，鼓励社会资本参与基础设施建设，促进经济提速发展。全年发起全市9座污水处理厂、绿源垃圾综合处理与资源利用厂、市区污水处理厂二期建设等PPP项目3宗，总投资达18亿元。

（三）完善政府债务管理制度

按照新预算法要求，进一步规范地方政府债务管理，严格限定地方政府举债程序，地方政府在批准安排的限额内举借债务，按规定将新增地方政府债券转贷资金使用报人大批准，并将地方政府债务分类纳入预算管理；建立地方政府债务风险预警机制，构建地方政府债务监管体系，加大对违规举债及债务风险的监控力度，防控债务风险。

（四）推进公务用车制度改革

制定实施《揭阳市全面推进公务用车制度改革总体方案》、《揭阳市市级机关公务用车制度改革实施方案》等相关制度，部署开展车改工作，强化党政机关厉行节约反对浪费工作。市级涉改车辆898辆，取消343辆，改革后节支率为8.17%。

四、确保底线，加大民生保障，促进社会大局和谐稳定

坚持共享发展理念，优化财政支出结构，加强基本民生和底线民生保障，着力构建保基本、兜底线、促公平、可持续的“民生保障网”。全年全市民生支出达220.5亿元，增长48.15%。

（一）推进基层公共服务平台建设

牢固树立大抓基层的鲜明导向，大力发展基础公共服务和公共事业，在全省范围先行一步印发《揭阳市村级公共服务平台建设方案》，以揭东区示范点为引领，扎实推进基层公共服务平台建设，畅通服务群众“最后一公里”。全年共有1 082个村（居）完成平台建设，完成进度为66.67%，揭东、普宁、榕城已实现全覆盖。

（二）加强底线民生保障

全市财政共拨付各项底线民生资金14.52亿元，推动底线民生保障水平提标，城乡最低生活保障财政补差水平提高到城镇375元/人月、农村181元/人月，五保供养人均供养标准提高到5 897元/年，集中供养和散居孤儿基本生活保障标准分别提高到1 240元/人月和760元/人月，残疾人生活津贴和重残护理补贴标准分别提高到1 200元/人年和1 800元/人年。

（三）支持教育事业发展

安排教育支出69.16亿元，增长28.43%，推进教育均衡发展，支持教育创强，全市共有88个镇通过省督导验收，揭东区、榕城区、普侨区3个县（区）通过省验收。

（四）推进卫生体制改革

稳步提高政府卫生投入占经常性财政支出的比重，安排医疗卫生与计划生育支出40.42亿元，增长31.02%，支持建立健全多层次医疗保障体系和深化医疗卫生体制改革。

（五）保障安居工程建设

安排住房保障支出9.94亿元，增长237.19%，支持推进公共租赁住房、农村危房改造和棚户区改造等工作，改善群众居住条件。

（六）加大公共安全投入

投入公共安全资金14.4亿元，全面落实市区政法机关供养人员经费和公安部门辅警人员经费，重点保障政法机关办案经费和设施项目建设，提高政法部门经费保障水平。

五、加大投入，优化支农结构，推动农村农业事业进步

坚持整合投入和集约投入相结合，优化支农结构，全年全市农林水事务支出完成33.57亿元，增长92.38%。

（一）支持农业发展增效提质

统筹投入农业发展资金6.7亿元。其中争取中央补助资金1 500万元用于现代农业青梅产业带建设，安排专项资金300万元支持“一镇一品”工程建设，争取1 200万元专项用于省级现代农业“五位一体”示范基地建设，安排1 713万元用于农业科技转化与推广服务，安排1 526万元用于农业产业化经营，大力支持发展现代农业，加快转变农业发展方式。

（二）支持推进民生水利建设

统筹投入水利建设资金18.67亿元，支持引韩供水、榕江大围达标加固、三洲拦河闸重建、龙颈引水、引榕灌区整治、榕南灌区整治、村村通自来水等一批重点水利项目建设，为改善民生、产业发展、城市扩容等各方面用水提供支撑。

（三）支持新农村建设

统筹投入2.7亿元，支持整合扶

贫项目和资金，通过加强基础设施建设、发展产业、生态建设和劳动技能培训等综合施策，提高扶贫开发工作实效。统筹投入森林培育、森林生态效益补偿资金1.63亿元，着力改善全市林业生态环境。统筹投入现代渔港建设资金1.06亿元，榕江航道整治资金812万元，加快海洋渔业、水运的发展。安排财政奖补资金7 741万元，通过奖励机制引导形成“众筹”格局，促进农业公益事业发展，加强农村公共设施建设。

（四）支持完善基层农村治理体系

加强农村基层组织工作经费保障，全年补助村民委员会和村党支部支出8 983万元，确保农村基层组织正常运转。市级以奖补形式，安排资金700万元支持35个村（社区）开展村级组织活动场所“清零”工作，改善基层党组织工作环境。

六、从严从实，强化队伍建设，全面提升干部能力水平

坚持从严从实开展好“三严三实”专题教育，深化落实党的群众路线教育实践活动成果，以加强队伍思想政治和纪律作风建设为重点提高队伍执行力，努力打造一支真懂财政经济、善谋宏观大局、敢于改革创新的财政干部队伍。

（一）加强思想政治建设

以开展“三严三实”专题教育为契机加强领导干部思想政治建设，深入学习习近平总书记系列重要讲话和党的十八届三、四中、五中全会等精神，促进财政干部队伍提升理论修养和综合素质，拧紧世界观、人生观和价值观的“总开关”，进一步明确修身之本、为政之道、成事之要。

（二）加强队伍作风建设

进一步深化落实党的群众路线教育实践活动，落实全面从严治党要求，教育引导财政干部队伍把“三严三实”作为修身做人与用权律己的基本遵循、干事创业的行为准则，推动财政部门作风建设形成新常态。紧紧围绕落实财政中心工作，先后修订完善机关廉政、考勤、理论学习、值班、保密等方面共10多项制度，积极加强和改进作风。

（三）加强机关党的建设

树牢党建工作的主业意识，落实抓党建工作责任制，落实“三会一课”制度，扎实开展“双联双促”，加强城乡党组织联动共建，切实发挥机关支部战斗堡垒作用。严格党内政治生活制度，用好批评武器开好民生生活会、组织生活会和开展民主评议党员工作，通过严肃的党内生活锻炼提高党员干部加强自身建设的能力。加强对机关群团组织的指导和管理，分别开展局团支部和妇委会换届选举工作。

（四）加强党风廉政建设

严格执行党风廉政建设责任制，认真落实“一岗双责”要求，研究制定《中共揭阳市财政局党组工作规则》、《揭阳市财政局落实党风廉政建设党组主体责任纪检组监督责任工作的意见》。强化党纪政纪法纪和警示教育，筑牢反腐倡廉的思想防线，推动形成风清气正的廉洁工作氛围。加快建立健全业务管理事前防范、事中监控、事后稽核、失误纠正等内控机制，规范财政权力运行，防范业务安全风险和财政廉政风险。

（揭阳市财政局供稿，陈泽坤执笔）

云浮市

2015年云浮市实现地区生产总值（GDP）710.07亿元，比2014年增长8.5%。其中，第一产业增加值149.83亿元，增长4.4%，对GDP增长的贡献率为9.2%；第二产业增加值310.33亿元，增长9.2%，对GDP增长的贡献率为53.3%；第三产业增加值249.92亿元，增长9.7%，对GDP增长的贡献率为37.5%。三次产业结构为21.1：43.7：35.2。固定资产投资完成794.15亿元，比2014年增长17.6%。社会消费品零售总额完成299.71亿元，增长11.6%。居民消费价格指数为101.2%，上涨1.2个百分点。全年货物进出口总额19.1亿美元，增长7.5%。其中，出口13.6亿美元，增长13.1%；进口5.5亿美元，下降4.2%。年末全市金融机构本外币各项存款余额915.88亿元，比2014年末增加89.57亿元，增长10.8%。全年全市居民人均可支配收入15 212元，增长8.2%。按常住地分，城镇常住居民人均可支配收入20 154元，年增长7.9%；农村常住居民人均可支配收入12 008元，年增长8.5%。

2015年，云浮市财政局深入贯彻市委、市政府各项决策部署，落实稳增长、促改革、调结构、惠民生、防风险各项政策措施，着力在稳增长、保重点、补短板、激活力、增实效上下工夫，各项财政工作稳定开展，完成全年各项工作任务。全市一般公共预算收入58.70亿元，同比增收5.84亿元，按可比口径增长9.3%；其中税收收入完成32.21亿元，增加0.92亿元，增长2.9%。市级（含新区）一般公共预算收入15.46亿元，同比增收1.2亿元，增长8.29%；县级一般公共预算收入43.23亿元，同比增收4.64亿元，增长12.02%。全市一般公共预算支出163.66亿元，同比增长22.92%；市级（含新区）一般公共预算支出完成28.34亿元，同比增长5.88%。

一、抓好财政增收，壮大财政实力

牢固树立主业意识，加强收入质量考核，完善抓收入工作机制，规范收入秩序，协调和服务好各收入部门依法征收、应征尽收，财政收入保持较高增长水平。2015年，全市一般公共预算收入增速排全省第10位，高于粤东西北地区12市平均水平（4.2%）5.1个百分点；按自然口径同比增长11.02%，增速排全省第12位，高于粤东西北地区12市平均水平（6.59%）4.47个百分点。

二、优化支出结构，保障民生投入

改进预算执行管理，进一步实施财政支出进度情况通报制度，优化支出结构。

（一）严格落实厉行节约

认真贯彻落实中央“八项规定”和国务院“约法三章”要求，严格执行《云浮市市直党政机关和事业单位会议费管理办法》和《云浮市市直党政机关和事业单位差旅费管理办法》，参照执行《广东省因公临时出国管理办法以及外宾接待管理办法》，2015年全市“三公经费”和会议费支出同比

下降15.83%，市直支出同比下降32.11%。

（二）重点保障民生投入

全年民生类支出125.13亿元，占全市一般公共预算支出比重的76.45%，同比增长45.31%。全市（包括上级资金）共计投入39.19亿元落实市十件民生实事。

（三）积极贯彻落实财政支农政策

支持农业综合开发，确保农村发展、农民增收、农业增效。去年全市发放种粮直补、农资综合直补补贴资金1.06亿元；全市公共财政预算支出用于“农林水”事务23.57亿元，同比增长102.26%。

三、发挥调控作用，经济稳定增长

认真把握新常态下财政工作的新要求，充分发挥财政的调控作用，在支持经济稳定增长的同时，推进经济结构战略性调整，加快经济发展方式转变。

（一）落实稳增长

按照省财政厅《关于财政支持稳定经济增长的政策措施》，研究云浮市财政落实措施，主动对接争取项目和资金支持，2015年，省财政厅下拨市各项资金57亿元（不含省直接下达直管县部分），为市社会各项民生事业和经济发展提供必要的财力支持。

（二）优化发展环境

积极做好“营改增”全面扩围相关工作，将建筑业、房地产业、金融业和生活服务业等逐步纳入试点范围，认真做好分析评估，主动做好预测研判，妥善解决各类问题。深入推进行政审批制度改革。同时全面清理国家和省设定在市实施的非行政许可审批事项，共有7项非行政许可审批事项列入清理范围。进一步完善网上办事大厅建设，理顺云浮市财政局网上办事大厅存在的各种问题。2015年进驻网上办事大厅事项24项，受理事项4119件，办结4119件，办结率100%。

（三）清理规范税收等优惠政策

按照国务院、财政部和省财政厅的统一部署，云浮市财政局认真开展清理规范税收等优惠政策工作。成立清理规范税收等优惠政策工作联席会议，召开云浮市清理规范税收等优惠政策工作协调会，印发《云浮市清理规范税收等优惠政策验收检查工作方案》，对各县（市、区）清理规范工作进行验收检查。2015年共清理规范税收等优惠政策共78项，其中废止46项，保留32项，促进市场环境的公平统一。

（四）盘活财政存量资金

进一步激活财政存量资金，统筹用好财政基建资金、地方政府债券资金、融资平台，全力支持“交通基础设施建设、园区扩能增效、城市扩容提质”三大会战，集中财力用于云浮新区建设等重点领域和关键环节。

四、加强监督管理，提高资金效益

始终把加强财政监督、绩效评价、信息公开作为财政管理的必要环节和重要组成部分，提升监管效能，提高资金使用效益。

（一）加强财政管理

重点加强专项资金、“三公”经费支出、政府采购等方面的管理工作。

（二）加强财政监督检查

推进财政监督机制建设，逐步从检查型监督转变为管理型与检查型并重的监督，从业务线口各自监督转变为各业务线口联合、上下联动监督，从事后监督转变为实时和全程监督。2015年，市开展财政资金专项检查、会计监督检查等，检查出违法违规金额24.65万元，会计核算资产不实496.42万元，负债不实10万元，所有者权益不实298.43万元，费用不实30.54万元，损益不实216万元。

（三）加强绩效评价管理

探索科学合理的绩效评价考核机制，建立完善专项资金绩效目标申报和绩效评价考核机制，扩大第三方绩效评价，严格落实绩效评价考核结果运用，实行评价结果与资金安排挂钩机制、评价整改措施备案核查机制等。2015年对2014年度50万元以上的市级财政项目支出开展绩效评价工作，累计组织对101项共33 885万元财政资金进行绩效评价，其中，委托第三方对13项共11 196万元资金进行绩效评价，绩效评价结果全部向社会公布。

（四）推进财政信息公开

根据《新预算法》规定，按照《广东省人民政府办公厅关于印发广东省贯彻落实国务院办公厅2015年政府信息公开工作要点分工方案的通知》以及市的贯彻意见，云浮市财政局积极采取有效措施，按时做好预、决算批复，督促市直各部门及时公布部门预、决算和“三公”经费情况，并在云浮市政府门户网站、云浮市财政局门户网站“重点领域信息公开专栏”进行集中链接公开。截至2015年底，全市72个市直一级预算非涉密单位全部公开2015年部门预算及“三公”经费预算。

五、树立依法意识，提高理财水平

云浮市财政局坚持依法行政依法理财，积极开展法治宣传工作，将2015年定为“依法理财宣教年”，通过培训讲座、媒体宣传、专题栏目等形式，多渠道、多方式开展各类财政法制和政策宣传教育活动，进一步增强财政系统干部职工、广大财务会计人员以及社会大众的财政法律知识，提高依法参与财政工作、监督财政工作的意识和水平。

（一）精心组织专题业务培训班

2015年，共组织开设《新预算法》学习培训班、全市政府投资项目建设管理业务培训班、全市财政支出项目绩效评价业务培训班、全市财政监督管理业务培训班等9期业务培训班，总培训人次达到3 000人次。

（二）多渠道全方位进行宣传

在《云浮日报》开辟“依法理财宣传活动”专栏，以政策解读、知识问答、漫画图片等形式宣传财政法律知识，提升财政法制宣传教育效果。同时，在局办公楼一楼大堂宣传栏以及财政内网电子公文办公系统设立宣传栏对干部职工开展法治宣传工作。去年“依法理财宣传专栏”共刊财政法律法规知识共13期。

六、践行“三严三实”，加强队伍建设

以开展党的群众路线教育实践活动和“三严三实”专题教育活动为契机，全面加强干部队伍建设。

（一）加强思想建设

深入学习贯彻党的十八大和十八届三中、四中、五中全会以及习近平总书记系列重要讲话精神，加强理论武装，坚定正确的政治方向。

（二）加强作风建设

开展以践行“三严三实”为主题的组织生活会和领导干部民主生活会，深入查找自身存在的“不严不实”问题，并制定详细的整改方案，明确具体的整改措施，建好完整的整改台账抓好落实。通过深入开展“三严三实”专题教育活动，干部队伍的精神状态、工作作风、工作纪律得到明显改观，主动服务和大局意识得到进一步加强。

（三）加强廉政建设

落实党风廉政建设党组主体责任，进一步推进机关廉政文化建设，把廉洁文化与财政文化、法治文化、传统文化紧密结合起来，开展一系列行之有效的廉洁文化创建活动。加强对干部职工的廉政教育，加强内部管理，主动接受各方监督。

（云浮市财政局供稿，张宇良执笔）

第五部分

市县财政工作专题

Special Topics on Public Finance in Cities，Districts and Counties

广州市

多措并举　不断加强财政投资评审工作

一、2015年广州市财政投资评审工作情况

广州市财政投资评审工作始于2000年，具有起步早、任务重、力量强等特点。2011—2015年广州市本级财政投资评审共完成评审项目约24 900个，送审金额约4 152亿元，审减金额约492亿元，平均审减率为11.85%。其中：2015年广州市本级财政投资评审完成评审项目2 384个，送审金额951.84亿元，审减金额112.25亿元，平均审减率11.79%。财政投资评审工作为合理控制广州市政府投资项目工程造价、节约财政资金和提高政府投资效益发挥重要作用。

广州市财政投资评审业务由广州市财政局委托广州市财政投资评审中心和社会中介机构共同完成。在2015年12月完成的新一轮招标中，通过公开招标选取20家社会中介，全部具有工程造价咨询甲级资质。

二、多措并举，不断加强财政投资评审工作

（一）完善制度，规范评审行为提高评审质量

为加强财政投资评审管理，规范评审财政投资评审行为，广州市财政局先后制定《广州市财政投资评审管理试行办法》（以下简称《评审管理试行办法》）、《关于财政投资评审实施预受理制度的通知》、《广州市市本级财政投资评审复核考核操作规程》等一系列制度文件，建立健全财政投资评审相关制度。

在此基础上，广州市财政局又结合工作实际对《评审管理试行办法》进行修订，形成的《广州市财政投资评审监督管理办法》经第14届152次广州市政府常务会议审议通过。2015年3月6日，《广州市人民政府办公厅关于印发广州市财政投资评审监督管理办法的通知》（穗府办〔2015〕9号）印发，5月1日起开始实施。《广州市财政投资评审监督管理办法》既增加财政投资评审监管措施和力度，又解决《评审管理试行办法》实施过程中存在的问题。

（二）客观务实，不断改进评审工作

广州市财政局注重在日常工作中发现问题、深入思考，寻求科学合理和行之有效的解决方案，并在评审制度中予以固化，不断提高财政投资评审工作成效，服务于政府投资项目。具体有以下几个方面。

一是为提高财政投资评审工作效率、突出工作重点，评审范围由单项投资额度30万元以上改为100万元以上。

二是针对部分中小型项目存在依据同一套施工图纸分别编制概算和预算送财政部门评审，造成概、预算编制和评审中存在大量重复工作的情况，广州市财政局在《广州市财政投资评审监督管理办法》中明确规定，概算评审结果中建安工程费在1 000万元以下（含1 000万元）的项目，不需送项目预算评审。

三是针对部分项目概算编制质量差、评审审减率过高的情况，增加送审概算原则上不得超过立项批复总投资的规定。如有特殊情况，概算送审金额不得超过立项批复总投资的10%，主管单位需在评审申请时说明超额送审原因，并附造价分析材料，广州市财政局审核后决定是否受理，促使建设单位提高概算编制准确性，减少高估冒算行为。

（三）严格监管，保障评审质量和速度

从事财政投资评审的各社会中介管理水平不一，而且工程结算计算过程复杂，存在问题不易被发现，因此，社会中介的监管一直是财政投资评审监管工作的重要内容。广州市财政局对社会中介机构采取一系列具体的监管措施，促进其廉洁自律，保障评审质量和速度。主要监管措施如下：

一是对评审机构从事财政投资评审人员进行实名制登记核实，人员更换需书面告知市财政部门；市财政部门不定期对评审机构从业人员进行检查，发现不具备从业资格人员从事评审工作，责令评审机构整改，情节严重的暂停委托评审任务。

二是要求中介机构对评审结果实行内部三级复核制度，并对评审机构评审工作内控制度和流程进行登记存档和检查，通过三级复核保障评审质量。

三是组织对评审机构评审的项目进行抽查复核。由广州市财政局经济建设和评审监管随机选定抽查项目，广州市财政投资评审中心负责项目的复核，并依据复核结果判定中介机构评审质量，并进行处罚。结算评审复核偏差率大于3%、5%、8%，且相应审减金额大于10万元、100万元、500万元的，分别判定为一般质量问题、

重大质量问题和特别重大质量问题，并分别处以扣除50%评审费、不付评审费、终止合同的处罚。

四是每年对社会中介机构进行考核，将项目完成情况、评审质量、审减率等作为重要考核指标，确定考核名次，考核排名与评审任务分配直接挂钩，分档次计算机摇珠分派评审任务。

五是实行廉政问题一票否决制，对于社会中介机构在财政投资评审业务中涉嫌犯罪行为的，取消投标资格并公告。强化对社会中介的监管，保障评审质量和速度。

（四）循序渐进，逐步强化建设单位造价管理责任

针对部分建设单位造价管理薄弱甚至缺位，增加财政投资评审工作难度、造成财政资金风险问题，广州市财政局明确工程结算送审以建设单位完成结算审核为前置条件。同时，将定期对各项目主管单位或建设单位的评审审减率进行排名公示，对概、预算评审偏差率超过30%和结算评审审减率超过20%的项目进行通报，对评审中发现的普遍性问题和典型案例进行披露，促使建设单位提高工程造价管理水平。

（五）运用科技手段，提高财政投资评审工作透明度

为增加评审工作透明度，广州市财政局积极开发建设财政投资评审全过程动态跟踪信息系统，对评审各环节进行动态监控。2014年9月该系统已通过广州市科技和信息化局立项，2015年12月完成招标。该系统建成后将向各预算单位开放，送审单位可查询评审项目的实时进度，保证评审工作高效、阳光。对于超时未完成的评审项目系统会报警提醒，能够及时发现和有效避免故意拖延评审进度的情况。

三、研究理论、总结经验、把握方向，保障评审工作健康科学发展

财政投资评审工作业务量庞大，日常管理事项繁杂。广州市财政局在做好日常工作的同时，还注重理论研究和经验总结。2015年，广州市财政局完成《建设项目投资控制体系研究及财政投资评审定位》课题研究，对财政投资评审和工程造价管理的现行法律法规、理论文献进行研究梳理，并到其他省市实地调研。针对普遍存在的财政部门财政投资评审工作与建设单位工程造价管理工作界限不清，影响政府投资项目投资控制效果等问题，结合广州市工程造价管理和财政投资评审工作实际进行分析。就如何理顺两者关系，构建科学有效的政府投资项目投资控制体系提出建议。

此外，广州市财政局紧跟财政部预算评审中心改革方向，积极研究将预算评审嵌入部门预算管理，努力提高预算编制的真实性、合理性和准确性。

四、存在的问题和建议

广州市财政投资评审工作有序开展、稳步前进。但是，也还存着一些外部因素制约着财政投资评审工作发展。一是财政投资评审在建设项目投资控制体系中监督职能定位不明确，与建设单位工程造价管理职能界限不清。二是建设主管部门对评审反映出的问题缺乏整改问责机制，财政投资评审在规范和引导造价管理方面未能发挥作用。三是工程造价管理过于依赖财政投资评审，忽视了工程造价监管工作的完善和发展。广州市尚无建设单位如何开展工程造价管理工作的相关制度体系，建设单位工程造价管理意识薄弱，建设过程中基础工作不扎实、资料不完整，造成评审时依据不充分、争议多等问题，给财政投资评审工作带来困难。

因此，做好财政投资评审工作，除练好内功——不断改进和完善评审监管工作外，还需要积极促进建设单位造价管理、造价咨询企业行业监管等外部环境改善。各单位合理分工，各司其职，共同努力才能做好政府投资项目投资控制工作，实现节约财政资金、提高投资效益。具体建议如下：一是建立评审结果反馈运用机制，强化财政投资评审监督职能定位；二是建立健全工程造价管理制度，强化建设单位工程造价管理责任；三是加强建设单位工程造价管理力量培育和强化造价咨询企业监管，提高工程造价管理工作水平。

（广州市财政局供稿，吴　芳执笔）

深圳市

创新产业扶持方式　成立政府投资引导基金

2015年，深圳市本级财政预算安排310亿元，设立政府投资引导基金，通过吸引社会资本共同发起设立或增资现有子基金，采取股权或债权等多种方式，共同投资于创新创业、新兴产业、城市基础设施、民生事业等领域。

2015年12月，经市政府同意，深圳市财政委正式印发《深圳市政府投资引导基金管理办法（试行）》。根据办法规定，引导基金的资金来源为市财政拨款、引导基金分配留成的投资收益和社会捐赠等，引导基金主要通

过参股或合伙方式，与社会资本合作发起设立或增资各类投资基金进行投资运作。投资管理委员会为引导基金重大投资事项决策机构，实行民主集中制决策。市财政委为引导基金的主管部门，经市政府授权，履行相应职责。投资公司为引导基金管理机构，具体负责引导基金的管理和运营，按照投资公司章程和子基金合伙协议等相关约定行使子基金出资人职责。

一、引导基金实行决策与管理相分离的管理体制，按照“政府引导、市场运作、杠杆放大、防范风险”的原则运行

一是灵活高效地发挥政府在经济社会发展和城市建设中的调控职能，创新财政支持经济发展方式，引导社会资本投向创新创业、新兴产业发展、城市基础设施建设和民生事业发展等领域，推动实现政策导向和目标。

二是充分发挥市场在资源配置中的决定性作用，引导基金通过投资子基金的方式引导社会资本投资方向，子基金的日常管理、项目投资、投后管理等工作由专业的基金管理机构按照市场化原则进行，引导基金管理机构不干预子基金的具体管理和运作。

三是引导基金建立对社会资本的多元化激励机制，在子基金层面广泛吸引社会资本参与，发挥财政资金杠杆放大作用。

四是对引导基金参股子基金决策、基金管理机构治理、资金监管等方面进行规范，建立政府引导基金绩效考核制度，防范资金运作风险。

二、主要成效

财政出资设立投资引导基金，是创新财政支出方式、向市场下放项目选择权的一次有益探索。政府对企业扶持方式从以往无偿资助、奖励等“点对点”的补贴转变为设立股权投资基金等市场化模式，逐步减少依靠行政机制直接分配政府资源。探索通过市场化的项目发现机制和竞争性的资金分配机制，将项目选择权交给市场，着力激发社会资本活力，引导社会资金投向经济发展关键领域和薄弱环节，充分发挥财政资金的杠杆放大作用和市场的资源配置作用。体现“六个有利于”。

一是有利于加快推动创新驱动发展战略，以财力优势换取创新优势。深入贯彻落实中央文件精神，充分发挥企业和资本市场在技术创新中的作用，大力支持科技创新，积极促进科技和金融有效结合，建立科技资源与金融资源对接的有效机制，形成多元化、多层次、多渠道的科技投融资体系。进而进一步提升全社会技术转移、科技成果转化效率，营造“大众创新、万众创业”的良好环境。

二是有利于政府引导，市场运作，创新财政投融资体制。适应国家当前税收优惠清理和盘活财政存量资金的要求，充分发挥市场在配置资源中的决定性作用，政府仅负责“两端”，即在前端负责审定总体投资方案，在后端把握投资方向。基金的运行和管理完全按照市场化原则进行，以确保有效发挥财政资金的引导和杠杆放大效应，吸引和撬动更多社会资本投向深圳市重点发展的领域，促进优质产业资本、项目、技术和人才向深圳聚集，实现从深圳市经济社会发展整体效益提升中受益，而非从单个项目中获利的目标。

三是有利于主动服务于新时期国家战略、省的部署，创新和丰富深圳服务全国的手段和能力。抓住我国实施海洋强国战略、建设21世纪海上丝绸之路等重大机遇，通过参与认购国家丝路基金、科技成果转化基金等方式，主动融入国家“一带一路”战略，服务于市委、市政府关于发展湾区经济、建设海上丝绸之路桥头堡的战略部署，体现深圳市主动贯彻落实新时期国家战略、省的部署的责任和担当，为深圳市拓宽发展空间，在更大范围、更高层次参与全球经济竞争合作，实现更高质量、更高能级的发展提供有力抓手。

四是有利于树立经营性财政理念，创新政府财力储备方式。充分利用深圳市政府引导基金规模较大的特点和优势，设立政府出资平台，统筹管理政府引导基金，避免不同部门、不同资金渠道、不同功能诉求各自为政、碎片化设置和管理的情况；同时，创新政府财力储备方式，通过政府资金、资产、资源和政策的有机整合与灵活经营，统筹运作财政资金，充分发挥资金规模优势，使公共财政最大限度地发挥对社会生产要素配置的导向作用和对经济发展的推动作用。

五是有利于强化深圳在金融创新特别是多层次资本市场的优势。以政府引导基金规范运作为突破口，在充分发挥专业化管理团队作用、提高政府引导基金投资效率的同时，吸引更多品牌资产管理机构落户深圳市，壮大私募基金市场主体，促进以私募市场为重点的区域资本市场加快发展，迅速形成高端金融产业集群，加快深圳市金融中心城市建设，集聚更多金融高端资源，提升城市竞争活力和国际化程度。

六是有利于改革和创新公共服务提供方式，引导社会力量广泛参与公共服务的提供。妥善处理好政府与市场、公平与效率的关系，对市场机制不能发挥作用、确保人人享有基本生活保障的公共服务领域，通过公共财政预算予以保障；对人民群众在医疗卫生、养老保健、优质教育、文化体育等方面日益增长的公共服务多样化需求，通过政府引导基金引入竞争机制，鼓励和引导社会资本参与提供，实现公共服务供给主体和提供方式的多元化，增强多层次供给能力，满足人民群众的多样化需求，使政府引导基金与公共财政在公共服务供给上相互促进，互为补充。

（深圳市财政委员会供稿，黄晓凰执笔）

多措并举　加快支出进度

2015年，在深圳市委市政府的高度重视下，深圳市财政部门主动谋划，多措并举，狠抓预算执行进度。

一、明确预算主体责任，强化财政部门服务意识

明确将各区、各部门预算单位主要领导为加快财政支出进度的第一责任人，分管领导为具体负责人；要求各区财政部门以及市属各预算单位切实履行牵头主抓的责任，确保完成财政支出任务。同时，市财政部门强化预算执行服务意识，多次召开加快预算执行进度的会议，及时向各区、市属单位传达有关精神，认真解答各单位的疑问；主动与资金规模大且支出进度慢的单位座谈，了解支付进度慢的原因，对涉及支付流程的问题，第一时间研究解决，对涉及多部门协调的问题，积极主动协调配合。

二、分解支出任务，落实支出进度

深圳市财政部门主动对接，逐项分解支出任务，逐项落实重点单位、重点项目支出进度。部门预算支出方面，督促各部门预算单位认真梳理并加快项目支出，逐项分解，要求各单位落实到具体处室和人员，并提出完成时限。专项资金支出方面，要求支出计划已经批准的加快拨付。基建支出方面，进一步提高审批效率，推动项目早日落地开工；各项目建设单位在项目完成后，及时做好项目尾款拨付工作；财政部门会同有关部门，对年度基建项目支出情况进行清理，对有条件推动的项目加快推动。

三、建立预算执行定期通报机制

深圳市财政部门按月通报各预算单位部门预算、承担分配任务的专项资金支出进度以及各区（新区）预算支出进度情况，对支出进度进行排名，并将通报情况抄送市政府及各分管市领导，定期在市政府常务会议上通报。连续两个月排名后五位的单位或排名后两位的区（新区），市财政部门进行约谈，并将约谈情况报市政府。

四、加强财政统筹，建立预算执行动态调整机制

深圳市财政部门印发《关于切实加快财政支出进度的紧急通知》，跟踪统计年度预算执行情况，对年底仍未启动或预计年内无法形成有效支出的项目，及时研究统筹使用，按程序调整用于其他急需资金支持的项目。2015 年 8 月至 12 月，深圳市公共财政支出进度在财政部支出进度考核中连续 4 个月排名第 1 位，全年与 GDP 核算直接相关的八项财政支出增长 23%以上。

（深圳市财政委员会供稿，宋春平执笔）

提高质量　均衡发展医疗卫生事业

2015 年深圳市第六次党代会明确提出，深化医药卫生体制改革，建立更高质量的医疗服务体系，让群众享有更高水平的医疗服务。为实现这一目标，市财政委员会以问题、需求与结果为导向，为解决深圳市医疗卫生事业发展中存在的医疗资源总量不足、分布不均、整体诊疗水平不高、内部运行机制不完善、财政投入绩效不明显等问题，开展医疗卫生财政保障工作。

一、坚持加大投入力度与转变投入方式并重，提高资金使用绩效

一是进一步提高公立医院运营初期、开办费、基本医疗服务补助标准，建立动态调整机制，提高财政预算的统筹能力。在现行补助政策基础上，依托市医管中心 DRGs 分组器等信息系统，科学调整医院基本医疗服务补助核定机制。二是优化存量资金结构，将医院疑难重病诊治及手术等级作为核定补助资金的重要因素，降低并逐步取消市属医院普通门诊服务补助、提高住院服务补助标准，引导医院与社康中心合理分工、错位发展。三是完善预算管理，建立精细化财务管理体系。将会计核算、成本核算、资产配置、医疗行为等纳入预算管理，建立科学预算指标体系，实现医院全面预算管理，并充分利用医院信息化系统，建立医院全成本精细化管理体系，完善医院科室成本、项目成本和病种成本核算，逐步实现运营成本和医疗费用的有效控制。四是探索建立由市医改办牵头或委托第三方的财政资金绩效评估机制，为政策制定调整提供可靠依据。

二、加强预算规划衔接，增加供给优化布局

一是实施财政中期规划管理，统筹考虑财政承受能力、人口结构变化、资金投入需求等因素，会同主管部门建立医疗卫生中长期重大事项科学论证机制，进一步增强卫生投入政策的预见性、连续性和稳定性。二是进一步完善区域医疗卫生规划，特别是在原特区外，规划新建大医院；对新建医院原则上引进社会资本办医，推进公立医院产权制度改革；鼓励各级各类医院间进行合作、托管、重组。同时，鼓励公立医院的医学影像、检验、病理等医技辅助科室与社会资本合作，建立独立法人的医学检验、医学影像诊断中心，面向全社会医疗机构提供医疗技术支撑服务。

三、多措并举招医引智，支撑长期可持续发展

一是引进国际一流大学医学院，与深圳市医院或相关企业开展全方位、多层次的深度合作，建设深圳国际特色医院。二是充分发挥市场作用，调动社会办医积极性，吸引优质资源，建成集诊断治疗、检验检查、药事服务于一体，具有一定国际、国内影响的深圳特色诊疗中心，向市民提供专科特色和高端医疗服务。三是鼓励深圳市医院引才积极性，对各级各类医院引进的符合深圳市医院产业支持导向的高端人才，按照政府人才专项资金普惠、用人单位个性化

补充和经费自筹的原则予以支持。四是对存量医疗人才以“三名工程”和“鹏程计划”为依托，加大培养提升力度，特别是加大临床医生的培养力度，在评估深圳市医学重点学科实施绩效的基础上，集中财力物力重点加大对国家、省重点学科、优势学科的支持力度，鼓励各级各类学科升级、增质、提效。五是积极开展医师多点执业，促进人才流动，建立各级各类医疗机构高层次卫生人才合理流动机制，鼓励医疗卫生人才向基层社康流动。六是加大基础医学人员的引进、培养力度，建立全科医师、住院医师规范化培训学员生活补助标准动态调整机制，提高待遇水平，吸引基础医学人才来深圳市就业。

四、提升基层医疗卫生机构服务水平，加快构建“基层首诊、双向转诊、急慢分治、上下联动”的分级诊疗机制

一是探索建立财政补助分级管理制度，提高三级综合医院住院、急症服务和专科门诊补助标准，降低并逐步取消普通门诊补助，提高社康中心基本医疗服务补助标准，引导举办医院人财物等资源主动向社康中心倾斜。二是加强社区医务人员队伍建设，为“强基层”提供人才支撑，财政全额保障全科医师规范化培训经费。三是完善薪酬分配制度，在绩效工资分配上向社区医务人员倾斜，保障社区医务人员薪酬待遇不低于全市公立医院医务人员平均水平，财政通过提高基本公共卫生服务补助标准单列补助。四是推动专家进社区，专家派驻社康中心工作期间，市、区财政分别按市属医院、辖区公立医院副高以上医师平均薪酬水平，向派驻专家所在单位安排专项补助，促进优质医疗资源下沉。五是推进“网络医院”服务和院内疾病治疗并举。形成以疾病分类管理为目标、临床专家为核心，网络平台为依托，社康中心（健康小屋）为延伸的大医院、社区基层、居民的三级服务体系，指导病人合理化就医，实现对病人全程医疗保健服务。

五、建立全市卫生信息共享平台，打通信息“孤岛”

以监管软件、质量控制软件和绩效管理软件为支撑，抓紧建立全市卫生信息交换平台。一是坚持顶层设计，打破市区、院院、条块间的壁垒，实现全市所有医疗卫生机构信息互联互通共享，减少重复检查和用药。二是开展区域医联双向转诊与查房，整合社康中心与举办医院共享检查检验等医疗资源，推进检查检验结果互认，保持双向转诊通道顺畅有效。三是实现政府与监管部门实时动态提取数据，为财政补助、质量监管、行业发展改革等提供决策依据。

六、营造公平竞争环境，促进多元办医发展

一是拓展社会办医发展空间。全面放开医疗服务市场，将社会办医纳入全市规划，按照一定比例为社会办医预留床位和大型设备等资源配置空间，在符合规划总量和结构的前提下，取消对社会办医疗机构的数量、等级、床位规模、选址距离和大型医疗设备配置限制。对涉及新增或调整医疗资源的，优先支持由社会力量举办和运营医疗机构。鼓励社会办医疗机构与公立医院形成竞争态势，倒逼公立医院进行办医体制和运行机制的改革，促进公立医院减员增效和改善服务。二是政策补助平等对待。根据国务院办公厅《关于促进社会办医加快发展的若干政策措施》，结合调研过程中社会办医疗机构提出的诉求，将提供基本医疗卫生服务的社会办社康中心纳入政府补助范围，执行与公办社康中心同等补助政策（每年约需4 000万元），即基本公共卫生服务、基本医疗服务、业务用房保障、全科医师规范化培训等。同时，对符合条件的社会办三级医院，及时、足额兑现深府函〔2013〕217号文件规定的床位补助、等级评定奖励等财政扶持政策。

（深圳市财政委员会供稿，林成练执笔）

珠海市

预算联审打造零基预算3.0版　推进预算管理改革

针对预算执行长期偏慢，“懒政”行为常态化；资金结转日趋庞大，闲置“沉睡”效益低；部门强化既得利益，收支矛盾难化解三大预算管理“顽疾”，2015年9月，珠海市人民政府印发《珠海市市本级财政零基预算改革实施方案》，标志着珠海市零基预算改革正式拉开序幕。珠海市财政局作为财政预算编审的主管部门，具体组织实施此项改革，并通过创新零基预算编审方式和强化零基预算执行考核为抓手，确保此项改革有实招、出实效，开创预算管理新局面，取得预期效果。

一、主要措施

珠海市开启的零基预算改革3.0，在编审手段上彻底改变原来做法，采取全新的编审方式，主要有以下四个

创新点。

（一）现场评议直面“交锋”，项目立项必须说清讲明

2016年珠海部门预算审核首次采用现场联审形式，由财政局组织的联审专家小组与预算单位答辩团队“面对面”评议单位申报的所有预算项目。联审小组成员由社会财经和工程专家、人大代表、人大财经委委员、政协经济委委员、审计局专业人员以及财政局业务代表共10多人组成。联审小组成员作为项目评判的第三方，根据单位申报的项目情况及与财政主管科室先期了解沟通的情况，独立、客观地发表意见。

本次改革选取珠海市文体旅游局、市卫计局、市安监局、市港口局、市政和林业局5个试点单位开展现场联审。每个参评单位均组成局领导带队、各业务科室负责人参加的部门预算审核答辩团队，对专家组成员提出的问题进行解释、说明。5个联审单位共有164个申报项目进行现场评议，在评审现场，专家针对问题，提出“单价偏高、租金太贵、重复要钱；这些要删除、这些要核减、这些要再议”的现场意见。面对专家的质询和意见，预算单位对有些项目则据理力争，自辨合理；对确有问题项目则心服口服。开创性的部门预算审议方式让人耳目一新，让审、辨双方的意见得到充分交流，预算项目立项与否的必要性和合理性在现场得到充分论证。

（二）预算项目“四性”审核，体现预算改革核心要求

按照国务院关于“要改进年度预算控制方式，一般公共预算审核的重点由平衡状态、赤字规模向支出预算和政策拓展”的改革要求，珠海市零基预算改革现场评审阶段，主要围绕必要性、合理性、匹配性、效益性（以下简称四性）来进行。

珠海市财政局设计统一格式的《项目申报表》，将项目“四性”审核要求体现在申报表中，以便于现场参阅评审。在联审现场，这些审核要求都得到落实。专家组就认为，卫计局申报的“小学学校休息区健康主题张贴标语《贝壳》”1 243元/个的单价偏高，港口管理局申报的“港口企业作业人员安全生产培训场地租赁费”2.5万元/次的租金偏贵，安监局在申报的“执法、应急值守和处置补助经费26万元”中安排“食材加工费”8.4万元开支不符合预算管理规定等；文体旅游局申报的60个项目中，近30个项目遭到专家组的连番追问。

为落实匹配性要求，对市政府投资计划的年度资金安排方式做重大改进。由于工程款平时是按完工进度的80%预拨，以及付款申请审批流程需要一段时间，从而造成工程完工进度与资金实际支付进度并不一致。在与市发改局进行沟通协调后，将以前按照工程完工量安排资金预算的做法，改为按照当年实际要支付的资金量安排预算。仅此项管理改革就为2016年的预算安排减轻37亿元的资金压力，避免出现与往年一样因工程支出进度慢造成大量资金闲置沉淀现象（2016年市本级政府投资计划工程量总额98亿元，按照原来管理模式需足额安排预算98亿元，但按新的管理模式只需安排预算61亿元）。

（三）媒体记者现场直播，预算评审过程全面公开

珠海市财政局在预算信息公开方面不断探索，在公开范围、公开内容、公开格式和公开平台等方面都不断完善。根据清华大学公共经济、金融与治理研究中心财政透明度课题组发布的《2015年中国市级政府财政透明度研究报告》，珠海市排在全国294个地级及以上城市的第五位，仅次于北京、广州、上海和天津。珠海零基预算改革创新的现场联审管理模式，为发挥更高层面的社会监督作用、进一步提高预算决策的透明度和科学性提供良好契机。

2015年10月14－15日，受珠海市财政局的邀请，《珠海特区报》、《南方日报》、《南方都市报》记者全程参加珠海市本级2016年部门预算现场联审会，对现场评审情况进行详细的报道。《珠海特区报》以《零基预算堵住突击花钱》作标题进行专栏报道；《南方都市报》以《首场预算联审专家“咬”得真细》、《信息化建设重复“要钱”弹性大》、《预算拉锯战》作标题，三天三个整版文字“直播”；《南方日报》以《珠海首次联审部门预算　让“钱袋子”更阳光化》、《零基预算改革明年实行，具体怎么改?》作标题进行整版报道。《南方周末》记者对改革牵头单位负责人进行专访，并发表《“零基预算”珠海试验　政府钱袋子每年归零》的专题采访报道。

通过新闻媒体的深度报道，让社会公众初步了解零基预算改革的内涵和实质，更重要的是，预算公开实现从“结果公开”到“过程公开”，让预算决策更加透明、科学，预算公开的实质和层次得到进一步提升。

（四）健全事中事后考核机制，确保零基预算有效执行

珠海市在推动部门预算编制改革的同时，也配套制定部门预算执行考核机制，以此反过来强化对零基预算编制成果的贯彻执行。

一是建立预算执行通报制度。每月按照专项支出进度快慢对所有单位进行排名并将进行通报，同时对排名倒数靠后的单位，由市财政局或市政府进行约谈，以此加强对单位预算的执行监督，提高预算单位执行主体的责任意识。2015年5月，市政府首次对市政务管理局、市教育局等10个单位进行约谈。

二是建立预算管理效能考评机制。由市编办将各单位的预算支出完成率作为年度考核指标之一，纳入政府部门年度责任白皮书进行考核，在总分值100分中占8分。在2015年度的实绩考核中，纳入部门年度责任白皮书考核的24个政府部门中，23个部门被不同程度扣分，只有一个部门得满分。

二、主要成效

（一）打破预算只增不减传统，提升财政统筹分配能力

经过现场联审和内部联审，全部234个市直预算单位2016年预算项目申报数由58.66亿元核减为42.3亿元，共核减16.36亿元，核减率达到27.9%；专项支出规模比2015年年初预算减少10亿元，下降20%。其中，5个参加现场联审改革试点的单位共申报164个项目，金额合计1.51亿元，经过专家组联审后核减0.2亿元，核减率为13.01%。对核减出来的财力，由财政统筹安排用于增加对创新驱动战略和基本公共服务均等化的投入。

（二）牢记取之于民用之于民，促进预算安排更贴民意

财政的本质属性是公共性，财政

收入取之于民，也应该用之于民。珠海市财政局开展部门预算现场联审，让社会各方专家、人大代表、新闻媒体等社会监督力量以及市人大、政协、审计等行政监督力量提前参与到预算的决策过程并发挥主导作用，增强理财的民主性，使得部门预算的制定更加贴近民意，更符合社会需求。

（三）革新部门预算编制理念，提高绩效预算管理水平

珠海市零基预算改革，不但财政部门自身感受到改革带来的管理压力，参与现场联审的五个试点部门更是感受到极大的观念冲击，同时也让没有参与现场联审的其他预算单位感觉到零基预算改革的内容和效果。促使相关部门对专项认真、透彻研究，积极学习，进一步提高珠海各部门的预算管理水平。

（珠海市财政局供稿，陈文院执笔）

汕头市

积极探索PPP模式运用

汕头市高度重视政府和社会资本合作（PPP）模式的推广运用，将其作为加快汕头振兴发展、推进新型城镇化建设的重要推力。通过PPP模式运用，既拓宽了城市建设发展资金渠道，又提升了城市管理运营水平，为实现了跨越式发展赢得先机。

一、积极探索PPP模式运用，充分发挥民资民力丰富优势，引导社会资本进入公共服务领域

汕头作为老地级市和人口大市，基本公共服务保障责任和压力大，财政负担重，有限的财政收入在保工资、保运转、保民生之余，再无多少财力可支持城市建设发展。另一方面，经过30多年的发展累积，汕头民资基础雄厚，民营经济异常活跃，民间投资占全社会固定资产投资比重达到70%以上，成为汕头经济发展的强大内生动力和重要支撑。巨量的民间资本如果找不到好的出路，就很容易流失。在这种背景下，汕头立足民资民力丰富优势，积极探索运用PPP模式，打通民资进入基础设施和提供公共服务领域。如2000年开办的金园实验中学，2006年开办、按金园实验中学模式办学的龙湖实验中学，两所“国有民办”学校，政府不负责学校正常运转所需资金，包括办公经费、教师工资等，由学校自筹资金，政府按学生人数给予一定的教育经费补助，同时运用价格调控手段支持办学。两所学校办学多年来，先后被授予“广东省首届十佳民办学校”、“中国百佳中学”等荣誉称号，取得良好的社会效益。又如汕头龙珠水质净化厂，由社会资本投入、建设和运营，市区排放污水的单位和个人须缴纳城市污水处理费，由政府统一收取后按污水处理量向水质净化厂付费。这种市场化运营模式，既减轻财政投资压力，又加快污水处理项目建设步伐，实现政府和投资商“双赢”。对政府而言，既可以推进投融资改革创新，又缓解筹集巨额建设资金的压力；对民资来说，可以降低参与公共领域项目的门槛，拓宽社会资本发展空间，进一步激发非公有制经济的活力。对社会来讲，通过“让专业的人做专业的事”，提高公共产品供给效率。

二、创新一体化建设模式，推进城市扩容提质，东海岸“沧海变新城”

东海岸新城是汕头市政府与中国交通建设股份有限公司进行战略合作的大型城市综合开发项目，预计总投资200亿元，目前已累计完成投资120亿元，建成后将为汕头城市增加1%陆域面积，带来超过30万的居住和就业人口，为城市创造GDP达300亿元以上。该项目于2011年5月由汕头市政府与中国交建正式签订投资建设合同，中国交建投资投入项目建设资金，按要求实施工程勘测、设计、建立、施工、采购以及项目管理等工作。市政府则主要负责项目规划、协调、服务及监管，协助完善项目前期手续报批等工作。按照《合同》约定，投资建设形成的土地收益由双方共享。这种新的“政企合作”方式既不同于常规的BT模式，也不是BOT合作模式，实质上就是PPP模式。项目启动建设后，中国交建充分发挥大型央企优势，首次在一个项目集齐旗下二航、三航、四航、广航、天航六大子公司，组建14个分部分别实施新津、新溪、塔岗围三个片区的水利和市政施工，并且在投融资、项目管理、规划设计、围海造地、桥梁建设等方面实现优势互补、强强联合。2011—2015年，中国交建在汕头水利工程全面完成，20平方千米吹填陆域、25千米防洪潮海堤及防护结构、三个片区的内河涌及7座泵闸站完成施工；新津片区的中山东路、新津河大桥、外砂河大桥等市政道路已实现全线贯通，滨海大道、莱芜大桥全速推进中，截至目前，东海岸新城板块已累计出让

土地7宗，面积1 265亩，土地价款68亿元。

三、构建新型公私合作（PPP）关系，提升目标城市功能规模和资源价值，探索新型城镇化建设

2010年签约的中信滨海新城项目是中信集团与汕头市政府通过战略合作、构建创新的PPP模式，联袂打造的广东省新型城镇化标杆项目。项目合作周期为25年，开发建设内容包括过海隧道、土地整理，市政道路等基础设施以及学校、医院、公园、酒店、商业等高端城市公共服务配套建设。同时，中信集团发挥央企社会责任、强大品牌辐射效应、综合金融服务优势、高效产业资源整合能力，为地方承担起招商引资、产业引进、品牌塑造和环境综合整治重任。

（一）构建新型PPP政企合作关系

中信地产和汕头市人民政府通过认真的研究，决定引入和建立创新型的公私合作（PPP）模式，明确双方在推进新型城镇化过程中的角色分工，通过建立“政府引导、市场主导”的新型政企合作模式，确保按照新型城镇化战略的要求推进项目建设。双方在中信滨海新城的开发建设过程中，按照中信城市运营商业模式，按照分工合作、优势互补、收益共享、风险共担的合作原则，共同打造汕头市新型城镇化建设的样板。

（二）“多规合一”，奠定中信滨海新城可持续发展基础

在过去的城镇化过程中，国内各城市的社会经济发展规划、产业规划、城市总规，土规，区域控规和修详规等编制权分散、规划层级不一甚至存在冲突等，给城市发展带来许多负面的影响。中信滨海新城项目在规划编制过程中，按照新型城镇化战略集约、智能、绿色、低碳的要求，以产业、生态、交通、文化和人居“五位一体”为目标，积极探索城市规划的“多规合一”，复合应用“MICE、RBD、TOD”等国际领先的规划理念，力图以科学的城市规划为城市的可持续发展奠定基础。

（三）金融创新，提供中信滨海新城项目建设动力

中信滨海新城项目充分依托中信集团的金融优势，通过政府与企业共同构建公私合作（PPP）模式等方式，通过与集团内部金融机构以及中国农业发展银行等集团外部金融机构建立战略合作伙伴关系，充分运用国家政策性贷款、商业银行贷款、信托、基金、债券等金融工具，引导社会资金进入城镇化的公共设施和土地整理领域，形成多元化的项目融资渠道，实现根据项目建设内容匹配相适应的融资方式，降低融资成本，提升资本运作效率，为新城城镇化融资模式创新做出有价值的重要探索。

中信滨海新城项目在大型公共基础设施运营方面做出重要的探索。在隧道建成后的运营管理方面，通过法律形式组建汕头海湾隧道运营基金，创新由受益方间接付费模式用于隧道建成后的运营管理。在潮汕历史文化博览中心运营管理方面，积极研究组建潮汕历史文化公益基金，创新城市大型公共设施的运营管理模式。

（四）产业运作，保障中信滨海新城可持续发展

中信滨海新城项目超越传统房地产二级开发和单纯的城市基础设施建设，涵盖居住、商务办公、旅游、养老、文化等多元城市业态以及基础设施、公共服务等城市级公共产品的投资和运营，依托中信集团横跨五十多个行业的多行业布局优势和业务协同优势，通过政企双方分工合作，共同对多种产业资源进行有效整合，并以市场为导向进行城市资源重新配置以及城市价值再创造，推动项目区域产业升级，推动项目区域的经济社会可持续发展，从而达到满足政府、市场和城市公众的绿色可持续发展的共同要求。例如在养老产业方面，中信滨海新城将结合华侨经济文化试验区政策，按照国家和地方对养老产业的相关政策精神，认真探索和推动PPP模式下养老产业运作模式。

（汕头市财政局供稿，张开达执笔）

佛山市

搭建“一体化”财政综合管理平台　促进财政管理科学化　规范化　精细化

2015年8月15日，《中国财经报》第5011期在头版头条，以《向“一体化”要效益——广东省佛山市公共财

政综合管理平台建设纪实》为题，报道佛山公共财政综合管理平台的建设情况。2013－2015年，佛山市财政局着力将财政管理改革与先进技术创新相融合，建设具财政数据集中、统一对接、资源分享的“一体化”财政综合管理平台，作为全面推进佛山财政综合管理改革、加快建设现代财政制度的重要举措。通过构建“一体化”的财政信息化管理平台，用数据促进管理、推动创新，实现财政管理更规范、决策更科学、运作更高效、过程更透明、监督更到位、资金更安全、群众更满意。逐步转变从财政部门到预算单位的财政财务管理理念，为财政管理和服务水平提升提供坚实的技术支撑。

一、整合财政业务、信息资源，实现财政管理“一体化”

佛山公共财政综合管理平台有效地整合部门预算、指标管理、预算拨款、用款计划、国库集中收付、公务卡、财政总预算会计、非税收入征收、行政资产管理等多个独立财政业务信息系统，形成财政“一体化”综合管理系统。

一是实现财政业务管理一体化。管理平台适应政府财政管理现代化要求，贯通预算编制、预算执行、总会计核算三大业务环节，涵盖财政监督检查、绩效评价、政策法规等各项财政业务，使各项财政基础业务统一至同一平台，进行有机整合，确保财政基础业务流程统一、完整，打破部门壁垒，便于财政部门、各预算单位、各社会机构落实财政业务工作。

二是实现财政信息数据一体化。管理平台建立起与各部门之间的电子信息化联系，实现电子信息传输和所有信息共享，并通过国库集中支付电子化改革，把财政业务单据的整个生命周期纳入系统管理，指标数据、资金数据和业务数据都集中到电子凭证这个载体上，实现业务生产系统的整合。以规范、统一的财政业务数据仓库为基础，通过基础数据库、项目库的应用，全面实现财政业务信息的整合，打破信息孤岛。

推进财政管理一体化，有利于财政业务系统数据信息的共享和利用，促使预算编制由简单、粗放式向标准统一、项目细化的部门综合预算管理转变，促使资金缴拨由分散收付向集中收付转变，促使财政数据管理由单机储存向集中式大型数据库系统管理转变，促使理财观念由“重分配、轻监管”向“合理分配、严密监管”转变。

二、完善财政工作运行机制，推动财政管理“规范化”

佛山公共财政综合管理平台的建设，是佛山市财政工作运行机制优化完善的重要契机。通过对财政政策法规、业务流程的梳理，以及财政监督管理等系统的应用，提高财政“规范化”管理水平。

（一）实现财政业务流程标准化

一方面，根据政策法规和业务实际情况，对各项财政管理业务流程进行梳理和再造，删减重复审批的环节，完善缺乏审批监督的环节；另一方面明确各环节责任主体和岗位职责，应用管理平台设定不同账户权限，对各岗位资金审批权力进行限制，规范各项财政业务运作。

（二）实现财政资金运行规范化

财政监督管理系统能够对财政资金的事前、事中、事后实施全过程监督，通过利用平台标准载体和数据集中管理的优势，建立财政资金监督模型，逐步实现系统自动检查，及时发现并纠正违规用款，保证财政资金按规定用途使用，不断提高预算执行管理的效率和监控水平，确保财政资金运作规范安全。

（三）实现财政管理制度化

结合管理平台的建设和应用，一方面对已有的财政政策法规、管理规章制度进行梳理，利用平台运作采集所得数据，为各项财政管理规章制度的修订和完善提供反馈信息；另一方面，根据财政管理和平台运作的要求，制定国库支付电子化管理等平台日常管理的相关制度、办法、规程，规范管理平台日常运作。

（四）提高财政资金安全性

充分运用综合管理平台实行国库集中支付电子化改革，在业务上实现链条式管理，在技术上引入安全支撑控件，建立更科学的信任体系，从根本上实现财政支出数据的唯一性、完整性、防抵赖和防篡改。同时，大量工作由计算机控制并完成，减少了人工干预，也降低了故意违规的风险，进一步保障财政资金安全。

（五）推进廉政风险科技防控

根据佛山市委、市政府关于建设廉政风险科技防控平台、打造“信息纪检”的决策部署，佛山市财政局以公共财政综合管理平台为载体，以预算执行动态监控为基础，开发建成廉政风险科技防控平台，实现对财政资金运行全过程廉政风险点的实时防控，进一步提高财政资金的安全性。

三、提高财政资金管理效益，促进财政管理“科学化”

佛山公共财政综合管理平台使佛山市各项财政资金的投入和效益更加透明，结合绩效管理系统和财政决策分析系统的应用，对预算编制、执行的全过程实施绩效管理，提升市财政“科学化”管理水平。

（一）提升财政管理决策分析水平

应用财政决策分析系统（一期），能综合反映各预算单位、项目预算的完成状况，实现全市财政收支趋势变化等功能，强化财政运行信息反馈和分析能力，辅助领导科学决策，使财政资金使用更精确、细致、深入、高效。

（二）提高财政管理工作效率

结合管理平台建设和财政业务流程梳理，对内设机构职能进行调整与再分配，减少财政业务审批层次，实施扁平化管理，促进财政管理工作规范、高效。

（三）强化项目预算绩效管理

依托公共财政综合管理平台，建立起绩效目标申报、绩效事中跟踪和绩效事后评价为主线的绩效管理体系。通过绩效管理系统对未完成预定计划的项目预算单位自动发出预警，单位自行跟踪项目季度绩效目标完成情况，同时对绩效支出情况较不理想的项目进行财政重点监控，实现对项目预算支出的科学管理。

四、优化财政管理服务，提升财政管理“精细化”

佛山公共财政综合管理平台以现代信息技术为支撑，以规范化业务流程和标准化数据为基础，为预算收支、资金分配、项目管理、绩效考评、政策制定、信息公开等财政管理提供精确的数据支持。

（一）提高项目预算编制合理性

通过管理平台，在一般公共预算支出项目的预算编制过程中，开展滚动项目管理，实现项目预算编报与项目绩效填报结合，使预算编制更合理、更精细。

（二）促进财政预算执行透明化

通过管理平台，直接来源于各预算单位每一笔支付交易记录形成的预算执行信息，不仅能够对其进行科学规范地管理，而且借助平台高效的信息采集功能实时体现，提高预算执行信息的完整性、及时性、准确性和公开性，增加预算执行的透明度。

（三）推进财政管理电子化运作

依托综合管理平台实现国库集中支付业务的电子化改造，改变以往半电子、半手工的处理方式，通过取消纸质凭证流转、加盖电子印章、实行电子校验与自动对账，不再需要人工跑单、人工签章与人工核对，既能及时发现问题、保障资金安全，又可大幅提高工作效率、服务能力并降低行政成本，具有明显的经济效益和社会效益。

（佛山市财政局供稿，向德智执笔）

率先实施国库集中支付电子化管理改革

2015年，佛山市成为广东省首个地级市率先实施国库集中支付电子化管理改革（以下简称电子化管理改革）。在改革过程中，佛山市财政局坚持“安全、规范、便捷、高效”的原则，落实“三严”要求，坚持“双实”标准，通过搭建支付电子化安全体系，建立支付电子化管理制度规范，引入动态监控管理机制堵塞资金运行漏洞，既确保了资金运行安全，又实现了财政资金支付效率提高。

一、加强领导，统筹规划

（一）加强组织领导，明确责任分工

2014年12月，省财政厅下发《关于开展国库集中支付电子化管理试点工作的通知》，将佛山市确定为省首批地级市国库集中支付电子化试点单位。按照省财政厅的统一部署，佛山市财政局成立市级国库集中支付电子化管理试点工作领导小组，以财政部门一把手为组长，中国人民银行、商业银行等分管领导为成员，负责国库集中支付电子化管理试点的协调工作、制定工作目标以及确定总体方案。领导小组下设业务小组和技术小组，成员分别由市财政局、市人民银行和代理银行业务人员组成。

（二）坚持管理与技术并重

国库集中支付电子化管理改革既涉及现行管理制度的调整和突破，又涉及业务与技术的协同与融合，还涉及各个部门及预算单位之间的衔接和互通，佛山市财政局及时制定《佛山市本级国库集中支付电子化管理试点工作方案》，按照系统工程的指导思想统领整个管理改革工作，并加强各部门及预算单位之间的衔接和互通，共同推进国库集中支付电子化改革试点工作。

二、落实“三严”要求，确保财政资金运行安全，稳步推进支付电子化改革

（一）严把安全关，构建支付电子化安全体系

1. 建立电子凭证库，确保财政资金在安全、高速的环境下运行。实施电子化管理改革，首要任务是确保财政资金运行的安全性，构建安全支撑体系成为支付电子化改革的核心，即建立标准、规范的电子凭证库。佛山市财政局一是采取切实有效的安全措施部署电子凭证库，以确保财政资金的使用安全；二是完善财政与中国人民银行、代理银行电子凭证传输的安全建设，确保传输数据的安全性，并确保电子凭证信息的完整性和电子凭证信息的机密性。

2. 安全规范部署身份认证系统（CA）和电子印章系统，确保软件基础设施安全。财政业务经办人员登录业务系统办理业务必须通过身份认证系统（CA）进行身份认证，确保支付流程中的任何操作都运行在阳光下。电子印章系统采用电子印章技术，将印章持有人的电子签名认证证书与其管理的实物印章图像有效绑定，按国家安全部门认可的控制规范进行盖章、验章。

3. 系统建立签名服务器、USBKEY（U盾）等PKI/CA基础设施，提高硬件基础设施安全性。签名服务器在各类服务器上进行高速的、多任务并行处理的进行RSA或ECC密码算法运算，能满足系统证书管理和应用数据的签名、验证的要求。

4. 适应支付电子化新要求，再造新工作流程，完善财政内部业务管理安全建设。财政资金安全一直是国库管理工作可持续发展的生命线，也是国库提升服务水平的根本立足点。佛山市财政局国库支付电子化改革在整合预算单位审批流程、财政局内部审批流程等基础上，形成上下衔接、互相制约，可追溯、可问责管理流程。一方面将传统支付模式下各个相对独立分散工作、管理、控制整合成一个

整体；另一方面，查遗补漏，编制更加安全更加有效的财政支付工作管理流程，从而实现“环环相扣、互相牵制、有始有终”的内控机制，确保任何人都无法单独完成财政资金支付。形成财政资金从单位申请→财政审核→支付→支付信息反馈的安全闭环，从而使支付流程中的任何操作都在阳光下运行。

（二）严守规范线，搭建国库集中支付电子化制度管理网络

1. 建章立制，使支付电子化管理有章可循。为规范内控机制，保障财政资金安全、高效运行，佛山市财政局制定一系列电子化支付管理制度、规范。一是联合人民银行佛山市中心支行制定《佛山市本级国库集中支付电子化管理试点工作方案》，明确各参与方财政国库支付电子化管理要求、业务规范、安全监督管理等细则，为实施国库集中支付电子化管理提供业务指南。二是制定《佛山市财政局国库集中支付专用电子印章管理暂行办法》，对电子印章的制作、使用、保管、注销等进行明确规范。三是印发《佛山市财政局关于市级国库集中支付电子化管理有关事项的通知》，提高预算单位风险防范意识，规范电子化支付业务。四是草拟《佛山市财政局国库支付电子化管理应急预案（征求意见稿）》，确保财政国库集中支付电子化管理业务正常开展。五是与财政集中支付代理银行签订支付电子化管理协议，明确双方的责任和义务，规范资金支付行为，保障资金运行安全。

2. 规范支付电子化业务和审核控制机制，提升财政国库支付电子化管理水平。佛山市财政局在国库集中支付电子化业务上线运行前，印发《佛山市财政局关于市级国库集中支付电子化管理有关事项的通知》，明确预算单位CA证书办理、用户权限设置、国库集中支付业务办理流程、账务处理等工作流程。一是明确证书使用责任，各证书持有人需签订责任书。二是CA证书办理和用户权限设置实行专人负责办理和“一把手”批准制。各单位申领CA证书或审批人权限变更时，单位法人需在证书申请表和用户权限设置信息表中签字。明确岗位设置一人一岗，不能串岗；一人一Key，不允许串用。三是重申预算单位支付申请作为财政资金支付的首要环节，各单位必须确保支付信息的真实、合法、合规，并承担因不真实、不合法而引起的付款责任。

（三）严防管理漏洞，动态监控防范财政资金支付风险

佛山市财政局通过一体化财政综合管理平台建设，进一步提升支付电子化信息系统预警能力和分析水平，建立健全财政国库内控制度建设，通过完善动态监控系统建设，实施动态管理，规范预算执行，保证财政资金运行安全。

1. 依托一体化财政综合管理平台，实现全方位实时动态监控。佛山市财政局构建起的一体化综合管理平台，以预算项目库为基础，将预算编制、预算执行、核算决算等各项财政业务系统整合到一个平台上，并将预算执行动态监控管理系统融合到综合管理平台，实现一体化运行。按照预先设定的规则从一体化系统中提取相关信息，最大限度发挥其辅助决策、预警提示、实时监控等功能，促进不同业务部门之间针对资金审核的管理信息共享，最终实现国库集中支付资金事前预警、事中纠错、事后跟踪的全方位监控机制。

2. 科学设置规则，在严格执行国库集中支付管理制度前提下实施支付电子化改革。佛山市财政局在一体化综合管理平台基础上，按照“引导”与“控制”相结合的原则，设置符合实际的动态监控预警规则，突出监控重点，有效控制违规支付的发生。一方面通过红色预警监控规则的设置，控制单位违规行为，达到及时纠偏作用。如对于通过授权支付方式，将资金划转到自有资金账户、上下级单位账户或大额支付等明显违反国库集中支付管理制度的情况，系统将自动提示禁止送审。另一方面，通过黄色、橙色预警监控规则设置，提醒单位重新对部分可疑支付进行核查，若单位强行通过则在监控报告中反映，从而引导预算单位规范资金支付。

三、坚持“双实”标准，扎实推进国库集中支付电子化改革

（一）实事求是

佛山市财政局在支付电子化改革过程中创新财政管理理念，转变财政管理方式，坚持在国库集中支付制度框架下进行改革，避免全盘照搬其他地方的做法。在广泛深入调研的基础上，吸取部分先进地区的经验，制定佛山市本级国库集中支付电子化改革业务方案。

一是对直接支付采取“先支付，后清算”的管理模式，最大限度确保代理银行先支付后清算，确保代理银行支付、财政汇总清算额度和中国人民银行清算三方金额保持一致。

二是授权支付用款额度从原来需要代理银行和中国人民银行确认后才能到账，调整为财政部门批复用款计划后直接生成到账通知单，缩短预算单位用款额度到账时间。

同时，为确保国库集中支付管理相关制度有效实施，授权支付仍然按照原有模式，先下达用款计划，代理银行和人民银行分别以额度来控制授权支付与清算，保证财政资金的运行安全。

（二）讲求实效

讲求实效是实施电子化管理改革的重要指标。佛山市财政局通过实现财政资金拨付电子化管理，达到以资金安全为前提，规范业务运行、提高工作效率、提高国库资金支付管理能力和服务水平的最终目标。2015年，先后实现部分财政专户实拨业务、国库直接支付和授权支付业务，实现财政资金从预算单位—财政部门—代理银行三方之间数据传输无纸化。

1. 提升财政资金安全管理水平。通过实行国库集中支付电子化，在业务上实现链条式管理，在技术上引入安全支撑控件，建立更科学的信任体系，从根本上实现财政支出数据的唯一性、完整性、防抵赖和防篡改。同时，繁重工作由计算机控制并完成，减少了人工干预，也降低了故意违规的风险，进一步保障财政资金安全。

2. 优化业务流程，资金支付便捷、高效。通过优化支付申请审批环节，系统重新设置流程岗位，简化各岗位签章环节，支付流程更紧密、顺畅；采用“电子套章”管理模式制作电子支付专用公章，不制作实物章，从而简化各岗位签章环节，也避免预算单位由于电子化流程业务和纸质流程业务权限设置不同，而造成用章权限设置、实物章保管等管理困难；通过建立附件资料库，实现预算

单位授权支付计划、直接支付申请附件资料的电子化传递，并与支付申请一并上传财政部门，既提高了财政资金审核效率，也保证了财政部门对财政资金支出的管理质量；实施电子化管理后，财政部门和预算单位财务人员直接通过系统查询凭证回单并进行会计核算。

3. 授权支付自助柜面业务系统上线运行，提升预算单位的支付结算效率。授权支付自助柜面业务系统是财政授权支付电子化改革一项创新的支付方式，是代理银行柜面业务的延伸。2015 年 11 月，在预算单位的紧密配合下，市级授权支付自助柜面业务系统顺利上线运行。预算单位办理授权支付业务时，可选择两种模式：一是银行柜面，二是自助柜面系统。如通过自助柜面系统，预算单位可登录财政国库支付系统，将符合规定的授权支付凭证，快速通过财政部门与代理银行的专线，提交至代理银行自助柜面业务系统，然后在代理银行自助柜面业务系统中完成财政资金支付。预算单位财务人员真正实现“足不出户”就能够办理财政资金支付业务。

4. 采用电子方式进行业务对账。实施电子化管理改革，支付数据电子化进一步推行电子对账的方式，改变纸质对账方式下工作量大、对账效率低、存在人为出错风险的情况。

实施电子化管理改革是一项长期任务，也是科学化、规范化、信息化推进财政国库管理制度改革的基本方向。佛山市财政局将继续稳妥推进电子化管理改革进程，积极协调有关部门完成市级国库集中支付资金清算电子化改革，指导区镇财政部门积极开展电子化管理改革试点，积累改革经验，完善内控制度。同时，以电子化管理改革为立足点和突破口，加快推进财政信息化建设，成为强化财政资金安全管理的助推器。

（佛山市财政局供稿，李燕红执笔）

推进“一门式”基层公共服务综合平台建设

党的十八大以来，新一届中央领导集体统筹实施“四个全面”战略，党中央国务院稳步推进政治体制改革，大力转变政府职能，推动简政放权、深化行政审批制度改革。佛山市禅城区委、区政府落实简政放权改革任务，按照“马上就办、办就办好”和“让数据多跑路，让群众少跑路”的要求，以信息化技术为手段，2014 年 3 月，率先在全国探索“一门式”政务服务改革（简称“一门式”改革），具体落实“一口受理、限时办理、透明办理”和“探索将部门分设的办事窗口整合为综合窗口”的任务目标。

“一门式”改革的理念是“把简单带给群众和政府、把复杂留给信息技术”，具体落实“一号申请、一窗受理、一网通办”的目标。改革步骤按照“先易后难”“先自然人后法人”“先镇街（村居）后区级”稳步实施。2015 年 1 月份，自然人“一门式”改革实现事项、行政层级（区、镇街、村居）、地域的全覆盖，2015 年 9 月，法人“一门式”对外服务。建立 24 小时自助服务区、自助办税区、自助填表区，深受群众和企业欢迎。

改革推进以来，受到多方关注，国务院办公厅、中央编办、发改委、民政部、工商总局、国家信息中心等部委领导以及省委、省政府的主要领导前来禅城考察指导。禅城区的做法贯彻落实了“互联网 + 政府服务”的要求，为推进简政放权放管结合职能转变，实现政府治理能力现代化探索出试点样本。在禅城探索的基础上，佛山市已在全市全面推开“一门式”改革，并被广东省作为全省“一门式、一网式”政府服务改革的标准和蓝本，在全省推广实施。国务院印发的《推进“互联网 + 政务服务”开展信息惠民试点实施方案》中也专门肯定了“一门式”改革经验。2015 年 7 月，央视新闻联播和焦点访谈以“打通简政放权的最后一公里”为题介绍了“一门式”改革。改革还获得 2015 全国“创新社会治理”最佳案例。

一、主要做法

禅城“一门式”改革以群众和企业的问题和需求为导向，针对传统政务服务办事难、标准难、共享难和放权难的“四难问题”，充分利用信息技术，建设一窗通办、一个系统通办和一网通办，简化办事流程，创建“一门式”审批服务制度体系，推进部门业务协同，实现信息共享，为群众和企业提供便捷、高效、阳光的政务服务。

（一）“简”至一个窗：集中受理，集成服务

将部门分设的办事窗口整合为综合窗口，实现任一窗口办同样多项业务。不再分设部门窗口，窗口办理人员不再是部门派驻人员。强化人员业务培训，使窗口工作人员由“专科”变“全能”，胜任跨部门、跨专业的业务。赋予窗口部分审批职能，前台直接办理事项达 78 项，增长 1.6 倍。通过综合窗建设，群众等候时间缩短近一半，事项平均审批时间大为缩短，六成以上办理量实现即办。改革后，群众找到一个窗口，就对接了整个政府系统，极大方便了群众办事。

（二）“放”进一个系统：统筹标准，规范管理

以“三单管理”为依据，对所有事项进行梳理和整合，形成前台受理、后台审批和服务流程“三个标准化”，并固化到“一门式”综合信息平台系统，自由裁量空间大幅压缩，实现无差别审批服务。创新信息技术手段，通过跳转、对接等技术，联通社保、计生等国家、省、市 24 个专线系统，强化协同服务，变串联审批为并联审批。制定区域性工作规则，推广使用电子章、电子化材料，减少“公章”

旅行和纸质材料，压缩办事流程，提高服务效率。

（三）“优”在一张网：网上办理，信息共享

利用互联网技术，构建一张立体化服务网络，实现所有服务事项“一网打尽”，做到“一门在基层，服务在网上”。一是与广东省网上办事大厅对接，将虚拟大厅与实体大厅充分结合，推动互联网审批。进驻事项网上办理率达100%，网上办事深度达到三级的服务事项占66.24%。二是开发“禅城一门式”移动终端应用软件和微信公众号，让群众足不出户随时随地享受材料预审、办事预约、办事查询等掌上服务。三是设置24小时自助服务区，为群众和企业提供出入境、户政、消防、车辆等多项便民业务，超过一半的公安事项可自助办理，并探索建立自助办税服务区。

（四）“连”起信息孤岛：创新办事流程，提高服务效率

在保证数据安全的前提下，将部分数据进行内部公开，促进部门信息共享和业务协同。建立统一标准的证明材料、表格样式和范例，探索推行“表单云”和自助填表系统，实现群众和企业表格不用重复填写、材料不用重复提交。目前计生、教育、户籍等基础数据信息已实现共享。收集群众和企业办事沉淀的动态数据，通过清洗、梳理和整合，建立起自然人和法人数据库。以身份证和企业信用代码为识别码，建立“我的空间”，通过数据的交换比对和动态分析，找准群众和企业的个性化需求，为政府科学决策和精准服务提供支撑。同时，强化对群众和企业的“全生命周期”的监管，逐步完善了社会征信体系。

（五）“亮”在阳光下：坚持透明办理，构建阳光政府

建立“一按灵”咨询服务热线，随时随地解答群众和企业疑问。开设“空中一门式”电台节目，通过典型案例和法律法规解读，为群众和企业答疑解惑，该节目收视率排第1位。建立在线监察系统，对审批全过程进行实时监督和考评，监管工作人员审批行为，压缩自由裁量空间，倒逼政府效能提升。同时，建立“一门式”电子印章管理、审批服务系统管理、第三方满意度测评、绩效考核问责等一系列制度，为“一门式”改革提供制度支持。

二、主要成效

（一）从群众和企业办事感受看

一是少跑门了。以镇（街）为例，服务大厅由原来10个精简为1个，减少90%；窗口数量由76个精简为61个，减少20%；一窗可办306个事项，增长3.3倍。二是少费时了。群众办事等候时间由过去的10－15分钟缩短到现在的5－10分钟，等候时间减少一半；即时办事项由30项增加到78项，限时办事项平均办理时间缩短7.5个工作日。三是少带材料了。减少申请材料的事项达70项，共计减少申请材料101份，首期16种材料实现复用。同时，群众还能享受更多的增值服务，如在柜员机自助办事、自助上网办事等，让群众深切感受到从“求人办事”到向“享受服务”转变。

（二）从政府和部门效能看

一是初步打破了行政部门之间的权力分割。倒逼政府进行深层次的审批制度改革，打破原有不同部门审批、部门内部审批的制度设计壁垒，构建起无边界的业务协同。通过部门数据信息互通互认，形成了“前台统一受理、部分直接办理；后台分类处置、部门协同办理；业务流程优化、管理全程监控”的服务运行体系。二是推动了行政审批权力的标准化建设。通过优化申请条件、办理流程，制定审批标准、裁量准则，明确受理办结时间等办法，进一步界定政府部门权力边界，严格限制工作人员自由裁量权，真正实现“无差别审批”。三是提升了政府科学决策管理水平。通过“一门式”服务，把群众办事过程中留下的资料信息沉淀为“大数据”，形成动态、实时、真实的数据库，为政府找到公共服务“公约数”和有针对性的公共服务提供科学依据。如禅城区在制订2015年民生实事计划过程中，确定的残疾人康复就业、失业再就业等事项，就运用了“一门式”服务平台提供的数据。

（三）从基层和社会管理水平看

“一门式”服务平台是个枢纽型综合服务平台，有助于加强政府与群众、企业之间的沟通。政府不仅能够真实、动态、全面地了解办事群众、企业的信息，同时也让群众和企业更好地了解到政府提供的服务。这种双向性的信息交换，使得群众、企业与政府之间的关系，由过去的求助式帮忙转变为互动式共建，不但有利于政府完善公共服务，也畅通了群众、企业表达诉求的渠道，实现了多赢。同时，对群众和企业申请资料情况记录在案，实行审批事项诚信登记，既有助于约束办事群众的行为，也有利于推动社会诚信机制建设，夯实基层治理基础。

禅城区推行的“一门式”政务服务改革是国务院提出规范和改进行政审批的率先探索，是广东“摸着石头过河”精神的地方实践。

（佛山市禅城区财政局、禅城区行政服务中心联合供稿，高治执笔）

韶关市

立足为民服务　保障资金投入
全面提升基层公共服务水平

2015年，乳源瑶族自治县被省财政厅选为全省基层公共服务综合平台建设8个试点县之一，为此，乳源瑶族自治县经过科学谋划，狠抓落实，用不到半年的时间，完成县、镇、村三级基层公共服务综合平台建设工作，并已投入运行。

一、主要做法

（一）“三个到位”确保公共服务平台建设扎实推进

《广东省推进基层公共服务平台建设工作方案》下发后，乳源瑶族自治县县委、县政府高度重视，本着“上级有要求、群众有期盼、政府有责任”的宗旨，把公共服务平台建设作为2015年“书记工程”来抓，主要做到“三个到位”。

1. 思想认识到位。县委、县政府先后召开会议专题研究平台建设工作，在机构设置、人员配备及资金投入上给予重点倾斜。同时召开全县平台建设工作动员大会，全面动员、扎实推进。

2. 组织领导到位。县政府专门成立由县长任组长，常务副县长任常务副组长，县财政局、县行政服务中心、县编办、县信息中心主要领导任副组长的公共服务平台建设工作领导小组，并下设办公室，负责全县公共服务平台建设的总体规划、建设、管理及指导。

3. 工作部署到位。县政府印发《推进基层公共服务平台建设工作方案》，从建设目标、具体任务、时间安排及保障措施等方面做详尽的部署。同时，将各镇、村（社区）公共服务平台建设工作情况纳入科学发展综合考核范畴，定期进行督查和通报，确保公共服务平台建设工作扎实有效推进。

（二）“两项机制”保障公共服务平台建设资金投入

乳源瑶族自治县属粤北山区少数民族自治县，经济相对落后，但为搭建好沟通政府部门与基层群众的这一桥梁，践行好群众路线，真正实现利企惠民，县委、县政府在财政运行极其困难的情况下仍投入6 000多万元用于全县三级公共服务平台建设，建立两项长效运行机制。

1. 建立公共服务平台运行经费保障机制。为确保全县三级公共服务平台建成后能正常运行、有效运行，乳源瑶族自治县将县、镇、村（社区）三级公共服务平台运行经费纳入年初预算予以确保。同时，县财政还整合原有各镇、各部门各自服务平台相关专项资金，全面保障三级公共服务平台的有效运行。

2. 建立公共服务平台财政保障机制。一是按照基本公共服务均等化工作要求，实施县级基本财力保障机制，按照压减专项转移支付、扩大一般性转移支付的要求，提高县级对基本公共服务的保障水平。二是加大对财力薄弱镇的村（社区）财政转移支付力度，提高村（社区）公共服务的保障能力，计划在2015—2017年，分3年逐步将县对困难村（社区）补助标准提高到平均每个村（社区）10万元以上。三是遵循省市补助、县统筹保障的方式，建立以镇政府适当补助为辅、村（社区）自我积累为主的村（社区）经费保障机制，使公共服务平台建得起、用得起、效果好。

（三）“五个统一”规范公共服务平台建设基本标准

在推进公共服务平台建设工作中，乳源瑶族自治县严格按照省市的有关要求，结合工作实际扎实推进，做到固定动作不缺少、自选动作有创新，实现“五个统一”，即“机构人员统一、场所标识统一、流程内容统一、信息系统统一、经费保障统一”。

1. 机构人员统一。县、镇、村（社区）三级公共服务平台全部建设完成并统一挂牌为县公共服务中心、镇公共服务中心及村（社区）公共服务站，同时相应成立组织机构，由县公共服务工作分管领导、镇分管领导和村（社区）主任分别任县、镇及村（社区）公共服务中心（站）主任，9个镇和115个村（社区）还专门各配备1名公共服务专职人员，具体负责服务平台的运作。各平台还严格按照“应进必进、非禁即进”及“三集中三到位”原则，整合本级相关单位人员、职能及事项进驻，确保所有事项均在平台内办理。

2. 场所标识统一。为塑造全县公共服务形象，乳源瑶族自治县还专门在全国范围内开展征集“乳源公共服务”标识。征集完成后，对全县的县、镇、村（社区）所有公共服务平台全部统一使用“乳源公共服务”的标识，并由县公共服务中心统一设计、统一制作、统一建设三级公共服务平台，确保三级公共服务平台形象统一、环境舒适，为广大群众提供优质服务奠定坚实的基础。

3. 流程内容统一。为规范服务事项和服务流程，乳源瑶族自治县对县、镇、村（社区）三级公共服务权责清单及项目清单全部重新进行梳理和确定，并在各级服务平台及网上办事大厅予以公示；统一编制《乳源公共服务办事指南》、办事流程图和服务事项内部运行图，确保所有服务事项办理均有章可循、有矩可遵。

4. 信息系统统一。为确保全县公共服务平台能高效使用和运作，乳源瑶族自治县专门为各服务平台配备电脑、打印机、复印机、身份证读卡器、高清拍摄仪、服务评价器、自助终端机等办公设备，全部铺设光纤至各村（社区）公共服务站，实现县、镇、村（社区）光纤网络全覆盖，确保三级公共服务平台“线上办事大厅”与“线下服务平台”无缝对接。同时，县级各部门公共服务信息系统也已全部对接到县网上办事大厅，基本实现网上信息查询、业务办理、投诉举报等同步受理。

5. 经费保障统一。乳源瑶族自治县把建立服务平台运行经费和财政保障机制作为平台建设的一项重中之重的内容来抓，把各服务平台的运行经费全部纳入县部门年初预算予以保障，同时还建立县财政保障机制，分3年逐步将县对困难村（社区）补助标准提高到平均每个村（社区）10万元以上。

（四）“三项制度”实现公共服务平台建设高效运行

建设是基础，便民是目的，管理是关键。平台的运行管理中，乳源瑶族自治县严格按照省要求的规范标准，县、镇、村（社区）三级公共服务平台，由外到内均制定标准化服务流程，实现“三个规范”。

1. 规范外部办事流程标准。对群众申请的办理事项，由县、镇、村（社区）根据职责和权限，对每一项业务制定标准化的办事流程图，对办理业务需要提供的材料、办理要求、办理时限等要素进行明确，并在相应公共服务平台和网上办事大厅公布，做到一次性告知。

2. 规范办事内控规程标准。对各项业务办理的内控规程，由各单位重新逐一进行梳理、优化和简化，确保每个事项都制定内部运行控制图，包括申请和受理、承办、审核、批准、办结五个环节，对逾期未办结的业务，则建立问责机制，以督促部门办理，提高办事效率。

3. 规范制度考核培训标准。为确保三级公共服务平台的高效运行，乳源瑶族自治县公共服务中心专门设立管理办公室和考核办公室，制定印发公共服务管理实施细则和考核办法，规范业务的管理和考核，同时，规定各公共服务平台的运行经费下拨必须经县公共服务考核办根据每季度的考核结果方能执行。

二、主要成效

（一）改变工作作风，确保服务高效率

乳源瑶族自治县在建设县、镇、村（社区）三级公共服务平台的同时，十分注重对平台运行的规范和作用的发挥，并取得较好的效果：一是三级公共服务平台建成投入使用后，各级各部门干部工作作风有明显的好转，公共服务水平及效率得到显著提高。二是规范化的管理及监督机制，客观上约束“门难进、脸难看、事难办”及“吃、拿、卡、要”现象的发生，工作人员服务态度及工作热情显著得到提高。三是借助现代设备及网络技术，业务办理快捷、精准，办事效率得到提升。县办事大厅办件一站式办理率为100%，网上申报办理率为98.5%，全流程网办率为98.5%；镇村（社区）服务平台一站式办理率为100%，网上申报办理率为70%，全流程网办率为50%；村（社区）级平台一站式办理率为100%，网上申报办理率为70%。

（二）方便群众办事，提升群众满意度

公共服务平台统一集中的办事场所，干净整洁的办事大厅，明晰规范的办理流程，完善顺畅的网络信息系统，热情周到的服务模式及工作态度，带给群众的是心情舒畅、办事快捷的感受。较之以往，群众对公共服务平台的口碑及满意度大幅提升，县、镇村（社区）三级公共服务平台群众满意度均在85%以上。

（三）促进信息共享，助推农村奔小康

通过借助电台、电视台、印制派发公共服务宣传单、编制网办动漫视频等宣传手段，全县公共服务平台的群众知晓度和认可度越来越高。一是确保基层群众共享公共服务信息，既方便群众办事，又满足群众日常生产生活需要。二是推广农技、科普、供销等丰富的知识和信息，群众既拓展视野，更增进了对经济社会的了解和认识，客观上促进基层群众致富创业潮，助推了农村和农户走上脱贫奔康之路。

（四）强化党群联系，夯实农村社会基础

公共服务平台不仅是便民利民、脱贫奔康的平台，更是沟通政府部门与基层群众的桥梁。平台还囊括党建、民政、综治维稳等内容，提升政府信息公开广度和深度，尤其是满足群众对本村（社区）“资金、资产、资源”三资管理的了解和监督，有效地提高“三资管理”的透明度，既增进了党群干群密切关系，又彰显了“为民·阳光·服务”型政府的形象，夯实了党和政府在基层农村的社会基础和执政地位。

（乳源瑶族自治县财政局供稿，马万里执笔）

武广客运专线乐昌东站项目开工建设

为改善投资环境，方便54万乐昌人民的交通出行，乐昌市人民政府于2012年8月24日与武广铁路客运专线

有限责任公司签订合作建站协议。并克服实现资金缺口较大、审批时间较长等困难，于2015年12月30日武广客运专线乐昌东站（以下简称乐昌东站）建设项目正式开工建设，乐昌东站的建成，将使乐昌融入珠三角“一小时经济圈”，成为连接珠三角经济圈和长株潭城市群的重要节点，推进乐昌优化区域竞争力、改善交通环境、加快工业发展、实现振兴发展。

一、乐昌东站建设项目概况

乐昌东站为新建铁路武汉至广州客运专线的新建站房，位于乐昌市长来镇，毗邻乐昌产业转移工业园，距离乐昌市区3千米，车站北距郴州西站82.3千米，南距韶关站44千米。乐昌东站建设总投资约2.5亿元，由乐昌市政府负责全额投资，是全线唯一一个由地方政府全额投资的新建站点，建成后交由武广铁路客运专线有限责任公司运营管理。该车站为线侧平式车站，主体一层，局部为地面三层、地下一层，站房面积4 496平方米，站房建筑总长93米，总宽30.7米，高14.8米。工程建设周期为1年，服务半径辐射粤北、湘南和清远的连（州）阳（山）地区。

二、主要做法

（一）加强组织领导

为确保乐昌东站建设项目的顺利推进，乐昌市政府成立由市长任组长，常务副市长和分管副市长任副组长，市财政局、市发改局、市住建局等政府职能部门主要负责人为成员的武广客运专线乐昌东站建设工作领导小组。同时成立乐昌市铁路投资有限公司，作为乐昌东站建设项目的投资主体，负责乐昌东站的筹备、建设等相关工作。

（二）强化资金保障

乐昌市地处粤北山区，财力十分薄弱，为确保乐昌东站建设项目的顺利推进，乐昌市财政部门想方设法积极筹措资金。

1. 积极盘活财政存量资金。按照上级财政部门关于盘活财政存量资金的工作要求，2015年8月，乐昌市财政部门将2013年及以前年度的结转结余资金收回本级财政，并经乐昌市政府同意，在已收回的财政结余结转资金中安排5 000万元用于乐昌东站建设项目。

2. 积极向金融机构进行融资。积极加强与金融机构的沟通联系，抢抓政策机遇，向政策性银行等金融机构融资，2015年已完成融资的相关前期准备工作，预计可完成融资1.66亿元用于乐昌东站建设项目。

（三）确保工作落实

乐昌市政府将乐昌东站建设项目列入年度重点项目，要求每月报送工作进展情况，建立部门联动机制，定期召开会议，及时解决工作中遇到的困难和问题，确保建设过程中的每一项工作都落到实处，推动乐昌东站建设项目顺利进行。

（乐昌市财政局供稿，胡春陵执笔）

河源市

扎实推进基层公共服务综合平台建设

2015年8月，紫金县被定为全省推进基层公共服务综合平台建设试点县。按照省委、省政府全面创新基层治理、推动公共服务向基层延伸的部署和要求，紫金县于8月20日启动平台建设工作。首先是组团前往开平市和阳山县学习平台建设的成功经验做法，然后切实采取有力措施，加快建设进度。以建设“便民、贴心、阳光、高效”的公共服务平台为目标，努力创新管理体制，强化公共服务中心（站）的运行管理，着力加强人才队伍建设，提高公共服务水平，使公共服务平台真正成为服务群众、服务社会、展示政府形象的服务窗口，切实加快政府职能转变，做到“机构人员统一、场所标识统一、流程内容统一、信息系统统一、经费保障统一”等“五个统一”。仅用5个月时间，集“党务信息、党风廉政、日常生活、就业服务、交通出行、产权流转”等功能于一体的县级公共服务中心和全县16个镇级公共服务中心、271个村级公共服务站全面建成使用，实现基层公共服务全覆盖。进驻县级公共服务中心职能单位40个，服务事项629项，设置服务窗口54个，管理人员18人，窗口工作人员101人；进驻镇级公共服务中心职能单位14个，服务事项131项，设置服务窗口11个，管理人员61人，窗口工作人员207人；进驻村（社区）级公共服务站职能单位14个，服务事项101项，设置服务窗口4个（社区设置服务窗口9个），综合代办员542人。达到“政府主导、整合资源，统一建设、规范运作，信息共享、便民高效”的目标要求。

一、领导重视，保障有力

市委、市政府高度重视，在上级领导、省财政部门关心和支持下，紫金县将基层公共服务综合平台建设作为县委、县政府年度重点工作，并纳入各镇、各有关部门年度工作考核范围。一是组织到位。县成立由县长任组长，县委常委、组织部长和县政府分管领导任副组长，各相关部门主要负责同志和各镇镇长为成员的基层公共服务综合平台建设领导小组，负责全县基层公共服务综合平台的总体规划、建设、管理和指导；各镇也成立相应工作机构，制定相应的实施方案，形成主要领导亲自抓，分管领导具体抓，一级抓一级，层层抓落实的工作格局。二是资金到位。采取“以奖代补”的形式，给予县级和16个镇及271个村（社区）的公共服务中心（站）建设经费共1 842万元（其中软件建设178万元），2016年运行经费预算安排700万元。通过财政预算资金保障，充分调动工作人员的积极性，促进县、镇、村（社区）三级公共服务中心（站）场所的顺利建成，保障基层公共服务综合平台的平稳运行。三是宣传到位。采取编印《工作简报》和通过县政府网站、紫金发布政务微信平台、县电视台等多种渠道进行大力宣传，提高群众对基层公共服务综合平台建设的知晓率。

二、试点先行，稳步推进

在充分调研的基础上，将紫城镇、黄塘镇和紫城镇通惠居委会、横径村、龙鸣村作为试点，印发《紫金县推进基层公共服务综合平台建设试点工作实施方案》，按照“一个加强、两个拓展、三个包干、四个到位、五个当好”的总体工作目标，用一个月时间，完成试点建设工作。在抓好上述5个试点的基础上，及时总结，全力推进，于2015年10月15日在紫城镇召开现场推进会，全县基层公共服务综合平台建设工作全面铺开。

三、科学整合，提高效能

为实现简政放权、便民利民的目标，把基层公共服务平台打造成为群众满意的“一站式”综合服务平台，紫金县坚持顶层设计和科学指导，对平台建设涉及的进驻单位、队伍和审批职能进行整合，切实做到“四应四必”。一是“应进必进”。按照“凡是与经济社会发展和人民群众生产生活密切相关的行政审批和公共服务事项全部进驻”的原则，确定进驻县级公共服务中心的部门单位40个，进驻事项629项；进驻镇级公共服务中心的部门单位14个，进驻事项131项。二是“应合必合”。按照连接畅通、简便高效、信息安全、运行稳定的工作要求，有效整合现有县级文化体育、卫生计生、就业保障、食品药品安全、民政、人口党建等13个公共服务平台和镇级林业站、国土所等16个站（所）的设备、人员、经费等资源，建立集“服务、管理、监督”三位一体的“一站式”公共服务平台，做到应合必合。三是“应优必优”。针对纳入县级公共服务中心的各项业务之间存在职能交叉、重叠，不同审批部门之间要求办证群众反复提供相关信息的情况，对信息系统内营业执照办理、组织机构代码证办理等多项业务进行优化整合，从而避免办事需要在各窗口之间和县、镇、村来回奔走的情况。四是“应放必放”。将123项面向社会直接实施管理的审批事项全部按要求下放到镇、村，切实方便服务基层、企业和群众。

四、搭好平台，务实载体

按照标准，统一制作“县级公共服务中心”、“镇级公共服务中心”、“村级公共服务站”牌子和具有紫金特色的公共服务标识及办事大厅背景内容，县政府派出督导验收小组对全县平台建设情况进行督查验收，确保建设一个，达标一个。同时，围绕加快建设服务型政府这一目标，制定一套集电子政务、公共服务内容管理、县镇村三级服务管理、服务评价、信息共享等一体的软件系统方案，简化办事程序、加强互动交流。县级公共服务中心和16个镇级公共服务中心及271个村级公共服务站均达到标准要求，县、镇、村公共服务实现线上线下无缝对接，群众办事方便、快捷。

五、抓好队伍，强化培训

基层公共服务综合平台的运行，硬件是基础，人员是关键。配足县、镇两级公共服务中心人员编制，着力抓好县、镇、村级服务中心（站）管理人员和业务人员的队伍建设和培训工作。县级公共服务中心配备编制12个，每个镇级公共服务中心配备编制为3－5个，全县县镇两级公共服务中心编制共73个。建立县级公共服务中心18名管理人员，镇级由分管副镇长任主任，村级由村支部书记任主任的县、镇、村三级管理人员队伍。同时全县16个镇和271个村（社区）委会全部设立代办点，配备代办员，做到分管领导、系统管理员、代办员齐全到位，确保有人管事、有人办事。同时，为提高人员业务素质，先后举办20期业务知识培训班，就服务内容、政策依据和程序应用等进行各个层次、不同层面的培训，初步培养一批懂技术、熟业务、会操作的业务员和代办员，各服务点办事效率和服务水平不断提高，基层公共服务综合平台的作用得到充分发挥。

六、建章立制，规范运行

为确保各项工作有序、规范开展，建立健全基层公共服务平台各项规章制度，制定公共服务中心管理办法、基层公共服务平台机构职责、业务操作流程、工作制度等一系列规章制度，规范各个服务中心（站）的工作程序和标准。要求各服务中心（站）都做到“六有，五公开”（“六有”即有服务指南、有办事须知、有简明工作流程图、有制度牌、有办事员岗位牌、有办事登记册；“五公开”即公开服务项目、公开办事程序、公开监督电话、公开办理时限、公开收费依据及标准）。在服务模式上，凡是属于镇一级审批办理的事项（如结婚证、婚育证明等），只要材料齐全、条件具备，服务中心实行“一窗式受理，一站式办结，一条龙服务”，立即予以办理，让群众“进一家门，办多项事”；属于上级主管部门审批办理的事项，村一级发出申请后直接转到镇级公共服务中心或县级公共服务中心办理，限时办结回复，变群众自己跑为干部全程办。同时，开通手机公共服务平台，让农民群众在家门口即可办理事务、反映情况、了解信息、解决困难，变群众上门跑为干部上门办，群众由过去“进机关求人办事”转变为“进站或在家接受服务”，基本做到办事不出村。

（河源市紫金县财政局供稿，杨伟平执笔）

梅州市

把握经济发展新常态 振兴梅县区经济发展

2015年，梅县区财政部门紧紧把握经济发展新常态，积极振兴梅县区经济发展，通过完善财政体制，狠抓财源建设，强化增收节支，依法科学理财，着力保障和改善民生，地方公共财政预算收入实现了新突破，预算运行质量良好。2015年，梅县区财政局被评为全国财政系统先进集体。

梅县区公共财政预算收入在2011年突破10亿元的基础上，2015年又突破20亿元大关，达21.5亿元，是“十一五”期末的2.84倍；税收31.47亿元，是“十一五”期末的2.19倍；本级税收从2010年居全省山区五市30个县（市、区）第3位，上升到2015年居粤东西北74个县（市、区）第2位。

一、坚持稳中求进，稳步增强财政实力

为增强财政支撑和保障经济社会发展的能力，面对异常严峻的收入形势和财政收支矛盾，梅县区财政部门始终把抓收入、增总量摆在更加突出的位置，强化组织协调，狠抓任务落实，坚持稳中求进。2011年梅县区实现历史性的飞跃，区公共财政预算收入突破10亿元大关，成为广东省山区5市30个县第二个登上10亿元台阶的县；2015年，梅县区公共财政预算收入实现21.5亿元，财政收入总量、增量位居梅州之首，在粤东西北74个县（市、区）排名第二。主要做法有：

一是广开财源谋发展。按照区委、区政府的要求，用足用好各项支持企业发展政策，进一步调动全区全员招商的积极性和主动性，强化招商引资工作，不断培育财源。在产业园区方面，畲江产业园深圳有信达保税物流项目、中新集团汽车零部件、现代创业孵化中心以及医院、学校等一批项目正加快建设；水车产业园引进广州富力集团和深圳海王集团强强联手共同投资建设生物谷项目；城东白渡产业园现已有34家企业落户，航鑫科技、博森光电项目首期、BPW（梅州）车轴六期先后投产，一批项目正加快推进；58家电商企业进驻电子商务产业园；企业上市步伐加快，2015年新增上市公司3家，自此全区上市公司已达6家。2015年引进计划投资5 000万元以上招商落地项目43个、计划投资总额240亿元。

二是完善征管体系建设。认真落实财税联席会议制度，建立健全多部门联动机制，会同税务等征收部门，加强分析协调和考核工作，依法加强征管，准确把握征收规律，努力做到应收尽收，多次深入基层调研和组织收入，努力寻找新的突破口和增长点，提高财税收入分析、预测、监控能力和财税征管科学化水平，确保收入目标任务按质按量完成。

三是进一步规范非税收入征收管理。不断创新工作思路和方法，完善和强化各项措施，建立规范的非税收入征管长效机制，加大非税收入统筹力度，完善“收支两条线”管理，完善考核机制和绩效评价制度，严格将应纳入预算管理的非税收入全部足额纳入财政预算，坚持应征尽收，努力提高财政收入质量。

二、讲究用财之效，支持发展主动有为

把好资金使用关，保障基本运行、重点支出和民生支出需要是做好财政工作的基本要求。梅县区财政部门始终把提升民生保障水平作为重要任务，继续加大投入力度，紧紧围绕区委、区政府确定的重点项目，着力推进各项民生事业加快发展。

一是继续实施民生工程。重点关注农村社会保障等惠民政策落实，2015年十件民生实事全部完成，本级财政投入2.7亿元，比2014年增加2.54亿元，让群众得到更多的实惠。十件民生实事分别是提高底线民生保障水平、推进教育公平均衡发展、提高医疗卫生保障水平、提升养老服务水平、优化生态环境、加大保障性住房建设力度、改善城乡居民生产生活条件、完善公共文化体育设施、提高城区交通便民水平和加强公共法律服务。

二是安排足额财政预算配套资金。加强资金监督管理，加快资金拨付进度，保障重点项目建设，加强各成员单位之间协调配合，形成整体合力。2015年，梅县区城市扩容提质步伐加快，新县城中山大学粤东医院、梅县外国语学校建成投入使用，富力集团、喜之郎集团、红星美凯龙、金利来集团、铁汉生态、棕榈园林、龙洲股份等一批国内知名企业集团纷纷落户梅县。在2015年第四届世界客商大会期间，梅县区招商引资项目竣工、签约、动工项目53个，计划总投资292.53亿元。在梅州市“梅兴华丰产业集聚带”的整体规划框架下，梅县区以畲江产业园、水车产业园和城东白渡产业园“三园合一”的思路建设梅县产业聚居区，以装备制造、新型电子、新材料、商贸物流、休闲健康医疗为

主导产业，推动梅县区振兴发展。在交通等基础设施建设方面，境内实施的34个交通基础设施项目建设加快推进，“十二五”五年期间交通建设共投入78.5亿元，是“十一五”总投资的1.1倍。

三是逐年增加民生投入，保障民生支出。把服务民生、提升百姓幸福指数作为出发点、落脚点，公共财政预算支出七成以上用于民生领域，促进社会事业全面发展。五年来，全方位支持教育、文化、医疗卫生、社会保障等涉及民生、惠及民生的各个方面，真正让近60万的梅县区人得到实惠。

投资10.05亿元新建成的外国语学校2015年秋季开始成为梅县区教育事业发展的一大新生力量，在2013年，梅县区实现了创建“广东省教育强县”的目标；在加大文化事业的投入中，梅县区从2012年起建立“文化建设专项资金”，确保了文化事业经费与财政收入同步增长；医疗卫生事业更是亮点纷呈，投资13.5亿元建成中山大学附属第三医院粤东医院，彻底改变了梅县区新县城没有大医院的现状，让百姓能够在家门口享受省城优质医疗服务，该院从2014年10月对外营业以来，已成为梅县区乃至粤闽赣边，落实国家医疗改革、完善公共卫生体系的一个大项目。近五年来，梅县区财政还加大落实城乡居民养老保险等社会保障力度，城乡居民养老保险和医疗保险实现全覆盖，全区8万人从每年600元的养老金提高到了每年1 200元以上。2015年梅县区城镇居民人均可支配收入、农村居民人居可支配收入分别达到20 168元和14 626元。

三、规范理财之法，不断提升资金效益

梅县区财政部门通过规范理财，不断提高资金使用效益。

一是认真贯彻落实新《预算法》。树立全口径预算管理观念，凡财政收支不得游离于预算之外；强化“无预算不支出、无支出不行政”的理念，细化预算编制，增强预算约束；厘清财政部门与预算单位责任关系，切实做到“不越位”、“不缺位”；强化支出责任意识，加快建立事权与支出责任相适应的财政体制；强化法律责任意识，大力推进财政法治建设，不断提升依法行政、依法理财水平。

二是建立健全结转结余资金定期清理机制，做好盘活存量资金工作。2015年梅县区结转结余2年以上（即2013年度以前）的上级转移支付资金共12 382万元，由财政收回统筹使用资金为8 247万元，财政收回后由主管部门继续安排使用资金为4 135万元。财政存量资金规模明显下降，存量资金大幅减少，提高了财政资金使用效率和效益。

三是认真贯彻落实中央“八项规定”和《党政机关厉行节约反对浪费条例》。进一步做好部门预决算和“三公”经费等公开工作，通过强化财政监管，从多个角度、多个层面规范财政资金的使用管理。2015年，梅县区各单位“三公”经费同比下降17.63%。

四是强化财政支出绩效考评。认真贯彻执行《财政支出绩效评价管理暂行办法》、《梅州市财政支出绩效评价实施办法》，积极稳妥推进区级财政专项资金项目第三方绩效评价，加快建立“预算编制有目标、预算执行有监控、预算完成有评价、评价结果有反馈、反馈结果有运用”的预算绩效管理模式。

四、注重精细管理，纵深推进财政改革

坚持用改革的办法化解矛盾、破解难题，全面推进财政管理科学化信息化，健全绩效透明、运行规范、监督有力的财政管理机制，着力提高政策资金效益和理财水平。

一是继续全面推进预算管理制度改革，完善预算管理体制机制，进一步提高预算编制的有效性与合理性。建立健全全面规范、公开透明的预算制度，在预算执行过程中，将日常预算管理工作中形成的措施和要求固化，严格按照年初人代会批准的预算按计划拨付资金，加强预算执行进度分析，强化预算执行管理，加快预算支出进度。

二是继续深化国库改革，切实提高财政资金的监督管理水平。从2006年起实行国库集中支付制度，截至2015年底，梅县区各直属一级预算单位（含二级预算单位）均列入改革范围，乡镇一级预算单位于2015年选取扶大、程江、南口、新城办4个作为试点，剩余15个乡镇将于2016年底全面实行国库集中支付制度。财政专户管理方面，严格规范财政专户开立程序，进一步清理整顿存量财政专户，全面实现财政专户归口管理，强化财政专户资金使用管理。

三是推进公务用车制度改革，配合车改办做好公务用车制度改革取消车辆处置工作，加快建立新型公务用车制度，有效降低行政成本。成效有：随着改革的持续和深入，存量公车持续减少，公车支出大幅降低，公车增量得到有效控制，公车管理更加规范，促进机关节能。

四是继续深入推进国有资产管理、政府采购等改革，进一步增强财政活力。进一步推进和巩固办公用房整改落实工作，着眼长效，逐步完善管理制度，把督查纳入常态工作。严格执行国有资产管理规定，做好资产使用、处置、收益等工作。2015年全年共组织政府采购1 940批次，其中协议采购1 884批次，委托中介代理采购56批次，采购预算12 822.76万元，实际采购12 138.11万元，节约资金684.65万元，节约率5.33%。2016年在全区全面推进电子政府采购交易管理平台推广实施工作，为梅县区提高政府采购信息化水平，进一步加大政府采购信息公开力度，强化政府采购监督管理提供了强有力的技术支撑。

五是规范全区机关事业单位工作人员津贴补贴发放。为理顺机关事业单位工作人员收入分配关系，根据上级关于规范津补贴的要求，规范全区机关事业单位工作人员津贴补贴，规范后由原来的分散发放调整为统筹发放，预防和惩治违规发放津贴补贴行为的发生。

六是积极探索以PPP模式实施建设项目。为加快推进产业园区建设和城市扩容提质，2015年梅县区确定3个项目采用PPP模式实施，包括：畲江园区服务配套项目及梅县区城市扩容提质工程、梅县产业聚集区基础设施建设项目、梅县新城棚户区改造项目和大沙河唇亲水公园二期工程项目。

五、落实“一岗双责”，不断加强作风建设

梅县区财政局领导班子成员严格落实“一岗双责”，积极抓好党风廉政建设工作，把党风廉政建设与财政业务工作一起部署、一起检查、一起落实。同时，积极开展机关作风评议活

动，以解决制约财政发展和损害群众利益的突出问题作为行风评议的主线，以人民群众满意为标准，以社会各界的广泛参与为基础，完善工作措施，提升工作质量，作风建设不断加强。2015年机关作风评议工作获得梅县区第一名。

（梅州市梅县区财政局供稿，李婧纯执笔）

惠州市

依托资产管理信息系统 进一步提升行政事业国有资产管理

惠州市在2013年全面完成市直和各县（区）行政事业单位的资产管理信息系统推广使用工作，到2015年又依托资产管理信息化建设，实现财政部门对行政事业单位购建、使用、处置资产的全过程动态监管，为资产管理与预算管理相结合提供数据支撑，进一步提升了财政资产管理效率和水平。

推行资产管理信息系统之前，部分行政事业单位资产管理意识较淡薄，“重资金轻资产”、“重购置轻管理”的现象较普遍，资产购置、入账管理、资产处置、资产使用管理等内部控制制度较缺失，难以保证资产的安全性和完整性，主要表现为：一是单位资产家底不清。单位资产基础工作较薄弱，资产账册资料不健全，存在“有账无物”、“有物无账”的现象，账实、账账、账卡不符。二是单位资产管理职责不清。财务与物管等部门职责不清，实物管理与资产财务管理“两张皮”，相互脱节。三是单位资产管理制度不全。一些单位没有制定完整系统的资产处置、使用等内部管理制度，不规范行为时有发生。四是部分单位资产使用效率较低，存在闲置浪费现象。五是单位资产普遍存在“前清后乱”情况。尽管组织过多次行政事业单位资产清查，但由于资产管理信息化建设滞后，每次清查之后，单位资产都未能得到长期有效的管理控制，财产真实状况也无法得到准确反映，财政部门无法实现对单位资产的动态监管。六是财政部门资产管理手段单一，资产管理与预算管理脱节。

一、主要做法

通过推广使用资产管理信息系统，实现财政部门对单位资产入库管理、资产处置、资产有偿使用等日常管理事项的信息化动态管理，使资产基础数据得到充分利用和共享，推进资产管理与预算管理相结合，为财政部门预算管理的科学化、精细化提供有效的数据支撑。

（一）依托资产管理信息系统，服务单位部门预算编制，为审核单位资产购置预算提供基础数据

1. 2014年市财政局制定《市直行政单位常用办公自动化设备配置标准》，该标准的制定为单位编制2015年部门预算提供具体依据，市直单位在申报部门预算“一上”时，首次编制《单位资产存量表》和《单位新增资产计划表》，同时要求，资产基础数据必须来源于资产管理信息系统的数据库。财政资产管理部门对单位部门预算填报数据先行核对，为财政各业务科室审定资产预算提供初审意见，进一步提高部门预算编制的科学性、准确性。

2. 为规范市直行政事业单位日常申请的常用办公自动化设备购置行为，市财政局印发《关于加强市直行政事业单位资产购置的管理 推进资产管理与预算管理相结合的意见》及《关于规范市直行政事业单位新购常用办公自动化设备审核流程的函》，要求单位在编制政府采购计划前先向财政资产管理部门提交新购置资产计划审核意见表。财政资产管理部门通过资产管理信息系统，审查单位资产存量数据，依据资产配置标准，提出审核意见，再由财政各支出科室根据资产管理部门的意见进行审定，对超配置标准的购置事项给予否决。

（二）依托资产管理信息系统，实现资产管理事项的网上无纸化审批

资产管理信息系统的建设，确立“财政部门—主管部门—行政事业单位”三级信息化管理平台，通过资产管理信息系统资产管理审批业务的规范化、流程化、网络化，极大地提高了工作效率。市财政局从2014年起对资产报废实现无纸化审批，对资产出售、无偿调拨、有偿使用审批则采取网上办理和纸质文件批复同步进行。2013年市财政通过纸质文件批复的资产处置事项78件；2014年实行无纸化审批的资产处置事项共61件（其中主管部门批复18件），纸质批复事项下降为33件，有偿使用系统和纸质同步审批事项6件；2015年无纸化审批的资产处置事项达到89件（其中主管部门批复25件），纸质批复下降为8件，

有偿使用系统和纸质同步审批事项8件，财政资产管理工作效率显著提高。

单位办理资产处置、有偿使用等资产管理事项时，可以通过资产管理信息系统直接办理申请、审核、审批。以资产报废网上无纸化审批管理为例，单位进入资产管理系统“处置管理”功能，从资产管理信息系统中选取申报的报废资产，系统自动生成处置申请表，同时上传处置申请函、相关批准文件、技术鉴定意见、资产图片等处置附件；主管部门提交审核意见后，财政部门核实申报材料后直接填写审批意见，财政部门可以利用处置附件材料作为财政公文办公系统办文上传的附件信息；单位在财政部门批复后，可将处置申请表打印作为账务处理的附件依据。

（三）依托资产管理信息系统，实现日常资产管理事项的网上办理

1. 2014年开展事业单位及其所办企业产权登记工作，完成事业单位及其所办企业产权登记（占有登记）及产权登记证的发放工作，并于2015年开展产权年度检查登记，所有产权登记数据的单位填报、主管部门审核、财政部门审定及打印产权登记证等业务都通过行政事业资产管理信息系统办理。

2. 2013年9月至2015年12月，在全市范围内开展党政机关办公用房清理整改工作。为进一步规范办公用房的使用、管理，进行办公用房管理信息登记录入资产管理信息系统，财政部门可以通过资产管理信息系统实现对办公用房具体使用情况进行实时管理。

3. 资产清查功能的上线运行，及时维护资产清查工作成果，防止资产“前清后乱”，解决家底不清的问题。建立真实、完整的资产管理信息系统资产基础数据库，推进资产管理信息化工作。

4. 财政部门充分利用资产管理信息系统的资产统计报告等功能，实现单位在线申报、单位主管部门和财政部门在线审核、汇总、上报。

5. 计划建立资产预警信息系统，对单位资产配置超出规定标准、资产长期闲置或低效运转、资产存量及使用方向发生异常变动、国有资产收益未按规定及时上缴、资产总量与财务决算报告严重不符等情况，及时、自动地提供预警信息。

二、主要成效

一是行政事业资产管理信息化的建设，实现资产动态管理，极大提高了财政部门资产管理的工作效率，促进了财政资产管理与预算管理相结合，可实现资产管理信息系统与财务系统、预算系统、决算系统、政府采购系统、非税收入和绩效系统等的数据对接。同时，资产管理的基础数据也为编制政府综合财务报告等提供有效的数据支撑。

二是随着资产管理信息系统办理日常资产管理工作的常态化，促使各行政事业单位更加重视资产管理，使日常资产管理更加规范。同时，能够强化单位主体责任，促进各单位不断完善自用资产的管理，进一步推进单位内部自用资产管理制度建设。

（惠州市财政局供稿，邹东胜执笔）

汕尾市

加快财政预算支出进度　提高预算执行效率

2015年，汕尾市财政局按照财政部和省财政厅关于加快预算执行进度的各项要求，积极采取措施，加快财政支出进度，财政预算支出执行管理取得成效。2015年全市（不含省直管县，下同）完成一般公共预算支出129亿元；全市完成政府性基金预算支出23亿元；全市回收盘活财政存量资金17.3亿元。根据省财政厅《关于2015年1－12月市县预算支出进度的通报》和《2015年12月全省财政库款情况通报》通报，汕尾市一般公共预算支出执行率为98.4%，排名全省第2位；政府性基金预算支出执行率为105.5%，排名全省第2位，2015年底全市库款保障水平1.4。两项预算支出的执行进度均达到省考核要求，全年库款保障水平得到较好控制，达到省库款压减目标，完成全年支出任务。

一、提高思想认识，加强组织领导

2015年，汕尾市财政局按照“稳增长、调结构、促转型、惠民生、防风险”的总体要求，把加强财政预算执行管理、加快财政支出进度作为财政工作的重中之重，认真落实工作责任。汕尾市财政局坚持每月定期召开局长办公会议，专题研究加快财政支出进度工作，定期召开全市预算执行分析会议和局务会议，听取各县（市、区）财政局和市财政局有关业务科室负责人对加快支出进度采取的措施、工作进度、存在问题的汇报，及时掌握预算支出执行动态，剖析财政预算支出工作中存在的问题，及时研究应对措施和办法。按照“谁分管、谁负责、谁督办”的原则，进一步明确责任分工，将支出责任落实到各县（市、

区）和市财政局各业务科室，明确各县（市、区）财政局长、市财政局各业务科室负责人为预算执行第一责任人，对本地区（科室）预算指标、支出计划等支出事项负全责，切实把财政支出管理责任落实到基层，分解到部门，做到组织上领导有力，工作上严密细致，措施上务实高效。特别是9月2日省政府召开全省财政支出进度集体约谈会后，汕尾市财政局迅速召开全市财政支出进度通报会，及时传达全省财政支出进度集体约谈会精神，深入剖析查摆财政支出进度缓慢、预算执行进度不均衡的问题，加大对各县（市、区）和市级预算单位支出进度的辅导、督促和检查，督促财政支出进度较慢的地区和单位加大预算执行力度，形成财政内部、财政与预算单位之间互通情况、互相促进的支出管理格局。

二、强化预算管理，加快支出进度

（一）加快资金拨付，提高资金拨付效率

牢固树立预算法治意识，把包括新预算法在内的各项财经法规作为政府收支行为和预算管理活动的行为准则，强化预算执行约束力，严控预算调整和调剂，加快预算执行进度，严格按照法定时限拨付资金。一是加快市本级预算批复和资金下达时效。对于市本级预算资金，按照新《预算法》的规定，在人民代表大会批准后20日内向市直各部门批复预算，各部门在接到市财政局批复的本部门预算后15日内向所属各单位批复预算。二是加快市本级对下级政府转移支付的下达时效。市本级对下级政府的一般性转移支付和专项转移支付，分别在人民代表大会批准预算后的30日和60日内正式下达。三是加快上级转移支付资金的下达时效。对于市级转拨上级的资金，已明确到具体项目和单位的转移支付，市级在收到上级文件20日内下达到县（市、区）和市直有关部门；尚未明确到具体项目和单位的转移支付，在收到上级文件10日内，会同主管部门提出资金分配意见，在收到上级转移支付资金后30日内下达到各县（市、区）和市直有关部门。四是对于地方债券、存量资金安排等涉及预算调整的，及时组织制定资金使用分配方案，及时呈报市人大审批，办理预算调整手续并安排资金使用。

（二）盘活存量资金，提高资金周转效率

健全结转结余资金定期清理机制，加大结转结余资金统筹力度，积极盘活用好财政存量资金。一是严控结余结转。按照财政部和省财政厅关于进一步做好盘活财政存量资金工作的相关要求，对一般公共预算结转结余资金、政府性基金预算结转结余资金、转移支付结转结余资金、部门预算结转结余资金进行分类清理，建立任务清单和时间表，对结余资金和本级资金满1年、上级资金满2年的结转资金一律收回统筹使用；对本级资金不足1年、上级资金不足2年的结转资金，加快预算执行，或按规定用于其他急需领域。二是推进预算执行管理。合理控制预算稳定调节基金规模，将预算稳定调节基金在编制年度预算调入使用后的规模控制在当年本级一般公共预算支出总额（含对下级转移支付）的5%范围以内。三是严格规范财政专户管理。对财政专户的存量资金进行清理，对长期结转结余资金，加快支出进度或收回预算统筹使用，全面清理存量财政专户，进一步精简压缩专户数量，2015年全市先后清理撤销各类银行账户47个，实现存量资金由分散管理向统一集中管理。四是全面清理财政暂存款和暂付款。规范会计核算，全面清理已发生的往来款。对符合制度规定的临时性借垫款，及时收回核销；对符合制度规定应当在支出中安排的款项，按规定列入支出；对不符合规定的借垫款区分情况、分类处理，限期收回，并杜绝违规新增财政对外借款的行为。

（三）加快用款进度，提高资金使用绩效

负起牵头组织和协调责任，加强预算支出执行跟踪，督促各县（市、区）和市直各部门落实支出主体责任，抓好预算批复后形成实际支出的具体工作。一是加快重点项目支出进度。对支出进度影响较大的大额项目和重点项目，建立支出追踪和监控机制，对年初预算已确定的项目，尽快组织实施，加快资金支付，提高支出进度；对尚未开工的项目，主动协调有关部门加快推进，力求早实施、早见效；对尚未确定具体项目的专项资金，逐项排查清理，积极与相关部门沟通协调，加快项目论证实施，及早形成实物工作量。特别是对纳入GDP核算体系的一般公共服务、公共安全、教育、科学技术、社会保障和就业、医疗卫生与计划生育、节能环保、城乡社区等八项支出，按年初确定的目标，督促部门加快项目审核和资金支付，按进度确保及时拨付到位，尽快形成经济增长的动力。二是加快民生资金的支出进度。对民生类的资金按照“民生优先”的原则，着力加快城乡居民基本医疗保险、城乡居民养老保险、城乡居（村）民最低生活保障、省市十件民生实事以及保障性住房、养老服务设施等民生领域重点项目资金支出进度，尽快形成实际支出，确保群众及时受益。三是加快已回收财政存量资金支出进度。及时制定已回收财政存量资金的具体使用方案，按规定将资金调剂用于民生改善、化解政府债务支出、推进城市建设等重点领域，积极协调有关部门加快资金使用，提高资金使用效益。

三、完善相关制度，强化督促考核

着力健全加快财政支出进度长效机制，进一步完善预算支出管理体系，强化责任落实，加大考核和责任追究力度。一是完善预算支出执行分析机制。汕尾市财政局每月定期召开预算执行分析会议，按月统计分析各县（市、区）、市直各部门预算支出进度，加大对重点部门、重点项目的监控力度，建立重点项目支出动态监管台账，深入分析预算执行中反映出来的各类问题，及时掌握预算支出执行动态，提出具体工作目标和改进措施。二是规范完善资金审批拨付流程。对财政资金审批、国库集中支付等工作程序进行全面清理，积极优化财政内部管理流程，对资金计划编制、审核审批、拨付等环节进行分解优化，重新制定资金拨付流程图，明确相关工作流程的工作时限，最大限度地减少审批环节，缩短预算下达、文件传递、资金拨付等环节的运转时间。三是建立支出进度与转移支付挂钩办法。分月考核县（市、区）支出进度平均执行率，对支出进度未达标的地区，根据未达标程度高低，相应扣减当年转移支付

资金（包括专项转移支付）。四是建立支出考核与财政资金安排挂钩办法。从2015年起实施预算执行责任惩罚制度，对当年1－10月预算执行率达不到序时进度的项目支出，在编制下一年度预算时，该项目预算金额不得超过上年总额的80%；对年度预算执行率达不到80%的项目单位，将相应减少该预算单位下一年度的经费安排。五是建立库款规模与资金调度挂钩方法。分月考核县（市、区）当月库款保障水平值是否达到财政部要求的标准值（1.5），对上月库款保障低于等于1.5倍合理水平的县（市、区），全额拨付增量补助调度款，对上月库款保障水平高于1.5倍合理水平的县（市、区），相应缓拨调度款。六是建立县（市、区）和市直部门支出进度通报和约谈机制。完善支出进度月度通报机制，逐月对县（市、区）和市直部门支出进度进行通报，对于支出进度慢、盘活财政资金不力的县（市、区）和市直部门，进行通报和约谈，由县（市、区）政府领导、市直部门负责人向市政府领导说明有关情况，县（市、区）财政部门主要负责人要向汕尾市财政局说明有关情况，并按照有关规定对相关责任人实行问责，推动有关部门或地区认真查找原因并改进预算支出工作。

（汕尾市财政局供稿，方辉轮执笔）

积极开拓进取　实现扶贫“双到”

广东省扶贫开发领导小组对2013—2015年扶贫开发“双到”考核结果优秀帮扶单位、驻村干部进行通报，海丰县财政局成为2013—2015年扶贫开发“双到”考核中，得到优秀帮扶单位、优秀驻村干部“双料”优秀单位。

一、主要措施

（一）开拓地方产业，推动经济发展

埔仔洞村是海丰县三个革命老区之一，红四师师部旧址所在地，地处海丰县海城镇西北部山区，距离县城23千米，辖下10个自然村，全村320户1 726人，贫困户69户，山乡僻壤，经济十分薄弱，没有一家厂矿企业，农业生产落后，村民年人均纯收入不足2 000元，生活极为困难，是海丰县有名的贫穷村。

面对如此贫困落后的现状，海丰县财政局扶贫工作组在走访调查中，发现埔仔洞村特殊的地理位置形成良好的生态，发展种茶具有得天独厚的优势，当地群众有种茶的生产习惯，为使当地群众脱贫奔康县财政局确立扶贫开发与生态保护并重的精准化扶贫规划，打造特色生态茶园，以发展茶业作为带动村经济发展的主导产业。

为调动埔仔洞村群众种茶的积极性，2013年1月，县财政局在成立茶叶专业合作社的基础上，推出“三送两代”的扶贫措施，即对种茶户送茶苗、送化肥、送技术、代加工、代销售。同时，扶贫工作组远赴安溪、杭州，精心挑选28万株梅占、金萱和乌龙三个品种的优质茶苗，发放到农户手中，并联系农资公司挑选高效优质的放心肥108吨，分期分批送到农户田间地头，邀请华南农业大学刘少群教授定期到茶园给农户逐一传授种茶技术和生物防虫的方法，走有机绿色、高端品质的种茶路子。在茶园的中心区建设一座400平方米的高标准自动化茶叶加工厂，添置齐全先进制茶设备，为茶农代加工，提供杀青、揉捻、烘焙等一条龙服务，有效地提高生产效率和品质，推行“茶园基地＋合作社＋村民＋加工厂”的生产管理模式。农户的茶叶按150元/斤保护价由合作社代销，茶叶品牌定为“海丰县莲花山龙见茶”，注册“龙见”商标，打造“原生态、无污染、味道正”的中高档品牌，推行“旅行社代销＋景点/超市经销＋实体店＋网店/微店”的营销模式。在龙见茶推入市场后，供不应求，成为海丰县扶贫“双到”品牌项目。

（二）积极筹措资金，保障扶贫工作到位

县财政局倡导节约之风，取消机关年底评先奖励，规范发放津贴补贴，节约办公经费，共节约149.3万元作为扶贫资金投入埔仔村，并争取各级扶贫资金777.6万元，开展产业化扶贫、献温暖慰问、危房改造、助学圆梦、基础设施建设、饮水工程等，实实在在地为基层群众做实事。

助学助医圆梦。帮扶济困期间，县财政局把教育扶贫作为扶贫济困的重要工作，多次献爱心送温暖，资助15名贫困大学生、33名中小学生喜圆学业梦，全村适龄儿童入学率100%，农村医保覆盖率100%，提升扶贫工作的正能量。

群众吃上放心水。埔仔洞村水利设施落后，帮扶前农户和牲畜用水只能直接打井开采地下水，村民饮水安全得不到保障。为解决这一问题，县财政局工作组多次实地调研、勘测，寻找合适的水源头，筹集110万元建设农村安全饮水工程、下围陂水利工程、茶园水池工程等解决8个自然村1 126人的饮水问题，让村民100%用上放心水。

困难村民住上安全房。埔仔洞村部分村民居住土坯房或草房，房屋大多是20世纪六七十年代建成，年代久远，很多成为危房，2013年由于“天兔”台风的破坏，村民居住房屋受到严重损坏，居住环境雪上加霜。在上级危房改造政策的支持下，县财政局工作组多次进村入户，把“最危险的房屋、最困难的群众”作为危房改造工作的根本任务，帮助全村44户住房困难户住上安全房。

推进基础设施建设。“小茶叶”带来的“大产业”，为埔仔洞村实现稳定脱贫的目标打下坚实的基础，县财政

局也不忘把扶贫重点放在基础设施建设上，改善村容村貌。自扶贫工作开展以来，帮助建设村委楼围墙、外地台及附属工程，配置办公桌椅，建设计划生育“三栏一室”，建设农村垃圾收集点，以及长 1 900 米村道水泥路面等。

二、主要成效

2015 年，经过三年的帮扶，埔仔洞村展现出生机勃勃的活力，生态茶园规模不断扩大，村委会集体种茶 200 亩，120 户农户种茶 480 亩。从帮扶前的赤贫村增长到村年集体经济收入 45 万元，大大超过 5 万元的脱贫目标，农户由帮扶前年人均纯收入不足 2 000 元增长到 8 000 元，一跃变成海丰县响当当的社会主义新农村，大量的外出户也返乡种茶或投资置业。

海丰县财政局高度重视扶贫开发“双到”工作，把扶贫开发摆上重要的议事日程，扶贫工作组认真负责，多次进村入户，做到责任到位、资金到位、措施到位、帮助到位，解决埔仔洞村经济脱贫难、办公难、灌溉难、饮水难、住房难、读书难和看病难等“七难”问题，使埔仔洞村生产生活环境得到明显改善。

（汕尾市海丰县财政局，林瑞清 刘思婕执笔）

东莞市

深入推进财政预算绩效管理　不断提高财政资金使用效益

2015 年，东莞市财政部门认真贯彻市委、市政府决策部署和预算法的各项要求，坚持依法科学理财，认真组织收入，落实各项预算支出，切实做好稳增长、惠民生、促改革等重点工作，有力促进全市经济社会平稳健康发展，市级财政支出总体绩效良好，对 476 个项目（所属财政资金支出年度为 2014 年）进行绩效评价，涉及市级财政资金 125.34 亿元，占当年市级公共财政支出的比例达到 37.8%，评价结果为：36 个项目为优，占 7.56%；207 个项目为良，占 43.49%；169 个项目为中，占 35.5%；53 个项目为低，占 11.13%；11 个项目为差，占 2.31%。

一、主要措施

以深入贯彻执行新预算法为契机，根据国家和省市有关预算绩效管理的工作要求，进一步建立和完善“预算编制有目标，预算执行有监控、预算完成有评价，评价结果有反馈，反馈结果有应用”的全过程预算绩效管理机制，提高财政资金使用效益，推动东莞市加快转型升级，实现高水平崛起。

（一）推进财政资金统筹使用，不断提高资金使用绩效

根据《国务院关于印发推进财政资金统筹使用方案的通知》要求，推进财政资金统筹使用，避免资金使用“碎片化”，不再采取先确定支出总额再安排具体项目的办法。一是对专项资金预算实行“一年一定”，不再固化安排，不再对科技东莞、文化东莞、人才东莞、水乡统筹等重点领域预算实行专项资金切块管理，改为据实安排、统筹保障，达到支付条件的支出事项据实列入预算，未立项或未达到支付条件的原则上不作安排；二是各主管部门提出属于上述重点领域的新增支出政策，按程序开展前期研究论证，通过财政部门绩效评审、市政府批准立项后，原则上列入下一年度预算。

（二）完善专项资金管理机制，加强绩效管理

为规范市级财政专项资金管理，以项目库建立为抓手从立项阶段，防范资金风险，提高资金使用效益。一是参考省的做法制定市级财政专项资金管理办法，明确专项资金设立、调整、申报、审批、分配、使用等各个环节流程。清理各类专项资金，对零星分散、设立目标接近、使用方向类同、支持对象相近、资金管理方式相近的专项资金予以整合。搭建“1＋N”政策体系，每项专项资金应在市级财政专项资金管理办法的基础上制定本专项具体的资金管理办法，资金管理办法应明确政策目标、部门职责分工、资金补助对象、资金使用范围、资金分配办法、资金拨付程序、监督检查与绩效管理要求、信息公开等内容。二是参照省的做法设立市级财政资金项目库，严格项目评审论证、规范入库审批，实现项目滚动管理，实行预算评审与项目库建设和管理同步规划、同步实施、相互配合的新机制。逐步建立“先评审后入库、先入库后安排预算”的预算管理机制，评审通过的项目作为预算备选项目进入部门项目库。

（三）加强预算评审工作，提高绩效预算编制质量

健全预算评审机制，做好预算评审工作，是完善预算编制流程、规范预算编制行为、提高预算管理水平的重要保障。参照省级财政资金项目库管理办法和项目绩效评审要求，一是预算金额200万元及以上的项目应拟定明确的绩效考核目标，其产出指标、效益指标、满意度指标等不符合相关评审要求的，不予安排下一年度预算；二是试点重大项目评审论证机制。新增重大项目须提前一年进行预算绩效论证评审，当年年底未通过评审且不具备较好绩效的，原则上不安排下一年度预算，待论证评审完成后再顺延列入下一年度预算；三是新设立的专项资金必须先开展充分的前期研究论证，报市政府立项后或相关专项资金管理办法报市政府批准后方可安排预算。

（四）创新绩效评价方式，积极接受人大监督

逐步建立自我评价与外部评价相结合、定量评价和定性评价相结合的多种评价方式，积极接受市人大监督，确保评价结果权威公正。根据市人大常委会《对市政府〈关于东莞市2014年决算草案和2015年上半年预算执行情况的报告〉的审议意见综合》，财政部门、预算单位要主动接受市人大及审计部门对绩效运行情况的监督，必要时邀请人大代表对重大项目的实施绩效进行现场检查。对评价结果为“中”、“低”、“差”的单位和项目，参照广州市的做法，根据实际情况，可要求相关部门在市人大常委会会议上向常委会作说明。

（五）进一步整章建制，完善预算绩效管理制度

一是制定东莞市预算绩效目标管理办法，内容包括绩效目标的设定、绩效目标的审核、绩效目标的批复、调整与应用等，以进一步规范预算绩效目标管理，提高预算绩效目标管理的科学性、规范性和有效性，充分发挥绩效目标管理的龙头作用。二是修订《东莞市财政支出绩效评价评审专家库管理办法》，进一步完善评审专家遴选、回避、信用和监督制度，提高预算评审的专业性和权威性，并及时更新和扩充评审专家库，实行动态管理，扩大专业覆盖面。

（六）探索开展镇街（园区）财政管理绩效综合评价，进一步发挥绩效管理作用

为进一步引导和推动镇街（园区）深化财税体制改革，改进预算管理制度，提高财政资金使用效益，提升财政管理科学化水平，积极探索开展镇街（园区）财政管理绩效综合评价，评价内容主要是镇街（园区）财政管理情况，具体包括规范预算编制、推动预算公开、优化收支结构、加快财政支出进度、盘活财政存量资金、加强地方政府性债务管理、完善财政体制、加强绩效管理和监督检查等。印发《关于推进我市镇街（园区）财政预算绩效管理的指导意见》，明确镇街（园区）开展预算绩效管理的工作思路及工作重点。2015年8月举办全市镇街（园区）财政预算绩效管理培训班，镇街（园区）财政分局预算绩效管理工作负责人和具体业务人员共131人参加。

（七）加强绩效评价结果的应用，形成倒逼机制

结果应用是预算绩效管理工作的落脚点。一是建立健全专项资金的绩效考核机制，涵盖专项资金设立、实施、完成等各个阶段，将绩效评价结果作为专项资金延续、调整、撤销的依据。二是以市直单位落实科学发展观工作考评为手段，强化预算单位绩意识和责任意识。财政支出绩效评价作为逆指标之一，对评价结果为低或差的项目主管部门按照考评方案予以扣分。三是进一步建立和完善绩效评价结果反馈整改制度、与预算相结合制度、绩效报告制度、绩效信息公开制度、绩效问责制度和绩效惩罚制度等。

二、主要成效

（一）开展预算编制绩效评审，提高预算编制质量

2015年对部分项目试点预算编制绩效评审，聘请专家对项目的必要性、可行性、合理性、目标与资金规模的匹配性等方面实施评审。2015年度预算编制绩效评审工作涉及项目59个，涉及预算单位申请金额3.97亿元，专家建议预算安排金额1.04亿元，核减2.93亿元，核减率为73.8%，结合绩效评价结果调整了项目预算安排，强化评审结果运用，从预算编审源头上对预算经费从严把关，确保预算编制准确。另外，对东莞广州美术学院岭南创意研究院建设项目进行事前绩效评价，涉及市级财政资金2.25亿元。

（二）实施部门整体支出绩效管理，提升公共服务质量

为更全面反映部门整体支出绩效，增强部门使用财政资金的责任意识，提升公共服务的质量，在全市范围内选择19个场馆、公园类预算单位试点部门整体支出绩效管理工作。首先，要求试点单位根据部门职能及事业发展规划，制定下一年度部门整体支出绩效目标；其次，在预算执行结束后对上述场馆开展部门整体支出绩效评价，以加强部门预算管理、规范支出行为，经评价，15个场馆绩效等次为优良，4个场馆绩效等次为中等。其中，聘请第三方机构对东莞市青少年活动中心、东莞市文化馆的部门整体支出进行了重点评价，绩效等次分别为良和中。

（三）开展财政承受能力评审，确保PPP项目顺利实施

为促进经济转型升级、支持新型城镇化建设，激发民间投资活力，加快转变政府职能，提高公共服务的效率与质量，东莞市在公共服务领域积极推广政府和社会资本合作模式（以下简称PPP模式）。深圳外环高速公路东莞段项目是市首个PPP试点项目，为规范该项目的运作，使该试点项目成为市示范性项目，东莞市财政局根据财政部有关指引，组织PPP领域的国内知名专家对深外环高速公路东莞段项目试点开展PPP项目物有所值及财政承受能力评审，评审内容主要包括采用PPP模式能否增加供给、降低投资成本、优化风险分配、提高运营效率、促进创新和公平竞争等方面。评审结束后，财政部门出具审查意见书，随编制方案一同报市政府审定，确保PPP项目的顺利实施。

（东莞市财政局供稿，钟天红执笔）

发挥财政杠杆作用　推进经济社会全面新发展

2015年，东莞市财政局横沥分局紧紧围绕全镇“产城联动”发展战略，以为人民当好家、理好财为目标，全力以赴抓好稳增长、促发展工作，保障镇财税收入平稳上升，全力推进财政创新和改革，在科技创新、金融创新、社会创新方面做出贡献。12月28日全国财政系统先进集体和先进工作者及全国先进会计工作者表彰会在北京召开，市财政局横沥分局荣获“全国财政系统先进集体”荣誉称号。

一、协调联动，增加财政收入

横沥财政分局一直坚持与两税分局紧密协调联动，落实责任，努力做到应收尽收，及时入库。另外，由财政分局牵头，每年不定期组织两税分局、镇内各大企业协会、各重点企业召开座谈会，宣传税收政策、支持企业发展，牢牢把握工作的主动权。经过财政分局与相关职能部门的努力，2015年横沥镇本级可支配财政收入达到7.09亿元，增长21.5%。国、地两税总收入18.6亿元，同比增长31.2%，增幅排名全市前列。

二、多措并举，扎实推进产业与科技、金融、人才“三融合”

横沥财政分局认真贯彻镇委、镇政府“产城联动”战略，在产业与科技、金融、人才的“三融合”工作中作出积极贡献，特别是科技创新举措得到国务院的关注和省市有关部门的支持。具体体现在以下几个方面：

在产业与科技融合方面。镇财政在2012年11月底前期投入200万元成立横沥镇模具发展有限公司，推动科技创新平台建设。横沥财政分局通过与东莞市有关职能部门的大力沟通协调，使镇科技创新平台成功获得东莞市政府3年5 000万元顶级科技资助，镇财政需五年配套投入1.5亿元资金，在财力比较紧张的情况下，镇财政积极组织配套资金分期投入科技创新产学研平台，使平台与上海教委、上海交通大学、华东理工大学等大专院校合作，促进校企对接，推动企业科技创新发展，横沥镇模具协会升级成“东莞市机械模具产业协会”。横沥镇协同创新工作已经取得突破性进展，从单一的模具生产到全产业链条，从“自然生产”到内育外引，从创新集聚的量变到质变，全镇模具产业连续4年保持20%以上的增长，产值由2011年的46亿元增加到2015年的103亿元，达到规模以上模具企业从13家增加到74家，企业规模体量显著增强；2015年全镇发明和实用新型专利申请582项，比2011年增长81%，专利授权量426项，比2011年增长108%，企业自主创新能力不断增强。

在产业与金融融合方面。横沥财政分局积极牵头组织镇内各大金融机构，通过建立金融综合服务一体化平台，全力满足中小微企业发展的资金需求，通过财政分局及其他相关部门努力，横沥镇获得2012年东莞市“金融创新推进奖”。为配合2015年开展的“省专业镇金融信用体系建设试点”工作，财政分局相关领导和工作人员不辞辛劳、加班加点，在较短时间内进行大量调查研究，并牵头镇协同创新中心、市模具协会进行多次座谈，说服协会主要成员，由镇财政牵头并投入200万元，成立首期1 000万元的“风险资金池”，并通过与东莞银行合作，扩大到1亿元的贷款额度。作为扶持中小微企业试点镇，“风险资金池”已通过东莞银行发放4笔企业贷款，满足企业发展的资金需求，解决企业的资金难题。

在产业与人才融合方面。横沥镇财政投入资金约800万元，开办8期“百名模具师傅培训班”，共培养逾600名户籍模具技能人才，并从最初要求必须镇内户籍人员扩大到其他镇街人员也可参加。另外，镇财政投入650万元，注册成立“横沥模具技术培训学院”，并借力东莞职教城开设模具专业，开办“企业冠名班”，为广大模具企业输送高端模具设计人才，同时提供各种模具设计服务和解决方案。

三、推动社会建设协同创新，塑造城市精神

横沥镇坚持经济和文化两手抓，促进产业协同创新和社会建设协同创新两翼齐飞，争取经济社会发展双丰收。镇财政投入500万元，全面推动以人为本的新型城镇化建设。为推动社会创新工作，横沥镇成立社会建设协同创新中心，并开展社会创新中心华东理工大学社会学博士（后）工作站项目，为社会建设提供实践经验总结、理论创新指导与人才资源储备，形成具有鲜明特色的“横沥”社会治理模式。另外，2014年镇财政投入100万元资金，大力塑造和弘扬“小城大爱”的横沥城市精神，增强市民的城市认同感。在精神文明建设方面，先后涌现出各类道德模范32人，被外界称为“好人接力”、“好人森林”，并得到中央、省、市媒体的关注和肯定。

四、推动城市升级，建设生态宜居城镇

为使横沥镇天更蓝、水更清、草更绿，经过横沥财政分局和相关职能部门的精心准备，已经全面开展运河综合整治工程，突出人、水、城一体共融，建设水生态文明城镇。镇财政投入资金近亿元，推进镇内多条主要道路的升级改造，建成铁路公园等一批民生工程，推行城市精细化管理模式，推进体育公园、村级休闲公园建设，倡导市民健康文明的生活习惯，提高“全民健身”的市民参与率。随着财政投入不断加大，城市硬件不断升级，横沥镇房地产业发展迅速，并吸引全国房地产行业十强的碧桂园前来投资，有多个楼盘已经建成或者正在建设中，越来越多的市民选择来横

沥工作生活，城市吸引力不断加大。

五、严控行政支出，加大民生投入

一方面，横沥镇认真落实中央八项规定要求，贯彻厉行勤俭节约精神，严格控制财政支出，尤其是“三公”经费支出，2014 年全镇公务接待费预算压减 30%，并每季度审核各单位公务接待费报销额度，超出进度立即停止报销。2014 年镇内有一个部门在一季度超出公务接待费额度，财政分局立即联合会计核算中心从 4 月起暂停该单位的公务接待费报销，该部门以影响正常工作为由多次申请提前使用下半年公务接待费预算额度，但财政分局拒绝该部门申请，只同意给予该部门基本业务支出，从三季度起才给予该部门公务接待费报销，为顺利完成压缩“三公”经费工作做出表率，经过财政部门的努力，横沥镇 2014 年“三公”经费实际支出比 2013 年下降 46.2%，成效显著。另一方面，民生支出占镇本级支出比例都超过 70%，把财政资源更多地用于以保障和改善民生为重点的社会事业建设，用于增强社会基本公共服务能力，保证教育科技、医疗卫生、农林水利、社会保障、节能环保等重点支出需要。其中，投入 4 400 万元用于民办学校公用经费和教科书补助，直接降低外来工子女入学费用，减轻外来工负担。根据群众反映的部分地段汛期内涝比较严重的情况，财政分局迅速对横沥镇重点工程建设资金计划进行结构性调整，将农村防内涝工程建设费用调整到资金计划之内，确保农村防内涝工程尽早启动，保护群众生命财产安全。自 2014 年 5 月 19 日起，财政分局将会计从业资格证相关业务、会计职称报名等业务搬迁至镇发展中心一楼办证大厅财政分局窗口办理，并且在分局人员紧缺的情况下，增加办理会计从业资格证的工作人员，另外还新增身份证读取设备和会计从业资格证打印设备，提高办理会计换证业务的工作效率。

六、严格执行财经管理制度，加强党风廉政建设

横沥财政分局始终遵守各项财经方面的法律法规，严格执行财经管理制度，做好年度财政预算，并认真贯彻落实，不超预算支出，对镇属工程始终按照公平、公正、公开的原则，落实建设程序和完善手续，并且坚持实行镇财审和政府采购制度，确保用好镇财政的每一分钱。

横沥财政分局党支部一直以来都把党风廉政建设摆上重要议事日程，突出其龙头地位，与财政业务工作同计划、同部署、同实施。一是完善各项规章制度，从源头预防腐败。财政分局制定完善《横沥镇财政预算管理办法及实施细则》、《横沥镇财政分局岗位责任制》、《横沥镇财政分局职业道德规范》、《横沥镇财政分局内部管理制度》等一系列严谨、规范的财政管理和单位内部管理制度。严格遵守《中国共产党党员领导干部廉洁从政若干准则》及中央八项规定，牢记“8 个禁止、52 个不准”，自觉遵守党的纪律。二是加强反腐倡廉学习教育，建设一支廉洁高效的队伍。横沥财政分局全体党员干部通过开展党的群众路线教育实践活动、“三严三实”教育活动，以及参加市、镇组织的各项反腐倡廉教育活动，增强廉洁从政的自觉性，时刻保持警醒，从多方面筑牢思想防线，提高防腐拒腐能力，努力成为一支廉洁高效的财政队伍。

（东莞市财政局横沥分局供稿，黄进执笔）

中山市

“四招”激活财政存量资金

2015 年，中山市财政局认真贯彻落实《国务院办公厅关于进一步做好盘活财政存量资金工作的通知》、《财政部关于推进地方盘活存量资金有关事项的通知》以及省财政厅《关于进一步做好盘活财政存量资金工作的通知》精神，相应出台《关于进一步做好我市盘活财政存量资金工作有关事项的补充通知》，从严控指标结转、规范预算编制、加强资金统筹、优化资金配置“四招”切入，积极开展盘活财政存量工作，充分利用盘活存量成果，将财政资金用于稳增长、保民生、促发展方面，在 2015 年 1－12 月盘活存量资金进度指标通报中，取得全省排名第一的成绩。

一、先用减法，严格控制指标结余，减少结转下年支出存量

为加大力度清理结转结余资金，中山市财政局 2010 年出台《关于进一步加强部门预算管理的意见》，建立年终预算结转结余资金甄别清理制度。对除上级补助资金、已进入采购程序、基建程序的经费等少数资金外的其他资金结余，一律不予结转下年，由同级财政统筹收回。对于预计确需跨年支付的资金，统一纳入下年度部门预算申报。

2015 年，为落实中央及省有关盘活财政存量资金工作要求，中山市财政局在严格预算执行管理，继续推行

支出执行通报制度的基础上，进一步收紧年终指标结转政策，严格执行市部门预算结转结余资金管理规定，对除按规定结转两年以内的中央或省专项转移支付资金和纳入采购程序等项目资金外，其他结余资金一律不予结转下年，统一由市财政部门年终直接收回财政总预算统筹安排使用。

二、再用除法，科学规范预算编制，除掉预算项目存留水分

（一）推行预算管理三项改革

一是推行基本支出实名化改革。从2012年起，中山市财政局推行基本支出实名制改革，实行人员经费预算明细到人，公用经费在实名化的基础上实行分类定额管理，有效避免“吃空饷”现象的同时，也有效细化基本支出预算。二是推行预算项目库管理改革。从2012年起按照“一年试点，两年过半，三年全覆盖”目标，历时三年推进项目库管理改革，2015年已覆盖全市市直所有预算单位。实现预算项目常态化管理，财政绩效评审提前介入，预算项目科学立体分类管理，有效提高预算编审质量，细化项目支出预算。三是推行绩效预算管理改革。自2008年起推行预算绩效改革到2015年，已构建“事前有预算绩效审核、中间环节有绩效目标批复、事后有绩效评价”的财政绩效管理工作体制，有效去除预算项目存留水分。

（二）建立预算编制“三挂钩”机制

强化以绩效为核心的预算编制理念，建章立制，建立预算编制与执行、绩效、监督结果“三挂钩”机制，对于预算执行率低于60%的项目，核减下年度预算；对于绩效评价结果为“低”或“差”的项目，下年度不予安排预算；对于各级审计、纪检、监督检查报告中披露的问题事项，安排下年度预算时作全额或部分核减，以制度为保障，去除预算项目存留水分。

三、巧用加法，集合零散存量资金，加大财政资金统筹力度

全面清理财政专户。按照中央及省关于全面清理各地财政专户的规定，清理撤销财政专户，规范整合资金来源，将清理撤并的财政资金统一归并至预算内管理，一个“笼子”进出。

政府性基金调入预算。按照中央及省有关盘活存量要求，对政府性基金按照每一项基金结转资金规模一般不超过该项基金当年收入30%的要求，严格调入一般公共预算统筹使用。

严格回收预算指标。按照新的年终预算结转结余规定，做好年终指标结转和回收工作，将不予结转下年的预算指标统一收回财政统筹使用。

四、活用乘法，优化财政资金配置，放大盘活资金“乘数”效应

2015年，中山市财政局在盘活存量的基础上，统筹财政资金，促进财政资金优化配置，将资金统筹用于经济社会发展急需支持的领域。拨付5 000万元，成立产业投资引导基金，发挥财政资金放大效应，撬动社会各类资金用于创新创业投资，增强科技创新支撑力。拨付15亿元设立企业融资专项扶持资金，打造本市“过桥资金”转贷资金池，降低企业融资成本，增强企业资金流动性。2016年，进一步加大产业扶持力度，安排15亿元产业扶持发展资金，较上年增加7亿元，增长87.5%，按照市创新驱动发展战略推动新一轮发展实施意见，以创新驱动发展为核心，充分发挥扶持产业发展专项资金政策导向作用，推进产业转型升级，加快推动经济优化创新发展。

（中山市财政局供稿，李玉梅执笔）

八项措施加快财政支出进度

2015年，中山市委、市政府领导高度重视加快财政支出进度工作，在专门会议中向全市各预算单位和镇区分管财政领导传达全省财政支出进度集体约谈会议主要精神，要求各部门充分认识加快财政支出进度工作的重要意义，贯彻落实中央、省有关要求，切实提高支出执行进度。

中山市财政局根据市领导指示，积极贯彻中央、省有关精神，采取各项具体措施，把加快财政支出进度作为重点工作来抓。要求各部门落实工作责任，加快财政支出，积极盘活存量资金，及时发挥财政资金使用效益。在全省2015年市县支出进度年度考核中山市获得86分，排名全省第2位。

中山市财政局坚持问题导向，深入查找剖析财政支出进度工作中存在的突出问题和原因，结合实际，全面分析。部分预算资金存在支出进度慢的主要原因有：一是部门预算编制与实际执行存在差距；二是资金审核流程一定程度影响支出拨付效率；三是镇区分成类资金拨付进度与业务征收期挂钩；四是土地出让收入下降制约政府性基金支出。

一、主要措施

中山市财政局针对财政支出进度问题，及时制订加快财政支出进度八项措施，明确划分责任、落实工作任务。

（一）加强制度保障

先后印发《中山市财政局关于调整市直部门对镇区补助资金支付方式有关事项的通知》、《中山市财政局关于2014年预算执行情况及下一步加强预算执行进度有关要求的通知》、《中山市人民政府办公室转发关于进一步做好盘活财政存量资金工作实施意见的通知》、《关于进一步做好中山市盘活财政存量资金工作有关事项的补充通知》、《中山市财政局关于转发广东省财政厅〈关于加快财政支出进度的通知〉的通知》等文件，通过各项文件制度，要求部门加强财政资金使用管理，加快支出进度。

（二）加强预算执行监督

从2015年起对部门预算执行情况实行“一月一检查、一季一汇报”制度，按月对市直预算单位预算总体执行进度进行排名，并在全市范围内予以通报，要求执行偏慢的部门需及时向分管市领导作书面说明，每季度专门召集有关部门作汇报说明。7月市财政局牵头召集16个支出执行偏慢的部门召开专题会议，深入分析各部门支出偏慢的原因，要求有关部门进一步加快支出进度。

（三）实行局内部支出通报制度

根据局班子有关要求，对局内部各支出科室实施支出进度每月通报制度，通过对各科室支出进度排名，督促提醒各支出科室加强支出管理，并要求每月支出进度排名后两位的科室须及时向局长室上报支出情况分析报告。

（四）将部门预算执行情况纳入政府绩效考核

2015年市政府将部门预算支出执行率纳入到对部门的绩效管理考核范围，对于部门年末预算执行率低于整体预算执行率的将扣减部门绩效考评分数。

（五）调整对下级政府的补助支出方式

为缩短镇区财政申请拨付资金环节，将对镇区的支付方式从以往调整预算指标至镇区再由镇区申请拨付，调整为以直接支付方式拨付资金至镇区财政专户，加快资金支付速度。

（六）实施定向财力转移支付

2015年将用途清晰、标准明确、适宜基层管理的4.9亿元的专项转移支对纳入到定向财力转移支付范围，2016年将再扩大至5.3亿元，通过市镇财政体制直接拨付至镇区，由部门在规定的领域内合理安排资金，减少市直部门进行“二次分配”以及审批的环节和时间，提高资金使用效率。

（七）实行部门预算安排与执行、绩效、监督结果“三挂钩”机制

对于管理不到位、执行率低且无合理解释的项目，执行率低于60%的安排下年度预算时核减40%，执行率低于50%的按不低于50%核减；对于绩效评价结果为“低”或“差”且无合理解释的项目，下年度原则上不予安排预算；对于各级审计、纪检、监督检查报告中披露的问题事项，安排下年度预算时视具体情况作全额或部分核减。

（八）进一步加强部门沟通联动

加强与预算单位的沟通、衔接和协调，采取电话、会议、约谈等方式及时督促提醒预算单位加快预算执行进度，并主动协调各预算单位，做好资金审批各项工作，及时审核项目安排和资金分配方案，确保加快预算支出进度。

二、主要成效

各项措施实施后，中山市财政支出进度显著提升，2015年1－12月市一般公共预算支出进度99.7%，其中10－12月支出进度全省排名持续第一；在2015年省对市支出年度考核中，中山市全年支出平均执行率为85.6%，全省排名第二。

（中山市财政局供稿，刘嘉健执笔）

江门市

推动以PPP模式为重点的政府投融资改革

根据党的十八届三中全会提出“建立透明规范的城市建设投融资机制”和“允许社会资本通过特许经营等方式参与城市基础设施投资和运营”的要求，江门市委、市政府高度重视推广运用政府和社会资本合作（PPP）模式，按照投融资机制改革要求，着力加强顶层设计，提前谋划、率先发力，将“推进以探索PPP模式为重点的投融资体制改革”工作写进江门市委十二届五次全会报告和列入市政府工作任务中，各级财政部门围绕中心工作紧密配合，大胆探索，勇于创新，迅速打基础、建机制、强宣传、推项目，在全省启动实施PPP工作相对较快，PPP运作体制机制不断完善，多项措施实现全省乃至全国率先。2015年8月20日，广东省召开全省PPP模式项目推介会，江门市作为全省唯一地级市代表作经验介绍。

一、坚持系统管理理念，组织开展市本级投融资规划中期评估工作

为有效推进公共服务基础设施建设，扎实推进重大民生项目，科学把握政府债务，江门市财政局引入投融

资规划理念，于2013年聘请专业机构历时一年在全国地级市率先编制完成《江门市（本级）城建投融资规划（2013—2023）》，明确未来5－10年内重大投资项目清单、投资规模、资金需求和政府债务规模等，给予实现城市资金信用、债务平衡和搭建城市投融资体制的方案。2015年5月，国务院办公厅发文要求在公共服务领域大力推广PPP模式，江门市财政局迅速结合国家及省市“十三五”计划和任务对编制的城建投融资规划进行中期评估修正，形成《江门市本级投融资规划中期评估报告》。报告从投资、融资、债务、国资等方面对市本级近三年投融资情况进行分析评价，主要成效可归纳成“超、调、整、延、新”，存在问题可归纳成“警、峰、怠、艰、阻”。在分析基本上，对2016—2020年债务管理与化解策略提出“换、转、还、传、化”的方向和措施。对政府新增投资方面，提出要控制新增投资，优先安排续建项目投资的同时，合理安排新建项目投资时序的意见，以“债、PPP、贷、买”作为新增项目的投融资策略，同时充分发挥PPP融资支持基金的作用，撬动社会资本参与市重点项目投资建设运营，并对未来城市基础设施建设需求与有限的PPP支出责任空间，以及化解地方政府债务提出平衡方案，为今后市加快推广运用PPP模式奠定良好基础。

二、狠抓宣传和能力建设，举办市委中心组PPP专题学习会和地市PPP专题培训

为全面加强PPP政策理论学习和宣传推广，加强江门市PPP专业能力建设，江门市财政局2015年先后派出五批业务骨干前往国内PPP工作先行地区培训学习。6月18－19日，在全省率先举办地市级PPP专题培训，邀请财政部PPP培训专家授课，组织市直和各市区有关部门、驻江门各金融机构、有关大专院校、有关央企驻华南或江门投资公司、市属国资公司及核心子公司等近300人参加培训班。8月2日，市委中心组专题学习会邀请财政部科研所专家作题为《PPP理论、政策和实践》的讲课。并且积极组织人员梳理相关法律法规、有关部委和广东省规范性文件，形成《政府和社会资本合作（PPP）模式相关法规政策汇编》，作为市PPP专题培训班材料。

三、搭建PPP服务平台，建立首批PPP咨询服务机构库

2015年5月底，江门市财政局参照财政部有关做法，在全省率先面向全国发布首批PPP咨询服务机构征集公告，该公告同步在财政部PPP中心网、江门市政府官网、江门市公共资源交易中心网等网站发布，共收到来自全国近40家PPP专业咨询服务机构的申报材料。随后，委托江门五邑大学教授组建专家评审团，结合实际构建市PPP咨询服务机构评价指标体系，开展资格审查和专家评选等工作。7月30日，通过市公共资源交易中心网站对选定的19家机构（其中综合咨询机构10家、律师事务所5家、会计师事务所2家、资产评估机构2家）进行公示，至此首批PPP专业咨询服务机构库已基本建立。机构库的建立进一步提高市PPP项目开发、实施和推广的质量和效率，简化和规范工作流程，各有关单位可根据项目具体情况，采取竞争性磋商的方式，从机构库中挑选合适的咨询服务机构，为PPP项目实施提供评估、方案设计、合作方招标、合同制定与谈判等方面的专业服务。

四、加强PPP顶层设计，成立地市级政府和社会资本合作（PPP）中心

市委、市政府高度重视政府投融资和政府债务管理工作，2015年初，市主要领导就批示要求“加紧成立江门市投融资和债务管理中心，专人专责落实相关风险防范工作”。经过近一年时间的精心酝酿打磨，2015年底，市政府投融资和债务管理办公室（加挂PPP中心的牌子）经市编委会审定同意正式成立，主要承担政府投融资和债务管理、PPP管理以及政府投资基金管理和指导各市区开展相关工作等职能。进一步加强市政府投融资管理，强化政府投融资监督，提高政府投融资效益。江门市财政局通过聘请相关专业咨询机构，研究拟定市推广运用PPP模式的实施意见初稿，该实施意见切合江门市实际情况，从总体要求和基本思路、组织机构和工作机制、PPP项目适用范围、运作方式选择、保障制度体系、配套政策支持等方面对未来运用PPP模式进行规范。此外，以PPP项目为导向，结合每个具体项目情况，由项目实施机构牵头在该总指挥部下设立PPP项目工作协调小组，推动相关部门密切配合、形成合力，提高项目审核效率，稳步推进PPP项目实施。

五、打造示范标杆项目，积极开展PPP建设

江门市财政局认真学习领会国家和省有关PPP文件精神，要求项目实施机构严格按照相关文件规定规范PPP工作流程，力求把PPP项目打造成为示范标杆项目。按照权责对等原则合理分配项目风险，按照激励相容原则科学设计合同条款，风险分配机制较为合理。同时，积极鼓励和推动将存量公共服务项目转型为政府和社会资本合作项目，在征得债权人同意的前提下，将政府性债务转换为非政府性债务，减轻地方政府的债务压力，腾出资金用于重点民生项目建设。江门大道PPP改造项目（交通基础设施类）、江门市区应急备用水源及供水设施工程（市政公用设施类，财政部第二批PPP示范项目）、江门市滨江体育中心（社会事业类），国省道项目（交通基础设施类），新会区保障性安居工程住宅小区二期改造项目（保障性安居工程）和养老中心项目（社会事业类）等6个PPP项目已全部纳入省首届PPP示范推介项目，其中市区应急备用水源及供水设施PPP项目列入财政部第二批PPP示范项目。

六、大力支持资金配套，保障PPP融资引导基金发展

根据《国务院办公厅转发财政部发展改革委人民银行关于在公共服务领域推广政府和社会资本合作模式指导意见的通知》（国办发〔2015〕42号）文件精神，江门市财政局在借鉴其他省（市）的先进经验做法上围绕江门大道等项目，设计PPP融资引导基金初步方案。该基金以股权、债权等方式投入PPP项目，市场化运作，专业管理，由基金管理人根据项目风险和收益情况选择具体项目进行投资，实现基金保值增值和可持续化运作。

同时，为进一步提高财政资金使用效益，发挥财政资金的引导和杠杆作用，规范政府投资基金管理，促进政府投资基金持续健康运行，江门市财政局在财政部出台《政府投资基金

暂行管理办法》和省财政厅印发《关于规范省级财政出资相关基金管理的意见》的基础上，迅速组织专人研究市政府投资基金管理暂行办法，形成初稿后召集银行、证券、基金等方面专业人员及有关单位专家多次开会反复修订文件，力求文件依法合规和因地制宜相结合。

（江门市财政局供稿，谭昕力执笔）

打造小微“双创”之都　点燃侨都发展引擎

为推动“大众创业、万众创新”发展战略，财政部、工业和信息化部、科技部、商务部、工商总局联合开展全国小微企业创业创新基地城市示范申报工作。江门市在全国各城市间经过层层选拔，以第一名的成绩竞标获得首批全国15个小微企业创业创新基地示范城市之一。根据省委、省政府领导的指示精神，委、市政府高度重视，江门市财政局积极发挥全国小微企业创业创新基地示范城市和侨乡优势，力求在重大装备制造业建设和中小微企业创新上实现突破，全力支持江门市小微双创工作。

一、全力参选全国小微企业创业创新基地示范城市

根据财政部等国家五部门联合开展小微企业创业创新基地城市示范工作要求，在市委、市政府的正确领导和省财政厅的大力指导支持下，江门市财政局行动迅速，主动作为，局主要领导担任局工作总指挥及市竞标团队“辩手”之一、分管局领导负责具体组织落实、工贸发展科等相关科室抽调精干力量组成局专项工作组，积极发挥财政职能作用，协同市相关部门，全力参与全国小微企业创业创新基地城市示范评审工作，力促江门市在5月22日通过全省评审，代表广东前往北京参加全国竞争。在5月31日全国评审会上，竞标团队在市领导带领下，以“‘四有’创领小微蝶变”为题作演讲，强调江门有基础、有探索、有计划、有信心担当起全国示范城市的重任，让江门这座希望之城谱写出小微企业升级蝶变的美丽华章。最终，江门市以第一的成绩，成功入选全国小微企业创业创新基地示范城市。

二、做好顶层设计，打造小微企业创业创新政策洼地

在成功竞标后，江门市财政局迅速贯彻落实国家和省的决策部署，将实施小微双创示范工作作为当前和今后一段时期内市经济跨越发展的重要抓手，从江门实际出发，创新完善发展思路，点燃经济发展新引擎，全面实施小微企业创业创新，擦亮全国小微企业创业创新示范品牌，致力打造具有“江门特色、广东标杆、全国示范、国际平台”的全国小微企业创业创新之都。

（一）迅速完善小微企业双创示范工作方案

江门市成立以市长挂帅，各市（区）、各部门“一把手”任成员的专题工作领导小组，全面统筹小微双创各项工作开展。各市（区）将小微双创工作作为未来一段时间内经济工作的重中之重，结合经济工作做好相关分析测算。各部门各司其职、加强协作，做好统筹协调，确保各领域各项目标切实可行。历经2个多月的反复论证，出台《江门市国家小微企业创业创新基地城市示范工作方案（2015—2017年）》（称为“雏鹰计划”），统领和指导未来三年市小微双创示范工作开展。

“雏鹰计划”按照“全程拓展、突出重点、以点带面、全市覆盖”原则，提出通过实施小微企业创业创新载体建设、公共服务平台完善、环境优化三大工程，推动全市双创示范工作开展，目标到2017年实现就业目标、创业目标、创新目标“三大突破”，即小微企业就业人数累计增长30%，营业收入、技术合同成交额、授权专利数分别增长55%、300%和100%。除6亿元国家奖励资金外，省市县各级将筹集39亿元配套资金，共45亿元，并带动超过800亿元的社会投资，全力支持小微企业加快创业创新发展。

（二）制定出台一揽子扶持政策措施

为有效落实“雏鹰计划”，江门市制定一系列政策措施和管理办法，并组织召开专题新闻发布会，向社会公布第一批共16项小微企业双创扶持政策，统称“1+15”政策，即“1个政策总纲+15个扶持政策和管理办法”，其中政策总纲及14个具体扶持政策和管理办法面向社会公布并全面征求意见，1个作为政府内部专项政策。同时，市编制2个名录库并向社会公布。

“1个政策总纲”，即《江门市支持小微企业创业创新若干政策措施》。设定江门市扶持小微企业的总体基调，提出主要的扶持方向和政策内容，包含培育商事主体、建设示范基地、完善公共服务、促进科技创新、深化投融资改革、加强人才培训、减轻企业负担、开拓市场和加大财政支持等9个方面共31条的原则性扶持措施。

“15个扶持政策和管理办法”，即对政策总纲的细化，总体可分为普惠性政策（10个）、竞争性政策（3个）和专项性政策（2个）三大类。

“2个名录库”，即小微企业名录库和科技型小微企业名录库，实行动态管理，全面掌握小微企业发展情况，并追踪帮扶政策的实时效果，并结合实际及时调整完善扶持政策。

“1+15”政策和2个名录库的制定经过反复论证，数度完善，力求全面客观地体现政策资金扶持的创新性、公平性和竞争性。

创新性。着重体现在商事登记和对科技扶持等方面。如企业登记实施“五证合一、一照一码”，在全国率先建立“小微企业和科技型小微企业”两个名录库，在全省乃至全国首创科

技型小微企业认定等。

公平性。着重体现在政策的普惠，只要纳入全市小微企业名录库或科技型小微企业名录库，符合扶持相关条件的，均可享受相应扶持，比如免征缓征收费项目、领取服务补贴券、享受科技创新补助等。

竞争性。着重体现在基地建设和遴选方面，完全通过公开、公平、公正的客观评审方式，择优对重点基地进行奖补扶持。

三、大胆创新财政方式方法，积极支持小微企业创业创新

为更好发挥财政资金对小微双创的支撑为出发点和落脚点，江门财政紧紧围绕“雏鹰计划”要求，广泛借鉴先进做法，全面革新财政资金扶持小微企业发展的方式和举措，鼎力支持小微双创工作。

（一）创新完善小微企业投融资机制

为切实缓解小微企业面临的融资难、融资贵问题，江门市从强化增信支撑、设立政府基金、完善间接融资渠道、支持直接融资、创新融资工具、加强政府服务等方面创新完善小微企业投融资机制。

1. 强化对小微企业的信用支撑。小微企业融资难，表面上看是缺钱，实质上是缺信用、缺担保，为切实解决小微企业信用难题，依托江门市是广东省唯一的国家级小微企业信用体系建设试验区的现有资源，重点引入中国人民银行总行认可的外部评级机构，开展小微企业信用评级。信用评级与企业利益挂钩，全市银行机构对参评的中小微企业在授信审批、贷款期限、贷款额度、贷款利率等方面实行优惠政策和差别化服务。市财政部门每年安排扶持资金补助参与评级企业以及在江门经营的信用评级机构。

2. 完善小微企业信贷风险补偿机制。设立规模为1.1亿元的中小企业“政银保”风险担保资金池，按1∶30的比例撬动银行贷款，引入保险资金分担风险，政府、银行、保险三方按比例承担贷款违约风险，引导银行对工业、科技型、农业类小微企业提供贷款，以缓解小微企业融资难问题。

3. 建立健全小微企业融资政策性担保与再担保机构。为满足小微企业融资担保需求，江门财政局配合江门市经济和信息化局、省再担保公司、江门市建设集团等单位商议组建粤财普惠金融（江门）融资担保股份有限公司等事宜，将由市建设集团出资0.5亿元，省再担保公司出资1.2亿元，建立政府主导的规模为1.7亿元的小微企业政策性担保机构，对政策性担保机构担保的小微企业贷款，提供优惠利率和担保费年化率。

4. 设立小微企业创业创新基金。市财政将安排4亿元，争取吸引社资本20亿元，设立规模达24亿元的市小微企业创业创新基金，以此为母基金，下设若干子基金（科技风险投资基金、创客基金等），采用政府引导、市场化运作的模式，以股权投资方式支持先进制造业、现代服务业、战略性新兴产业领域的小微企业。政府通过让渡收益、共担风险的方式，引导民间资本向小微企业倾斜，提高放贷信心。

（二）扩大小微企业收费优惠范围

根据广东省人民政府办公厅《关于印发广东省支持小微企业稳定发展若干政策措施的通知》“在全省范围内对所有企业免征32项中央设立和7项省定涉企行政事业性收费的省级收入，鼓励各市政府免征上述收费项目的本级收入”的要求，为体现对小微企业的重点扶持，江门市在执行省政策免征市本级收入的基础上，还将免征范围扩展到县级市（区）。同时，为体现对小微企业的全面扶持，在上述省的减免收费目录之外，进一步扩大免征目录范围，减免小微企业市级价格调节基金以及根据国家产业导向政策对科技型小微企业免征残疾人就业保障金。

凡是纳入市工商部门小微企业目录系统中小微企业库和科技型小微企业库的经营单位，均可自动享受相应免征缓征扶持，企业无需申请办理。针对上述对小微企业免征缓征收费项目，预计减免金额每年全市约1.6亿元，三年预计共减免约4.8亿元。

（三）突出扶持科技型小微企业

根据省委、省政府领导在江门市调研时提出加大扶持科技型小微企业的讲话精神，结合小微双创示范工作要考核的“小微企业技术合同成交额增长比例、小微企业拥有授权专利增长比例”两个核心指标，突出支持科技型小微企业，推动资源向科技型小微企业转移，增强科技型小微企业自主创新能力，促进其快速发展。采取重点推荐本市科技型小微企业名优产品和服务进入采购目录、将科技型小微企业的产品纳入政府集中采购或者协议供货的范围、在每年政府采购预算执行中统筹确定面向科技型小微企业采购的项目等措施，通过政府采购扶持科技型小微企业发展。

四、点“微”成金，“十个率先”彰显小微企业创业创新精神风貌

江门市重点围绕“小微双创”撬动政府自身改革，通过实行“三就”（收费就低不就高、办事就简不就繁、服务就近不就远），大力营造市场化、国际化、法治化营商环境，围绕让企业“进得来、活得下、管得住”，着力降门槛、降负担、提水平，有效营造公平开放透明的小微企业市场经济环境，推动“十个率先”，激发原动力、形成新功能、推动新经济，为全省、全国积极作改革探索。

1. 率先建立全国首个小微企业和科技型小微企业名录系统。推动小微企业信息的互联互通，并实行动态管理，有效提高政府扶持政策的社会知晓度、透明度和精准度。2015年，已有3.9万多家小微企业纳入小微企业名录系统，816家科技型小微企业纳入科技型小微企业名录系统。

2. 率先探索制定小微双创统计指数。江门市制定出台《江门市小微企业创业创新统计监测方案》，并聘请北大研究团队研究制定相关指数体系，率先探索将小微企业创业创新纳入政府日常统计。

3. 率先推动建立小微双创城市联盟。江门率先主导组建并正式开通“中国小微企业双创示范城市联盟在线”（网址：http：//www.bscities.com、http：//www.bscities.org）以及微信公众号，以此引领15个示范城市的协作交流。同时加强江门小微双创城市与深圳创新型城市合作，推动“大手牵小手”。

4. 率先实行工商登记“五证合一、一照一码”、工商四大业务“同城通办”，率先建设商事主体管理和公示平台，全省首创商事登记“双告知”模式，实现行政审批部门间数据信息归集共享和有效整合，企业办理证照时

限由一个月缩短为五个工作日内。

5. 率先建成跨境电商“单一窗口”，实行关检合一、一站式作业，促使跨境电商爆发式增长。2015年跨境电商出口值高达57.9亿元，在全国地级市里排名第一。同时吸引阿里巴巴全球货源电子商务平台落户，成为全国首批四大合作城市之一。

6. 率先探索打造广东省首个“创客街区”。以珠三角西岸唯一一所以工科为主的多科性教学型地方大学——五邑大学为中心，大力打造“环五邑大学创新经济圈”，通过强化创业教育，发展创客空间，完善创新发展服务体系，串联、服务江门“珠西智谷”、“珠西创城”、“冈州创客”等创新载体，构建“创客街区”。

7. 率先成为广东省唯一的全国小微企业信用体系建设试验区，引入第三方外部信用评级，对于信用记录好、评级高的企业可享受贷款利率和抵押率优惠、信用贷款、直接转贷等。创新“政银保”融资模式，撬动银行放大30倍为小微企业提供增信融资。创新推动江门－澳门跨境金融合作，200多家企业受惠，企业融资成本降低20%。

8. 率先出台涉企行政事业性、经营服务性收费目录和“1＋3”权力清单，2015年为企业减负2.2亿元。

9. 率先推动网信统筹，坚持宁可数据在网上多“跑”几圈，也要让企业和群众少跑一轮，率先筹建网络信息统筹局，统筹分散的政务数据，并整合资源推动“江门信息大道”建设，助力“互联网＋”。

10. 率先建立“邑门式”行政服务中心和“微市长”微信公众服务平台，提高政府服务水平。

（江门市财政局供稿，彭胜荣执笔）

全力推进“三化”　打造便民利民平台

2015年8月，开平市被定为全省基层公共服务综合平台建设试点县（市、区）。开平市财政局全力以赴、理清思路、夯实责任、创新举措，扎实推进基层公共服务综合平台建设试点工作，精准打造市、镇、村三级多功能综合服务平台，将便民服务延伸到基层一线，全力推进“三化”建设（即建设标准化、平台信息化、服务一体化），落实“五个保障”（即组织保障、投入保障、协调保障、督促保障、能力保障），确保试点工作收到成效。

一、推进“三化”建设

（一）推进建设“标准化”，构筑公共服务体系

按照基层公共服务综合平台建设试点工作目标任务和要求，全面完善市镇村三级公共服务平台软硬件建设，确保做到“四个统一”。一是统一服务场所。在进一步完善开平市行政服务中心和镇（街）公共服务中心的基础上，将建设重心向村（社区）下移，按照“一厅五室一栏一场所”的建设标准，通过“原址改造一批、重新布局一批、调整搬迁一批”的方式，完成全市270个村（社区）公共服务站改造升级，基本建成标识统一、设备齐全、制度规范、人员到位的平台服务体系。二是统一审批服务。依托开平市行政服务中心，大力实施行政审批制度改革，积极推行“三集中、三到位”，即部门内原来分散在各个内设机构的行政审批权向一个内设机构集中；将已经集中的行政审批权向首席代表集中；将首席代表向行政服务中心集中。行政审批职能100%向一个内设机构集中到位；行政审批权100%向首席代表授权到位；行政审批事项进驻行政服务中心100%到位。同时，创新并联审批方式，压缩办理时限，大大提高审批效率。三是统一服务事项。全面梳理市、镇（街）、村（社区）三级公共服务事项权责，编列《开平市公共服务事项权责清单》，明确市、镇（街）、村（社区）三级公共服务事项和内容，并编印《开平市公共服务一本通》，在服务平台办事大厅和网上办事大厅公布。其中，市行政服务中心提供540项事项办理，镇级公共服务中心进驻309项服务事项，村（社区）公共服务站以直接办理、代办服务、自助和查询等形式，为群众提供148项服务事项。市、镇、村三级公共服务平台“一站式”办理率达到80%以上。四是统一服务流程。编印《开平市公共服务工作指南》，向群众公开服务内容、服务标准、办事流程、办结时限，方便群众办事，自觉接受群众监督。

（二）推进平台“信息化”，拓展服务群众功能

积极推进市、镇、村网上办事系统连接和业务对接，将便民服务延伸到基层一线。一是市级平台总管。加强网上办事大厅建设，构建便民利民的服务平台。目前，市级进驻网厅事项540项，镇级进驻网厅事项309项，村级进驻网厅事项148项，市、镇、村三级公共服务平台网上申报办理率达到100%，市、镇两级网上全流程办理率达到50%以上。二是推动服务延伸。将网上办事大厅延伸到镇（街）、村（社区），全面开通镇（街）、村（社区）网上办事站，将下放到镇村一级的审批事项部署到开平市网上办事大厅镇（街）、村（社区）办事站。镇（街道）、村（社区）开通微信公众号，与网上办事大厅同步，向群众发布信息、提供咨询。三是建立专网运行。为全市15个镇（街）、270个村（社区）开通网络光纤，打通市、镇、村三级公共服务信息连接。以赤坎镇中庙村为示范点，在全市270个村级公共服务站开通免费Wi-Fi服务，主动适应群众信息化办事需求。四是优化电子村务。依托基层公共服务平台，开发“互联网＋公共服务”的应用模式，实现窗口服务功能最大化。比如，积极推行电子村务，通过网上办事系统将“党风廉政信息公开系统”、“党务工作系统”、“农村‘三资’交易管理系统”等网络平台系统链接到村级平台，实现党务、村务、财务即时公开。五是开通生产生活服务。通过网上办

事系统将“农村信息直通车”等网络平台系统链接至网上办事系统，并在网上办事系统开通生产生活服务功能，为群众提供交通、医疗、气象、农资等信息服务，方便群众及时掌握与生产生活息息相关的资讯信息。

（三）推进服务“一体化”，提升基层治理水平

结合基层公共服务综合平台建设，开平市积极做好“联动”文章，努力形成以城带乡、城乡一体的格局，促进公共服务均等化。一是线上与线下服务相结合。在线上，已实现市、镇（街）有关部门在市网上办事大厅后台逐级审核，并以电子监察系统进行流程监察运行，将办事部门网上办事情况纳入绩效考核；在线下，所需书面材料由镇（街）、村（社区）服务中心统一收集后，送至市、镇（街）公共服务中心，实现线上和线下的无缝对接。二是平台建设与基层治理相结合。根据综合平台的建设要求，开平市将基层组织、村级阵地、农村社区建设等纳入村级公共服务站的建设范畴，合理布置综合调解室、计生服务室以及党务政务宣传栏等。同时，对各部门投向村级的项目和资金进行整合，集中力量提升公共服务站的服务水平。三是推动互联互动建设与完善“一站式”服务相结合。积极创新“一站式”服务理念，结合江门市“邑家园”建设，统筹服务及各方力量，发挥党员义工队伍主力军作用，形成“三社”（社区、社组、社工）联动，“三建”齐动（党建、社建、群建），“三工”互动（党员义工、社工、义工），着力打造公共服务综合平台品牌。四是办事服务与直联工作相结合。市、镇（街）领导干部、驻点团队依托村级公共服务平台和管理网络，主动进村入户、走访群众，为群众解决一批民生问题，进一步密切干群关系。五是为属地群众服务与为外来务工人员服务相结合。通过基层公共服务平台，外来务工人员可与属地群众同等享受就业、就医、交通出行等信息的一体化服务。

二、落实“五个保障”

在实践中，开平市创新思路、紧抓落实，切实做好“五个保障”，推动试点工作顺利进行。

（一）强化组织保障

开平市委、市政府成立市推进基层公共服务综合平台建设工作领导小组，领导小组下设办公室，负责基层公共服务综合平台建设的日常统筹协调工作。各镇（街）相应成立领导小组和工作机构，具体负责本辖区基层公共服务综合平台建设工作。

（二）强化投入保障

整合各有关部门的专项资金，将市、镇两级公共服务平台建设经费列入财政预算；建立村级公共服务平台日常性工作奖补机制，按村（社区）户籍人口每人每年5元进行奖补，共计投入340万元，并根据精准扶贫政策对经济困难的村进行专项补助，为基层公共服务平台建设运营提供经费保障，共计投入521万元。试点工作中，开平市财政资金投入达3 500万元，其中，建设投入1 700万元，设施设备投入1 300万元，运行经费投入500多万元。同时，积极引导社会力量参与公共服务站建设，拓宽社会筹资渠道，鼓励企业资助、社会捐助、个人捐赠，确保村（社区）公共服务站建设顺利推进。

（三）强化协调保障

各级各部门通过紧密协调联系，实现职能部门之间的横向协调和市、镇、村三级的纵向联动，将公共服务事项及办事服务整合到平台，为基层公共服务综合平台建设提供工作支持和技术指导。

（四）强化督促保障

市委、市政府将基层公共服务综合平台建设情况纳入对镇（街）年度绩效综合考核，并且市主要领导牵头带队定期进行督查，落实工作责任，充分调动各镇（街）的积极性和主动性，推动相关问题解决。

（五）强化能力保障

全面调整和整合有文化及计算机操作技能的村（社区）大学生村官136人，计生专干310人，担任（社区）公共服务平台专职办事员。同时，围绕基本业务技能、网上办事技能、综合服务素质、普法宣传教育等专题，分15期对村（社区）公共服务站工作人员进行业务培训，全市共有760余名公共服务站工作人员参加培训，提高工作人员的业务能力和服务水平。

（开平市财政局供稿，司徒卫执笔）

湛江市

积极推进财政投资评审管理体制改革

2015年，湛江市财政局创新思路，通过采取政府购买社会服务的形式，不断提高工程预结算审核质效，积极推进财政投资评审管理体制改革。将财政投资项目具体的预结算评审通过招标交由社会中介力量评审，将财政

预结算审核中心从业务型机构向管理型机构转变，主要负责组织、协调、管理、监督等工作，通过建立“统一组织、统一协调、统一管理、统一使用”的机制，提高评审效率，控制评审风险。共完成评审项目 767 项，送审金额 17.91 亿元，审定金额 15.51 亿元，核减率 13.35%。

一、主要做法

（一）引入服务，建立中介机构库

为较好地把社会技术力量引入到财政投资评审工作中，湛江市财政局建立中介机构库，从中介机构的准入条件和招标、中介机构的使用和管理等方面做出明细规定，强化对中介机构的管理。2015 年 2 月，通过公开招标的方式择优确定 9 家具有乙级以上资质的社会中介机构作为财政投资项目的审核服务机构，初步构建中介机构库。

另外，加强对社会中介业务的培训。实行财政投资管理体制改革后，社会中介机构将成为湛江市财政投资评审工作的主力军，财政部门要及时为社会力量举办政策培训，让评审人员尽快掌握财政投资评审的相关制度、流程、资料、技术要求及湛江市财政投资项目资金管理的相关规定，加快财政评审与社会评审的有效磨合。

（二）公开透明，实行阳光委托

为确保审核任务委托的透明度，湛江市主要采取摇珠方式，制定《湛江市市级财政投资项目委托中介机构审核摇珠抽签管理制度》，按照“公开、公平、公正”的原则，实现阳光委托。一是项目“公开”。摇珠抽签之前，提前一天将委托审核项目的明细及抽签时间和地点在门户网站上进行公示。二是过程“公平”。委托过程实行两轮摇珠，第一轮摇珠确定中介机构抽签顺序代码，第二轮摇珠确定中介机构参与评审的具体项目，两轮抽签均由中介机构代表进行，市财政局有关科室、纪检组、各中介机构代表共同监督全过程。三是结果“公正”。两轮摇珠抽签结果均现场公布，现场核查，各方对结果无异议后签字确认，摇珠抽签的最终结果同时在门户网站上公示。

（三）强化管理，完善监管机制

规范评审流程。认真梳理评审委托环节，查找监管薄弱节点，进一步规范流程，强化岗位责任，建立制约机制，堵塞漏洞。湛江市编制表格系统辅助完善 OA 项目管理系统，该系统可反映项目的接收、安排主审（或委托中介审核、提交初稿）的时间及定案、定案金额等详细信息；项目定案审批表采取逐级审批制，有效确保项目从接收登记至定案归档都处于监控之中。

制定管理制度。制度建设是确保改革顺利推进的重要保障。湛江市从完善内控机制和监管机制方面入手，注重构建健全的监管体系。在内控机制建设方面，进一步完善内部管理制度，对在编人员和外聘工程师统一管理；优化共享系统，加强内部沟通，突出评审技术上的交流；明确岗位职责，设立 AB 角，保证工作正常运转。在社会中介机构的监管方面，制定《社会中介机构参与湛江市市级财政投资项目审核管理制度》，从审核的操作流程、审核实现要求、综合考评标准和奖惩措施等规范中介机构的评审行为，明确双方权利义务，促使社会中介机构制定质量目标、内部质量控制措施，对其出具成果报告的真实性、准确性、合法性、合理性负责，确保评审质量和效率。

完善管理制度建设。一方面，进一步加强对社会中介机构的管理制度建设，在评审方案、报告格式、资料归档、经济指标分析、评分内容和权重等方面进一步改善、优化，规范社会评审行为。另一方面，进一步健全完善财政评审项目委托机制，通过“抓大放小”，财政部门集中精力把好大项目审核的质效，对委托社会中介机构审核的且送审金额较小的项目，财政部门从原来的全面复审改为按比例抽审，并根据抽审情况对社会中介机构进行评价。

（四）严格评价，建立考核制度

对中介机构考核管理采取日常考核和年度综合考核两种方式。日常项目考核是对中介机构已完成的每项工程的审核质量、效率、服务、审核结果和职业道德等情况进行综合评价和汇总；年度综合考核是对中介机构一个考核年度内履行委托合同执行情况、业务水平、工作纪律遵守情况、执行国家有关法律法规情况、企业内部制度建设情况等方面进行综合评价和汇总。评分结果将作为择优选择分配项目、下一个服务期限资格招标加分奖励、委托服务费拨付及暂停或取消摇珠抽签资格的主要参考依据。

严格考核评估社会评审机构。进一步健全完善对社会中介机构的考核评价制度，要将项目完成情况、评审质量（复核情况）、核减率等作为重要考核指标，考核结果要与评审任务分配、下一个服务期限资格等挂钩。

（五）防范风险，推进廉政评审

严格社会中介机构和人员的管理，全力打造廉洁、干净的投资评审环境。委托服务期间，若发现社会中介机构或审核人员有弄虚作假、玩忽职守、徇私舞弊等违规违纪现象，或出现违反诚实信用和投标承诺，谋取非法利益或损害政府利益行为的，一经查实，视情节轻重对其进行扣减委托服务费、减少委托任务、终止委托和不得参与下一轮服务资格投标等处理，造成财政资金损失的，中介机构要承担赔偿责任。触犯刑律的，将移交司法机关处理。

二、主要成效

（一）有效提高评审效率

湛江市财政投资项目持续增多，参与评审的技术力量不足，项目积压问题突出，严重影响财政投资评审的时效性。2015 年实施评审体制改革后，每周至少进行一次摇珠抽签委托，公平公正地将审核项目委托给社会中介机构审核，有效解决项目积压问题，实现提高审核质量和审核效率的良好开端，为财政投资评审机构将工作重点逐步转向投资评审业务管理打下较好的基础。

（二）有效提高评审质量

随着政府投资领域的不断拓展，政府投资已涉及建筑、生态环境、公路、农业等众多领域，亟须补充专业领域的技术人才，通过政府购买社会服务，引入社会技术力量参与财政投资评审，有助于集中专业行业技术精英力量，完善评审技术人员知识结构，进一步拓展财政投资评审工作的深度和广度，提升投资评审的质量。

（三）有效降低财政部门责任风险

通过引入社会力量参与评审，严格考察中介机构资质、执业水平、内部控制和往年的业绩等具体条件，加强对社会中介机构的监督管理，让中介机构对出具的评审报告负法律责任，初步实现财政部门管理职能转变，有效防范及降低财政部门的责任风险，提高财政资金的使用效率。

（湛江市财政局供稿，黄丽云执笔）

积极完善“组财镇管”体制改革

湛江坡头区6个镇（街）共有619个组级集体经济组织。2013年全面推行农村组级会计委托代理工作（简称“组财镇管”），坡头区委、区政府相当重视，区财政局采取多项强有力的措施，至2015年11月，全区已有53个村委会、619个村民小组纳入“组账镇管”范围，纳入管理的村集体资金总额达30 056万元。

一、主要做法

（一）高度重视，措施有力

坡头区成立农村财务管理工作领导小组，由区委领导分管，区财政局负责落实该项工作。区财政局制定《坡头区全面推行组级财务会计委托代理工作实施方案》、《坡头区农村财务会计委托代理工作考核办法》等工作方案。将责任落实到镇（街），由镇（街）“一把手”亲自抓，层层抓落实。区财政局多次组织各财政所长召开“组财镇管”工作会议，局长及局分管领导多次带队下基层抓“组财镇管”工作，了解工作中所遇到的困难并给予指导意见。

（二）完善组财制度，确保有法可依

为进一步规范区农村财务管理工作流程，确保农村财务有章可循、有法可依。2013－2015年，根据省市相关的制度，区财政局拟订《坡头区农村财务管理制度》、《坡头区进一步加强村财镇管工作的指导意见》。各镇（街）财政所也指导各村民小组制定本村《××镇（街）××村财务开支审批管理制度》。制度规定村民小组的日常开支备用金、开支审批权限和标准、干部报酬、差旅费和通信费等补贴标准，开支办公费及接待费审批总额度。通过制定农村财务开支审批制度，做到农村财务开支规范化、制度化、公开透明化。

（三）“送课下乡”服务基层，强化民主理财意识

区财政局在全区分期分批开展“送课下乡”活动。对村（社区）“两委”干部、村民小组组长、民主理财成员等人员进行培训教育。培训课程内容包括完善村账委托代理记账机制、加强现金与银行存款管理、规范财务报账流程、提高村级民主理财水平及村干部违规典型案例分析等六部分。以此提高村会计人员业务素质能力和强化村干部民主理财意识。

（四）搭建农村资金监管平台，创新资金监管模式

在六个镇（街）财政所搭建农村集体资金监管平台（属于“三资监管平台”其中一部分），平台将农村财务管理全部纳入平台统一管理，构建“统一平台、统一标准、规范管理、实时监管”的农村集体资金监管新模式。重点解决农村三大问题：一是实现农村财务处理规范，减少农民经济纠纷；二是实现农村财务公开化、透明化，加强农村财务监管力度；三是提高财政所代理记账的效率与水平。

（五）建立财务公开栏，打造“阳光账务”

由区财政局统一安排资金帮助条件成熟的村民小组建立财务公开栏。财务公开栏包括财务计划、各项收支、支农惠农资金、财务报表栏。财政所每月及时将农村财务收支、财务报表公布在财务公开栏，方便群众查阅与监督。

（六）建立“组财镇管台账”，实时监控工作进展

为及时、准确了解各镇（街）组财镇管工作的开展情况，区财政局农财办建立《坡头区组财镇管动态表》，同时各镇（街）相应建立《×××镇（街）组财镇管进度表》，两个表格统称为“组财镇管台账”。台账及时反映出各村民小组完成情况及存在的问题，对于未完成的剖析其原因，并采取得力的相应措施。

（七）奖罚有力，定期通报考核

坡头区制定《坡头区农村财务会计委托代理工作考核办法》，考核办法拟订每月各镇（街）的“组财镇管”完成目标，并设置了奖励方案，奖励分目标奖、数量奖、超额完成奖。通过考核办法有力促进各镇（街）的积极性，形成良好的竞争态势与良好的氛围。为激励先进、鞭策后进，实行一周一通报、一月一考核的制度。对完成任务的镇（街）进行通报表扬并奖励，同时对没有完成月度目标任务的镇（街）进行相应的通报批评。

二、主要成效

通过“七项措施”，坡头区“组财镇管”工作形成上下联动层层推进的良好局面并取得良好实效。主要体现在以下“三个转变”：

（一）农村财务实现由“糊涂账”向“透明账”的转变，促进了农村财务规范化管理

实施“组财镇管”前，农村财务成糊涂账，集体资金进村干部个人的腰包，导致农村纠纷不断。实施“组财镇管”后，农村组级财务统一纳入

会计委托代理范畴，财务收入凭专用收据统一入账，财务开支凭原始凭证，由村负责人审核同意，最后由财政结核中心按财务管理制度审核报销，这种财务管理方法，使村干部不敢坐收坐支、随意开支，甚至开白条报销，有效地控制了村级财务混乱现象。通过会计代理委托，规范了农村财务收支规范化、透明化。

（二）群众实现由“猜疑”向“信任”转变，增强村干部的威信

实施“组财镇管”前，只是个别村干部作风不正，但大部分村干部还是廉洁为民的。但由于村财务无法公开透明，导致群众对村干部误解与猜疑。实施“组财镇管”后，村每一笔收支一清二楚，并且财务由财政所监管，做到公开透明。凡涉及群众切身利益的事，群众就清楚明白，群众也消除了误解与猜疑。

（三）干群关系实现由“疏”向“亲”转变，夯实基层政权的群众基础

实施“组财镇管”前，由于大多数交易项目管理混乱，损害集体利益行为时有发生，老百姓请求诉求的现象不断发生，造成干群关系紧张，干部形象受到一定的损害。实施“组财镇管”后，如一道闸门，截断某些想乱来的村干部的非分之想，使村干部不至于犯傻、犯错甚至犯罪，让其清清白白做村官，踏踏实实为群众办实事，不仅保护了干部，也拉近了干部与群众的关系。

（湛江坡头区财政局供稿，林琳执笔）

茂名市

进一步加快财政支出进度

2015 年，为贯彻落实中央和省关于加快财政支出进度，提高资金使用效益，推动中央和省稳增长系列政策措施落地生根，茂名市财政部门采取六项有力措施，进一步加快财政支出进度。

一、严格执行“三挂钩一通报”制度，提升财政支出效率

优化资金审批拨付流程，及时将预算资金下达各单位，提升财政支出效率。制定并严格执行“三挂钩一通报”制度，即市级财政专项资金管理办法、转移支付资金管理办法、县区资金拨付管理办法和财政支出通报制度，通过将财政支出进度、存量资金与区（县级市）转移支付、库款调度以及市直部门资金安排挂钩的机制，督促各方面加快支出进度。逐项排查支出进度慢的支出清单，深入分析未能下达资金的原因，采取针对性较强的改进措施。全市财政支出平均执行率 85.8%，排全省第 1 位；高州市财政支出平均执行率 106.2%。

二、压减一般性支出，配套落实民生实事资金

严格压减公用经费和控制“三公”经费支出，腾出财力空间保障民生实事支出。全市民生类支出 285.42 亿元，增长 32.32%，占全部支出的 82.31%，其中教育支出 90.13 亿元，增长 13.5%；文化体育与传媒支出 3.11 亿元，增长 32.6%；社会保障和就业支出 50.78 亿元，增长 11.6%；医疗卫生与计划生育支出 41.87 亿元，增长 41.9%；节能环保支出 4.67 亿元，增长 83.2%；农林水支出 36.43 亿元，增长 71.3%；交通运输支出 40.54 亿元，增长 103.8%；住房保障支出 9.27 亿元，增长 58.3%。全市落实省十件民生实事市县级配套资金 31 亿元，完成全年预算的 164.2%，拨付进度连续三年排名全省第 1 位。

三、加强专项资金管理，清理盘活财政存量资金

严格执行《茂名市市级财政专项资金管理办法》，严格控制和规范专项转移支付设立，对零星分散、使用方向类同、支持对象相近的专项资金进一步予以归并，对连年结转、不符合社会经济发展实际情况、效益低下、支出结构有待优化的项目予以及时调整和取消。严格执行《茂名市财政结余结转资金管理办法》，进一步对存量资金进行清理，结转两年以上的资金一律收回由政府统筹。全市清理财政存量资金 70.19 亿元，盘活使用资金 10.75 亿元，统筹用于城市基础设施建设、铁路公路建设、重大水利工程等重点领域。

四、严格执行新《预算法》，加快转移支付资金分配拨付和使用

茂名市属于财力困难地区，财政支出对上级转移支付的依赖程度较大，上级转移支付占茂名市支出的 6 成以上，加快上级转移支付的分配拨付和使用对茂名市财政支出进度的影响非常大。市级财政部门严格执行新《预算法》关于预算资金下达时限，加快

转移支付资金分配拨付和使用，在确保资金安全的前提下加快资金分配拨付速度。2015年茂名市共收到的中央、省转移支付收入235.72亿元，年初提前下达民生转移支付资金给区（县级市），通过严格执行财政专项资金管理办法、转移支付资金管理办法、县区资金拨付管理办法和财政支出通报制度，规范转移支付的分配、拨付、使用、管理、监督等流程，既保证了资金安全，又加快了资金分配拨付速度，切实提高了财政资金使用效率。

五、简化拨款审批程序，切实提高办事效率

按照新一轮简政放权和“三严三实”专题教育的要求，严格执行局制定的《关于进一步优化内部办事程序提高行政效率的实施意见》和限时办结制度，在确保资金安全的情况下，简化经市人大审议通过的部门预算公用经费和无须进行再次分配拨款事项审批程序，并在季度初或月初集中办理人员工资、公用经费等正常拨款，严格按照要求在一个月内下达上级一般性转移支付资金。遵循“急事急办、特事特办”的原则，及时启动紧急拨款程序，建立应急资金拨付“绿色通道”。

六、强化责任落实，建立健全财政支出长效制度

强化责任落实，按事权和支出责任相适应原则明确市县支出责任，加大考核和责任追究力度。各地各部门从践行“三严三实”的高度，进一步明确支出职责，把支出责任层层落实到各级各部门，确保到位见效。按照“三挂钩一通报”制度，建立市县支出进度与转移支付挂钩办法、市县库款规模与资金调度挂钩办法、绩效考核与财政资金安排挂钩办法以及市县级财政部门支出进度通报机制。建立跨年度预算平衡机制，提高年初预算编制精准性，探索建立完善省以下事权和财政支出责任相适应的制度。

（茂名市财政局供稿，蔡茂彬执笔）

探索运用PPP模式　建设引罗供水工程项目

茂名市水东湾城区引罗供水工程PPP项目是支撑茂名市滨海新区“三大平台”水资源保障和优化配置的重要民生基础设施项目，是解决茂名市向南向海发展战略中水资源短缺瓶颈的关键性工程。2014年作为电白区财政局入选全省PPP推介会的项目，行业领域为供水，被列为财政部示范项目。由引水工程和配水工程两部分组成，工程概算总投资为10.89亿元。项目建成后，主要提供水东湾主城区能喝上天然弱碱性（pH值7.2～7.4）自来水。

一、主要措施

（一）加强制度建设，让PPP项目有章可循

电白区高度重视PPP模式推广工作，及时将《财政部关于进一步做好政府和社会资本合作项目示范工作的通知》、《关于做好我省政府和社会资本合作项目推介和财政部备选示范项目申报工作的通知》、《关于协助做好财政部政府和社会资本合作（PPP）示范项目督导有关工作的通知》等文件下发给区有关单位、区各财政所、区城交投集团，按照文件要求组织相关单位上报PPP项目。

（二）健全机构，确保PPP建设有序进行

为推进电白区水东湾引罗城区供水工程PPP项目，区委办印发《推进茂名市水东湾城区引罗城区供水工程建设工作方案》，成立茂名市水东湾城区工程建设指挥部，指挥部下设十个工作组，分别是综合协调组、用地调规组、实地放线组、补偿协调组、征地拆迁组、施工协调组、维稳安保组、宣传发动组、后勤保障组、跟踪督查组。综合协调组组长由华翠区长兼任，各有关单位主要负责人为成员。

（三）完善工作机制，保障PPP建设落实到位

针对PPP项目建设，由电白区指挥部牵头定期召开项目建设工作会议，做到政府方、社会资本方、工程方三方信息通达，项目工程每推进一步都做好沟通。

（四）对接社会资本，保证资金按时到位

电白区在全省推介会前就与社会资本方北京首创公司积极磋商对接，会后又积极与其沟通协商，保障社会资本方资金按工程进度按时到位，截至目前已经到位资金7 200万元，对接情况较好。

（五）构建录入平台系统，建设情况实时跟踪

电白区财政局按照财政部要求，对接录入系统平台，积极使用，已经将茂名市水东湾引罗供水工项目的发起阶段、采购阶段资料全部录入财政部，并确认提交，使项目由部到县都可以实时跟踪，监督进程。

二、主要成效

在电白区财政局多方面努力下，保障水东湾城区引罗供水工程项目进展顺利。2014年底完成项目可研和立项批复，并开展物有所值和财政承受能力初步评估工作，初步通过物有所值和财政承受能力论证。2015年3月27日，该项目在广州公共资源交易市场公开招标，北京首创股份有限公司和中国水利水电第八工程局有限公司组成的联合体中标；8月26日，区政府与中标人在区委小会堂正式举行该PPP项目合同签约仪式；10－11月，茂名首创水务有限责任公司将前期特许经营权益金、可研阶段设计费、征地拆迁资金支付到区财政专项账户，

设计监理单位、茂名首创水务有限责任公司与区政府三方签订完成设计单位的初步设计、施工图合同及监理合同，施工组织方案及计划进度表、茂名首创水务有限责任公司与中国水利水电第八工程局的人员配置架构、联系表送区 PPP 指挥部办公室。

截至 2015 年底，被征土地已开始丈量，群众已确认并签协议 400 亩，占总任务的 32%。全线应迁坟 214 穴，已迁（含已登记并领取补偿款的）85 穴，占总任务的 40%。征地（含青苗）补偿款、设计费、特许经营费等已到位 7 200 万元。沙琅泵站和占鳌水厂已完成“三通一平”，占鳌水厂的临时建筑搭建完成 40%。

（电白县财政局供稿，刘光纯、梁华执笔）

肇庆市

五位一体　五力齐发　打造财政资金监管新体系

2015 年，肇庆市财政局深入贯彻省、市有关决策部署，认真落实反腐倡廉责任，紧扣财政职能，创新工作思路，以强化财政资金监管为重点，努力构建集预算编制、执行、监督、绩效和公开“五位一体”的财政资金监管新体系，为管好用好政府“钱袋子”，促进党风廉政建设提供有力保障。

一、细化预算编制，力抓资金源头管控

推进三个“全部”，从预算编制源头上强化财政资金管理：通过编报公共财政、政府性基金、国有资本经营和社保基金全口径预算，把全部政府收支按法定程序纳入人大监督范围；通过实行综合预算，将预算单位全部收支纳入部门预算统筹安排使用，在此基础上，逐渐将各单位结余存量资金，经过甄别后重新进行安排，进一步加大资金统筹力度；通过推行零基预算，除人员支出和公用经费实行定员定额供给以外，全部项目支出细化到具体项目内容，改变以往“基数 + 增长”的预算分配模式，减少预算单位在资金使用上的自由裁量、二次分配，以及由此产生的管理风险。

二、规范预算执行，力保资金安全运行

从三个方面打造财政资金“安全运行通道”：一是严格资金拨付审核，通过健全市本级财政资金拨款管理办法、市级财政专项资金管理办法等制度，规范细化资金批拨和管理程序，对每一笔资金都做到审核依法依规、批拨有理有据。二是发挥直接支付优势，进一步扩大财政资金直接支付范围，凡在一般公共预算、政府性基金预算、国有资本经营预算及非税收入财政专户安排的政府采购及基建资金，分别通过财政零余额账户、国资收益及非税收入财政专户直接支付，进一步提升财政资金运作安全保障。三是减少现金支付使用，制定落实公务卡强制结算目录，大力推行公务卡结算，国库集中支付系统增加公务卡管理模块，全面提高市直公务卡使用率，为加强监管创造条件。

三、加强预算监督，力推资金重点检查

主要从三个方面为规范财政资金管理和落实党委政府决策部署保驾护航。一是增强监督时效性。建立预算执行实时在线监督系统，人大、纪委监察、审计部门通过联网系统可以实时对预算支出进行监督，便捷、动态、直观、及时地解财政资金流向情况，加强预算监督。二是推动检查常态化。制定财政专项资金常规性监督检查等工作方案，结合中央省市重点工作部署，对涉及党委政府安排重点、群众利益热点和社会关注焦点的财政专项资金进行重点检查。2015 年组织对包括县乡公路建设、社会主义新农村建设等 20 多项共 26. 91 亿元专项资金进行自查和重点检查，对发现问题督促落实整改，对违规行为进行严肃处理。三是强化会议费及“三公”经费监管。深入落实党政机关和事业单位会议费、差旅费管理办法，加大监管力度，2015 年全市实际开支会议费和“三公”经费同比下降 18. 93%。

四、推进预算绩效，力求资金最大效用

主要从资金安排前、后两个关口推进绩效改革：在资金安排前，实施预算绩效目标申报。在预算编制过程中，对单位申请 50 万元以上的专项资金，全部要求进行预算绩效目标申报。为使绩效目标评审更加科学，2015 年对 2. 75 亿元的重点项目资金引入第三方专家评审，并邀请人大、政协、纪检和审计等单位进行现场监督。在资金安排后，对项目实施情况，特别是绩效目标及有关管理政策法规的落实情况实行绩效评价，评价结果直接作为以后年度预算资金安排的参考依据。通过一前一后两个绩效管理关口的设置，转变预算单位以往对财政资金“重争取、轻绩效”的观念，促使相关单位按实际情况申报，注重资金使用绩效。

五、扩大预算公开，力促资金阳光透明

以全口径、全公开、全透明为目标，落实政府信息公开要求。一是扩大公开范围。坚持“公开为常态、不公开是例外”，在公开一般公共预算收支、政府性基金预算、国资经营预算、社保基金预算四大预算以及“三公”经费预算的基础上，将一般性转移支付预算、中央和省转移支付提前下达县（市、区）明细情况也纳入公开内容。二是统一公开渠道。明确政府及部门门户网站为预决算信息公开的主要渠道，并要求市直各预算单位的预决算信息保持长期公开状态，在政府网站上设立专栏，对市直各部门公开网址进行统一衔接，方便市民查阅监督。三是明确公开责任。要求预算单位要落实好各自部门预决算公开的主体责任，认识到预算公开不仅是财政部门的工作，更是各部门单位的责任，没有按规定落实公开，将要承担相应的法律责任，推动预算单位由被动公开向主动公开转变。

（肇庆市财政局供稿，林军强执笔）

全面推进县、镇、村三级基层公共服务平台建设

2015年，德庆县被确定为全省推进基层公共服务综合平台建设试点县，县委、县政府高度重视，由县长亲自抓，严格按照省委组织部、省财政厅提出“要在推进基层治理、服务群众上，为全省探索出可借鉴、可复制的成功经验”的要求，积极推进基层公共服务综合平台建设。德庆县财政局严格按照“五统一”“八有”要求，牢牢抓住创建“一门式一网式”服务这一关键环节，投入8 285万元，结合德庆县实际，完成县镇村三级公共服务综合平台建设，真正实现群众足不出村就可办成事，全县群众对该项工作十分满意。

一、主要做法

（一）高标准筑平台

一是升级改造村级“五全”服务站。德庆县依托农村基层组织建设村级“五全”公共服务站，先后投资8 285多万元，进一步完善升级改造成村级公共服务站，所有的村级公共服务站均建设在村委会办公楼一楼，统一配备高端办公设备和专职协办员。德庆县不仅注重围绕方便群众办理人口计生、社保医保等政务服务事项，同时注重围绕为满足群众提供订购车票、农副产品销售、信息查询等与群众息息相关的生产生活事项，创建农村电子商务、乡村助农取款点等载体。全县193个村（社区）公共服务站能为群众提供78项代办行政审批公共服务事项、9项农村生产生活类事项和3项组织运作类事项。整合升级后的村（社区）公共服务站实现向析网上信息查询、业务办理、投诉举报等“一站式”服务功能，群众可以多层面、全方位了解党务村务等公开信息。

二是整合镇级综合服务中心。德庆县依托镇级国土楼、人社楼的场所优势，严格按照省财政厅的标准进行改造，投入1 325万元，打造镇级综合服务中心，每个镇级综合服务中心服务大厅均超过200平方米，分别设置4个综合服务窗口，将镇级七所八站全部整合，实现“一门式一站式”服务。镇级综合服务中心能为群众办理文化体育、卫生计生等93项公共服务事项。

三是扩大县级综合服务中心。原德庆县行政服务中心不足300平方米，仅15个部门进驻，大多不能现场办理业务，这既不能满足群众需要，也不符合试点工作要求。为此，德庆县投入4 960万元，将原科教信息大楼改造为县综合服务中心，总面积5 182平方米，户外停车场占10 960平方米，中心业务厅设五个办事大厅，一个多功能厅，严格按照省里提出的“应进必进”的要求，将全县50个部门进驻中心设98个窗口，共能提供815项服务事项。县镇村三级平台建成后实现互联互通，农村群众办理公共服务事项可通过村级平台上传“线上办理”和村级代办实现足不出村就能办理所有事项，县、镇居民不用多跑部门就可直接到县镇综合服务中心一次性申请办理业务。

（二）建机制促长效

一是强化组织领导。成立由县长任组长，县纪委书记、常务副县长、组织部部长任副组长，相关职能单位负责人为成员的工作领导小组及其办公室，统筹推进县镇村三级综合服务中心（站）建设。各镇村和县直单位分别由“一把手”担任公共服务平台建设第一责任人，为扎实有序推进基层公共服务平台建设奠定坚实基础和有力保障。

二是强化资金保障。县财政优先安排基层公共服务综合平台建设资金，每年都将县镇村三级平台人员管理、平台网络、设备维护及日常运行经费列入县财政预算。

三是强化人员到位，为解决县镇村三级平台工作人员不足，特别是部分村干部电脑操作水平不高等问题，德庆县采取政府向社会公开招聘方式，共聘请县镇村三级平台协办员320名，协办员工资待遇由县财政统筹解决，列入县财政预算，同时通过建立专门人才库、落实定期培训制度等，保证各级工作人员具备专业技术和专业知识。

四是强化监督落实。县纪委监察局联合有关建设单位，通过日常网络巡查、现场检查等方式，及时发现问题，加强跟踪督办。同时充分发挥“政民互动”栏目的作用，建立健全民众意见办理运行机制，一旦收到公众留言，将依据相关政策法规认真予以办理，并及时作出回复，确保“事事有回音，件件有落实”，确保平台“办好、用好、群众评价好”，不走过场。

（三）推进工作流程规范化

统一规范县镇村三级公共服务的

内容和项目，编列公共服务权责清单、公共服务事项清单、工作指南和基层公共服务基本目录，建立标准化的外部办事流程和内部内控规程，并在三级公共服务平台大厅公布，为群众提供规范、便捷、高效的公共服务，实现基层公共服务规范化。县镇村三级综合服务中心（站）分别制定一次性告知制度、服务承诺制度、限时办结制度、首问责任制度、行政审批责任追究制度、审批流程标准化要求等窗口办事规范化制度，以及考勤制度、行为规范、文明用语、廉政建设制度等窗口工作人员制度，强化制度执行监督检查，实现以制度管人管事，推动县镇村三级综合服务中心（站）工作流程规范化、制度化。

（四）积极发展服务网络信息化

县镇村三级综合服务中心（站）统一使用电信运营商光纤带宽，与县网上办事大厅有效链接，并实现互联互通和网上办事功能，确保基本公共服务在“线上服务大厅”与“线下服务中心”无缝连接。在线下，办理服务事项所需书面材料由村级公共服务站统一收集后发送至县镇综合服务中心；在线上，县镇两级相关职能部门在县网上办事大厅后台逐级审核城乡居民申请的办理事项；事项办结后，通过县镇村三级服务平台，逐层回传给办事群众，实现服务流程信息化网络化无缝对接。

二、主要成效

（一）提效率促服务

德庆县将与群众密切相关的审批事项统一进驻到县综合服务中心服务窗口“一站式”办理，镇综合服务中心服务窗口“一门式”办理，并在村级公共服务站全面实行公共服务代办制，依托信息审批系统，“让数据‘多跑腿’，让群众少走路”，服务群众从“由下而上”转变为“由上而下”，让群众享受到更全面、更便捷、更高效的服务。改变过去山区农村群众很多审批服务事项要到县城亲自办理，需从村里坐车到镇里，再到县里。并且，因不熟悉办事程序、资料准备不齐全等，还要往返县城多次，跑多个部门。企业办证也要多次往返职能部门，一件事情办下来，要花费大量时间和金钱。特别是在平台上增加群众生产生活类服务事项，使群众在家里就可通过互联网解党务村务信息、销售农副产品等。县镇村三级公共服务平台能使农民办事半径由“公交车程”缩短到“步行距离”、“零距离”，有力解决山区农村办事难问题，基本实现“企业办证不出门”、“农民办事不出村”。2015年，德庆县三级公共综合服务平台网上累计收件5 249件，办结5 158件，业务办结率达98%以上，其中镇村便民服务站累计收件3 215件，办结3 085件，办结率达96%以上。

（二）服务内容多样化

村级公共服务站在全面实行行政审批服务事项代办制基础上，进一步拓宽服务范围、完善服务内容，既可直接为村民代办城建规划、民政事务、农业、林业、社会保障、计生、国土、工商、户籍等行政审批服务事项，也可通过电子商务为村民提供代购代销农副产品、代购机票和高铁票等与生产生活息息相关的公共服务事项。同时，通过县镇村三级综合服务中心（站）信息平台，可即时查询个人信息、党务村务财务、惠民政策、农技服务、医疗服务、法律援助、农村金融以及出游出行等信息，群众在家门口就能享受高效便捷的公共服务，有效解决服务群众“最后一公里”问题。

（德庆县财政局供稿，李文钊执笔）

清远市

深入实施广清一体化战略　广清公积金互贷先行

围绕“广州所需”和“清远所能”明确发展定位，统筹城市功能，配置发展资源，积极承接广州部分城市功能转移，加速形成一体化的有机联系和内生动力。广清住房公积金互贷项目正式启动，实现了住房公积金广清两地互贷购房，加快推进了广清一体化战略的进展。

一、主要做法

（一）借鉴珠三角经验，确定广清互贷合作框架

2009年，珠三角八城市签订协议启动公积金异地互贷，使总部在广州但派驻珠三角其他7座城市的员工，也可用广州公积金在派驻地购房。2013年5月，原协议到期，虽然公积金异地互贷目前进入空窗期。但是现公积金贷款政策仍需继续优化，适时推出公积金贷款贴息政策，让更多职工可以享受到公积金制度带来的便利非常必要。2015年，职工无论在珠三角互贷范围的任一城市缴存公积金，

只要公积金连续缴存达到要求，在其他互贷城市买房，都可向房子所在城市的公积金管理中心申请公积金贷款，具体参照当地的申请贷款政策办理。广州、清远两地住房公积金互贷参照珠三角八城市公积金异地互贷项目经验，确定广清互贷合作框架，到清远置业的广州市民在金融方案上将有更多的选择。广州、清远两市实现住房公积金互贷有力地促进了广清一体化进一步发展。

（二）明确适宜人群，实施广清公积金互贷项目

2015年7月24日，清远市住房公积金管理中心与广州住房公积金管理中心签订广清住房公积金互贷项目协议。根据广清公积金互贷新政，两类人群可申请广清跨地区贷款，一类是在广州连续足额缴存住房公积金6个月（含）以上，拥有清远市户籍或实际派驻清远市工作，在清远市购买自主住房且在清远市没有住房的职工；另一类是在清远连续足额缴存住房公积金6个月（含）以上，在广州市购房且购房时提供购房之日前5年内在广州市连续缴纳3年以上个人所得税缴纳证明或社会保险缴纳证明的职工。此外，清远市住房公积金缴存职工到广州市购房则按照广州住房公积金贷款的相关规定办理，同时，也要符合现行的“穗六条”购房限购政策。

（三）明确额度和首付，助力广清两地市民置业

在额度问题上，根据广清住房公积金互贷规定，广州缴存职工在清远贷款购房的贷款额度为：一人申请住房公积金最高贷款额40万元，夫妻双方最高贷款额50万元。而清远缴存职工在广州贷款购房贷款额度为：一人申请住房公积金最高贷款额50万元，两人或两人以上最高贷款额80万元。在首付问题上，两地均规定购买首套自住住房的最低首付比例为20%；拥有一套住房但无贷款记录或已结清相应购房贷款的，最低首付款比例为30%；拥有一套住房但未结清相应购房贷款的，最低首付款比例为40%。

二、主要成效

截至2015年6月底清远市公积金缴存余额54.58亿元，公积金贷款累计余额47.61亿元，存贷比为87.23%。2015年上半年全市公积金贷款5亿元，同比增15.26%，市直同比增幅更大，高达44.5%。市住房公积金管理中心表示，伴随着跨地区就业人员的置业增加，广清两地公积金贷款率将出现不同幅度的增长，广清两地公积金的存量得到盘活，公积金的使用率和流通率将得到进一步提高。

住房公积金启动广清住房公积金互贷业务，逐步扩大覆盖范围、放宽贷款条件，将有力地支持广清两地市民的购房需求，更好地发挥住房公积金的社会效益，使更多两地跨地区购房置业的市民享受住房公积金的实惠，使广清两地城市之间公共服务融合更加深入，并将积极推进广清一体化战略的发展。

（清远市财政局供稿，侯长虹，余薇薇执笔）

积极探索推进基层公共服务综合平台建设

为推进清远市基层公共服务综合平台建设工作，清远市财政局积极按照广东省财政厅《广东省推进基层公共服务综合平台建设工作方案》的及相关工作会议精神，大力推进平台建设工作。

一、主要措施

（一）快速响应，积极谋划

迅速启动试点县平台建设工作。清远市阳山县作为全省八个基层公共服务综合平台建设试点县之一，为及时落实省的试点建设任务。2015年7月31日，在省召开动员会议后的第二天，清远市财政局就在阳山县黎埠镇鲁塘村举行阳山县基层公共服务综合平台建设启动仪式，全面启动平台试点建设工作。

认真做好县市的政策指导工作。为确保省动员会议精神得到充分贯彻落实，清远市财政局多次在各种会议上传达省的会议精神，并提出贯彻意见。同时，结合清远市的实际情况，清远市财政局迅速制定印发《清远市基层公共服务综合平台建设工作实施指导意见》，指导各县（市、区）开展平台建设工作。

积极开展非试点县前期准备工作。一是摸底调查非试点县服务平台现阶段整体情况，为下阶段全面铺开建设打下坚实基础；二是非试点县做好平台建设成本测算，安排落实财政资金，切实保障好平台的建设与运行；三是借鉴阳山县试点建设经验，结合本地区实际情况，探索制定平台建设具体实施方案。

（二）建章立制，完善制度

建立完善各项规章制度。阳山县作为清远市平台建设试点县，经过市、县两级的努力，制定县综合服务工作规定、乡镇综合服务中心岗位责任制等32项制度，形成科学合理的长效运行机制。

按照权责统一、便民利民的要求，全面梳理面向群众的公共服务事项，形成公共服务事项清单。到2015年底，共梳理出县级公共服务事项327项、镇级公共服务事项84项、村（居、社区）级职责事项135项（其中：公共服务事项78项，其他职责事项57项），并根据公共服务事项清单完成事项目录和指南编制工作。

（三）保障资金落实

认真测算资金需求，落实资金保障。在平台建设运行财政投入压力大的情况下，为建立健全公共服务综合

平台的经费保障机制，清远市财政局进行广泛调研，深入阳山县镇、村一级了解掌握平台建设成本及运行经费的需求情况，并广泛听取县、镇、村各级对平台建设、运行经费保障方面的意见及建议，测算基层公共服务综合平台建设工作市级配套资金需求，积极筹措安排资金。

完善经费保障机制。清远市财政局将进一步测算细化基层公共服务综合平台建设工作市级配套资金的具体组成，安排平台建设市级补助资金，确保经费保障机制更加精细化、科学化。

二、主要成效

根据省财政厅《广东省推进基层公共服务综合平台建设工作考核验收办法（征求意见稿）》的文件精神，清远市财政局充分结合省工作要求的同时，结合地方实际情况，积极研究制定平台建设市级考核验收办法，2015 年 12 月，顺利完成市级验收工作。

4 个试点镇（黎埠镇、青莲镇、阳城镇、江英镇）综合服务中心、72 个村级公共服务站已全面完成升级改造，截至 2015 年底，剩余的 9 个镇级综合服务中心、95 个村级公共服站完成升级改造。

2015 年 8－12 月，试点镇通过综合服务平台共为群众办事 5 755 宗，试点村（黎埠镇鲁塘村、阳城镇范村及江英镇大桥村）通过平台共为群众办事 979 宗。群众需办理的事项通过网络系统运转，办事时间比原来缩短 1/3，大大提高了办事效率，群众满意率高达 100%，解决了服务群众“最后一公里”问题，进一步密切了干群关系。

总结阳山试点建设经验，推动全面铺开建设工作。一是完成 2015 年的试点建设任务后，对阳山试点工作进行认真总结研究，吸取试点建设工作中的经验教训，探索出一套可复制推广的好做法、好模式，指导其他县（市、区）开展平台建设工作。二是为确保全市范围内全面铺开平台建设工作，清远市财政局加强对各县（市、区）的督导工作，督促各非试点县做好前期准备工作，形成县区工作方案及工作计划，确保平台建设工作得到有效落实。

（清远市财政局供稿，刘志飞执笔）

潮州市

实施精准扶贫战略　推进县域经济发展

饶平县是广东省开展“双到”扶贫开发工作的重点县。根据省委、省政府的部署，全县认真行动，落实“靶向疗法”，定村定户，定责定人，建立驻村帮扶制度，强化帮扶责任追究。县财政部门积极挖掘资金潜力，科学统筹财政资源，切实增加财政扶贫投入，并建立健全资金管理制度，着力加强财政资金监管，全力支持解决好贫困村脱贫的问题。由于第一轮“双到”扶贫尚存在一些问题没有得到解决，贫困农村自然生态资源和条件得不到充分利用，发展仍然遭受瓶颈制约，部分贫困户也缺乏稳定的收入基础，自我发展能力差，这些都制约农村的进一步发展。第二轮“双到”扶贫开展，饶平县认真总结经验，按照省的统一部署和要求，从科学谋划入手，瞄准对象，突出关键环节，把扶贫重心进一步下移。尤其在财政扶贫资金的分配和管理上，加大检查监督力度，最大程度发挥财政扶贫资金的引导带动作用，保障全县扶贫工作各项任务的完成和重要帮扶项目的落实。

一、创新资金使用机制，助推农村经济发展

第二轮“双到”扶贫，全县有重点帮扶村 40 个，涉及重点帮扶户 1 050 户。这些贫困村不仅位置偏僻，自然村落分散，生产和生活条件非常落后，村集体收入和村内贫困户经济状况也相当差。为推动贫困村和贫困户加快发展，有效增加收入，全县从加强产业调整和引导入手，积极做好产业规划，按照因地制宜、精准选择、项目优先的原则，将部分适合农村开展的中小项目向山区尤其贫困村转移。县财政部门主动参与项目的制定和评估、评审工作，积极配合全县扶贫开发，并通过财政政策和争取上级资金进行扶持，充分发挥政府财政在扶贫开发工作中的重要作用。2015 年，全县 40 个重点帮扶村共投入产业帮扶资金 2 970 万元，每村均投入 70 万元，开展产业帮扶项目 110 项，新培育省级扶贫农业龙头企业 2 家。40 个重点帮扶村均成立了农民专业合作社，参与村合作社的贫困户 872 户，占全部帮扶户的 83%，带动一批劳动力在家就业。2015 年，重点帮扶村年均集体经济收入 8.42 万元，贫困户家庭人均收入 8 347 元，2014 年度增长 60.3%。不仅为贫困村带来了稳定的收入来源，也为贫困农户劳动力创造了就业机会，促进了农民增收。

二、注重资源科学利用，实施多元综合扶持

饶平县第二轮“双到”扶贫对象主要分布在北部山区。不仅地域偏僻，人口分散，贫困程度也较为严重。为帮助这部分贫困村的贫困人口解决生活困难问题，饶平县认真调整工作思路，加强科学论证，对分布在各镇的贫困户进行详细比对，多方面落实帮扶行动。一是按照区域和传统生产习惯，制定具体的帮扶措施和产业扶持项目，着力引导贫困户发展生产。与此同时，县财政部门认真跟进，积极做好资金规划和落实工作，确保扶贫资金及时到村到户，发挥财政帮扶资金的最大效益。2015 年，全县投入财政扶贫专项资金 2.17 亿元，覆盖全县 1 050 户贫困户。支持贫困村和贫困户一大批农业和种养业发展项目，有效拓宽了农村经济收入的来源，促进了贫困户增收。二是强化对民生领域的保障与扶持。积极推进贫困村村委办公场所、文体活动场所，以及农田水利设施、村道等基础设施和贫困户危房的改造与建设。同时，加大对保障民生的投入，建立财政民生投入增长机制。按照民生优先、低保兜底的要求，将贫困村内符合低保条件的贫困户、五保户全面纳入最低生活保障，并为贫困户办理了城乡居民基本医疗保险，确保了民生保障政策和资金的全面落实。

三、建立管理制度机制，强化财政资金监管

扶贫资金是否落实、符合安全使用要求，直接关系着扶贫目标、任务的完成。饶平县在第二轮“双到”扶贫开发工作中，认真总结经验教训，突出资金管理这个重要环节，着力加强制度建设，严格项目审批，并建立健全资金从分配落实、使用到项目验收等各个关键节点的检查监督，确保省、市、县财政扶贫专项资金落到实处。一是深化对扶贫项目的立项和审批手续。各帮扶村提交的开发资金项目，在完成初审并经过村民代表大会表决后，逐级报所在镇政府和县扶贫办及财政局联合审查，经过论证和评估，同意立项后再由县安排资金，并按计划下达和完成进度拨付，保证扶贫专项资金分配使用流程的科学性与严肃性。二是严格执行财政审核和报账制管理。对使用省、市、县财政扶贫专项资金的基础设施项目，全面进入县财政投资审核中心进行造价审核，并按照报账制的规定办理资金领拨，杜绝资金浪费。三是建立扶贫资金专账，接受监督。县财政及各帮扶镇、村相应建立扶贫资金管理工作平台和专账，统一管理扶贫资金并详细做好资金运行记录，县人大、政府、纪检及审计部门及时介入参与监督，确保扶贫开发专项资金、贫困村公共设施投入和农村社会保障等各项专款的合法使用。

（饶平县财政局供稿，黄少茂执笔）

揭阳市

建设基层公共服务综合平台　实施“510”工程　提高群众幸福感

揭阳市揭东区是全省基层公共服务综合平台建设的 8 个试点县（市、区）之一，也是粤东地区唯一的试点单位。2015 年 8 月，揭东区正式启动区、镇、村三级平台联动建设，经过连续奋战，建成覆盖全区 7 个镇（街道）和 120 个行政村（社区）的公共服务体系，实现了线下实体办事大厅和网上办事大厅的无缝对接，对进一步深化简政放权，更好地服务全区人民群众，切实解决了公共服务“最后一公里”问题。

揭东区的基层公共服务平台建设，可以概括为“510”公共服务工程，“5”是指“机构人员统一、场所标识统一、流程内容统一、信息系统统一、经费保障统一”五个统一的建设要求，以镇（街道）为节点建设集政务公开、行政审批、三资监管、产权交易、便民服务、效能监察、投诉受理等为一体的镇街公共服务中心，以村（社区）为基本单位建设集便民服务、普惠金融、农村电商、“三资”监管交易等为一体的公共服务站；“1”是指实现公共服务事项“一站式”办理、“一条龙”服务的办事流程；“0”是指真正实现群众办事零距离的服务效果。

一、主要做法

（一）领导高度重视

推进基层公共服务综合平台建设是全面落实创新基层治理的新任务新要求。揭东区委、区政府紧紧抓住作为全省推进基层公共服务综合平台建设试点的有利时机，迅速成立由区长任组长，区委、区政府主要班子成员任副组长，有关职能部门为成员的工作领导小组。8 月 18 日，召开区、镇、村三级动员大

会，区委主要负责人作动员讲话，要求通过整合现有各类基层公共服务平台的场所、设备、人员、经费等资源，将面向基层群众的公共服务事项纳入区、镇、村（社区）三级综合平台集中办理，为广大人民群众提供高效、便捷、优质的公共服务。9月15日，市委主要负责人到现场调研公共服务平台建设进展情况，提出要因地制宜搞好建设，按时完成平台建设任务。省财政厅多次给予业务指导，市财政局、市政管办主要领导亲临现场，提出加快建设、完善配套的具体意见。各级领导的重视是推进平台建设的坚强后盾，是克服困难的强劲动力。

（二）发挥部门合力，保障公共服务综合平台建设

揭东印发《揭东区基层公共服务综合平台建设工作方案》，对公共服务平台建设的基本原则、工作目标、建设要求、任务分工等作明确要求。根据工作方案，区财政局作为牵头单位，负责平台建设的组织协调工作，大量的工作需要相关职能部门协调落实，需要镇村的密切配合。“510”公共服务工程是集全区之力打造的民心工程，区社工委利用建设便民服务中心的经验优势，通过现场勘查，设计出镇、村两级公共服务平台的通用效果图，统一外观形象、统一装修风格、统一窗口设置。区信息产业局发挥网上办事大厅的建设成果，优化办事流程，完善实体大厅的硬件配置，统一配置专用电脑、高拍仪、身份证读卡器、打复印一体机、电子监控等设备，统一受理系统。区编办整理编制基层公共服务基本目录，其中区级254项（行政许可204项，社会服务50项），涉及30个单位；镇村级各72项，涉及7个单位。区政管办根据编办提供的服务事项、办事流程，编制区、镇、村的《综合服务工作指南》，并建立一套办事规程和公共服务平台管理制度，研究制定《揭阳市揭东区公共服务中心工作制度（试行）》和《揭阳市揭东区镇（街）公共服务中心工作制度（试行）》，其中，区级制度15项，镇级制度14项。镇、村两级按照工作部署，选好办公场所，迅速掀起建设热潮。通过全区上下的联动、部门的通力协作，确保公共服务平台建设按照“五个统一”的标准推进。

（三）加强队伍建设，打好综合公共服务平台基础

公共服务平台的硬件设施完成后，需要选好窗口服务人员。按照愿干事、能干事的要求，在村级现有的大学生村官、计生专干、村两委中，每个村（社区）选派2名业务胜得过的人员作为村级代办员，在镇级机关事业单位中选派思想觉悟高、业务能力强的人员充实到镇级公共服务中心。通过集中培训，让窗口服务人员掌握必要的理论知识、业务技能和岗位服务能力，并落实岗位考核，提高窗口人员的待遇水平，切实为办事群众提供高效、便捷、优质的服务。

（四）根据实际情况，打造地方特色

一是因地制宜规划服务窗口场所建设。由于各镇（街道）、各行政村（社区）的办公环境参差不齐，要求按照“集中、依法、高效、阳光、温馨”的工作要求，结合实际规划建设，镇级一般不少于150平方米，村级不少于40平方米，整合资源，避免重复建设。二是整合现有农村电商的资源，把便民服务的窗口集中，推进镇（街道）、村（社区）平台建设。二是建立区联席会议制度，由分管财政工作的区领导任总召集人，及时解决平台建设和运行过程中碰到的实际问题。四是特事特办，因为建设时间紧，建设内容多，在统一规格、标准的基础上，要求各地按有关程序办理设备采购手续，确保软硬件及时配套到位，同时配备每个镇（街道）1辆便民服务车（皮卡车），每个行政村（社区）1辆便民服务摩托车。五是消化富余人员，利用现有镇、村的工作人员，通过岗前培训，充实到服务中心（站），实现窗口人员个个能办事。

（五）加强舆论宣传定导向

揭东区提出“把便利带给群众、把服务交给中心、把复杂留给政府”的综合平台建设口号，区有线电视台充分利用有线网络全覆盖的优势，通过新闻采访、现场报道等多种形式，宣传建设公共服务中心（站）的意义和建设情况；《揭阳日报》对揭东区公共服务平台建设作专题报道；各村广播站通过广播反复宣传便民政策。通过新闻媒体的大力宣传，让广大人民群众知道公共服务中心（站）是解决实际问题和困难的便民服务机构，让群众放心办事。

（六）设立财政奖补，保障建设综合公共服务平台资金

区财政将平台建设资金和运转经费列入年度预算，确保资金落实到位。在投入试点建设前期资金945万元的基础上，对镇（街道）、村（社区）的公共服务中心（站）场所建设、设备购置实行以奖代补，经区领导小组验收合格后，给予每个镇（街道）奖励20万元，每个村（社区）奖励5万元。同时，区财政按户籍人口每人每年6元的标准，落实平台日常运行经费，确保服务高效运行。

二、主要成效

（一）实现资源整合

通过建设镇（街道）、村（社区）公共服务中心（站），按照“应进必进”的要求，充分整合网上办事大厅、三资监管平台、远程教育、农村电商、金融工作站等现有各类资源，依托区政务服务中心、镇（街）和村（社区）便民服务中心（室）、拓展网上办事系统，建立区、镇（街）、村（社区）三级公共服务综合平台，实现资源整合，互联互通。

（二）提高办事效率

2015年，全区各级公共服务中心（站）共办理业务116 391件，办结116 375件，办结率达99.98%。所有公共服务事项“一站式”办理率达97.7%，网上申报办理率达98.6%，全流程网上办理率达39%。所有公共服务事项网上申办到现场次数不超过2次，73%的事项网上申办到现场次数不超过1次。

（三）提升管理水平

通过清理和规范公共服务事项，制订一套办事规程和公共服务平台管理制度，为群众办事提供便于操作的指南，也规范部门依法行政的权力，促进基层管理的制度化和规范化，进一步提升管理水平。

（四）密切干群关系

公共服务平台建成运行后，实现

线上线下、上下联动，层次清晰、覆盖城乡、功能齐全、服务完善的综合政务服务体系，实行申报、办理全程代理，做到村民办事不出村。同时，通过统一选拔和培训一批窗口工作人员，为群众提供高效、热情、优质服务，做到群众动嘴，干部“跑腿”，切实解决群众办事难的问题。

推进基层公共服务平台建设既是创新社会管理的手段，促进政府转变职能，干部转变作风，拉近政府与群众的关系，又是一项得民心、顺民意的惠民工程，凝民心聚民智，促进社会和谐发展。

（揭阳市揭东区财政局供稿，郭晓璇执笔）

云浮市

以“全天候1+N”为建设理念 打造基层公共服务平台

新兴县2015年8月被省定为基层公共服务平台建设试点县，因此，新兴县立足原有基础，围绕群众需求，创新开发思路，全面建成一个简单、方便、快捷、周到的基层公共服务平台，让群众足不出村办成事，共享优质公共服务。主要体现四个特点：一是建设全覆盖。在全县199个村（社区）都设立公共服务站，让群众足不出村办成事。二是服务全天候。在村级公共服务平台信息系统开通网站版、手机APP版和自助终端机版，群众可以随时随地办理事务和查询咨询。三是内容“1+N”。在政务办事的平台上，扩展N种服务，为群众在生产生活、衣食住行上提供多样化服务。四是信息全互通。通过光纤接入互联网，将原有网上办事大厅的公共服务事项延伸到镇村，实现县、镇、村三级信息互通共享。

一、以基层需要为宗旨，打造实用平台

新兴县通过深入镇村开展大量调研，真实了解群众的所需所盼，并学习借鉴浙江等先进地区的经验教训，期间也得到省委组织部、省财政厅等有关部门和领导的指导和启发，最终确立“实用”的建设定位，就是基层需要什么样的平台，新兴县就建设什么样的平台；群众需要什么样的服务，新兴县就提供什么样的服务，努力打造最贴近群众的基层公共服务平台。

（一）方便群众办事需要

群众办事难是一直以来困扰各级党委政府最大的难题。新兴县在调研中获悉，群众每年到市外医院住院诊治的有2万多宗，群众要报销医疗单据，首先要带齐身份证、户口簿、出院证明、药费单据等相关资料到镇政府办理，经镇政府初核后送县社保局，县社保局逐项校对药品种类，计算出可报销的金额，再通知镇取回并重新填报该月的医疗报销汇总表，又送县社保局审批后才将款项划拨到报销人账户。按这个程序计算，一般的医疗报销都要耗时2-3个月，而且还不包括资料带不齐、来回跑路消耗的时间，甚至有时又遇上“门难进、脸难看、事难办”等情况，更让群众深感办事难，闻“办事”色变。为此，新兴县运用现代信息技术专门开发软件，将相关项目、药品输入电脑，自动区分报销项目，用机器代替人力审批，用网络代替群众跑腿，村级服务站人员只需将申请人提交的材料扫描录入或申请人在网上直接提交，镇级业务员就能在电脑上完成操作整个审批、核算、制作表单、送县局审批过程，县社保局通过网上审批系统直接进行审批，使每例报销时间缩短为7个工作日内。在成功解决医疗报销问题的基础上，新兴县不断扩大“战果”，延伸办事范围，拓展各种服务。截至2015年底，新兴县基层公共服务平台可办理的政务类服务达到133项，真正实现“足不出村办成事”，解决服务群众“最后一公里”的问题。

（二）满足群众日常生活

在现实生活中，群众真正需要办事的机会不多，个别群众可能一辈子都没有办理过政务。所以，新兴县在做好省“规定动作”的基础上，积极探索“自选动作”，把农村农民日常生活需要的服务纳入平台建设当中，把平台的服务功能分成政务服务类、生产生活服务类、信息公开三大类，在提供政务服务的基础上，增加网上缴费、医院挂号、网上购票、文化阅读等多项便民服务，基本涵盖群众日常生活中经常办理的各类服务事项，进一步提高平台的实用性和使用率。同时，新兴县按照省委组织部、县财政厅的意见建议，特别针对农村群众的实际需要，进一步扩展公共服务事项。在生产生活服务方面，扩展天气预报、农业病虫害测报与预防和农技知识推广、汛情信息发布、地质灾害测报、

市场肉菜价格公开服务，更好地指导农村农业生产活动；在查询咨询方面，扩展各镇政府及辖下村委的党务村务信息公开、惠农补贴发放明细公示、财政惠农补贴政策公示等服务，保障广大群众的知情权。此外，还积极与金融部门对接，在部分村级公共服务站增设农村金融服务；推广电话预约上门服务方式，将服务送到群众家中。在整套运行软件的设计中，不断丰富完善不同群体生活需求的便民服务功能，为基层群众提供更加人性化、个性化的便民服务，进一步提高群众对平台使用频率，成为群众日常生活中离不开的平台。

（三）服务农村发展稳定大局

基层公共服务平台不仅承担着服务农村生产生活的职能，还肩负着促进农村发展稳定的重任。省委组织部的领导到新兴县调研时强调平台建设要体现“党的领导核心”。为此，新兴县积极借鉴吉林和浙江的做法，注重强化党建引领作用，增强基层公共服务平台的人性化。

规范村级（社区）公共服务站建设。通过统一规范挂牌名称、场所挂牌、场所标识和上墙公布制度，增加场所标识摆设中党的元素，强化群众对基层服务平台是党的执政阵地的认识。

充分利用平台来传播党委政府的政策和声音。在信息平台上增加党建信息的公布，如在党务公开栏下设党组织班子建设、党员队伍建设、联系和服务党员群众、党组织运作机制四大类目录。定期了解基层的民情民声，及时公开各类惠农政策、涉农信息，让群众真正得到实惠，使平台真正成为党和政府联系人民群众的“传声筒”和“小广播”。

把农村的村务公开、“三资”管理、党建网、廉政“直通车”等内容整合到平台建设上来。让农村基层党员、群众及时了解党务、村务、财务等情况，特别是我们将农村集体“三资”纳入平台统一管理，定期公开村务财务，努力增强农村事务的透明度，消除群众的误会，促进农村和谐发展。

二、以简单快捷为目标，打造便民平台

在建设基层公共服务平台的过程中，新兴县始终坚持以人为本，针对农民群众文化水平普遍不高、白天要忙农活等特点，开发出一套满足不同人群、人性化十足的服务系统。

（一）服务不限时间

新兴县采取“下放一批、优化一批、取消一批”等措施，简化办理流程，下放审批权限，让群众在村一级就可以办理相关业务，不用专门抽时间往镇里、县里来回跑动。此外，新兴县还针对年轻一族喜欢玩手机的特点，在基层公共服务平台信息系统上开通网站版、手机APP和微信公众号，并为每个村（社区）公共服务站配备自助办理终端机，开通免费Wi-Fi，方便群众随时办理事务和查询咨询，真正实现24小时全天候服务。

（二）服务不限地点

新兴县在原来网上办事大厅的基础上，全面升级改造村级办公场所和网络系统，在全县12个镇和199个村（社区）都设立公共服务中心（站），并通过资源整合，延伸服务，彻底打破镇村界限，让群众可以在县、镇、村三级平台任何一点就近办理业务，实现全县“一盘棋”。此外，新兴县还探索开设上门预约服务，在每个村（社区）公共服务站开通服务热线，并与邮政部门合作，开通网上登记、证照快递等业务，方便行动不便的群众办事。

（三）服务不限窗口

新兴县大胆打破不同职能部门，不同服务窗口之间的“壁垒”，推行“先审后核”的审批方式，将工商、税务、质检等事项全部实现并联审批，实行扁平化层级管理，缩短中间环节，群众办理相关业务从原来的30个工作日缩减为5个工作日。在镇级平台，新兴县改革以往各个窗口单独负责各自业务办理的做法，通过设立综合窗口，加强窗口人员培训，使他们都可以办理基本的所有事项，探索建立“万金油”窗口，解决以往基层群众“不知找谁办事”和“一些窗口冷冷清清、一些窗口排着长龙”等现象。

三、以信息科技为基础，打造专业平台

新兴县充分运用现代信息技术，加大硬件投入和软件开发力度，努力打造起一套互联互通、操作方便的运行系统。

（一）高标准升级硬件设施

新兴县在财政紧张的情况下，投入资金3 600多万元，采用以奖代补、奖补结合的办法，用于平台建设的各种投入。为全县12个镇199个村级公共服务站全部配备打印复印一体机、二代身份证读卡器、高清拍摄仪和服务评价器等基础设备，安装1台自助办理终端机，全部实现光纤接入互联网，并在原有网上办事大厅基础上，按照“五个统一”（即“机构人员统一、场所标识统一、流程内容统一、信息系统统一、经费保障统一”）的要求，升级改造村级办公场所，将村级平台全部设置在一楼，打造“一站式”村级综合服务站，方便群众办理服务事项。此外，新兴县还整合原来镇“三办两中心”资源，优化升级为镇级综合服务中心；将县行政服务中心原有办公场所改造为办事大厅，实行“三集中、三到位”制度（即部门行政审批职能向一个股室集中、承担审批职能的科室向行政审批服务中心集中、行政审批事项向电子政务平台集中；审批事项进驻落实到位、授权到位、电子监察到位），扩大服务范围，提升服务质量。

（二）积极开发软件配套

新兴县通过公开招标，聘请第三方软件开发商开发基层服务平台运行软件。在软件设计过程中，新兴县一方面组织开发公司深入基层，与群众互动，详细了解群众的生活方式、服务需求、上网喜好、操作习惯等情况，并根据群众的这些喜好、习惯设计平台软件，做到“自下而上”；另一方面，根据公司技术和经验，将设计理念、服务事项、操作模式等成果告知，征求群众意见，并根据群众意见进行完善修改，做到“自上而下”，最终开发出一套既有网站版又有手机版的信息系统，与办公OA、电子监察等系统软件实现无缝对接。在日常工作维护中，新兴县还与电信公司签订合作协议，要求电信公司必须在24小时内处理村级公共服务站软硬件故障，确保群众办事畅通无阻。

四、以宣传推广为途径，打造大众平台

新兴县注重把平台建设和推广使

用结合起来，多渠道多形式抓好宣传推广，提高群众的知晓率和使用率。

（一）利用现代技术推广

利用报纸、电视、宣传栏、宣传手册等方式加大平台宣传推广力度，共播发电视新闻145条，在新华网、《南方日报》头版和《南方日报》新兴视窗专栏等报刊刊登新闻及宣传广告308期，制作宣传栏、标语和墙报1 078期。充分发挥网络媒体的宣传优势，通过平台网页、微信公众号和手机APP，重点介绍公共服务平台的特点优势、服务内容以及服务方式，让广大群众知晓平台的方便、快捷、高效，提高平台使用率。此外，还与电信、联通和移动三大手机运营商合作，发送手机短信25万条，向全县手机用户推介平台网页版、微信公众号和手机APP的关注使用，推动公共服务平台广为人知。

（二）运用行政方式推广

通过下发文件，要求全县党政机关、事业单位人员及村组干部关注新兴县公共服务平台微信公众号，下载并使用手机APP，积极引导公职人员发动家人、朋友关注、了解和应用公共服务平台。以镇村干部驻村入户联系群众为契机，向广大农民群众特别是五保户、低保户等弱势群体宣传介绍公共服务平台，详细介绍政务服务类、生产生活服务类和查询咨询类等与群众利益直接相关的服务事项，促进群众接受认可和使用服务平台。对县镇村三级信息发布员、镇村两级系统操作员共进行培训。

（三）借助专业机构推广

与第三方运营商达成协议，由该公司对网上办事大厅、便民缴费平台、大数据平台、县各级部门公共服务相关信息系统进行整合，以自助服务终端为载体向村镇延伸、推广，组建并派驻专业宣传团队到公共服务站进行宣传推介，帮助广大群众进一步了解平台的服务事项、使用方法，提高平台使用率。

五、以要素保障为抓手，打造高效平台

为使设想得到实现，把工作落到实处，新兴县切实加强组织领导、建设资金、人才队伍等要素投入，确保基层公共服务平台建设顺利推进。

（一）强化组织保障

新兴县高度重视基层公共服务平台建设试点工作，成立由县委书记任组长、县长任副组长，各镇各相关部门主要负责人为组员的高规格工作领导小组，并制定明确的工作目标任务，建立各镇各部门权责清单，督促指导平台建设各项工作开展，形成“党委领导、政府主导、财政牵头、各部门各负其责”良好局面。同时，新兴县将村级平台的建设、资金使用以及专职操作员招聘的权限尽可能地下放到镇一级，充分调动起各镇抓好基层公共服务平台建设的积极性，把平台建设工作放在首位，镇委书记、镇长亲自布局、监督各村公共服务站点的建设。

（二）强化资金保障

资金是平台建设的血液。新兴县通过多形式、多渠道筹措建设资金，除县级财政加大投入外，还积极争取上级资金支持，盘活各线口的同类资金，将人社部门的基层平台建设资金398万元、民政部门的彩票公益金60万元整合用于基层公共服务平台建设上来，确保平台建设进展顺利。同时，还积极发动企业家、外出乡贤等社会各界人士捐资，进一步优化村级办公环境，完善村级平台的硬件设施。此外，县财政统一安排资金，支付199名专职工作人员每人每月2 200元的工资，并给予每个村级公共服务站每年1万元的经费补助，其中今年就在财政预算列支755万元，保障村级服务站的正常运作。

（三）强化人员保障

平台能否真正发挥作用，村级平台操作员是关键。新兴县针对村“两委”干部学历偏低、年龄偏大、专业能力差等问题，由县财政安排资金，以政府购买服务的方式向社会招聘199名大专以上的专职工作人员，为每条行政村至少配备一名专职的操作人员，并结合县直部门对口帮扶派驻、镇下派人员兼任、村“两委”干部培训等多种方式，使村级公共服务站专兼职操作员达到400多人。同时，新兴县还实行县镇两级“例会”制度，即县每月一次、镇每半月一次举办培训班，加强村级平台操作员的培训工作，通过以点带面、先进带后进、熟手教生手，提高村级平台操作员的整体素质。此外，新兴县还建立完善了一系列工作制度，切实加强镇、村公共服务中心（站）及其人员的管理工作，将工作的业务量、办理质量、群众满意度等指标纳入绩效考核，实行每月一电子监察通报等制度，充分调动镇、村工作人员的积极性和主动性。

（新兴县财政局供稿，区仕雄执笔）

完善预算管理机制　加快支出进度

为深入贯彻落实省、市、县财政支出进度集体约谈会各项部署，促进新兴县加快财政支出进度，2015年新兴县财政局积极发挥财政职能作用，提高财政资金使用效益，确保实现全年预算执行进度目标。

一、主要措施

（一）高度重视财政支出进度工作

按照中央、省、市的部署要求，县委、县政府高度重视，及时召开全县财政工作会议，针对县财政支出进度不均衡、预算下达进度和实际支出进度不均衡、各部门支出进度不均衡、存量资金盘活不均衡等问题，要求各部门结合实际，深入剖析存在问题，

从根源上找原因，从根子上想办法，从根本上解决问题，研究提出符合本部门工作实际的整改方案和措施，建立健全抓好财政支出的长效机制。新兴县财政局在思想上高度重视、行动上狠抓落实，切实采取有力措施，“一把手”亲自抓。坚持依法理财，严格按时限规定拨付资金；注重财政资金使用绩效，切实用足用好财政资金；深化预算管理改革，建立健全财政支出长效机制；强化责任落实，加大考核和责任追究力度。进一步明确职责，把责任层层落实到各级政府、部门、单位及个人，确保县支出进度提高。

（二）建立财政支出考核制度

为切实加快县预算支出进度，进一步提高财政支出执行的均衡性和时效性，新兴县财政局参照省、市做法，建立对预算单位支出进度的考核机制，通过财政支出进度、存量资金与县预算单位资金安排挂钩的机制，对每月进度情况排名靠后的单位，将约谈各单位的主要负责同志。督促各部门加快支出进度，逐项排查支出进度慢的支出清单，建立资金台账，对未能下达资金和项目未实施的原因进行认真分析，有针对性地采取措施，重点做好稳增长、惠民生资金的支出工作，确保各项资金及时拨付到位。

（三）盘活财政存量资金

按照中央、省、市的规定，制定《新兴县财政存量资金管理暂行办法》，根据县财政存量资金管理办法，开展盘活财政存量资金工作，在全县各单位中开展财政存量资金自查清理工作，由县财政局对存量资金实施情况进行梳理，并汇总审核存量资金数据，对两年以上的结转资金收回统筹，用于保障经济社会发展其他急需的支出。

（四）落实财政支出工作责任

按照新《预算法》的要求，县财政局进一步强化预算执行问责机制，对于预算批复、执行支出进度慢和盘活财政资金不力的做法，按照有关规定对有关责任人实行问责。督促各方面加快支出进度，统筹资金安排使用，提高财政资金使用效率。

二、主要成效

通过完善预算管理机制，加快支出进度，财政资金使用效益有明显提高，确保县全年预算执行进度目标完成，2015 年 1 – 12 月各省直管县一般预算支出进度达 109.4%，执行率达 109.4%，在省直管县中排名第 3；政府性基金预算支出进度达 191.5%，执行率达 191.5%，在省直管县中排名第 1 位；盘活财政存量资金已收回 2.1 亿元，已支出 2.1 亿元，支出进度达 100%，执行率达 100%，在省直管县中排名第 1 位。

（新兴县财政局，苏红志执笔）

第六部分
统计资料

Statistics

2014年度广东省一般公共预算收支决算总表

单位：万元

预算科目	决算数	预算科目	决算数
一、税收收入	65 104 664	一、一般公共服务支出	9 594 419
增值税	12 331 691	二、外交支出	0
其中：改征增值税	2 987 628	三、国防支出	190 533
营业税	17 308 720	四、公共安全支出	6 972 307
企业所得税	11 361 900	五、教育支出	18 089 718
企业所得税退税	0	六、科学技术支出	2 743 315
个人所得税	4 089 137	七、文化体育与传媒支出	1 681 582
资源税	154 544	八、社会保障和就业支出	7 970 135
城市维护建设税	4 137 549	九、医疗卫生与计划生育支出	7 775 461
房产税	2 338 948	十、节能环保支出	2 590 367
印花税	1 120 008	十一、城乡社区支出	7 701 111
城镇土地使用税	1 510 015	十二、农林水支出	5 575 889
土地增值税	5 059 011	十三、交通运输支出	8 828 616
车船税	614 421	十四、资源勘探信息等支出	2 753 700
耕地占用税	863 475	十五、商业服务业等支出	892 080
契税	4 199 057	十六、金融支出	455 642
烟叶税	16 188	十七、援助其他地区支出	497 482
其他税收收入	0	十八、国土海洋气象等支出	615 897
二、非税收入	15 546 094	十九、住房保障支出	2 648 808
专项收入	2 557 072	二十、粮油物资储备支出	310 323
行政事业性收费收入	4 976 687	二十一、预备费	0
罚没收入	1 346 908	二十二、国债还本付息支出	668 068
国有资本经营收入	609 031	二十三、其他支出	2 970 898
国有资源（资产）有偿使用收入	2 816 880		
其他收入	3 239 516		
本年收入合计	80 650 758	本年支出合计	91 526 351
上级补助收入	14 346 187	上解上级支出	2 224 994
返还性收入	6 879 137	一般性转移支付	1 969 185
增值税和消费税税收返还收入	3 850 005	体制上解支出	268 282
所得税基数返还收入	1 631 032	出口退税专项上解支出	1 700 903
成品油价格和税费改革税收返还收入	1 398 100	成品油价格和税费改革专项上解支出	0
其他税收返还收入	0	专项转移支付	255 809
一般性转移支付收入	3 582 587	专项上解支出	255 809

续表

预算科目	决算数	预算科目	决算数
体制补助收入	0	计划单列市上解省支出	0
均衡性转移支付收入	286 200		
革命老区及民族和边境地区转移支付收入	32 846		
县级基本财力保障机制奖补资金收入	681 874		
结算补助收入	193 056		
化解债务补助收入	0		
资源枯竭型城市转移支付补助收入	38 600		
企业事业单位划转补助收入	0		
成品油价格和税费改革转移支付补助收入	582 500		
基层公检法司转移支付收入	92 311		
义务教育等转移支付收入	496 038		
基本养老保险和低保等转移支付收入	438 641		
新型农村合作医疗等转移支付收入	314 949		
农村综合改革转移支付收入	54 693		
产粮（油）大县奖励资金收入	9 225		
重点生态功能区转移支付收入	107 400		
固定数额补助收入	229 254		
其他一般性转移支付收入	25 000		
专项转移支付收入	3 884 463		
省补助计划单列市收入	0		
接受其他地区援助收入	0	援助其他地区支出	3 000
债务收入	1 900 000	债券还本支出	455 000
债券转贷收入	0	债券转贷支出	0
		增设预算周转金	53 014
国债转贷收入	0	拨付国债转贷资金数	0
国债转贷资金上年结余	4 824	国债转贷资金结余	4 824
国债转贷转补助	0		
上年结余	17 003 280		
调入预算稳定调节基金	2 134 752	安排预算稳定调节基金	7 180 539
调入资金	4 023 045	调出资金	251 390
1. 政府性基金预算调入	761 209	年终结余	18 363 734
2. 国有资本经营预算调入	32 580	其中：本级	2 357 341
3. 财政专户管理资金调入	772 021	减：结转下年的支出	16 790 439
4. 其他调入	2 457 235	其中：本级	2 344 116
		净结余	1 573 295
		其中：本级	13 225
收入总计	120 062 846	支出总计	120 062 846

注：此表由省财政厅国库处提供。

2015 年度广东省一般公共预算收支决算总表

单位：万元

预算科目	决算数	预算科目	决算数
一、税收收入	73 770 732	一、一般公共服务支出	10 189 057
增值税	13 391 560	二、外交支出	0
其中：改征增值税	3 539 883	三、国防支出	164 828
营业税	20 539 974	四、公共安全支出	8 345 435
企业所得税	13 031 132	五、教育支出	20 406 487
企业所得税退税	0	六、科学技术支出	5 695 451
个人所得税	5 101 388	七、文化体育与传媒支出	1 945 832
资源税	165 498	八、社会保障和就业支出	10 649 123
城市维护建设税	4 570 529	九、医疗卫生与计划生育支出	9 183 556
房产税	2 409 975	十、节能环保支出	3 223 269
印花税	1 414 050	十一、城乡社区支出	11 741 555
城镇土地使用税	1 436 944	十二、农林水支出	8 118 951
土地增值税	5 767 544	十三、交通运输支出	19 826 345
车船税	699 652	十四、资源勘探信息等支出	5 253 799
耕地占用税	953 822	十五、商业服务业等支出	1 478 493
契税	4 272 446	十六、金融支出	1 411 678
烟叶税	16 218	十七、援助其他地区支出	704 173
其他税收收入	0	十八、国土海洋气象等支出	1 172 003
二、非税收入	19 897 098	十九、住房保障支出	3 572 933
专项收入	5 987 698	二十、粮油物资储备支出	676 043
行政事业性收费收入	4 081 914	二十一、预备费	0
罚没收入	1 557 731	二十二、其他支出	4 280 956
国有资本经营收入	627 008	二十三、债务付息支出	224 481
国有资源（资产）有偿使用收入	3 551 870	二十四、债务发行费用支出	13 516
其他收入	4 090 877		
本年收入合计	93 667 830	本年支出合计	128 277 964

注：此表由省财政厅国库处提供。

2015年度广东省一般公共预算收支决算分级表

单位：万元

预算科目	决算数合计	省级	地级	其中：地级直属乡镇	县级	乡镇级	预算科目	决算数合计	省级	地级	其中：地级直属乡镇	县级	乡镇级
一、税收收入	73 770 732	17 848 760	30 432 823	1 913 572	21 394 730	4 094 419	一、一般公共服务支出	10 189 057	1 128 749	3 123 564	284 130	4 604 376	1 332 368
增值税	13 391 560	1 429 779	6 134 368	674 257	4 777 673	1 049 740	二、外交支出	0	0	0	0	0	0
其中：改征增值税	3 539 883	1 169 473	1 426 720	863	908 910	34 780	三、国防支出	164 828	36 337	68 928	246	56 155	3 408
营业税	20 539 974	8 433 997	7 348 409	265 247	3 937 788	819 780	四、公共安全支出	8 345 435	1 124 366	3 197 379	457 551	3 752 998	270 692
企业所得税	13 031 132	4 625 603	5 106 903	190 079	2 857 186	441 440	五、教育支出	20 406 487	1 966 715	5 168 218	1 087 366	10 778 678	2 492 876
企业所得税退税	0	0	0	0	0	0	六、科学技术支出	5 695 451	898 159	2 214 300	28 496	2 491 171	91 821
个人所得税	5 101 388	1 430 792	2 404 829	68 486	1 152 822	112 945	七、文化体育与传媒支出	1 945 832	182 110	779 358	55 546	904 820	79 544
资源税	165 498	0	12 091	438	111 044	42 363	八、社会保障和就业支出	10 649 123	999 172	3 207 666	320 791	5 410 442	1 031 843
城市维护建设税	4 570 529	2 510	1 569 975	192 370	2 598 735	399 309	九、医疗卫生与计划生育支出	9 183 556	313 126	2 231 960	216 146	5 858 209	780 261
房产税	2 409 975	0	1 189 529	88 901	983 268	237 178	十、节能环保支出	3 223 269	241 383	1 685 525	152 060	1 143 464	152 897
印花税	1 414 050	0	620 876	50 603	689 697	103 477	十一、城乡社区支出	11 741 555	45 386	5 218 059	330 108	5 798 638	679 472
城镇土地使用税	1 436 944	0	477 999	70 631	698 979	259 966	十二、农林水支出	8 118 951	612 715	1 777 118	197 028	4 557 025	1 172 093
土地增值税	5 767 544	1 926 079	2 197 187	72 436	1 438 508	205 770	十三、交通运输支出	19 826 345	3 098 711	14 643 428	113 549	1 863 723	220 483
车船税	699 652	0	414 899	39 007	228 044	56 709	十四、资源勘探信息等支出	5 253 799	588 064	3 238 826	18 285	1 263 535	163 374
耕地占用税	953 822	0	366 346	35 901	488 643	98 833	十五、商业服务业等支出	1 478 493	252 852	667 290	8 296	529 229	29 122
契税	4 272 446	0	2 589 411	165 216	1 416 954	266 081	十六、金融支出	1 411 678	8 718	1 178 653	3 898	207 813	16 494
烟叶税	16 218	0	1	0	15 389	828	十七、援助其他地区支出	704 173	177 053	497 422	83	26 740	2 958
其他税收收入	0	0	0	0	0	0	十八、国土海洋气象等支出	1 172 003	83 246	723 171	13 593	331 397	34 189
二、非税收入	19 897 098	1 784 172	10 053 335	16 182	7 419 197	640 394	十九、住房保障支出	3 572 933	200	1 614 103	34 730	1 778 439	180 191
专项收入	5 987 698	1 046 249	3 501 142	3 020	1 278 663	161 644	二十、粮油物资储备支出	676 043	183 881	340 912	8 786	146 380	4 870
行政事业性收费收入	4 081 914	286 089	1 782 582	1 933	1 780 195	233 048	二十一、其他支出	4 280 956	-261 952	3 176 079	8 488	1 126 753	240 076
罚没收入	1 557 731	83 687	875 392	174	569 155	29 497	二十二、债务付息支出	224 481	80 610	116 690	3 588	26 482	699
国有资本经营收入	627 008	60	167 292	0	405 452	54 204	二十三、债务发行费用支出	13 516	1 156	6 055	6	5 655	650
国有资源（资产）有偿使用收入	3 551 870	230 725	1 611 710	10 875	1 630 574	78 861							
其他收入	4 090 877	137 362	2 115 217	180	1 755 158	83 140							
本年收入合计	93 667 830	19 632 932	40 486 158	1 929 754	28 813 927	4 734 813	本年支出合计	128 277 964	11 760 757	54 874 704	3 342 770	52 662 122	8 980 381

注：此表由省财政厅国库处提供。

2015 年度广东省各市一般公共预算收支决算总表

单位：万元

科目	一般公共预算收入		一般公共预算支出	
地市	累计完成数	同比增减（%）	累计完成数	同比增减（%）
广州市	13 494 742	8.6	17 277 176	20.3
深圳市	27 268 543	30.9	35 216 708	62.6
珠海市	2 699 634	20.4	3 887 661	40.9
汕头市	1 312 614	5.9	2 809 762	31.5
佛山市	5 575 469	11.2	7 999 307	52.4
韶关市	852 292	3.9	2 870 683	45.6
河源市	674 801	11.6	2 683 846	27.4
梅州市	1 035 910	21.5	3 763 738	39.4
惠州市	3 400 183	13.1	4 860 668	30.3
汕尾市	288 275	-41.4	2 129 482	70.6
东莞市	5 179 682	13.8	5 812 410	27.0
中山市	2 875 055	14.2	3 553 673	35.9
江门市	1 990 104	12.3	2 928 957	24.1
阳江市	679 307	7.9	1 709 079	38.3
湛江市	1 218 571	6.5	4 123 572	47.5
茂名市	1 139 248	13.5	3 467 771	31.7
肇庆市	1 433 604	3.0	2 677 067	10.8
清远市	1 083 805	5.6	2 925 944	36.7
潮州市	472 009	14.4	1 476 706	39.2
揭阳市	774 045	5.0	2 768 790	47.7
云浮市	587 005	11.0	1 574 207	18.2

注：此表由省财政厅国库处提供。

2015年度广东省地市县公共预算收支情况表

单位：万元

地区	收入合计	税收收入													非税收入						
		小计	增值税	营业税	企业所得税	个人所得税	资源税	城市维护建设税	房产税	城镇土地使用税	土地增值税	耕地占用税	契税	其他各项税收收入	小计	专项收入	行政事业性收费收入	罚没收入	国有资本经营收入	国有资源（资产）有偿使用收入	其他收入
广东省	93 667 830	73 770 732	13 391 560	20 539 974	13 031 132	5 101 388	165 498	4 570 529	2 409 975	1 436 944	5 767 544	953 822	4 272 446	2 129 920	19 897 098	5 987 698	4 081 914	1 557 731	627 008	3 551 870	4 090 877
广东省本级	19 632 932	17 848 760	1 429 779	8 433 997	4 625 603	1 430 792	0	2 510	0	0	1 926 079	0	0	0	1 784 172	1 046 249	286 089	83 687	60	230 725	137 362
广东省地市合计	74 034 898	55 921 972	11 961 781	12 105 977	8 405 529	3 670 596	165 498	4 568 019	2 409 975	1 436 944	3 841 465	953 822	4 272 446	2 129 920	18 112 926	4 941 449	3 795 825	1 474 044	626 948	3 321 145	3 953 515
广州市	13 494 742	10 561 224	2 692 413	1 571 410	1 493 552	667 614	2 899	1 189 237	760 488	174 070	610 320	56 283	924 901	418 037	2 933 518	1 136 622	420 465	193 270	0	557 880	625 281
广州市本级	6 095 630	4 838 176	942 596	540 585	639 425	643 281	10	325 683	332 874	46	559 264	0	831 447	22 965	1 257 454	689 562	210 722	98 594	0	240 308	18 268
广州市区县合计	7 399 112	5 723 048	1 749 817	1 030 825	854 127	24 333	2 889	863 554	427 614	174 024	51 056	56 283	93 454	395 072	1 676 064	447 060	209 743	94 676	0	317 572	607 013
越秀区	508 055	347 245	62 928	57 618	50 416	0	0	65 388	37 856	6 319	0	0	0	66 720	160 810	28 065	20 486	7 034	0	35 318	69 907
海珠区	525 149	330 437	61 269	76 847	57 201	0	0	50 533	40 169	14 787	0	519	0	29 112	194 712	25 640	16 353	11 170	0	19 603	121 946
荔湾区	421 565	318 742	89 188	61 241	27 401	0	0	80 850	34 000	10 415	0	0	0	15 647	102 823	19 872	12 818	4 841	0	39 298	25 994
天河区	618 478	509 322	129 023	75 958	55 990	0	0	111 293	57 254	11 674	0	181	0	67 949	109 156	43 903	14 286	8 290	0	19 712	22 965
白云区	582 141	416 618	108 194	92 458	44 113	0	341	63 638	42 101	20 637	0	10 387	0	34 749	165 523	31 315	31 407	9 866	0	14 795	78 140
黄埔区	1 492 917	1 276 857	549 475	131 235	251 025	0	0	167 008	72 647	38 039	0	7 164	0	60 264	216 060	90 924	22 264	8 950	0	70 453	23 469
花都区	721 513	586 021	233 501	100 586	105 760	0	1 763	62 002	35 069	16 342	0	6 435	0	24 563	135 492	55 190	22 449	11 632	0	6 708	39 513
番禺区	844 749	707 426	216 620	195 143	110 560	0	0	85 757	46 049	13 401	0	8 671	0	31 225	137 323	47 071	23 485	12 530	0	30 770	23 467
南沙区	712 497	487 669	174 605	80 057	81 293	0	0	80 978	25 889	15 044	0	3 875	0	25 928	224 828	32 108	9 566	4 893	0	10 754	167 507
从化区	250 912	201 107	32 497	46 162	21 603	9 021	116	16 494	12 109	9 059	8 549	7 682	17 581	20 234	49 805	15 594	13 019	5 037	0	13 675	2 480
增城区	721 136	541 604	92 517	113 520	48 765	15 312	669	79 613	24 471	18 307	42 507	11 369	75 873	18 681	179 532	57 378	23 610	10 433	0	56 486	31 625
深圳市	27 268 543	22 722 315	3 362 040	6 846 839	4 649 574	2 239 807	0	1 216 294	499 804	105 700	1 915 388	0	1 046 674	840 195	4 546 228	1 562 019	438 659	303 057	10 088	716 379	1 516 026
深圳市本级	17 445 184	13 735 615	1 788 297	4 973 677	3 235 892	1 326 627	0	−197	271 608	0	1 023 229	0	588 115	528 367	3 709 569	1 556 389	222 881	251 860	1 185	358 165	1 319 089
深圳市区县合计	9 823 359	8 986 700	1 573 743	1 873 162	1 413 682	913 180	0	1 216 491	228 196	105 700	892 159	0	458 559	311 828	836 659	5 630	215 778	51 197	8 903	358 214	196 937
福田区	1 424 709	1 336 317	175 866	180 580	306 823	158 805	0	257 564	26 456	18 112	79 398	0	44 406	88 307	88 392	318	5 861	3 494	0	76 796	1 923
罗湖区	850 233	766 928	89 080	152 811	155 155	89 364	0	127 029	26 270	10 050	59 582	0	27 834	29 753	83 305	185	16 070	4 194	0	58 279	4 577
盐田区	364 911	280 307	36 333	69 000	61 502	21 931	0	17 912	9 293	4 190	33 829	0	19 037	7 280	84 604	78	1 050	400	0	74 765	8 311
南山区	1 447 647	1 359 295	182 936	270 171	239 978	131 284	0	214 133	22 186	21 222	122 024	0	88 765	66 596	88 352	444	23 717	3 758	0	59 481	952
宝安区	3 220 950	2 950 855	708 288	642 970	381 779	176 951	0	336 588	82 831	30 495	368 253	0	155 896	66 804	270 095	4 388	52 313	17 334	7 320	53 067	135 673
龙岗区	2 514 909	2 292 998	381 240	557 630	268 445	334 845	0	263 265	61 160	21 631	229 073	0	122 621	53 088	221 911	217	116 767	22 017	1 583	35 826	45 501
珠海市	2 699 634	2 106 500	563 032	317 539	314 802	102 787	20	207 850	88 959	33 219	130 262	78 192	210 081	59 757	593 134	196 050	177 083	58 818	0	115 904	45 279
珠海市本级	1 922 377	1 487 991	356 156	231 831	238 073	81 813	2	148 207	63 113	21 816	90 858	60 124	147 336	48 662	434 386	143 344	125 455	52 207	0	81 087	32 293

续表

地　　区	收入合计	税收收入													非税收入						
		小计	增值税	营业税	企业所得税	个人所得税	资源税	城市维护建设税	房产税	城镇土地使用税	土地增值税	耕地占用税	契税	其他各项税收收入	小计	专项收入	行政事业性收费收入	罚没收入	国有资本经营收入	国有资源（资产）有偿使用收入	其他收入
珠海市区县合计	777 257	618 509	206 876	85 708	76 729	20 974	18	59 643	25 846	11 403	39 404	18 068	62 745	11 095	158 748	52 706	51 628	6 611	0	34 817	12 986
香洲区	345 989	280 664	107 919	32 687	44 483	10 710	0	25 422	12 811	2 234	13 042	1 393	26 560	3 403	65 325	19 991	16 343	4 924	0	19 189	4 878
金湾区	192 087	148 807	49 074	18 914	17 350	4 373	0	16 047	6 107	3 885	4 757	3 139	22 575	2 586	43 280	14 641	22 296	739	0	5 339	265
斗门区	239 181	189 038	49 883	34 107	14 896	5 891	18	18 174	6 928	5 284	21 605	13 536	13 610	5 106	50 143	18 074	12 989	948	0	10 289	7 843
汕头市	1 312 614	804 356	208 943	116 334	91 311	30 454	4 636	79 087	50 121	49 618	39 744	18 507	77 518	38 093	508 248	94 449	129 645	43 156	25 996	72 947	142 055
汕头市本级	480 631	331 927	71 917	46 481	35 621	13 354	31	25 677	18 309	27 118	17 687	1 252	61 330	12 550	148 704	36 303	28 225	24 775	0	39 941	19 460
汕头市区县合计	831 983	472 439	137 026	69 853	55 690	17 100	4 605	53 410	31 212	22 500	22 057	17 255	16 188	25 543	359 544	58 146	101 420	18 381	25 996	33 006	122 595
金平区	94 050	56 999	17 162	9 401	7 712	3 916	685	6 190	5 240	0	3 124	0	0	3 569	37 051	3 782	2 127	679	3 222	1 112	26 129
龙湖区	138 511	84 719	20 387	18 501	11 412	4 435	1 432	9 053	5 958	0	7 323	0	0	6 218	53 792	27 545	2 590	286	11 277	2 013	10 081
澄海区	188 894	103 817	35 206	10 381	11 432	4 203	524	13 118	7 140	6 428	3 179	757	5 948	5 501	85 077	8 002	19 084	5 070	0	1 343	51 578
濠江区	52 932	32 744	8 696	6 165	4 933	981	554	3 329	1 657	0	2 848	1 877	0	1 704	20 188	2 271	1 837	842	11 489	478	3 271
潮阳区	211 462	108 767	30 024	16 366	14 206	1 663	768	13 788	5 515	5 968	4 025	5 571	5 984	4 889	102 695	9 707	41 140	4 470	8	23 780	23 590
潮南区	124 726	72 475	24 483	5 441	4 866	1 613	387	7 227	5 342	8 530	289	8 603	2 276	3 418	52 251	5 898	33 078	6 484	0	582	6 209
南澳县	21 408	12 913	1 068	3 598	1 129	289	255	705	360	1 574	1 269	447	1 980	244	8 490	941	1 564	550	0	3 698	1 737
佛山市	5 575 469	3 988 762	990 869	690 268	456 157	148 591	416	377 433	251 918	166 673	229 797	58 247	454 878	163 515	1 586 707	366 206	455 887	135 349	76 651	225 601	327 013
佛山市本级	475 735	319 072	62 050	55 072	39 947	16 263	0	28 535	23 482	9 749	21 956	818	43 109	18 091	156 663	14 652	62 627	21 805	17 000	11 060	29 519
佛山市区县合计	5 099 734	3 669 690	928 819	635 196	416 210	132 328	416	348 898	228 436	156 924	207 841	57 429	411 769	145 424	1 430 044	351 554	393 260	113 544	59 651	214 541	297 494
禅城区	606 686	383 026	75 839	67 311	41 872	19 877	0	34 876	28 700	11 915	26 835	1 000	52 689	22 112	223 660	49 710	47 265	24 932	0	81 252	20 501
南海区	1 855 034	1 377 961	300 198	299 927	167 016	44 324	0	118 692	68 624	56 282	87 732	14 729	162 367	58 070	477 073	135 614	171 247	30 108	59 353	52 289	28 462
顺德区	1 874 732	1 354 067	386 759	195 178	152 440	55 633	51	137 575	97 842	44 509	72 183	26 835	137 059	48 003	520 665	117 509	124 885	33 191	0	3 190	241 890
高明区	308 418	197 318	64 201	25 299	19 311	4 809	91	20 027	10 617	18 358	8 947	5 692	13 908	6 058	111 100	18 979	13 636	10 574	0	64 957	2 954
三水区	454 864	357 318	101 822	47 481	35 571	7 685	274	37 728	22 653	25 860	12 144	9 173	45 746	11 181	97 546	29 742	36 227	14 739	298	12 853	3 687
韶关市	852 292	521 607	110 109	88 492	29 762	14 974	11 245	60 690	26 984	35 691	20 006	54 778	41 516	27 360	330 685	66 946	68 876	36 895	6 745	96 877	54 346
韶关市本级	340 451	188 051	44 141	20 795	10 538	5 694	1 092	36 650	9 458	15 144	10 197	279	25 419	8 644	152 400	39 687	22 831	18 216	1 875	48 780	21 011
韶关市区县合计	511 841	333 556	65 968	67 697	19 224	9 280	10 153	24 040	17 526	20 547	9 809	54 499	16 097	18 716	178 285	27 259	46 045	18 679	4 870	48 097	33 335
浈江区	40 072	27 943	4 072	8 357	1 928	1 151	77	2 378	2 542	413	0	6 220	0	805	12 129	661	1 667	403	0	4 154	5 244
武江区	42 197	30 033	3 920	12 115	2 484	1 592	466	3 041	1 699	198	61	3 996	0	461	12 164	872	2 157	1 006	0	1 472	6 657
曲江区	79 080	47 645	12 779	6 894	2 517	1 030	477	4 390	2 814	2 865	1 005	8 738	2 722	1 414	31 435	4 687	5 829	2 001	447	13 351	5 120
乐昌市	59 728	35 642	8 731	8 283	2 870	1 083	685	3 143	1 760	2 785	1 408	126	2 632	2 136	24 086	3 955	7 206	3 878	0	8 391	656
南雄市	59 963	38 125	4 222	5 316	2 512	697	489	1 957	1 896	2 775	2 062	7 236	1 171	7 792	21 838	1 702	8 003	1 490	1 612	3 120	5 911
仁化县	60 988	37 421	10 004	5 299	1 270	849	3 356	2 605	2 107	3 297	1 208	4 652	1 991	783	23 567	4 768	4 846	2 256	0	7 471	4 226
始兴县	38 481	27 177	5 315	4 183	1 351	364	235	1 387	726	1 584	1 364	6 433	1 796	2 439	11 304	1 740	2 491	1 248	611	4 407	807

续表

地区	收入合计	税收收入													非税收入						
		小计	增值税	营业税	企业所得税	个人所得税	资源税	城市维护建设税	房产税	城镇土地使用税	土地增值税	耕地占用税	契税	其他各项税收收入	小计	专项收入	行政事业性收费收入	罚没收入	国有资本经营收入	国有资源（资产）有偿使用收入	其他收入
翁源县	41 223	28 914	4 237	6 747	1 699	897	1 262	1 534	1 170	1 991	1 152	4 857	2 601	767	12 309	2 676	3 169	2 578	0	3 886	0
新丰县	37 746	26 500	3 860	4 907	1 154	651	2 592	1 274	566	1 666	551	6 790	1 844	645	11 246	2 401	2 856	1 442	700	851	2 996
乳源瑶族自治县	52 363	34 156	8 828	5 596	1 439	966	514	2 331	2 246	2 973	998	5 451	1 340	1 474	18 207	3 797	7 821	2 377	1 500	994	1 718
河源市	674 801	464 269	72 148	82 055	28 208	8 979	15 095	30 621	17 206	28 664	18 057	76 508	74 880	11 848	210 532	31 999	75 581	18 189	7 125	22 699	54 939
河源市本级	249 749	168 714	25 713	25 575	11 543	3 635	449	11 936	7 904	12 348	5 493	26 743	32 337	5 038	81 035	11 002	21 368	6 278	2	3 519	38 866
河源市区县合计	425 052	295 555	46 435	56 480	16 665	5 344	14 646	18 685	9 302	16 316	12 564	49 765	42 543	6 810	129 497	20 997	54 213	11 911	7 123	19 180	16 073
源城区	105 291	82 031	12 032	12 591	5 526	1 761	221	5 762	3 846	6 011	2 706	13 172	15 927	2 476	23 260	4 178	6 126	608	0	7 749	4 599
东源县	79 807	54 336	9 756	10 006	3 024	915	1 939	3 721	2 207	3 881	1 516	8 184	8 166	1 021	25 471	4 930	8 497	2 182	250	1 514	8 098
和平县	49 185	37 251	4 632	6 414	1 223	334	8 042	1 692	487	541	3 276	6 315	3 630	665	11 934	3 008	5 396	2 453	0	1 077	0
龙川县	60 859	40 793	7 736	7 938	3 017	778	285	2 711	1 114	1 084	2 839	6 170	5 995	1 126	20 066	2 896	7 433	3 002	30	6 705	0
紫金县	63 266	41 348	5 669	11 185	2 115	513	1 000	2 561	1 014	1 388	1 258	7 741	6 297	607	21 918	3 277	5 123	2 565	6 678	899	3 376
连平县	66 644	39 796	6 610	8 346	1 760	1 043	3 159	2 238	634	3 411	969	8 183	2 528	915	26 848	2 708	21 638	1 101	165	1 236	0
梅州市	1 035 910	738 277	107 262	105 335	46 714	17 524	52 533	64 946	25 366	44 387	49 380	126 439	74 584	23 807	297 633	56 874	88 832	23 334	2 966	104 092	21 535
梅州市本级	283 615	198 677	34 905	19 563	10 257	4 381	366	35 600	8 674	12 231	9 580	42 246	16 120	4 754	84 938	29 114	21 834	6 135	502	23 747	3 606
梅州市区县合计	752 295	539 600	72 357	85 772	36 457	13 143	52 167	29 346	16 692	32 156	39 800	84 193	58 464	19 053	212 695	27 760	66 998	17 199	2 464	80 345	17 929
梅江区	90 028	64 382	10 472	10 770	4 234	1 544	308	8 117	2 229	6 755	4 439	4 387	8 819	2 308	25 646	2 699	3 737	436	0	18 381	393
兴宁市	100 053	75 714	9 344	15 872	4 287	1 397	375	4 412	1 726	1 072	5 851	14 190	15 105	2 083	24 339	3 735	15 355	3 461	808	980	0
梅县区	214 982	150 722	19 576	21 395	13 190	3 879	712	7 185	4 551	10 312	15 213	36 453	14 793	3 463	64 260	7 133	8 287	1 882	12	37 283	9 663
平远县	65 595	46 667	4 473	6 442	1 760	2 206	17 705	1 608	829	1 961	1 837	3 365	2 792	1 689	18 928	2 204	12 614	3 248	290	175	397
蕉岭县	70 600	49 965	6 344	4 991	2 431	1 291	11 567	1 575	3 263	6 680	2 720	4 685	2 731	1 687	20 635	3 935	4 811	1 637	1 354	2 959	5 939
大埔县	81 857	58 587	7 807	8 746	2 333	905	19 976	2 222	2 000	2 670	2 999	1 802	3 901	3 226	23 270	2 747	6 111	1 767	0	12 645	0
丰顺县	73 637	51 811	7 551	7 567	4 100	964	264	2 201	1 108	1 688	4 759	14 379	5 607	1 623	21 826	2 604	9 527	907	0	7 251	1 537
五华县	55 543	41 752	6 790	9 989	4 122	957	1 260	2 026	986	1 018	1 982	4 932	4 716	2 974	13 791	2 703	6 556	3 861	0	671	0
惠州市	3 400 183	2 115 746	562 412	397 115	178 589	58 061	7 044	221 123	96 873	129 902	131 733	37 224	227 790	67 880	1 284 437	182 319	197 215	118 461	18 429	182 078	585 935
惠州市本级	1 816 531	1 191 182	380 436	192 987	117 611	35 067	302	149 075	44 117	48 952	67 683	19 747	95 603	39 602	625 349	105 684	53 360	86 375	18 429	36 565	324 936
惠州市区县合计	1 583 652	924 564	181 976	204 128	60 978	22 994	6 742	72 048	52 756	80 950	64 050	17 477	132 187	28 278	659 088	76 635	143 855	32 086	0	145 513	260 999
惠城区	352 428	184 165	33 289	39 925	10 851	6 865	127	16 090	10 812	10 415	12 516	5 916	28 013	9 346	168 263	20 548	12 580	911	0	54 469	79 755
惠阳区	400 715	244 667	52 699	56 674	15 361	5 878	94	25 792	13 998	20 384	13 903	466	32 593	6 825	156 048	17 952	63 084	10 060	0	5 361	59 591
惠东县	347 173	213 288	32 726	51 375	15 682	4 139	99	10 973	6 661	9 753	27 308	4 474	45 828	4 270	133 885	10 535	14 493	8 561	0	9 644	90 652
博罗县	373 570	227 561	53 369	44 937	14 063	4 985	275	16 087	19 110	35 662	8 282	3 675	20 637	6 479	146 009	17 429	46 819	9 077	0	69 545	3 139
龙门县	109 766	54 883	9 893	11 217	5 021	1 127	6 147	3 106	2 175	4 736	2 041	2 946	5 116	1 358	54 883	10 171	6 879	3 477	0	6 494	27 862
汕尾市	288 275	184 942	29 499	48 439	21 149	5 599	571	15 032	8 563	17 934	13 847	-1 062	18 631	6 740	103 333	20 709	36 304	12 950	7 183	9 886	16 301

续表

地　区	收入合计	税收收入													非税收入						
		小计	增值税	营业税	企业所得税	个人所得税	资源税	城市维护建设税	房产税	城镇土地使用税	土地增值税	耕地占用税	契税	其他各项税收收入	小计	专项收入	行政事业性收费收入	罚没收入	国有资本经营收入	国有资源（资产）有偿使用收入	其他收入
汕尾市本级	96 831	49 258	11 214	9 997	11 094	2 062	29	4 960	2 380	2 351	2 484	-2 170	1 758	2 599	47 573	7 490	14 803	7 403	6 530	5 721	5 626
汕尾市区县合计	191 444	135 684	18 285	38 442	10 055	3 537	542	10 072	5 583	15 583	11 363	1 108	16 873	4 141	55 760	13 219	21 501	5 547	653	4 165	10 675
城区	27 133	19 736	3 670	6 011	2 177	977	13	2 134	895	779	1 656	-857	955	1 376	7 347	1 435	3 383	323	0	86	2 120
陆丰市	58 865	39 848	4 277	9 583	2 663	810	130	3 132	1 717	6 380	3 122	388	6 697	949	19 017	4 445	10 364	2 750	0	605	853
海丰县	79 003	59 822	8 367	18 138	3 932	1 325	334	3 899	2 640	6 819	5 027	0	7 971	1 370	19 181	6 151	5 629	2 088	0	603	4 710
陆河县	26 443	16 228	1 971	4 710	1 283	425	65	907	431	1 605	1 558	1 577	1 250	446	10 215	1 188	2 125	386	653	2 871	2 992
东莞市	5 179 682	3 995 152	1 421 654	538 241	396 494	144 828	534	400 945	184 115	137 741	149 318	76 475	354 276	190 531	1 184 530	412 612	376 254	88 266	57 551	238 825	11 022
东莞市本级	5 179 682	3 995 152	1 421 654	538 241	396 494	144 828	534	400 945	184 115	137 741	149 318	76 475	354 276	190 531	1 184 530	412 612	376 254	88 266	57 551	238 825	11 022
中山市	2 875 055	1 978 743	575 529	341 432	205 766	62 387	10	172 264	128 229	68 817	123 987	43 244	185 467	71 616	896 307	175 858	329 327	68 109	194	184 257	138 562
中山市本级	2 875 055	1 978 743	575 529	341 432	205 766	62 387	10	172 264	128 229	68 817	123 987	43 244	185 467	71 616	896 307	175 858	329 327	68 109	194	184 257	138 562
江门市	1 990 104	1 445 923	386 150	210 927	144 500	41 313	6 446	132 047	87 026	123 213	80 702	18 912	165 522	49 165	544 181	134 020	161 086	70 055	117 372	42 546	19 102
江门市本级	412 210	317 607	78 199	49 728	29 851	10 686	920	31 559	21 885	20 479	23 250	2 816	36 123	12 111	94 603	29 302	30 998	25 744	0	6 961	1 598
江门市区县合计	1 577 894	1 128 316	307 951	161 199	114 649	30 627	5 526	100 488	65 141	102 734	57 452	16 096	129 399	37 054	449 578	104 718	130 088	44 311	117 372	35 585	17 504
蓬江区	230 800	179 522	37 312	30 960	17 934	6 271	220	17 089	12 490	10 809	16 224	546	22 959	6 708	51 278	12 344	16 803	7 048	0	11 274	3 809
江海区	103 201	83 583	23 709	12 216	7 967	1 905	0	8 495	5 855	4 874	3 618	3 889	7 173	3 882	19 618	6 290	6 886	764	0	5 678	0
新会区	439 511	288 708	106 337	30 740	25 494	8 209	3 284	31 714	14 189	21 653	10 962	1 691	26 317	8 118	150 803	35 797	22 538	14 722	73 606	4 140	0
台山市	247 639	176 422	48 762	23 053	25 842	6 227	205	13 544	10 31[illegible]	21 877	5 686	703	15 503	4 709	71 217	14 612	25 570	5 467	7 317	4 864	13 387
开平市	215 356	155 394	33 196	26 525	19 368	3 181	9	11 731	9 552	17 127	9 444	2 156	17 211	5 894	59 962	12 363	24 069	6 032	17 186	302	10
鹤山市	242 489	169 814	48 604	24 900	13 532	3 690	663	13 592	8 839	11 586	8 353	2 946	27 588	5 521	72 675	18 217	20 399	7 407	17 378	8 976	298
恩平市	98 898	74 873	10 031	12 805	4 512	1 144	1 145	4 323	3 905	14 808	3 165	4 165	12 648	2 222	24 025	5 095	13 823	2 871	1 885	351	0
阳江市	679 307	380 032	65 503	73 871	31 537	10 208	5 232	26 021	13 439	32 074	26 690	41 319	39 027	15 111	299 275	32 961	83 048	29 486	64 385	44 767	44 628
阳江市本级	298 545	169 067	22 464	31 689	10 671	4 115	619	10 967	5 865	12 186	14 323	26 199	22 757	7 212	129 478	16 207	18 850	15 545	2 536	34 702	41 638
阳江市区县合计	380 762	210 965	43 039	42 182	20 866	6 093	4 613	15 054	7 574	19 888	12 367	15 120	16 270	7 899	169 797	16 754	64 198	13 941	61 849	10 065	2 990
江城区	59 654	24 191	4 712	5 413	2 728	1 029	132	2 343	907	1 122	1 920	2 200	0	1 685	35 463	2 014	8 499	1 236	22 750	598	366
阳春市	125 994	68 113	11 249	12 697	5 771	2 268	3 529	4 389	2 302	8 887	3 919	2 566	7 601	2 935	57 881	5 788	18 652	4 513	25 629	3 299	0
阳东区	121 618	68 393	14 804	12 769	5 673	1 905	526	4 653	2 776	8 152	3 120	7 606	4 524	1 885	53 225	4 709	26 344	3 159	13 390	5 149	474
阳西县	73 496	50 268	12 274	11 303	6 694	891	426	3 669	1 589	1 727	3 408	2 748	4 145	1 394	23 228	4 243	10 703	5 033	80	1 019	2 150
湛江市	1 218 571	683 401	151 854	149 216	51 945	25 575	935	80 310	29 996	33 257	37 638	26 644	68 645	27 386	535 170	104 490	162 695	54 441	30 979	100 668	81 897
湛江市本级	647 846	348 539	77 706	73 904	25 312	14 462	67	43 595	15 485	14 345	16 659	10 577	40 173	16 254	299 307	67 217	55 367	17 975	20 120	78 800	59 828
湛江市区县合计	570 725	334 862	74 148	75 312	26 633	11 113	868	36 715	14 511	18 912	20 979	16 067	28 472	11 132	235 863	37 273	107 328	36 466	10 859	21 868	22 069
赤坎区	49 308	29 590	7 895	6 930	2 424	1 184	0	3 268	2 198	1 679	3 452	60	0	500	19 718	3 219	3 617	1 271	0	2 899	8 712
霞山区	71 274	45 310	11 932	6 775	3 343	2 549	7	12 443	2 548	2 720	1 745	74	0	1 174	25 964	8 568	16 144	248	78	523	403

续表

地区	收入合计	税收收入													非税收入						
		小计	增值税	营业税	企业所得税	个人所得税	资源税	城市维护建设税	房产税	城镇土地使用税	土地增值税	耕地占用税	契税	其他各项税收收入	小计	专项收入	行政事业性收费收入	罚没收入	国有资本经营收入	国有资源（资产）有偿使用收入	其他收入
麻章区	41 932	28 838	6 264	4 960	2 898	1 152	30	2 523	2 629	2 393	498	3 864	801	826	13 094	1 569	9 094	786	436	1 016	193
坡头区	55 742	33 732	2 969	10 415	1 682	1 209	315	2 113	582	1 171	3 904	4 605	4 123	644	22 010	1 872	10 190	7 869	0	2 012	67
雷州市	58 675	31 760	6 380	7 970	2 721	1 122	92	3 099	1 078	1 456	1 599	1 193	3 934	1 116	26 915	3 328	9 404	5 888	19	4 671	3 605
廉江市	110 682	64 496	15 876	16 596	4 495	944	91	5 736	1 346	2 812	4 066	3 137	6 957	2 440	46 186	7 664	27 736	4 811	218	5 253	504
吴川市	68 972	39 124	8 188	8 121	4 206	992	192	3 118	1 376	1 127	2 633	1 204	5 904	2 063	29 848	3 860	6 833	5 791	10 013	673	2 678
遂溪县	69 476	38 845	8 833	8 454	2 724	1 019	36	2 758	1 732	4 742	2 148	1 260	3 764	1 375	30 631	4 529	14 776	4 829	84	3 310	3 103
徐闻县	44 664	23 167	5 811	5 091	2 140	942	105	1 657	1 022	812	934	670	2 989	994	21 497	2 664	9 534	4 973	11	1 511	2 804
茂名市	1 139 248	646 474	112 423	95 322	44 139	14 381	5 382	85 668	21 940	39 920	98 251	45 159	61 902	21 987	492 774	100 624	141 452	41 071	8 634	193 454	7 539
茂名市本级	486 594	230 855	65 488	28 303	12 551	6 608	596	64 935	7 162	15 736	8 692	4 795	8 174	7 815	255 739	75 350	52 574	14 801	0	111 628	1 386
茂名市区县合计	652 654	415 619	46 935	67 019	31 588	7 773	4 786	20 733	14 778	24 184	89 559	40 364	53 728	14 172	237 035	25 274	88 878	26 270	8 634	81 826	6 153
茂南区	58 941	43 278	9 975	6 923	4 716	2 465	183	4 229	2 256	1 873	1 886	3 388	2 089	3 295	15 663	2 999	7 254	1 932	0	3 221	257
信宜市	95 355	59 277	7 877	11 288	2 107	1 139	1 580	3 298	3 448	5 274	4 550	8 377	8 127	2 212	36 078	3 826	20 061	3 552	275	8 356	8
高州市	150 225	94 130	9 209	17 573	4 358	2 150	1 915	4 441	2 472	2 198	22 804	13 046	11 073	2 891	56 095	6 230	24 038	6 487	7 255	12 085	0
化州市	113 734	62 964	7 600	10 573	10 648	921	646	3 419	1 279	838	8 935	5 834	10 389	1 882	50 770	4 497	14 839	7 515	1 104	18 496	4 319
电白区	234 399	155 970	12 274	20 662	9 759	1 098	462	5 346	5 323	14 001	51 384	9 719	22 050	3 892	78 429	7 722	22 686	6 784	0	39 668	1 569
肇庆市	1 433 604	732 287	123 629	126 296	51 561	18 066	12 929	51 035	35 829	92 603	56 217	65 892	72 851	25 379	701 317	74 252	173 965	68 808	113 768	249 898	20 626
肇庆市本级	382 344	224 029	35 885	50 727	19 272	6 592	6	19 743	13 990	16 228	13 438	13 632	24 898	9 618	158 315	21 829	46 451	34 475	20 071	34 586	903
肇庆市区县合计	1 051 260	508 258	87 744	75 569	32 289	11 474	12 923	31 292	21 839	76 375	42 779	52 260	47 953	15 761	543 002	52 423	127 514	34 333	93 697	215 312	19 723
端州区	156 265	88 815	10 708	15 044	5 681	2 768	3	6 160	4 284	24 439	5 354	1 365	9 679	3 330	67 450	4 521	4 297	3 534	0	55 098	0
鼎湖区	72 438	47 290	7 977	5 322	2 180	915	9	3 151	1 638	8 315	2 645	9 850	4 072	1 216	25 148	3 931	6 772	919	57	13 458	11
四会市	228 744	104 890	18 027	18 379	7 033	2 099	663	7 313	5 584	6 412	8 533	15 765	11 731	3 351	123 854	10 287	15 850	5 109	67 238	24 770	600
高要区	284 321	128 424	29 244	11 610	8 548	2 367	5 801	7 546	5 222	28 893	6 600	12 286	6 579	3 728	155 897	12 702	75 698	6 919	0	53 154	7 424
广宁县	77 555	34 780	4 921	6 024	1 746	869	615	1 652	1 515	2 396	3 443	4 267	6 199	1 133	42 775	4 022	5 902	4 165	0	20 854	7 832
德庆县	87 611	40 364	5 706	5 811	1 711	834	1 429	1 713	1 505	2 496	9 479	4 994	3 801	885	47 247	4 315	3 826	7 829	26 402	2 515	2 360
封开县	69 908	30 914	5 536	4 625	3 242	643	3 535	1 663	818	1 828	4 123	2 212	1 983	706	38 994	6 643	5 538	2 613	0	23 906	294
怀集县	74 418	32 781	5 625	8 754	2 148	979	868	2 094	1 273	1 596	2 602	1 521	3 909	1 412	41 637	6 002	9 631	3 245	0	21 557	1 202
清远市	1 083 805	702 118	121 141	153 641	56 316	18 864	16 877	49 877	30 159	48 858	51 140	46 328	85 883	23 034	381 687	80 753	96 839	46 166	1 503	56 794	99 632
清远市本级	362 368	262 208	34 647	62 110	17 562	8 782	1 006	18 185	10 918	14 774	23 319	24 377	37 215	9 313	100 160	31 376	33 175	8 182	2	16 466	10 959
清远市区县合计	721 437	439 910	86 494	91 531	38 754	10 082	15 871	31 692	19 241	34 084	27 821	21 951	48 668	13 721	281 527	49 377	63 664	37 984	1 501	40 328	88 673
清城区	152 903	96 363	9 739	24 488	6 958	3 358	233	6 821	3 942	4 457	10 089	8 158	14 260	3 860	56 540	5 139	6 762	9 751	0	888	34 000
英德市	169 939	103 513	24 218	20 435	11 719	1 978	10 005	7 135	3 903	6 183	3 717	−726	11 788	3 158	66 426	19 418	16 409	5 642	0	16 085	8 872
连州市	72 038	42 286	6 683	7 562	3 024	915	527	2 680	1 671	9 106	2 990	1 933	3 969	1 226	29 752	3 237	3 515	2 130	23	960	19 887

续表

地　区	收入合计	税收收入												非税收入						
		小计	增值税	营业税	企业所得税	个人所得税	资源税	城市维护建设税	房产税	城镇土地使用税	土地增值税	耕地占用税	契税	其他各项税收收入	小计	专项收入	行政事业性收费收入	罚没收入	国有资本经营收入	国有资源（资产）有偿使用收入	其他收入
佛冈县	97 968	58 938	13 644	11 566	5 648	1 089	139	4 196	2 709	3 674	3 727	4 819	6 108	1 619	39 030	6 665	7 316	1 647	0	12 890	10 512
清新区	146 854	90 497	23 301	17 370	8 850	1 680	3 106	8 218	4 750	5 580	4 186	2 415	8 365	2 676	56 357	10 601	18 821	15 675	978	2 050	8 232
连山壮族瑶族自治县	13 896	8 670	1 990	2 480	280	232	10	648	293	622	427	769	655	264	5 226	880	1 467	990	0	1 889	0
连南瑶族自治县	16 211	8 862	2 232	2 333	490	301	115	692	355	898	132	592	471	251	7 349	994	3 056	450	0	163	2 686
阳山县	51 628	30 781	4 687	5 297	1 785	529	1 736	1 302	1 518	3 564	2 553	3 991	3 052	667	20 847	2 443	6 318	1 699	500	5 403	4 484
潮州市	472 009	318 616	94 893	34 918	33 925	10 520	10 595	29 303	18 307	21 349	9 281	20 827	19 846	14 252	153 393	26 488	42 658	17 964	15 109	18 956	32 218
潮州市本级	220 057	147 336	44 836	21 107	18 659	6 180	3 501	12 917	6 993	6 546	5 722	724	14 286	5 885	72 701	11 910	14 171	6 343	8 437	9 312	22 528
潮州市区县合计	251 952	171 260	50 057	13 811	15 266	4 340	7 094	16 386	11 914	14 803	3 559	20 103	5 560	8 367	80 692	14 578	28 487	11 621	6 672	9 644	9 690
湘桥区	44 133	29 736	6 409	4 673	2 975	1 284	438	2 853	1 891	1 825	1 799	2 096	1 761	1 732	14 397	1 959	4 156	1 009	0	495	6 778
饶平县	76 162	51 621	17 630	4 803	7 410	945	1 001	3 829	1 498	2 627	858	8 125	1 284	1 611	24 541	4 309	9 516	3 049	379	7 269	19
潮安区	131 657	89 903	26 018	4 335	4 881	2 111	5 655	9 704	8 525	10 351	902	9 882	2 515	5 024	41 754	8 310	14 815	7 563	6 293	1 880	2 893
揭阳市	774 045	509 019	156 924	63 728	56 567	16 684	4 233	54 930	20 393	34 458	16 952	29 856	30 422	23 872	265 026	47 827	85 249	33 446	25 336	36 458	36 710
揭阳市本级	260 034	163 055	48 133	19 212	14 340	5 485	1 291	18 403	7 130	13 980	5 299	7 395	11 465	10 872	96 979	13 327	28 384	15 852	9 060	18 401	11 955
揭阳市区县合计	514 011	345 964	108 791	44 516	42 227	11 199	2 942	36 527	13 213	20 478	11 653	22 461	18 957	13 000	168 047	34 500	56 865	17 594	16 276	18 057	24 755
榕城区	74 859	52 616	18 787	7 624	4 715	1 335	391	5 955	2 537	2 699	2 850	24	3 983	1 716	22 243	5 792	5 985	993	4 763	3 898	812
普宁市	203 171	141 455	50 122	14 949	19 777	6 254	748	17 292	4 534	5 251	4 401	4 498	6 650	6 979	61 716	14 839	23 307	6 406	2 000	10 923	4 241
揭东区	120 448	77 053	23 418	7 262	6 457	1 679	1 001	8 169	3 011	6 645	1 198	13 667	2 702	1 844	43 395	7 689	5 639	5 966	2 735	1 838	19 528
揭西县	51 459	36 983	7 507	8 719	5 299	1 079	434	2 226	1 537	2 753	2 058	589	3 303	1 479	14 476	2 704	6 329	3 390	1 370	564	119
惠来县	64 074	37 857	8 957	5 962	5 979	852	368	2 885	1 594	3 130	1 146	3 683	2 319	982	26 217	3 476	15 605	839	5 408	834	55
云浮市	587 005	322 194	53 354	54 559	22 961	13 380	7 866	23 306	13 660	18 796	32 755	34 050	37 152	10 355	264 811	37 371	54 705	12 753	36 934	50 179	72 869
云浮市本级	154 689	87 544	12 402	15 393	6 424	2 527	1 260	10 336	4 688	7 412	4 749	7 073	12 003	3 277	67 145	12 927	12 925	6 452	3 798	28 879	2 164
云浮市区县合计	432 316	234 650	40 952	39 166	16 537	10 853	6 606	12 970	8 972	11 384	28 006	26 977	25 149	7 078	197 666	24 444	41 780	6 301	33 136	21 300	70 705
云城区	59 836	30 060	4 952	5 583	2 526	945	332	0	1 813	3 144	1 878	3 009	4 523	1 355	29 776	3 595	2 312	520	19 332	389	3 628
罗定市	114 895	58 664	10 542	11 893	5 317	1 475	2 587	4 996	2 121	1 763	4 164	2 588	9 277	1 941	56 231	6 885	11 933	1 193	0	620	35 600
新兴县	159 406	90 251	14 407	13 337	5 005	6 792	325	4 199	3 589	3 412	17 972	10 698	7 907	2 608	69 155	6 863	8 528	1 916	8 498	18 617	24 733
郁南县	56 979	31 729	5 031	5 621	1 844	1 008	100	1 744	927	1 884	2 786	7 287	2 800	697	25 250	2 849	16 131	1 109	4 335	784	42
云安区	41 200	23 946	6 020	2 732	1 845	633	3 262	2 031	522	1 181	1 206	3 395	642	477	17 254	4 252	2 876	1 563	971	890	6 702

2015年度广东省地市县公共预算收支情况表

单位：万元

地区	支出合计	一般公共服务支出	外交支出	国防支出	公共安全支出	教育支出	科学技术支出	文化体育与传媒支出	社会保障和就业支出	医疗卫生与计划生育支出	节能环保支出	城乡社区支出	农林水支出	交通运输支出	资源勘探信息等支出	商业服务业等支出	金融支出	援助其他地区支出	国土海洋气象等支出	住房保障支出	粮油物资储备支出	其他支出	债务付息支出	债务发行费用支出
广东省	128 277 964	10 189 057	0	164 828	8 345 435	20 406 487	5 695 451	1 945 832	10 649 123	9 183 556	3 223 269	11 741 555	8 118 951	19 826 345	5 253 799	1 478 493	1 411 678	704 173	1 172 003	3 572 933	676 043	4 280 956	224 481	13 516
广东省本级	11 760 757	1 128 749	0	36 337	1 124 366	1 966 715	898 159	182 110	999 172	313 126	241 383	45 386	612 715	3 098 711	588 064	252 852	8 718	177 053	83 246	200	183 881	-261 952	80 610	1 156
广东省地市合计	116 517 207	9 060 308	0	128 491	7 221 069	18 439 772	4 797 292	1 763 722	9 649 951	8 870 430	2 981 886	11 696 169	7 506 236	16 727 634	4 665 735	1 225 641	1 402 960	527 120	1 088 757	3 572 733	492 162	4 542 908	143 871	12 360
广州市	17 277 176	1 242 272	0	12 601	1 445 908	2 870 733	886 688	274 079	2 049 567	1 348 824	209 665	2 509 781	756 858	933 864	908 725	174 111	336 492	85 365	122 707	779 728	63 288	244 789	18 375	2 756
广州市本级	6 820 739	297 989	0	179	477 783	583 777	333 277	136 059	994 110	582 863	129 385	741 417	163 793	740 398	617 144	72 108	320 740	76 481	23 338	291 485	43 908	183 033	10 482	990
广州市区县合计	10 456 437	944 283	0	12 422	968 125	2 286 956	553 411	138 020	1 055 457	765 961	80 280	1 768 364	593 065	193 466	291 581	102 003	15 752	8 884	99 369	488 243	19 380	61 756	7 893	1 766
越秀区	818 920	61 698	0	959	95 948	153 479	19 261	10 557	196 692	114 627	2 431	71 963	12 137	581	2 711	4 649	11 541	0	8 153	48 833	453	2 247	0	0
海珠区	857 982	74 489	0	1 534	87 895	270 253	10 188	8 339	110 825	73 782	1 925	159 403	17 429	568	6 825	3 716	35	0	6 780	23 685	1	310	0	0
荔湾区	653 329	80 350	0	673	91 206	183 076	12 634	17 801	91 848	58 528	1 266	81 370	26 195	196	2 945	3 301	6	4 084	149	31 677	50	-34 026	0	0
天河区	872 260	72 741	0	976	90 034	213 081	67 419	12 216	79 683	62 090	2 727	173 618	23 144	556	13 805	8 410	2	0	1 829	45 010	565	4 354	0	0
白云区	941 510	98 740	0	407	92 446	243 791	28 470	4 779	90 615	67 315	4 159	163 374	67 133	2 630	4 654	6 960	325	0	23 299	42 421	241	-262	11	2
黄埔区	1 471 860	132 254	0	1 850	96 218	188 010	227 779	21 340	77 829	49 286	13 099	423 027	33 819	11 347	80 932	42 391	3 340	0	9 383	42 222	5	17 273	242	214
花都区	924 728	100 754	0	173	71 948	176 108	61 869	18 554	97 869	86 016	12 940	92 036	87 797	13 788	10 627	5 150	23	0	8 967	73 518	4 019	2 144	0	428
番禺区	1 248 504	94 505	0	3 710	141 392	255 833	40 497	12 777	97 299	80 923	16 772	91 654	111 736	97 588	104 386	17 211	11	0	10 360	61 836	6 868	2 717	98	331
南沙区	1 157 562	74 112	0	1 623	72 656	170 351	53 194	13 870	41 198	73 427	19 210	421 862	92 550	26 667	41 166	4 382	287	4 800	15 700	21 542	22	1 082	7 542	319
从化区	452 657	80 445	0	517	41 889	116 984	9 063	7 937	56 987	34 922	1 148	11 788	42 708	6 068	8 144	3 277	29	0	6 542	17 630	3 314	3 237	0	28
增城区	1 057 125	74 195	0	0	86 493	315 990	23 037	9 850	114 612	65 045	4 603	78 269	78 417	33 477	15 386	2 556	153	0	8 207	79 869	3 842	62 680	0	444
深圳市	35 216 708	1 801 982	0	12 727	1 609 954	2 885 520	2 143 182	527 260	845 801	1 505 974	1 083 493	4 656 457	441 526	10 445 932	1 305 503	522 246	504 228	385 388	308 040	1 371 639	143 879	2 671 595	44 382	0
深圳市本级	22 340 358	753 452	0	7 815	528 861	905 568	739 274	148 828	317 025	501 115	832 193	1 697 004	312 450	10 219 259	1 019 134	322 395	354 228	378 370	289 669	693 238	133 786	2 142 312	44 382	0
深圳市区县合计	12 876 350	1 048 530	0	4 912	1 081 093	1 979 952	1 403 908	378 432	528 776	1 004 859	251 300	2 959 453	129 076	226 673	286 369	199 851	150 000	7 018	18 371	678 401	10 093	529 283	0	0
福田区	1 554 492	85 051	0	1 069	136 470	297 409	443 934	20 065	85 390	207 167	14 033	182 962	11 136	2 000	6 898	14 546	0	0	0	46 362	0	0	0	0
罗湖区	1 034 456	113 432	0	2 185	114 242	238 039	109 744	57 702	86 200	117 562	12 397	107 979	6 239	1 080	4 354	0	0	0	868	28 958	0	33 475	0	0
盐田区	454 892	51 421	0	0	40 175	59 562	47 156	6 722	25 165	28 446	4 019	96 131	7 521	0	1 742	435	0	0	0	35 686	0	50 711	0	0
南山区	2 147 951	71 801	0	0	109 209	322 121	315 206	94 098	116 436	99 717	45 765	482 350	7 886	22 296	59 681	161 478	0	3 236	0	232 617	0	4 054	0	0
宝安区	5 036 850	475 702	0	240	476 300	646 122	344 123	156 233	142 429	366 031	145 218	1 564 560	48 263	198 617	206 929	1 800	0	2 782	6 288	189 344	5 293	60 576	0	0
龙岗区	2 647 709	251 123	0	1 418	204 697	416 699	143 745	43 612	73 156	185 936	29 868	525 471	48 031	2 680	6 765	21 592	150 000	1 000	11 215	145 434	4 800	380 467	0	0
珠海市	3 887 661	352 083	0	10 505	305 716	528 762	286 324	73 128	291 969	181 104	56 226	694 715	116 333	153 724	611 499	51 670	22 663	0	36 702	22 518	9 446	72 452	9 317	805
珠海市本级	2 876 211	243 900	0	7 437	259 780	237 845	225 391	49 984	181 568	97 582	11 166	619 839	64 416	147 644	573 654	33 900	22 378	0	35 218	18 198	4 446	32 042	9 169	654
珠海市区县合计	1 011 450	108 183	0	3 068	45 936	290 917	60 933	23 144	110 401	83 522	45 060	74 876	51 917	6 080	37 845	17 770	285	0	1 484	4 320	5 000	40 410	148	151
香洲区	418 600	43 641	0	763	22 408	142 351	25 288	8 635	37 506	32 382	14 718	45 118	9 667	0	13 272	11 859	127	0	615	597	1 506	8 147	0	0
金湾区	244 348	30 439	0	1 510	13 346	56 595	21 267	8 384	14 034	16 727	23 984	15 154	16 714	4 972	11 900	3 767	109	0	463	3 694	862	184	148	95
斗门区	348 502	34 103	0	795	10 182	91 971	14 378	6 125	58 861	34 413	6 358	14 604	25 536	1 108	12 673	2 144	49	0	406	29	2 632	32 079	0	56

续表

地 区	支出合计	一般公共服务支出	外交支出	国防支出	公共安全支出	教育支出	科学技术支出	文化体育与传媒支出	社会保障和就业支出	医疗卫生与计划生育支出	节能环保支出	城乡社区支出	农林水支出	交通运输支出	资源勘探信息等支出	商业服务业等支出	金融支出	援助其他地区支出	国土海洋气象等支出	住房保障支出	粮油物资储备支出	其他支出	债务付息支出	债务发行费用支出
汕头市	2 809 752	272 28	0	4 003	200 324	737 062	34 155	33 441	306 282	356 659	107 802	160 808	239 008	116 897	30 549	27 282	458	0	45 584	46 186	12 071	76 231	2 451	228
汕头市本级	773 631	85 739	0	2 215	119 438	134 243	14 814	16 090	84 544	44 593	24 383	28 522	18 392	86 966	16 733	2 556	415	0	30 494	18 500	6 445	36 236	2 185	128
汕头市区县合计	2 036 131	186 542	0	1 788	80 886	602 819	19 341	17 351	221 738	312 066	83 419	132 286	220 616	29 931	13 816	24 726	43	0	15 090	27 686	5 626	39 995	266	100
金平区	230 158	29 211	0	322	4 869	76 250	8 922	1 099	24 223	33 041	983	23 381	18 858	4	1 706	2 309	6	0	97	2 830	0	1 970	64	13
龙湖区	209 216	29 788	0	398	8 581	67 356	3 340	1 576	25 681	36 764	363	15 984	8 484	143	4 055	5 184	7	0	158	443	8	903	0	0
澄海区	324 002	29 153	0	401	21 539	95 670	3 009	4 688	33 546	52 924	8 236	21 303	30 886	2 638	1 762	3 711	0	0	1 769	5 977	1 479	5 236	54	21
濠江区	139 725	8 704	0	361	3 810	36 642	2 198	1 134	13 464	17 370	655	19 897	13 603	4 037	4 315	1 334	10	0	1 269	2 931	328	7 003	32	28
潮阳区	587 599	61 068	0	0	19 776	193 157	849	5 400	65 940	89 379	28 663	32 210	58 524	4 155	1 189	10 048	0	0	2 916	4 032	2 439	7 183	54	17
潮南区	455 794	18 087	0	140	17 437	121 860	810	2 659	54 363	74 244	41 503	13 473	67 978	13 423	653	868	20	0	1 416	9 641	905	16 241	54	19
南澳县	89 637	10 531	0	166	4 874	11 884	213	795	4 521	7 44	3 016	6 038	22 283	5 531	136	1 272	0	0	7 465	1 832	467	1 459	8	2
佛山市	7 999 307	865 120	0	7 704	679 848	1 280 022	302 739	103 232	466 134	478 269	238 768	804 267	329 144	1 079 969	738 740	79 446	43 646	20 834	35 995	227 578	79 516	131 777	3 922	2 637
佛山市本级	1 805 517	103 598	0	4 157	128 009	196 498	25 593	42 109	61 220	39 816	9 743	236 711	19 553	490 256	336 462	4 058	389	7 088	5 208	18 810	60 725	15 102	412	0
佛山市区县合计	6 193 790	761 522	0	3 547	551 839	1 083 524	277 146	61 123	404 914	438 453	229 025	567 556	309 591	589 713	402 278	75 388	43 257	13 746	30 787	208 768	18 791	116 675	3 510	2 637
禅城区	978 204	131 143	0	1 076	107 363	152 369	42 588	10 856	70 720	48 578	31 561	134 755	27 969	98 652	25 924	13 033	2 760	1 491	4 073	34 736	2 384	35 090	811	272
南海区	2 239 706	268 159	0	0	176 067	415 079	59 959	20 016	138 072	137 426	97 486	192 907	130 854	176 928	197 952	16 620	33 396	4 973	15 464	81 719	7 819	67 090	863	857
顺德区	2 038 715	221 502	0	1 071	191 757	366 252	132 443	20 466	107 520	200 094	70 520	139 548	74 482	297 963	101 386	39 095	4 281	5 299	4 141	43 498	4 007	11 356	1 006	1 028
高明区	353 282	64 128	0	407	33 892	71 120	15 712	3 741	23 350	27 792	9 524	20 146	37 522	6 501	16 429	2 470	1 800	743	2 496	11 503	1 921	1 634	253	198
三水区	583 883	76 590	0	993	42 760	78 704	26 444	6 044	65 252	24 563	19 934	80 200	38 764	9 669	60 587	4 170	1 020	1 240	4 613	37 312	2 660	1 505	577	282
韶关市	2 870 683	236 363	0	3 492	137 477	459 089	61 248	52 004	305 142	236 181	116 710	190 193	473 181	253 910	32 996	10 555	769	0	12 817	220 701	8 673	53 402	5 355	425
韶关市本级	937 587	47 006	0	580	50 621	70 430	34 007	9 999	65 453	24 123	53 985	146 008	34 471	182 916	14 666	5 699	477	0	5 122	172 836	3 430	10 987	4 417	354
韶关市区县合计	1 933 096	189 357	0	2 912	86 856	388 659	27 241	42 005	239 689	212 058	62 725	44 185	438 710	70 994	18 330	4 856	292	0	7 695	47 865	5 243	42 415	938	71
浈江区	92 098	11 229	0	63	4 260	33 456	1 246	1 092	11 052	15 270	118	7 219	5 498	223	393	18	0	0	7	773	0	181	0	0
武江区	99 508	12 859	0	0	3 591	28 738	1 179	2 857	9 425	10 312	1 168	4 153	15 223	8 203	213	0	0	0	44	1 391	2	101	41	8
曲江区	199 813	18 706	0	362	8 988	36 717	2 573	8 258	28 222	20 923	7 334	7 292	31 146	5 176	1 912	696	7	0	890	18 399	651	1 556	0	0
乐昌市	235 501	21 355	0	602	13 085	51 654	2 947	3 903	40 961	29 323	9 183	2 930	43 609	5 472	491	238	0	0	1 280	7 431	662	165	201	4
南雄市	277 014	23 252	0	418	10 325	51 838	1 740	5 399	25 293	29 506	5 502	6 006	76 957	12 641	1 582	434	152	0	1 271	4 525	453	19 481	226	13
仁化县	219 540	17 114	0	672	9 863	36 642	4 362	3 892	17 818	18 560	9 729	3 662	67 941	7 824	3 322	1 291	75	0	1 099	3 085	301	12 058	218	12
始兴县	165 359	16 625	0	340	8 504	27 937	2 582	3 303	26 666	19 394	3 982	3 949	39 530	2 856	130	584	18	0	439	4 311	2 080	2 001	127	1
翁源县	213 379	23 518	0	0	9 060	46 773	3 121	5 207	27 284	25 203	9 127	2 568	41 211	8 741	1 364	400	0	0	530	2 903	705	5 603	41	20
新丰县	182 452	14 545	0	316	8 547	31 982	2 051	4 006	33 592	21 627	4 799	2 529	44 118	4 693	2 326	379	0	0	1 003	4 570	353	967	41	8
乳源瑶族自治县	248 432	30 154	0	139	10 633	42 922	5 440	4 088	19 376	21 930	11 783	3 877	73 477	15 165	6 597	816	40	0	1 132	477	36	302	43	5
河源市	2 683 846	286 249	0	1 671	126 161	456 155	45 390	41 455	366 774	280 462	91 831	145 094	379 475	173 737	63 331	17 180	1 121	0	14 041	100 405	10 582	78 045	4 462	225
河源市本级	606 931	56 025	0	1 107	53 049	59 737	33 916	17 761	19 803	28 074	26 889	48 334	36 407	125 809	29 457	5 838	978	0	2 707	31 510	1 804	24 289	3 312	125
河源市区县合计	2 076 915	230 224	0	564	73 112	396 418	11 474	23 694	346 971	252 388	64 942	96 760	343 068	47 928	33 874	11 342	143	0	11 334	68 895	8 778	53 756	1 150	100
源城区	211 229	29 442	0	45	6 249	44 524	519	2 406	27 450	20 228	1 172	13 385	15 488	802	11 213	1 110	6	0	177	5 768	1 927	29 187	89	42
东源县	354 590	61 506	0	0	14 492	60 725	1 649	2 524	60 175	37 299	19 501	2 064	68 421	4 289	2 006	3 948	11	0	1 009	10 949	1 219	2 625	172	6
和平县	332 499	34 205	0	0	14 366	63 033	1 947	3 131	45 819	38 196	11 566	8 023	73 990	4 349	15 480	549	2	0	3 405	7 141	1 670	5 509	110	8
龙川县	472 821	42 135	0	0	13 109	104 286	1 382	5 145	107 392	59 403	10 361	12 724	59 580	16 151	1 740	2 836	6	0	2 996	29 078	2 097	2 174	216	10

续表

地区	支出合计	一般公共服务支出	外交支出	国防支出	公共安全支出	教育支出	科学技术支出	文化体育与传媒支出	社会保障和就业支出	医疗卫生与计划生育支出	节能环保支出	城乡社区支出	农林水支出	交通运输支出	资源勘探信息等支出	商业服务业等支出	金融支出	援助其他地区支出	国土海洋气象等支出	住房保障支出	粮油物资储备支出	其他支出	债务付息支出	债务发行费用支出
紫金县	414 656	34 225	0	519	14 242	76 628	883	5 928	58 282	74 945	9 531	40 154	57 366	17 640	1 789	2 544	0	0	1 546	7 527	1 270	9 199	419	19
连平县	291 120	28 711	0	0	10 654	47 222	5 094	4 560	47 853	22 317	12 811	20 410	68 223	4 697	1 646	355	118	0	2 201	8 432	595	5 062	144	15
梅州市	3 763 738	365 356	0	0	156 746	683 927	40 733	53 525	481 509	393 207	117 246	189 242	594 935	275 060	130 781	34 204	342	0	27 261	112 484	14 558	87 853	4 363	406
梅州市本级	812 993	49 582	0	0	56 775	43 470	25 091	10 861	41 117	20 236	48 991	91 384	109 426	115 492	79 103	19 333	128	0	2 264	20 163	4 625	71 582	3 155	215
梅州市区县合计	2 950 745	315 774	0	0	99 971	640 457	15 642	42 664	440 392	372 971	68 255	97 858	485 509	159 568	51 678	14 871	214	0	24 997	92 321	9 933	16 271	1 208	191
梅江区	180 705	23 384	0	0	3 880	61 384	567	1 702	26 135	22 110	5 030	10 180	18 997	682	959	490	0	0	48	2 388	2	2 767	0	0
兴宁市	592 005	82 182	0	0	19 253	131 182	3 361	5 962	132 180	81 658	8 823	9 225	66 573	17 362	3 437	1 317	29	0	4 771	22 858	497	610	631	94
梅县区	469 943	33 806	0	0	18 628	95 183	1 477	4 423	61 634	52 418	4 646	36 262	93 430	11 331	5 163	1 019	0	0	1 960	42 789	3 963	1 755	27	29
平远县	233 213	36 594	0	0	8 448	49 092	1 363	4 094	22 640	24 217	15 160	16 353	30 484	7 024	7 890	2 344	0	0	1 187	4 811	1 013	349	127	23
蕉岭县	199 828	19 133	0	0	8 703	44 199	176	5 985	33 117	21 961	15 931	2 191	29 456	797	5 849	840	0	0	3 307	2 208	321	5 536	115	3
大埔县	324 701	37 155	0	0	8 817	63 272	1 267	11 803	39 757	33 610	8 704	9 652	67 423	16 961	4 278	4 314	0	0	6 030	5 440	927	5 211	68	12
丰顺县	379 687	49 065	0	0	15 886	66 792	1 618	3 529	57 703	52 836	7 743	6 238	72 689	23 058	7 978	2 907	0	0	3 502	6 051	1 942	43	88	19
五华县	570 663	34 455	0	0	16 356	129 353	5 813	5 166	67 226	84 161	2 218	7 757	106 457	82 353	16 124	1 640	185	0	4 192	5 776	1 268	0	152	11
惠州市	4 860 668	545 097	0	5 355	346 409	949 383	197 946	84 203	400 974	578 129	147 839	536 021	412 833	206 597	83 550	62 718	2 608	1 280	40 982	47 930	19 911	182 960	6 760	1 183
惠州市本级	2 125 704	206 262	0	383	188 740	227 668	168 979	30 924	147 813	148 760	84 959	404 170	88 044	133 490	54 165	44 400	1 959	1 280	13 636	28 099	8 227	137 165	5 787	794
惠州市区县合计	2 734 964	338 835	0	4 972	157 669	721 715	28 967	53 279	253 161	429 369	62 880	131 851	324 789	73 107	29 385	18 318	649	0	27 346	19 831	11 684	45 795	973	389
惠城区	521 309	70 430	0	783	18 618	183 021	3 870	9 019	55 150	104 338	13 984	14 564	30 246	3 032	2 980	2 785	150	0	134	95	4 401	3 573	67	69
惠阳区	515 991	86 202	0	2 668	41 460	120 901	5 395	9 478	33 569	50 491	24 850	53 766	41 314	16 151	4 069	2 898	30	0	6 245	13 896	1 715	793	40	60
惠东县	654 386	63 765	0	522	43 413	173 345	8 902	12 618	71 357	113 264	6 266	24 120	96 386	17 951	1 703	1 852	250	0	7 614	11	2 343	8 399	188	117
博罗县	739 819	83 174	0	496	34 896	167 428	9 860	17 523	66 269	118 057	14 023	33 117	115 057	31 420	3 024	9 890	219	0	6 457	4 014	1 622	22 643	539	91
龙门县	303 459	35 264	0	503	19 282	77 020	940	4 641	26 816	43 219	3 757	6 284	41 786	4 553	17 609	893	0	0	6 896	1 815	1 603	10 387	139	52
汕尾市	2 129 482	132 055	0	126	95 717	397 032	22 498	27 474	284 677	221 196	47 820	72 690	370 445	88 095	46 462	29 503	578	0	32 723	45 828	8 432	204 433	1 551	147
汕尾市本级	523 307	51 407	0	52	40 053	34 951	14 248	9 520	33 107	17 898	16 203	26 133	52 177	48 512	33 955	23 416	29	0	20 258	9 295	2 042	88 697	1 230	124
汕尾市区县合计	1 606 175	80 648	0	74	55 664	362 081	8 250	17 954	251 570	203 298	31 617	46 557	318 268	39 583	12 507	6 087	549	0	12 465	36 533	6 390	115 736	321	23
城区	188 468	10 059	0	0	3 285	42 672	29	1 843	21 495	20 167	276	2 587	74 831	701	125	638	0	0	258	603	2 090	6 794	13	2
陆丰市	613 238	31 047	0	46	21 983	154 790	4 451	6 384	104 735	95 157	13 190	37 911	87 781	20 742	652	1 113	520	0	9 133	17 778	1 478	4 207	135	5
海丰县	578 491	29 963	0	28	22 927	115 347	3 139	5 812	102 086	63 373	9 500	4 274	109 104	1 962	6 358	4 021	29	0	1 371	4 555	1 566	93 015	51	10
陆河县	225 978	9 579	0	0	7 469	49 272	631	3 915	23 254	24 601	8 651	1 785	46 552	16 178	5 372	315	0	0	1 703	13 597	1 256	11 720	122	6
东莞市	5 812 410	470 871	0	6 511	635 334	1 309 337	308 338	114 124	529 597	262 018	213 454	552 164	312 956	542 551	119 745	49 260	254 935	15 803	24 973	61 933	22 349	814	4 571	772
东莞市本级	5 812 410	470 871	0	6 511	635 334	1 309 337	308 338	114 124	529 597	262 018	213 454	552 164	312 956	542 551	119 745	49 260	254 935	15 803	24 973	61 933	22 349	814	4 571	772
中山市	3 553 673	232 224	0	3 342	194 387	627 994	165 573	66 002	220 568	184 680	123 616	303 079	205 377	642 130	45 243	30 049	213 048	18 300	215 200	27 354	7 813	25 699	1 799	196
中山市本级	3 553 673	232 224	0	3 342	194 387	627 994	165 573	66 002	220 568	184 680	123 616	303 079	205 377	642 130	45 243	30 049	213 048	18 300	215 200	27 354	7 813	25 699	1 799	196
江门市	2 928 957	293 908	0	16 935	230 126	641 516	79 850	35 370	414 189	282 413	45 526	103 352	301 744	130 729	162 095	28 780	4 268	0	30 433	48 490	10 911	63 859	3 933	530
江门市本级	536 712	60 953	0	4 727	65 382	62 448	11 320	6 536	54 982	27 881	9 290	10 991	27 013	82 436	78 573	3 844	485	0	8 896	14 443	3 714	1 938	594	266
江门市区县合计	2 392 245	232 955	0	12 208	164 744	579 068	68 530	28 834	359 207	254 532	36 236	92 361	274 731	48 293	83 522	24 936	3 783	0	21 537	34 047	7 197	61 921	3 339	264
蓬江区	298 214	34 249	0	502	28 230	66 218	15 111	1 969	39 859	21 675	776	24 745	18 835	914	17 250	5 951	0	0	926	8 247	0	12 756	0	1
江海区	142 394	21 489	0	443	13 053	24 652	7 337	1 207	18 725	7 768	433	5 522	6 374	1 390	16 864	4 337	0	0	1 254	2 564	−30	9 007	0	5
新会区	629 145	48 288	0	3 709	36 133	167 265	27 549	3 565	82 649	55 408	8 861	19 484	86 564	13 055	21 529	6 788	0	0	5 785	6 109	1 639	31 580	3 058	127

续表

地　区	支出合计	一般公共服务支出	外交支出	国防支出	公共安全支出	教育支出	科学技术支出	文化体育与传媒支出	社会保障和就业支出	医疗卫生与计划生育支出	节能环保支出	城乡社区支出	农林水支出	交通运输支出	资源勘探信息等支出	商业服务业等支出	金融支出	援助其他地区支出	国土海洋气象等支出	住房保障支出	粮油物资储备支出	其他支出	债务付息支出	债务发行费用支出
台山市	436 185	48 051	0	463	24 462	109 030	4 114	6 908	74 307	59 550	5 950	4 149	53 387	12 569	11 629	674	0	0	8 940	4 994	1 732	5 222	11	43
开平市	338 261	30 153	0	786	28 619	87 789	7 551	3 792	66 161	40 984	4 058	10 638	30 634	6 902	5 295	3 523	3 751	0	1 135	4 945	1 291	102	148	4
鹤山市	300 023	29 129	0	6 046	20 833	65 660	4 727	8 785	41 938	3[illegible] 682	9 025	24 449	26 728	6 492	9 762	2 674	−4	0	2 122	5 135	1 561	3 191	10	78
恩平市	248 023	21 596	0	259	13 414	58 454	2 141	2 608	35 568	37 465	7 133	3 374	52 209	6 971	1 193	989	36	0	1 375	2 053	1 004	63	112	6
阳江市	1 709 079	166 092	0	795	92 042	278 528	17 828	18 518	231 418	196 341	20 248	58 684	278 367	154 792	23 763	10 954	33	0	20 972	22 626	6 503	108 967	1 506	102
阳江市本级	500 015	50 575	0	598	42 423	55 694	11 094	9 826	46 424	27 700	5 832	28 326	35 072	74 681	14 266	5 988	5	0	14 286	10 786	2 082	63 074	1 201	81
阳江市区县合计	1 209 064	115 515	0	197	49 619	222 834	6 734	8 692	184 994	168 641	14 416	30 358	243 295	80 111	9 497	4 966	28	0	6 686	11 840	4 421	45 893	305	21
江城区	159 429	15 873	0	197	4 467	38 341	1 124	1 143	36 141	24 648	46	390	24 908	9	992	348	0	0	7	1 805	918	8 072	0	0
阳春市	446 923	47 203	0	0	16 638	75 126	2 134	3 011	76 548	66 711	6 693	7 723	47 063	57 046	1 701	515	4	0	1 478	2 483	1 309	33 311	205	21
阳东区	267 700	31 766	0	0	13 227	44 712	755	2 766	37 938	40 504	2 914	19 099	50 895	6 231	4 376	3 382	20	0	3 185	3 334	1 141	1 423	32	0
阳西县	335 012	20 674	0	0	15 287	64 655	2 721	1 772	34 367	36 778	4 763	3 146	120 429	16 825	2 428	721	4	0	2 016	4 218	1 053	3 087	68	0
湛江市	4 123 572	322 342	0	8 885	201 942	996 666	23 094	88 210	576 801	539 355	41 445	138 515	440 543	412 240	64 366	34 888	878	0	35 017	87 041	21 546	83 460	5 966	372
湛江市本级	1 449 220	96 358	0	5 407	105 678	178 039	12 989	65 156	142 633	63 575	18 547	83 504	89 902	365 852	43 215	23 550	724	0	21 140	51 031	16 643	59 180	5 755	342
湛江市区县合计	2 674 352	225 984	0	3 478	96 264	818 627	10 105	23 054	434 168	475 780	22 898	55 011	350 641	46 388	21 151	11 338	154	0	13 877	36 010	4 903	24 280	211	30
赤坎区	126 282	26 695	0	433	6 953	40 087	224	734	12 999	14 288	798	4 967	3 239	0	1 211	1 060	0	0	41	837	1	11 712	0	3
霞山区	169 097	21 222	0	514	5 725	64 086	1 018	933	26 683	23 617	2 406	9 347	6 749	58	2 959	2 901	0	0	308	0	1	566	0	4
麻章区	107 304	11 293	0	239	3 156	28 519	1 934	717	18 525	16 014	639	2 307	15 580	1 260	2 603	958	0	0	235	1 878	1	1 446	0	0
坡头区	153 053	22 936	0	436	4 989	31 418	531	1 206	19 742	21 225	414	10 311	26 579	643	6 379	736	39	0	1 017	3 213	0	1 236	0	3
雷州市	553 702	38 735	0	371	17 778	161 780	1 090	3 925	102 540	87 127	3 809	10 031	111 186	1 706	455	471	5	0	1 950	8 188	1 135	1 420	0	0
廉江市	568 829	31 122	0	456	15 748	197 985	3 667	4 517	88 653	151 807	4 238	9 339	30 092	18 985	2 238	565	60	0	2 426	3 060	431	3 370	60	10
吴川市	316 117	24 118	0	387	12 702	101 269	610	3 044	63 166	59 584	3 625	3 494	29 787	1 121	759	992	50	0	1 693	5 219	2 152	2 340	0	5
遂溪县	362 115	32 708	0	477	17 285	109 417	709	5 767	57 995	59 733	4 308	2 196	50 433	3 270	837	2 682	0	0	2 231	10 818	722	527	0	0
徐闻县	317 853	17 155	0	165	11 928	84 066	322	2 211	43 865	42 335	2 661	3 019	76 996	19 345	3 710	973	0	0	3 976	2 797	460	1 663	151	5
茂名市	3 467 771	318 758	0	9 748	144 103	901 257	23 562	31 121	507 846	418 672	46 669	80 931	364 266	405 427	41 271	11 964	1 576	0	21 123	92 652	10 151	29 154	7 226	294
茂名市本级	766 589	64 405	0	9 743	47 316	136 184	21 553	7 592	77 034	27 776	24 188	34 508	43 141	193 320	26 571	3 146	58	0	6 760	17 454	4 393	16 365	4 897	185
茂名市区县合计	2 701 182	254 353	0	5	96 787	765 073	2 009	23 529	430 812	390 896	22 481	46 423	321 125	212 107	14 700	8 818	1 518	0	14 363	75 198	5 758	12 789	2 329	109
茂南区	199 336	29 550	0	0	14 253	43 445	433	1 156	32 755	33 685	1 067	5 603	33 419	65	687	1 124	0	0	700	0	992	345	48	9
信宜市	511 057	30 187	0	0	19 102	136 947	539	5 001	95 350	72 579	2 190	5 705	48 845	38 221	1 168	469	49	0	3 197	48 151	954	968	1 422	13
高州市	621 545	63 432	0	0	20 809	173 029	407	10 483	103 508	91 957	6 787	14 583	89 640	15 601	6 380	3 684	245	0	3 405	14 624	2 425	20	499	27
化州市	547 973	47 629	0	0	19 124	158 161	201	2 708	98 019	86 925	6 506	12 336	62 170	27 254	5 774	1 657	1 138	0	1 581	3 897	1 266	11 444	172	11
电白区	821 271	33 555	0	5	23 499	253 491	429	4 181	101 180	105 750	5 931	8 196	87 051	130 966	691	1 884	86	0	5 480	8 526	121	12	188	49
肇庆市	2 677 067	391 708	0	7 677	168 340	552 246	49 802	50 531	297 270	315 064	43 939	188 080	278 043	140 119	77 862	11 326	209	150	21 049	46 020	10 477	22 532	4 164	459
肇庆市本级	622 816	69 986	0	2 884	52 315	72 573	20 685	13 389	51 713	34 720	9 953	71 737	45 407	77 287	55 370	3 287	70	100	2 635	27 837	1 461	5 912	3 178	317
肇庆市区县合计	2 054 251	321 722	0	4 793	116 025	479 673	29 117	37 142	245 557	280 344	33 986	116 343	232 636	62 832	22 492	8 039	139	50	18 414	18 183	9 016	16 620	986	142
端州区	208 266	62 089	0	511	17 509	50 427	2 698	2 340	25 349	13 728	117	27 672	1 440	0	1 008	93	35	50	183	1 193	512	1 310	0	2
鼎湖区	102 612	16 610	0	307	8 152	23 557	1 560	1 236	10 367	10 844	2 214	2 986	9 018	6 203	1 738	693	0	0	807	1 731	885	3 702	0	2
四会市	322 336	36 264	0	693	21 410	65 267	6 184	7 014	36 145	55 916	6 441	38 128	29 873	5 868	4 047	2 044	68	0	1 964	3 722	755	528	0	5
高要区	438 717	81 707	0	2 095	24 598	88 307	9 226	10 667	52 140	67 793	6 686	25 540	39 540	9 976	3 888	1 696	34	0	4 891	3 080	1 516	5 316	0	21

续表

地区	支出合计	一般公共服务支出	外交支出	国防支出	公共安全支出	教育支出	科学技术支出	文化体育与传媒支出	社会保障和就业支出	医疗卫生与计划生育支出	节能环保支出	城乡社区支出	农林水支出	交通运输支出	资源勘探信息等支出	商业服务业等支出	金融支出	援助其他地区支出	国土海洋气象等支出	住房保障支出	粮油物资储备支出	其他支出	债务付息支出	债务发行费用支出
广宁县	231 542	31 936	0	549	11 422	56 136	3 176	4 326	30 103	34 308	5 419	3 227	31 608	8 402	5 627	836	0	0	2 286	1 383	408	388	0	2
德庆县	230 394	23 428	0	273	9 594	52 886	3 676	5 505	22 134	20 931	4 134	15 106	44 958	10 673	4 768	1 620	2	0	3 918	242	2 002	4 493	3	48
封开县	207 116	37 898	0	159	9 518	50 493	389	2 663	31 317	26 934	4 978	788	24 284	6 422	381	241	0	0	3 509	5 421	1 358	227	123	13
怀集县	313 268	31 790	0	206	13 822	92 600	2 208	3 391	38 002	49 890	3 997	2 896	51 915	15 288	1 035	816	0	0	856	1 411	1 580	656	860	49
清远市	2 925 944	292 775	0	12 618	164 043	545 837	28 613	26 648	342 505	301 018	46 295	138 485	465 261	298 188	37 009	12 794	1 405	0	23 080	60 631	12 998	112 417	3 030	294
清远市本级	606 338	74 906	0	10 605	33 677	69 006	7 068	4 296	31 719	16 001	8 846	28 219	24 894	217 879	8 502	5 978	210	0	4 383	21 771	6 243	30 302	1 595	238
清远市区县合计	2 319 606	217 869	0	2 013	130 366	476 831	21 545	22 352	310 786	285 017	37 449	110 266	440 367	80 309	28 507	6 816	1 195	0	18 697	38 860	6 755	82 115	1 435	56
清城区	310 225	32 840	0	0	29 543	72 718	1 736	1 361	41 791	52 371	3 311	35 435	14 603	171	1 239	913	858	0	563	9 162	4 314	7 197	89	10
英德市	535 398	35 053	0	1 072	21 475	113 267	8 397	4 828	80 594	70 636	8 732	37 175	93 777	29 098	3 709	760	130	0	2 935	13 067	234	9 826	605	28
连州市	279 532	18 998	0	0	14 501	53 363	3 678	3 470	33 527	31 601	3 855	10 813	62 870	6 285	5 497	1 104	47	0	3 016	571	541	25 793	0	2
佛冈县	195 413	39 239	0	331	11 941	42 737	1 044	1 753	34 014	19 564	1 663	5 397	21 710	7 385	3 305	569	0	0	1 129	2 761	259	612	0	0
清新区	372 289	46 169	0	569	23 784	85 972	4 958	2 152	48 913	52 327	6 205	12 333	55 271	13 396	10 531	1 430	50	0	1 952	4 558	669	1 028	17	5
连山壮族瑶族自治县	171 205	15 342	0	41	9 596	21 627	815	3 390	19 391	14 833	3 111	4 546	55 257	10 719	396	989	45	0	1 665	2 745	282	6 315	96	4
连南瑶族自治县	174 300	13 754	0	0	10 259	24 786	138	3 144	27 446	11 337	1 680	2 311	50 881	6 419	329	623	5	0	1 403	3 757	356	15 142	524	6
阳山县	281 244	16 474	0	0	9 267	62 361	779	2 254	25 110	32 348	8 892	2 256	85 998	6 836	3 501	428	60	0	6 034	2 239	100	16 202	104	1
潮州市	1 476 706	105 757	0	680	67 506	323 985	28 851	15 878	198 507	166 140	37 622	40 679	174 030	95 937	39 033	12 627	6 414	0	9 715	24 498	1 765	124 475	2 495	112
潮州市本级	483 960	40 453	0	374	37 102	62 070	13 648	8 227	34 739	20 293	20 446	14 986	14 721	60 533	23 163	5 762	129	0	3 352	14 263	1 004	106 212	2 378	105
潮州市区县合计	992 746	65 304	0	306	30 404	261 915	15 203	7 651	163 768	145 847	17 176	25 693	159 309	35 404	15 870	6 865	6 285	0	6 363	10 235	761	18 263	117	7
湘桥区	136 284	8 351	0	0	1 996	48 025	780	1 277	24 615	25 825	408	6 876	14 767	17	1 285	467	0	0	44	1 416	51	84	0	0
饶平县	445 962	37 227	0	133	13 338	112 948	3 489	3 153	59 723	58 619	8 121	2 879	98 274	27 078	6 039	2 838	0	0	4 933	4 701	638	1 707	117	7
潮安区	410 500	19 726	0	173	15 070	100 942	10 934	3 221	79 430	61 403	8 647	15 938	46 268	8 309	8 546	3 560	6 285	0	1 386	4 118	72	16 472	0	0
揭阳市	2 768 790	222 348	0	1 470	144 008	689 495	14 482	27 142	336 448	404 173	108 731	64 258	330 513	115 733	55 027	8 621	15	0	12 683	97 390	7 388	122 125	6 545	195
揭阳市本级	646 756	48 555	0	304	56 632	81 480	4 988	7 863	50 754	43 120	9 861	11 405	51 830	62 252	33 833	1 678	15	0	2 556	53 842	2 153	117 966	5 579	90
揭阳市区县合计	2 122 034	173 793	0	1 166	87 376	608 015	9 494	19 279	285 694	361 053	98 870	52 853	278 683	53 481	21 194	6 943	0	0	10 127	43 548	5 235	4 159	966	105
榕城区	169 537	10 720	0	0	3 785	51 834	1 300	1 500	29 487	27 996	983	3 858	26 785	315	1 336	1 161	0	0	11	7 167	600	690	0	9
普宁市	750 697	79 515	0	0	30 453	250 975	4 253	6 522	87 665	125 454	52 602	829	72 310	9 886	5 576	510	0	0	1 715	21 152	851	161	245	23
揭东区	419 962	28 422	0	252	15 598	96 656	1 832	3 134	55 049	73 583	33 676	28 891	44 693	13 263	9 701	1 333	0	0	1 010	8 405	1 286	2 460	652	66
揭西县	381 979	26 330	0	490	17 237	101 096	840	3 845	52 528	58 054	7 150	14 857	64 960	20 767	3 592	3 095	0	0	1 629	3 907	1 279	254	64	5
惠来县	399 859	28 806	0	424	20 303	107 454	1 269	4 278	60 965	75 966	4 459	4 418	69 935	9 250	989	844	0	0	5 762	2 917	1 219	594	5	2
云浮市	1 574 207	144 667	0	1 646	74 978	325 226	36 396	20 377	195 973	220 551	36 941	68 674	241 398	62 003	48 185	5 463	7 274	0	−2 340	29 101	9 905	45 869	1 698	222
云浮市本级	273 237	19 317	0	508	24 024	19 206	22 454	4 212	21 743	19 136	3 595	39 618	27 676	33 765	15 872	1 045	7 253	0	−8 924	11 255	3 619	7 172	612	79
云浮市区县合计	1 300 970	125 350	0	1 138	50 954	306 020	13 942	16 165	174 230	201 415	33 346	29 056	213 722	28 238	32 313	4 418	21	0	6 584	17 846	6 286	38 697	1 086	143
云城区	142 760	23 533	0	290	2 732	40 960	2 220	1 419	22 381	18 964	1 651	5 534	17 335	−299	343	387	1	0	649	4 086	437	113	18	6
罗定市	428 492	35 385	0	0	18 709	119 749	6 250	5 429	62 063	78 644	10 142	3 929	64 602	7 070	7 671	587	20	0	2 600	2 159	2 228	793	411	51
新兴县	343 176	32 765	0	460	12 805	67 866	1 932	5 836	39 091	43 559	7 359	10 777	48 075	10 989	13 066	2 059	0	0	2 112	8 307	779	35 004	267	68
郁南县	236 845	18 946	0	0	9 954	46 055	1 068	1 944	36 432	37 825	7 716	7 282	50 507	5 898	5 653	918	0	0	566	2 461	2 025	1 372	211	12
云安区	149 697	14 721	0	388	6 754	31 390	2 472	1 537	14 263	22 423	6 478	1 534	33 203	4 580	5 580	467	0	0	657	833	817	1 415	179	6

注：此表由省财政厅国库处提供。

2015年度广东省非税收入规模及结构情况表

单位：万元

项　　目	2015年（决算数）
一、纳入公共财政预算管理的非税收入小计	19 897 098
1. 行政事业性收费收入	4 081 914
2. 罚没收入	1 557 731
3. 专项收入	5 987 698
4. 国有资源（资产）有偿使用收入	3 551 870
5. 国有资本经营收入	627 008
6. 其他收入	4 090 877
二、纳入预算管理的政府性基金收入小计	35 571 238
1. 国家电影事业发展专项资金收入	1 673
2. 小型水库移民扶助基金收入	20 273
3. 政府住房基金收入	1 396 814
4. 国有土地使用权出让收入	29 340 967
5. 城市公用事业附加收入	500 199
6. 国有土地收益基金收入	319 892
7. 农业土地开发资金收入	168 473
8. 新增建设用地土地有偿使用费收入	762 166
9. 城市基础设施配套费收入	952 649
10. 污水处理费收入	603 755
11. 新菜地开发建设基金收入	9 135
12. 大中型水库库区基金收入	4 204
13. 水土保持补偿费收入	1 710
14. 车辆通行费	670 757
15. 港口建设费收入	41 481
16. 无线电频率占用费	527
17. 散装水泥专项资金收入	15 278
18. 新型墙体材料专项基金收入	76 303
19. 彩票发行机构和彩票销售机构的业务费用	177 073
20. 彩票公益金收入	503 090
21. 其他政府性基金收入	4 819
三、纳入预算管理的非税收入合计	55 468 336
四、纳入财政专户管理收入小计	4 509 660
1. 行政事业性收费收入（教育收费）	1 831 360
2. 其他收入	2 678 300
五、非税收入合计	59 977 996

注：1. 数据由国库处提供。

2. 纳入预算管理的非税收入合计为纳入地方公共财政预算管理的非税收入与纳入预算管理的政府性基金收入之和。

2015年度广东省地方公共财政预算收入超亿元县（市）统计表

单位：万元

序号	县（市）	地方公共财政预算收入	序号	县（市）	地方公共财政预算收入
1	博罗县	373 570	30	蕉岭县	70 600
2	惠东县	347 173	31	封开县	69 908
3	台山市	247 639	32	遂溪县	69 476
4	鹤山市	242 489	33	吴川市	68 972
5	四会市	228 744	34	连平县	66 644
6	开平市	215 356	35	平远县	65 595
7	普宁市	203 171	36	惠来县	64 074
8	英德市	169 939	37	紫金县	63 266
9	新兴县	159 406	38	仁化县	60 988
10	高州市	150 225	39	龙川县	60 859
11	阳春市	125 994	40	南雄市	59 963
12	罗定市	114 895	41	乐昌市	59 728
13	化州市	113 734	42	陆丰市	58 865
14	廉江市	110 682	43	雷州市	58 675
15	龙门县	109 766	44	郁南县	56 979
16	兴宁市	100 053	45	五华县	55 543
17	恩平市	98 898	46	乳源瑶族自治县	52 363
18	佛冈县	97 968	47	阳山县	51 628
19	信宜市	95 355	48	揭西县	51 459
20	德庆县	87 611	49	和平县	49 185
21	大埔县	81 857	50	徐闻县	44 664
22	东源县	79 807	51	翁源县	41 223
23	海丰县	79 003	52	始兴县	38 481
24	广宁县	77 555	53	新丰县	37 746
25	饶平县	76 162	54	陆河县	26 443
26	怀集县	74 418	55	南澳县	21 408
27	丰顺县	73 637	56	连南瑶族自治县	16 211
28	阳西县	73 496	57	连山壮族瑶族自治县	13 896
29	连州市	72 038			

注：此表由省财政厅国库处提供。

2015年度来源于广东省的财政收入和上划中央“四税”统计表

单位：亿元

来源于广东省的财政收入	上划中央“四税”			
	合计	上划“两税”	上划企业所得税	上划个人所得税
20 938.18	6 380.95	3 486.79	2 128.95	765.21

注：此表由省财政厅国库处提供。

2015年度广东省政府性基金决算收支表

单位：万元

地　　区	收入										
	收入合计	政府住房基金收入	国有土地使用权出让收入	城市公用事业附加收入	国有土地收益基金收入	农业土地开发资金收入	新增建设用地土地有偿使用费收入	城市基础设施配套费收入	车辆通行费收入	彩票公益金收入	其他各项政府性基金收入
广东省	35 571 238	1 396 814	29 340 967	500 199	319 892	168 473	762 166	952 649	670 757	503 090	956 231
广东省本级	1 372 464	0	0	0	0	53 244	753 863	0	237 850	163 316	164 191
广东省地市合计	34 198 774	1 396 814	29 340 967	500 199	319 892	115 229	8 303	952 649	432 907	339 774	792 040
广州市	10 418 526	246 979	9 461 666	86 079	0	15 319	0	317 612	114 892	66 368	109 611
广州市本级	7 300 736	246 392	6 691 659	43 938	0	0	0	105 813	114 892	54 556	43 436
广州市区县合计	3 117 790	587	2 770 007	42 091	0	15 319	0	211 799	0	11 812	66 175
越秀区	1 292	0	0	0	0	0	0	0	0	1 292	0
海珠区	1 702	0	0	0	0	0	0	0	0	1 702	0
荔湾区	927	0	0	0	0	0	0	0	0	927	0
天河区	1 861	0	0	0	0	0	0	0	0	1 861	0
白云区	2 665	0	0	0	0	0	0	0	0	2 665	0
黄埔区	1 112 096	0	1 042 388	9 742	0	2 021	0	42 975	0	479	14 491
花都区	488 675	0	427 582	7 453	0	8 278	0	29 083	0	772	15 507
番禺区	137 221	547	97 410	10 006	0	187	0	29 081	0	1 155	−1 165
南沙区	781 002	0	725 360	6 054	0	2 951	0	34 899	0	268	11 470
从化区	51 840	8	35 220	2 256	0	966	0	10 407	0	175	2 808
增城区	538 509	32	442 047	6 580	0	916	0	65 354	0	516	23 064
深圳市	9 640 067	933 917	8 086 220	57 453	231 381	31 000	8 303	0	0	73 325	218 468
深圳市本级	9 136 339	515 124	8 085 026	14 833	231 381	31 000	8 303	0	0	59 896	190 776
深圳市区县合计	503 728	418 793	1 194	42 620	0	0	0	0	0	13 429	27 692
福田区	1 514	0	0	0	0	0	0	0	0	1 514	0
罗湖区	1 370	0	0	0	0	0	0	0	0	1 370	0

续表

地区	收入										
	收入合计	政府住房基金收入	国有土地使用权出让收入	城市公用事业附加收入	国有土地收益基金收入	农业土地开发资金收入	新增建设用地土地有偿使用费收入	城市基础设施配套费收入	车辆通行费收入	彩票公益金收入	其他各项政府性基金收入
盐田区	584	0	0	0	0	0	0	0	0	584	0
南山区	19 801	18 651	0	0	0	0	0	0	0	1 150	0
宝安区	114 927	54 300	484	29 531	0	0	0	0	0	4 343	26 269
龙岗区	365 532	345 842	710	13 089	0	0	0	0	0	4 468	1 423
珠海市	1 925 932	3 674	1 790 248	32 356	0	8 601	0	1 343	30 470	8 656	50 584
珠海市本级	1 667 800	3 674	1 551 800	28 049	0	7 254	0	1 343	30 470	8 207	37 003
珠海市区县合计	258 132	0	238 448	4 307	0	1 347	0	0	0	449	13 581
香洲区	42 195	0	41 685	0	0	147	0	0	0	363	0
金湾区	179 132	0	170 726	0	0	1 200	0	0	0	86	7 120
斗门区	36 805	0	26 037	4 307	0	0	0	0	0	0	6 461
汕头市	676 264	19 988	513 866	18 901	23 061	1 182	0	24 134	45 022	10 752	19 358
汕头市本级	522 262	19 552	392 566	6 464	20 883	902	0	17 711	38 522	9 986	15 676
汕头市区县合计	154 002	436	121 300	12 437	2 178	280	0	6 423	6 500	766	3 682
金平区	1 240	0	1 240	0	0	0	0	0	0	0	0
龙湖区	1 370	0	1 370	0	0	0	0	0	0	0	0
澄海区	20 309	0	11 145	4 326	0	66	0	2 551	0	0	2 221
濠江区	57 148	81	51 998	0	2 178	213	0	2 608	0	59	11
潮阳区	23 264	0	17 923	3 888	0	0	0	0	0	325	1 128
潮南区	40 488	337	35 254	4 223	0	0	0	0	0	355	319
南澳县	10 183	18	2 370	0	0	1	0	1 264	6 500	27	3
佛山市	3 661 239	21 895	3 229 702	62 520	38 312	6 754	0	67 675	140 053	28 886	65 442
佛山市本级	441 865	20 736	272 349	0	0	71	0	955	140 053	6 935	766
佛山市区县合计	3 219 374	1 159	2 957 353	62 520	38 312	6 683	0	66 720	0	21 951	64 676
禅城区	756 009	904	685 591	7 935	21 355	469	0	17 703	0	2 476	19 576
南海区	804 523	0	759 506	24 276	0	387	0	10 310	0	7 395	2 649
顺德区	949 555	204	845 041	18 157	16 957	2 038	0	18 467	0	9 602	39 089
高明区	143 344	34	128 510	4 612	0	990	0	6 046	0	1 180	1 972

续表

地区	收入										
	收入合计	政府住房基金收入	国有土地使用权出让收入	城市公用事业附加收入	国有土地收益基金收入	农业土地开发资金收入	新增建设用地土地有偿使用费收入	城市基础设施配套费收入	车辆通行费收入	彩票公益金收入	其他各项政府性基金收入
三水区	565 943	17	538 705	7 540	0	2 799	0	14 194	0	1 298	1 390
韶关市	346 716	10 279	275 346	10 676	1 231	3 191	0	23 328	0	10 674	11 991
韶关市本级	169 026	10 207	119 631	4 524	0	1 917	0	15 923	0	9 536	7 288
韶关市区县合计	177 690	72	155 715	6 152	1 231	1 274	0	7 405	0	1 138	4 703
浈江区	327	0	0	0	0	0	0	0	0	326	1
武江区	94	0	0	0	0	0	0	0	0	94	0
曲江区	22 895	33	15 955	3 795	175	203	0	1 314	0	139	1 281
乐昌市	9 038	0	6 315	592	439	83	0	816	0	0	793
南雄市	4 834	0	3 520	0	0	592	0	265	0	436	21
仁化县	35 541	0	33 663	1 160	0	0	0	559	0	0	159
始兴县	31 039	11	29 934	0	0	0	0	641	0	0	453
翁源县	48 053	0	45 767	0	0	138	0	1 522	0	0	626
新丰县	16 420	28	13 369	605	356	111	0	1 006	0	143	802
乳源瑶族自治县	9 449	0	7 192	0	261	147	0	1 282	0	0	567
河源市	166 617	1 888	131 793	5 102	0	0	0	8 252	6 818	4 385	8 379
河源市本级	48 249	1 759	21 669	2 580	0	0	0	6 061	6 818	3 929	5 433
河源市区县合计	118 368	129	110 124	2 522	0	0	0	2 191	0	456	2 946
源城区	26 657	129	26 193	0	0	0	0	11	0	0	324
东源县	34 778	0	33 873	732	0	0	0	0	0	40	133
和平县	20 981	0	19 056	840	0	0	0	580	0	15	490
龙川县	12 195	0	10 300	0	0	0	0	0	0	195	1 700
紫金县	18 152	0	16 072	0	0	0	0	1 600	0	181	299
连平县	5 605	0	4 630	950	0	0	0	0	0	25	0
梅州市	650 828	12 402	595 737	4 283	0	2 174	0	20 500	0	4 706	11 021
梅州市本级	232 162	9 259	206 692	1 052	0	975	0	5 437	0	3 407	5 340
梅州市区县合计	418 666	3 143	389 045	3 236	0	1 199	0	15 063	0	1 299	5 681
梅江区	539	365	0	0	0	0	0	4	0	170	0

续表

地区	收入									
	收入合计	政府住房基金收入	国有土地使用权出让收入	城市公用事业附加收入	国有土地收益基金收入	农业土地开发资金收入	新增建设用地土地有偿使用费收入	城市基础设施配套费收入	车辆通行费收入	彩票公益金收入	其他各项政府性基金收入
兴宁市	242 465	400	236 304	0	0	0	0	4 400	0	714	647
梅县区	51 016	1 406	45 128	3 000	0	0	0	0	0	180	1 302
平远县	8 410	62	8 343	0	0	0	0	0	0	0	5
蕉岭县	26 971	328	20 244	0	0	436	0	3 830	0	54	2 079
大埔县	16 978	284	15 439	0	0	170	0	689	0	49	347
丰顺县	16 235	28	11 095	0	0	0	0	4 367	0	0	745
五华县	56 052	270	52 492	236	0	593	0	1 773	0	132	556
惠州市	785 175	19 679	629 114	18 345	14 765	7 985	0	48 467	4 281	19 529	23 010
惠州市本级	425 991	19 645	306 275	14 690	6 665	2 650	0	44 997	4 281	13 064	13 724
惠州市区县合计	359 184	34	322 839	3 655	8 100	5 335	0	3 470	0	6 465	9 286
惠城区	3 531	0	0	0	0	0	0	0	0	1 772	1 759
惠阳区	142 761	0	138 679	0	0	2 479	0	0	0	1 603	0
惠东县	95 206	34	82 562	1 745	2 400	2 068	0	1 984	0	1 499	2 914
博罗县	97 387	0	87 414	410	3 700	788	0	371	0	1 374	3 330
龙门县	20 299	0	14 184	1 500	2 000	0	0	1 115	0	217	1 283
汕尾市	232 989	276	192 373	4 984	601	1 004	0	27 336	0	4 704	1 711
汕尾市本级	87 125	109	67 144	1 496	528	636	0	11 976	0	4 334	902
汕尾市区县合计	145 864	167	125 229	3 488	73	368	0	15 360	0	370	809
城区	183	0	0	0	0	0	0	0	0	183	0
陆丰市	64 380	167	57 047	1 619	73	368	0	4 423	0	58	625
海丰县	77 900	0	65 709	1 600	0	0	0	10 462	0	129	0
陆河县	3 401	0	2 473	269	0	0	0	475	0	0	184
东莞市	1 570 207	31 667	1 208 145	75 605	0	6 287	0	14 599	49 762	37 869	146 273
东莞市本级	1 570 207	31 667	1 208 145	75 605	0	6 287	0	14 599	49 762	37 869	146 273
中山市	505 113	12 993	279 736	26 676	0	9 101	0	107 796	18 512	14 965	35 334
中山市本级	505 113	12 993	279 736	26 676	0	9 101	0	107 796	18 512	14 965	35 334
江门市	646 039	17 350	504 411	28 111	10 541	3 850	0	55 045	0	9 905	16 826

续表

地　区	收　入										
	收入合计	政府住房基金收入	国有土地使用权出让收入	城市公用事业附加收入	国有土地收益基金收入	农业土地开发资金收入	新增建设用地土地有偿使用费收入	城市基础设施配套费收入	车辆通行费收入	彩票公益金收入	其他各项政府性基金收入
江门市本级	330 586	6 827	283 080	3 898	0	993	0	21 838	0	3 789	10 161
江门市区县合计	315 453	10 523	221 331	24 213	10 541	2 857	0	33 207	0	6 116	6 665
蓬江区	5 355	0	0	2 159	0	0	0	1 270	0	1 926	0
江海区	2 193	0	0	1 463	0	0	0	0	0	459	271
新会区	109 390	4 125	83 744	6 850	5 739	803	0	6 735	0	1 210	184
台山市	35 821	2 215	20 191	3 143	1 879	285	0	5 575	0	508	2 025
开平市	41 824	2 733	14 611	4 619	2 923	484	0	12 700	0	919	2 835
鹤山市	107 115	428	96 355	3 176	0	1 031	0	4 065	0	844	1 216
恩平市	13 755	1 022	6 430	2 803	0	254	0	2 862	0	250	134
阳江市	216 477	54	177 207	8 899	0	2 097	0	14 146	0	4 834	9 240
阳江市本级	117 737	29	94 103	5 515	0	887	0	7 818	0	4 834	4 551
阳江市区县合计	98 740	25	83 104	3 384	0	1 210	0	6 328	0	0	4 689
江城区	10 842	0	10 562	0	0	257	0	0	0	0	23
阳春市	27 969	0	18 771	2 105	0	268	0	3 360	0	0	3 465
阳东区	29 597	4	27 225	588	0	174	0	1 257	0	0	349
阳西县	30 332	21	26 546	691	0	511	0	1 711	0	0	852
湛江市	640 905	19 241	536 568	9 095	0	4 172	0	48 509	97	5 543	17 680
湛江市本级	446 600	19 204	364 103	4 942	0	4 154	0	36 599	97	5 033	12 468
湛江市区县合计	194 305	37	172 465	4 153	0	18	0	11 910	0	510	5 212
赤坎区	0	0	0	0	0	0	0	0	0	0	0
霞山区	190	0	0	0	0	0	0	0	0	190	0
麻章区	0	0	0	0	0	0	0	0	0	0	0
坡头区	20	0	0	0	0	0	0	0	0	0	20
雷州市	16 544	15	13 460	1 093	0	18	0	956	0	0	1 002
廉江市	43 317	0	39 068	0	0	0	0	2 975	0	0	1 274
吴川市	36 540	10	30 426	1 202	0	0	0	3 201	0	194	1 507
遂溪县	45 209	0	41 203	1 138	0	0	0	1 932	0	126	810

续表

地　区	收　入										
	收入合计	政府住房基金收入	国有土地使用权出让收入	城市公用事业附加收入	国有土地收益基金收入	农业土地开发资金收入	新增建设用地土地有偿使用费收入	城市基础设施配套费收入	车辆通行费收入	彩票公益金收入	其他各项政府性基金收入
徐闻县	52 485	12	48 308	720	0	0	0	2 846	0	0	599
茂名市	413 409	15 336	342 832	9 468	0	0	0	32 705	0	6 409	6 659
茂名市本级	188 342	15 336	149 940	4 061	0	0	0	9 647	0	6 229	3 129
茂名市区县合计	225 067	0	192 892	5 407	0	0	0	23 058	0	180	3 530
茂南区	28 611	0	24 391	0	0	0	0	4 220	0	0	0
信宜市	38 724	0	32 729	0	0	0	0	5 027	0	0	968
高州市	92 908	0	82 895	3 900	0	0	0	5 600	0	84	429
化州市	45 620	0	41 550	1 507	0	0	0	1 502	0	0	1 061
电白区	19 204	0	11 327	0	0	0	0	6 709	0	96	1 072
肇庆市	459 696	10 864	372 310	13 317	0	4 130	0	39 888	0	9 114	10 073
肇庆市本级	214 711	4 631	177 607	150	0	2 159	0	20 958	0	5 107	4 099
肇庆市区县合计	244 985	6 233	194 703	13 167	0	1 971	0	18 930	0	4 007	5 974
端州区	21 061	516	14 067	2 098	0	0	0	3 440	0	940	0
鼎湖区	29 269	246	23 769	1 125	0	397	0	2 921	0	188	623
四会市	72 587	1 283	65 772	2 300	0	750	0	1 020	0	532	930
高要区	38 180	1 640	24 109	4 757	0	358	0	4 299	0	541	2 476
广宁县	18 759	468	14 721	1 740	0	0	0	535	0	351	944
德庆县	41 894	505	39 315	0	0	283	0	1 084	0	572	135
封开县	6 397	734	3 261	450	0	22	0	995	0	496	439
怀集县	16 838	841	9 689	697	0	161	0	4 636	0	387	427
清远市	680 194	6 363	549 827	17 086	0	3 747	0	62 346	23 000	6 067	11 758
清远市本级	499 291	1 449	410 064	0	0	2 640	0	50 295	23 000	3 360	8 483
清远市区县合计	180 903	4 914	139 763	17 086	0	1 107	0	12 051	0	2 707	3 275
清城区	10 709	528	0	8 473	0	0	0	361	0	1 337	10
英德市	83 741	1 272	81 069	0	0	678	0	0	0	702	20
连州市	12 458	376	9 073	783	0	0	0	1 534	0	0	692
佛冈县	21 746	1 652	9 300	5 357	0	107	0	4 399	0	390	541

续表

地区	收入										
	收入合计	政府住房基金收入	国有土地使用权出让收入	城市公用事业附加收入	国有土地收益基金收入	农业土地开发资金收入	新增建设用地土地有偿使用费收入	城市基础设施配套费收入	车辆通行费收入	彩票公益金收入	其他各项政府性基金收入
清新区	22 903	434	14 541	1 997	0	119	0	3 847	0	240	1 725
连山壮族瑶族自治县	638	27	500	20	0	2	0	9	0	30	50
连南瑶族自治县	2 515	275	1 178	456	0	0	0	589	0	8	9
阳山县	26 193	350	24 102	0	0	201	0	1 312	0	0	228
潮州市	202 168	1 463	174 389	1 160	0	540	0	14 745	0	3 806	6 065
潮州市本级	154 427	1 114	130 672	0	0	520	0	14 231	0	3 526	4 364
潮州市区县合计	47 741	349	43 717	1 160	0	20	0	514	0	280	1 701
湘桥区	0	0	0	0	0	0	0	0	0	0	0
饶平县	2 935	141	1 333	1 160	0	20	0	0	0	209	72
潮安区	44 806	208	42 384	0	0	0	0	514	0	71	1 629
揭阳市	189 041	6 884	148 192	6 524	0	430	0	13 059	0	5 777	8 175
揭阳市本级	78 415	4 552	59 450	1 830	0	412	0	6 000	0	5 311	860
揭阳市区县合计	110 626	2 332	88 742	4 694	0	18	0	7 059	0	466	7 315
榕城区	284	0	0	0	0	0	0	0	0	0	284
普宁市	42 245	2 305	30 282	1 730	0	0	0	2 744	0	384	4 800
揭东区	24 229	2	17 063	2 188	0	0	0	3 384	0	40	1 552
揭西县	2 591	25	1 499	0	0	18	0	715	0	20	314
惠来县	41 277	0	39 898	776	0	0	0	216	0	22	365
云浮市	171 172	3 622	141 285	3 554	0	3 665	0	11 164	0	3 500	4 382
云浮市本级	89 909	2 192	76 361	929	0	1 959	0	4 460	0	2 402	1 606
云浮市区县合计	81 263	1 430	64 924	2 625	0	1 706	0	6 704	0	1 098	2 776
云城区	5 824	0	4 694	0	0	146	0	470	0	425	89
罗定市	15 507	956	13 127	0	0	153	0	1 009	0	0	262
新兴县	41 135	26	33 779	1 372	0	921	0	3 421	0	322	1 294
郁南县	11 655	446	8 339	0	0	377	0	1 627	0	200	666
云安区	7 142	2	4 985	1 253	0	109	0	177	0	151	465

注：此表由省财政厅国库处提供。

2015年度广东省政府性基金决算收支表

单位：万元

地区	支出										
	支出合计	政府住房基金相关支出	国有土地使用权出让相关支出	城市公用事业附加相关支出	国有土地收益基金相关支出	农业土地开发资金相关支出	新增建设用地土地有偿使用费相关支出	城市基础设施配套费相关支出	车辆通行费相关支出	彩票公益金相关支出	其他各项政府性基金相关支出
广东省	29 915 321	345 449	24 382 882	430 749	126 273	157 387	1 069 677	1 006 606	713 142	554 951	1 128 205
广东省本级	520 424	0	0	0	0	2 468	9 421	0	282 242	62 618	163 675
广东省地市合计	29 394 897	345 449	24 382 882	430 749	126 273	154 919	1 060 256	1 006 606	430 900	492 333	964 530
广州市	9 133 003	117 352	8 235 993	60 578	0	24 748	27 257	367 927	130 875	69 606	98 667
广州市本级	5 694 603	105 738	5 241 661	21 565	0	515	0	119 825	130 839	25 006	49 454
广州市区县合计	3 438 400	11 614	2 994 332	39 013	0	24 233	27 257	248 102	36	44 600	49 213
越秀区	10 661	0	7 998	20	0	0	0	277	0	2 312	54
海珠区	7 884	0	729	1 136	0	1	7	901	0	5 019	91
荔湾区	51 678	0	47 319	20	0	3	4	232	0	3 985	115
天河区	36 319	0	23 911	517	0	0	0	2 581	0	8 792	518
白云区	43 420	0	25 964	2 304	0	2 804	2 814	3 198	0	4 405	1 931
黄埔区	892 822	0	826 721	3 146	0	1 214	1 462	50 000	0	2 450	7 829
花都区	438 749	0	394 150	7 495	0	3 653	3 632	12 891	0	3 053	13 875
番禺区	339 607	10 923	256 193	9 933	0	3 414	5 429	47 478	0	4 985	1 252
南沙区	929 884	0	869 870	5 844	0	3 738	4 423	37 732	0	1 917	6 360
从化区	84 559	605	48 136	1 866	0	6 874	4 806	16 941	0	1 940	3 391
增城区	602 817	86	493 341	6 732	0	2 532	4 680	75 871	36	5 742	13 797
深圳市	3 427 517	79 708	3 035 906	31 586	14 667	15 811	181	0	0	59 313	190 345
深圳市本级	2 404 775	60 775	2 082 423	14 468	12 445	15 811	181	0	0	29 724	188 948
深圳市区县合计	1 022 742	18 933	953 483	17 118	2 222	0	0	0	0	29 589	1 397

续表

地区	支出										
	支出合计	政府住房基金相关支出	国有土地使用权出让相关支出	城市公用事业附加相关支出	国有土地收益基金相关支出	农业土地开发资金相关支出	新增建设用地土地有偿使用费相关支出	城市基础设施配套费相关支出	车辆通行费相关支出	彩票公益金相关支出	其他各项政府性基金相关支出
福田区	6 745	0	2 099	0	0	0	0	0	0	4 646	0
罗湖区	6 506	0	3 248	0	0	0	0	0	0	3 258	0
盐田区	6 075	0	4 993	0	0	0	0	0	0	1 082	0
南山区	83 841	18 335	60 403	0	0	0	0	0	0	5 103	0
宝安区	492 682	598	473 401	7 970	1 118	0	0	0	0	8 330	1 265
龙岗区	426 893	0	409 339	9 148	1 104	0	0	0	0	7 170	132
珠海市	1 997 865	4 108	1 887 982	12 255	0	3 262	5 824	0	29 228	10 771	44 435
珠海市本级	1 626 440	4 090	1 530 482	9 404	0	1 915	2 874	0	29 228	7 684	40 763
珠海市区县合计	371 425	18	357 500	2 851	0	1 347	2 950	0	0	3 087	3 672
香洲区	65 167	0	64 385	0	0	147	0	0	0	635	0
金湾区	169 084	8	167 609	0	0	1 200	14	0	0	253	0
斗门区	137 174	10	125 506	2 851	0	0	2 936	0	0	2 199	3 672
汕头市	752 247	9 701	576 201	19 553	27 937	3 908	2 980	19 200	43 382	18 239	31 141
汕头市本级	516 640	9 491	387 601	6 651	25 952	47	77	10 064	36 882	13 283	26 592
汕头市区县合计	235 607	210	188 600	12 907	1 985	3 861	2 903	9 136	6 500	4 956	4 549
金平区	5 041	8	4 420	0	0	0	0	0	0	613	0
龙湖区	5 026	5	4 595	0	0	0	0	0	0	328	98
澄海区	37 124	41	22 532	4 294	0	2 898	1 725	2 458	0	960	2 216
濠江区	65 012	122	55 735	549	1 985	244	97	5 592	0	667	21
潮阳区	30 638	7	25 901	3 857	0	11	0	0	0	845	17
潮南区	76 397	8	67 366	4 207	0	649	1 063	0	0	916	2 188
南澳县	16 369	19	8 051	0	0	59	18	1 086	6 500	627	9
佛山市	4 456 866	28 980	3 903 866	70 841	50 430	14 422	22 560	128 529	140 004	32 231	65 003
佛山市本级	465 626	14 304	305 985	0	0	56	0	0	140 004	2 806	2 471

续表

地区	支出										
	支出合计	政府住房基金相关支出	国有土地使用权出让相关支出	城市公用事业附加相关支出	国有土地收益基金相关支出	农业土地开发资金相关支出	新增建设用地土地有偿使用费相关支出	城市基础设施配套费相关支出	车辆通行费相关支出	彩票公益金相关支出	其他各项政府性基金相关支出
佛山市区县合计	3 991 240	14 676	3 597 881	70 841	50 430	14 366	22 560	128 529	0	29 425	62 532
禅城区	870 454	6 219	785 924	5 905	11 030	9	276	39 858	0	2 567	18 666
南海区	1 388 611	1 235	1 290 337	26 224	18 400	2 010	3 877	36 231	0	9 140	1 157
顺德区	957 515	4 329	824 468	21 089	21 000	3 842	783	31 644	0	11 125	39 235
高明区	160 802	716	130 772	5 040	0	3 530	9 809	6 709	0	2 546	1 680
三水区	613 858	2 177	566 380	12 583	0	4 975	7 815	14 087	0	4 047	1 794
韶关市	487 023	5 405	311 411	7 623	2 273	10 028	84 012	25 019	0	17 463	23 789
韶关市本级	170 342	1 344	148 463	1 089	0	317	0	12 058	0	2 500	4 571
韶关市区县合计	316 681	4 061	162 948	6 534	2 273	9 711	84 012	12 961	0	14 963	19 218
浈江区	6 913	0	1 984	0	0	51	1 265	2 941	0	381	291
武江区	6 450	0	137	0	0	81	3 387	1 817	0	887	141
曲江区	42 125	1 725	18 469	3 795	175	1 387	9 008	1 236	0	2 849	3 481
乐昌市	15 170	143	5 186	420	0	505	5 365	738	0	1 082	1 731
南雄市	37 022	422	3 203	0	0	3 133	25 306	265	0	2 480	2 213
仁化县	44 930	426	33 663	1 051	0	1 210	5 169	674	0	758	1 979
始兴县	33 910	4	30 335	0	0	205	1 684	657	0	679	346
翁源县	67 699	486	45 749	0	0	703	16 430	1 792	0	1 069	1 470
新丰县	34 856	372	16 696	1 268	110	1 678	8 081	1 559	0	2 313	2 779
乳源瑶族自治县	27 606	483	7 526	0	1 988	758	8 317	1 282	0	2 465	4 787
河源市	272 561	573	143 633	4 835	0	4 011	39 688	21 206	6 272	18 382	33 961
河源市本级	63 862	268	27 508	2 572	0	280	276	17 475	6 272	1 982	7 229
河源市区县合计	208 699	305	116 125	2 263	0	3 731	39 412	3 731	0	16 400	26 732
源城区	36 399	129	28 990	0	0	0	0	11	0	409	6 860
东源县	53 118	0	36 595	0	0	40	4 267	0	0	3 167	9 049

续表

地区	支出										
	支出合计	政府住房基金相关支出	国有土地使用权出让相关支出	城市公用事业附加相关支出	国有土地收益基金相关支出	农业土地开发资金相关支出	新增建设用地土地有偿使用费相关支出	城市基础设施配套费相关支出	车辆通行费相关支出	彩票公益金相关支出	其他各项政府性基金相关支出
和平县	29 991	0	19 393	840	0	20	4 768	580	0	3 284	1 106
龙川县	31 991	0	10 825	0	0	2 007	12 067	0	0	2 479	4 613
紫金县	38 048	176	12 783	0	0	1 567	14 544	3 140	0	3 502	2 336
连平县	19 152	0	7 539	1 423	0	97	3 766	0	0	3 559	2 768
梅州市	771 607	10 173	618 980	3 935	0	6 880	54 934	21 255	0	29 561	25 889
梅州市本级	254 594	9 177	225 872	699	0	723	−221	5 377	0	6 388	6 579
梅州市区县合计	517 013	996	393 108	3 236	0	6 157	55 155	15 878	0	23 173	19 310
梅江区	6 714	365	0	0	0	953	1 070	4	0	3 836	486
兴宁市	259 348	400	236 304	0	0	550	10 338	0	0	4 580	7 176
梅县区	77 300	0	45 812	3 000	0	465	9 920	12 937	0	2 614	2 552
平远县	18 641	0	8 305	0	0	186	6 914	0	0	2 209	1 027
蕉岭县	36 329	21	23 750	0	0	195	7 869	595	0	1 396	2 503
大埔县	25 316	170	15 348	0	0	599	4 464	569	0	2 390	1 776
丰顺县	22 850	0	11 097	0	0	1 323	6 009	0	0	3 340	1 081
五华县	70 515	40	52 492	235	0	1 886	8 571	1 773	0	2 808	2 709
惠州市	870 158	5 802	667 137	16 909	19 984	7 357	37 164	52 245	7 302	22 479	33 779
惠州市本级	435 336	5 202	334 402	10 254	8 685	2 574	647	47 915	7 075	9 312	9 270
惠州市区县合计	434 822	600	332 735	6 655	11 299	4 783	36 517	4 330	227	13 167	24 509
惠城区	20 163	0	8 126	1 619	0	688	3 025	1 628	0	2 827	2 250
惠阳区	149 451	600	139 517	0	0	1 283	3 966	0	207	1 776	2 102
惠东县	103 034	0	72 844	2 557	6 008	1 298	6 428	1 477	20	4 086	8 316
博罗县	129 374	0	97 752	1 419	3 700	673	14 496	110	0	2 847	8 377
龙门县	32 800	0	14 496	1 060	1 591	841	8 602	1 115	0	1 631	3 464
汕尾市	332 136	206	175 079	6 117	150	5 709	70 218	20 625	0	19 129	34 903

续表

地区	支出										
	支出合计	政府住房基金相关支出	国有土地使用权出让相关支出	城市公用事业附加相关支出	国有土地收益基金相关支出	农业土地开发资金相关支出	新增建设用地土地有偿使用费相关支出	城市基础设施配套费相关支出	车辆通行费相关支出	彩票公益金相关支出	其他各项政府性基金相关支出
汕尾市本级	77 857	159	61 825	1 103	0	1 215	803	4 858	0	4 321	3 573
汕尾市区县合计	254 279	47	113 254	5 014	150	4 494	69 415	15 767	0	14 808	31 330
城区	2 997	0	769	0	0	29	287	100	0	1 494	318
陆丰市	80 168	47	42 192	937	150	2 143	21 270	1 040	0	2 999	9 390
海丰县	152 661	0	66 876	3 806	0	1 590	40 170	14 135	0	6 746	19 338
陆河县	18 453	0	3 417	271	0	732	7 688	492	0	3 569	2 284
东莞市	1 550 318	29 759	1 189 797	81 386	0	6 173	12 474	26 034	48 967	35 737	119 991
东莞市本级	1 550 318	29 759	1 189 797	81 386	0	6 173	12 474	26 034	48 967	35 737	119 991
中山市	711 899	2 795	593 455	19 902	27	6 847	20 281	34 003	3 148	16 915	14 526
中山市本级	711 899	2 795	593 455	19 902	27	6 847	20 281	34 003	3 148	16 915	14 526
江门市	796 012	15 415	522 317	29 459	10 805	12 432	94 177	59 801	0	19 658	31 948
江门市本级	354 461	7 997	304 247	5 360	598	281	0	20 061	0	3 518	12 399
江门市区县合计	441 551	7 418	218 070	24 099	10 207	12 151	94 177	39 740	0	16 140	19 549
蓬江区	12 545	0	1	2 108	0	132	106	7 094	0	2 920	184
江海区	5 435	0	815	2 014	0	141	232	1 129	0	1 068	36
新会区	118 878	2 306	86 750	5 872	6 182	1 286	8 365	5 111	0	2 634	372
台山市	85 817	3 893	21 803	3 596	1 145	3 118	37 374	6 918	0	2 738	5 232
开平市	66 279	527	15 274	3 184	2 880	3 511	20 196	12 573	0	2 283	5 851
鹤山市	105 728	343	86 814	3 232	0	3 558	4 459	4 061	0	1 631	1 630
恩平市	46 869	349	6 613	4 093	0	405	23 445	2 854	0	2 866	6 244
阳江市	308 294	44	173 307	7 459	0	956	75 550	13 101	0	9 103	28 774
阳江市本级	100 935	29	83 797	3 724	0	283	151	7 002	0	2 829	3 120
阳江市区县合计	207 359	15	89 510	3 735	0	673	75 399	6 099	0	6 274	25 654
江城区	15 081	0	12 798	0	0	7	1 439	0	0	324	513

续表

地　区	支出										
	支出合计	政府住房基金相关支出	国有土地使用权出让相关支出	城市公用事业附加相关支出	国有土地收益基金相关支出	农业土地开发资金相关支出	新增建设用地土地有偿使用费相关支出	城市基础设施配套费相关支出	车辆通行费相关支出	彩票公益金相关支出	其他各项政府性基金相关支出
阳春市	97 933	0	20 369	2 715	0	397	45 527	3 300	0	3 538	22 087
阳东区	30 602	0	28 058	396	0	74	41	1 257	0	443	333
阳西县	63 743	15	28 285	624	0	195	28 392	1 542	0	1 969	2 721
湛江市	866 021	4 600	560 038	10 771	0	6 489	133 103	60 974	102	19 675	70 269
湛江市本级	403 850	3 876	333 364	6 031	0	2 161	2 390	30 124	102	7 253	18 549
湛江市区县合计	462 171	724	226 674	4 740	0	4 328	130 713	30 850	0	12 422	51 720
赤坎区	10 246	0	4 781	0	0	0	0	5 086	0	379	0
霞山区	13 200	0	7 879	0	0	146	0	3 385	0	1 790	0
麻章区	17 957	0	13 930	0	0	394	1 861	1 431	0	334	7
坡头区	16 339	6	2 023	38	0	327	4 220	8 141	0	1 108	476
雷州市	76 515	300	23 537	884	0	686	40 954	456	0	1 884	7 814
廉江市	97 628	0	40 813	0	0	514	23 688	84	0	2 338	30 191
吴川市	47 152	0	27 880	1 390	0	643	9 669	3 924	0	1 765	1 881
遂溪县	99 791	250	50 532	1 751	0	739	31 769	5 747	0	1 486	7 517
徐闻县	83 343	168	55 299	677	0	879	18 552	2 596	0	1 338	3 834
茂名市	593 713	8 813	342 412	7 281	0	1 888	142 932	32 744	0	22 441	35 202
茂名市本级	166 651	3 470	147 674	1 521	0	1	466	7 770	0	3 307	2 442
茂名市区县合计	427 062	5 343	194 738	5 760	0	1 887	142 466	24 974	0	19 134	32 760
茂南区	42 667	0	25 704	0	0	15	7 613	6 500	0	2 433	402
信宜市	68 185	1 206	32 730	0	0	199	19 829	5 027	0	5 904	3 290
高州市	122 613	1 618	82 846	3 900	0	470	16 329	5 600	0	2 677	9 173
化州市	98 193	1 362	41 514	1 860	0	9	43 489	2 246	0	3 088	4 625
电白区	95 404	1 157	11 944	0	0	1 194	55 206	5 601	0	5 032	15 270
肇庆市	513 324	6 350	358 961	15 711	0	3 856	52 266	38 467	0	20 327	17 386

续表

地区	支出										
	支出合计	政府住房基金相关支出	国有土地使用权出让相关支出	城市公用事业附加相关支出	国有土地收益基金相关支出	农业土地开发资金相关支出	新增建设用地土地有偿使用费相关支出	城市基础设施配套费相关支出	车辆通行费相关支出	彩票公益金相关支出	其他各项政府性基金相关支出
肇庆市本级	200 833	2 557	163 221	657	0	1 687	349	19 908	0	6 715	5 739
肇庆市区县合计	312 491	3 793	195 740	15 054	0	2 169	51 917	18 559	0	13 612	11 647
端州区	22 354	516	14 249	1 933	0	0	0	3 815	0	1 719	122
鼎湖区	36 386	246	28 926	1 168	0	236	1 270	2 074	0	717	1 749
四会市	77 058	1 180	61 897	2 100	0	779	6 683	1 000	0	1 067	2 352
高要区	55 119	422	24 667	6 341	0	454	13 769	4 964	0	1 628	2 874
广宁县	24 900	100	14 658	1 740	0	59	3 800	534	0	2 388	1 621
德庆县	48 400	505	38 337	0	0	332	5 660	1 016	0	1 997	553
封开县	16 096	734	3 261	450	0	69	7 524	995	0	2 124	939
怀集县	32 178	90	9 745	1 322	0	240	13 211	4 161	0	1 972	1 437
清远市	767 988	6 596	534 867	13 773	0	9 524	96 277	47 250	21 620	13 860	24 221
清远市本级	468 859	186	396 020	52	0	1 830	0	37 828	21 620	1 912	9 411
清远市区县合计	299 129	6 410	138 847	13 721	0	7 694	96 277	9 422	0	11 948	14 810
清城区	15 330	809	20	6 776	0	2 748	2 151	0	0	1 338	1 488
英德市	101 703	2 960	75 349	0	0	2 422	13 038	0	0	1 946	5 988
连州市	39 271	376	9 080	783	0	50	23 666	1 713	0	1 580	2 023
佛冈县	20 705	1 520	13 530	294	0	0	1 847	2 045	0	738	731
清新区	43 904	397	14 969	5 303	0	2 240	16 095	2 051	0	804	2 045
连山壮族瑶族自治县	12 109	100	721	109	0	54	8 551	375	0	1 903	296
连南瑶族自治县	10 972	98	1 624	456	0	153	4 471	875	0	2 305	990
阳山县	55 135	150	23 554	0	0	27	26 458	2 363	0	1 334	1 249
潮州市	226 674	1 661	178 688	951	0	703	9 661	15 872	0	11 732	7 406
潮州市本级	155 557	1 465	134 164	0	0	237	2	10 877	0	4 568	4 244
潮州市区县合计	71 117	196	44 524	951	0	466	9 659	4 995	0	7 164	3 162

续表

地区	支出										
	支出合计	政府住房基金相关支出	国有土地使用权出让相关支出	城市公用事业附加相关支出	国有土地收益基金相关支出	农业土地开发资金相关支出	新增建设用地土地有偿使用费相关支出	城市基础设施配套费相关支出	车辆通行费相关支出	彩票公益金相关支出	其他各项政府性基金相关支出
湘桥区	8 689	0	323	0	0	300	2 122	4 401	0	1 424	119
饶平县	12 148	154	1 791	951	0	126	4 184	80	0	2 942	1 920
潮安区	50 280	42	42 410	0	0	40	3 353	514	0	2 798	1 123
揭阳市	318 568	3 980	204 152	6 059	0	6 246	47 118	10 842	0	15 995	24 176
揭阳市本级	52 522	3 920	27 061	2 003	0	701	10 424	2 533	0	4 161	1 719
揭阳市区县合计	266 046	60	177 091	4 056	0	5 545	36 694	8 309	0	11 834	22 457
榕城区	30 006	0	27 667	0	0	34	314	128	0	1 443	420
普宁市	115 927	31	82 134	1 726	0	4 287	11 471	2 684	0	4 532	9 062
揭东区	34 073	1	22 072	1 653	0	2	4 313	3 269	0	1 165	1 598
揭西县	29 451	28	3 777	0	0	1 108	15 550	1 848	0	2 571	4 569
惠来县	56 589	0	41 441	677	0	114	5 046	380	0	2 123	6 808
云浮市	241 103	3 428	168 700	3 760	0	3 669	31 599	11 512	0	9 716	8 719
云浮市本级	72 095	2 678	63 322	964	0	202	0	1 853	0	853	2 223
云浮市区县合计	169 008	750	105 378	2 796	0	3 467	31 599	9 659	0	8 863	6 496
云城区	13 306	0	7 594	−3	0	258	1 991	1 781	0	967	718
罗定市	48 286	530	27 041	0	0	623	14 077	2 144	0	2 686	1 185
新兴县	72 384	0	56 795	1 545	0	2 087	4 440	3 363	0	2 070	2 083
郁南县	20 693	218	7 788	0	0	352	6 814	2 194	0	1 815	1 512
云安区	14 339	2	6 160	1 253	0	147	4 277	177	0	1 325	998

注：此表由省财政厅国库处提供。

2015年度广东省国有资本经营收支总表

单位：万元

预算科目	预算数	决算数	预算科目	预算数	决算数
利润收入	1 251 716	1 340 600	教育支出	2 161	3 415
股利、股息收入	420 790	525 724	科学技术支出	3 000	11 146
产权转让收入	103 537	112 280	文化体育与传媒支出	16 173	17 050
清算收入		378	社会保障和就业支出		
其他国有资本经营预算收入	11 758	108 968	节能环保支出	1 800	600
			城乡社区支出	139 231	125 905
			农林水支出	5 634	6 424
			交通运输支出	222 204	170 224
			资源勘探信息等支出	779 747	823 002
			商业服务业等支出	233 731	202 428
			金融支出		
			其他支出	246 561	354 715
本年收入合计	1 787 801	2 087 950	本年支出合计	1 650 242	1 714 909

注：此表由省财政厅国库处提供。

2015年度广东省本级国有资本经营收支总表

单位：万元

预算科目	预算数	决算数	预算科目	预算数	决算数
利润收入	121 886	121 886	教育支出	0	0
股利、股息收入	103 213	103 292	科学技术支出	0	0
产权转让收入	0	0	文化体育与传媒支出	12 750	12 962
清算收入	0	0	社会保障和就业支出	0	0
其他国有资本经营预算收入	0	4 275	节能环保支出	0	0
			城乡社区支出	0	0
			农林水支出	0	0
			交通运输支出	105 487	95 205
			资源勘探信息等支出	47 909	66 725
			商业服务业等支出	0	0
			金融支出	0	0
			其他支出	11 440	64 634
本年收入合计	225 099	229 453	本年支出合计	177 586	239 526

注：此表由省财政厅国库处、工贸处提供。

2015年度广东省社会保障和就业、医疗卫生支出情况表

单位：万元

预算科目	决算数
社会保障和就业支出	10 649 123
人力资源和社会保障管理事务	676 456
民政管理事务	516 689
财政对社会保险基金的补助	2 589 377
行政事业单位离退休	3 486 853
企业改革补助	23 276
就业补助	253 479
抚恤	426 107
退役安置	312 608
社会福利	392 195
残疾人事业	429 008
自然灾害生活救助	46 786
红十字事业	6 929
最低生活保障	597 510
临时救助	54 564
特困人员供养	157 835
补充道路交通事故社会救助基金	2 078
其他生活救助	43 012
其他社会保障和就业支出（款）	634 361
医疗卫生与计划生育支出	9 183 556
医疗卫生与计划生育管理事务	268 917
公立医院	1 583 728
基层医疗卫生机构	961 323
公共卫生	1 212 510
医疗保障	3 519 036
中医药	24 244
计划生育事务	799 567
食品和药品监督管理事务	293 304
其他医疗卫生与计划生育支出（款）	520 927

注：此表由省财政厅社会保障处提供。

2015年度广东省社会保险基金收支决算情况总表

单位：亿元

项目	收入			支出			滚存结余
	金额	预算数	完成比例（%）	金额	预算数	完成比例（%）	
企业养老保险	2 663.77	2 421.85	109.99	1 633.84	1 597.29	102.29	6 157.96
职工医疗保险	860.03	813.86	105.67	654.01	681.14	96.02	1 542.92
失业保险	159.04	156.25	101.78	40.18	40.89	98.26	634.56
工伤保险	73.21	73.19	100.03	49.02	52.59	93.21	241.33
生育保险	71.11	48.93	145.34	39.62	37.01	107.04	105.26
居民医疗保险	348.76	328.41	106.20	281.67	272.18	103.49	289.15
居民养老保险	206.83	217.13	95.26	146.94	146.28	100.45	357.42
合计	4 382.75	4 059.62	107.96	2 845.28	2 827.38	100.63	9 328.60

注：此表由省财政厅社会保障处提供。

2015年度广东省国有企业资产主要项目构成

单位：亿元

项目	金额
流动资产	16 922.09
非流动资产	24 689.01
其中：长期股权投资	2 732.99
固定资产净额	7 496.59
无形资产	2 187.59
其他非流动资产	1 065.93
资产总计	41 611.10

注：此表由省财政厅绩效评价处提供（不包括深圳数据），由于四舍五入的原因，造成小数点后第二位数不符。

2015 年度广东省国有企业负债主要项目构成

单位：亿元

项　　目	金　　额
流动负债	12 573. 03
非流动负债	12 811. 61
负债合计	25 384. 64

注：此表由省财政厅绩效评价处提供（不包括深圳数据），由于四舍五入的原因，造成小数点后第二位数不符。

2015 年度广东省国有企业所有者权益主要项目构成

单位：亿元

项　　目	金　　额
实收资本	4 418. 58
资本公积	6 868. 05
盈余公积	438. 75
未分配利润	701. 13
少数股东权益	3 593. 26
其他所有者权益	206. 83
所有者权益合计	16 226. 46

注：1. 其他所有者权益包括其他权益工具、其他综合收益、专项储备和一般风险准备。
2. 此表由省财政厅绩效评价处提供（不包括深圳数据），由于四舍五入的原因，造成小数点后第二位数不符。

2015 年度广东省国有企业主要财务指标

地　区	汇编企业户数（家）	资产总额（亿元）	负债总额（亿元）	所有者权益总额（亿元）	国有资本及权益总额（亿元）	营业总收入（亿元）	利润总额（亿元）	净利润总额（亿元）	资产负债率（%）	净资产收益率（%）
广东省	8 398	41 611. 10	25 384. 64	16 226. 46	12 518. 75	12 289. 33	1 001. 19	732. 67	61. 0	6. 2
省直国有企业	3 213	14 184. 61	7 994. 69	6 189. 92	4 445. 33	4 204. 24	271. 33	188. 66	56. 4	4. 4
地市国有企业	5 185	27 426. 48	17 389. 95	10 036. 53	8 073. 42	8 085. 09	729. 86	544. 01	63. 4	7. 3
广州市	2 363	16 092. 29	10 517. 28	5 575. 02	4 326. 85	5 639. 29	431. 76	302. 84	65. 4	7. 7
珠海市	521	4 674. 72	2 946. 29	1 728. 43	1 261. 70	1 314. 90	208. 37	166. 05	63. 0	12. 1
汕头市	231	243. 35	225. 92	17. 43	17. 36	50. 75	1. 34	0. 78	92. 8	7. 7
佛山市	98	1 644. 42	1 048. 17	596. 25	591. 51	67. 79	15. 27	14. 13	63. 7	2. 6
韶关市	77	134. 08	81. 70	52. 38	52. 34	37. 52	2. 98	2. 53	60. 9	5. 7
河源市	76	73. 50	31. 16	42. 34	41. 89	6. 13	－0. 45	－0. 45	42. 4	－1. 1
梅州市	81	48. 11	35. 19	12. 92	12. 71	13. 98	－0. 18	－0. 32	73. 1	－1. 4
惠州市	255	716. 03	466. 22	249. 81	196. 29	241. 18	6. 17	4. 43	65. 1	2. 5
汕尾市	94	40. 40	29. 37	11. 02	10. 70	8. 16	0. 22	0. 20	72. 7	2. 0
中山市	85	685. 17	323. 38	361. 79	297. 02	50. 48	18. 06	16. 82	47. 2	5. 0
东莞市	154	1 210. 91	653. 65	557. 26	487. 15	146. 17	24. 65	18. 68	54. 0	4. 4
江门市	139	227. 99	103. 21	124. 78	121. 30	30. 85	3. 46	2. 99	45. 3	2. 8
阳江市	88	169. 17	88. 90	80. 27	78. 22	16. 63	2. 31	2. 19	52. 5	2. 9
湛江市	174	553. 38	332. 30	221. 08	180. 55	216. 97	2. 63	1. 86	60. 0	1. 2
茂名市	105	199. 26	91. 79	107. 47	107. 28	106. 53	2. 57	1. 92	46. 1	2. 4
肇庆市	183	388. 22	225. 83	162. 39	154. 74	101. 63	8. 16	7. 33	58. 2	5. 0
清远市	37	35. 41	21. 63	13. 78	13. 77	3. 44	0. 92	0. 70	61. 1	6. 7
潮州市	156	104. 40	61. 66	42. 74	42. 74	10. 47	0. 68	0. 45	59. 1	1. 6
揭阳市	216	142. 59	78. 44	64. 15	64. 10	10. 96	0. 52	0. 50	55. 0	0. 8
云浮市	52	43. 08	27. 84	15. 23	15. 23	11. 26	0. 40	0. 37	64. 6	2. 6

注：此表由省财政厅绩效评价处提供（不包括深圳数据），由于四舍五入的原因，造成小数点后第二位数不符。

第七部分

地方财经法规选编

Selected Local Laws and Regulations of Finance and Economy

广东省人民政府关于加快科技创新的若干政策意见

（广东省人民政府2015年2月15日发布，粤府〔2015〕1号）

各地级以上市人民政府，各县（市、区）人民政府，省政府各部门、各直属机构：

科技创新是创新驱动的核心。为全面贯彻落实《中共广东省委广东省人民政府关于全面深化科技体制改革加快创新驱动发展的决定》（粤发〔2014〕12号），优化全省创新创业环境，经研究，特制定以下若干政策意见：

一、建立企业研发准备金制度

运用财政补助机制激励引导企业普遍建立研发准备金制度。对已建立研发准备金制度的企业，省市县财政通过预算安排，根据经核实的企业研发投入情况对企业实行普惠性财政补助，引导企业有计划、持续地增加研发投入。具体实施办法由省财政厅会同省科技厅另行制定。

二、开展创新券补助政策试点

鼓励各地根据实际情况开展创新券补助政策试点，引导中小微企业加强与高等学校、科研机构、科技中介服务机构及大型科学仪器设施共享服务平台的对接。以各地级以上市科技、财政部门为政策制定和执行主体，面向中小微企业发放创新券和落实后补助。省科技、财政部门根据上一年度各地市的补助额度，给予各地市一定比例的补助额度，并将财政补助资金划拨至各地市财政部门，由各地市统筹用于创新券补助。具体实施办法由省科技厅会同省财政厅另行制定。

三、试行创新产品与服务远期约定政府购买制度

围绕全省经济社会发展重大战略需求和政府购买实际需求，探索试行创新产品与服务远期约定政府购买制度。省财政、科技部门委托第三方机构向社会发布远期购买需求，通过政府购买方式确定创新产品与服务提供商，并在创新产品与服务达到合同约定的要求时，购买单位按合同约定的规模和价格实施购买。具体实施办法由省财政厅会同省科技厅等部门另行制定。

四、完善科技企业孵化器建设用地政策

各地级以上市根据自身发展实际需求，在符合土地利用总体规划、城乡规划和产业发展规划的前提下，每年可安排一定比例的全市计划用地作为科技企业孵化器建设用地。利用新增工业用地开发建设科技企业孵化器，可按一类工业用地性质供地。工业用地建设的科技企业孵化器，在不改变科技企业孵化服务用途的前提下，其载体房屋可按幢、层等有固定界限的部分为基本单元进行产权登记并出租或转让。具体实施办法由各地级以上市结合本地情况另行制定。

五、建立科技企业孵化器财政资金补助制度

对新建或改扩建新增孵化面积的科技企业孵化器，其运营机构获得所在地级以上市财政补助资金的，省财政再按不高于各市补助一半比例给予后补助。运营成效优良并获得所在地级以上市财政补助的科技企业孵化器，省财政按一定比例给予后补助。具体实施办法由省科技厅会同省财政厅等部门另行制定。

六、建立科技企业孵化器风险补偿制度

省市共建面向科技企业孵化器的风险补偿金，对天使投资失败项目，由省市财政按损失额的一定比例给予补偿。对在孵企业首贷出现的坏账项目，省市财政按一定比例分担本金损失。省财政对单个项目的本金风险补偿金额不超过200万元。建立省科技企业孵化器天使投资引导基金，参股引导科技企业孵化器、民间投资机构等共同组建天使投资基金。支持投资企业或创业投资管理企业向国家有关部门申请设立“科技成果转化引导基金创业投资子基金”，募集资金总额不低于1亿元人民币，基金经营范围为创业投资业务，组织形式为公司制或有限合伙制。具体实施办法由省科技厅会同省财政厅等部门另行制定。

七、赋予高等学校、科研机构科技成果自主处置权

除涉及国家安全、国家利益和重大社会公共利益外，赋予高等学校、科研机构科技成果自主处置权，可自主决定科技成果的实施、转让、对外投资和实施许可等科技成果转化事项。

八、完善高等学校、科研机构科技成果转化所获收益激励机制

高等学校、科研机构科技成果转化所获收益全部留归单位自主分配，纳入单位预算，实行统一管理，处置收入不上缴国库。科技成果转化所获收益用于人员激励的支出部分，按国家和省有关规定执行，暂不纳入绩效工资管理。高等学校、科研机构转化职务科技成果以股份或出资比例等股权形式给予个人奖励时，获奖人可暂不缴纳个人所得税。

九、完善高等学校、科研机构科技成果转换个人奖励约定政策

高等学校、科研机构转化科技成果以股份或出资比例等股权形式给予个人奖励约定，可以进行股权确认。财政、国有资产管理、知识产权、工商、监察等部门对上述约定的股权奖励和确认应当予以承认，并全面落实国有资产确权、国有资产变更、知识产权、注册登记等相关事项。

十、完善科技人员职称评审政策

将专利创造、标准制定及成果转化作为职称评审的重要依据之一。科技人员参与职称评审与岗位考核时，发明专利转化应用情况与论文指标要求同等对待，技术转让成交额与纵向课题指标要求同等对待。具体实施办法由省人力资源社会保障厅会同有关部门另行制定。

十一、扶持新型研发机构发展政策

新型研发机构在政府项目承担、职称评审、人才引进、建设用地、投融资等方面可享受国有科研机构待遇。非营利性科研机构自用的房产、土地，按国家规定免征房产税、城镇土地使用税。按照房产税、城镇土地使用税条例、细则及相关规定，属于省政府重点扶持且纳税确有困难的新型研发机构，可向主管税务机关申请，经批准可酌情给予减税或免税照顾。省政府重点扶持的新型研发机构名单由省科技厅报省政府审定后，在每年9月底前提供给省地税局按照规定办理。对符合条件的新型研发机构进口科研用品免征进口关税和进口环节增值税、消费税，国家另有规定的从其规定。

十二、完善高层次人才居住保障政策

高层次人才安居可以采取货币补贴或实物出租等方式解决。支持各级政府在引进人才相对集中的地区统一建设人才周转公寓或购买商品房出租给在当地无房的高层次人才居住。支持高等学校、科研机构参照所在地政府有关规定，利用自有存量国有建设用地建设租赁型人才周转公寓。支持高等学校、科研机构、大型骨干企业利用自有资金购买或租用商品房出租给高层次人才居住。高层次人才周转公寓建设、使用和管理办法由各级政府另行制定。

本政策意见自公布之日起实施，由广东省科学技术厅会同有关部门负责解释。省有关部门和各地级以上市要制定相应实施细则，并加强对相关政策的绩效评估。

权责发生制政府综合财务报告制度改革实施方案

（广东省人民政府2015年3月16日发布，粤府〔2015〕33号）

开展权责发生制政府综合财务报告制度改革，建立全面反映政府资产负债、收入费用、运行成本、现金流量等财务信息的政府综合财务报告制度，是建立现代财政制度、推进国家治理体系和治理能力现代化的必然要求。为做好我省权责发生制政府综合财务报告制度改革工作，根据《国务院关于批转财政部权责发生制政府综合财务报告制度改革方案的通知》（国发〔2014〕63号）要求，制定本实施方案。

一、总体要求

（一）指导思想

全面贯彻落实党的十八届三中、四中全会和省委十一届三次、四次全会精神，按照中央工作部署和要求，大力推进政府会计改革，逐步建立以权责发生制政府会计核算为基础，以编制和报告政府资产负债表、收入费用表等报表为核心的权责发生制政府综合财务报告制度，提升政府财务管理水平，促进政府会计信息公开，加快建立现代财政制度。

（二）工作目标

权责发生制政府综合财务报告制度改革是基于政府会计规则的重大改革，总体目标是通过构建统一、科学、规范的政府会计准则体系，建立健全政府财务报告编制办法，适度分离政府财务会计与预算会计、政府财务报告与决算报告功能，全面、清晰反映政府财务信息和预算执行信息，为开展政府信用评级、加强资产负债管理、改进政府绩效监督考核、防范财政风险等提供支持，促进政府财务管理水平提高和财政经济可持续发展。

近期目标：在财政部出台政府会计基本准则和政府综合财务报告编制办法前，我省继续开展由财政部门牵头的权责发生制政府综合财务报告试编工作。到2015年底，全省地级以上市一级试编工作覆盖面达到100%，县（市、区）一级试编工作覆盖面达到50%，其中已开展试编工作的地级以上市尽可能将试编范围扩大到所有下辖县（市、区）；到2016年底，实现全省各地级以上市、各县（市、区）试编工作全覆盖。同时，按照国家统一部署，在2016—2017年探索开展基于部门财务报告的政府综合财务报告编制试点。

中远期目标：在配合财政部推进政府会计改革，建立健全新型政府会计准则体系的基础上，抓紧建立包括政府部门财务报告和政府综合财务报告的政府财务报告体系，完善政府综合财务报告编制方法和程序，加强对政府财务报告信息的分析应用，建立规范化的政府财务报告制度。到2019年底，在全省各地级以上市开展政府综合财务报告编制试点工作。到2020年底，在全省各地级以上市、各县（市、区）全面开展政府综合财务报告编制工作，建立健全政府财务报告分析应用体系。

（三）基本原则

1. 先行先试，探索经验。根据国家相关要求，选取部分有条件的地区进行试点，开展政府部门财务报告编制、全市合并编制政府综合财务报告等改革，为全面实施政府综合财务报告制度积累经验。

2. 科学规范，真实准确。深入研究基于权责发生制会计基础的新型政府会计准则体系，不断完善编制方法，规范编制程序，逐步提高政府综合财务报告和政府部门财务报告的科学性、

准确性。

3. 公开透明，便于监督。规范政府财务报告公开内容和程序，逐步实现公开常态化、规范化和法制化，满足有关方面对政府财务状况信息的需求，进一步增加政府透明度。

4. 积极稳妥，分步推进。科学设计改革总体框架和合理确定工作目标，确保改革有序推进。充分考虑改革的复杂性和艰巨性，由易到难，分步实施，积极稳妥推进改革。

二、改革内容和主要措施

（一）继续开展权责发生制政府综合财务报告试编工作

在政府财务报告制度框架体系全面建立之前，各级财政部门要按照省的部署继续扎实开展权责发生制政府综合财务报告试编工作。各级政府相关部门要积极主动配合财政部门开展试编工作，及时、准确提供试编工作所需的政府财务状况相关数据。对试编过程中遇到的重点难点问题，要认真深入研究，不断改进完善试编方法，逐步提高数据的准确性和完整性，为正式开展权责发生制政府综合财务报告编制工作夯实基础。

（二）认真开展政府部门财务报告编制工作

政府各部门编制的以权责发生制会计核算为基础的政府部门财务报告，是汇总编制本级政府综合财务报告的基础。各地、各部门要按照省的工作部署，认真组织开展资产负债的清查核实工作，编制以资产负债表、收入费用表等财务报表为主要内容的部门财务报告，财务报表应涵盖本部门所属单位。各级政府部门应保证所编制的部门财务报告的真实性、完整性及合规性，自觉接受审计监督，按时报送本级政府财政部门并按规定向社会公开，要充分利用财务报告反映的信息，加强财务状况分析，改进财务管理。

（三）认真开展政府综合财务报告编制工作

在政府部门全面开展政府部门财务报告编制工作的基础上，财政部门要清查核实代表政府直接管理的资产负债，合并本级政府各部门及其他纳入合并范围主体的财务报表，编制以资产负债表、收入费用表等财务报表为主要内容的本级政府综合财务报告。县级以上政府财政部门要合并汇总本级政府综合财务报告和下级政府综合财务报告，编制本级政府综合财务报告。政府综合财务报告要真实、完整和符合相关规定，并依法报送本级人民代表大会常务委员会备案、自觉接受审计监督和按规定向社会公开。

（四）做好政府财务报告的分析应用工作

各地应以政府财务报告反映的信息为基础，采用科学方法，系统分析本级政府的财务状况、运行成本和财政中长期可持续发展水平。要充分利用政府财务报告反映的信息，识别和管理财政风险，更好地加强政府预算、资产和绩效管理。政府综合财务报告中的相关信息可作为考核地方政府绩效、分析政府财务状况、开展地方政府信用评级、编制本地区政府资产负债表以及制定财政中长期规划和其他相关规划的重要依据。

三、实施步骤

（一）2015 年工作

1. 根据财政部相关要求和工作部署做好我省政府综合财务报告试编工作，实现地市一级试编工作覆盖面达到100%，县（市、区）一级覆盖面达到50%。

2. 配合财政部研究起草政府会计基本准则和相关具体准则及应用指南。

3. 配合财政部修订总预算会计制度。

4. 配合财政部研究起草政府综合财务报告编制办法和操作指南。

5. 开展政府资产负债清查核实工作。

6. 进一步完善行政事业单位国有资产管理工作。

7. 配合财政部开展政府综合财务报告信息系统建设。

（二）2016—2017 年工作

1. 全面推开我省政府综合财务报告试编工作，实现全省各地级以上市、各县（市、区）试编工作全覆盖。同时，在条件成熟的地市探索试编全市合并的政府综合财务报告。

2. 研究总结全省各级政府综合财务报告试编工作经验，针对试编过程中存在的问题提出进一步改进完善的措施。

3. 按照国家的工作部署，在部分条件成熟的地区全面开展政府部门财务报告编制工作，并在此基础上开展基于部门财务报告的政府综合财务报告编制试点工作。

4. 配合财政部研究建立政府综合财务报告分析指标体系。

（三）2018—2020 年工作

1. 在对政府综合财务报告编制试点情况进行评估的基础上，配合财政部修订政府财务报告编制办法和操作指南。

2. 全面开展政府综合财务报告编制工作。

3. 配合财政部完善行政事业单位会计制度、财政总预算会计制度等。

4. 配合财政部开展政府成本会计的相关研究。

5. 建立健全政府财务报告分析应用体系。

6. 按照相关制度规定开展政府财务报告审计、公开工作等。

四、组织保障

（一）加强组织领导

各地、各部门要高度重视，加强组织领导，确保权责发生制政府综合财务报告制度改革各项工作顺利推进。各地要抓紧结合本地实际制订具体实施方案，并由各地级以上市财政部门汇总本市所辖县（市、区）的改革实施方案，于2015年6月前报省财政厅备案。

（二）落实工作责任

各级财政部门要抓好改革工作统筹协调，认真组织编制本级政府综合财务报告，指导本级政府各部门编制政府部门财务报告。各级政府其他部门要认真落实部门财务管理主体责任，按照统一部署开展部门资产负债清查核实，完善行政事业单位国有资产管理工作，按要求做好部门财务报告编报、接受审计监督及公开工作，并积极配合财政部门做好综合财务报告编制，及时提供相关财务报表及工作情况。各级审计部门要按规定组织做好政府财务报告审计监督工作。有关部门要充分利用政府财务报告信息，按照职能分工做好相关监督考核工作。

（三）建立沟通协作机制

建立同级部门之间和同一系统上下级之间的沟通协作机制，加强工作沟通和协作配合，形成工作合力。各级财政部门要加强对同级其他部门和下级财政部门的工作督促和指导，认真组织做好业务培训，定期开展改革进展情况交流，及时研究解决改革中遇到的困难和问题。

（四）加强工作研究和经验总结

各级财政部门要深入研究政府会计准则体系和政府财务报告制度框架体系，积极配合和跟踪财政部修订完善财务管理相关制度，并在制度出台后，及时组织学习和贯彻实施。各级财政部门要及时总结试编、试点工作经验，按年度向上一级财政部门报送改革实施情况总结，积极稳妥推进财务报告编制工作。

广东省人民政府关于修订广东省省级财政专项资金管理办法的通知

（广东省人民政府2015年3月16日发布，粤府〔2015〕34号）

各地级以上市人民政府，各县（市、区）人民政府，省政府各部门、各直属机构：

为贯彻落实新修订《预算法》，加强和规范财政专项资金管理，提高资金使用效益，省政府决定对《广东省省级财政专项资金管理办法》进行修订，并提出如下意见，请一并遵照执行。

一、转变理财观念，落实工作责任

切实改变“重预算、轻执行”和“重分配、轻管理”的工作理念。资金使用主管部门要做好相关资金的具体管理工作，重点抓好编制专项资金分配使用计划、合理编制部门预算、及时组织做好项目申报评审等工作。财政部门要承担牵头组织和协调责任，重点做好资金拨付、组织实施专项资金财政监督检查及绩效评价等工作。审计、监察部门要加强对专项资金管理使用的监督检查。

二、严格执行年度预算，规范专项资金设立退出

进一步提高提前下达转移支付预计数的比例，及时批复和下达预算。强化预算刚性约束，未列入预算的不得支出，在当年预算执行中一般不出台新的增加财政支出的政策和措施。规范专项资金的设立审核和退出机制，严格按照《省政府工作规则》及财政专项资金设立的各项规程设立专项资金。

三、改革资金安排方式，提高资金使用效益

改革现行先定预算后找项目的做法，所有专项资金原则上实行项目库管理，提前一年或更早做好下一年度及以后跨年度项目储备。编制中期财政规划，试行年度间财政资金项目安排的滚动管理。推广专项资金因素法分配，实行“预安排、后清算”制度，强化绩效管理结果应用。

四、优化审批流程，提高支出时效性和均衡度

进一步简化优化专项资金管理流程，改进资金使用计划报批程序，严格规定办理时限，推广集中、并联审批，优化部门内部岗位设置。建立健全部门间沟通协调机制，加大预算支出通报考核力度。

五、控制结转结余规模，盘活存量资金

建立结转结余资金定期清理机制，摸清底数、分类处理。加大对结转结余资金的统筹使用力度，对上一年预算的结转资金，应当在下一年用于结转项目的支出；连续两年未用完的结转资金，应当作为结余资金由省财政统筹收回管理。

六、加强监督约束机制，保障资金使用规范安全

严肃财经纪律，实施专项资金实时在线联网监督，加强专项资金使用管理行政效能监察。建立专项资金使用责任终身负责制、首办负责制、限时办结制和责任追究制，强化问责问效。推行专项资金管理全过程信息公开，主动接受社会监督。省财政厅要对本《通知》落实情况适时进行督促检查，并及时将情况报告省政府。

执行中遇到的问题，请径向省财政厅反映。

广东省省级财政专项资金管理办法

（2015年3月修订）

第一章 总 则

第一条 为规范省级财政专项资金管理，防范资金风险，提高资金使用效益，根据《中华人民共和国预算法》、《中华人民共和国预算法实施条例》以及《广东省预算审批监督条例》等法律法规，结合广东省实际，制定本办法。

第二条　本办法所称省级财政专项资金（以下简称专项资金），是指由省级财政安排，为支持我省经济社会各项事业发展，具有专门用途和绩效目标的一般公共预算资金、政府性基金、国有资本经营预算资金、社会保险基金。

中央财政补助资金以及按照现行财政体制按公式法、因素法计算、均衡地区间财力差距的一般性转移支付资金等，按国家和省有关规定管理。

第三条　专项资金实行目录管理，对经批准设立的专项资金存续、调整情况实行动态管理。纳入目录管理的专项资金适用本办法。

专项资金目录管理按照《广东省省级财政专项资金目录管理办法》规定执行。

第四条　专项资金管理应遵循依法设立、规范管理，严格审批、权责明确，科学论证、绩效优先，公平公开、强化监督的原则。

第五条　省财政部门、省直有关部门、审计部门和监察部门按职责分工共同负责专项资金管理和监督工作。

（一）省财政部门负责专项资金管理的牵头组织和协调工作，负责制定专项资金管理制度、审核专项资金设立调整、组织专项资金预算编制及执行、审核省直有关部门编制的专项资金安排计划的合规性、办理专项资金拨付、组织实施专项资金财政监督检查和总体绩效评价等。

（二）省直有关部门负责本部门管理的专项资金的具体管理工作，负责专项资金设立调整申请、专项资金预算申报、编制专项资金分配使用计划，按“谁使用、谁负责”的原则负责专项资金使用安全、专项资金绩效评价、专项资金信息公开等。

（三）省审计部门负责对专项资金管理和使用情况进行审计监督。

（四）省监察部门指导省直有关部门开展廉政风险防控工作，负责对专项资金管理情况进行监督检查，受理检举及举报，对违规违纪单位及个人依法依规查处。

第二章　专项资金设立

第六条　严格控制专项资金规模，严格控制引导类、救济类、应急类的专项资金，市场竞争机制能够有效调节的事项不得设立专项资金，凡属“小、散、乱”以及效用不明显的要坚决取消，其余需要保留的也要予以压缩或实行零增长。原则上属于地方事权的专项转移支付纳入一般性转移支付管理。不得每办理一项工作或开展一项事业都设立一项专项资金，确需设立专项资金的，必须遵循以下原则：

（一）明确政策依据。必须符合国家法律法规规定、中央和省委省政府决定部署、我省国民经济和社会中长期发展规划以及产业政策要求，符合公共财政投入方向。

（二）明确主管部门。每项专项资金明确一个归口主管部门，不得多头管理。

（三）明确设立期限。设立期限原则上不超过5年。

（四）不得重复设立。不得增设与现有专项资金使用方向或用途相同的专项资金。

（五）明确项目实施计划、分年度资金安排和绩效目标。列入当年预算安排的，必须具备充分的实施条件。

第七条　严格专项资金设立。凡不符合规定程序的，一律不得自行设立专项资金。不得在其他政府规章、政策性文件及工作会议对设立专项资金事项作出规定。

当年预算执行中除救灾等应急支出及其他难以预见的支出通过动支预备费解决外，一般不出台新的增加财政专项资金支出的政策和措施，必须设立的应在预算批准前提出并在预算草案中作出说明或列入以后年度预算安排。

第八条　专项资金的设立，由省直有关部门提出申请，并填报《省级财政专项资金设立申请表》（见附件1），制订专项资金绩效目标、编写可行性研究报告（编写提纲见附件2），一并报送省财政部门。

第九条　省财政部门对专项资金设立申请进行前置性审核评估，根据本办法第六条规定，分清轻重缓急，把握重点，对专项资金设立条件、金额、期限、支持方向、绩效目标等提出审核意见。对经济、社会和民生有重大影响的专项资金，应组织专家论证、公开征询民意或委托第三方机构评审。省直有关部门根据审核意见对专项资金设立申请进行调整完善。

第十条　经审核符合设立条件的，由省财政部门报省政府依照下列权限审批。

（一）设立总金额在5亿元以上的专项资金，由分管省领导审核后，报分管财政的常务副省长审批，报省长审定，提交省政府常务会议审议。

（二）设立总金额在1亿元到5亿元（含5亿元）的专项资金，由分管省领导审核后，报分管财政的常务副省长审批，报省长审定。

（三）设立总金额在1亿元以下（含1亿元）的专项资金，由分管省领导审核后，报分管财政的常务副省长审定，报省长备案。

第十一条　专项资金需要调整使用范围和用途、增加或减少资金安排的，由省直有关部门向省财政部门提出申请，填报《省级财政专项资金变更申报表》（见附件3）。省财政部门对专项资金变更申请进行审核后报省政府批准。

变更后专项资金总金额达到第十条规定的，调整事项审批权限按照第十条规定执行。

第十二条　完善专项资金退出机制，定期清理、评估专项资金。有下列情形之一的，省财政部门在征求省直有关部门意见后向省政府提出调整、撤销，或归并、整合的建议：

（一）经济社会发展情况发生变化、专项资金原设立目标不符合现实需要，专项资金审批依据已作调整或设立期限已满，专项资金需要完成的特定任务已经完成或不存在的，应予撤销。到期的专项资金确需继续安排的，要提前一年进行绩效评价和专项审计再按程序报批。绩效评价和专项审计的具体实施办法由省直有关部门另行制定。

（二）专项资金预算执行率低、连年结余的，或使用绩效评价结果为差，财政监督和审计检查发现专项资金在管理、使用上存在违法违纪违规问题，情节严重或整改无效的，应予调整或撤销。

（三）专项资金使用规模太小且使用效益低下，使用性质、管理特点类同、支持对象相近的，应予归并或整合。

（四）专项资金支出结构不合理、管理不规范且经省财政、审计、监察等部门责成整改仍达不到要求的，应予调整。

第十三条　经批准设立的专项资金，省财政部门应会同省直有关部门依据本办法及相关工作要求，在专项资金设立后第一次接受项目申请前出台具体使用管理办法，明确专项资金的绩效目标、使用范围、管理职责、执行期限、分配办法、分配方式、审批程序和监督评价、责任追究等。

第三章 专项资金项目库管理

第十四条 原则上所有专项资金实行项目库管理，与年初预算同步编列项目滚动预算，提前一年启动项目库的申报、入库、排序、审批等工作。除突发性因素或临时性急需开支外，年初预算项目原则上应从项目库中按照排序筛选。

第十五条 项目库是对申请使用专项资金项目进行收集储备、分类筛选、评审论证、排序择优和预算编制的数据库系统。

第十六条 省直有关部门向社会公开发布申报指南，组织项目申报，对申报项目进行资格审核。

第十七条 省直有关部门依据国家和省中长期发展规划，以及省委、省政府审定的工作计划、省人大有关决定，在6月底前对拟纳入项目库的项目组织论证、评审，对经评审通过的项目编制滚动计划（明确专项资金用款单位、补助对象、支持范围、项目内容、资金额度、实施年限等），并按轻重缓急进行排序。

对经济、社会和民生有重大影响的项目，应按规定公开征询民意。属基建投资的项目，按照基建项目有关规定办理。

第十八条 省财政部门在收到省直有关部门项目滚动计划后30日内（7月底前）对项目及排序合规性进行审核，并将审核意见反馈省直有关部门。

省直有关部门根据省财政部门的审核意见，在收到审核意见后30日内（8月底前）调整确认入库项目。

省财政部门将经省直有关部门确认的项目按程序纳入项目库管理。

第十九条 省财政部门在9－10月根据项目库项目排序情况及当年度可用财力，征求省直有关部门意见的基础上，选用项目纳入下一年度预算编制，筛选编报专项资金项目预算。

属于专项转移支付的资金应分地区、分项目编制预算。省财政部门商省直有关部门将转移支付预计数提前下达市县，按因素法分配且金额相对固定或已提前细化项目安排的转移支付提前下达比例应达到90%。提前下达资金原则上应在上一年度11月底前完成下达手续。

第二十条 专项资金项目预算按法定程序纳入年度预算草案，经省政府审议后提交省人民代表大会审查和批准。

省人民代表大会审查和批准通过预算后，省财政部门安排（下达）预算（拨付程序按照本办法第六章规定执行）。项目计划可由省直有关部门按规定下达。

项目库管理按照《广东省省级财政资金项目库管理试行办法》执行。

第四章 专项资金项目申报

第二十一条 申请使用专项资金的企业、单位和个人（以下简称申请单位）应按专项资金管理办法申报使用专项资金。

（一）申报项目应控制在专项资金使用范围内，不得跨范围申报专项资金。

（二）一个项目原则上只能申请一项专项资金。申请单位不得以同一项目重复申报或多头申报专项资金。同一项目确因特殊情况需申报多项专项资金的，必须在申报材料中注明原因。

（三）申请单位应对申报材料的真实性负责，不得弄虚作假和套取、骗取财政专项资金。

第二十二条 省财政部门会同省直有关部门依托省政府网上办事大厅建立专项资金管理平台。省直有关部门在管理平台发布专项资金管理办法和申报指南，明确资金扶持范围、扶持对象、申报条件、申报程序等（涉密专项资金按国家和省保密法律法规办理）。

第二十三条 申请单位依据专项资金申报指南，填报专项资金使用申请资料（同时提供电子数据和纸质资料）。

第二十四条 省直有关部门会同省财政部门通过管理平台受理申请单位资金使用申请，对申请项目进行前置审核；在管理平台公布专项资金申请受理情况，包括申请单位、申请项目、申请金额等；对未通过前置审核、不予受理的项目，说明原因并予退回。省财政部门指导省直有关部门建立申报项目查重程序，防止重复、多头申报。

第五章 专项资金审核

第二十五条 专项资金审批应按集体研究原则，建立内部制衡机制和横向并联审批制度。制定内部审批办法，完善部门内部不同岗位办理流程，加强效能考核，建立首办负责制、限时办结制、责任追究机制，提高工作效率。

（一）省直有关部门按照管理权限办理专项资金使用审核。

1. 专项资金信息发布、受理审核、立项管理和监督应由不相容的工作岗位人员负责，要在管理平台发布申报指南，并由业务部门审核、财务部门复核、监察部门全程监督。

2. 申报专项资金的项目必须组织合规性可行性论证。建立决策和评审咨询相互分离的机制，引入省外专家评审，保证专家评审咨询的独立、客观和公正。

3. 省直有关部门安排专项资金总额在3 000万元以上（含3 000万元，同一专项、分批次下达的额度累积计算，下同）以及单一用款项目在500万元以上（含500万元）的分配计划，须经主管部门办公会议或党组（党委）会议集体审议，分管纪检监察的厅（局）领导和内设的监察部门应参与研究。

（二）特大额资金（指设立总金额在5亿元及以上的专项资金）、涉及不同部门工作职能的资金及省政府认为应进行横向并联审批的资金，应实行相关部门联席审核。

第二十六条 专项资金应改进分配方式，减少行政性分配。引入市场化运作模式，通过风险补偿、创投引导、股权投资、间接资助等方式发挥财政资金的杠杆作用。推广因素法分配，实行“预安排、后清算”制度，根据事权和支出责任相适应的原则，逐步将项目选定权下放至市县。具体分配安排方式应按照资金性质分类确定。

（一）支持经济发展、面向生产经营性领域的专项资金，原则上应按照股权投资、产业基金等规定管理。其中：资金分配总额在3 000万元以上（含3 000万元）以及单一用款项目在500万元以上（含500万元）的，主要采取招投标、公开评审等竞争性方式进行分配；资金分配总额在3 000万元以下以及单一用款项目在500万元以下的，主要采取专家评审、公众评议及省直有关部门内部集体研究等方式分配；部分社会影响面广、分配总额超过1亿元的大额专项资金且条件许可的，可采用联席审核，并公开征询民意。

专项资金竞争性分配按照《广东省省级财政专项资金竞争性分配管理办法》执行。

（二）支持社会事业发展、面向非经营性领域的专项资金实施项目，主要采取专家评审、公众评议及部门内部集体研究等方式分配。

（三）支持民生事业发展、面向个人的专项资金实施项目，应明确分配标准、人数等，采取因素法或公式法分配。

（四）支持党政机关和事业单位履行管理职责的专项经费资金，应严格按照工作任务和开支标准，采取因素法分配。会议经费、公务接待费用、公务购车和用车经费、出国（境）经费、办公经费等一般性支出以及庆典、研讨会、论坛、晚会、展览、纪念会、首发首映式等节庆活动支出的，应细化开支标准及方式，严格控制开支。

第二十七条　未纳入项目库管理、需在年中细化分配的专项资金，实行年度安排总体计划报省政府审批、具体实施项目报省政府备案的复式审批制度。

第二十八条　财政预算依照法定程序审批。省人民代表大会批准专项资金预算后，省财政部门在10日内告知专项资金预算计划或预算控制数。

省直有关部门在接到省财政部门通知后9日内对其负责管理的专项资金提出年度安排总体计划（含所有专项资金安排额度、分配办法、支持方向和范围等）送省财政部门复核。

省财政部门在7日内审核完毕，报分管省领导审核，报分管财政的常务副省长审批，报省长审定。

第二十九条　省直有关部门在接到省财政部门通知后15日内发布申报指南、组织项目申报和评审，或采取“预安排、后清算”的方式按因素法制定预安排分配计划。

申报、评审工作可与制定年度安排总体计划同步进行，以最终批准的总体计划为准。

第三十条　省直有关部门按照本办法及专项资金具体实施办法，在接到省财政部门通知后30日内提出专项资金明细分配计划（列至具体用款单位、项目、金额）送省财政部门审核，省财政部门在9日内审核完毕。

省直有关部门将经省财政部门审核后的明细分配计划在专项资金管理平台和部门门户网站上公示6日。对公示有异议的项目，由省直有关部门提出处理意见，报财政部门审核。

省财政部门在公示完毕后5日内对经公示无异议或已明确异议处理意见的项目安排（下达）预算（拨付程序按照本办法第六章规定执行）。

省直有关部门会同省财政部门将资金分配明细计划报分管副省长备案，其中总额超过5 000万元的报分管财政的常务副省长备案，总额超过1亿元的报省长备案。

第三十一条　省级预备费按《中华人民共和国预算法》等法律法规规定，主要用于解决在预算执行过程中发生的自然灾害救灾、应对突发公共事件等临时性急需和事前难以预料的开支需要。

（一）安排资金在1亿元以上（含1亿元）的，由省财政部门提出意见，报分管财政的常务副省长审核，报省长审批，提交省政府常务会议审定；遇救灾等突发性应急支出，采取省政府有关领导同志会签办法审批。

（二）安排资金在3 000万元（含3 000万元）至1亿元的，由省财政部门提出意见，报分管财政的常务副省长审批，报省长审定。

（三）安排资金在3 000万元以下的，由省财政部门提出意见，报分管财政的常务副省长审定，报省长备案。

省级预备费按照《广东省省级预备费管理办法》具体规定执行。

第六章　专项资金拨付及管理

第三十二条　省财政部门在省人民代表大会批准预算后10日内，将专项资金预算计划（或预算控制数）通知省直有关部门。属于专项转移支付的资金在省人民代表大会批准预算通过后60日内正式下达。

第三十三条　各级政府、各部门、各单位的支出必须以省人民代表大会批准的预算为依据，严格按照预算执行，未列入预算的不得支出。规范预算变更，各部门、各单位的预算支出应当按照预算科目执行。不同预算科目、预算级次或者项目间的预算资金需要调剂使用的，按照省财政部门的规定办理。

第三十四条　按规定批准使用的专项资金应按照预算及国库管理规定办理预算下达和资金拨付手续。

（一）用款单位属省级单位的，原则上实行国库集中支付，由省财政部门将款项直接拨付到商品和劳务供应者或用款单位。其中，用于基本建设项目的专项资金，按照基本建设程序办理资金拨付；属于政府采购范围资金，按政府采购有关规定办理资金拨付。

（二）用款单位属市县单位的，由省财政部门向市县财政部门办理预算拨付手续；市县财政部门按照专项资金具体用款项目及要求，在收到省拨资金的30日内将资金下达到用款单位，由市县财政部门实行国库集中支付，不得截留、挪用、挤占资金。

按因素法下达、由市县自行确定具体项目的专项资金，市县应将具体项目安排计划报省直有关部门和财政部门备案。

（三）用款单位属中直驻粤单位或其他与省财政没有常规经费划拨关系单位，由省财政部门直接将款项拨付到用款单位。

第三十五条　省直有关部门、财政部门和资金使用单位必须加强对专项资金使用的管理，严格执行财务规章制度和会计核算办法，各项支出必须严格控制在批准的范围及开支标准内，严格执行财政资金使用票据销账制度，严禁用“白头单”入账或套取现金。

第三十六条　预算年度结束后，专项资金使用单位应根据本级财政部门年度决算要求，及时编列专项资金年度决算报表，报送本级财政部门。

第三十七条　专项资金项目经费使用完毕后，资金使用单位应及时对项目经费使用情况进行财务决算，并向同级主管部门提出验收申请。同级主管部门应及时组织资金使用单位进行项目验收，并根据资金使用情况进行检查。

第三十八条　省财政部门应建立结转结余资金定期清理机制，加强跟踪监控，厘清存量、分类处理。省直有关部门应定期组织本单位结转结余资金清理工作，建立支出台账，及时提出处理方案。

加大对结转结余资金统筹使用力度，对不需按原用途使用的资金，可由同级财政部门按规定统筹用于经济社会发展亟需资金支持的领域。对上一年预算的结转资金，应当在下一年用于结转项目的支出；连续两年未用完的结转资金，应当作为结余资金统筹管理。对累计结转结余资金规模较大的部门，在编制下一年度预算时，要适当压缩部门财政拨款预算总额。

第三十九条 市县财政部门要加强和规范专项资金管理，严把项目申报关，优化审批流程，开展项目库改革、编制中期财政规划；及时转拨上级财政专项转移支付资金和本级专项资金，建立专项资金定期收回统筹机制，减少结转结余规模，提高资金使用效益；规范专项资金使用，严禁挤占挪用上级专项转移支付资金，及时足额安排自筹资金；加强对专项资金的监督检查和绩效评价，建立责任追究机制。

加强市县财政专项资金管理使用的意见另行制定。

第七章 专项资金信息公开

第四十条 除涉及保密要求不予公开外，专项资金的相关信息均应向社会公开。

第四十一条 省直有关部门、省财政部门分别在专项资金管理平台、省直有关部门和省财政部门门户网站上公开如下信息：

（一）专项资金管理办法。

（二）专项资金申报指南，包括申报条件、扶持范围、扶持对象、审批部门、经办部门、经办人员、查询电话等。

（三）项目资金申报情况，包括申报单位、申报项目、申请金额等。

（四）资金分配程序和分配方式，包括资金分配各环节的审批内容和时间要求、资金分配办法、审批方式等。

（五）专项资金分配结果，包括资金分配明细项目及其金额，项目所属单位或企业的基本情况等。

（六）专项资金绩效评价、监督检查和审计结果，包括项目财务决算报告、项目验收情况、绩效评价自评和重点评价报告、第三方评价报告、财政财务监督检查报告、审计结果公告等。

（七）公开接受、处理投诉情况，包括投诉事项和原因、投诉处理情况等。

（八）其他按规定应公开的内容。

信息公开按照《广东省省级财政专项资金信息公开办法》规定执行。

第八章 专项资金监督检查和绩效评价

第四十二条 省直有关部门要加强对本部门（本系统）管理使用专项资金情况的监督检查，及时发现和纠正存在的问题。省财政、审计、监察部门应根据需要开展定期或不定期的专项检查或审计。

第四十三条 省直有关部门、财政部门和资金使用单位要建立健全相互制约、相互监督的内控机制，制定合理分权、规范用权的具体措施，加强岗位之间、工作环节之间的相互制约、相互监督；制订完善专项资金审批主要环节的操作规程、工作细则，有效约束自由裁量权；建立完善档案管理制度，如实记录审批核心环节信息，实现管理全过程可申诉、可查询、可追溯的痕迹管理；敏感岗位人员定期交流轮岗；建立考核问责制度。

第四十四条 省财政部门依照《中华人民共和国预算法》及其他相关法律规定对专项资金预算执行、资金使用效益和财务管理实行常态化监督检查，主要包括以下内容：

（一）财税法规、政策和专项资金管理办法等执行情况；

（二）专项资金预算编制、执行、调整和决算情况；

（三）专项资金分配办法和申报、审批程序执行情况；

（四）专项资金按规定时限拨付情况；

（五）专项资金使用过程中执行政府采购法规、政策情况；

（六）专项资金使用过程中执行行政、事业单位国有资产管理情况；

（七）专项资金使用过程中财务会计制度的执行情况；

（八）法律法规规定的其他事项。

预算年度结束后，省直有关部门要及时组织本部门开展专项资金使用情况自查，并将自查情况报省财政部门。省财政部门按规定组织巡查监督或重点抽查，每年对专项资金监督检查范围达到当年专项资金总量的10%以上。

第四十五条 省审计部门独立对专项资金使用管理情况实施审计监督。每年对专项资金重点审计的范围要达到当年专项资金总量的10%以上。依托专项资金管理平台、实时在线联网监督系统及可依法采用的其他方式，收集专项资金预算执行数据，监督专项资金的分配、使用及效果；对审计发现的违法违纪案件线索，应及时移交省纪委监察机关；按规定将审计情况报告省政府和省人大常委会，反馈省财政部门并依法向社会公告。

财政部门和省直有关部门、资金项目单位等应积极配合，及时完整地提供审计所需的资料。

第四十六条 省纪检监察机关派驻（出）机构（或省直有关部门内设纪检机构）应协助所在部门针对关键岗位、重点环节廉政风险点建立健全规章制度，开展制度廉洁性审查，加强对专项资金管理全过程的监督，针对审批等重点环节建立随机抽查制度。

第四十七条 专项资金实行绩效考核。

（一）省直有关部门申请设立专项资金、申报项目入库、制定资金总体计划的同时，应按规定申报专项资金预期绩效目标。申报材料必须设置可量化、可衡量的绩效指标，以反映专项资金预期的使用效益。省财政部门核准的绩效目标应作为开展绩效监控、绩效评价的重要依据。

（二）跨年度支出的专项资金，资金使用单位应在每个预算年度结束后1个月内进行中期绩效自评。省财政部门组织对专项资金使用阶段性绩效进行监控，向省直有关部门反馈绩效监控情况。对监控中发现的问题，省直有关部门应责成项目单位进行整改。

（三）专项资金支出完成的项目应按规定实施绩效评价。省直有关部门按规定开展绩效自评，省财政部门重点对1亿元以上（含1亿元）或单个项目500万元以上（含500万元）的专项资金进行重点评价或委托第三方机构实施独立评价；对1亿元以下或单个项目500万元以下的专项资金，实施常规性绩效评价，省财政部门抽查不低于10%的项目实施重点评价。上述绩效评价结果由省财政部门汇总后专题报告省政府，作为专项资金安排、调整、撤销以及责任追究的重要依据。

（四）对到期后需继续安排的专项资金，原则上其绩效评价结果要达到优良等次方可按程序申报。

第四十八条 实行专项资金管理责任追究机制。

（一）对负责专项资金管理的省直有关部门领导、内设部门领导、经办人员，以及其他部门、中介机构有关人员和评审专家在专项资金分配、审批过程中存在违法违纪行为的，按照“谁审批、谁负责”的原则，承担连带责任，并依照相应法律、法规处理。

（二）申报单位、组织或个人在专项资金管理、使用过程中存在违法违纪行为的，依照相应法律法规严肃处理，追回财政专项资金，5年内停止其申报专项资金资格，并向社会公开其不守信用信息。

（三）对涉及违法违纪的责任人员，一律依照有关规定严肃处理。涉嫌犯罪的，依法移送司法机关追究刑事责任。

（四）对未按规定时限办理的省直有关部门及其负直接责任的主管人员和经办人员，按照行政效能监察考核办法有关规定追究责任。

（五）市县有关部门未按规定将资金拨付到用款单位的，依照相应法律法规实施责任追究和处罚。

第九章　附　　则

第四十九条　未按本办法办理专项资金设立、申报、审批、分配和管理等事项的，省财政部门一律不予办理预算安排和资金拨付手续。

第五十条　省直有关部门根据本办法规定须提交省政府常务会议审议的资金安排事项，由省政府办公厅汇总，原则上每月一次提交省政府常务会议集中审议。

第五十一条　专项资金涉及配套上级专项转移支付的，按中央有关办法执行。

第五十二条　市、县人民政府可参照本办法制定市、县财政专项资金管理办法。

第五十三条　本办法由省财政部门负责解释。

第五十四条　本办法自通过之日起实施，《广东省省级财政专项资金管理办法》（粤府〔2013〕125号）和《广东省省级财政专项资金管理暂行规定》（粤府〔2006〕37号）同时废止。

广东省人民政府关于加强政府性债务管理的实施意见

（广东省人民政府2015年4月15日发布，粤府〔2015〕43号）

各地级以上市人民政府，各县（市、区）人民政府，省政府各部门、各直属机构：

为贯彻落实《国务院关于加强地方政府性债务管理的意见》（国发〔2014〕43号），切实加强我省政府性债务管理，促进经济社会持续健康发展，现提出如下意见。

一、总体要求

深入贯彻落实新修订的预算法和国务院关于深化预算管理制度改革、加强地方政府性债务管理的各项规定，按照明确责任、规范管理、疏堵结合、防范风险、公开透明的管理原则，构建举借有度、偿还有方、管理有序、监管有力的政府性债务监管体制，确保全省政府性债务规模合理、风险可控、使用规范，促进全省经济社会持续健康发展。

二、基本原则

（一）明确责任。明确政府和企业的责任，政府债务不得通过企业举借，企业债务不得转嫁给政府偿还。同时，各地政府是本地区政府债务责任主体，切实做到谁借谁还、风险自担。

（二）规范管理。对地方政府债务实行规模控制，严格限定政府举债程序和资金用途，把地方政府债务分门别类纳入全口径预算管理，实现“借、用、还”相统一，落实规范管理各项要求。

（三）疏堵结合。在国家赋予地方政府的融资权限内依法适度举债，建立规范的政府举债融资机制，为地方经济社会发展筹集必要资金。严格限制各级政府在规定渠道以外违法违规举债。

（四）防范风险。建立债务风险预警机制，落实债务偿还责任，规范偿债准备金管理，妥善处理在建项目后续融资，切实防范和化解财政金融风险。

（五）公开透明。公开政府债务重要事项信息，完善向人大报告内容，接受社会各界监督，改进债务管理工作。

三、明确政府性债务管理责任

（一）明确责任主体。各级政府是本地区政府性债务管理的责任主体，政府主要负责人是本地区政府性债务管理的第一责任人。省政府对全省政府性债务管理实行统一领导，对全省政府性债务规模控制、债券发行额度确定、市县政府性债务余额限额确定以及违规举债责任追究实施决策管理。各地级以上市政府要加强对本级和下级的政府性债务的监督管理。县（市、区）政府要加强对本级和乡镇的政府性债务的监督管理，坚决制止发生新的乡镇债务。

（二）明确监管职责。财政部门是地方政府性债务的归口管理部门，负责完善债务管理制度，充实债务管理力量，实施债务规模控制、债券发行、债券分配、预算管理、统计分析和风险监控等日常管理工作，及时通报地方政府性债务风险监控信息。组织部门负责将政府性债务作为一项硬指标，纳入政绩考核。发展改革部门负责政府投资计划管理和项目审批，从严审核债务高风险地区的新开工项目。审计部门负责依法加强对地方政府性债务的审计监督，促进规范和完善债务管理，提高资金使用效益。金融监管部门负责加强监管、正确引导，制止金融机构等违法违规提供融资。人民银行负责政府性债务在银行、证券、保险业和金融市场的统计调查。各部门要切实履行职责，加强协调配合，全面做好地方政府性债务管理各项工作。

四、建立规范的地方政府举债融资机制

（一）规范地方政府债券发行权限。省政府在国务院确定的发债额度

限额内依法举借债务。市县政府举债通过省政府代发债券举借。省政府采取发行一般债券和专项债券的方式发行地方政府债券。一般债券纳入一般公共预算偿还，必要时可通过调入政府性基金和国资预算资金偿还。专项债券使用项目对应的政府性基金或专项收入偿还。划分政府与企业界限，政府性债务只能通过政府及财政部门举借，不得通过包括融资平台在内的任何企事业单位等举借。除财政部门外，行政机关和承担行政职能的事业单位及公益一类事业单位不得举借任何债务。公益二、三类事业单位举借债务必须报财政部门审核、本级政府审批。

（二）实行债务余额限额控制。政府性债务区分为一般债务、专项债务，分别实行余额限额管理。全省政府性债务余额限额由国务院批准确定。省财政厅在国务院批准的全省限额内，根据各地债务指标、财力状况、税收占比等情况，按因素法评估各地债务风险等级和财政承受能力，分类测算省本级、各地级以上市、财政省直管县（市、区）的一般债务和专项债务规模余额限额，并报省政府批准确定。市县政府不得突破上级批准的限额举借债务。

（三）新增债务与债务存量消化挂钩。全省一般债券年度新增发行额控制在国务院批准的余额限额内，并根据上年度一般债务偿还情况以及财政部新增额度安排。省对市县新增代发一般债券额度，与该地区上年度一般债务偿还情况挂钩，消化力度越大新增额度越多，鼓励市县政府加大力度消化存量债务规模。

（四）规范债券发行审批程序。省财政厅根据市县和省级当年度债务偿还计划，以及财政部下达的新增债券发行控制额度，提出下年度政府债券发行额度和分配方案，报省政府审定。省政府批准后，省财政厅将代市县发行的新增限额下达给市县。市县政府在限额内确定本级新增债券使用方案，报本级人大常委会批准后，将使用方案和具体项目报省财政厅并提请省代发债券。省财政厅审核并编制调整预算方案，经省政府同意后报省人大常委会批准。

（五）推广运用政府和社会资本合作模式。响应国家政策导向，探索政府和社会资本合作模式（PPP），由社会资本承担项目建设和运营，通过特许经营、“使用者付费”及必要的“政府付费”获得合理投资回报，政府部门负责价格和质量监管，达到公共利益最大化。立足各地经济社会发展实际需要，逐步在基础设施和公用事业领域扩大向社会资本开放，推广运用PPP模式，促进投资主体多元化，推进重点公益性项目建设。PPP项目投资者或项目公司通过市场化方式举债并承担偿债责任。地方政府按约定规则依法承担特许经营权、合理定价、财政补贴等相关责任，不承担投资者或项目公司的偿债责任。

五、完善债务资金使用管理

（一）规范债券资金使用。政府一般债券资金只能用于公益性资本支出和适度偿还存量政府性债务，不得用于经常性支出，不得用于违规修建楼堂馆所和其他国家明确禁止的项目。专项债券资金要严格限定用于发债对应的具体项目，不得用于平衡预算和其他项目。

（二）债券收支纳入预算管理。将当年新增的一般债券、专项债券分别纳入一般公共预算、政府性基金预算的收入预算。将政府存量债务的还本付息、债务资金安排的支出、PPP项目和承担公益性项目企事业单位的财政补贴、资本金注入等，按资金性质分别纳入一般公共预算、政府性基金预算的支出预算。单独设置预算报表债务附表，完整反映政府性债务的“借、用、还”情况，并对政府或有债务进行预算监管。

（三）完善向人大报告内容。各级财政部门在向同级人大或其常委会报告时，应将债券资金编列到具体项目，重点说明预算安排举借的债务是否合法、合理，是否有审慎的偿还计划和稳定的偿还资金来源，债券限额分配情况、债务项目建设情况等重要事项。

（四）实行债务信息公开。经本级人大或其常委会批准的债务相关情况及表格，应当在批准后20日内由本级财政部门向社会公开；财政部门主要公开本级政府性债务总体情况，并对重要事项作出说明。经本级财政部门批复的部门和单位债务相关情况及表格，应在批复后20日内由各部门和单位向社会公开，主要公开债务“借、用、还”情况和项目建设情况，并对重要事项作出说明。

六、保障债务按期偿还

（一）切实履行偿债责任。按照“谁举债、谁偿还、谁承担责任”的原则，区别落实偿还责任。一般债务和专项债务等政府性债务纳入预算管理，政府负有偿还责任，应制定偿还计划和落实偿还资金来源，及时按照偿还计划筹措财政性资金足额偿还。政府或有债务纳入预算监管范围，政府要加强对或有债务的统计分析和风险防控，敦促偿债主体及时偿还债务。对于或有债务确需政府依法承担偿债责任的，偿债资金要纳入相应预算管理，并相应追究原偿债主体责任，扣减有关经费。对未按要求纳入预算管理的，不得安排财政性资金偿还，也不得纳入政府债券置换范围。有关债务举借单位和连带责任人要按协议约定认真落实偿债责任，明确偿债时限，按时还本付息，不得单方面改变原有债权债务关系，不得转嫁偿债责任和逃废债务。

（二）规范偿债准备金管理。地方各级政府不得新设各种形式的偿债准备金，确需偿债的，一律编制三年滚动预算并分年度纳入预算安排。对已经设立的各类偿债准备金，要纳入预算管理，优先用于偿还到期政府存量债务，实行专账核算、专款专用，并制定偿债资金管理办法。

（三）建立债务风险应急处置机制。市县政府对其举借的政府性债务负有偿还责任，省级政府实行不救助原则。各级政府要制定债务风险应急处置预案，建立债务违约责任追究机制。我省各级政府出现偿债困难时，要通过动用偿债准备金、压缩一般性支出、处置可变现资产等方式，多渠道筹集资金确保债务偿还。市县政府确实无法偿还政府性债务的，要及时报告上级政府并抄送省财政厅，本级政府和上级政府应逐级启动债务风险应急处置预案、明确责任追究机制，切实化解风险，并追究相关人员责任。

七、严格债务风险预警

（一）实施债务风险预警机制。财政部根据各地区一般债务、专项债务、或有债务等情况，测算债务率、新增债务率、偿债率、逾期债务率等指标，评估各地区债务风险状况，对债务高风险地区进行风险预警。以财政部风险预警结果作为确定各级政府债务余额限额及新增债务的主要依据，列入债务高风险地区的市县原则上不新增债务限额。

（二）建立债务风险通报机制。财政部门要定期将财政部通报的政府性债务风险情况通报本级各政府性债务监管职能部门和金融监管部门。各监管职能部门在党政考核、项目立项、信贷管理等方面加强管理、从严控制，并配合做好相关信息共享工作。

（三）建立债务高风险地区举债报备机制。省财政厅对财政部通报的债务高风险地区，实行新增债务逐项举债报备机制。债务高风险地区经本级人大或其常委会批准的新增债务项目或新增债务支出，应由本级政府及财政部门按明细项目逐项向上级政府及财政部门报备。

八、规范存量债务管理

（一）开展存量债务清理甄别。按照财政部部署，各级财政部门会同审计部门以2013年政府性债务审计结果为基础，结合审计后债务增减变化情况，经债权人与债务人共同协商确认，对地方政府性债务存量进行甄别。各债务举借部门和单位对债务甄别和清理的真实性、准确性负责。政府存量债务经国务院批准后，分类纳入预算管理，政府存量债务余额只减不增。对发现突击举债以做大存量债务基数的，由上级财政部门提请财政部驻广东监察专员办对当地开展检查；对确实虚增政府存量债务的，核减该地区置换债券规模，并依法追究单位主要负责人责任。

（二）积极降低存量债务利息负担。根据国家部署，对甄别后纳入预算管理的政府存量债务，将通过发行地方政府置换债券置换，以降低利息负担，优化债务结构。置换债券由财政部实行发行额限额管理，与政府存量债务挂钩，并适当考虑财力、债务风险等因素。债券发行收入由财政部门统一管理，直接支付给债权人。

（三）妥善处理在建项目后续融资。在国家统一设置的在建项目后续融资过渡期内，法律法规规定可举债领域的在建项目，优先通过地方政府债券融资，债券解决不了的允许通过企事业单位银行贷款方式解决，融资规模纳入年度债务限额管理；过渡期结束后，只能以政府债券方式举债。除法律法规规定可举债领域外，从2015年1月1日起，各级政府不得通过政府债券外的任何方式举借政府性债务，不得通过包括融资平台在内的企事业单位等举借政府性债务。

九、建立考核问责机制

严格把政府性债务作为一项硬指标纳入政绩考核。尽快建立考核问责机制，对脱离实际过度举债、违法违规举债或担保、违规使用债务资金、恶意逃废债务等行为，要严肃追究相关责任人员的责任。各地、各部门要充分认识加强政府性债务管理工作的重要性和严肃性，从思想上纠正不正确的政绩观，认真落实中央和省的工作要求，切实加强政府性债务管理。

广东省人民政府关于深化预算管理制度改革的实施意见

（广东省人民政府4月30日发布，粤府〔2015〕50号）

各地级以上市人民政府，各县（市、区）人民政府，省政府各部门、各直属机构：

为贯彻落实新预算法，《国务院关于深化预算管理制度改革的决定》（国发〔2014〕45号），改进预算管理，实施全面规范、公开透明的预算制度，率先基本建立现代财政制度，现就深化我省预算管理制度改革提出以下实施意见：

一、总体要求

（一）指导思想

以邓小平理论、“三个代表”重要思想、科学发展观为指导，全面贯彻落实党的十八大、十八届三中、四中全会和省委十一届三次、四次全会精神，按照新修订的预算法以及中央和省全面深化财税体制改革的总体要求，紧紧围绕“三个定位、两个率先”的目标任务，坚持稳中求进、改革创新，完善管理制度，创新管理方式，提高管理绩效，建立预算编制科学完整、预算执行规范有效、预算监督公开透明以及三者有机衔接、相互协调、“三位一体”的预算管理制度，为推进政府治理体系和治理能力现代化提供预算制度保障。

（二）总体目标

围绕深化预算制度改革，规范政府收支行为，强化预算约束，加强对预算的管理和监督。到2015年，全省各级政府建立比较完整的预算体系；预算编制细化到末级科目；预算执行更加均衡有效，一般公共预算结转结余资金占一般公共预算支出的比重不超过9%；专项资金分配管理进一步规范透明，统一纳入省级财政专项资金管理平台管理；除涉密信息外，财政预决算和部门预决算信息全部公开；转移支付制度进一步完善，省级一般性转移支付占财政转移支付支出的比例达60%以上；涵盖财政监督、审计监督、监察监督、人大监督及社会和舆论监督等五层次的监督体系健全完善、衔接有序。到2018年，建立现代预算管理制度，预算管理机制规范完整、透明高效。

二、基本原则

（一）依法理财，完善制度

树立法治理念，将财政运行全面纳入法治化轨道。建立健全预算管理体制机制，注重运用法律和制度规范预算管理。

（二）统筹兼顾，协同推进

围绕中心，服务大局，增强改革

的系统性、整体性和协同性。充分发挥各级政府和各相关部门的作用，多方联动，形成合力，保障改革顺利实施。

（三）公开透明，提升效益

将公开透明贯穿预算改革和管理全过程，发挥预算公开的监督和约束作用。推进科学理财和预算绩效管理，切实提高财政资金使用效益。

（四）强化监管，防控风险

加强财政资金管理，继续清理整合财政专项资金，压缩专项转移支付种类和规模。健全地方政府举债融资机制，控制和化解地方政府债务风险。

（五）转变政府职能，规范财政供给范围

处理好政府与市场的关系，加快转变政府职能，规范财政供给范围，使市场在资源配置中起决定性作用，充分激发市场和社会活力。

三、主要任务

（一）建立健全政府预算体系

1. 完善政府预算体系。建立定位清晰、分工明确的政府预算体系，强化预算管理的严肃性，将政府的全部收入和支出纳入预算管理。2015 年底前，各级政府建立覆盖一般公共预算、国有资本经营预算、政府性基金预算和社会保险基金预算的预算体系。加大政府性基金预算、国有资本经营预算与一般公共预算的统筹力度，通过建立机制将政府性基金预算中应统筹使用的资金列入一般公共预算。进一步完善国有资本经营预算制度，逐步提高国有资本收益上缴一般公共预算比例，至2020 年提高到30%。明确国有资本经营预算支出范围，更多用于保障和改善民生。加强社会保险基金预算管理和做好基金结余的保值增值工作。

2. 健全预算标准体系。完善基本支出定额标准体系，加快推进项目支出定额标准体系建设。严格机关运行经费管理，综合考虑经济发展和市场价格水平，制定分地区的公务活动经费开支范围、实物定额和开支标准。加强分行业、可量化、可评估的基本支出和项目支出标准管理，建立定额标准动态调整机制，充分发挥支出标准在预算管理中的基础支撑作用。健全人员编制、资产管理与预算管理相结合的机制。进一步完善政府收支分类体系，按经济分类编制部门预决算和政府预决算。政府采购预算项目严格按照《政府集中采购目录及政府采购限额标准》规定编制。基本建设项目预算严格按照国家规定的基本建设程序办理。

（二）完善收支预算管理

1. 加强财政收入征管。完善收入预测模型，科学合理编制财政收入预算，确保与经济社会发展水平相适应。各级税收征管部门要依法及时足额组织税收收入，并建立与相关经济税源指标变化、税收政策变化等情况相衔接的考核体系。坚持依法征收，强化税收征管，不收过头税。严格减免税管理，严禁违反法律法规和超越权限多征、提前征收或减征、免征或缓征应征税款。各级政府不得向预算收入征收部门和单位下达收入指标。加强执法监督，强化税收入库管理。

2. 依法加强非税收入管理。清理规范行政事业性收费和政府性基金，坚决取消不合法、不合理的收费基金项目。健全国有资源、国有资产有偿使用制度和收益共享机制。加强国有资本收益管理，严格国有资本收益核算，完善国有企业利润分配制度，落实国有资本收益权。加强非税收入分类预算管理，完善非税收入征缴制度和监督体系，禁止通过违规调库、乱收费、乱罚款等手段虚增财政收入。

3. 全面规范税收优惠政策。除专门的税收法律、法规和国务院规定外，各部门起草其他法律、法规、发展规划和区域政策都不得突破国家统一财税制度、规定税收优惠政策。未经国务院批准，各地区、各部门不得对企业规定财政优惠政策。对已经出台的税收优惠政策要进行规范，违反法律法规和国务院规定的一律停止执行；没有法律法规障碍且具有推广价值的应认真总结并加以推广；有明确时限的到期后立即停止执行，未明确时限的应设定优惠政策实施时限。建立税收优惠政策备案审查、定期评估和退出机制，加强考核问责，严惩各类违法违规行为。

4. 细化预算编制。预算编制细化至功能分类科目“项”级，基本支出编列至经济分类科目“款”级，专项转移支付在分地区、分项目的基础上，细化支出用途和分配办法。完善项目库管理，做好备选项目储备，择优遴选项目支出，将年初预算细列至具体执行项目和用款单位。对支出项目设置准入条件，根据项目开工条件和年度用款计划分期编报预算，并与政府基建投资计划做好衔接。

5. 优化支出结构。增加公共性领域的支出比重，减少经营性领域支出比重。按照中央统一部署，清理规范重点支出同财政收支增幅或生产总值挂钩事项。对重点支出，要明确目标任务，做好统筹安排和优先保障，改变先确定支出总额再安排项目的方式。依法逐步取消城市维护建设税、排污费、探矿权和采矿权价款、矿产资源补偿费等专款专用的规定，所需经费纳入统筹安排。逐步将所有预算资金纳入财政统一分配管理。在此之前，负责资金分配的部门要按规定将资金具体安排情况及时报财政部门。

6. 控制一般性支出。认真贯彻落实中央八项规定和国务院“约法三章”等要求。严控政府性楼堂馆所、机关运行经费、财政供养人员以及“三公”经费等一般性支出。健全公务支出制度体系和内控管理机制，严格公务支出财务管理及报销审核，严格执行公务接待、国内差旅、因公出国（境）、会议、培训等经费管理办法，严控庆典、研讨会、论坛等活动。加强政府购买服务资金管理，从部门预算经费或经批准的专项资金等既有预算中统筹安排，降低公共服务成本。

7. 开展零基预算改革。逐步改革基数加增长的预算编制方式，从 2015 年起省级选取部分部门试行零基预算编制改革试点，争取到 2018 年全面开展。建立基本支出定员定额标准体系和项目支出保障重点、绩效优先的评估机制，按照“一事一预算”的原则据实核定项目支出。强化预算约束，构建科学合理、细化精准、绩效优先、约束有力的预算编制机制。

（三）改进预算管理和控制

1. 实行中期财政规划管理。编制三年滚动财政规划，加强中期财政规划管理。对教育、水利、交通、科技、环保等重点领域，研究规划期内的政策目标、运行机制、评价办法和预算安排，细化编制事业发展中期规划。加强与国民经济和社会发展五年规划

纲要及重点专项规划的衔接，强化中期财政规划对预算安排的约束。将本级政府年度预算投资计划，特别是基建投资计划，纳入年度国民经济和社会发展计划。建立预算支出中期规划与省级财政专项资金项目库的对接机制，实现年度间资金项目安排的滚动管理、预算收支的综合平衡。提高财政预算的统筹能力，各部门规划中涉及财政政策和资金支持的，要与三年滚动财政规划相衔接。

2. 改进年度预算控制方式。一般公共预算审核的重点由财政收支平衡状态向支出预算和政策拓展，注重财政支出功能和资金效益的发挥。强化支出预算约束，各级政府向本级人大报告支出预算的同时，要重点报告支出政策内容。预算执行中如需增加或减少预算总支出，必须报经本级人大常委会审查批准。收入预算从约束性转向预期性，根据经济形势和政策调整等因素科学预测。按照事权和支出责任相适应的原则，落实本级政府应承担的支出责任，保障符合公共财政覆盖范围的支出需要。

3. 建立跨年度预算平衡机制。根据经济形势发展变化和财政政策逆周期调节的需要，建立跨年度预算平衡机制。一般公共预算如出现超收，应用于化解债务或补充预算稳定调节基金；如出现短收，应通过调入预算稳定调节基金或其他预算资金、减少支出等方式实现平衡。如采取上述措施后仍不能实现平衡，省政府报本级人大或其常委会批准后增列赤字，并在下一年度预算中予以弥补；市、县级政府通过申请上级政府临时救助实现平衡，并在下一年度预算中归还。政府性基金预算和国有资本经营预算如出现超收，结转下年安排；如出现短收，通过削减支出实现平衡。

4. 加快推进项目库建设。将执行期在3年以上（含3年）的可滚动实施或分期实施的财政资金，以及建立跨年度滚动预算机制所需的其他财政资金纳入项目库管理范围。提前一年挑选项目入库，入库同时编列一年或跨年滚动预算计划，细化至具体项目、金额、项目单位。编制年度预算时从项目库中选取具体项目纳入年度预算草案报同级人民代表大会审议；审议通过后，直接下达预算安排明细计划。

（四）完善预算论证征询机制

1. 完善预算论证制度。按照绩效优先、保障重点的原则，建立健全项目支出提前决策机制，完善项目审核程序。原则上提前一年组织项目研究论证，明确项目实施计划、时间进度和绩效目标，保证项目实施的可行性。对经济、社会和民生有重大影响的资金，应公开征询民意或委托第三方机构评审。

2. 完善征询方式。充分听取各级人大及人大代表、业务主管部门、专家学者和社会各界意见。完善重大支出项目评审机制。推进为民办事征询民意改革，选取部分社会关注度较高、关乎民生热点的预算安排项目广泛征询民意。按照“民主遴选、科学决策、保障底线、明确职责”的原则，完善省政府年度民生实事遴选机制，在网上公开征求社会公众意见。

（五）提高预算执行的时效性和均衡性

1. 健全预算执行的约束机制。强化支出预算约束，未列入预算的不得支出。年度预算执行中除救灾等应急支出通过动支预备费解决外，一般不出台增加当年支出的政策。及时批复部门预算，严格按照财政预算、用款计划、项目进度、有关合同和规定程序办理资金支付，属政府采购的严格按政府采购规定办理。严格按照法律法规履行预算调整报批手续。严格控制不同预算科目、预算级次或项目间预算资金的调剂。

2. 均衡预算执行进度。提高提前通知转移支付预计数的比例，按因素法分配且金额相对固定的转移支付提前通知比例要达到90%。除据实结算项目外，省级一般性转移支付在人大批准预算后30日内下达，专项转移支付在60日内下达。省级财政接到上级提前通知或下达的转移支付后，在30日内下达到县级以上政府。在年度预算执行中，预计年底可能形成较多结转或结余资金的，及时调整用于其他急需或有条件实施的项目。完善财政预算支出进度通报机制。在确保资金安全的前提下，加快资金审核进度并及时办理资金拨付手续。

3. 完善支出管理改革。深化国库集中支付制度改革，在全面推进市县改革的基础上，以镇为重点推进改革。对政府全部收入和支出实行国库集中收付管理。推行国库集中支付电子化管理。加快国库集中支付系统与预决算系统和预算执行动态监控系统等有机衔接，强化资金支付监督。深化政府采购改革创新，推进政府采购信息化建设和公共资源交易体制改革，拓展政府采购政策功能。深化“收支两条线”改革，实现收支彻底脱钩。

4. 规范国库资金管理。完善国库单一账户体系建设，严格银行账户审批管理，做好预算单位银行账户清理整顿工作。一律不再新设专项支出财政专户；现有财政专户除经财政部审核并报国务院批准予以保留的外，其余专户在两年内逐步取消。严格权责发生制核算范围，控制核算规模。除国库集中支付年终结余外，一律不得按权责发生制列支。实行权责发生制的有关情况，应当向同级人大常委会报告。全面清理已经发生的财政暂付款，对符合制度规定的临时性借垫款，应在到期后及时收回核销；对符合制度规定应当在支出预算中安排的款项，按规定列入预算支出；对不符合制度规定的财政暂付款和对外借款要限期收回。加强财政对外借款管理，严禁违规对非预算单位及未纳入年度预算的项目借款和垫付财政资金。各地应加强对本级国库的管理和监督，合理调节国库资金余额。

5. 强化结余结转资金管理。建立结余结转资金定期清理机制，及时盘活存量资金。上一年预算的结转资金，应当在下一年用于结转项目的支出。连续两年未用完的结余结转资金作为结余资金管理，一般公共预算的结余资金应用于补充预算稳定调节基金。建立预算编制与预算执行和结余结转相适应的机制，清理收回未及时支出的项目资金。

6. 建立权责发生制政府综合财务报告制度。扩大政府综合财务报告试编试点范围，逐步建立规范的政府财务报告制度，真实、完整反映政府财务状况和运营情况以及政府受托责任履行情况。待条件成熟时，政府综合财务报告向本级人大或其常委会报告。研究将政府综合财务报告主要指标作为考核地方政府绩效的依据，逐步建立政府综合财务报告公开机制。

（六）完善财政专项资金管理

1. 突出管理重点。完善专项资金管理办法和专项资金管理平台，优化审批流程和岗位设置，推行集中、并联审批，完善部门间沟通协调机制，提高资金使用效率。推进专项资金实时在线监督，建立健全财政、审计、监察和资金使用单位互联互通、信息共享的专项资金实时在线联网监管系统，建立信息预警和及时纠错机制。建立专项资金使用终身负责制、首办负责制、限时办结制和责任追究制，强化问责问效。加强民生支出、大额项目的预算执行管理，跟踪落实资金分配、使用、管理、绩效评价以及执行过程中贯彻落实中央和省的方针政策、重大经济政策情况。强化业务主管部门的预算执行主体责任，加快建立预算管理内部监督制度，对本部及下属单位的预算执行、资金安全和日常财务管理实行全程跟踪监督。

2. 健全专项资金设立审核和退出机制。纠正“增加一事新增一项专项资金”的做法，当年预算执行中一般不出台新的增加财政专项资金支出的政策和措施。对预算执行率低、支出进度慢的专项资金要适时退出；对以前年度未明确年限的专项资金，一律按照到期专项资金规定，实施绩效评价和审计检查后再研究是否延续安排；对预算支出不理想、使用绩效不高的项目，减少下一年度预算安排或不安排预算；建立基建项目退出机制，对立项三年未开工实施的项目，先收回预算资金，待具备实施条件时再安排预算。2015 年省级一般公共预算专项资金压减至 219 项以下，到 2017 年压减至 200 项以下，占省级支出的比重不超过 15%。

3. 加强和规范市县专项资金管理。市县政府要严把项目申报关，优化审批流程，开展项目库改革、编制中期财政规划；及时转拨上级转移支付资金和本级专项资金，建立专项资金定期收回统筹机制，减少结余结转规模；严禁挤占挪用上级专项转移支付资金，及时足额安排自筹资金；加强对资金的监督检查和绩效评价，建立责任追究机制。

（七）建立政府性债务管理体系

认真落实《国务院关于加强地方政府性债务管理的意见》（国发〔2014〕43 号）和《广东省人民政府关于加强政府性债务管理的实施意见》（粤府〔2015〕46 号）要求，尽快完善政府性债务管理体系，切实规范政府依法举借债务，严格控制各级政府性债务规模，加快建立政府性债务风险预警机制，认真落实债务偿还责任，强化违规举债行为的责任追究。

（八）调整完善转移支付制度

1. 合理划分省与市县财政收入。在建立事权与支出责任相适应制度的基础上，对省、市、县各级政府承担相应事权、履行支出责任的财力需求进行量化管理。结合国家税制改革进程，进一步理顺省以下政府间财政收入划分。通过调整收入分配，使省级财力集中度稳定在合理的调控水平，加大对欠发达地区扶持力度，缩小区域间财力差距。

2. 完善一般性转移支付机制。以推进地区间基本公共服务均等化为主要目标，在厘清各级政府事权与支出责任的基础上，对于下级履行自身事权存在缺口的，上一级通过一般性转移支付给予适当补助。上级出台减收增支政策形成下级财力缺口的，原则上通过一般性转移支付进行调节。上级自身事权委托下级承担支出责任的，通过转移支付全额补足。增加对革命老区、民族地区、边疆地区和贫困地区的转移支付。进一步推进“压专项，扩一般”改革，加大省级一般性转移支付力度；各地级以上市相应提高对县级的一般性转移支付比重。

3. 加强一般性转移支付资金管理。各地要严格按照《广东省财政一般性转移支付资金管理办法》（粤府办〔2015〕31 号），加强对一般性转移支付资金的管理，切实提高资金使用效益。省财政一般性转移支付项目按规范的审批程序设立、调整和撤销；市县应统筹使用省财政一般性转移支付资金，落实本级政府事权范围内相对应的支出责任，将省未确定具体使用方向的一般性转移支付资金按照有关民生、运转、协调发展三方面支出的先后顺序安排使用，重点确保国家和省出台的各项政策和补助标准足额落实；各级财政部门要按照公平公正公开的原则，以国家和省相关政策为省财政一般性转移支付资金分配依据，采用因素法、公式法进行分配，有效约束自由裁量权。

4. 规范专项转移支付。规范专项转移支付设立，市场机制能够有效调节的一般不设立专项转移支付项目。要大力清理、整合、规范专项转移支付，在合理界定各级政府事权的基础上，严格控制引导类、救济类、应急类专项转移支付，属地方事务的划入一般性转移支付。对竞争性领域的专项转移支付逐一进行甄别排查，凡属“小、散、乱”以及效用不明显的要坚决取消，对确需要保留的，要改进分配方式，减少行政性分配，争取引入市场化运作模式，引导带动社会资本增加投入。推行“因素法”确定专项转移支付数额。研究建立财政转移支付同农业转移人口市民化挂钩机制。在明确支出责任的基础上，对属于上级政府支出责任的事项，不得要求下级政府安排配套资金；对属于上下级政府分担支出责任的事项，按各自应分担数额安排资金。属于市县自身事权的，省不再安排专项转移支付项目。对相对固定安排、补助范围和对象有明确规定、可按因素法分配的专项转移支付项目，并入一般性转移支付管理。

（九）严肃财经纪律和加强监督检查、绩效评价

1. 严肃财经纪律。各地、各部门要牢固树立法制观念，坚持依法理财，减少自由裁量权，让财政资金在阳光下运行。要健全预算编制、收入征管、资金分配、国库管理、政府采购、财政监督、绩效评价、责任追究等方面的制度建设，扎紧制度的篱笆。要规范理财行为，严格按照规范的程序和要求编报预决算，按规定的用途拨付和使用财政资金，预决算编报都要做到程序合法、数据准确、情况真实、内容完整。

2. 强化监督检查。健全涵盖财政监督、审计监督、监察监督、人大监督、社会和舆论监督五方面的监督体系，将监督寓于预算管理全过程。主动接受同级人大及其常委会对财政预决算、预算执行情况的监督。强化财政内部制约制衡，建立健全财政资金分配过程中的监督检查机制，完善财政内部预算编制、执行相互协调机制，完善财政收支管理的复核、监督制度，防范和堵塞执行中的漏洞。财政部门定期开展专项资金常态化监督检查和巡查监督或重点抽查，业务主管部门定期组织本部门开展自查。推进实时在线财政预算执行监督系统。

3. 健全预算绩效管理制度。逐步

将绩效管理范围覆盖各级预算单位和所有财政资金，将绩效评价重点由预算项目拓展到财政政策、制度、管理和部门整体资金管理等领域，建立健全“事前绩效目标审核、事中绩效督查、事后绩效评价和问责”的预算绩效管理体系。强化部门绩效主体责任。完善预算部门、预算单位和资金使用单位绩效自评、财政部门实施重点评价以及引入第三方机构评价相结合的多元化评价工作机制。加强绩效管理结果应用，凡是未通过绩效目标评审的，原则上不能列入部门预算编制范围；将评价结果作为调整支出结构、完善财政政策和安排预算的重要依据，对绩效差劣的财政资金，原则上收回或调整安排。

4. 强化责任追究。各级政府要对本地区各部门、各单位财经纪律的执行情况进行全面检查，通过单位自查、财政部门和审计机关专项检查，对检查中发现的虚报、冒领、截留、挪用、滞留财政资金以及违规出台税收优惠政策等涉及违规违纪的行为，要按照预算法等法律法规的规定严肃处理。

（十）推进财政信息公开

1. 实行预决算公开全覆盖。自2015年起，所有县级以上政府均应公开全口径财政预决算、预算调整等信息。细化政府预决算公开内容，除涉密信息外，政府支出预决算全部细化公开到功能分类的“项”级科目，专项转移支付预决算按项目按地区公开。除涉密信息外，所有使用财政资金的部门都要公开本部门预决算，将部门预决算公开到基本支出和项目支出。按经济分类公开政府预决算和部门预决算。加大“三公”经费公开力度，细化公开内容，所有财政资金安排的“三公”经费都要公开。专项资金信息按规定在省级财政专项资金管理平台公开，基建项目预算及执行信息全程公开。除涉及保密要求不予公开外，省、市、县财政部门应将一般性转移支付资金管理办法、分配依据、用款单位、资金使用项目等信息向社会公开。

2. 健全财政部门政务公开制度。加大财政政策信息公开力度，全面梳理公开部门权力事项、行政审批事项、政府采购等信息，制定权责清单，推进政务公开。政府采购情况及时向社会公开，依法合规的收费也要全部公开，接受社会监督。在门户网站、新闻媒体及内部刊物等已有公开载体基础上，创新公开载体，有效推进信息公开。

四、保障措施

（　）加强组织领导和统筹协调

深化预算管理制度改革涉及制度创新和利益关系调整，面临许多矛盾和困难，任务繁重。各地、各部门要从大局出发，充分认识深化预算管理制度改革的重要意义，切实加强组织领导，认真按照中央和省的部署和要求推进工作，确保我省深化预算管理制度改革顺利推进。

（二）加强工作研究和经验总结

深化预算管理制度改革可能遇到各种困难和新的问题，省相关部门要加强政策研究，及时提出解决办法和措施，积极指导和督促各地扎实推进工作。要结合本地实际，开拓创新，认真总结深化预算管理制度改革中的好经验和好做法。

（三）加强协作配合和工作督导

各地、各部门要切实履行职责，加强协调配合，细化工作分工，落实工作责任，合力推进预算管理制度改革。要加大督导工作力度，定期组织开展工作督促检查，确保各项工作落实到位。

（四）加强宣传和培训

各地、各部门要大力做好宣传培训工作，全面理解和准确掌握中央和省关于深化预算管理制度改革精神和要求，严格依法办事，严肃财经纪律，确保有关规定落到实处。

广东省人民政府关于实行中期财政规划管理的实施意见

（广东省人民政府2015年6月15日发布，粤府〔2015〕58号）

各地级以上市人民政府，各县（市、区）人民政府，省政府各部门、各直属机构：

为改进预算管理和控制，加快建立现代财政制度，根据《国务院关于实行中期财政规划管理的意见》（国发〔2015〕3号）要求，现就我省实行中期财政规划管理提出以下实施意见：

一、总体要求

通过科学研判未来三年重大财政收支情况，采取逐年更新滚动管理方式，实现规划期内预算收支跨年度平衡。以问题为导向，研究调整相关财政收支政策，改进预算管理和控制要求，将财政预算安排与本地区重大发展战略及各项事业发展规划紧密衔接，提高预算编制的前瞻性、有效性和可持续性，使中期财政规划渐进过渡到真正的中期财政预算，推动财政可持续发展。

二、基本原则

（一）统筹兼顾，问题导向

主动适应经济发展进入新常态、财政收入增幅回落的现状，同时兼顾长远发展，处理好经济建设与民生改善、生态环境保护之间的关系，优化财政资金分配。针对部分财政支出政策“碎片化”、不可持续等问题，从政策内容和运行机制上查找原因，提出解决问题的改革措施。

（二）限额控制，突出重点

依据宏观经济形势和财政政策，审慎稳妥预计财政收入，科学合理设置财政支出总量控制目标、分部门支出限额控制目标、赤字或债务余额控制目标。在支出限额内，依据重要性排序择优选择项目，保障关系全省经济社会发展的重点领域改革和重大项目资金需求，积极维持政权运转和提供基本公共服务支出需要。

（三）滚动调整，防控风险

按照三年滚动方式做好中期财政规划，第一年规划约束对应年度预算，后两年规划指引对应年度预算。年度预算执行结束后，对后两年规划及时进行调整，再增加一个年度规划，形成新一轮中期财政规划。加强政府债务管理，建立风险预警和应急处置机制，科学研判风险隐患，切实防控财政风险。

三、中期财政规划的主要内容

中期财政规划是中期预算的过渡形态，涵盖一般公共预算、政府性基金预算、国有资本经营预算、社会保险基金预算（以下合称四大预算体系），主要包括以下五方面内容：

（一）预测现行政策下财政收支

1. 宏观经济形势分析。根据国民经济和社会发展五年规划纲要及年度计划，结合规划前期经济社会发展情况及国内外发展环境重大变化，分年度研判未来三年地区生产总值、投资、消费、进出口、价格总水平、就业率等主要指标走向。

2. 现行财政收入测算。结合宏观经济形势分析、现行国家财税体制和各项财政收入政策情况，运用经济计量模型测算未来三年四大预算体系财政收入。各项收入测算到功能分类的“款”级科目。

3. 现行财政支出测算。按照现行支出政策，测算未来三年四大预算体系支出，其中一般公共预算、政府性基金预算和国有资本经营预算支出测算到功能分类的“类”级科目，社保基金预算分险种测算。支出规划按照量入为出、厉行节约、统筹兼顾，确保重点的原则编制，编列至具体支出政策项目。

4. 地方政府债务变动预测。根据未来三年财政收入和支出情况，结合上级政府下达的政府债务限额情况，测算规划期内新增政府债务需求规模。

（二）分析现行财政收支政策问题

1. 财政收入政策问题。重点分析国家税制改革对各级财政收入的影响；省以下收入分成体制与事权和支出责任划分相匹配情况；非税项目设置符合简政放权、激活市场、减轻社会负担、提供基本公共服务等政策导向情况。

2. 财政支出政策问题。结合人大建议、政协提案、审计报告、财政监督检查报告、财政绩效评价报告以及财政资金结转结余情况，研究现行及到期支出政策存在的问题。重点分析是否存在因项目不切合实际导致难以实施、结余结转资金规模过大、资金使用绩效不高、实施中难以监控导致支出合规性较差等问题。同时，研究人民群众关注热点问题预算支出保障情况。

3. 债务风险问题。重点分析规划期内平衡财政收支所需新增政府债务规模情况，包括是否突破新增限额，债务率等风险控制指标是否超过警戒线，制定的债务应急处置预案和风险化解计划是否切实可行等。

（三）制订财政收支政策改革方案

1. 财政收入政策改革措施。包括提出规划期内国家税制改革的贯彻落实措施；提出完善省以下分税分成收入体制的意见；在地方收入管理权限内，提出调整税收、非税收入、国资预算、社保基金收入政策的意见。

2. 财政支出政策改革措施。围绕本地区党委、政府的重大决策部署，结合专项事业发展规划、行业规划，明确规划期内重大改革事项和政策及其分年度资金安排计划、政策期限、预期绩效目标，优先保障重大改革项目增加支出，完善各项一般性转移支付政策。

3. 政府债务风险控制措施。根据财政收支和政府债务风险预测情况，合理确定财政赤字规模、政府债务限额等风险控制目标，将债务分类纳入预算管理，制定债务风险预警和应急处置措施。

（四）测算改革后财政收支情况

1. 建立跨年度平衡机制。结合经济形势状况，通过增减预算稳定调节基金和地方政府债务规模等办法，建立跨年度预算平衡机制。在经济形势较好、财政收入增速较快的年份，适当控制政府性债务增幅，并将剩余的收入用于补充预算稳定调节基金和化解政府性债务；反之，则通过适当调入预算稳定调节基金、增加政府性债务等措施平衡当年度预算。

2. 测算未来三年财政收支平衡情况。合理确定收支改革方案、预算稳定调节基金和政府性债务使用方案，确保未来三年一般公共预算总量平衡、政府性基金预算和国有资本经营预算当年平衡、社会保险基金分险种收支平衡。

3. 预算稳定调节基金、地方政府债务变动情况。分年度测算预算稳定调节基金存量、政府债务年度余额及增减变动情况。

（五）评估可能出现的财政风险

评估规划期内可能出现的宏观经济运行风险、重大自然灾害损失及政府债务风险等对中期规划执行的影响，提出应对措施。

四、编制主体和职责分工

财政部门是本地区中期财政规划的编制主体，负责牵头制定中期财政规划和部门预算中期规划管理办法，组织中期财政规划编制，审核汇总和综合平衡规划，组织实施规划，开展相关监督检查和绩效评价等。

发展改革部门负责宏观经济形势分析，根据国民经济和社会发展规划纲要及年度计划，分年度研判未来三年本地区的宏观经济形势。

各预算部门（单位）是部门中期财政规划的编制主体，负责做好部门事业发展规划、行业规划与中期财政规划的衔接，并会同财政部门建立中长期重大事项论证机制；组织和汇总编制本部门管理领域的中期财政规划，研究提出未来三年涉及财政收支的重大改革和政策事项，并测算分年度收支数额；组织编制本部门及所属单位部门预算中期规划；组织实施规划；开展本部门（单位）的监督自查和绩效自评等。

五、编制流程和时间安排

（一）编制流程

省级中期财政规划编制流程主要分为前期准备、部门建议、财政初审、政府初审、部门修改、政府审批、告知批复七个阶段。具体如下：

1. 前期准备。省发展改革部门负责宏观经济形势分析，于规划期前一年3月上旬前完成，提供省财政部门。省财政部门负责现行财政收入预测，于规划期前一年3月上旬前完成。省直各部门负责现行财政支出预测，于规划期前一年3月上旬前完成。

2. 部门建议。省直部门收集规划期内批准实施的相关规划和政策，研究提出部门重大改革和政策事项、未来三年分年度资金安排和预期绩效，按重要程度进行排序，形成三年滚动财政规划建议，报省财政部门审核汇总；于规划期前一年4月上旬前完成。

3. 财政初审。省财政部门围绕省委、省政府重大战略部署与部门重大改革和政策事项的逻辑关系，审核部门分年度规划建议，提出综合平衡方案及规划草案，报省政府初审；于规划期前一年5月上旬前完成。

4. 省政府初审。省政府对中期财政规划草案进行初审，于规划期前一年5月中旬前完成。

5. 部门修改。省财政部门将政府初审意见反馈省直部门。省政府初审确定的分年度支出金额作为部门分年度支出控制数。各部门在分年度支出控制数限额内提出调整修改意见，再次报省财政部门审核。省财政部门汇总审核各部门修改意见，完善中期财政规划，上报省政府；于规划期前一年6月中旬前完成。

6. 省政府审批。省政府对中期财政规划进行审批，于规划期前一年7月底前完成。

7. 告知批复。省财政部门将省政府批准的部门中期财政规划函告省直部门，并将省级中期财政规划报财政部备案；于规划期前一年7月底前完成。

在中期财政规划编制第一年，根据实际启动时间，相应顺延时限要求。每年的具体编制流程和时限要求，由省财政厅根据实际情况另行明确。各地要比照省的要求拟订本地区的中期财政规划编制流程和时限要求。

（二）时间安排

1. 省级从2015年上半年起启动中期财政规划编制工作。省财政部门会同省直各部门从2015年上半年起开始编制2016—2018年省级中期财政规划，并于2015年9月前完成。此后，逐年滚动向前编制。

2. 市、县两级于2016年起启动中期财政规划编制工作。各地从2015年起开始研究中期财政规划编制工作；有条件的地区，可从2015年起编制中期财政规划（其中深圳市按国家要求从2015年起编制）；从2016年起，各地级以上市每年均应编制中期财政规划并报省财政厅备案，所有县（市、区）每年应编制中期财政规划并报上一级地级以上市财政部门备案，其中财政省直管县报省财政厅备案。

六、编制要求

（一）中期财政规划对年度预算具有约束性

中期财政规划在年度预算启动前完成，经本级人民政府批准实施，对年度预算具有约束性。年度预算编制必须在中期财政规划框架下进行。第一年的年度预算编制必须在中期财政规划框架下进行，后两年规划指引相应年度预算，确需调整的，须有充分的政策依据并按预算报批程序执行。

（二）中期财政规划应在规定范围内调整

国家或省出台新政策措施，涉及新增加项目的，将该新增项目纳入中期财政规划，淘汰原规划中按照重要程度排序靠后的项目，或增加调入预算稳定调节基金、增加政府性债务补充新增项目所需资金。当年度预计收入减少时，淘汰原规划中按照重要程度排序靠后的项目，或增加调入预算稳定调节基金、增加政府性债务弥补资金缺口。当年度预计收入增加时，从项目库中选择按照重要程度排序靠前的项目纳入中期财政规划，或补充预算稳定调节基金、减少省级政府债务。

（三）中期财政规划应与支出政策项目库对接

在提出财政支出政策改革方案和支出政策时，应对其必要性、重要性、可行性进行论证，并按支出测算和重要程度进行排序。列入项目库的支出政策项目，作为中期财政规划和年度预算编制的备选项目。

（四）中期财政规划实行全过程绩效评价管理

编制中期财政规划时，须明确每个支出项目的绩效目标，并在规划实施阶段建立支出项目使用绩效考评机制，根据绩效考评结果，淘汰使用绩效差的项目，增补绩效目标显著的项目。

七、组织实施

（一）加强组织领导，落实工作责任

各部门要抓紧研究相关行业、领域的重大改革和政策措施，积极配合财政部门做好工作。要抓紧制定本地区、本部门中期财政规划的具体编制办法，及时研究提出未来三年涉及财政收支的重大改革和政策事项，测算分年度支出需求，科学制订形成中期财政规划。

（二）注重规划衔接，建立评估机制

各级财政部门要加强与其他部门的沟通协调，做好中期财政规划与国民经济和社会发展规划、财政中长期计划、专项事业发展规划、行业规划、区域发展规划的衔接。各级预算部门（单位）要树立中期财政理念，涉及财政政策和资金支持的规划，应与中期财政规划相衔接；除中央和省新部署的重大改革外，未纳入中期财政规划的增支政策，年度预算原则上不予安排。对于农业、教育、科技、社会保障、医疗卫生、扶贫、就业、环境保护、财政体制、转移支付等方面的重大政策，必须建立中长期重大事项科学论证机制。

（三）夯实管理基础，推进信息公开

各级财政部门应深化财政管理各项改革，大力推进项目库管理，做好

项目储备，提前明确分年度分地区资金安排；要加强财政数据信息管理、支出项目管理和定额标准体系建设，强化人员队伍建设，为规划编制提供必要的人员保障和技术支持。要稳步推进中期财政规划公开，适时向社会发布中期财政规划；条件暂不成熟的，应将财政规划在政府及部门等内部试行公开，逐步再向社会公开。

广东省人民政府关于改革和完善省对下财政转移支付制度的实施意见

（广东省人民政府10月26日发布，粤府〔2015〕100号）

各地级以上市人民政府，各县（市、区）人民政府，省政府各部门、各直属机构：

为深化财税体制改革，加快建立现代财政制度，根据《国务院关于改革和完善中央对地方转移支付制度的意见》（国发〔2014〕71号）要求，现就改革和完善省对下财政转移支付制度提出以下实施意见。

一、总体要求

（一）工作目标

按照党中央、国务院和省委、省政府的决策部署，以促进区域协调发展、推进基本公共服务均等化为主要目标，深化省以下财税体制改革，加大转移支付力度，优化转移支付结构，规范资金分配和使用，加强监督管理和绩效评价，建立健全科学、规范、统一的省对下财政转移支付制度，提高区域间、级次间财力分布均衡度，促进全省经济社会持续健康发展。

（二）基本原则

1. 坚持问题导向，明确责任主体。针对当前财政转移支付制度中存在的主要问题，认真研究拟订措施予以解决，确保转移支付制度与合理划分事权和支出责任相衔接。强化省级统筹推进基本公共服务均等化的职能，明确市县用好上级转移支付促进经济社会发展的主体责任。

2. 坚持财力下沉，保障基层发展。坚持“压本级、保基层”，进一步加大省对市县转移支付力度。着力清理整合专项转移支付，完善一般性转移支付稳定增长机制，促进县域经济发展。

3. 坚持奖补结合，发挥引导作用。在确保基本公平、保障基本公共服务需要的前提下，强化转移支付的激励引导效应，调动省以下各级政府促进经济社会协调发展的积极性。

4. 坚持规范管理，提高资金效率。严格转移支付资金的分配、管理和使用，加强省对市县的指导和监督。加快转移支付资金拨付，切实提高资金使用效率。

二、优化调整转移支付结构

（一）结合事权划分调整转移支付结构

在合理划分各级政府事权与支出责任的基础上，优化调整转移支付结构。除按规定由中央承担的事权以外，属于省级事权的，由省全额承担支出责任，原则上应通过省本级支出安排，由省组织实施；属于省与市县共担事权的，由省与市县共同分担支出责任，省分担部分可通过专项转移支付委托市县实施；属于市县事权的，由市县承担支出责任。欠发达地区市县承担支出责任存在财力缺口的，省主要通过一般性转移支付给予适当支持，少量的引导类、救济类、应急类事务可通过专项转移支付予以支持。

（二）提高一般性转移支付比重

进一步压减专项转移支付，扩大一般性转移支付，增强市县财政的统筹能力。争取在2015年底前，省财政一般性转移支付占比提高到60%或以上，并在以后年度继续保持在较高水平。逐步形成以均衡地区间财力分布、由市县政府统筹安排使用的一般性转移支付为主体，一般性转移支付和专项转移支付比例合理适度的转移支付结构。

（三）扩大转移支付支出规模

进一步加大省对市县的转移支付力度，给予欠发达地区和基层政府倾斜支持，促进省内横向和纵向的财力结构均衡。通过转移支付向欠发达地区倾斜，改善地区间支出均衡度，逐步提高粤东西北地区支出占全省地市（县）级总支出的比重，进一步促进粤东西北地区振兴发展。通过转移支付下沉，改善级次间支出均衡度，逐步提高县级支出占全省各级总支出的比重，不断增强县级基本财力保障能力。

三、完善一般性转移支付制度

（一）完善一般性转移支付体系

按照“保基本”和“强激励”相结合的原则，建立健全以保障性转移支付、激励性转移支付、生态地区转移支付、特殊困难地区转移支付为主体的一般性转移支付体系。保障性转移支付、生态地区转移支付和特殊困难地区转移支付总额占一般性转移支付的比重应保持在60%以上。

（二）发挥保障性转移支付的托底作用

将均衡性转移支付基数、固定数额补助、结算补助以及有专门用途的一般性转移支付等纳入保障性转移支付范围。保障性转移支付以“保基本”为导向，确保市县既得利益，保障欠发达地区市县提供基本公共服务、维持政权正常运转的财力需要。

（三）加强激励性转移支付的引导效应

实施协调发展奖、财政增收奖等激励性转移支付机制，并结合经济社会形势发展，不断完善制度设计和因素指标。激励性转移支付以“强激励”

为导向，围绕省委、省政府重点工作部署，激发和调动市县的积极性，引导市县完成“稳增长、调结构、促改革、惠民生、防风险”等目标任务。

（四）完善生态地区转移支付

对重点生态功能区等生态地区实施奖补结合的转移支付机制，建立健全生态环境保护指标体系，实施横向和纵向的考核评价，将资金分配与考核结果适当挂钩，引导和督促生态地区落实推动当地生态文明建设的主体责任。

（五）加大对特殊困难地区转移支付倾斜

充分考虑少数民族县、原中央苏区县、扶贫开发重点县等“老少边穷”地区经济基础薄弱、自然地理条件较差等实际情况，增加省对革命老区、民族地区、边境地区、财力困难地区和资源枯竭城市等的转移支付。特殊困难地区转移支付及保障性转移支付对“老少边穷”地区实施倾斜支持，确保上述地区人均获得一般性转移支付资金高于全省平均水平。

四、清理规范专项转移支付

（一）清理整合现行专项转移支付项目

对不符合经济社会发展要求、没有合理设立审批依据、经绩效评价发现资金使用效益低下或在财政监督和审计检查中发现明显违规问题的专项转移支付，坚决予以撤销。结合税费制度改革，逐步取消城市维护建设税、排污费、探矿权和采矿权价款、矿产资源补偿费等专款专用的规定，统筹安排有关领域的经费。对于设立期限已满，原定政策目标和任务已完成的专项转移支付，严格执行到期收回。对零星分散、设立目标接近、使用方向类同、支持对象相近、资金管理方式相近的专项转移支付予以整合，严格控制省级部门管理的专项资金项目数量，按照“原则上一个部门一个专项，没有专项的不新增专项”的原则，至2016年，将省级一般公共预算专项资金压减至60项以内。对确需保留的专项转移支付项目，建立健全定期评估和退出机制。

（二）严控新设专项转移支付项目

除国家明确要求设立的转移支付项目外，原则上省级不再新增设立专项转移支付项目。确需新设立的省级专项转移支付项目，须按规定进行可行性研究并提出明确的绩效目标，报经省财政部门审核后，报省政府审批。新设专项应有明确的政策依据、政策目标、资金需求、资金用途、实施计划、分年度资金安排、设立期限、绩效目标、主管部门和职责分工，并相应建立定期评估和退出机制。对专项转移支付资金预算实行“一年一定”，不再固化安排，到期后仍需要继续安排的，应经过绩效评价和专项审计后再行按程序报批。

（三）逐步退出竞争性领域

凡属“小、散、乱”，效用不明显以及市场竞争机制能够有效调节的专项转移支付，坚决予以取消。对因价格改革、宏观调控等而配套出台的竞争性领域专项转移支付，应明确执行期限，并于到期取消。对保留的具有一定外部性的竞争性领域专项，应控制资金规模，突出保障重点，逐步改变行政性分配方式，主要采取基金管理等市场化运作模式，逐步与金融资本相结合，发挥撬动社会资本的杠杆作用。对少数不适合实行基金管理模式的，应在事前明确补助机制的前提下，事中或事后采取贴息、先建后补、以奖代补、保险保费补贴、担保补贴等补助方式，防止出现补助机制模糊、难以落实或套取补助资金等问题。

（四）规范专项资金管理办法

每一个专项转移支付应有且只有一个资金管理办法。对一个专项有多个资金管理办法的，要进行整合归并，不得变相增设专项。资金管理办法应明确政策目标、部门职责分工、资金补助对象、资金使用范围、资金分配办法、资金拨付程序、监督检查与绩效管理要求、信息公开等内容，逐步达到分配主体统一、分配办法一致、申报审批程序唯一等要求。需要发布项目申报指南或申报通知的，应在资金管理办法中进行明确。补助对象应按照政策目标设定，并按政府机构、事业单位、个人、企业等进行分类，便于监督检查和绩效评价。

（五）逐步取消市县资金配套要求

在合理划分各级政府事权与支出责任的基础上，除按规定属于省与市县共担事权外，省在安排专项转移支付时，不再要求市县政府承担配套资金。省与市县共担事权的支出责任，要依据公益性、外部性等因素明确省以下各级政府分担支出责任的标准或比例。根据各地财政状况，同一专项对不同地区可采取有区别的分担比例，不同专项对同一地区的分担比例应逐步统一规范。

五、规范转移支付资金分配

（一）探索建立转移支付与农业转移人口市民化挂钩机制

建立健全农业转移人口动态管理和信息共享机制，加强农业转移人口统计和市民化政策梳理。对按因素法分配、受益范围涉及地区居民的各项一般性转移支付和专项转移支付，分配资金时应考虑市县的常住人口等因素，并与当地农业转移人口市民化情况适当挂钩，客观反映市县政府的基本公共服务支出需求。运用其他涉及人均水平的相关指标分配资金时，人口数应有针对性地考虑常住人口、户籍人口和财政供养人口等数据进行计算。

（二）完善一般性转移支付资金分配

一般性转移支付原则上采用因素法、公式化分配，科学设置分配的因素及权重，充分考虑转移支付性质和各地区实际情况，促进实现地区间财力分布均衡和基本公共服务均等化。保障性转移支付和特殊困难地区转移支付主要采用市县的人均可支配财力水平、人均一般公共预算支出水平、基本财力保障需求等指标，以及人口、国土面积等客观因素核算分配。激励性转移支付可以有针对性地设立考核指标体系，与市县促进当地经济、社会、生态协调发展以及加强财政管理等情况适当挂钩，结合上年度转移支付资金监督检查和绩效评价结果核算分配。

（三）规范专项转移支付资金分配

严格专项转移支付资金分配主体要求，明确部门职责，社会团体、行业协会、企事业单位等非行政机关不得负责资金分配。专项转移支付一般采取项目法或因素法进行分配。对用于重大工程、跨市县跨流域的投资项目以及选择性、竞争性、外部性较强的重点项目，主要采取项目法分配，实施项目库管理，明确项目申报主体、申报范围和申报条件，规范项目申报流程，发挥专业组织和专家的作用，完善监督制衡机制。对具有地域管理信息优势的项目，主要采取因素法分配，选取客观因素，确定合理权重，按照科学规范的分配公式切块下达市县，按规定层层分解下达到补助对象。对关系群众切身利益的专项，可改变行政性分配方式，逐步推动建立政府引导、社会组织评价、群众参与的分配机制。

六、强化转移支付预算管理

（一）加强预算编制

一般性转移支付按照中央和省规定的基本标准和计算方法编制预算；专项转移支付应当分项目、分地区编制预算。省级下达的财政转移支付必须纳入市县政府预算管理，准确列入相关收支科目，由市县政府按规定向同级人大或其常委会报告。

（二）及时下达预算

加强与市县预算管理的衔接，省财政部门应将转移支付预计数提前下达市县，其中按因素法分配且金额相对固定的转移支付提前下达的比例达到90%，市县应将预计数全部编入本级预算。除据实结算等特殊项目可以分期下达预算或者先预付后结算外，省对下一般性转移支付在省人大批准预算后30日内下达到市级和财政省直管县，专项转移支付在60日内下达到市级和财政省直管县。市级政府接到省对下财政转移支付后，应在30日内正式下达到所辖区县。

（三）推进信息公开

省对下财政转移支付预算安排及执行情况应在提交省人大审议的年度预算报告中予以说明，在省人大批准预算后20日内向社会公开，并对重要事项作出说明；市县政府应将上级财政转移支付资金的管理使用情况在提交同级人大审议的年度预决算报告予以中说明，并及时向社会公开。除涉及保密要求不予公开外，各级财政部门应主动将财政转移支付的设立依据、管理办法、资金规模、分配结果、用途项目、用款单位、绩效评价、监督检查、审计结果等信息向社会公开。

（四）加强政府性基金预算和一般公共预算的统筹力度

政府性基金预算安排支出的项目，一般公共预算可不再安排或减少安排。政府性基金预算和一般公共预算同时安排的专项转移支付，在具体管理中应作为一个专项，制定统一的资金管理办法，实行统一的资金分配方式。

七、加强转移支付资金监督检查和绩效评价

（一）建立健全监督检查制度

加强对转移支付预算执行、资金使用和财务管理等监督检查，将市县、部门自查，财政巡查抽查和审计监督等结合起来，切实防止民生等重点支出被挪作他用。省财政部门按规定组织巡查监督或重点抽查，每年监督检查的比例应达到当年转移支付资金总量的10%以上。省审计部门要根据有关法律法规和制度的规定，加强对省对下财政转移支付资金的审计监督。

（二）建立健全绩效评价制度

加强对转移支付资金的绩效目标、绩效自评、重点评价和结果应用的管理，建立健全市县、部门和用款单位自评，财政重点评价以及第三方独立评价相结合的多元化评价工作机制，完善一般性转移支付资金使用绩效评价办法。逐步扩大转移支付资金绩效评价范围，原则上全部转移支付资金均应实施绩效自评，超过一定额度的转移支付资金应实施重点评价或委托第三方机构独立评价。提高转移支付资金绩效评价结果的有效性和可信度，逐步将绩效评价结果同预算安排相结合并将绩效评价结果向社会公开。

八、加快推进相关配套改革

（一）建立事权和支出责任相适应的制度

在合理划分中央与地方事权的基础上，探索建立省以下各级政府事权与支出责任相适应的制度。强化省级政府统筹推进省内基本公共服务均等化的职责，明确市县政府用好自身财力和上级转移支付推动当地经济社会发展的主体责任，促进实现财力与事权相匹配。

（二）推进财政省直管县等管理体制改革

规范完善省直管县财政改革相关制度，适当扩大省直管县财政改革试点范围。在省对下财政转移支付资金分配逐步核算到县级的基础上，通过省直管县财政改革，发挥扁平化管理的优势，加快转移支付资金拨付到试点县，省财政部门开展监督检查和绩效评价直接到试点县，提高转移支付资金使用效率。

（三）实施对市县财政管理的综合绩效考核

根据中央对地方财政管理综合绩效考核的要求，省财政部门对市县财政部门实施财政管理综合绩效考核，建立绩效考核指标体系，促进提高各级财政管理水平。对市级财政部门，要求在改进自身管理的同时，加强对辖区内县级财力均衡度的宏观调控，提高市辖区基本财力保障水平。

（四）完善市对下财政转移支付制度

地级以上市政府应参照省对市县转移支付制度，改革和完善市对下转移支付制度。结合省以下各级政府事权和支出责任划分，优化市对下转移支付结构。对省级下达的一般性转移支付，市级政府应采取有效措施，确保统筹用于相关重点支出；对省级下达的专项转移支付，市级政府可在不改变资金用途的基础上，结合本级安排的相关专项情况，加大整合力度，将支持方向相同、扶持领域相关的专项转移支付整合使用。

九、加强组织领导和工作配合

改革和完善转移支付制度是财税体制改革的重要组成部分，涉及面广、政策性强，利益调整大。各地、各部门要高度重视，提高认识，认真按照中央和省的工作部署和要求，加强组织领导和工作配合，扎实推进各项工作措施，确保相关改革落实到位。各地政府承担转移支付资金管理的主体责任。财政部门负责转移支付制度建设、预算安排、资金分配和拨付，组织开展监督检查和绩效评价工作。相

关主管部门提出相关转移支付资金分配意见和管理要求，具体负责项目申报管理、资金监管和绩效评价。资金使用单位承担资金使用管理的直接责任。审计部门依照有关法律、法规及相关规定，对转移支付资金管理情况进行全过程监督。纪检监察部门依纪依法查处转移支付管理使用中的违规违纪行为，并根据发现的违纪违规问题开展相关制度廉洁性审查工作。

关于进一步做好盘活财政存量资金工作的实施意见

（广东省人民政府2015年4月15日发布，粤府办〔2015〕24号）

为更好地发挥积极财政政策作用，提高财政资金使用效率和效益，根据《国务院办公厅关于进一步做好盘活财政存量资金工作的通知》（国办发〔2014〕70号）、《财政部关于推进地方盘活财政存量资金有关事项的通知》（财预〔2015〕15号）等文件要求，现就进一步做好盘活财政存量资金工作提出以下实施意见：

一、总体要求

贯彻落实中央有关工作部署和要求，切实加强财政预算管理，加大力度盘活财政存量资金，加强结转结余资金动态监控，定期清理结转结余资金。从2015年起，确保年底一般公共预算结转结余资金占支出比重不超过9%，每一项政府性基金结转资金规模一般不超过该项基金当年收入的30%。加强盘活财政存量资金监督检查，规范盘活财政存量资金管理工作。完善盘活财政存量资金相关制度办法，建立完善盘活财政存量资金的长效机制。通过盘活财政存量资金，加大重点领域投入力度，促进经济社会稳定持续健康发展。

二、工作措施

（一）清理一般公共预算结转结余资金

一般公共预算结转结余资金，是指一般公共预算尚未下达地方和部门、留在各级财政部门的结转结余资金（包括基本建设支出和非基本建设支出），不含上级转移支付结转结余资金，不含权责发生制核算资金。

1. 一般公共预算资金结转两年以上的，应当作为结余资金管理，收回本级财政预算统筹使用，用于补充预算稳定调节基金，统筹用于以后年度预算编制（如2012年预算资金，至2014年底仍未用完的，在办理2014年结转时作为结余资金管理，以后年度预算资金以此类推，下同）。

2. 一般公共预算资金结转未满两年的，可按原用途继续结转使用；未满两年但调整用途的结转资金，其结转时间应按初次安排预算的时间计算，不得重新计算。

3. 一般公共预算资金结转未超过两年，但两年未动用的；项目已完成或终止形成的剩余资金；结转资金中不需要继续安排使用的资金，应由同级财政收回统筹使用。

（二）清理政府性基金预算结转资金

政府性基金预算结转资金，是指政府性基金预算尚未下达到地方和部门、留在各级政府财政部门中的结转资金，不含上级专项转移支付结转资金。

各级政府性基金预算结转资金原则上按有关规定继续专款专用。政府性基金预算除参照一般公共预算结转结余办法管理外，对结转资金规模较大的，应调入一般公共预算统筹使用，调入的基金应补充预算稳定调节基金。每一项政府性基金结转资金规模一般不超过该项基金当年收入的30%（含转列一般公共预算的政府性基金项目）。

（三）加强转移支付结转结余资金管理

转移支付结转结余资金，既包括上级财政一般公共预算安排的转移支付，也包括政府性基金预算安排的转移支付。

1. 预算尚未分配到部门和地方并结转两年以上的资金，由下级财政交回上级财政统筹使用。

2. 预算已分配到部门并结转两年以上的结余资金，由同级财政收回统筹使用。收回的结转结余资金，作为权责发生制核算事项，应在两年内使用完毕（如作为2014年底权责发生制核算事项，应在2015年和2016年两个年度内使用完毕，其他年度以此类推，下同）。

3. 未满两年的结转资金，同级财政按原定用途安排使用；确需调整的，可在不改变资金类级科目用途的基础上，调整用于同一类级科目下的其他项目。

4. 专项转移支付结转结余资金交回、收回或用途调整有关情况应及时汇报报送上级财政部门和业务主管部门备案。

（四）加强部门结转结余资金管理

部门预算结转结余资金，既包括一般公共预算安排的部门预算结转结余资金，也包括政府性基金安排的部门预算结转结余资金。

1. 部门预算结余资金以及结转两年以上的资金（包括基建资金和非基建资金），由同级财政部门收回统筹使用。收回统筹使用的资金作为权责发生制事项单独核算，应在两年内使用完毕。收回的资金需要继续实施的，应作为新的预算项目管理，按照部门预算管理程序重新申请和安排。

2. 部门预算结转未超过两年，但两年未动用的；项目已完成或终止形成的剩余资金；结转资金中不需要继续安排使用的部分资金，可按规定调剂用于本部门、本单位其他项目，或由同级财政收回统筹使用。

3. 部门预算人员经费、公用经费必须在预算安排当年使用完毕，原则上不办理结转，结余由同级财政收回统筹使用（除当年12月安排的资金允许结转外）。

财政收回部门预算结转结余资金、转移支付结转结余资金时，借记“国库存款”科目，贷记“暂存款”科目。安排使用时，按原预算科目支出的，借记“暂存款”科目；调整支出科目的，应按原结转预算科目做好冲销处理，借记“暂存款”，贷记“一般预算支出”等科目，同时按实际支出预算科目作列支账务处理，借记“一般预算支出”等科目，贷记“国库存款”等科目。

（五）规范权责发生制核算

各级政府要严格权责发生制核算范围，控制核算规模。从2014年起，各级政府除国库集中支付年终结余外，一律不得按权责发生制列支，严禁违规采取权责发生制支出方式虚列支出。除国库集中支付年终结余资金外，凡在总预算会计中采取借记“一般预算支出”、贷记“暂存款”科目方式核算的，一律按照虚列支出问题处理。对实行权责发生制核算的特定事项，应当向本级人大常委会报告。各地政府应对2013年及以前年度按权责发生制核算的事项进行清理，统筹用于经济社会发展亟须资金支持的领域，并在2016年底前使用完毕。对因清理国库集中支付年终结余新产生的权责发生制核算事项，要在2年内使用完毕。

（六）严格规范财政专户管理

全面清理存量财政专户，除经财政部审核并报国务院批准保留的财政专户外，其余财政专户在2016年底之前逐步撤销。2014年已经发文要求各地清理撤销的财政专户，必须严格按照规定清理归并或撤户。严格执行财政专户开立核准程序，各级一律不得新设专项支出财政专户；开立其他财政专户的，必须按照国务院规定报经财政部批准。严格财政专户资金管理，除法律法规和国务院另有规定外，禁止将财政专户资金借出周转使用或转出专户进行保值增值，已经借出或转出专户的资金要限期收回；专户资金必须按照规定用途使用，清理撤销的财政专户中的资金，要按规定并入其他财政专户分账核算或及时缴入国库。严禁违规将财政资金从国库转入财政专户并虚列支出，或将财政资金支付到预算单位实有资金银行账户。

（七）加强收入缴库管理

各级政府所有非税收入执收单位要严格执行非税收入国库集中收缴有关规定，取消收入过渡性账户，确保非税收入及时足额上缴财政。积极推进非税收入电子缴库，实现非税收入直接缴入国库；暂未实现非税收入直接缴库的，应当将缴入财政专户的非税收入资金在10个工作日内足额缴入国库，不得以任何理由拖延或不缴。坚决杜绝延迟缴库等调节财政收入的行为，严禁采取各种方式虚列收入或应计未计收入挂往来。

（八）加强预算周转金、预算稳定调节基金和偿债准备金管理

各级政府可以设置预算周转金，用于本级政府调剂预算年度内季节性收支差额，但要严格控制预算周转金额度，不得超过预算法实施条例规定的比例。各级政府可以根据实际需要将闲置不用的预算周转金调入预算稳定调节基金。合理控制预算稳定调节基金规模，预算稳定调节基金编制年度预算调入后的规模一般不超过当年本级一般公共预算支出总额的5%。超过5%的，各级政府应加大冲减赤字或化解政府债务支出力度。加强偿债准备金管理，从2015年1月1日起，各级政府不得新设各种形式的偿债准备金，确需偿债的，一律编制三年滚动预算并分年度纳入预算安排。对已经设立的各类偿债准备金，要纳入预算管理，优先用于偿还到期政府存量债务。

（九）切实盘活使用财政资金

各级政府对于盘活收回的结转结余资金以及超过规定比例的预算稳定调节基金和预算周转金，要尽快安排使用，要以稳增长、促改革、调结构、惠民生为目标，结合实际情况，统筹用于冲减赤字、化解政府债务支出或用于棚户区改造、农村危房改造、城市基础设施、铁路公路建设、重大水利工程等重点领域，提高财政资金使用效益，促进经济发展和社会和谐稳定。

（十）完善预算编制

各级政府要进一步加强预算编制，细化预算编制，部门预算细化编制到具体执行单位和项目，转移支付细分到具体地区和项目，提高年初预算到位率。从2015年起实行中期财政规划管理，提高预算的可预见性和可执行性，对目标比较明确的项目，各部门必须编制三年滚动预算，特别是要在教育、水利、交通、科技、卫生、社保就业、环保等重点领域开展三年滚动预算试点。全面推行财政预算项目库管理，明确规划期内将要开展的项目，提前一年或更早筛选项目纳入财政项目库，细化预算项目并列入年度预算草案，提高预算编制精准度。对于编入预算的项目，有关部门要抓紧做好可行性研究、评审、招投标、政府采购等准备工作，确保预算一旦批复就能实际使用。进一步加大政府性基金预算、国有资本经营预算与一般公共预算的统筹力度，逐步建立定位清晰、分工明确的政府预算体系。

（十一）提高预算执行的时效性和均衡性

及时批复预算，加快转移支付预算下达进度，一般性转移支付在人大批准预算后30日内下达，专项转移支付在60日内下达。加快资金审核，及时下达用款额度并办理资金支付。硬化预算约束，各级政府要严格执行人大审议通过的预算，未列入预算的不得支出。加强资金运行监控，对应按原用途使用的资金，尽快拨付投入使用；对因特殊原因无法使用的资金以及预计年底可能形成较多结转或结余资金的，要及时调整用于其他急需或有条件实施的项目，提高财政资金使用效益。

（十二）建立健全财政存量资金管理相关制度办法

1. 完善各项存量资金管理办法。各级政府及有关部门要加强制度规范建设，完善各项财政存量资金管理办法，制定盘活存量资金工作方案，采取有力措施，推动盘活财政存量资金工作扎实深入开展，建立健全长效工作机制。

2. 建立预算编制与盘活财政存量

资金相衔接的机制。根据预算执行和盘活财政存量资金情况，建立各地区、各部门预算安排与盘活财政存量资金工作相衔接的机制，对支出进度慢、盘活财政存量资金不力的地区减少下一年度转移支付资金安排；对控制结余结转规模不力的部门相应减少下一年度预算资金安排。

3. 建立财政存量资金定期报告制度。各级政府及其财政部门要跟踪监控本级财政存量资金情况，按照财预〔2015〕15号文的要求和格式统计汇总财政存量资金，将每季度本级财政存量情况与上一季度财政存量资金情况、本季度财政库款余额等进行比较，分析增减变化及差异原因，撰写分析报告随同财政存量资金表格，经同级人民政府批准后，于每季度结束后15日内报送上级财政部门。各级政府有关部门应根据本部门结转结余资金情况，分季度填报执行情况统计表，于每季度结束后10日内报送同级财政部门。

4. 建立盘活财政存量资金督查和问责机制。各级政府应加强盘活财政存量资金工作督促检查，对于支出进度慢、盘活财政资金不力的地区和部门进行通报或约谈。根据预算法和《财政违规行为处罚处分条例》，对于截留、占用、挪用或者拖欠应当上缴国库的预算收入，未将所有政府收入和支出列入预算或者虚列收入和支出，违法违规开设财政专户等行为，对负有直接责任的主管人员和其他直接责任人员依法给予处分，构成犯罪的依法追究刑事责任。各级审计机关要加强对财政部门和预算单位财政存量资金审计，重点关注该用未用、使用绩效低下等问题，促进存量资金尽快落实到项目和发挥效益。监察机关要对违法违纪行为追究责任，确保政策落实到位。

三、保障措施

（一）高度重视，提高认识

盘活财政存量资金是深化预算管理改革，充分发挥财政职能作用的一项重要措施，对我省稳增长、促改革、调结构、惠民生具有重要意义。各地、各有关部门要认真按照国务院的部署和要求，充分认识进一步做好盘活财政存量资金工作的必要性和急迫性，把这项工作摆在突出位置，切实抓紧抓好。

（二）履行职责，协调配合

各地、各有关部门要进一步增强责任意识，认真履行职责，加强协调配合，形成工作合力，高标准、严要求抓好盘活财政存量资金工作。省财政厅要加强对盘活财政存量资金工作的统筹指导，强化督促检查，及时研究解决相关工作中遇到的问题。各级财政部门要负起牵头组织和协调责任，加强指导督促；各相关部门要按照“谁使用、谁负责”的原则对本部门资金承担监管和清理的主体责任。

（三）规范管理，提高效益

要正确处理规范财政资金管理和盘活财政存量资金的关系，严格执行预算法等法律法规规定，规范盘活财政存量资金的工作及规程，对应收回的结余资金严格依法依规收回预算统筹，对于符合结转规定的资金予以安排结转使用；收回资金的项目需要继续实施的，应作新的预算项目管理，按照预算程序重新申请和安排。确保盘活财政存量资金工作依法依规、严格规范、安全高效，切实提高盘活财政存量资金的效益。

关于在公共服务领域推广政府和社会资本合作模式的实施意见

（省财政厅　省发展改革委　人民银行广州分行2015年7月15日发布，粤府办〔2015〕44号）

为改革创新公共服务供给机制，提升公共服务的供给质量和效率，在改善民生中培育经济增长新动力，根据《国务院办公厅转发财政部发展改革委人民银行关于在公共服务领域推广政府和社会资本合作模式的指导意见》（国办发〔2015〕42号）要求，结合我省实际，现就在公共服务领域推广政府和社会资本合作（Public-Private Partnership，PPP）模式提出以下实施意见：

一、总体要求

认真贯彻落实党中央、国务院和省委、省政府决策部署，充分发挥市场在资源配置中的决定性作用，加快政府职能转变，创新财政投融资机制，推广运用政府与社会资本合作模式，引导和鼓励社会资本参与公共服务供给，改革创新公共服务供给机制和投入方式，为我省在新常态下稳增长、促改革、调结构、惠民生、防风险注入新动力，切实为广大人民群众提供优质高效的公共服务。

二、基本原则

（一）政府引导，市场运作

政府向社会资本开放部分基础设施及公共服务项目，通过市场化运作，将政府的政策目标、社会目标与社会资本的运营效率、技术进步有机结合，提高公共服务的效率和质量。

（二）量力而行，注重实效

依据财政中长期规划，有序推进项目实施，控制政府支出责任，防止加剧财政收支矛盾。从项目全生命周期分析比较，确保采用PPP模式后有效提高公共服务效率和质量，降低项目成本。

（三）风险分担，合作共赢

厘清政府与市场边界，商业风险原则上由社会资本承担，政策、法律和最低需求等风险由政府承担，不可抗力风险由政府和社会资本合理分担。通过推广PPP模式，较好地平滑年度间财政支出波动，社会资本获得稳定合理的长期投资回报，人民群众享受到更好的公共服务。

（四）诚信守法，公开透明

政府和社会资本依法开展合作，保护各方合法权益，坚持平等协商、互惠互利、诚实守信、严格履约。依法充分披露项目信息，保障公众知情权，接受社会监督。

三、广泛运用PPP模式提供公共服务

各地要根据PPP模式特点，结合本地区公共服务需要，兼顾资源有效配置及项目合理布局，加强政策引导，积极推广运用PPP模式，增强公共产品供给能力。重点关注以下领域：

（一）交通基础设施建设

包括铁路、公路、城市轨道交通、隧道、机场及配套服务设施、航电枢纽、港口、内河航运设施等。

（二）水利工程

包括引调水工程、水利枢纽、水源工程、堤防整治等。

（三）市政公用设施

包括供水、供热、燃气、污水垃圾处理、建筑垃圾资源化利用和处理、城市地下综合管廊、园林绿化、公园配套服务、公共交通、道路桥梁、照明、停车设施等。

（四）农业设施

包括农田水利、水土保持、粮食仓储、市场交易设施等。

（五）社会事业

包括教育、医疗、养老、体育健身、旅游、文化、创业服务设施等。

（六）生态环境保护

包括环境监测、生态保护、资源循环利用、污染治理等。

（七）保障性安居工程

包括棚户区改造、公共租赁住房等。

（八）其他

包括能源、林业、科技等其他政府有责任提供并适宜市场化运作的基础设施和公共服务项目。

对于在能源、交通运输、水利、环境保护、市政工程等特定领域需要实施特许经营的，按照《基础设施和公用事业特许经营管理办法》执行。

四、合理确定项目运作方式

PPP项目具体运作方式主要由收费定价机制、项目投资收益水平、风险分配基本框架、融资需求、改扩建需求和期满处置等因素决定。主要包括以下类型：BOT（建设—运营—移交）、BOO（建设—拥有—运营）、TOT（转让—运营—移交）、ROT（改建—运营—移交）、LOT（租赁—运营—移交）、BBO（购买—建设—运营）、O&M（委托运营）、MC（管理合同）等。各地应优先选择能够实现全生命周期绩效管理的运作方式，如BOT、LOT、TOT、ROT、BBO等。PPP项目具体运作方式不包括BT（建设—移交）类型。

五、规范项目管理

（一）做好项目储备

各地从适宜采用PPP模式的领域中，优先选择投资规模较大、有稳定现金流、收费定价机制灵活透明、市场化程度较高、需求长期稳定的项目，按已建项目、在建项目、新建项目等分类建立本地区项目储备库。各地级以上市、各县（市、区）财政部门将本地区项目储备信息报本级人民政府确定后，逐级上报省财政厅，由省财政厅汇总并建立全省项目储备库。项目库信息按工作需要由省发展改革委等相关部门共享。

（二）评估筛选项目

各地从本地区经济社会发展规划和公共服务需求实际出发，对储备项目进行初步筛选。各级财政部门根据筛选结果逐项开展物有所值评估和财政承受能力论证。列入财政部地方政府性债务风险预警名单的高风险地区，应在确保偿还到期债务的前提下，进行新建PPP项目的财政承受能力论证。各级财政部门根据评估和论证情况，制定年度和中期项目实施计划，报同级人民政府审定实施。

物有所值评估，是指与传统政府采购模式进行比较分析，确保项目全生命周期，采用PPP模式后能够提高服务质量和运营效率，或者降低项目成本。

财政承受能力论证，是指要合理控制PPP项目财政支出责任负担水平，确保本级实施的PPP项目每年需从预算中安排的支出责任（包括股权投资、运营补贴、风险承担、配套投入等）不超过本级一般公共预算支出的10%。

（三）选择合作对象

各地要严格按照预算法、合同法、政府采购法及其实施条例等法律法规，通过公开招标、邀请招标、竞争性谈判、单一来源采购、竞争性磋商等方式，选择社会资本投资人。可结合行业项目特点，依法适当简化政府采购环节，提高合作对象选择效率和质量。要依托政府采购信息平台，及时发布采购公告和结果等信息。根据项目实际情况和要求，综合考虑专业资质、技术能力、管理经验、财务实力和信用状况等因素，择优确定诚实守信、安全可靠的社会资本投资人。推动融资平台公司与政府脱钩，对已经建立现代企业制度、实现市场化运营的融资平台公司，在其承担的地方政府债务已纳入政府财政预算、得到妥善处置并明确公告今后不再承担地方政府举债融资职能的前提下，可作为社会资本参与当地政府和社会资本合作项目。严禁融资平台公司通过保底承诺等方式参与政府和社会资本合作项目，进行变相融资。

（四）完善合同管理

政府与社会资本应按照权责对等原则分配项目风险，按照激励相容原则科学设计合同条款。政府指定的项目实施机构应与社会资本投资人依法签订项目合同，明确项目实施范围及期限、责任风险分担、项目的功能和绩效要求、产品和服务标准、价格和收费标准（属于政府定价、政府指导价管理范围的应当执行依法制定的政府指导价、政府定价）、补贴及调整机制、接管预案（对公共安全或国防安全等形成威胁时，政府应强制接管）、到期处置、违约责任和争议解决程序等核心内容。政府指定相关机构依法参股项目公司的，应与社会资本投资人签订股东合同，明确出资比例和方式、收益分配办法、风险责任分担、退出安排以及公司章程重要条款等事项。项目合同、股东合同等应报同级

财政部门备案。正式合同约定的财政支出责任不得超出项目财政承受能力论证确定的范围。合同签订后凡涉及政府出资或补贴、收费标准等政府方权利义务的实质性变更，须经同级财政部门会同相关部门审核，并报同级人民政府同意。

合同双方应诚实守信，严格履行合同约定的义务，保障公共服务持续有效。政府应保障合同的稳定性，不得因行政区划调整、政府换届、机构改革和负责人调动等因素影响合同履行。政府因法律、行政法规修改、政策调整或者根据公共利益需要，要求提供合同约定以外的产品或服务的，或降低合同约定的价格和收费标准的，应当给予社会资本投资人相应补偿。社会资本投资人应按合同标准提供产品或服务，不得单方中止建设运营活动，不得单方提高价格和收费标准。

（五）妥善解决争议

政府和社会资本投资人应全面考虑项目全生命周期内可能引发争议的情况，在合同中约定争议解决条款。发生争议或纠纷时，双方应考虑长期合作大局，依法选择对抗性较低、规范性较强、有利于维护各方关系的解决方式。常见的争议解决方式包括：友好协商、专家裁决、仲裁、诉讼等。为维护公共安全和公共利益，除法律规定或另行约定外，争议期间双方应保障项目的持续稳定运营。

六、建立投资回报机制

各地政府应综合考虑建设运营成本、项目风险、财政支出等因素，通过特许经营权、合理定价、财政补贴等事先公开的收益约定规则，使社会资本获得长期稳定的合理收益。对项目收入不能覆盖成本和合理收益的，可通过政府付费等方式给予适当补贴，并从补贴建设向补贴运营逐步转变。各地政府应以项目运营绩效评价结果为依据，综合考虑产品或服务价格、建造成本、运营费用、实际收益率、财政中长期承受能力等因素，建立动态补贴机制。健全公共服务价格调整机制，完善政府价格决策听证制度，广泛听取社会资本、公众和有关部门意见，确保定价调价的科学性。除最低需求风险外，政府补贴不得承诺社会资本回报水平。各级财政部门要将财政补贴等支出分类纳入同级政府预算，在中长期财政规划中予以统筹考虑，建立跨年度预算平衡机制。项目实施过程中政府依法获得的国有资本收益、约定的超额收益分成等公共收入应上缴国库。

七、防范债务风险

各地运用PPP模式时要综合考虑政府风险转移意向、支付方式和市场风险管理能力等要素，量力而行，减少政府不必要的负担。建立完善公共服务成本财政管理和会计制度，将项目涉及的运营补贴、经营收费权和其他支付对价等，按照国家统一的会计制度进行核算，纳入年度预算、中期财政规划，在政府财务报告中进行反映和管理，并向本级人大或其常委会报告。要选择适宜PPP模式的融资平台公司存量项目进行改造，化解地方政府债务风险，改造项目应依法进行资产评估，防止公共资产流失和贱卖。要依法严格控制政府各类或有债务，严防债务风险转移，切实防范和控制财政风险。政府对社会资本投资人或项目公司按约定规则依法承担特许经营权、合理定价、财政补贴等相关责任，不承担社会资本投资人或项目公司的偿债责任。除法律另有规定外，各地政府及其所属部门不得以任何方式提供担保。各地级以上市和财政省直管县财政部门应定期向省财政厅报送本区域内PPP项目目录、财政支出责任情况、财政承受能力评估指标等，省财政厅汇总统计全省PPP项目财政支出责任，对预算编制和执行实施监督。

八、加强项目监督

项目公司要严格按合同约定组织工程建设和运营，确保工程质量，提供安全、优质、高效、便利的公共产品。各地要建立健全由政府、服务使用者共同参与的综合评价体系。项目实施机构应组织开展项目年度评估，重点分析项目运行状况和项目合同的合规性、适应性和合理性，及时评估存在的问题和风险，制订相应措施，并报财政部门备案。年度评估结果要依法对外公开，接受社会监督，并作为价格和收费标准、财政补贴等调整的参考依据。行业主管部门要加强对项目建设质量、运营标准和安全的监督，保障公共产品的质量、效率和延续性。

九、健全退出机制

政府和社会资本合作期满后，要按照合同约定的移交形式、移交内容和移交标准，及时组织开展项目验收、资产评估、资产交割、登记入账等工作，并按照国家统一的会计制度进行核算，在政府财务报告中进行反映和管理。如遇不可抗力或违约事件导致合作提前终止时，应及时做好接管，保障公共利益不受侵害。项目移交完成后，财政部门应组织对项目产出、成本效益、监管成效、可持续性、PPP模式应用等进行绩效评价，并按相关规定公开评价结果。评价结果作为政府开展PPP模式管理工作决策参考依据。

十、落实保障措施

（一）积极组织推广实施

各地要充分认识在公共服务领域推广运用PPP模式的重要意义，勇于担当，积极作为，科学合理运用PPP模式，盘活社会资本，创新投融资机制，加快基础设施建设，提高公共服务水平，促进本地区经济社会可持续发展。

（二）建立协同管理机制

省各有关部门要按照职能分工负责相关领域具体工作，加强对各地推广PPP模式的指导和监督。省财政部门要牵头负责政策沟通协调和信息交流，完善协同管理机制，统筹做好省级PPP项目全生命周期管理工作，加强对市县PPP项目财政支出责任监控。各行业主管部门，要结合本行业特点，积极运用PPP模式提供公共服务，探索完善相关监管制度体系。税务、审计、质监、价格、监察等部门依法履行监管职责。如有必要，可引入社会专业机构参与项目前期准备、评估、组织和管理等咨询及辅助工作。市、县政府统筹负责本级政府PPP项目的决策管理和推进实施。

（三）简化项目审核流程

要减少项目审批环节，建立项目实施方案联评联审机制。项目合同签署后，可并行办理必要的审批手续。有关部门不得在现有的行政审批事项以外增设其他审批环节，对实施方案中已明确的内容不再作实质性审查，要制定简化 PPP 项目审批手续的办理流程。

（四）完善财政扶持措施

各地政府可根据自身财力状况设立 PPP 融资支持基金、对 PPP 项目前期费用给予适当补贴，对项目融资适当给予贴息，依据绩效评价结果给予适当奖励。积极帮助符合条件的 PPP 项目纳入国家试点范围，争取相关资金和政策扶持。争取中央财政以奖代补资金，引导和鼓励地方融资平台存量项目转型为 PPP 项目。支持项目公司利用外国政府、国际金融组织贷赠款。鼓励地方政府在承担有限损失的前提下，与具有投资管理经验的金融机构共同发起设立基金，并通过引入结构化设计，吸引更多社会资本参与。

（五）创新金融服务

鼓励金融机构针对 PPP 模式特点，创新金融产品和服务，优化信贷评审方式，积极为符合条件的 PPP 项目给予中长期信贷等融资支持，可提前介入项目前期准备工作，参与项目的策划、融资、建设和运营。灵活运用公司债券、企业债券、中期票据、定向票据、项目收益债券、项目收益票据、资产支持票据等方式进行项目融资。鼓励社保资金、保险资金按照市场化原则，创新运用债权投资计划、股权投资计划、项目资产支持计划等多种方式参与 PPP 项目。鼓励证券、保险等金融机构以及融资担保机构积极开发适合 PPP 项目的金融产品。依托各类产权、股权交易场所，为社会资本提供多元化、规范化、市场化的退出渠道。金融监管部门应加强监督管理，引导金融机构正确识别、评估和控制风险，按照风险可控、商业可持续原则支持 PPP 项目融资。

（六）保障项目用地

实行多样化土地供应，保障 PPP 项目建设用地。对符合划拨用地目录的项目，可按划拨方式供地，划拨土地不得改变土地用途。建成的项目经依法批准可以抵押，土地使用权性质不变，待合同经营期满后，连同公共设施一并移交政府；实现抵押权后改变项目性质应该以有偿方式取得土地使用权的，应依法办理土地有偿使用手续。不符合划拨用地目录的项目，以租赁方式取得土地使用权的，租金收入参照土地出让收入纳入政府性基金预算管理。以作价出资或者入股方式取得土地使用权的，应当以市、县人民政府作为出资人，制定作价出资或者入股方案，经市、县人民政府批准后实施。

（七）优化发展环境

各地政府要加大宣传力度，可采取集中组织 PPP 项目推介会等方式，引导社会资本积极响应，提高项目合作成功率。建设 PPP 专家库和项目库，通过统一信息发布平台，及时向社会公开项目评审、建设、运营、成本、价格、公共服务质量等信息。鼓励社会中介机构积极参与项目建设，提供法律、财务、咨询等专业服务。开展业务人员培训，加快形成政府、高校、企业、专业咨询机构联合培养人才的机制，建设一支高素质的专业人才队伍。

广东省财政厅省级支出情况考核办法（试行）

（广东省财政厅 2015 年 4 月 22 日发布，粤财办〔2015〕8 号）

为加强省级支出预算执行管理，根据新修订的《预算法》、《预算法实施条例》和《广东省财政厅工作规则》等规定，制定本办法。

第一部分　总　　则

第一条　考核目标。进一步加快财政支出预算执行进度，增强预算执行的均衡性和时效性，充分发挥财政职能作用，盘活存量财政资金，提高财政资金使用效益。

第二条　考核对象。考核对象为厅内支出管理类处室。包括：预算处（地方财政处）、综合处、行政政法处、教科文处、工贸发展处、农业处、经济建设处、社会保障处、外经金融处、农业综合开发办、国际债务办（省世行办）。（以下简称业务处）

第三条　考核范围。本办法考核范围为一般公共财政预算，政府性基金预算、国有资本经营预算和社会保险基金预算暂不列入考核范围。

第四条　考核因素和权重。预算执行进度考核因素主要包括落实新修订的《预算法》时间要求情况和省级支出序时进度情况，得分各 50 分。

第五条　计算方法。处室年度考核得分 = A 因素得分 + B 因素得分

其中：A 因素指落实新修订的《预算法》时间要求情况得分，得分范围为 0 - 50 分；B 因素指序时进度得分，得分范围为 0 - 50 分。

考核通过预算执行系统取数，具体统计时预留 1 天作为预算额度补录时间。

第二部分　落实新修订的《预算法》时间要求情况（A 因素）计算方法

第六条　A 因素考核指标。主要考核各处室落实新修订的《预算法》“三十日下达中央资金①”、“一般性转移支付和专项转移支付分别三十日和

① 新修订的《预算法》第 52 条规定“省、自治区、直辖市政府接到中央一般性转移支付和专项转移支付后，应当在三十日内正式下达到本行政区域县级以上各级政府”。

六十日内正式下达①”有关要求的情况，总分50分。其中，中央追加资金下达进度得分总分10分，一般性转移支付和专项转移支付（专项资金，下同）下达进度得分合计40分。

A因素＝中央追加资金下达进度得分＋一般性转移支付得分＋专项转移支付下达进度得分

（一）中央追加资金下达进度得分。

以月为单位，逐月计算当月中央下达资金次月是否全部分配下达。次月全部下达得1分，否则不得分。其中，每年1－3月中央追加资金下达情况合并计算得分（下同）；全年共计算10次，满分10分。如某月份无中央追加资金，则该月分数均分到其他月份，如全年无中央追加资金，该部分分值（10分）按比例叠加到序时进度考核因素分值中。

处室每月中央资金下达情况得分：an＝第n月收到的中央追加资金预算在第（n＋1）月下达完成率（以厅内收文时间为统计数，3≤n≤12，例如，4月收到的中央资金应在5月底前下达完毕）；100%完成，当月得1分；未100%完成，当月得0分。

$$处室全年得分:a = \frac{\sum an}{有中央追加资金的月份数} \times 10分$$

（二）一般性转移支付下达进度得分。

处室一般性转移支付下达进度得分：b＝预算通过30天内下达资金完成率×（一般性转移支付占比×40分）

其中：一般性转移支付占比指处室一般性转移支付占转移支付比重（以年初预算编列科目计算）

（三）专项转移支付下达进度得分。

处室专项转移支付下达进度得分：

c＝预算通过60天内下达资金完成率×（专项转移支付占比×40分）

其中：专项转移支付占比指处室专项转移支付占转移支付比重。

（四）考核范围核定。中央追加资金按当年度中央追加我省资金进行核定；一般性转移支付、专项转移支付考核按年初预算（含中央提前下达资金）核定。

如均无一般性转移支付资金和专项转移支付资金，则相应分值合并计算到序时进度考核因素分值中。

第三部分　省级支出序时进度（B因素）计算方法

第七条　B因素考核指标

主要指年度执行均衡性情况，主要根据每月通报中省级财政预算支出进度情况计算得分，总分50分，预算下达进度考核和省本级拨付进度权重占比为40%：60%。其中，预算下达进度考核分为省本级下达和补助市县下达，各占50%。

（一）考核内容。

1. 预算下达进度。省本级下达和补助市县预算下达，各占50%，各10分，总分20分。

2. 省本级拨付进度。按照权重占比，总分为30分。

上述权重得分，如无省本级支出（对市县支出），则只计算一项得分（不按权重划分）。

（二）考核因素和权重：以1－4月、1－6月、1－9月、1－11月、1－12月五个时间节点为支出进度考核的阶段时点，得分比重为各20%。

（三）考核得分。以支出序时进度为基准计算得分。每个节点的得分不得超过本节点的最高得分，即每个节点的上限分分别为10分。

（四）得分公式。

dn＝（省本级预算下达进度×50%＋对市县预算下达进度×50%）×40%＋（省本级拨款进度×60%）

其中，省本级预算下达序时进度＝处室已下达省直单位指标数/处室省本级支出任务数

省本级拨款序时进度＝（处室省本级资金拨付数/处室省本级支出任务数）/时间进度

对下转移支付序时进度＝处室已下达市县指标数/处室对市县支出任务数

B因素得分：

$$B = \frac{d1 + d2 + d3 + d4 + d5}{5} \times 50分$$

（d1：1－4月进度；d2：1－6月支出进度；d3：1－9月支出进度；d4：1－11月支出进度；d5：1－12月支出进度）

（五）支出任务数核定。包括省级财政年初预算（含中央提前下达资金）、上年结转、中央年中追加资金（以当月预算执行系统已明确到各处室的处室指标额度为准）、其他年中追加部分。

第四部分　考核结果运用及职责分工

第八条　考核结果运用。每年年终由预算处向人教处提供处室支出进度考核情况，并由人教处将省级支出进度纳入广东省财政厅综合考核范围。

第九条　支出考核工作由各处室协同负责。其中，年度支出各处室支出目标数额的核定、每月支出情况通报、年度支出考核工作由预算处负责；在数据统计方面，省本级和对下转移支付的预算额度安排数据由预算处负责统计，省本级和对下转移支付的资金拨付数据由国库处负责统计，并将数据提供预算处汇总，信息中心协助相关处室提取相关数据；考核结果纳入广东省财政厅综合考核范围由人教处负责。

第五部分　附　　则

第十条　本规程由预算处负责解释。

第十一条　本考核办法主要用于督促各业务处及时下达预算，并对各业务处完成总体情况予以考核。对于具体每笔资金的分配下达，应严格按照新修订的《预算法》及有关文件要求办理。

第十二条　本规程自印发之日起实施，以往规定与本规程不符的，按本规程执行。

---

①　新修订的《预算法》第52条规定，县级以上地方各级预算安排对下级政府的一般性转移支付和专项转移支付，应当分别在本级人民代表大会批准预算后的三十日和六十日内正式下达。

关于加强个人重大事项报告监督工作的意见

（广东省财政厅 2015 年 1 月 6 日发布，粤财人〔2015〕1 号）

2014 年 10 月，我厅印发了《广东省财政厅重大事项报告制度》，为确保该制度严格执行，现提出如下意见，请一并认真贯彻执行。

一、充分认识重大事项报告制度的重要意义，切实提高贯彻落实该项制度的自觉性

建立工作人员个人重大事项报告制度，是我厅新时期坚持党要管党、从严治党重要方针的必然要求，是我厅加强干部管理和选拔任用干部的重要基础，是我厅建设廉洁机关、促进干部廉洁从政的有效举措。我厅工作人员个人重要事项报告表每年填报一次，发生婚育变化、家庭成员信息变动、配偶子女出国（境）学习工作和生活等重要情况的，应在发生的一个月内向人教处报告。全厅工作人员要从讲政治的高度，充分认识个人重大事项报告制度的重要意义，及时认真报告，自觉接受组织监督。

二、加强重大事项报告制度监督检查力度，及时发现纠正存在问题

一是建立任前核查制度。厅党组每次确定干部选拔任用考察对象后，人教处会同党办、监察室组成考察组，对考察对象个人重大事项报告情况进行核查，核查结果作为确定任用人选的重要参考依据。二是建立定期家访制度。各处室（单位）要对工作人员进行定期家访，实地了解其住所、家庭成员等情况，全面掌握、及时发现工作人员的婚育情况、经济状况和其他个人重大事项有关信息及异常情况。三是建立定期约谈家属制度。各处室（单位）主要负责人每个季度要约见男工作人员配偶，了解掌握处室（单位）男工作人员计划生育政策落实情况，如发现异常情况，需第一时间向人教处报告。

三、进一步完善报告内容，全面准确掌握工作人员个人重要事项

结合前期个人重大事项报告制度的执行情况和干部监督管理的新要求，我厅个人重大事项报告表增加完善以下填报内容：一是增加家庭成员的政治面貌和联系电话；二是增加家庭成员伤病情况报告，即配偶、子女出现需要住院治疗或离职休息的严重病情伤情时，干部本人要及时报告；三是增加投资信息，即本人、配偶投资或者以其他方式持有有价证券、股票、期货、基金、投资型保险以及其他金融理财产品的情况要全部上报；四是扩大不动产信息填报范围，即除了要上报房产信息外，还要上报本人、配偶及子女名下的商铺、车位、土地等所有不动产信息。

四、建立健全重大事项报告制度岗位责任制，进一步强化制度落实责任追究

我厅全体工作人员是个人重大事项报告的责任主体；各处室（单位）主要负责人是本处室（单位）个人重大事项报告的监督主体，对本处室（单位）工作人员重大事项情况承担教育预防、日常监控、主动掌握、积极调查和及时汇报的职责，负责审签本处室（单位）工作人员个人重大事项报告表。全厅工作人员应严格按照规定要求，保证报告内容真实、全面、准确。凡隐瞒不报或不如实填报的，一律不得评优评先、提拔任用；对无正当理由未及时报告、拖延不报、隐瞒不报、不如实填报的，根据情节轻重，给予批评教育、限期改正、责令作出检查、诫勉谈话、通报批评或调离岗位、免职等处理。

广东省财政厅行政复议和行政应诉工作管理办法

（广东省财政厅 2015 年 12 月 8 日发布，粤财法函〔2015〕195 号）

第一章　总　　则

第一条　为规范我厅行政复议和行政应诉工作，根据《中华人民共和国行政复议法》、《中华人民共和国行政诉讼法》和《中华人民共和国行政复议法实施条例》等法律法规，制定本办法。

第二条　我厅办理行政复议和行政应诉案件适用本办法。

第三条　法规税政处作为我厅负责法制工作的机构具体承办行政复议和行政应诉案件，依法履行下列职责：

（一）受理行政复议申请；

（二）向有关单位、组织和人员调查取证、查阅文件和资料；

（三）审查具体行政行为的合法合规性并拟订行政复议决定；

（四）办理因当事人不服我厅具体行政行为提起的行政复议案件；

（五）办理因当事人不服我厅具体行政行为或行政复议决定提起的行政应诉案件；

（六）法律法规规定的其他职责。

第四条　厅办公室应按规定对行政复议和行政应诉案件材料进行登记，及时呈厅领导阅示和送法规税政处牵头办理。

厅各有关处室（单位）应当协助法规税政处办理涉及主管业务范围内的行政复议和行政应诉案件，配合开展走访询问、调查取证和向案件审查机关的解释说明等工作。

厅各有关处室（单位）在办理政府信息公开、信访和行政执法等涉及行政相对人可以行使复议诉讼等救济权利的事项时，应会签法规税政处。

申请人在向省政府或财政部申请行政复议时一并申请对我厅制定的规定进行审查的，有关处室（单位）应当向法规税政处提出书面答复意见并附带制定该规定的有关依据材料。

第二章　行政复议

第五条　申请人口头申请行政复议的，法规税政处应当场记录申请人的基本情况、行政复议请求、申请行政复议的主要事实、理由和时间，并请申请人签字确认后转送厅办公室作收文登记处理。

厅各有关处室（单位）或者个人直接收到行政复议申请的，按照首问负责制要求应当于签收申请材料的首个工作日内转送厅办公室作收文登记处理。

第六条　法规税政处收到行政复议申请后，应当在5个工作日内进行审查，对不符合法律法规规定的行政复议申请，按规定程序报请厅领导同意后依法向申请人送达《行政复议不予受理决定书》；对符合法律法规规定但不属于我厅受理的行政复议申请，应当告知申请人向有关行政复议机关提出并依法向申请人送达《行政复议告知书》。

除前款规定外，行政复议申请自法规税政处收到之日起即为受理。

第七条　行政复议原则上采取书面审查的办法，但申请人提出要求或者法规税政处认为有必要时，可以向有关单位、组织和人员调查情况，听取申请人、被申请人和第三人的意见。

第八条　法规税政处应当自受理行政复议申请之日起7个工作日内，将行政复议申请书副本或者行政复议笔录复印件按照厅机关公文处理办法等有关规定发送被申请人，督促被申请人在法定期限内提出书面答复并提交当初作出具体行政行为的证据、依据和其他有关材料。

第九条　行政复议期间具体行政行为不停止执行，但具有《行政复议法》第二十一条第（二）、（三）项规定情形，行政复议期间需要停止执行具体行政行为的，由法规税政处按规定程序报请厅领导同意后依法向申请人和被申请人送达《停止执行具体行政行为通知书》。

第十条　行政复议决定作出前，申请人书面要求撤回行政复议申请的，由法规税政处审查并按规定程序报请经厅领导同意后依法向申请人和被申请人送达《行政复议终止决定书》。

第十一条　申请人提出对《行政复议法》第七条所列有关规定的审查申请，我厅有权处理的，由法规税政处会同有关处室（单位）在30日内依法处理；无权处理的，应当在7个工作日内依法转送有权处理的行政机关处理。处理期间，中止对具体行政行为的审查。

第十二条　法规税政处应当自受理申请之日起60日内作出行政复议决定，法律法规规定行政复议期限少于60日的除外。情况复杂，不能在规定期限内作出行政复议决定的，按规定程序经报厅领导同意后延长期限，依法向申请人和被申请人送达《行政复议延期审查通知书》，延长期限最长不超过30日。

第十三条　法规税政处对被申请人作出的具体行政行为进行审查后，按照下列规定提出拟办意见按规定程序报请厅领导同意后作出行政复议决定，依法向申请人和被申请人送达《行政复议决定书》。

（一）具体行政行为认定事实清楚、证据确凿、适用依据正确、程序合法和内容适当的，决定维持；

（二）被申请人不履行法定职责，决定其在一定期限内履行；

（三）具体行政行为有下列情形之一的，决定撤销、变更或者确认该具体行政行为违法；决定撤销或者确认该具体行政行为违法的，可以责令被申请人在一定期限内重新作出具体行政行为：

1. 主要事实不清、证据不足的；

2. 适用依据错误的；

3. 违反法定程序的；

4. 超越或者滥用职权的；

5. 具体行政行为明显不当的。

（四）被申请人不按照规定提出书面答复、提交当初作出具体行政行为的证据、依据和其他有关材料的，视为该具体行政行为没有证据、依据，决定撤销该具体行政行为。

第十四条　《行政复议决定书》应当载明下列事项：

（一）申请人的姓名、职业、住址、（法人或其他组织的名称、地址、法定代表人或者主要负责人的姓名、职务）；申请人的代理人的姓名、职业、住址；

（二）被申请人名称、地址、法定代表人的姓名、职务；第三人的姓名、职业、住址（法人或其他组织的名称、地址、法定代表人或者主要负责人的姓名、职务）；

（三）申请人申请复议的主要请求和理由；

（四）被申请人具体行政行为所认定的事实、法律依据及处理结论；

（五）行政复议机关所认定的事实和证据，适用的法律依据；

（六）行政复议结论；

（七）不服行政复议决定向人民法院提起行政诉讼的权利和期限；

（八）作出行政复议决定的日期。

第十五条　申请人依法向省政府或财政部申请对我厅具体行政行为的行政复议，由法规税政处会同有关处室（单位）依法答复。

作出具体行政行为的处室（单位）应当自收到法规税政处通知之日起2个工作日内向法规税政处报送书面情况说明并提交有关证据材料。

法规税政处应当自收到上级行政复议机关要求答复通知材料之日起10日内，按规定程序报请厅领导同意后提出书面答复并提交当初作出具体行政行为的证据、依据和其他有关材料。

第十六条　被申请行政复议案件审查过程中，作出具体行政行为的处室（单位）应加强与申请人的沟通协调与解释工作，但不得自行向申请人和其他有关组织或者个人收集证据。

第三章　行政应诉

第十七条　我厅依法建立行政机关负责人出庭应诉工作制度，行政机关负责人是指厅主要负责人及分管相关涉诉业务或者法制工作的负责人。

开庭审理的应诉案件，行政机关负责人应出庭应诉；不能出庭应诉的，经厅主要负责人同意可委托其他有关工作人员作为诉讼代理人出庭应诉。

诉讼代理人人选由法规税政处会同有关业务处室（单位）提出意见，按规定程序报请厅主要负责人同意后办理授权委托书，必要时可以委托律师共同参加应诉。

影响公民、法人和其他组织重大权益且社会关注度较高的案件，以及其他可能对我厅的行政管理或者行政执法行为产生重大影响的案件，行政机关负责人应出庭应诉，具体由法规税政处根据应诉实际提出建议，按规定程序报请厅主要负责人同意后确定。

第十八条 法规税政处应依法及时向人民法院提交答辩状及有关证据材料。

当事人因对我厅作出的具体行政行为不服提起行政诉讼的，作出具体行政行为的有关处室（单位）应在收到行政应诉通知之日起2个工作日内向法规税政处报送书面意见以及当初作出具体行政行为的证据、依据和其他有关材料。法规税政处审核后提出行政应诉答辩意见，按规定程序报请厅主要负责人同意后依法提交人民法院。

当事人因对我厅行政复议决定不服提起行政诉讼的，由法规税政处提出行政应诉答辩意见，按规定程序报请厅主要负责人同意后依法提交人民法院

第十九条 案件开庭前，出庭应诉的行政机关负责人应当组织法规税政处和案件主要涉及的有关处室（单位）及时做好案件分析等应诉准备工作。

庭审中，出庭应诉的行政机关负责人应当严格遵守法庭纪律，尊重相关当事人的诉讼权利，不得无正当理由拒不到庭或者未经法庭许可中途退庭。

第二十条 我厅行政诉讼代理人应按照人民法院的要求依法参加庭审活动，接受人民法院的调查、询问，配合人民法院依法作好案件审理工作。

第二十一条 我厅依法作出的涉案法律文书材料应按规定加盖正式印章。

第二十二条 我厅办理民事诉讼和行政诉讼上诉工作参照本办法行政应诉规定执行。

第四章 责任追究

第二十三条 对我厅行政复议和行政应诉工作中存在违法违纪行为的工作人员，按厅有关规定实行问责。涉嫌犯罪的，依法移交有关部门处理。

第二十四条 对我厅被依法撤销或者终审判决败诉的具体行政行为责任人，按厅有关规定实行问责。涉嫌犯罪的，依法移交有关部门处理。

第五章 附 则

第二十五条 本办法由法规税政处负责解释。

第二十六条 本办法自印发之日起施行。

广东省财政厅规范性文件制定管理办法

（广东省财政厅2015年12月25日发布，粤财法〔2015〕206号）

第一章 总 则

第一条 为加强我厅规范性文件的制定和管理，推进依法行政依法理财，根据《广东省行政机关规范性文件管理规定》等要求，结合我厅工作实际，制定本办法。

第二条 本办法所称规范性文件是指我厅按照法定职权和程序，单独或牵头会同有关部门制定并公布的，对公民、法人和其他组织具有普遍约束力，可以反复适用的财政行政管理依据文件。以下文件属于规范性文件：

（一）涉及依法规范对公民、法人和其他组织从事会计类、资产评估类和审计类等行业审批条件、审批程序、标准和主体权责等内容的财政行政许可类管理文件；

（二）涉及依法规范对公民、法人和其他组织申报条件、申报程序、标准和主体权责等内容的财政专项资金管理办法和其他财税优惠政策类管理文件；

（三）涉及依法规范对公民、法人和其他组织实施监督、检查、强制和处罚行为的工作程序、标准和主体权责等财政行政执法类管理文件；

（四）涉及依法调整对公民、法人和其他组织税收和非税收入的征管程序、标准、期限和主体权责等财政行政征收类管理文件；

（五）涉及依法调整对医疗、卫生、教育、社保等普惠性民生事业公共服务政策的财政行政给付类管理文件；

（六）涉及依法规范对会计从业、资产评估、资产管理、投资评审、政府采购等财政监管业务的行业准则、核算制度、技术标准、操作规程等行政指导类管理文件；

（七）涉及依法转发贯彻落实上级行政机关对行政相对人的管理事项，规范细化在我省范围内具体实施执行程序的财政管理文件；

（八）法律法规规定的其他规范性文件。

第三条 我厅规范性文件的立项、起草、审核、提请审查、公布、解释、评估、清理和汇编等工作适用本办法。

第四条 规范性文件的制定应遵循权利与义务相对应、职权与职责相统一的原则。

第五条 规范性文件应符合法律法规的规定，不得违反上级行政机关的命令决定，不得超越我厅的法定职权范围，规范性文件之间应当协调一致。

第六条 规范性文件不得创设行政许可、行政处罚、行政强制和行政征收等事项，不得违法作出限制公民、法人和其他社会组织权利或增加其义务的规定。

第七条 规范性文件的立项、起

草、解释、评估和清理工作由厅各有关处室（单位）负责。

规范性文件的审核、提请审查、公布和汇编工作由法规税政处负责组织。

第二章 立项和起草

第八条 厅各有关处室（单位）应于每年度3月向法规税政处报送本年度规范性文件制定计划，具体内容应包括文件名称、目的、依据、必要性和拟解决的主要问题等事项。

第九条 厅各有关处室（单位）起草规范性文件应开展调查研究，形成征求意见稿后征求厅内、省直和市县有关部门等方面的意见。

规范性文件涉及民生事业、普惠性政策、财税体制改革和市场准入等重要事项的，应按规定组织召开专家座谈会、论证会或听证会等形式进行咨询论证。

第十条 厅各有关处室（单位）征求意见时其他部门有不同意见且不能协调一致的，应书面具体记录有关情况和理由。

第十一条 规范性文件应包括目的依据、适用范围、管理主体、管理相对人、管理程序和执行期限等内容，具体条款应法律逻辑严密，文字表达准确、规范、简洁，具有可操作性。

第三章 审 核

第十二条 厅各有关处室（单位）草拟规范性文件送审稿和起草说明并送法规税政处审核后，签报主管厅领导提请厅长办公会议审议。

起草说明应包括目的意义、制定依据、主要条款、起草过程、意见采纳和协调情况等内容。

第十三条 法规税政处应从以下方面对规范性文件的合法合规性进行审核：

（一）是否符合法律法规以及上级行政机关命令决定的规定；

（二）是否符合财政部门的法定职责；

（三）是否与其他现行有效规范性文件相协调；

（四）是否就重大问题充分征求相关部门的意见并协调一致；

（五）是否符合本办法的其他工作要求。

第十四条 法规税政处应在收到文稿送审件之日起7个工作日内完成审核，但由于内容较为复杂需要对相关问题进行补充论证的除外。

第四章 提请审查和公布

第十五条 规范性文件经厅长办公会议审议通过后，厅各有关处室（单位）应将修改完善的文稿、起草说明、制定依据等文本送法规税政处按规定格式提请省法制办进行合法性审查。

第十六条 对省法制办因其他部门存在较大争议等情况而退回我厅的规范性文件，由厅各有关处室（单位）根据省法制办审查意见补充办理。

第十七条 省法制办对规范性文件出具合法性审查意见并原则同意的，厅各有关处室（单位）应及时按规定呈报厅主要负责人签发并抄送省法制办。

第十八条 厅各有关处室（单位）应在规范性文件正式印发之日起2个工作日内将印发件（3份原件连同电子版本）送法规税政处。

法规税政处根据省法制办审查同意的意见，按规定提请省府办公厅在《广东省人民政府公报》登载发布。

第十九条 厅各有关处室（单位）应在规范性文件印发之日起10个工作日内将规范性文件按规定在我厅门户网站上予以公开。

第五章 解释、评估、清理和汇编

第二十条 厅各有关处室（单位）负责规范性文件解释和文件执行中的相关问题答复工作，答复意见应会签法规税政处并按规定签报厅领导后，以我厅名义书面送达申请人。

第二十一条 规范性文件有效期限不超过5年，暂行、试行的规范性文件有效期限不超过3年，因阶段性工作制定的规范性文件应明确规定失效日期。

第二十二条 厅各有关处室（单位）应及时跟踪了解规范性文件的实施执行情况，对发现的问题应结合工作实际进行调研分析后提出处理意见。

厅各有关处室（单位）应在规范性文件有效期届满前3个月内组织对实施执行情况进行评估，评估报告按规定签报厅领导后送法规税政处备案。

第二十三条 厅各有关处室（单位）应根据法律法规和上级行政机关政策的调整情况及时对规范性文件进行清理，涉及修改废止等工作的参照本办法执行，清理结果应按规定向社会公布后送法规税政处备案。

上级行政机关开展规范性文件专项清理工作的，厅各有关处室（单位）应根据工作要求提出清理意见，由法规税政处汇总审核后按规定签报厅领导同意。

第二十四条 法规税政处负责组织规范性文件的汇编工作，厅各有关处室（单位）应予以支持配合。

法规税政处应将规范性文件及时收录到我厅财政法规数据库中。

第六章 监督和责任追究

第二十五条 规范性文件的制定管理工作已按照省政府有关要求纳入我省依法行政考核范围，法规税政处会同厅办公室、监察室等部门加强对我厅规范性文件制定管理工作的监督。

第二十六条 对我厅规范性文件制定管理工作中存在违规违纪行为的工作人员，按厅有关规定实行问责。涉嫌犯罪的，依法移交有关部门处理。

第二十七条 对不履行规范性文件合法性审查、统一发布、报送备案等法定程序，以及因规范性文件违法引发社会不良影响的责任人，按厅有关规定实行问责。涉嫌犯罪的，依法移交有关部门处理。

第七章 附 则

第二十八条 由我厅单独或牵头会同有关部门起草，拟以省政府或者省政府办公厅名义发布的规范性文件，参照适用本办法。

第二十九条 本办法自印发之日起施行。《关于印发〈广东省财政厅规范性文件制定和发布实施办法〉的通知》（粤财办〔2005〕9号）同时废止。

市级财政管理绩效综合评价方案（试行）

（广东省财政厅2015年1月6日发布，粤财预〔2015〕16号）

根据《广东省人民政府关于印发广东省深化财税体制改革率先基本建立现代财政制度总体方案的通知》（粤府〔2014〕64号）有关要求，制定本方案。

一、评价目的

通过对市级财政管理绩效的综合评价，进一步引导和推动市县深化财税体制改革，改进预算管理制度，提高财政资金使用效益，提升财政管理科学化水平。

二、评价范围

全省21个地级以上市（评价数据包括市本级和所辖区县）。

三、评价内容及标准

评价内容主要是市级财政管理情况，具体包括规范预算编制、推动预算公开、优化收支结构、加快财政支出进度、盘活财政存量资金、加强地方政府性债务管理、完善市以下财政体制、加强绩效管理和监督检查、落实“厉行节约”和“约法三章”、提高财政管理水平、严格财经纪律等11大类、48项指标，评价得分采用按百分制。

四、评价结果及应用

省财政厅每年组织对上一年度市级财政管理绩效进行综合评价，按得分进行排名，并通报各市级财政部门。评价结果将转换为标准化系数，与省级一般性转移支付以及县级基本财力保障机制中的市本级奖励等资金分配挂钩。

五、其他

本方案从2015年起执行。由省财政厅负责解释。

关于加强市县财政专项资金管理使用的意见

（广东省财政厅2015年3月16日发布，粤财预〔2015〕61号）

各地级以上市财政局（委），顺德区财税局，财政省直管县（市）财政局：

为贯彻落实新修订《预算法》、《国务院关于深化预算管理制度改革的决定》和《广东省深化财税体制改革率先基本建立现代财政制度总体方案》，根据《广东省人民政府关于修订广东省省级财政专项资金管理办法的通知》（粤府〔2015〕34号）有关要求，全面加强和规范我省财政专项资金管理工作，均衡支出进度，提高市县管理使用财政专项资金的效益和水平，现提出有关意见如下：

一、加强和规范专项资金管理的必要性

专项资金是支持市县经济社会各项事业发展、具有专门用途和绩效目标的财政资金，是落实省委、省政府“稳增长、促改革、调结构、惠民生、防风险”等任务提供的财力保障。近年来，财政监督检查和审计发现，部分市县在管理使用专项资金过程中，存在滞留、挤占、挪用上级专项资金，专项资金下达拨付不及时、不均衡，专项资金长期沉淀闲置，用款单位虚假、重复申报专项资金等一系列问题，严重影响各级党委、政府决策部署的贯彻落实和各项政策措施的实施效果。

加强专项资金管理使用，不仅是完善财政管理制度、促进财政持续健康发展的客观需要，而且是政府更好地履行职能、提高行政效能的重要保障。全省各级财政部门，特别是市县财政部门要提高思想认识，树立精准理财观念，改变以往工作中存在的“重预算、轻执行”和“重申报、轻管理”的工作理念，切实增强紧迫感和责任感，在确保资金安全的前提下，提高专项资金支出的均衡性、时效性，形成专项资金使用管理的新常态。

二、严格专项资金项目申报和审批管理

（一）严把专项资金项目申报关口

依法规范专项资金项目申报工作，严肃查处项目申报单位或个人违规申报、骗取、套取专项资金行为。市县业务主管部门负责专项资金项目申报的组织、受理和评审工作，财政部门负责对业务主管部门的评审结果进行复核。有关部门要严把申报关，防止单位或个人利用虚假报表、环评报告、伪造税单及其他内容失实的资料申报专项资金，以小报大、以旧充新、虚假配套甚至伪造项目骗取专项资金，同一项目重复申报专项资金，以及社会团体和中介机构违规参与专项资金申报等违法违规行为。

（二）优化专项资金项目审批流程

市县财政部门要完善专项资金审批流程，推动审批环节前移，配合业务主管部门通过专家评审、竞争性分配、集体研究、公众评议等方式，把好项目审批关口。已实施项目库管理的，要提前一年审批挑选项目入库，从项目库中按排序选取项目编列预算，预算报同级人大审批通过后，实行项目库管理的专项资金可直接下达预算明细计划。未实施项目库管理的，要完善项目申请、审批以及资金拨付的程序和流程，明确各环节的办理时限。进一步理顺市县财政部门内部工作流程，建立首办负责制、限时办结制和责任追究制，在确保资金安全的前提下，提高专项资金审批效率。

（三）推广项目库改革、三年滚动预算及财政中期规划

市县财政部门要加快项目库建设步伐，逐步将执行期在3年以上（含3年）的可滚动实施或分期实施的财政资金，以及建立跨年度滚动预算机制所需的其他财政资金纳入项目库管理范围。提前一年启动项目库的申报、入库、排序、审批等工作，同时编列一年或跨年滚动预算计划，细化至具体项目、金额、项目单位等，改变以往先定预算再选项目的方式。探索建立跨年度预算滚动平衡机制，编制预算中期规划，强化中期规划对预算安排的指导作用，试行年度间财政资金项目安排的滚动管理，增强资金安排的前瞻性和可持续性。

三、加快专项资金拨付进度

（一）及时转拨上级专项资金

市县财政部门要提前准备，尽早筹划，及时转拨上级政府下达的专项资金。对于上级财政部门已明确分配方案或补助标准的专项资金，市县财政部门要在接到上级提前通知或下达的专项资金后的20日内分解下达到本级有关部门或下级财政部门；对于上级财政部门未明确分配方案或补助标准、需要二次分配的专项资金，市县财政部门应在推进项目库改革的基础上，在接到上级提前通知或下达的专项资金后的30日内分解下达到本级有关部门或下级财政部门。对需据实结算的上级专项资金，可以分期下达预算，或先预拨后结算。

（二）均衡拨付专项资金

在确保合法、合规、安全的前提下，进一步完善预算批复以及专项资金申报、审批、拨付流程和手续，加快专项资金拨付进度，提高预算执行的均衡性。市县财政部门要在本级人大批准预算后20日内向本级各部门批复预算；在60日内下达本级预算安排的专项转移支付，据实结算项目除外。建立财政预算支出进度通报机制，对预算执行不理想的县区和部门，采取通报、约谈等方式，督促查找原因、加强整改。

（三）建立专项资金清算收回机制

进一步盘活财政存量资金，对结转两年及以上的上级专项转移支付结转资金，预算尚未分配到部门的，由市县财政缴回省财政；已分配到部门的，由市县财政部门收回统筹使用；对上一年度上级专项转移支付结转资金，市县可调整用于同一类级科目下的其他项目，并报省财政部门备案。市县财政部门要加强对本级安排的专项资金动态监控，清理收回未及时支出的项目资金。对项目无法实施或实施过程中终止的专项资金，及时清算并收回预算统筹；当年预算年度结束后，仍不能落实到具体项目的专项资金，当年及时提出调整支出用途的意见，统筹用于其他急需领域；当年预算安排、已落实到具体项目的专项资金，允许结转一年；连续两年未用完的专项资金作为结余资金管理，按规定及时予以清算并收回预算统筹，重新安排使用。

四、规范专项资金使用

（一）严禁挤占挪用上级专项资金

上级专项资金具有专门指定用途，需单独核算，确保专款专用。市县财政部门要严格执行中央和省的各项专项资金管理办法的有关规定，合法合规使用上级专项资金，确保专项工作落实到位。严禁挤占、挪用上级专项资金，用于充实公用经费或发放工资、津补贴；不得违规调整上级专项资金的使用方向，或擅自变更用款项目内容；不得在上级专项资金中列支与用款项目无关的支出，或违规提取管理费、咨询费等。

（二）足额配套安排专项资金

由上下级政府共同承担的事权，上级政府在安排专项资金时，可以要求下级政府承担配套资金。中央和省有关专项资金管理办法中明确规定需市县政府承担配套责任的，市县财政部门应在本级财政预算中足额安排配套资金，不得为争取上级专项资金，虚报虚列配套资金。市级政府要按规定的比例实际出资，不得通过任何形式将本级应承担的配套责任转嫁给县级政府。经财政监督检查、审计等发现存在虚报配套资金或转嫁配套责任问题的市县，省财政部门将相应扣减下一年度的专项资金。

五、加强专项资金监督检查和绩效评价

（一）建立专项资金监督检查制度

市县财政部门要加强对专项资金预算执行、资金使用效益和财务管理等监督检查，将部门自查和财政巡查抽查、审计监督等结合起来，确保每年对专项资金监督检查范围达到当年专项资金总量的10%以上，及时发现工作中存在的问题并督促落实整改。完善专项资金信息公开机制，将管理办法、申报指南、申报情况、分配方式和程序、分配结果、绩效评价、监督检查、审计结果以及接受和处理投诉情况等信息，选择同级政府网上办事大厅的专项资金管理平台、财政部门和主管部门门户网站等进行公开，主动接受社会监督。

（二）建立专项资金绩效评价制度

市县财政部门要将绩效理念贯穿于专项资金设立、分配、支出等各环节。逐步健全预算部门、预算单位和用款单位绩效自评，财政部门实施重点评价以及引入第三方机构评价相结合的多元化评价工作机制。加强绩效管理结果应用，将绩效目标评审结果作为专项资金安排、调整和退出的重要依据。未通过绩效目标评审的专项资金，原则上不能列入预算编制范围；对使用绩效差劣的专项资金，原则上收回安排或调整安排。

（三）突出加强重点专项资金监督管理

在扩大专项资金监督检查和绩效评价覆盖范围的基础上，突出强化对重点专项资金，包括民生资金、重点建设项目资金、大额资金等的监督管理，跟踪落实专项资金分配、使用、管理、绩效

等情况。原则上全部重点专项资金应纳入监督检查和审计的范围，对超过一定额度的重点专项资金应实施重点评价或委托第三方机构独立评价。

六、落实专项资金管理责任追究机制

（一）明确专项资金管理部门和人员责任

市县财政部门要建立专项资金管理问责机制，按照“谁审批、谁负责”的原则，进一步明确负责专项资金管理的市县相关部门、岗位和人员的责任。对于专项资金管理不规范、不到位的行为，对相关责任部门以及责任人予以通报批评、责令改正、要求书面说明和检讨等；对于专项资金管理中的违法、违纪、违规行为，严格按照有关法律法规的规定处理、处罚；涉嫌构成犯罪的，依法移送司法机关追究刑事责任。

（二）建立用款单位诚信约束和责任追究机制

申报专项资金的单位、组织或个人在项目申报、资金使用等过程中，被查实存在虚假、重复申报、违规使用资金等行为的，依照相应法律法规处理，追回专项资金，5年内停止其申报专项资金的资格，并向社会公开失信信息。涉嫌构成犯罪的，依法移送司法机关追究刑事责任。

关于2015年省财政支持稳增长的政策措施

（广东省财政厅2015年5月10日发布，粤财预〔2015〕159号）

根据第一季度经济形势，为有效应对经济下行压力，保持经济运行处于合理区间，省财政选取能拉动经济增长、有效发挥即期效益的项目，新增资金投入，确保财政资金使用精准发力，支持全省经济稳定增长。

一、主要目标

综合运用财政资金及政策手段，2015年省财政新增安排财政资金、减免税费、募集社会资本等合计约2 293亿元，支持经济稳定增长。其中：

——新增安排财政资金863亿元，其中：（1）新增发行地方政府债券203亿元；（2）新增发行置换债券526亿元；（3）新增财政资金134亿元。上述资金使用时，通过财政股权投资、设立基金、注入资本金、贴息等多种形式，增强财政资金杠杆放大效应，支持科技创新发展，扩大基础设施投资、稳定外贸发展和支持中小微企业解决融资难及发展问题，推进保障性住房和农村危房改造建设；

——落实税收优惠、涉企行政事业性收费免征政策，为企业减负约830亿元；

——完善财政投融资机制，提升财政投融资能力，发挥财政资金放大作用，通过财政投入，争取初期募集社会资本600亿元，参与符合规定的融资平台、发展基金等，促进经济健康稳定发展。

二、基本原则

——新增资金与存量统筹相结合。综合运用财政政策手段，多渠道筹措资金，既充分利用债券置换、新增发行地方债等新增财政资金，又注重发挥既有的存量财政资金效益，促使存量资金形成实际支出，增加财政支出的实际规模，并通过杠杆效应带动社会投资和消费，从而充分释放积极财政政策的实施效果。

——稳定当前增长与推动长远发展相结合。坚持问题导向，做到有的放矢，针对当前经济形势，找准着力点，充分发挥即期效益，体现补短板的要求；同时，注重构建有利于持续发展的投入机制，加大力度支持关系长远发展的基础设施建设、重大工程项目等，更加注重经济发展质量，坚定推进经济战略转型，增强经济发展后劲。

——政策制定与发展战略相结合。将财政政策制定与发展战略结合起来，通过发债、补贴、减免税费、转移支付等政策手段对经济运行进行调节，履行好资源配置、收入分配、调控经济等财政职能，使财政政策成为省委、省政府实施宏观调控的重要手段和工具，服从服务于省委、省政府发展战略。

——加大投入与厉行节约相结合。通过新增资金和盘活存量等措施加大投入力度，扩大财政支出规模，发挥财政资金乘数效应，有效撬动社会资本；同时，严格落实中央和省厉行节约有关要求，严控一般性支出，杜绝铺张浪费，将每一分财政资金都用在刀刃上，最大限度发挥财政资金效益。

三、政策措施

（一）支持创新驱动发展

根据中央、国务院《关于深化体制机制改革 加快实施创新驱动发展战略的若干意见》（中发〔2015〕8号），省财政新增资金60亿元，积极实施创新驱动发展战略，推动科技研发及成果转化。

1. 支持应用型科技研发及成果转化。新增安排资金15亿元（2015—2017年3年共50亿元），主要面向战略性新兴产业，支持可以迅速产业化的重要应用型研发项目，推动重大科技成果转化。

2. 支持科技企业创新发展。为落实《广东省人民政府关于加快科技创新的若干政策意见》（粤府〔2015〕1号）政策措施，省财政新增安排资金20亿元（2015—2017年3年共安排165亿元，其中存量资金105亿元，新增共60亿元，每年新增20亿元），支持高新技术企业发展，支持产学研协同创新，引导企业加大研发投入；通过对科技型初创企业进行普惠性补助、支持社会机构及个人创办孵化器等措施。

3. 推进战略性新兴产业发展。新增安排战略性新兴产业创业投资基金10亿元，连同整合其他相关的科技存量和增量资金，设立省级重大科研成

果产业化基金，吸引社会资本投入战略性新兴产业领域中的初创期和早中期创新型企业，促进应用型科技成果转化。

4. 支持集成电路产业发展。新增安排集成电路产业发展基金15亿元，加上2015年预算安排此项基金10亿元，引导社会资金投入，支持集成电路先进制造线、设计业和公共服务平台建设，新型封装测试线建设，在关键技术领域实现芯片、设备国产化。

（二）支持扩大基础设施投资

新增安排资金682亿元重点支持交通、农田水利基础设施以及其他重大项目建设，增强经济增长动力。

5. 加强交通基础设施建设。新增安排资金83亿元，通过注入资本金、扩大投融资规模等多种途径，调整2015年高速公路新开工项目，加快推进“迎国检”项目及普通公路建设，支持港珠澳大桥—珠海口岸及人工岛建设。

6. 推进水利基础设施建设。新增安排资金10亿元，推进小型农田水利重点县、省级水利建设示范县建设，支持病险水库除险加固、农村饮水安全、海堤加固达标工程等重点、民生水利项目后续建设。

7. 支持推进重点基础设施建设。安排政府债券资金589亿元（发行地方政府债券置换存量债务额度526亿元及新增债券转贷地市63亿元），腾出更多资金用于支持地级市中心城区扩容提质、交通运输、水利建设、市政设施建设、重点平台和新区重点项目建设，以及保障底线民生、十件民生实事等重点民生项目建设等。

（三）支持外贸稳定增长和提升对外开放水平

新增安排资金30亿元，促进外贸企业转型升级和结构调整，扶持企业加快实施品牌、资本、市场、人才、技术国际化战略。

8. 促进外经贸转型升级。新增安排资金2亿元，对本地具备一定规模的企业稳定本地货源扩大进出口给予支持、对拉动当地外贸进出口增长贡献大的重点企业扩大进出口给予支持、对总部企业在广东设立的公司开展进出口业务给予支持。

9. 支持进口稳定增长。新增安排资金3.3亿元，鼓励企业进口先进技术和设备、资源性产品和原材料等，提升企业的装备水平和产品国际竞争力。

10. 鼓励扩大出口。新增安排4.7亿元，其中安排出口企业开拓国际市场资金1.8亿元，支持企业参加境内外国际展及重点市场开拓等；安排外贸新业态发展资金1.9亿元，其中跨境电子商务发展资金1.2亿元，支持第三方跨境电子商务服务平台建设；安排促进投保出口信用保险专项资金1亿元，对出口企业投保出口险、成套设备和单机、农产品、新兴市场出口信用险予以重点支持。

11. 积极参与国家“一带一路”重大战略开发。新增设立21世纪丝绸之路基金20亿元，为“一带一路”沿线国家基础设施、资源开发、产业结合和金融合作等与互联互通有关的项目提供投融资支持，探索搭建地区基础设施建设的和谐平台，开创对外贸易新格局。

（四）扶持中小微企业健康发展

12. 支持中小微企业解决融资难及发展问题。新增安排资金24亿元，帮助中小微企业解决实际困难，减轻企业负担。其中，安排中小微企业融资担保基金10亿元，对中小微企业融资进行担保和再担保；安排租赁融资和信贷风险补偿基金4.5亿元；安排担保股权投资基金4.5亿元，以股权投资方式引导地市财政资金及民间资金投入新组建担保机构或者参股现有担保机构和再担保机构；安排中小微企业发展基金5亿元，缓解中小微企业融资难、融资贵等问题。

（五）支持棚户区改造、保障性住房和农村危房改造

13. 支持棚户区改造、保障性住房和农村危房改造。新增安排资金47亿元，其中用于棚户区改造25亿元，保障性住房建设11亿元，农村危房改造11亿元，通过贷款贴息、分级补助等方式重点推进棚户区改造、保障性住房、农村危房改造建设等。

（六）推进环保设施和污染防治

14. 推进环保设施建设和污染防治。新增安排资金20亿元建立污水管网基金和垃圾处理基金，加大县级污水无害化处理和垃圾无害化处理设施建设力度，建立和完善运营机制。

（七）落实税费减免政策

15. 落实结构性减税清费政策。

——进一步扩大营业税改征增值税试点范围，将建筑安装业、房地产业、金融服务业和生活服务业等逐步纳入试点范围，预计可为纳税人减税400亿元；落实小型微利企业税收优惠政策，预计可为企业减税超50亿元；落实国家制定的高新技术企业减税政策，预计减税超过350亿元。

——在落实2014年5月1日起已对全省范围内所有企业免征32项中央设立和7项省设立涉企行政事业性收费省级收入的基础上，将进一步取消和暂停征收12项中央级设立的行政事业性收费，对小微企业免征42项中央级行政事业性收费；同时，按照中央规定，对非营利性养老和医疗机构建设全额免征、对营利性机构减半收取行政事业性收费，预计可减负约30亿元。

（八）发挥财政资金放大作用，提升财政投融资能力

创新财政投融资方式，合理运用设立市场化基金、出台贷款贴息政策、发行地方政府债券、推广运用PPP模式、探索资产证券化等多种投融资手段，提升财政投融资能力，发挥财政资金“四两拨千斤”的放大效应，激活并引导社会资本参与我省经济社会事业发展，争取筹资约600亿元，为我省稳增长注入新动力。

16. 综合运用多种融资模式拉动社会资本投资。

——支持设立各类市场化基金。设立战略性新兴产业创业投资引导基金、创新风险投资基金、中小企业信贷风险补偿基金、重大科技创业投资基金、新兴产业创业投资基金、产业发展基金、国资新兴产业发展基金、铁路发展基金、支持发行企业融资债等，组织专家研究论证，加强与国内绩优基金合作，放大财政资金投放效益，吸引市场化资本300亿元，支持重点产业和基础设施项目建设。

——推广运用PPP模式。抓住国家推广PPP模式的政策机遇，在水利、保障性住房、污水处理、市政设施、交通设施、医疗养老公共服务项目等领域开展PPP项目试点，争取通过

PPP模式拉动社会资本投资100亿元，并逐步建立制度完备、运行规范、效益良好、监督有力的PPP模式管理制度体系，达到既吸引社会资本参与提供公共产品和公共服务，又降低地方政府债务风险的目的。

——发挥融资作用。争取扩大融资100亿元支持重点项目建设。以财政资金带动保险资金投入高速公路建设项目；采取增加资本金等增信措施提高水利融资能力；加快推进与国家开发银行合作，推进棚户区改造融资作用，用好用足专项贷款优惠政策。

——实行贷款贴息政策。带动银行贷款100亿元。对企业技术改造、珠江西岸先进装备制造业、战略性新兴产业等项目，给予财政贴息优惠政策，发挥贴息资金放大作用，支持我省产业结构加快转型升级。

四、工作要求

（一）高度重视

各地各部门要高度重视落实运用财政政策措施支持经济稳定增长的各项工作部署，积极采取措施，注重发挥资金的乘数效应和杠杆作用，引导社会资金投入，力争资金早投入、早见效。

（二）落实工作责任

各地各部门要落实工作责任，抓紧研究制定各项政策的实施细则和具体资金使用计划，确保财政资金使用精准发力，结合稳增长各项工作部署，选择有效发挥即期效益、拉动经济增长较快的项目，加大资金投入，将资金用在刀刃上，加快推进财政投融资工作，用足用好各项税费优惠政策，确保政策落到实处。

（三）发挥债务置换政策效应

通过置换债券腾出的财政资金，各地要优先用于落实省委、省政府重点项目，着力支持稳增长，落实保障和改善民生资金，特别是要足额保障底线民生项目资金，充分发挥债务置换政策效益和财政资金放大作用。

（四）加强资金监督管理

各地各部门要严格资金使用范围，按规定程序尽快制订各项资金管理办法，确保按既定方向投入到稳增长领域，不得用于一般性支出。按规定对资金分配使用进行信息公开，提高透明度，接受社会监督。各级财政、审计、监察部门要加强对资金使用的监督管理，防止资金滞留、截留、挪用，确保资金严格按规定使用。

关于印发2015年县级基本财力保障范围和标准的通知

（广东省财政厅2015年5月21日发布，粤财预〔2015〕177号）

有关市财政局，顺德区财政局，财政省直管县（市）财政局：

根据《财政部关于印发〈中央财政县级基本财力保障机制奖补资金管理办法〉的通知》（财预〔2013〕330号）、《关于印发广东省县级基本财力保障机制奖补资金管理办法的通知》（粤财预〔2013〕299号）规定，结合当前经济财政增长形势，我们制定了2015年县级基本财力保障范围和标准，现下发给你们，并将有关事项通知如下：

一、各市县要认真贯彻粤财预〔2013〕299号文有关要求，进一步落实县级基本财力保障机制，增强县级财政保障能力，提升辖区内县级人均支出均衡度，强化市县财政管理绩效综合评价，提高财政资金使用效益。

二、各市县要统筹考虑实施公共管理、提供基本公共服务以及落实各项民生政策的支出需求，落实国家和省制定的2015年县级基本财力保障范围和标准，不得低于上述标准要求。各市县应结合自身财力情况，进一步提高县级基本财力保障标准和水平。

三、各市县要妥善安排、合理使用省财政下达的2015年县级基本财力保障机制奖补资金，加大对基层财政的支持力度，优先用于落实国家和省统一制定的新政策，以及相关民生政策的扩围提标新增支出。

特此通知。

广东省省级财政资金项目库管理办法

（广东省财政厅2015年5月22日发布，粤财预〔2015〕188号）

第一章 总　　则

第一条 为加强和规范省级财政资金（下称财政资金）项目库管理，根据《中华人民共和国预算法》（2014年修订）、《广东省深化财税体制改革率先基本建立现代财政制度总体方案》（粤府〔2014〕64号）和《广东省省级财政专项资金管理办法》（粤府

〔2015〕34号）的有关规定，制定本办法。

第二条　本办法所称省级财政资金项目库（下称项目库），是指对申请使用省级财政资金的项目进行收集储备、分类筛选、评审论证、排序择优和预算编制的数据库系统。

第三条　所有省级财政资金安排的项目支出均实行项目库管理，包括省直有关部门自身使用的运转性开支（原则上列入部门预算的项目支出，不包括人员经费和公用经费等基本支出）；省直有关部门分管的专项资金、普惠性支出等事业发展性支出。

年初预算安排的项目支出应从项目库中筛选，未列入项目库的，原则上不编列预算。因突发性因素或临时性应急支出需先办理拨款的，应及时补办入库手续。

第四条　项目库实行一级项目（政策规划）和二级项目（明细计划）分库管理。

一级项目库与中期财政规划编制相衔接，规划期内财政支出政策和改革措施列入一级项目库编制，每年应编报未来连续三年的中期财政规划项目，逐年滚动向前编制。

二级项目库与年度预算相衔接，在一级项目库的框架下，每年对应下个年度的中期财政规划，细化编制下一个年度的明细项目，落实到具体用款单位、支出功能用途，作为编制下一年度预算的基础和依据。二级项目库不要求全部编制3年明细项目，涉及需要滚动实施或分年实施、且可以提前细化2－3年明细项目的，可参照办理。

第五条　项目库所有项目支出编列唯一代码，按支出属性、安排期限、行业属性、存续状态等分类，可按多种属性分类查询、筛选、提取、汇总。

第六条　项目库管理遵循以下原则：

（一）统一建库，信息共享

项目库由省财政部门会同省直有关部门统一规划建设和管理，共同使用和维护。项目库信息按不同权责实行互联共享。

（二）严格论证，细化编制

入库项目必须经过严格评审论证、规范审批，符合国家法律法规规定、中央和省的决策部署和发展规划。列入项目库的项目，需明确用款单位、支持范围（补助对象）、项目内容、资金额度、实施年限等相关情况。

（三）择优选用，滚动管理

入库项目按照政策重点、轻重缓急、绩效情况和评审结果等因素进行排序，结合财力状况，择优编列中期财政规划和年度预算草案。入库项目实行动态管理，根据实际情况适时新增和退出，当年未安排的项目滚入下一年度，在同等条件下优先安排。

第二章　项目分类

第七条　入库项目按所属部门实行分库管理。

（一）部门推送项目库

指由省直主管部门按照资金管理职责，经规范程序进行项目申报、评审后，向省财政部门择优选送的项目数据库。

（二）财政备选项目库

指省财政部门对部门推送项目库进行审核确认的项目数据库。在备选项目中，需列入中期财政规划和年度预算草案的，可筛选为拟安排项目。

第八条　入库项目按细化程度实行分级分类管理。

（一）一级项目库

指完成某项社会经济发展事务所需的支出政策和改革措施（政策规划）的项目储备（如“高速公路建设项目资本金”、“城乡居民养老保险基础养老金补助”等）。

1. 按行业属性分类。同一项目具有多种属性的，择其主要属性归为其中一类。

（1）基建类项目。指省级财政资金投资的基本建设项目。

（2）经济发展类项目。指面向生产经营性领域，扶持相关经济行业、产业发展的项目。

（3）科研类项目。指开展科学（包含自然科学、社会科学和软科学）研究、技术研究及应用示范的项目。

（4）民生类项目。指与群众生活直接相关的项目，包括在教育、文化体育与传媒、社会保障和就业、医疗卫生、节能环保、农林水事务、住房保障等方面惠及个人的项目。

（5）公共管理类项目。指党政机关和事业单位履行公共管理职责的项目。

（6）公共安全类项目。指维护国家安全、社会公众安全和公私财产安全与社会秩序稳定的项目。

（7）其他项目。

2. 按支出属性分类。

（1）运转性支出。指省级部门为履行公共管理职能，必须发生且属于自身使用的专项性业务工作经费。包括会议、培训类项目；课题调研、科研类项目；信息化运维类项目；宣传活动类项目；执法办案类项目等。

（2）事业发展性支出。指省级部门掌握分配的为完成其特定行政工作、推动全省经济社会事业发展所需的财政资金。包括专项资金、普惠性支出等。

3. 按存续状态分类。

（1）当年新增项目。是指本年度需新增列入预算的项目。

（2）延续项目。是指以前中期财政规划和年度预算草案已批准，并已确定分年度预算，需在本年度及以后年度预算中继续执行。

（二）二级项目库

指在一级项目库（政策规划）的基础上，进一步细化至具体用款单位、支出功能用途（明细计划）的项目储备（如在“高速公路建设项目资本金”项下，细化分配到每一条公路、线路的项目建设资金；“城乡居民养老保险基础养老金补助”在填报具体分配标准、人数等因素的基础上，细化分配到不同市县）。

第三章　一级项目管理

第九条　一级项目（政策规划）编制内容。一级项目（政策规划）应明确项目内容、支持（补助）对象、主管部门、资金额度、实施年限和分年度安排计划、绩效目标、政策依据、分配程序和方式、以前年度绩效评价和审计监督检查结果、投诉情况等内容。

一级项目需按《政府预算收支分类科目》编列支出功能科目和经济科目的“类”级，标示支出属性、安排期限、行业属性、存续状态等分类情况。

第十条　一级项目（政策规划）入库申报。省直有关部门按照中期财政规划编制要求，在每年4月上旬前通过项目库系统编制未来三年期的支出政策规划建议。

（一）申报项目需具备以下条件：

1. 符合国家和省法律、法规、规章及相关发展规划。符合事权与支出责任相适应的原则及政府支持的范围。

2. 项目方案切实可行，包括计划任务、实施方案、实施年限及分年度计划，预期效益、绩效目标明确清晰，投资及资金筹集方案科学合理等。

3. 基建项目等有专门审批规定的，按照有关规定办理。

（二）申报项目需进行事前审核或评审论证（运转性支出、专业技术性不强的常规项目、上年已经审核或评审论证的延续项目可由省直有关部门组织内部审核，专业技术性强的项目应由省直有关部门组织评审论证，涉密项目应按涉密管理规定审核或评审论证）。审核和评审论证内容主要包括项目实施的必要性、项目方案的可行性、投资方案的科学性和合理性、绩效目标的明确性和规范性，以及申报材料的真实性、规范性和完整性等。

（三）申报项目需按以下顺序排列：

1. 国家和省已经确定的重点项目，主要包括：一是国家、省有关文件中明确规定省级预算安排的项目；二是已按程序呈报省政府批准由省财政予以安排、保障的项目；具备上述条件之一的，方可列为国家、省已确定项目。

2. 重点民生项目，主要包括社会影响面广、与人民群众生活密切相关、群众普遍反映的底线民生、基本民生等项目。

3. 符合有关政策，具有明确的绩效目标，经部门协商确需安排的项目支出。

4. 其他项目，是指除上述项目外，单位为完成其职责需安排的项目支出。

第十一条 一级项目（政策规划）入库初审。省财政部门根据省直有关部门报送的正式文件，每年5月上旬前在项目库管理系统上进行入库初审，对基建项目、重点民生支出等项目，省财政部门可视实际情况组织二次评审或委托第三方专业机构进行评审，确定列入一级项目库的政策规划项目。初审（评审）内容主要包括：

（一）项目合规性

结合财政职能重点审查项目的申报依据是否充分，是否符合法律法规、方针政策、事权与支出责任相适应的原则及政府支持范围，审核和评审论证以及项目排序方法、程序及结论是否规范等。

（二）项目预算

重点审查项目支出是否符合有关标准、项目结构是否合理、资金测算是否准确、资金来源是否明确、所需资金是否在财力可承受范围之内等。

（三）项目绩效情况

结合以前年度相关项目资金安排绩效目标实现情况及监督检查情况，重点审查项目绩效目标的合规性、完整性、合理性、科学性。

（四）基建项目情况

审核基建项目建议书是否已获批复等立项情况，以及资金来源、分年度安排计划等。

第十二条 编制中期财政规划。省财政部门根据省政府初审的中期财政规划草案，在5月中旬前通过项目库系统，向省直有关部门下达分年度支出限额（或控制数）及重点项目安排意见。

省直有关部门在6月中旬前进行修改完善，通过项目库系统，报省财政部门审核。

省财政部门结合跨年度预算平衡需要等，在7月中旬前通过项目库系统，完善中期财政规划，报省政府批准。

省财政部门将经省政府批准的中期财政规划，通过项目库系统和正式文件，在7月底前告知省直有关部门。

具体程序要求按照《广东省关于编制省级中期财政规划的实施意见》规定执行。

第四章 二级项目管理

第十三条 二级项目（明细计划）编制内容。二级项目（明细计划）在一级项目（政策规划）框架下编制，与一级项目以“多对一”的方式相对应。

二级项目（明细计划）应明确支持（补助）对象（具体用款单位）、资金分地区分项目额度、实施年度、绩效目标、评审结论、项目所属单位或企业的基本情况等内容。

属性分类标示应与一级项目库一致。按《政府预算收支分类科目》编列至不同的预算级次，编列到支出功能分类的“项”级科目和经济分类科目的“款”级科目。

第十四条 二级项目（明细计划）编报原则。原则上所有一级项目应细化编制二级项目，根据政策规定或客观实际确实无法提前细化编制的资金除外（如预备费或救灾应急资金等）。可细化到二级项目的资金按以下分类编制：

（一）属于税收返还、财力性补助等体制性的转移支付，由省财政部门按照现行财政体制按公式法、因素法计算，细化落实到具体市县，无须组织项目申报、评审论证、项目排序。

（二）属于省直有关部门分管的按因素法分配或固定标准分配的资金，由省直有关部门按公式法、因素法、标准法计算，细化落实到具体市县或具体项目，报省财政部门审核，无须组织项目申报、评审论证、项目排序。

（三）其他属于省直有关部门分管的具有可供选择性、竞争性的资金，由省直有关部门提前组织项目申报、评审论证、项目排序，编制二级项目，报省财政部门审核。

属于第（三）款规定的项目范围，需按照以下第十五条规定执行。

第十五条 二级项目（明细计划）入库申报。省直有关部门根据经省政府初审的中期财政规划以及部门分年度支出控制数、重点项目安排意见，同步开展二级明细项目申报前期准备工作。项目申报、评审、排序工作应于6月底前完成。其中省级财政专项资金通过省政府网上办事大厅专项资金管理平台申报。

（一）申报项目需具备以下条件：

1. 符合有关财政资金管理办法、申报指南（申报通知）规定的扶持政策、方向、范围和内容。

2. 项目方案切实可行，包括计划任务、实施方案、实施年度、预期效益、绩效目标明确清晰，投资及资金筹集方案科学合理等。

3. 一个项目原则上只能申请一项资金。同一项目确因特殊情况需申报多项资金的，必须在申报材料中注明原因。

4. 申报单位应对申报材料的真实性负责，不得弄虚作假和套取、骗取财政资金。

5. 基建项目等有专门审批规定的，按照有关规定办理。

（二）申报项目需进行评审论证：

1. 评审内容。主要包括项目实施的必要性和合规性、项目方案的可行性、投资方案的可靠性、绩效目标的规范性和合理性，以及申报材料的真实性、规范性和完整性等（具体可参照一级项目评审内容）。

2. 评审方式。主要包括部门内部集体研究、专家评审论证、委托第三方专业机构评审、公开竞争立项、公开招投标和公开征询民意等。运转性支出、专业技术性不强的常规项目、上年已经审核或评审论证的延续项目可采取部门内部集体研究方式，专业技术性较强的项目采取专家评审论证或委托第三方专业机构评审的方式；面向社会、分配对象不固定的项目采取公开竞争立项或公开招投标的方式；对经济、社会和民生有重大影响的项目应按规定公开征询民意；涉密项目按涉密管理规定组织审核或评审论证。

评审论证时，应注重优化、简化程序，节约行政成本，鼓励选择成本较低的网上评审、书面评审等方法，减少成本较高的公开演讲、集中辩论等方法。

3. 评审结论。项目评审应出具正式评审报告，说明评审方法、评审流程、总体评价等情况，并明确评审结论（“可行”或“不可行”）和项目排名，由评审人（评审专家、机构）签名盖章确认。评审报告作为项目入库的原始凭证，项目排名作为择优选用的主要依据。

（三）申报项目可不受一级项目（政策规划）的资金控制数限制，省直有关部门可根据项目申报和评审通过情况，向省财政部门增报确需支持的项目。申报项目需根据重要程度进行排序，排序原则如下：

1. 属于部门自身使用的运转性经费应优先确保部门必须开展的业务所需专项性业务经费，主要包括：单位为维持其正常运转而发生的大型设施、大型设备、大型专用网络运行费和为完成特定工作任务而持续发生的项目支出。

2. 属于部门分管的事业发展性支出应优先保障政策规定或资金管理办法中明确支持的范围和对象，优先保障涉及民生事务等硬性支出，优先保障可在当年度具备实施条件、能发挥即期效益、对拉动经济稳定增长作用明显的项目支出。

第十六条　二级项目（明细计划）入库初审。每年7月底前，省财政部门根据省直有关部门报送的正式文件，结合省政府批准的中期财政规划方案，在项目库管理系统上进行二级项目入库初审，对基建项目、重点民生支出等项目，省财政部门可视情况组织二次评审或委托第三方专业机构进行评审，并将初审意见反馈省直有关部门。省财政部门初审（评审）内容主要包括：是否符合资金管理办法和项目申报指南有关规定和要求；评审论证和项目排序方法、程序及结论是否规范等；是否重复申报，通过项目库管理系统开发查重提示功能，排查项目是否存在多头申报或重复申报；项目绩效目标设置是否合规、合理、科学、可衡量；基建项目初步设计及概算是否已获批复，是否已具备开工条件，项目实施进度以及资金来源和分年度安排情况等。

每年8月底前，省直有关部门根据省财政部门初审意见，通过项目库管理系统进行调整确认，报省财政部门确定入库项目。

第十七条　编制年度预算。省财政部门在每年9月中旬前，结合项目库排序情况及当年度可用财力、实际变化情况等因素，对经批准的中期财政规划进行适当修正后，调整完善一级项目（政策规划），筛选细化到二级项目（明细计划），提出年度预算草案建议，征求省直有关部门意见。

省直有关部门应在每年10月中旬前对年度预算计划反馈修改意见。

省财政部门在每年11月中旬前进行审核调整，提出年度预算草案建议上报省政府审批。经省政府审批同意后，按法定程序提交人大审议。

省财政部门根据经省人代会审议通过的年度预算，批复省直有关部门。

省财政部门在每年11月底前，商省直有关部门将转移支付预计数提前下达市县，按因素法分配且金额相对固定的转移支付、已编制至二级项目（明细计划）的资金应提前下达。提前下达比例应达到90%。

第五章　项目动态管理

第十八条　项目库调整。

（一）项目新增

省财政部门核定入库项目后，因特殊情况需要新增项目的，省直有关部门应会同省财政部门通过项目库进行新增。中期财政规划和年度预算草案批准后，因特殊原因需要新增项目的，按照预算法等规定办理资金审批手续，并通过项目库新增和选用项目。

（二）项目调整

省财政部门核定入库项目后。中期财政规划和年度预算草案经批准前，涉及资金调整或资金调整额度在10%以内（含本数）的项目调整事项，省直有关部门应报省财政部门审核同意，结合规定程序予以调整。省直有关部门应加强项目管理，严格控制项目调整。项目调整涉及资金调整或资金调整额度超过10%的，应按照新增项目的规定办理。中期财政规划和年度预算草案经批准后，项目调整的，按照预算法等规定办理。

第十九条　项目库清理。

（一）入库项目存在以下情形的，省财政部门将直接清理退出项目库：有关监督检查和审计发现存在违法违规违纪问题的；发现重复申报的；入库后连续两个预算年度未纳入预算安排或资金安排后连续两年以上未使用的项目。

（二）入库项目存在以下情形的，省直有关部门应报省财政部门审核，由省财政部门清理退出项目库。

1. 因原定政策发生变化或项目自身条件变化，不能再实施的。

2. 基建投资项目立项审批、招投标等手续不完善的。

3. 省直有关部门监督检查发现存在违法违规违纪问题的。

4. 已完成建设任务或工作目标的。

如省财政部门在审核过程中发现存在上述情形的，应直接清理退出项目库。

第六章　职责分工

第二十条　省直有关部门主要职责：

（一）按规定程序开展一级项目（政策规划）和二级项目（明细计划）申报、评审论证、项目排序等前期准备工作，组织入库项目编制。

（二）按照政策重点、轻重缓急、审核（评审论证）情况等因素进行项目排序，编制项目年度计划和滚动计划；根据财政部门项目审核意见和下达下属单位预算控制额度，选报列入预算项目。

（三）根据实际情况，提出入库项目新增、调整、退出申请，报省财政部门审核办理。

（四）负责项目库中已列入预算项目的组织实施、监督检查、绩效自评和竣工验收及相关信息公开。

第二十一条　省财政部门主要职责：

（一）制订财政资金项目库管理制度，牵头组织实施项目库管理；会同省直有关部门建设、维护项目库数据管理系统。

（二）审核省直有关部门申请入库的一级项目（政策规划）、二级项目（明细计划）和项目滚动计划，提出审核意见；编制中期财政规划，下达预算控制额度，根据财力状况等因素，在省直有关部门选送项目的基础上，编制年度预算草案；预算草案报经省人民代表大会审查和批准通过后，按规定批复下达项目资金。

（三）根据实际情况，对省直有关部门提出的入库项目新增、调整、退出申请进行审核办理；定期对过期项目进行清理。

（四）负责项目库资金批复、拨付、监督检查、绩效评价、资金决算及相关信息公开。

第七章　附　　则

第二十二条　绩效评价。项目库资金实行绩效目标申报和绩效评价考核制度，具体按照《广东省财政支出绩效评价试行方案》和《广东省省级财政专项资金管理办法》等有关规定执行。

第二十三条　信息公开。除涉及保密要求不予公开外，项目相关信息应按照有关规定予以公开，其中：省级财政专项资金按照《广东省省级财政专项资金管理办法》规定通过省直有关部门和省财政部门门户网站以及省政府网上办事大厅专项资金管理平台公开；一般性转移支付资金按照《广东省省级财政一般性转移支付办法》规定通过省直有关部门和省财政部门门户网站公开；其他资金按照预算法等规定公开有关信息。

第二十四条　责任追究。项目库资金管理实行责任追究制度，对负责资金管理的省直有关部门领导、经办人员，以及其他部门、中介机构和评审专家在资金分配审批过程中存在违法违纪行为的，申报单位、组织或个人在资金管理、使用过程中存在违法违纪行为的，依照有关规定严肃予以责任追究，涉嫌犯罪的，依法移交司法机关追究刑事责任。具体按照《中华人民共和国预算法》和《财政部违法行为处罚处分条例》、《广东省省级财政专项资金管理办法》等有关规定执行。

第二十五条　本办法由省财政厅负责解释。

第二十六条　本办法自印发之日起实施，《广东省省级财政资金项目库管理试行办法》（粤财预〔2014〕107号）同时废止。

关于贯彻落实中央调整出口退税和消费税返还政策的通知

（广东省财政厅2015年6月3日发布，粤财预〔2015〕201号）

各地级以上市财政局，顺德区财税局，财政省直管县（市）财政局：

国务院于2015年2月印发《关于完善出口退税负担机制有关问题的通知》（国发〔2015〕10号），对出口退税负担机制进行了调整：从2015年1月1日起，出口退税（包括出口货物退增值税和营业税改征增值税出口退税）全部由中央财政负担，地方2014年原负担的出口退税基数，定额上解中央；同时，中央对地方消费税不再实行增量返还，改为以2014年消费税返还数为基数，实行定额返还。为贯彻落实好中央决策部署现就有关事项通知如下：

一、我省设立“出口退税负担机制调整体制上解”项目

根据国发〔2015〕10号文件精神，为进一步理顺省以下收入分配关系，促进外贸稳定发展，经省政府批准同意，我省设立“出口退税负担机制调整体制上解”项目。

二、上解计算办法

“出口退税负担机制调整体制上解”项目，由国发〔2015〕10号文调整出口退税政策后受益地区按受益比例负担，通过年终结算上解，测算至财政省直管县（市）。计算公式为：各市［或财政省直管县（市），下同］上解金额 = 我省消费税返还减少额 × 上解分担系数。其中：

我省消费税返还减少额，即以2014年为基数，按原消费税增量返还政策计算的增量。

上解分担系数，即新政策实施后，各市出口退税受益金额占全省地市受益总额的比重。其中，各市出口退税受益金额，是以2014年为基期，按2013年出口退税负担政策计算的各市应上解的增量。

本通知自印发之日起实施，请遵照执行。

关于加强我省政府和社会资本合作（PPP）项目管理的通知

（广东省财政厅2015年10月14日发布，粤财预函〔2015〕257号）

各地级以上市财政局（委），顺德区财税局，财政省直管县（市）财政局，省有关部门：

中央和省高度重视政府和社会资本合作（PPP）模式推广运用工作。近期，我省印发了《广东省人民政府办公厅转发省财政厅省发展改革委人民银行广州分行关于在公共服务领域推广政府和社会资本合作模式实施意见的通知》（粤府办〔2015〕44号），梳理了一批符合我省战略布局、可复制可推广的示范推介项目和实施案例，其中中山市轻型跨坐式单轨首期试验段项目等4个项目入选财政部第二批示范项目，目前各项工作积极稳妥推进。根据省领导批示精神，为健全完善协同管理工作机制，加快全省PPP项目及时有效落地，现将当前需重点做好的工作通知如下：

一、分类督导，加快推进PPP项目落地

根据近期国家和省关于推广运用PPP的工作部署，有关部门将对全省PPP项目实施分类跟踪督导。其中：

（一）第一类：列入财政部第二批示范项目，由财政部、省财政厅会同省有关部门实施督导；

（二）第二类：省推介会签约项目和备选示范项目，由省财政厅会同省有关部门实施督导；

（三）第三类：其他推介项目，由地级以上市财政部门负责督导，定期报省财政厅备案。

各地区各单位应按照中央和省出台的系列制度文件和财金〔2015〕57号文、财金〔2015〕109号文有关要求，加强政策沟通协调和信息交流，细化落实具体项目实施计划和执行进度，紧密跟踪项目实施进度，严格各环节执行标准，确保项目规范实施。争取在2015年月底前，1/3以上的一、二类项目完成政府采购、进入签约环节；2016年3月底前，2/3以上的一、二类项目完成签约；2016年5月底前，全部一、二类项目完成签约。省财政厅将按照上述时间节点对项目实施和各地区各单位工作落实情况等进行总结，专题呈报省政府，并予以通报。对不再具备实施条件或实施进度缓慢的示范项目，财政部、省财政厅将要求其退出。

二、扎实做好项目储备和示范申报工作

项目储备和项目示范是推广运用PPP模式的重要抓手，各级财政部门要高度重视，加强组织领导，会同业务主管部门在适宜采用PPP模式的领域广泛筛选征集项目，建立本地区储备和示范项目库，按照项目条件和成熟程度实行分类管理，并参考财政部第一、第二批备选示范项目申报流程提前做好准备：

（一）对具备相应基本条件的项目，应予重点关注，通过组织专门力量或聘请第三方咨询机构等方式，对照示范项目申报要求进一步补充完善项目材料，重点审查项目是否符合PPP模式的必备特征，按照“成熟一项、上报一项”的原则逐级上报；

（二）对条件尚不成熟的项目，应对照国家和省系列制度规范，进一步完善实施方案和计划，加快评估论证等前期准备，一旦满足条件及时纳入备选示范项目进行准备；

（三）对新发起项目，应根据地方经济社会发展需要，结合财政收支平衡状况进行统筹论证，积极鼓励项目发起单位开展前期准备，尽快理顺各方关系，保证决策质量。

三、尽快运用PPP综合信息平台系统实行项目库管理

按照财政部统一部署，PPP综合信息平台拟于近期正式上线运行。我省将依托该平台对全省PPP项目统一实施项目库管理。为做好系统正式运行前的准备工作，请各地区各单位配合做好项目信息录入工作：市、县级项目分别由地级以上市、财政省直管县（市）财政部门登录平台测试网站（www. cpppc. cn），按照省下发的PPP综合信息平台账户和操作手册进行录入；省级PPP项目由省直发起部门提供书面材料，由省财政厅代录。初步录入工作需于10月16日前完成。省财政厅将对录入信息进行统一审核，完善项目库信息，并依托信息平台组织做好示范项目申报、遴选、信息公开和情况通报等管理工作。

四、建立健全信息通达和对口联络机制

各级财政部门要切实履行政策沟通协调和信息交流的职能，明确PPP项目管理各环节职责分工和相关责任主体，完善协同管理机制，实现信息互通共享，形成工作合力。项目相关各方要指定专人作为联络人，负责跟踪项目实施进度，及时向同级财政部门报送相关材料数据等。请地级以上市财政部门统一组织填报《PPP项目对口联络人信息》和《PPP项目实施情况表》，于10月16日前报送省财政厅。待PPP综合信息平台系统正式运行后，项目相关信息将一律通过系统录入更新。

五、切实落实本地区PPP模式推广运用工作

各地级以上市应按照粤府办〔2015〕44号文等文件的有关要求，制定出台本地区的具体实施意见，积极开展本地区推广运用PPP模式的相关工作。落实PPP专门管理机构和人员，已落实的应尽快发挥管理机构的作用，暂未落实的要借助第三方机构力量，确保完成国家和省的相关任务。参照国家和省的做法，筹建本地区的项目库和咨询机构库，并实现与省库的对接。

关于进一步加快预算执行进度的通知

（广东省财政厅2015年7月10日发布，粤财预〔2015〕262号）

各地级以上市财政局（委），顺德区财税局，财政省直管县（市）财政局：

为贯彻落实好党中央、国务院以及省委、省政府制定的各项方针政策，确保实现全年预算执行进度目标。根据《国务院关于印发推进财政资金统筹使用方案的通知》（国发〔2015〕35号）以及全省预算执行工作会议有关要求，现就进一步加快预算执行进度有关事宜通知如下：

一、高度重视，深刻认识加快预算执行进度的重要意义

加快预算执行进度，提高财政支出的均衡性和有效性，是落实中央和省委、省政府决策部署，促进稳增长调结构惠民生政策落地，提高政府和财政部门行政效能的现实需要。全省各级财政部门要按照中央和省委、省政府的部署要求，认真贯彻落实全省预算执行工作会议的会议精神，树立主业意识，充分认识加快预算执行进度重要意义，转变工作理念和方式，切实采取有力措施，加快预算支出进度，确保完成全年收支目标。

二、督促落实，多措并举加快预算执行进度

（一）建立支出情况定期通报机制

从7月初起，省将参照财政部的做法，对全省各地支出情况进行通报。通报口径详见《关于印发〈关于建立健全市县预算支出执行管理体系的实施意见〉的通知》（粤财预〔2014〕297号）。日前，省为及时、全面了解全省各地支出进度情况，已经下发了支出情况统计表。各级财政部门要加强预算执行进度的跟踪监控，建立健全定期统计报告制度，在及时、据实向省填报有关情况的同时，各地要建立本地区支出情况动态监控制度，实时了解本地区支出情况，密切关注支出进度，利用考核结果，认真查找自身差距，努力加快预算执行进度。

（二）落实新《预算法》下达时限

新《预算法》要求，一般性转移支付、专项转移支付分别在预算批准的30日内和60日内完成预算下达。各地要按照法律法规要求，确保一般性转移支付和专项转移支付在规定时间内下达。特别是收到上级政府的一般性转移支付和专项转移支付后，各地应在30日内下达。同时，要硬化预算约束，严格执行人大审议通过的预算，未列入预算的不得支出。对不需按原用途使用的财政资金，要按规定及时调整用于其他急需或有条件实施的项目，提高预算执行效率。

（三）加强重点支出监控力度

对支出进度影响较大的大额项目和关乎民生保障、经济发展的重点项目，各地要建立支出追踪和监控机制，加快拨付进度。对民生类的资金要按照“民生优先”的原则，按时发放，确保百姓及时受益；对发展类的资金要尽早拨付，确保政策落地，尽快形成经济增长的动力；对专项资金类的资金要提前研究，尽快制订分配方案，确保资金加快下达；对据实结算项目，一般采取上半年预拨、下半年清算的方式加快下达进度；对政府性基金要密切关注收入形势，确实与年初预算差距较大的，按程序调整预算。

（四）做好盘活存量资金工作

各地要贯彻落实国务院关于盘活财政存量资金的各项要求，全面盘活结转结余资金、预算稳定调节基金、预算周转金等各类存量资金，并结合本地实际，抓紧制定出台盘活资金的具体使用方案。

一是对于收回的结转资金以及超过规定比例的预算稳定调节基金和预算周转金，要围绕稳增长、促改革、调结构、惠民生政策实施，统筹用于冲减赤字、化解政府债务支出或民生保障、经济发展等重点领域，提高财政资金使用效益。根据实际需要将闲置不用的预算周转金调入预算稳定调节基金。合理控制预算稳定调节基金规模，预算稳定调节基金在编制年度预算调入使用后的规模一般不超过当年本级一般公共预算支出总额（含对下级转移支付）的5%。

二是要尽快健全完善盘活存量资金的制度办法，建立财政存量资金正常收回制度、预算编制与盘活财政存量资金相衔接的制度等。从2016年起，对上年末财政存量资金规模较大的地区或部门，适当压缩下年财政预算安排规模。其中，对上年末财政存量资金规模较大的地区，按一定比例相应核减对其下年转移支付规模；对上年末财政存量资金规模较大的部门，按一定比例相应核减其下年公用经费或项目支出规模。

三是对上级专项转移支付结转资金超过两年且未分配到部门的，下级政府一律要交回上级政府；超过两年且已分配到部门的，由同级政府收回统筹使用。一般公共预算、部门预算结余资金以及连续两年未用的结转资金，一律由同级政府收回统筹使用，对不足两年的结转资金，要加快预算执行，也可按规定用于其他急需领域，不需按原用途使用的，应按规定统筹用于经济社会发展急需资金支持的领域。严格控制一般公共预算结转项目，可不结转的项目不再结转。地方各级财政除国库集中支付结余外，一律不得按权责发生制列支，已按权责发生制核算的存量资金，要结合当前财政经济形势在两年内使用完毕。

四是进一步加大财政专户余额的清理力度，除经财政部审核并报国务院批准保留的财政专户外，其余财政专户在2年内逐步撤销。依据法律法规和国务院、财政部的规定设立的财政支出专户资金中，超过两年以上的

结转资金应及时调入国库；其余财政支出专户应全部调入国库。

（五）完善预算执行责任追究机制

为进一步明确职责，督促各地抓好落实。从7月起，省将按月通报各地市支出进度，并将通报内容抄送各地级以上市市政府。每月执行率①未达到相应比例（6－9月为80%、10－12月为90%）的地市财政局（委）于考核结果公布3个工作日内，撰写情况说明，经局（委）主要负责人签字后报省财政厅。执行率低于以下比例（6－9月为75%、10－11月为90%，12月为91%）的，省财政厅约谈局（委）主要负责人。同时，在分配转移支付资金时，将结合各地支出进度结果统筹考虑，对支出进度不力的地区，相应扣减或减少转移支付支出。

（六）建立各地市定期向分片负责的省财政厅厅领导报告支出进度情况分析制度

省将继续实施省财政厅厅领导分片抓支出工作机制（具体分工情况详见附件）。各地市、直管县财政局要及时跟踪了解本地区支出进度情况，对支出情况进行认真分析，在按要求向我厅预算处、国库处等处室报送支出分析材料的同时，向分片负责的省财政厅厅领导报送支出进度情况分析材料。分析材料要对本区域当月及累计支出进度情况进行认真分析梳理，剖析影响预算执行进度的主要原因，重点分析财政拨款规模较大的重点单位、重点项目执行进度情况、存在问题及下一步工作措施。支出进度低于序时进度且低于全省平均水平的地区，要专题报告支出进度较慢的原因以及下一步改进的工作措施等内容。

（七）建立健全提高预算执行均衡性长效机制

各地要着力改革创新，从预算编制、推进跨年度预算的统筹协调等方面建立健全提高预算执行均衡性长效机制。进一步优化资金申报审批流程，在确保资金安全的前提下，对现有资金管理、审批程序和流程进行一次全面梳理，研究进一步简化优化资金申报、审批、拨付流程和手续；进一步细化完善预算编制，改革现行先定预算后找项目的做法，进一步做细、做实年初预算；建立项目动态调整机制，实时跟踪了解项目执行情况，项目预算执行进度较慢的，同级财政可按一定比例收回资金，统筹用于经济社会发展急需资金支持的领域；进一步探索实施中期财政规划管理，研究规划期内的政策目标、运行机制、评价办法和预算安排，提高预算的可预见性和可执行性；编制三年滚动财政规划，对未来三年重大财政收支情况进行，分析预测，对规划期内一些重大改革、重要政策和重大项目，研究政策目标、运行机制和评价办法，三年滚动财政规划要与国民经济和社会发展五年规划纲要及相关专项规划、区域规划相衔接，强化三年滚动财政规划对年度预算的约束；进一步推行财政预算项目库管理，提前一年或更早筛选项目纳入财政项目库，提高预算编制精准度和细化度；进一步加强部门沟通联动，明确各部门、单位预算执行主体责任和职责分工，建立健全部门间沟通有效、联动及时工作机制。

关于推进省直管县财政改革试点工作有关问题的通知

（广东省财政厅2015年8月17日发布，粤财预〔2015〕351号）

有关地级市财政局，省直管县财政改革第五批试点县财政局：

根据《广东省人民政府办公厅关于开展省直管县财政改革第五批试点的通知》（粤办函〔2015〕368号，附件1），从2015年7月起，我省在韶关市翁源县、河源市连平县、汕尾市海丰县、湛江市雷州市、肇庆市广宁县、揭阳市惠来县6个县（市）纳入省直管县财政改革第五批试点范围。请有关试点县（市）及其所属地级市按照《财政部关于推进省直接管理县财政改革的意见》（财预〔2009〕78号，附件2）、《关于印发推进省直管县财政改革试点实施意见的通知》（粤财预〔2010〕215号，附件3）、《省直管县财政改革试点市县新增补助（上解）资金管理工作规程（试行）》（粤财预〔2011〕311号，附件4）、《关于请配合做好财政省直管县相关工作的函》（粤财预函〔2013〕11号，附件5）、《关于建立省直管县财政改革信息通达机制的通知》（粤财预函〔2013〕27号，附件6）和《关于进一步明确有关市对省直管县财政改革试点县帮扶责任的通知》（粤财预〔2013〕36号，附件7）等有关文件规定，认真做好省直管县财政改革试点的有关实施工作。为确保改革试点工作顺利推进，结合第一至第四批试点工作情况，现将有关政策补充通知如下：

一、关于过渡期的工作安排

从2015年7月起在业务指导、工作布置、文件往来、召开会议和组织培训等方面实行省财政直接对省直管县财政改革第五批试点县（市）（以下简称试点县）。由于属于年中开展改革试点工作，为保持财政结算与财政年度的一致性，确保改革平稳过渡，将2015年7－12月定为本次省直管县财政改革试点过渡期。对过渡期有关事项明确如下：

（一）过渡期的具体期限为2015年7月起至2015年12月31日。

① 执行率＝综合支出进度/序时进度。

（二）过渡期内在财政收支划分、转移支付、资金往来、预决算、年终结算等方面仍保持原有市、县财政之间的业务关系，暂实行省对市、市对县。

（三）如无特别规定，过渡期内其余业务实行省财政直接对试点县。

二、关于财政收入划分问题

对第五批试点市县分成的财政收入由双方财政部门按照属地划分的原则进行清理，分清收入级次，从2016年1月1日起实行属地征管及体制分成。对于地级市从试点县分享的财政收入，以2014年为基期年，由市、县双方财政部门商定划转基数。从2016年1月1日起，新产生的各项税收等收入划分按收入属地原则办理，市、县之间不得再分享集中对方区域内的财政收入。

三、关于划转各项补助上解基数问题

原有省财政与市级、省财政与试点县、市级与试点县之间的补助和上解事项以2014年为基期年，以省财政结算数为依据，经市县双方财政部门清理商定基数，列出具体项目后实行定额划转。

其中，市级财政对试点县专项拨款补助基数以2014年市级财政实际下达试点县指标（经常性指标，不含一次性补助）为基础，在不低于2012—2014年三年平均数的条件下，经市、县双方财政部门确认汇总后报省财政厅核定，按核定数进行划转。

对2015年省财政下达的专项拨款补助指标，地级市原则上应在2015年12月底前分配到试点县。逾期仍未分配的，省财政将按照粤财预〔2011〕311号文有关规定，视同地级市对试点县新增补助办理。

四、关于财政结算问题

从2016年1月1日起，按照改革后财政管理体制规定，各市、县之间不得发生财政结算。同时，市、县财政应根据2015年财政总决算的相关数据清理确认省与市、省与县三者间的往来挂账数额，经报省财政厅审核确认后，作为省、市、县三级财政调整相关账务的依据。

五、关于地级市对试点县的新增补助问题

从2016年1月1日起，对地级市在年度中间新增安排对试点县的补助资金，一律由市级财政部门直接拨付到试点县，文件同时抄送省财政厅。市级财政新增补助资金拨付到位后，由市县财政作暂付暂存挂账处理，年底由市县财政双方确认后报省财政厅审核并统一进行账务调整。对新增补助中的属于固定性补助部分，在下一年度由市、县双方确认后报送省财政厅，由省财政厅核实后统一列入补助划转基数，具体按照粤财预〔2011〕311号文规定办理。地级市新增补助试点县资金标准明确如下：

（一）中央、省在2016年1月1日前出台的民生政策，此后提高标准或扩大范围所需增支部分，地级市应按不低于2015年的配套比例继续安排给所辖试点县。

（二）中央、省在2016年1月1日以后新出台的民生政策，地级市应按照政策规定安排配套补助资金给试点县。

（三）地级市出台的民生政策，市财政应一视同仁地对试点县和非试点县给予补助。

六、关于财政报表的报送问题

实行省直管县财政改革后，市、县统一按照省财政的要求，各自编制本级财政收支预算和年终决算。试点县预决算、旬月报等相关资料在向省报送的同时要向地级市报送；市级财政部门要按规定汇总市本级、所辖各区县及试点县预决算、旬月报等相关资料，并按规定向省财政报送，其中汇总后的预决算报市人大常委会备案。

七、关于项目申报的问题

省对试点县的专项拨款补助按粤财预函〔2013〕11号文规定办理，即在不违反现行有关规定的基础上，对于省安排给市县的专项补助项目，原则上应由试点县直接向省有关主管部门申报。

八、关于建立省直管县财政改革信息通达机制的问题

实行省直管县财政改革后，试点县需按照粤财预函〔2013〕27号文要求，每月结束后10日内向省财政厅报送预算执行情况，每季度结束后10日内向省财政厅报送改革进展情况与动态信息。

试点县在改革试点实施过程中遇到的问题（尤其是具体业务工作中存在的问题）以及需省协调解决的事项，可及时形成书面材料向省财政厅反映，省财政厅将认真研究协调。

九、关于做好改革实施工作的几点要求

有关市、县财政部门要提高认识，统一思想，通力合作，加强协调，主动做好各项工作。在全面清理现有的各项收支划分、收入分享、财力集中、财力补助、专项拨款和其他财政结算事项，认真甄别并逐项提出划转意见的基础上，有关市、县财政部门进行会审核对，对双方意见不一致的事项，要积极协商达成一致。对收支划分不符合要求、基数划转不清楚的事项，省财政厅将要求调整重新核定。省直管县财政改革有关准备工作原则上在2015年10月底前基本结束。各市、县填报的有关基数划转确认表及有关资料（通知另行下发），应按省财政厅要求按时报送。

为进一步巩固改革成果，更好地支持试点县经济社会发展，确保实现省直管县财政改革目标，地级市要继续承担对试点县的帮扶责任，一视同仁地在财力上对所辖试点县和非试点县给予支持，帮助试点县加快发展社会经济各项事业。省将不定期进行监督检查，如存在政策落实不到位或地级市集中试点县财力等情况，省将予以通报并相应扣减市级一般性转移支付补助。

广东省财政厅关于省直部门综合支出考核与财政资金安排挂钩的暂行办法

（广东省财政厅2015年11月13日发布，粤财预〔2015〕486号）

第一条　为加强省级预算执行管理，提高预算执行时效性和均衡性，盘活财政存量资金，发挥财政资金使用效益，根据《预算法》、《国务院关于深化预算管理制度改革的决定》（国发〔2014〕45号）、《国务院关于印发推进财政资金统筹使用方案的通知》（国发〔2015〕35号）等有关规定，结合我省实际，制定本办法。

第二条　与省财政有资金往来的省级有关部门和单位适用本办法。

第三条　省对有关部门预算执行管理的考核坚持“依法依规、适当挂钩、统一规范、公平公正”等基本原则。

第四条　综合支出考核分为预算支出进度考核和部门存量资金考核。

预算支出进度考核的资金范围指省财政已批复（通知）到省直部门的所有财政性资金等，资金类型涵盖一般公共预算、政府性基金预算、国有资本经营预算；资金来源包括年初预算、预算调整、上年结转、年中新下达资金（不含12月下达的中央资金）。

部门存量资金考核的资金范围指由财政一般公共预算、政府性基金预算、国有资本经营预算等安排下达到部门并形成的结转结余资金，包括国库集中支付结转结余资金，以及部门自有账户中结余资金和结转两年以上资金。

第五条　根据省直部门考核评价结果，实施月度通报、年终考核。

月度通报。省财政厅每月通报各部门预算支出进度得分及排名情况。

年终考核。省财政厅年度终了后对各部门综合支出进行考核评价。部门综合支出考核总得分按照预算支出进度、部门存量资金规模等两项考核得分各50%的权重加总计算得出（如只有其中一项，按照该项权重100%计算得分）。

预算支出进度与当年省级财政资金安排挂钩，支出进度低于一定水平的，将收回统筹部分资金；年末财政部门存量资金规模超过控制线的，超过部分按一定比例收回统筹。

第六条　预算支出进度考核评价。预算支出进度考核分为省级部门资金用款进度考核和省直部门主管专项经费、专项资金（含一般性转移支付和专项转移支付）下达进度考核。预算支出进度考核得分按以上两项因素加权平均计算得出。没有主管专项经费、专项资金的部门，省级部门资金用款进度权重按照100%计算。公式表示：

预算支出进度考核得分＝省级部门资金用款进度考核得分×50%＋省直部门主管专项经费、专项资金下达进度考核得分×50%

（一）省级部门资金用款进度考核评价。从省财政厅开始通报支出进度的月份起算，将部门从该月起到年底的每个月份实际支出进度分别与相应的序时进度进行比较计算分月执行率，并据此平均得出全年平均执行率，考核各部门全年平均执行率是否达标，达标线为100%，及格线为80%。公式表示：

分月执行率＝某月支出进度÷该月序时进度×100%

全年平均执行率＝$\sum$（n个月的执行率）÷n

其中，n为计算的月份数。

说明：分月执行率以省财政厅月度考核通报数为依据。其中，月度通报中含综合支出进度取综合支出进度数，月度通报中仅分项通报，按一般公共预算、政府性基金预算、国有资本经营预算加权计算支出进度，具体为：

某月支出进度＝A一般公共预算×P一般公共预算＋A政府性基金×P政府性基金＋A国有资本经费预算×P国有资本经营预算

其中：A表示某月份分类别预算支出进度。P表示某月份分类别预算支出任务占该月总支出任务的比重。用公式表示：

$$A_{\text{一般公共预算}}=\frac{\text{截至某月一般公共预算累计支出数}}{\text{全年一般公共预算支出任务}}$$

$$P_{\text{一般公共预算}}=\frac{\text{全年一般公共预算支出任务}}{\text{全年一般公共预算支出任务}+\text{全年政府性基金支出任务}+\text{全年国有资本经营预算支出任务}}$$

政府性基金预算支出、国有资本经费预算支出任务比重以此类推。

财政支出进度考核分项得分按百分制分档计算。部门全年平均执行率达到或超过100%（含100%）的，得100分；全年平均执行率在80%（含80%）至100%之间的，按比例在60至100分之间（含60）评分；全年平均执行率在60%（含60%）至80%之间的，按比例在0至60分之间（含0）评分；全年平均执行率低于60%的，得0分。公式表示：

部门得分（全年平均执行率≥100%）＝100

部门得分（80%≤全年平均执行率<100%）＝60＋（该部门全年平均执行率－80%）÷（100%－80%）×40

部门得分（60%≤全年平均执行率<80%）＝（该部门全年平均执行率÷80%）×60

部门得分（全年平均执行率<60%）＝0

（二）省直部门主管专项经费、专项资金下达进度考核评价。专项经费、专项资金分为转移支付和其他专项经费，总得分按分项得分加权平均计算得出（只有其中一项的，按照该项考核得分比重100%计算总得分）。公式表示：

省直部门主管专项经费、专项资金下达进度考核得分＝部门主管转移

支付下达进度得分×50%＋其他专项经费下达进度得分×50%

1. 转移支付下达进度考核评价。根据新《预算法》“省、自治区、直辖市政府在接到中央一般性转移支付和专项转移支付后，应当在30日内正式下达到本行政区域县级以上各级政府”、“县级以上地方各级预算安排对下级政府的一般性转移支付和专项转移支付，应当分别在本级人民代表大会批准预算后的30日和60日内正式下达”的规定，考核各部门主管转移支付是否按照规定时限下达。部门主管转移支付下达进度分项得分按中央转移支付和省级一般性转移支付、专项转移支付下达进度得分加权平均得出。公式表示：

部门主管转移支付下达进度得分＝中央转移支付下达进度得分×50%＋省级一般性转移支付下达进度得分×25%＋省级专项转移支付下达进度得分×25%（如只有一项，按照该项权重100%计算得分；如只有两项，按照两项权重50%加权平均计算得分）

其中：

中央转移支付下达进度＝收到中央转移支付预算后30日内下达资金额度÷收到的中央转移支付预算额度×100%

省级一般性转移支付进度＝预算批复后30日内下达的一般性转移支付资金额度÷预算批复的一般性转移支付额度×100%

省级专项转移支付进度＝预算批复后60日内下达的专项转移支付资金额度÷预算批复的专项转移支付额度×100%

中央转移支付下达进度、省级一般性转移支付进度、省级专项转移支付考核得分按百分制分档计算。下达率高于100%的（含100%），得100分；下达率低于100%的，得0分。

2. 其他专项经费下达进度考核评价。其他专项经费下达进度考核评价和得分参照本条第（一）点“省级部门资金用款进度考核评价”执行。

第七条　预算支出进度考核挂钩。

（一）省级部门资金用款进度考核挂钩。已下达到部门的省本级支出，按照1－10月支出进度进行考核。除必须的运转性项目支出外，1－10月支出进度低于80%的，按照不超过20%的比例收回预算统筹。

其中，1－10月支出进度达到75%的（含75%），按照5%的比例收回统筹；1－10月支出进度为60%－75%的（含60%），按照10%的比例收回统筹；1－10月支出进度低于60%的，按照20%的比例收回统筹。

（二）省直部门主管专项经费、专项资金下达进度考核挂钩。省直部门主管专项经费、专项资金原则上在当年使用完毕，年度终了仍未下达、留存在财政的，原则上收回统筹，不结转使用。预算执行中，一般性转移支付超过当年预算批复30日未下达的，按照未下达部分的50%收回统筹；专项转移支付超过当年预算批复60日未下达的，按照未下达部分的50%收回统筹。截至当年10月底，省直部门主管专项经费、专项资金仍未下达的，可按照未下达额度占预算额度比例，核减下年度预算。

第八条　省直部门存量资金考核评价。财政存量资金考核部门当年结转额度是否达标（不超过当年项目预算的5%），以及年末财政存量资金规模较上一年是否下降。部门存量资金考核得分按以上两项因素加权平均计算得出。公式表示：

部门存量资金考核得分＝部门存量资金规模占比得分×50%＋部门存量资金变动率考核得分×50%

（一）省直部门存量资金规模占比得分。按照结转额度占对应项目预算比例的加权平均数计算部门存量资金规模占比，考核是否超过控制线（5%）。公式表示：

部门存量资金规模占比 $= \sum_{i=1}^{n} W_i \times P_i$

其中：i表示第i个项目，Wi表示第i个项目预算额度占该部门所有项目预算额度之和的比重，Pi表示第i个项目结转额度占该项目预算金额的比例。

存量资金规模占比分项得分按照百分制分档计算。存量资金占比率不高于5%（含5%）的，得100分；存量资金占比率高于5%的，得0分。

（二）省直部门存量资金变动率得分。按照省直部门当年年末存量资金规模较上一年度的变动情况，考核各省直部门存量资金规模是否呈递减趋势。公式表示：

部门财政存量资金变动率＝（当年年末存量资金规模÷上一年度年末存量资金规模－1）×100%

部门财政存量资金变动分项得分按百分制分档计算。财政存量资金变动率低于－15%的（含－15%），得100分；财政存量资金变动率在－15%－10%（含－10%）之间的，按比例在60－99分之间评分；财政存量资金变动率在－10%－0（含0）之间的，按比例在0－59分之间评分；财政存量资金变动率高于0的，得0分。公式表示：

部门得分（财政存量资金变动率≤－15%）＝100

部门得分（－15%＜财政存量资金变动率≤－10%）＝100＋［该部门财政存量资金变动率－（－15%）］÷［（－15%）－（－10%）］×40

部门得分（－10%＜财政存量资金变动率≤0）＝60＋［该部门财政存量资金变动率－（－10%）］÷［（－10%）－0］×60

部门得分（财政存量资金变动率＞0）＝0

第九条　省直部门存量资金考核挂钩。年终仍未下达、留存在财政的省直部门主管专项经费、专项资金将收回统筹，不结转使用，不纳入部门存量资金统计。

已下达到部门的预算资金，年终人员经费和公用经费未使用完的，原则上收回统筹；项目结转不超过当年项目预算的5%，超出5%的部分按一定比例收回统筹。具体按照财政存量资金变动考核得分核定：高于85分的（含85分），按照超出5%部分的20%收回统筹；得分为60－85分的（含60分），按照超出5%部分的50%收回统筹；得分低于60分的，按照超出5%部分的100%收回统筹。

第十条　省直部门应及时清理核查自有资金情况，确保数据的真实性和准确性。省财政厅将通过试点查账等方式对省直部门进行抽查，抽查发现虚报、漏报、瞒报数据等情况的，按上述挂钩标准的三倍扣减财政资金安排。

第十一条　违反《预算法》、国家和省关于预算批复下达时限、存量资金规模有关规定，造成财政支出进度滞后、存量资金规模超过规定比例的，按照《广东省行政过错责任追究暂行办法》等规定，对相关领导和工作人员进行问责，具体问责工作依照有关规定处理。

（一）未按照《预算法》规定时限

下达税收返还、财力性转移支付，和批复部门预算的，追究财政部门相关责任人员责任；未按照《预算法》规定时限下达资金的，属于部门具有主管分配权的专项资金、专项经费等资金，追究主管部门相关责任人员责任。

（二）部门预算实际用款进度严重慢于序时进度的，部门存量资金、结余结转资金规模超过规定比例的，追究该部门相关责任人员责任。

（三）部门自有资金未按规定交回财政的，追究该部门相关责任人员责任。

第十二条　本办法由省财政厅组织实施并负责解释。

第十三条　本办法自印发之日起执行。

广东省市县财政收入质量考核办法

（广东省财政厅2015年11月11日发布，粤财预〔2015〕522号）

第一条　为保证财政收入依法依规征收，实现财政收入可持续保质量增长，抑制财政收入违规行为，根据《中华人民共和国预算法》、《财政部关于进一步加强地方非税收入管理的通知》（财预〔2012〕284号）等有关规定，结合我省实际，制定本办法。

第二条　对市县财政收入质量的考核，坚持“依法依规、科学合理、统一规范、问题导向”的原则。

第三条　全省地级以上市（不含深圳市）和省直管县财政改革试点县（市、区）（含顺德区，以下简称财政省直管县）财政部门适用本办法。

第四条　市县财政收入质量考核目标为：引导各市县依法依规征收财政收入，防范财政收入超常规增长、虚收空转、转引收入等行为，引导市县非税收入真实合规增长。

第五条　本办法考核范围为一般公共预算中的非税收入，包括专项收入、行政事业性收费收入、罚没收入、国有资本经营收入、国有资源（资产）有偿使用收入、其他收入等。

第六条　本办法考核为年度考核，以2014年为基期，对市县非税收入可比增长率超过规定上限的，按超过上限金额的相应比例上解省级财政，并将考核结果通报至各市县政府。

可比增长率是指剔除特殊因素后的增长率。可予剔除的特殊因素包括：一是当年政策性新增因素，如政府性基金新增转列一般公共预算收入、经国家或省批准新增大额非税收入项目；二是当年一次性新增因素，如一次性出让国有资产大额收入、国有资本经营大额新增收入、随土地出让收入解缴的教育资金和农田水利建设资金大额新增收入等。当年一次性新增因素需由市县报送相关证明材料，经省财政厅核实同意后予以剔除。

对地级以上市的考核，剔除其所辖财政省直管县数据。

第七条　考核标准。

珠三角发达地区（广州市、珠海市、佛山市、东莞市、中山市、江门市、顺德区）考核标准：非税占比超过20%的，其非税可比增长率超过全省当年度税收增长率部分，以每10个百分点分档，依次按2成、3成、4成超额累进上解；非税占比不超过20%的，其非税可比增长率超过全省当年度非税收入可比增长率部分，以每10个百分点分档，依次按2成、3成、4成超额累进上解。

粤东西北欠发达地区（除珠三角发达地区以外的地级以上市及财政省直管县）考核标准：非税占比超过30%的，其非税可比增长率超过全省当年度税收增长率部分，以每10个百分点分档，依次按2成、3成、4成超额累进上解；非税占比不超过30%的，其非税可比增长率超过全省当年度非税收入可比增长率部分，以每10个百分点分档，依次按2成、3成、4成超额累进上解。

其中：

非税占比为非税收入占一般公共预算收入的比重。

非税收入总量低于基期年（2014年）的，不需上解。

第八条　考核上解金额计算办法如下表：

非税占比	非税收入可比增长率（N）	上解比例	上解金额
珠三角＞20% 粤东西北＞30%	$N \leq \bar{T}$	0	0
	$\bar{T} < N \leq \bar{T} + 10\%$	2成	上年非税收入 $\times (N - \bar{T}) \times 0.2$
	$\bar{T} + 10\% < N \leq \bar{T} + 20\%$	3成	上年非税收入 $\times [10\% \times 0.2 + (N - \bar{T} - 10\%) \times 0.3]$
	$N > \bar{T} + 20\%$	4成	上年非税收入 $\times [10\% \times 0.2 + 10\% \times 0.3 + (N - \bar{T} - 20\%) \times 0.4]$

续表

非税占比	非税收入可比增长率（N）	上解比例	上解金额
珠三角≤20% 粤东西北≤30%	$N \leq \bar{N}$	0	0
	$\bar{N} < N \leq \bar{N} + 10\%$	2 成	上年非税收入 ×（$N - \bar{N}$）×0.2
	$\bar{N} + 10\% < N \leq \bar{N} + 20\%$	3 成	上年非税收入 ×[10% ×0.2 +（$N - \bar{N} - 10\%$）×0.3]
	$N > \bar{N} + 20\%$	4 成	上年非税收入 ×[10% ×0.2 +10% ×0.3 +（$N - \bar{N}$ - 20%）×0.4]

其中：N 为某市县当年非税收入可比增长率；$\bar{N}$ 为全省当年度非税收入可比增长率；$\bar{T}$ 为全省当年度税收增长率。若 $\bar{N} \leq \bar{T} + 5\%$，则上表中，$\bar{N}$ 用 $\bar{T} + 5\%$ 替代。

第九条 市县财政收入质量考核上解金额通过次年年终结算上解省级财政。

第十条 纳入财政收入质量考核上解范围的地级以上市、财政省直管县，省财政将对其收入征管情况进行专项监督检查，严格核实收入情况。涉及虚收空转、转引收入等违法违规行为的，依照有关规定处理；并按虚收空转、转引收入金额的 50% 进行罚缴，专项上解省财政。

第十一条 以后年度将参考全国东部、中西部地区及我省各区域非税占比，适时对相关考核标准进行适当调整。

第十二条 本办法由省财政厅组织实施并负责解释。

第十三条 本办法自 2016 年 1 月 1 日起执行。

广东省财政厅关于市县财政综合支出考核与转移支付挂钩的暂行办法

（广东省财政厅 2015 年 11 月 13 日发布，粤财预〔2015〕525 号）

第一条 为加强市县财政预算执行管理，提高预算执行时效性和均衡性，盘活财政存量资金，发挥财政资金使用效益，根据《预算法》、《国务院办公厅关于进一步做好盘活存量资金工作的通知》（国办发〔2014〕70 号）、《财政部关于推进地方盘活财政存量资金有关事项的通知》（财预〔2015〕15 号）、《财政部关于印发地方预算支出进度考核办法的通知》（财预〔2015〕145 号）有关规定，结合我省实际，制定本办法。

第二条 本办法考核对象为各地级以上市（不含深圳市）和省直管县财政改革试点县（市、区）（含顺德区，以下简称财政省直管县）财政部门，其中，对地级以上市的数据统计为不含其所辖省直管县的数据。各市县财政综合支出考核与转移支付挂钩办法，由各市县财政部门参照本办法制定。

第三条 省对有关市县财政实施考核评价和挂钩奖惩应坚持“问题导向、适当挂钩、统一规范、公平公正”等基本原则。

第四条 财政综合支出考核的资金范围包括一般公共预算支出、政府性基金预算支出、国有资本经营预算支出（含年初预算、预算调整、上年结转、上级年中追加资金）、动用预算稳定调节金支出、预算周转金、财政专户资金等财政支出。

第五条 市县财政综合支出考核分为财政支出进度、财政存量资金规模等两项考核，省财政厅根据市县考核评价结果，实施分项考核、得分通报。

（一）分项考核。财政支出进度与当年省级财政转移支付资金分配挂钩，支出进度低于一定水平的，将扣减转移支付资金；年末财政存量资金规模超过控制线的，超过部分按一定比例上缴省级财政。

（二）得分通报。市县财政综合支出考核得分按照财政支出进度、财政存量资金规模等两项考核得分各 50% 的权重加总计算得出。省财政厅每月通报市县财政综合支出考核分项得分及排名等情况；每年通报市县财政综合支出考核评价总得分及排名等情况。通报发至各地级以上市政府和省直管县财政改革试点县（市）政府。

通过建立市县财政综合支出考核结果通报机制和实施与转移支付挂钩机制，引导督促市县财政部门落实中央和省的有关政策要求。

第六条 财政支出进度考核评价。从省财政厅开始通报支出进度的月份起算，将市县从该月起到年底的每个月份实际支出进度分别与相应的序时进度进行比较计算分月执行率，并据此平均得出全年平均执行率，考核各市县全年平均执行率是否达标。

根据财政部关于结余结转资金占比不得超过 9% 的规定以及《关于进一步加快预算执行进度的通知》（粤财预

〔2015〕262号）有关规定测算，达标线为91%，及格线为80%。公式表示：

分月执行率＝某月支出进度÷该月序时进度×100%

全年平均执行率＝$\sum$（n个月的执行率）÷n

说明：支出进度按财政部对我省的考核办法计算。其中，含整体通报的月份按综合支出进度计算，仅分项通报的月份按一般公共预算、政府性基金预算加权计算的支出进度计算，具体为：

某月支出进度＝A一般公共预算×P一般公共预算＋A政府性基金×P政府性基金

其中：A表示某月份分类别预算支出进度。P表示某月份分类别预算支出任务占该月总支出任务的比重。用公式表示：

$$A_{一般公共预算}=\frac{截至某月一般公共预算累计支出数}{全年一般公共预算支出任务}$$

$$P_{一般公共预算}=\frac{全年一般公共预算支出任务}{全年一般公共预算支出任务+全年政府性基金支出任务}$$

政府性基金预算支出任务比重以此类推。

财政支出进度考核分项得分按百分制分档计算。市县全年平均执行率达到或超过91%（含91%）的，得100分；全年平均执行率在80%（含80%）至91%之间的，按比例在60至100分之间（含60）评分；全年平均执行率在60%（含60%）至80%之间的，按比例在0至60分之间（含0）评分；全年平均执行率低于60%的，得0分。公式表示：

市县得分（全年平均执行率≥91%）＝100

市县得分（80%≤全年平均执行率＜91%）＝60＋（该市县全年平均执行率－80%）÷（91%－80%）×40

市县得分（60%≤全年平均执行率＜80%）＝（该市县全年平均执行率÷80%）×60

市县得分（全年平均执行率＜60%）＝0

第七条　财政支出进度考核与转移支付挂钩。财政支出进度考核得分低于60分的市县，省财政适当扣减对其当年转移支付资金。对地级以上市，分项得分每低于及格线1分，扣减500万元，扣减额最多不超过1亿元；对省直管县财政改革试点县（市），分项得分每低于及格线1分，扣减50万元，扣减额最多不超过1 000万元。

需扣减的市县转移支付资金，优先在当年一般性转移支付增量资金中扣减。市县当年一般性转移支付增量资金不足扣减的，一次性扣减其一般性转移支付基数。

第八条　财政存量资金规模考核评价。考核市县财政存量资金规模占其上一年度支出（或收入）的比重是否超标，应收回财政存量资金是否全部收回，以及市县财政存量资金规模较上一年度（月度）是否递减。具体标准根据财政部规定的控制比例以及资金范围确定。

（一）一般公共预算。考核各市县一般公共预算财政存量资金占比率是否超过控制线（9%）。公式表示：

一般公共预算存量资金占比率＝一般公共预算存量资金规模÷年度一般公共预算支出数×100%

该考核分项得分按百分制分档计算。市县占比率不高于9%（含0%）的，得100分；占比率高于9%的，得0分。

一般公共预算财政存量资金口径为：一般公共预算尚未下达地方和部门、留在各级财政部门的结转结余资金，包含上级转移支付结转结余资金和权责发生制核算资金。

（二）政府性基金。考核各市县政府性基金预算存量资金占比率是否超过控制线（30%）。公式表示：

政府性基金预算存量资金占比率＝各项政府性基金预算存量资金规模总和÷年度各项政府性基金预算收入数总和×100%

该考核分项得分按百分制分档计算。市县占比率不高于30%（含30%）的，得100分；占比率高于30%的，得0分。

政府性基金预算存量资金口径为：政府性基金预算尚未下达到地方和部门、留在各级财政部门的结转资金，包含上级专项转移支付结转资金。

（三）预算稳定调节基金。考核各市县预算稳定调节基金编制年度预算调入后的规模占比率是否超过控制线（5%）。公式表示：

预算稳定调节基金占比率＝预算稳定调节基金规模÷年度一般公共预算总支出×100%

该考核分项得分按百分制分档计算。市县占比率不高于5%（含5%）的，得100分；占比率高于5%的，得0分。

（四）预算周转金。考核各市县预算周转金占比率是否超过控制线（1%）。公式表示：

预算周转金占比率＝预算周转金规模÷年度一般公共预算总支出×100%

该考核分项得分按百分制分档计算。市县占比率不高于1%（含1%）的，得100分；占比率高于1%的，得0分。

（五）其他财政存量资金。考核各市县是否按要求将规定范围的财政支出专户（以下简称专户）资金中超过两年以上的结转资金全部调入国库。公式表示：

专户存量资金占比率＝超过两年以上的专户结转资金÷年度专户余额数×100%

该考核分项得分按百分制分档计算。市县占比率为0的，得100分；占比率大于0的，得0分。

其他财政存量资金口径为：除社保资金、粮食风险基金、教育收费、外国政府和国际金融组织贷款赠款、代管资金以及其他财政部认定的财政专户资金外，其余财政专户应按照存量资金进行统计。

（六）收回财政存量资金。考核各市县是否按要求对应收回的资金及时予以收回的情况进行考核。公式表示：

应收回财政存量资金收回率＝已收回财政存量资金÷应收回财政存量资金×100%

该考核分项得分按百分制分档计算。应收回财政存量资金收回率为100%的，得100分；资金回收率小于100%的，得0分。

（七）财政存量资金变动率。按照市县当期存量资金总规模较上期的变动情况，考核各市县存量资金总规模是否呈递减趋势。公式表示：

财政存量资金变动率＝（当期存量资金总规模÷上期存量资金总规模－1）×100%

财政存量资金总量变动率年度考核得分按百分制分档计算。市县财政存量资金变动率低于 -15% 的（含 -15%），得 100 分；财政存量资金变动率在 -15% -10%（含 -10%）之间的，按比例在 60-100 分之间（含 60）评分；财政存量资金变动率在 -10% -0（含 0）之间的，按比例在 0-60 分之间（含 0）评分；财政存量资金变动率高于 0 的，得 0 分。公式表示：

市县得分（财政存量资金变动率 ≤ -15%）= 100

市县得分（-15% < 财政存量资金变动率 ≤ -10%）= 60 + [该市县财政存量资金变动率 -（-10%）] ÷ [（-15%）-（-10%）] × 40

市县得分（-10% < 财政存量资金变动率 ≤ 0）= 该市县财政存量资金变动率 ÷（-10%）× 60

市县得分（财政存量资金变动率 > 0）= 0

财政存量资金总量变动率月度考核得分按百分制分档计算。市县变动率低于 0 的，得 100 分；变动率高于 0（含 0）的，得 0 分。

市县财政存量资金规模考核得分按上述七项得分加权计算得出。一般公共预算、政府性基金、预算稳定调节基金、预算周转金、其他财政存量资金、收回财政存量资金以及财政存量资金变动率等考核得分的权重分别为 30%、20%、10%、10%、10%、10%、10%。省财政厅将按月通报存量资金考核情况。公式表示：

市县财政存量资金规模考核得分 = 一般公共预算存量资金比重考核得分 × 30% + 政府性基金存量资金比重考核得分 × 20% + 预算稳定调节基金比重考核得分 × 10% + 预算周转金比重考核得分 × 10% + 财政专户存量资金比重考核得分 × 10% + 收回财政存量资金得分 × 10% + 财政存量资金变动率得分 × 10%

第九条　财政存量资金规模考核与专项上解挂钩。市县财政存量资金规模超过控制线的部分资金专项上解省级财政（按当年度各类存量资金总规模考核）。具体上解金额按照超出部分资金的 5% 确定，最多不超过 5 亿元，上解事项通过上下级财政年终结算办理。公式表示：

市县财政专项上解额 =（一般公共预算存量资金占一般公共预算总支出比重超过 9% 的部分 + 政府性基金预算存量资金占当年政府性基金预算收入比重的超过 30% 的部分 + 预算稳定调节基金占一般公共预算总支出比重超过 5% 的部分 + 预算周转金占一般公共预算总支出比重超过 1% 的部分 + 财政专户资金中超过两年以上的结转资金未调入国库的部分）× 5%

第十条　市县财政部门应确保报送数据的真实性和准确性。省财政厅将通过实地查账等方式对相关市县进行抽查，抽查发现市县虚报、漏报、瞒报数据等情况的，按上述标准的三倍扣减转移支付或上解超标存量资金。

第十一条　违反《预算法》、国家和省关于预算批复下达时限、存量资金规模有关规定，造成财政支出进度滞后、存量资金规模超过规定比例的，按照《广东省行政过错责任追究暂行办法》等规定，对相关领导和工作人员追究责任，需要追究党纪、政纪责任的，依照有关规定处理。

（一）未按照《预算法》规定时限下达税收返还、财力性转移支付和批复部门预算的，追究财政部门相关责任人员责任；未按照《预算法》规定时限下达资金的，属于部门具有主管分配权的专项资金、专项经费等资金，追究主管部门相关责任人员责任。

（二）部门预算实际用款进度严重慢于序时进度的，部门存量资金、结余结转资金规模超过规定比例的，追究该部门相关责任人员责任。

（三）部门自有资金未按规定交回财政的，追究该部门相关责任人员责任。

第十二条　本办法由省财政厅组织实施并负责解释。

第十三条　本办法自印发之日起执行。

广东省财政厅关于市县财政支出进度的考核办法

（广东省财政厅 2015 年 11 月 13 日发布，粤财预〔2015〕526 号）

第一章　总　　则

第一条　考核依据。为充分发挥财政职能作用，加快财政支出进度，盘活财政存量资金，提高财政资金使用效益，根据《中华人民共和国预算法》、《国务院办公厅关于进一步做好盘活存量资金工作的通知》（国办发〔2014〕70 号）、《财政部关于推进地方盘活财政存量资金有关事项的通知》（财预〔2015〕15 号）、《财政部关于印发地方预算支出进度考核办法的通知》（财预〔2015〕145 号）有关规定，制定本办法。

第二条　考核对象。本办法考核对象为各地级以上市和省直管县财政改革试点县（市、区）（含顺德区，以下简称财政省直管县）财政部门，其中，对地级以上市的数据统计为不含其所辖省直管县的数据。各市县财政支出进度考核办法，由各市县财政部门参照本办法起草并经本级政府批准后实施。

第三条　考核范围。一般公共预算、政府性基金预算、国有资本经营预算考虑到目前仅部分市县编制了国有资本经营预算，因此暂未将国有资本经营预算纳入考核应用范围，将结合各市县编制情况下一步研究纳入。及盘活存量资金情况纳入本办法考核范围。

第四条　考核安排。市县财政支出进度考核包括月度考核和年度考核两部分。

第二章　月度考核及结果运用

第五条　考核公式。月度考核主要分为三个部分：

（一）当年一般公共预算支出进度考核。

$$A = \frac{一般公共预算累计支出}{一般公共预算支出目标} = \frac{支出}{目标}$$

其中：一般公共预算支出目标 =

本级一般公共预算收入预算数 + 税收返还及转移支付 + 新发行地方政府债券（一般债券，不含当年还本部分）+ 结转结余 + 调入资金 - 调出资金 - 债务还本付息（线下）- 市县上解。

本级一般公共预算收入预算数、结转结余、调入资金、调出资金、债务还本付息（线下）、市县上解以经法定程序批准汇总的数据为准，其中，经法定程序批准了预算调整方案的，以调整后数据为准（办理了预算调整的地区，请于调整后将预算调整报告报省财政厅预算处备案，省财政厅审核确认后相应调整支出目标，下同）。

税收返还及转移支付、新发行地方政府债券按考核截止日据实统计。

（二）当年政府性基金预算支出进度考核。

$$B=\frac{\text{政府性基金预算累计支出}}{\text{政府性基金预算支出目标}}=\frac{\text{支出}}{\text{目标}}$$

其中：政府性基金预算支出目标 = 本级政府性基金预算收入预算数 + 转移支付 + 新发行地方政府债券（专项债券，不含当年还本部分）+ 结转结余 + 调入资金 - 调出资金 - 债务还本付息（线下）。

本级政府性基金预算收入预算数、结转结余、调入资金、调出资金、债务还本付息（线下）以经法定程序批准汇总的数据为准，其中，经法定程序批准了预算调整方案的，以调整后数据为准。

转移支付、新发行地方政府债券按考核截止日据实统计。

（三）盘活财政存量资金考核。

$$C1=\frac{\text{已收回财政存量资金}}{\text{应收回财政存量资金}}=\frac{\text{C1 收回量}}{\text{C1 目标}}$$

$$C2=\frac{\text{已收回财政存量资金中形成实际支出}}{\text{已收回财政存量资金}}=\frac{\text{C2 支出}}{\text{C2 收回量}}$$

说明：

1. C1、C2 按两个考核指标分别计算。

2. 按《财政部关于推进地方盘活财政存量资金有关事项的通知》（财预〔2015〕15 号）统计有关数据。

3. 应收回财政存量资金为零的，C1 计为 100%，C2 仅通报，不计入第六条考核结果运用。

第六条　考核结果运用。月度考核结果由省财政部门按月向各市县财政部门公布，同时抄送当地人民政府。每月单项或多项考核指标执行率（考核结果/序时进度，下同）低于相应比例（4－9 月为 80%、10－11 月为 90%，12 月为 91%）的地区财政部门，于考核结果公布后 3 个工作日内，撰写情况说明，经主要负责人签字后报省财政厅。每月 2 项以上指标执行率低于相应比例（4－9 月为 75%、10－11 月为 90%，12 月为 91%）的地区，由当地财政部门负责同志于考核结果公布后 3 个工作日内到省财政厅向分片负责的厅领导当面说明。

第三章　年度考核及结果运用

第七条　考核办法。年度终了后，综合考虑各月度一般公共预算与政府性基金预算支出进度情况，统筹确定各市县年终考评得分，并与财政资金安排挂钩。具体如下：

从省财政厅开始通报支出进度的月份起算，将市县从该月起到年底的每个月份实际支出进度分别与相应的序时进度进行比较计算分月执行率，并据此平均得出全年平均执行率，考核各市县全年平均执行率是否达标。

根据财政部关于结余结转资金占比不得超过 9% 的规定以及《关于进一步加快预算执行进度的通知》（粤财预〔2015〕262 号）有关规定测算，达标线为 91%，地级以上市及格线为 75%，省直管县及格线为 80%。

公式表示：

分月执行率 = 某月支出进度 ÷ 该月序时进度 ×100%

全年平均执行率 = $\sum$（n 个月的执行率）÷ n

说明：分月执行率以省财政厅月度考核通报数为依据。其中，月度通报中含综合支出进度取综合支出进度数；月度通报中仅分项通报，按一般公共预算、政府性基金预算加权计算支出进度，具体为：某月支出进度 = 某月一般公共预算支出进度 × 一般公共预算支出目标 ÷（一般公共预算支出目标 + 政府性基金预算支出目标）+ 某月政府性基金预算支出进度 × 政府性基金预算支出目标 ÷（一般公共预算支出目标 + 政府性基金预算支出目标）；n 为计算的月份数。

财政支出进度考核分项得分按百分制分档计算。市县全年平均执行率达到或超过达标线（91% 及以上）的，得 100 分；全年平均执行率在及格线至达标线之间（地级以上市为 75% 及以上至 91%，省直管县为 80% 及以上至 91%）的，按比例在 60－100 分之间（含 60）评分；全年平均执行率在 60%（含 60%）至及格线之间的，按比例在 0－60 分之间（含 0）评分；全年平均执行率低于 60% 的，得 0 分。公式表示：

地级以上市：

得分（全年平均执行率 ≥ 91%）= 100

得分（75% ≤ 全年平均执行率 < 91%）= 60 +（该市全年平均执行率 - 75%）÷（91% - 75%）× 40

得分（60% ≤ 全年平均执行率 < 75%）=（该市全年平均执行率 ÷ 75%）× 60

得分（全年平均执行率 < 60%）= 0

省直管县：

得分（全年平均执行率 ≥ 91%）= 100

得分（80% ≤ 全年平均执行率 < 91%）= 60 +（该县全年平均执行率 - 80%）÷（91% - 80%）× 40

得分（60% ≤ 全年平均执行率 < 80%）=（该县全年平均执行率 ÷ 80%）× 60

得分（全年平均执行率 < 60%）= 0

第八条　考核结果运用。年度考核结果由省财政部门于次年年初向各市县财政部门公布，同时抄送当地人民政府。年度考核结果公布后 10 个工作日内，年终考评得分低于 60 分（即地级以上市全年平均执行率低于 75%，省直管县低于 80%）的地区财政部门，撰写情况说明，经主要负责人签字后报省财政厅，并由主要负责人到省财政厅当面说明。

考核结果与省财政转移支付挂钩办法及相关责任人员问责办法，按《广东省市县财政综合支出考核与转移支付挂钩办法》执行。

第四章　附　　则

第九条　数据质量。执行本办法需各市县配合提供的数据，由各市县财政部门统一汇总、核实，并对数据准确性负责。省财政厅将采取统一检查或个别抽查等方式进行督察。

第十条　实施时间。本办法自印发之日起实施，具体条款由省财政厅预算处负责解释。此前印发的相关办法与本办法不一致的，以本办法为准。

关于做好省级政府和社会资本合作（PPP）模式推广工作的通知

（广东省财政厅2015年11月20日发布，粤财预函〔2015〕310号）

根据《国务院办公厅转发财政部发展改革委人民银行关于在公共服务领域推广政府和社会资本合作模式指导意见的通知》（国办发〔2015〕42号）、《广东省人民政府办公厅转发省财政厅省发展改革委人民银行广州分行关于在公共服务领域推广政府和社会资本合作模式实施意见的通知》（粤府办〔2015〕44号）及有关文件要求和省领导批示精神，现就做好省级政府和社会资本合作（PPP）模式推广工作有关事项通知如下：

一、加强公共服务领域推广PPP模式统筹规划

国办发〔2015〕42号和粤府办〔2015〕44号文明确规定，在交通基础设施建设、水利工程、市政公用设施、农业设施、社会事业、生态环境保护、保障性安居工程和其他政府有责任提供并适宜市场化运作的公共服务领域，积极推广运用PPP模式，涉及八大领域和省级教育、科技、民政、人力资源社会保障、国土、环保、住建、交通、水利、农业、商务、文化、卫生等行业主管部门。请各行业主管部门按照国家、省文件要求，在统筹编制本行业发展规划、优化PPP项目布局、督促指导市县部门积极运用PPP提供公共服务等方面积极履行职能分工。

其中，在水污染防治、市政公用设施、公共租赁住房、收费公路、重大水利工程等领域，财政部已会同有关部委印发了推广PPP模式实施意见，应按照相关实施意见积极推进；对教育、科技、民政、人力资源社会保障、文化、卫生、民政等建设需求迫切的民生领域，应结合“十三五”规划编制进行筹划。

二、积极稳妥推荐发起省级PPP储备项目

省级部门（含所属单位）可根据PPP模式特点，结合本部门提供公共服务需要，从国民经济和社会发展规划及行业专项规划中的新建、改建项目或存量公共资产中遴选潜在项目，主动向省财政厅推荐省级PPP储备项目，并按审批程序做好可研论证、运作方式确定、方案制定报批等前期准备工作，及时将项目相关信息资料报省财政厅。省财政厅根据部门申请及项目准备情况，对各部门推荐的储备项目开展物有所值评估和财政承受能力论证，并根据评估和论证情况制定年度和中期项目实施计划，报省政府审定实施。

三、完善PPP项目库管理机制

根据国家、省文件要求和财政部部署，为提高PPP项目管理的计划性和规范性，省财政厅依托财政部统一开发的PPP综合信息平台系统，建立了全省PPP项目库，对国家级示范项目、省级重点项目和储备项目实行在线管理和信息发布。其中，对属于国家和省鼓励推广领域的储备项目，省财政厅审核后优先纳入项目库管理；对国家和省鼓励推广领域以外的其他公共服务项目，省财政厅将根据省级财力状况，区别轻重缓急等情况组织进一步论证，逐步纳入项目库管理。省级行业主管部门可根据本行业发展规划和项目布局，形成分领域PPP储备项目清单，对储备项目实行清单式管理，定期更新并提供省财政厅，作为全省PPP项目库的有益补充，实现资源和信息互通。

四、切实履行PPP项目督导责任

根据国家和省工作部署，省财政厅会同省级行业主管部门对国家示范项目、省级重点项目等实施督导，具体包括财政部门全面督导和业务主管部门分领域督导两个途径。请省级行业主管部门按照分领域督导分工安排表，重点围绕“PPP项目内容是否符合相关领域的总体规划要求；项目建设质量、运营标准和安全是否符合行业规范；项目实施进度是否达到预期目标”等方面开展督导工作。省级行业主管部门应发挥市县业务部门就近管理和专业性的优势，主动收集各地区PPP项目信息，汇总审核后提供省财政厅备案。对地市负责督导的一般推介项目，由省级行业主管部门纳入分领域储备项目清单，并予以跟踪关注。

五、制定出台PPP配套政策措施

对国家和省明确鼓励推广PPP模式的相关行业领域，省级行业主管部门应根据国家有关部委印发的指导意见，抓紧制订我省具体实施意见，确保政策有效落地。省级发展改革、国土、价格、金融等部门应尽快制定出台简化项目审批流程、保障项目用地、健全公共服务价格动态调整、创新金融产品服务等方面的配套政策措施，为推广运用PPP模式提供政策保障。

六、加强PPP项目监督检查

省级税务、审计、质监、价格、监察等部门应依法履行监管职责，按照省委、省政府工作部署和计划安排，切实加强对全省PPP项目的监督检查。对PPP项目实行全生命周期的监管，在PPP项目的立项、识别、采购、建设、运营、移交等环节中发现的违法违规问题，按有关法律法规的规定处理。情节严重构成犯罪的，移交司法机关依法追究刑事责任。

七、建立健全沟通联络机制

省财政厅牵头建立政策沟通协调和信息交流机制，指定对口联系业务处室和工作人员，切实加强与省级主管部门间的沟通，协同推进PPP模式相关工作。请各行业主管部门明确本

部门负责 PPP 工作的具体处室和联络人，填列省级行业主管部门联络人信息表，于 11 月 13 日前提供省财政厅（地方财政处），并定期提供相关领域 PPP 项目的实施进展情况。

（联系人：毛俊伟，电话：83170049，传真：83170892，电子邮箱：gdczyssx@163.com）

附件：1. 国家示范 PPP 项目、省级重点 PPP 项目分领域督导分工安排表

2. 一般 PPP 项目分领域清单

3. 省级行业主管部门联络人信息表

广东普惠金融“村村通”奖补专项资金管理办法（试行）

（广东省财政厅　广东省人民政府金融工作办公室 2015 年 4 月 13 日发布，粤财外〔2015〕18 号）

第一章　总　　则

第一条　为贯彻落实《国务院办公厅关于金融服务“三农”发展的若干意见》（国办发〔2014〕17 号）和《广东省人民政府办公厅关于深化农村金融改革建设普惠金融体系的意见》（粤府办发〔2015〕11 号），省财政设立广东普惠金融“村村通”奖补专项资金。为规范资金的使用管理，提高财政资金使用效益，根据省《广东省人民政府关于修订广东省省级财政专项资金管理办法的通知》（粤府〔2015〕34 号），特制订本办法。

第二条　本办法所称普惠金融“村村通”奖补专项资金（以下简称奖补专项资金），是指省级财政预算安排，综合引导农村普惠金融发展，优化农村金融环境的财政专项资金。

第三条　普惠金融“村村通”工作主要责任主体是地方各级人民政府，财政投入以地方投入为主，省财政安排奖补专项资金给予适当支持。

第四条　奖补专项资金管理按照公开、公平、公正、依法依规、突出重点、绩效管理、科学分配的原则进行。

第二章　部门职责

第五条　省财政厅负责专奖补项资金预算管理，审核资金安排计划的合规性，组织资金的拨付，实施资金财政监督检查和绩效评价等。

第六条　省金融办负责奖补专项资金的项目管理工作，会同省财政厅编制资金年度安排总体计划，发布申报指南，组织项目申报、审批；负责组织项目实施、验收、信息公开、监督和绩效自评等工作。

第七条　地方金融工作部门负责组织当地项目审核、申报、实施、验收和绩效自评工作，会同当地财政部门申报、安排使用资金、组织清算资金。

第八条　地方财政部门配合当地金融工作部门组织项目审核及申报工作，及时按规定拨付项目资金，对项目资金使用进行监督检查。

第三章　支持对象和范围

第九条　奖补专项资金实施范围：粤东西北地区（包括惠州市、肇庆市）和江门市的恩平市、台山市和开平市（其中对台山市和开平市补助 70%）。其中，2015 年奖补专项资金实施范围限定为粤东西北地区 20 个农村普惠金融试点县（见附件）。

第十条　奖补时间：奖补专项资金一定三年，时间从 2015 年起到 2017 年止。

第十一条　奖补标准：县级综合征信中心每个一次性奖补 10 万元，信用村每个一次性奖补 1 万元，乡村金融（保险）服务站每个一次性奖补 0.3 万元，乡村助农取款点每个一次性奖补 0.2 万元［原则上乡村金融（保险）服务站和乡村助农取款点每村各奖补一个］。

项目完成后，由县级金融工作部门会同同级财政部门参照《广东省农村普惠金融试点跟踪督办工作方案》（粤金函〔2014〕817 号）相关建设标准进行审核验收，由市级金融工作部门会同同级财政部门对完成情况进行复核。

第四章　分配管理

第十二条　奖补专项资金采用因素法方式进行分配，实行“预安排、后清算”制度，资金清算在下一年度资金预安排时开展，按照“多退少补、据实清算”的原则进行。

第十三条　奖补专项资金实行项目库管理，与年初预算同步编列项目滚动预算，提前一年启动项目库的申报、入库、排序、审批等工作。在未纳入项目库管理前，需在年中细化分配的奖补专项资金，年度安排总体计划报省政府审批，具体实施项目计划报省政府备案。

（一）年度安排总体计划审批。省金融办在收到省财政厅下达的预算执行通知后 15 个工作日内，提出年度安排总体计划（含奖补专项资金安排额度、分配方法、支持方向和范围等），会同省财政厅按程序报省领导审批。

（二）年度分配明细计划报备。省金融办会同省财政厅确定奖补专项资金分配明细计划（列至具体用款单位、项目、金额），报分管副省长备案。

第五章　资金申报和拨付

第十四条　奖补专项资金申报，按以下程序办理：

（一）镇政府（街道办）统计辖内建成信用村、乡村金融（保险）服务站、乡村助农取款点的情况，填写《广东普惠金融“村村通”奖补专项资金申报表（一）》，于每年 1 月 31 日前上报所在县级金融工作部门。

（二）县级金融工作部门统计辖内建设县级综合征信中心情况，填写《广东普惠金融“村村通”奖补专项资金申报表（二）》，并会同县级财政部门对申报表（一）进行审核，于每年 2 月 15 日前将申报表（一）、（二）上报所在地级以上市金融局（办）。

（三）市金融局（办）会同市财政

局对申报表（一）、（二）进行审核，填写《广东普惠金融“村村通”奖补专项资金申报表（三）》，于2月底前将申报表（一）、（二）、（三）连同申请奖补报告，上报省金融办。

（四）省金融办组织审核各市上报的申报材料，确定奖补金额分配计划并报送省财政厅。

第十五条 省金融办将经省财政厅审核后的奖补专项资金明细分配计划在专项资金管理平台和部门门户网站公示6日。对公示有异议的项目，由省直部门提出处理意见，报省财政厅审核。

第十六条 专项资金分配计划公示无异议后，省财政厅按资金管理规定下达资金，办理预算下达和资金拨付手续。

第十七条 项目单位收到专项资金后应按国家现行的财务会计制度规定处理，实行专账核算，专款专用。

第六章 信息公开

第十八条 专项资金实行信息公开。省金融办、省财政厅按专项资金信息公开办法在省级财政专项资金管理平台和部门门户网站公开如下信息：

（一）资金管理办法。

（二）资金申报指南，包括申报条件、扶持范围、扶持对象等内容。

（三）资金申报情况，包括申报单位、申报项目、申请金额等。

（四）资金分配程序和分配方式，包括资金分配各环节的审批内容和时间要求、资金分配办法、审批方式等。

（五）资金分配结果，包括资金分配明细项目及扶持金额，所属单位等。

（六）资金绩效评价、监督检查和审计结果，包括验收情况、绩效评价自评和重点评价报告；第三方评价报告、财政财务监督检查报告、审计结果公告等。

（七）接受、处理投诉情况，包括投诉事项和原因、投诉处理情况等。

（八）其他按规定应公开的内容。

第七章 验收和监督管理

第十九条 按照国家财务会计制度、监管部门要求的统计标准，县级金融工作部门会同财政部门审核县级综合征信中心、信用村、乡村金融（保险）服务站、乡村助农取款点的建设完工情况，各地级市金融工作部门会同财政部门汇总报告辖内建设县级综合征信中心、信用村、乡村金融（保险）服务站、乡村助农取款点的情况，并对项目建设完工情况进行复核。

第二十条 建立奖补专项资金支持项目审查奖惩制度。年底由省金融办牵头组织对奖补专项资金支持的工作完成情况进行验收审查，对验收审查不合格的省将收回预安排资金补助额度。

第二十一条 各级奖补金融工作部门对辖内奖补专项资金申报工作进行指导，并会同有关部门对资金申报工作进行检查，对检查中发现的问题及时处理和反映，保证财政补贴政策落到实处。

第二十二条 各级财政部门不定期对辖内奖补专项资金申报、拨付工作进行监督检查。

第二十三条 对骗取、截留、挤占、滞留、挪用奖补专项资金的行为，依照《财政违法行为处罚处分条例》等相关法律法规进行处理。

第二十四条 各级金融工作部门和财政部门未认真履行审核职责，虚报材料骗取补贴资金的，上级相关部门应当责令改正，追回已拨资金，并按规定对有关单位和责任人员进行处罚。

第二十五条 各地级以上市金融局（办）应于每年3月末前将上年奖补专项资金的使用情况，以书面报告形式上报省金融办，报告内容包括资金的使用情况、资金的使用效果以及意见建议等。

第八章 附 则

第二十六条 本办法自印发之日起施行。

第二十七条 本办法由省财政厅会同省金融办负责解释。

附件：2015年广东省农村普惠金融试点县（市、区）名单

附件

2015年广东省农村普惠金融试点县（市、区）名单

序号	地区	试点县（市、区）
1	汕头市	澄海区
2	韶关市	南雄市
3	河源市	和平县、紫金县
4	梅州市	梅县区、蕉岭县、五华县
5	汕尾市	陆河县
6	阳江市	阳西县
7	湛江市	廉江市、徐闻县
8	茂名市	高州市、电白区
9	清远市	阳山县、佛冈县
10	潮州市	饶平县
11	揭阳市	揭东区
12	云浮市	郁南县、罗定市、新兴县

广东省省级国库现金管理操作细则（试行）

（广东省财政厅　中国人民银行广州分行2015年1月21日发布，粤财库〔2015〕6号）

第一章　总　则

第一条　为深化和完善国库集中收付制度改革，规范开展省级国库现金管理行为，提高财政资金使用效益，根据《中华人民共和国预算法》、《中华人民共和国国家金库条例》、《国务院关于深化预算管理制度改革的决定》（国发〔2014〕45号）、《财政部 中国人民银行关于印发〈地方国库现金管理试点办法〉的通知》（财库〔2014〕183号）等规定，制定本细则。

第二条　本细则适用于广东省省级国库现金管理业务。

本细则所称省级国库现金，是指广东省人民政府（以下简称省人民政府）存放在省级国库的财政资金。

省级国库现金管理（以下简称国库现金管理），是指在确保省级国库现金安全和资金支付需要的前提下，为提高财政资金使用效益，运用金融工具有效运作库款的管理活动。

第三条　国库现金管理遵循以下原则：

（一）安全性、流动性和收益性相统一原则。在确保财政资金安全、财政支出支付流动性需求基础上实施国库现金管理操作，强化资金安全风险防控管理，实现财政资金保值、增值。

（二）公开、公平、公正原则。规范开展国库现金管理操作，确保财政资金安全。

（三）协调性原则。充分考虑对市场流动性的影响，确保国库现金管理操作与货币政策操作保持协调。

第四条　国库现金管理操作工具为商业银行定期存款，定期存款期限在1年期以内。

国库现金管理商业银行定期存款（以下简称国库定期存款），是指将暂时闲置的国库现金按一定期限存放在商业银行，商业银行提供足额质押并向广东省财政厅（以下简称省财政厅）支付利息。

第五条　省财政厅会同中国人民银行广州分行（以下简称人行广州分行）共同开展国库现金管理。

第六条　省财政厅和人行广州分行建立必要的协调机制，在每期操作前进行必要的协商沟通。

第七条　省财政厅负责国库现金预测并根据预测结果，商人行广州分行确定国库现金管理年度实施规模，报经省人民政府同意后实施国库现金管理操作。

第二章　组织机构和职责分工

第八条　省级国库现金管理操作由省财政厅、人行广州分行和商业银行共同完成。

第九条　成立省级国库现金管理工作组，由省财政厅厅长任组长，省财政厅副厅长、人行广州分行副行长任副组长，并由省财政厅、人行广州分行等部门人员组成，负责制定国库现金管理年度实施规模和每期操作计划；开展国库现金管理投标银行预审和公开招标工作；报送国库现金管理开展情况总结等。其中，省财政厅主要负责公开招标具体组织实施工作，并配合参与投标银行的预审；人行广州分行主要负责投标银行的预审，并配合参与投标银行的招标等相关工作。

第十条　省财政厅在国库现金管理中的主要职责：

（一）会同人行广州分行制定国库现金管理相关制度；

（二）负责国库现金预测，并根据预测结果制定国库现金管理年度实施规模及每期操作计划，会商人行广州分行后报省人民政府；

（三）组织实施国库现金管理公开招标，并配合人行广州分行参与投标银行的预审；

（四）在中央结算公司开设省级国库现金管理质押账户，并在国库定期存款存续期内，负责对存款银行质押品实施管理；

（五）定期与人行广州分行、存款银行进行国库定期存款相关信息的对账；

（六）与人行广州分行、存款银行签订存款协议；

（七）会同人行广州分行对存款银行参与国库现金管理活动进行监督管理；

（八）由内设监督机构等对国库定期存款公开招标全程各环节进行监督见证；

（九）按要求做好向财政部信息报送及国库现金管理开展情况报告工作；

（十）做好国库现金管理其他工作。

第十一条　人行广州分行在国库现金管理中的主要职责：

（一）配合省财政厅制定国库现金管理相关制度；

（二）配合省财政厅制定国库现金管理年度实施规模及每期操作计划；

（三）负责国库现金管理公开招标投标银行的预审，配合省财政厅参与投标银行的招标等相关工作；

（四）办理国库定期存款相关资金划拨、国债质押和解押等操作；

（五）向省财政厅提供国库现金定期存款操作相关报表及信息；定期与省财政厅进行国库定期存款相关信息的对账；

（六）与省财政厅、存款银行签订存款协议；

（七）会同省财政厅对存款银行参与国库现金管理活动进行监督管理，发现存款银行有特殊重大事项等可能影响国库资金安全的，及时通知省财政厅；

（八）按要求做好向中国人民银行总行信息报送及国库现金管理开展情况报告工作；

（九）做好国库现金管理其他工作。

第十二条　存款银行在国库现金管理中的主要职责：

（一）按要求与省财政厅、人行广州分行签订存款协议；

（二）按规定提供足额质押品；

（三）在存款到期日按时足额缴清到期存款本息；

（四）按有关规定向省财政厅提供定期存款单，向省财政厅、人行广州分行报送国库定期存款相关报表等信息；定期与省财政厅进行国库定期存款相关信息的对账；

（五）出现特殊重大事项等可能影响国库资金安全的，及时报告省财政厅及人行广州分行；

（六）接受省财政厅及人行广州分行对本银行参与国库现金管理活动的监督管理；

（七）按要求做好国库现金管理其他工作。

第三章　商业银行定期存款操作

第十三条　本细则所称商业银行，是指国有商业银行、股份制商业银行、城市商业银行、农村商业银行和邮政储蓄银行在广州的营业机构。

第十四条　商业银行参与国库现金管理操作应符合下列条件：

（一）依法开展经营活动，近3年内在经营活动中无重大违法违规记录；

（二）财务稳健。资本充足率、不良贷款率、拨备覆盖率、流动性覆盖率、流动性比例等指标达到监管标准；

（三）内部管理机制健全，具有较强的风险控制能力，近3年内未发生金融风险及重大违约事件；

（四）人民银行广东省银行业机构评估综合评级在B+以上（含B+）。

第十五条　省财政厅会同人行广州分行制定国库现金管理每期操作计划。每月25日前，省财政厅和人行广州分行将下月操作计划分别上报财政部、中国人民银行总行备案。每次操作前5个工作日，省财政厅和人行广州分行将具体操作信息分别上报财政部、中国人民银行总行备案。执行中有调整的，及时上报更新操作信息。

第十六条　国库现金管理遵循公开、公平、公正、规范的原则，采取公开招标方式。招标工作由工作组负责，其中省财政厅负责招标的组织实施工作，人行广州分行配合参与招标等相关工作。

第十七条　参与投标的商业银行必须经过投标预审，通过预审的银行方可参加国库现金管理招投标。人行广州分行负责组织对银行进行预审，省财政厅配合参与预审工作。预审每年一次，预审结果作为招标评价的部分依据，一年内有效。年度中间新增的商业银行，按有关流程实施追加预审。

第十八条　每次公开招标，由省财政厅向通过预审的商业银行印发国库现金管理存款银行招标文件，商业银行自愿参与并根据招标文件内容进行投标，通过综合评价确定存放金额。

第十九条　每次公开招标前3个工作日，通过省财政厅、人行广州分行门户网站公告信息，招标完成当日及时公布经招标小组成员一致确认的结果。

第二十条　国库定期存款利率不得超过中国人民银行规定的金融机构存款利率浮动区间。

第二十一条　国库现金管理应严格控制单一存款银行国库定期存款比例，防范资金风险。单期存款银行一般不得少于5家，单家存款银行当期国库定期存款金额不得超过当期国库定期存款总额的四分之一。单一存款银行的国库定期存款余额一般不得超过该银行一般性存款余额的10%，不得超过国库定期存款余额的20%。

第二十二条　存款银行确定后，省财政厅、人行广州分行与存款银行签订国库现金管理商业银行定期存款协议（以下简称存款协议），明确各方权利义务以及应承担的法律责任等。

第二十三条　存款银行应于每月初3个工作日内向省财政厅和人行广州分行报送截至上月底的一般性存款余额及已存国库定期存款余额占上月底一般性存款余额的比例等信息。

第四章　定期存款质押和资金划拨

第二十四条　存款银行取得国库定期存款，应当以可流通国债为质押，质押的国债面值数额为存款金额的120%。

第二十五条　人行广州分行应设置“国库现金管理”资产类科目，用于核算存款银行定期存款操作、到期收回以及余额。该余额纳入省级国库库存表反映。

第二十六条　存款银行应设置“国库定期存款”一级负债类会计科目，科目下开设账户，用于核算存入、归还国库定期存款。存款银行应将增设“国库定期存款”科目变动情况报人行广州分行备案，该科目应纳入一般存款范围缴纳存款准备金。

第二十七条　省财政厅在中央国债登记结算有限责任公司（以下简称中央结算公司）开设广东省省级国库现金管理质押账户，登记省财政厅收到的存款银行质押品质权信息。人行广州分行负责办理国债质押操作。

第二十八条　省财政厅确认存款银行足额质押后，向人行广州分行开具划款凭证，收款人全称和账号为国库定期存款中标银行提供的户名和账号；附言信息及用途为“××年第××期省级国库定期存款”。

第二十九条　人行广州分行对划款凭证审核无误后，将资金划转至存款银行在“国库定期存款”科目下开设的账户。

第三十条　存款银行收款后，向省财政厅开具定期存款单，确认存款银行名称、存款金额、利率、期限等要素。

第三十一条　国库定期存款存续期内，省财政厅负责对存款银行质押品实施管理，确保足额质押。

第三十二条　存款银行按照存款协议规定及时向省财政厅、人行广州分行报备国库定期存款收款账户信息。

第三十三条　国库定期存款到期时，存款银行应于到期日将本金和利息足额划回省级国库。本金和利息应分别汇划，不得并笔，其中：本金划入省级国库；利息以填列缴款书形式作为省级预算收入，纳入省级财政预算管理，缴入省级国库。

第三十四条　人行广州分行收妥本息款项，办理资金入账手续后，在内部往来凭证加盖国库业务印章后交省财政厅，同时办理质押国债的解押操作，存款银行质押品相应解除。

第三十五条　人行广州分行根据省级国库现金管理资金划拨和划回情况，于次一工作日向省财政厅提供当期国库定期存款资金划出、存款到期本息划回明细表（格式见附件2）。

第三十六条　人行广州分行按月、按年向省财政厅报送分存款银行的国库定期存款操作、存款到期和余额以及利息收入等报表及电子信息（格式见附件3），并与省财政厅进行对账。

第三十七条　省财政厅按月与存款银行核对国库定期存款相关信息。

第三十八条　国库定期存款属于省人民政府财政库款。除法律法规另有规定外，任何单位不得扣划、冻结省财政厅在存款银行的国库定期存款。

第三十九条　任何单位和个人不得借开展国库现金管理业务干预金融机构正常经营，不得将地方国库现金管理与银行贷款挂钩。

第四十条　存款银行应加强对国

库定期存款资金运用管理，防范资金风险，不得将国库定期存款资金投向国家有关政策限制的领域，不得以国库定期存款资金赚取高风险收益。

第五章　监督管理和法律责任

第四十一条　省财政厅会同人行广州分行对商业银行参与国库现金管理活动进行监督管理。人行广州分行发现存款银行有特殊重大事项等可能影响国库资金安全的，应及时通知省财政厅。

第四十二条　完善国库定期存款公开招标监督机制，由省财政厅内设监督机构等对国库定期存款公开招标全程各环节进行监督见证，并接受审计等监督。

第四十三条　省财政厅、人行广州分行应按季向财政部和中国人民银行总行报告国库现金管理开展情况，重大问题及时反映。

第四十四条　存款银行违反存款协议规定，未及时、足额汇划国库定期存款本息的，不予解除质押品并按存款协议有关规定执行。

第四十五条　存款银行出现以下行为或情形，省财政厅会同人行广州分行视情节轻重，给予解除国库定期存款协议关系、取消参与资格等处理。

（一）未按规定足额质押或及时汇划到期本息违约两次以上，或涉及金额较大的；

（二）出现重大违法违规，导致财务恶化或引起信用危机；

（三）存在弄虚作假等严重不正当竞争行为；

（四）没有按照存款协议承诺履行相应的义务；

（五）人民银行广东省银行业机构综合评级降到B+以下级；

（六）其他可能妨害国库资金安全的行为。

第六章　附　　则

第四十六条　本细则由省财政厅、人行广州分行负责解释。

第四十七条　本细则自印发之日起施行。

广东省乡镇国库集中支付制度改革实施方案

（广东省财政厅2015年3月27日发布，粤财库〔2015〕13号）

为确保我省国库集中支付制度改革深化推进，切实加强乡镇财政管理，按照新《预算法》中关于“国家实行国库集中收缴和集中支付制度，对政府全部收入和支出实行国库集中收付管理”的有关规定，以及《财政部关于乡镇国库集中支付制度改革的指导意见》（财库〔2014〕177号）的有关部署，结合我省乡镇实际，制定本方案。

一、指导思想和基本原则

（一）指导思想

按照我省全面深化财税体制改革、率先基本建立现代财政制度的总体部署，结合乡镇实际情况，建立和完善以国库单一账户体系为基础、资金缴拨以国库集中收付为主要形式的乡镇财政国库管理制度，进一步规范政府收支行为和加强财政监督，提高资金使用效益，更好地发挥财政宏观调控作用。

（二）基本原则

1. 积极稳妥。推行乡镇国库集中支付制度改革是将国库集中支付制度向情况复杂的最基层延伸，涉及面广、政策性强、工作难度大、任务重。为此，改革既要积极主动、努力推进，又要统筹规划、稳步实施，各地可在试点的基础上分步推进，以确保改革取得预期效果。

2. 因地制宜。各乡镇在推行改革时应充分考虑当地社会经济发展水平和财政管理体制等实际情况，因地制宜确定具体改革模式和操作办法，不宜采用“一刀切”的做法。

3. 权限不变。乡镇国库集中支付制度改革应在现行的乡镇财政预算管理框架内实施，不改变预算管理权、资金所有权、资金使用权和会计核算权。

4. 成本最小。各地在推行改革时，应贯彻厉行节约精神，在不影响改革成效的前提下尽量降低改革成本。在流程设计和系统建设方面，应结合国库集中支付电子化管理有关要求开展工作，避免系统重复建设和资源浪费。

二、改革目标

各地在推进改革过程中，要按照中央和省的要求，坚持正确的改革方向，制定科学合理的工作规划，明确阶段性实施目标，实事求是，扎实推进，争取用2年的时间全面推行我省乡镇国库集中支付制度改革。2015年，条件成熟、准备充分的乡镇应积极试点，尽快实施本地区改革，到年末应达到珠三角地区各市90%以上，其他地区各市70%以上的乡镇开展改革的目标，暂不具备条件的乡镇要积极创造条件尽快开展试点。2016年，除个别当地没有金融机构的乡镇外，全省所有乡镇都要全面实施国库集中支付制度改革，基本建立起操作规范、运行良好的现代乡镇财政国库管理制度体系。

三、改革内容和主要措施

推行乡镇国库集中支付制度改革，建立完善国库单一账户体系，所有财政性资金纳入国库单一账户体系管理，收入全部缴入国库，支出通过国库单一账户体系集中支付到商品和劳务供应者或最终收款单位。

（一）确定科学合理的改革模式，健全国库单一账户体系

乡镇国库集中支付制度改革应充分考虑乡级金库设置情况、乡镇财政管理体制、财政收支规模、实际管理需要等因素，以是否有利于增强财政透明度、是否有利于保障财政资金安全、是否有利于提高财政资金运行效率为原则，主要按以下两类模式分类推进。实际推进改革过程中，各地可因地制宜，自行在两种模式中选择，个别地方情况特殊的，经市级财政部门汇总报省级财政部

门备案同意后，可根据实际情况采取符合国库集中支付制度的其他改革模式。无论采用何种模式，均不能突破国务院确定的改革基本框架。

1. 乡镇视同县级预算单位实施改革。

未设置乡级金库，或已实施乡财县管的乡镇，可将乡镇视同县级预算单位实施国库集中支付制度改革。

乡镇财政可设置的账户包括：（1）乡镇零余额账户。由乡镇财政所（局、办）按照县级财政部门要求在代理银行开设，用于财政授权支付，并与县级国库单一账户清算，做到日终零余额管理。实行财政直接支付的乡镇财政资金，通过县级财政零余额账户办理。（2）乡镇代管资金财政专户。由乡镇财政所（局、办）根据管理需要在银行业金融机构开设，用于管理核算由乡镇财政代管的预算单位资金、村级资金、保证金等。1 个乡镇只能开设 1 个代管资金财政专户，对不同性质代管资金实行分账核算。

乡镇财政资金应直接支付到商品和服务供应者或补助对象，禁止违规将财政资金从乡镇零余额账户或县级财政零余额账户支付到乡镇实有资金账户。

2. 乡镇按一级财政实施改革。

已设置独立金库，或财政收支规模较大、具备国库集中支付管理条件的乡镇，可建立完整的乡镇国库单一账户体系，按一级财政实施国库集中支付制度改革。

乡镇财政可设置的账户包括：（1）乡镇国库单一账户或国库集中支付清算账户。用于记录、核算和反映按照现行财政管理体制，由乡级财政管理的各项财政收入和支出，并与乡镇财政部门或预算单位在代理银行开设的零余额账户进行清算。其中，乡镇国库单一账户是乡镇财政所（局、办）在人民银行开设的国库存款账户；乡镇国库集中支付清算账户是乡镇财政所（局、办）在具备清算条件的银行业金融机构开设的结算账户。乡镇财政所（局、办）可从现有乡镇财政专户中选择 1 个账户作为乡镇国库集中支付清算账户。（2）乡镇财政零余额账户。由乡镇财政所（局、办）在代理银行开设，用于财政直接支付，并与乡镇国库单一账户或国库集中支付清算账户清算，做到日终零余额管理。（3）乡镇预算单位零余额账户。由乡镇预算单位按照乡镇财政部门要求在代理银行开设，用于财政授权支付，并与乡镇国库单一账户或国库集中支付清算账户清算，做到日终零余额管理。（4）乡镇代管资金财政专户。由乡镇财政所（局、办）根据管理需要在银行业金融机构开设，用于管理核算由乡镇财政代管的预算单位资金、村级资金、保证金等。1 个乡镇只能开设 1 个代管资金财政专户，对不同性质代管资金实行分账核算。

乡镇财政资金应直接支付到商品和服务供应者或补助对象，禁止违规将财政资金从乡镇财政零余额账户或乡镇预算单位零余额账户支付到乡镇实有资金账户。

（二）规范支出拨付方式和程序

根据不同支出类型，乡镇国库集中支付资金分别实行财政直接支付和财政授权支付两种支付方式。具体支出项目与支付程序参照《财政国库管理制度改革试点方案》（财库〔2001〕24 号）的规定执行。同时，为实现财政资金支付安全和效率的统一，财政直接支付和财政授权支付两种资金支付方式的比重不应一成不变。各地可以因地制宜，按照有利于安全、规范、效率的原则，合理划分两种支付方式，完善支付控制方式，实现安全和效率的统一。为确保财政资金安全，财务管理相对薄弱、支付笔数较少的乡镇应尽量以财政直接支付方式为主，如对统发工资支出、政府采购支出和其他大额项目支出，实行财政直接支付。

四、配套措施

（一）大力推行乡镇公务卡制度改革

乡镇应大力推广公务卡制度改革，根据实际情况为有用卡需要的公职人员办理公务卡，在公务支出中逐步以公务卡支付替代现金支付。条件成熟的乡镇要实施公务卡强制结算目录制度，对目录规定的项目严格使用公务卡或转账结算，切实减少现金提取和使用。各地财政部门应积极协调当地银联分公司和银行业金融机构，加大乡镇 POS 机具布设力度，不断完善公务卡受理环境。

（二）统筹推进信息系统建设

省财政厅将加大统筹协调力度，结合推行国库集中支付电子化管理，加大对县乡财政国库集中支付制度改革有关信息系统建设的督导力度。各地财政部门应加强乡镇财政信息技术人才配备和信息化业务培训，强化软硬件基础设施建设，切实提高乡镇财政信息化水平。乡镇财政部门原则上共享使用上级财政国库集中支付管理信息系统，可利用部署在上级财政部门的信息系统办理支付业务，以减轻乡镇的人力、财力投入负担。按一级财政实施国库集中支付制度改革的乡镇，确有管理需要且系统建设资金、信息技术人才等条件具备的，可单独部署国库集中支付管理信息系统。

五、组织保障

（一）加强组织领导

各地要高度重视乡镇国库集中支付制度改革工作，按照财政部的统一部署和我省总体要求，建立财政部门一把手负总责、分管领导具体负责，国库处（科、股）牵头、相关处（科、股）共同参与的工作责任机制，制定适合本地情况的乡镇国库集中支付制度改革实施方案及配套文件，相互密切配合，按改革时间表和路线图落实好相关工作，积极推进改革，逐步实现改革目标。

（二）规范预算编制管理

乡镇财政部门应在县级财政部门的指导下，结合国库集中支付制度改革相关要求，进一步改进预算管理，进一步规范和细化预算编制，将年初预算尽可能编细、编科学，不断提升预算编制的科学性和准确性，逐步使所有财政资金的支付建立在清晰的预算基础上，为顺利实施国库集中支付制度改革创造条件。

（三）夯实乡镇总预算会计基础工作

切实加强乡镇总预算会计管理基础工作，健全岗位设置和人员配备，形成有效的内部制衡机制。乡镇财政部门代理预算单位记账的，应将预算单位会计账与总预算会计账分设。规范乡镇财政专户管理，乡镇国库集中支付制度改革后，实行国库集中支付的资金，不再通过财政专户核算管理。

（四）规范代理银行管理

各地应结合本地银行业金融机构设置和服务情况，制定公开、公平的乡镇国库集中支付代理银行选择办法，选择经当地中国人民银行分支机构认定具备乡镇国库集中收付代理业务资格的代理银行，与代理银行签订规范的委托代理协议，全面、清晰界定双方的权利和义务。

（五）强化改革督查

省财政厅将对全省乡镇国库集中支付制度改革情况开展督查，各地级以上市财政局和县（市、区）财政局也要相应做好督导工作，及时发现并解决改革推进过程中遇到的问题。

广东省库款资金存量与增量调度挂钩暂行办法

（广东省财政厅2015年11月16日发布，粤财库〔2015〕116号）

第一条　为进一步规范省财政对下级财政增量调度资金管理，保障财政资金合理调度和安全使用，提高财政资金使用效率，根据财政总预算会计制度、国库管理制度和现行财政体制有关规定，结合我省国库库款管理和预算执行管理工作实际，制定本办法。

第二条　本办法所指下级财政为省辖市财政、实施省直管县财政改革的县（市）及顺德区财政。

第三条　本办法所指的增量调度资金，为省财政除上年末预告知市县财政安排的固定性补助资金外，当年度直接与下级财政调度、拨付和清算的各类财政专项资金（以下简称增量资金，不含按时间进度均衡拨付的固定性补助资金），主要包括专项补助、专款一次性补助资金等。

通过国库集中支付方式拨付、从省级财政专户拨付的资金、拨付至下级财政专户的资金、预拨资金、年初预留补助用于确保市县配套的资金以及以前年度通过资金调度预拨当年度根据预算额度转账的资金等不属于本办法增量资金调度范围。

第四条　省财政对下级财政增量资金调度和拨付，遵循以下原则：

（一）科学规范。严格按照现行财政体制，综合考虑省财政和下级财政库款资金存量情况，形成制度化操作办法，针对各地库款具体情况科学调度和拨付增量资金。

（二）确保安全。调度资金严格按照预算额度实行总额控制，下级财政收到的调度资金总额不高于已下达预算额度的总额，切实做到“预算额度控制资金调度”。

（三）公正透明。按照统一政策、统一数据、统一办法定期做好资金调度计划和拨付，及时公开资金调度情况。

第五条　省财政对下级财政下达的增量资金采取“年中定期调度、年终统一清算”的办法，下级财政以收到的预算额度文件为依据办理财政预算安排及资金拨付手续。

第六条　每年2月起，省财政厅每月10日后按照本年度下达给下级财政的增量资金预算额度，综合考虑省级和市县库款资金存量情况，按月汇总办理增量补助调度。其中，对上月库款保障水平低于或等于合理水平（1.5倍）①的市县，全额拨付其已下达应拨增量资金（下达统计时间截至当月10日），对上月库款保障水平高于合理水平（1.5倍）的市县，暂不拨付调度款。

第七条　库款保障水平的计算方式：库款保障水平 = 期末库款净额/月平均库款流出。其中，地市的库款保障水平为市全辖（剔除所辖财政省直管县）的库款保障水平。

第八条　已下达增量资金应拨总额的计算方式：已下达增量资金应拨总额 = 本年度已下达增量资金预算额度总额 - 已拨付增量资金总额。

第九条　对紧急安排的补助市县应急资金（如救灾资金）等需要即时拨付的资金，可单独办理拨付，其拨付流程按照预算额度和资金支付有关管理办法规定执行。

第十条　市县如因大额紧急拨付等原因出现资金调度困难，且经自身努力确实无法解决的，可向省财政厅提出申请，省财政厅根据申请市县的实际情况审核后临时拨付其调度款。

第十一条　如上月省级库款保障水平低于1.5倍，为保障省级重点支出，省财政可综合考虑省级和市县库款资金存量情况，适当减少市县增量资金调度款拨付金额。

第十二条　对于11月库款保障水平仍高于1.5倍的市县，省财政在办理12月资金调度后未拨付的当年度已下达增量资金，全部纳入年终资金清算办理拨付。

第十三条　受人民银行清算时间的制约，12月10日后下达的本年度增量资金，除应急资金外，全部纳入年终资金清算办理拨付，不纳入当年增量资金调度。

第十四条　年度终了后，省财政根据年度增量资金调度执行情况，对照省财政与下级财政年终预算额度结算事项办理资金清算，无法清算部分纳入以后年度资金调度进行办理。

第十五条　实施省直管县财政改革的县（市），在与市财政办理清账后，自正式实施改革试点之日起，按照本办法实施省对县财政增量资金调度管理。

第十六条　对于库款保障水平连续保持较高水平，且环比连续上升的市县，省财政厅将对其财政部门主要负责同志进行约谈。其中，对于违反《预算法》、国家和省关于预算下达时限、存量资金规模有关规定，造成财政资金滞留国库的，按照《广东省行政过错责任追究暂行办法》等规定，对相关领导和工作人员追究责任，需要追究党纪、政纪责任的，依照有关规定处理。

第十七条　本办法有关未尽事项，将在日后具体操作过程中以补充规定的形式予以完善。

第十八条　本办法自2016年1月1日起实施，原《广东省省级与下级财政往来资金管理暂行办法》（粤财库〔2013〕36号）与本办法不一致的，以本办法为准。

---

① 目前财政部核定库款保障水平取值1.5较为合理，即当期库款余额可以保障1.5个月的库款支出。

关于印发《政府向社会力量购买服务指导目录》的通知

（广东省财政厅2015年6月17日发布，粤财行〔2015〕276号）

省直各单位，各地级以上市财政局（委），各县（市、区）财政局：

经省人民政府同意，现将《政府向社会力量购买服务指导目录》印发给你们，请遵照执行。根据《关于印发政府向社会力量购买服务暂行办法的通知》（粤府办〔2014〕33号），请省直各单位及时按规定公布本部门（单位）向社会力量购买服务具体项目目录（第四级），各地级以上市财政局（委）和各县（市、区）财政局要结合本地区实际情况，及时制订完善本级政府向社会力量购买服务指导目录并按规定公布。

附件：政府向社会力量购买服务指导目录

政府向社会力量购买服务指导目录

代码			一级目录（5项）	二级目录（57项）	三级目录（323项）
A	01	01	基本公共服务事项	教育类	公共教育规划和政策研究、宣传服务
A	01	02			公共教育资讯收集与统计分析
A	01	03			公共教育基础设施管理与维护
A	01	04			公共教育成果质量评估
A	01	05			公共教育成果交流与推广
A	01	06			全省性学生竞赛活动的组织和实施工作
A	01	07			教师教育培训
A	01	08			其他政府委托的教育服务
A	02	01		基本医疗卫生类	基本医疗卫生规划、政策、法规、标准研究、咨询及宣传服务
A	02	02			政府组织的基本医疗卫生信息采集、发布辅助性工作
A	02	03			政府组织的群众健康检查服务
A	02	04			突发公共事件卫生应急处置辅助性工作
A	02	05			对灾害事故实施紧急医学救援的辅助性工作
A	02	06			政府组织的重大疾病预防辅助性工作
A	02	07			公共卫生状况的评估
A	02	08			公共医疗卫生知识普及与推广
A	02	09			公共医疗卫生项目的实施与管理
A	02	10			政府组织的公共医疗卫生交流合作
A	02	11			公共医疗卫生成果推广应用
A	02	12			食品安全标准规划、研究咨询及宣传
A	02	13			其他政府委托的医疗卫生服务
A	03	01		人口和计划生育服务类	人口和计划生育政策研究、影视宣传制作服务
A	03	02			为符合条件的育龄夫妇免费提供计划生育、优生优育技术服务
A	03	03			为城乡居民免费提供计划生育、优生优育、生殖健康等科普宣传教育和咨询服务
A	03	04			其他政府委托的人口和计划生育服务

续表

代码			一级目录（5项）	二级目录（57项）	三级目录（323项）
A	04	01	基本公共服务事项	文化类	公共文化规划和政策研究、宣传服务
A	04	02			公共文化资讯收集与统计分析
A	04	03			优秀传统文化与非物质文化遗产保护及传承传播
A	04	04			公共文化基础设施的管理与维护服务
A	04	05			政府举办的公益性文艺演出
A	04	06			政府组织的公益性艺术品创作
A	04	07			政府组织的文化交流合作与推广
A	04	08			文物保护的辅助性工作
A	04	09			政府组织的群众性文化活动的组织与实施
A	04	10			文化产业规划和政策研究项目
A	04	11			群众科学技术文化普及及推广活动
A	04	12			其他政府委托的文化服务
A	05	01		体育类	公共体育规划和政策研究、宣传服务
A	05	02			公共体育基础设施的管理和维护服务
A	05	03			公共体育资讯收集与统计分析
A	05	04			公共体育运动竞赛组织与实施
A	05	05			政府组织的群众性体育活动的组织与实施
A	05	06			政府组织的体育职业技能培训
A	05	07			政府组织的国民体质测试及指导服务
A	05	08			群众健身科学普及及推广
A	05	09			其他政府委托的体育类服务事项
A	06	01		交通运输类	交通运输规划和政策研究、咨询及宣传服务
A	06	02			政府组织的交通运输人才培训
A	06	03			政府委托的公共交通运输基础设施维护与管理
A	06	04			政府委托的重点物资和紧急客货运输服务
A	06	05			其他政府委托的交通运输服务
A	07	01		住房保障类	保障性住房规划和政策研究、宣传服务
A	07	02			保障性住房对象资格信息采集与管理辅助性工作
A	07	03			保障性住房信息（房源信息等）征集与发布等辅助性服务
A	07	04			保障性住房使用监督的辅助性工作
A	07	05			保障性住房后期管理服务
A	07	06			其他政府委托的住房保障服务
A	08	01		社会保障类	社保经办服务
A	08	02			社保稽核服务
A	08	03			社保类法律事务服务
A	08	04			社会保障社会化管理服务
A	08	05			其他社会保障类服务
A	09	01		公共安全类	公共安全政策研究、宣传辅助服务
A	09	02			社会治安辅助服务
A	09	03			公共安全知识科学普及

续表

代码			一级目录（5项）	二级目录（57项）	三级目录（323项）
A	09	04	基本公共服务事项	公共安全类	网络、社会舆情监测、研究和引导
A	09	05			信息安全辅助服务
A	09	06			其他基本公共安全服务
A	10	01		民政类	民政事务政策研究、宣传
A	10	02			民政事务信息收集
A	10	03			民政业务培训
A	10	04			养老和孤残儿童护理服务
A	10	05			丧葬服务
A	10	06			其他民政类服务
A	11	01		残疾人服务类	残疾人康复与教育服务
A	11	02			残疾人辅助器具适配及无障碍促进服务
A	11	03			残疾人就业与扶贫服务
A	11	04			残疾人托养服务
A	11	05			残疾人文化、艺术与体育服务
A	11	06			残疾人居家服务（残疾人家庭服务业）
A	11	07			残疾人综合评估及咨询、转介服务
A	11	08			疾人合法权益保护、残障社工及志愿助残服务
A	11	09			残疾人事业宣传、科研、管理等辅助性和技术性工作
A	11	10			其他残疾人服务
A	12	01		青少年事务类	青少年思想引导、习惯养成和心理疏导
A	12	02			青少年职业指导、社交指导和人才培训
A	12	03			青少年婚恋服务、法律服务和权益保护
A	12	04			困难青少年帮扶、社区矫正和预防青少年违法犯罪
A	12	05			其他青少年事务服务
A	13	01		劳动就业类	就业创业规划、就业创业服务规划、创业服务体系建设规划和政策研究、咨询及宣传服务
A	13	02			就业信息发布、职业指导和职业介绍
A	13	03			就业失业登记、社区就业援助“一对一”帮扶、就业服务专题活动、数字化就业社区建设
A	13	04			就业（含创业）和失业信息的收集与统计分析
A	13	05			农村劳动力转移就业辅助性工作
A	13	06			政府组织的就业培训、岗位提升培训、创业培训（实训）
A	13	07			技能培训项目第三方监督及考评验收
A	13	08			劳动力资源调查和统计
A	13	09			全省统一的公益性就业（社保）电话咨询
A	13	10			其他公共就业创业服务
A	14	01		人才服务类	政府委托的人才信息收集统计分析
A	14	02			高层次人才引进配套服务
A	14	03			政府举办的公益性人才交流活动的组织与实施
A	14	04			高校毕业生就业指导及公益性招聘活动

续表

代码			一级目录（5项）	二级目录（57项）	三级目录（323项）
A	14	05	基本公共服务事项	人才服务类	高校毕业生档案托管服务辅助性管理工作
A	14	06			其他公共人才服务
A	15	01		服务三农类	三农规划和政策研究、宣传服务
A	15	02			农产品供需、价格信息收集、统计分析、咨询服务
A	15	03			政府委托的服务三农项目实施与管理
A	15	04			政府委托的农村公共基础设施建设维护与管理服务
A	15	05			政府组织的农村实用人才培训及指导
A	15	06			无公害农产品和地理标志产品认证管理的辅助性工作
A	15	07			农业突发公共事件的调查评估
A	15	08			政府组织的三农灾害性救助辅助性工作
A	15	09			农产品质量安全风险评估
A	15	10			农业林业科技研发与推广
A	15	11			动物重大疫病和农作物重大病虫害监测预警与防控辅助性工作
A	15	12			应急物资储备
A	15	13			防灾减灾气象信息传播
A	15	14			其他政府委托的服务三农事项
A	16	01		资源环境类	资源利用环境保护规划和政策研究、宣传服务
A	16	02			政府组织的资源环境评估服务
A	16	03			政府组织的资源节约环境保护教育、培训
A	16	04			政府组织的资源节约环境保护考核、监督检查及环境污染调查辅助性工作
A	16	05			政府委托的资源节约监测及公共环境监测设施建设及维护辅助性工作
A	16	06			生态环境事故鉴定辅助性工作
A	16	07			政府组织的资源节约信息、环境质量信息收集及分析
A	16	08			政府组织的资源节约环境保护科技成果推广
A	16	09			其他政府委托的资源节约环境保护服务
A	17	01		信息化建设类	系统建设
A	17	02			系统维护
A	17	03			系统运维管理
A	17	04			系统规划设计
A	17	05			项目咨询服务
A	17	06			其他信息化建设服务
A	18	01		其他	其他基本公共服务事项
B	01	01	社会事务服务事项	社区事务类	社区治理与服务政策研究、规划及宣传服务
B	01	02			政府委托的助老助残、外来人口管理、社区调查等社区事务组织与实施
B	01	03			政府委托的社区人才培训
B	01	04			政府委托的社区戒毒社区康复类
B	01	05			退休人员社区管理和服务

续表

代码			一级目录（5项）	二级目录（57项）	三级目录（323项）
B	01	06	社会事务服务事项	社区事务类	其他政府委托的社区服务
B	02	01		社会救助类	社会救助政策研究、宣传服务
B	02	02			社会救助对象的信息收集等辅助性工作
B	02	03			社会救助的组织与实施等辅助性工作（包括医疗救助、心理咨询、群众转移安置、救助款物管理等）
B	02	04			公办救助机构监管的辅助性工作
B	02	05			政府组织的群众性应急救助培训
B	02	06			政府开展的社会救助专业人才培训
B	02	07			公益性养老项目的实施与管理
B	02	08			公益性助残项目的实施与管理
B	02	09			公益性工伤、职业病救助项目的实施与管理
B	02	10			其他政府委托的社会救助服务
B	03	01		法律援助类	法律援助规划及政策研究服务
B	03	02			政府委托的法律援助项目的实施、调查和评估服务
B	03	03			法律援助政策宣传与咨询
B	03	04			法律援助对象情况信息收集等辅助性动态管理工作
B	03	05			政府委托的法律援助人才的培训
B	03	06			其他政府委托的法律援助服务
B	04	01		市政管理类	公共设施维护与管理（道路养护、市政管道维保、应急庇护场所维护、公厕维护等）
B	04	02			市容环境管理（风景区管理、园林绿化、垃圾清运与处理等）
B	04	03			其他市政管理服务
B	05	01		社工服务类	社工服务规划和政策研究服务
B	05	02			政府组织的社工人才的培养
B	05	03			政府委托社工服务项目的组织实施
B	05	04			社工队伍监督管理的辅助性工作
B	05	05			其他政府委托的社工服务
B	06	01		社会福利类	社会福利政策研究、规划、咨询及宣传服务
B	06	02			公办社会福利设施管理与维护服务
B	06	03			社会福利服务对象信息收集等辅助性动态管理工作
B	06	04			社会福利服务项目的组织实施、调查和评估
B	06	05			政府委托的养老护理员、孤残儿童护理员等专业资质岗位的职业培训
B	06	06			其他政府委托的社会福利服务
B	07	01		慈善救济类	慈善救济的引导政策研究服务
B	07	02			慈善救济监管及服务
B	07	03			政府委托的慈善救济组织与实施
B	07	04			政府委托的慈善救济宣传
B	07	05			捐助站辅助性服务工作
B	07	06			政府实施的慈善救济项目的评估

续表

代码			一级目录（5项）	二级目录（57项）	三级目录（323项）
B	07	07	社会事务服务事项	慈善救济类	其他政府委托的慈善救济服务
B	08	01		公益服务类	政府举办的公益服务的组织实施辅助性工作
B	08	02			公益项目的策划和组织
B	08	03			公益服务绩效评价
B	08	04			其他政府委托的公益服务
B	09	01		人民调解类	人民调解政策研究、咨询及宣传服务
B	09	02			人民调解服务实施工作
B	09	03			人民调解服务辅助性工作
B	09	04			政府组织的人民调解队伍培训
B	09	05			其他政府委托的人民调解服务
B	10	01		社区矫正类	社区矫正政策研究、咨询及宣传服务
B	10	02			政府设立的社区矫正中心的维护与管理服务
B	10	03			政府委托的矫正项目实施与日常管理
B	10	04			被矫正人员信息的收集等辅助性工作
B	10	05			政府委托的矫正工作队伍的日常管理及培训
B	10	06			社区矫正政策的宣传和咨询
B	10	07			被矫正人员就业指导与推荐
B	10	08			政府委托的矫正人员开展社区服务工作的组织与管理
B	10	09			其他政府委托的社区矫正服务
B	11	01		安置帮教类	安置帮教政策的宣传和咨询
B	11	02			安置帮教队伍的建设与培训
B	11	03			政府委托的安置帮教项目的实施与管理（包括职业技能、就业、心理咨询等指导）
B	11	04			安置帮教的宣传和咨询
B	11	05			其他政府委托的安置帮教事项
B	12	01		宣传类	政策法规宣传等辅助性工作
B	12	02			公共宣传、公益性宣传规划研究
B	12	03			政府举办的专题公益宣传活动的其他辅助性服务
B	12	04			政府宣传人才队伍的培训
B	12	05			宣传效果评估
B	12	06			法治宣传教育服务
B	12	07			其他政府委托的宣传服务
B	13	01		社会组织服务类	社会组织服务政策研究、规划、咨询及宣传服务
B	13	02			社会组织发展数据采集、统计分析及评估
B	13	03			社会组织人才培训、评估
B	13	04			社会组织社会监督员队伍建设
B	13	05			其他社会组织服务
B	14	01		其他	其他政府社会事务服务事项
C	01	01	行业管理与协调事项	行业资格认定和准入审核类	行业从业资格标准和政策研究服务
C	01	02			政府组织的行业信息收集与发布服务

续表

代码			一级目录（5项）	二级目录（57项）	三级目录（323项）
C	01	03	行业管理与协调事项	行业资格认定和准入审核类	行业准入技术标准制定辅助性工作
C	01	04			从业资格认定纠纷的技术服务及调解处理
C	01	05			产业政策符合性审核、行业准入条件审核
C	01	06			其他行业资格认定和准入辅助性工作
C	02	01		处理行业投诉类	行业管理政策研究、宣传服务
C	02	02			政府设立的行业投诉举报热线、网站平台的维护和申诉受理服务（包括知识产权、司法鉴定、民营企业、政府采购、销售彩票、消费者、产品质量）
C	02	03			政府委托开展的行业投诉数据统计与分析服务
C	02	04			其他政府委托的行业投诉处理服务
C	03	01		其他	其他行业管理与协调事项
D	01	01	技术服务事项	科研类	科技发展规划和政策研究、宣传服务
D	01	02			基础性科学技术研究、咨询、信息检索及成果转化服务
D	01	03			基础性科学人才再培训
D	01	04			政府组织的科学技术交流与合作
D	01	05			科研能力管理与评估
D	01	06			政府组织的科研资讯收集与统计分析
D	01	07			科普知识的普及与推广
D	01	08			其他政府委托的科研服务
D	02	01		行业规划	政府组织的行业布局等总体规划研究服务
D	02	02			政府委托的专项性规划的研究
D	02	03			政府委托的行业规划评估服务
D	03	01		行业规范	政府组织的行业规范研究服务
D	03	02			政府开展的行业规范评估
D	03	03			其他政府委托的行业规范服务
D	04	01		行业调查	政府组织的经济社会发展情况调查
D	04	02			政府组织的经营状况调查
D	04	03			政府组织的社会诚信度调查
D	04	04			政府组织的服务满意度调查
D	04	05			政府组织的安全生产情况调查
D	04	06			政府组织的反倾销反补贴反垄断调查
D	04	07			其他政府委托的行业调查服务
D	05	01		行业统计分析	行业统计指标研究、制订等辅助性工作
D	05	02			政府组织的行业发展评估
D	06	01		检验\检疫\检测	产品强制检验辅助性工作
D	06	02			强制性卫生检疫辅助性工作
D	06	03			区域性防范疫情开展的动植物检疫辅助性工作
D	06	04			强制性动植物检疫辅助性工作
D	06	05			其他政府委托的检验、检疫、检测服务
D	07	01		监测服务	自然环境监测辅助服务

续表

代码			一级目录（5项）	二级目录（57项）	三级目录（323项）
D	07	02	技术服务事项	监测服务	社会管理监测辅助服务
D	07	03			经济运行监测辅助性工作
D	07	04			公共医疗卫生监测
D	07	05			社会发展监测
D	07	06			其他政府委托的监测服务
D	08	01		其他	其他技术服务事项
E	01	01	政府履职所需辅助性和技术性事务	法律服务	政府诉讼代理应诉法律服务
E	01	02			政府法律顾问服务
E	01	03			政府法律咨询服务
E	01	04			政府非诉讼法律事务代理服务
E	01	05			行政调解辅助性工作
E	01	06			司法救助辅助性工作
E	01	07			司法辅助服务
E	01	08			律师参与处理涉法涉诉信访
E	01	09			其他政府法律服务
E	02	01		课题研究	政府决策、执行、监督等方面的通用课题研究
E	02	02			政治建设、经济建设、社会建设、文化建设、环境保护建设等方面的专项性课题研究
E	02	03			其他政府委托的课题研究服务
E	03	01		政策（立法）调研、草拟、论证、评估	党的公共政策调研、草拟、论证、评估等的辅助性工作
E	03	02			立法机关的公共政策调研、草拟、论证、评估等的辅助性工作
E	03	03			行政机关的公共政策调研、草拟、论证、评估等的辅助性工作
E	03	04			司法机关的公共政策调研、草拟、论证、评估等的辅助性工作
E	03	05			工青妇等群团组织政策调研、草拟、论证、评估等的辅助性工作
E	03	06			其他政府委托的调研、草拟、论证、评估工作
E	04	01		会议、经贸活动和展览服务	会场布置、人员接送等辅助性工作及服务
E	04	02			经贸活动、展览活动的组织、策划等辅助性工作及服务
E	04	03			展览活动组展设计和实施
E	04	04			经贸活动项目对接、汇总和跟踪服务
E	04	05			会议、经贸活动和展览所需其他辅助性工作及服务
E	05	01		监督	人大监督的政策性技术性监督辅助工作
E	05	02			行政监督的政策性技术性监督辅助工作
E	05	03			司法监督的政策性技术性监督辅助工作
E	05	04			工青妇等群团组织监督的政策性技术性监督辅助工作
E	05	05			重大事项的第三方监督
E	05	06			其他政府委托的政策性技术性监督辅助工作
E	06	01		评估	行政政策的决策风险、实施效果等政策评估服务
E	06	02			社会管理、公共服务、重大民生项目执行情况和实施效果等项目评估服务
E	06	03			依法行政考评社会评议

续表

代码			一级目录（5 项）	二级目录（57 项）	三级目录（323 项）
E	06	04	政府履职所需辅助性和技术性事务	评估	自然灾害及重大社会事件等突发公共事件影响评估服务
E	06	05			其他评估服务
E	07	01		绩效评价	政策实施绩效评价辅助性工作
E	07	02			资金使用绩效评价辅助性工作
E	07	03			政府行政效能绩效评价辅助性工作
E	07	04			其他政府绩效评价服务
E	08	01		工程服务	公共工程规划
E	08	02			公共工程可行性研究报告草拟辅助性工作
E	08	03			公共工程安全监管辅助性工作
E	08	04			公共工程的概（预）、结（决）算审核工作
E	08	05			公共工程评价
E	08	06			其他政府公共工程管理服务
E	09	01		项目评审	公共项目规划、设计、可行性研究等专家评审服务
E	09	02			政府资金申报的专家评审服务
E	09	03			政府设立奖项的专家评审服务
E	09	04			重大事项第三方评审服务
E	09	05			其他政府评审服务
E	10	01		咨询	立法咨询
E	10	02			司法咨询
E	10	03			行政咨询
E	10	04			其他政府咨询服务
E	11	01		技术业务培训	政府工作人员专业技能培训服务
E	11	02			其他政府技术业务培训服务
E	12	01		后勤管理服务	安全保卫工作
E	12	02			消防工作
E	12	03			保洁工作
E	12	04			其他后勤管理服务
E	13	01		审计服务	因审计力量不足聘请审计人员服务
E	13	02			重大事项第三方审计服务
E	13	03			其他政府审计服务
E	14	01		其他	政府履职所需其他辅助性和技术性服务

关于支持广东省电影发展若干经济政策的通知

（广东省财政厅　广东省发展和改革委员会　广东省国土资源厅　广东省住房和城乡建设厅　中国人民银行广州分行　广东省国家税务局　广东省地方税务局　广东省新闻出版广电局2015年5月19日发布，粤财教〔2015〕22号）

各地级以上市财政局、发展改革局（委）、国土资源局、城乡规划主管部门、国家税务局、地方税务局、文广新局，顺德区财税局、发展规划和统计局，财政省直管县（市）财政局，横琴新区地方税务局，深汕合作区国家税务局，人民银行广东省内各中心支行、省属支行：

为贯彻落实党的十八大，十八届三中、四中全会和习近平总书记系列重要讲话精神，贯彻落实全国电影工作座谈会精神，按照省委、省政府建设文化强省部署，推动我省从电影大省向电影强省跨越，根据《广东省建设文化强省规划纲要（2011—2020年）》和财政部等七部委《关于支持电影发展若干经济政策的通知》（财教〔2014〕56号），现就进一步促进我省电影发展提出以下政策：

一、加大电影产业发展支持力度

1. 加大电影发展扶持力度。由省财政设立扶持电影事业发展资金，并从文化产业发展专项资金、文艺精品创作专项资金、宣传思想文化人才专项资金、扶持文化走出去专项资金、县镇影院建设专项资金中按规定安排资金，支持广东电影事业发展。

2. 扶持主旋律影片创作生产。以社会主义核心价值观引领电影创作，建立主旋律电影创作生产扶持机制，由扶持文艺精品创作专项资金每年安排资金，通过公开招标或定点委托等形式重点扶持省内电影企业拍摄制作3－5部体现“中国梦”和社会主义核心价值观的主旋律电影精品。

3. 鼓励出品优秀电影作品。由省内工商注册登记的影视文化机构作为第一出品方的电影片，首日票房超过1亿元的（票房以全国电影票务综合信息管理系统数据为准，下同），或者公映后获得国家“五个一工程”奖、华表奖、金鸡奖、百花奖，以及获得国际A类影展（节）奖项（不含个人奖项）的，按扶持文艺精品创作专项资金奖励条目给予一次性奖励。

4. 推动电影作品高新技术应用。对应用高新技术（3D、巨幕）格式制作生产的电影故事片、动画片，公映后票房达到1亿元以上的，由扶持电影发展资金给予一次性奖励。

5. 支持电影产业园及拍摄基地创建。对成功创建国家级文化产业示范基地，并符合文化产业发展专项资金扶持标准的电影产业园和影视拍摄基地，分别给予一次性奖励。

6. 推进全省县镇多厅数字影院建设。落实县镇影院建设专项资金政策，推进全省县镇多厅数字影院建设，加大原中央苏区县、少数民族县数字影院建设扶持力度，争取国家支持适当减免电影事业发展专项资金征缴比例及延长先征后返补贴期限。

7. 推动广东电影“走出去”。广东省电影制片企业在境外发行并取得公映许可证的电影片，由扶持文化走出去专项资金择优给予适当扶持补贴。

8. 促进加强电影工作交流。充分发挥专业社团组织作用，建设常态化电影交流平台，促进企业品牌和电影作品的整合，鼓励支持行业协会组织广东省电影相关企业以团队形式参加国家级电影产业展会或国际知名电影展会。

二、加强电影专业人才队伍培养

9. 实施电影人才“青苗计划”。每年从宣传思想文化人才专项资金中安排资金，用于对青年编剧、导演、演员、制片人及其他专业电影人才的培养，打造在全国有影响力的电影领军团队。

10. 支持电影编剧人才创作。由剧作家编写的广东本土题材原创主旋律电影剧本，经省内备案拍摄，进入影院公映并且票房过千万元以上的，由扶持电影发展资金安排一次性奖励。

11. 培养本土电影导演。对省内备案首次独立开展电影拍摄制作的导演，其项目经专家组评估认定并在影院公映后，由扶持电影发展资金给予一定比例的辅助金。

12. 加快优秀电影人才引进。落实电影人才引进政策，重点引进优秀编剧、导演、宣发团队、后期制作团队等电影人才，鼓励电影行业海外高层次留学人员来粤创业。

三、落实电影产业税收优惠政策

13. 落实增值税免征政策。新闻出版广电行政主管部门（包括中央、省、地市及县级）按照各自职能权限批准从事电影制片、发行、放映的电影集团公司（含成员企业）、电影制片厂及其他电影企业取得的销售电影拷贝（含数字拷贝）收入、转让电影版权（包括转让和许可使用）收入、电影发行收入以及在农村取得的电影放映收入，自2014年1月1日至2018年12月31日免征增值税。一般纳税人提供的城市电影放映服务，可以按现行政策规定，选择按照简易计税办法计算缴纳增值税。

14. 执行企业所得税减免政策。对属于从事文化产业支撑技术等领域的电影企业，按规定认定为高新技术企业的，自2014年1月1日至2018年12月31日减按15%的税率征收企业所得税；开发新技术、新产品、新工艺发生的研究开发费用，允许按照税收法律法规的规定，在计算应纳税所得额时加计扣除。

四、实施电影产业金融支持政策

15. 鼓励电影产业信贷产品创新。

在有效控制风险的前提下，推动银行业金融机构逐步扩大融资租赁贷款、应收账款质押融资、产业链融资、股权质押贷款等适应电影企业特点的信贷创新产品的规模，探索开展影院票房收益权、影视著作权等无形资产抵质押贷款业务，拓宽电影企业贷款抵质押物的范围。

16. 创新电影产业金融服务模式。支持银行业金融机构根据电影企业的不同发展阶段和金融需求特点，有效衔接信贷业务与结算业务、国际业务、投行业务，有效整合银行公司业务、零售业务、资产负债业务与中间业务。鼓励银行、投资基金、保险等机构联合采取投资企业股权、债券、资产支持计划等多种形式为我省电影企业提供综合性金融服务。

17. 支持电影企业直接融资。支持具备条件的电影企业上市，推动符合条件的国有和国有控股电影企业重组上市，鼓励电影企业发行公司债、企业债、集合信托和集合债、中小企业私募债等非金融企业债务融资工具。

18. 探索建立电影产业投资机制。引导私募股权投资资金、创业投资基金等各类投资机构投资电影产业，解决电影产业融资需求。鼓励大型企业通过参股、控股等方式投资电影，鼓励有实力的企业、团体发起组建各类电影投资公司，培育电影领域战略投资者。

五、实行影院建设差别化用地政策

19. 落实差别化土地供应政策。对符合土地利用总体规划，并通过单独新建、项目配建、原地改建、异地迁建等多种形式增加观影设施的影院建设，实行协议出让、公开出让等差别化土地供应政策。

20. 实行新建单体影院建设用地公开出让。各市、县政府供应影院用地时，可提出影院建设标准要求，通过公开出让方式确定土地使用权人。

21. 探索商服设施项目配建影院。市、县在供应商服用地或其他房地产用地时，可将在项目中配套建设影院相关要求纳入出让条件，并依法明确影院建成后的处置方式，探索在商服设施项目中配建影院等建设途径及土地供应方式。

22. 支持现有影院实行改造或扩建。在符合城乡规划、土地利用总体规划的前提下，现有影院改造或扩建可兼容一定规模的商业、服务、办公等其他用途，并按协议方式办理土地出让手续。

23. 鼓励公益场所建设放映设施。经批准在图书馆、博物馆、文化馆和青少年活动场所等以划拨方式供地的非营利性公共文化设施中建设适用电影放映设施的，影院用地采取公开出让方式供地。

24. 鼓励利用存量建设用地建设影院。经出让方和规划管理部门批准，利用现有工业、仓储等存量建设用地建设影院，可采取协议方式办理用地手续。

六、保障电影发展政策组织落实

25. 加强部门协调分工。各级发展改革、财税、金融、国土资源、住房城乡建设部门要认真落实关于支持我省电影发展的各项经济政策，尽快制定完善各项配套政策措施和办法。各级新闻出版广电部门要强化责任意识，牵头协调各部门抓好具体实施工作。

26. 加强财政专项资金使用管理。本通知各项财政奖励扶持资金项目，应按《广东省人民政府关于修订广东省省级财政专项资金管理办法的通知》（粤府〔2015〕34 号）以及相关省级财政专项资金管理办法规定进行申报，对经过研究评审符合补助条件的给予奖励扶持。各奖励扶持单位（个人）应加强财政资金的使用管理，自觉接受相关部门的监督检查。

27. 严格影院用地改变用途审批程序。影院用地使用者应按国有建设用地使用权出让合同约定开发、利用、经营土地，需改变合同约定的土地用途的，必须取得出让方和市、县人民政府城乡规划行政主管部门同意。对新供单体影院建设用地，应在出让合同中明确，如改变土地用途的，需由政府依法收回后重新供应。

28. 科学规划影院建设布局和总量。各地应根据当地影院建设和发展实际，科学规划影院建设布局和总量，防止低水平重复建设和过度建设，确保影院建设有序进行。影院建设过多的地区应严格控制新建影院数量，以调整优化影院布局、结构作为重点；影院建设滞后的地区，应按相关规划，积极推进影院建设。

广东省财政厅　广东省科学技术厅关于创新产品与服务远期约定政府购买的试行办法

（广东省财政厅　广东省科学技术厅2015 年5 月12 日发布，粤财教〔2015〕91 号）

第一节　总　　则

第一条　为落实《中共广东省委 广东省人民政府关于全面深化科技体制改革加快创新驱动发展的决定》（粤发〔2014〕12 号）、《广东省人民政府关于加快科技创新的若干政策意见》（粤府〔2015〕1 号），发挥政府购买和公共财政的引导功能，通过远期约定政府购买，降低创新风险，激发创新活力，特制定本办法。

第二条　创新产品与服务远期约定政府购买（以下简称远期约定购买）是指政府委托的第三方机构向社会发布现有市场未能满足的产品与服务购买需求，择优确定供应商并商定远期约定购买合同，当创新产品或服务满足约定的要求时，购买单位则按约定的规模和价格实施购买。

第三条 远期约定购买必须围绕全省经济社会发展重大战略需求以及政府购买实际需求，充分发挥远期约定购买的示范作用，按照公开透明、公平公正、诚实信用的原则，规范开展创新产品和服务远期约定购买试点、示范和推广工作。

第二节 对象与范围

第四条 远期约定购买主体主要包括政府机关、事业单位、团体组织、省属国有（控股）企业，省级财政性资金全额投资或部分投资项目的出资、建设和管理单位。

第五条 购买资金主要来源于纳入政府预算管理的资金、财政管理的其他资金、以财政性资金作为还款来源的借贷资金、省属国有（控股）企业用于基本建设的资金。

第六条 购买对象单位必须符合以下条件：

1. 在广东省内注册的独立法人；

2. 单位具有大学专科以上学历的科技人员占单位当年职工总数的30%以上，其中研发人员占单位当年职工总数的10%以上；

3. 企业中标单位中标前一年研究开发费用总额占营业收入比例不低于3%。

第七条 购买主要针对政府行政办公、环保和资源循环利用、公共安全、医疗卫生、交通管理、基础设施建设以及其他重点范畴。

第三节 实施程序

第八条 省级财政管理部门、科技管理部门委托第三方机构每年征集可以开展远期约定购买的产品和服务需求。

第九条 第三方机构组织专家对征集的购买需求进行甄别和筛选，提出当年度拟开展远期约定购买的需求，经征求购买单位意见后向全社会公布，征集反馈意见和解决方案。

第十条 第三方机构组织专家根据征集的反馈意见和解决方案，对原需求进行修订，经征求购买单位意见后，确定购买数量、价格、完成时间和各项技术指标，通过省级公共资源交易平台等进行远期约定购买。

第十一条 第三方机构根据确定的购买数量、价格、完成时间和各项技术指标，向全社会发布远期约定购买需求，以招标形式确定中标单位。

第十二条 购买单位与中标单位按照确定的购买数量、价格、完成时间和各项技术指标，签订远期约定购买合同。

第十三条 中标单位在预定时间内达到合同约定各项指标后，提出验收申请，由第三方机构组织验收。

第十四条 验收合格后，购买单位须按约定的购买数量、价格，购买中标单位的产品或服务。验收不合格的或在预定时间内未提出验收申请的，远期约定购买合同终止，购买单位可直接购买其他单位的产品或服务。

第四节 管理监督

第十五条 相关单位应认真履行职责，及时公开购买需求、购买过程、购买结果等信息，强化政府监管、审计及社会监督。

第十六条 中标单位存在弄虚作假、伪造成果、以不当方式参与竞标的，一经发现，取消或终止执行远期约定购买合同，并记入诚信档案。情节严重涉嫌犯罪的，依法追究法律责任。

第十七条 远期约定购买合同执行过程中，出现重大事项影响合同履行的，有关各方应及时沟通协调，必要时提前终止合同。

第五节 附 则

第十八条 省级财政管理部门会同省级科技管理部门负责本实施办法的修订和解释。

第十九条 各地级以上市政府可参照本办法制定本市的创新产品与服务远期约定政府购买实施办法。

第二十条 本办法规定的政府购买行为涉及政府采购的，应当按照政府采购法律法规组织实施。

第二十一条 本办法自2015年6月1日起施行，有效期3年，有关政策法律依据发生变化或有效期满，根据实施情况依法评估修订。

关于建立完善我省高职院校生均拨款制度的实施意见

（广东省财政厅 广东省教育厅2015年6月9日发布，粤财教〔2015〕225号）

各地级以上市财政局（委）、教育局，顺德区财税局、教育局：

根据《国务院关于加快发展现代职业教育的决定》（国发〔2014〕19号）、《财政部 教育部关于建立完善以改革和绩效为导向的生均拨款制度加快发展现代高等职业教育的意见》（财教〔2014〕352号）和《广东省人民政府关于创建现代职业教育综合改革试点省的意见》（粤府〔2015〕12号）有关精神，为促进我省高等职业教育（含高等专科学校，以下简称高职教育）改革发展，整体提高我省高等职业院校（以下简称高职院校）经费水平和人才培养质量，现就建立完善我省高职院校生均拨款制度提出以下意见：

一、意义和原则

（一）意义

高职教育承担着优化高等教育结构和人力资源结构的重要使命。近年来，通过各级政府和有关方面的共同努力，我省高职教育经费投入总量持续增长，推动了高职教育事业实现快速发展，培养了大批高素质技能型技术技能人才，为实现高等教育大众化和推进我省经济发展作出了重要贡献。

但是，由于多种原因，目前我省高职教育投入仍然不同程度地存在经费筹措渠道单一、生均拨款机制不够健全，高职院校总体投入水平偏低、区域间差异较大、财政投入激励高职院校改革的导向作用不够明显、高职教育经费绩效管理基础薄弱等问题。建立完善以改革和绩效为导向的高职院校生均拨款制度，进一步加大高职教育财政投入，逐步健全多渠道、多形式筹措高职教育经费的机制，鼓励引导社会力量举办职业教育，有利于推动高职教育深化改革，整体提高现代职业教育办学水平和人才培养质量，培养更多高素质技能型技术技能人才，建设结构合理的人力资源强省；有利于高职教育更好地为实施创新驱动发展战略、为转方式、调结构、促升级提供人才支撑；有利于促进就业和改善民生。

（二）原则

1. 明确责任。按照职业教育“分级管理、地方为主、政府统筹、社会参与”的管理体制和“谁主管、谁负责”的原则，省财政厅和省教育厅负责建立完善省属公办高职院校（含省直部门办院校，下同）生均拨款制度，督促和引导各地建立完善公办高职院校生均拨款制度。各地和国有企业所属高职院校举办者是建立完善所属高职院校生均拨款制度的责任主体，并负责落实相关经费。

2. 多元投入。建立政府投入为主，鼓励企业和社会力量采取直接投资或捐赠等形式参与和举办职业教育，结合我省实际建立行业企业和社会各界以校企合作、勤工俭学、发展校办产业、中外合作办学等方式积极参与职业教育的长效机制。

3. 促进改革。建立完善高职院校生均拨款制度要与深化产教融合等制度改革创新相结合，形成激励先进、奖优扶优的机制。充分发挥财政资金的激励导向作用，促进高职院校面向经济社会发展需求、面向学生就业创业改革创新人才培养模式，提高人才培养质量。

4. 注重绩效。建立完善高职院校生均拨款制度要与强化绩效管理相结合，将绩效理念和绩效要求贯穿于高职教育经费分配使用的全过程，体现目标和结果导向，切实提高财政资金使用效益，加快发展现代高等职业教育。

二、主要内容和措施

（一）建立覆盖全省公办高职院校的生均拨款制度

1. 实施范围。高职院校生均拨款制度，覆盖广东省省级及地方所属所有独立设置的公办（国有企业办）高职院校。

2. 科学合理确定拨款标准。各地要根据本地区经济社会发展水平、职业教育发展规划、专业办学成本差异、财力状况以及学费收入等因素，按隶属关系，因地制宜、科学合理地确定所属高职院校生均拨款标准，并逐步形成生均拨款标准动态调整机制。国有企业举办的高职院校，应当不低于院校所在地公办高职院校的生均拨款标准。

3. 明确目标任务。综合考虑我省各地财力水平和目前生均拨款水平情况，到 2016 年，广州、深圳、珠海、佛山、中山、东莞等 6 市公办高职院校年生均财政拨款水平应当不低于 12 000 元；到 2017 年，全省各地包括经济欠发达地区 14 个地级市所属公办高职院校年生均财政拨款水平应当不低于 12 000 元。生均财政拨款水平是指政府收支分类科目“2 050 305 高等职业教育”中，地方财政通过公共财政预算安排用于支持高职院校发展的经费，按在校生人数折算的平均水平，包括基本支出和项目支出。以上标准为省定的考核目标，省财政统一以地市为单位考核，不要求对辖区内高职院校平均安排。

4. 发挥导向作用。各地在建立完善高职院校生均拨款制度过程中，在注重公平的同时，要切实体现改革和绩效导向，不吃“大锅饭”。要向改革力度大、办学效益好、就业质量高、校企合作紧密的学校倾斜，向管理水平高的学校倾斜，向当地产业转型升级亟须的专业以及农林水地矿油等艰苦行业专业倾斜，引导高职院校合理定位，办出特色和水平。

（二）建立省级财政综合奖补机制

从 2015 年起，省财政将统筹安排中央财政奖补资金和现有预算安排的省级相关资金，建立“以奖代补”机制，激励和引导各地建立完善高职院校生均拨款制度，提高生均拨款水平，促进高职教育改革发展。根据各地生均拨款制度建立和实施情况、体现绩效的事业改革发展情况、经费投入努力程度和经费管理情况等因素给予综合奖补。由于深圳市属于计划单列市，其奖补资金已由中央单独安排，不纳入省奖补考核范围。省级财政综合奖补包括拨款标准奖补和改革绩效奖补两部分。

1. 拨款标准奖补。根据省定考核目标和各地提高高职院校生均财政拨款水平的具体情况核定。

2017 年以前，对于年生均财政拨款水平尚未达到考核目标的地市，省财政以 2014 年为基期按其生均财政拨款水平增量部分（不含省级以上财政转移支付）的一定比例对其所属高职院校给予拨款标准奖补，奖补资金向经济欠发达地区倾斜。对年生均财政拨款水平已达到考核目标且以后年度不低于这一水平的地市，省财政给予拨款标准奖补并稳定支持。2017 年及以后年度，对于年生均财政拨款水平仍未达到 12 000 元的地市，不再给予拨款标准奖补。对广州、珠海、佛山、中山、东莞等 5 市，2016 年生均财政拨款水平未能达到 12 000 元的，将不再给予生均拨款奖补。

2. 改革绩效奖补。根据各地各高职院校改革进展情况核定。从 2015 年起，省教育厅、省财政厅每年对各地高职院校的办学成效、教育教学、教师队伍、校企合作、改革创新等方面，以及对各高职院校改革的进展情况进行监测考核，并根据监测考核结果进行分类奖补。2017 年及以后年度，对于年生均财政拨款水平仍未达到 12 000 元的地市，省相应扣减其高等职业教育改革绩效奖补资金。

三、工作要求

（一）切实加强组织领导

各地财政、教育等相关部门要在地方政府领导下，落实工作职责，健全工作机制，共同推进建立完善高职院校生均拨款制度。尚未建立高职院校生均拨款制度的地市要尽快出台，已建立生均拨款制度的地市要进一步完善相关政策措施，逐步提高投入水平。举办高职院校的国有企业，也应尽快建立完善所属高职院校生均拨款制度。

（二）着力推进改革创新

各地、各有关部门和企业应积极推动高职院校围绕发展现代高职业教育转变办学理念，以服务经济社会发展为宗旨，以促进就业为导向，合理确定办学定位，调整和设置专业，强化内涵建设，改革人才培养模式，积极推进校企合作制度化，将产教融合理念贯穿于人才培养工作各个环节，大力推进高职教育改革创新，促进各高职院校在不同层次、不同领域办出水平、办出特色。

（三）积极开展绩效评价

各地、各有关部门和企业要积极探索建立高职教育经费使用绩效评价机制，制定科学合理的评价指标和管理办法，扎实开展绩效评价工作，省财政厅、教育厅将充分利用评价结果，调整完善支持各地及所属高职院校改革发展的政策措施，促进提高经费使用管理水平。

（四）切实加强管理监督

各地、各有关部门和企业要充分发挥现代信息技术的作用，进一步加强基础管理工作，确保学生数等信息真实准确。要加大对高职教育经费的监督检查力度，督促所属高职院校严格执行《高等学校财务制度》、《高等学校会计制度》和《行政事业单位内部控制规范（试行）》等相关规定，健全管理制度。高职院校要切实加强管理，完善经费使用内部稽核和内部控制制度；强化预算管理，防范财务风险；积极配合审计、监察等部门开展相关检查，对发现的问题及时整改；按照有关规定公开财务信息，自觉接受广大师生员工和社会监督，确保经费使用安全、规范、有效。

广东省激励企业研究开发财政补助试行方案

（广东省财政厅　广东省科学技术厅 2015 年 3 月 6 日发布，
粤财工〔2015〕59 号）

第一条　为贯彻落实《中共广东省委 广东省人民政府关于全面深化科技体制改革 加快创新驱动发展的决定》（粤发〔2014〕12 号）、《广东省人民政府关于加快科技创新的若干政策意见》（粤府〔2015〕1 号），推动企业普遍建立研发准备金制度，引导企业有计划、持续地增加研发投入，制定本方案。

第二条　本方案所称广东省企业研究开发财政补助资金（以下简称补助资金）是指省市县财政预算安排，参考企业研发实际投入实行补助的资金。

第三条　补助资金管理应遵循依法依规、公平公正、突出重点、简便操作的原则。

第四条　补助资金采取事前备案、事后补助的支持方式，由省市县财政分级安排，由企业所在地科技行政部门、财政行政部门会同其他有关部门按规定审核后统一兑付，省财政补助部分由省按期与各地结算。

第五条　补助对象。

（一）在广东省内注册，具有独立法人资格、健全的财务管理机构和财务管理制度的企业（以下统称企业）。

（二）鼓励企业建立研发准备金制度。企业已先行投入自筹资金开展研究开发活动。

（三）企业开展研究开发应以《广东省企业研究开发指导目录》（含《国家重点支持的高新技术领域》、国家发展改革委员会等部门公布的《当前优先发展的高技术产业化重点领域指南》规定项目的研究开发活动和各级科技行政部门发布的申报指南）为指引，实施地在广东省内，并事先在广东省政府网上办事大厅广东省科技业务管理阳光政务平台报备。

第六条　各级财政行政部门会同同级科技行政部门根据企业研发投入实际情况测算年度补助资金安排额度，并在年度预算中预留安排。

第七条　单个企业不能同时享受财政技术改造和研究开发补助资金。

第八条　企业进行研究开发前先根据研究计划计提研发准备金，在进行研究开发当年先在广东省网上办事大厅广东省科技业务管理阳光政务平台进行研发准备金制度及研发项目备案登记，先行投入自筹资金开展研究开发活动。具体操作流程和指引由省级财政行政部门和省级科技行政部门另行制定。

第九条　省级科技行政部门会同财政行政部门按规定在省政府网上办事大厅及部门门户网站上分别公开如下信息：

（一）补助资金实施办法、审批方式、拨付程序等。

（二）补助资金申请情况，包括申请单位、申请金额等。

（三）补助资金分配结果，包括获得补助企业名单、金额等。

（四）接受、处理投诉情况，包括投诉事项和原因、投诉处理情况等。

（五）其他按规定应公开的内容。

第十条　企业研究开发补助涉及企业商业秘密的，企业应向当地科技部门报告，并按保密法相关规定办理。

第十一条　省级科技行政部门、财政行政部门根据实际情况，可采取定期检查、不定期抽查或委托项目所在地科技行政部门和财政行政部门（或评审机构）等方式，对补助资金的申请、使用等情况进行督促检查或绩效评价等，防止虚报骗取补助资金等违纪违法行为的发生。

第十二条　获得补助资金的单位要切实加强对补助资金的使用管理，自觉接受财政、审计、监察部门的监督检查，严格执行财务规章制度和会计核算办法。

第十三条　补助资金管理实行责任追究机制。对弄虚作假、截留、挪用、挤占补助资金等行为，按《财政违法行为处罚处分条例》（国务院令427号）的相关规定进行处理，并依法追究有关单位及其相关人员责任。

第十四条 本方案由省级财政行政部门会同省级科技行政部门负责解释。市、县补助资金办法由各地参照省的做法确定，对各地已出台实施的相关补助政策，确与本政策存在重叠交叉的，可按照“就高不就低”的原则实施其中一项。

第十五条 本方案自2015年4月1日起施行，有效期3年，有关政策法律依据发生变化或有效期满，根据实施情况依法评估修订。

珠三角城际轨道交通项目运营保障金管理办法

（广东省财政厅2015年4月24日发布，粤财工〔2015〕213号）

第一章　总　则

第一条 根据省政府《印发关于完善珠三角城际轨道交通沿线土地综合开发机制意见的通知》（粤府函〔2012〕16号，以下简称《通知》）的有关规定，设立珠三角城际轨道交通运营补亏保障金（以下简称保障金）。为规范保障金管理，制定本办法。

第二条 保障金由土地综合开发的省市出资人净收益、各沿线市上缴的城际轨道运营专项补亏资金等构成，主要用于城际轨道运营补亏。保障金由省铁投集团代管，省财政厅监管，开设专户存储，实行省铁投集团、省财政厅双印鉴管理。

第二章　职责分工

第三条 各有关单位各司其职，各负其责，按规定归集、管理、使用保障金，确保资金安全，充分发挥资金使用效益。

（一）省财政厅负责对保障金账户进行监管，牵头会同省国资委、省铁投集团对各沿线市应上缴的运营补亏资金进行测算、下达缴交计划并对保障金使用申请进行审核，督促各市和省市合资公司按时上缴运营补亏资金，办理资金拨付审核手续，组织开展保障金使用情况的监督检查和绩效评价。

（二）省国资委负责对省铁投集团保障金使用申请进行初审，协助省财政厅督促各市和省市合资公司按时上缴运营补亏资金，督促省铁投集团推进项目建设及对项目实施情况进行监督检查。

（三）省铁投集团负责保障金日常管理及资金支付，按规定上缴省级土地综合开发净收益及督促省市合资公司上缴土地综合开发净收益，审核各项目业主单位保障金使用申请，汇总提出保障金年度使用申请；督促项目业主单位加强监管，减少运营亏损，并对有关情况进行审核监督。

（四）沿线各市政府负责参与该市境内城际轨道交通运营补亏资金缺口审核，及时上缴应承担的土地综合开发净收益和运营补亏资金。

第三章　保障金来源及收缴

第四条 保障金的来源。

（一）土地综合开发省市出资人净收益。指省市出资人在红线外土地综合开发中所取得收入扣除土地开发成本、公司运营成本、资本金利息及国家规定的相关税费后，经专业中介机构审计确认的净收益。每年6月30日前，省市出资人按规定将上年度土地综合开发净收益转入保障金账户。

按《通知》规定，各市城际轨道交通站场红线内土地综合开发净收益由项目业主单位用于冲减该市相应路段分摊的运营亏损，不再重复核算作为保障金来源进行归集。

（二）沿线土地出让省级净收益。主要是指各沿线市按有关规定，出让省市合作开发红线外土地在扣减土地综合成本后取得的省级净收益。由各沿线市政府按相关约定办理审批手续后，在15个工作日内将资金拨入保障金账户。

（三）各沿线市上缴的城际轨道运营专项补亏资金。是指由红线外土地综合开发的市级净收益弥补后，由各沿线市统筹解决的不足部分。原则上应在每年5月31日前由省财政厅牵头会同省国资委、省铁投集团测算需由各市统筹安排的上年度运营补亏资金数额并下达缴交计划通知（含沿线市负责开发所需承担的运营补亏资金），各市应在当年6月30日前将资金转拨付至保障金专户。

（四）专用账户产生的利息收入。

（五）省、市按补亏责任统筹安排的其他资金。

第五条 各市及省市合资公司应按规定及时上缴保障金，逾期2个月未缴且无正当理由说明的，按同期银行活期利息率（按时缴纳产生的利息收入应一并进行计算并补缴）进行罚息，并由省财政厅会同省国资委进行通报批评和追缴。

第四章　保障金的使用及拨付

第六条 保障金的用途。

（一）优先弥补城际轨道交通项目运营亏损。运营亏损是指主营业务的亏损，按经专业中介机构出具的财务审计报告审核确定。在主营业务亏损核算中，运营主体应按项目单独分线核算，并根据沿线市境内路段投资占项目总投资比例进行分摊，各市路段分摊的亏损额应扣减该市红线内土地开发取得的净收益。

（二）在保障城际轨道交通项目运营的基础上，经省政府批准可用于弥补城际轨道项目建设资金缺口及偿还省铁投集团使用的到期地方政府债券资金，但不得用于偿还公司自身经营性债务等。

（三）按规定返还沿线各市，由其统筹用于城际轨道交通建设及运营等支出。

（四）其他保障金管理费用由省财政厅按规定审核列支。

第七条 保障金的申请审批程序。

（一）各项目业主单位提出申请报

告。申请报告应包括本路段运营亏损情况、申请金额、弥补资金类型等，并于每年4月30日前将申请报告报省铁投集团。项目业主单位申请报告及财务审计报告等应经各沿线市政府或所属有关部门确认，出具同意上报意见。

（二）省铁投集团按照保障金使用范围、年度汇集情况及各项目业主单位申请情况，统一审核并编写保障金使用申请报告，于每年5月31日前报省国资委初审。

（三）省财政厅牵头对有关申请进行审核，提出审核意见，并按规定将保障金申请审核情况及安排计划建议报省政府审批。

（四）省财政厅根据省政府审批意见按规定办理资金拨付审核手续。

第八条　省铁投集团申请保障金需提供的材料。

（一）申请弥补运营亏损所需提供的材料。

1. 申请报告。包括：上一年度城际轨道运营情况、各项目整体运营资金缺口情况、项目贷款情况及利息凭证、各项目各市路段运营亏损情况说明、申请当年弥补的金额及说明、其他应说明事项等（需提供第三方中介结构出具的相关财务审计报告）。

2. 省铁投集团对各运营公司申请报告的核实文件（附相关审核依据）。

（二）申请用于其他方面所需材料，根据省政府有关决定或要求另行提供。

第五章　保障金的监督管理

第九条　保障金按归属于省、市的资金来源和所属地分账核算，年终结余结转下年度滚动使用。

第十条　省铁投集团负责定期向省、市有关部门报送保障金收缴、汇集情况及使用情况报告，并于每年12月31日前报送本年度保障金使用、管理、绩效等情况，自觉接受财政、审计部门的监督检查。督促各城际轨道运营公司每年向省有关部门及各地市公开运营情况，提交审计报告。

第十一条　加强保障金归集、使用情况通报。每半年由省财政厅会同省国资委向沿线各市政府通报资金汇缴及使用情况，提出加强管理的意见和要求。

第十二条　保障金应专款专用，对弄虚作假、截留、挪用、挤占专项资金等行为，按《财政违法行为处罚处分条例》（国务院令427号）的相关规定进行处理。

第六章　附　　则

第十三条　按规定交由沿线市支配的资金有关内部分配机制等事项，由各沿线市政府自行确定。

第十四条　本办法由省财厅负责解释。

第十五条　本办法自印发之日起执行。

关于扶持珠江西岸先进装备制造业发展的财政政策措施（2015—2017年）

（广东省财政厅2015年4月30日发布，粤财工〔2015〕219号）

为贯彻落实《广东省人民政府办公厅关于加快先进装备制造业发展的意见》（粤府办〔2014〕50号），现就财政扶持珠江西岸先进装备制造业发展提出以下政策措施：

一、目标任务

推动全省先进装备制造业集约发展，重点打造珠江西岸（包括珠海、佛山、中山、江门、阳江、肇庆六市及顺德区，以下简称“六市一区”）先进装备制造产业带，按照“突出关键节点、精准扶持”的要求，省、市、县（区）财政共同努力，多方筹集资金，积极引导社会资本投入，重点支持具有国内自主知识产权、国际先进的智能制造装备、海洋工程装备、轨道交通装备、节能环保装备、新能源装备、汽车制造、航空制造、卫星及应用等先进装备制造业发展（具体支持产业以当年度公布的支持指南为准），引导扩大产业规模、推动产业聚集，到2018年把珠江西岸建设成为国内领先、具有国际竞争力的先进装备制造业基地。

二、政策措施

省财政预算安排发展资金，通过创新投入方式对符合《珠江西岸先进装备制造业产业带布局及项目规划》范围内重大项目予以重点扶持。主要措施包括：

（一）设立珠江西岸先进装备制造产业发展基金。安排50亿元设立珠江西岸先进装备制造产业发展基金。按照政府引导、市场运作、专业管理、防范风险的原则，引导金融机构、市、县（区）政府、社会资本重点投向具有国内自主知识产权、国际先进的智能装备制造、海洋工程装备、轨道交通装备、节能环保装备、新能源装备、汽车制造、航空制造、卫星及应用等先进装备制造产业。产业发展基金采用股权投资方式，争取撬动10倍社会资本约500亿元投入珠江西岸先进装备制造业，基金的使用管理办法及操作细则由省经济和信息化委会同有关部门另行制定。

（二）支持创新提质发展。

1. 鼓励研发机构提高研发费用。采取事后奖补方式，对在珠江西岸设立具有法人资格的先进装备制造业研发机构总部（或分支机构）予以支持，具体如下：

——研发机构年研发总费用5 000万元至1亿元（含1亿元）的，按20%的比例进行事后奖补。

——研发机构年研发总费用1亿元至5亿元（含5亿元）的，其中1亿元按20%、其余部分按15%的比例进行事后奖补。

——研发机构年研发总费用超过5亿元的，其中1亿元按20%、1亿元到5亿元部分按15%、其余部分按10%的比例进行事后奖补。奖补总额最高不超过2亿元。

2. 对重大科研成果予以奖励。采取事后奖补方式，对珠江西岸科研机构、企业的重大科研成果予以奖励，具体如下：

——作为第一完成单位获得国家级科学技术进步奖（以政策有效期内获奖为准）的科研机构、企业，一次性奖励标准为：特等奖每家1 000万元、一等奖每家500万元、二等奖每家300万元。

——作为第一完成单位获得国家专利奖（以政策有效期内获奖为准）的科研机构、企业，一次性奖励标准为：发明专利金奖每家500万元、优秀奖每家300万元。

3. 支持首（台）套装备的研发与使用。采取事后奖补方式，支持具有自主知识产权的首（台）套装备的研发与使用。具体扶持项目要求及标准如下：

——经认定为省内首台（套）重大技术装备产品的，量产后对研制企业进行奖励，原则上按单台（套）售价的50%给予奖励，成套装备奖励最高不超过700万元/套，单台设备奖励最高不超过300万元/台，总成或核心部件奖励最高不超过100万元/台。

——经认定为国内首台（套）重大技术装备产品的，量产后对研制企业进行奖励，原则上按单台（套）售价的50%给予奖励，成套装备奖励最高不超过900万元/套，单台设备奖励最高不超过500万元/台，总成或核心部件奖励最高不超过200万元/台。

具体由各地级市（含顺德区，下同）经信部门牵头会当地科技部门、财政部门直接审核并提出申请，报经省经济和信息化委、科技厅、财政厅审核后，由省财政厅拨付地级市财政部门，地级市财政部门按规定直接拨付项目建设单位。

4. 实施先进装备保费补贴。采取以奖代补方式，支持先进装备制造业企业首次购买具有自主知识产权的重大成套设备、通用和专用设备及核心部件等先进装备，按首次购买先进装备实际财产类保费支出总额的80%予以奖补，奖补总额最多不超过1 000万元。

（三）支持优质项目落地建设。“六市一区”引进或新建经认定的具有国内自主知识产权、国际先进核心关键技术的先进装备制造业项目，省财政按不高于同期银行贷款基准利率予以贴息支持，予以贴息的借款总额不超过项目完工形成的固定资产总额的70%。予以贴息的借款是指银行机构、非银行金融机构、政府融资平台借款等，固定资产指厂房和设备等基础设施。具体按产业情况分两类：

1. 海洋工程装备、轨道交通装备、汽车制造、航空制造四类装备制造项目。

——总投资额为10亿－50亿元且实际固定资产投资不低于5亿元的，贴息1年。

——总投资额为50亿－100亿元且实际固定资产投资不低于20亿元的，贴息2年。

——总投资额100亿元以上的项目，另行研究政策予以重点扶持。

2. 智能制造装备、节能环保装备、新能源装备、卫星及应用、基础材料及器件装备制造项目。

——总投资额为5亿－10亿元且实际固定资产投资不低于2亿元的，贴息1年。

——总投资额为10亿－50亿元且实际固定资产投资不低于5亿元的，贴息2年。

——总投资额50亿元以上的项目，另行研究政策予以重点扶持。

符合条件的项目在2014年及以后与珠江西岸有关合作方签订投资合同，且项目正式动工后，项目固定资产已投资额不低于固定资产投资总额的50%，可申请首期贴息资金（贴息资金总额的50%）。项目已建成投产或试产成功后，可申请第二期贴息资金（贴息资金总额的其余50%部分）。贴息资金由各地级市经信、财政部门按规定直接核算并报省经济和信息化委、省财政厅审核后，由省财政厅拨付地级市财政部门，地级市财政部门按规定直接拨付项目建设单位。

（四）支持先进装备制造业集约集聚发展。

1. 对规划科学、先进装备制造业主导产业清晰、龙头企业带动明显、产值规模超100亿元的产业集聚区，在现有产值规模基础上，新增年产值达到以下条件的，省财政对所在地级市政府予以奖励。具体如下：

——新增年产值首次突破50亿元时，省财政一次性奖励1亿元。

——新增年产值首次突破100亿元的，省财政一次性奖励3亿元。

——新增年产值首次突破300亿元的，省财政一次性奖励10亿元。

——新增年产值首次突破500亿元的，省财政一次性奖励15亿元。

符合上述奖励条件的，由各集聚区所在地级市政府报省经济和信息化委、财政厅审核后，由省财政奖励集聚区所在地级市政府。由所在地级市政府建立股权投资基金，采取股权投资方式支持集聚区先进装备制造业发展。

2. 省财政现有各类专项资金中可用于股权投资且支持范围包括装备制造业的，将优先倾斜扶持珠江西岸引进或新建的先进装备制造业项目，促进集约集聚发展。

（五）支持引进或新建先进装备制造业项目。省财政通过专项转移支付，对珠江西岸引进或新建总投资10亿元以上的具有核心关键技术的先进装备制造业项目实行补助。省财政资金按项目建设情况、市县财政扶持力度等因素分配各市补助额度，并将补助资金拨付给项目所在地级市财政部门，由各地级市经信部门会同财政及其他有关部门按照事前备案、事中报告、事后奖补的原则进行审核，经审核符合补助的资金由项目所在地财政部门拨付至项目单位。具体细则由省经济和信息化委会同省财政厅按规定另行制定。

（六）实施新增建设用地有偿使用费和海域使用金专项补助。珠江口西岸新引进的先进装备制造业重大项目，经省国土资源厅会同省财政厅按程序核定后，对该项目缴纳新增建设用地有偿使用费，按省级分成部分的50%专项安排补助所在地级市，专项用于高标准基本农田建设、基本农田保护补偿等相关支出。对珠江口西岸新引进的先进装备制造业重大项目，经省海洋渔业局会同省财政厅按程序核定后，对该项目缴纳海域使用金，按省级分成部分的50%专项安排补助所在地级市，专项用于广东海洋经济综合试验区发展规划和试点方案等相关支出。

（七）落实国家税收优惠政策。支持企业用好用足国家税收优惠政策，符合规定条件的国内企业为生产国家支持发展的重大技术设备或产品而确有必要进口关键零部件及原材料的，免征关税和进口环节增值税，符合国家规定条件的固定资产可加速计提折旧，购置用于环境保护、节能节水、安全生产等专用设备的投资额可按一定比例实行税额抵免，符合条件的研发费用可在计算应纳税所得额时加计扣除，国家需要重点扶持的高新技术企业可免征企业所得税，符合条件的技术转让所得可免征、减征企业所得税。

（八）落实各项涉企行政事业性收费减免。全面贯彻落实免征32项中央设立和7项省设立涉企行政事业性收费的省级收入等各项涉企行政事业性收费减免政策。

高新技术企业培育资金管理办法（试行）

（广东省财政厅　广东省科学技术厅2015年5月28日发布，粤财工〔2015〕242号）

第一章　总　　则

第一条　为全面贯彻落实进一步加大高新技术企业扶持力度的决定，以培育发展高新技术企业为抓手推动创新驱动发展，省财政设立高新技术企业培育资金。为规范资金管理，制订本办法。

第二条　本办法所称的高新技术企业是指在《国家重点支持的高新技术领域》内，持续进行研究开发与技术成果转化，形成企业核心自主知识产权，并以此为基础开展经营活动，在广东省内注册一年以上的居民企业。

第三条　设立省高新技术企业培育库，纳入省高新技术企业培育库、未获得国家授予的高新技术企业称号的企业，由高新技术企业培育资金给予在培育补助。

第四条　高新技术企业培育资金使用应遵循突出重点、引导聚集、鼓励创新、动态管理、公平公正的原则。

第五条　补助资金安排实行项目库管理，具体按照省级财政专项资金项目库有关规定办理。

第二章　入库条件与程序

第六条　省高新技术企业培育库入库企业必须同时满足以下条件：

（一）企业主营业务或产品属于《国家重点支持的高新技术领域》；

（二）企业注册一年以上，具有独立法人资格，非高新技术企业；

（三）企业近三年内通过自主研发、受让、受赠、并购等方式，对其主要产品（服务）的核心技术拥有自主知识产权；

（四）具有大学专科以上学历的科技人员占企业当年职工总数的15%以上，其中研发人员占企业当年职工总数的5%以上；

（五）近两个会计年度的研究开发费用总额占销售收入总额的比例不低于3%；

其中，企业广东省内发生的研究开发费用总额占全部研究开发费用总额的比例不低于60%，企业注册成立时间不足两年的，按实际经营年限计算。

（六）高新技术产品（服务）收入占企业当年总收入的40%以上；

（七）具有一定的研究开发组织管理水平及规范的财务管理，已设立研究开发费辅助核算账或专账。

第七条　省科技厅、省财政厅联合相关部门设立省高新技术企业培育库，负责组织实施全省高新技术企业培育库入库评选工作。

省高新技术企业培育库设在省科技厅，省科技厅负责省高新技术企业培育库日常管理工作，建立管理省高新技术企业培育库入库评选专家库。

第八条　各地市科技部门会同本级财政及相关部门组成本地区高新技术企业培育工作机构（以下简称培育机构），负责本行政区域内的高新技术企业培育工作，提出本行政区域内的省高新技术企业培育库入库企业推荐意见。

第九条　省高新技术企业培育库入库程序如下：

（一）企业提交下列申请材料：

1. 省高新技术企业培育库入库申请书；

2. 企业营业执照副本、组织机构代码证、税务登记证（复印件）；

3. 知识产权证明材料、研发立项证明材料、产品检验检测及生产证明材料；

4. 企业职工人数、学历结构以及研发人员占企业职工的比例说明；

5. 经具有资质的中介机构鉴证的企业近两个会计年度研究开发费用专项审计报告（实际年限不足两年的按实际经营年限），近一个会计年度高新技术产品（服务）收入的专项审计报告；

6. 经具有资质的中介机构鉴证的企业近两个会计年度的财务报告（含资产负债表、损益表、现金流量表，实际年限不足两年的按实际经营年限）。

（二）合规性审查

各地市培育机构依据企业的申请材料，从省高新技术企业培育库入库评选专家库中抽取专家对申报企业进行审查，提出推荐意见。

（三）入库、公示与备案

各地市培育机构将推荐入库企业报送省科技厅，省科技厅会同省财政厅及相关部门对各地市推荐企业及推荐意见进行复核，提出初步入库名单并予以公示，公示无异议后公告名单并报省政府备案。

第十条　纳入省高新技术企业培育库的企业获得高新技术企业在培育资格，自公告之日起有效期为三年，到期自动失效。

第十一条　纳入省高新技术企业培育库的企业经营业务、生产技术活动等发生重大变化（如并购、重组、转业等）的，应在十五日内向省高新技术企业培育库管理机构报告；变化后不符合本办法规定条件的，应自当年起终止其高新技术企业在培育资格。

第三章　资金支持方式

第十二条　纳入省高新技术企业培育库的企业，如未获得国家授予的高新技术企业称号，高新技术企业培育资金每年根据企业生产经营情况给予补助，补助期限最长不超过三年，单个企业年度补助资金不低于10万元且不超过500万元，补助资金用于国家高新技术企业要求的技术创新及相关事项。

如在三年期限内企业获得国家高新技术企业称号，同年高新技术企业培育资金自动停止补助。

第十三条 补助资金安排原则上实行项目库管理，与年初预算同步编列项目滚动预算，提前一年启动项目库的申报、入库、排序、审批等工作。对未纳入项目库管理、需在年中细化分配的补助资金，实行年度安排总体计划报省政府审批，具体实施项目计划报省政府备案。

第十四条 年度结束后，各地市科技部门、财政部门会同本级相关部门将省高新技术企业培育库入库企业的生产经营相关数据提交省科技厅、省财政厅，省科技厅会同省财政厅确定培育补助计划并按照专项资金规定公示无异议后，联合下达培育补助计划至各地市科技部门、财政部门，并由省财政厅办理预算下达和资金拨付手续，将补助资金拨付至各地市财政部门，再由各地市财政部门按规定将补助资金拨付至企业。

第四章　信息公开

第十五条 省科技厅会同省财政厅按《广东省省级财政专项资金信息公开办法》规定在专项资金管理平台和部门门户网站公开如下信息：

（一）资金管理办法。

（二）省高新技术企业培育库入库时间、入库条件、入库程序等内容。

（三）省高新技术企业培育库入库名单。

（四）资金分配程序和分配方式等。

（五）资金分配结果，包括获得补助企业名单、资金安排情况。

（六）资金检查评价结果等。

（七）接受、处理投诉情况，包括投诉事项和原因、投诉处理情况等。

（八）其他按规定应公开的内容。

第十六条 已纳入省高新技术企业培育库的企业涉及企业商业秘密的，企业应向当地科技部门报告，并按保密法相关规定办理。

第五章　监督与检查

第十七条 已纳入省高新技术企业培育库的企业有下述情况之一的，应移出省高新技术企业培育库，取消其高新技术企业培育资格：

（一）在申请入库过程中提供虚假信息的；

（二）有偷、骗税等行为的；

（三）发生重大安全、质量事故的；

（四）有环境等违法、违规行为，受到有关部门处罚的。

被取消高新技术企业培育资格的企业，培育机构在5年内不再受理该企业的入库申请。

第十八条 参与省高新技术企业培育库入库评选、管理工作的各类机构和人员对所承担工作负有诚信以及合规义务，并对申报入库企业的有关资料信息负有保密义务。

第十九条 省高新技术企业培育库管理部门加强对政策实施、资金发放、信息统计的监督管理。可根据实际情况采取定期检查、不定期抽查或委托培育机构（或评审机构）等方式，对全省培育实施情况进行监督检查。

第二十条 纳入省高新技术企业培育库的企业要自觉接受省高新技术企业培育库管理部门、财政、审计、监察部门的监督检查，严格执行财务规章制度和会计核算办法。

第二十一条 资金管理实行责任追究机制。对弄虚作假、截留、挪用、挤占专项资金等行为，按《财政违法行为处罚处分条例》（国务院令427号）的相关规定进行处理，并依法追究有关单位及其相关人员责任。

第六章　附　　则

第二十二条 本办法由省财政厅、省科技厅负责解释。

第二十三条 本办法自印发之日起施行。

关于规范省级财政出资相关基金管理的意见

（广东省财政厅2015年6月15日发布，粤财工〔2015〕279号）

为规范省级财政出资相关基金运作，统一基金政策定位、规则、运营管理及操作方式等，更好地放大财政资金使用效应。现提出意见如下：

一、基金定位

省级财政出资的基金，定性为政策性基金，按照“政府引导、市场运作、科学决策、防范风险”的原则进行投资管理，主要用于落实省委、省政府确定的发展目标，放大财政资金使用效益，原则上要争取募集放大社会资本10倍以上。

二、基金管理

省级财政出资基金实行政府引导、市场化运作。各部门具体分工如下：

（一）省业务主管部门负责确定政策性基金的扶持方向，制定具体支持产业目录或清单，不干预基金管理公司决策，不确定具体投资项目。

（二）省财政部门会同业务主管部门制定基金组建方案，包括基金用途、组建与管理机构、募集社会资金的方法等，发挥财政资金的杠杆与放大效应。

（三）受托管理机构。省业务主管部门按照基金组建方案委托符合资质条件的专业投资管理机构作为基金受托管理机构，并签订委托管理协议。受托管理机构负责财政出资基金的日常投资和管理，基金具体投资项目以及项目的尽职调查由基金管理公司按章程决定。

（四）省业务主管部门、省财政部门负责监督基金的运作，确保基金投资方向符合要求。

三、基金运营成本

基金受托管理机构不以营利为主要目的，在保本微利的前提下运作。基金原则上不实行固定收益回报，对公益性、政策性较强的基金，资金成本率（含固定收益回报率和受托管理费率）按成本较低、方案较优的原则在一定比例范围内控制。财政出资基金的管理费在财政出资基金中列支。

四、受托管理机构

受托管理机构根据授权代行出资人职责，负责入股谈判、签订合作协议等；负责财政出资基金的日常投资运作，建立多重风险控制机制；根据省业务主管部门确定的产业政策、产业方向等清单，提升基金投放的覆盖面，监督基金投向；定期向省业务主管部门、省财政部门报告基金投资运作情况及其他重大事项，每年度对基金管理情况作出自评报告。

五、基金管理公司

基金管理公司原则上采取有限合伙制的组织形式，省财政出资基金只对出资额负有限责任，不对基金经营、管理不善等负连带责任。基金管理公司应完善法人治理结构，建立项目投资决策及跟踪管理机制，按照省业务主管部门确定的产业支持方向进行投资；定期向受托管理机构、省业务主管部门报告投资项目情况，接受政府有关部门以及受托管理机构对其投资和运作的监督。

六、受托管理机构选择

为尽快带动社会资本投入，由省财政厅会商业务主管部门，从省政府确定的股权投资受托管理机构中按照领域相关、业务专长、管理对接、综合发展等原则通过比选方式或竞争性遴选择优确定基金财政出资受托管理机构。

七、托管银行选择

基金应引入第三方银行独立托管机制，实现基金运作管理和基金资金管理的分离。原则上应采取竞争性方式选取出资最多的银行作为基金的托管银行。

八、基金信息公开

为更好地推动社会资本募集工作，充分发挥财政资金放大作用，基金的有关情况在省政府网上办事大厅及省财政厅、省业务主管部门门户网站向社会公开，鼓励各金融机构踊跃参与，接受社会监督。

九、其他

以前印发的基金管理办法中存在与上述要求不一致的，以本规定为准。

关于进一步完善省级国有资本经营预算管理的实施意见

（广东省财政厅2015年7月17日发布，粤财工〔2015〕336号）

为贯彻落实《国务院关于深化预算管理制度改革的决定》（国发〔2014〕45号）和《广东省人民政府关于深化预算管理制度改革的实施意见》（粤府〔2015〕50号），进一步规范省级国有资本经营预算编制、执行和监督管理，现提出实施意见如下：

一、完善国有资本经营预算编制

（一）明晰国有资本经营预算编制分工。加强国有资本经营预算建议草案编制，明确预算主管部门、国资监管部门和履行出资人职责部门的具体职责分工，明确支出项目安排依据和预期绩效。加强对国有企业经营情况的统计分析，将国有企业主要财务指标、国有资产经营情况等纳入反映内容，充实国有资本经营预算编制的基础信息。加强预算主管部门和预算单位间在国资预算编制工作中的协调和信息反馈。

（二）细化国有资本经营预算编制。按照深化预算管理制度改革要求，完善国有资本经营预算的编制流程和格式，统一将收支科目全部细化到“项”级，并对国有资本经营预算支出，在保留原按结构（资本性支出、费用性支出、其他支出）编列的同时，再按支出性质进行分类，细化至支出项目。

（三）加大国有资本经营预算与一般公共预算的统筹力度。研究并厘清国有资本经营预算与一般公共预算的事权，促进国有资本经营预算与一般公共预算间互相衔接，加大国有资本经营预算资金调入一般公共预算的力度。遵循统筹兼顾、讲求绩效，以收定支、收支平衡的原则，合理安排国有资本经营预算各项支出，如出现短收，通过削减支出实现平衡。

（四）改进国有资本经营预算管理和控制。实行中期财政规划管理，按规定编制省级国资预算三年滚动财政规划，收入预算从约束性转向预期性，根据经济形势和政策调整等因素做好科学预测。推进项目库管理，将符合条件的国有资本经营预算支出项目纳入项目库管理范围。

二、加强国有资本经营预算收益收缴

（五）规范国有资本收益申报。按照《广东省省属企业国有资本收益收取管理暂行办法》（粤财工〔2013〕284号）规定，省属企业应在其所属预算单位按规定下达国有资本收益收取通知期限内，如实填写省属企业国有资本收益申报表，收益申报分为利润收入、股利、股息收入、产权转让收入、清算收入及其他国有资本经营收入五类进行申报。

（六）严格国有资本收益核定。省属预算单位要按职责分工审核监管企业所申报应缴国有资本收益，严格按规定核定应抵扣以前年度亏损、可抵

扣的法定公积金、公允价值计量的企业资产等，建立企业财务审计报告、国资监管部门经营业绩考核和绩效考核、财务会计决算报表“三方”相关同口径数据比对机制，增强收益收缴审核的准确性。

（七）提高企业收益收缴比例。落实《中共广东省委贯彻落实〈中共中央关于全面深化改革若干重大问题的决定〉的意见》（粤发〔2014〕1号），逐步提高省属国有企业利润收缴比例，更多用于保障和改善民生。一是企业利润收入的收缴比例，原则上2015—2016年达到20%，2017—2018年达到25%，2019—2020年达到30%。二是企业股利、股息收入、产权转让收入和清算收入，继续按原定的100%比例上缴。

三、规范国有资本经营预算支出责任

（八）明确国有资本经营预算支出范围。国有资本经营预算支出范围除调入一般公共预算外，应严格限定用于解决国有企业历史遗留问题及相关改革成本支出、国有企业政策性补贴、对国有企业的资本金注入等方面，一般公共预算安排用于该方面的资金逐步退出。

（九）规范国有资本经营预算执行。按中央和省的有关要求开展国有资本经营预算支出考核，加快资金支出进度，对当年度预计无法支出的项目资金和结余结转资金，及时进行清理整合，提高资金使用效益。

（十）规范预算执行报告报送。省财政厅建立国有资本经营预算收支月报制度，编制汇总的省级国有资本经营预算收支月报表。

（十一）规范决算草案报送。省财政厅建立国有资本经营预算决算制度，组织省属预算单位编制国有资本经营预算决算草案。预算年度结束后，省属预算单位汇编本单位国有资本经营决算草案报送省财政厅。省财政厅汇总编制省级国有资本经营决算草案经省政府审定后报省人大批准。

四、加强国有资本经营预算资金绩效评价和监督检查

（十二）加强国有资本经营预算项目绩效评价。按规定组织开展国资监管部门绩效自评、财政部门重点评价以及引入第三方中介机构评价资金使用绩效。省属企业申请使用国资预算资金时，应提出资金使用的绩效目标，经省属预算单位审核后作为开展绩效自评和资金评价的依据。

（十三）加强绩效评价结果的应用。省财政厅会同省属预算单位在绩效自评基础上，对国资预算资金使用开展重点绩效评价，评价结果作为下一年度编制资金支出方案的重要依据。

（十四）加强国有资本经营预算的监督检查。省财政厅负责监督、检查各省属预算单位及其所属企业的国有资本经营预算执行情况，省属预算单位负责监督、检查和评价所监管企业的国有资本经营预算执行情况。

（十五）推进国有资本经营预决算公开。按照国家和省的有关规定开展国有资本经营预决算信息公开，细化预决算公开内容，除涉密信息外，预决算支出全部细化公开到功能分类的项级科目，以及整体编制情况、执行情况等。结合预算编制情况按要求逐步推进公开项目支出工作。

广东省省级扶持中小微企业资金管理办法

（广东省财政厅 广东省经济和信息化委员会2015年9月23日发布，粤财工〔2015〕402号）

第一章 总 则

第一条 为加强和规范对省级扶持中小微企业资金的管理，提高资金使用效益，根据《广东省人民政府关于创新完善中小微企业投融资机制的若干意见》（粤府〔2015〕66号）、《广东省人民政府关于修订广东省省级财政专项资金管理办法的通知》（粤财〔2015〕34号）等规定，结合工作实际，制定本办法。

第二条 本办法所称省级扶持中小微企业资金，是指根据《广东省人民政府关于创新完善中小微企业投融资机制的若干意见》（粤府〔2015〕66号）规定，省财政安排支持中小微企业投融资的资金，包括政策性基金（含中小微企业发展基金）和其他资金（担保股权投资基金、中小微企业融资担保基金、信贷风险补偿资金、融资租赁贴息资金、中小微企业公共服务平台和司法救助资金、小额贷款保证保险资金、中小微企业票据贴现奖励资金、银行小微企业金融服务奖励资金）。

第三条 本项资金采用产业基金、股权投资、贴息、保费补贴、补助、奖励等方式，发挥财政资金的杠杆作用，带动社会资金投入，支持创新完善中小微企业投融资机制。

第四条 资金管理遵照依法依规、公平公开、突出重点、绩效管理、科学分配的原则。

第二章 政策性基金管理

第五条 省中小微企业发展基金定位为政策性基金，按照省财政厅《关于规范省级财政出资相关基金的意见》（粤财工〔2015〕279号）的规定管理运作。基金按照“政府引导、市场运作、专业管理、防范风险”的原则，支持各地和有条件的金融机构出资设立子基金，以股权投资方式支持先进制造业、现代服务业、战略性新兴产业领域的中小微企业。

第六条 省经济和信息化委、省财政厅代表省政府履行基金出资人职责，负责监督基金运作，确保基金投资方向符合要求。

省财政厅会同省经济和信息化委按规定通过比选或遴选择优确定财政出资基金受托管理机构（以下简称受托管理机构）。

省经济和信息化委负责确定基金

的扶持方向，制定具体产业目录或清单。会同省财政厅与基金受托管理机构签订委托管理协议。负责具体监督基金运作工作，确保基金投资方向符合要求。

第七条　受托管理机构根据授权代行出资人职责，具体落实组建政策性基金的相关工作，按要求落实募集社会资本放大财政资金使用效益事宜，负责财政出资基金的日常投资和管理。主要职责包括：

1. 具体落实组建政策性基金的相关工作。

2. 根据政府确定的基金扶持方向、具体产业目录或清单，公开征集参股设立的子基金。

3. 对拟参股子基金开展尽职调查、入股谈判，签订子基金章程或合伙协议，向子基金派遣代表；建立多重风险控制机制。

4. 根据省经济和信息化委确定的基金扶持方向、具体产业目录或清单，提升基金投放的覆盖面，监督基金投向。

5. 对基金实行专户管理，专账核算，根据基金章程或合伙协议约定，在其他出资人按期缴付出资资金且足额到位时，将财政出资基金部分按期同步出资。

6. 定期向省财政厅、省经济和信息化委报告基金投资运作情况及其他重大事项，每年度对基金管理情况作出自评报告。

7. 委托管理协议等规定的其他事项。

第八条　基金管理公司负责投资项目的运作和管理，实行有限合伙制或有限责任公司的组织形式，全体出资人通过签订《合伙协议》或《公司章程》，明确各方权利和义务。财政资金以其出资额为限，对基金负有限责任，不对基金经营、管理不善或亏损、债务等承担无限连带责任。主要职责包括：

1. 按照法律、法规以及有关协议规定募集资金。

2. 按照政府公布的扶持方向、产业目录或清单进行股权投资或匹配跟投。

3. 对投资项目进行跟踪管理，加强风险防范。

4. 定期向受托管理机构、省业务主管部门和财政部门报告投资项目情况。

5. 接受政府有关部门以及受托管理机构对其投资和运作的监督。

第九条　基金引入第三方银行独立托管机制，实现基金运作管理和基金资金管理的分离。原则上应选取出资最多的银行作为基金的托管银行。

第三章　资金管理

第十条　部门职责

（一）省财政厅职责。省财政厅负责资金管理的组织和协调工作，负责牵头制定资金管理制度；配合省经济和信息化委上报资金总体安排计划，对省经济和信息化委提出的资金明细安排计划提出审核意见，按规定审核拨付资金，组织实施资金财政监督检查和重点绩效评价等。

（二）省业务主管部门职责。省经济和信息化委、省司法厅、省金融办、人民银行广州分行等业务主管部门牵头负责有关资金的具体管理和项目管理工作，会同省财政厅编制资金的总体安排计划，负责编制具体资金分配使用计划或根据工作需要组织项目申报、评审，公示、下达项目计划；负责组织项目实施、信息公开、监督和绩效自评等工作。

第十一条　市、县主管部门职责。地方经济和信息化主管部门会同司法、金融等主管部门负责经管项目的审核、申报及评审工作，负责当地项目评审、实施、验收（完工评价）和绩效自评工作。省属企业集团（或主管部门）、中央驻粤单位按属地管理原则办理。

第十二条　市、县财政部门职责。地方财政部门负责配合同级经济和信息化、司法、金融主管部门组织项目审核、评审和绩效自评工作，及时按规定拨付项目资金，对项目资金进行监督检查。

第四章　资金支持范围和标准

第十三条　业务主管部门和支持范围

（一）担保股权投资基金。省业务主管部门为省经济和信息化委。采取股权投资方式支持地级以上市建立政策性担保机构。省财政出资部分的股权由地市政府代持。2015 年支持 15 个地级以上市（粤东西北地区 12 个地市及江门、肇庆、惠州）。

（二）中小微企业融资担保基金。省业务主管部门为省经济和信息化委。采取股权投资方式注资省级再担保机构。省级再担保机构组建有限合伙制的基金公司运作中小微企业融资担保基金。

（三）信贷风险补偿资金。省业务主管部门为省经济和信息化委。省市财政共同出资设立中小微企业信贷风险补偿资金，对提供中小微企业融资服务的银行、担保、保险等机构给予贷款风险补偿。2015 年支持范围为粤东西北地区及江门、肇庆、惠州。

（四）融资租赁贴息资金。省业务主管部门为省经济和信息化委。省市财政共同出资开展中小微企业设备更新融资租赁试点，其中省财政资金的支持方式为贴息。试点市实行融资租赁设备产品目录制管理，对融资租赁公司向中小微企业租赁目录中设备的，按租赁合同设备投资额的一定比例给予贴息等支持。租赁目录由试点市在《广东省现代产业鼓励发展指导目录（经省人民政府同意）》（2010 年本）的先进制造业、战略性新兴产业目录范围内，结合本地中小微企业发展实际制定。

（五）支持中小微企业公共服务平台和司法救助。省经济和信息化委会同省司法厅办理。采取补助方式，支持全省中小企业公共服务平台建设，整合资源助力企业发展。采取补助方式，支持开展中小微企业司法救助工作。

（六）小额贷款保证保险资金。省经济和信息化委会同省金融办办理。采取补贴方式，支持地级以上市或县（市、区）设立小额贷款保证保险基金，对投保贷款保证保险的中小微企业，按一定比例补贴保险费用，对产生不良贷款的本金损失部分，按比例共同分担。由省金融办牵头地级以上市金融工作局开展小额贷款保证保险资金的使用管理工作，确保省财政专项资金的安全运行和专款专用，负责省财政专项资金的绩效评价和审计等有关工作。

（七）中小微企业票据贴现。省经济和信息化委会同人民银行广州分行办理。采取奖励方式，遴选并择优支持 3 家银行设立“广东省中小微企业小额票据贴现中心”，对中小微企业持有的小额商业汇票进行贴现，每家奖励 500 万元。

（八）银行小微企业金融服务奖励。省经济和信息化委会同人民银行广州分行办理。采取奖励方式，对人民银行广州分行牵头组织开展的小微企业金融服务成效评估结果前三名的银行给予表彰奖励，每家奖励500万元。

第五章　资金项目管理

第十四条　资金根据预算执行进度可实行“预安排、后清算”制度，根据事权和支出责任相适应的原则，逐步将项目选定权下放至市（区）。

第十五条　项目库管理。资金实行项目库管理，申报项目须提前遴选进入省级财政资金项目库储备，入库后根据财力状况纳入年度预算安排，具体按照《广东省省级财政资金项目库管理办法》（粤财预〔2015〕188号）执行。在项目库未建立前，按省有关通知办理。

第十六条　工作程序

（一）总体安排计划。根据省政府的有关工作部署，省经济和信息化委会同省财政厅提出省级扶持中小微企业资金总体安排计划，包括支持方向、支持方式、分配方式及额度安排等，报省领导审批后实施。担保股权投资基金支持地市名单列入总体安排计划报省领导审批，经批准后由省经济和信息化委会同省财政厅拟定分配计划，按程序公示后下达，并报省领导备案。

（二）发布申报通知。根据省领导批准的总体安排计划，省业务主管部门会同省财政厅确定资金各类项目的申报要求，发布资金项目申报通知，明确申报条件、扶持范围、扶持对象等内容。

（三）申报受理。资金按隶属关系由各地业务主管部门会同财政部门组织申报、受理申报材料、初审后联合报送省业务主管部门、省财政厅。省属企事业单位和中央驻粤单位的项目由省属企业集团（或主管部门）、中央驻粤单位参照上述要求直接向省业务主管部门、省财政厅申报。

（四）组织专家评审。省业务主管部门会同省财政厅汇总各地及省有关单位推荐上报的项目，由省财政厅按有关规定从专家库抽选评审专家，对申报项目进行评审。

（五）分配计划。省业务主管部门会同省财政厅根据评审结果编制资金的分配计划，按程序向社会公示（公示时间为6日），并按程序下达。省财政厅按资金管理规定下达资金，办理预算下达和资金拨付手续。

第十七条　各地项目主管部门对上报项目的真实性、可行性和审核结果负责。项目申报单位原则上不得以同一实施内容的项目重复申报或多头申报资金，同一实施内容的项目确因特殊情况已申报其他专项资金的，必须在申报材料中注明原因。

第六章　监督管理及评价问责

第十八条　信息公开。除涉及保密要求不予公开外，资金相关信息必须透明公开，通过省级业务主管部门和财政部门门户网站以及省政府网上办事大厅省级财政专项资金管理平台予以公开，主动接受社会监督。

第十九条　绩效评价。建立包括绩效目标申报审核、绩效跟踪督查、绩效评价和绩效问责的绩效管理机制。省财政厅负责组织开展绩效评价工作，并视工作需要组织开展重点绩效评价工作。省业务主管部门分别负责制定资金绩效目标，组织做好绩效自评工作，会同省财政厅落实绩效跟踪督查、绩效评价和绩效问责工作。

第二十条　监督管理。省业务主管部门、省财政厅根据实际情况，可采取定期检查、不定期抽查或委托项目所在地业务主管部门和财政部门（或评审机构）等方式，对资金的使用和项目实施情况进行督促检查。各地有关业务主管部门负责对项目实施情况进行管理和监督，各地财政部门负责对资金的使用情况进行管理和监督。

第二十一条　责任追究。资金管理实行责任追究制度，对负责资金管理的省直有关部门领导、经办人员，以及其他部门、中介机构和评审专家在资金分配审批过程中存在违法违纪行为的，申报单位、组织或个人在资金管理、使用过程中存在违法违纪行为的，依照有关规定严肃予以责任追究，涉嫌犯罪的，依法移交司法机关追究刑事责任。具体按照《中华人民共和国预算法》、《财政部违法行为处罚处分条例》和《广东省省级财政专项资金管理办法》等有关规定执行。

第二十二条　项目调整。项目在执行过程中因故变更或中止时，项目承担单位应对口逐级报业务主管部门、财政部门申请项目终止或变更。对因故中止的项目，省财政厅将按规定收回资金。

第七章　附　　则

第二十三条　本办法由省财政厅、省经济和信息化委负责解释。

第二十四条　本办法自印发之日起施行。

广东省中小企业信用担保代偿补偿资金管理实施细则

（广东省财政厅　广东省经济和信息化委员会2015年9月15日发布，粤财工〔2015〕430号）

第一章　总　　则

第一条　为贯彻落实国务院办公厅《关于金融支持经济结构调整和转型升级的指导意见》（国办发〔2013〕67号）、财政部　工业和信息化部　科技部、商务部《关于印发〈中小企业发展专项资金管理暂行办法〉的通知》（财企〔2014〕38号）、《工业和信息化部办公厅　财政部办公厅关于做好2014年中小企业发展专项资金服务体系和融资环境项目申报工作的通知》（工信厅联企业〔2014〕65号）、《工业和信息化部办公厅　财政部办公厅关于做好中小企业信用担保代偿补偿有关工作的通知》（工信厅联企业〔2015〕57号），鼓励、引导融资担保机构进一步支持和服务中小微企业融资，特别是小型微型企业健康发展，制定本实施细则。

第二条 本实施细则所称融资担保机构（以下简称担保机构）担保代偿，是指担保机构为小微企业向金融机构融资提供担保后，在债务到期时，被担保企业未能按合同约定向债权人偿还资金，担保机构依据担保合同代其偿还。

第三条 本办法所称的小微企业，是指在广东省登记注册，符合工业和信息化部、国家统计局、发展改革委、财政部联合发布《关于印发中小企业划型标准规定的通知》（工信部联企业〔2011〕300号）规定的小型企业、微型企业。

第四条 广东省中小企业信用担保代偿补偿资金（以下简称代偿补偿资金），由中央和广东省共同出资设立，并委托广东省融资再担保有限公司负责资金日常管理及运营。

第二章 资金来源和扶持范围

第五条 代偿补偿资金的来源：中央财政从中小企业发展专项资金中安排的代偿补偿资金、广东省安排的资金、代偿补偿资金运作收益及担保项目追偿回收款等。

第六条 扶持范围：当担保机构从事小微企业担保业务发生代偿后，代偿补偿资金为担保机构提供风险补偿。

（一）代偿补偿资金支持2015年7月1日起开展的新增小微企业（含个体工商户）担保业务，单户担保责任余额不超过500万元。

（二）代偿补偿资金支持的担保业务仅限于银行贷款担保业务（具体包括流动资金贷款、固定资产贷款、银行承兑汇票、信用证、贸易融资及综合授信等）。

第七条 代偿补偿资金优先支持已建立代偿补偿机制的地市，鼓励各地市与代偿补偿资金共同建立中央、省、市、区（县）的多层次代偿补偿机制。

第八条 代偿补偿资金托管机构优先与已同担保机构建立风险共担机制、提高放大倍数，以及对小微企业贷款利率在同期基准利率基础上不上浮或上浮低于20%（含）的银行开展合作。

第九条 纳入本办法合作范围的担保机构应同时具备以下条件：

（一）在广东省登记注册，依法设立，合规经营，具备独立法人资格；

（二）取得融资性担保公司经营许可证，并在有效期内；

（三）与托管机构开展专项产品合作的担保机构；

（四）上年度担保代偿率不超过5%；

（五）纳入代偿补偿资金支持范围担保项目的担保费率不超过银行同期贷款基准利率的50%；

（六）按要求报送企业财务信息及业务信息。

第十条 纳入本办法支持范围的小微企业应同时具备以下条件：

（一）项目符合国家产业政策、广东省国民经济和社会发展规划要求，不属于国家产业结构调整禁止和淘汰类产业；

（二）在广东省登记注册，并年检合格，具备独立法人资格；

（三）符合国家规定的小型或微型企业标准；

（四）企业及其法定代表人近两年无违法、违规等不良信用记录；

（五）具备与融资规模相匹配的经营及还款能力。

第三章 管理机构

第十一条 省经济和信息化委、省财政厅是代偿补偿资金的主管部门，负责代偿补偿资金的日常管理。主要职责是：

（一）受理托管机构纳入代偿补偿资金支持范围的担保项目备案；

（二）审定代偿补偿项目和额度；

（三）审定损失核销；

（四）负责代偿补偿资金的监督检查和绩效评价。

第十二条 代偿补偿资金委托广东省融资再担保有限公司（以下简称托管机构）专户管理，并负责代偿补偿资金账户的管理及运营。主要职责是：

（一）负责代偿补偿资金的资金运营管理，并确保资金的安全性；

（二）对纳入代偿补偿资金支持项目受理、审核及确认；

（三）负责受理担保机构代偿补偿申请，审核代偿补偿条件及额度，拟定代偿补偿比例及金额；

（四）制定代偿补偿方案，提交主管部门审核同意后，向担保机构拨付代偿补偿款项；

（五）根据实际情况，选择合作银行、担保机构签订合作协议，明确担保项目风险分担比例、代偿补偿条件、风险控制等事项，并加强风险防范；

（六）担保贷款发放后，托管机构应会同合作银行、担保机构负责对借款企业进行日常跟踪管理及财务风险控制，对借款企业的贷款合同执行情况和资信情况检查，发现问题，应要求借款企业及时整改；

（七）对企业因暂时资金周转困难发生逾期的，但在合作银行规定的宽限期内可以归还贷款的，由托管机构商合作银行、合作担保机构跟踪督促借款企业及时还款；

（八）托管机构在担保业务管理过程中，发现合作担保机构存在弄虚作假、骗保骗贷等重大问题的，或在担保贷款逾期处理过程中，合作银行、合作担保机构不予配合的，托管机构有权取消所承担的再担保义务。代偿资金承担的责任也同时随之取消；

（九）收缴项目追偿回款；

（十）编制并报送年度运营管理工作报告；

（十一）向国家中小企业发展专项资金管理系统填报担保项目及坏账核销的相关信息。

第四章 代偿补偿资金的分担比例

第十三条 对于由托管机构提供再担保的业务发生代偿时，当托管机构根据合作协议与合作银行、地方政府性风险补偿资金等共同参与分险，且合计按照代偿额50%及以上、35%（含）－50%、25%（含）－35%、15%（含）－25%的比例承担风险或补偿担保机构时，代偿补偿资金相应分别按照代偿额的25%、20%、15%、10%的比例对担保机构进行补偿。

第十四条 对于由托管机构开展的直保业务，如托管机构按照担保贷款额15%（含）以上比例承担风险时，代偿补偿资金按照担保贷款额的10%向托管机构进行补偿。原则上此类项目担保贷款额比例不得超过纳入代偿补偿资金支持范围的担保贷款总额的30%。

第五章 工作流程

第十五条 项目申报。托管机构对于确认的项目应于每季度结束后15个工作日内向主管部门报备上一季度的项目备案表。托管机构应于每月前10个工作日内向国家中小企业发展资金管理系统（以下简称管理系统）填报上一个月确认项目的相关信息。

第十六条　代偿补偿流程

（一）代偿补偿申请。担保机构向合作银行代偿后，向托管机构提交代偿项目的申请材料。材料应包括：

1. 代偿补偿申请书；

2. 银行向担保机构出具的《代偿通知书》及担保机构代偿凭证复印件；

3. 担保协议、担保主合同；

4. 代偿债务追偿措施说明材料；

5. 其他必要材料。

（二）代偿补偿顺序。

1. 再担保业务。对于纳入支持范围的担保项目，当借款人违约后，首先由担保机构按约定的比例代偿，对于符合条件的担保项目再由托管机构、代偿补偿资金、其他分险主体（如有）按照规定比例予以补偿。

2. 直保业务。对于纳入支持范围的担保项目，当借款人违约后，首先由托管机构按约定的比例代偿，对于符合条件的担保项目再由代偿补偿资金按照规定比例予以补偿。

（三）代偿补偿审核。

1. 再担保业务。托管机构对代偿项目进行初审和制定代偿补偿方案，并于每季度后的15日内将上一季度的代偿补偿项目报主管部门审核。

2. 直保业务。托管机构对代偿项目制定代偿补偿方案，并于每季度后的15日内将上一季度的代偿补偿项目报主管部门审核。

（四）资金拨付。

1. 再担保业务。自主管部门审核同意后10个工作日内，托管机构按审批通过的金额分别以自有资金和代偿补偿资金向担保机构拨付。其中，代偿补偿款优先从代偿补偿资金运作收益和追偿回收款中列支。

2. 直保业务。自主管部门审核同意后10个工作日内，托管机构按审批通过的金额从代偿补偿资金专户中划拨。

3. 托管机构应于拨付代偿款后30个工作日内通过管理系统报工业和信息化部、财政部备案。

第十七条　项目追偿。托管机构应积极督促担保机构实施有效追偿，依法追偿所得扣除诉讼等实现债权的费用后，按各方代偿补偿比例进行分配，代偿补偿资金享受的追偿收入缴回代偿补偿资金专户。

第十八条　损失核销。对代偿补偿项目因借款企业破产清算，或对借款企业诉讼且依法裁定执行终结后的代偿净损失部分，经合作担保机构确认、托管机构审核，并经主管部门认定后，予以核销。有关核销情况，托管机构应于主管部门认定后30个工作日内通过管理系统向财政部、工业和信息化部备案。

第六章　代偿补偿资金运用与管理

第十九条　托管机构对代偿补偿资金设立专户进行核算管理，严格按照本办法规定的范围和方向使用，确保安全运营，并接受主管部门的监督。

第二十条　托管机构不得将代偿补偿资金闲置资金用于股票、期货、房地产等高风险投资以及捐赠、赞助等支出。

第二十一条　代偿补偿资金运营收益及追偿回收款及时滚存进入代偿补偿资金专户。

第二十二条　托管机构每年按托管资金本金的0.5%提取代偿补偿资金委托管理费，委托管理费从代偿补偿资金到账之日起每日计算，逐日累计至年末，按年度提取。每日应提取的委托管理费 =（上一日代偿补偿资金本金余额 + 追偿回收款）× 0.5%/365。委托管理费主要用于代偿补偿资金委托运营管理的业务工作经费支出。

第七章　监督检查

第二十三条　托管机构应于每年3月底前将上年度的代偿补偿资金管理与使用审计报告、上年度的代偿补偿资金运营管理工作报告报送主管部门。报告内容应包括代偿补偿资金支持项目情况、贷款发放及代偿情况、追偿及损失情况、资金运营管理特点和创新情况等。

第二十四条　主管部门可定期或不定期对代偿补偿资金使用情况进行监督检查，必要时可委托社会中介机构进行审计或评估。

第二十五条　代偿补偿资金运营管理中发现的问题，托管机构应及时向主管部门反馈和汇报，主管部门根据代偿补偿资金运营情况，及时调整、完善工作组织与相关政策。

第二十六条　托管机构应积极为小微企业提供服务，到2016年底和2017年底，纳入代偿补偿资金支持范围的担保责任余额原则上应分别达到代偿补偿资金的5倍和8倍以上。

第二十七条　对违反规定使用、骗取资金的行为，将依照《财政违法行为处分条例》等国家有关规定进行处理。

第八章　附　　则

第二十八条　本办法由省经济和信息化委、省财政厅负责解释。

第二十九条　本办法自印发之日起施行。

广东省推进基层公共服务综合平台建设工作方案

（广东省财政厅2015年7月31日发布，粤财农〔2015〕326号）

为贯彻落实党的十八大、十八届三中全会和四中全会精神，根据省委、省政府全面创新基层治理，推动公共服务向基层延伸的统一部署，以及全省基层工作会议要求，制定广东省推进基层公共服务综合平台建设方案。

一、目标任务

坚持“政府主导、整合资源，统一建设、规范运作，信息共享、便民高效”的原则，按照“机构人员统一、场所标识统一、流程内容统一、信息系统统一、经费保障统一”等“五个统一”的要求，通过有效整合现有各类基层公共服务平台的场所、设备、人员、经费等资源，将面向基层群众的公共服务事项纳入县、镇、村（社区）三级综合平台集中办理，逐步实现公共服务事项“一站式”办理、“一条龙”服务。力争到2016年底，建立集文化体育、卫生计生、人力资源社会保障、食药安全、民政、人口党建等于一体的县、镇、村（社区）三级多功能综合服务平台，实现基层公共服务便利化、统一化、网络化。

——2015年启动试点。从2015年下半年起，启动省级试点工作，全省选取8个县（市、区）作为推进基层公共服务综合平台建设工作的试点县，具体是：江门开平市、肇庆德庆县、揭阳揭东区、云浮新兴县、清远阳山县、韶关乳源县、河源紫金县和梅州蕉岭县。

试点县按照全省推进基层公共服务综合平台建设的部署，结合当地经济社会发展和社会治理情况等实际，推进基层公共服务综合平台建设试点工作。到2015年底，试点县的县、镇、村（社区）公共服务综合平台机构要做到“有机构、有牌子、有办公场所、有办公设备、有制度、有人员、有系统、有经费”，公共服务事项一站式办理率达到80%以上，网上申报办理率达到70%以上，全流程网上办理率达到30%以上。

——2016年全面铺开。在2015年试点的基础上，从2016年起，在全省全面铺开基层公共服务综合平台建设，形成三级公共服务平台全面整合建立，将基层公共服务全面延伸至行政村（社区）。

到2016年底，全省所有县全面启动基层公共综合服务平台建设，县、镇、村（社区）公共服务综合平台机构全面建立，达到“有机构、有牌子、有办公场所、有办公设备、有制度、有人员、有系统、有经费”，公共服务事项一站式办理率达到90%以上，网上申报办理率达到80%以上，全流程网上办理率达到50%以上。

二、工作措施

（一）整合资源，构建县镇村（社区）三级公共服务中心

统筹正在建设或者已建成的综合性政务服务平台（中心），将基层公共服务功能有效纳入、衔接；建设统一标识的县、镇、村（社区）三级“一站式”基层公共服务机构及场所，明确县、镇、村（社区）三级公共服务中心的职能，落实县、镇、村（社区）三级公共服务中心工作人员。

一是设立县级公共服务中心。按照有机构、有牌子、有办公场所、有办公设备、有制度、有人员、有系统、有经费的要求，统筹原有办公场所作为公共服务中心办事大厅。县级基层公共服务中心原则上由分管基层治理工作的副县长任主任，并整合优化县级政府各部门现有窗口办事人员，经过培训考核后统一进入县级公共服务中心。对于县级职责范围内的面向基层群众的公共服务事项，按照“应进必进”的要求，凡符合条件的，均纳入县级公共服务中心集中办理［责任单位及责任人：各地级以上市政府及其分管市领导，有关县（市、区）政府及其分管县（市、区）领导。工作落实时间节点：试点县（市、区）于2015年完成，其他县（市、区）于2016年完成］。

二是设立镇级公共服务中心。在镇行政办公大楼内或整合当地的“七站八所”建设公共服务中心办事大厅，统一挂牌设立“镇级综合服务中心”的牌子。镇级公共服务中心由分管基层治理工作的副镇长任中心主任，按照镇级综合服务中心的工作职能，科学合理地制定工作岗位，整合优化“七站八所”的工作人员，充实镇级综合服务中心队伍［责任单位及责任人：各地级以上市政府及其分管市领导，有关县（市、区）政府及其分管县（市、区）领导。工作落实时间节点：试点县（市、区）于2015年完成，其他县（市、区）于2016年完成］。

三是设立村（社区）公共服务中心。在已有的或在建的村便民服务站基础上，统一挂“村（社区）综合服务站”的牌子。依托村委会、居委会作为村（社区）综合服务中心的办公场所，村（社区）公共服务中心集中受理村（社区）自身承担的公共服务事项，受理代办县镇职责范围内公共服务事项。村（社区）公共服务中心主任由村支部书记、社区党支部书记兼任，其余工作人员可由村（社区）干部兼任，也可整合现有的计生专干、护林员、大学生“村官”等进入村（社区）管理服务队伍。确需额外聘请工作人员，由当地县、镇根据实际情况，通过采取购买服务等方式解决人力不足的问题［责任单位及责任人：各地级以上市政府及其分管市领导，有关县（市、区）政府及其分管县（市、区）领导。工作落实时间节点：试点县（市、区）于2015年完成，其他县（市、区）于2016年完成］。

（二）明晰权责，统一规范县镇村（社区）三级公共服务内容和项目

一是按照权责统一、便民利民的要求，在划定政府服务、居民自治、市场服务三方面职能界限的基础上，结合工作职责和权限明确划分县、镇、村（社区）三级公共服务平台服务权责，编列公共服务权责清单，明晰县、镇、村（社区）三级公共服务中心工作职责［责任单位及责任人：各地级以上市政府及其分管市领导，有关县（市、区）政府及其分管县（市、区）领导。工作落实时间节点：试点县（市、区）于2015年完成，其他县（市、区）于2016年完成］。

二是根据编列县、镇、村（社区）三级公共服务的权责清单，全面梳理面向群众的公共服务事项，确定县级、镇级、村（社区）级公共服务基本事项，厘清县、镇、村（社区）三级公共服务内容，形成项目清单，在县、镇、村（社区）三级公共服务中心办事大厅公布，同时在县级网上办事大厅公布。在此基础上，统一编制本辖区《综合服务工作指南》，详解县、镇、村（社区）三级工作职能及办理业务权限，办理业务要求等事项，提高村（社区）公共服务平台管理工作的制度化、规范化水平［责任单位及责任人：各地级以上市政府及其分管市领导，有关县（市、区）政府及其分管县（市、区）领导。工作落实时间节点：试点县（市、区）于2015年完成，其他县（市、区）于2016年完成］。

三是编制《广东省基层公共服务基本目录》。结合试点县试点情况，以及我省简政放权工作的推进，省直有关部门编制《广东省基层公共服务基本目录》，指导全省基层公共服务平台建设（责任单位及责任人：省民政厅分管厅长会同省委组织部、省委农办、省社工委、省公安厅、省人力资源保障厅、省财政厅、省卫生计生委、省国土资源厅、省住房城乡建设厅、省农业厅及其分管领导。工作落实时间节点：2016 年完成）。

（三）优化整合，统一基层公共服务综合平台信息网络系统

按照连接畅通、简便高效、信息安全、运行稳定的工作要求，在整合原有县、镇、村（社区）三级硬件设备、软件系统、网络资源的基础上，建立集“服务、管理、监督”三位一体的“一站式”的县、镇、村（社区）公共服务平台信息网络。［责任单位及责任人：各地级以上市政府及其分管市领导，有关县（市、区）政府及其分管县（市、区）领导；省经信委分管领导以及省委组织部、省委农办、省社工委、省公安厅、省人力资源保障厅、省民政厅、省财政厅、省卫生计生委、省国土资源厅、省住房城乡建设厅、省农业厅及其分管领导。工作落实时间节点：试点县（市、区）于2015 年完成，其他于2016 年完成。］

一是整合县级各部门原有公共服务有关信息系统，统一链接到县级网上办事大厅，实现网上信息查询、业务办理、投诉举报等“一站式”服务功能，通过互联网实现村级网络、镇级网络与县级网上办事大厅相连接。推进省、市、县三级政府的网上办事大厅进行纵向链接，争取实现全省面向城乡居民一个“网上窗口”提供服务，形成“纵向到底，连接城乡居民；横向到边，整合各级部门”的全省基层公共服务网络。

二是以县级公共服务平台为载体，实现基本公共服务在“线上服务大厅”与“线下服务中心”无缝连接。在线上，县、镇政府有关部门在县网上办事大厅后台逐级审核城乡居民申请的办理事项；在线下，所需书面材料由镇、村（社区）服务中心统一收集后送至县、镇综合服务中心；事项办结后，通过县、镇、村三级综合服务中心，逐层回传结办事信息，实现服务流程无缝对接。为畅通群众办事议事渠道，强化公众监督，设立公共服务热线电话，对政府服务事项进行查询、监督、评价。公共服务综合平台建设以及运行管理和服务情况纳入地方政府绩效管理范围。

三是打通县、镇、村（社区）三级网络连接，配备必要的网络设备。依托目前已经延伸至村（社区）的互联网，实现村（社区）级网络、镇级网络与县级网上办事大厅相连接。村（社区）级公共服务中心应配备 1 台办公电脑、相应打印复印设备等办公设备。镇级公共服务中心根据业务要求，统一调配镇级办公电脑等办公设备，保障镇级公共服务中心信息服务需要。

（四）严格规范，建立县镇村（社区）三级公共服务运行模式

按照“一站式办理、一条龙服务”的工作要求，建立科学合理、规范高效的县、镇、村（社区）三级联网同步的公共服务运行模式［责任单位及责任人：各地级以上市政府及其分管市领导，有关县（市、区）政府及其分管县（市、区）领导。工作落实时间节点：试点县（市、区）于 2015 年完成，其他县（市、区）于 2016 年完成］。

一是建立标准化的县、镇、村（社区）外部办事流程。对于城乡居民申请的办理事项，由县、镇、村（社区）根据职责和权限，对于每一项业务均制定标准化的办事流程图，对办理业务需要提供的材料、办理要求、办理时限等要素进行明确，并在县、镇、村（社区）综合服务中心公示，在县级网上办事大厅公布。

二是建立标准化的办事内控规程。明确县、镇、村（社区）办理公共服务业务的内控规程，将办事规程的逐一标准化。对应每个事项制定一个内部运行控制图，一般包括申请和受理、承办、审核、批准、办结五个环节，对于逾期没有办结的业务，要设立提醒机制，督促业务部门加快办理，提高办事效率。制定县、镇、村（社区）三级公共服务平台工作人员考核办法，对县、镇、村三级公共服务中心工作人员的考核，将考核结果纳入本人年度考核范围。

（五）完善机制，提高基层公共服务综合平台经费保障水平

1. 建立健全基层公共服务平台的经费保障机制。省、市、县三级按照基层公共服务平台建设要求，将基层公共服务平台建设经费列入年初预算。以县级为主体，整合现有基层公共服务平台建设有关专项资金，保障基层公共服务平台的建设与运营［责任单位及责任人：省财政厅及其分管厅长、各地级以上市政府及其分管市领导，有关县（市、区）政府及其分管县（市、区）领导。工作落实时间节点：2016 年完成］。

2. 建立公共服务财政保障机制。一是按照基本公共服务均等化工作要求，继续加大力度实施县级基本财力保障机制，按照压减专项转移支付、扩大一般性转移支付的要求，将部分现行属于地方事权且信息复杂程度较高，适合地方管理的专项转移支付项目审批和资金分配工作下放地方，转入一般性转移支付补助范围，增强县级自主权，不断提高县级对基本公共服务的保障水平。二是加大对财力薄弱镇的财政转移支付力度，提高镇级公共服务的保障能力，2015—2017 年分 3 年逐步将省对欠发达地区困难镇补助标准提高到平均每个镇 200 万元。三是采取省市补助、县统筹保障的方式，促进建立政府适当补助为辅、村级自我积累为主的村级组织工作经费保障机制，2015 年起，省继续实施欠发达地区贫困村干部补贴、村办公经费补助政策，并视财力情况提高补助标准［责任单位及责任人：省财政厅及其分管厅长、各地级以上市政府及其分管市领导，有关县（市、区）政府及其分管县（市、区）领导。工作落实时间节点：2016 年完成］。

3. 在明确县级为基层公共服务平台建设责任主体的基础上，省财政研究设立基层公共服务建设专项资金，根据省委基层治理领导小组对全省基层公共服务平台建设考核验收结果，对欠发达地区基层公共服务平台建设给予以奖代补［责任单位及责任人：省财政厅及其分管厅长、各地级以上市政府及其分管市领导，有关县（市、区）政府及其分管县（市、区）领导。工作落实时间节点：2016 年完成］。

4. 鼓励通过购买服务方式保障基本公共服务。属于政府承担的基本公共服务、社会事务服务、行业管理与协调、技术服务以及政府履职所需辅助性事务等事项，适合采取市场化方式提供、社会力量能够承担的，原则上可通过政府向社会力量购买服务的

方式解决［责任单位及责任人：省财政厅及其分管厅长、各地级以上市政府及其分管市领导，有关县（市、区）政府及其分管县（市、区）领导。工作落实时间节点：2016年完成］。

三、工作步骤

（一）动员部署阶段（2015年7月）

在充分调研和征求意见的基础上，制定省级实施方案，明确建设基层公共服务平台的目标任务、工作阶段、实施步骤及相关要求。相关试点县结合当地实际，8月制定工作方案，向省报备并启动试点工作。

（二）试点运行阶段（2015年8－12月）

1.8月初启动1－2个试点县。8月上旬全部试点县完成启动。2.9月底前，试点县各级基层公共服务办公场所落实到位，正式挂牌运行；各级基层公共服务平台正式上线运行，实现网上办事功能。

（三）督查检查阶段

10月中旬，结合省基层领导小组开展基层治理省级督查工作安排，重点督查基层公共服务平台建设试点情况。试点县根据省委基层治理领导小组督查反馈的结果，做出相应整改，进一步完善试点工作。

（四）总结验收阶段

12月底前，试点县开展基层公共服务平台建设验收工作，各地级市试点县进行验收，将试点工作验收情况报备省财政厅。2016年1月底，省基层治理领导小组组织全省基层公共服务平台建设验收工作，通报全省基层公共服务平台建设情况。

（五）全面铺开阶段（2016年1月）

在2015年试点的基础上，进一步完善信息系统，全面铺开我省基层公共服务综合平台建设。

四、工作要求

（一）高度重视，精心组织

建设基层公共服务平台是我省进一步贯彻落实党的十八大和十八届三中、四中全会精神，贯彻落实省委、省政府加强和改进基层治理工作决策部署的重要内容。在6月19日召开的全省基层工作会议上，省委胡春华书记在讲话中专门明确要加快基层公共服务平台建设。各级党委、政府要切实把基层公共服务平台建设工作列入重要议事日程，建立党委领导、政府主抓、部门各负其责、纪检监察监督问责的领导体制和工作机制。要确保经费、人员、系统和场所投入，确保行政服务平台顺利运行、发挥作用。各乡镇、村（社区）主要领导要抓落实，及时研究解决平台建设及运行过程中遇到的实际问题。

（二）上下联动，迅速推进

省市县级建立基层公共服务平台建设协作机制，由财政部门牵头，会同提供基层公共服务的相关职能部门制定政策，明确可整合的基层公共服务内容。各地、各有关部门要各司其职，加强横向的协调配合、纵向的业务指导，为各级基层公共服务平台建设提供必要的技术指导和工作保障。

（三）制订方案，跟踪落实

各地要按照省推进基层公共服务综合平台建设工作方案要求，结合实际，尽快制订本地区基层公共服务平台建设工作方案，确定分阶段目标，明确任务分工和具体操作办法。对线上、线下平台的日常运转、功能发挥、系统维护等实行定点、定时、定员的跟踪，确保工作不走过场、不流于形式。

（四）广泛宣传，加强培训

通过召开省、市、县三级动员和培训会，各级党委、政府层层落实工作目标、工作步骤、工作措施；在当地电台、电视台、报纸网络等媒体进行广泛宣传，使全社会关注、支持基层公共服务平台建设工作。市、县、镇定期组织工作人员培训政策法规、业务知识、电子政务及操作规程等内容，切实提高县、镇、村公共服务平台工作人员的能力素质，确保各级服务平台快捷高效运行。

（五）严抓考核，加强督查

各地要把基层公共服务平台建设工作纳入年度实绩考核内容。各地各单位要按“谁建设、谁考核、谁管理”的原则，分别组织好督查和指导工作，按照公共服务平台的工作要求，从日常管理、服务质量、廉政情况、民主评议等各方面加强对县、镇、村工作人员的考核管理。各级纪检监察机关要对各地各单位履行职责情况进行监督、严格责任追究。严查有令不行、有禁不止、推诿扯皮、敷衍应付等行为，及时通报督查、考核结果，奖优罚劣，严格执行问责制度。

关于进一步加强涉农资金监管的意见

（广东省财政厅2015年10月14日发布，粤财农〔2015〕450号）

为充分发挥涉农资金效益，维护农民切身利益，经省人民政府同意，现就进一步加强和规范涉农资金使用管理，建立健全涉农资金监管机制提出意见如下：

一、进一步加强涉农资金监管的重要意义

涉农资金是各级政府预算安排用于支持农村经济社会发展、改善农民生产生活条件和促进农民增收的资金。近年来，全省各地、各部门认真贯彻落实中央和省的各项支农惠农强农政策，在逐年加大涉农资金投入力度的同时，积极采取有力措施，切实加强

涉农资金监管，提高资金使用效益，有力促进了农村经济社会发展。但是，涉农资金使用管理仍然存在不少问题和薄弱环节，主要表现为资金使用分散、监督不到位等，导致涉农资金被虚报冒领、截留挪用、克扣侵占的现象多发易发，严重影响了涉农资金使用效益和运行安全。

加强涉农资金监管，是落实中央和省委、省政府“三农”政策的客观需要，是提高资金使用效益的内在要求，也是维护农民切身利益的重要举措。各地、各部门要从加强党的执政能力建设和作风建设、保持农业农村持续健康稳定发展的高度，充分认识加强涉农资金监管工作的重要意义，把思想统一到中央和省委、省政府的决策部署上来，增强进一步加强涉农资金使用管理的责任感和紧迫感，切实采取有力措施，构建涉农资金监管长效机制，确保涉农资金分配使用科学合理、监管水平大幅提升，效益明显提高。

二、突出重点，优化完善涉农资金监管措施

涉农资金具有“总量大、项目散、覆盖广、部门多、链条长”的特点，管理难度大、要求高，各地要进一步创新方式方法，不断完善涉农资金监管措施。

（一）进一步加大涉农资金整合力度

目前涉农资金扶持项目种目繁多，且归属不同的主管部门管理，部分资金的补助对象和项目相近或相同，容易造成沟通不到位，信息不对称，出现重复申报，骗取、套取财政补助资金的现象，增加涉农资金管理难度。各地要根据新时期中央和省委、省政府的支农惠农政策，以及省政府“关于加快专项资金清理整合进度，提前一年即到2016年就实现‘一个部门一个专项’”的精神，按照“集中财力办大事，优势互补、形成合力”、“一个部门一个专项”的原则，统筹整合现有涉农专项资金，调整资金投向，优化支农结构，集中财力，重点投向农业农村基础设施建设、农村公共服务体系建设、农业发展等关系民生和体现财政支农资金公益性、公共性的领域，解决农民群众最关心、最迫切、最实益的实际问题。

（二）进一步创新涉农资金拨付制度

各地要简化发放程序，降低发放成本，努力实现对农民的各项补贴通过“一卡（折）”发放，保证涉农补贴资金及时、安全、足额到位，要统筹各部门参与补贴发放职能，实现补贴资金由财政部门“一个漏斗”向农民发放，避免出现多卡发放的问题，减轻农民负担，提高工作效率。同时，要加强对发放涉农补贴的金融机构考核，严禁村干部代管补助资金存折、银行卡等。探索将涉农补贴资金统一通过农民个人“社保卡”发放的拨付机制。

（三）进一步健全涉农资金公开公示制度

在涉农资金纳入专项资金管理平台实现“八公开”的基础上，针对我省农村信息化程度不高、农民文化程度较低的现状，对涉及农民切身利益的涉农资金，要完善行政村公示制度，将涉农资金补助情况包括补助政策、补助标准、补助对象、申请材料、申请流程等事项以及各级部门受理投诉举报的处（科、股）的联系人姓名、电话等内容，在村头、村中、村尾及时上墙公示，保障群众的知情权、参与权与监督权。充分利用报纸杂志、电视、电台、网络、短信、微信等各类媒体，多形式、多渠道、多方位地加强涉农补贴政策宣传，让农民了解涉农补贴政策内容、程序和要求。做好村级财务公开，按照民主理财小组先审核、村集体经济组织负责人签字、乡镇会计代理服务机构审核认可的步骤进行。

（四）进一步加强涉农资金管理信息化建设

各有关部门要建立完善涉农资金基础信息库，让每一笔涉农资金都有最原始、最真实的数据信息，将基础数据信息作为涉农资金监督检查的依据，防止多报、虚报、重复补助等问题。要按照全省农村财务监管平台建设工作的有关部署，抓紧研发农村财务监管平台软件，采取切实有效措施，按时保质保量完成既定的建设目标和要求，以现代信息技术对农村财务活动实施监控为手段，强化农村财务监管。市县政府要依托全省正在全面开展的基层服务综合平台建设基础，并利用平台的村一级终端建立起“末梢监督”系统，将涉农资金使用管理透明化，让群众足不出村就能参与管理和监督。

（五）进一步发挥乡镇财政和村务监督委员会的监督作用

强化乡镇财政对涉农资金监管职能，切实加强乡镇财政能力建设和工作指导，建立乡镇财政直接联系点制度，监管抽查指导制度、激励约束机制和日常考核制度。乡镇财政要充分发挥贴近农村、贴近基层、贴近群众的优势和职能作用，进一步加强对基础信息的审核，加强对农业生产类等资金的统计和分析工作，强化对涉农资金的跟踪和监控，认真做好有关信息的反馈工作。村务监督委员会要建立村涉农资金使用的监督检查台账，并定期报送当地财政、民政部门备案，村级重大财务事项须接受村务监督委员会的事前、事中和事后监督。

（六）进一步强化惩处措施

各地财政部门要建立将村干部补贴、村务监督委员会补贴等补贴发放与涉农资金违法违规行为责任追究挂钩机制，一旦出现村集体或村干部虚报冒领、克扣侵占涉农资金等违法违纪行为，一经查实，财政部门停止所在村村集体运行经费补助、村干部补贴及村务监督委员会补贴等资金发放。

三、统一规范，建立健全涉农资金管理机制

在进一步完善涉农资金监管措施的基础上，各地、各部门要从强化涉农资金管理入手，积极探索，大胆改革，建立健全科学合理、层次清晰、分工明确、安全有效的涉农资金管理机制。

（一）建立健全涉农资金设立和信息公开机制

严格审批新增设立涉农专项资金，落实涉农专项资金到期收回制度，资金使用效益不明显、群众反响较差的资金要坚决取消；推进“压专项，扩一般”工作，加大专项资金清理整合力度，严格控制涉农专项资金数量和规模，经批准设立的涉农专项资金信息均要向社会公开，包括涉农专项资金管理办法，申报指南，项目资金申

报情况，资金分配程序和分配方式，专资金分配结果，资金绩效评价、监督检查和审计结果，公开接受、处理投诉情况以及其他按规定应公开的内容。其中省级涉农资金由省直有关部门、省财政部门分别在专项资金管理平台、省直有关部门和省财政部门门户网站上公开，市县级涉农资金由各地根据自身情况确定公开方式。

（二）建立健全涉农资金分配和拨付机制

创新涉农专项资金分配方式，根据资金性质，综合利用因素法、标准法、专家评审、竞争性分配等方式科学合理分配，具体分配安排方式分类确定。省财政对省级涉农资金逐步实行“预安排、后清算”制度，根据事权和支出责任相适应的原则，将项目选定权下放至市县，积极推行项目库管理制度。涉农资金按照预算及国库管理规定办理预算下达和资金拨付手续，采取国库集中支付管理，暂不具备国库集中支付条件的，按省财政厅《广东省财政支农专项资金报账制实施办法》（粤财农〔2005〕117号）的规定实行财政报账制管理。涉农资金要严格执行财务规章制度和会计核算办法，各项支出必须严格控制在批准的范围及开支标准内，严格执行财政资金使用票据销账制度，严禁用“白头单”入账或套取现金。

（三）建立健全涉农资金监督检查和绩效评价机制

预算年度结束后，各级业务主管部门负责组织本部门涉农资金使用情况自查，并将自查情况报财政部门。各级财政部门要依规组织巡查监督或重点抽查，每年对涉农专项资金监督检查范围要达到当年专项资金总量的10%以上。通过通报、暂停拨付、扣减、收回财政资金等措施，督促违规单位及时纠正问题，反馈整改落实情况。各级业务主管部门要完善涉农资金绩效指标，提高涉农资金绩效评价的质量，并负责组织对上年度涉农资金进行全面绩效自评。进一步强化涉农资金绩效评价结果应用，建立完善评价结果与下一年度预算安排挂钩机制、各级财政部门将绩效评价结果汇总报同级政府，作为涉农专项资金安排、调整、撤销以及责任追究的重要依据。

（四）建立健全涉农资金监管责任分担和追究机制

各级各部门按职责分工共同负责涉农资金监管工作。财政部门负责制定涉农专项资金管理制度、审核省直有关部门编制的涉农专项资金安排计划的合规性、办理涉农专项资金拨付、组织实施涉农专项资金财政监督检查和总体绩效评价等。业务主管部门负责本部门管理的涉农专项资金的具体管理工作，包括涉农专项资金预算申报、编制涉农专项资金分配使用计划，涉农专项资金使用安全、绩效评价、信息公开等。审计部门负责对涉农专项资金管理和使用情况进行审计监督。监察部门指导有关部门开展廉政风险防控工作，负责对涉农专项资金管理情况进行监督检查，受理检举及举报，对违规违纪单位及个人依法依规查处。镇、村两级按“谁使用、谁负责”的原则，对项目的真实性和资金拨付使用的规范性负责。各地要加大对虚报申领、截留、冒领、克扣、侵占涉农资金等违法违规行为的责任追究力度，除严格按照《财政违法行为处罚处分条例》分别作出责令限期整改、警告、通报批评、追回资金和罚款等处理决定外，还应依法追究直接责任人的责任，并按照党风廉政责任制有关规定追究分管领导及主要领导的责任，涉嫌犯罪的，及时依法移送司法机关。建立各涉农资金业务主管部门与财政、纪检监察、审计等部门衔接顺畅、高效有序、反应及时的联合查案机制。

四、工作要求

（一）加强组织领导

各地各部门要高度重视涉农资金监管工作，切实履行管理责任，把涉农资金监管工作列入重要议事日程，落实责任人，统筹做好本地区涉农资金核查、公示、发放、监督等工作。各地要建立由政府牵头，各相关部门参与的工作协调机制，负责协调解决涉农资金使用管理过程中的重要问题。

（二）加强分工协作

各地要建立健全加强涉农资金监管工作协作机制，由财政部门牵头，会同其他部门研究制定本地区加强涉农资金监管工作意见。各部门要各司其职，加强横向的协调配合、纵向的业务指导，建立健全密切沟通、高效对接、联动互促的信息共享机制，加快资金项目信息化管理建设，形成监督检查合力，对项目实施成效的过程进行跟踪和考核评价。

（三）加强舆论宣传

各部门要采取多种方式，广泛宣传涉农资金有关制度政策，让农户清晰了解资金的申报、发放、使用、投诉途径等有关信息，增强涉农资金政策和资金使用的透明度。加大对涉农资金发放和管理中的违法违规典型案件通报和公开曝光力度，为加强涉农资金使用管理营造良好舆论氛围。

广东省巨灾保险试点工作实施方案

（广东省财政厅　广东省民政厅　广东省水利厅　中国保险监督管理委员会广东监管局2015年12月30日发布，粤财农〔2015〕676号）

为深入贯彻落实党的十八届三中全会精神，推进我省巨灾保险试点工作，根据《广东省推进改革先行试点的实施方案》、《广东省全面落实中央有关部门深化改革重要举措分工方案的实施意见》、《广东省人民政府关于印发2015年省政府重点工作实施方案的通知》（粤府函〔2015〕36号）的部署和要求，现制订本方案。

一、建立巨灾保险制度的必要性和重要性

巨灾保险一般指政府运用保险机制，通过制度性安排，将因发生地震、台风、海啸、洪水等自然灾害可能造成的巨大财产损失和严重人员伤亡的风险，通过保险形式进行风险分散和经济补偿。巨灾保险制度是利用保险机制预防和分散巨灾风险，并提供灾后损失补偿的制度安排，是市场经济条件下国家风险管理体系的重要组成部分。我省是自然灾害多发区，严重的自然灾害给我省经济发展和人民生产生活造成巨大损失，也给各级财政带来沉重压力。建立巨灾保险制度是转变政府职能的重要体现，是政府运用现代金融手段应对重大自然灾害风险的有效途径，各级政府要充分认识建立巨灾保险制度的必要性和重要性，按照省级统一部署，结合实际，积极探索，先行先试，加快建立巨灾保险制度，切实提高应对自然灾害的能力。

二、建立巨灾保险制度的目标和基本原则

（一）目标

围绕党的十八届三中全会提出的“完善保险经济补偿机制，建立巨灾保险制度”的要求，充分发挥商业保险在应对风险管理、辅助灾后重建等方面的功能作用，运用市场手段完善社会治理方式，健全我省灾害救助、灾害管理和民生救助机制，逐步建立体系完善的巨灾保险制度，提升突发事件应急管理和抗灾救灾的效率，保障社会稳定运行。

（二）基本原则

——坚持政府主导，市场运作的原则。以各级政府主导组织推动建立巨灾保险制度，通过财政补贴保费购买巨灾保险，作为政府救灾工作的一种补充手段。保险公司遵循盈亏基本平衡、保本微利的经营原则，提供承保、理赔等服务。

——坚持权责相适，上下协调的原则。明确省级和各地级市责任，共担事权，统筹安排、精心实施，调动各级政府的积极性，兼顾利益，合力推进巨灾保险工作的实施。

——坚持省级统筹，因地制宜的原则。加强巨灾保险的整体制度设计，全省统筹规划，各地因地制宜制定具体试点工作方案，推进配套改革，建立健全完善的巨灾保险体制机制。有条件的试点市、县可探索建立由政府巨灾救助保险、巨灾基金、商业性个人巨灾保险组成的巨灾保险制度体系。

——坚持试点先行，分步推进的原则。选取部分地区、部分灾种先行试点，并逐步扩大试点范围，积极探索，逐步完善。

三、主要内容

（一）明确保险模式

根据我省实际情况及建立具有广东特色巨灾保险制度的精神，我省选择指数保险作为巨灾保险制度的保险模式。

（二）明确投保人和被保险人

我省巨灾保险以省政府作为投保人，以各地级市政府作为被保险人，按指数保险模式设计巨灾保险实施方案。

——选取灾害因子。试点期间，各地根据当地灾害特点及各地的经济规模、保险缺口、财政负担等因素，确定当地近年来发生频率较高、影响较大的自然灾害，如台风、洪涝（强降雨）、地震等作为灾害因子。

——确定成灾指数。各地巨灾指数保险合同中，成灾指数以灾害发生量为基础灾害参数，结合受其影响的人口数量、财产规模、财政责任等保险参量确定。成灾指数超过保险合同规定成灾指数即触发保险赔付。成灾指数具体计算方法以及成灾事件预设范围由各地政府根据当地实际情况与承保保险公司商定。

——明确保险责任。各地签订的巨灾保险合同中，应明确保险种类、保险期限、被保险人（各地市人民政府或其指定机构）、保险保障、投保保费、受灾网格、触发条件、保险赔付结构、理赔程序等要素。

（三）明确理赔程序

灾害发生时，根据灾害指数报告机构、指数计算机构公布的灾害指数及预设的触发条件，经各地政府、保险公司确认触及巨灾理赔后，保险公司应在1天内将理赔款支付至被保险人或被保险人指定的机构或受灾地区。

（四）明确救助责任

各地政府运用理赔资金等迅速开展救灾复产工作，向受灾群众进行救助，也可以委托保险公司或第三方公估公司向受灾群众进行直接救助。

（五）明确技术支持机构

保险合同中应明确指数报告机构、指数计算机构。试点期间，洪涝（强降雨）暂以广东省气象局、广东省水文局作为指数报告机构（即使用全省地面气象、水文观测站网资料计算强降水成灾指数，报告指数的地面站应与提供建模数据的地面站相一致），台风以中央气象台为指数报告机构（即使用中央气象台的台风定位资料计算台风成灾指数），洪涝（强降雨）和台风均以广东省气候中心为指数计算机构；地震以中国地震台网中心作为指数报告机构，以广东省地震工程实验中心为指数计算机构。

四、实施步骤

正确处理局部与全局、当前与长远的关系，选取部分地区先行试点，积极探索，循序渐进，逐步完善。

（一）2015年，正式推出政府巨灾指数保险，启动巨灾保险试点工作，形成各地市、各有关部门的协调配合机制，在汕头、韶关、梅州、湛江、清远5市率先试点，各地市统一开展所辖区域（含财政省直管县）巨灾保险工作。鼓励珠三角地区率先建立巨灾保险制度。

（二）2016年，根据试点地区实际情况，总结经验，继续完善巨灾保险的相关制度和运作流程，进一步扩大试点范围。

（三）2017年，力争在全省全面铺开，基本建立我省巨灾保险制度。

五、试点工作安排

（一）制订我省巨灾保险工作实施方案

由省财政厅、省民政厅、省水利厅（省三防办）、广东保监局牵头，协调各地政府及相关部门、保险机构，收集整理我省各地台风、洪涝、地震等灾害历史损失数据，开展特性和相

关性分析，共同研究建立灾害损失评估模型，研究制定我省巨灾保险试点工作实施方案。

（二）选取试点城市

选择汕头、梅州、湛江、韶关、清远5市作为2015年开展巨灾保险工作试点地区。

（三）制订具体实施方案

各地根据当地灾害特点，一地一方案，由各地政府与承保保险公司联合设计当地巨灾指数保险方案。

（四）签订巨灾保险合同

2015年巨灾保险工作试点期间，我省采用公开招投标方式确定承保保险公司。省政府或授权有关部门与保险公司签订巨灾保险总体协议，各试点市与保险公司签订具体巨灾保险合同，由保险公司向各地市出具保单，报省财政厅、省民政厅、省水利厅（省三防办）、广东保监局备案。

（五）明确省市共担保费

开展巨灾保险试点地区，省级财政给予一定补助，各地市投保保费在3 000万元以内（含3 000万元）的，按照省级与市县3∶1的分担比例安排省级补助资金，超过3 000万元部分由市县承担（市、县分担比例由各市确定）。首年度投保保费由各级市与保险公司拟定合同时，根据实际情况商定。以后年度各地级市应根据每年实际赔付及风险保障变动情况，对保险费率进行调整，确保费率科学合理。

六、工作要求

（一）加强组织领导

建立由省财政厅、民政厅、水利厅、农业厅、金融办、地震局、气象局、广东保监局组成的省级巨灾保险工作协调小组，根据需要不定期召开协调会议，由省财政厅牵头组织。工作协调小组各成员单位要密切配合，各司其职，积极推进巨灾保险工作。各地政府要高度重视，精心组织，加强对巨灾保险工作的领导和协调。

（二）明确责任、相互协作

建立巨灾保险制度是政府主导下的灾害管理创新，是一项复杂而长期的工作，其推动和发展必须坚持以政府为主导，按照统筹安排、突出重点、循序渐进的原则，省级各部门、各地级市按职责分工，协同配合，共同推进我省巨灾保险制度的顺利实施。

各有关市政府及其职能部门应发挥主导作用，统筹资源，通力合作，落实保费，充分发挥同级金融、财政、民政、水利、农业、地震、气象等部门的作用，全力推动巨灾保险的实施，负责与保险公司洽谈、签订巨灾保险合同。

省财政厅负责牵头制订巨灾保险工作实施方案，落实试点地区巨灾保险投保保费省级补助资金，并及时拨付。

省水利厅（省三防办）要配合制定巨灾保险工作实施方案，收集整理我省各地台风、洪涝等灾害历史损失数据及损失情况，为建立和完善灾害损失评估模型提供数据支持和专业技术支持。

省金融办负责在各地级市与保险公司的洽谈、签订合同、合同履行中发挥统筹、协调作用，对各巨灾保险试点地区给予积极的金融政策支持。

广东保监局要配合制定巨灾保险工作实施方案，根据灾害发生的历史数据，建立巨灾保险模型。加强对保险公司的指导和监督，提高服务水平。认真总结试点经验，做好巨灾保险的宣传和推广工作。

省民政厅、省农业厅、省地震局、省气象局等部门要积极履行自身职责，及时统计汇总我省台风、洪涝（强降雨）、地震等灾害数据及损失情况，为建立和完善灾害损失评估模型提供符合精算要求的数据和专业技术支持。

保险公司要建立即时理赔机制，经各地政府、保险公司双方确认触及巨灾理赔等级后，即计算理赔款支付至相关账户。加大在公众防洪减灾意识宣传方面的责任。

（三）加大宣传力度

各地各有关部门要加强对巨灾保险工作目标、意义和举措的宣传，提高社会公众认识，形成合力，营造良好的社会舆论氛围。

（四）及时总结经验

我省探索建立巨灾保险工作协调小组各成员单位、各试点地区要及时总结试点工作进展情况，共同解决试点工作中遇到的困难和问题，分析试点工作的经验和不足，各地政府应每年年终向省政府报告巨灾保险实施情况。

广东省基本公共服务均等化绩效考评办法（修订）

（广东省财政厅2015年7月27日发布，粤财评〔2015〕15号）

为进一步推进我省基本公共服务均等化工作，根据《广东省基本公共服务均等化规划（2009—2020年）》（以下简称《规划》）和《广东省基本公共服务均等化规划纲要（2009—2020年）》（修编版，以下简称《规划纲要》），特制定本办法。

一、指导思想

深入落实科学发展观，以加快转型升级、建设幸福广东为核心，以《规划》及《规划纲要》的目标和要求为依据，突出对基本公共服务均等化过程及其结果的综合绩效管理，充分发挥绩效考评的导向、激励和约束作用，确保全省基本公共服务均等化有效推进和健康发展。

二、基本原则

（一）绩效导向，以人为本。坚持以人民满意为根本标准，突出考评政策实效，推进基本公共服务均等化绩效管理，不断提高基本公共服务均等化水平。

（二）科学全面，客观公正。坚持实事求是，注重考评指标、标准的相对统一与合理分类、分档考评的有机结合，合理权衡度量不同层级、不同地区、不同类别基本公共服务的差异，确保考评结果客观公正。

（三）统一规范，有序推进。考评工作由省财政厅统筹协调，统一部署，相关部门和各地人民政府按照职能分工组织实施。

（四）注重质量，不断完善。坚持边探索、边总结，在实践中不断完善考评机制，创新考评办法，提高考评质量。

三、考评对象

各地级以上市人民政府。

四、考评内容与指标

（一）考评主要围绕《规划》中基本公共服务均等化的总体目标以及公共教育、公共卫生、公共文化体育、公共交通、生活保障、住房保障、就业保障、医疗保障、公共安全和生态环境保障十项目标任务进行。

（二）考评分为综合考评和分项考评。综合考评主要考评各市基本公共服务的投入、产出、效果以及服务的管理过程。分项考评主要考评十项基本公共服务均等化工作的成效。两类考评可合并进行，也可单独实施。

（三）根据《规划》的目标、要求，设定《广东省基本公共服务均等化绩效考评指标体系》（以下简称《指标体系》，见附件）。省财政厅可结合基本公共服务均等化年度推进情况，对指标及权重进行必要的调整完善。

（四）年度考评的目标值由省财政厅确定并印发。原则上各有关指标的目标值要达到《规划》中对应指标的目标值，因国家政策、实施条件、统计口径变化等客观因素变化确需调整的，应报省财政厅批准。

（五）《指标体系》中可量化的实际指标值由相关部门提供，公众满意度指标值由省财政厅委托第三方机构对各市公众进行满意度调查得出。

五、考评等次与标准

（一）通过计算基本公共服务均等化系数确定考评等次。均等化系数取值范围为 0－1，保留小数点后四位，不采用四舍五入计算；当正向指标的实际指标值大于或等于目标值时，均等化系数为 1.0000；当逆向指标的实际指标值小于或等于目标值时，均等化系数为 1.0000。

考评分为优、良、中和差四个等次。基本公共服务均等化系数为 1.0000－0.9750，绩效等级为优；均等化系数为 0.9749－0.9500，绩效等级为良；均等化系数为 0.9000－0.9499，绩效等级为中；均等化系数小于 0.9000，绩效等级为差。

（二）基本公共服务均等化系数的计算：

1. 对《指标体系》中每个指标分别进行达标程度考评。

（1）正向指标的均等化系数＝实际指标值/目标值；

（2）逆向指标的均等化系数＝目标值/实际指标值；

（3）对《指标体系》中指标的目标值，如个别市没有设定目标值，该指标按均等化系数为1；

（4）公众满意度均等化系数的计算由省财政厅在每年的考评方案中予以确定；

（5）基本公共服务管理等定性指标按《指标体系》中明确的项目进行考评。

2. 根据综合考评和分项考评的结果综合计算被考评单位的基本公共服务均等化系数：

基本公共服务均等化系数＝权重×综合考评均等化系数＋权重×分项考评均等化系数。

（三）各项考评的均等化系数按照各个指标的均等化系数以及所占权重计算得出。

六、考评组织与实施

（一）省财政厅负责考评工作的统一组织协调。负责考评办法的制订、修改以及考评工作的综合协调。

（二）省相关部门为考评工作实施主体，按照职能分工牵头负责相关职能领域的基本公共服务均等化绩效考评指标选设、考评指标目标值确定和分解、指导和实施考评等相关工作。

（三）考评原则上按年度进行，省财政厅可视需要组织不定期的专项考评。

（四）年度考评按以下基本程序进行：

1. 每年年初，省财政厅组织省相关部门研究选设上一年度的考评指标及指标权重，并起草上一年度考评工作方案，印发考评通知。

2. 每年5月25日前，各市人民政府对本市上一年基本公共服务均等化工作进行绩效自评，形成书面自评报告报省财政厅。

3. 省财政厅组织省相关部门，按《指标体系》及分解的目标值对各市基本公共服务均等化情况进行核对，确认各项指标的均等化系数。

4. 省财政厅委托第三方机构对各市基本公共服务均等化工作实施满意度调查，得出各市基本公共服务均等化满意度。

5. 省财政厅在参考各市绩效自评意见的基础上，综合各指标得分和公众满意度调查结果，计算各市基本公共服务均等化系数，确定绩效等次，形成基本公共服务均等化工作绩效考评报告，经省政府审定后印发各市。

（五）专项考评由省财政厅另行制定方案。

（六）积极推进考评主体多元化，逐步引入外部评价机制，促进绩效考评的民主化和公正性，不断提高考评结果的公信力。

七、考评结果应用

（一）考评结果将纳入《广东省市厅级党政领导班子和领导干部落实科学发展观评价指标体系及考核评价办法（试行）》考核内容。

（二）考评结果作为下一年度相关财政转移支付资金分配的参考依据。

（三）考评结果由省财政厅经省政府批准后在全省进行通报。

（四）考评等次未达到优的市，要对未达标的工作进行专项分析，并制定整改方案报省财政厅。

八、附则

（一）加强对考评工作的监督，任何个人或组织都可举报考评工作中的不公平、不公正和弄虚作假行为。对在考评中或考评后核实有弄虚作假行为的市，给予全省通报批评，并追究有关地方政府领导及工作人员的责任。

（二）根据基本公共服务均等化推进情况，结合国家和省对推进基本公共服务均等化的新要求以及相关政策调整变化的情况，省财政厅适时对本办法作必要的调整修改。

（三）各地级以上市人民政府可参照本办法制定对县（市、区）人民政府的考评实施办法或细则。

（四）本办法由省财政厅负责解释。

（五）本办法自印发之日起试行。

附件：1. 广东省基本公共服务均等化绩效考评指标体系

2. 广东省基本公共服务均等化绩效自评程序及规范

附件1：

广东省基本公共服务均等化绩效考评指标体系

指标类型	指标代码	指标名称		权重	指标说明	负责部门
共性指标	Z1	人均公共财政预算支出水平	人均公共财政预算支出浮动范围（元）	1.5	反映该地市对全省基本公共服务均等化的贡献程度和内部财力均衡程度	省财政厅
			县级均衡度（%）	1.5		
	Z2	人均基本公共服务支出增长率（%）		2.0	指一个地区在报告期内按常住人口数计算的人均基本公共服务支出增长率	
	Z3	财政基本公共服务支出占比（%）		2.0	指一个地区在报告期内用于基本公共服务的财政支出占财政公共预算支出的比重	
	Z4	工作协调推进机制建设		1.0	基本公共服务均等化工作的协调推进等情况	省社科院组织专家评审
	Z5	制度机制建设		1.0	基本公共服务均等化工作制度、机制保障等情况	
	Z6	目标管理和实施		1.0	基本公共服务均等化目标制定的合理性和准确度、实施措施的有效性以及目标的实现程度情况	
	Z7	公众满意度		10.0	指接受某类（项）基本公共服务的人群对该类（项）服务的感知与认可程度	调查总队
公共教育	A1	适龄儿童学前教育覆盖率（%）		2.0	指适龄儿童接受学前教育的普及程度	省教育厅
	A2	残疾儿童少年接受义务教育覆盖率（%）		2.0	适龄残疾儿童少年接受义务教育，免除学费、杂费、课本费以及寄宿制学校学生住宿费	
	A3	中等职业教育免学费覆盖率（%）		2.0	公办中等职业学校（含技工学校，下同）全日制正式学籍在校生中所有农村（含县镇）学生、城市涉农专业学生和家庭经济困难学生免学费	
	A4	非户籍常住人口子女接受义务教育覆盖率（%）		2.0	实现符合条件的非户籍常住人口子女接受义务教育与当地户籍学生享有同等待遇	

续表

指标类型	指标代码	指标名称	权重	指标说明	负责部门
公共卫生	B1	食品安全风险监测点覆盖率（%）	2.0	建立食品安全风险监测点	省食品药品监督局
	B2	零差率销售基本药物的村卫生室占比（%）	2.0	实现零差率销售基本药物的村卫生室与村卫生室总数之比	省卫计委
	B3	国家免疫规划疫苗接种率（%）	2.0	指国家免疫规划疫苗已接种人数占应接种人数的比例	
	B4	免费孕前优生健康检查目标人群覆盖率（%）	2.0	接受免费孕前优生健康检查人数与应接受免费检查的人数之比	
公共文化体育	C1	人均体育场地面积	2.0	体育场地面积与户籍人口之比	省体育局
	C2	公共文化场馆免费开放率（%）	2.0	除文物建筑及遗址类博物馆外，各级文化文物部门归口管理的公共文化场馆全面向社会开放	省文化厅
	C3	文化信息资源共享工程覆盖率（%）	2.0	指已建立文化信息资源共享的县区、镇村数与本地县区、镇村数之比	
	C4	广播电视通电自然村户户通覆盖率（%）	2.0	指已通广播电视的已通电自然村户数与已通电自然村总户数之比	省广电局
公共交通	D1	每万人拥有公交车标台数（标台）	2.0	按城市人口计算的每万人平均拥有公共交通运营车标台数。其中，城市人口指城区常住人口数，具体按各地统计部门统计常住人口数为准	省交通厅
	D2	公共交通占机动化出行比例（%）	2.0	使用公共交通出行人数与出行总人数之比	
	D3	“三个百分百”（100%镇有站、100%行政村有亭、100%行政村通车）覆盖率（%）	2.0	实现“三个百分百”的行政村与行政村总数之比	
	D4	公交一卡通覆盖率（%）	2.0	全省实现公交一卡通	
公共安全	E1	基层“以案说法”平台建设覆盖率（%）	2.0	全民公共安全知识进一步普及，基层“以案说法”平台建设全覆盖	省司法厅
	E2	农村药品供应网和药品安全监督网覆盖率（%）	2.0	农村药品供应网和药品安全监督网能100%覆盖到村一级	省食品药品监督局
	E3	法律援助服务覆盖率（%）	2.0	符合法律援助条件的人员免费享有合格的法律援助服务，法律援助对象的人口覆盖面达到20%以上	省司法厅
	E4	立体化治安防控体系建设覆盖率（%）	2.0	县（市、区）公安（分）局和派出所建成构建集“打、防、管、控、整、治、服务”于一体的立体化治安防控体系	省公安厅

续表

指标类型	指标代码	指标名称	权重	指标说明	负责部门
生活保障	F1	城乡最低生活保障覆盖率（%）	2.0	城乡低保标准、人均补差水平不低于当年省政府公布的最低标准。目标人群覆盖率达到100%	省民政厅
	F2	城乡居民养老保险参保率（%）	2.0	指全市参加城乡居民社会养老保险的居民人口数占全市16周岁及以上无城镇企业职工养老保险的城乡居民人口数（即应参保人数之比）	
	F3	年五保供养实际支出水平	2.0	指年五保供养实际支出占各县（市、区）上年度农村人均纯收入的比例	
	F4	残疾人基本医疗保障医疗康复项目覆盖率（%）	2.0	指纳入基本医疗保险的残疾人医疗康复项目和残疾人医疗康复项目总数的比例	省卫计委
住房保障	G1	公共租赁住房数	2.0	全省累计筹集不少于38万套公共租赁住房	省住建厅
	G2	城镇户籍低收入住房困难家庭人均住房建筑面积（平方米）	2.0	指本阶段累积低收入家庭现居住房总建筑面积与低收入困难家庭总人数之比	
	G3	政策性农房保险覆盖率（%）	2.0	纳入政策性农房保险的农户与农户总数之比	
	G4	农村危房改造数	2.0	全省完成农村危房改造54.15万户	
就业保障	H1	城镇登记失业率（%）	2.0	指城镇登记失业人数同城镇从业人数与城镇登记失业人数之和的比	省人社厅
	H2	农村转移就业劳动力接受技能培训比例	2.0	农村转移就业劳动力技能等级每晋升一级给予一次培训补贴	
	H3	企业劳动合同签订率（%）	2.0	企业与员工签订劳动合同的比率	
	H4	劳动人事争议仲裁结案率（%）	2.0	劳动人事争议仲裁结案的件数与总案件数之比	
医疗保障	I1	职工基本医疗保险参保率（%）	4.0	指参加本市职工基本医疗保险的人数占当地职工人数的比例	省卫计委
	I2	城乡居民基本医疗保险参保率（%）	4.0	指参加本市基本医疗保险的人数占当地常住人口的比例	
生态环境保障	J1	城镇生活污水集中处理率（%）	2.0	集中处理城镇生活污水量与全部城镇生活污水量之比	省住建厅
	J2	城镇生活垃圾无害化处理率（%）	2.0	无害化处理的生活垃圾与该市生活垃圾总量之比	
	J3	城市人均公园绿地面积	2.0	公园绿地面积与该市户籍人口之比	省林业厅
	J4	森林覆盖率（%）	2.0	全省森林覆盖面积和全省土地面积之比	

附件2：

广东省基本公共服务均等化绩效自评程序及规范

一、绩效自评程序

（一）前期准备

1. 根据《广东省基本公共服务均等化绩效考评办法（修订）》要求及分解的指标值，确定具体工作落实部门，注意跟踪各项工作的进展情况。

2. 确定工作落实部门后，应根据工作的具体分工，落实牵头组织协调部门，负责本地区均等化绩效自评工作的组织协调工作，制定自评实施方案、统筹自评工作事宜，审核自评结果报告。

3. 制定本地区自评实施方案。牵头组织协调部门根据考评工作规范，针对考评内容，拟定具体方案，确定考评分工、时间和程序安排。

（二）实施考评

牵头组织协调部门对照《广东省基本公共服务均等化绩效考评指标体系》，填写本市考评年度的实际指标值，将实际指标值与考评指标值进行对比分析，计算均等化系数，并分别对公共教育、公共卫生、公共文化体育、公共交通、生活保障、住房保障、就业保障、医疗保障、公共安全和生态环境保障等各项基本公共服务均等化工作及成效进行总结。

（三）撰写报告

汇总十项基本公共服务均等化工作、成效及均等化系数情况，形成总体工作及成效报告，于每年5月25日前将相关资料报省财政厅。

二、绩效自评报告的基本内容

（一）推进基本公共服务均等化工作总体情况；

（二）基本公共服务均等化相关政策、措施的制定及落实；

（三）当年基本公共服务投入情况，包括财政拨款、社会资金等评价基本指标分析；

（四）指标分析，包括指标前后年的比较、实际数值与考评指标的对比分析；

（五）绩效定性指标分析及详细文字说明，包括项目支出实施后主要的经济、政治和社会效益具体体现，持续影响等；

（六）基本公共服务均等化工作的经验、做法、存在的问题和改进措施；

（七）基本公共服务均等化的后续工作安排和有关建议；

（八）其他需要说明的问题。

三、需与自评报告同时提交的相关材料

（一）基本公共服务均等化工作组织机构成立、运作等相关资料；

（二）基本公共服务均等化相关政策、措施的文件资料；

（三）绩效自评报告电子版资料；

（四）省领导小组办公室认为需要提供的其他相关材料。

广东省省级部门整体支出绩效评价暂行办法

（广东省财政厅12月14日发布，粤财评函〔2015〕132号）

第一章 总 则

第一条 为做好部门整体支出绩效评价工作，检验财政性资金使用的效益，衡量部门履行职责的执行情况和效率效果，增强预算部门（单位）绩效管理责任主体的意识，根据新修订的《中华人民共和国预算法》、财政部《财政支出绩效评价管理暂行办法》（财预〔2011〕285号）、《预算绩效管理工作规划（2012—2015年）》（财预〔2012〕396号）、《财政部关于印发〈预算绩效评价共性指标体系框架〉的通知》（财预〔2013〕53号）等有关规定，结合我省实际情况，制定本办法。

第二条 本办法所称的省级部门整体支出绩效评价（以下简称绩效评价）是指根据设定的绩效目标，设置合理的评价指标及标准，以结果为导向，运用科学的评价方法，遵循规范的评价程序，对省级预算部门（含其下属单位）所有省级财政支出的全过程及其履行职责的经济性、效率性、效果性和公平性进行客观、公正的综合评判。评价形式包括单位自评以及财政部门评价。

第三条 绩效评价的资金范围包括省财政安排给省直部门及其下属单位的所有省级财政性资金，资金类型涵盖一般公共预算、政府性基金预算、国有资本经营预算；资金来源包括年初预算、预算调整、上年结转、年中新下达资金。省级专项资金中安排给省级单位使用的部分也属于评价范围。

第四条 绩效评价遵循责任明确、分级负责、客观公正、公开透明的原则。

（一）责任明确。省级各预算部门对本部门整体支出的绩效管理负有主体责任，负责实施本部门的绩效评价工作，配合省财政厅的抽查或再评价工作。省财政厅对各预算部门的财政资金使用绩效负监督和组织责任，负责制定绩效评价标准和办法，协调、

组织省级部门整体支出绩效评价。

（二）分级负责。省级各预算部门（即一级预算单位）负责对本级进行绩效自评、组织下属预算单位整体支出的绩效评价。省财政厅主要负责对一级预算单位进行抽查，根据工作需要对其下属预算单位进行延伸核查，结合部门自评情况，形成部门整体支出绩效评价报告。

（三）客观公正。省级部门整体支出绩效评价以国家和省发布的相关法律法规为依据，在预算部门如实反映财政资金支出情况的基础上，进行客观、公正的评价。

（四）公开透明。省级部门整体支出绩效的自评或财政评价结果须依法公开，接受公众监督。

第五条　绩效评价的主要依据。

（一）《中华人民共和国预算法》以及其他国家相关法律、法规和规章制度；

（二）财政部关于印发《预算绩效管理工作规划（2012—2015 年）》的通知（财预〔2012〕396 号）以及财政部其他绩效管理的规章制度；

（三）省委、省政府制定的国民经济与社会发展规划和方针政策、关于重点工作或重大项目印发的指导意见和工作要求等文件；

（四）省财政厅制定的相关评价制度与管理规定；

（五）部门三定方案、年度工作计划和中长期发展规划；

（六）部门（单位）申报预算时提供的绩效目标、项目资料等相关材料，以及中期财政规划、部门预算批复、预算变更文件、部门决算报表（告）等；

（七）审计机关对部门（单位）出具的审计报告和审计决定；

（八）其他相关资料。

第二章　评价内容、指标、标准和方法

第六条　省级部门整体支出绩效评价衡量省级预算部门在一个完整财政年度内基本支出和项目支出（根据实际情况，适当延伸至其他资金，如中央转移支付资金）的整体绩效。评价基准日为每年 12 月 31 日。

第七条　评价内容。

（一）预算编制情况。主要评价省级预算部门的预算是否符合财政部门关于预算编制的要求和规范、绩效目标设置是否规范完整、绩效目标是否明确、绩效目标的覆盖面等情况。

（二）预算执行过程。主要体现预算部门在资金、项目、资产和人员等方面管理的情况。资金管理，包括预算执行情况、财政资金结余结转情况、财务合规性、预决算信息公开情况等；项目管理，包括项目申报、批复、调整、监督、完成等方面的规范性情况；资产管理，包括资产配置、使用、安全等方面的情况，以及控制财政供养人员的人员管理。

（三）资金使用绩效。主要体现为绩效目标的实现程度、部门的履职情况以及省委省政府重点工作的完成情况。包括部门整体支出的经济性（预算控制）、效率性（完成进度和完成质量）、效果性（社会、经济、生态方面的效益和可持续性）和公平性（服务对象满意度）。

（四）财政部门认定需要评价的其他内容。

第八条　评价指标。

（一）评价指标分为共性指标和个性指标。共性指标是指适用于所有部门的指标，主要包括预算执行情况、财务管理情况、资产使用处置情况、人员编制情况等方面的指标。个性指标是指针对部门和行业特点确定的适用于不同部门的指标，多用于衡量预算部门（单位）工作的社会、经济和生态效益和可持续影响等。

（二）共性指标由省财政厅根据相关政策统一制定，个性化指标由省财政厅和预算部门（单位）共同协商制定。原则上预算部门（单位）在申报绩效目标时即应选取最具部门（单位）或行业代表性的指标作为个性化指标，并设置目标值。所设置的目标将成为年度结束后进行评价的依据。

（三）评价指标实行动态管理。根据被评价年度有关财政政策和实际情况，省财政厅将适时对评价指标进行调整，便更科学、客观、合理地衡量部门整体支出使用效益。

第九条　评价标准包括计划标准、历史标准和行业标准。计划标准是指预先制定的目标、计划、预算、定额等数据作为评价的标准值；历史标准是指参照同部门同类指标历史数据制定的评价标准；行业标准是指将参照国家公布的行业指标数据和技术标准制定相应的评价标准值。

第十条　评价方法。

根据部门整体支出的实际情况综合运用比较法、成本效益分析法和公众评判法等评价方法：

（一）比较法。是指将通过对绩效目标和实施效果、历史和当期情况、不同部门和地区同类支出的比较，综合分析其绩效目标的实现程度。

（二）成本效益分析法。是指将一定时期内的支出与效益进行对比分析以评价绩效目标事项程度。

（三）公众评判法。是指通过专家评估、公众问卷及抽样调查等对才子支出效果进行评判，评价绩效目标实现程度。

（四）财政部门认定的其他方法。

第十一条　评价按百分制计分。评价结果根据综合评价意见分为优、良、中、低、差五个等级：100 - 90 分为优，89 - 80 分为良，79 - 70 分为中，69 - 60 分为低，59 分以下为差。

第三章　评价程序

第十二条　省财政厅负责制定评价制度，布置各省级预算部门（单位）开展评价并提供必要的指导，并根据需要对部门（单位）评价情况进行现场评价或抽查。

第十三条　省级预算部门（单位）负责实施本部门（单位）的评价，一级预算单位组织下属单位进行自评，形成本部门的整体评价报告。

第十四条　评价程序。

（一）绩效目标申报。预算部门（单位）根据本部门单位中期财政规划、年度计划和单位职能等，按照绩效目标申报表编报整体支出的绩效目标，并将转化为可量化或可衡量的绩效指标。绩效目标应于项目申请加入项目库或编制中期财政规划、年度预算时一并申报。

（二）选择试点。省财政厅每年于 4 月前确定开展部门财政整体支出绩效评价试点的省级预算部门（单位），评价对象是上一年度的整体支出。部门支出整体绩效评价全面铺开后，省财政厅不再特别指定试点单位。

（三）绩效自评。预算部门（单位）按省财政厅的部署，组织开展财政性资金整体支出使用绩效的自评工作，真实、客观填报评价指标表信息及提供有关佐证材料，按时完成自评报告。绩效自评工作一般在财政部批复省级部门决算后开始（由省财政厅通知），2 个月内完成。

（四）现场评价。省财政厅（或受省财政厅委托的第三方机构）根据自评情况，针对被选定抽查的部门（单位）不同的财政资金类型，设置有关个性化指标体系，进行现场评价，一般在2个月内完成。现场评价以预算部门本部为主，必要时延伸至下属单位。

（五）综合评价。省财政厅根据现场评价结果，参考自评情况和配合程度，对部门整体支出使用绩效进行全面、综合评价，并出具评价报告。综合评价，一般在完成现场评价任务后的1个月内完成。

第四章 评价结果应用

第十五条 绩效评价结果将反馈预算部门（单位），督促其针对评价过程中发现的问题，制定并落实切实可行的整改措施。

第十六条 绩效评价结果作为安排预算部门下一年度预算的重要参考依据。

第十七条 绩效评价报告按政府信息公开有关规定适时公开，以逐步提高政府公信力和公众满意度。

第五章 附 则

第十八条 本办法附件1、2中的内容可根据实际情况适当调整或细化，具体情况以省财政厅发出的评价通知为准。

第十九条 本办法由省财政厅负责解释。

第二十条 本办法自公布之日起执行。

省直行政事业单位不动产处置管理操作规程

（广东省财政厅2015年11月5日发布，粤财资〔2015〕39号）

第一条 为加强省直行政事业单位不动产处置管理，规范不动产处置程序，根据《行政单位国有资产管理暂行办法》（财政部令第35号）、《事业单位国有资产管理暂行办法》（财政部令第36号）和《省直行政事业单位国有资产处置管理暂行办法》（粤财资〔2014〕16号，以下简称《处置办法》）等文件规定，结合省直行政事业单位不动产管理工作实际，制定本规程。

第二条 本规程所称省直行政事业单位（以下简称省直单位），是指省委各工作部门、省人大机关、省政府各部门（含政府组成部门和直属机构）、省政协机关、省检察院、省法院、各民主党派、省直参照公务员管理的各人民团体及各类占有、使用国有资产的省属事业单位。

第三条 本规程所称不动产是指省直单位占有、使用的土地、海域以及房屋、林木定着物等国有资产。

第四条 不动产的处置方式包括无偿调出（或无偿转让）、有偿转让（包括出售、出让、转让）、置换、报废、报损等。

（一）不动产的无偿调出，是指以无偿转移的方式变更不动产占有、使用权的行为。具体包括：

1. 省直单位不动产在本部门内上下级之间调拨；

2. 省直单位不动产在本部门内同级之间调拨；

3. 省直单位因隶属关系改变而发生的不动产上划或下划；

4. 省直单位因撤销、合并、分立、改制而发生的不动产移交；

5. 其他经国家和省批准的不动产调拨。

（二）有偿转让，指以有偿的方式变更不动产所有权或占有、使用权，并收取相应收益的处置行为。

（三）置换，指以非货币性资产为主进行的交换，这种交换不涉及或只涉及少量的货币性资产（即补价）。

（四）报废，指按国家和省有关规定或经技术鉴定，对已不能继续使用的不动产注销产权的行为。

（五）报损，指对已发生的不动产非正常损失按有关规定注销产权的行为。

第五条 拟处置的不动产应当权属清晰。权属关系不明确或者存在权属纠纷的不动产，须待权属界定明确后再予处置。

第六条 不动产的无偿调出，按以下程序办理：

（一）事前审核。省直单位拟无偿调出所属不动产的，应将拟无偿调出意向和依据、理由书面报送省财政厅，经省财政厅审核后再行协商具体调出事宜。其中，因机构改革、体制变更、区域布局或产业政策调整等原因而涉及重大不动产处置事项的，应附上重大事项的政策依据。

（二）申报和审批。经省财政厅审核后，无偿调出当事双方在协商一致的基础上，向省财政厅提出资产处置申请，经省财政厅审批或报请省政府批准后，按照处置批复结果进行处置。具体申报、审批程序和权限按照《处置办法》有关规定执行。

第七条 不动产的有偿转让和置换，按照如下程序办理：

（一）事前审核。省直单位因工作需要主动提出有偿转让或置换所属不动产的，处置前，应当将转让意向、依据和理由书面报送省财政厅，经省财政厅审核后再行协商具体转让或置换事宜。其中，因机构改革、体制变更、区域布局或产业政策调整等原因而涉及重大不动产处置事项的，应附省政府有关该事项的批复文件。

省直单位因国防外交、基础设施建设等公共利益需要被征用不动产的，应将本单位不动产的处置意向、依据和理由书面报送省财政厅，并附征用单位书面请求文件，经省财政厅审核后方可协商具体转让或置换事宜。

（二）资产评估。省直单位有偿转让和置换不动产，事前报省财政厅审核后，应聘请具备国有资产评估资质的评估机构对拟处置的不动产或双方拟置换资产进行评估，并将评估结果按照《国有资产评估项目核准管理办法》（财企〔2001〕801号）、《国有资产评估项目备案管理办法》（财企〔2001〕802号）规定核准或备案。其中，经省人民政府批准实施的重大事项涉及的资产评估项目，由省财政厅核准；其余资产评估项目实行备案管理，省直主管部门及其直属单位的资产评估项目备案工作由省财政厅负责，其余单位备案工作由主管部门负责。

对按规定应报省财政厅核准的资产评估项目，省直单位应当会商省财政厅后通过公开招标等方式确定评估机构。

（三）申报和审批。资产评估报告经核准或备案后，省直单位应当以评估结果为基础，按照公开、公平、公正的原则开展不动产的有偿转让或置换工作，并向省财政厅提出资产处置申请，经省财政厅审批或报请省政府批准后，按照处置批复结果进行处置。具体申报、审批程序和权限按照《处置办法》有关规定执行。

有偿转让原则上应当采取拍卖、公开招标等方式进行，不适合拍卖、公开招标或经公开征集只有一个意向受让方的，经批准，可以以协议转让等方式进行处置。置换和采取协议转让方式有偿转让不动产的，省财政厅应对双方协商及议价过程进行监督。

第八条　不动产报废、报损的申报、审批程序和权限按照《处置办法》有关规定执行。

第九条　省直单位原则上不得向下级政府有关单位配发或调拨不动产，确因工作需要配发或者调拨的，应经省财政厅审批同意。省直单位不动产的无偿调出不得改变国有资产性质。

第十条　省直单位通过无偿转让和置换取得的不动产，应当符合资产配置标准，与本单位的工作职责和人员编制情况相符。

通过无偿转让和置换取得办公用房的，应当执行新建办公用房各项标准，不得以未使用政府预算建设资金、资产整合等名义规避审批。

第十一条　采取拍卖和公开招标方式有偿转让不动产的，应当将处置公告刊登在公开媒介，披露有关信息。

第十二条　涉及省直单位房屋、土地、林木定着物等不动产被征用的处置事项，应当确保被征用单位能够正常开展工作。不动产征用补偿标准应当达到国家、省或当地政府规定的补偿标准。

第十三条　不动产报废应当符合国家有关报废标准或达到规定的使用年限。达到使用年限尚能继续使用的，不得报废。国家或行业有技术要求的，应当由具备相应资质的专业机构进行技术鉴定；以其他理由报废的，理由应当充分，并应提供相关的证明文件。

第十四条　不动产因不可抗力因素造成损失或根据国家有关规定可以报损的，由省直单位申请报损。不动产报损前，应当通过公告、诉讼等方式向债务人、担保人或责任人追索；追索程序未结束的，不得报损。

第十五条　省直单位不动产处置收入，在按规定扣除相关税费后，按照政府非税收入管理的规定上缴省财政，实行“收支两条线”管理。国家或省另有规定的，从其规定。

第十六条　本规程未尽事宜，按《处置办法》规定办理。

第十七条　省直各行政事业单位主管部门可根据《处置办法》和本规程，结合本部门实际情况，制定不动产处置的具体实施细则，并报省财政厅备案。

第十八条　本规程由省财政厅负责解释。

第十九条　本规程自印发之日起执行。

关于进一步加强村级会计委托代理服务工作的意见

（广东省财政厅2015年5月12日发布，粤财农管〔2015〕2号）

各地级以上市财政局、有关地级以上市农业局，顺德区财税局、区委社会工作部，财政省直管县（市）财政局：

近年来，我省各地积极推进村级会计委托代理服务，有力促进农村基层党风廉政建设及农村社会和谐稳定，但也在不同程度上存在一些突出问题，如会计委托代理手续不健全、会计核算不规范、农村财务票据管理薄弱、涉农财政性资金监管不到位、财务公开质量不高、农村会计从业人员素质不高等，一定程度上影响了农村会计委托代理服务工作的深入开展。为进一步推进和完善村级会计委托代理服务，根据有关财政财务管理规定，提出以下意见，请认真落实：

一、规范会计基础工作

各地应指导督促本地区农村集体经济组织严格按照财政部《会计基础工作规范》（财会字〔1996〕19号）、《村集体经济组织会计制度》（财会〔2004〕12号）和省财政厅《关于印发〈广东省农村集体经济组织会计科目表〉和〈广东省农村集体经济组织固定资产分类及折旧办法〉的通知》（粤财农管〔2013〕8号）等有关规定，使用规范的会计科目进行会计核算，对固定资产进行合理分类及计提折旧，完善固定资产台账制度，规范会计凭证填制、会计账簿登记、会计报表编制等各项会计基础工作。

二、加强财务票据管理

各地要按照省财政厅《关于开展村级会计委托代理服务工作的通知》（粤财会〔2009〕12号）的有关要求和示范格式，由县级以上财政部门根据实际需要，统一印制、发放本地区村级现金支出凭单、报销表格和农村集体经济组织内部结算凭证等，制定相应的管理制度。乡镇（街）财政机构（乡镇会计代理服务机构）负责监管农村财务票据的领用情况，加强农村财务收支管理。财务收支应取得合法的原始凭证，财务审批手续要完备，严禁“白条”入账。

三、强化涉农资金监管

各地乡镇（街）财政机构（乡镇会计代理服务机构）要重点加强农村基层组织工作经费补助及基本农田保护经济补偿、村级公益事业一事一议财政奖补在内的涉农财政性资金监管，确保资金使用手续完备，用途合法合规。指导督促村委会及时将涉农财政性资金的使用情况在村务公开栏进行公示，接受农民群众监督。

四、完善委托代理手续

各地要认真总结“村账镇代管”工作经验，在进一步提高“村账镇代管”服务水平和工作效率基础上，加强指导，精心组织，逐步推进“组账镇代管”工作。乡镇（街）会计代理服务机构在推行“组账镇代管”工作中应尊重农民意愿，依法与各村民小组签订会计委托代理服务协议，明确委托代理事项及双方责任与义务。

五、提升财务公开质量

各地乡镇（街）财政机构（乡镇会计代理服务机构）要指导督促农村集体经济组织严格执行《广东省村务公开条例》（2014 年修订，广东省第十二届人民代表大会常务委员会第 26 号公告），每月公开一次涉及财务的事项。村务监督委员会（民主理财监督小组或者监事会）应认真履行审核和监督职责，保障财务公开数据真实和完整，财务公开内容、形式和时间符合规定。村民对财务公开的内容、时间等有异议的，应及时依法依规妥善解决。

六、加大人员培训力度

各地要建立健全农村会计从业人员的定期培训制度，按照中央和省的有关要求并结合本地区实际工作需要确定培训内容，利用本地区财政部门农村财会人员财政支农政策培训平台，积极开展涉农政策规定和农村财务会计业务知识的培训学习，不断提高农村会计从业人员的整体素质和业务能力。

以上意见，请各地认真贯彻落实，扎实推进。

广东省省级预算执行动态监控管理暂行办法

（广东省财政厅2015 年 12 月 2 日发布，粤财支付〔2015〕19 号）

第一章 总 则

第一条 为进一步加强省级财政资金支付管理与监督，建立健全预算执行动态监控机制，提高财政资金的安全性、规范性和有效性，根据《中华人民共和国预算法》、《财政违法行为处罚处分条例》及财政国库管理制度等有关法律、法规和制度规定，参照《中央财政国库动态监控管理暂行办法》，制定本办法。

第二条 本办法所称预算执行是指经有关法定程序审核和批准的支出预算的实施过程。

第三条 本办法所称省级预算执行动态监控，是指省财政厅根据财政国库管理制度和相关财政财务管理规定，通过计算机网络管理信息系统设置监控预警规则，实时监控财政资金支付清算过程，实现事前预警、事中监控和事后核查，对发现的违规问题及时纠正处理，以防范资金支付使用风险、强化预算支出执行监管的管理活动。

第四条 本办法适用于财政拨款实行国库集中支付管理的省级预算单位，以及代理广东省省级财政国库集中支付业务的商业银行（以下简称代理银行）。

第五条 省财政厅是预算执行动态监控工作的主管部门。省财政厅与省直主管部门、代理银行建立预算执行动态监控工作互动机制，加强预算执行动态监控管理。

第二章 监控内容

第六条 预算执行动态监控的资金范围是实行国库集中支付的财政性资金。

第七条 省财政厅对财政资金支付清算过程进行实时动态监控，动态监控的基本要素包括付款人名称、付款金额、结算方式、付款用途、预算科目、支付方式、支付类型、收款人、收款人账号，以及用款计划、银行账户等相关信息。

第八条 预算执行动态监控的主要内容包括：

（一）预算单位财政资金支付情况。

1. 是否按照经省人大批复的预算规定的预算科目、资金用途支付使用资金；

2. 是否按照财政国库集中支付规定的方式、程序和账户等支付资金；

3. 是否按照政府采购管理规定支付采购资金；

4. 是否按照公务卡制度规定使用公务卡和报销公务支出；

5. 是否按照现金管理规定提取使用现金；

6. 是否按照财政财务管理规定计提基金、发放补贴和报销费用；

7. 是否存在违规向本单位或与本单位有关联的上下级预算单位银行账户划拨财政资金的情况；

8. 是否按照财政国库管理制度规定开设、变更、使用、注销银行账户。

（二）代理银行办理财政资金支付业务情况。

1. 是否按照省财政厅或预算单位的支付指令准确支付资金；

2. 是否按照代理银行支付清算规定清算资金；

3. 是否按照财政国库管理制度规定为预算单位开设、变更、使用、注销银行账户；

4. 是否按照委托代理协议书规定向省财政厅准确传输财政资金支付信息，报告预算单位违规支付行为。

（三）其他需要监控的事项。

第三章　监控方式

第九条　预算执行动态监控的方式主要以计算机网络管理信息系统为手段，采取系统自动预警与人工综合核查相结合的监控管理模式，对预算执行中的各种行为进行事前预警、事中监控和事后核查。

第十条　系统自动预警是指省财政厅通过设置监控预警规则，对省级预算执行系统国库集中支付业务进行筛查、甄别和判断，监控每一笔财政国库集中支付资金申请、支付、清算的详细记录，发现疑点问题或违规行为及时报警。

第十一条　人工综合核查是指省财政厅对监控发现的疑点问题或线索，进行核实、纠正、处理的监督管理活动。核查方式包括电话核查、调阅资料、约谈走访、实地核查等。

（一）电话核查。对监控中发现的疑点问题，省财政厅通过电话向被核查单位、上级主管部门、代理银行和收款单位了解相关情况，核实确认疑点问题。

（二）调阅资料。对经电话核查方式不能完全核实情况的疑点问题，省财政厅通知被核查单位及相关单位提供有关文件、合同、支付单据、原始凭证、账册及报表等资料，作进一步核实。如有必要，省财政厅可约谈或走访被核查单位及相关单位，具体了解核实疑点情况。

（三）实地核查。对监控发现的重大违规疑点或普遍性、趋势性疑点问题以及违规情况突出的单位，省财政厅进行实地核查。根据情况，省财政厅可委托社会中介机构、预算单位主管部门、代理银行总行或省分行等受托机构开展实地核查。

第十二条　省财政厅委托核查前后，应分别向被核查单位制发核查工作通知和核查情况通报。

第十三条　省财政厅在实施核查工作中，应做好文字记录、电子记录和资料归档工作。被核查单位提供的相关文件、资料、票据、说明等须真实、合法、有效。

第四章　违规处理方式

第十四条　省财政厅在监控过程中发现预算单位和代理银行存在违规行为的，在职责范围内依据有关法律法规和制度规定及时做出处理；对于涉嫌严重违规违纪的行为，移交有关部门进行处理。

第十五条　预算单位存在违规行为的，根据违规程度按下列方式处理：

（一）对因理解偏差、操作失误等发生的错误支付行为，由省财政厅通过电话等方式告知单位，按照正确操作方式立即予以纠正，并提出警示。

（二）对违反预算执行管理工作制度规定的，由省财政厅依法作出退回违规资金、调整账目、补办手续等处理决定。

（三）对不及时纠正违规行为，实地核查中不配合核查、拒不执行处理决定、不按要求整改或虚报整改情况的，由省财政厅制发书面责令整改意见，要求限期予以纠正，并将违规情况通报其上级主管部门。

（四）对不在限期内落实书面责令整改意见的，省财政厅可依据有关财政法律法规和制度规定做出暂缓其用款计划批复、撤销相关银行账户等处理措施，并视情节严重程度，予以通报。

第十六条　代理银行存在违规行为的，应将违规资金退回零余额账户或重新办理有关业务；造成损失的，按代理协议承担赔偿责任；违规情节特别严重的，省财政厅依据有关规定予以通报批评，并将其作为代理银行综合考评扣分依据，直至终止代理协议。

第十七条　预算单位及代理银行应在核查情况通报发送30个工作日内对通报的问题作出整改，并将整改情况书面反馈省财政厅。省财政厅建立违规整改跟踪反馈机制，监督整改结果和成效。

第五章　管理职责

第十八条　省财政厅在预算执行动态监控工作中的主要职责包括：

（一）研究制定预算执行动态监控管理制度。

（二）组织开展日常监控、问题核查和违规处理工作，跟踪违规问题整改情况。

（三）建立预算执行动态监控核查通报制度，定期编制监控分析报告及通报监控结果。

（四）会同省直主管部门、代理银行建立健全预算执行动态监控工作互动机制。

第十九条　预算单位在预算执行动态监控工作中的主要职责包括：

（一）按照财政国库管理制度规定支付使用财政资金，并做好相应的财务管理和会计核算工作。

（二）与省财政厅建立预算执行动态监控工作互动机制，按照省财政厅预算执行动态监控核查要求，及时、完整、准确地提供相关资料。

（三）对省财政厅监控发现的违规问题及时进行纠正和整改，并按要求将整改结果及时反馈省财政厅。

（四）省直主管部门对所属单位国库集中支付工作负有监督管理职责。

第二十条　代理银行在预算执行动态监控工作中的主要职责包括：

（一）按照财政国库管理制度规定的业务流程和规范支付清算资金。

（二）与省财政厅建立预算执行动态监控工作互动机制，对省财政厅监控发现的疑点问题及时核实，完整准确提供有关资料，对所属分支机构国库集中支付业务负有监督管理职责。

（三）发现预算单位违规支付事项，应及时向省财政厅报告相关情况。

（四）按省财政厅规定，及时、准确将财政资金支付信息传输至省级预算执行系统。

第六章　附　　则

第二十一条　本办法由广东省财政厅负责解释。

第二十二条　本办法自印发之日起施行。

关于加强省级财政投资项目工程结算审核工作有关事项的通知

（广东省财政厅2015年6月29日发布，粤财投审函〔2015〕4号）

为进一步加强省级财政投资项目工程结算审核工作，提高财政资金的使用效益和合规性，根据《广东省建设工程造价管理规定》（广东省人民政府令第205号）等有关规定，现将加强省级财政投资项目工程结算审核工作有关事项通知如下：

一、明确责任，落实监管，确保财政建设资金有效使用

项目主管部门和建设单位（含建设管理单位或代建单位，合并简称项目单位，下同）应高度重视省级财政投资项目工程结算审核工作，加强对相关工作的组织、实施和监管，落实建设主体责任，确保项目建设依法合规、节约高效。涉及调整概算的，项目单位应当按照国家、省的有关规定报原概算审批部门审核，在调整概算批复前不得办理工程结算。

（一）强化工程造价控制理念

省级财政投资项目工程结算内容应与批准的项目概（预）算建设内容一致，且遵循投资估算控制概算、概算控制预算或者最高投标限价、预算或者最高投标限价控制结算的原则，严格控制工程造价。

（二）加强项目前期的造价控制基础工作

项目单位应加强项目正式施工前的设计、招标、签订合同等前期工作，为加强造价控制打好基础。

1. 设计阶段。应加强建设项目管理，明确使用需求，在批准的概算总投资规模内，在保证达到使用功能的前提下，按投资限额合理控制设计。

2. 招标阶段。应严格执行招投标管理各项规定，认真组织编制施工图预算，经审核的施工图预算作为招标控制价。

3. 签订合同阶段。应详细审查合同条款，确保合同内容完整、准确，合法依规，不违背法律法规、招投标文件以及施工单位承诺的内容和结算原则。

（三）严格执行工程变更管理程序

在项目建设过程中，项目单位要安排精通政策熟悉业务的技术人员参与管理，规范项目建设内部控制管理程序，不得随意提高设计标准、扩大工程范围、增加工程内容。确需变更的，应严格变更管理，执行国家和省相应的有关规定。

二、规范工程结算办理，做好工程结算送审相关工作

（一）编制工程结算年度审核计划

项目主管部门每年第四季度向省财政厅报送下一年度省级财政投资项目工程结算送审计划，经省财政厅审核同意后作为下一年度开展工程结算审核工作的依据。未纳入年度审核计划的项目，在执行过程中由项目主管部门报经省财政厅同意后审核。

（二）按程序编制、核对工程结算文件

省级财政投资项目工程结算报送财政评审前，项目单位应按照规范要求做好工程结算编制及核对确认工作。具体编审要求详见《省级财政投资项目工程结算文件编报要求》。

1. 建设工程结算由发承包双方依据建设工程合同文件、设计文件、施工方案、投标文件、标准规范、综合定额、施工过程中发承包双方已确认的工程量及其结算的合同价款、调整后追加（减）的合同价款等有效文件编制或者核对。

2. 发包方应督促承包方按照合同约定编制结算文件，并在提交竣工验收申请报告的同时向发包方提交结算文件。

3. 发包方必须委托工程造价咨询企业核对结算文件。

4. 发承包双方对结算文件核对或者复核结果无异议的，应在7日内按规定签章、确认结算文件；持有异议的，发承包双方应对无异议部分办理不完全结算。

（三）填报自查说明

项目建设单位应对项目建设的有关情况进行逐项核查，并按要求填报《建设单位自查说明（工程结算）》，与工程结算资料一同报送（附电子版）。项目主管部门应对照建设单位自查说明，对项目建设单位报送财政投资审核的工程结算项目进行审核并出具意见。

未提供工程造价咨询企业结算核对文件以及项目主管部门审核意见的工程结算，省财政厅一律不予受理。

（四）规范工程结算资料报送

项目建设单位应按照《省级财政投资项目工程结算项目资料规范要求》向省财政厅提供或补充财政评审所需资料及相关证明，并对所提供资料的真实性、合法性和完整性负责。

1. 报送工程结算前，项目建设单位应收集齐全与工程建设有关的重要活动、记载工程建设主要过程和现状、涉及工程结算的所有载体文件，编制汇总，立卷装订，列好目录，并与省财政厅办好资料交接手续。未办理移交手续的，视作无效资料处理。省财厅不接受承包单位单方提交的资料。

2. 省财政厅按规定对送审资料进行预审后，认为建设单位不按规定送审评审资料或评审资料不完整、不齐全的，向建设单位发出《评审项目补充资料通知书》，通知建设单位在5个工作日内补报资料。建设单位在限期内不能补充完整资料或没有及时反馈

意见时，省财政厅在第一次补充资料通知书限期到期后1个工作日内向建设单位发出《评审项目再次补充资料通知书》，第二次要求5个工作日内补报资料。项目资料补充完整后，省财政厅正式受理送审项目。经上述程序催补后建设单位仍不能补充评审所需资料的，省财政厅将作出项目不受理或退审的决定，并通知建设单位7个工作日内领回送审资料。

3. 工程结算财政审核过程中，一般不接受项目建设单位补充资料；确需补充的，应装订成册，加盖项目建设单位确认公章后按规定时限要求报送省财政厅登记确认。补充资料原则上不得增加送审结算金额，确需增加的，项目建设单位应说明增加的理由、依据并报经项目主管部门同意。

4. 财政审核工作结束后，项目建设单位应按照省财政厅通知要求及时办理项目资料的领回工作。

5. 建设单位应当完整报送工程结算，除办理不完全结算的工程在异议解决后可补充送审该部分外，省财政厅原则上不予受理项目建设单位就同一工程结算项目报送审的漏算、漏项、漏报部分的结算。首次报送时，建设单位应当一同报送经项目主管部门批准的《省级财政投资项目工程结算分期送审计划表》，明确分期送审的具体内容、范围和分项控制的概（预）算金额。分期报送的工程结算合计不得超过批复的概（预）算。

三、按照及时规范的原则，配合开展财政审核工作

（一）及时送审工程结算

项目建设单位应自项目发承包双方确认工程结算文件之日起30日内向主管部门报送工程结算，主管部门应按照规定对建设单位自查报告进行审查后签署意见向省财政厅报送工程结算项目。

（二）配合做好财政审核询证工作

项目建设单位应在项目送审的同时安排熟悉工程建设情况的人员在规定时间内配合做好财政审核询证工作，并积极协调项目施工、监理、勘察设计、工程造价咨询等相关单位协助配合。项目相关单位不配合调查取证工作或不履行举证义务的，省财政厅可根据已有资料发出审核结论。

（三）及时反馈对审核结论性文书的意见

省财政厅完成审核工作后，向项目建设单位发出财政投资评审结论征求意见稿，不再实行三方定案管理。项目建设单位应在收到财政投资评审结论征求意见稿之日起5日内反馈同意、不同意或部分同意的意见。逾期未提出反馈意见的，视为同意。反馈意见为部分同意或不同意的，项目建设单位应清晰详细列明不同意的意见，并向省财政厅提供相关具体证明依据，否则，视为无效意见，不影响财政投资评审结论的认定。

（四）规范财政审核工作延期申请程序

为了确保工程结算项目财政审核工作按期完成，项目建设单位在审核过程中确有特殊原因需要延期的事项，应提出书面延期申请。延期申请只能申请一次，且延期时间必须在30日内，经省财政厅批准后生效。

（五）及时按要求进行工程结算的整改工作

工程结算项目正式受理后，在财政审核过程中，有下列情形之一的，省财政厅将终止审核工作，出具《项目退审意见书》，由项目建设单位对项目进行整改完善，符合条件后再送审，项目主管部门应督促项目建设单位做好整改工作。

1. 报送项目资料无法支撑审核结论的；

2. 项目建设程序上存在重大违规问题的；

3. 项目建设单位无法在规定时间内配合完成财政审核工作的；

4. 项目存在超概算投资的。

本通知自印发之日起生效，原省级财政投资评审的有关文件规定与本通知不符的，以本通知为准。

第八部分
财经文选

Selected Writing on
Finance and Ecouomics

坚持守纪律 讲规矩 开创我省财政反腐倡廉建设工作新局面

（节选）

省财政厅党组书记、厅长 曾志权

一、领会精神，深刻认识新形势下加强财政反腐倡廉建设的重要意义

习近平总书记在十八届中央纪委五次全会上深刻分析了党风廉政建设和反腐败斗争的严峻复杂形势，明确提出了当前和今后一个时期工作的总体要求和主要任务，指出党风廉政建设和反腐败斗争永远在路上，要坚守阵地、巩固成果、深化拓展，打赢这场攻坚战、持久战。胡春华书记在省纪委十一届四次全会上强调，要切实把思想和行动统一到中央对反腐败斗争的形势判断和任务部署上来，全面落实党风廉政建设主体责任，坚持不懈纠正“四风”，继续保持惩治腐败高压态势，严格遵守党的政治纪律和政治规矩，在深化改革中推动反腐倡廉制度建设，坚定不移把我省党风廉政建设和反腐败斗争引向深入。楼继伟部长在全国财政反腐倡廉建设工作会议上指出，改革和完善财政管理制度是惩防体系建设的重要内容，在推进源头治腐中具有十分重要的作用，要求各级财政部门切实履行职责，积极作为，主动作为，加快推进财税体制改革和财政部门内部控制建设，规范财政权力运行，进一步严肃财经纪律，持之以恒加强作风建设，不断开创财政反腐倡廉建设新局面。中央和省部领导的讲话站位全局、立场坚定，对形势的分析振聋发聩、对问题的揭露一针见血、对工作的部署清晰明确，对我们深入做好财政党风廉政建设和反腐败工作具有十分重要的指导意义。全省财政系统各级党组织和广大共产党员特别是领导干部，要把学习贯彻中央和省部领导讲话精神作为一项重要的政治任务，从以下两个方面深刻领会新形势下加强财政反腐倡廉建设的重要意义。

一方面，要从对当前反腐败斗争形势的分析判断上深刻领会。习近平总书记指出，当前反腐败斗争形势依然严峻复杂，腐败和反腐败呈胶着状态，在实现不敢腐、不能腐、不想腐上还没有取得压倒性胜利，腐败活动减少了但并没有绝迹，反腐败体制机制建立了但还不够完善，思想教育加强了但思想防线还没有筑牢，减少腐败存量、遏制腐败增量、重构政治生态的工作艰巨繁重。胡春华书记也强调，当前我省腐败问题仍然易发多发，在反腐高压态势下，顶风作案、我行我素、不知收敛的还大有人在。党中央、省委对现阶段反腐败斗争形势作出的总体判断，同样符合我省财政系统反腐败斗争的实际。近三年来，全省财政系统共立案 22 件，党纪政纪处分 36 人，移送司法机关 12 人，甚至还发生危金峰、林楚欣这样的大案要案。危金峰伙同不法商人对财政资金进行肆意瓜分，并按照拨付的款项收取 20% －50% 不等的“好处费”，林楚欣在危金峰被查处后，在中央和省反腐高压下，还不收手，继续向人索贿巨款，何等肆无忌惮！这些案件的发生，充分暴露出我省财政系统在反腐倡廉建设方面还存在“盲点”和“弱区”。我们要正视严峻复杂的形势，增强忧患意识、责任意识，坚决贯彻落实中央和省委的部署要求，把反腐倡廉建设引向深入。

另一方面，要从对反腐倡廉重点工作任务部署上深刻领会。对做好今年党风廉政建设和反腐败工作，习近平总书记强调要把握好的一个重点是，横下一条心纠正“四风”，指出在改进作风的问题上，必须保持常抓的韧劲、长抓的耐心，在坚持中见常态，向制度建设要长效，并对继续完善并严格执行作风建设各项制度提出明确要求。胡春华书记在部署今年工作时也强调，要继续重点整治公款吃喝、公款旅游、公款送礼等问题，认真抓好关于厉行节约、干部住房、公车配备、职务消费等规定的贯彻执行。并指出，当前我省土地出让、房地产开发、工程项目、科研经费管理、国有资产、财政专项资金、农村集体“三资”等领域腐败问题仍然多发频发，要加大对财政资金分配使用、政府投资、政府采购、公共资源转让、公共工程建设等权力集中、资金密集、资源富集的部门和岗位的监管，加强廉政风险防控。这些都对财政部门发挥源头治腐作用，建立健全财政惩防体系提出了新的更高要求。我们一定要高度重视，结合工作实际，突出工作重点，采取有力措施，把各项工作落到实处。

二、明确任务，扎实推进全省财政反腐倡廉建设

2014 年，全省各级财政部门认真贯彻落实中央和省委、省政府的统一部署，扎实推进财政改革发展各项工作，切实加强反腐倡廉建设，在完善制度、强化管理、规范权力、惩治腐败方面做了大量工作。省财政厅党组高度重视，注重率先垂范，一方面，我们巩固党的群众路线教育实践成果，在推进源头治腐的财政管理制度建设方面取得积极成效。创新构建了以“1＋1＋8”（即一个总办法、一个管理平台、八个配套办法）为框架，多维度、全方位的专项资金管理制度体系，重新制定修订 268 项专项资金的具体管理办法；出台了省直机关和事业单位差旅费、会议费、因公临时出国经费、因公短期出国培训费、外宾接待经费、培训费等管理办法，严控一般性支出；同时，深化预算管理、政府

采购、国库集中支付、绩效评价、财政信息公开等改革，财政管理进一步规范。另一方面，我们认真落实党风廉政建设主体责任，制定《广东省财政厅工作人员廉洁从政若干规定》和《广东省财政厅党风廉政建设责任制考核暂行办法》；加强廉洁从政教育引导，继续组织全厅副处以上干部及重要岗位、敏感岗位的科级干部脱产2天集中开展“三纪”学习教育；加强内部控制建设，结合财政管理信息化建设，完善相关制度、流程和方法，严格落实AB角制度，最大限度地防控风险；加强监督检查，组织全厅干部对个人有关事项进行了重新报告，对11名轮岗的处级领导干部开展离任审计；加大惩戒问责力度，对多名干部收受购物卡等有价证券的问题开展清退和处理；加强整改落实，配合省委巡视组开展巡查工作，对巡视组提出的七个方面整改意见逐一分解措施抓整改落实，等等。这些工作都有力推动财政党风廉政建设和反腐败工作取得新进展，为下一步工作打下了坚实基础。

今年是深化财税体制改革的关键之年，是全面推进依法治国的开局之年，也是全面完成财政“十二五”规划目标的收官之年，财政反腐倡廉建设任务繁重。全省各级财政部门要认真贯彻落实十八届三中、四中全会和省委十一届三次、四次全会精神，深刻把握新形势下财政反腐倡廉建设的着力点和突破口，不断完善反腐倡廉领导体制和工作机制。刚刚项天保同志代表厅党组对今年工作作了部署，请抓好落实，我再强调以下五个方面的重点工作。

（一）强化党风廉政建设主体责任

实践证明，党组（党委、支部）能否落实好主体责任直接关系党风廉政建设成效，党组织主体责任到位，风清气正的环境就有保障，党组织主体责任缺位，管党治党必然失之于宽、失之于软。全省各级财政部门党组（党委、支部）要抓住主体责任这个“牛鼻子”，扎实推进本部门党风廉政建设。一是各党组（党委、支部）书记作为第一责任人，要牢固树立责任意识和担当意识，真正做到既挂帅又出征，对重要工作亲自部署、重大问题亲自过问、重要环节亲自协调，重要案件亲自督办。二是领导班子成员要按照各自分工，抓教育引导、抓从严管理、抓以身作则，种好自己的“责任田”。三是进一步健全落实主体责任的责任体系和工作机制，层层传导压力，积极落实责任。同时，严格落实“一岗双责”，把财政廉政建设责任制和领导干部考核、问责结合起来，通过严肃问责，确保责任落实到位。从2015年起，省财政厅厅内实行各处室（单位）党委（支部）主要负责人向厅党组述廉制度。

（二）发挥财政源头防腐治腐作用

财政源头防腐治腐是构建预防和惩治腐败体系的重要一环。要把反腐倡廉工作与推进财政改革紧密结合起来，突出重点，破除体制机制障碍，从源头上防止腐败发生蔓延，促进财政惩治和预防腐败长效机制建设。一是深化预算管理改革。改进年度预算控制方式，研究编制中期财政规划，稳步推进零基预算和项目库管理改革，编细编实预算，增强预算约束力。抓好地方政府性债务管理，切实防范风险。积极盘活财政存量资金，加强结余结转资金管理，强化财政专户管理，堵塞监管漏洞。二是进一步加强专项资金管理。研究修订省级财政专项资金管理办法，重构省级财政专项资金管理工作流程，明确专项资金办理程序、时限要求，约束自由裁量权，压缩“寻租”空间。今年要突出加强对涉农资金的监管，充分发挥资金效益，维护农民切身利益。三是探索建立事权和支出责任相适应的制度。开展省与市县之间事权和支出责任置换试点，探索建立与事权、支出责任相匹配的财政转移支付制度，提高一般性转移支付规模和比例，通过调整完善财政体制，从源头上消除“跑厅钱进”的制度诱因。四是建立厉行节约倡俭治奢的长效机制。严格执行厉行节约反对铺张浪费条例及各项经费管理规定，进一步健全公务支出制度体系和内控管理机制，加强经费节约的统计和考核，强化监督检查和绩效评价的结果应用，进一步开展办公用房清理和规范管理工作，配合做好公务用车改革后配套政策衔接。五是深入推进财政信息公开。按照公开是常态、不公开是例外的要求，除涉密信息外，加强对包括预算收支安排、预算执行、决算等全过程信息以及依法合规的收费、政府采购、基建支出等项目信息在内的财政信息公开。同时，积极发挥财政职能作用，大力推进公共资源交易管理、科技资金管理、推广运用PPP模式等改革，并注重改革的系统性、整体性、协同性，始终坚持改革举措要体现惩治和预防腐败要求，同步考虑、同步部署、同步实施。

（三）加快财政内部控制制度建设

实行内部控制是贯彻落实党的十八届四中全会精神的重要举措，全国财政工作会议和全省财政工作会议已经作出部署，全国财政反腐倡廉建设工作会议又予以进一步强调，非常重要，势在必行。全省各级财政部门要高度重视，加快建立和实施内部控制制度，形成上下联动、全员参与的局面。一是在推进过程中，要牢牢把握权责一致、有效制衡的核心原则，按照分事行权、分岗设权、分级授权的要求，找准业务和管理中存在的主要问题，抓住定岗定责、流程控制、细化风险、控制节点、加强监督、强化问责这六个关键，建立内部控制制度。二是针对岗位风险点，通过流程再造，建立起各类风险进行事前防范、事中控制、事后监督和纠正制度。三是单位领导特别是一把手要强化责任担当、发挥好带头作用，牢固树立内控理念，拿出自我革命的勇气，引导干部职工将内控意识贯穿于日常工作中。通过加强内部控制建设，进一步堵塞漏洞，强化对财政权力运行的约束，有效防范各类业务风险和廉政风险。

（四）严肃财经纪律　严格依法理财

财经纪律是党的纪律的重要组成部分。要以贯彻实施新预算法为契机，强化对预算执行和财政资金管理使用的监督检查。一是全面落实新预算法各项要求。自觉把新预算法的各项规定作为从事预算管理活动的行为准则，严格依法行政、依法理财，把新预算法的各项要求贯彻到财政改革发展的各项具体工作之中。二是切实加强财政资金监管。强化财政、财务、会计管理中的监督作用，对新预算法规定需要承担法律责任的违法行为以及影响当前财经秩序的突出问题进行重点监督和查处。三是深入开展专项治理。

认真做好前期专项资金、一般性转移支付、“小金库”、办公用房和公务用车清理等专项整治行动中发现问题的处理整改工作，对财经违纪违法问题的多发区、易发区、敏感区继续保持高压态势，坚决防止财经违纪违法问题反弹。四是加大惩处追责力度。严格执行新预算法和《财政违法行为处罚处分条例》，严肃查处违反财经纪律的行为，构成违纪的，移交纪检监察机关处理；构成犯罪的，移交司法机关依法追究刑事责任，充分发挥警示震慑作用，维护良好的财政经济秩序。

（五）加强作风建设

财政部门要秉持“作风建设永远在路上”的理念，坚持不懈纠正“四风”。要按照习近平总书记提出的作风建设抓常、抓细、抓长的要求，坚持常抓的韧劲和长抓耐心，细处入手，抓具体、抓到位，开成作风建设新常态。要坚持纠“四风”和树新风并举，按照新预算法的规定及反腐倡廉的有关要求，重构工作流程，把加强作风建设贯彻财政各项工作中，提高财政工作质量和效率。

三、增强纪律和规矩意识，打造守纪律讲规矩的财政干部队伍

“欲知平直，则必准绳；欲知方圆，则必规矩”。严守党的纪律，是我们每位党员干部必须遵守的行为规范和不可逾越的红线。习近平总书记在十八届中央纪委五次全会上强调，要加强纪律建设，把守纪律讲规矩摆在更加突出的位置，党员干部特别是领导干部要牢固树立纪律和规矩意识，在守纪律、讲规矩上作表率。胡春华书记在省纪委十一届四次全会上指出，改革发展任务越繁重，面临的形势越复杂，就越要严格遵守党的政治纪律和政治规矩，保证全省上下统一意志、统一行动。我们一定要把思想和行动统一到中央和省委对加强纪律建设、在守纪律、讲规矩上作表率的要求上来，执行纪律无条件，遵守规矩不含糊，不逾越底线，不触碰红线，做到统一意志、统一行动、统一步调、令行禁止。

长期以来，我省财政系统一直有着守纪律讲规矩的良好传统，整个财政干部队伍党性强、作风好、素质高，心往一处想、劲往一处使，工作得力、执行力强，责任心强，拼劲很足，表现出很强的凝聚力、战斗力和执行力。但也存在一些不守纪律不讲规矩的问题，极个别党员干部政治意识淡薄，政治敏锐性不强，不严格执行请示报告制度；有的干部个人主义观念比较重，喜欢跟组织讨价还价，甚至不服从组织安排；有的将经办工作、分管领域当成“私人领地”，水泼不进，不愿接受他人监督；有的同志不相信组织，爱发牢骚、口无遮拦，甚至捕风捉影，不负责任地捏造事实，制造杂音；有的认为“吃点喝点拿点不算什么”，搞“小动作”，主动伸手要人家送礼、要人家埋单，甚至收受红包、购物卡，认为只要数额不大就没有什么；有的党支部缺乏严肃认真的组织生活，对党员干部疏于教育管理，对党员干部的不良思想、不良行为听之任之，等等。我们要根据十八届纪委五次全会和省纪委十一届四次全会提出的新要求，按照习近平总书记“五个比如”中列举的现象，一一进行对照检查。通过比对，有则改之，无则加勉，高度警觉，防微杜渐，以更强的党性意识、政治觉悟和组织观念要求自己，教育引导党员干部牢固树立纪律和规矩意识，将守纪律、讲规矩内化于心、外化于行，争做遵守党的政治纪律、组织纪律、财经纪律、工作纪律、生活纪律“五大纪律”的模范，打造一支守纪律讲规矩的财政干部队伍，为开创全省财政反腐倡廉建设工作新局面，更加奋发有为地推进财政改革发展提供坚实保障。

第一，要严守党的政治纪律。习近平总书记强调遵守党的纪律，第一位的是严格遵守政治纪律和政治规矩，对政治纪律和政治规矩，要十分明确地强调、十分坚定地执行，强调要做到“五个必须”。我们必须保持政治清醒，在思想上、政治上、行动上自觉与党中央保持高度一致，在任何情况下都做到政治信仰不变、政治立场不移、政治方向不偏，做政治上的“明白人”。在日常的工作生活中，一要认真学习党章。党章是全党必须遵循的总章程，也是总规矩，必须严格遵守，自觉用党章规范自己的一言一行，时时处处以严格的党性要求自己。二要牢固树立大局观念和全局意识。坚决贯彻执行党的政治纪律和政治规矩“五个必须”，绝不说违背党组织决定的话，绝不做违背党组织决定的事，绝不对党中央的大政方针说三道四，对于集体研究的事项，做到一个声音、一个步调，不折不扣地贯彻落实，不得阳奉阴违，打折扣、搞变通。三要完善和落实请示报告制度。要把严格执行请示报告制度作为严肃党的纪律的重要工作来抓，重要的事情、规定的事项，该请示的必须请示，该报告的必须报告，绝不允许我行我素、自行其是，绝不允许遮遮掩掩、隐瞒不报。去年以来，省厅结合财政部门工作实际，制定了重大事项报告制度，对全省财政系统全体党员干部都适用，要切实抓好贯彻落实，不留死角、盲区。该请示报告的不请示报告，或者不如实请示报告，都要严肃处理。

第二，要严守党的组织纪律。组织纪律性是党员对组织的正确态度。组织观念、组织程序、组织纪律都要严起来。不严起来，就是一盘散沙，什么事也办不成。对此，全省财政系统每位党员干部都要有清醒的认识。一是要严格遵守“四个服从”，坚持个人服从组织、少数服从多数、下级服从上级、全党服从中央。二是要严格执行民主集中制等党的组织制度，在任何时候任何情况下都自觉接受组织安排和纪律约束。在遵循组织程序上，绝不允许擅作主张、我行我素，不允许超越权限办事，搞先斩后奏。三是对于集体研究决定的事项，在作出决定前可以提出意见建议，但在经过民主集中制作出决定后，必须维护组织权威，服从组织安排，不得跟组织讨价还价，不允许说三道四，发出不和谐的声音。

第三，要严守党的财经纪律。我们是制定财经纪律的，也是执行纪律的，还负有监督职责，角色重要，要有担当，既要履行监督职责，当好财政资金的“守护神”，自身也要做好严守财经纪律的表率。要严格内部管理，在执行财经纪律上为全省作出表率。要严格财务管理，强化制度执行，严禁铺张浪费、大手大脚等问题；要带头落实好“收支两条线”、政府采购等财经纪律，自觉接受监督；要规范财政系统上下级沟通联系，既要加强上级对下级工作的指导和联系，又要防止低俗、违规的迎来送往或权钱交易等，严禁通过各种跑关系、拉人情要政策、争资金的行为，形成全省财政系统秩序井然、风清气正的良好氛围。

第四，要严守党的工作纪律。首

先是提高工作执行力，强化效率意识，有“等不起”的紧迫感、“慢不得”的危机感，落实党委、政府的决策部署雷厉风行、一抓到底。其次，严格执行首问责任制和重点工作限时办结制以及党政领导干部问责办法，对工作落实不力、效率不高的严格问责。再次，领导干部要有强烈的责任感，自觉坚守岗位，充分发挥领导干部的“主心骨”的作用，躬身亲为，发扬钉钉子的精神。落实到具体工作中，全省财政系统每位党员干部都要坚持从我做起，无论在哪个工作岗位上，都要把自己摆进去，做好服务全局的工作；要从本职工作做起，忠于职守，脚踏实地，高标准地做好分内的事；要从日常小事做起，一步一个脚印地把看似单调的“小事”做实，把看似平凡的“小事”做好。

第五，要严守党的生活纪律。党的生活纪律，是加强党的作风建设的重要内容。在紧张工作之余需要休闲娱乐、劳逸结合，但必须掌握一个度，防止玩物丧志。在日常的生活中，有的人向往灯红酒绿、夜夜笙歌、餐餐美食的所谓“高品质”生活，有的人情趣高雅，不图物质享受，只求精神上的满足。这实际上是一个人生幸福的价值取向问题。俗话说，“广厦三千，夜眠不过六尺；家财万贯，一日不过三餐”。希望大家守住自己的“精神家园”，保持严肃的生活态度，把好欲望之度、把好交友之准则、把好生活之小节，不断陶冶健康情操、培养高尚情趣，纯洁社交圈、净化生活圈、规范工作圈、管住活动圈，管住个人爱好，不以“人不知”而放纵自己，不以“下不为例”而开脱自己，守住做人、处事、用权、交友的底线。

特别要强调的是，全省财政系统各级党的组织要加强监督检查，对违反纪律和规矩的苗头性倾向性问题要敢于纠正、坚决制止，对不守纪律不讲规矩的行为要严肃处理，严肃违纪责任追究，使纪律和规矩真正成为带电的高压线，在全省财政系统营造守纪律讲规矩的浓厚氛围。

（本文系省财政厅党组书记、厅长曾志权2015年2月5日在全省财政反腐倡廉建设工作会议上的讲话节选）

从我做起　争当践行“三严三实”的表率

（节选）

省财政厅党组书记、厅长　曾志权

一、准确把握“三严三实”的丰富内涵和重大意义，切实增强践行“三严三实”的自觉性

“三严三实”即严以修身、严以用权、严于律己，谋事要实、创业要实、做人要实，是习近平总书记对各级领导干部树立和发扬好的作风提出的具体要求。“三严三实”虽然只有短短24个字，却内涵丰富，涵盖了党员干部修身、用权、律己、谋事、创业、做人的方方面面，体现了内在自觉与外在约束的有机统一。

习近平总书记强调“三严三实”，阐明了党员干部的修身之本、为政之道、成事之要，丰富了管党治党的思想理念，为加强党员干部党性修养，深入推进新形势下党的建设提供了重要遵循，具有重大的现实意义。在5月11日全省“三严三实”专题教育工作会议上，胡春华书记指出，落实“三严三实”的要求，无论对于领导干部个人修身做人，还是对于各级组织从严管党治党，对于一个地区的改革发展稳定，都具有十分重要的意义。下面，结合个人学习体会和财政工作实际，我从三个方面谈谈践行“三严三实”对我们的意义所在。

第一，践行“三严三实”，是我们修身做人、为官从政的必然要求。习近平总书记提出的“三严三实”，着力点就在于一个“严”字、一个“实”字。“严”字蕴含的是慎独慎微、勤于自省的自律，是对党忠诚、为党奉献的严格的党性要求，是懂规矩、守纪律等严明的纪律要求；“实”字蕴含的是求真务实的精神、厚道朴实的为人、勇挑重担的干劲，以及注重实效的态度。可以说，“三严三实”是党的优良传统作风的继承发展，为我们提供了修身做人、为官从政的根本遵循。财政作为资金密集部门、领域，在旁人看来，好像是“手握大权”。同时，财政作为党和政府履行职责的执行部门，为官有为就能造福一方；为官不为、为官乱为则会对党的事业、人民群众的福利造成损失。因此，作为财政部门的党员干部，应当充分认识我们所肩负的责任，严格按照习近平总书记提出的好干部“五条标准”（即信念坚定、为民服务、勤政务实、敢于担当、清正廉洁）要求自己，严格按照“三严三实”的要求修身做人、为官从政，做到心中有党不忘恩、心中有民不忘本、心中有责不懈怠、心中有戒不妄为。

第二，践行“三严三实”，是我们进一步改进作风、加强部门自身建设的迫切需要。“三严三实”，是习近平总书记深刻把握当前作风方面的突出问题而提出来的。经过这些年的努力，特别是开展党的群众路线教育实践活动以来，我厅机关建设取得了显著进步，全厅倡节俭、强服务、讲廉洁蔚然成风，但同时也还存在个别党支部组织涣散、党内政治生活不规范不正常、对党员干部教育管理不到位、个别党员干部改进作风不到位等问题。为巩固教育实践活动作风建设成果，进一步加强我厅作风建设，今年我们又提出了实施由我牵头、以“建设优质服务型党组织‘565’工程”为题的

厅党组书记项目，被列为省直机关工委16个重点扶持项目之一，计划将我厅打造成为省直机关服务型党组织建设的先行点。“三严三实”为我们推进服务型党组织建设、进一步改进作风指明了方向，我们要把“三严三实”的有关要求，贯穿于我厅服务型机关建设的全过程，贯穿于我厅干部队伍建设、党内政治生活的全过程，确保我厅机关作风得到进一步的明显改进。

第三，践行“三严三实”，是我们干事创业、推动广东财政改革发展的重要保障。落实“四个全面”战略部署，实现“三个定位、两个率先”目标，需要攻克的难题很多，需要财政发挥职能作用的挑战不少。同时，全面深化改革、开创广东财政改革发展新局面，离不开严的要求、实的作风。没有严的要求、实的作风，中央和省委省政府以及厅党组再好的决策意图也落实不了，再好的财政政策措施也发挥不了好的作用。“三严三实”从思想层面和实践层面，对党员干部的精神状态、谋事理念、工作方法等做了全面要求，要求我们一切从实际出发，脚踏实地，敢于担当，真抓实干，做老实人、说老实话、干老实事，为我们干事创业提供了重要遵循。省委、省政府对我们全面深化财政改革寄予厚望，提出了率先基本建立现代财政制度等要求，部署了多项改革任务，当前我们也面临着经济下行带来的财政增收减速等诸多挑战，迫切需要全厅每一位党员干部增强践行“三严三实”要求的思想自觉和行动自觉，把“三严三实”的要求内化于心、外化于行，以优良的作风树形象、聚人心、促发展，以严明的纪律、务实的精神、实干的劲头，全面落实好各项改革任务。

二、坚持问题导向，认真查摆“不严不实”的问题

“三严三实”是对改进作风提出的新要求，具有很强的现实针对性。群众路线教育实践活动以来，党风政风得到明显改善、呈现出新的气象，但形式主义、官僚主义、享乐主义和奢靡之风这“四风”还没有根除。从我厅的情况来看，教育实践活动查摆出来的21个“四风”突出问题大部分得到整改，但对照“三严三实”的要求，个别人、个别单位仍然存在一些“不严不实”的问题，从身边的人、身边的事进行归纳分析，主要表现在：

一是修身不严。在加强党性修养、坚定理想信念、提升道德境界、严于律己等方面存在不足。（1）有的同志放松了对世界观、人生观、价值观的改造，加强理论武装自觉性在退化、党员意识在淡化、先锋模范作用在弱化，缺乏精神之“钙”，忘记了自己的国家公职人员身份，不信马列信鬼神，传播丑化党和国家形象的言论。比如，有的同志口无遮拦，发表意见很任性，妄议中央、省委的决策，不该说的乱说，甚至捕风捉影，信谣传谣，诋毁组织，甚至搞个人攻击，发泄私愤。（2）有的同志宗旨意识不强，群众观念淡薄，在财政政策制订和资金安排使用上为服务对象或办事为工作对象着想不够，工作中只图自己省事，不顾政策效果好坏、不管群众方便不方便。有的同志“官不大但架子很大”，接待群众来信来访和服务对象办事时，口大气粗，盛气凌人，甚至批评人、教训人，不是想着如何把事情讲清楚、如何帮助他们解决问题和困难，而是想着怎么应付过去。（3）有的同志放松了对道德情操的追求，奉行得过且过、及时行乐的人生哲学，贪图享受，精神空虚，对什么事情不能做、什么东西不能拿、什么地方不能去、什么朋友不能交，心中无数。（4）有的同志做人不实，算盘打得很精，就怕“吃亏”，做了一些工作就急于表功，面对一些难啃的“硬骨头”又不敢担当，总想着抄“捷径”、走“近路”；有的同志老于世故，明哲保身，对组织对同事，从不推心置腹说真心话，甚至口是心非，表里不一，搞当面一套、背后一套，做“两面人”。

二是用权不严。在坚持用权为民、依规用权、把权力关进制度的笼子等方面存在不足，近年来我厅也陆续发生了危金峰、林楚欣、林少丹、陈炳坤等个案，反映出反腐倡廉一刻都不能放松。（1）有的同志或多或少还存在“特权”意识，对待压减自由裁量权、减少审批权心存失落。比如，目前仍有一些处室存在管钱等人求的不良习俗，有的资金该拨不拨，等着别人上门来求，甚至拿这个做筹码，讨价还价，搞利益交换。我多次强调，在专项资金的使用管理上，要从项目申报、分配环节中逐步退出来，这样既有利于理清财政和其他职能部门职责，坚持依法行政、依法理财，腾出精力来加强资金监管，但有的同志思想上转不过来，实际上还是私心作怪。（2）有的同志没有端正规范用权意识，开展工作不讲科学规范而是“拍脑袋”。比如，对同一项资金安排，此时可以，彼时却不行；上月同意，下月却反对，随意性很大，难以让人信服。（3）有的同志存在狭隘的“画地为牢”思想，认为“有权不用、过期作废”，把分管工作当作自己领地，不愿接受监督。比如，这两年我厅通过竞争性分配、因素法公式分配等方式，规范了各处室经管的专项资金管理，但还有个别处室的同志认为这是动了自己的“奶酪”，心存抵触。（4）有的同志廉洁从政意识不强，认为“吃点喝点拿点不算什么”，喜欢搞“小动作”。

三是执纪不严。个人服从组织、少数服从多数、下级服从上级、全党服从中央，既是党的最基本的组织原则，也是全体党员必须遵守的规矩。从我厅的情况来看，总的情况不错，但也还存在纪律执行不到位的现象。（1）有的同志组织观念淡薄，对上级决策和工作部署喜欢讲条件、说困难、做选择、搞变通，阳奉阴违，搞选择性执行。比如，有的同志在工作上自己喜欢的事就做，组织布置但自己不满意的事就不做或拖拖拉拉应付式地做。有的同志成天只琢磨人，不琢磨事，对组织不讲真话。比如，有的同志在公开或私下场合，对自己有利的事特别是升职定岗、握实权等就唱高调，对自己不利的事就唱反调，全凭一己之私处事。（2）有的同志纪律意识不强，“崇尚”自由主义，不严格执行请示报告制度，有什么事情从来不向组织报告，甚至在上班、节假日值班期间私自外出，人跑哪去了、干了什么，组织上都不知道。还有的同志上班松松垮垮，迟到早退，今年开始，我厅实行了上下班打卡制度，从前四个月来看，考勤总体情况不错，但仍然存在少部分同志迟到早退的现象，个别同志迟到早退次数还比较多（最多的一个月有5次）。（3）有的党支部、处领导对党员干部疏于教育管理，对党员干部的不良思想、不良行为听之任之，该教育的不教育，该批评的不批评，做老好人，怕得罪人。比如，监督检查局胡焱鑫违反规定超生二胎、私刻公章一案，就反映出我们部分处室领导的警觉性不够强，对干部的教育、监督、管理还不到位。

四是作风不实。在敢于担当、真抓实干、端正作风、提高执行力等方面存在不足。突出体现在：（1）执行力不强，有的同志干工作“拖”字当头，工作上推一推动一动，不推不动，甚至推了也不动，接到任务不是第一时间去办，而是放一边，一放十天半月，普通件拖成急件，急件拖成过期件。一些专项工作，党组会议、厅长办公会议已经研究布置过了，但经常还要反复督促，说到底还是有的处室、同志执行不力。比如，预算支出进度这个问题，厅党组很重视，相关处室也做了很大的努力，这几年几乎每一次厅长办公会议我都讲到抓支出进度的问题，一直强调相关处室要建立台账制度，处室主要负责同志要亲自抓，今年前4个月，虽然取得了较大的进步，但仍不够理想，抛开各种客观因素，一个很重要的原因就是台账制度没有按实际工作要求建立起来，有些处，从处长到经办人对资金安排使用情况心中无数，不能实时跟踪、定点督促，还有就是存在惯性思维，面对新的要求，旧的方法不管用，又不能及时研究拿出新的办法。又如，我多次强调各处室要建立本处室的数据库，既为规范管理，也为提高效率，但试问到目前为止有多少处室做到了？还有，一些牵头处室研究提出商请有关处室配合的工作，有些处室存在本位主义，缺乏大局观念，如多方筹措拼盘资金工作，有个别处室始终守住自己分管的资金不放，不愿拼盘整合。又如，对于解决我厅信息化系统建设中的碎片化、信息孤岛等问题，厅党组高度重视，我也多次开会研究布置，虽然厅信息中心等牵头处室尽职尽责，积极推进，近年来这项工作也取得了一定进展，但有的处室存在事不关己、高高挂起的思想，在积极配合抓落实上还很欠缺。（2）服务意识不强。当前，一些服务对象对我厅有意见、不满意，与近年来财政改革力度很大但宣传解释、培训引导不够有关，但也与我厅一些党员干部服务意识不强、作风转变不到位密切相关。比如，一些干部喜欢居高临下，自己不干，指挥人家干，导致不少服务对象有意见，不满意。又如，对一些需要双方协调的事项，从不主动协调，也不主动上门，要不就是拖着不办，要不就要对方过来，还有些事情能一次告知的不一次告知，折腾人家三四次，请问这些同志的服务意识在哪里？（3）工作无所用心、怕苦怕累。有的同志在位不在岗、在职不谋事，“做一天和尚撞一天钟”，工作无所用心。近期，审计署审计时甚至发现了个别同志拨错款项的情况，这是个非常严重的错误。我反复说过，收支管理是财政部门的主业，如果连款都拨错，怎么原谅你呢？有的同志实践锻炼不够但自视甚高，对工作岗位挑三拣四，嫌这嫌那，对布置的工作讲条件、讲价钱，工作中怕苦怕累，偶尔加班就叫苦连天，满腹怨言，还有的同志“少爷派头”、“公主脾气”十足，挨不得批评，“一说就闹”，“一批就跳”，不能接受正常的批评。我告诫这些同志，有付出才有回报，财政厅不允许有尸位素餐的干部。

五是能力不足。在增强“本领恐慌”意识、提升能力素质、奋发进取等方面存在不足。（1）有的同志面对急剧变化的社会，心神不定，焦躁不安，沉不下心来钻研业务，静不下心来读书学习。有的同志业务不精、能力不强，又不加强学习，不熟悉政策和业务，“一问三不知”，有的甚至最基本、最基础的业务知识、办文规程都不熟悉，犯低级错误。起草公文、签报等，对资金审批权限、公文签发权限经常出错，对厅工作规则、公文处理规程明确的事项不去了解熟悉。还有的领导业务不精又不学习，依赖经办同志，单打独斗能力弱，一旦经办同志不在就无法干活，就像西天取经的唐三藏，离开了徒弟便寸步难行。为什么有的同志对工作有畏难情绪，大事、难事不敢接、不愿接，遇到困难思路不活、办法不多，工作推进不力，除奋斗精神不足、责任意识不强外，说到底还是学习不够、能力不足。（2）有的同志欠缺担责意识，对职责范围之内的工作事项，怕担风险，不敢拿主意，该干的事情不干，“遇到问题绕道走，碰到矛盾往上推”，瞻前顾后，能避则避，不敢较真，不敢碰硬。（3）有的同志自己努力不够，又见不得别人好，总觉得自己怀才不遇，心态上摆不正，自己干不好又不让别人做，占着职务岗位不作为。在对待干部进退留转问题上，少数干部眼高手低、干事一般，却急功近利、心浮气躁，不管是公开竞争上岗还是民主推荐，提拔到了自己认为理想的岗位就理所当然，没有提拔或没有得到自己认为理想的位置就不服气、牢骚满腹。对这些人，我还是那句话：“有为才有位”，如果个人无所作为，那么也不能奢望什么好的前途和发展。（4）有的同志缺乏进取精神和创新意识，年纪轻轻但暮气沉沉，工作习惯于“老套路”，不愿转变，不会创新。比如，新预算法的出台，对财政管理行为有许多新规定、新要求，但有的同志存在惯性思维，还是按老一套来办，必然行不通。还有，创新资金安排项目筛选机制等，习惯于老一套，创新工作不实。我希望每位同志都认识到，“逆水行舟，不进则退”，面对日益繁重的工作任务和全面深化改革的要求，如果没有强烈的“本领恐慌”意识，自觉加强知识储备，增强实践锻炼，必然被淘汰。

上述列举的个别领导及干部存在的“不严不实”问题，有的看似很小的事情，但这些现象就像病菌一样，一旦放松警惕，带来的危害是不可低估。全厅党员干部都要深刻认识“不严不实”的严重危害性，以对组织负责、对工作负责、对自己负责的态度，按照群众路线教育实践活动提出的“照镜子、正衣冠、洗洗澡、治治病”的要求，把自己摆进去，逐一对照检查，有则改之、无则加勉，积极清除“不严不实”的思想和行为，全面改进自己的作风，努力做一个有理想、有追求，讲党性、做表率的人。

三、从我做起，积极践行“三严三实”

各项工作的实践表明，推动工作的关键在中层、在处级以上领导干部。这次专题教育给了大家一个很好机会，我们一定要从我做起，把自己摆进去。因为只有把自己摆进去，才能找到差距、看到不足，才能避免说与做“两张皮”，才能真正在思想深处把“三严三实”立起来。要坚持从我做起，针对存在的不足，处以上干部带头，进一步对照、整改、提高自己，把“三严三实”贯彻到修身做人、为官用权和干事创业的全过程，争当践行“三严三实”的表率。

（一）加强理论学习，坚定理想信念

为政之要，在于修身，坚定的理想信念是每个党员领导干部的终身必修课。要始终加强理论学习，给精神

"补钙强骨"，在武装头脑、指导实践、推动工作上见成效。一是加强理论学习，特别是要深入学习贯彻习近平总书记系列重要讲话精神，切实在学深、学透上下功夫，把好世界观、人生观、价值观这个"总开关"。二是强化宗旨意识，把实现好、维护好、发展好人民群众根本利益作为各项工作的出发点和归宿点，提高深入群众、沟通群众、服务群众能力。三是增强政治定力，始终保持政治敏锐性和政治鉴别力，坚决批判抵制各种错误思想，坚定中国特色社会主义道路自信、理论自信、制度自信。四是要敬业乐业。干一行、爱一行、钻一行，尽心竭力，全身心地投入，把承受挫折、克服困难当做是对自己的挑战和考验，在对事业的执着追求中享受工作带来的愉悦。五是加强个人修养，提升道德境界，追求高尚情操，自觉远离低级趣味，自觉抵制歪风邪气，坚持淡泊名利、感恩知足的心态，克服心浮气躁、急功近利的观念。

（二）严守党纪国法，握紧规矩准绳

作为一个党员，党的纪律和规矩是必须遵守的行为规范和准则，作为一名公民，法律是必须坚守的底线。而党员领导干部，更应时刻铭记自己的身份，以身作则、率先垂范、握紧规矩准绳，作遵纪守法的表率。一是要严格遵守"四个服从"，坚持个人服从组织、少数服从多数、下级服从上级、全党服从中央，始终在思想上政治上行动上与中央保持高度一致，做到令行禁止。二是要严格执行民主集中制、请示报告制等党的组织制度，在任何时候任何情况下都自觉接受组织安排和纪律约束。三是维护组织权威，对于集体研究决定的事项，在作出决定前可以提出意见建议，但作出决定后，不允许再说三道四、跑风漏气，发出不和谐的声音。四是对法律怀有敬畏之心，牢记法律红线不可逾越、法律底线不可触碰，带头遵守法律，要树立法治思维，注意运用法治精神、法治方式处理财政工作中存在的各种问题，带头依法办事。五是严守工作规则。严格按照法规及厅工作规则和会议制度、公文处理规定、值守应急制度、保密规定等开展工作，遵循规程、严守纪律。

（三）持续改进作风，狠抓贯彻落实

勤政务实、敢于担当，是践行"三严三实"的应有之义，能否做到，关键还要用结果说话。要树立强烈的事业心和责任感，切实改进工作作风，脚踏实地干工作，求真务实抓落实。一是提升执行力。强化效率和质量观念，提高工作水平，促进厅机关中形成"等不起"的紧迫感、"慢不得"的危机感，始终保持昂扬的工作状态。二是强化服务意识。放下架子、放低身段，坚决摒弃所谓的"部门优越感"，努力做到"以微笑换成效、以工作换合作、以诚意换满意"。特别是对群众和服务单位态度生硬、居高临下、百般刁难以致严重影响我厅声誉的，要严肃处理。三是强化治庸问责机制。严格执行《广东省财政厅工作规则》、《广东省财政厅工作人员问责暂行办法》等，对各级领导干部不执行上级决议、违规决策、玩忽职守、弄虚作假、纪律松弛及违反财经纪律等行为进行严格问责。四是落实重点工作抓落实制度。继续实施厅党组成员年度重点工作抓落实工作制度，厅班子主要负责同志带头，各班子成员结合各自分管工作，每年选定2－3项事关财政改革发展全局的任务作为重点工作，全力以赴，确保一项一项抓落实，一项一项见实效。五是建立健全督促工作机制。继续完善首问责任制和重点工作限时办结制，实施重大事项跟进督办制度，将工作落实情况纳入处室年度考核及工作效能责任追究内容。六是借助信息化手段，改进管理理念方式，积极推进无纸化和移动办公，提高工作效率，强化责任追溯。

（四）强化能力建设，提高履职水平

当前，财政改革发展处于攻坚克难、爬坡过坎的关键时期，要练就过硬本领，强化担当意识，提高服务水平，真正做到在其位、谋其政、尽其职、竭其力。一是强化学习意识，时刻保持强烈的"本领恐慌"，把学习作为工作生活第一需要，活到老、学到老，注重在学中干、在干中学，向实践学习。特别是在当前这个瞬息万变的时代，每天的新事物层出不穷，大家要学会做有心人，中央的新精神、改革的新举措、社会的新动向，都应该及时关注和思考，不断更新知识、观念，提升能力。二是强化改革意识，打破传统思维和因循守旧的工作方式方法，围绕率先建立现代财政制度，想新办法、出新主意、作新尝试，创造性地开展工作，加快财政工作转型。三是强化担当意识，今年我省财政承担的改革任务仍然十分繁重，希望大家针对财政改革发展中的"硬骨头"，敢于冒风险、涉险滩，敢于较真碰硬，攻坚克难，真正做到铁肩挑重担、磨砺显锋芒。四是坚持重大问题专题研究制度，选择关系财政改革发展的长远和战略问题，定期进行集体研究，集中精力谋大事、议大事，研究运用财政手段促进省委、省政府重要决策部署贯彻实施。

（五）加强廉政建设，坚持廉洁从政

目前从中央到地方都对反腐败采取高压态势，但应该看到，反腐败斗争形势依然严峻复杂，财政部门作为资金、权力密集领域，腐败现象仍然易发。要始终绷紧廉政从政这根弦，从身边人、身边事进行反思，勤于自省、防微杜渐，做到清清白白做人、干干净净干事，坦坦荡荡为官。一是强化党风廉政建设主体责任。要抓住主体责任这个"牛鼻子"，健全落实主体责任的责任体系和工作机制，严格落实"一岗双责"，把财政廉政建设责任制和领导干部考核、问责结合起来，通过严肃问责，确保责任落实到位。二是自觉接受各方监督。加强监督是确保正确行使权力的重要保障，也是对干部的爱护和保护。要按照"四个主动接受监督"要求，自觉接受社会各方监督，习惯在"聚光灯"下行使权力、在"放大镜"下开展工作。三是加快内部控制制度建设。把握权责一致、有效制衡的核心原则，按照分事行权、分岗设权、分级授权的要求，通过定岗定责、流程控制、细化风险、控制节点、加强监督、强化问责，建立内部控制制度，强化对财政权力运行的约束，有效防范各类业务风险和廉政风险。四是坚持依纪依法查办案件，坚决查处严重违反党的政治纪律、组织纪律、财经纪律和保密纪律的行为，对一些苗头性、倾向性问题要敢于纠正、坚决制止。

（六）注重加强领导，抓好队伍建设

此次专题教育的主要对象是处级以上干部，大家在严于律己、以身作则的同时，也要加强教育引导，抓好队伍建设，让“三严三实”成为全体党员干部共同的追求。一是健全交流机制。落实厅党组成员参加所在支部组织生活、非分管单位组织生活等制度，加强班子成员与各级干部特别是与科以下干部的沟通交流；按照“下管一级”的原则，落实谈话制度，及时掌握干部思想动态；坚持批评促动和激励引导相结合，对先进模范、工作优秀、作风优良的好干部加大典型宣传力度，引导形成弘扬先进、摒弃落后、奋发向上、创先争优的良好氛围。二是健全教育引导机制。落实“一岗多责”，切实加强对干部思想教育，引导全厅党员干部正确对待进退流转，远离功利浮躁，把精力放在干实事、干好事上。特别要注意“喊破嗓子不如做出样子”，坚持言行一致，带头作“实干家”，该自己分内把关的，绝不敷衍塞责，把责任下移。三是健全干部选拔任用机制。完善干部考核评价办法和干部选拔任用机制，把“三严三实”作为重要标准，让那些修身严、用权严、律己严，谋事实、创业实、做人实的干部干事有舞台、工作有位子，努力形成鼓励践行“三严三实”的价值导向。

四、严格落实中央和省委的部署要求，不折不扣抓好“三严三实”专题教育工作

根据中央和省委部署，我厅开展“三严三实”专题教育，以全厅处级以上领导干部为主体，从今年5月中旬开始，不分批次、不划阶段、不设环节，不是一次活动。根据中央专题教育方案和省委贯彻意见，厅党组专门进行了研究，提出了具体的实施方案及时间安排表，明确了我厅开展“三严三实”专题教育的指导思想、目标任务、方法措施、组织领导等要求。下面，围绕落实我厅实施方案，抓好我厅专题教育，我提五点要求。

第一，要提高思想认识。践行“三严三实”，对于全面加强我厅作风建设，进一步增强创造力、凝聚力、战斗力，推进全面深化财政改革，推动我省率先基本建立现代财政制度，具有十分重要的意义。李玉妹部长在全省专题教育工作会议上明确指出，对群众意见大、不能认真解决问题、专题教育走过场的领导班子，要进行组织调整。我们要充分认识开展“三严三实”专题教育的重大意义，切实把思想和行动统一到中央和省委的决策部署上来，把开展好“三严三实”专题教育作为当前和今后一个时期的一项重大政治任务，严格按要求抓好落实。

第二，要坚持以上率下。处级以上领导干部是这次专题教育的主体。各厅党组成员要坚持一级做给一级看、一级带动一级干，带头做好各项关键动作，带头学习提高，带头查摆、解决“不严不实”的问题，为全厅党员干部作出表率示范。各处级干部要真正从思想上、工作上、作风上严起来、实起来，把“三严三实”要求体现到履职尽责、做人做事的方方面面。同时，要广泛发动党员干部积极参与，使我厅专题教育实现各级党员干部同学习教育、同实践锻炼，同提高见实效。在这里，我作为厅党组书记向大家郑重承诺，一定按照中央和省委部署要求，以更高标准严格要求自己，带头查摆问题、整改问题，严格落实“三严三实”的各项要求，要求你们做到的，我一定带头做到；要求你们不做的，我一定带头不做。欢迎大家监督。

第三，要坚持问题导向。这次专题教育是党的群众路线教育实践活动的延展深化，主要的目的是继续整改存在的作风问题，巩固教育实践活动成果。要把坚持问题导向贯穿我厅专题教育的全过程，把发现问题、解决问题作为出发点和落脚点，务求取得实效。一方面，要从专题教育的一开始，对教育实践活动尚未整改到位的问题，进行一次全面的排查梳理，列出清单、深入整改。另一方面，要坚持边学边查边改，对照“三严三实”的要求，对照今天我上党课中指出的问题，深入查摆自身存在的“不严不实”问题，同样要列出清单，逐项抓好整改。

第四，要高质量落实专题教育有关工作。根据我厅实施方案，要高质量地做好我厅专题教育的有关工作。一是上好专题党课。各厅党组成员、厅各党支部书记要结合实际开展上党课活动，讲清楚“三严三实”的重大意义和丰富内涵，讲清楚“不严不实”的具体表现和严重危害，讲清楚落实“三严三实”的实践要求，发挥带学促学作用。二是加强学习研讨。在自学的基础上，重点分严以修身、严于律己、严以用权这三个专题，采取“六个学”，即党组带头学、专题轮训学、讨论交流学、支部集中学、结对互促学、聚焦纪律学，开展学习研讨，每两个月安排1个专题，每个专题集中2天左右。三是开展践行“三严三实”行动。坚持学用结合、学以致用，组织开展党性锤炼行动、作风建设永续行动、效能提升行动、便民服务行动、纪律教育行动5项行动，推动我厅学习贯彻“三严三实”的成果转化为转作风、推改革、促发展的具体成效。四是开好专题民主生活会和组织生活会。在2015年底，厅党员领导干部、厅各基层党组织要分别召开以践行“三严三实”为主题的民主生活会、组织生活会，严肃认真开展批评和自我批评。五是强化立规执纪。坚持边学边查边改，严格正风肃纪。要加强制度建设，强化刚性执行，推动我厅践行“三严三实”制度化、常态化、长效化。

第五，要做到专题教育与日常工作两手抓、两促进。开展专题教育，要注重实际效果，既要确保对党员干部心灵深处有触动，又要确保对财政工作有推动。要注意抓好统筹部署，摆布好时间和精力，把开展专题教育与做好当前财政改革各项工作结合起来，与完成本职工作任务结合起来，与加强党员干部教育管理结合起来，做到专题教育与日常工作有机融合、相互促进，两手抓、两不误。

（本文系省财政厅党组书记、厅长曾志权2015年5月15日在“三严三实”专题教育工作会议上的党课讲话节选）

在全省预算执行工作视频会议上的讲话

（节选）

省财政厅党组书记、厅长　曾志权

一、树立主业意识，充分认识加快预算执行进度重要意义

加强预算执行管理，提高财政支出的均衡性和有效性，是财政部门的主要业务工作，直接关系到年初确定的预算任务落实，关系到财政职能的实现和财政资金使用效益的发挥，关系到经济社会发展大局。中央和省高度重视预算执行工作，陆续出台各项政策规定，要求各级加快支出、用好存量资金、做好预算执行工作。全省各级财政部门要牢固树立主业意识，充分认识到加强预算执行管理、加快财政支出进度重要意义，从讲政治、讲大局的高度来认识和做好这项工作。

第一，加快预算执行进度是落实中央和省委、省政府决策部署的必然要求。近年来，中央和省高度重视加快预算执行工作，将其作为实施积极财政政策、改进和创新宏观调控的重要手段。李克强总理多次在国务院常务会议上作出指示和要求，国务院办公厅和财政部先后下发了《关于进一步做好盘活财政存量资金工作的通知》、《关于进一步加强财政支出预算执行管理的通知》和《关于推进地方盘活财政存量资金有关事项的通知》等文件，要求加快财政支出进度，积极盘活存量资金。不久前，由海关总署署长于广洲同志任组长的国务院第十督查组来粤对我省贯彻落实国务院重大政策措施情况进行实地督查时，其中专门指出，广东要加快预算支出进度，加大清理盘活存量资金的力度，发挥财政资金政策的引导作用。省领导对此项工作高度重视，年初，针对省级财政专项资金管理中存在的资金使用进度慢和结转资金较多等问题，朱小丹省长专门召集省直有关部门召开专项资金管理使用情况分析会，提出要实现财政支出工作新常态。徐少华常务副省长也于近日专门作出批示，“请省财政厅特别关注支出进度，同时保障规范管理”。全省各级财政部门要按照中央和省委、省政府的部署要求，在思想上高度重视、行动上狠抓落实，切实采取有力措施，加快预算支出进度，确保完成全年收支目标。

第二，加快预算执行进度是促进稳增长调结构惠民生政策落地的重要手段。财政资金是支持经济社会各项事业发展的重要物质基础保障，是各级党委、政府经济社会发展政策的直接体现。去年下半年以来，国务院围绕稳增长、促改革、调结构、惠民生出台了一系列重大政策措施。今年4月，为有效应对经济下行压力，我省也出台了八个方面16条财政支持稳定经济增长的政策措施。预算执行进度的快慢，直接关系到这些政策能否尽快落地，能否及早发挥效益。全省各级财政部门要进一步增强加快预算执行进度的责任感和使命感，通过提高预算执行的均衡度，增加财政支出的实际规模，发挥财政杠杆作用稳定经济增长、保障和改善民生，提高资金使用效益，充分释放积极财政政策的实施效果，力促经济运行在合理区间。

第三，加快预算执行进度是提高政府和财政部门行政效能的现实需要。朱小丹省长在年初召开的专项资金管理使用情况分析会上曾强调，财政资金是国家公帑、百姓血汗，应该依照支出时效尽快地在各领域发挥应有的作用，该花的钱没有花，该年初花的钱年底花，该今年花的钱明年花，都让财政资金效益大打折扣，最终影响政府工作的效能。可以说，预算支出进度慢，从某种程度上也反映了财政部门业务流程设计、工作效率上有进一步改进的空间。近年来，特别是新预算法对预算执行时限提出明确要求以来，人大、审计等部门进一步加强了对预算执行的监管，社会各界也广泛关注，对预算执行中存在的进度不均衡、结转规模较大等问题提出了意见。全省各级财政部门要切实改变以往工作中存在的“重预算、轻执行”的现象，牢固树立主业意识，转变工作理念和方式，自觉落实各项工作要求，切实解决目前存在的支出进度不均衡、结余结转过多、使用效益有待提高等问题。

二、坚持问题导向，深入剖析全省预算执行工作中存在的问题

去年以来，全省各级财政部门按照中央和省有关部署，把预算执行工作摆在更加重要的位置，提早做好项目支出准备，加快资金用款申请，建立健全支出进度通报和考核机制，做好重点项目跟踪、督促工作，狠抓支出进度，取得一定成效。但总体来说，我省预算执行工作仍存在进度偏慢、国库存款沉淀较多、结余结转规模仍然偏大等问题。按照财政部通报口径，1－4月，我省（不含深圳市）实际支出2 898亿元，全省综合支出进度为21.6%，在全国36个省（市、区）及计划单列市中仅排名第29位。据初步统计，1－5月，全省综合支出进度为26.06%，仅比上月提高4.46个百分点，慢于月均时序进度（8.33%）3.87个百分点，情况很不乐观。剖析当前我省预算执行工作中存在的问题，突出表现在以下“四个不均衡”。

一是省级支出进度与市县支出进度不均衡。从省级和各地综合进度情况来看，省级支出进度和市县支出进度呈现“一快一慢”的特征，1－5月，省级已将87%的对市县转移支付资金拨付市县，但部分市县总体进度较慢，影响了全省支出进度。全省共有14个地级以上市的综合支出进度慢于全省整体进度，最低的（茂名市）只有20.19%，全省所有市均未达到41.67%的序时进度；一般公共预算支

出进度方面，只有揭阳市（42.47%）1个市达到序时进度；政府性基金预算支出进度方面，只有惠州市（48.80%）1个市达到序时进度。

二是一般公共预算支出进度和政府性基金预算支出进度不均衡。今年以来，由于占政府性基金收入八成的国有土地出让收入大幅下降，导致各地安排政府性基金支出时，因为基金收入没入库，支出进度缓慢。1-5月，全省政府性基金支出比上年同期下降了31.9%，严重影响了综合支出进度。按照财政部通报口径，1-4月，全省一般公共预算支出进度为26.4%，比政府性基金预算支出进度（22.2%）快4.2个百分点。据初步统计，1-5月，全省一般公共预算支出进度为34.43%，比政府性基金预算支出进度（24.25%）快10.18个百分点，两本预算支出进度不均衡的情况进一步拉大。

三是市县之间的支出进度不均衡。综合支出进度方面，进度最快的江门市（30.09%）比最慢的茂名市（20.19%）快9.9个百分点；一般公共预算支出进度方面，进度最快的揭阳市（42.47%）比最慢的深圳市（27.92%）快14.55个百分点；政府性基金预算支出进度方面差距更大，进度最快的惠州市（48.80%）比最慢的潮州市（5.74%）快43.06个百分点。

四是用好增量和盘活存量进度不均衡。国务院高度重视盘活财政存量资金工作，去年底国务院常务会议专门研究了盘活财政存量资金问题，近期李克强总理又多次批示，明确要求盘活财政存量资金，弥补财政收支不平衡形成的缺口。财政部也把消化存量资金进度纳入支出进度综合考核指标体系。前段时间，省专门召开了全省盘活地方财政存量资金工作专题视频会议，督促各地各部门加大存量资金的清理力度。但据财政部通报结果，由于各地在压减专户余额的进度上严重偏慢，全省专户余额不减反增，1-4月，全省消化存量单项支出进度为-3.6%，在全国排名第30位，直接拉低了我省综合支出进度排名。同时，库款余额仍然较多。1-5月，我省（不含深圳市）月末库款净额分别为3 169.86亿元、2 904.24亿元、2 508.1亿元、2 613.75亿元和2 525.55亿元，与上年同期相比，虽有所下降，但库款净额基本保持在高位运行。库款保障水平全国是约1.5左右，1-5月，我省保持在1.9左右，纳入库款保障水平统计的131个县区（含功能区），有70个县区超过1.9；21个地级以上市超过1.9的有13个市，其中超过3的有9个市。

三、转变工作理念及方式，多措并举加快预算执行进度

从上述情况看，进一步加强预算执行管理，加快预算支出进度已经刻不容缓。全省各级财政部门要转变工作理念及方式，上下联动，多措并举，抓紧制订实施符合本级、本地实际的抓支出工作举措，在依法合规、确保资金安全的前提下，切实加快预算执行进度，确保抓出成效，形成预算执行工作新常态。

一是落实责任，建立支出情况定期通报机制。从本月起，省将参照财政部的做法，单独就全省各地支出情况进行通报。日前，省为及时、全面了解全省各地支出进度情况，已经下发了支出情况统计表。各级财政部门要加强预算执行进度的跟踪监控，建立健全定期统计报告制度，在及时、据实向省填报有关情况的同时，各地要建立本地区支出情况动态监控制度，实时了解本地区支出情况，密切关注支出动态，对照考核结果，认真查找自身差距，把责任层层落实到地区、单位、个人，努力加快预算执行进度。

二是抓执行，落实新预算法下达时限。新预算法要求，一般性转移支付、专项转移支付分别在预算批准的30日内和60日内完成预算下达。1-5月，省级已将87%、1 983亿元的补助市县一般公共预算资金下达，各地要按照法律，确保一般性转移支付和专项转移支付在规定时间内下达。特别是收到上级政府的一般性转移支付和专项转移支付后，应在规定时间内下达。同时，要求硬化预算约束，严格执行人大审议通过的预算，未列入预算的不得支出。对不需按原用途使用的财政资金，要按规定及时调整用于其他急需或有条件实施的项目，提高预算执行效率。

三是抓重点，加快重点支出进度。对支出进度影响较大的大额项目和关乎民生保障、经济发展的重点项目，要建立支出追踪和监控机制，加快拨付进度。对民生类的资金要按照“民生优先”的原则，按时发放，确保百姓及时受益，特别要做好十件民生实事资金拨付工作；对基建类的资金要加快审批，确保项目有效推进；对发展类的资金要尽早拨付，推动政策落地，尽快形成经济增长的动力；对专项资金类的资金要提前研究，尽快制订分配方案，确保资金加快下达；对政府性基金要密切关注收入形势，确实与年初预算差距较大的，按程序调整预算。

四是压库款，做好盘活存量资金工作。各地要结合本地实际，通过加快支出进度，让库款保持在合理水平，对有存量资金的市、县，要抓紧制定出台盘活资金的具体使用方案，对于收回的结转资金以及超过规定比例的预算稳定调节基金和预算周转金，要围绕稳增长、促改革、调结构、惠民生政策实施，统筹用于冲减赤字、化解政府债务支出或民生保障、经济发展等重点领域，提高财政资金使用效益。要尽快健全完善盘活存量资金的制度办法，建立财政存量资金正常收回制度、预算编制与盘活财政存量资金相衔接的制度等。对上级专项转移支付结转资金超过两年且未分配到部门的，下级政府一律要交回上级政府；超过两年且已分配到部门的，由同级政府收回统筹使用。一般公共预算、部门预算结余资金以及超过两年的结转资金，一律由同级政府收回统筹使用。同时，要进一步加大财政专户余额的清理力度，除经财政部审核并报国务院批准保留的财政专户外，其余财政专户在2年内逐步撤销。依据法律法规和国务院、财政部的规定设立的财政支出专户资金中，超过两年以上的结转资金应及时调入国库；其余财政支出专户应全部调入国库。

五是抓问责，完善预算执行责任追究机制。省将进一步强化预算执行问责机制，对每月进度情况排名靠后的地区，将约谈财政局的主要负责同志。同时，省将进一步建立健全预算执行和预算编制相结合机制，在分配转移支付资金时，将结合各地支出进度结果统筹考虑，对支出进度不力的地区，相应扣减或减少转移支付支出。各地也应加强预算执行支出工作督促检查力度，对于支出进度慢、盘活财政资金不力的地区和部门进行通报或约谈。对预算支出不理想、使用绩效不高的项目，下一年度要减少预算编列额度或不安排预算。

四、着力改革创新，建立健全提高预算执行均衡性长效机制

加快预算执行进度，既要立足当前，尽快扭转支出进度偏慢的局面，也要着眼长远，完善体制机制、加强制度规范，彻底打破“年年抓、年年慢”的怪圈。

一是进一步优化资金申报审批流程。着力优化审批流程设计，在确保资金安全的前提下，各地要对现有资金管理、审批程序和流程进行一次全面梳理，研究进一步简化优化资金申报、审批、拨付流程和手续，提高工作效率。在时限要求上，明确各环节办理时限，逐步建立限时办结制；在环节程序上，优化资金运行流程，研究集中审批、并联审批的审批简化流程，切实减少审批环节、提高审批效率；在协商沟通上，建立加快支出进度集体会商机制，加强部门间沟通协调，克服工作交叉和衔接不畅的现象。

二是进一步细化完善预算编制。改革现行先定预算后找项目的做法，进一步做细、做实年初预算。通过细化预算编制，进一步夯实加快资金拨付基础。部门预算要将预算细化编制到具体执行单位和具体项目，转移支付细分到具体地区和项目。加大专项转移支付清理整合力度，切实扩大一般性转移支付规模。提前下达转移支付预计数，下级政府将其编入本级预算，涉及对下转移支付的，一并提前告知下级。基建项目在立项环节需明确分年度实施计划，根据项目年度实施情况，分年度编列预算。通过早编、细编项目支出预算，增强预算的精准度和约束力，切实扭转“钱等项目”的现象。

三是进一步探索实施中期财政规划管理。研究规划期内的政策目标、运行机制、评价办法和预算安排，细化编制事业发展中期规划，提高预算的可预见性和可执行性。加强与国民经济和社会发展五年规划纲要及重点专项规划的衔接，强化中期财政规划对预算安排的约束。特别是要在教育、水利、交通、科技、卫生、社保就业、环保等重点领域开展三年滚动预算试点。

四是进一步推行财政预算项目库管理。提前一年或更早筛选项目纳入财政项目库，细化预算项目并列入年度预算草案，提高预算编制精准度和细化度。对于编入预算的项目，有关部门要抓紧做好可行性研究、评审、招投标、政府采购等准备工作，确保预算一旦批复就能实际使用，尽快形成实际工作量。

五是进一步提高财政部门信息化建设水平。转变工作理念和方式，加快预算支出进度，需要强有力的技术手段作辅助和支撑。近年来，我们下大力气推进财政信息化建设，取得了一定的成绩，但同财政改革发展要求、财政业务管理需要以及其他部门和兄弟省、市相比，我省财政信息化工作仍有较大差距，各系统建设各自为政、信息孤岛、衔接不畅、链条断裂、效率低下等问题仍然突出，数据的收集、整理、分析和运用还停留在较浅层次和较低水平，进一步提高我省财政部门信息化建设水平，迫在眉睫。近期，省厅准备借助专业技术力量，重新设计建设全省财政一体化信息系统，希望各地予以支持配合，促进各级财政信息系统的互联互通和数据共享，为财政工作转型和管理水平提高提供数据基础和信息保障。

六是进一步加强部门沟通联动。各地要进一步明确各部门、单位预算执行主体责任，细化部门间的职责分工，建立健全部门间沟通有效、联动及时的工作机制，对资金管理中的有关问题共同分析、研究，采取切实有效的措施加快资金支出，提高资金使用效益。财政部门要主动协调各预算单位，认真做好资金审批各项服务工作，建立限时办结制度，及时审核项目安排和资金分配方案，确保加快预算支出进度。

最后，我还要再强调一点。加强预算执行管理，加快预算支出进度是不可偏废的两个方面。各地在抓预算支出进度工作时，一定要把依法合规放在首位，在确保资金安全和使用效益的前提下加快进度，切不可“为抓而抓”、“为快而快”。

（本文系省财政厅党组书记、厅长曾志权2015年6月18日在全省预算执行工作视频会议上的讲话节选）

在全省盘活地方财政存量资金工作第二次专题视频会议上的讲话

（节选）

省财政厅党组书记、厅长　曾志权

一、进一步提高认识，深刻领会盘活财政存量资金的重要性和紧迫性

（一）要把盘活财政存量资金作为不折不扣落实中央和省委、省政府决策部署的具体行动来抓

国务院高度重视盘活财政存量资金工作，仅今年3月以来，就召开了3次国务院常务会议对清理盘活存量资金进行部署；在7月9日八省区经济形势分析座谈会上，李克强总理还专门对我省清理盘活存量资金工作提出了要求，对全国盘活财政存量资金工作作出了指示，要过紧日子，努力把沉淀资金盘活起来，把钱用到刀刃上，把投资、重点项目带动起来，增强财政资金的引领带动作用；朱小丹省长多次组织召开会议和专门作出批示，要求采取有力措施，继续加大财政存量资金清理力度，确保国务院工作部署贯彻落实到位。徐少华常务副省长亲自抓落实，全面跟进工作进展情况，多次研究协调工作中遇到的困难和问题。全省各级财政部门要切实提高认识，站在战略和全局的高度，严格落

实中央和省的部署要求，切实解决目前存在的存量资金规模大、预算执行进度慢、使用效益有待提高等问题，确保政令畅通。

（二）要把盘活财政存量资金作为稳增长调结构惠民生的关键举措来认识

今年4月，为有效应对经济下行压力，我省出台了八个方面16条财政支持稳定经济增长的政策措施，省财政通过统筹存量资金、新增安排资金合计约2 293亿元，力促经济在合理区间运行。各地也相应出台了有关稳增长措施。在当前经济增速放缓、政府性基金收入大幅下降、财政收支矛盾突出的形势下，要确保中央和省各项决策部署落实，确保民生保障不打折扣，需要各地加大力度推进财政资金统筹使用，将盘活财政存量资金作为改进和创新宏观调控的重要手段，通过统筹使用财政资金，把“零钱”化为“整钱”，把“死钱”变为“活钱”，增加资金有效供给，更好地发挥积极财政政策稳增长调结构惠民生作用，有效应对经济下行压力。

（三）要把盘活财政存量资金作为检验政府依法行政、提高工作效能的主要内容来反映

李克强总理在4月1日国务院常务会议上强调，“对统筹使用沉淀的存量财政资金建立任务清单和时间表，对工作不力的严肃追责”；在7月9日召开的八省区经济形势分析会上再次强调：国务院要举直措枉，在财政收支平衡压力很大的情况下，地方和国家部委还有大量的沉淀资金，这是不作为的表现。针对这种情况，今年已经收回部分资金，还要继续收。各地要积极作为。国务院第三次廉政工作会议还将盘活存量资金作为一项重要的行政纪律，并派遣工作组分赴各地予以督查。同时，人大进一步加强了对盘活存量资金的审查和监督，审计部门也开展了多次的专项审计，社会各界对此也广泛关注。因此，盘活存量资金不仅仅是财政业务工作，更关乎政府部门的形象和工作效能，关乎是否依法行政的问题。大家一定要认清形势，转变理财观念，在思想上和行动上与中央保持高度一致，以高度的责任心和紧迫感抓好落实，加大盘活存量资金力度，确保完成全年存量资金盘活目标。

二、坚持问题导向，深入剖析盘活财政存量资金工作中存在的问题

从近期审计署、财政部专员办对我省存量资金审计检查情况看，各地还存在重视程度不够、存量资金规模偏大、消化不均衡、与预算执行不协调等问题。

（一）对盘活存量资金工作重视不够

突出表现为思想认识不到位、政策理解不准确、观念转变不及时。部分市县不舍得、不敢于亮出“家底”，仍然抱着过去那种“有钱就是成绩”、“有钱慢慢花”的思想，支出进度始终上不去，如教育强镇等转移支付资金未及时拨付，交通、水利建设项目应由地方出资的资本金未及时落实；部分市县对收回的存量资金，没有及时分门别类提出处理方案并安排使用，没有将盘活的资金统筹用于稳增长调结构惠民生等重点领域支出；部分市县对有关文件政策理解不到位，未能深入分析存在问题及原因，未能全面、准确摸清本地存量资金情况，对自身存量资金还“想法子”隐藏，对该纳入存量资金统计的未纳入统计，造成上报存量数据口径不一、漏报、少报等问题，影响了全省存量资金规模统计的准确性。如在“其他存量资金”的统计上，要求填报的对象是剔除社保基金、教育收费等以外的财政专户资金，但各地填报数据差异很大，各地通过预算口上报的数据为183.9亿元，而在国库系统上报的专户资金却达2 085.5亿元，特别是广州、东莞、珠海等地市差异尤为突出，而韶关、湛江、河源等7个地市其他财政存量资金甚至为0。各地应实事求是反映存量资金规模，不得在上报数据中弄虚作假。

（二）财政存量资金盘活清理工作不彻底

财政部已经把消化存量资金进度纳入支出进度综合考核指标体系，根据通报结果，1－5月，我省支出进度在全国排名靠后，说明全省清理盘活存量资金工作做得还不彻底、不到位。一是存量资金规模仍然较大。截至2015年6月底，市县财政存量资金规模达1 794亿元，占2014年市县一般公共预算和政府性基金决算支出9 399亿元的19.1%。20个地级市中，广州市（614.9亿元）、佛山市（135.1亿元）、珠海市（131.6亿元）财政存量规模排名前3；分级次看，20个市本级中，广州市本级（315.4亿元）、珠海市本级（91.4亿元）、中山市本级（86.1亿元）财政存量规模排名前3；119个县区中，排名前3的分别是天河区（58亿元）、从化区（36.2亿元）、香洲区（34.6亿元）。二是存量资金收回统筹再安排后，支出进度不理想。截至2015年6月底，市县财政存量资金共清理盘活701亿元，其中，收回以前年度预算单位结转结余资金共116.3亿元，实际已收回110.3亿元，形成支出的仅46.8亿元，占应收回存量资金的40.2%。三是权责发生制挂账金额仍然较大。截至2015年6月底，市县以前年度列支的权责发生制资金，未核销余额仍有306亿元。

（三）各地财政存量资金消化力度不均衡

一是省级较快，市县偏慢。截至2015年6月底，市县财政存量资金比2014年末下降42.1%，比省级下降率47.9%低了5.8个百分点。特别是市县库款比上年同期相比，不降反升，同比增长24.4%，而省级库款同比下降64.1%；市县库款占全省的79.53%，比2014年末的67.95%上升了11.58个百分点，全省财政存量资金消化进度不够均衡，资金滞留市县财政的情况较为普遍。二是市县之间的存量消化进度不均衡。截至2015年6月底，20个地级市中，存量资金较上年末下降幅度低于全省平均水平44%的有11个市。消化力度最大的汕尾市（63.7%）比最小的中山市（23.8%）高出39.9个百分点；分级次看，20个市本级中，消化力度最大的汕尾市本级（72.4%）比最小的珠海市本级（18.0%）高出54.4个百分点；119个县（市、区）中，消化力度最大的源城区（87.1%）比最小廉江市（2%）的高出85个百分点；分区域看，珠三角地区存量资金占市县存量的比重高达71.5%，但消化水平却低于粤东西北地区，截至2015年6月底，珠三角地区财政存量资金平均消化率为38.6%，比粤东西北地区的49.6%低11个百分点。三是各类存量资金消化进度不均衡。市县

转移支付结转结余下降幅度最大，截至2015年6月底，市县转移支付结转结余规模达542亿元，比上年末下降42.8%。但市县其他存量资金比2014年末仅下降15.6%，远低于国库存款下降幅度（44.1%），消化力度有待加强。

（四）部分市县预算支出进度仍偏慢，库款余额仍较多

1-6月，综合支出进度方面，全省共有12个地级以上市的综合支出进度慢于全省整体进度，最低的（韶关市）只有27%，全省所有市均未达到50%的序时进度要求；一般公共预算支出进度方面，只有中山、茂名、梅州、汕尾4个市达到序时进度；政府性基金预算支出进度方面，只有湛江、惠州、汕尾3个市达到序时进度。国库存款情况方面，总体规模仍然较大。6月底，20个地市库款净额2 090.78亿元，与上年同期相比增长24.46%，库款净额基本保持在高位运行。库款保障水平全国约1.5，1-6月，我省保持在1.9左右。在20个地级市中，超过1.9的有11个市，其中超过3的有揭阳、韶关、珠海、潮州、佛山5市；在20个市本级中，超过1.9的有11个，排名前3的分别是揭阳市本级（8.33）、佛山市本级（5.74）、珠海市本级（3.75）；在131个县区（含功能区）中，超过1.9的有62个，排名前3的分别是南澳县（10.26）、天河区（9）、黄埔区（8.74）。

（五）盘活存量资金与安排新增支出的统筹协调不够

从我们了解的情况来看，各地在建立财政资金统筹使用机制上还有待改进。一方面，各地民生支出和重点项目需求“嗷嗷待哺”，对省级转移支付的依赖性越来越强，要求省级负担比例达到七八成以上，部分地市甚至还要求省财政全额承担本属于当地事权的项目支出，各地要钱的呼声很强烈；但另一方面，各地通过整合现有资金、盘活存量资金、统筹其他资金等方式解决的能力不足，想办法解决的主观能动性不够，大量资金“呼呼大睡”，存量资金规模居高不下，消化力度不足，在压减存量特别是专户余额的进度上严重偏慢，盘活存量资金仍有很大空间。从省级实际支出情况看，这些年省财政已尽最大努力支持市县发展。2014年，省级转移支付补助占粤东西北地区12市支出的70.41%，占57个县（不含撤县改区）支出的72.9%。各市县要充分挖掘存量资金潜力，统筹用于发展急需的重点领域，特别是足额落实十件民生实事、工资发放以及经济社会发展的重点项目资金。

三、多措并举，加快推进存量资金盘活使用力度

针对以上存在问题，各地应深刻反思，认真整改，结合本地实际，做到对症下药、有的放矢，多措并举加快推进存量资金盘活使用力度，力争将全省存量资金压缩到合理水平，落实财政部和省规定的目标。一是超过两年以上的结转资金，严格按照预算法的规定，作为结余收回统筹；二是2015年底一般公共预算结转占当年支出比重不超过9%，政府性基金结转不得超过当年收入的30%，已低于上述比例的应只减不增；三是库款规模不得超出财政部规定1.5的保障水平。

（一）严格落实盘活财政存量资金的政策规定

各地要抓紧落实盘活存量资金的各项工作措施，对于收回的结转资金以及超过规定比例的预算稳定调节基金和预算周转金，要统筹用于冲减赤字、化解政府债务支出或民生保障、经济发展等重点领域。要建立财政存量资金正常收回制度，对于超过两年未用完的资金，一律统筹收回；对不足两年的结转资金，加快预算执行，超过一定期限不使用或不需按原用途使用的，按规定统筹用于经济社会发展亟须资金支持的领域，可不结转的项目不再结转；按规定设立的财政支出专户资金，超过两年以上的应调入国库，其余财政支出专户应在2年内逐步撤销，全部调入国库。

（二）确保盘活存量资金形成实际支出

各地要重点关注对支出进度影响较大的大额项目和关乎民生保障、经济发展等关键项目，建立支出追踪和监控机制，加快拨付进度，有效促进经济稳定增长。一是已收回的财政存量资金重新再安排的项目，要加快形成实际支出。二是收到上级政府的一般性转移支付和专项转移支付后，要按照新预算法规定，在30天内下达，不得违规截留上级转移支付资金。对用不完的转移支付资金，省将组织核查后予以收回。三是对不需按原用途使用的财政资金，要按规定及时调整用于其他急需或有条件实施的项目，提高预算执行效率。四是对结存规模较大的专户资金，要加大清理盘活力度，确保在调入国库的同时，及时统筹用于本地高速公路、铁路、轻轨建设等急需资金支持的领域，避免专户资金减少后，反而又增加了国库存款的问题。

（三）建立责任追究机制

下一步，按照省政府的部署要求，省里将把市县清理工作作为重点来抓，用行政手段和经济手段督促市县落实，采取铁的手腕抓好工作，实现上下联动。一是落实市（县）长负责制，各地要彻底清查财政存量资金情况，加大资金盘活力度，对于支出进度慢、盘活财政资金不力的地区和部门进行通报或约谈，必须做到限期整改，按照有关规定对有关责任人实行问责。二是建立存量资金和转移支付挂钩机制。对年末财政存量资金较大或未按要求完成压缩目标的地区，将按一定比例相应核减其下年转移支付规模，对存量资金及库款结余较多的市、县，省暂缓安排资金及调度库款。各地也应加强盘活存量工作的督促检查力度，对结余结转规模大、使用绩效不高的项目，下一年度要减少预算编列额度或不安排预算。

四、建立健全盘活财政存量资金的长效机制

盘活财政存量资金，既要立足当前，盘活当前已有的财政存量资金，也要着眼长远，加强制度规范，避免形成新的财政存量资金。

（一）进一步细化完善预算编制

改革现行先定预算后找项目的做法，进一步做细、做实年初预算。部门预算要将预算细化编制到具体执行单位和具体项目，转移支付细分到具体地区和项目。上级财政要提前下达转移支付预计数，下级财政要将其编入本级预算。基建项目在立项环节需明确分年度实施计划，根据项目年度实施情况，分年度编列预算。通过早

编、细编项目支出预算，增强预算的精准度和约束力，切实扭转“钱等项目”的现象。

（二）进一步加强财政资金统筹使用

一方面，清理规范重点支出挂钩事项。对重点支出根据推进改革的需要和确需保障的内容统筹安排，优先保障；推进各类重点科目支出的优化整合力度，严格控制专项资金数量；今年6月，国务院第十督导组也明确指出我省专项资金存在导向性不够、使用分散等问题。另一方面，推进政府预算体系的统筹协调，按规定将政府性基金预算中用于提供基本公共服务以及主要用于人员和机构运转等方面的项目收支转列一般公共预算，对继续纳入政府性基金预算管理的支出，加大与一般公共预算支出的统筹安排使用；加大国有资本经营预算调入一般公共预算的力度，并逐年提高调入比例。

（三）尽早推进中期财政规划管理

根据《广东省人民政府办公厅关于实行中期财政规划管理的实施意见》要求，市、县两级应从2016年起启动中期财政规划编制工作，有条件的地区可从2015年开始编制。各级财政部门应及早研究，分析预测未来三年重大财政收支情况，对规划期内一些重大改革、重要政策和重大项目，研究规划期内的政策目标、运行机制、评价办法和预算安排，细化编制事业发展中期规划，提高预算的可预见性和可执行力。

（四）尽早推进项目库管理

提前一年或更早筛选项目纳入财政项目库，细化预算项目并列入年度预算草案，提高预算编制精准度和细化度。对于编入预算的项目，有关部门要抓紧做好可行性研究、评审、招投标、政府采购等准备工作，确保预算一旦批复就能实际使用，尽快形成实际支出。

（本文系省财政厅党组书记、厅长曾志权2015年7月23日在全省盘活地方财政存量资金工作第二次专题视频会议上的讲话节选）

在全省推进基层公共服务综合平台建设工作动员及培训会议上的讲话

（节选）

省财政厅党组书记、厅长　曾志权

一、统一思想、提高认识，切实增强做好全省基层公共服务综合平台建设工作的责任感和紧迫感

近年来，党中央、国务院和省委、省政府高度重视基层治理工作，始终把抓基层、打基础作为长远之计和固本之举。党的十八大和十八届三中、四中全会都对基层治理工作做出了重要部署，强调要从巩固党的执政基础和执政地位、维护改革发展稳定大局的高度，把基层治理的各项工作任务落到实处。针对我省基层治理面临的新情况新问题，省委书记胡春华同志亲自牵头督办，要求各地各部门进一步统一思想认识，努力提升基层治理水平。其中，根据省委、省政府统一部署和工作安排，由省财政厅牵头开展全省推进基层公共服务综合平台建设工作，要求通过有效整合现有各类基层公共服务平台的场所、设备、人员、经费等资源，将面向基层群众的公共服务事项纳入县、镇、村（社区）三级综合平台集中办理，逐步实现公共服务事项“一站式”办理和“一条龙”服务。为此，全省各级政府、各有关部门，特别是各级财政部门要提高认识，切实增强做好全省推进基层公共服务综合平台建设工作的责任感和紧迫感，确保完成省委、省政府交给我们的重要任务。

（一）做好全省基层公共服务综合平台建设工作是巩固党的执政基础，有效应对我省基层新情况新变化的重要举措

基层治理关乎政权巩固。在党和政府工作全局中，基层工作和基层治理始终占有重要地位。当前，我省基层状况正发生着深刻变化，基层治理面临许多新情况新问题。如随着经济社会发展、城镇化的快速推进，基层和群众对政府管理、政府服务的要求日益多样化、精细化，使基层治理工作的复杂性和难度大大增加。与此同时，我省基层治理和服务体系严重滞后，存在着许多问题和不足，如一些地方对基层治理工作的重视不够、治理体系建设和基层组织运作机制不健全、一些矛盾纠纷没有得到及时妥善化解等。对此，我们一定要从党和政府工作的全局出发，积极适应基层治理工作的新情况和新变化，将推进基层公共服务综合平台建设作为新形势下提高基层治理工作水平的重要途径，统筹推进和落实好各项工作任务。

（二）做好全省基层公共服务综合平台建设工作是落实党和政府各项决策部署的迫切要求

推进改革发展稳定的大量任务在基层，推动党和国家各项政策落地的责任主体在基层，推进国家治理体系和治理能力现代化、建设服务型政府的基础性工作也在基层。只有基层稳固了，党和政府的各项工作才能顺利推进。各地一定要从贯彻落实党和政府决策部署的高度出发，以推进基层

公共服务综合平台建设为重要抓手，通过建设集文化体育、卫生计生、人力资源社会保障、食药安全、民政、人口党建等于一体的多功能公共服务平台，不断提升基层治理工作水平，为全省改革发展稳定提供可靠保障和强有力的支撑。

（三）做好全省基层公共服务综合平台建设工作是增强各项惠民政策实施效果的有效途径

近年来，国家和省连续出台了一系列惠民政策，资金投入之大、支持领域之广、受益群众之多前所未有。特别是全省各级财政部门2008—2013年共投入约22 797亿元，支持公共教育、公共卫生、社会保障等民生领域的基本公共服务均等化工作。但在投入大幅增加的同时，群众的满意度往往与投入水平不成正比，个别地区甚至出现投入越多，群众满意度越低等现象。究其原因，除了为民办事尊重民意不够外，还存在着基层公共服务手段落后，“最后一公里”不到位等。比如目前实施的种粮补贴、农作物良种补贴等涉农补贴政策，由于发放方式不科学、监管不到位，存在群众领取补贴难、资金发放不透明等问题，部分地区甚至出现镇村干部贪污、挪用补贴资金等违法违纪问题，引起群众的强烈不满；又如对农村残疾人的救济补助资金，发放到个人的资金额虽然不多，但由于“一卡通”、“一站式”服务不到位、手续烦琐，实施效果也大打折扣。通过推进基层公共服务综合平台建设，将有助于各地各部门规范管理，堵塞政策实施中的漏洞，增强惠民政策的实施效果。

（四）做好全省基层公共服务综合平台建设工作是提高基层公共服务水平的现实需要

目前，我省基层公共服务涉及的部门较多，每个部门基本都建有各自相应的业务服务管理平台，这些平台各自为政、不成体系，服务的效率较低，群众办事十分不便。据调研中统计，目前我省农村设立的各类服务性中心、站点，少的有10多个，多的有40多个。这些服务平台的建设缺乏统一规划和统筹整合，占用了大量的公共资源，缺乏提供“一条龙”服务的能力。如惠州市惠阳区的居民反映在为子女办理入户手续时，需要跑4个不同的单位，出具3份证明，才能办理1项业务。像惠阳区这种情况可能在不少县（市、区）也存在。因此，各地各部门要加大资源整合力度，加快推进基层公共服务综合平台建设，进一步提高基层公共服务水平，为基层群众提供更加高效、快捷的公共服务。

总而言之，各地各部门要高度重视，迅速把思想和行动统一到省委、省政府的决策部署上来，充分认识到当前开展基层公共服务综合平台建设工作的重大意义，切实增强工作责任感、紧迫感，扎实推进全省基层公共服务综合平台建设工作。

二、明确目标、突出重点，稳步有序推进全省基层公共服务综合平台建设工作

我省推进基层公共服务综合平台建设工作要以全面创新基层治理、推动公共服务向基层延伸为出发点，以“政府主导、整合资源，统一建设、规范运作，信息共享、便民高效”为原则，以“机构人员统一、场所标识统一、流程内容统一、信息系统统一、经费保障统一”为着力点，先易后难、试点先行、逐步扩大，力争到2016年底建立县、镇、村（社区）三级多功能服务平台，实现基层公共服务便利化、统一化、网络化。为此，各地各部门要重点把握好以下五个方面的关系：

（一）把握好平台网络与制度规范的关系

根据《广东省推进基层公共服务综合平台建设工作方案》的要求，各地各部门在推进基层公共服务综合平台建设工作中，一方面，要有效整合利用现有各类基层公共服务平台，按照连接畅通、便民高效、安全运行的要求整合建立集“服务、管理、监督”三位一体的“一站式”三级公共服务平台信息网络；另一方面，要统一规范三级公共服务内容和项目，编列公共服务权责清单、公共服务事项清单、《综合服务工作指南》和《广东省基层公共服务基本目录》，并建立标准化的外部办事流程和内部内控规程，完善科学合理、规范高效的三级联网公共服务运行模式。

（二）把握好试点先行与全面铺开的关系

我省推进基层公共服务综合平台建设工作，既要按照既定目标整体推进，又要结合实际分步实施。在工作安排上总体分为动员部署、试点运行、督查检查、总结验收、全面铺开五个步骤，其中，在各地自愿申报的基础上，2015年下半年起在全省选取江门开平市、肇庆德庆县、揭阳揭东区、云浮新兴县、清远阳山县、韶关乳源县、河源紫金县和梅州蕉岭县8个县（市、区）进行试点，并在试点基础上于2016年在全省全面铺开。各地各部门在推进基层公共服务综合平台建设的过程中，要切实把握好工作步骤，被列入试点的有关县（市、区）要明确目标、先行先试，充分利用自身的基础优势加快完成平台建设任务，并为全省全面铺开创造可复制、可推广的经验；全面铺开后，各地要积极吸收借鉴试点地区经验，因地制宜、取长补短，确保到2016年底全面完成基层公共服务综合平台建设任务。

（三）把握好统一部署与上下联动的关系

推进基层公共服务综合平台建设工作涉及面广、政策性强。各级各部门要切实增强政治意识、大局意识和责任意识，坚决按照省委、省政府的部署要求，加强组织领导，健全工作机制，推动基层公共服务综合平台建设工作深入开展，确保取得实实在在的成效。今年2月，省委成立了由李玉妹同志任组长，林木声、邓海光同志任副组长，省委组织部等18个部门作为成员单位的省委基层治理领导小组，统筹研究和协调处理我省基层治理的有关工作。省财政厅作为基层公共服务综合平台建设工作的省级牵头单位，将与有关部门积极配合，加强工作的指导、督促和检查。各市、县（市、区）要按照统一要求，建立健全相应工作机制，结合本地实际及时研究制定工作方案和作出工作部署，推动基层公共服务综合平台建设工作有序开展。

（四）把握好资源整合与经费保障的关系

基层公共服务综合平台建设工作，主要立足于整合现有的场所、设备、

人员和经费等资源。县、镇、村（社区）三级公共服务平台的建设通过整合现有各类基层公共服务平台来完成，三级公共服务平台信息网络的建设方式也是整合现有县级网上办事大厅和镇、村（社区）网络。在此基础上，为保证工作的顺利推进，省财政将继续加大力度实施县级基本财力保障机制，扩大一般性转移支付，增强县级自主权和提高县级对基本公共服务的保障水平；同时，加大对财力薄弱镇的转移支付力度，建立健全村级组织工作经费保障机制，并将根据各地平台建设工作的考核验收结果，研究对欠发达地区给予以奖代补。各地在加大资源整合力度的同时，要将基层公共服务平台建设的必要经费列入年度预算，并以县级为主体，整合现有相关资金，保障基层公共服务综合平台的建设与运营。此外，鼓励各地对适合采取市场化方式提供、社会力量能够承担的有关工作，可通过政府购买服务方式解决。

（五）把握好建设基层公共服务综合平台与建立基层治理长效机制的关系

推进基层公共服务综合平台建设工作，不但要抓好平台建设，更要注重强化源头治理，要按照“边建设、边研究、边总结、边完善”的工作思路，将基层治理的长效机制建设贯穿于平台建设工作全过程。要以党的十八大和十八届三中、四中全会精神为引领，坚持治标与治本相结合，以基层公共服务综合平台建设为重要手段，通过规范管理和完善服务，着力解决基层治理体制机制上的深层次问题，促使基层治理工作更加科学、规范、高效。

三、精心组织，统筹推进，确保全省推进基层公共服务综合平台建设工作取得实效

这次推进基层公共服务综合平台建设工作时间紧、任务重，政策性、敏感性强。各级党委政府和相关部门要按照职能分工，分级负责、精心组织，坚决落实好省委、省政府的工作部署，确保工作取得实效。

（一）高度重视，迅速行动

上午省财政厅和省委组织部的有关同志就《广东省推进基层公共服务综合平台建设工作方案》和基层治理工作进行了专门讲解，有关县（市、区）作了系统演示。今天下午的会议主要对推进全省基层公共服务综合平台建设工作作动员部署，等一会省委组织部刘毅副部长将作工作指示。大家在会后要把会议和基层公共服务综合平台建设工作的有关情况向党委、政府和部门的主要领导做专题汇报并争取取得支持，要把基层公共服务平台建设工作列入各级各有关部门的重要议事日程，建立健全工作机制，尽早开展工作方案制定、动员部署和试点相关工作。

（二）精心组织，周密部署

各地各有关部门要落实基层公共服务综合平台建设工作的主体责任，将工作责任细化落实到具体单位和责任人。一是开平、德庆、揭东、新兴、阳山、乳源、紫金和蕉岭8个试点县（市）要根据《广东省推进基层公共服务综合平台建设工作方案》的要求，在今年8月完成试点工作方案的制订工作，确定分阶段目标、任务分工和具体措施，按程序报省财政厅和省委组织部备案；所有试点县（市）8月上旬要全部完成启动，9月底前要将各级基层公共服务办公场所落实到位，各级基层公共服务平台要正式上线运行，实现网上办事功能；结合省基层治理领导小组开展基层治理省级督查工作安排，省财政厅将会同有关部门在10月中旬重点督查各地试点情况，并要求试点县（市）及时整改；12月底前，各地要对试点县（市）基层公共服务综合平台建设情况进行验收，并报省财政厅和省委组织部备案，省将于2016年1月底组织省级验收并对建设情况进行通报。二是没有列入试点的市县，要抓紧对本地区基层公共服务平台情况进行调研梳理，摸清情况，着手研究和启动相关工作，为2016年全面铺开做好准备。三是各地级以上市要加强对所辖县（市、区）的指导，对列入试点和全面铺开的县（市、区）进行分类指导和检查督导，分步实施，确保取得成效。

（三）突出重点，先易后难

“千条线万条线到镇、村（社区）就是一条线”，基层公共服务综合平台建设的工作重点在镇、村（社区）。各地各部门要牢牢把握住镇、村（社区）基层公共服务平台建设这个重点，按照先易后难的原则，集中精力抓紧完善镇、村（社区）现有公共服务平台的整合。在此基础上，逐步将基层公共服务平台完善到县（市、区），形成“纵向到底、连接城乡居民，横向到边、整合各级部门”的基层公共服务平台网络。

（四）加强协调，形成合力

基层公共服务综合平台建设工作链条长、涉及面广，在明确职责分工的前提下，一是各地要根据本地区成立基层治理领导小组等有关情况，建立党委领导、政府主抓、部门各负其责、纪检监察监督检查的领导体制和工作机制，抓紧健全基层公共服务综合平台建设工作机制和日常办事机构。二是各级党委、政府和财政、经信、民政、农业等部门要加强优化整合，试点县（市）要在2015年前、其他县（市、区）要在2016年整合建立县、镇、村（社区）三级公共服务平台和信息系统，统一规范三级公共服务内容、项目和三级公共服务运行模式，推进全省基层公共服务网络建设，实现基本公共服务在“线上服务大厅”与“线下服务中心”的无缝对接。在这里我要强调的是，各级财政部门作为基层公共服务综合平台建设牵头部门，要在党委、政府的统一领导下充分发挥好牵头组织、协调和经费保障的作用，一方面要加强与各部门的横向协调配合，另一方面要会同各部门加强纵向业务指导，在试点和全面铺开后及时解决各地平台建设和运行过程中遇到的实际问题。

（五）广泛发动，营造氛围

基层公共服务综合平台建设工作涉及农村群众切身利益，社会关注度高，一是各地各部门特别是试点县要按照时间节点抓紧召开平台建设工作动员会议，明确工作部署和要求，统筹各方力量共同参与平台建设工作。二是要切实提高基层公共服务综合平台工作人员的能力和水平。据统计，我省粤西和粤北8市农村两委干部约5.3万人中，高中及以下文化程度的约4.8万人，占90.26%，大专以上文化程度的仅有5 225人，仅占9.8%，其中本科文化程度的仅占0.31%，部分村里甚至没有会操作电脑的人。所以，各地各部门一定要高度重视和切实加

强培训工作，通过政策法规、业务知识、电子政务和操作规程的培训，提高基层公共服务综合平台工作人员的能力素质，确保平台的快捷高效运行。三是要加大宣传力度，通过电视、报纸、网络等多形式、多层次、多角度宣传基层公共服务综合平台建设工作，营造全社会关注、支持平台建设工作的良好氛围，争取社会各界的更大理解和支持。

（六）强化督查，问责问效

各级党委、政府和有关部门要加强监督检查，把对基层公共服务综合平台建设工作的监督检查和考评列入纪检、监察、财政、审计等部门的重要工作任务。省对欠发达地区有关奖补资金的安排将与各地平台建设工作考核验收结果挂钩。各地各部门要从方案制订、组织实施、日常管理、服务质量等方面严查有令不行、有禁不止、推诿扯皮、敷衍应付等行为。对出现问题的责任单位和责任人，要依法依规严肃追究责任。

（本文系省财政厅党组书记、厅长曾志权2015年7月30日在全省推进基层公共服务综合平台建设工作动员及培训会议上的讲话节选）

推广政府和社会资本合作模式为广东经济社会发展提供新动力

（节选）

省财政厅党组书记、厅长 曾志权

一、积极推广运用PPP模式

广东是改革开放先行地区，较早探索多种形式的政府和社会资本合作，积累了一定的工作经验。党的十八届三中全会以来，国务院、财政部等部门从制度建设、项目示范、政策支持、宣传培训等方面推广PPP工作，特别是今年5月国务院转发了《关于在公共服务领域推广政府和社会资本合作模式指导意见的通知》（国办发〔2015〕42号），为进一步做好PPP工作指明了方向。我省高度重视推进PPP工作，省委、省政府把该项工作列入了2015年重点工作内容，并明确省财政厅牵头会同有关部门抓落实，各地迅速行动，形成了齐心协力推进PPP工作的良好局面，成功运用PPP模式新建和改造了一批公共服务项目。

（一）建章立制，构建广东PPP模式制度框架

为确保PPP工作有据可依、规范实施，结合广东工作实际，省政府出台了《关于在公共服务领域推广政府和社会资本合作模式的实施意见》（粤府办〔2015〕44号，以下简称《实施意见》）。一是明确运用范围。将PPP模式推广运用到交通基础设施建设、水利工程、市政公用设施、农业设施、社会事业、生态环境保护、保障性安居工程等领域。二是规范项目实施。贯彻诚信守法的原则，围绕PPP项目要依法选择合作伙伴、依法履行合同义务、依法解决双方争端等目标，细化各环节工作规则。三是突出权责一致。既要求地方各级政府通过特许经营权、合理定价、财政补贴等保证社会资本获得长期稳定的合理收益，又强调各级政府要量力而行，严格按章办事，防止债务风险转移。四是实行分工负责。PPP项目实施全过程涉及预算管理、政府采购、资产管理、绩效评价等财政各环节职能，因此，明确由财政部门牵头、各有关部门分工负责，统筹做好PPP项目全生命周期管理工作。五是给予政策扶持。包括简化项目审批流程，保障项目用地，支持金融创新，鼓励各级财政给予适当扶持等。

（二）典型示范，以成功案例带动推进工作

我省鼓励各地在借鉴国内外经验的基础上，优先选择条件较好的典型项目引入PPP模式。一是以项目实践树立标杆。如水利领域，韩江高陂水利枢纽工程PPP项目已列入国家级社会资本参与重大水利工程建设运营项目试点范围；又如市政领域，汕头市污水处理项目采用“多个子项目捆绑，厂网一体，同步招商”的模式与社会资本进行合作，已正式完成项目签约；再如交通领域，江门大道项目按照PPP模式进行改造，引入社会资本投资，加快了路网建设，降低了政府直接投入。二是争取国家示范项目。近期，我省经过严格评审，筛选出24个PPP备选项目，争取作为财政部第二批PPP示范项目。三是推广成功的经验做法。我省从交通运输、能源、水利、环境保护等领域选取共10个典型案例，编写了《政府和社会资本合作（PPP）模式典型案例选编》，为广东各级政府运用PPP模式提供借鉴与参考。

（三）精心组织，积极做好广东省PPP项目推介准备

按照省政府的部署，精心筹备广东省PPP项目推介会，以“创新模式，互惠合作，助推广东新发展”为主题，搭建政府和社会资本合作的平台，促成PPP项目加快落地。通过前期各地各部门共同努力，经过严格遴选，本次共推出122个项目，总投资额达2 814亿元，规模在全国居前。本次推介项目涵盖交通基础设施、市政公用设施、社会事业、水利工程、保障性安居工程、生态环境保护6大领域，除了价格调整机制相对灵活、市场化程度相对较高、投资规模相对较大、需求长期稳定等特点外，相当部分项目本身可以提供现金流，兼有经济效

益和社会效益，是符合我省区域发展战略并适合采用PPP模式建设运营的优质项目。本届推介会专门设立了项目推介环节，由各市政府宣传展示本地区PPP项目具体情况，与社会资本、金融机构洽谈合作事宜。同时，我们积极邀请了大型央企、省属国企、民营企业、港澳贸易发展机构等社会资本参加。当前，我省正围绕“三个定位，两个率先”总目标要求，着力推进区域协调发展和基本公共服务均等化，基础设施建设和公共服务供给需求快速增长，社会资本投资领域扩大开放，PPP模式的运用市场前景广阔，大有可为。

二、多措并举确保PPP项目尽快落地、取得实效

刚刚徐少华常务副省长对进一步做好我省PPP工作提出了明确要求，刘健巡视员代表财政部对我省推广运用PPP工作给予了殷切期望，省财政厅将会同各地、各部门狠抓落实，围绕PPP项目有效落地开展工作，加强宣传指导，优化政策环境，提升服务水平，为PPP工作创造良好条件。

（一）筹建全省PPP项目库

依托财政部PPP项目信息库建设，筹建全省PPP项目库，为社会资本投资提供储备项目信息，同时向社会公开PPP项目建设运营情况，建立公开透明的项目管理机制。

（二）加强业务指导和管理

按照依法合规和积极稳妥的要求，加强对在建和新建PPP项目的业务指导和培训，加快专业人才队伍建设，完善协同管理机制，尽早形成一批可复制、可推广的实施案例，助推更多项目落地实施。

（三）完善财政扶持措施

按抓紧落实省政府《实施意见》有关规定，在设立PPP融资支持基金、鼓励融资平台存量项目采用PPP模式改造等方面出台财政扶持措施，并完善政策实施规程。

（四）强化服务，优化环境

省财政厅作为牵头单位，将一如既往严格履职尽责，带头强化服务意识，协调各地各部门在政策咨询、信息公开、项目推介、项目审批、金融创新等方面为各投资主体做好服务，积极服务于PPP推广运用工作。

（五）加强宣传，营造氛围

依托统一的信息发布平台和其他公共媒体平台，及时主动向社会公开PPP扶持政策、项目信息等。鼓励各地采取集中组织项目推介会等方式，引导社会关注和参与。

（本文系省财政厅党组书记、厅长曾志权2015年8月20日在全省推广运用PPP模式项目推介会上的讲话节选）

在全厅副处级以上干部“三纪”教育学习会上的总结讲话

省财政厅党组书记、厅长　曾志权

一、深刻认识当前形势下加强纪律和廉政建设的重要性和紧迫性

一方面，要从对当前反腐败斗争形势的分析判断上深刻认识。习近平总书记指出，当前反腐败斗争形势依然严峻复杂，腐败和反腐败呈胶着状态，在实现不敢腐、不能腐、不想腐上还没有取得压倒性胜利，腐败活动减少了但并没有绝迹，反腐败体制机制建立了但还不够完善，思想教育加强了但思想防线还没有筑牢，减少腐败存量、遏制腐败增量、重构政治生态的工作艰巨繁重。据中纪委对上半年情况通报，中央纪委对28名中管干部进行立案调查，全国纪检监察机关接受信访举报数、立案件数、结案件数、处分人数分别为173.2万件（次）、13.9万件、10.9万件、11.6万人，比去年同期分别增长3.6%、43.7%、40.2%、39.5%。这一方面说明反腐力度进一步加大，同时也表明反腐败形势依然严峻。我省反腐败斗争实际也印证了这种判断。据省纪委通报，从今年上半年的情况看，全省给予党纪政纪处分4 181人（同比增长31.8%），全省立案、处分厅级干部数以及省纪委监察厅自办厅级干部数、结案数、处分厅级干部数均居全国第1位，同时高压态势下仍有党员干部不收敛、不收手，“四风”问题仍然“树倒根存”，顶风违纪行为时有发生，从今年查处的厅级干部看，有48%的人主要问题发生或延续到党的十八大之后。

同时，从财政反腐倡廉实际情况看，任务仍然艰巨。财政作为权力相对集中、资金相对密集的部门，也是反腐败关键领域的之一。特别是当前我省财政专项资金、科研经费管理、农村集体“三资”、国有资产等领域腐败问题仍然多发频发，财政反腐败形势依然严峻。刚刚项天保同志对全省财政系统有关案件情况作了通报，近五年来全省各级纪检监察机关共查处财政系统违法违纪案件67件，涉及83人，给予党纪政纪处分49人、移送司法机关追究刑事责任13人，这些案件的发生，充分暴露出我省财政系统在反腐倡廉建设方面还存在“盲点”和“弱区”。改革和完善财政管理制度是惩防体系建设的重要内容，在推进源头治腐中具有十分重要的作用，要求

各级财政部门不仅要大反腐败斗争力度，以猛药去疴、重典治乱的决心、以刮骨疗毒、壮士断腕的勇气推进反腐倡廉建设，还要切实履行职责，加快推进财税体制改革和财政部门内部控制建设，规范财政权力运行，进一步严肃财经纪律，持之以恒加强作风建设，不断巩固财政反腐倡廉建设成果。

另一方面，要从党员领导干部切实发挥好表率作用的迫切要求上深刻认识。反腐败斗争取得胜利的关键在领导。从我省情况看，据省纪委通报，今年上半年，全省受理群众有关纪律审查方面的举报 36 075 件，同比增长 14.2%，其中检举控告类 28 451 件，涉及省级干部 64 件、厅级干部 1 518 件、处级干部 4 689 件。新立案 7 898 件，增长 41.3%，其中厅级干部 79 人，增长 71.7%；处级干部 377 人，增长 22.8%。全省给予党纪政纪处分的党员干部中，厅级干部 73 人（同比增长 170.7%），处级干部 238 人（同比增长 60.8%）。省纪委、监察厅处置线索 329 件，立案 86 件，增长 100%，其中厅级干部 72 人，增长 89.5%。这些情况一方面表明我省查处腐败案件态度坚决、力度加大，同时也表明党员领导干部违法违纪问题依然十分严重，使反腐败斗争形势更加严峻、任务依然艰巨。大量党员领导干部被查处的事实，也警醒我们，要正确认识反腐倡廉形势，从别人的教训中举一反三，时刻警示自己，带头守纪律讲规矩，用实际行动抵制腐败，切实发挥好表率作用。

二、严于律己，当好守纪律讲规矩的表率

8 月 17 日下午，我在全厅干部职工纪律教育学习活动专题辅导报告中就争当守纪律讲规矩的表率提了五个方面的要求。这里我就领导干部当好守纪律讲规矩的表率，再强调几点：

（一）严守政治纪律

习近平总书记强调遵守党的纪律，第一位的是严格遵守政治纪律和政治规矩，强调要做到“五个必须”。一直以来，厅党组始终坚持把讲政治、顾大局摆在首位，在贯彻中央和省委、省政府各项决策部署上立场坚定、态度坚决、行动迅速。但就个别同志来看，也存在由于思想认识上的偏差，出现政治纪律执行不到位的情况。对此，我们必须保持高度清醒，在思想上、政治上、行动上自觉与党中央保持高度一致，在任何情况下都做到政治信仰不变、政治立场不移、政治方向不偏。一是做到以党章为纲。党章是全党必须遵循的总章程，也是总规矩，必须认真学习，严格遵守，自觉用党章规范自己的一言一行，凡是党章规定党员必须做到的，领导干部首先做到；凡是党章规定党员不能做的，领导干部带头不做，时时处处以严格的党性要求自己。二是做到以信念为基。坚定共产主义理想，真诚信仰马克思主义，矢志不渝为中国特色社会主义而奋斗，坚持党的基本理论、基本路线、基本纲领、基本经验不动摇，在大是大非面前旗帜鲜明、在风浪考验面前无所畏惧，在各种诱惑面前立场坚定。三是做到以大局为重。绝不说违背党组织决定的话，绝不做违背党组织决定的事，绝不对党中央的大政方针说三道四，对于集体研究的事项，做到一个声音、一个步调，带头不折不扣地贯彻落实，不得阳奉阴违，打折扣、搞变通。

（二）严守组织纪律

组织纪律是我们党的纪律的重要组成部分，是处理党组织之间，党员个体之间以及党组织和党员个体之间关系的规范。严明的组织纪律，一直是我们党的优良传统和强大的政治优势，当前更是应该坚持和发扬。一是要强化组织观念。严格遵守“四个服从”，即坚持个人服从组织、少数服从多数、下级服从上级、全党服从中央。要相信组织，对组织负责而不是对领导个人负责，不要把上下级关系庸俗地搞成人身依附关系。二是要遵循组织程序。要严格执行民主集中制等党的组织制度，绝不允许自作主张、我行我素，不允许超越权限办事，搞“先斩后奏”。三是要接受组织约束。要克服个人凌驾于组织之上、游离于组织之外的思想，在任何时候任何情况下都自觉接受纪律约束，严格遵守请示报告制度，特别是要严格执行个人重要事项报告制度。四是要服从组织决定。对于组织按照程序作出的决定，过程中可以提出意见建议，但一旦决定后，必须维护组织权威，服从组织安排，不得跟组织讨价还价，严格做到令则行、禁则止。

（三）严守工作纪律

总体上看，我厅干部队伍的执行力强，素质高，绝大部分干部职工执行工作纪律是到位的。但也有个别同志存在不遵守工作纪律的现象，一定程度上影响了财政工作的质量和效率，比如我屡次提到的工作拖拖拉拉、办事不遵守程序、上下班迟到早退等，这些现象既与能力有关，更与态度有关，必须认真整治坚决克服。遵守工作纪律，一方面，要严格执行厅工作规则，自觉遵守各项工作制度、规程和办法。要严格工作程序，什么岗位该履行什么职责，什么职务具备什么权限，厅工作规则都规定得非常清楚，要按照确定的程序办。对于厅实施的工作考勤等制度，也要严格执行，不能心存抵触甚至公开议论。另一方面，要强化效率意识，提高执行力。要严格落实首问责任制、限时办结制、重点工作重点督办、责任追究制等制度规定，对工作落实不力、效率不高的严格问责。同时，要进一步完善选人用人制度和干部考评体系，引导大家真抓实干，让想干事的有机会、会干事的有舞台、干成事的有地位。总之，希望大家无论在哪个工作岗位上，都要从本职工作做起，从日常小事做起，严守工作纪律，忠于职守，脚踏实地。

（四）严守保密纪律

“保密工作无小事”，“保密工作是条红线”，这些都体现出保密工作的极端重要性。财政作为政府重要的综合部门，涉密工作的部位多，牵涉面广，军队、政法、监狱、粮食、涉外活动、国企改革等很多领域的工作与国家安全利益密切相关，在工作过程中还会接触大量上级部门和兄弟单位的涉密信息，做好保密工作是一项十分艰巨的任务。我厅党员干部特别是领导干部必须增强保密意识，带头严守保密纪律。一是带头筑牢思想防线。“心不设防”就会“防不胜防”，现在的保密工作与过去相比，形式和要求有了很大不同，保密工作的重要性和紧迫性更为突出，特别在信息时代下，保密任务更加繁重，难度进一步加大。大家要切实提高认识，时刻保持警钟长鸣，真正认识到保密这根弦万万松不得。二是带头提升防范能力。保密工作是一项专业性、技术性很强的工作，如果对保密常识不懂不会，意识中就

会犯糊涂错、吃糊涂亏。领导干部要将保密知识作为必修课，带头加强学习，自觉接受业务培训，熟悉和掌握保密法律法规、保密管理等方面的要求，提高防范能力，不能因为“不知道”、“不在乎”而跌大跤、摔跟头。三是落实领导责任。今年中央重新修订出台《党政领导干部保密工作责任制》，要求各处室的负责同志特别是主要负责同志不仅要带头遵守各项保密纪律，模范执行文件要求，率先垂范做好保密工作，还要担负起“守土有责”的责任，抓好教育，加强管理，确保责任落实到位。

（五）严守廉政纪律

清正廉洁是领导干部的为政之德，也是领导干部任何时候都必须坚守的原则底线。习近平总书记说过，当官了就不要想发财，想发财就不要当官。不论是党员领导干部，还是普通国家工作人员，既然都是从事公职工作，就必须严守廉政纪律。干净干事、清正廉洁，是对我们每一位从政人员的最基本要求。各位领导干部更应倍加珍惜组织的信任，倍加珍惜自己的政治前途，始终保持清醒头脑，在廉洁从政上进一步严格要求自己，为普通干部做出表率，树立标杆。一是落实廉政规定。要严格遵守《中国共产党党员领导干部廉洁从政若干准则》及中央八项规定，牢牢记住“8个禁止、52个不准”，自觉遵守党的纪律。同时，要认真贯彻落实我厅党风廉政建设责任制考核暂行办法、廉洁从政若干规定等规章制度，严格履行“一岗双责”，把抓好党风廉政建设放在与业务工作同等重要的地位。二是正确行使权力。从一些领导干部的腐败案例中可以看出，他们最突出的特征就是在思想上放松约束，在行为上滥用权力。不管形式如何多样，手段如何翻新，借口如何堂皇，本质上都是搞权钱交易、权色交易。财政部门作为权力集中、资金密集领域，在旁人眼里，大家都是“有权”的人，但越是如此，大家就要越要谨慎，越要正确地使用权力，切不可把权力当作自己的特权和为自己及家人谋私的工具。三是自觉接受监督。权力不受监督，必然导致腐败；干部拒绝监督，迟早要出问题。要牢固树立接受监督的意识，认识到监督是一种爱护，是一种警戒，是一面镜子，是每一个领导干部必须履行的责任和义务。要通过接受监督，时刻对照检查自己的言行，及时改正自己的缺点和不足，真正约束自己的用权和从政行为。

（六）严守财经纪律

财政部门负责制定和执行财经纪律，角色是双重的，既要履行好监督职责，当好财政资金的“守护神”，自身也要当好执行财经纪律的表率。坦率地说，这两个方面我们都执行得不够到位。就我们自身来看，无论是外部审计还是内部审计，都反映出部分处室及厅属单位还存在会计核算不规范、支出审批手续不全、财务管理规定落实不到位等问题，必须要严格内部管理，在执行财经纪律上为全省作出表率。要严格财务管理，强化制度执行，严禁铺张浪费、大手大脚等问题；要带头落实好“收支两条线”、政府采购等财经制度规定，严格执行差旅、会议培训、公务接待等方面的财务管理规定。厅办公室、监督局等要认真履行职责，健全财务内控制度，严格把关，加强监督。同时，要更好地发挥监督职能，进一步完善管理制度，堵塞管理漏洞，确保财经纪律得到严格执行。

（七）严守生活纪律

领导干部的生活作风和生活情趣，不仅关系着领导干部个人的品行和形象，而且关系到党在群众中的威信和形象，绝不是件小事，也不仅仅是私德问题。不能说只要工作干得好、有能力，生活上有点问题没关系。一些领导干部之所以蜕化变质，一步步陷入违法乱纪的泥坑，往往不是倒在八小时的工作中，而是倒在八小时以外的生活中。现实中，一些低级的、庸俗的东西确实不少，很容易腐蚀党员干部的思想，很容易侵蚀党员干部的身心健康。领导干部带头严格遵守党的生活纪律，必须做好三个“慎”。一是要“慎独”，做到自觉自律。一般而言，在工作时间和公众场合，人们往往能够检点自己的言行，做到不出格、不失态，这并不难，难的是一个人独处时，也能做到这样，也就是人前人后一个样，有无监督一个样，“八小时”内外一个样。从一些违纪违法典型案例看，有些领导干部正是因为做不到这一点，成为“两面人”，最终沦为“监狱人”。大家都要把严格自律贯穿到工作和生活的每一个环节，任何时候都能做到坚持原则、谨言慎行，绝不苟且、放纵自己。二是要“慎微”，做到重视细节。要正确处理“大”与“小”的关系，所谓“小节不保，大节必失”，对党员干部特别是领导干部而言，小节并不小，小中有大，小节、小事上过不了关，大节上也很难过得硬，必须始终做到“勿以恶小而为之，勿以善小而不为”。三是要“慎始”，做到坚守底线。从被查处的腐败分子来看，几乎都是从“笑纳”一条烟、一瓶酒，“帮忙”签个字、批个条子开始的，最终却一发不可收拾地滑向了罪恶的深渊。危金峰也在忏悔书中交代：“当副处长时，基层单位有时会送一点茶水费、红包，当时还会拒绝；当处长时开始有人送一万两万的红包、好处费，心中还非常害怕。后来渐渐就有了无所谓的思想，收受几十万的好处费也脸不红心不跳，一副贪婪无耻的嘴脸……”大家要知道，能不能守住第一步，非常关键，千万不可以为一个小红包、一点小礼品没什么，要知道，有一千，就有一万，有收红包，就会发展到受贿索贿，必须保持高度警惕。

最后，我还要强调一点，就是领导干部要有担当。这里除了厅领导，大家都是处室的负责同志或组长，在其位，就要谋其政、尽其职、竭其力。说到底，就是要敢于担当。这种担当要体现在以下几个方面：一是日常工作能尽责。财政工作没有高度的责任感，很难干好。在座各位可以对照检查一下，是不是签名的每份文件、每份材料，都认真审核过、深入思考过？还是只满足于当个“签名处长”、“二传手”，签个名了事。大家是我们厅工作的骨干和中坚，要切实负起把关的责任，以高度的责任感对待日常的每一份工作，严格履行层级审核的工作程序，不要让低级失误再次发生。要身体力行，做好表率，带好队伍。二是坚持问题导向，勇于开拓创新。当前，财政改革进入深水区，改革的广度和深度都大大拓展，就像习近平总书记说的，“好吃的肉都吃掉了，剩下的都是难啃的硬骨头”，或涉及面广、利益博弈多，或情况复杂、借鉴先例少，面对这些问题，要敢于迎难而上，能出实招。三是敢抓敢管，敢于担当。干部在工作中出现失误并不可怕，可怕的是不敢正视错误。财政工作强度高、难度大，如果不是出于主观恶意，有失误并非不可以原谅，厅党组也一直是努力营造宽容过错、允许失败的工作环境，为敢担当、敢创新的干部撑腰打气。希望大家消除顾虑，做一个敢于对失误负责的干部，一个善于从失误中汲取教训、教育团队、提升能力的领导。

（本文系省财政厅党组书记、厅长曾志权2015年8月21日在全厅副处级以上干部“三纪”教育学习会上的总结讲话）

知行合一　持之以恒　争当严以修身的表率

（节选）

省财政厅党组书记、厅长　曾志权

一、党员领导干部必须增强严以修身的思想自觉和行动自觉

修身问题，古已有之，“严以修身、俭以养德”作为传统美德传诵至今。而今，严以修身具有更重要的现实意义，已经上升到党员干部基本的价值追求和政治品格，成为作风建设的新标尺。作为一名共产党员、一名领导干部，我们必须增强严以修身的思想自觉和行动自觉，内化于心、外化于行。

（一）严以修身是党员干部践行“三严三实”的重要基础

“三严三实”，阐明了党员干部的修身之本、为政之道、成事之要。之所以把“严以修身”放在第一位，是因为做“官”先做“人”，做人先“修身”，“严以修身”是践行“三严三实”的基石和根本，是把牢思想和行动的“总开关”。财政作为国家治理的基础和重要支柱，新形势下我们面临的考验很多，既有财政改革发展繁重任务的考验，又有稳增长、调结构、惠民生的考验，还有权力、金钱等诱惑的考验。这些考验，要求我们加强党性修养、坚定理想信念，加强主观世界的改造，牢固树立正确的世界观、人生观、价值观和公私观、是非观、义利观，以“修己以安百姓”、达则兼济天下的境界对待事业，以无私奉献、敢于担当的精神对待工作，以心存敬畏、为民务实清廉的态度对待手中权力。

（二）严以修身是领导干部发挥表率作用的内在要求

领导干部作为“关键少数”，既是一个单位干事创业的“领头羊”，也是一个单位作风建设的“风向标”，作为领导干部，我们的一言一行，无论是正向激励还是负面效应，相比普通人都会更大，正如《论语》所言，“为政以德，譬如北辰，居其所而众星共之”，一个品德出众的领导干部能够示范、影响、带动一批党员干部，而一个没有修为的领导干部是无法影响和感召同志们一起奋斗的。特别是围绕落实“四个全面”战略部署、实现“三个定位、两个率先”目标，财政承担了繁重的改革任务，需要攻克的难题不少，要求我们领导干部率先垂范、作出表率，带头开展攻坚克难，以己正立人、以无私树威、以务实兴业，团结带领广大党员干部共同奋斗，否则“其身不正，何以正人?”

（三）严以修身是创造干事创业良好氛围的必要条件

在8月24日全省第十四期领导干部党纪政纪法纪教育培训班上，省委常委、省纪委书记黄先耀同志提出要“认清‘两面人’做个老实人”，为“两面人”画了八副“脸谱”，指出那些被查处的领导干部成为“两面人”，归根到底就是丧失了对党的忠诚，心中无党、心中无民、心中无责、心中无戒。黄先耀书记描绘的这八副“脸谱”，是修身不严的典型表现，对一个地方、一个单位的事业发展、政治生态造成了极坏的影响。财政工作作为权力和资金相对集中的领域，点多、面广、管理链条长，是源头管控的重要部门，虽然我们已经梳理了风险点、加强了风险防控，但只要是制度，总会有不周全、存漏洞的地方。因此，加强管理，既要靠制度约束，也依赖党员干部加强自律、不做“两面人”。这就要求我们在厅机关、全省财政系统营造严以修身的浓厚氛围，使财政资金管理链条中的每一位财政干部都心存敬畏、谨慎用权，摒除私心杂念、做到干净做事，共同确保资金安全、干部安全，确保财政事业健康发展。

二、深入查摆修身不严的突出问题

严以修身，要坚持问题导向，对着问题来修。习近平总书记指出，严以修身，就是要加强党性修养，坚定理想信念，提升道德境界，追求高尚情操，自觉远离低级趣味，自觉抵制歪风邪气。因此，我认为严以修身不仅包括传统意义上的严于律己、提高道德情操等方面的“修身”，还包括我们作为一名共产党员在加强党性修养、坚定理想信念等方面的政治要求。联系财政部门和财政工作的实际，我厅党员干部在严以修身方面还存在不足，主要体现在三个层面：

首先，就全厅党员干部来看，自党的群众路线教育实践活动以来，我厅广大党员干部作风明显改进，普遍讲党性、重品行，但仍有部分同志存在一些“修身不严”的问题。比如，理论修养方面，有的同志加强理论武装的自觉性在退化，不重视理论学习、理论武装，学习不系统、不深入，对理论的理解多停留在上级的、领导的解析上，在紧密结合自身实际，自觉把学习理论和改造思想、指导实践有效结合起来等方面做得还不够。个别

同志还存在学而不信、学而不化、学而不用的现象，甚至放松了“三观”改造，缺乏道路自信、理论自信、制度自信，精神之“钙”缺失。政治修养方面，有的同志身份意识不强，没有牢记自己的第一身份是党员，没有牢记自己的第一职责是为党工作，在日常的工作、生活中，也看不出与普通群众的区别，没有起到先锋模范作用。比如，有的同志为民办事、为民服务的观念淡薄，在财政政策制定和财政资金安排上，考虑更多的是自己省心省力，而对效果好坏、群众是否方便等方面反而考虑不多。道德情操修养方面，有的同志放松了对高尚道德情操的追求，精神懈怠，特别是有些年轻干部，年纪轻轻就没什么事业心，缺乏艰苦奋斗的精气神，奉行得过且过、及时行乐的人生哲学，贪图享受，羡慕奢华，一身“俗气”。

其次，就厅领导班子成员来看，从近年来我厅推改革、惠民生、稳增长，服务全省经济社会发展大局的情况来看，我厅领导班子是一个党性坚强、信念坚定、心齐实干、勤政廉政的领导班子，得到了省委、省政府和社会各界的充分肯定。但根据新形势下党中央全面从严治党的部署，从更高的要求来看，厅领导班子成员在理论学习、服务大局、从严抓分管处室队伍建设等方面还存在一些问题，甚至个别厅领导班子成员还是出现违法违纪问题。一是表率作用发挥不够充分。在理论和业务的学习上、在抓铁有痕抓工作落实上、在以身作则教育和引导党员干部上，班子成员还存在表率作用发挥不到位的问题。比如，有的班子成员由于会议多、文件多，业务工作繁忙等客观或主观上的原因，对理论学习的时间投入不足，不持续，存在“三天打鱼两天晒网”的情况。二是推动工作落实不够到位。在抓工作落实上，仍存在一定的畏难情绪，勇于创新的精神需进一步增强，在提高执行力、确保工作质量和效率方面还存在不足。比如，在当前财政改革任务重、改革推进难度大的新形势下，有的班子成员有时还存在小成即满、小富即安的问题，对分管单位如何落实厅党组决策部署不够重视，解放思想、改革创新的主动性也不够强。三是处理点面关系不够协调。有的班子成员在坚持全厅一盘棋，处理好分管工作与主局工作的关系方面协调不够好。比如，在抓改革推进、抓一些重点专项或全局工作上，主动研究、主动出点子不够；又如，在履行“一岗双责”上，班子成员之间抓思想政治工作力度不一、标准不一、宽严不一，有的班子成员对带队伍不够重视，在从严抓好党员干部教育管理上履职不够到位，对分管单位干部的一些错误思想和不良行为敢抓敢管方面做得不够。

再次，从处级领导干部来看，还有在严以修身方面没有发挥出应有的表率作用。突出表现在：一是有的同志没有当好学习的表率，当了领导干部后就不愿沉下心来学习，没有坚持在不断学习中加强思想建设和能力建设，导致遇到困难思路不活、办法不多，导致大事不愿接、难事不敢接。二是有的同志没有当好服务大局的表率，大局意识不强，在服务中心工作上做得还不够到位，如在落实中央和省委、省政府改革任务的分工上，有的处室还存在相互推诿、扯皮的现象；在抓支出进度方面，总体来说有很大进步，但从上半年全国排名的结果看，还不够理想，还有一些处室资金支出进度较慢，说明有些处对抓支出进度重要性的认识上还不够到位，全厅“一盘棋”的观念不强，工作措施不够有力。三是有的同志没有当好亲力亲为的表率，工作作风不扎实，过分依赖经办同志，只签名不严格把关，当“甩手掌柜”。四是有的同志不注重加强思想政治工作，不注重掌握下属干部的思想动态，对一些苗头性问题不能做到早发现、早提醒、早纠正。特别是有的党支部书记对理论学习不够重视，理论学习流于形式，在支部集体学习中存在以业务学习代替理论学习的情况。

三、坚持知行合一、持之以恒，争当严以修身的表率

严以修身是立身之本，更是为政之基，也是履行好财政部门职责的底线要求。每位党员干部特别是领导干部，要把严以修身作为“三严三实”的基础和根本摆上重要位置，使其成为终身必修的功课，以修身把牢思想行为的“总开关”，靠修身端正干事创业的“风向标”，坚持知行合一、持之以恒，不断修正自身存在的问题，争当严以修身的表率。

一是要修党性，做到信念坚定。党性说到底就是立场问题。作为党的干部，应始终牢记自己的第一身份是共产党员，在党就要言党、爱党、为党，站稳党和人民立场，严守党的政治纪律和政治规矩，不能对组织不认同、对党内生活没热情、对党的纪律没概念；要牢记自己的第一职责是为党工作，在位就要有责、有为、有担当，完成好党和政府交办的各项工作任务，不能尸位素餐、忘记了自己的入党誓词。财政是党和政府履行职能的物质基础、体制保障、政策工具和监管手段，在党中央作出全面建成小康社会、全面深化改革、全面推进依法治国、全面从严治党“四个全面”战略布局的新形势下，作为财政部门的党员干部、领导干部，更要牢记自身职责使命，加强党性修养、坚定理想信念，在政治上讲忠诚、组织上讲服从、行动上讲纪律，认真落实好黄先耀书记在全省领导干部三纪培训班上强调的遵守党的政治纪律和政治规矩的“五个必须”、“十个不得”，把为党和人民事业贡献力量作为自己的最高追求，切实筑牢思想之基。

二是要修境界，做到品行高尚。衡量境界高不高的一个重要标准就是看能否正确对待个人的名利地位。“心底无私天地宽。”作为领导干部，应当有“为官一任、造福一方”的思想境界，像毛泽东同志在《纪念白求恩》一文中所概括的，做“一个高尚的人，一个纯粹的人，一个有道德的人，一个脱离了低级趣味的人，一个有益于人民的人”。这是我们追求的人格和风范。特别是财政工作的重要职责就是为民理财、与群众利益息息相关，更需要我们具备这种为党和人民事业无私奉献的境界，更需要我们做一个品行高尚的财政干部，谨记肩上责任重于泰山，始终坚守崇高追求、保持事业激情、顽强斗志，以“用好每一个铜板”的态度，扎实推进财政改革，落实好稳增长调结构惠民生的各项工作，以抓铁有痕、踏石留印的作风，修官德、修品行、修境界，用事实说话，做到讲党性、不比做官比做事，讲奉献、不比升迁比实绩。

三是要修作风，做到以身作则。作为领导干部，在学习作风、思想作风、工作作风、领导作风、生活作风等作风修养上，都应该坚持更高更严的标准，以身作则当好事业的带头人、廉洁从政的标杆、遵纪守法的模范。

特别是在党中央全面推进从严治党、财政改革难度不断加大、工作规范化透明化要求越来越高、“为官不易”成为新常态的形势下，我们更应该从严要求自己、作出表率示范。学习上，要保持强烈的本领恐慌，增强学习的自觉性，努力学习政治理论和财政业务，做到先学一步，学多一点，学深一层，在学深学透、武装头脑、提升能力上有所收获。工作上，各厅领导要坚持敢于担当、勇于创新、敢抓敢管，坚持全厅一盘棋，认真抓好分管处室、分管领域各项工作，当好财政业务的行家里手，当好服务大局的表率；各处级干部要坚持务实实干，多点亲力亲为，少做“甩手掌柜”，做到讲责任、不比奖杯比口碑，讲实干、不比唱功比做功。为官用权上，要时刻保持头脑清醒，谨记贪腐是对党的不忠、对老人的不孝、对子孙的不仁、对同事的不义，谨记与其事后警醒、不如事前敬畏，警惕领导干部从政道路上的9个“陷阱”，坚持阳光用权、谨慎用权，主动接受来自组织、群众、纪检以及身边同事等各方监督，做到心怀坦荡、干净做事，争当廉洁从政、严于律己的表率。

四是要修正气，做到正气浩然。作为领导干部，应当带头弘扬正气，唱响主旋律，敢于坚持原则，面对各种歪风邪气，敢于较真、敢于碰硬；面对重大原则问题，立场坚定、旗帜鲜明，不媚俗、不逢迎、不当“老好人”。特别是财政工作点多面广、社会各界普遍关注，要取得各方信任、赢得工作主动，要求我们必须洁身自好、一身正气，有较强的人格魅力。工作上，要务实重干，持之有度，行之有节，政策允许的，要不折不扣抓好落实；不符合政策规定的，要主动做好沟通解释工作。生活上，要谨记“人情之中有原则，交往当中有政治”，深刻吸取一些领导干部交友不慎、交往失度的教训，严守朋友交往的原则底线；要认真落实好省纪委、省委组织部、省人社厅《关于加强党员领导干部“八小时之外”活动监督管理的意见》的有关规定，自觉约束八小时以外的言行，自觉接受组织、群众和同事的监督，自觉净化自己的社交圈、生活圈、休闲圈，防止市场主体对公共权力的渗透、市场规则对从政道德的渗透、江湖习气对我们政治生态的渗透、亲朋好友对我们履职尽责的渗透。

最后，我再谈谈修身的方法问题。作为领导干部，应当坚持把严以修身作为终身操守，坚守共产党人的精神家园，自我提升、自我净化、自我完善、自我革新，努力锻造过硬的思想品格，为广大党员干部作出表率示范。一是勤于学习，自我提升。把加强学习作为一种自觉、一种习惯、一种人生态度，通过学习来修身养性，实现自我提升。二是针对问题，自我净化。坚持问题导向，以更高标准严格要求自己，对照检查、立行立改，积极清扫作风之弊、行为之垢。三是持之以恒，自我完善。坚持“每日三省吾身”，养成自我回顾、自我评价、自我检查的良好习惯，时时正心，事事修身，终生坚守。四是实践砥砺，自我革新。把实践作为砥砺品质的课堂，做到面对矛盾时敢于迎难而上，面对危机时敢于挺身而出，面对失误时敢于承担责任，面对歪风邪气时敢于坚决斗争，不断夯实思想之基、补足精神之钙、增强实干之力、筑牢防腐之堤，努力以过硬的思想品格，为全面深化财政改革，推动我省率先基本建立现代财政制度作出新的贡献！

（本文系省财政厅党组书记、厅长曾志权2015年9月2日在“三严三实”专题教育厅党组理论学习中心组第一专题集中学习研讨会上的讲话节选）

坚持以新理念为引领　努力开创财政工作新局面

（节选）

省财政厅党组书记、厅长　曾志权

一、深刻领会，准确把握党的十八届五中全会精神

十八届五中全会提出了新理念、新目标、新亮点、新举措，为今后五年的发展描绘了蓝图，为我们做好“十三五”工作指明了方向。我们要深刻领会十八届五中全会精神，必须从战略和全局的高度出发，结合财政工作实际，具体可从以下四个方面去加以把握：

第一，要深刻领会全会提出的发展新理念。习近平总书记就《建议》作说明中强调指出，面对经济社会发展新趋势新机遇和新矛盾新挑战，谋划“十三五”时期经济社会发展，必须确立新的发展理念，用新的发展理念引领发展行动。为此，《建议》提出要坚持创新、协调、绿色、开放、共享的发展理念，并强调，必须把创新摆在国家发展全局的核心位置，把节约资源和保护环境作为基本国策，正确处理发展中的重大关系，发展更高层次的开放型经济，实现全体人民共同迈入全面小康社会。五大发展理念集中反映了我们党对经济社会发展规律认识的深化，是针对我国发展中的突出矛盾和问题提出的，彰显了以新理念引领新发展的战略思维，是关系我国发展全局的一场深刻变革，为我们做好今后一个时期的工作指明了方向。五大发展理念相互贯通、互相促进，是具有内在联系的集合体，我们一定要结合财政工作实际，树立发展新理念，提高统一贯彻五大发展理念的能力和水平，不断拓展财政改革发

展新境界。

第二，要深刻领会全会对当前形势的科学判断。全会充分肯定了党的十八届四中全会以来中央政治局的工作，高度评价了“十二五”我国发展取得的重大成就，深入分析了“十三五”时期我国发展环境的基本特征，既指出，全面建成小康社会，面临诸多矛盾叠加、风险隐患增多的严峻挑战；又强调，尽管目前国际国内环境发生了深刻变化，但我国发展仍处于可以大有作为的重要战略机遇期，强调要做好充分的思想准备和工作准备，准确把握战略机遇期内涵的深刻变化，更加有效地应对各种风险和挑战，继续集中力量把自己的事情办好，不断开拓发展新境界。我们一定要深刻领会这一判断，认清形势、坚定信心，充分认识财政改革发展面临环境、条件、任务、要求的新变化，以更加积极的态度应对风险和挑战，集中力量做好本职工作。

第三，要深刻领会全会提出的发展目标。全会确定了到2020年全面建成小康社会的目标任务，并提出了全面建成小康社会新的目标要求，包括经济保持中高速增长、到2020年国内生产总值和城乡居民人均收入比2010年翻一番、产业迈向中高端水平、人民生活水平和质量普遍提高、解决区域性整体贫困等。围绕这一目标，习近平总书记还强调指出，要下大力气破解制约如期全面建成小康社会的重点难点问题，一是转方式、着力解决好发展质量和效益问题，二是补短板、着力解决好发展不平衡问题，三是防风险、着力增强风险防控意识和能力。既体现了我们党向人民、向历史作出的庄严承诺，也体现了我们党对全面建成小康社会的坚定决心。我们要根据全会的部署，把服务全面建成小康社会作为财政工作的目标任务，努力在稳增长、促转型、推改革、惠民生上下功夫、抓落实、见成效，切实发挥好财政职能作用。

第四，要深刻领会全会提出的新举措新要求。全会提出了很多与财政工作密切相关的新举措、新要求，比如，全会强调要处理好发展经济和保障民生的关系，既要在经济发展的基础上不断加大保障民生力度，也要坚持量入为出，不要作脱离财力实际的承诺；再如，全会提出转方式调结构是“十三五”时期的关键任务，要以结构深度调整、振兴实体经济为主线调整完善相关政策，对财政支持转方式调结构提出了新要求；又如，全会提出的一些新政策、新举措，包括普及高中阶段教育、逐步分类推进中等职业教育免除学杂费、实施全面参保计划、实现职工基础养老金全国统筹、划转部分国有资本充实社保基金、全面实施城乡居民大病保险制度等，都要求财政工作抓好贯彻落实。我们要对这些工作逐一梳理，逐项抓好落实。

二、认真谋划，科学制定我省财政改革发展“十三五”规划

《建议》从党和国家战略全局出发，坚持目标导向和问题导向相统一、立足国内和全球视野相统筹、全面规划和突出重点相协调、战略性和操作性相结合，明确提出了“十三五”时期发展的指导思想、基本原则、目标要求、基本理念和重大举措，描绘了未来5年国家的发展蓝图，是动员全党全国各族人民夺取全面建成小康社会伟大胜利的纲领性文件。我们要按照《建议》的要求，围绕国家和省“十三五”规划各项部署，坚持立足当前、着眼长远，深入研究，提出符合我省实际、顺应财政改革发展内在要求，具有前瞻性、指导性的中长期财政发展目标和政策措施，研究制订《广东省财政改革与发展“十三五”规划》，为“十三五”期间我省财政工作提供路径支撑和工作指引。

一方面，要认真总结“十二五”时期我省财政工作的成就和经验。要以实事求是、对历史负责的态度，认真总结“十二五”我省财政发展的成就和经验，充分肯定成绩，提炼升华经验，为编制“十三五”规划提供科学依据。“十二五”时期，在省委、省政府的正确领导下，我省财政工作紧紧围绕“三个定位、两个率先”总目标，紧扣科学发展主题和加快转变经济发展方式主线，积极发挥财政职能作用，在理财模式、工作理念、投入机制、管理手段等方面加快转型，着力建设具有广东特色的法治财政、民生财政、绿色财政、绩效财政、阳光财政，财政改革不断向纵深推进，调控经济社会发展的作用不断强化，为我省经济平稳较快发展和社会全面进步作出了积极的贡献。我们要对“十二五”规划执行情况进行系统的梳理和总结，全面反映“十二五”时期我省财政改革发展取得的成就；也要认真提炼“十二五”时期财政改革与发展的经验启示，为编制我省财政改革与发展“十三五”规划提供参考和借鉴。同时，我们也不能回避“十二五”期间我省财政面临的预算压力日益增大、财政收入质量有待提高、区域发展不均衡、人均财力水平较低、预算编制执行有待加强、省与市县支出责任划分不清晰、地方政府债务管理有待进一步规范等问题，要坚持问题导向、有的放矢，在谋划“十三五”时期我省财政工作时予以考虑。

另一方面，要科学谋划“十三五”时期我省财政工作目标和举措。“十三五”时期是我国全面建成小康社会、实现第一个百年奋斗目标的决胜阶段，也是我省实现“三个定位，两个率先”总目标的关键时期，既是可以大有作为的重要战略机遇期，也面临着诸多矛盾叠加、风险隐患增多的严峻挑战。我们要坚持和深化“十二五”时期我省财政改革发展的经验，准确把握我省财政工作面临的新形势新变化新特点，加强对重大战略问题的研究，准确把握财政改革的方向、节奏和财政政策实施的力度、重点，研究提出“十三五”时期我省财政改革发展的总体目标和思路举措。总体而言，“十三五”时期，我省财政要立足于充分发挥在优化资源配置、维护市场统一、促进社会公平、实现长治久安上的重要职能作用，通过全面深化财税体制改革，推动我省率先基本建立现代财政制度，更好地适应把握引领新常态，全力支持我省创新、协调、绿色、开放、共享发展，为我省实现“三个定位、两个率先”总目标提供坚实的财力保障。具体来看，要遵循“六个围绕”的思路，包括：一是围绕实现财政可持续发展，加强新常态下财政经济运行规律的研究分析，强化财政收支管理，确保财政平稳运行，实现与经济中高速增长相协调、相适应。二是围绕提高财政法治化水平，牢固树立财政法治思维，坚持运用法治和法治方式推动发展，全面推进依法行政依法理财。三是围绕积极发挥财政职能作用，强化创新、协调、绿色、开放、共享的发展理念，支持各项事业及其各环节、各方面协调发展，推动我省经济社会持续健康发展。四是围绕率先基本建立现代财政制度，以改进预算管理、明晰事权和支出责任、

构建地方税收体系、推进基本公共服务均等化、公平配置政府公共资源为重点，全面深化财税体制改革，推动构建发展新机制。五是围绕全面提升财政管理水平，深入推进财政信息化建设，加强基础统计分析工作，建立健全财政部门上下及横向部门间信息共享机制，推动财政管理科学化、精细化、网络化、智能化。六是围绕提高财政工作执行力，全面加强队伍和机关建设，特别是加强领导干部队伍建设，着力提高推动财政改革发展的能力，充分发挥模范带头作用。健全改进作风长效机制，着力解决不作为、慢作为、乱作为等问题，不断提高财政工作质量和效率。同时做好规划纵向及横向衔接、统筹工作，包括与全国财政改革发展“十三五”规划和我省国民经济社会发展“十三五”规划等的衔接，增强政策实施的协同性、系统性。

三、立足本职，积极落实十八届五中全会决策部署

当前和今后一个时期各项工作，胡春华书记已于11月2日全省传达学习贯彻党的十八届五中全会精神大会上作了部署，我们要坚决贯彻落实好。同时，我们要立足本职工作实际，必须按照十八届五中全会的战略部署和省委、省政府工作要求，坚持统筹兼顾、突出重点，扎实做好各项工作，为“十二五”广东财政工作画上一个圆满的句号，并努力实现“十三五”起始之年开好局、起好步。

（一）抓好十八届五中全会精神的传达学习

学习贯彻十八届五中全会精神是当前和今后一个时期的一项重要政治任务。这次厅理论中心组学习后，厅各处室（单位）要抓紧组织本处室（单位）的党员干部进行传达学习，认真领会精神，细致梳理，突出重点，逐项研究贯彻意见，切实抓好全会精神的贯彻落实。一是按照以新的发展理念引领发展的要求，认真总结近年来在理财模式、工作理念、投入机制和财政管理等方面推进财政工作转型的经验做法，转变财政工作理念，坚持以新理念引领新发展，切实把全会提出的理念、原则、目标融入财政改革发展的各方面，贯彻到财政“十三五”规划和各项工作中。二是对照全会提出的今后五年全面建成小康社会新的目标要求，立足于可持续，科学确定“十三五”时期财政发展目标。要按照全会提出的“转方式、补短板、防风险”的要求，相应调整财政支出结构，完善财政体制机制，尤其是对与全面建成小康社会目标存在差距或不合时宜的指标，要未雨绸缪，提出针对性的措施逐步解决。如对以往按照财政收入增长快的形势提出的一些标准、指标，要从可持续性的角度进行分析、测算，研究提出处理意见。三是要全面梳理全会提出的新战略、新理念、新举措对财政工作提出的新要求，重点分析测算今后五年特别是2016年需要我省各级财政安排的重大政策的资金情况，并纳入2016年预算编制及中期财政规划，如普及高中阶段教育，中等职业教育免除学杂费，实施全面参保计划，全面实施城乡居民大病保险制度等。

（二）抓好十八届五中全会决策部署的贯彻落实

深入贯彻落实全会精神，关键在把《建议》确定的各项决策部署落到实处。要切实摒弃既有的工作方式和习惯，在学深学透的基础上，抓好贯彻落实，主动求作为、行动见真章。特别是要按照全会部署，积极发挥财政职能作用，提高统一贯彻创新、协调、绿色、开放、共享发展理念的能力水平。

1. 支持转方式调结构，推动实现有质量、有效益的发展。优化资源配置，发挥杠杆作用，支持新技术、新产业、新业态蓬勃发展，培育发展新动力；支持参与“一带一路”建设，加大对广东自贸区和珠三角创新示范区等重大平台建设支持力度，拓展发展新空间；支持深入实施创新驱动发展战略，大力推进农业现代化，积极培育战略性新兴产业和现代服务业发展。

2. 支持补短板保底线，推动民生福祉持续改善。坚持坚守底线、突出重点、完善制度、引导预期，注重机会公平，着力保障基本民生；深化民生财政保障制度改革，完善基本公共服务均等化的财力支撑机制，提高公共服务共建能力和共享水平；支持实施精准扶贫、精准脱贫，解决特定人群特殊困难和区域性整体贫困，有序推进农业人口市民化；从解决教育、医疗、就业、社保等人民最关心最直接最现实的利益问题入手，补短板、促协调，推动实现发展成果由人民共享。

3. 支持优机制塑格局，推动全面协调发展。调整优化省以下政府间财政关系，建立事权和支出责任相适应的运行机制；加大对革命老区、民族地区、贫困地区的转移支付力度，注重输血与造血并举，增强薄弱领域发展后劲；推动生态文明建设，完善以支持环境保护、生态安全、资源节约、低碳发展、绿色消费、污染防治、防灾减灾为重点的财政分配与管理机制。

4. 支持建机制激活力，推动全面深化改革。认真落实各项预算管理改革措施，并以预算管理制度改革为突破口，积极推动率先基本建立统一完整、法治规范、公开透明、运行高效的现代财政制度；探索推进财政投融资改革，以建立统一规范的公共资源配置机制为突破口，优化资源要素配置，创新完善财政调控经济方式；发挥财政源头管控作用，以全面规范财政管理为突破口，进一步推进简政放权、优化服务、提高效能，激发市场活力和社会创造力。

5. 支持防风险保稳定，推动经济社会持续健康发展。针对今后5年可能是我国发展面临的各方面风险不断积累甚至集中显露的时期，切实增强风险防控意识和能力，自觉地运用法治思维和法治方式来深化改革、推动发展、化解矛盾、维护稳定，既把财政职责范围内的风险防控好，又支持经济社会其他领域做好风险防控。重点要规范地方政府性债务管理，依法规范举借债务，严格管理债券资金，建立债务风险预警机制和债务风险应急处置机制，切实防范债务风险。要加强财政运行风险防控，防范个别地区特别是欠发达地区因财力缺口引发财政运行风险。

（三）近期抓紧推进落实的几项工作

1. 继续抓好收支管理，确保实现全年收支目标。密切关注各地财政收入和库款保障情况，加强与税务部门和其他执收部门的沟通协调，努力实现全年预算收支平衡，防范个别地区因财力缺口引发财政运行风险。同时，按照10月29日厅长办公会议的部署要求，进一步做好今年后两个月财政支

出工作，依法依规做好提前下达中央资金和省级转移支付资金工作。该项工作，由预算处、国库处会各业务处负责。

2. 落实好各项民生支出和救灾支出。对于年初预算已确定的各项民生支出，特别是十件民生实事、底线民生支出，要对照检查，足额落实安排，并督促市县落实支出责任。抓紧完成2016年省政府十件民生实事遴选工作，及时向省政府提出十件民生实事及资金安排建议。在前期拨付2.5亿元救灾资金的基础上，抓好省财政安排14亿元支持灾区重建的一揽子方案贯彻实施。该项工作，由预算处、农业处会各业务处负责。

3. 抓紧编制"十三五"财政改革发展规划。近期要抓紧拟定"十三五"改革发展规划提纲，厅党组审定后尽快组织力量编写。要注重借用外脑，通过召开专家座谈会等方式，就"十三五"我省财政改革发展的重大问题广泛征求各方面意见。要密切跟进全国财政改革发展"十三五"规划和我省国民经济社会发展"十三五"规划编制进展，做好纵向及横向衔接统筹。该项工作，由综合处会各相关处室负责。

4. 做好2016年预算草案和中期财政规划编制工作。目前，2016年预算草案和2016—2018年省级中期财政规划初稿已经编制完成，下一步，要倒排工期，抓紧完成提交省人大会议审议前的报批和修改完善等各项工作。同时，落实好预算编制意见征询工作，做好省人大提前介入预算编制以及厅党组成员到各地市听取人大代表意见的组织实施。该项工作，由预算处、厅办公室牵头负责。

5. 做好2015年总结和谋划好2016年工作计划。认真梳理一年来的工作情况（含市县的工作情况），注重突出亮点，用数字和成效说话，同时，结合贯彻落实十八届五中全会精神，提出2016年工作计划。各处室（单位）要结合工作总结对今年以来贯彻落实省委、省政府重点工作和省领导批示、厅领导批示，以及历次厅长办公会议议定事项落实情况进行全面梳理，对进展偏慢和没有落实到位的工作事项，要认真分析原因，找准症结，尽快抓好落实，厅办公室要加强督查督办。该项工作，由厅办公室会各处室、单位负责。

（本文系省财政厅党组书记、厅长曾志权2015年11月4日在省财政厅党组理论学习中心组集中学习会上的讲话节选）

严以用权　干净干事

（节选）

省财政厅党组书记、厅长　曾志权

一、深化认识，切实增强严以用权、严格守纪的自觉性、主动性

贯彻落实好新《准则》、新《条例》，做到严以用权、严格守纪，首先要解决思想认识上的问题，深刻认识其重要意义和内在要求，切实增强按照执行的自觉性、主动性。通过这段时间的学习，我体会较深的主要有三点：

第一，坚持严以用权，是践行"三严三实"的核心内容，是我们做好各项工作的基本准则。"三严三实"是党员干部的修身之本、为政之道、成事之要。在5月15日的党课讲话中，我强调践行"三严三实"是我们修身做人、为官从政的必然要求，也是进一步改进作风、加强我厅自身建设的迫切需要，还是我们干事创业、推动广东财政改革发展的重要保障。而严以用权是"三严三实"的核心内容，不仅是严以修身的目的和归宿，还是严于律己的基础和关键所在，更是规范和提升党员干部从政修养、从政行为、从政境界的核心，谋事实不实、创业实不实、做人实不实，落实在行动上主要还是看有没有做到严以用权，正如习近平总书记指出的，"严以用权直指领导干部作风的核心问题。领导干部能否正确对待权力，按照规范使用权力，是每个干部的第一道门槛和第一堂必修课。""严以用权，就是要坚持用权为民，按规则、按制度行使权力，把权力关进制度的笼子里，任何时候都不搞特权、不以权谋私。"在十八届五中全会上，习近平总书记又强调："职位越高，越要按规则正确用权、谨慎用权、干净用权"。财政作为党和政府履行职责的重要执行部门，资金比较密集，在旁人看来好像是"手握大权"，对我们如何修身做人、为官从政，有没有改进作风，干事创业实不实，最直接的感受就是我们怎样行使权力，有没有积极履职、规范用权。因此，财政部门党员干部特别是领导干部更要深刻认识严以用权的重大意义，牢固树立正确的权责观念，把严以用权作为第一堂必修课和从政干事基本准则，落实到每一项具体工作中去。

第二，坚持严格守纪，是贯彻实施新《准则》、新《条例》的内在要求，是我们协调推进各项事业的坚强保证。严守党的纪律是每一个党员干部必须遵守的行为准则，新修订的《准则》和《条例》进一步明确了守纪要求，突出了守纪的严肃性。从《准则》来看，原《准则》针对党员领导干部廉洁从政明确了8个禁止、52个不准的要求，修订后，坚持正面倡导、重在立德，将禁止性规定移入同步修订的《条例》，形成了针对全体党员的

4条廉洁自律规范及针对党员领导干部的4条廉洁自律规范。从《条例》来看，以问题为导向，详细列出了违反政治纪律、组织纪律、廉洁纪律、群众纪律、工作纪律、生活纪律等六类需予以处分的违纪行为。可见，新《准则》和新《条例》从正面清单和负面清单、自律和他律两方面，明确了党员应遵循的行为规范，对全体党员既树起了道德操守的高线，又划出了纪律上的底线。特别是新《条例》以党章为遵循，着力将党的十八大以来从严治党的实践成果制度化，补充了一系列新规定，涉及我们日常工作和生活的方方面面，有些还是以前我们有些同志可能不以为然、认为够不着纪律处分的事项。比如：对群众口大气粗的问题，《条例》第108条规定，对待群众态度恶劣、简单粗暴，造成不良影响的，对直接责任者和领导责任者，情节较重的，给予警告或者严重警告处分；情节严重的，给予撤销党内职务或者留党察看处分。又如："吃点喝点拿点不算什么"的问题，《条例》第86条、第96条规定，对接受可能影响公正执行公务的宴请、对违反规定组织、参加用公款支付的宴请，要给予警告或者严重警告以上的处分。对此，我们一定要严肃对待，坚持严格守纪，自觉在廉洁自律上追求高标准，在严守党纪上远离违纪红线、不碰触底线，形成尊崇党纪、遵守党纪、捍卫党纪的良好风尚，为协调推进各项事业提供坚强保证。

第三，严以用权和严格守纪密切相关。坚持严格守纪，认真贯彻执行新《准则》和新《条例》，是把权力关进制度笼子、做到严以用权的必然要求和重要举措。新《准则》、新《条例》提出了一系列事关严以用权的要求，如新《准则》明确要求党员公私分明、清白做人、干净干事，要求党员领导干部廉洁用权；新《条例》针对严以用权规定了一些不能触碰的"雷区"、"高压线"，如利用职权和职务上的影响力为他人谋利益、搞权权交易、收受可能影响公正执行公务的礼品礼金、谋求特殊待遇、侵占公私财物等。从中应看到党中央全面从严治党的决心，以及越往后执纪越严的信号，对此我们要有清醒认识。特别是我厅权责事项较多，根据省政府今年2月份公布的权责清单，我厅共有9大类278项权责事项，包括行政许可类7项、非行政许可类4项、行政处罚类18项、行政征收类7项、行政给付类21项、行政检查类36项、行政指导类21项、行政确认类32项、其他类132项，对这些权责事项，都要做到从严管理、严以用权，迫切需要全厅每一位党员干部把践行"三严三实"与贯彻执行新《准则》和新《条例》结合起来，增强严以用权和严格守纪的思想自觉和行动自觉，努力把我厅各项工作提高到一个新的层次和水平。

二、对照要求，深入查找用权不严、守纪不严的突出问题

按照省委有关"三严三实"专题教育的工作安排，我厅要梳理存在的"不严不实"问题清单，党办已按厅党组要求作了初步梳理，下一步要结合严以用权专题学习研讨及贯彻执行新《准则》、新《条例》工作，进行深入剖析查摆。结合今天学习研讨主题，我们要从以下两方面深入查找问题。

（一）深入查找用权不严的问题

将我厅278项权责事项分为9大类，是省政府所作的统一分类。从各项权责的实际看，我厅行使的权力可大致分为资金分配权、行政审批权、监督检查权、评估评审权等类，一些处室还有项目安排权，这些权力都会对相对人的权益带来影响或制约，必须正确行使权力，总的是严以用权的"十个要求"。这"十个要求"是国家行政学院许耀桐教授根据习近平总书记在用权方面的多次讲话精神整理而成的，包括：一是敬畏权力，二是慎用权力，三是为公用权，四是依法用权，五是履责用权，六是务实用权，七是刚直用权，八是阳光用权，九是廉洁用权，十是公正用权。既包括思想认识上的要求、又包括言行举止上的要求，既直指领导干部用权、又适用全体党员干部履职，是严以用权的重要指引。

应该说，经过这些年的努力，我厅在严以用权上总体上是好的，特别是近年来坚持依法行政依法理财，大力推进法治财政建设，狠抓作风纪律建设，切实规范权力运行，严以用权已经深入人心得到普遍的遵循。但对照"十个要求"以及新《准则》、新《条例》的规定，我们要认真检视和查找在严以用权上是否还有一些不执行、不到位的问题。根据我厅实际，我认为，我们要重点查找是否存在以下四方面用权不严的问题：

第一，权力观不正确的问题。所谓权力观，是指人们对权力的总的看法，包括对权力的来源、掌握权力的目的、行使权力的方式等问题的认识和态度。马克思主义权力观概括起来就两句话：权为民所赋，权为民所用。重点查找是否存在以下三方面的问题：一是宗旨意识退化的问题。习近平总书记在中央政治局第26次集体学习时的重要讲话中指出，"对理想信念的检验，和平年代不像战争年代那样直截了当，但依然可以分出优劣高低"，"特别是在关键时刻和重大考验面前，公私是否分明，法纪是否严明，就是对理想信念是否坚定的最好检验"，讲得非常透彻。所以我们要突出查找为民办事、为民服务观念是否淡薄，想问题、办事情不怕群众不满意，只怕领导不注意。二是权没有为民所用的问题。如在行使资金分配权时有没有对部门言听计从，对群众有没有得实惠反而考虑不多；再如，在行使行政审批权时是否考虑更多的是自己省心省力，而不管群众是否方便。三是自我优越感强的问题，如对部门、对群众端架子，口大气粗、高高在上，对待办事群众缺乏主动热情，对服务单位指手画脚、缺乏尊重。

第二，不依法依规用权的问题。依法依规用权是严以用权的必然要求。任何一项权力的行使，该遵循什么程序、该遵守什么规矩、该遵从什么制度，都应该心中有数。近年来，虽然我们在法治财政建设上高度重视，采取了许多措施，也取得了很大进步，但我们依法行政依法理财仍然存在不少的问题，财政工作面临的法律风险不断增多，今年我厅复议诉讼案件已经达到26件，已经比去年全年案件数（19件）增长37%，政府采购、信息公开、财政监督等是被诉的热点。这既有国家法制日益健全、社会各界法制观念及维权意识增强的原因，也与我们工作中仍存在的不依法依规用权、办事密切相关。对此，我们要认真剖析、正视问题，按照法定职责必须为、法无授权不可为的原则要求，习惯在法治框架下行使权力，善于把自己关进制度的笼子。重点查找是否存在以下四方面的问题：一是规矩意识不强的问题。一些同志没有养成办事依法、

遇事找法、解决问题用法、化解矛盾靠法的思维习惯，办事不考虑合法性、合规性，不管有没有法规依据和权限，凭印象、拍脑袋办事，有的工作观念陈旧、法治意识淡薄，不习惯或者不善于思考分析办事及决策的法律风险和责任后果，事情发生才知道问题的严重性，往往陷自己和工作于被动的局面。厅领导班子要着重查找是否存在对民主集中制的重要性认识不够到位、理解上存在偏差的问题，是否存在过分强调民主、忽视集中或过分强调集中、忽视民主，是否存在在班子作出决定前不全面反映自己意见、在班子决策后又不严格执行到位的问题，有没有将班子作出的集体决策作为自己必须要落实的事情等。二是不按法律法规办事的问题。财政部门是重要执行法律法规部门，与财政工作密切相关的就有预算法及其实施条例、政府采购法及其实施条例、会计法、注册会计师法等法律法规。我们的职责权限都是来源于这些法律法规的规定，是我们开展工作的依据和行为规范。但我们有的同志不注意学习，不熟悉相关法律法规，对与部门职能、业务相关的法律法规等知之不多、一知半解，还有的甚至对法律法规的严肃性和权威性没有清醒认识，不以为然、明知故犯。比如，预算法是财政工作的基本法律，是预决算编制、审查、批准、监督以及预算执行和调整的依据，贯穿财政工作全过程。但有些同志却没有准确把握新预算法的精神实质，没有自觉按照新预算法要求办事，仍然沿用既有的工作习惯，如支出工作从年初抓起，但还有一些支出进度仍然偏慢，没有按法定的期限拨付；又如，习惯于按老的办法安排处室掌握的专项资金，对项目单位会造成事实上的年中追加预算，这些都是不符合新预算法要求的行为。又如，政府采购法是规范和加强政府采购工作的重要依据，规定了采购人、代理机构、供应商、监管机构的权责，财政部门作为监管部门，要与这么多的当事方“打交道”，没有过硬的业务水平和依法办事能力，是很容易被诉被告的，近年来不断增多的案件就充分说明了这一点。如从近年来我厅被诉案件看，焦点主要集中在对评标投诉，这里面可能有落标供应商滥用投诉权的因素，但我们也要反思在监管的过程中是否按照法定的程序和职责切实履行了监管职能或者在工作中依法把握监管节点不恰当等问题。再如，会计法、注册会计师法对会计从业人员资质许可有着明确的规定，但在管理上仍存在疏漏和执行不严格。三是不按程序规矩办事的问题，即在履行职责、实施行政行为过程中，或超越了规定的权限，或没有履行应有的程序，或没有遵守既定的时限，等等。比如，厅工作规则及补充文件已经明文规定了厅领导签发公文权限，但是仍然有部分处室的一些经办同志不按照执行，明明分管厅领导可以签发的，也送到我这里来，反而是一些需要厅长签发的涉及新增支出的事项，又在文件上写着分管厅领导签发，到底是真的懵懵懂懂，还是“揣着明白装糊涂”。这些看似是工作上的小问题，实则是是否用心工作的问题。习近平总书记在中央政治局第26次集体学习时的重要讲话中指出，“践行‘三严三实’，必须落细落小，多积尺寸之功，经常防微杜渐。”“领导干部普遍受人关注，言行无小事。一篇讲话、一次活动、一项决策、一个部署，甚至一餐饭、一杯酒，都会影响着周边、影响着社会，都会在一定程度上体现着党的形象。”“领导干部要注意防范从不严不实的细枝末节走向腐败堕落，各级党组织也要在‘三严三实’上抓早抓小。”希望大家好好学习。四是用权不规范、自由裁量权过大的问题，如是否存在部分资金项目管理制度过于粗放，项目立项、资金分配缺乏公平公正公开的规则，导致资金分配时存在此时可以、彼时却不行，上月同意、下月却反对，随意性很大的问题。

第三，滥用权力、以权谋私的问题。滥用权力、以权谋私是用权不严最严重的问题。大道至简，有权不可任性，用权不可妄为。从近年来我厅发生的违纪违法案件来看，既有像危金峰、林楚欣这样利用厅领导职务及原职务影响力大肆收受红包、拿“回扣”、搞权钱交易的情况，也有像林少丹、陈炳坤这样虽职务不高但利用在财厅工作的身份充当“掮客”拿“好处费”，或者利用经办某项具体业务的便利捞取好处。这些都是滥用权力、以权谋私的具体事例，要引以为戒、举一反三，重点查找是否存在以下四方面的问题：一是是否真正对权力心存敬畏、真正能守住底线，是否存在“吃点喝点拿点不算什么”的侥幸心理和“有权不用、过期作废”的错误认识等。二是利用职权搞利益交换的问题，包括：是否存在管钱等人求的情况，拿自己经办的手续来作筹码，讨价还价；是否利用经管工作搞“小动作”的情况，违规干预和插手管理服务对象的资金使用、资产处置、人事安排、采购招标等内部管理事项，或者主动伸手要人家送礼、要人家买单，甚至收受红包、购物卡。三是按人情按关系用权的问题，是否存在资金分配因人情而调整分配方案、行政审批因人情而改变审批结果、监督检查因人情而滥用自由裁量权、评估评审因人情而确定评审结果等情况。四是监督缺位的问题。是否存在主动接受监督意识不强的问题，有没有将经办工作、分管领域当成“私人领地”，水泼不进，不愿接受他人监督；是否存在主体责任履行不到位的问题，特别是厅领导、处领导要认真查摆有没有对下属严加监管，起到“拉拉袖子”、“咬咬耳朵”的作用。

第四，不作为慢作为的问题。权力和责任是紧紧相连的，有多大的权力就要承担多大的责任，尽多大的责任才会有多大的作为，严以用权要求我们按照职责范围、规定程序、时限要求等积极作为、履职尽责。反之，就是有职不为、有责不尽，也就是我们常说的不作为或慢作为。目前，中央和省委、省政府正在逐步加大对不作为、慢作为的问责力度，在10月16日的厅长办公会上我就国务院问责我省一些财政领导干部的情况进行了通报，要切实引起我们的重视。要重点查找是否存在以下三方面的问题：一是工作用不用心的问题。是否存在缺乏责任心，工作不主动，自我要求不高，推一下动一下，工作上不来等问题；有没有将本应由自己负责完成的工作推给部门去干；特别是各处室主要负责同志要深入查找是否存在不作为、懒作为的问题。二是工作落实到位不到位的问题。是否存在违反民主集中制原则，拒不执行或者擅自改变上级党组织作出的决定的问题；该负责的权责事项有没有落实、有没有“权力休眠”的现象；经办的财政改革任务是否完成，经管的财政资金包括重点项目资金、稳增长资金、结余结转资金、财政部下达的资金等支出进度有没有滞后等。三是服务作风是否优良的问题。重点检查经办的行政许可、信访、政府信息公开、政府采购投诉、投资评审等，是否存在流程不合理，慢作为、乱作为、“卡”服务对象等问题，特别是这些工作很多是有法定的时限要求的，是不是都做到了按时办理、办结。

（二）深入查找守纪不严的问题

从国家机关工作人员来讲，我们的职责权限来源于法律法规，查找用权不严的问题主要依据所执行的法律法规。但作为党员干部来讲，我们工作和生活中不仅要接受法律法规约束，同时还要自觉执行党规党纪。可以说，用权不严的问题也是守纪不严的问题，但党纪严于国法，党纪约束的范围更广。如这次《条例》修订，其中的一个重要原则就是坚持纪法分开，凡国家法律法规已经规定的内容，《条例》就不再重复规定，共删去了与有关法律法规相重复的79个条款，同时从违纪及党纪处分的角度重新作了规定。对于有关守纪问题的梳理，我厅已开展了多次，如在今年8月17日专题辅导报告上，我们从纪律意识有待增强、规矩意识有待强化、执行纪律不严格三个层次，查摆了在守纪律讲规矩方面的11类问题；在“加强廉政建设，守住纪律红线”党课活动上，我们查找了在政治纪律、组织纪律、工作纪律、廉政纪律、生活纪律、财经纪律方面的21个问题。下一步要对照新《准则》和新《条例》的规定特别是新增加的规定，进一步梳理我们在执行纪律方面存在的问题。如：政治纪律方面，要查找有没有存在拉帮结派、组织或者参加迷信活动、搞无原则一团和气以及违反党的优良传统和工作惯例等党的规矩的问题；组织纪律方面，要查找有没有存在违反民主集中制原则或议事规则的问题，不按照有关规定或者工作要求向组织请示报告重大问题，不如实报告个人有关事项，篡改、伪造个人档案资料，隐瞒入党前严重错误，违反有关规定组织、参加自发成立的老乡会、校友会、战友会，违规取得国（境）外居留权或者外国国籍，违规办理因私出国（境）证件等问题；廉洁纪律方面，要查找有没有存在对亲属和身边工作人员失管，违规出入私人会所，违反规定超标准、超范围接待或者借机大吃大喝等问题；群众纪律方面，要查找有没有存在办理涉及群众事务时故意刁难、吃拿卡要，在社会保障、政策扶持、救灾救济款物分配等事项中优亲厚友、显失公平等侵害群众利益行为等问题；工作纪律方面，要查找有没有党组织不履行全面从严治党主体责任，违规干预和插手市场经济活动，违规干预和插手司法活动、执纪执法活动，泄露、扩散或者窃取涉密资料等问题；生活纪律方面，要查找有没有存在生活奢靡行为，违背社会公序良俗行为等问题。

三、从本职做起，坚持严以用权、严格守纪，争当忠诚干净担当的表率

忠诚、干净、担当，是习近平总书记对全党的要求，是这次专题研讨的主题内容。忠诚，要求我们忠于党、忠于人民、忠于事业；干净，要求我们清正廉洁、清清白白，不能以权谋私；担当，要求我们敢于担当、勇挑重担、为官有为。用权重在“严”，必须严律己、守规矩、慎用权，做到忠诚、干净、担当。全厅每一位党员干部特别是党员领导干部，都要从本职做起，坚持严以用权、严格守纪，争当忠诚、干净、担当的表率。

（一）强化守纪意识，贯彻执行好新《准则》、新《条例》

中央对学习贯彻新《准则》、新《条例》作了部署，习近平总书记在十八届五中全会上又进行了强调，要求全党真正把纪律和规矩挺在前面，拿起纪律这把戒尺，既要奔向高标准，以人格力量凝聚党心民心；又要守住底线，严格执行党的纪律，绝不越雷池一步。我们要按照习近平总书记的要求，切实抓好学习贯彻。一要加强学习。全体党员干部都要把自己摆进去，把学习掌握好这两项党内法规作为当务之急，领导干部要带头学，普通党员要主动学，认真研读每一个条款、每一项规定，努力学深学透、全面系统，内化于心、外化于行。厅监察室、党办要抓好学习组织和督促落实工作，可请驻厅纪检组长项天保同志或邀请专家来我厅作专题辅导、解读。二要对照检查。各处室（单位）及全体党员干部都要结合工作实际，一条一条的过，看看自己离《准则》的差距有多大，还有没有存在守纪不严的问题。三要牢固树立党章党规党纪意识，党员领导干部要带头对党绝对忠诚，带头践行廉洁自律规范，带头守住纪律底线，切实发挥表率作用，带动全厅党员干部讲规矩、守纪律，知敬畏、存戒惧。四要维护纪律的严肃性和权威性。厅党组切实担当和落实好抓机关党建工作的主体责任，坚持原则、敢抓敢管，全力支持驻厅纪检组执纪办案，坚决纠正守纪不严问题，确保把党规党纪落实到位。

（二）强化敬畏意识，做到用权为公

如何用好权力，本质上是用权为公还是用权为私的问题。“居官守职以公正为先”，强调的就是用权为公。要保持对权力的敬畏之心，不能公权私用。一要牢记宗旨。牢固树立正确的权力观，始终在心里装着群众，在工作上为了群众，在行使手中的权力时，无论是政策制定、资金分配、项目审批，都要出自公心，从思想上、行为上杜绝以权谋私。二要干净干事。“心有所畏，行有所止”，要始终保持对一切腐蚀诱惑的高度警惕，常思贪欲之害，常怀律己之心，从严管住自己。面对金钱，一定要控制欲望、警钟长鸣，不能唯利是图而利令智昏；面对亲友，一定要把握分寸、防微杜渐，不能因循私情而违背原则。三要主动接受监督、自觉接受监督、乐于接受监督。习近平总书记在中央政治局第26次集体学习时的重要讲话中强调指出，“要从谏如流，自觉接受监督”，“能不能正确对待、自觉接受党和人民监督，是衡量领导干部修养水平的一个重要尺度”，“我们党有严密的组织性和纪律性，党的根本宗旨是全心全意为人民服务，那么，接受组织和人民监督就天经地义”，“有的同志把自己裹得严严实实，唯恐见光，这是要不得的”，对我们自觉接受监督提出了明确要求。在政府运作不断转向公开透明的新形势下，我们要主动转变观念，习惯于在“聚光灯”下行使权力，习惯于在“放大镜”下开展工作，时刻把自己置于组织监督之中，主动接受上级监督、同事监督、舆论监督、社会监督，确保手中权力正确行使、用之为公。

（三）强化实干意识，做到担之有责

有权必有责，严以用权，必须敢

于担当。要把高标准履职尽责作为严以用权的基本要求，勇于担当、奋发有为，充分运用好党和人民赋予的权力。一要强化履职尽责。在其位，就要谋其政，要明确自身职责所在，尽心尽力做好职责范围内的工作，不能只用权、不履责。组织既然把我们安排在这个位置上，就应该把责任担当起来，努力为党和人民的事业尽最大的力，不能只想当官不想干事，只想揽权不想担责，只想出彩不想出力。在我们身边，就有很多干劲很足的先进典型，面对繁重的工作任务，天天加班加点，表现出了很高的党性觉悟和精神境界。全厅的同志都应当向他们学习，任何时候都保持争创一流的工作干劲，保持高昂的工作热情和工作锐气。二要强化敢于担当。顾炎武“天下兴亡，匹夫有责”，林则徐“苟利国家生死以，岂因祸福避趋之”，都是一种担当精神。习近平总书记指出，是否具有担当精神，是否能够忠诚履责、尽心尽责、勇于担责，是检验每一个领导干部身上是否真正体现了共产党人先进性和纯洁性的重要方面。我们要认识到，敢于担当是一种素养、一种境界，担当大小，体现着干部的党性和觉悟、胸襟和勇气，也决定了党员干部职责的履行、作用的发挥、贡献的大小。在全面深化财政改革、率先基本建立现代财政制度的新形势下，需要我们有敢于担当的胸襟与气度，知难而进，敢于担责，始终保持昂扬向上的进取心和干事创业的精气神。三要切实提高执行力，全力以赴落实好省委、省政府和厅党组的部署和要求。这些年，我省财政改革发展取得了较好成效，年年都有一系列工作亮点和改革举措出台，靠的就是齐心协力、求真务实、真抓实干。健全集体领导下的行政首长负责制和分工负责制，厅领导班子成员要继续认真落实好民主集中制，遇事多沟通、多商量，多支持、多谅解，相互补位，对班子决定的事情坚决贯彻、不打折扣落实，切实做到表里如一、内外声音一致，进一步提高我厅抓工作落实的整体合力。全厅上下要继续大力发扬“钉钉子”精神，秉持“落实、落实、再落实”的理念，对定下来的事情，要以咬定青山不放松的工作干劲，锲而不舍、驰而不息地抓好落实。

（四）强化法治意识，做到律之有规

要通过深化财政管理改革、加强内部控制和干部管理，督促党员干部把握好“法定职权必须为、法无授权不可为”的基本要求，坚持依法用权、依纪用权，严格按规则、制度办事。一要深化财政管理改革，规范财政管理。要认真落实预算管理制度改革各项任务，改革完善转移支付制度，全面推进预算公开，加强财政资金管理，堵塞监管漏洞，进一步规范财政管理。特别是对财政资金的分配、使用，要尽量做到有管理办法、有服务规范、有公开要求，带头把权力关进制度的笼子里。二要加强内部控制，强化权力制约。要按照“1＋8＋x”的模式，加快制订出台内控基本制度、各专项内控办法，进一步构建完整、统一、系统化的内部控制体系；要对财政业务重点领域和面上流程进行认真梳理，抓住一级流程中的重要环节和控制节点，分析可能存在的重大和一般风险，提出切实有效的防控措施，强化内部权力制约。同时，要将业务风险防控与廉政风险防控有机结合，将每个重要环节的廉政风险防控措施纳入办法中，对主要业务流程细化到每个具体环节，做到过程留痕、责任可追溯。三要加强干部管理，提高严以用权、干净干事的能力水平。要突出加强班子建设，加强集体学习和自身研究思考，各厅领导班子成员要自觉做坚定理想信念的表率、自觉做认真学习实践的表率、自觉做坚持民主集中制的表率、自觉做弘扬优良作风的表率。本人在此再一次承诺，要求各班子成员及全厅干部做到的，我将带头做到，请大家监督我。要增强法治思维、规则意识，提高观大势、定大局、谋大事的能力，更加注重从全局和战略层面谋划财政改革发展工作，努力成为推动我省财政改革发展的行家里手。要加强对干部的教育管理，引导党员干部加强学习，加强调研思考，加强实践历练，全面提高依法办事能力、落实发展新理念的水平和实绩；进一步完善我厅干部考核办法、奖惩问责机制，把好人选的政治关、品行关、作风关、廉政关，着力解决干部不作为、慢作为、乱作为的问题，营造想干事、肯干事、能干成事的干部有更好用武之地的良好氛围，激发全厅党员干部坚定信心、鼓足干劲、增强创造活力。

最后，我再谈谈进一步做好我厅“三严三实”专题教育的有关要求。总的来说，今年以来，我厅认真按照中央和省委的部署以及我厅实施方案的安排，积极做好上党课、开展专题研讨等各项“关键动作”，广东电视台、《南方日报》、广东电台等省级媒体对我厅的做法进行了专题宣传报道。但同时也还存在一些同志思想认识上还不够重视、一些党支部没有按规定开展专题研讨等问题。对此，我再强调四点要求：一是持续深化学习教育。“三严三实”专题教育是经常性、常态化的学习教育，不是一次活动，要突出在学习教育的经常性、常态化上下功夫，继续抓好习近平总书记系列重要讲话精神、党章等文件资料的学习，不能因为专题研讨过了就放松学习。二是全面落实好“关键动作”和我厅自选动作。对照中央和省委的要求，对照我厅实施方案，梳理还有没有未完成的工作事项，特别是党支部书记上党课、专题研讨没有完成的，要抓紧落实。三是突出解决存在问题。各党员领导干部要始终坚持问题导向，紧密结合贯彻全面深化改革要求、大力推进财税体制改革的实际，自觉对照“三严三实”要求，把自己摆进去，找准“不严不实”的突出问题和具体表现，并坚持立行立改，落细落小，事事坚守，切实以严的标准、实的作风做好工作，坚决防止“四风”反弹回潮。四是要着手做好厅党员领导干部民主生活会和支部组织生活会的有关准备工作，包括征求意见、撰写对照检查材料等，确保开出实效、开出高质量。

（本文系省财政厅党组书记、厅长曾志权2015年11月9日在厅党组理论学习中心组专题学习研讨会上的发言节选）

顺应形势 主动作为 提升财政投资评审服务大局水平

（节选）

省财政厅党组成员、副厅长 欧 斌

一、肯定成绩，总结经验，提振做好投资评审工作的信心

近年来，全省各级财政投资评审机构紧密围绕财政大局，主动作为，改革创新，探索财政投资评审服务财政管理与改革的有效办法和路径，在规范财政投资项目管理、促进财政资金节支增效、保证财政资金使用安全等方面发挥了积极作用。突出的成效和经验主要有以下几点：

（一）创新方式，强化管理，不断完善评审制度建设

各级评审机构近年来积极适应新形势要求，突出工作重点，创新评审方式和手段，完善内部规程，在开展审核业务的同时不断优化评审模式、加强内控管理、完善制度体系，审核的效率不断提升，审核机制更加规范、廉政风险防控体系不断完善，对提高财政管理的科学化、规范化水平发挥了积极作用。如省本级在理清各审核主体责任、明确审核工作规范、加强审核风险控制、加强委托中介机构管理、制度建设等方面做了很多工作；广州市完善项目概算评审系列标准，建立16项内控制度，减少风险；东莞市修订了政策性法规，建立完善质量稽核机制；佛山市广开言路听取各方面建议，完善各项评审制度；河源市重视送审材料到内控的基础制度建设；汕头市制定了送审项目指南；珠海市实行“交叉审核，防控风险”等等。

（二）评审结合，建言献策，积极服务政府投资决策管理

各地投审机构积极作为，发挥专业优势，积极探索不同做法，在评审中注重评审结合，提出合理化建议，发挥参谋作用。如省本级专门收集整理审核中发现的问题和规律性情况，将审核成果转化为加强财政资金源头管理和过程控制的建议和措施，省投审中心专门向省政府呈报了项目建设管理存在问题及相关工作建议的报告，提出如何加强管理的政策建议；韶关市向市政府呈报了关于国有工矿棚户区改造招标工程财政评审情况的专题报告；东莞市将“工料机价格涨落调整方案”上报市政府审定。各地投审机构将好的方案和建议报市有关部门和市政府，为政府投资决策提供更全面的技术支撑。

（三）积极履职，严格把关，促进财政资金规范高效

各级投资评审机构认真履行审核职能，紧紧围绕政府的重点工作、重点项目、民生项目，财政评审范围从基本建设领域逐渐延伸到农林水利、农业综合开发、节能环保、教育科技等多个财政资金重点投入领域。2014年全省共完成审核任务77 543项，审核金额约3 576亿元，核减各项不合理支出约达360亿元；2015年1－10月，仅省本级就完成审核任务367项，审核金额约105亿元，核减各项不合理支出约16亿元。各地投审机构还大幅度地消化了多年来积存的待审项目（特别是省本级），通过大家的努力，有效提高了财政资金使用的规范性和效率性。同时，各级投资评审机构积极配合财政项目库管理、PPP项目推进、中期财政规划等预算管理改革工作，主动拓展工作范围，健全审核制度，服务财政预算管理工作。此外，各地注重培育评审干部队伍，紧紧依靠一批素质好、懂业务、会干事、守纪律的评审干部，在我省财政体制改革中发挥了重要的作用，成为广东财政改革发展中的一支重要力量。

二、准确把握形势，适应财政改革发展新要求

在肯定全省投资审核工作取得了很大成绩的同时，我们也要看到，随着财政改革的深入发展，当前投资评审工作也面临着一些新的挑战。比如，如何调整定位适应新的财政管理要求；明确责任依法履行职责；怎么样开拓创新建立更加规范高效的审核机制。要解决这些问题，投审干部要加强学习，通过学习中央、省委省政府有关改革文件，准确理解形势的要求和把握改革的任务，找准工作定位，主动创新工作理念、工作机制和工作方法，不断提升财政投资评审服务财政大局的水平。现在新常态、新形势主要有以下几个方面要求：

（一）明确深化预算管理改革的工作要求，主动配合，积极参与

党的十八届三中全会以来，根据“完善立法、明确事权、改革税制、稳定税负、透明预算、提高效率，建立现代财政制度”的要求，我省率先发布《广东省深化财税体制改革率先基本建立现代财政制度总体方案》，明确在建立规范完整、透明高效的预算管理机制、构律政府公共资源投入的公平配置机制等五个方面进行新的改革探索。新预算法正式实施后，在预算管理制度、预算信息公开、预算控制方式、地方政府性债务管理、转移支付制度、预算支出约束等方面对财政预算管理提出了改革要求。今年以来，省财政厅积极作为，主动落实，开展了全口径预算编制、中期财政规划管理、跨年度预算平衡机制、项目库管理、零基预算改革、加强专项资金管理、完善转移支付制度、实行项目库

管理改革、推进省以下事权和支出责任相适应、完善政府购买服务等多项改革工作，在率先建立现代财政制度中迈出了坚实步伐。财政投资评审作为财政支出管理的重要技术手段，应该主动作为，积极参与这些新的财政改革。楼继伟部长提出“财政评审要为提高预算准确性服务”，这是大的改革方向，部里也在这方面做了很多改革的有益探索。尽管目前全国各地在投资评审方面有多样化做法，各地投审机构的工作侧重点也不一样，但随着财政改革的逐步深化，必然会要求各地逐步改革传统做法，进一步发挥评审对预算管理的服务支撑作用。

（二）适应建设工程造价管理改革的客观变化，调整思路，把握重点

近年来，国家和我省颁布实施了《建设工程工程量清单计价规范》、《建筑工程施工发包与承包计价管理办法》和《建设工程造价管理办法》（广东省政府令205号）。这些管理规范对财政投资造价管理提出了新的要求，包括：建设工程的全过程造价管理、引入第三方中介机构、政府审核机构对结算审核工作完成时间，明确财政部门是财政投资项目管理和监督的责任主体等。为适应这些建设工程管理的新要求，投资评审工作重点就要相应转移到注重事前的工程预算审核、加强对第三方中介机构审核工作的监督管理、在估（概）算范围内控制工程造价等目标上来。

（三）明确依法履责的新的内涵要求，准确定位，正确履责

十八届四中全会强调全面实施依法治国，其中，依法行政、依法理财是其中最重要内容。一方面，投资评审对外要正确履行财政监督管理职责。省政府批复的各部门的权责清单，财政投资项目审核是作为行政确认中的一项具体权责。我们在开展审核工作的过程中，要更加注重审核行为适用规则正确、证据充分、程序合规、责任清晰、结论适当，以保证依法履行职责。另一方面，投资评审对内要积极参与财政部门内部控制。投资评审工作是内部制衡和内部相互约束的机制，虽然不参与资金分配过程，但是它是为财政各具体资金管理业务部门提供客观的技术咨询服务，是健全财政内部控制体系、规范财政决策过程的重要组成部分。因此，投审机构在履职过程中，要求自身的程序行为依规依法，必须严以履职，严以自律，公平、公开、公正，使每件评审案子都经得起复审。

三、主动作为，创新管理，推进财政投资评审工作上新台阶

当前各地正在按中央和省委部署开展“三严三实”教育活动，投资评审也要以工作中的实际问题为导向，主动顺应新的形势和财政改革的要求，努力创新进取，围绕财政中心工作，建立更有利于促进财政资金规范管理、有效使用的高效工作机制。具体提几个方面思考：

（一）创新理念，规范投资评审工作机制

主要要做到“两个创新”和“两个规范”。

一是工作手段创新。要应对海量信息下的繁重工作任务，就必须特别重视创新工作手段，要加快推进投资评审信息系统建设，充分利用建立信息化平台、完善信息系统、建立大数据衔接、推进网上办事等先进管理方式，以信息化作为依靠手段和支撑，对内做到财政投资评审与各财政业务环节信息共享、数据连通；对外，大力推进网上评审工作，实现评审业务网上申报、受理、审核、查询等功能，提高项目评审的效率和水平，实现评审工作公开透明，打造阳光工程。

二是组织方式创新。一方面可探索对审核项目实行分类管理，研究自行审核、授权审核或是两种审核相结合的组织方式，如对于一些项目可授权委托主管部门进行审核，财政部门通过抽查和复核等方式进行监督管理。既督促主管部门项目建设管理主体责任落到实处，有利于财政部门集中精力开展重大项目的评审。另一方面要以厘清审核各方权责为重点，梳理审核业务管理机制，研究从基建类项目结算评审为主到逐步过渡向预算下达前的评审转变，探索高效为政府投资服务的途径和做法。

三是内部工作机制规范。各级要研究统一规范的投资审核工作规程或指南，如明确受理标准，即受理材料要求、受理时间要求、受理环节公开；明确审核标准，即审核方式、审核要点、核价标准、指标控制、质量控制等；明确受理范围，是评审全覆盖还是根据各市实际，不同时期突出评审重点，明确受理模式，探索委托业务模式和直接受理模式的运用；明确审核要求，如跟踪督办、办理时限、信息反馈、争议复查等，逐步形成标准化的工作规范。同时，要明确审核重点，将审核关口前移，研究事前与项目库工作、预算编制工作如何同步的问题，如我省的中山市、肇庆市将评审工作和预算编制结合起来，跟发改委立项配合起来，这实际上就是关口前移的做法。

四是中介机构管理规范。各地财政投资评审机构通过购买服务加强审核的力量、提高审核效率，不失为一种很好的工作模式。比如汕头、河源市这方面都作了很好的探索。刚才各市也反映中介机构质量参差不齐的问题，为了更好地发挥第三方专业团体的服务作用，还要采取有效的措施，加强对中介机构的管理，比如准入条件、质量考核、队伍稳定、风险防控、质量提升等方面的制度规范建设，促进中介机构更积极规范地响应财政的业务委托，为政府投资决策服务。

（二）改进管理，提高投资评审工作质量和效率

现在投资评审面临人手少、任务繁重、时间紧、工作复杂，提高工作效率问题，社会各方面很关注。要抓住评审质量和评审效率两个关键点，认真落实曾志权厅长在省投审中心制定内部工作流程签报上批示：“要求评审工作，在透明限时办结、以基建立项、信息衔接、明确送审方的责任、受理审核方的责任进行完善”的批示精神，在改进内部管理上下功夫，优化业务流程、统一工作要求、细化岗位职责、明确各方责任，以优质管理来促工作质量和效率的提高。

（三）依法评审，完善投资评审制度建设

我们要学会运用法治的思维来指导评审工作，首先要严格依法行政，正确履行评审的法定职能、权限和程序，严格把关。为此，制度建设要跟上，要针对评审工作存在的问题，主动完善投资评审的制度规范，促进工作有据可依。其次要站在财政大局的角度，主动参与各个部门关于政府投

资管理体制完善的相关制度建设工作，明确财政部门的职能地位和管理要求。同时要完善风险防控机制，对财政部门投资审核的内容、方式、方法、程序等方面进行完善，规范操作，并自觉接受审计等各方面的监督。

（四）主动服务，发挥在政府投资决策中的参谋作用

投资评审作为财政部门的一个重要技术管理手段，既是服务部门又是决策的参谋和助手。投资审核工作要主动结合各项财政改革的需要，从财政管理全局出发，主动服务，使财政投资资金管理更加科学、规范、安全，要做好各级政府投资项目，尤其是重点建设项目的前、中、后期的审核、咨询服务工作，为各级政府投资决策充分发挥参谋助手作用。

（五）规范履责，抓好投资评审的廉政建设工作

投资评审涉及的建设领域历来是案件多发地带，党中央、省委省政府特别强调加强党风廉政建设，当前开展的“三严三实”活动也提出了很多明确要求。投资评审机构是高风险的岗位，大家更要高度重视这个问题，要严格依法行政、依法评审，不仅要认真履行评审职责，通过在评审当中发现问题、提出建议来维护财经纪律的严肃性，还要积极研究业务工作的风险点，加强审核环节全程管控，也包括对委托第三方的管理，确保风险可控。另一方面，要注重加强审核机构自身的干部廉政建设和队伍建设，提升干部队伍的政治素质、纪律素质和专业素质，加强内部廉政风险的防控，警钟长鸣，加强岗位制衡和内部监督，营造一个不敢腐、不能腐、不想腐的制度环境，树立财政廉洁、投审机构有公信力、有权威的形象。

（本文系省财政厅党组成员、副厅长欧斌2015年11月26日在全省投资评审系统业务培训班上的讲话节选）

建设法治财政　坚持依法行政　依法理财

省财政厅党组成员、副厅长　欧　斌

近年来，广东省各级财政部门积极应对复杂多变的经济形势和各种困难，始终将建设法治财政作为我省五大财政（即法治财政、民生财政、绿色财政、绩效财政、阳光财政）建设之首，始终把加强依法行政依法理财作为各项工作的基本理念，将公平、规范、透明、绩效等法治管理方式贯穿于财政各项活动的始终。自2011年启动财政“六五”法治宣传教育以来，省财政坚持将法治宣传教育与干部思想政治教育、廉政纪律教育和能力素质教育相结合，与依法行政依法理财工作相结合，真抓实干，创新机制，扎实做好“六五”财政法治宣传教育工作，凝心聚力打造法治财政，全省财政干部法治意识明显增强，法律素质和依法行政水平明显提升，法治财政建设取得了明显成效。

一、加强组织领导，法治财政建设摆上首要位置

一是将法治财政建设纳入财政工作的首要任务。法治是社会文明的根本，建设法治财政是做好财政工作的前提。省财政厅始终将法治财政建设摆在首位，明确提出改革创新首先要在依法行政依法理财上实现新突破。全省各级财政部门均成立了由主要负责人担任组长的财政法治宣传教育和依法理财工作领导小组，建立了财政行政执法责任制和联络员制度，切实加强领导，健全责任机制。

二是将法治财政建设纳入财政五年发展规划。为加强对法治建设的部署，组织编制了《广东财政法治五年规划（2011—2015年）》及实施意见，明确了法治财政建设26项措施，使法治财政建设具体化、明晰化。

三是将法治宣传教育纳入财政干部教育体系。2012年制定了《广东省财政厅关于加强财政干部教育的意见》，将法治宣传教育作为财政干部“五大教育”的重要内容，与干部思想政治、廉政纪律、作风建设、能力素质等教育活动整体安排，每年集中举办干部党纪政纪法律培训班，切实保障法治宣传教育的针对性和实效性。

四是将学法用法纳入干部综合考核。2013年起，省财政厅从学法用法主动性、行政决策科学性、制度文件合法性、行政行为规范性四个方面对依法行政依法理财进行量化考核，考核结果按比例整体计入干部考核总分，与干部提拔、奖罚和考核等次直接挂钩；不少地市相应建立相应的依法行政考核制度，激发了干部践行法治的自觉性。

二、狠抓财政普法，法治宣传教育务求扎实有效

我省坚持围绕中心大局，突出重点、创新形式，务实抓好财政法治宣传教育。

一是突出抓好领导学法。坚持领导带头，省财政厅把法律知识作为每年党组中心组学习的重要内容，先后就新预算法、行政强制法、财政违法行为处罚处分条例、政府采购法等内容学法议法开展学法活动；每年举办全省市县长及财政局长公共财政专题培训班，切实增强领导干部依法理财的能力水平，已打造成为广东干部教育的精品培训项目。

二是突出宣传新《预算法》。新修订的《预算法》颁布以来，全省各级财政部门高度重视，精心组织，迅速展开了一系列的学习贯彻活动。省财政厅配合省委组织部在广州举办全省市、县市区长新《预算法》专题培训

班；省财政厅先后举办厅党组集中学习会、厅理论学习中心组集中学习会；依托“广东财政大讲堂”，邀请财政部条法司领导为全厅干部举办新《预算法》专题学习讲座，广泛发动全厅干部积极学习新《预算法》。通过全方位、广覆盖、多层次的学习贯彻活动，在全省营造了学习贯彻新《预算法》的浓郁氛围。

三是突出抓好专题普法。全省各级财政部门每年结合省举办的纪律教育月、“12·4”法治宣传日等活动，选择政府采购、财政执法、信息公开等热点问题，开展财政法治培训或专题学法讲座；省财政厅各处室分别举办各类财政法规培训，各级财政开展支农法规政策培训、会计人员业务培训等专题培训；每年举办省财政厅新录用公务员专题培训，将财政法规作为培训的主要内容，帮助新录用公务员打好第一针“预防针”。

四是突出创新普法载体。在厅门户网站上创办财政政策法规宣传专栏、“营改增”试点专栏，对财税法规制度和法规税政活动进行专题宣传；创办“广东财政大讲堂”，邀请专家学者就经济财政热点问题进行授课；组织开展学法读书活动，创办《读书园地》，及时推荐书目、刊发学习心得；注重运用新媒体，广州市开通“广州财政”政务微博，重点宣传财政法规政策。

五是扎实做好常规普法。结合开展“12·4”全国法治宣传日，统一购买发送干部学法读本、按要求组织干部同志开展普法考试，广泛发动全省财政干部、会计从业人员、高校学生等23万余人参加全国财政“六五”普法法规知识竞赛，收到了良好的宣传效果，掀起财政学法用法的热潮。我省也被财政部评为竞赛组织奖。

三、深化财税体制改革，改革创新取得新进展

深入贯彻落实党的十八届三中全会和省委十一届三次全会决策部署，围绕率先基本建立现代财政制度，积极落实省财政厅牵头承担的80项改革任务和25项先行试点改革任务，各项改革工作进展顺利，取得新进展，依法理财依法行政取得新成效。

一是积极推进重点改革工作。以省政府名义印发实施《广东省深化财税体制改革 率先建立现代财政制度总体方案》，明确了我省新一轮财税体制改革的路线图、时间表以及总体目标。印发了《广东省建立省以下事权和支出责任相适应制度改革试点组织实施工作方案》，并完成《关于改进预算管理 率先基本建立现代财政制度的意见》等重点改革文稿的草拟。

二是探索推进预算编制改革。加大基金预算、国资预算与公共预算的统筹力度，建立健全定位清晰、分工明确的政府预算体系；推进细化全口径预算编制，省级总预算和部门预算全部细化到支出功能分类的项级科目；选择省财政厅、省司法厅等6个部门开展零基预算试点；提高预算编制精准度，严格预算科目、级次编报，细致划分支出功能分类科目，增加编列支出经济分类科目；完善预算决策征询机制。

三是完善一般性转移支付政策。制定《广东省财政一般性转移支付资金管理办法》，从一般性转移支付的设立、调整和撤销、管理责任、使用范围、预决算管理、监督检查、绩效评价、信息公开、奖惩等方面全面规范省财政一般性转移支付资金管理。

四是健全专项资金管理体系。启用专项资金管理平台，将282项省财政专项资金纳入省政府门户网站专项资金管理平台实行统一管理。制定《广东省省级财政专项资金目录管理办法》及其配套管理办法，并重新制定各项资金的具体管理办法。

五是开展财政资金项目库管理试点。印发《广东省省级财政资金项目库管理办法》，设立省级财政专项资金项目库，探索将执行期在3年以上（含3年）的专项资金，可滚动实施或分期实施的财政资金，以及建立跨年度滚动预算机制所需的其他财政资金纳入项目库管理范围。

六是规范地方政府性债务管理。建立债务风险提示制度，定期对各市县债务风险进行监控；建立偿债准备金制度，加大地方政府性债务监督检查力度，积极应对和化解可能存在的财政、债务风险，推进债务信息公开工作，努力化解存量债务。

七是完善公务支出管理制度。制定或修订机关事业单位会议费、差旅费、因公临时出国经费、因公短期出国培训费用等管理办法，指导督促各级财政部门做好停止新建楼堂馆所和规范办公用房管理有关工作，全面贯彻落实厉行节约条例各项规定。

八是继续推进政府向社会力量购买服务改革。完善政府向社会转移职能和购买服务的标准体系，制定并以省政府名义印发《政府向社会力量购买服务管理暂行办法》，研究修订培育发展社会组织专项资金相关制度。

九是做好建立省以下法院、检察院财物统管制度改革。妥善做好资金测算、财物划转、非税收入管理等工作，推进建立经费保障长效机制。同时，积极支持省以下司法体制改革、建立土地增值收益合理分配机制、加快养老保险制度改革、推进公立医院改革、深化省属国有企业改革等其他领域改革工作。

四、强化内部治理，财政内控机制得到健全完善

一是开展行政审批制度改革。2012年以来根据省政府统一部署，省财政厅先后进行了两次清理和改革，共取消3项、转移3项、下放4项，有16项不再列为审批事项，保留11项，调整率达到70.27%。同时，积极推进行政审批网上办事，将26项行政审批和公共服务事项进驻网上办事大厅，实现了简政放权、便民办事。

二是建立财政专家咨询委员会。率先成立了由40名各界知名专家组成的广东省财政专家咨询委员会，先后举办4次咨询论证会，对20多项财政改革发展重大问题进行公开咨询论证，促进财政决策科学、民主、公开、透明。

三是建立内部法律咨询论证制度。制定了《广东省财政厅重大决策事项法律咨询论证审核办法》，对重大决策听取法律专家的意见和建议；制定了《广东省财政厅规范性文件制定管理办法》，明确凡是制度性文件草拟、行政执法事项以及重点疑难问题必须先会签法规处，由法规处进行合法性审查论证，保障财政行为的合法性。

四是加强法治财政制度建设。先后制定出台《广东省财政厅关于规范财政行政处罚自由裁量权的规定》、《广东省财政厅法律顾问管理办法》、《广东省财政厅行政复议和行政应诉管理办法》，进一步完善行政执法责任制，建立健全集体审议、征询民意、专家论证等机制，加强对财政执法事项的审核监督，规范行政执法权力

运行。

五是依法推进财政信息公开。广东省是财政预算信息公开较早、公开程度较高的省份，多项公开工作走在全国前列。2011 年公开了上年省级“三公”经费财政拨款决算总额，成为全国较早公开“三公”经费的四个省市之一；2013 年率先在年度预算报告中增加行政经费和“三公”经费预算表，“三公”经费预算细化到项级科目，率先公开财政专项资金、基建项目资金等。

六是切实加强财政风险防控。对省财政厅职责权限事项进行全面梳理，全部 467 项工作逐项明确办事规程，绘制运行流程图，编制形成规范权力运行工作手册。组织开展重点岗位、敏感环节风险点清理，制订规范措施 2006 项，严控财政工作风险；全面修订完善厅机关管理制度，做到各项工作有法可依、有章可循，进一步提升机关管理水平。

五、加强队伍建设，财政法规工作水平稳步提高

一方面，省级财政法规机构调整配强。近年来省财政厅党组对厅法规处队伍进行了调整优化，补充增加法律专业的同志，年龄结构年轻化、业务能力专业化；注重培养全厅的法律人才，坚持每年公务员招考 2 名以上的法律专业毕业生，储备了一批优秀的法律人才。另一方面，市县财政法规队伍建设不断加强。全省绝大部分地级以上市设置了法规科（处），部分县（区）专设了法规股（科），增配了法律专业出身的工作人员，在“营改增”试点和财政法治工作建设中经受了考验。一些地方还采取聘请常年法律顾问参与法治服务，积极借助外脑，充实工作力量。

（本文系省财政厅党组成员、副厅长欧斌2015 年 9 月 8 日在财政部“六五”法治宣传教育考核验收中的汇报，原载于《广东财政理论与实务》2015 年第 10 期）

切实推动《政府采购法实施条例》在广东的贯彻落实

省财政厅党组成员、副厅长　郑贤操

在党的十八届四中全会提出全面推进依法治国的重大历史背景下，去年 12 月 31 日国务院常务会议审议通过《中华人民共和国政府采购法实施条例》（以下简称《条例》），并于今年 3 月 1 日开始实施。作为政府采购制度建设中里程碑式的重大立法进步，《条例》顺应了经济社会发展和深化政府采购制度改革的客观需要，将为今后一段时期内政府采购实务工作和政府采购法治化进程提供行动指引。

作为全国最早实施政府采购制度改革的省份之一，广东省早在 2000 年就正式开展政府采购工作。十多年来，政府采购改革逐步深入推进，《政府采购法》颁布实施后，广东省形成了以全国首部政府采购地方性法规《广东省实施〈政府采购法〉办法》为代表的一系列具有地方特色的政府采购法律规章制度，政府采购总规模也从 2002 年的 24.28 亿元上升到 2014 年的 2 051.88 亿元。同时，和全国政府采购行业情况类似，政府采购活动中出现的“天价采购”、“价高质次”、效率低下等问题也引起了社会关注和对政府采购制度的质疑，亟须国家层面制定出台配套行政法规，细化法律规定，充实完善政府采购制度。《条例》的实施，将进一步促进政府采购的法治化、规范化，有助于推进政府采购全过程信息公开。因此，当前要把当前学习和贯彻《条例》摆上重要议事日程上来。

一、坚持依法采购，确保政府采购规范有序进行

政府采购横跨行政和市场两大领域，是政府和市场关系最直接的体现。政府采购必须按照法治要求，严格依法采购，确保政府权力在采购市场不越轨、不逾矩，在保障财政资金使用效益、安全的同时营造健康有序的政府采购市场环境。《条例》的出台，正是在总结实践经验，深化政府采购制度改革的基础上，细化法律规定，夯实制度规则，明确当事人权责，推动政府采购从法制向法治转变迈出重要一步。具体来讲，一是《条例》与《政府采购法》一脉相承，将政府采购法的原则规定进一步细化、明确和充实完善，对当事人、方式、程序、质疑投诉、监督检查和法律责任等，进行专章明确，同时还注意与《预算法》、《招投标法》、《合同法》等法律法规的衔接；二是明确对财政性资金、采购标的等内涵，扩大政府采购管理范围，做到应采尽采；三是创新政府采购管理理念和方式，在严格采购程序管理的同时，强化采购需求和结果导向，与此同时提高政府采购的透明度，加强信息公开，增进社会监督。一方面要做好规定梳理细化和填平补齐，在制度层面做好清理完善，尤其要注意具体配套措施的及时出台跟进，做到有“法”可依；另一方面要在实践中充分领会立法意图，具体有效地落地执行，依法加强监督问责，做到有“法”必依。

二、服务改革大局，着力发挥政府采购政策功能

从财政管理层面来看，政府采购制度是公共财政支出管理改革的“三驾马车”之一，也是政府调控经济的有效手段。政府采购既要落实全面深

化改革的有关要求，又要服务于经济社会改革发展的大局。但是，实践中政府采购的政策功能发挥不够充分，效果不够明显。为此，《条例》完善了政府采购政策的规定，明确了采购政策制定权限、扶持目标、政策工具等，为下一步工作指明了方向。对此，全省各级政府采购监管部门要积极贯彻《条例》规定，找准着力点，主动作为，进一步发挥政府采购政策功能，提高工作层次。一方面要严格落实各项政府采购政策功能，积极协同业务主管单位和资金管理部门，完善采购需求标准、预留采购份额、价格评审优惠、优先采购等政策措施的具体运用方式；另一方面要按照《条例》规定的政策制定权限，全面清理地方性支持政策，消除地域或行业保护倾向，促进形成全国统一市场。

三、强化需求管理，深入推进政府采购标准化建设

近几年来，政府采购领域频繁曝出的“天价采购”、“豪华采购”等问题，这些问题在很大程度上与政府采购需求管理不完善有关。政府采购要实现“物有所需”的目标。一是要严格执行经费预算标准和资产配置标准，合理确定项目的技术和服务标准，不得有指向某一特定品牌、专利、型号、供应商等不合理要求，杜绝“任性”采购，履约验收把关严格，减少违规操作；二是要深入开展政府采购标准化建设，制定完善政府采购技术标准、服务标准、安全标准、结果评价标准以及电子交易平台建设标准、考核检查标准、信用评价标准和标准文本体系；三是要进一步完善政府采购交易平台建设，加强采购计划、代理机构、供应商和评审专家管理，积极探索引进移动互联网、云计算、大数据等新兴信息化手段，推动运用电商直购、网上竞价等新型采购模式。

四、做好信息公开，打造阳光采购遏制权力寻租

阳光是最好的防腐剂。公开透明既是政府采购的基本原则之一，也是推进政府采购科学、规范发展的根本保证。《条例》确定了政府采购全过程信息公开的目标导向，既对政府采购法的公开透明原则进行了细化，也呼应了新预算法对政府采购信息公开的有关要求。落实《条例》的信息公开要求，要在以往工作的基础上查漏补缺，实现从采购预算到采购过程，再到采购结果的全覆盖、全公开。一是强化采购人和采购代理机构的信息公开主体责任，加强政府采购信息公开监督检查，为社会监督拓展道路；二是明确政府采购信息公开渠道，指定广东省政府采购网作为我省政府采购信息公开媒体；三是细化政府采购信息公开内容和时限，重点落实好《条例》规定的五类政府采购信息公开，实时向纪检、审计等部门推送采购信息数据，建立政府采购诚信体系，提升政府采购公信力。

五、加强监督问责，继续强化政府采购监督制约机制

作为政府采购领域第一个综合性行政法规，《条例》在质疑投诉、监督检查和法律责任三方面做了大量规定，完善了违法责任追究制度，加强了政府采购法的执行力和约束力，改善了政府采购监督执法工作环境。一是进一步强化了政府采购当事人责任，尤其是采购人主体责任，强调权责对等，认真落实采购方式选择和程序、回避制度、信息全过程公开等制度要求；二是进一步规范政府采购质疑投诉处理，维护供应商合法权益，完善供应商救济途径，并对供应商滥用权利、恶意投诉、浪费行政成本的行为进行依法驳回；三是进一步加大监督检查工作力度，加强对集采机构和采购代理机构的考核检查；四是加强政府采购评审专家入库、抽取、评审、处罚、退出等管理，加强政府采购供应商管理，加快政府采购信用评价体系建设；五是监管部门严格依法加强监督问责，会同相关部门对政府采购活动中的各类违法失信行为敢于实施联合惩戒和责任追究，不断优化政府采购市场秩序和环境。

（本文系省财政厅党组成员、副厅长郑贤操2015年5月29日在全省《政府采购法实施条例》培训班上的讲话，原载于《广东财政理论与实务》2015年第6期）

适应经济发展新常态　开创财政国库改革工作新局面

（节选）

省财政厅党组成员、副厅长　叶梅芬

一、认清形势，准确把握新常态下财政国库管理和改革的新情况、新要求

2014年以来，全球经济复苏乏力，国内经济进入三期叠加，下行压力持续加大。在省委、省政府的正确领导下，全省财政国库系统坚持围绕中心、服务大局，着力加强和规范财政国库管理工作，着力深化财政国库改革，为完成财政收支任务，深化财政体制改革提供基础且重要支撑。随着我国经济发展进入新常态，财政工作面临的形势越来越复杂，面临的挑战越来越大，特别是财政国库管理和改革工作面临新形势、新情况、新要求。主要表现在：

一是收入增幅由高速增长转为中高速增长成为财政收入新常态。近年来，我省财政收入保持了相对高的增幅，2001—2014年，全省地方一般公

共预算收入从1 161亿元增加到8 060亿元，年均增长16.08%。但与此同时，我省财政收入增幅正由高速向中高速转变的趋势明显。2011—2014年，我省地方一般公共预算收入增长率从22.09%下降到13.91%。2015年1－5月，全省一般公共预算收入增幅（9.5%）比一季度（10.3%）低0.8个百分点，比上年同期（14.8%）低5.3个百分点，5月当月仅增长6.9%，是3月份以来单月增幅的最低值。初步分析，全省一般公共预算收入增长进一步放缓，是当前经济形势和税费减免政策效果在财政收入层面的反映。经济方面，虽然一季度GDP增速与上年同期持平，但下行压力较大，一季度规模以上工业企业利润同比仅增长0.5%，1－4月，工业用电量零增长；在现行以流转税为主的税制结构下，经济增速放缓将导致财政收入增幅出现更大幅度回落。同时，去年以来房地产市场调整制约了相关税收收入增长，1－5月，全省土地增值税、契税收入同比分别下降1.4%、24.9%，合计拉低了一般公共预算收入增幅1.5个百分点。税费减免政策方面，结构性减税和普遍性降费政策效果进一步显现，如1－5月全省行政事业性收费收入同比下降19%、减收38.42亿元，拉低了一般公共预算收入增幅1.2个百分点。

对此，我们必须高度重视，科学应对，既要实事求是地看待收入增速变化，克服过去的思维惯性和速度情结；也绝不能无所作为，要创造性地开展工作，围绕稳增长、促发展等热点、难点问题，加强专题分析，形成一些有分量的分析报告，体现出财政国库部门主动作为的精神。

二是财力可能与发展需要矛盾日益突出成为财政支出新常态。在财政收入增幅由高速转为中高速的同时，财政支出继续刚性增长，支持经济发展方式转变，统筹城乡区域协调发展，需要强大的财力支持和保障；保障和改善民生，推进基本公共服务均等化，同样需要加大财政投入，财政收支矛盾更加凸显，特别是我省人均财力水平较低，问题尤为突出。一方面收入增长地区分化趋势明显，部分重点税源城市收入增长乏力。1－5月，各地收入增幅差距仍然较大，河源（22.9%）、梅州（20.1%）和深圳（17.1%）、珠海（16.9%）等市一般公共预算收入保持了今年以来的较快增长态势，但其余地市收入增幅仍较低，其中15个地市的收入增幅仍为个位数。广深佛莞四大重点税源城市中，广州（3.5%）、佛山（5.1%）、东莞（5.4%）等市收入增幅均处于较低水平，且较1－4月进一步下滑。另一方面，财政支出需求刚性增长。2015年是“十二五”规划的收官年和全面深化改革的关键年，为确保各项目标任务顺利完成和改革的顺利实施，相关财政资金投入需要加大。同时，中央已明确提出2015年积极财政政策要有力度，这就需要财政在稳增长、促改革、调结构、惠民生、防风险领域发挥更大作用。按照中央有关部署，省委十一届四次全会提出，今年和今后一个时期工作重点是立足新常态谋划新发展、创新驱动推动转型升级，努力在经济结构战略性调整上走在前列，促进经济平稳健康发展。在当前经济发展面临下行压力和潜在风险的情况下，我省在稳增长、调结构、惠民生等方面的支出刚性需求只增不减。1－5月，全省民生类支出完成2 620.63亿元，同比增长19%、增支418.45亿元。

三是改革纵深推进成为财政改革管理新常态。财政是国家治理的基础和重要支撑，财政体制机制与经济发展各个方面联系紧密。在适应和引领新常态的过程中，财政将更加深刻地介入各方面体制机制的构建，体现出全方位、深层次、高难度的特征。特别是随着改革向纵深推进，将触及一些深层次的矛盾。自2003年开展国库集中支付制度改革至今十余年，容易改的都已经改完了，剩下的都是难啃的“硬骨头”。进一步推进改革的难度将不断加大。面对改革的挑战和困难，需要全省各级财政国库部门以更大的勇气、更新的思路和办法，凝聚改革共识、找到最大公约数，推动财政改革向纵深发展。

四是科学化、精细化的管理成为财政国库管理新常态。随着政府职能转变加快，财政收支规模不断扩大，财政服务对象逐步拓宽，财政管理的复杂性和艰巨性越来越突出，科学化、精细化的管理要求越来越高。一方面，财政工作涉及经济社会的方方面面，是各方关注的焦点。随着公众民主意识不断提高，参与意识和监督意识不断增强，对财政管理的规范性要求越来越高，对财政监督的意识越来越强，这要求我们必须依法理财，提高财政透明度。另一方面，新《预算法》对财政部门提出了更加精细的管理要求，各项制度越来越完善，管理要求更加明确具体，迫切需要从过去粗放型的管理转变为科学化精细化的管理。这些都要求各级财政国库部门提高管理能力和水平，更好保障财政国库职能作用的发挥，保障中央和省委、省政府重大决策部署的贯彻落实。

二、成效显著，我省财政国库管理水平进一步提升

近年来，全省各级财政国库部门按照国库改革的目标要求，立足中心、服务大局，坚持依法、科学、民主理财，全面推进财政国库管理改革，不断完善国库运行机制，健全国库管理职能，着力强化财政资金安全管理，抓好预算执行分析工作，积极构建功能完善的现代国库运行机制，为完成收支任务，深化财税体制改革提供了基础且重要的支撑。

（一）国库集中支付制度在财政财务管理运行的基础地位进一步稳固

是集中支付制度改革进一步深化。全省各级财政国库部门认真落实中央统一部署，积极推动国库集中支付制度改革，基本实现对县级以上预算单位和部分有条件的乡级预算单位的覆盖。国库集中支付资金规模不断扩大，资金拨付业务流程进一步优化，涵盖账户管理、会计核算、资金清算、内部控制等内容的国库集中支付制度体系基本建立，财政财务管理的基础和保障进一步稳固。二是财政国库业务运行电子化工作探索推进。按照财政部有关部署要求，如期在2014年完成了省级国库集中支付电子化改革一期试点工作；市县方面，佛山市市级财政已开办了与代理银行的实拨业务电子化业务，在较短时间内按期完成了财政部规定的目标要求。三是国库集中支付配套改革进一步健全。依托国库集中支付制度建立起公务卡制度、预算执行动态监控机制和财务核算信息集中监管机制等，管理手段更加先进，管理效果更加明显。截至2014年12月，省、市、县和部分镇街已全面实行了公务卡改革；省、市、县三级财政部门全部开展预算执行动态监控

改革工作；20个地市（不含深圳）均已开展财务监管改革，其中有16个地市完成将市一级预算单位100%纳入改革的目标，并有36个县（市、区）进行了改革试点。

（二）财政资金管理的安全性和规范性有所提高

全省各级财政国库部门高度重视国库基础管理工作，自觉履行资金安全管理职责，以保障财政资金安全规范运行为前提，从完善制度、规范程序、创新机制入手，进一步夯实财政资金管理基础工作，财政资金管理科学化、精细化程度有所提高。一是财政资金安全管理制度进一步健全。各地积极构建相互制衡、公开透明的财政资金运行监管机制，制定修订各项财政资金收付、监管、调度以及银行账户管理等方面的制度办法，推动全省财政资金管理工作的制度化、科学化和规范化。二是总预算会计管理基础工作不断夯实。各级财政总预算会计管理水平进一步提高，资金拨付、会计核算、资金保值增值等工作规范有序，有力保障财政资金拨付和资金存放安全。三是财政专户管理进一步强化。全省在有序推进财政专户清理整合工作，巩固清理整顿成果的同时，严格控制新设财政专户，规范开户银行选择程序，强化存放银行年度考评监管机制，不断健全财政专户日常管理工作。四是继续强化省级预算单位账户管理。各地加大预算单位银行账户开立（变更）审批管理力度，从严控制单位新增开设银行账户，认真开展账户年检工作，强化单位银行账户备案管理。

（三）预算执行分析质量和时效性进一步提高

各地财政国库部门解放思想，围绕“领导决策参谋助手”的定位，不断完善预算执行分析工作。一是积极创新分析方法和分析手段。省财政厅结合财政大数据战略工作初步建成了基于财政收支月报、宏观经济、税务等领域数据的综合决策分析系统，并与高校专家合作进一步改进财政收入预测模型；大部分地区预算执行分析深度都有所提高，尤其是能够结合本地区经济形势、产业发展、财税政策等相关因素，更加科学地分析预判本地区财政收支走势。二是注重做好专题分析和专题调研。省财政厅的《广东省财政收支区域差距问题研究》、茂名市的《重点税源对地方经济财政运行的影响分析》等专题成果获财政部国库司选用印发，深圳、广州、珠海、惠州等市在主动对本地区经济和财政运行中出现的新情况、新问题进行专题研究的同时，还积极配合财政部和省财政厅开展了执行分析专题调研。三是夯实预算执行分析数据基础。通过规范账务处理、强化系统审核、加强督促协调等方式，促进各市县旬月报、专项统计表、每日一报、全省总决算等报表数据报送时效性、审核准确性和数据真实性进一步提高。

（四）财政国库改革创新有新进展

一是顺利开展地方政府债券发行工作。近几年，我省在自行发债方面进行了一些探索，2014年更是在规范开展债券信用评级、信息披露等工作的基础上，顺利发行广东省政府债券148亿元，成为全国首个完成地方政府债券自发自还试点工作和信用评级工作的试点地区。2015年，我省将继续开展政府债券自发自还工作，6月12日已公开招标发行310亿元一般债券，其他各项工作现正有序进行。二是权责发生制政府综合财务报告制度改革工作不断推进。我厅已制定了我省权责发生制政府综合财务报告改革实施方案，并由省政府同意批转印发，明确了2020年全面开展政府综合财务报告编制的工作目标和时间步骤。同时，权责发生制政府综合财务报告试编工作进展顺利，2014年末已有10市8县（市、区）探索开展试编。三是部门决算和“三公”经费决算信息的批复及公开工作覆盖面进一步扩大。截至2014年12月31日，全省20个地级以上市市本级均开展了部门决算和“三公”经费决算信息批复及公开工作；114个县中，已开展2013年度部门决算公开、“三公”经费公开的县（市、区）分别为106个、107个，占县（市、区）数的93%、93.9%。

三、找准差距，国库改革管理工作有待进一步加强

在看到成绩的同时，我们也要清醒地认识到，随着我国经济发展进入新常态，财政国库管理工作面临的新任务、新要求越来越多。与建立现代财政国库制度的要求相比，当前财政国库管理工作还存在着差距。主要表现在：

（一）国库集中支付制度改革有待进一步深化

随着国库集中支付制度改革的深入推进，目前，我省近22 152个预算单位实施了国库集中支付制度改革。按照“横向到边、纵向到底”的要求，国库集中收付范围还需要进一步扩大，同时，还要提升与改革相适应的管理能力和内控水平。一是各地国库集中支付制度改革进展不平衡，一些地方改革仍然滞后，乡镇国库集中支付制度改革尚未全面推行，改革进度落后于兄弟省市。二是国库集中支付制度改革资金覆盖面有待进一步扩大，尚未实现新《预算法》要求的“四本预算”的全覆盖，部分地区仍未将公共财政预算资金和政府性基金预算资金全部纳入国库集中支付范围。三是缺乏有效的内控机制。部分地区预算指标控制用款计划、用款计划控制资金支付的流程控制不够严格，划分支付方式的标准不够统一，岗位设置不够科学，财政资金支付还存在安全隐患。

（二）财政执行分析水平有待提升

一是对宏观经济及财政工作中的热点、焦点问题把握还不够全面。部分地区只注重财政收支的分析，对宏观经济主要指标的应用不足，特别是我省经济对外依存度较高，在全球一体化日益加深的背景下，缺乏对国际经济发展变化以及对国内经济影响的研究分析，预算执行分析存在深度不够、基础不扎实等问题。二是对数据的分析挖掘程度还不够深入。部分地区预算执行分析仅局限于对财政数据的描述性统计上，缺乏对数据深层规律的挖掘，科学反映本地区财政收支与宏观经济走势等数据模型建设工作有待加强。三是对财政经济运行结果的判断还不够准确。由于定量分析不足，加之缺乏对宏观经济的整体把握，部分地区的预算执行预测与财政经济实际走势还存在一定的偏差，有的地区财政收支预测的科学性还有待提高。预判结果不够准确，预算执行分析的效果就会大打折扣，难以起到为领导决策提供科学支撑的作用。四是部分地区数据报送质量和主动性有待提高。部分市县旬月报和决算报表仍存在报送不及时、审核把关不严的情况，影响了全省数据的汇总上报。个别地区没有按要求按时上报月度预算执行分析材料，专题

调研分析工作也不够积极主动。

（三）地方库款管理能力有待进一步加强

国务院和财政部对库款规模较高问题高度重视，李克强总理多次作出批示，财政部对全国财政库款情况进行通报，对库款保障水平和同比增幅较高的6个省份进行约谈，对其他库款较高的地方进行电话督促提醒。从2015年5月我省库款情况来看，各地库款净额仍较高，地方加快预算执行进度、加大财政资金统筹工作力度、完善库款管理等工作有待进一步强化。截至2015年5月，我省地市全辖期末库款净额近2300亿元，同比增长19.96%。由于2015年省级财政加大转移支付资金下达力度，梅州、汕尾、湛江、清远4市的库款净额同比增长超过100%。2015年5月，地市财政库款保障水平（即期末库款净额占月平均库款流出的倍数，取值1.5较为合理）平均值为2.6，同比增长18.18%，环比下降3.7%。20个地级市中，河源、湛江、肇庆、云浮4市的库款保障水平低于1.5倍，广州、汕头等7市的库款保障水平在1.5－2.6倍，珠海、佛山等9市的库款保障水平高于2.6倍。

（四）财政总预算会计管理水平有待进一步提高

部分地区对于新形势下总预算会计工作要求的认识不够，一些地区财政总预算会计基础工作比较薄弱，制度执行和规范管理不到位，存在账务处理不规范、对账工作不重视、违规出借资金等问题，资金管理存在安全隐患。部分地方财政专户清理整顿工作落实不到位，个别地方还存在违规开设新的财政专户问题。有的地方仍然保留收入过渡性质账户，资金不能及时缴入国库。违规设置账户侵蚀了国库集中收入制度改革的根基，形成“双轨制”的资金运行模式，不利于国库单一账户体系健全和国库集中支付改革的深化推进。

（五）权责发生制政府综合财务报告制度改革配套制度和措施保障问题需要加快解决

近年来政府综合财务报告制度改革的推进力度不断加大，社会公众和新闻媒体对该项改革的关注度日益提高。2014年底，国务院批转财政部《权责发生制政府综合财务报告制度改革方案》，我省也相应制定了《权责发生制政府综合财务报告改革实施方案》。但要看到，改革方案只是规划了路线图和时间表，相关制度建设和配套措施保障问题需要加快解决。在制度建设方面，如政府各类资产负债确认计量的标准、政府综合财务报告主体范围界定、政府财务报告编制内容和方法、政府财务报告分析应用等关键性问题还有待破解；在配套措施保障方面，如公共基础设施在内的一些政府资产，包括地方债在内的一些负债，还存在底数不清、使用情况不明、管理责任模糊、基础信息缺失等问题，人才匮乏问题也显现出来。

（六）信息技术以及配套系统建设相对滞后

部分地区预算编制、预算执行、预算监督信息系统整合程度较低，难以保障国库集中收付业务的顺畅运行，一些地方业务处理仍然采用传统手工录入、纸质传递模式，资金支付安全性和效率得不到保障。乡镇财政部门的硬件设备和网络建设滞后，相当部分乡镇财政未实现与预算单位、代理银行间的联网，推行乡镇国库集中支付制度改革基础较差。

这些问题的存在，必须引起我们的高度重视，并在今后的工作中努力克服和认真解决。今年5月召开的全国财政国库改革与发展座谈会上，财政部刘昆副部长指出当前财政国库改革与发展的4项新要求，“一是适应经济发展新常态和财政收支矛盾加剧的新局面，更加注重强化现代财政国库的分析反映功能；二是适应全面推进依法治国的新方略，更加注重履行现代财政国库的依法理财职责；三是适应全面深化改革的新要求，更加注重发挥现代财政国库的保障支撑作用；四是适应宏观调控精准发力的新特点，更加注重提升现代财政国库的资产负债管理能力”。同时，提出下一步要采取更加有效管用的措施，完善国库集中收付运行机制，加强库款管理、地方债管理、政府综合财务报告制度建设以及国库现金管理，强化履职履责，切实抓好重点工作任务的落实，切实抓出应有的工作成效。

全省财政国库部门要把思想和行动统一到中央对经济形势的判断和决策部署上来，按照党的十八届三中、四中全会精神和新《预算法》的有关要求，主动适应经济发展新常态，正确把握做好财政工作的新形势、新要求，找准财政国库管理在整个财政管理中的职能定位，全面建设和不断完善基础牢固、功能健全、体系完备、技术先进的现代国库管理制度。

四、努力推动现代国库制度建设工作再上新台阶

（一）深化国库集中支付制度改革

新《预算法》已经明确规定，国家实行国库集中收缴和集中支付制度，对政府全部收入和支出实行国库集中收付管理。各级财政国库部门要认真贯彻新《预算法》的要求，巩固改革成果的同时，积极扩点扩面，切实建立以国库集中支付为核心的财政资金支付体系。一是以乡镇为重点，完善县级以下国库集中支付运行机制。我省乡级国库集中支付制度改革的总体进度偏慢，大多数乡镇仍然沿用传统的财政资金拨付方式。按照财政部有关推行乡镇国库集中支付制度改革的指导意见，我们制定了《广东省乡镇国库集中支付制度改革实施方案》并报经省人民政府同意后已印发给各地市、县（区）政府和财政部门。根据财政部的要求和我省实际，初步计划2015年实现珠三角地区各市90%以上、其他地区各市70%以上乡镇开展改革的目标；2016年实现全省所有乡镇开展改革的目标。二是扩大改革资金范围，逐步实现“四本预算”资金的全覆盖。目前，虽然绝大多数预算单位实施了国库集中支付制度改革，但改革还没有覆盖到所有财政资金。按照《财政部关于进一步规范地方国库资金和财政专户资金管理的通知》（财库〔2014〕175号）要求，除依照法律法规和国务院、财政部的规定纳入财政专户管理的资金外，预算安排的资金应全部实行国库集中支付制度。各级财政国库部门要在巩固现有国库改革成果的基础上，确保于2015年内将本地的公共财政预算资金、政府性基金预算资金全部纳入国库集中支付范围。同时，积极探索和突破，逐步将国有资本经营预算资金和社会保险基金预算资金纳入国库集中支付范围。三是优化国库集中支付业务流程，实现安

全和效率的统一。简化资金审核过程，减少资金中转环节，完善支付控制方式，提高资金支付效率。财政授权支付和财政直接支付两种支付方式都是有效的支付控制方式。各地应因地制宜，按照有利于安全、规范、效率的原则，合理划分两种支付方式，不宜片面追求扩大授权支付比重。同时，财政部门要加强监管，规范单位财政资金支付行为，督促预算单位严格执行各项财政纪律。四是加大预算单位银行账户管理力度。各级财政国库部门要进一步清理预算单位存量银行账户，根据国库集中支付制度改革情况，进一步明确预算单位银行账户设立标准。在此基础上，对预算单位银行账户开展新一轮清理工作，摸清底数、逐个甄别、分类处理。对违规设置的账户要一律撤销，对没有保留必要的账户也要一律撤销。同时，各地要继续按照有关制度把好预算单位银行账户开户财政审批关，已实行国库集中支付制度改革的预算单位，原则上不允许新设实有资金账户。五是大力推进财政国库集中支付电子化改革工作，省厅将于近期举办一期专门的支付电子化改革业务培训班，研究讨论全省市县级国库集中支付电子化管理改革的步骤和措施，探索建立有广东特色的国库集中支付电子化管理模式。六是进一步推进国库集中支付配套改革。推进公务卡制度改革，加强对省级基层预算单位、下级财政部门的培训指导，进一步完善公务卡改革工作机制。进一步深化预算执行动态监控改革，力争按照财政部的要求，进一步扩大预算执行动态监控覆盖范围，充分发挥动态监控对违规支付行为的威慑作用，在2016年底前实现在具备条件的乡镇财政部门试点推进动态监控改革，2018年底前实现各级财政部门将动态监控范围扩展至所有财政资金和全部预算单位的改革目标任务。进一步推进财务核算信息集中监管改革，积极推动市县改革扩面。

（二）研究完善库款管理

从我省目前库款情况来看，库款管理面临的任务比较复杂，既要降低库款规模、盘活存量资金，又要防止部分地市库款下降过快出现支付风险。各地要按照“服务大局、盘活存量、保障支付”的原则，做好以下工作：一是高度重视，将库款管理摆到当前财政工作的重要位置。保持经济的稳定增长是当前各级政府面临的首要任务，各地要深入领会国务院领导批示精神和财政部有关工作要求，积极主动作为，将全面加强库款管理，降低库款规模，盘活库款存量，作为财政促进经济稳定增长的重要措施。二是降低库款规模，防止库款沉淀。要加大配合开展盘活存量财政资金工作力度，严格执行前期制定的加强库款管理、盘活财政存量各项政策措施，全面加强预算支出执行管理，防止再次形成库款沉淀。同时，要规范、稳妥推进债券发行前库款垫付偿债资金工作，对于按规定由库款垫付的存量债务偿债资金，要及时办理库款垫付、资金回补国库和备案等手续，保障项目融资需求和财政资金安全。三是加强分析监测，防范支付风险。各地要积极主动应对新常态下的库款收支形势变化，高度重视库款支付保障工作。目前虽然全省库款规模较高，但地区间和不同政府级次间的不均衡问题比较突出，随着一些地方收入放缓，地方政府存量债务大规模到期，以及各项改革对增加支出的刚性需求，库款支付保障任务愈加艰巨，各地要结合财政库款月报工作，加强库款的统计分析和动态监测，库款较低的地方要制定应急的工作预案，严防库款支付风险。

（三）全面强化财政资金安全管理

保障财政资金安全是财政国库管理的首要任务，各级财政国库部门要充分认识加强财政资金管理工作的极端重要性和紧迫性，在抓好制度建设的同时，规范有序做好各项财政资金安全管理工作。一是做好内控制度建设。财政国库部门业务的技术性和标准化非常强，要按照党的十八届四中全会关于“分事行权、分岗设权、分级授权、定期轮岗，强化内部流程控制，防止权力滥用”的要求，制定科学合理的内部控制制度，防控资金管理风险和廉政风险。二是注重规范总预算会计核算。要严格按照《财政总预算会计制度》和《财政总预算会计管理基础工作规定》等要求进行财政收支核算，真实反映预算执行情况。尤其对于实行权责发生制核算的事项，除国库集中支付年终结余外，一律不得按权责发生制列支，严禁违规采取权责发生制方式虚列支出；对实行权责发生制核算的特定事项，应当向本级人大常委会报告。此外，财政部正在研究修订《财政总预算会计制度》，此前已多次征求各地意见，预计今年出台，各地财政部门要做好准备，做好新旧核算制度的衔接工作。三是加强暂存暂付款管理。各级财政部门应建立健全财政暂存款、暂付款定期清理机制，进一步加大暂付款的清理回收力度，积极督促有关部门及时归还财政垫付资金，建立有效的借款回收保证机制和责任追究机制，并制定切实可行的还款计划。同时，规范借款管理，健全财政对外借款管理制度和审批程序，严格控制新增财政对外借款，绝不能出现老的借款还未收回，又新增大量借款的现象。四是规范财政专户管理。财政专户作为国库单一账户体系的重要组成部分，是财政资金存放的载体，有其特定的财政财务管理的功能作用。为进一步规范财政专户管理，新《预算法》第56条第2款明确规定“对于法律有明确规定或者经国务院批准的特定专用资金，可以依照国务院的规定设立财政专户”，在赋予财政专户合法性地位的同时，也对财政专户的设立进行了严格限定。各地要继续开展存量财政专户清理工作，严格按照规定时间清理归并或撤户，同时要从严控制新设财政专户，严禁先开设后补报。此外，我省还有1个县（饶平）仍未实现财政专户归口国库部门管理，严重滞后于财政部和省的有关要求，应尽快予以整改。

（四）加强预算执行分析工作

经济新常态下，财政收入增长放缓和支出刚性增长导致财政收支矛盾更加突出，及时、科学地分析预判经济和财政形势对于领导决策具有重要的参考价值。当前我省经济下行压力较大，财政收入平稳健康增长难度加大。对于部分市县财政收入增幅同比回落、非税收入比重过高等问题，各级财政国库部门要高度关注并下大力气改进和加强预算执行分析工作，强化对财政经济形势的分析反映，提高服务领导决策的工作水平。一是夯实执行分析工作基础。在切实保障执行基础信息的准确性、及时性前提下，不断创新分析方式方法，拓宽预算执行监测分析的信息来源和渠道，强化数据挖掘，完善分析结果展示，积极推进预算执行分析信息化工作，包括进一步加强相关系统功能，丰富展示形式，加强宏观经济、涉税信息等外部数据的采集和分析利用等。二是拓展预算执行分析的深度和广度。当前我国经济处于三期叠加阶段，各地财政收入增长态势分化，各地要结合服务领导决策参考和促进财政管理的实际需求，加强对财政收支的前瞻性分析和预测，特别是要加强经济结构变化、重点行业发展对财税收入影响的分析，积极开展专题调研，结合本地区经济发展现状和趋势深入剖析影响财政运行乃至国民经济和社会发展的深层次问题，提出有针对性的政策建议，尤其是对一些经济先行指标持续走弱的情况，如社会用电量、货运量等，也要重点关注并加以分析。同时要善于借鉴宏观经济研究机构的分析成果、分析工具和分析思路，深入剖析财政收入增减变动的深层次原因。三是提高时效性。预算执行分析的生命力在于时效，要发挥参谋助手作用，分析报告的时效性是必然要求，如果时过境迁，分析得再好也起不到决策支撑作用。特别是目前经济形势复杂多变，各级领导对财政收支愈加重视，在一些关键时间节点，要争取做到当天出数据，当天就出一份简要分析报告，满足领导和各有关方面及时了解财政情况的需求。

（五）积极推进权责发生制政府综合财务报告制度改革

党的十八届三中全会提出要“建立权责发生制的政府综合财务报告制度”，新《预算法》也明确要求各级政府财政部门按年度编制以权责发生制为基础的政府综合财务报告。根据《国务院关于批转财政部权责发生制政府综合财务报告制度改革方案的通知》，要力争在2020年前建立权责发生制政府综合财务报告制度。根据相关文件精神，我厅已制定了我省权责发生制政府综合财务报告改革实施方案，并由省政府同意批转印发各市县。各级财政国库部门近期要重点抓好以下工作：一是加强改革工作组织领导。各地要高度重视综合财务报告改革实施工作，按照中央和我省的工作部署，抓紧结合本地实际及时制订具体实施方案。二是继续开展政府综合财务报告试编工作。在财政部出台政府会计基本准则和政府综合财务报告编制办法前，各地要积极参与综合财务报告试编工作，通过试编积累经验，完善机制，储备人才。按照工作部署，2015年我省试编改革范围要扩大到所有地级以上市及50%县（市、区），到2016年实现省、市、县三级财政部门试编工作全覆盖。三是做好正式编制政府综合财务报告的相关准备工作。各地要结合试编工作开展情况和改革方案要求，深入研究部门财务报告编制方法、政府综合财务报告编制工作机制、信息系统建设需求等，认真总结试编工作经验，为下一步推进改革打下基础。

（六）探索按经济分类编制财政总决算和推进部门决算批复公开工作

一是积极推进按经济分类科目编制财政决算工作。新《预算法》明确规定编制决算草案时，一般公共预算支出按其经济性质分类编列到款；《国务院关于深化预算管理制度改革的决定》中也要求按经济分类公开政府预决算和部门预决算。按经济分类科目编制财政决算是当前需要尽快研究落实的一项重点工作，也是一项难点工作，目前还难以真实、准确地获取编制决算所必需的基础数据。各级财政国库部门要本着开拓进取、攻坚克难的态度，及早研究开展按经济分类试编财政决算工作，寻找解决问题的路径和方法。二是加大力度推进部门决算和“三公”经费决算信息的批复及公开工作。各级财政部门要按照新《预算法》中有关部门决算和“三公”经费公开时间和公开要求的规定，加大力度推进本地部门决算批复和公开工作，在将部门决算细化公开到支出功能分类项级科目的基础上，研究按照支出经济分类科目公开部门决算。按照“公开是原则，不公开是例外”的原则，除涉密信息外，所有使用财政资金的部门均应公开本部门预决算，所有财政资金安排的“三公”经费支出都要按要求及时、全面公开。此外，各地也要密切关注公开后的社会舆论，根据舆论反应及时改进工作。

（本文系省财政厅党组成员、副厅长叶梅芬于2015年6月18日在全省财政国库工作会议上的讲话节选）

认清形势　奋发有为　切实推动我省农业综合开发工作再上新台阶

省财政厅党组成员、副厅长　叶梅芬

一、充分肯定我省农业综合开发工作取得的成绩

近年来，我省农业综合开发工作紧紧围绕中央和省有关“三农”工作部署，牢牢把握确保粮食安全、带动农业增效和农民增收这一根本宗旨，充分发挥了财政支农惠农的重要渠道作用，有力促进了我省农业综合生产能力的提高，为加快推进我省农业现代化做出了应有贡献。

（一）坚持不断完善和规范制度体系

得益于严格的资金项目管理制度体系，农业综合开发项目被社会各界公认为是管理比较严格、投入效益比较好的专项支农资金。在多年的管理实践中，农业综合开发注重吸收借鉴先进管理制度和经验，特别是国际上的先进管理机制，建立起了项目建设单位法人制、项目立项专家评审制、项目公示制、项目监理制、工程招投标制和财政资金县级报账制、“三专”

管理制等一系列相对严密规范的农发资金和项目管理制度。除了坚持这些一如既往的好传统，根据新的形势和省级对专项资金规范管理的新要求，这两年我省进一步将一些新的管理标准纳入制度体系，如专项资金管理中实行的“八个公开”。这些都是我们做好农发工作的有力制度保障。

（二）坚持独立客观的项目评审机制

在项目论证过程中，坚持以专家独立、客观的项目评估作为项目立项的基础依据，实现项目评审和资金分配相对分离。这一点在省级层面已经进行了良好的实践，项目的基础审核是以农发评估中心为主，资金的分配是以农发办为主，形成了一个良好的内控机制。

（三）坚持绩效导向的资金分配机制

省财政厅在农发资金分配过程中，逐步建立健全了绩效导向的资金分配机制，最大限度压缩自由裁量权，以奖优罚劣的方式促进各地市改进资金项目管理。农业综合开发管理工作能及时吸纳采用一些好的管理和做法，优化管理机制，在专项资金的绩效管理方面做得较好、较实，应当予以充分肯定。

（四）坚持从严监管的常态化监督检查机制

在检查机制方面，2012 年起省财政厅每年抽取 1 - 2 个地级市，对其 2 年内所有农业综合开发项目组织全面检查，并对日常工作中发现存在问题较大的项目和资金及时组织专项检查，有效地将全面检查和专项检查相结合。2014 年以来，结合阳春市项目中发现的问题，对全省 2009 - 2013 年的项目进行了综合检查，拓宽了监管的覆盖面，加大了检查的深度，在注重全覆盖的同时，特别加强了对部分问题单位和地区进行深度检查，这也是保证我们资金安全、干部安全一个很重要的安排。

（五）坚持多方协作的合力机制

经过多年努力，我省初步形成了“政府主导、上下联动、部门配合、群众参与”的综合开发机制，在资金安排、项目推进等方面都体现出多方协作的优势，特别是充分组织动员项目区群众积极参与到项目建设中来。

我省各级农发机构现有专职人员 220 多人，大部分同志常年奔波在支农第一线，在工作中深入基层、勤勤恳恳、尽心尽力，充分展示了农发干部奋发进取、甘于奉献的精神风貌。我省财政系统有这样一批干实事的干部，是十分难能可贵的。

二、准确把握农业综合开发工作面临的新形势、新要求

（一）准确把握我省农业农村发展形势

省委、省政府在今年 3 月召开了全省农村工作会议，又于 5 月印发了《关于加大改革创新力度，加快农业现代化建设的意见》，对我省农业农村发展的新形势作出了深刻分析，准确判断，也对农业农村发展工作提出了新任务、新要求。

一方面我省农业农村总体上平稳发展，2014 年农林牧渔业产值 5 000 多亿元，增加值 3 000 多亿元，同比分别增长 3%、3.3%。总量不断增加的同时，农业产出结构积极调整，农业科技贡献率达 61.2%。全省家庭农场、农民专业合作社、省级农业龙头企业分别达到 3.75 万家、3.1 万家和 570 家。农民收入持续增加，农民人均可支配收入增长 8.3%，增幅比城镇居民高 1.94 个百分点，城乡居民收入差距缩小到 2.625 : 1。农村公共服务水平进一步提升，农村各项改革进一步深化。

另一方面，我省农业农村发展仍然面临着不少的问题和困难，需要我们清醒认识，认真应对，如基础设施建设仍较为落后，农田有效灌溉面积只有农田总面积的 62%，中低产田面积占 69%，农业科技转化率仅有 45%；又如我省农业增效难度大，农业生产成本仍处于高位，农业比较效益不断下降；农产品加工以小微企业为主，精深加工少，水果、蔬菜加工比例不到 10%；农民增收任务仍然很重，我省农民收入目前全国排名第五，甚至低于其他沿海省份如浙江、江苏、山东、福建，且差距还有扩大的趋势。

对此，省委、省政府明确要求，2015 年及今后一段时期内，全省各级部门要根据中央深化改革精神，结合我省实际，在全省农业农村工作中主动适应经济发展新常态、农业农村发展新形势，按照稳粮增收、提质增效、创新驱动的要求，全面深化农村改革、推动新型工业化、信息化、城镇化与农业现代化同步发展，力争在转变农业发展方式，优化农业产出结构上有新进展，在促进农民持续增收、增进农民福祉上有新提高。对此我们一定要深刻领会，准确把握，主动适应，紧密对接省委省政府的各项要求，将这些要求贯彻到农业综合开发工作的全过程。

（二）清醒认识农发工作面临的问题和困难

我们在肯定自身工作成绩的同时，也要对工作面临的问题和困难有清醒的认识和全面的把握。当前我省农业综合开发工作有几个问题较为突出，需要引起我们特别重视。

1. 农发资金的投入机制有待完善。多年来农发资金始终是中央一块，省里配套一块，市县配套一块，群众自筹一块，但主要还是中央和省级的投入为主，市县配套的这一块占地方配套资金的 20%，相当部分没得到落实，群众投工投劳缺失也比较多。这也导致财政投入占总投资的比重居高不下，影响了农发资金对社会资金投入的引导带动能力。另外，随着生产资料价格、劳工成本的上升，项目现有的建设投入标准仍然相对比较低。我们除了自己要关注这个问题，积极提出解决方案，同时也要做好跟国家农发办的沟通衔接，反映这方面的实际情况。

2. 开发机制有待完善。首先是农业综合开发项目与相关农口部门项目同质化不断加剧，统筹推动所在地方农业发展的特色不突出，产业扶持的针对性、精准性都有待提升。这几年国家加大了对农业农村工作的投入力度，比如说高标准农田建设这一块，以前是由农业综合开发项目负责连片的开发，其他项目作为补充。这几年国家给我省下达了 1 500 多万亩的高标准农田建设任务，由国土部门负责实施，总投入 100 多个亿。在全省开展之后，农发项目原先的一些优势，就显得不够突出，这个对大家的工作会有一些冲击。农业综合开发最根本的优势在于综合，现在随着整合农口资金的投入，这一块也跟农发项目出现了同质化的情况。这些新情况怎么应对，

怎么优化，是当前需要研究的问题。另外突出的就是工程后期管护的问题。这也是我在调研时多次遇到的问题，后期管护大部分没有到位，甚至有项目刚建好没两年就需要大修。这里面存在制度设计的原因，我们做规划项目的时候，还是需要考虑怎么去完善后期的一个管护机制，将其目标、内容、标准、来源都予以明确。

3. 项目建设和资金支出进度有待加快。目前，农发项目进度慢，投入比较慢，资金支出进度上不去，在全省还比较严重。这里面除了项目建设进度本身的问题、项目单位的问题之外，也有一些是因为基层部门人为增设了一些不必要的审批程序。去年"民声热线"节目接访遇到的阳春市项目报账程序问题，就存在这些超出了县级报账制要求的过度审批。这些审批基本上是没有效率的，也起不到应有的监管作用。真正的项目建设情况还是一线工作的同志才充分了解，存在责任机制倒挂。这种过度审批对工作是十分不利的，一定要按规定要求尽快简化。

4. 监管机制有待强化。整个涉农资金，包括农发资金，监管的力度都在不断加大。但是审计也好，财政的监督检查也好，都还是发现有不少问题存在。这里面的原因，一方面是客观来讲，监管模式、监管手段确实比较落后，我们还是存有一个相对封闭的观念、模式，因为原来很不错，对现有监管手段、模式改进较少。另外一方面就是我们自己的队伍在监管方面主动作为不够，被动应付的多，这个要引起我们高度的重视。去年到今年，省财政厅在阳春市的事情之后，进行了全省的摸查。虽然我们认为已经做得很不错了，查出来的问题还是比较出乎意料。出现的问题涉及面比较广，金额比较大，需要全部收回的项目18个，涉及资金3 000多万元，需要部分收回资金的也有3个。在监管上出现问题以后，我们要回过头来反思，监管机制还有哪些不到位的地方，我们的模式、手段、制度设计方面都需要重新解释。还有就是我们自己在工作中是不是去主动谋划了监管问题，特别是谋划地市一级的监管。由于具体做项目的主要是县区或者镇村，地市一级的监管责任应当怎样落实，这是我们今天开会的一个重点内容，也是后续需要重点抓的一项工作。

我们这个队伍虽然优势很大，贡献很多，但是队伍建设的提升也是一个永恒的主题，需要我们关注重视。做工作关键就在于人，财力等物质因素都还是次要的。根据我在推动基层公共服务的相关工作经历，有一些地方尽管很穷，财力不足，甚至不及其他县的三分之一，但是农村的基本公共服务工作抓得很好。有一些村位置偏僻，交通不便，基本的公共服务、村容村貌、生产生活风气等各方面都让人耳目一新，而有一些村尽管条件较好，但是村委会人员素质参差不齐，各项工作的质量不敢恭维。这里面最根本的差别就在于人。我们在工作中，对农发队伍的培训、农发干部的学习，要按照三严三实的有关要求，统一我们的思想和行动，把农发工作做实做好。

三、要奋发有为，推动农发工作上新台阶

（一）明确方向

这个方向就是省委省政府对农业农村发展的部署和要求，就是国家农发办对农发工作的部署和要求，归纳起来就是：面对新形势、新任务和新要求，我省农业综合开发工作要按照中央和省关于稳粮增收、提质增效、创新驱动的总要求，主动适应农业农村发展和财政收支管理的新常态，以推进广东特色现代农业发展为目标，集中力量建设高标准农田，积极扶持新型农业经营主体，发展多种形式的适度规模经营，打造农业优势特色产业带，推进一二三产业融合发展，进一步改革创新、规范管理、提升效益，推动农发工作上新台阶。这个就是我们2015年乃至以后几年，开展农发工作的总体要求和目标。

（二）理清思路

我们在工作中容易就财政论财政，就农综论农综，有时候只顾着埋头拉车，忘了抬头看路。做农发工作，关键就在于理清工作思路。

1. 增强大局意识。农发工作有两个立足点需要明确：第一，农业综合开发工作要以促进农民增收为根本宗旨。我们搞现代农业，城镇化、工业化、信息化与农业现代化同步发展，最终落脚点和根本宗旨就是为农民增加收入、增进福祉，不是为了做项目而做项目，一定要看到工作的根本成效。二是现在搞一二三产业融合也好，扶持龙头企业也好，只要是公共财政投入，受益的必须是农民，也必须让农民共享发展成果。所以我们做农发工作，对此一定要非常清醒。农业的现代化是农业农村发展的根本路径，我省农业综合开发工作应当以农业现代化为指引，通过夯实农业基础设施建设，扶持产业化经营，推广先进适用农业科技等方式，多措并举，充分发挥引领综合优势，以点带面加快现代农业发展，形成现代农业的示范区、先行区，把农发队伍打造成农业现代化的先锋队。我们农业综合开发主要是提升农业综合生产能力，农业综合生产能力就体现在现代化、规模化和集约化，就是为了增加农民收入。一二三产业融合，形成现代产业，就是为了在拉长产业链的过程当中，让农民分享发展成果。在这个农业现代化过程中，农业综合开发要发挥重要作用。

2. 增强创新意识。农发工作发展到现阶段，之前的成绩确实不错，但是躺在功劳簿上停步不前的结果肯定是落后。我们的工作亟须创新，各方面都需要创新。要创新的最主要几点，跟刚才我说的主要几点问题是相联系的。一是投入机制上的创新。这个很多同志都有这方面的思考，部分也已经在试点推进，包括怎样通过农业综合开发资金的引领作用，鼓励带动农民投入；创新先建后补、以奖代补等机制，探索股权基金等方式，协调带动社会资本投入。二是创新项目扶持机制。首先是做好规划引领。做任何工作都是"预则立不预则废"，"预"就是规划，我们的农发工作必须以前瞻性的规划为基础，希望大家充分重视。其次是做好规划的同时，要结合我们现在进行的财政收支管理改革，特别是财政管理体制改革，比如我们的财政中期规划，把这两个结合起来，探讨财政中长期规划在我们农业综合开发规划上的实现形式，争取在三年的财政中期规划上占有一个重要位置，获得足够的投入，并在此基础上形成项目库，这个也是抓资金支出进度的治本之策。这一块农发办和各地市都要开专门的座谈会进行研究，大家要高度重视，畅所欲言，这一块是大势所趋，势在必行。最后就是项目实施当中，要注重先进技术的使用。现在

社会中，互联网的大潮已经席卷各行各业，互联网思维无处不在，如果加上物联网，更是无物不在。在我们农业综合开发项目要与时俱进地发展，就要在发展中纳入对先进技术在农业的应用的扶持，用互联网思维促进农业发展。三是要创新我们的管理手段，尤其是要注重信息化建设，信息平台建设要加强。实际上现在的技术发展已经给我们提供了良好的平台，现在管项目应该是比以前更加容易了，效率更高了。关键是我们要主动去推，主动去用。我们省里的农业综合开发管理方面，信息化建设一定要全力推进，要达到真正监管的目的，除了抽查这样的老办法，还需要借鉴先进技术、经验，用信息化手段来实现实时监管。

3. 增强服务意识。省级农发办、地市农发办一定要寓管理于服务当中。要通过良好的沟通，形成共识，怎么在服务下级、服务基层、服务项目的过程中，把我们的管理理念和要求贯穿其中，是当前非常必要的。就阳春市的案例来说，我看到管理方和被管理方泾渭分明，管理的就认为这不是自己的责任，就是具体做事的责任。但是也不完全如此，在项目实施的过程中，除了存在其他问题之外，管理方面也存在服务、监管不够，对项目在实施过程中出现的问题了解不够，掌握不够，及时的分析、指导、帮助不够等问题，所以才会造成这种最终一发不可收拾的局面，几个月的项目几年都没法完工。下一步，在我们的工作中理清思路，一定要增强服务理念。

4. 增强责任意识。农业综合开发的管理制度对从省到市县的管理部门、项目单位，对项目申报、审核、管理、监督等流程都有一系列的责任和分工，但是这些责任是不是都落实了，是否都履行到位了，是我们在下一步的工作中需要重点关注的。

5. 增强规范意识。在规范意识方面，我们农发部门一直以来做得不错。现在主要是根据省里的一些新的形势，新的要求，特别是根据省委省政府对于专项资金管理的一些要求，优化完善规范管理的制度体系，包括在项目评审、项目全过程监管等方面，都要进一步规范。

（三）细化措施

1. 调整开发体制，发挥综合优势。一是要增强产业扶持的针对性，在做好区域优势特色产业发展规划的基础上，集中力量扶持壮大区域内的优势特色产业，把有限的资金用在刀刃上，在特定的范围内体现农业综合开发的优势和特色，避免“撒胡椒面”。二是完善产业化项目扶持政策，加大产业化项目中的贴息资金比例，将资金补助向贷款贴息项目倾斜，更好地发挥财政资金的引导和杠杆作用，提升贷款贴息项目扶持产业发展的针对性，撬动更多金融资本支持农业产业化发展，真正实现农业综合开发项目资金“四两拨千斤”的作用，同时也适当降低选项门槛，增加扶持项目的个数，增强财政补助资金的普惠性，使更多地区、更多经营主体纳入产业集群发展。三是把支持发展适度规模经营作为当前农业综合开发的重要着力点，把工作方向和中央、财政部的政策导向紧密结合。要认真贯彻财政部关于财政支持适度规模经营的文件要求，支持农民合作社创新、新型农业生产社会化服务体系建设，支持培育新型农业生产经营主体。省财政厅在安排项目资金时将给予这类主体适当的倾斜，发挥农业综合开发自身优势通过灵活的项目扶持增强其带动作用。同时，各地市要深入基层，充分了解本地区新型农业经营主体的现状和需求，在现有扶持模式的基础上积极探索，有好的项目要积极申报，有好的建议、意见，也要积极提出，省级将就推动适度规模经营、支持新型经营主体等事项开展工作交流和专题研究，总结经验，完善政策。

2. 抓好制度建设和制度执行。主要是根据新预算法的要求，结合我们在检查中发现的问题来进一步优化、完善我们的制度建设，强化我们的制度执行。一是要针对农业综合开发现行制度中存在的“碎片化”、“打补丁”和“执行难”等问题，重点研究对不符合实际的制度及时予以修订，对改革创新出现的新问题及时研究办法、加强管理。二是对项目和资金管理中具有关键性影响的制度规定，要坚持不懈地从上到下一丝不苟地加以贯彻执行，切实采取措施，负起责任，避免制度虚置，一定要抓严抓实、抓细抓深。

3. 逐级落实责任，完善监管体系。在今后的项目实施中，省市县三级农发机构要发挥各自优势，落实分别监管的责任体系，实现财政资金使用上的监督覆盖全部项目，包含事前、事中、事后的所有环节。县级要加强对项目实施单位的日常监管。市级农发机构要制订详细的工作计划，发挥就近优势，对本市范围内的项目充分负起监管职责。

4. 抓好支出进度，提升工作绩效。绩效管理是财政管理改革的重要内容，也是提升农业综合开发成效的必然要求。农业综合开发工作一方面要抓项目绩效，把项目做好，按规定按要求，保质保量完成，使之实现预期效果，切实为项目区群众带来效益。另一方面，必须高度重视加快支出进度，提高资金使用效率。报账这一块，要对现有的流程、规定进行梳理，查清哪一块是可以简化的，哪一方面是可以改进的，哪一些是可以主动服务的。在报账问题上，不能消极等待，如果确实存在几年的项目都不来报账，财政部门也有不可推卸的责任。对于报账进度上存在问题的，一定要上门主动了解情况，一定要发书面督办通知，一定要现场到点，切实解决问题，这个也是厘清各个主体责任的必要措施。

5. 加强队伍建设，提升业务素质。一是要把完善农业综合开发组织保障机制作为一项重要工作来抓。各地市要从有利于农业综合开发事业发展的角度出发，尽快理顺农业综合开发管理体制，按照机构编制有关规定，建立健全工作机构，保障工作经费，配备与承担的工作任务相适应的人员。二是要通过各种形式加强省内农发系统干部的学习培训。在省农发办的工作里面，这一块还是要加强，要定期举行培训，尤其是要抓住项目申报、新政策出台等关键节点，加强政策解读、宣传，增加上下联动，必要的情况下要前往兄弟省（市）学习，请专家讲课。三是要加强廉政建设、作风建设，按“八项规定”、“三严三实”的要求，始终绷紧廉政这根弦，确保资金、项目、干部的安全。要在带好队伍方面要下功夫，把它抓好。要注重从源头治腐，加强内控机制建设，梳理业务流程和风险点，采取有效措施堵塞漏洞、防范风险。

（本文系省财政厅党组成员、副厅长叶梅芬2015年9月15日在全省农业综合开发政策申报工作布置会上的讲话节选）

在基层公共服务平台建设试点县工作推进会上的讲话

（节选）

省财政厅党组成员、副厅长 叶梅芬

一、前一阶段工作成效

根据6月19日全省基层工作会议关于“按照政府主导、整合资源、统一建设、规范运转、便民高效的原则，加快基层公共服务平台的建设和整合，努力做到机构人员、场所标识、流程内容、信息系统和经费保障统一，打通公共服务向基层延伸‘最后一公里’”的精神和加强基层治理工作的分工安排，省委、省政府交给省财政厅牵头负责基层公共服务平台建设专项工作。接到任务后，省财政厅高度重视、迅速行动，一是迅速成立专项工作小组，由曾志权厅长担任组长，我任副组长。二是迅速召开全省动员会，对全省推进基层公共服务平台建设进行工作布置。三是迅速制定并印发基层公共服务平台建设工作方案。四是迅速确定江门开平市等8个试点县（市、区）于7月底开始开展为期半年的试点工作，在半个月时间内全部启动试点。五是建立健全联合督导、沟通协商、督查通报、绩效评价、经费保障等工作机制。六是设立省级财政以奖代补资金，10月已向各试点县拨付到位。

从试点县汇报的情况，以及近期省委组织部联合省财政厅调研督导情况看，各试点县及所在市对试点工作高度重视、行动迅速、精心部署，措施有力，成立领导小组、制定实施方案、召开动员会都是全力以赴，使试点工作进展顺利，取得了较为明显的阶段性成效。11月24日，曾志权厅长就基层公共服务平台建设试点工作向省委常委、省委组织部长、省委基层治理领导小组组长李玉妹同志做了专题汇报。李玉妹部长给予了充分肯定，认为4个月时间虽短，但取得的成效快而实，给老百姓提供的便利已初见端倪。从目前了解的情况看，这几个月的试点工作主要体现在：

（一）高度重视，迅速推进

全省动员会后，各试点所在市、县高度重视，迅速建立党委领导、政府主抓、部门各负其责、纪检监察监督检查的领导体制和工作机制，设立日常办事机构，抽调专人专门负责。如梅州蕉岭县、清远阳山县成立了由县委书记亲自任组长的领导小组，其他各试点县也由县长担任领导小组组长。试点所在市加强督促、指导、支持。各试点县迅速召开试点工作启动会议，布置本地区县、镇、村（社区）三级立即开展试点，立足本地实际认真制定实施方案，对省要求的“规定动作”进行具体明确，同时创新“自选动作”，如新兴县明确要打造“全天候”服务平台，打破时间、空间界限，通过手机平台、自助服务终端、网上办事大厅等方式实现全天24小时不间断服务；揭东区明确每镇（街）统一配置便民服务车（皮卡车）1辆，每个村（居）统一配置便民服务车（摩托）1辆，统一喷制“便民”字样；乳源县将公共服务监控系统与县安防监控系统对接，使县镇村（社区）三级监控互联互通，加快政务服务微信办事平台建设和推广步伐。

（二）措施有力，务实推进

各试点县积极采取工作措施，着力推进试点工作。

1. 围绕省工作方案有关“机构人员统一、场所标识统一、流程内容统一、信息系统统一、经费保障统一”“五个统一”要求，大力整合各类资源，建设标准化的基层公共服务平台框架。截至目前，8个试点县93个镇1 442个村（社区）已全部开展基层公共服务平台建设，93个镇级公共服务中心已正式运转；1 442个村（社区）公共服务站也已正式运转，比6月19日全省基层工作会议召开之前增加了529个。8个试点县都做得不错，开平市、新兴县等的试点工作较好，有几个试点县从无到有，短短几个月就建成了县镇村（社区）三级基层公共服务平台。

2. 推进公共服务平台“信息化”，完善网上办事功能。以县级网上办事大厅为基础，结合基层公共服务平台建设要求，搭建了县级网上办事大厅与镇、村（社区）之间的网络，网上办事功能已实现。有些试点县如阳山县将电子商务引进了基层公共服务平台。截至目前，8个试点县的县镇村三级已有4 299项服务事项可通过登录公共服务平台进行网上办事，占县镇村三级5 282项服务事项总数的81%，群众可以足不出村（社区）便可办事。

3. 推进服务事项整合及集中办理。截至目前，8个试点县共梳理县级服务事项3 885项，其中有3 252项已进驻县级实体办事大厅；镇级服务事项575项，全部已进驻镇级实体办事大厅；村（社区）服务事项822项，其中有770项已进驻村（社区）公共服务中心（站）。村级进驻事项比全省基层工作会议召开之前增加了296项，属于生活服务类的有388项，增加了199项。

4. 完善工作机制，落实经费保障。试点县一是建立部门协调机制，与各部门紧密联动，密切协作。二是健全督导机制。如梅州蕉岭县将乡镇（街道）领导干部驻点普遍直接联系群众工作与推进基层公共服务平台建设试点结合起来，驻点干部加强对村（社区）公共服务站的工作督导；江门开平市成立专门督查组，实行“每月一督一通报”，通过开展督查，及时指导解决问题，推进试点。三是完善经费保障机制。各试点县将平台建设经费、运行经费纳入财政预算。如紫金县将全县公共服务中心（站）的建设、运行经费约1 805万元纳入财政安排，其中建设经费约1 200万元（镇级公共服务中心和村级公共服务站，分别给予15万元和1.5万元的财政补贴）；软件设备180万元；每年运行保障经费约425万元。开平市还同步建立起全员直联代办奖补机制，按户籍人口每年5元进行补贴，目前已下拨资金690多万元，扶持村（社区）服务站改造。

（三）立足实际，创新推进

8个试点县积极推进试点工作4个多月来，以简单实用、方便群众为工作重点，公共服务创新呈现新的亮点。各试点县结合本地实际，在做好公共服务工作方面积极开拓创新，主动丰富公共服务内容、创新公共服务手段，创出了工作特点、亮点，其中有些试点县将基层公共服务平台信息网络外延拓宽，如江门开平市改建升级镇政务网站，建立镇村微博、微信公众号，利用这三个平台及时发布权威政务信息、接受群众咨询建议、开展互动交流、提供在线服务；有些试点县丰富了生活服务类事项内容，为群众生活提供极大便利，如清远阳山县依托电子商务平台在阳城镇范村建成了“e＋医疗”、“e＋农村电子商务”等服务平台，村民不仅可通过网络医院与在广州的广东省第二人民医院的专家进行“面对面”问诊，还可以通过淘宝服务站直接网购。这些经验做法将为全省其他县（市、区）推进基层公共服务平台建设发挥示范作用。

这些工作成效的取得，是省委、省政府及省委基层治理领导小组正确领导，省委组织部大力指导支持，相关部门积极协调配合，各试点县全力推动的结果。李玉妹部长对基层公共服务平台建设试点阶段性工作成效的肯定，对我们既是鼓励，更是鞭策，要在前期工作的基础上，继续总结经验，发扬成绩，同时以问题为导向，进一步完善试点，把试点工作推向深入。

二、需要重视和关注的问题

我们看到，试点工作在取得较为明显成效的同时，主客观方面还存在一些亟待解决的突出问题，在试点工作还剩下一个月的时间内，我们要抓紧明确对策，抓紧解决问题，确保试点工作取得圆满成功。

（一）进度不平衡，快慢不一的问题

主要体现在一是各试点县之间的工作进度有快有慢，部分试点县如开平市、阳山县等工作基础较好，试点工作推进速度较快，部分试点县工作进展则相对较慢一些；二是县、镇、村之间进度不一致，县镇两级的公共服务平台建设推进相对较快，村级的则相对较慢，在人员配备、设备配置、平台系统建设等方面与县镇两级存在差距。这主要是试点时间较短、工作难度较大等客观原因造成的。

（二）以村级服务为重点不够突出，上下不协调的问题

主要体现在：一是试点县放在县镇的财力、物力较多，对村（社区）的投入较少，力度相对较弱。县镇两级未做到充分的简政放权，村级能够直接办理的服务事项较少。根据各试点县所上报的工作进展情况以及调研督导的情况，县级一般都整合了四五百项服务事项，村级的服务事项则只有几十项到一百项，而且基本上都是代办事项。二是部门业务平台系统与基层公共服务平台信息系统链接存在困难。各试点县反映，工商、税务、公安、卫生计生、人社等部门的业务系统基本上是由省或地级市的主管部门集中开发，在将县级网上办事大厅与这些部门业务系统进行链接过程中，因技术标准不一致，链接工作难度较大。

（三）民生服务与政务服务不同步，新旧衔接不够的问题

各试点县所整合的服务事项主要是原有的行政审批类服务事项，基层公共服务平台提供的民生生活类服务事项相对较少。根据近期对试点县有关调查情况看，目前试点县已整合部分生产生活类服务事项，但所占比例不高，另外，村（居）务、党务、财务等基础资料还没有纳进基层公共服务平台，群众需要的许多生产生活类服务信息不能从平台上获取如看病就医信息、交通票务信息、基层党员信息等。

（四）标准化和试点县特色化共性与个性的问题

各试点县公共服务事项和系统建设等，要结合当地实际情况做到既结合实际，充分借助地方资源优势建设基层公共服务平台，使本地区基层公共服务平台凸显个性特点，同时又符合省“五个统一”统一标准和要求，形成在全省可推广可复制的经验。

（五）试点期间运行与今后长期运转如何相衔接的问题

要形成长期运转的机制体制，包括场所、人员、设备都要健全正常保障机制，形成常规的工作，形成正常的运转，要使基层公共服务平台成为群众生活的一部分，群众在日常生活当中离不开基层公共服务平台的时候，才能够说明基层公共服务平台建设取得了成功。

三、下一步工作建议

中共中央办公厅、国务院办公厅《关于深入推进农村社区建设试点工作的指导意见》提出“推进农村基层综合性公共服务设施建设，提升农村基层公共服务信息化水平，逐步构建县（市、区）、乡（镇）、村三级联动互补的基本公共服务网络。积极推动基本公共服务项目向农村社区延伸，探索建立公共服务事项全程委托代理机制，促进城乡基本公共服务均等化”。习近平总书记曾在有关讲话中提到“最艰巨最繁重的任务在农村，特别是在贫困地区，这是全面建成小康社会最大的‘短板’”。省委十一届五中全会明确提出，广东要全面率先建成小康社会，大力推进基本公共服务均等化，补好民生“短板”，尽快改变落后问题。各试点县要认真贯彻中央和省的要求，强化民生理念，增强紧迫感和责任感，着力推进基层公共服务平台建设，推动公共服务向农村基层延伸，补好民生“短板”。

（一）以基本公共服务均等化为目标，拓展和完善基层公共服务体系

将基本公共服务延伸到基层，延伸到村（社区），不仅关系到提升党和政府基层治理水平，密切党群政群关系，也关系到推进基本公共服务均等化，为全面建成小康社会补好“短

板”，更是关系到党和政府执政能力提高、执政基础稳固、国家长治久安。各试点县要以基本公共服务均等化为目标，以群众需求为导向，就政务服务、民生服务需求充分征集各级民意，了解群众生产生活最迫切需要的服务，积极主动拓宽公共服务内容，在政务服务外，将更多、更广泛的便民利民服务事项（包括民生服务、公益性服务、市场化服务）及各种村（居）务、党务、财务等基础资料纳进各级公共服务平台，满足群众生产生活需要。

（二）以打通公共服务“最后一公里”便民利民为重点，夯实和健全村级基层公共服务

“千条线万条线到镇、村（社区）就是一条线”，基层公共服务综合平台的建设重点在村（社区），难点在村（社区），薄弱环节也在村（社区）。各试点县要将村（社区）一级的基层公共服务平台建设作为重中之重的工作，一是切实将政务类、民生类服务事项延伸至村（社区）一级；二是将有关部门设在基层的各类服务中心（站）全部整合进基层公共服务中心（站）并按统一名称挂牌，摘下其他服务中心（平台）牌子；三是加强办事场所建设，完善为群众办事的设备设施；四是健全工作人员配备、培训、考核及管理机制，为实现公共服务“最后一公里”提供有力支撑。

（三）以简政放权为抓手，加强和规范公共服务事项

各试点县要按照中央和省有关简政放权的要求，抓住省委、省政府部署推进基层公共服务平台建设契机，大力简政放权，建设服务型政府，梳理编列县镇村（社区）三级公共服务权责项目清单，完善基层公共服务项目体系并动态调整。各试点县要通过当地党委、政府组织协调有关部门，积极主动把可以下放的服务事项下放到村级，真正做到方便群众在家门口办事。譬如按照有关规定，婚姻登记事项必须统一到县级民政部门办理，这不便于群众办事，各试点县应争取下放至镇一级办理。

（四）以提升效率为方向，进一步完善县镇村（社区）基层公共服务平台信息系统并优化相关软硬件设施

各试点县要优化提升县镇村（社区）基层公共服务平台信息系统，完善相关数据库建设，不仅要对政务服务、民生服务提供有效指导，还要实现村（居）务、党务、财务管理一体化、生产生活服务便利化，这是完善基层公共服务体系建设的需要。各试点县要以县级网上办事大厅为基础，进一步协调有关部门，尽快将所有的部门业务信息系统链接至县级网上办事大厅，强化基层公共服务平台网上办事功能，使群众能够足不出户便能办事，办成事。

（五）以持续发展为目标，建立健全基层公共服务平台建设长效工作机制

各试点县一是要强化组织保障，保持组织领导力度，推进工作不能松懈，不能试点一过就冷下来。二是要加强部门协调配合。财政部门要负好牵头责任，发挥牵头作用，向党委、政府及组织部门多请示，并加强部门协作，形成合力。三是建立健全人员和经费保障机制。可聘请大学生“村官”和在村大学生进入村（社区）公共服务中心（站），但聘请大学生“村官”易受政策影响，在村大学生流动性强，难于持续，应从长远考虑，建立健全稳定的人员培养和配备机制，配备的人员要能在较长的一段时间内保持稳定，这样才有利于熟悉业务工作和熟练办理服务事项。同时各试点县要继续落实经费保障，统筹财力加大资金投入。省财政除继续安排省级以奖代补资金予以支持外，将加大一般性转移支付，增强县级自主权，提高县级对基本公共服务的保障水平。四是加大对基层群众的宣传力度，要动员广大群众积极参与、支持基层公共服务平台建设；要集思广益，群策群力，促进基层公共服务平台不断完善；要让群众了解网上办事，熟悉网上办事，习惯网上办事，真正发挥出基层公共服务平台的便民利民作用。五是要强化试点带动，总结梳理试点经验，为全省全面铺开提供可复制、可推广的经验。

（本文系省财政厅党组成员、副厅长叶梅芬2015年12月2日在基层公共服务平台建设试点县工作推进会上的讲话节选）

坚持从严治党　强化责任担当
深入推进全省财政党风廉政建设和反腐败工作

（节选）

省财政厅党组成员、驻厅纪检组长　项天保

一、2014年全省财政党风廉政建设和反腐败工作情况

2014年，全省财政部门统一思想、凝聚共识，扎实推进财政改革发展各项工作，切实加强反腐倡廉建设，坚持不懈改进作风，坚定不移惩治腐败，财政党风廉政建设和反腐败工作取得新进展新成效。

（一）严格落实中央八项规定精神，健全作风建设长效机制

一是注重建立作风建设长效机制。制定《广东省财政厅工作人员廉洁从

政若干规定》，对党员干部的15项行为进行了规范，得到社会关注，收到良好反响；坚决贯彻落实中央八项规定，制定党员领导干部操办婚丧喜庆事宜报告制度和工作人员考勤管理制度，重申节假日期间廉洁自律有关规定，坚持重大节假日前打招呼提醒、发送廉政短信等制度，以“民声热线”、行风评议等为抓手推动“四风”问题整改，促进形成务实实干的良好风气。二是坚决刹住收送“红包”礼金、公款吃喝、奢侈浪费等不正之风。对多名干部收受购物卡等有价证券的问题开展清退和处理，对存在失察、失职行为以及近年收受购物卡的有关人员等进行问责，处分处级干部1人，责令22人作出书面检讨和接受诫勉谈话，6人调离原工作岗位。三是全面推进厉行节约反对浪费的各项财政措施。发挥财政职能作用，出台省直机关和事业单位差旅费、会议费、因公临时出国经费、因公短期出国培训费、外宾接待经费、培训费等管理办法，建立八项规定经费支出统计制度，积极推动公务用车等制度改革，着力构建厉行节约、反对浪费的长效机制。

（二）认真落实“两个责任”，深入推进财政党风廉政建设

一是进一步加强对党风廉政建设工作的统一领导。厅党组专门学习并严格贯彻落实省纪委《关于落实党风廉政建设党委主体责任和纪委监督责任的意见》，明确厅党组书记负总责，党组成员分别承担分管范围的党风廉政建设责任，积极支持驻厅纪检组履行监督职责。二是认真部署推进党风廉政建设各项工作任务。年初召开全省财政系统反腐倡廉建设工作会议，对反腐倡廉工作任务进行部署、提出要求。把省财政厅承担的6项牵头和4项配合工作细化为39项具体工作，分别明确了责任人、牵头及配合处室、单位，层层抓落实。三是建立党风廉政建设责任制考核机制。探索出台了《广东省财政厅党风廉政建设责任制考核暂行办法》，从15个方面量化考核标准，被省纪委《纪检监察信息》和《纪律检查体制改革工作简报》先后刊发；年底严格开展年度考核，对发生收受“红包”、礼金等行为的处室、单位进行一票否决，通过考核抓实抓出效果。

（三）严肃查办违纪违法案件，坚定不移惩治腐败

厅党组高度重视信访举报工作，坚决支持纪检监察机构依法依规办案。坚持抓早抓小，严肃查处财政干部违反廉政准则和纪律规定的行为。2014年全省财政系统收到群众信访举报92件，立案9件，党纪政纪处分11人；其中驻厅纪检组收到群众信访举报60件（含重复件3件），按照“属地管理、分级负责，谁主管、谁负责”的原则分类转办处理50件，对10件开展了初步核查，了结8件，立案2件，已结案2件，做到件件有着落。配合省纪委查办原副厅长林楚欣案。对审计调研组和巡视组反映的有关情况开展核查，督促立行立改，制定整改措施，并及时将整改情况报告省纪委和巡视组。正确把握政策和策略，保障党员正当权利，为一些干部澄清了问题。结合原副厅长危金峰案、会计服务大厅原工作人员陈炳坤案，开展以案治本加强廉政风险防控活动，以案施教，建章立制，堵塞漏洞，推动惩治成果向治本成果转化。

（四）强化教育监督，促进财政权力规范运行

一是突出加强廉洁从政教育。开展厅纪律教育学习月活动，举办处以上及重点岗位干部党纪政纪法纪教育培训班，厅党组书记、厅长曾志权给全厅党员干部作题为《加强廉政建设守住纪律红线》的党课，强化党员干部的纪律意识。组织科级及以下党员干部250多人分三批到省反腐倡廉教育基地接受教育，分别召开支部书记、副处级干部、科级干部纪律教育座谈会，现场问卷调查了解有关制度规定、教育学习落实情况。组织开展廉洁读书月活动，对47名新提任及新招录公务员进行廉政谈话，做到教育在先、预警在先、设防在先。二是强化对党员领导干部的监督。严格落实领导干部个人重大事项报告、离任审计、任前考察谈话、诫勉谈话、“三会一课”、因公（私）出国境管理等监督制度。2014年组织全厅干部重新报告个人重大事项并对干部人事档案进行审核；交流轮岗23名处级干部和18名科级干部，对11名轮岗的处级领导干部开展离任审计，并对配偶已移居国境外或无配偶、子女均已移居国境外的3名工作人员，按规定调整工作岗位或办理提前退休手续。三是认真落实省委巡视组反馈问题的整改工作。把省委巡视组反馈的七个方面的整改意见，梳理分解为65项整改措施，每项整改工作由厅领导挂帅，明确牵头和责任处室、责任人以及整改时限。目前除25项为长期性整改工作外，其余已整改完毕，有力促进反腐倡廉建设和作风建设。

（五）推进惩防体系建设，筑牢财政源头治腐防线

一是认真部署推进源头治腐和惩防体系建设工作任务。召开惩治和预防腐败工作分工会议，将8项牵头、2项负责和8项配合任务分解到21个处室、单位，形成厅长负总责、各厅党组成员身体力行抓好分管领域、任务到处室、责任到个人的工作局面。二是促进财政内控体系建设。制定《广东省财政厅财政专项资金内部控制管理暂行规定》，强化对资金使用管理情况的监督，着力构建财政内部控制框架体系。以新《预算法》实施为契机，梳理评估财政业务及管理中的内外部风险，结合财政管理信息化建设，制订、完善相关制度、流程和方法，严格落实AB角制度，并加强对《广东省财政厅指标管理和资金支付稽核工作规程》执行情况的监督。三是规范和完善专项资金管理。启用省级专项资金管理平台，将282项专项资金纳入省网上办事大厅专项资金管理平台实行统一管理。制订目录管理、联席审批等8个配套管理办法，重新修订各项资金的具体管理办法；探索推进专项资金管理全过程的实时在线联网监督。四是进一步加强财政监督。开展贯彻执行中央八项规定严肃财经纪律和“小金库”专项治理行动，组织对全省4.2万个党政机关、事业单位和社会团体开展了专项检查，查处违规资金2.8亿元，小金库404个；对省级财政专项资金、一般性转移支付资金、十件民生实事资金及救灾资金开展重点检查，其中检查专项资金8项共25.7亿元，抽查8个县市一般性转移支付资金，检查救灾资金27亿元，督促严肃整改存在问题，有效确保重要财政政策和改革举措落实到位。

（六）积极推动“三转”，加强财政纪检监察队伍建设

一是转作风形成工作合力。巩固

党的群众路线教育实践活动成果，按照“三严三实”要求认真开展批评和自我批评；坚持民主集中制原则，我本人作为纪检组长，经常与纪检组监察室讨论分析工作，充分发扬民主和创造性精神，理清正确的工作方向和思路，形成推进工作的合力。二是转职能认真履行职责。明确新形势下纪检监察干部的职责任务，认真履行监督检查和执纪问责职责，做到不越位、不缺位、不错位；深入市、县财政系统进行调查研究，加强对全省财政系统党风廉政建设的指导。三是转方式加强自身建设。完善驻厅纪检组监察室集体学习制度，平均每周组织一次集体学习；2014 年组织参加中央纪委、财政部、省纪委举办的纪检监察业务培训 50 多人次；强化监督制约，自觉践行广东省纪检监察干部行为规范，切实提高纪检监察干部的综合素质和业务能力。

省委常委、省纪委书记黄先耀同志在省纪委十一届四次全会上深刻指出：在党风廉政建设和反腐败斗争逐步迈入新常态的情况下，我省反腐败斗争形势依然严峻复杂，有的问题还比较突出。结合全省财政系统反腐倡廉工作实际来看，在一些地方和单位还存在着一些突出问题，如党风廉政建设主体责任和监督责任落实还不到位；财政权力运行的监督制约机制还不健全；一些党员干部的守纪律讲规矩意识还有待提高；个别党员干部高压态势下仍然不收敛、不收手，依然故我甚至变本加厉；有的作风问题仍然“树倒根存”，顶风违纪行为时有发生；财政纪检监察机构职能作用发挥还不够充分；查办案件能力还需进一步提高等。对此，我们必须引起高度重视，在以后的工作中研究解决。

二、2015 年全省财政党风廉政建设和反腐败工作的主要任务

2015 年全省财政党风廉政建设和反腐败工作总体要求是：深入贯彻党的十八大和十八届三中、四中全会精神，认真学习贯彻习近平总书记系列重要讲话精神，贯彻落实省委十一届四次全会精神，按照省纪委十一届四次全会和全国财政反腐倡廉建设工作会议的部署，落实从严治党、依法理财要求，严明政治纪律和政治规矩，加强纪律建设，全面落实党风廉政建设主体责任和监督责任，强化监督执纪问责，系统推进财政惩防体系建设和廉政风险防控管理，规范财政权力运行，坚定不移地把我省财政党风廉政建设和反腐败斗争引向深入。重点抓好六个方面的工作：

（一）加强党的纪律建设，严明政治纪律和政治规矩

依法治国、依规治党，必然要求党员特别是党员领导干部切实履行党员义务，自觉遵守党的纪律，模范遵守国家法律，严明政治纪律和政治规矩。一是全省财政部门要强化对党员领导干部的日常监督，营造守纪律、讲规矩的氛围。要把纪律建设作为治本之策，牢固树立纪律和规矩意识，增强组织纪律性；加强对党的纪律执行情况的监督检查，对财政部门各级党组织领导班子及成员落实主体责任、执行党风廉政建设责任制和遵守廉政规定情况进行监督；认真执行个人重大事项报告、离任审计等党内监督制度，加强对干部选拔任用的监督，严格执行一票否决制。二是党员领导干部必须带头严守政治规矩，确保令行禁止、政令畅通。必须维护党中央权威，绝不允许背离党中央要求另搞一套；必须维护党的团结，绝不允许在党内培植私人势力；必须遵循组织程序，绝不允许擅作主张、我行我素；必须服从组织决定，绝不允许搞非组织活动；必须管好亲属和身边工作人员，绝不允许他们擅权干政、谋取私利。三是财政干部要切实增强依法行政依法理财的责任感使命感，扎实推进法治财政建设。以实施新预算法为突破口，完善财政法规制度，规范财政重大事项决策、财政行政行为，梳理财政职权清单，深入推进财政行政审批制度改革；做好新《预算法》、《行政诉讼法》等与财政关系密切的法律法规的宣传培训，抓好财政普法宣传，促进财政干部懂法守法。

（二）推动落实主体责任，强化责任追究

党风廉政建设的主体责任，是党章规定的政治责任，全省各级财政部门的党委（党组）要切实担负起这份沉甸甸的责任，确保责任落实到位。一是要全面贯彻我省关于落实党风廉政建设党委主体责任和纪委监督责任的意见。党委（党组）主要负责人要对党风廉政建设重要工作亲自部署、重大问题亲自过问、重要环节亲自协调、重要案件亲自督办，使主体责任落地生根。坚持约谈制度，（党委）党组成员每年至少 2 次约谈分管处室、单位主要负责人，听取党风廉政建设工作情况汇报，督促落实反腐倡廉工作任务。二是实行党风廉政建设主体责任检查考核制度。认真执行《广东省财政厅党风廉政建设责任制考核暂行办法》，将落实主体责任作为处室、单位年度述职述廉的一项重要内容，提升党员领导干部的主体责任意识。三是对落实主体责任不力的坚决问责。研究制定落实主体责任不力的问责制度，进一步明确责任追究的对象、情形和程序，做到有责必问、追责有据。对分管处室、单位党风廉政出现问题的，分管领导要做出说明并进行自我批评；分管处室、单位发生违反中央八项规定问题或违纪违法案件的，分管领导要承担相应的领导责任。对未能履行好党风廉政建设主体责任，致使本处室、单位出现廉政问题或违法违纪案件的主要负责人，要视情况进行约谈、诫勉谈话，情节严重的要给予通报批评、纪律处分和相应的组织处理。四是研究探索党风廉政建设的抓手问题。进一步发挥机关纪委委员的作用，强调机关纪委委员是职务、是责任，不是荣誉，要切实履职尽责；改进党风廉政工作联络员制度，研究建立激励和约束机制，使廉政联络员切实发挥协助处室、单位领导班子落实主体责任的作用。

（三）驰而不息纠正“四风”，推进作风建设常态化长效化

作风建设永远在路上，要紧紧扭住作风建设不放松，对十八大后“四风”问题突出、仍然顶风违纪的行为要坚决进行查处，拓宽作风问题监督渠道，推动建立健全作风建设长效机制。一是要紧盯“四风”的新形式、新动向，深入贯彻落实中央八项规定精神。警惕穿上“隐身衣”的享乐主义、奢靡之风，继续重点整治收送“红包”礼金，公款吃喝、旅游、送礼，违规打高尔夫球以及乱作为、慢作为、不作为等问题，推动建立健全作风建设长效机制。二是要坚持换位思考，切实增强服务意识，改进服务作风，创新服务机制，提高服务效能，树立财政部门的服务型机关新形象。三是发挥财政职能作用，建立健全厉

行节约、倡俭治奢的长效机制。完善制度措施，严格执行厉行节约反对铺张浪费条例及各项经费管理规定，进一步健全公务支出制度体系和内控管理机制，加强经费节约的统计和考核，强化预算约束力，强化监督检查和绩效评价的结果应用。

（四）坚持依纪依法查办案件，保持惩治腐败的高压态势

紧紧围绕遏制腐败蔓延势头目标，坚决查处严重违反党的政治纪律、组织纪律、财经纪律和保密纪律的行为。一是加大信访举报办理力度。进一步发挥信访举报的案件线索主渠道作用，强化问题线索管理，按照拟立案、初核、谈话函询、暂存、了结五类标准分类处置，定期清理、规范管理。进一步提高办案质量和效率，切实做到实名举报100%核查，对财政腐败问题，坚决查处，绝不姑息。二是坚持依纪依法安全文明办案。全省各级财政纪检监察部门必须严格遵守办案纪律，严格执行初核、立案请示报批制度，推进办案工作点和谈话点建设，规范涉案资料和款物管理，绝不允许泄露秘密、以案谋私。三是实行“一案双查”制度。对发生违纪违法案件，出现违反党纪政纪或中央八项规定精神问题的单位，不但要追究当事人责任，还要对领导班子落实主体责任不力追究领导责任，查处一个，警醒一片。四是坚持抓早抓小。对苗头性、倾向性问题，及时采取约谈、函询、诫勉谈话等方式提醒，防止小问题酿成大错误。严格区分为公与为私、工作失误与违纪违法的政策界限，依纪依法查处诬告者。深入剖析典型腐败案例，查找漏洞，规范管理。

（五）建立健全财政惩治和预防腐败体系建设，规范财政权力运行

系统推进财政惩防体系建设。一是继续推动和深化预决算公开、国库集中支付、规范转移支付等源头治腐财政改革。按照新预算法关于预算公开的内容和时限要求，全面推进预算信息公开。推进专项资金项目库管理改革，梳理专项资金管理流程，年底建成省级专项资金实时在线联网监督系统。二是继续加强财政监督检查，严肃财经纪律，保证重大财税政策落实和财政资金安全。健全完善财政资金内部循环监督、垂直跟踪监督、省级财政专项资金监督和重大公共项目全过程监督等工作系统，梳理完善财政办事流程，堵塞漏洞，防范风险。对新预算法规定需要承担法律责任的四类17种违法行为以及影响当前财经秩序的突出问题进行重点监督和查处。三是推动建设并不断完善财政内控机制。将廉政风险防控的要求嵌入内部控制和信息化建设之中，按照分事行权、分岗设权、分级授权的要求，找准业务和管理中存在的主要问题，抓住定岗定责、流程控制、细化风险、控制节点、加强监督、强化问责这六个关键，建立起事前防范、事中控制、事后监督和纠正的内部控制制度。四是加强反腐倡廉教育。组织党员干部认真学习《习近平关于党风廉政建设和反腐败斗争论述摘编》，继续办好纪律教育学习月活动和党纪政纪法纪教育培训班，深入开展以案治本加强廉政风险防控活动，积极创新廉政教育的载体和形式，使廉政教育入脑入心，营造风清气正、干事创业的财政良好氛围。

（六）深化“三转”要求，加强财政纪检监察干部队伍建设

权力就是责任，责任就要担当。全省财政纪检监察干部要牢固树立忠诚于党、忠诚于纪检监察事业的政治信念，做到对党忠诚、自身干净、敢于担当、敢于监督、敢于负责，履行好党章赋予的职责。要按照转职能、转方式、转作风的要求，研究制定财政纪检监察机构落实监督责任的制度办法，明确监督责任的内容、方式方法和工作重点等，切实加强监督执纪问责。围绕如何落实党风廉政建设监督责任，举办全省财政系统纪检监察干部培训班，进一步提升纪检监察干部履职能力。要改进工作方式方法，创新监督方法，改进廉政短信发送办法，及时了解各处室、单位的动态情况，督促各处室、单位加强反腐倡廉建设，切实提升履职效果。要进一步加强作风建设，带头严守党纪国法、带头落实八项规定精神、带头接受党和人民的监督，切实养成严、细、深、实的工作作风，用铁的纪律打造一支忠诚、干净、担当的财政纪检监察干部队伍。

（本文系省财政厅党组成员、驻厅纪检组长项天保2015年2月5日在全省财政反腐倡廉建设工作会议上的工作报告节选）

适应新常态　把握新机遇
在新的起点上不断推动行业实现新跨越

（节选）

省财政厅党组成员、总会计师　钟　炜

自行业第五次会员代表大会以来，我省注册会计师及行业全体从业人员坚持以维护社会公众利益为宗旨，以服务国家建设为主题，以诚信建设为主线，开拓创新，奋发进取，行业综合实力大幅提升，多元化、规模化、区域化、国际化发展取得新突破，服务经济和社会发展的能力不断提高，为提高我省经济信息质量、扩大对外开放、维护市场经济秩序、促进社会公平正义等方面发挥了重要作用，做出了积极贡献。目前，全省有事务所819家、注册会计师8 817人，2014年全省事务所实现业务收入61.11亿元，分列全国各省、直辖市第1位、2位、

等3位。2014年，全省收入超过1亿元以上的事务所（含分所）共14家，4家本土事务所进入2014年度全国综合评价百强。所有这些成绩的取得，是财政部、中注协和我省各级党委政府大力支持行业发展的结果，是各级注协共同努力的结果，是我们在座的各位会员和全省注册会计师行业全体同仁共同努力的结果。同时我们也应看到，与我省经济发展的需要相比，行业人才队伍还需进一步加强，行业市场环境仍需更大改善，行业发展的体制机制创新有待继续深化等。我们要采取有针对性的措施加以改进，促进注册会计师行业又好又快发展。

一、认清形势，把握机遇，不断增强注册会计师在全面深化改革和新常态下服务改革大局的使命感

党的十八届三中、四中全会分别作出了全面深化改革和全面推进依法治国的重大战略部署，着力推进国家治理体系和能力现代化。去年底，中央经济工作会议指出，我国经济发展步入新常态。认识新常态，适应新常态，引领新常态，是当前和今后一个时期我国经济发展的大逻辑，全面深化改革是各级政府、各个部门、各行各业肩负的重要任务。我们要充分认识全面深化改革和经济发展新常态所带来的新变化、新要求，特别是给注册会计师行业带来的新的历史机遇，进一步增强行业工作的自觉性、针对性和科学性。全面深化改革和新常态对我们行业的影响是积极深远的，我认为，主要体现在以下三方面：

一是注册会计师行业地位作用更加重要。党的十八届三中全会明确提出，经济体制改革是全面深化改革的重点，全面深化经济体制改革必须发挥市场配置资源的决定性作用。越是要充分发挥市场作用，市场对可靠经济信息的需求就越大，经济运行对注册会计师行业的依赖程度就越高，注册会计师行业的地位作用就越重要。如果经济运行过程中的会计信息不真实、不可靠，就无法维护正常经济秩序和实现经济平稳运行，也谈不上引导市场资源的合理配置。

二是注册会计师行业服务市场更加广阔。资本市场的股票发行注册制改革、国企改革和混合所有制的推行，将对会计审计和相关专业咨询服务产生大量需求；商事登记制度改革虽然取消了注册资本金验证审核，在一定程度上或一定时期内会减少注册会计师传统的法定业务，但市场准入的放宽，必将大大激活市场新登记主体的迅速增多，也将为行业创造巨大的潜在市场；转变政府职能，加大社会组织承接政府购买服务的力度等，将为行业扩展专业服务功能和服务领域提供新的空间。

三是注册会计师行业发展环境更加优化。在全面推进依法治国的新形势下，市场主体将更加守法，企业的经营活动将更加规范，行业反不正当低价竞争的底气更足。此外，各级政府职能转变、一大批行政审批下放或取消，也有助于打破行业执业的各种壁垒，形成公平竞争的环境，促进会计师事务所的多元化发展。

全面深化改革和新常态为行业发展提供了新的机遇和更大的发展空间，全省注册会计师行业一定要增强使命感和机遇感，以服务国家建设为己任，牢牢把握行业发展的正确方向，抢抓机遇，从内部治理、质量控制、人才建设、品牌建设等方面入手，着力提升服务能力，发挥专业特长，在服务广东经济转型、政府职能转变和国家发展全局中率先发展、加快发展。

二、凝聚共识，共同努力，大力提升注册会计师行业在国家经济监督体系中的重要地位

以习近平同志为总书记的党中央提出了全面建成小康社会、全面深化改革、全面依法治国、全面从严治党的战略布局，对改进和完善国家经济监督体系、促进国家治理体系和治理能力现代化提出更高要求。注册会计师审计连同政府审计、单位内部审计构成社会监督体系的“三驾马车”，这就要求注册会计师审计的参与、配合、保障，发挥不可或缺的重要作用。全面深化改革，实现国家治理体系和治理能力现代化，为注册会计师行业获得了时代赋予的政治、政策和市场机遇。新形势、新任务下，如何进一步发挥注册会计师行业在国家经济体系中的监督地位和作用，我提三个“着力”：

第一，要着力加大和完善注册会计师专业服务的政策支持。要在完善各类企业注册会计师审计制度的同时，大力推进公共部门注册会计师审计制度建设；要密切关注中央在部分地区试行医院、高校、基金会、行政事业单位注册会计师审计制度的做法和经验。要探讨研究制定我省政府购买注册会计师专业服务的制度规定，促进政府购买注册会计师专业服务规范发展。要推动废除入围评审等人为设置关卡的各种灰色“围栏”，促进事务所公平有序竞争。对确需提高承接业务的标准条件的，应实行事务所自行公示或公告制度，接受委托部门和全社会的监督。要依法支持事务所以工时为基础合理定价、合理取酬，率先营造尊重专业服务的良好氛围。财政部门作为注册会计师行业的主管部门，理当为行业改革与发展竭尽全力，与注册会计师行业联系紧密的相关部门，也应当配合财政部门做好工作。

第二，要着力强化注册会计师行业自身建设。注册会计师行业要在国家经济监督体系中赢得更大舞台、发挥更大作用、实现更大作为，归根结底自己要有作为。应当做到：品行要过得硬，要坚守底线，不碰红线；人才要跟得上，要紧密适应新机遇、新业务的要求切实提高专业胜任能力，否则再多再好的市场机会也于己无缘；质量要靠得住，要经得起法律、历史和公众的检验，不为三斗米折腰，不为可持续发展埋隐患；品牌要叫得响，要有创立百年老店的胆识和志气，不搞拼凑捆绑，防止昙花一现；定位要抓得准，不盲目，不贪大，突出特色，久久为功；团结要用真心，要抱团取暖、相互扶持、互利双赢，不要同行相轻、恶性竞争、损人害己。同时，注册会计师协会是会员之家，应一如既往回应会员正当诉求，维护会员合法权益，支持会员提升能力。要进一步增强权威性和公认度，不断完善行业排名综合评价指标体系，为市场主体自主选择事务所提供科学指引。要发挥好服务政府监管部门的参谋助手作用和服务会员的桥梁纽带作用，促进中国注册会计师行业继续走在新社会组织的前列。

第三，要着力营造注册会计师行业良好的执业氛围。作为不拿国家工资的经济警察，注册会计师正在守护千家万户的投资理财和经济利益，全社会都应尊重、理解、支持注册会计师行业发展。各级协会要树立宣传意识，通过网站、新闻媒体、论坛等各种方式，对注册会计师专业服务能力、承担责任、取得成绩等进行宣传，使

全社会清醒地认识到，注册会计师行业发展好，众皆受益；反之，众皆受损。支持注册会计师依法独立履行审计监督职责，支持注册会计师审计在国家经济监督体系中奋发有为，应当成为全社会的理性思维、广泛共识和自觉行动。

三、优化结构，转型升级，进一步提升注册会计师行业专业服务能力

去年以来，为推进全面深化改革，国家陆续实施了新预算法、加强地方政府债务管理、扩大"营改增"试点、建立权责发生制政府综合财务报告制度等改革措施，为经济转型升级和提质增效服务。全面深化改革各项措施的推进，在提升注册会计师行业服务市场空间的同时，也迫切要求注册会计师行业进一步优化行业人才结构、业务结构、规模结构，提高对新领域执行审计业务、管理咨询等高端业务、运用信息化手段审计等专业服务的能力和水平，更好地服务于我国经济转型和提质增效。当然，在加强各项业务能力的同时，还要持之以恒地将诚信建设作为行业的生命线，将"诚信为本，操守为重"的职业理念转化为我们每一位从业人员、每一家事务所的自觉实践。

一是主动适应市场变化加快转型升级。注册会计师行业面临国家重大改革、企业混合所有制发展、服务收费放开等新形势，机遇和挑战并存，要及时研究政策及市场变化，克服传统业务减少带来的冲击，根据市场需求及时调整业务结构，实现转型升级。

二是找准市场定位大力拓展业务领域。随着市场发展的不断深入，行业在政府购买服务、财税体制改革、地方债务管控、混合所有制经济发展、内部控制建设等领域大有作为，广大会计师事务所要有敏锐的眼光和足够的专业能力找到适宜自身发展的方向。特别是随着国家"一路一带"战略的深入开展、我省越来越多的企业"走出去"，以及证券市场方面深港通开闸、主板和新三板交易市场的日趋活跃、粤港澳自贸区建设的加快实施等，都会给我们的事务所增加更多的服务需求，希望大家把握住改革的大势、发展的大势和开放的大势，积极主动拓展业务服务领域。

三是加强人才建设，提高专业服务能力。人才是事务所发展的保障。要通过良好的机制和事务所文化吸引人才、使用人才、留住人才，充分发挥人才的效用。要创新人才培养体系，加快业务型、管理型、领军型等复合人才的培养，提升业务素质和专业胜任能力，打造专业服务品牌。要加强对注册会计师专业服务价值的功能、专业能力与服务价值的宣传力度，深化各部门和全社会对专业服务的认识，扩大行业社会影响力。

四、巩固成绩，夯实基础，在新起点上深化我省注册会计师行业党的建设

2009 年底，在中注协行业党委的指导支持和省财政厅党组的直接领导下，省"两新"组织党工委批准成立广东省注册会计师协会党委，各地级以上市迅速成立行业党组织，探索建立了"条块结合，以条为主"的行业党建工作管理体制，推动实现了党的组织和工作在行业的全覆盖。全省行业党组织坚持每年一个主题，先后开展体制、机制、制度、网络、诚信文化、人才队伍等建设主题年活动，取得了积极成效，促进了行业党建与业务有机结合、共同发展。前不久，为贯彻落实中央和习近平总书记关于党的建设的系列文件和重要讲话精神，进一步加强新形势下我省注册会计师行业党的建设工作，省注协党委制定印发了《广东省注册会计师行业新时期党建工作指导意见》，全面剖析了当前我省行业党建面临的形势和任务，明确提出了今后一段时期我省行业党建工作的指导思想、基本原则和"六方面"的主要目标以及 23 项具体工作措施。全省行业一定要认真学习、狠抓落实，努力提升我省行业党建工作科学化水平，努力实现我省行业党建工作新跨越。

最近，中央和省委相继部署开展了"三严三实"专题教育。"三严三实"是党的群众路线教育实践活动的延展深化，是持续推进党的思想政治建设和作风建设的重要举措，是严肃党内政治生活、严明党的政治纪律和政治规矩的重要抓手。各级财政部门、注协党员领导干部、事务所全体党员一定要深刻认识开展"三严三实"专题教育的重大意义，全面把握"三严三实"科学内涵、充分认识"不严不实"的表现与危害，把思想和行动统一到中央和财政部党组的部署和要求上来，践行"三严三实"，做忠诚干净担当的好干部，切实把专题教育成果转化为推动当前行业改革发展的实实在在举措。一是要把开展"三严三实"专题教育与学习老一辈革命家的崇高精神风范和优秀党员先进事迹结合起来，在以知促行、知行合一上见实效。二是把"三严三实"专题教育与延展深化党的群众路线教育实践活动成果相结合，在转变作风、做好服务上见实效。三是把"三严三实"专题教育与加强省市注协内控制度机制建设结合起来，在守纪律讲规矩上见实效。四是要把"三严三实"专题教育同做好我省当前行业改革发展各项工作结合起来，在真抓实干、推动行业改革发展上见实效。

社会组织党建工作是党的建设伟大工程的重要组成部分，注册会计师行业作为社会组织党建的先行者，承担着探索社会组织从严治党新路的责任。习近平总书记多次强调，要从巩固党的执政基础的高度出发，坚持问题导向，进一步加强基层党组织建设，为改革发展稳定提供有力保障。抓好社会组织党建工作，是巩固党的执政基础、规范和引导新社会组织健康发展的政治保证。在新的起点上，落实从严治党部署、保证行业更好地服务全面深化改革大局、巩固行业教育实践活动成果、解决行业党建工作存在的问题，迫切需要我们以夯实基层基础为重点深化行业党的建设，不断开辟行业党建工作新局面。全省行业要巩固科学发展观学习实践和创先争优活动成果，着眼于党员素质的提升，着眼于基层组织基础的夯实，着眼于党的宗旨的践行，着眼于党建典型的选树，将活动成果化为行业科学发展的具体成效。要巩固开展党的群众路线教育实践活动成果，紧密结合行业实际，继续创新服务手段，改进服务质量，加强作风建设。要始终坚持党建服务中心工作的原则，把党建工作放到服务行业发展的大局中去谋划、去推进，把行业发展的难点作为党建工作的重点，使党建工作渗透、融合到行业发展的各个层面，成为助推改革发展的强大动力。

（本文系省财政厅党组成员、总会计师钟炜 2015 年 6 月 18 日在广东省注册会计师协会第六次会员代表大会上的致辞节选）

在省以下法院、检察院财务统管工作推进会暨业务培训班上的讲话

（节选）

省财政厅党组成员、总会计师 钟 炜

一、高度重视、凝聚共识，深刻领会推进两院财物统管工作的重要意义

司法体制改革是党的十八届三中、四中全会部署的一项重要改革任务，是我国政治和社会体制改革的重要组成部分。2014 年，中央审议通过了《中共中央关于全面推进依法治国若干重大问题的决定》，对全国司法改革工作作出部署，并确定了包括广东省在内的 7 个省市为全国司法体制改革首批试点省市。作为全国首批司法改革试点省份之一，广东一直扮演着“改革先行者”的角色，为全面推进司法改革积累经验、探索路径。司法体制改革涉及面广、政策性强，推动省以下地方法院检察院人财物统一管理，是司法体制改革的基础性、制度性措施，对建立完善省以下法院、检察院经费保障长效机制，实行经费保障去地方化，确保司法机关依法独立公正行使审判权、检察权，解决影响和制约司法公正、司法独立的体制性、机制性、保障性障碍具有重大现实意义。

省委、省政府高度重视我省司法体制改革工作，省委主要领导多次作出重要批示，为我省司法体制改革指明了方向。省委政法委牵头负责我省司法体制改革工作，多次召集各有关职能部门进行专题研究和调研，对我省试点工作进行具体指导和布置，对试点工作情况进行全面系统总结分析。省以下两院财物统管工作，由省财政厅会同省法院、省检察院具体负责。参加这次会议和培训班的有市县两院分管财务的领导同志和财务人员，还有市县财政局的有关领导和同志，很多都是司法和财政战线上经验丰富的精兵强将，政治素养高、业务能力强。在近一年的时间里，大家作为推动我省司法体制改革及财物统管改革的中坚力量，以敢为人先、锐意进取的精神和不畏艰难、勇于担当的使命感责任感，勤奋工作、真抓实干，做了大量卓有成效的基础性工作，对此，我向大家表示深深的敬意。希望大家继续在思想上行动上和省委省政府保持一致，深刻领会推进我省司法体制改革的重要意义，认真贯彻落实省委主要领导关于推进我省司法体制改革，特别是做好省以下法院、检察院财务统管改革工作的一系列重要指示精神，作改革坚定的实践者、有力的推动者。

二、统筹兼顾、理清思路，正确认识和处理好财物统管改革中的四大关系

（一）正确认识和处理好我省试点和全国改革的关系

我省作为全国首批司法体制改革试点省份之一，财物统管改革既要按照中央的统一部署和要求稳步推进，也要结合我省司法体制机制、各地区差异、法检系统实际等具体情况，科学合理、因地制宜地做好我省财物统管改革工作。同时，还要系统总结我省财物统管改革好的经验和做法，为全国司法体制改革特别是财物统管改革提供一些可复制、可推广的好方法。为此，省财政厅会同省法院、省检察院在深入领会中央精神的提前下，联系实际、勇于先行先试，做了以下前期工作：一是全面摸底，于 2014 年初组织开展了省以下法检两院经费保障情况的全面摸底工作。二是制定方案，在掌握有关情况的基础上，2014 年 8 月，研究制定了《广东省省以下法院、检察院财物统一管理试点方案》并经省政府常务会议审议通过；今年，根据中央和我省司法体制改革新精神，又对《广东省省以下法院、检察院财物统一管理改革试点方案》进行了修订。三是周密测算，按照试点方案确定的基数划转和保障原则，全面测算了各市县上划基数和统管后经费保障需求。四是完善制度，制定《广东省省以下法院、检察院财物统一管理暂行办法》、《省以下法院、检察院财物实施省级统管操作规程》，为省以下两院依法履行职能提供了制度保障和工作规范。各级要深刻认识和准确把握我省改革试点在全国改革中的重要地位和作用，积极探索创新，扎实推进各项工作，为全国改革推进提供可复制、可推广的经验。

（二）正确认识和处理好当前任务和长远目标的关系

习近平总书记指出，深化司法体制改革，建设公正高效权威的社会主义司法制度，是推进国家治理体系和治理能力现代化的重要举措，公正司法事关人民切身利益，事关社会公平正义，事关全面推进依法治国。一方面，作为我省司法体制改革的一个部分，省以下法院、检察院财物统管改革目前正处于由试点逐步过渡到全面铺开的关键时间节点，眼下改革任务非常繁重、千头万绪，完成当前任务迫在眉睫。另一方面，要始终坚持实现建立人民认可的、公正司法体系的长远目标，把实现改革的长远目标作为当前工作任务的出发点和落脚点，更好地理清思路、审时度势，使实际改革工作与中央及省的有关精神相统一相适应，实现完成当前改革任务和长远改革目标有机统一。

（三）正确认识和处理好地方和省级的关系

财物统管改革是一项综合性和系

统性强的工作，涉及省、市、县等各层级，关系到各市县法院、检察院经费保障和有效运转，直接影响司法体制改革效果，需地方和省级上下联动、无缝对接、共同推进。一是省以下法院、检察院务必要正确认识和处理好地方与省级的关系，做好与省法院、省检察院的业务沟通，确保各项工作的平稳过渡。二是省以下法院、检察院要继续与同级财政部门沟通协调好，注意衔接好以前年度资金的结余结转、地方政府已承诺项目支出、部分办公场所等资产产权和使用权划分等问题。三是省级各有关部门在做好职责范围内改革工作的同时，要加强对下级的指导、监督和帮助。

（四）正确认识和处理好财政系统和两院系统的关系

全省财政系统和两院系统在省以下法院、检察院财物统管改革中都是不可或缺的重要组成部分，既各负其责又相辅相成、既步调一致又分工协作。一是省财政厅牵头负责统筹规划财物统一管理实施方案，组织开展经费、资产划转及非税收缴工作，组织、指导市县两院预决算编制、执行工作，落实省以下法院、检察院财物统一保障、综合监管责任。二是省法院、省检察院负责会同省财政开展经费、资产、负债清查工作，对市县两院预决算编制、预算执行、大要案办案经费申请和资产管理事项提出审核意见，与省财政厅共同组织开展预算执行监督、专项检查考核等工作。三是各市县法院、检察院要按照省的统一部署，积极会同财政部门认真做好经费、资产划转等工作实施，积极推进财物统管改革后续衔接，确保改革期间平稳过渡。四是各市县财政部门要继续做好统管后经费保障工作，确保改革期间各项经费保障到位，不得因改革影响法院、检察院正常经费保障；继续做好市县法院、检察院聘用制人员和改革前原有离退休人员继续实行属地化管理的经费保障工作；切实履行承诺，对不纳入上划基数但当地已承诺安排项目资金，继续做好后续资金保障；按照《预算法》等有关规定及时办理2015年及以前年度资金的结余结转手续；切实落实债务偿还主体责任，继续化解市县法院、检察院原有债务；继续支持市县法院、检察院相关工作，对部分资产权属不清或办公场所由当地提供等情况，要积极配合做好资产清查和续借等沟通协调工作，确保改革期间省以下法院、检察院各项工作顺利开展。

三、狠抓落实、稳步推进，扎实做好市县两院财物统管各项工作

省以下法院、检察院财物收归省级统管改革工作涉及范围广、时间紧、任务重，需要各级各有关部门齐心协力、狠抓落实，切实做好以下工作：

（一）精益求精，进一步完善预算编制工作

省级财政预算管理无论在实效性还是规范性方面对各单位都有着更高要求，尤其是今年是新《预算法》实施后省级预算编制改革的开局之年，省以下法院、检察院不仅要适应从基层到省级预算单位角色的转变，更要适应新《预算法》对预算管理的新要求。最近一段时间，各市县法院、检察院财务人员加班加点、紧锣密鼓地开展了2016年预算编制工作。据了解，目前各市县法院、检察院预算编制工作已基本完成，但预算编制水平和工作质量有待进一步提高。请各市县法院、检察院对照2016年省级预算编制要求，结合本单位经费保障需求，认真总结编制2016年度预算和财政中长期规划存在问题和不足，为今后工作积累经验、打好基础。

（二）规范管理，建立完善内部财务监控机制

根据中央司法体制改革精神，财物统管后，各市县法院、检察院全部作为省级财政一级预算单位，由省财政统一负责各项经费保障和财物管理。各单位要以此次改革为契机，加强自身财务监管，不断完善单位内部预算管理体制和财务制度建设。一是按照新《预算法》有关规定和省级预决算编制要求，市县法院、检察院要及时向省级财政编报本单位年度预算和决算，以及各类财务报表，做好本单位预决算公开、绩效评价以及总结分析工作。二是依法设置财务机构并配备财务人员负责本单位财务管理工作，建立健全财务内部控制制度，加强本单位财政资金、资产等监督管理，提高财政资金使用绩效，确保资金依法依规使用。三是严守财政资金安全的生命线。各市县法院、检察院要严格按照《会计法》要求，完善内控机制、规范内部流程，消除资金安全隐患，确保财政资金安全。

（三）统筹协调，确保财物统管改革平稳过渡

全省财政系统要从全省改革工作角度出发，增强服务改革大局意识，积极主动与当地法院、检察院对接，共同推进我省省以下法院、检察院财物统管改革。一是积极配合做好财务管理指导。省以下法院、检察院遍布全省各市、县（市、区），财务管理监督和指导工作范围广、战线长。受制于客观条件，对省财政厅无法及时回应的有关问题，各市县财政部门应配合做好业务指导工作。二是实事求是开展改革衔接。各级财政要继续主动与法院、检察院共同开展资产清查、审核和移交工作；认真核实法院、检察院报送当地人员工资发放情况，继续做好法院、检察院原有票据核销、已计划政府采购项目等工作，共同确保我省财物统管改革平稳过渡。

（四）扎实学习，确保业务培训取得预期成效

去年以来，我们已面向省以下法院、检察院财物人员开展了多次业务培训，培训内容涵盖了财物统管改革试点方案、预算编制、资产管理、国库集中支付、财政绩效管理、政府采购和非税管理等内容的政策、理论和软件操作。经商省两院，在充分考虑省以下法院、检察院财物即将收归省统管之际，大家较迫切的培训需求，本次培训内容侧重于常用财政软件系统的实操演示和讲解，重点讲授个别之前未涉及的政策理论课程及国库集中支付、政府采购、资产管理、财务核算软件系统等实操课程。虽然这次培训只有短短两天时间，但针对性、指导性都很强，希望大家珍惜这样难得的学习机会，排除干扰、潜心钻研、勤于思考、注意反馈、学以致用，努力成为精通业务的行家里手和推进改革的坚实力量。

（本文系省财政厅党组成员、总会计师钟炜2015年12月22日在省以下法院、检察院财物统管工作推进会暨业务培训班上的讲话节选）

第九部分
财政机构人员

Fiscal Organization
Structure and Personnel

2015年省财政厅机关及所属单位领导名单

一、厅级干部

党组书记、厅　长：曾志权
党组成员、副厅长：欧　斌
党组成员、副厅长：沈梅红
党组成员、副厅长：郑贤操
党组成员、副厅长：叶梅芬
党组成员、纪检组长：项天保
党组成员、总会计师：钟　炜
副巡视员：丁跃文
副巡视员：邹清莲

二、厅各处室及直属行政单位领导

（一）办公室

主　任：胡建斌
副主任：邹善杰（兼）　鲁锦锋　徐艳芬

（二）法规税政处

处　长：戴穗生
副处长：宋俊华　姜　波

（三）预算处

处　长：肖映波
副处长：丘晓敏

（四）地方财政处

处　长：罗　睿
副处长：谭笑风

（五）国库处

处　长：姚　露
副处长：康颖朝　杨　娟　曾　毅

（六）综合处

处　长：张仿松
副处长：李树林　张雅丽

（七）行政政法处

处　长：孙祖通
副处长：李广文　穆慧姝

（八）教科文处

处　长：冯宝璇
副处长：张　锐

（九）工贸发展处

处　长：肖红梅
副处长：张毓斌　张　槟

（十）农业处

处　长：钟　凯
副处长：范小花　吴　科

（十一）经济建设处

处　长：朱莉萍
副处长：余玩冰　罗德富

（十二）社会保障处（与广东省社会保险基金财政管理办公室合署）

处　长：苏凤玲
副处长：曾桓先　邢保华
广东省社会保险基金财政管理办公室
主　任：陈锡莱

（十三）外经金融处

处　长：周修群
副处长：彭钿基　卢　丹

（十四）会计处

处　长：林　华
副处长：张景涛　李　舸

（十五）绩效评价处

处　长：刘小聪
副处长：詹俊青　吴小林

（十六）行政事业资产管理处

处　长：崔登军
副处长：刘建林

（十七）农业综合开发办公室

主　任：彭　琳
副主任：曾小芳

（十八）农村财务管理处

处　长：吴金华
副处长：夏　清

（十九）政府采购监管处

处　长：卬　慧
副处长：陈蔚兰　陈胜文　何国斌

（二十）公务用车管理处

副处长：蚁文娟

（二十一）监督检查局

局　长：黄　山
副局长：郑定标　肖小华

（二十二）人事教育处

处　长：洪清阳
副处长：曹远潮

（二十三）机关党委办公室

主　任：黄志伟

（二十四）省监察厅派驻厅监察室

主　任：邱立新

（二十五）离退休人员服务处

处　长：柳捍国
副处长：吴志胜

（二十六）国库支付局

局　长：云　峰
副局长：陈　苹　饶伟强　陈　琼　陈　岚

（二十七）国际金融组织债务管理办公室

主　任：郭　为
副主任：刘　捷　曾小红

三、厅属各单位领导

（一）省直行政事业单位物业管理中心

主　任：江振河
副主任：朱国银　黄志辉

（二）投资审核中心

主　任：刘云梅
副主任：蓝　波　黄　瀛

（三）票据监管中心

主　任：林树发
副主任：陈周华

（四）省农业综合开发评估中心

主　任：汤如武

（五）政务服务中心

主　任：邹善杰
副主任：古志东　许桃初

（六）省财政数据信息中心

主　任：刘雄威
副主任：李建业　姚　敏

（七）省财政科学研究所

所　长：刘华伟

（八）省会计函授职业技术学校

校　长：李柏生
副校长：黄腾达

（九）省注册会计师协会

秘书长：袁　庆
副秘书长：李楚雄　葛　芸　唐祝光　琳　琳

（十）省资产评估协会

秘书长：陈桓考
副秘书长：陈　坚

（十一）省财政职业技术学校

校　长：张新华
副校长：林　斌　张贤基

2015年各地级以上市财政局（委）领导名单

一、广州市财政局

党委书记、局长：陈雄桥
巡视员：吴国伟　段彩英
副局长：朱建华　梁少婷　颜　强
纪检组长、纪委书记：熊国平
总会计师：周少卿
副巡视员：李伟棠　彭建湘　张建人　连富生　蔡坪倘

二、深圳市财政委员会

党组书记、主任：汤暑葵

党组成员、副主任（市地税局党组书记、局长）：钱　勇
党组成员、副主任：张福通　王虎善　代金涛
党组成员、机关党委书记：温焕强
巡视员：伍秀琼

三、珠海市财政局

党组书记、局长：周　昌
党组成员、副局长：黎达强
党组成员、副局长：李九泉
党组成员、副局长：陈　刚
副局长：袁凌云
党组成员、支付中心主任：何富仔
党组成员、财审中心主任：曾　涓
党组成员、纪检组长：王景坚
总会计师：高　松

四、汕头市财政局

党组书记、局长：林毅荣
党组成员、纪检组长：许文颖
党组成员、副局长：卢永健　李　宁　郑　珊　张　磊（2015 年 1 月任职）
党组成员、总会计师：谢胜杰（2015 年 1 月任职）
副调研员：林湘彦

五、佛山市财政局

党组书记、局长：黄福洪
党组成员、副局长：曾祥钳　钟永平　伍志强　吴伟明
党组成员、纪检组长：黄建明

六、韶关市财政局

党组书记、局长：孙江平（2015 年 10 月离任党组书记、2015 年 12 月离任局长）
党组书记、局长：凌振伟（2015 年 10 月任命党组书记、2015 年 12 月任命局长）
党组成员、副局长：胡敏倩（2015 年 4 月退休）　陈树川　谢运洪　胡列峰
党组成员、纪检组长：张　毅
党组成员、总会计师：肖少康（2015 年 12 月离任总会计师）
党组成员、副局长：肖少康（2015 年 12 月任命副局长）

七、河源市财政局

党组书记、局长：肖振兴
党组成员、副局长：温文忠　诸鸿伟　何仕军　欧阳克念（2015 年 1 月任职）　郭剑玮
党组成员、纪检组长：彭一艺（2015 年 11 月任职）
党组成员、总经济师：何忠良
党组成员、财务总监：李桂生

八、梅州市财政局

党组书记、局长：丘孝东
党组副书记、副局长：丘燕玲
党组成员、副局长：邓国良　范利民
党组成员、市纪委派驻纪检组组长：陈文波（2015 年 12 月起任）
党组成员、副局长：吴家云
党组成员、总会计师：凌挥明

九、惠州市财政局

党组书记、局长：陈国煌
党组成员、副局长：陈益明　陈雪梅　谢开亮　林惠强
党组成员、纪检组长：廖升安
调研员：李政良
副调研员：陈建桥　高伏珍　郭燕和

十、汕尾市财政局

党组书记、局长：詹伟忠
党组成员、调研员：黄　聪
调研员：陈兴初
党组成员、副局长：赵小川　林海生　钟雪欢
党组成员、纪检组长：吴堂煜
副调研员：蔡振钦

十一、东莞市财政局

党组书记、局长：罗军文
党组成员、调研员：陈锐康
党组成员、副局长：谢　涛　王　标　陈志标　翟才善　姚慧怡
党组成员、纪检组长：莫桂冰
党组成员、国库支付中心主任：王天广

十二、中山市财政局

局长：林　凯
副局长：吴竹科　黄健华　顾竹林　梁志军　黄玉珊
纪检组长：袁凯斌
总会计师（副处级）：林永光

十三、江门市财政局

党组书记、局长：汤惠红
党组副书记、副局长：梁炎浓
党组成员、纪检组长：谢兆启
党组成员、副局长：胡其波　李健斌　徐东亮
党组成员、总会计师：梁山涛
国库支付中心主任：梁润方

十四、阳江市财政局

党组书记、国资委主任、局长：梁　文
副局长：林业玺　冯秀恩　张小兰　谭世健　林　军
总会计师：李孔祥（2015 年 4 月至今）

十五、湛江市财政局

党组书记、局长：林海武
党组成员、副局长：李　光　张蔚蓝
党组成员、纪检组长：孙黄洲
党组成员、副局长：王　区　岑丹红
党组成员、总会计师：李兴进

党组成员、副调研员：胡毅华
副调研员：杨　健　黄　毅　罗红梅

十六、茂名市财政局

党组书记、局长：王伯昌
党组成员、副局长：郑忠义　潘勇生　陈一标（2015年5月离任）
邓华顺（2015年2月任职）
调研员：张龙衍　麦俊球
党组成员、副调研员：钟扬芬　黎凯晟（2015年1月任职）
陈　明（2015年2月任职）

十七、肇庆市财政局

党组书记、局长：江军洲
党组副书记、正处职干部：刘小良（2015年12月免去机关党委书记，任党组副书记，正处职干部）
党组成员、调研员：钟国祥（2015年5月退休）
党组成员、副局长：陈　亮
党组成员、市纪委派驻市财政局纪检组组长：毛祖武
党组成员、副局长：朱景亮　黄文生　卓　萍
党组成员、总经济师：苏亦文
党组成员、副调研员：黎尚华
副处职干部：麦伟刚（2015年12月免去党组成员、机关党委副书记、纪委书记，任副处职干部）
副调研员：乡瑞标
公共资产管理中心主任（副处级）：欧炳新（2015年8月任职）

十八、清远市财政局

党组书记、局长：钟鸿辉
党组副书记、副局长：朱昭斌
副局长：邵　军（至2015年1月30日止）
党组成员、副局长：王　洁　杨日举　黄运全（从2015年4月起）
党组成员、市住房公积金管理中心主任：肖　宁
党组成员、市公共资产管理中心主任：刘浩文
党组成员、副调研员：唐先明

十九、潮州市财政局

党组书记、局长：林景雄
党组成员、调研员：苏岳良
党组成员、副局长：陈章发　邢玉荣　佘维昭　林　鹤　孙少珊
党组成员、总会计师：黄　航

二十、揭阳市财政局

党组书记、局长：江林生
党组副书记、副局长：陈少伦（2015年4月免职）
党组成员、纪检组长：陈少雄
党组成员、副局长：严俊江　陈坤明　林勇慎

二十一、云浮市财政局

党组书记、局长：谢月浩
党组成员、副局长：刘洁洲（2015年1月免职）
党组成员、纪检组长：陈华坚（2015年11月免职）
党组成员、副局长：伍金明（2015年11月任职）
魏荣新　叶章森　林淑仪
党组成员、纪检组长：林金培（2015年11月任职）
党组成员、总会计师：孔建伟（2015年11月任职）
副调研员：梁卓兴

2015年各县（市、区）财政局领导名单

所有县（市、区）财政局

一、广州市

越秀区财政局
党委书记、局长：徐卉瑜
调研员：梁淑宁
副局长：陈伟雄　廖敏之　马伟荣
海珠区财政局
党委书记、局长：陈明香
调研员：练铭欠　张慧英
副局长：孙海南　谢　强　黄治平
副调研员：冯国超　王红薇　张丽敏　陈汝坚
荔湾区财政局
党委书记、局长：高启超
纪检组长、纪委书记：赖应良
调研员：曾　强　谢彦校
副局长：何　敏　雷智文　薛　军　高小奇
副调研员：梁　峰　陈惠波　杨木源
天河区财政局
局长：吴　杰
副局长：曾莉嫦　吴伟俊　张　敏
总会计师：刘　建
白云区财政局
党委书记、局长：陈论强

副局长：周华光 王 焱 袁穗军
调研员：欧阳惠敏 何 伟
副调研员：李菁菁
黄埔区财政局
局长：梁玉军
总会计师：郑 炜
副局长：陈国清 邓国锋 赵瑞元
总经济师：宋 冰
结算中心主任：徐家科
副调研员：余建红
花都区财政局
党委书记、局长：潘宪泳
党委副书记：江永炘 任俊东
副局长：吴 丹
纪委书记：张敏生
总经济师：江文铸
总会计师：林伟梅
番禺区财政局
局长：卢永青
副局长：郭剑光 何志勇 陈志明
调研员：邓家雄
副调研员：车学善 李灼坚 何惠芳
南沙区财政局
局长：徐 永
副局长：刘志辉 杨勇华
调研员：赖 丰
从化区财政局
党支部书记、局长：潘锦峰
副局长：何耀源 黎伟洲 朱翼红 沈惠森
纪检组长：黄镜标
副主任科员：刘小明 苏锐祥
增城区财政局
党委书记、局长：毛敢良
党委副书记：曾锦超
党委副书记、副局长：郑中勇
纪委书记：叶润林
副局长：黄双亮
总会计师：黄青云
副局长：朱月琴 龚尔雅
广州开发区财政局
局长：陈红燕
副局长：纪 峰 何练红 刘 昕

二、深圳市

福田区财政局
局长：李健盛
副局长：叶有励 刘红非 潘晓文 朱 江
副调研员：王亦文 卢李广 黄富兴 萧莉珍
罗湖区财政局
局长：罗战忠
副局长：彭世平 黄志红 丘宇辉
调研员：叶敏海
副调研员：牛建海 边瑞彬
南山区财政局
局长：江宁鹏
副局长：吴伟军 马键珍
盐田区财政局
局长：莫熙玲
副局长：毋晓敏 谢彦红 陈 静
调研员：张秋娴 江 涛
宝安区财政局
局长：查红俐
副局长：翁保荣 王映芬 林 戈 王 玮
调研员：邓剑平
副调研员：叶曼华
龙岗区财政局
局长：肖建军
副局长：杨俊奇 杨建忠 彭爱民 杨 艳
党委副书记、纪委书记：蒋 杰
光明新区发展和财政局
局长：胡汝林
副局长：初进效 高 亮 谭红霞 李新贵 张敏敬
坪山新区发展和财政局
局长：张宗武
副局长：王 晋 黄泽文 伍本山
副调研员：李 球
龙华新区发展和财政局
局长：浦文浩
副局长：曾文峰 费晓愈 付 妍
大鹏新区发展和财政局
局长：孙红明
副局长：杨 涛 冯 军

三、珠海市

香洲区财政局
党组书记、局长：潘群娣
党组成员、副局长：李晓伟
党组成员、副局长：黄文忠
党组成员、副局长：付桂琴
党组成员、总会计师：丁 平
党组成员、支付中心主任：欧阳力红
斗门区财政局
党组书记、局长：吴坤荣
党组成员、主任科员：吴国华
党组成员、副局长：钟伟源
党组成员、副局长：徐青平
党组成员、中心主任：黄凌波
金湾区财政局
党组书记、局长：林树青
党组成员、副局长、航空产业园财政局局长：梁志千
党组成员、副局长：马 玲
党组成员、副局长：陈志豪
党组成员、支付中心主任：魏湘宁
高新区财政局
局长：李凤屏
副局长：谭春欢
高栏港区财政局
局长：陈少忠

副局长：何怀玉
副局长：周健权
万山区财政局
局长：卢小婷
副局长：江炳高
支付中心主任：陈浩权
保税区财政局
局长：林卫红
横琴新区财政局
局长：罗增庆
副调研员：赖高华
副主任：杨　明

四、汕头市

金平区财政局
党组书记、局长：周　彦
党组成员、副局长：张　宏　王　淳　袁盛辉
党组成员、正科职干部：于永璋
党组成员、主任科员：魏云生
党组成员：林佳迎
龙湖区财政局
局长：郑伟光
副局长：李少平（2015年1月调入）
正科级干部：蔡俊鸿
副局长：谢玉泉（2015年1月调出）　张　越
肖文榜（2015年1月调入）
吕凌山（2015年2月任职）
濠江区财政局
党组书记、局长：陈昌熊
党组成员、副局长：詹泽鹏　陈光杰（2014年12月调出）
郭少燕（2015年2月任职）
党组成员、总经济师：侯筑榕（2015年2月任职）
澄海区财政局
党组书记、局长：陈泽标
党组成员、副局长：陈志雄　王汉辉
党组成员、副局长、纪检组长：蔡旭群
党组成员、副局长：邵楷廷
潮阳区财政局
党组书记、局长：赵少雄
正科级干部：蔡文华（2015年9月改任）
党组成员、副局长：邱建瑞
主任科员：翁健璇（2015年9月改任）
党组成员、副局长：郑创平　赵宏展（2015年9月调入）
党组成员、纪检组长：张文英
党组成员、副局长：侯洪锋（2015年9月任职）
潮南区财政局
党组书记、局长：吴茂财
党组副书记成员、副局长（正科级）：蔼镇炎
党组成员、副局长：张林财　陈焕基
副主任科员：江少荣
南澳县财政局
县政协副主席、党组书记、局长：章旭光（2015年3月调出）
党组书记、局长、县国资办主任：柯鹏城
党组成员、副局长（正科级）：朱振成
党组成员、副局长（正科级）：游鹏程（2015年7月调入）
党组成员、副局长：章俊锋
党组成员、县国资办副主任：黄卓伟

五、佛山市

禅城区财政局
党组书记、局长：乔　羽（至2015年5月）
吴莉芬（2015年5月起）
党组成员、常务副局长：吴莉芬（至2015年5月）
吴　华　许雪蘅
局务委员：李源章
副局长：唐威景　陈先鸿　伦雄良
纪检组长：贺洪涛（至2015年4月）
邱旭坚（2015年4月起）
纪检副组长：王建祥
南海区财政局
党组书记、局长：林平武（至2015年11月）
潘永桐（2015年11月起）
党组成员、副局长：陈胜安　崔永诗　孔月娥　韦伴玲
党组成员、纪检组长：黎远鸿
顺德区财税局
党组书记、局长：关世良
党组副书记、常务副局长：陈炳宜（至2015年6月）
黎劲康（2015年6月起）
劳伟源
党组成员、副局长：黎辉雄　周冬生　刘红文
苏伟林（至2015年5月）
陈国雄　李锦添　沈霭如
（2015年5月起）
党组成员、纪检监察组组长：潘丽卿
高明区财政局
党组书记、局长：蒋　卫
党组成员、副局长：练明娇　程双喜　严杰雄
李剑嫦（2015年3月起）
党组成员、国库支付中心主任：黄月婵
党组成员、纪检组长：欧文忠
三水区财政局
党组书记、局长：彭建国（至2015年8月）
彭家文（2015年8月起）
党组成员、副局长：钱静瑜　余志斌　林均泉
党组成员、机关党委书记：宗仕强
党组成员、纪检组长：梁悦雅

六、韶关市

浈江区财政局
党组书记、局长：张爱军
党组成员、副局长：肖　伟　黄远花　刘裕庭
武江区财政局
党组书记、局长：陈雪廷
党组成员、副局长：华新凤　邓明晖　孙青文
曲江区财政局
党组书记、局长：张以荣
党组成员、副局长：吴东华　林春花　吴远清

南雄市财政局

党组书记、局长：李传忠（2015年4月离任）
党组书记、局长：王友华（2015年4月任命）
党组成员、副局长：马新路　郭蕙梅　张琼丹（2015年4月任命）
党组成员、总会计师：张成林

乐昌市财政局

党组书记、局长：湛常春（2015年4月离任党组书记、2015年6月离任局长）
党组书记、局长：林柏居（2015年4月任命党组书记、2015年6月任命局长）
党组成员、副局长：林永红　彭荣华　朱史文
党组成员：胡志乐（2015年4月离任）

仁化县财政局

党组书记、局长：周锦才
党组成员、副局长：周群信（2015年1月离任）
邱岳铭（2015年1月任命）
朱少媚　李庆明

始兴县财政局

党组书记、局长：黄月文
党组成员、副局长：陈社好　李宏勇　孙　庞

翁源县财政局

党委书记、局长：阮炳溪
党委副书记、党总支书记：张伙添
党组成员、副局长：沈鹏飞　肖春兰　陈桂福

新丰县财政局

党组书记、局长：欧锦梧
党组成员、副局长：陈旭日　吕松媚　陈参恒
党组成员：曾　敏（2015年9月任职）　赵葵花

乳源瑶族自治县财政局

党组书记、局长：禤继文
党组成员、副局长：盘良叁　邹国忠　何　娟
党组成员、国库支付中心主任：刘文泉（2015年10月离任）

七、河源市

源城区财政局

党组书记、局长：曹新华
党组副书记、财务总监：李可才
党组成员、副局长：黄江清　杨伟忠　叶丽华
党组成员：刘碧青　邬爱平　王加洪　黄翠芳
党组成员、系统工会主席：吴小珍

东源县财政局

党组书记、局长：邱如东
党组成员、系统党委副书记：钟声辉
党组成员、副局长：张桂平　朱志青　廖三妹
党组成员、系统党委副书记：刘伟光
党组成员、财务总监：朱雄勇

和平县财政局

县政协副主席，局党组书记、局长：陈仕华
党组副书记：罗春生
党组成员、副局长：陈仕相　骆周俊　廖春林　叶格达
党组成员、纪检组长：朱小瑜（2015年3月任职）
党组成员、纪检组长：曾石冲（2015年3月免职）
财务总监：林日雨
党组成员、工会主席：黄展弈

龙川县财政局

党组书记、局长：邹思伟
党组成员、副局长：杨洪德　邬消强
党组成员、工会主席：冯　坤

紫金县财政局

党组书记、局长：甘志峰
党组成员、副局长：戴小洪　彭定山　张利华　黄岳基
党组成员、纪检组长：刁国文
党组成员：钟国平

连平县财政局

党组书记、局长：唐锦明
党组副书记、县农综办主任：黄康心
党组成员、副局长：熊丰见　黄维清　郑志强
党组成员、财税线党委副书记：谢智良
党组成员、纪检组长：张楚彬
党组成员、县采购中心主任：黄伟均
党组成员：吴忠强
党组成员、财税线纪委书记：余建辉
党组成员：卓亚山　胡家道

高新区财政局

党组书记、局长：唐　丰
党组成员、副局长：杨　波
党组成员：洪秀红

江东新区发展财政局

党组书记、局长：丘云飞
党组成员、副局长：赖紫辉　欧伟辉

八、梅州市

梅江区财政局

党组书记、局长：梁　旅
系统党委书记：翁学勤
党组成员、副局长：孙　蔚　蔡雪花　李奋达（2015年8月起任副局长）
党组成员、系统党委副书记：叶　俊
党组成员、主任科员：黄立明
党组成员、人秘科长：李国浩

梅县区财政局

党组书记、局长：黄钦昌
党组成员、副局长：梁志英（2015年9月起免去副局长职务，任党组成员、主任科员）
李华新　罗文兴
党组成员、纪检组长：肖　梅（2015年9月免去纪检组长职务，任党组成员、主任科员）

兴宁市财政局

党组书记、局长：刘小炎
党组成员、副局长：刘建华　张永坚
党组成员、纪检组长：肖福辉（2015年8月起任党组成员）
党组成员、副局长：刘海波　彭萍萍（2015年5月起任副局长）
党组成员、党组副书记：曾晓波（2015年5月起任党组成员）

党组成员、工会主席：张展岑（2015 年 8 月起任党组成员）
党组成员、办公室主任：张东红
党组成员、预算股负责人：陈　兵
党组成员、监察股股长：邹晗媚

平远县财政局
党组书记、局长：韩　旭
党组成员、副局长：曾　平　黄永华　余永灵　谢　锐
党组成员、总会计师：郭大忠
党组成员、纪检组长：谢文毅（2015 年 9 月免去纪检组长职务）
党组成员、副主任科员：王碧芳

蕉岭县财政局
党组书记、局长：徐杞文
党组成员、副局长：傅学秀（2015 年 9 月起任副局长）林英勤　徐京雄
党组成员、办公室主任：张荣涛
党组成员、工会主席、工贸发展股股长：张　生
党组成员、副主任科员、行政政法股股长：徐海红
党组成员、社会保障股股长：丘筱丽（2015 年 9 月免去党组成员）

大埔县财政局
党组书记、局长：刘广明
党组副书记：刘建成
党组成员、副局长：赖丕汉　戴可良　房向东
党组成员：胡振奋
党组成员、财政系统党组副书记、人秘股股长：张继养（2015 年 12 月任党组成员）

丰顺县财政局
党委书记、局长：黄建斐
党委成员、副局长：杨家业　蔡少颢　罗鸿辉　张喜堂
党委成员、纪委书记：陈魁翰（2015 年 8 月免去相关职务，保留副科级）
党委成员、县国资办主任：王宁州

五华县财政局
党组书记、局 长：张　裕
党组成员、副局长：曾胜良　曾小强　李红兰
党组成员、财税系统党工委专职副书记：谢广春

九、惠州市

惠城区财政局
党组书记、局长：黄冠奕
党组成员、副局长：林伟群　黄文辉　马建安
副局长：赵　腾（挂职）
党组成员、纪检组长：蔡志权
党组成员：黄伟忠　涂小斌

惠阳区财政局
副区长、区财税机关党委书记、财政局党支部书记、局长：曾国华
财税机关党委副书记、财政局党支部委员：许红利
财政局党支部副书记、副局长：罗建明　杨文峰
财政局党支部委员、副局长：黄文胜
财税机关党委委员、财政局党支部委员、纪检组长：周秀霞

惠东县财政局
财税系统党委书记、财政局党总支委书记、局长：林汉琴
财税系统党委专职副书记：张　文
财政局党总支委副书记、副局长：黄伟坚
财政局党总支委委员、副局长：陈玉强　李勇城　叶　雷
财政局党总支委委员：张汉光　余志良　骆远明　赖建华

博罗县财政局
党组书记、局长：李满海（2015 年 6 月 30 日离任局党组书记；2015 年 7 月 17 日离任局长）
朱瑞明（2015 年 6 月 30 日就任局党组书记；2015 年 7 月 17 日就任局长）
党组成员、副局长：陈　可　王天树　曾文华　陈小飙　巫三移
党组成员、纪检组长：邹东平
党组成员：张馨燕　丁永光　肖东平　黄映帆

龙门县财政局
财税机关党委书记、财政局党组书记、局长：黄碧炎
党组成员、副局长：李秀林　廖敏贤　黄碧浪　罗伟文
党组成员：李伟权　李志军　梁小敏　张志文

大亚湾开发区财政局
党组书记、局长：黄伟强
党组成员、副局长：何艳军　阙光虎　何隽环
党组成员、纪检组长：戴　凡
党组成员：王　维

仲恺高新区财政局
区管委会副主任、局长：刘子尧
党组书记、常务副局长：陈镇坤
党组成员、副局长：张伟忠　叶添庭
党组成员、纪检组长：林锋华
党组成员：李绍光

十、汕尾市

市城区财政局
局　长：吴秋业
副局长：刘贵文　蔡奋雄

海丰县财政局
局　长：林国义
副局长：林建秀　刘　宁　林瑞清

陆河县财政局
局　长：叶杰雄
副局长：叶晓丽

陆丰市财政局
局　长：郑振强（2015 年 4 月离任）
陈建勋（2015 年 4 月起任）
副局长：林一纲　李成容　卓国财　郑桂林
总会计师：郑木火（2015 年 8 月起任）

红海湾财政局
局　长：谢锡城
副局长：马秋萍　陈　洪
副主任科员：刘远航

华侨区财政局
副局长：彭家岸（负责全面工作）

十一、东莞市

（略）

十二、中山市

（略）

十三、江门市

蓬江区财政局
局　长：廖炳华
副局长：劳汝钊　叶春兰　雷锦暖　冯敏欢
总会计师：赵永强
国库支付中心主任：谢　颖
纪检组长：刘坚森

高新区（江海区）财政局
党组书记、局长、资产办主任：庞正华
党组副书记、常务副局长：赵英梅
党组成员、副局长：刘宗进
党组成员、副局长、资产办副主任：赵少源
党组成员、总会计师：林荣耀
党组成员、纪检组长：邓北江

新会区财政局
党组书记、局长、公资办主任：李俊杰
党组成员、纪检组长：周全美
党组成员、副局长：许建平（2015年12月免去党组成员职务）　叶　文　许福明
党组成员：施　薇（2015年12月任党组成员）
党组成员、非税分局局长：梁鸿华
党组成员、公资办副主任：李欣源
总会计师：汤达强

台山市财政局
党组书记、局长：吴东文
党组成员、纪检组长：颜伟聪
党组成员、副局长：冯剑波　颜运龙　陈健洪　袁思民

开平市财政局
党组书记、局长：肖章兴
党组成员、副局长：张瑞球　林培进（2015年5月改任副主任科员）　周翠杏
张伟赞（2015年5月挂职水口镇副书记）
党组成员、纪检组长：岑蔚文
党组成员、总会计师：冯树芬

鹤山市财政局
党组书记、局长、市资产办主任：李活文
党组成员、副局长：李家杰　刘　斐　李卓尧
党组成员、总会计师：刘　琳
党组成员、主任科员：冯小岩
党组成员、纪检组长：张均良
党组成员、国库支付中心主任：杨茂坚

恩平市财政局
党组书记、局长：岑儒确
党组成员、副局长：林河芬　吴伟锋　吕玉洁　吴皓洁
党组成员、纪检组长：许忠耀
党组成员、总会计师：李敏基

十四、阳江市

阳春市财政局
局长：覃世宽
党组书记：马　湛
党组副书记：吴茂郊
副局长、市国资公司总经理：钟　毅
副局长：叶　雨　严　洪

江城区财政局
局长：阮　敏
副局长（正科）：林志雄
副局长：何文海　黄志东
主任科员：关　永
副主任科员：林进允
正科级干部：黄计勤

阳东区财政局
党组书记：王启峰（2015年12月任职）
局长：欧家意
副局长：周江帆　钟德伟　阮永春　梁永东
总会计师：苏晓云（2015年12月任职）

阳西县财政局
党组副书记、局长：张　海
党组书记、副局长：李孟新
副局长：黄光娇　陈永光　梁正敢
主任科员：梁国飞
副主任科员：叶杏芳
总会计师：刘荣波（2015年5月任职）

海陵区财政局
局　长：敖立柱
党支部书记：陈章星
副局长：杨计多　戴炳怀（2015年10月任职）
钟健文
主任科员：冯众贵
副主任科员：林仕见　黄福宝

高新区财政局
局长：阮晓峰
副局长：林景周　曾献明　关雄波
财政办主任：敖剑兵（2015年4月任职）

滨海新区财政金融局
局长：林　军
副局长：曾　嫦（2015年4月任职）

十五、湛江市

赤坎区财政局
党组书记、局长：李　雄
党组成员、副局长：曾剑鸣　林伟强　梁　俭

霞山区财政局
区政协副主席、财政局党组书记、局长：龙日图
党组成员、副局长：麦健华　陈成锐　黎　权

开发区财政局
党组书记、局长：蔡光兴
党组成员、副局长：唐国华　郑毅芳　王　东

麻章区财政局
党组书记、局长：冯　波

主任科员、副局长：吕珠明
党组成员、副局长：吕红波　潘秋利
坡头区财政局
党组书记、局长：林茂粒
主任科员：钟日南
党组成员、副局长：郑建辉　莫志斌
党组成员、纪检组长：招祥义
副主任科员：李国权
吴川市财政局
党组书记、局长：龚启图
党组副书记、副局长：易东生
党组成员、纪委书记：黄永强
党组成员、副局长：詹伟雄　李永华　曾观胜
党组成员、收费处主任：林　超
党组成员：林钊贤　李彩明
廉江市财政局
党组书记、局长：江维峰
党组成员、主任科员：全　强
党组成员、副局长：罗　柏　潘　立　李伟崇　陈俊英
党组成员、收费管理中心主任：陈　聪
雷州市财政局
党组书记、局长：吴　玉
党组成员、副局长：黄鸣华（正科级）　苏　兄　李智华
正科：邓兴球
徐闻县财政局
党组书记、局长：许良成
党组成员、副局长：刘　盈（正科级）　符坚　张安典
副局长：黄中青
纪检组长：曾　帆
党组成员、副主任科员：郑　需
副主任科员：宁江红
党组成员、开发区财政局长（副科级）：李　天
党组成员、办公室主任：胡俊峰
遂溪县财政局
县政协副主席、局长：周　宝
副局长：罗　益　黄文汉　林华春

十六、茂名市

茂南区财政局
茂南区政协副主席，局党组书记、局长：杨康权（2015年10月19日起不再兼任区财政局党组书记、局长）
党组书记、局长：吴云波（2015年10月19日任职）
党组成员、副局长、主任科员：柯业涌（2015年9月30日调离）　罗　龙
党组成员、副局长：梁宇雁（2015年9月30日任职）　谭国立
党组副书记：朱国华
党组成员、总会计师：黄剑铭
党组成员、副主任科员：张燕芬（2015年12月22日起不再任党组成员，不再作为领导班子成员）
党组成员、茂南区城乡建设投资有限公司董事长：董伟钊（2015年12月22日起不再任党组成员，不再作为领导班子成员）
电白区财政局
电白区副区长，局党组书记、局长：陈一标
党组副书记：陈志民（正科级）　周建明
党组成员、副局长、主任科员：崔　璀
党组成员、副局长：崔雄斌　周　宁　陈经杰
党组成员、区国资办主任：黄红源
党组成员、总会计师：邓小扬
党组成员、总经济师：周敏新
党组成员、主任科员：张帝保
党组成员、副主任科员：张　田　邵舜明
副主任科员：谢肖江
信宜市财政局
信宜市副市长，财政局局长：何　江
党组书记：罗魏冰
党组副书记：吕澜业
党组成员、副局长：原喜怀　刘进有
党组成员、纪检组长：冯广胜
党组成员、总会计师：李荣海
党组成员：陈光松
高州市财政局
高州市政协副主席，党组书记、局长：梁逸峰
党组成员、副局长：甘　钊　余苏松　黄　颖
副局长：邓振杰
党组成员、总会计师：黄汉良
党组成员：曾焕志　傅志昂　钟建亮　陈惠华
化州市财政局
党组书记、局长：李　雅
党组成员、副局长：卢一鹏　王　丹　陈　武　李　活
党组副书记：王信志
党组成员、总会计师：陈永亮
党组成员：朱秀华　李盛芳　吴伟亮
滨海新区财政和国资管理局
局　长：杨裕全
副局长：黄广平
高新区财政社保局
局　长：吴　冰
副局长：林华盛　潘华春

十七、肇庆市

端州区财政局
党组书记、局长、政府性资产管理中心主任：邓　宇
主任科员、总会计师：赵万金
党组成员、副局长：张国安
政府性资产管理中心副主任：黄杰智
鼎湖区财政局
党组书记、局长：陈伟庆
党组成员、副局长：张满强　张　艳　钟文辉
党组成员、支部副书记：葛晓玲
党组成员、工会主席：梁　虹

高要区财政局
党组书记、局直属机关党委书记、局长、国有资产监督管理委员会主任：李国华
党组成员、总经济师：李小玉
党组成员、城市建设开发中心主任：谢海明
党组成员、副局长、局直属机关党委副书记、纪委书记、纪检组长：冯汝棠
党组成员、副局长：张　涛
党组成员、国有资产监督管理委员会副主任：赖广华
党组成员、公共资产管理中心主任：廖超尤
党组成员、副局长：容海华
四会市财政局
局长：罗文光
总经济师：欧沛荣
副局长：卢继业　黄志坚
资产管理中心主任：陈金盛
资产管理中心副主任：邹雪松
副局长：李伟坚　何文毅
广宁县财政局
党委书记、局长：王成金
党委常务副书记、局工会主席：陈家泉
党委副书记、纪委书记：叶宗银
党委委员、副局长：黄　捷
副局长：祝继红
德庆县财政局
局长：岑锐强
副局长：冼业权　邓　云　龙树庭　谢树生
工会主席：聂继安
主任科员：陈世良
封开县财政局
党组成员、局长：李荣茂
党组成员、副局长，县金融局局长：许　浩
党组成员、副局长：康清平　孔　坚
党组成员、工会主席：李明洪
党组成员：吴喜雄
怀集县财政局
机关党委书记、局长：严耿文
党委委员、副局长：岑金兴　盘卫平　李健荣
机关党委副书记：陈剑锋
机关党委副书记、纪委书记：陈　彤
总经济师：邓志坚
工会主席：蔡小桥
肇庆高新区财政局
局长：朱雪洪
副局长：陈　德　冼美群
党组成员：卓卫斯　冼宇明
肇庆新区财政金融局
局长：李健晖
粤桂合作特别试验区（肇庆）财政金融局
局长：杨海燕

十八、清远市

市高新区财政局
局　长：罗钦辉
副局长：罗阳柱
清城区财政局
党组书记、局长：谢宇辉
党组成员、副局长：林志伟　邓志辉　陈泳茹
清新区财政局
局长：陈映徽
副局长：罗永康　江聪慧　周　睿
英德市财政局
党组书记、局长：胡康立
党组成员、副局长：吴亮明　吴基丽　何树林
党组成员、副局长、纪检组长：刘学军
党组成员、主任科员：黄成朝
党组成员、兼任清远市住房公积金中心英德管理部主任：佘志坚
连州市财政局
局　长：夏海华
副局长：周春艳　欧映刚　林玉静
佛冈县财政局
党组书记、局长：冯庆洲
党组副书记：梁浩锋
党组成员、副局长：罗　杰　黄建中　谭庆忠
连山壮族瑶族自治县财政局
党组书记、局长：张伟平
党组成员：黄志光
党组成员、副局长：陈文坚　郑　阳　王冠华
连南瑶族自治县财政局
局长：黎钟罗
副局长：李　洪　盘振云　邵卫勇
阳山县财政局
局长：王　建（县政协副主席）
党组书记、副局长：邹小玲
党组成员、副局长：谭雄辉　丘国庆

十九、潮州市

潮安区财政局
局长：苏锡伟
副局长：林建安　雷佩霞　刘从礼
饶平县财政局
局长：麦安之
副局长：黄实得　黄学鑫　黄惠敏
湘桥区财政局
局长：马晓斌
副局长：吴长青　章雪燕　苏潮炜
枫溪区财政局
局长：廖永创
副局长：陈林英　江慧群　刘愈宋

二十、揭阳市

榕城区财政局
党组书记、局长：黄济勇
副局长：魏伟祥　林奕彬　陈冬辉
普宁市财政局
党组书记、局长：林杰丹
党组副书记：李秋琼

副局长：吴粤林　陈国盛

揭东区财政局

党组书记、局长：陈豪杰

副局长：章合武　谢壮松　卢伟彬（2015年7月免职）
　　　　谢奕涛　邱树勇（2015年7月任职）

揭西县财政局

党组书记、局长：邱旭辉

副局长：蔡育群

党组成员、副局长：黄建群　陈国富　李俊强

惠来县财政局

党组书记、局长：陈永明（2015年8月任职）　吴俊平（2015年8月免职）

党组成员、副局长：施惠芳　杨光辉　吴春荣
　　　　钟　华（2015年12月任职）
　　　　方汉文（2015年8月免职）

党组成员、纪检组长：蔡场龙

党组成员、公资办主任：朱　晓

空港经济区财政局

区委委员、区管委会副主任、区财政局局长：洪　波

常务副局长：魏炳江

副局长：洪亮春　林志鸿　黄可彬　杨明才

蓝城区（市批准设立）财政局

党组书记、局长：杨劲华

党组副书记：涂德建

党组成员、副局长：郑旭峰　蔡宏生　许海彪

普宁华侨管理区（市批准设立）财政局

局长：蔡如龙

副局长：黄坤松

大南山华侨管理区（市批准设立）财政局

局长：林小斌

副局长：江清溪　黄耿丰

高新区（市批准设立）财政局

局长：郑旭山

大南海石化工业区（市批准设立）财政局

局长：陈育瑜

副局长：詹文宏　钟福武

二十一、云浮市

云城区财政局

党支部书记、局长：廖文华

区直财税系统党委书记、主任科员：万远宁

副局长：梁桂友　梁　明　曹国强

财税系统党委专职副书记：余金培

总会计师：钟爱华

云安区财政局

党组书记、局长：欧　永

党组成员、副局长：张杰雄　李进才　周泽贤

党组成员、主任科员：黄坚洪　叶一帆

主任科员：范桂才

罗定市财政局

党组书记、局长：梁祥源

党组副书记、支部书记：尹荣灿

党组成员、副局长：谭炳权　陈　成　张志强

党组成员、主任科员：梁敏嫦

党组成员、副局长：莫志强

党组成员、副主任科员：欧其慧　谭玉珍

新兴县财政局

党组书记、局长：黄定昌（2015年8月离职）

局长：李耀强（2015年8月任职）

党组副书记：何之宏

党组成员、副局长：麦锦雄　麦树忠　苏国坚

党组成员：冼勇锋

郁南县财政局

局长：黄重阳

副局长：李声亮　李家婷　黄子桐

云浮新区财政局

局长：肖益玫

副局长：张俊明　陈红坚

2015年度全省财政系统职工情况统计表

一、

单位：人

项目	合计	分布			
		省（区、市）厅局	市（地、州）局	县（市、区）局	乡（镇）所
合计	22 727	1 171	4 032	9 432	8 092
%	100.00	5.15	17.74	41.50	35.61

二、

单位：人

项目	行政职务					专业职务			
	厅级以上	处级	科级	一般干部	工勤人员	合计	高级	中级	初级
合计	14	662	3 745	13 707	4 599	6 660	223	2 251	4 186
%	0.06	2.91	16.48	60.31	20.24	100.00	3.35	33.80	62.85

三、

单位：人

项目	性别		民族		政治面貌			
	男	女	汉	其他	党员	团员	民主党派	其他
合计	13 422	9 305	22 509	218	15 257	1 062	107	6 301
%	59.06	40.94	99.04	0.96	67.13	4.67	0.47	27.72

四、

单位：人

项目	年龄					文化程度			
	25 岁及以下	26－35 岁	36－45 岁	46－54 岁	55－59 岁	研究生	大学 本科	大专	中专及以下
合计	1 087	5 467	8 197	6 484	1 484	976	10 959	8 013	2 779
%	4.78	24.06	36.07	28.53	6.53	4.29	48.22	35.26	12.23

五、

单位：人

项目	参加工作时间					
	1970 年以前	1971—1980 年	1981—1990 年	1991—2000 年	2001—2010 年	2011 年以后
合计	7	2 282	6 429	7 366	4 519	2 124
%	0.03	10.04	28.29	32.41	19.88	9.35

六、

单位：人

项目	变化情况				
	上年实有人数	本年实有人数	增加或减少总数		
			合计	绝对增加数	绝对减少数
合计	22 955	22 727	－228	1 284	1 512
省（区、市）厅局	1 182	1 171	－11	26	37
市（地、州）局	3 882	4 032	150	388	238
县（市、区）局	9 548	9 432	－116	483	599
乡（镇）所	8 343	8 092	－251	387	638

七、

单位：人

项目	人员性质									
	行政	其中：		事业					企业	其中：聘用制
		公务员数	聘用制	合计	财政补助	其中：参照公务员管理	经费自理	聘用制		
合计	11 472	9 442	729	11 216	10 281	5 121	401	534	39	12
省（区、市）厅局	731	719		440	369	105	71			
市（地、州）局	2 386	2 191	69	1 646	1 429	855	150	67		
县（市、区）局	5 411	4 582	215	3 994	3 730	1 680	123	141	27	3
乡（镇）所	2 944	1 950	445	5 136	4 753	2 481	57	326	12	9

2015年省财政系统获全国性和全省性先进集体、先进个人名单

获奖单位或个人	获奖名称	表彰单位
预算处	广东省文明单位	广东省文明委
机关党委办公室	广东省文明单位	广东省文明委
政府采购监管处	2014年度地方政府采购信息统计工作表扬	财政部办公厅
政府采购监管处	中国政府采购奖	中国政府采购报社、中国政府采购新闻网
佛山市财政局	全国财政系统“中国梦财政情”征文活动荣获优秀组织奖	财政部
肇庆市财政局	2015年全国财经科研成果宣传工作特别奖	财政部
肇庆市财政局	全国财政系统“中国梦财政情”征文活动荣获优秀组织奖	财政部
清远市财政局	第四届全国文明单位	中央文明委
梅州市梅县区财政局	2015年全国财政系统先进集体	财政部
东莞市财政局横沥分局	2015年全国财政系统先进集体	财政部
肖映波	2015年全国财政系统先进工作者	财政部
罗睿	广东省先进工作者	中共广东省委、广东省人民政府
欧斌	2014年财政工作“优秀论文、优秀调查报告、优秀公文”评选二等奖	财政部
戴穗生	2014年财政工作“优秀论文、优秀调查报告、优秀公文”评选二等奖	财政部
宋俊华	2014年财政工作“优秀论文、优秀调查报告、优秀公文”评选二等奖	财政部
刘文斌	全国财政系统“中国梦财政情”征文活动散文类三等奖	财政部

续表

获奖单位或个人	获奖名称	表彰单位
李东杰	全国财政系统“中国梦财政情”征文活动诗歌类二等奖	财政部
杨文乐	2015 年度全国财政系统先进工作者	财政部
陈丰伟	2015 年全国财经科研成果宣传工作先进个人	财政部

第十部分
大事记

Memorabilia

1月

1月5日 △厅党组书记、厅长曾志权主持召开以“严格党内生活，严守党的纪律，深化作风建设”为主题的厅党员领导干部专题民主生活会。省纪委常委、巡视办主任曾超鹏和省委第十一督导组组长陈平同志带队参加会议并讲话。邓桂明、欧斌、沈梅红、郑贤操、叶梅芬、项天保、钟炜等厅领导参加会议。

1月6日 △以粤财预〔2015〕16号文印发《关于印发〈市级财政管理绩效综合评价方案（试行）〉的通知》。

1月7日 △厅党组书记、厅长曾志权参加在广州召开的全省中小河流治理工作汇报会议。

1月8日 △厅党组书记、厅长曾志权主持召开厅长办公会议，研究布置进一步加强和规范专项资金管理工作。邓桂明、欧斌、沈梅红、郑贤操、叶梅芬、项天保、钟炜等厅领导参加会议。

△省政府在广州召开省级财政专项资金管理使用情况分析会，省长朱小丹出席会议并作讲话，厅党组书记、厅长曾志权在会上作了汇报发言。

1月9日 △厅党组书记、厅长曾志权参加省政府常务会议，并就建立省以下事权与财政支出责任相适应制度改革试点方案作了汇报。

△厅党组书记、厅长曾志权参加在广州召开的2014年第四季度全省经济形势情况汇报会，并就2014年第四季度广东省财政运行情况作了汇报。

1月13日 △厅党组书记、厅长曾志权参加在广州召开的2015年贯彻落实稳增长促改革调结构惠民生防风险政策措施情况审计进点会。

△厅党组成员、总会计师钟炜主持召开厅党员领导干部专题民主生活会通报会，通报专题民主生活会有关情况。

1月14日至1月16日 △厅党组成员、副厅长郑贤操陪同省委常委、常务副省长徐少华会见来广东考察的世界银行非洲地区副行长马克塔·迪奥普一行，并陪同进行实地考察活动。

1月15日至1月17日 △厅党组书记、厅长曾志权参加在广州召开的广东省第十一届委员会第四次全体会议。

1月19日 △全省财政工作会议在广州召开，会议学习贯彻党的十八届三中、四中全会、中央经济工作会议、全国财政工作会议及省委十一届三次、四次全会精神，总结2014年全省财政工作，研究分析经济新常态下的财政形势，部署2015年全省财政工作，并举办新预算法学习培训活动。厅党组书记、厅长曾志权作讲话，欧斌、郑贤操、项天保、钟炜等厅领导参加会议。

1月20日 △曾志权、欧斌、沈梅红、郑贤操、钟炜等厅领导参加《广东学习论坛》第102期报告会。

△曾志权、邓桂明、欧斌、沈梅红、郑贤操、叶梅芬、项天保、钟炜等厅领导参加省纪委十一届四次全会。

1月21日 △厅党组书记、厅长曾志权主持召开厅党组理论学习中心组集中学习会，学习贯彻省委十一届四次全会精神。沈梅红、郑贤操、叶梅芬、钟炜等厅领导参加会议。

1月26日 △厅党组书记、厅长曾志权参加在广州召开的省对口支援西藏新疆工作领导小组第六次会议。

1月27日 △省政府在广州召开全省办公用房公务用车清理工作会议，省委常委、常务副省长徐少华主持会议，厅党组书记、厅长曾志权在会上就前阶段全省办公用房清理和公务用车清退工作情况作了汇报。沈梅红副厅长参加会议。

1月28日 △厅党组书记、厅长曾志权参加全省安全生产和消防安全工作暨省政府第一季度防范重特大生产安全事故工作电视电话会议。

△曾志权、邓桂明、郑贤操、叶梅芬、项天保、钟炜等厅领导及全厅党员干部在广东分会场参加财政部召开的全国财政反腐倡廉建设工作电视电话会议。

△联合人民银行广州分行以粤财库〔2015〕6号文印发《关于印发〈广东省省级国库现金管理操作细则（试行）〉的通知》。

2月

2月2日 △厅党组书记、厅长曾志权主持召开厅长办公会议，研究部署省十二届人大三次会议预算报告送审相关工作。欧斌、沈梅红、郑贤操、叶梅芬、项天保、何谢带、王春陪等厅领导参加会议。

△厅党组书记、厅长曾志权参加在广州召开的第一批省级新农村连片示范建设工程责任书签字仪式。

2月3日 △厅党组书记、厅长曾志权主持召开2014年领导班子和领导干部年度考核工作总结会议，邓桂明、欧斌、沈梅红、郑贤操、项天保等厅领导出席。

2月4日 △厅党组书记、厅长曾志权参加在广州召开的公共服务延伸专题汇报会。

2月5日 △召开2015年全省财政反腐倡廉建设工作视频会议，厅巡视员邓桂明主持，厅党组书记、厅长曾志权作讲话，厅党组成员、纪检组长项天保作工作报告，欧斌、沈梅红、叶梅芬等厅领导出席。

2月6日 △厅党组书记、厅长曾志权，厅党组成员、纪检组长项天保参加省纪委在广州召开的省直有关单位落实2015年党风廉政建设和反腐败工作任务分工会议。

△举办省财政厅“团结·和谐·奋进”迎春文艺汇演。曾志权、邓桂明、欧斌、郑贤操、项天保等厅领导出席观看文艺汇演。

2月7日 △厅党组书记、厅长曾志权参加政协第十一届广东委员会各界别委员代表座谈会。

2月7日至2月9日 △厅党组成员、副厅长沈梅红参加在广州召开的政协第十一届广东省委员会第三次会议。

2月9日 △厅巡视员邓桂明在广东分会场参加国务院第三次廉政工作会议。

2月9日至2月13日 △厅党组书记、厅长曾志权列席在广州召开的广东省第十二届人民代表大会第三次会议，邓桂明、欧斌、沈梅红、郑贤操、叶梅芬、钟炜等厅领导参加财经委员会预算审查座谈会。

2月13日 △省十二届人民代表大会第三次会议审议通过《广东省2014年预算执行情况和2015年预算草案的报告》。

△厅党组成员、总会计师钟炜率队到财厅前社区走访慰问困难群众，开展在职党员到社区报到为群众服务工作。

2月14日 △厅党组书记、厅长曾志权参加在广州召开的省委全面深化改革领导小组第七次会议。

2月15日 △厅党组书记、厅长

曾志权主持召开厅长办公会议，研究部署2015年预算批复下达和预算执行有关工作。邓桂明、欧斌、沈梅红、郑贤操、叶梅芬、项天保、钟炜等厅领导参加会议。

2月17日 △厅党组书记、厅长曾志权参加省政府常务会议，并就扶持珠江西岸先进装备制造业发展的财政政策措施，以及关于2015年高水平大学建设专项资金安排计划调整及资金来源意见作了汇报。

2月26日至2月27日 △厅党组书记、厅长曾志权参加在深圳市召开的全省科技创新大会。

2月28日 △厅党组书记、厅长曾志权参加在广州召开的省政府第三次廉政工作会议。

3月

3月1日 △厅党组书记、厅长曾志权参加省政府常务会议，并就加强政府性债务管理的实施意见、关于深化预算管理制度改革的实施意见，以及关于加强和规范专项资金管理的有关文稿作了汇报。

3月2日 △项天保纪检组长参加省党风廉政建设领导小组在广州召开的向省委提交述廉报告工作协调会。

3月2日至3月15日 △厅党组书记、厅长曾志权出席在北京召开的第十二届全国人民代表大会第三次会议。

3月10日至3月13日 △厅巡视员邓桂明带队赴四川省财政厅和广西壮族自治区财政厅考察学习。

3月16日 △省政府以粤府〔2015〕33号文批转《广东省权责发生制政府综合财务报告制度改革实施方案》。

△省政府以粤府〔2015〕34号文印发《广东省人民政府关于修订广东省省级财政专项资金管理办法的通知》。

△以粤财预〔2015〕61号文印发《关于加强市县财政专项资金管理使用的意见》。

3月17日 △厅党组书记、厅长曾志权主持召开省财政厅传达贯彻“两会”精神大会，邓桂明、沈梅红、郑贤操、叶梅芬、项天保、钟炜等厅领导出席。

3月18日 △厅党组书记、厅长曾志权主持召开厅长办公会议，布置近期有关工作，审议《广东省财政厅预算执行分析工作规程》、广东省第一批置换债券分配方案等。邓桂明、沈梅红、郑贤操、叶梅芬、项天保、钟炜等厅领导参加会议。

△厅党组书记、厅长曾志权参加省政府常务会议，并就安排广东新岸线芯片项目股权投资资金的意见，以及关于财政存量资金第十批清理工作的意见作了汇报。

3月19日至3月22日 △厅党组书记、厅长曾志权参加省政府代表团赴四川、西藏自治区考察对口支援工作。

3月24日 △厅党组书记、厅长曾志权主持召开厅长办公会议，分析2015年第一季度预算执行情况，研究部署加快预算执行进度督导工作。邓桂明、叶梅芬等厅领导参加会议。

△曾志权、叶梅芬等厅领导参加财政部盘活地方财政存量资金工作专项视频会议。

3月26日 △厅党组书记、厅长曾志权参加在广州召开的全省工业转型升级攻坚战动员大会。

3月27日 △厅党组书记、厅长曾志权参加在广州召开的深化体制机制改革加快实施创新驱动发展战略工作会议。

3月30日 △厅党组书记、厅长曾志权参加在广州召开的省委外事工作领导小组第三次会议。

3月31日 △以粤财库〔2015〕13号文向各市县人民政府印发《关于印发〈广东省乡镇国库集中支付制度改革实施方案〉的通知》。

4月

4月1日 △厅党组成员、副厅长欧斌陪同省长朱小丹赴韶关调研棚户区改造、北江扩能升级相关工作。

4月2日 △厅党组书记、厅长曾志权带队赴深圳开展财政支持创新驱动发展有关工作调研。

4月3日 △厅党组书记、厅长曾志权参加在广州召开的广东自贸试验区专题工作会议。

4月7日 △厅党组书记、厅长曾志权主持召开厅长办公会议，分析第一季度财政收支情况及省级财政的支出进度情况，审议2015年省财政厅信息化项目建设计划、“十三五”地方一般公共预算收入指标等有关事项，学习《中共中央　国务院关于深化体制机制改革加快实施创新驱动发展战略的若干意见》。邓桂明、欧斌、沈梅红、郑贤操、叶梅芬、项天保、钟炜等厅领导参加会议。

4月8日至4月10日 △省政府在广州举办全省市、县（市、区）长新预算法专题培训班，省委常委、常务副省长徐少华出席并讲话，厅党组书记、厅长曾志权为培训班学员授课，邓桂明、欧斌、沈梅红、郑贤操、叶梅芬、钟炜等厅领导参加。

4月13日 △根据省委组织部粤组干〔2015〕276号文通知，免去邓桂明同志省财政厅党组成员、巡视员职务，退休。

4月14日 △厅党组书记、厅长曾志权参加在广州召开的一季度全省经济形势分析汇报会，并就2015年第一季度广东省财政运行情况作汇报。

△厅党组书记、厅长曾志权在广东分会场参加全国涉农资金专项整治行动电视电话会议。

4月15日 △厅党组书记、厅长曾志权参加在东莞召开的督促检查创新驱动发展工作座谈会。

△厅党组书记、厅长曾志权参加省政府常务会议，并就关于扶持珠江西岸先进装备制造业发展的财政政策措施，适当提高省对广州金融保险营业税收入增量返还比例的方案，以及新增科技创新专项资金的意见作了汇报。

△省政府以粤府〔2015〕43号文印发《广东省人民政府关于加强政府性债务管理的实施意见》。

△省政府办公厅以粤府办〔2015〕24号文印发《广东省人民政府办公厅转发省财政厅关于进一步做好盘活财政存量资金工作实施意见的通知》。

4月16日 △厅党组书记、厅长曾志权参加在广州召开的省重点项目建设工作会议。

△厅党组书记、厅长曾志权主持召开厅长办公会议，传达省委书记胡春华、朱小丹省长在一季度全省经济形势分析汇报会上的讲话精神，听取预算处关于制订2015年省财政支持稳增长政策措施有关情况的汇报，研究进一步完善稳增长财政政策措施，并对有关工作进行布置。邓桂明、欧斌、沈梅红、郑贤操、叶梅芬、钟炜等厅

领导参加会议。

4月17日 △省政府在广州举行党组（扩大）会议暨“政府学法日”活动，集中学习《中华人民共和国预算法》。财政部部长助理许宏才作专题辅导报告，厅党组书记、厅长曾志权列席会议。

4月20日 △曾志权、邓桂明、欧斌、沈梅红、郑贤操、叶梅芬、钟炜等厅领导赴省级职业教育示范基地（清远）专题调研广东财贸职业学院筹建工作。

4月23日 △厅党组书记、厅长曾志权参加在广州召开的全省高水平大学建设工作会议。

4月28日 △厅党组书记、厅长曾志权主持召开厅长办公会议，审议《广东省人民政府关于贯彻落实国务院决策部署 推进广东省中期财政规划管理工作的意见（代拟稿）》及《广东省关于编制省级中期财政规划实行办法（稿）》、《2016年省级财政零基预算改革试点工作实施细则》、《省级财政资金项目库管理办法（修订）》、《省级财政专项资金专家评审工作管理暂行办法（修订）》等事项。邓桂明、欧斌、沈梅红、叶梅芬、项天保、钟炜等厅领导参加会议。

4月29日 △厅党组成员、副厅长叶梅芬陪同省长朱小丹赴北江大堤检查防汛备汛工作，并参加北江大堤防汛工作会议。

4月30日 △省政府以粤府〔2015〕50号文印发《广东省人民政府关于深化预算管理制度改革的实施意见》。

5月

5月5日至5月9日 △厅党组书记、厅长曾志权参加省政府代表团赴新疆维吾尔自治区考察援疆工作。

5月8日 △厅党组书记、厅长曾志权参加在广州召开的广东省“三严三实”专题教育工作会议。

△全国人大常委会委员、财经委主任委员李盛霖带领调研组来省财政厅实地调研财政预算支出在线联网监督工作情况并举行座谈会，厅党组成员、副厅长沈梅红参加会议。

5月10日 △经省政府同意，以粤财预〔2015〕159号文印发《关于印发2015年省财政支持稳增长政策措施的通知》，出台16条财政政策措施，支持稳定经济增长。

5月12日 △厅党组书记、厅长曾志权在广东分会场参加全国推进简政放权放管结合职能转变工作电视电话会议。

5月15日 △省财政厅召开“三严三实”专题教育工作会议，厅党组书记、厅长曾志权以“从我做起 争当践行‘三严三实’的表率”为题给全厅党员干部上党课，欧斌、沈梅红、叶梅芬、项天保等厅领导参加会议。

5月18日 △厅党组书记、厅长曾志权参加在广州召开的省推进珠三角“九年大跨越”工作现场会。

△厅党组书记、厅长曾志权参加全省公务用车制度改革工作电视电话会议。

△厅党组书记、厅长曾志权主持召开厅长办公会议，传达全省公务用车制度改革工作会议精神，研究部署省财政厅贯彻落实意见。厅党组成员、纪检组长项天保参加会议。

5月22日 △厅党组书记、厅长曾志权主持召开厅长办公会议，审议《广东省财政厅办事群众满意度调查考评及责任追究工作方案》、2016年省级预算编制工作方案、关于进一步明确非税收入具体项目管理职责及整合广东行政职业学院等搬迁进入清远职教基地相关事宜，传达省领导关于广东省PPP模式推广工作批示精神，研究省财政厅贯彻意见。郑贤操、叶梅芬、项天保等厅领导参加会议。

△根据省委组织部粤组干〔2015〕423号文通知，丁跃文、邹清莲同志任省财政厅副巡视员。

△以粤财预〔2015〕188号文印发《关于印发〈广东省省级财政资金项目库管理办法〉的通知》。

5月25日至5月27日 △厅党组成员、副厅长叶梅芬陪同省长朱小丹赴韶关、东莞调研林业工作。

5月25日至6月2日 △厅党组书记、厅长曾志权参加广东省党政代表团出国访问。

6月

6月5日 △厅党组书记、厅长曾志权陪同省长朱小丹赴工信部电子五所调研。

6月8日 △厅党组书记、厅长曾志权参加贯彻落实在公共服务领域推广政府和社会资本合作模式指导意见电视电话会议。

6月10日 △厅党组书记、厅长曾志权出席2016年省级部门预算编制布置暨编制系统讲解会并讲话。

△厅党组书记、厅长曾志权参加在广州召开的广东省重大政策措施落实情况汇报会。

6月11日至6月15日 △厅党组书记、厅长曾志权参加在广州召开的国务院第十督查组与广东省相关部门座谈会及督查反馈会等相关会议。

6月11日 △厅党组成员、副厅长郑贤操会见世界银行副行长迪奥普顾问王水林，商讨对非投资论坛的有关事项。

6月12日 △省财政厅通过招标方式完成2015年第一批广东省政府一般债券（一、二、三、四期）合计310亿元的发行工作。

6月15日 △厅党组书记、厅长曾志权主持召开厅长办公会议，通报国务院第十督查组对广东省重大政策措施落实情况实地督查情况，研究省财政厅整改落实意见。欧斌、沈梅红、郑贤操、叶梅芬、项天保、钟炜等厅领导参加会议。

省政府以粤府〔2015〕58号文印发《广东省人民政府关于实行中期财政规划管理的实施意见》。

6月16日至6月17日 △厅党组书记、厅长曾志权陪同省长朱小丹赴梅州、河源、汕尾调研推进粤东西北振兴发展工作。

6月17日至6月19日 △全省政府和社会资本合作（PPP）业务培训班在广州举办，厅党组书记、厅长曾志权出席并作开班讲话。

6月18日 △厅党组书记、厅长曾志权出席全省预算执行工作视频会议并讲话。

△厅党组书记、厅长曾志权带队赴工信部电子五所调研。

△广东省注册会计师协会第六次会员代表大会暨六届一次理事会在广州召开，厅党组成员、总会计师钟炜出席并讲话，省财政厅原党组成员、巡视员邓桂明当选第六届理事会会长。

6月26日 △厅党组书记、厅长曾志权主持召开厅长办公会议，审议《广东省财政厅定向化保障车辆使用管理办法》、《广东省财政厅公务出行管理办法》、《广东省财政一体化信息系统建设工作方案》、《省级财政资金应急拨付内部工作规程（暂行）》及第二批政府置换债券分配方案。欧斌、沈梅红等厅领导参加会议。

6月28日 △厅党组书记、厅长曾志权参加新组建的广东省科学院揭牌仪式。

6月29日 △厅党组书记、厅长曾志权陪同省长朱小丹赴汕头调研，并参加练江流域整治现场会。

6月30日 △厅党组书记、厅长曾志权陪同省委书记胡春华赴广东工业大学、佛山科技学院、东莞理工学院等学校调研。

△省财政厅开展扶贫济困捐款活动，厅党组成员带头捐款，全厅党员干部、离退休同志积极参与，当日共筹集捐款5万余元。

7月

7月1日 △厅党组书记、厅长曾志权陪同省长朱小丹赴江门调研经济社会发展情况。

△厅党组成员、副厅长沈梅红参加在广州召开的科学院重组工作领导小组会议。

△厅党组成员、副厅长郑贤操、叶梅芬出访埃塞俄比亚、坦桑尼亚等国参加首届对非投资论坛。

7月2日 △厅党组成员、副厅长沈梅红，厅党组成员、总会计师钟炜参加省人大预工委来省财政厅商谈实时在线联网监督委托购买第三方服务工作座谈会。

7月3日 △厅党组成员、副厅长郑贤操参加省委书记胡春华主持的省全面深化改革加快实施创新驱动发展战略领导小组第一次会议。

7月5日至7月7日 △厅党组成员、副厅长叶梅芬陪同朱小丹、邓海光等省领导赴湛江市视察旱情，开展抗旱救灾有关工作。

7月6日 △厅党组书记、厅长曾志权应邀参加惠州市基本公共服务均等化综合改革总结推进会。

7月7日 △厅党组书记、厅长曾志权主持召开厅长办公会议，分析2015年上半年全省财政收支情况，审议2015年省级财政专项资金清理整合意见及2016年省级预算编制内部管理规程。欧斌、郑贤操、项天保等厅领导参加会议。

7月9日 △厅党组书记、厅长曾志权陪同省长朱小丹赴汕头大学调研。

7月9日至7月11日 △厅党组成员、副厅长欧斌陪同省政协主席王荣到粤北片区开展粤东西北振兴发展现场检查有关工作。

7月10日 △厅党组书记、厅长曾志权陪同省长朱小丹参加在广州召开的与李嘉诚基金会、以色列理工大学两方座谈会。

△厅党组成员、总会计师钟炜在广东分会场参加财政部PPP工作视频会议。

7月12日至7月15日 △厅党组书记、厅长曾志权陪同省长朱小丹到粤北片区开展粤东西北振兴发展现场检查有关工作。

△厅党组成员、副厅长郑贤操陪同省人大常委会主任黄龙云到粤西片区开展粤东西北振兴发展现场检查有关工作。

7月13日 △通过国债招投标系统公开发行2015年第一批广东省政府专项债券55亿元。

7月14日 △厅党组成员、副厅长欧斌参加省委常委、常务副省长徐少华主持召开的省属国有企业棚户区改造有关工作会议。

7月15日 △以粤财库〔2015〕51号文印发《关于盘活部门实有资金账户财政存量资金有关事项的通知》，开展清理盘活部门实有资金账户财政存量资金工作。

7月17日 △厅党组书记、厅长曾志权参加在广州召开的全省进一步促进粤东西北地区振兴发展工作会议。

7月18日 △厅党组书记、厅长曾志权参加在广州召开的落实国务院促进外贸稳增长有关惠企政策专题工作会议。

7月20日 △厅党组书记、厅长曾志权参加在广州召开的省委基层治理领导小组会议。

7月21日 △厅党组书记、厅长曾志权陪同省长朱小丹赴佛山、东莞调研。

△厅党组书记、厅长曾志权主持召开厅长办公会议，研究部署推进打造农村公共服务平台工作。

△厅党组成员、副厅长欧斌参加在广州召开的广东自贸试验区新闻发布会。

△通过国债招投标系统公开发行2015年第二批广东省政府专项债券259亿元。

7月22日 △厅党组书记、厅长曾志权赴全省科技企业孵化器建设工作现场参观考察并参加全省科技企业孵化器建设工作会议。

△厅党组成员、副厅长叶梅芬参加在江西召开的全国财政经建工作会议。

7月23日 △厅党组书记、厅长曾志权参加在广州召开的研究2015年新开工高速公路项目投资建设方案和深中通道项目前期工作有关问题会议。

△全省盘活地方财政存量资金工作第二次专题视频会议在广州召开，厅党组成员、副厅长叶梅芬主持会议，厅党组书记、厅长曾志权出席会议并作讲话。

△厅党组书记、厅长曾志权陪同省委书记胡春华前往广州市天河区省消防总队特勤大队开展“八一慰问”活动。

7月24日 △厅党组成员、副厅长欧斌带队赴广州市南沙新区调研自贸区税收政策落实和申报启运港退税试点有关工作。

7月25日 △厅党组成员、副厅长郑贤操参加在湛江市举行的省第十四届运动会暨第七届残疾人运动会开幕式。

7月27日 △厅党组书记、厅长曾志权参加在广州召开的全省贯彻落实《中国制造2025》暨珠江西岸先进装备制造产业带建设工作会议。

7月28日 △厅党组书记、厅长曾志权参加在珠海召开的全省人大预算支出联网监督工作座谈会。

△厅党组成员、副厅长沈梅红陪同朱小丹、邓海光等省领导到解放军特种作战学院（军体院）开展“八一慰问”。

7月29日 △厅党组书记、厅长曾志权参加省十二届人大常委会第十九次会议，并就广东省2014年省级决算草案报告和2015年上半年预算执行情况报告作了汇报。沈梅红、郑贤操、叶梅芬等厅领导参加省十二届人大常委会第十九次会议分组会议。

△厅党组书记、厅长曾志权参加在广州召开的“十三五”规划编制工作领导小组第一次会议。

△沈梅红、郑贤操、叶梅芬等厅领导在广东分会场参加全国财政工作视频会议。

7月30日 △厅党组书记、厅长曾志权，厅党组成员、副厅长叶梅芬参加在广州召开的全省推进基层公共服务综合平台建设工作动员会。

△欧斌、沈梅红、郑贤操等厅领导参加省十二届人大常委会第十九次会议分组会议。

△省府办公厅以粤办函〔2015〕368号文印发《广东省人民政府办公厅关于开展省直管县财政改革第五批试点的通知》，从2015年7月起，将韶关市翁源县、河源市连平县、汕尾市海丰县、湛江市雷州市、肇庆市广宁县、揭阳市惠来县6个县（市）纳入省直管县财政改革第五批试点范围。

△以粤财预〔2015〕333号文印发《广东省应用型科技研发及重大科技成果转化资金管理办法》。

7月31日 △厅党组书记、厅长曾志权参加在广州召开的全省中小微企业工作会议。

8月

8月3日至8月5日 △厅党组成员、副厅长叶梅芬陪同省长朱小丹赴湛江、茂名、云浮等地调研农业龙头企业。

8月7日 △厅党组成员、副厅长欧斌参加在广州召开的2015年全省上半年经济形势分析会。

8月10日 △厅党组成员、总会计师钟炜参加省委常委、常务副省长徐少华主持召开的省经济体制和生态文明体制改革专项小组第七次会议。

8月12日 △厅党组书记、厅长曾志权参加在新兴县举行的推进基层公共服务综合平台建设试点工作启动仪式。

8月13日 △厅党组书记、厅长曾志权参加在惠州召开的创新驱动发展工作调研汇报会。

△厅党组成员、副厅长郑贤操陪同省委常委、常务副省长徐少华到广东工业大学开展政府采购提案督办调研。

8月14日 △厅党组书记、厅长曾志权主持召开厅长办公会议，审议厅行政复议和行政应诉工作管理办法、厅规范性文件制定管理办法、进一步改进稽核系统考核办法和稽核依据录入规范事宜、广东省政府性债务风险应急和责任追究预案等文件。郑贤操、叶梅芬、项天保、钟炜等厅领导参加会议。

△厅党组书记、厅长曾志权参加在广州召开的广东省推进职能转变协调小组第一次全体会议。

8月17日 △举办全厅党员干部参加的纪律教育专题辅导报告会，厅党组书记、厅长曾志权以“从我做起争当守纪律讲规矩的表率”为题作纪律教育专题辅导报告，郑贤操、叶梅芬、项天保、钟炜等厅领导参加会议。

8月18日 △全省财政工作视频会议在广州召开，厅党组书记、厅长曾志权出席会议并作讲话，欧斌、郑贤操、叶梅芬、项天保等厅领导参加会议。

△厅党组成员、总会计师钟炜参加在广州召开的司法体制改革专题会议。

8月19日 △曾志权、欧斌、郑贤操、叶梅芬等厅领导参加在广州召开的全国人大代表专题调研动员会。

△厅党组书记、厅长曾志权，厅党组成员、副厅长欧斌参加在广州召开的深化医药卫生体制改革专题座谈会。

8月20日 △广东省推广运用政府和社会资本合作（PPP）模式项目推介会在广州举办，省委常委、常务副省长徐少华出席会议，厅党组书记、厅长曾志权，厅党组成员、副厅长叶梅芬参加会议。

△部分副处以上干部及重点岗位同志到清远监狱参加警示教育活动，欧斌、郑贤操、叶梅芬、项天保等厅领导参加活动。

8月21日 △举办全厅副处以上干部及部分重点岗位干部党纪政纪法纪教育学习会。厅党组书记、厅长曾志权作总结讲话，欧斌、沈梅红、郑贤操、叶梅芬、项天保、钟炜等厅领导参加会议。

8月22日 △厅党组书记、厅长曾志权参加在珠海举行的首届珠江西岸先进装备制造业投资贸易洽谈会开幕式。

△厅党组书记、厅长曾志权陪同胡春华、朱小丹等省领导视察港珠澳大桥建设工地。

8月23日至8月24日 △厅党组书记、厅长曾志权参加省委举办的全省第十四期领导干部党纪政纪法纪教育培训班。

8月24日 △厅党组成员、总会计师钟炜参加财政部稳增长财政政策落实情况督查组座谈会。

8月25日至8月26日 △厅党组成员、总会计师钟炜陪同财政部稳增长财政政策落实情况督查组到广州、江门等地调研。

8月26日至8月29日 △厅党组书记、厅长曾志权参加省党政代表团赴江西、福建省学习考察。

8月30日至9月1日 △厅党组成员、副厅长叶梅芬参加在内蒙古呼和浩特召开的财政部政府和社会资本合作（PPP）示范项目督导会议。

8月31日 △厅党组书记、厅长曾志权参加在广州召开的2015年全省高速公路建设推进会。

△厅党组成员、总会计师钟炜参加在广州召开的全省深入推进户籍制度改革工作电视电话会议。

△厅党组成员、总会计师钟炜参加在广州召开的省人大预算支出联网监督工作联席会议。

9月

9月1日 △厅党组书记、厅长曾志权参加十二届54次省府常务会议，并就关于改革和完善省对下财政转移支付制度的实施意见、关于广东省2015年第2批新增地方政府债券及第3批置换债券分配方案的请示、关于国家小微企业创业创新基地城市示范的配套资金安排等进行了汇报。

△厅党组成员、纪检组长项天保参加在河源召开的全省财政监督工作会议。

9月2日 △省政府召开全省财政支出进度集体约谈会，省委常委、常务副省长徐少华主持会议，省长朱小丹出席会议并讲话，曾志权、欧斌、郑贤操、叶梅芬、项天保、钟炜等厅领导参加会议。

△厅党组书记、厅长曾志权主持召开厅党组理论中心组“严以修身”专题学习研讨活动，欧斌、沈梅红、郑贤操、项天保等厅领导参加。

9月6日 △厅党组书记、厅长曾志权参加十二届55次省府常务会议，并就关于东莞理工学院和佛山科学技术学院省市共建高水平理工科大学建设专项补助的资金安排方案进行了汇报。

9月7日 △厅党组书记、厅长曾志权主持召开厅长办公会议，审议厅定向化保障车辆及公务出行用车管理暂行办法、省直行政事业单位不动产处置管理操作规程和省直有关单位机构编制事项。叶梅芬、钟炜等厅领导参加会议。

9月9日 △厅党组书记、厅长曾

志权带队前往省财政职业技术学校，开展2015年教师节慰问活动。

9月10日 △厅党组书记、厅长曾志权参加在广州召开的全国第二次大督查第二批核查问责工作协调会。

△厅党组成员、总会计师钟炜陪同省长朱小丹参加在东莞石龙召开的广东铁路国际物流基地规划建设现场办公会。

9月11日 △厅党组书记、厅长曾志权主持召开厅长办公会议，通报落实国务院重大政策措施整改及全国第二次大督查第二批问题核查问责工作有关情况，研究部署相关整改工作。欧斌、叶梅芬、项天保、钟炜等厅领导参加会议。

9月15日 △全省地级以上市财政国库压减库款工作约谈会在广州召开，厅党组成员、副厅长叶梅芬主持会议。

9月16日至9月17日 △厅党组书记、厅长曾志权陪同省委书记胡春华赴肇庆调研。

9月20日 △省财政厅会计服务大厅荣获全国行政服务大厅典型案例展示活动“百优十佳”典型案例。

9月22日 △厅党组成员、总会计师钟炜参加在河源召开的基本公共服务均等化综合改革试点动员会议。

9月23日 △以粤财预〔2015〕404号文印发《关于公布广东省政府性基金目录清单的通知》。

9月24日 △厅党组书记、厅长曾志权参加省委全面深化改革领导小组第十二次会议。

△厅党组成员、总会计师钟炜参加在广州召开的全省贯彻落实国务院“三证合一、一照一码”登记制度改革工作电视电话会议。

9月28日 △省财政厅内控委第一次会议召开，厅党组成员、纪检组组长项天保主持会议，厅党组书记、厅长曾志权出席会议并作讲话。

9月28日 △厅党组成员、总会计师钟炜出席省直单位第三届技能大赛决赛，省财政厅作品“创新政府服务机制，推动城市优质退休教师服务农村教育”荣获第三名，省财政厅荣获优秀组织奖。

9月29日 △厅党组成员、总会计师钟炜参加在广州召开的广东省庆祝中华人民共和国成立六十六周年招待会。

9月30日 △厅党组书记、厅长曾志权陪同省长朱小丹参加会见上海复星集团董事长郭广昌一行。

△厅党组书记、厅长曾志权参加广东省、广州市公祭烈士活动暨向广州起义纪念碑敬献花篮仪式。

10月

10月5日 △厅党组书记、厅长曾志权主持召开厅长办公会议，研究布置省财政支持台风“彩虹”受灾地区救灾复产有关工作。欧斌、沈梅红、叶梅芬、项天保、钟炜等厅领导参加。

10月6日至10月8日 △厅党组成员、副厅长叶梅芬陪同副省长邓海光赴湛江察看灾情和指导救灾工作。

10月8日 △厅党组成员、副厅长郑贤操参加在广州召开的省社会体制改革专项小组第十次全体成员会议。

10月9日 △厅党组书记、厅长曾志权参加在广州召开的2015年第三季度全省经济形势情况汇报会，并就2015年第三季度广东省财政运行情况作了汇报。

10月10日 △通过国债招投标系统公开发行2015年第6批广东省政府债券347．6512亿元。

△厅党组书记、厅长曾志权参加在广州召开的推进自贸区建设情况汇报会。

10月12日 △厅党组书记、厅长曾志权参加在广州召开的国务院棚户区改造专项督查会议并汇报有关情况。

10月12日至10月15日 △厅党组成员、副厅长欧斌陪同国务院棚户区改造工作专项督查组在粤调研。

10月12日至10月13日 △厅党组成员、副厅长叶梅芬陪同省长朱小丹赴梅州市调研水利工作。

10月13日 △财政部副部长余蔚平率调研组到省财政厅调研座谈，厅党组书记、厅长曾志权就前三季度广东省经济财政运行情况及有关财政工作情况作了汇报，沈梅红、郑贤操、钟炜等厅领导参加座谈。

△厅党组成员、副厅长郑贤操参加在广州召开的第二届省政府决策咨询顾问委员会换届大会暨省长与专家座谈会。

10月15日 △厅党组书记、厅长曾志权在广州参加2014年度审计整改工作会议。

△厅党组书记、厅长曾志权，厅党组成员、副厅长叶梅芬参加省政府常务会议，曾志权厅长就2016年到期项目专项审计和绩效评价情况及安排意见作了汇报。

10月16日 △厅党组书记、厅长曾志权主持召开厅长办公会议，通报国务院第二次大督查第二批问题核查问责处理意见的情况，审议《省财政厅停车场车辆停放管理暂行办法（修订稿）》、《关于省直党政机关和事业单位差旅费管理问题的补充通知（送审稿）》等事项，听取2016—2018年省级中期财政规划及广东省2015年预算执行情况和2016年预算草案情况汇报。沈梅红、郑贤操、叶梅芬、项天保、钟炜等厅领导参加会议。

△厅党组成员、副厅长郑贤操在广州参加全省第四季度外贸稳增长电视电话会议。

10月16日至10月18日 △厅党组书记、厅长曾志权陪同省长朱小丹赴西藏自治区考察对口支援工作。

10月18日 △厅党组书记、厅长曾志权陪同省委书记胡春华、省长朱小丹会见清华大学校长一行。

10月19日 △厅党组书记、厅长曾志权参加在广州召开的2015年全省第三季度经济形势分析会。

10月20日 △厅党组成员、副厅长叶梅芬在广州参加第四季度防范重特大生产安全事故暨全省冬春火灾防控工作电视电话会议。

△厅党组成员、总会计师钟炜陪同省长朱小丹会见新疆喀什地区党政代表团一行。

10月20日至10月21日 △厅党组成员、副厅长沈梅红陪同省委政法委书记林少春赴江西赣州调研严重精神障碍患者救治救助工作。

10月22日 △厅党组成员、副厅长叶梅芬陪同省委书记胡春华、省长朱小丹会见人保集团董事长一行。

10月23日 △厅党组书记、厅长曾志权参加在广州召开的省委全面深化改革领导小组第十三次会议。

△厅党组成员、总会计师钟炜赴肇庆、云浮市开展省十件民生事实专题督查工作。

10月23日至10月25日 △厅党组成员、副厅长叶梅芬参加在南京召开的全国农村环境连片整治工作现场会。

10月27日 △厅党组成员、副厅长沈梅红陪同副省长温国辉会见平安养老保险股份有限公司总经理一行。

10月28日 △曾志权、欧斌、沈梅红、郑贤操、叶梅芬、项天保、钟炜等厅领导参加省委组织部领导来厅座谈会。

10月29日 △厅党组书记、厅长曾志权率队到省国税局，与省国税局、地税局商谈工作。

△厅党组书记、厅长曾志权主持召开厅长办公会议，审议《关于省级财政专项资金清理整合的意见》、《中央财政转移支付资金省级分配下达工作规程（暂行）》和《省财政厅关于中央财政转移支付资金分配下达工作内部规程》、《2015年省级财政卫生事业发展经费分配方案》等事项，研究布置预算支出相关工作。欧斌、郑贤操、叶梅芬、钟炜等厅领导参加。

△厅党组成员、副厅长郑贤操参加在佛山召开的全国财政科研宣传工作研习班暨财经理论研讨会。

10月30日 △厅党组成员、副厅长叶梅芬在广州参加全国冬春农田水利基本建设电视电话会议及广东省贯彻落实会议。

△厅党组成员、总会计师钟炜参加在广州举办的2015广东21世纪海上丝绸之路国际博览会港口城市发展合作高端论坛。

△以粤财预〔2015〕474号文印发《广东省边境地区转移支付资金管理办法》。

11月

11月2日 △厅党组书记、厅长曾志权赴财政部参加调整中央和地方收入划分工作座谈会。

△欧斌、沈梅红、郑贤操、项天保、钟炜等厅领导参加在广州召开的全省传达学习贯彻党的十八届五中全会精神大会。

△通过国债招投标系统公开发行2015年第7批广东省政府债券203亿元。

11月3日 △厅党组书记、厅长曾志权在广州参加全省法治政府建设工作电视电话会议。

△厅党组成员、总会计师钟炜参加在广州举行的省行业协会商会与行政机关脱钩情况汇报会。

11月4日 △厅党组书记、厅长曾志权主持召开厅党组理论学习中心组集中学习会，传达学习党的十八届五中全会精神和全省传达贯彻大会精神，研究省财政厅贯彻意见。欧斌、郑贤操、项天保、钟炜等厅领导参加。

11月5日 △厅党组书记、厅长曾志权陪同省委书记胡春华到省社科联、省社科院调研。

△厅党组书记、厅长曾志权陪同省长朱小丹会见中信国经董事长一行。

△厅党组成员、副厅长沈梅红在广州参加贯彻落实《国务院关于全面建立困难残疾人生活补贴和重度残疾人护理补贴制度的意见》视频会议。

11月6日至11月7日 △厅党组成员、副厅长叶梅芬参加在福州举办的第十三届中国国际农产品交易会。

11月7日 △省财政厅举办第十七届全民健身运动会，厅党组书记、厅长曾志权宣布运动会开幕，厅党组成员、总会计师钟炜在开幕式上致辞，欧斌、沈梅红、郑贤操、叶梅芬等厅领导出席开幕式。

11月9日 △厅党组书记、厅长曾志权主持召开厅党组理论学习中心组集中学习会，学习习近平总书记在中央政治局第26次集体学习时的重要讲话精神、中央新修订的《中国共产党廉洁自律准则》和《中国共产党纪律处分条例》等，开展“严以用权”专题学习研讨。欧斌、沈梅红、郑贤操、项天保、钟炜等厅领导参加。

△厅党组书记、厅长曾志权参加在广州召开的省“十三五”规划编制工作领导小组第二次会议。

11月9日至11月13日 △厅党组成员、副厅长欧斌赴有关地市听取省人大代表对广东省2015年预算执行情况和2016年预算编制工作的意见建议。

11月9日至11月10日 △厅党组成员、副厅长叶梅芬赴河源、梅州开展基层公共服务平台建设试点督导调研。

11月10日 △厅党组书记、厅长曾志权参加在广州召开的中央宣讲团党的十八届五中全会精神宣讲报告会。

△厅党组成员、总会计师钟炜陪同省委常委、常务副省长徐少华到省信息中心调研网上办事大厅建设工作情况。

11月11日 △曾志权、沈梅红、叶梅芬、项天保等厅领导参加在广州召开的广东省学习贯彻《中国共产党廉洁自律准则》和《中国共产党纪律处分条例》报告会。

11月11日至11月12日 △厅党组成员、副厅长郑贤操赴有关地市听取省人大代表对广东省2015年预算执行情况和2016年预算编制工作的意见建议。

11月11日至11月13日 △厅党组成员、副厅长叶梅芬参加在河南省鹤壁市召开的全国农村综合改革工作座谈会。

11月12日 △厅党组书记、厅长曾志权参加在广州召开的珠三角国家自主创新示范区建设启动会。

△厅党组书记、厅长曾志权参加在广州召开的省全面深化改革加快实施创新驱动发展战略领导小组第三次会议。

△厅党组成员、总会计师钟炜参加在广州召开的全省国资国企深化改革推进会。

△以粤财预〔2015〕522号文印发《广东省市县财政收入质量考核办法》。

11月13日 △厅党组书记、厅长曾志权主持召开厅长办公会议，研究部署省财政厅配合做好审计工作有关事宜。

△厅党组书记、厅长曾志权与来访的古巴驻华大使白诗德、驻华商务参赞玛利亚等一行座谈。

△厅党组成员、副厅长沈梅红赴有关地市听取省人大代表对广东省2015年预算执行情况和2016年预算编制工作的意见建议。

△厅党组成员、副厅长郑贤操在广州参加省政府党组（扩大）会议和省政府常务会议。

△厅党组成员、副厅长郑贤操陪同省委常委、常务副省长徐少华会见中山大学岭南学院国际顾问委员会一行。

△厅党组成员、总会计师钟炜赴有关地市听取省人大代表对广东省2015年预算执行情况和2016年预算编制工作的意见建议。

11月14日 △厅党组成员、副厅长欧斌陪同省委常委、常务副省长徐少华赴惠州调研铁路和城际轨道交通项目建设情况。

11月16日 △以粤财预〔2015〕525号文印发《广东省市县财政综合支出考核与转移支付挂钩暂行办法》。

△以粤财预〔2015〕526号文印发《广东省市县财政支出进度考核办法》。

11月16日至11月17日 △厅党

组成员、副厅长欧斌赴有关地市听取省人大代表对广东省2015年预算执行情况和2016年预算编制工作的意见建议。

11月16日至11月17日　△厅党组成员、总会计师钟炜赴有关地市听取省人大代表对广东省2015年预算执行情况和2016年预算编制工作的意见建议。

11月16日至11月18日　△厅党组成员、副厅长沈梅红赴有关地市听取省人大代表对广东省2015年预算执行情况和2016年预算编制工作的意见建议。

11月17日　△厅党组书记、厅长曾志权参加在广州召开的省委精准扶贫及进一步加快县域经济社会发展问题专题工作研究会。

△厅党组书记、厅长曾志权在广州听取省人大代表对广东省2015年预算执行情况和2016年预算编制工作的意见建议。

11月18日　△省人大常委会副主任陈继兴率省人大财经委、教科文卫委和部分省人大代表到省财政厅视察工作。厅党组书记、厅长曾志权汇报了广东省2015年1－10月预算执行情况和2016年预算草案编制准备情况及省级推进教育现代化、卫生强基创优等专项工作情况，欧斌、沈梅红、郑贤操、钟炜等厅领导参加。

11月19日　△厅党组书记、厅长曾志权参加在广州举行的2015广东经济发展国际咨询会。

11月19日至11月20日　△厅党组成员、副厅长郑贤操带队赴清远开展原民办教师和代课教师问题专项工作调研。

11月19日至11月20日　△厅党组成员、副厅长叶梅芬赴有关地市听取省人大代表对广东省2015年预算执行情况和2016年预算编制工作的意见建议。

11月20日　△厅党组书记、厅长曾志权参加在广州召开的省政协“关于加快实施我省创新驱动发展战略”系列提案办理工作情况汇报会。

△厅党组成员、副厅长沈梅红赴有关地市听取省人大代表对广东省2015年预算执行情况和2016年预算编制工作的意见建议。

11月23日　△厅党组书记、厅长曾志权主持召开厅长办公会议，布置有关工作，审议《广东省财政厅内部控制基本制度（试行）》、《广东省政府非税收入管理条例》、《广东省省级预算执行动态监控管理暂行办法》及部分省直单位编制事项。欧斌、沈梅红、郑贤操、叶梅芬、项天保、钟炜等厅领导参加。

△温国辉副省长率省人力资源社会保障厅、省卫生计生委、省食品药品监管局、省民族宗教委有关同志到省财政厅指导商谈工作。厅党组书记、厅长曾志权汇报了今年以来广东省财政收支基本情况及广东省财政工作情况、2016年全省及省级预算初步计划情况、2016年预算编制改革创新情况等，并就有关卫生资金安排使用、社保基金结余、食品药品安全等问题与有关部门同志进行了沟通交流。沈梅红、郑贤操、叶梅芬等厅领导参加。

11月24日　△厅党组书记、厅长曾志权参加省政府常务会议，并就2016年省级财政专项资金清理整合意见作了汇报。

△厅党组书记、厅长曾志权到省委汇报省财政厅基层治理有关工作情况。

△厅党组成员、总会计师钟炜参加在广州召开的省经济体制和生态文明体制改革专项小组第八次全体会议。

11月25日至11月27日　△厅党组书记、厅长曾志权参加在广州召开的中国共产党广东省第十一届委员会第五次全体会议。

11月27日　△厅党组书记、厅长曾志权陪同省委常委、常务副省长徐少华到省法院、省检察院调研司法体制改革工作情况。

△厅党组成员、总会计师钟炜参加在广州召开的广东省—中央企业重大项目投资合作对接动员会议。

11月30日　△厅党组书记、厅长曾志权参加省十二届人大常委会第二十一次会议全体会议，并就2015年省级政府性基金预算调整方案、广东省2015年地方政府债务限额作了汇报。

△厅党组书记、厅长曾志权主持召开厅党组理论学习中心组集中学习会，深入学习省委十一届五次全会精神，研究部署贯彻落实工作。欧斌、沈梅红、郑贤操、项天保等厅领导参加。

△厅党组书记、厅长曾志权主持召开厅长办公会议，研究部署省财政厅落实司法体制改革财物管理有关工作。沈梅红、钟炜等厅领导参加。

△厅党组成员、副厅长沈梅红陪同副省长温国辉到省疾病预防控制中心调研。

12月

12月1日　△厅党组书记、厅长曾志权参加省十二届人大常委会第二十一次会议联组会议。

△厅党组成员、副厅长欧斌参加在广州举行的2015年“法治广东宣传教育周”系列活动启动仪式。

12月2日　△厅党组书记、厅长曾志权参加在广州召开的省“十三五”《规划纲要》稿征求意见座谈会（政府专场）。

△厅党组成员、副厅长欧斌参加在广州召开的全省信息基础设施建设三年行动部署工作会议。

△厅党组成员、副厅长沈梅红参加在广州召开的研究2016年十件民生事实有关工作会议。

△厅党组成员、副厅长郑贤操、叶梅芬参加省十二届人大常委会第二十一次会议分组会议。

△厅党组成员、副厅长叶梅芬参加在广州召开的全省基层公共服务平台建设试点县工作推进会。

12月3日　△厅党组书记、厅长曾志权参加省“十三五”《规划纲要》稿征求意见座谈会（专家专场）。

△以粤财监〔2015〕83号文印发《广东省财政厅内部控制基本制度（试行）》。

12月3日至12月14日　△厅党组成员、副厅长叶梅芬参加在北京召开的国家中小企业发展基金工作会议。

12月4日　△厅党组书记、厅长曾志权参加在广州召开的省委全面深化改革领导小组第十四次会议。

△厅党组成员、副厅长欧斌参加在广州举行的2015年“法治广东宣传教育周”领导干部法制讲座。

12月5日　△厅党组书记、厅长曾志权主持召开厅长办公会议，研究布置2016年预算编制有关工作。欧斌、沈梅红、郑贤操、叶梅芬、钟炜等厅领导参加。

12月7日　△厅党组书记、厅长曾志权参加在广州召开的研究政府工作报告和十件民生实事会议。

△厅党组成员、副厅长沈梅红参加在广州召开的“加强基层食品安全

监管”专题协商会。

△厅党组成员、总会计师钟炜参加在广州召开的2016年经济指标及政策措施工作会议。

12月7日至12月18日　△厅党组成员、副厅长叶梅芬参加在广州召开的各地级以上市市委书记抓基层党建工作述职评议会。

12月10日　△曾志权、欧斌、沈梅红、叶梅芬、钟炜等厅领导参加第107期《广东学习论坛》报告会。

△厅党组书记、厅长曾志权参加在广州举行的省政府与中国银行全面深化“十三五”政银战略合作签约仪式。

△厅党组成员、副厅长郑贤操陪同副省长陈云贤会见世界银行全球教育实践局副局长一行。

12月11日　△厅党组书记、厅长曾志权主持召开厅长办公会议，审议省财政厅2016—2018年中期财政规划及2016年部门预算草案、工贸处支持教育、地勘、研发等相关资金安排计划、部分省直单位编制事项、预算执行中资金调剂的暂行办法，布置做好2015年财政收入监测分析及2016年预算编制工作。欧斌、沈梅红、郑贤操、叶梅芬、项天保、钟炜等厅领导参加。

12月12日　△厅党组成员、副厅长欧斌陪同省委常委、常务副省长徐少华赴韶关调研曲江区广晟十六冶棚改项目和仁化县晟泰花园项目。

12月14日　△厅党组成员、副厅长郑贤操参加在广州召开的加快全面创新改革试验工作座谈会。

△厅党组成员、副厅长叶梅芬陪同省委常委、常务副省长徐少华会见捷克跨党派联合考察团一行。

△厅党组成员、总会计师钟炜参加在广州召开的省参与“一带一路”建设工作领导小组第一次会议。

△厅党组成员、总会计师钟炜在广州参加全国农垦改革发展电视电话会议（广东分会场）。

△厅党组书记、厅长曾志权参加在广州召开的2015年财政收支情况和2016年贯彻落实国务院稳增长促改革调结构惠民生防风险政策措施情况审计进点会。

12月15日至12月16日　△厅党组成员、副厅长郑贤操赴汕头市参加广东以色列理工学院和中以（汕头）科技创新合作区启动仪式有关活动。

12月16日　△厅党组书记、厅长曾志权主持召开厅长办公会议，部署配合做好2015年财政收支情况和2016年贯彻落实国务院稳增长促改革调结构惠民生防风险政策措施情况审计工作事宜。欧斌、叶梅芬、项天保等厅领导参加。

△厅党组成员、副厅长叶梅芬在广州参加全国扶贫开发金融服务工作电视电话会议（广东分会场）。

12月17日　△厅党组书记、厅长曾志权参加省政府全体（扩大）会议暨省政府常务会议，并汇报2016年十件民生实事、2016—2018年省级中期财政规划、广东省和省级2015年预算执行情况和2016年预算草案。

12月17日至12月18日　△厅党组成员、副厅长沈梅红参加在深圳举办的“发现双创之星”大型主题系列活动。

12月18日　△厅党组书记、厅长曾志权在北京参加《关于合作推进赣闽粤原中央苏区农村超高速无线局域网应用试点工作的框架协议》签署活动。

△厅党组成员、总会计师钟炜参加在佛山举办的“一门式”、“一网式”政务服务和网上办事大厅建设现场会。

△厅党组成员、副厅长叶梅芬在广州参加全省加快转变农业发展方式促进农业龙头企业发展暨农村土地承包经营权确权登记颁证推进视频会议。

12月22日　△厅党组成员、副厅长叶梅芬参加在广州召开的广东省农村危房改造工作会议。

12月23日　△厅党组成员、副厅长郑贤操参加在广州召开的研究协调解决高水平大学建设体制机制障碍有关问题会议。

△厅党组成员、副厅长叶梅芬参加在广州召开的2015年经济形势分析会。

12月24日　△厅党组书记、厅长曾志权参加在广州召开的全省领导干部会议。

△厅党组成员、副厅长郑贤操参加在广州召开的广东以色列理工学院去筹工作进展情况汇报并研究相关事宜会议。

△厅党组成员、副厅长叶梅芬赴云浮市参加推进基层公共服务平台建设工作动员会议。

12月25日　△厅党组书记、厅长曾志权参加在广州召开的全省建筑余泥渣土堆放（排放）场及地质灾害易发场所等安全隐患专项整治工作会议。

12月28日至12月29日　△厅党组书记、厅长曾志权参加在北京召开的全国财政工作会议。

12月29日　△厅党组书记、厅长曾志权主持召开厅长办公会议，研究部署预算支出相关工作。沈梅红、郑贤操、叶梅芬、项天保、钟炜等厅领导参加。

12月29日至12月30日　△厅党组成员、副厅长欧斌陪同省长朱小丹赴河源市紫金县调研“县县通高速公路”建设情况。

12月31日　△厅党组书记、厅长曾志权，厅党组成员、副厅长沈梅红参加在广州召开的全省人大工作会议。

△厅党组书记、厅长曾志权陪同省委书记胡春华赴大广高速连平至从化段调研高速公路建设情况。

第十一部分

媒体报道

Media Reports

中央级

广东政府采购试行批量集中议价

各地的政府采购领域或多或少存在“价高、质次、时长”的问题，甚至招投标批量购买的计算机等办公设备，比市场上类似的零售产品还要贵。为此，广东省改革通用类商品协议供货管理，实施省级批量集中采购。

在最近的集中采购批量询价试点中，广东省财政厅将台式计算机、便携式计算机和A4激光打印机3大类办公设备纳入第一批试点品目，实施分类管理，统一配置标准，实行批量电子询价。首期采购预算金额2 641.1万元，成交金额2 166.6万元，节约资金474.5万元，节约率为17.9%。

（2015年1月8日《人民日报》，记者：李刚）

鼓励大众创业万众创新

当前，广东经济发展已进入新常态，面对经济下行压力，通过实施创新驱动，积极培育经济发展新动力，将推动广东经济实现新发展。

要坚持培育增量和优化存量并举，淘汰落后产能和培育新的先进生产力并行，把工作着力点更多转向培育新的先进生产力，推进产业转型升级和现代产业体系建设。2015年省级财政将统筹131亿元，用于扶持先进制造业和现代服务业发展，大力推进高端电子信息、新能源汽车、LED等战略性新兴产业规模化、集聚式发展，扶持一批具有核心技术的大型骨干企业和培育一大批创新型中小企业等，鼓励大众创业、万众创新。

（2015年3月5日《人民日报》，记者：罗艾桦）

广东地方一般公共预算收入首破8 000亿元

据广东省财政厅快报统计，2014年，全省地方一般公共预算收入首次突破8 000亿元，达到8 060.06亿元，同比上年增长13.91%，增幅在沿海五省市中排第一，全省地方一般公共预算收入总量连续24年居全国各省（区、市）首位。

在财政收入规模跃上新台阶的同时，该省财政收入的结构更优、质量更高。2014年，广东省税收收入占地方一般公共预算收入的比重达到80.72%。收入增长更加全面协调，体现为各级次收入增长较为均衡，2014 年，省、市、县三级一般公共预算收入增幅分别为 11.02%、15.77% 和 13.63%，增幅差距较小，且市县增幅高于省级，基层财政自我保障能力进一步提高。

广东省财政厅有关负责人表示，做大收入“蛋糕”的根本目的是通过财政再分配更好地解决民生和发展问题。2014 年，全省财政部门坚决贯彻省委、省政府的决策部署，积极调整支出结构，大力压缩一般性支出，以把更多的财政资金用于保障和改善民生上。全省用于教育、医疗、社保等领域的民生类支出完成 6 177.11 亿元，占支出比重达 67.63%，同比提高 0.45 个百分点。

（2015 年 1 月 13 日《中国财经报》）

广东启动省级财政国库集中支付电子化改革试点

日前，纳入广东省省级国库集中支付电子化试点的三家预算单位分别通过试点代理银行自助柜面开通了授权支付业务，标志着广东省省级财政国库集中支付电子化管理一期正式上线。

为构建安全、便捷、高效的财政国库支付管理新模式，按照财政部的统一部署，近期，广东省财政厅制定印发了《广东省国库集中支付电子化管理方案》及《广东省省级财政国库集中支付电子化管理实施工作方案》，积极推进国库集中支付电子化改革。

按照方案，试点将遵循“先易后难，分步实施，逐步推广”原则，分三个阶段分步推进：在探索试点阶段，选择个别地级市作为财政国库集中支付电子化管理试点，开展财政部门、人民银行与代理银行间支付电子化试点工作，在省级启动电子化管理工作；在扩大试点阶段，扩大实施电子化业务市、县（区）试点范围，省级选择部分预算单位和代理银行开展支付电子化试点工作；在全面实施阶段，全面推进财政支付电子化管理，在全省财政部门、人民银行、代理银行、预算单位之间实现全流程的电子化操作。

为保障试点工作顺利开展，广东省成立了由省财政厅负责人为组长、有关部门共同参与的广东省财政国库支付电子化管理试点工作领导小组；建立了省级财政国库集中支付电子化管理试点工作联席会议制度，由省财政厅牵头，人民银行广州分行、代理银行为成员单位，定期召开联席会议，协调项目实施工作。同时，明确电子单据传递及处理遵循的原则和规范，建立完善包括支付电子化管理业务制度、电子印章管理制度、支付电子化管理应急预案、电子凭证库备份管理制度等电子化管理制度体系，确保数据安全传输、规范管理。

下一步，广东省财政厅将按照工作方案，在确保资金安全的前提下，继续深入开展试点改革工作，完善有关业务，适时扩大改革试点范围，最终实现省级财政支付业务、代理银行和预算单位的全覆盖。

（2015 年 1 月 15 日《中国财经报》，记者：代兰兰）

广东推行专项资金实时在线联网监管

近日，广东省财政厅印发《省级财政专项资金实时在线联网监督管理办法》，要求利用现有的实时在线财政预算监督系统与省级财政专项资金管理平台的数据资源，建立省级财政专项资金实时在线联网监督系统，实现财政、审计、监察部门和资金使用单位互联互通、共同监督，实现“资金流到哪里，监督就跟到哪里”的多层次、全方位的财政资金监督目标。

《办法》要求，资金使用单位、业务主管部门和财政部门按照《广东省省级财政专项资金管理办法》的规定，及时报送专项资金各环节有关信息，同时，将相关专项资金拨付数据信息及时推送至省级财政专项资金实时在线联网监督系统。财政、审计、监察部门通过监督系统实时对专项资金业务办理过程进行监督，对实时监督中发现的疑点，及时向相关部门发送预警信息及纠错意见，相关部门根据预警信息及纠错意见纠正有关业务，实现对省级财政专项资金的实时监督，突出预警作用，前移监督关口。

《办法》明确，省级财政专项资金实时在线联网监督系统涵盖纳入省级财政专项资金管理平台的专项资金的申报、评审、分配、资金拨付、使用、绩效评价、监督检查等环节信息，强化对资金分配及资金使用的信息反馈。同时，逐步统一省市县三级相关数据标准，将省级下达至市县的省级财政专项资金拨付数据信息实时推送至省级财政专项资金管理平台，实现对省级财政专项资金拨付从省级部门到市县使用单位全过程跟踪、全环节监管。

（2015 年 1 月 20 日《中国财经报》）

广东完善财政经营性资金股权投资管理

广东省财政厅日前印发实施《关于进一步完善省财政经营性资金股权投资改革有关工作的意见》（以下简称《意见》），简化投资程序，加强机构管控，规范股权投资操作，提高资金使用效益。

意见简化了完善股权投资管理流程。一是规范股权投资资金申报审批。依托省财政专项资金管理平台发布股权投资资金专题申报通知，组织开展申报项目审核工作。二是丰富完善股权投资方式。支持采用优先股方式开展股权投资，简化企业申报要求。三是鼓励支持市县政府持股。符合规定条件的省财政资金可委托给市县政府持股。四是加快工作及资金拨付进度。对省行业主管部门和省财政厅已定的投资项目，原则上受托管理机构尽职调查时间应不超过 20 个工作日，参股谈判时间应不超过 15 个工作日，资金拨付时间应不超过 10 个工作日。相关工作开展及资金拨付进度情况纳入对受托管理机构的考核。

意见规范了受托管理机构管理。一是加强股权投资资金管理。在确保资金安全情况下，由受托管理机构或持股主体母公司对其所属承担股权投资操作业务的二级公司或机构投资资金流向进行监管。二是规范受托管理机构操作流程。受托管理机构应按照省行业主管部门、省财政部门提出的投资项目计划开展股权投资调查、参股谈判等工作。三是调整股权投资年度管理费用额度，适当降低费用标准。

意见完善了投资风险管控机制。一是加强受托管理机构及持股主体管理。受托管理机构及持股主体要按照《公司法》及相关法律对有限责任公司的规定开展股权投资，承担有限责任，防止债务连带风险。二是加强股权投资实施管理。省财政部门把股权投资资金纳入公共财政考核评价体系，负责实施重点评价或引入第三方评价政策实施效果，省行业主管部门负责开展绩效自评。三是加强股权投资政策宣传。建立省有关部门、受托管理机构、持股主体和企业间的信息沟通机制，及时发现和防范存在的问题和风险。

意见调动了企业参与股权投资积极性。一是实施股权投资企业奖励。将来源于被投资企业的股权投资收益按 10% 比例奖励给该企业，提高企业参与股权投资积极性。二是鼓励受托管理机构为企业提供增值服务。鼓励受托管理机构按照市场化原则对企业进行直接持股投资，发挥专业投资优势为企业提供增值服务，扶持企业发展壮大，共享企业发展利益。三是逐步扩大试点范围。按照国家和省有关政策及改革工作安排，逐步将支持产业发展和实行基金化管理的专项资金，以及符合财政资金管理规定且可实施开展股权投资的农业、水利、文化产业、外经贸等领域财政专项资金纳入股权投资改革试点。原则上，今后省财政对符合条件的经营性领域的财政资金投入优先采用股权投资方式。

2013 年以来，广东省财政积极推进股权投资改革试点工作。到 2014 年底，参与试点工作的省行业主管部门 9 个，试点项目 49 项，涉及资金达 422.46 亿元。

（2015 年 1 月 30 日《中国财经报》，记者：宗禾）

预算安排更具科学性

“总的来看，2015 年预算报告通篇贯彻了新预算法的要求，体现了党中央、国务院的重大决策精神。既落实了政府工作报告对各项工作的部署安排，突出了财政工作围绕中心、服务大局的理念；又在预算安排上做到了统筹兼顾，有保有压。同时，在预算编制上还体现了科学性、合理性和易读性。”在与记者谈起今年的预算报告时，全国人大代表、广东省财政厅厅长曾志权作上述表示。

预算报告呈现五大亮点

曾志权代表说，与往年比较，今年的预算报告在内容和形式上都有很大改进，概括起来有五大亮点。

一是全面贯彻落实新预算法。今年的预算编制和工作安排，严格执行新预算法的规定，如完善政府预算体系，政府性基金预算、国有资本经营预算、社保基金预算报告事项更加细致完整，预算统筹衔接力度进一步加大；收入预算从约束性转向预期性，由收入任务数变为收入预计数。其他的如加强政府性债务管理、完善转移支付制度、硬化预算支出约束等，在2015年预算支出安排上也得到了落实和体现。

二是预算收支安排积极稳妥、重点突出、科学合理。今年的预算安排坚持围绕中心、服务大局。从收入编制来看，体现了预算收入编制与经济社会发展水平相适应，与积极财政政策相衔接的要求，是稳妥的、恰当的。

三是充分体现了改革的精神。今年预算报告通篇贯穿了改革主线，既全面反映了过去一年财税改革取得的成效，又明确提出了2015年财税改革的重要举措，如完善政府预算体系、推进中期财政规划管理、改革完善转移支付制度、加快推进税制改革、全面推进预决算公开等。同时，在扩大编制范围、改进编制方法、增强报告易读性等方面，都有新的进步。

四是全面报告上年人大决议落实情况。从财税体制改革取得重大进展、预算约束强化、财政预算管理更加规范、政府性债务管理制度进一步健全、财经纪律严肃性增强等五个方面，逐条对照梳理，详尽报告了落实十二届全国人大二次会议预算决议的情况，充分体现了预算的法治性、权威性和严肃性。

五是行文简洁，通俗易懂。报告行文语言简练，数据清晰，在表格中对相关口径作了备注，对部分专业性较强的名词作了附后解释等，让人一目了然，更容易看懂。

着力做好地方财政改革工作

结合广东财政工作，曾志权代表介绍了今年要着重做好的几项工作。

在实行中期财政规划管理方面，广东省从2014年初起开始研究贯彻实施中期财政规划管理的有关思路，目前已形成初步实施方案。在编制中期财政规划过程中，将贯彻统筹兼顾、限额控制、突出重点、绩效优先、防控风险的原则。统筹兼顾，限额控制，突出重点，绩效优先，防控风险。

在财税体制改革方面，中央出台了《深化财税体制改革总体方案》，明确提出新一轮财税体制改革的时间表与路线图。其中最为期待的是，总体方案提出要调整中央和地方政府间财政关系，建立事权和支出责任相适应的制度。广东是一个财政大省，同时也存在人口负担重、区域发展不平衡、基层财政困难等实际问题。一方面，希望中央在研究下一轮中央与地方财政体制时，适度调整政府间收入划分；另一方面，在结合本省实际探索建立省以下事权和财政支出责任相适应的制度时，希望中央给予大力支持和指导。

在养老金并轨方面，开展机关事业单位养老保险制度改革，体现了社会公平，但在短期内也增加了财政支出压力。广东财政将认真贯彻中央和省委、省政府的改革部署，及时转变财政资金安排方式，扎实做好机关事业单位养老保险制度改革实施工作。

在政府购买服务方面，近年来广东省已经取得显著成效。2015年，广东将加大对欠发达地区的转移支付力度，支持各地政府购买服务工作的开展。同时，进一步完善配套措施，落实购买服务资金来源，并结合政府购买服务工作的开展情况，不断促进机构编制管理与政府职能转变、机构编制的核定与单位履行职责相适应。

在预算绩效管理方面，广东是较早开展绩效评价管理改革的省份，在实现项目支出事后绩效评价常态化的基础上，推进绩效管理全过程、多方位覆盖，不断拓展综合性支出、竞争性分配绩效管理，引入第三方独立评价等新模式，构建多元化评价体系，并夯实管理基础，强化结果应用，有效提高了财政资金使用效益。

在推进预决算信息公开方面，广东省财政采取了一系列措施促进预决算信息公开、透明，建设“阳光财政”。省级总预算、总决算透明度不断提高，省级部门预算透明度不断提高，大力推进“三公”经费公开工作，积极推进部门决算公开，积极指导并督促市县预决算公开。

（2015年3月7日《中国财经报》）

广东：统筹兼顾　绩效优先

实施中期财政规划，将有助于约束政府的短期决策行为，对政府执政、理财能力都提出了很高要求。日前，全国人大代表，广东省财政厅厅长曾志权结合广东省的情况，对记者介绍了该省的思路和打算。

“实行中期财政规划管理，是加快建立现代财政制度，增强财政资金安排的前瞻性和可持续性，改进预算管理和控制的重要举措。有利于实现财政预算与党委、政府中期施政目标的衔接统一，强化预算规划约束，打破财政支出结构固化僵化现象，发挥逆周期调控作用，防范和控制财政风险，提高财政资金使用绩效。”曾志权说，广东省财政部门对这一项改革高度重视，从2014年初起已开始研究贯彻实施中期财政规划管理的有关思路，目前已形成初步实施方案。

曾志权表示，按照广东经验，规范政府理财行为、增强预算的精准度和执行力将是重要的改革方向。广东省财政在编制中期财政规划时，将贯彻统筹兼顾、限额控制、突出重点、绩效优先、防控风险的原则。

一是统筹兼顾。以中央和广东省委、省政府的战略决策部署为依据，统筹兼顾当前与长远的关系。一方面着力应对当前经济社会发展中面临的突出问题，同时又兼顾经济建设、民生改善、生态保护之间的关系，从而优化财政资金分配。具体安排中，实施跨年度滚动安排，提高预算编制的准确性和可持续性，加快预算执行进度，减少结余结转。

二是限额控制。依据国家宏观经

济形势和财政政策，科学预计财政收入。同时，根据本地区财政收入预计，科学设置财政支出总量控制目标，分部门、分类别明细支出限额控制目标，赤字或债务余额控制目标。

三是突出重点。在限额控制的基础上，依据项目重要性排序择优选择项目编列预算，确保国家和广东省既定民生政策的落实，确保维持政权运转和提供基本公共服务支出需要，确保关系经济社会发展的重点领域、重大项目资金需求。

四是绩效优先。每项财政支出项目都要有明确、量化和分阶段的预期经济社会绩效目标，要建立和完善绩效评价结果和预算安排相结合的运行机制，以提高财政资金的使用效率和配置效能。

五是防控风险。全面评估财政支出政策的长远影响，运用债务率、新增债务率等指标，判断财政支出政策存在的风险隐患，从而合理确定政府债务余额限额等风险控制目标，严格防控财政风险。还要建立债务风险预警和应急处置机制。

（2015 年 3 月 12 日《中国财经报》）

广东省财政厅厅长曾志权：扎实做好准备工作

对于体现社会公平、兼顾可操作性、同时也考虑公共财政支出的可持续性因素的养老金并轨新政，短期之内无疑会增加财政支出压力，尤其是地方财政承受的压力会更加明显。那么，地方的支出缺口如何解决？广东省财政厅厅长曾志权认为，“广东省财政将认真贯彻中央和省委、省政府的改革部署，及时转变财政资金安排方式，扎实做好机关事业单位养老保险制度改革实施工作。”

具体工作包括以下几个方面：清理统筹存量资金、调整支出结构等方式，筹集资金是为了用于做好行政事业单位养老保险制度准备工作，从而逐步解决支出缺口；切实做好机关事业单位养老保险制度改革的具体工作，同时还要加强对地方各级财政的指导，研究和制定相关配套政策；做好相关工作的培训，以保持政策衔接的规范、准确；做好经办管理服务工作，要广泛开展社会宣传，以得到社会各方的理解和配合；切实加强基金监督管理工作，将基金单独建账，实行严格的基金预算管理，同时将基金纳入社会保障基金财政专户，实行“收支两条线”管理。一系列措施，都是为了保证养老金并轨改革的顺利实施。

（2015 年 3 月 17 日《中国财经报》）

广东构建全方位多层次内控机制

广东省财政厅近年来高度重视内部控制监督管理工作，坚持将廉政风险防控与优化业务流程、防范资金风险、改进完善财政内部管理、提高财政工作透明度相结合，进一步完善内部循环监督体系，健全各项内控管理制度，着力构建全方位、多层次的财政部门内控体制机制。

完善内部循环监督体系，强化财政管理内部制衡。建立完善业务处室的自我监督即管理监督、处室之间的监督即关联监督和监督处室的专职监督等三个层次的内部循环监督工作系统，实现对财政资金运行全过程动态监督。一是加强自我监督。在财政资金分配、审核、拨付、使用、核算以及决算等各个环节，业务处室加强对财政资金事前审核、事中把关和事后跟踪的管理监督，实现对财政资金运行全过程的监督。二是做好关联监督。预算处和国库处作为关联监督主体，通过改进预算编制方法、严控银行账户和资金拨付管理，加强对预算编制和执行的监督。三是加强财政资金的监督与评价。监督检查局和绩效评价处作为监督主体，通过日常监督和定期的专项检查、重点绩效评价等方式，对关联监督处室实施再监督，同时通过外部专项检查，检测预算执行的真实性与准确性。

建立健全财政资金稽核系统，防范财政资金内部风险。运用信息化手段强化财政资金的内部控制管理，建设财政资金稽核系统，全面推开实行财政资金稽核工作。一是建立多层次财政资金安全防护体系。通过处内稽核、处室间稽核、监督检查局稽核二个层次，自动稽核、人工稽核两种方式，建立省级财政预算计划和资金支付安全防护体系。二是建立各业务环节相互制衡的内部监督机制。各个业务环节相对独立、无缝对接，上一环节对下一环节进行实时稽核，同一处室经办人与稽核岗之间、不同处室之间互为稽核主体和稽核对象，不同业务的稽核工作相互交叉，环环相扣，形成闭合环形、相互制衡的格局。三是建立责任追究和纠错机制。按照“谁差错、谁纠正”的原则，明确稽核主体和稽核对象的责任。

完善省级财政专项资金内控管理制度，规范约束权力运行。制定印发《广东省财政厅省级财政专项资金内部控制管理暂行规定》，从管理范围、职责分工、管理要求、内部监督、责任回溯等方面对省级财政专项资金内部控制管理进行全面规范。一是实行分工负责制。建立由厅长负总责、分管厅领导负管理责任、处室主要负责人负直接责任、工作人员依据岗位职责承担相应具体责任，一级抓一级、层层抓落实的专项资金内控管理责任机制。二是建立和完善权力约束制度。进一步明确省级财政专项资金的设立、审核等环节的内部管理要求。三是实行管理责任追溯倒查机制。完善财政专项资金内部档案管理，如实记录审核审批等核心环节信息，实现管理全过程可查询、可追溯。并抓紧建立完善财政专项资金实时在线监督系统。四是落实领导干部经济责任以及离任审计制度。依法依规开展内部经济责任审计工作，及时排查财政专项资金管理风险。

据悉，下一步，广东省财政厅将按照财政部有关财政监督向内控转型的要求，结合本省实际情况，围绕财政中心工作，稳步推进财政监督改革，逐步实现财政监督由外控为主转向内控为主，由事后监督检查为主转向事前、事中监督为主。同时，针对市县财政部门内控建设快慢不均、进度不一的情况，加强调查研究，适时出台指导市县财政内部控制工作的意见，推动地方财政部门全面开展内控制度建设及管理。

（2015 年 4 月 23 日《中国财经报》）

广东推行权责发生制综合财务报告制度

广东省政府日前批转省财政厅《权责发生制政府综合财务报告制度改革实施方案》，部署全面推进权责发生制政府综合财务报告制度改革，力争到 2020 年底，在全省全面开展政府综合财务报告编制工作。

中山大学岭南学院财税系主任林江说，过去政府财务报告是以收付实现制为基础的决算报告制度，即以项目和资金发生的时间为记账依据。简单而言，就是发生一笔收入或支出就记录一笔，俗称“流水账”。

“由于很多项目是跨年度、跨周期的，这样编制的财务报告缺乏连贯性和逻辑性，令公众和债权人无法准确获知政府的真实财务状况。因此亟须建立全面反映政府资产负债、收入费用、运行成本、现金流量等财务信息的权责发生制政府综合财务报告制度。”林江说。

广东省财政厅有关人士称，权责发生制综合财务报告制度的实施，将通过构建统一、科学、规范的政府会计准则体系，建立健全政府财务报告编制办法，适度分离政府财务会计与预算会计、政府财务报告与决算报告功能，从而全面、清晰反映政府财务信息和预算执行信息，为开展监督考核等提供支持。这就要求各级政府必须按统一要求开展资产负债的清查核实工作，编制以资产负债表、收入费用表等财务报表为主要内容，涵盖本部门所属单位的部门财务报告。

据了解，广东将选取部分有条件的地区先行先试，分三个阶段积极稳妥推进改革，为全面实施政府综合财务报告制度积累经验。2015 年，广东将重点做好试编政府综合财务报告、清查核实政府资产负债、完善行政事业单位国有资产管理等工作，配合做好起草会计基本准则、政府综合财务报告编制办法、修订总预算会计制度等工作，全省地市一级试编工作试点地区覆盖面达到 100%。

2016—2017 年，广东将重点做好在条件成熟的地市试编全市合并的政府综合财务报告、在部分条件成熟的地区编制政府部门财务报告、开展基于部门财务报告的政府综合财务报告编制试点等，并拟于 2016 年底前，实现省、市、县（市、区）三级试编工作试点全覆盖，建立规范化的政府财务报告制度。

到 2020 年底，广东将重点建立健全政府财务报告分析应用体系，在全省各市县全面开展政府综合财务报告编制工作，并配套做好修订政府财务报告编制办法、完善会计相关制度等工作。

（2015 年 5 月 15 日《中国财经报》）

广东：引入项目资金竞争机制

近年来，广东省大力深化农业综合开发财政资金竞争性分配改革试点，将全省所有农业综合开发财政投资项目资金都纳入竞争性分配范围，进一步激发全省农业综合开发工作的活力和动力。从项目申报、专家评审、绩效考评、资金分配等环节进行大胆改革和探索，建立健全了资金竞争分配、项目竞争立项、工作绩效考评三大管理制度，形成竞争择优、奖优罚劣的工作机制。

提高农发资金使用效益和财政管理效能

通过引入项目资金竞争机制，建立了科学的资金分配和选项机制，提高了财政资金分配的准确性。项目资金竞争评审机制，改变了过去“一对一”单项审批的方式，增强了项目资金分配的科学性、合理性，弥补了行政管理人员专业知识上的不足。

提高农发资金使用效益和财政管理效能。项目资金实行竞争性分配，从源头上铲除滋生腐败的土壤，避免了暗箱操作，树立了阳光财政的形象。公开透明的项目申报机制，使符合条件的项目申报单位均有机会享受到农业综合开发的扶持政策。结合工作绩效情况分配资金，不仅有效提高了项目申报质量，也有利于挑选和建设优质项目，有利于农发财政资金精细化定位项目，有利于提高农发财政资金管理效能，确保财政资金安全。

进一步完善农发资金竞争性分配机制。积极推进市、县农发资金分配机制建设。省、市、县三级在共同组织竞争性分配中统一协调、分工清晰、责任明确，充分发挥各自的层次优势，形成工作合力，确保竞争性分配工作上水平。同时，将竞争性重点环节前移至市、县两级，在市、县范围内提高竞争程度最大化和竞争结果最优化的水平，切实提高项目申报质量和提高参与全省竞争的成功率，保障市、县获得一定的财政资金扶持；市、县两级提前把关，减少省级组织开展竞争的工作量，降低工作复杂性，节约工作成本。

进一步加强和规范农发资金分配中的评审环节。探索农发项目结构性评审试点工作，研究制定科学合理、系统适用的项目评审指标和评分标准，加强项目申报材料真实性审核，提高项目评审工作质量。同时，在农发资金分配时科学合理使用项目结构性评审结果。在土地治理项目资金分配过程中，在适当参考管理绩效因素的基础上，主要以专家评审意见及得分为依据，按客观可量化的标准确定项目出库、立项的优先顺序，并分配资金。对产业化类竞争性分配资金项目，坚持以专家评审结论为基础分配资金。

建立健全绩效导向的资金分配机制。加大绩效管理权重，建立将绩效考核结果与资金分配挂钩的奖惩机制。将项目评审情况和日常监督检查情况作为将绩效考核的重点，以往年度项目存在严重问题或申报项目材料弄虚作假的绩效考核直接定为差，并将项目单位纳入黑名单，一定年限内资金分配不予考虑。

推进农发专项资金信息化建设。按照广东省财政厅统一部署，依托广东省网上办事大厅省级财政专项资金管理平台，积极推进广东省农发专项资金全新网络化管理、全方位信息公开、全覆盖择优选项农发专项资金信息化工作体系，提高工作效率。

（2015 年 5 月 21 日《中国财经报》）

广东财政多措并举助力大学生就业创业

为引导和鼓励大学生创业，广东省财政加大资金投入力度，鼓励大学生实践创新、创业带动就业，落实税费减免政策，优化创业环境，采取多项措施大力支持大学生就业创业。2015—2018 年，省财政共安排专项资金 25 亿元，统筹用于扶持大学生等城乡劳动者创业。

一、一次性创业资助。普通高等学校学生等成功创业（在本省领取工商营业执照或其他法定注册登记手续）的，正常经营 6 个月以上，可凭相关证明申请 5 000 元的创业资助。

二、租金补贴。对入驻各级政府和有关部门主办的创业孵化基地（创业园区）初创企业，按照第一年不低于 80%、第二年不低于 50%、第三年不低于 20% 的比例减免租金。普通高等学校学生等租用经营场地创业（含社会资本投资的孵化基地），可凭相关证明申请租金补贴，珠三角地区每年最高 6 000 元、其他地区每年最高 4 000元，最长3年。

三、小额担保贷款贴息。对自主创业（国家限制行业除外）自筹资金不足的，可申请小额担保贷款，其中个人最高20万元、合伙经营或创办小企业的，可按每人不超过20万元、贷款总额不超过200万元的额度实行“捆绑性”贷款；符合贷款条件的劳动密集型和科技型小微企业，贷款额度不超过300万元。在规定的贷款额度内，按照贷款基准利率最高上浮3个百分点据实给予贴息；劳动密集型和科技型小微贷款，按贷款基准利率的50%给予贴息。

四、创业带动就业补贴。初创企业吸纳就业并按规定缴纳社会保险费的，可凭相关证明按其吸纳就业（签订1年以上期限劳动合同）人数申请创业带动就业补贴。招用3人（含3人）以下的按每人2 000元给予补贴；招用3人以上的每增加1人给予3 000元补贴，总额最高不超过3万元。

五、优秀项目资助。省从各地推荐的优秀创业项目中评选一批省级优秀项目，每个项目给予5万－20万元资助。省对获得省级以上创业大赛（包括其他省市省级比赛）前三名并在广东登记注册的创业项目，每个项目给予5万－20万元资助。

六、减免有关行政事业性收费和规费、服务收费。对初创企业免收登记类、证照类、管理类行政事业性收费和工会费。事业单位的服务收费，以及各类行政审批前置性、强制性评估、检测、论证等专业服务收费，对初创企业均按不高于物价主管部门核定标准的50%收取。

（2015年5月28日《中国财经报》）

广东疏堵结合规范地方债管理

近日，广东省印发《关于加强政府性债务管理的实施意见》（以下简称《意见》），明确了地方政府性债务举债主体、限额管理、预算管理、风险预警、清理甄别、政绩考核等方面的要求，结合广东实际，创新管理思路和手段，规范地方政府性债务管理。

疏堵结合，规范举借融资。一是明确举债主体。省政府在国务院确定的发债额度限额内依法举借债务，市县政府举债通过省政府代发债券举借。政府债务只能通过政府及财政部门举借。二是控制举债规模。全省政府债务余额限额由国务院批准确定，省财政厅在国务院批准的全省限额内，按因素法评估各地债务风险等级和财政承受能力，分类测算各级一般债务和专项债务规模余额限额并报省政府批准确定。三是实施新增债务与债务存量消化挂钩政策。省对市县新增代发一般债券额度，与该地区上年度一般债务偿还情况挂钩。四是严格举债程序。省财政厅提出下年度政府债券发行额度和分配方案，经报省政府审定批准后将代市县发行的新增限额下达给市县；市县政府在限额内确定本级新增债券使用方案，报本级人大常委会批准后报省财政厅并提请省代发债券；省财政厅审核并编制调整预算方案，经省政府同意后报省人大常委会批准。五是PPP项目投资者或项目公司通过市场化方式举债并承担偿债责任，地方政府按约定规则依法承担特许经营权、合理定价、财政补贴等相关责任，不承担投资者或项目公司的偿债责任。

公开透明，规范债务管理。政府一般债券资金只能用于公益性资本支出和适度偿还存量政府性债务，不得用于经常性支出；专项债券资金要严格限定用于发债对应的具体项目，不得用于平衡预算和其他项目。将当年新增的一般债券、专项债券分别纳入一般公共预算、政府性基金预算的收入预算；将政府存量债务的还本付息、债务资金安排的支出、PPP项目和承担公益性项目企事业单位的财政补贴、资本金注入等，按资金性质分别纳入一般公共预算、政府性基金预算的支出预算。

分类处理，解决存量债务。按照财政部部署，对地方政府债务存量进行甄别。根据国家部署，对甄别后纳入预算管理的政府存量债务，将通过发行地方政府置换债券置换，以降低利息负担，优化债务结构。在国家统一设置的在建项目后续融资过渡期内，法律法规规定可举债领域的在建项目，优先通过地方政府债券融资，债券解决不了的允许通过企事业单位银行贷款方式解决，融资规模纳入年度债务限额管理；过渡期结束后，只能以政府债券方式举债。

建立机制，防范债务风险。落实偿债责任，按照“谁举债、谁偿还、谁承担责任”的原则，区别落实偿还责任。规范偿债准备金管理，地方各级政府不得新设各种形式的偿债准备金，确需偿债的，一律编制三年滚动预算并分年度纳入预算安排。建立债务风险应急处置机制，市县政府对其举借的政府性债务负有偿还责任，省级政府实行不救助原则。实施债务风险预警机制，建立债务风险通报机制、债务高风险地区举债报备机制等。

（2015年6月1日《中国财经报》）

打造“玻璃钱柜”　防范“用钱任性”

近日，随着广东省财务核算信息集中监管改革（以下简称“财务监管改革”）第五批改革工作正式启动，广东省级改革单位累计已达186家，其中包括省一级预算单位118家。自此，广东将省一级预算单位和行政单位100%纳入了改革范围，强化了财政支出监督管理，提高了财政资金使用透明度，初步探索出一条具有广东特色的财务监管改革之路。

广东省于2005年启动了以“两统一、一系统”为主要内容的财务监管改革，在坚持预算单位“三权不变”（即预算单位资金所有权、资金使用权、财务核算权不变）的原则下，通过统一预算单位会计核算软件、统一会计核算规程，利用网络信息技术建立起财务数据“大集中”模式的财务监管系统，实现对单位会计信息的自动比对和纠错。

一是构建财务监管改革制度体系。根据国家预算管理及会计管理相关法律法规，并在总结改革经验与征求专家意见的基础上，省财政厅制订并印发《广东省省级财务核算信息集中监管改革管理实施细则》，明确了改革实施原则、业务操作流程、会计科目使用规定及综合考评办法等。统一会计核算规程和会计科目体系，既满足了改革单位的会计核算需求，也规范了预算单位财务管理工作。

二是搭建省级财政支出监管平台。通过优化完善财务监管系统功能，不断提升系统的运行稳定性、操作便利性和功能多样性。目前，省级财务监管系统已建成集会计核算、出纳管理、比对纠错、分析预警于一体的综合性监管平台，这不但能够满足改革单位记账、查账、出具报表等功能需求，还为财政部门加强监管提供了有力的技术支持。

三是建立部门长效沟通服务机制。加强与各改革部门、单位的沟通联系，采取了包括系统满意度调查、定期上门走访、改革单位座谈交流等方式，更深入地了解改革单位的实际需求与困难；同时，在做好操作培训、系统安装、硬件配备的基础上，通过提供上门服务、问题解决专线、业务指导等多种手段，搭建“财务人员之家”，有效地变“传统监管”为“服务监管”，探索建立了长效沟通、服务机制。

经过几年来的不懈努力，广东省财务监管改革工作取得了显著成效。

履行监管职能，凸显监管督促作用。通过开展省级财务监管改革，实现单位财务收支与财政指标、国库支付信息之间的挂接和匹配，解决了以往预算单位会计核算与预算编制、执行脱离的问题，保证了预算执行结果的真实可靠。同时，依靠监管系统的数据反映与分析功能，对改革单位的会计核算、财务状况、收支情况以及现金管理等情况进行实时监管，并将发现问题及时反馈给单位进行纠正整改，有效强化了财政监管职能。

规范单位核算，提升财务管理水平。改革通过建立统一会计规程以及设立科学合理的会计科目体系，并通过监管系统及时发现违反财政财务政策法规的问题和隐患，减少了预算单位会计核算和会计科目设置的随意性和不合理性，有效提升了预算单位财务管理与会计核算工作水平。

利用平台信息，实现数据挖掘分析。财政部门充分利用集中的财政财务数据信息，对改革单位资产负债状况、收入支出结构、现金使用等情况开展综合分析，并定期出具分析报告，提出完善财政财务管理的意见建议，有效推动了财政支出的科学化、规范化管理。

（2015年6月2日《中国财经报》）

广东出台深化预算管理制度改革实施意见

广东省人民政府印发《关于深化预算管理制度改革的实施意见》（以下简称《意见》），明确了广东省深化预算管理制度改革的总体要求、基本原则、主要任务、保障措施等，提出建立预算编制科学完整、预算执行规范有效、预算监督公开透明以及三者有机衔接、相互协调、“三位一体”的预算管理制度，为推进政府治理体系和治理能力现代化提供预算制度保障。主要包括10个方面35项具体改革措施。

一、建立健全政府预算体系。一是完善政府预算体系。建立定位清晰、分工明确的政府预算体系，强化预算管理的严肃性。二是健全预算标准体系。完善基本支出定额标准体系，制定分地区的公务活动经费开支范围、实物定额和开支标准，健全人员编制、资产管理与预算管理相结合的机制，建立定额标准动态调整机制，进一步完善政府收支分类体系。

二、加强财政收支管理。一是加强财政收入征管。科学合理编制财政收入预算，坚持依法征收，加强执法监督。二是依法加强非税收入管理。清理规范行政事业性收费和政府性基金，加强国有资本收益管理，加强非税收入分类预算管理。三是全面规范税收优惠政策。四是细化预算编制。预算编制细化至功能分类科目“项”级，基本支出编列至经济分类科目“款”级，专项转移支付在分地区、分项目的基础上，细化支出用途和分配办法。五是优化支出结构。增加公共性领域的支出比重，减少经营性领域支出比重。六是控制一般性支出。七是开展零基预算改革。从2015年起省级选取部分部门试行零基预算编制改革试点，争取到2018年全面开展。

三、改进预算管理和控制。一是实行中期财政规划管理。编制三年滚动财政规划，加强中期财政规划管理。二是改进年度预算控制方式。一般公共预算审核的重点由财政收支平衡状态向支出预算和政策拓展，注重财政支出功能和资金效益的发挥。三是建立跨年度预算平衡机制。四是加快推进项目库建设。将执行期在3年以上（含3年）的可滚动实施或分期实施的财政资金，以及建立跨年度滚动预算机制所需的其他财政资金纳入项目库管理范围。

四、完善预算论证征询机制。一是完善预算论证制度。按照绩效优先、保障重点的原则，建立健全项目支出提前决策机制，完善项目审核程序。原则上提前一年组织项目研究论证。二是完善征询方式。完善重大支出项目评审机制，推进为民办事征询民意改革，完善省政府年度民生实事遴选机制。

五、完善预算执行管理。一是健全预算执行的约束机制。二是均衡预算执行进度。提高提前通知转移支付预计数的比例，完善财政预算支出进度通报机制，加快资金审核进度并及时办理资金拨付手续。三是完善支出管理改革。深化国库集中支付制度改革，在全面推进市县改革的基础上，以镇为重点推进改革。四是规范国库资金管理。完善国库单一账户体系建设，严格银行账户审批管理，清理整顿预算单位银行账户。五是强化结余结转资金管理。建立结余结转资金定期清理机制，盘活存量资金。六是建立权责发生制政府综合财务报告制度。扩大政府综合财务报告试编试点范围，逐步建立规范的政府财务报告制度。

六、完善财政专项资金管理。一是突出管理重点。完善专项资金管理办法和专项资金管理平台，推进专项资金实时在线监督。二是健全专项资金设立审核和退出机制。三是加强和规范市县专项资金管理。

七、建立政府性债务管理体系。完善政府性债务管理体系。切实规范政府依法举借债务。严格控制各级政府性债务规模。加快建立政府性债务风险预警机制。认真落实债务偿还责任。强化违规举债行为的责任追究。

八、调整完善转移支付制度。一是合理划分省与市县财政收入。在建立事权与支出责任相适应制度的基础上，对省、市、县各级政府承担相应事权、履行支出责任的财力需求进行量化管理。二是完善一般性转移支付机制。以推进地区间基本公共服务均等化为主要目标，在厘清各级政府事权与支出责任的基础上，对于下级履行自身事权存在缺口的，上级通过一般性转移支付给予适当补助。三是加强一般性转移支付资金管理。严格按照《广东省财政一般性转移支付资金管理办法》，加强对一般性转移支付资金的管理。四是规范专项转移支付。大力清理、整合、规范专项转移支付，在合理界定各级政府事权的基础上，严格控制引导类、救济类、应急类专项转移支付，属地方事务的划入一般性转移支付。

九、严肃财经纪律、监督检查和绩效评价。一是严肃财经纪律、规范理财行为。严格遵守财税法律法规，推进预算公开，健全制度建设，规范理财行为。二是强化监督检查。三是健全预算绩效管理制度。逐步扩大绩效管理范围覆盖范围，拓展绩效评价领域，建立健全预算绩效管理体系，强化部门绩效主体责任，完善多元化评价工作机制，加强绩效管理结果应用。四是强化责任追究。

十、推进财政信息公开。一是实行预决算公开全覆盖。自2015年起，所有县级以上政府均应公开全口径财政预决算、预算调整等信息。细化政府预决算公开内容，加大“三公”经费公开力度。二是健全财政部门政务公开制度。加大财政政策信息公开力度并创新公开载体。

（2015年6月4日《中国财经报》）

广东公开招标发行310亿元政府一般债券

6月12日，广东省通过招标方式完成2015年第一批广东省政府一般债券合计310亿元的发行工作。

此次招标发行的债券分四种期限。其中，广东省政府一般债券（一期），债券期限为3年期，计划发行总量为31亿元，实际发行总量为31亿元，投标总量为75.8亿元，投标倍数为2.45，经投标确定的最终中标利率为2.87%；广东省政府一般债券（二期），债券期限为5年期，计划发行总量为93亿元，实际发行总量为93亿元，投标总量为217.1亿元，投标倍数为2.33，经投标确定的最终中标利率为3.25%；广东省政府一般债券（三期），债券期限为7年期，计划发行总量为93亿元，实际发行总量为93亿元，投标总量为209.2亿元，投标倍数为2.25，经投标确定的最终中标利率为3.52%；广东省政府一般债券（四期），债券期限为10年期，计划发行总量为93亿元，实际发行总量为93亿元，投标总量为188.5亿元，投标倍数为2.03，经投标确定的最终中标利率为3.58%。

本次广东省发行的四期一般债券均为固定利率附息债，从2015年6月15日开始计息，6月12－17日为分销期。

（2015年6月18日《中国财经报》）

广东基本公共服务均等化改革试点扩围

近日，广东省人民政府下发通知，在惠州、江门、阳江、清远市继续深化基本公共服务均等化综合改革试点的基础上，进一步扩大试点地区范围，将珠海、河源、湛江市纳入改革试点。同时，要求各试点地区把基本公共服务均等化综合改革纳入社会建设的主体内容，结合本地实际认真制定改革试点具体实施方案，积极稳妥推进改革。

通知要求，健全投入机制。合理界定各级政府的基本公共服务事权和支出责任，进一步调整和优化公共财政支出结构，逐步提高基本公共服务支出所占比重；完善财政转移支付制度，加大对基层及欠发达地区民生社会事业建设的支持；完善国有资本经营预算制度，提高国有资本收益上缴公共财政比例，更多用于提供基本公共服务，保障和改善民生；充分发挥财政资金杠杆作用，引导和撬动社会资金投入民生社会建设。同时，试点地区可将符合条件的结余结转资金整合用于推进基本公共服务均等化。

通知指出，创新供给方式。深化政府购买社会服务改革，加大社会组织培育力度，鼓励和引导社会组织参与提供多层次、多样化社会公益服务；放宽基本公共服务投资的准入限制，创新政府基本公共服务投资体制，通过招标采购、合约出租、特许经营、政府参股等形式，建立基本公共服务多元化供给机制。

通知明确，完善管理机制。建立健全区域基本公共服务均等化协调机制，不断缩小区域间基本公共服务差距，在现行体制框架内实现区域间基本公共服务支出水平的初步均衡，区域间基本公共服务范围和标准基本保持一致；加强对异地务工人员的基本公共服务供给，逐步把异地务工人员纳入基本公共服务范畴，着力解决异地务工人员子女教育、住房保障、医疗卫生等公共服务难题。

通知要求，探索民主决策机制。积极探索在重大民生政策和项目决策及实施过程中引入征询社会公众意见机制；选取部分民生项目进行改革试点，对财政出资、非财政出资、跨行政区域实施等不同性质的民生实事项目实行不同的征询民意方式。

通知强调，完善绩效考评机制。加大各项基本公共服务在政绩考核中的权重，建立绩效评估机制；每一年度结束后，省对上一年度改革进展情况进行绩效考评，并根据考评情况研究推进下一步改革工作。

（2015年8月20日《中国财经报》）

广东制订一揽子方案支持职业教育发展

广东省财政厅日前制订一揽子方案，通过加大投入、提高标准、推进改革等措施，支持职业教育发展。

完善财政稳定投入机制。广东省财政厅制定印发有关意见，明晰主管责任，明确拨款标准，建立省级奖补机制，督促和引导各地建立完善公办高职院校生均拨款制度；制定高职院校生均提标方案，2015—2017年将省属高职院校的生均综合定额标准分别提高到5 000元、6 000元和7 000元。

完善中职免学费政策。从2015年春季起，将第三学年中职免学费财政补助比例提高至100%，切实解决第三学年免学费的经费来源难以通过顶岗实习获取的问题，保证中职学校的正常运作。

推进中高职一体化改革。广东省财政厅安排省属职业院校基础能力提升专项资金共计8亿元，支持省属职业院校实施中高职一体化改革，重点用于解决院校办学空间不足、基础能力薄弱、专业特色不明显、债务负担比较重、核心竞争力不够强等问题。

推进省级职业技术教育示范基地建设。经省政府批准，省级财政一次性拨付省级职业技术教育示范基地征地款8.9亿元，并将会同省教育主管部门督促有关学校抓紧办理立项相关手续，及时拨付建设款，确保省级职业技术教育示范基地建设工作尽快开展。

合理安排省级职业教育专项资金。广东省财政厅通过竞争性的方式分配高等职业教育专项资金1亿元、中等职业教育学校服务产业能力提升计划专项资金1.5亿元以及中等职业技术教育实训中心和高技能公共实训基地专项资金1.15亿元，遴选出一批办学理念先进、办学特色鲜明、专业建设基础能力好、综合实力强的职业学校给予资金支持，提高职业教育办学质量。

（2015年8月22日《中国财经报》）

广东推进乡镇国库集中支付制度改革

广东省近日印发《乡镇国库集中支付制度改革实施方案》，提出争取用2年的时间全面推行全省乡镇国库集中支付制度改革，2015年，达到珠三角地区各市90%以上、其他地区各市70%以上的乡镇开展改革的目标；2016年，除个别当地没有金融机构的乡镇外，全省所有乡镇都要全面实施国库集中支付制度改革，基本建立起操作规范、运行良好的现代乡镇财政国库管理制度体系。

首先，确定改革模式，健全国库单一账户体系。广东财政以是否有利于增强财政透明度、是否有利于保障财政资金安全、是否有利于提高财政资金运行效率为原则，主要按乡镇视同县级预算单位实施改革、乡镇按一级财政实施改革两类模式分类推进乡镇国库集中支付制度改革。其中：未设置乡级金库，或已实施乡财县管的乡镇，可将乡镇视同县级预算单位实施国库集中支付制度改革；已设置独立金库，或财政收支规模较大、具备国库集中支付管理条件的乡镇，可建立完整的乡镇国库单一账户体系，按一级财政实施国库集中支付制度改革。

其次，规范支付方式，实现安全与效率相统一。广东财政根据不同支出类型，乡镇国库集中支付资金分别实行财政直接支付和财政授权支付两种支付方式。其中：工资支出、购买支出、转移支出等实行财政直接支付，由财政部门开具支付令，通过国库单一账户体系，直接将财政资金支付到收款人或用款单位账户；未实行财政直接支付的购买支出和零星支出实行财政授权支付，由预算单位根据财政授权，自行开具支付令，通过国库单一账户体系将资金支付到收款人账户。

（2015年8月25日《中国财经报》）

广东66亿元支持完善中小微企业投融资机制

近日，广东省财政统筹安排专项资金约66亿元，支持创新完善中小微企业投融资机制，助力中小微企业健康发展。

广东省财政安排11.7亿元，支持建立省中小微企业信用信息和融资对接平台；安排5亿元，设立省中小微企业发展基金，争取募集放大社会资本10倍以上；安排6亿元，大力发展创投、风投等基金；安排10.2亿元，进一步完善中小微企业信贷风险补偿机制；安排24.3亿元，支持省级和地市建立健全中小微企业融资政策性担保和再担保机构；安排5 000万元，大力发展小额贷款保证保险业务；安排1 500万元，强化银行对中小微企业的融资服务；安排5 000万元，支持稳妥发展小额贷款，对小额贷款公司的小微企业贷款给予一定比例的风险补偿；安排5亿元，支持发行企业债、区域集优集合票据等，拓宽中小微企业发债融资渠道；安排2亿元，支持中小微企业设备更新融资租赁；安排1 500万元，加大对中小微企业票据贴现的支持力度；安排2 000万元，支持开展中小微企业司法救助。

（2015年8月27日《中国财经报》）

广东提高政府向社会力量购买服务项目透明度

近日，广东省财政厅对2012年编制的省级政府向社会组织购买服务目录（第一批）进行了修订完善，重新印发了《政府向社会力量购买服务指导目录》（以下简称《指导目录》），进一步提高政府向社会力量购买服务项目透明度，为社会力量承接政府购买服务、参与社会管理提供引导。

修订后的《指导目录》包括基本公共服务事项、社会事务服务事项、行业管理与协调事项、技术服务事项、政府履职所需辅助性和技术性事务等5个一级目录，57个二级目录，323个三级目录。其中：根据经济社会发展变化、政府职能转变及公众需求等情况，新增9个二级目录和66个三级目录；根据第一批目录施行情况，结合政府职能转移及目录内容结构变化情况，减掉1个二级目录和5个三级目录；为使有关目录的表述更为清晰明确，内容更为全面，修改3个二级目录和22个三级目录的文字表述。

2012年，广东省政府印发实施《政府向社会组织购买服务暂行办法》，通过政府购买社会服务的方式，推进政府部分社会管理职能向社会组织转移。与之相配套，省财政厅牵头编制了第一批省级政府向社会组织购买服务目录，将政府购买服务事项划分为政府承担的社会公共服务和履行职责所需服务的两大类，具体包括一级目录5项，二级目录49项，三级目录262项，为各部门确定本单位向社会组织购买服务事项提供依据。2014年，省政府修订印发《政府向社会力量购买服务暂行办法》，扩大了政府购买服务范围。此次出台的《指导目录》适应新要求，在总结3年来工作施行情况的基础上，注重与政府职能转变和政府权责清单的颁布相衔接。

（2015年8月28日《中国财经报》）

广东完善政府采购制度支持创新驱动发展

广东财政根据政府采购相关法律法规的规定，结合省情实际，通过建立面向创新企业的政府采购预算份额预留制度、创新产品和服务政府采购需求标准和评审制度、激励创新驱动发展的政府首购和订购制度等政府采购政策手段，支持创新驱动发展。

建立面向创新企业的政府采购预算份额预留制度。负责编制部门预算的各部门，应当制定向创新企业采购的具体方案，统筹确定本部门面向创新企业采购的项目。在满足机构自身运转和提供公共服务基本需求的前提下，应当预留本部门年度政府采购项目预算总额的30%以上，专门面向创新企业采购。

建立创新产品和服务政府采购需求标准和评审制度。采购人或采购代理机构应根据创新产品和服务的技术特征，制定有利于创新产品及服务的采购需求标准，对已明确预留采购份额的项目应当在采购文件中注明该项目专门面向创新企业采购；在非专门面向创新企业的采购项目中，采购人或采购代理机构应对纳入政府采购创新产品和服务清单范围内的创新产品和服务应给予6% 10%的价格扣除评审优惠，对经评审后投标价格或报价相同的，优先将政府采购合同授予提供创新产品及服务的企业。

建立激励创新驱动发展的政府首购和订购制度。采购人采购的产品和服务属于首购类别的，应通过单一来源采购方式将政府采购合同授予提供首购产品和服务的供应商；采购人采购的产品和服务属于订购类别的，可以采取单一来源、竞争性谈判、竞争性磋商等非招标采购方式购买政府首购订购清单中的订购产品和服务，应明确对订购产品和服务的具体要求、订购项目成果的详细技术要求以及相关评分要素和具体分值等。

（2015年9月3日《中国财经报》）

广东规范政策性农业保险保费补贴资金管理

广东省财政厅近日印发《关于进一步规范政策性农业保险中央和省级保费补贴资金安排管理工作的意见》，规范政策性农业保险保费补贴资金的分配和管理工作，提高资金结算和拨付效率。

规范资金结算拨付程序。广东省财政厅要求，各地级以上市和财政省直管县（市）每年年初按要求报送书面材料，省财政厅与省有关部门按照因素法将保费补贴资金切块安排给各地，并将安排情况告知承保的有关保险经办机构；同时，下放结算和拨付权限，保费补贴资金不再由省统一结算拨付，由各地级以上市和财政省直管县（市）根据中央和省规定的补贴标准，统筹安排使用保费补贴资金，按季直接与保险经办机构进行保费结算和拨付。

规范保险经办机构选择。广东省财政厅指出，对截至2015年6月尚未确定保险经办机构的新设立险种及原有险种承保合同已到期的，由各相关险种的省级主管部门牵头，通过公开招投标等方式择优确定2－3家具体资格的保险经办机构，各地自行通过竞争性谈判等方式择优选定具体保险经办机构，并报省级主管部门、财政部门备案。

规范往年待结算资金安排。广东省财政厅明确，对部分市县、部分险种、部分季度的2014年度未结算拨付保费补贴资金，由各地级以上市和财政省直管县（市）主管部门、财政部门自行与有关保险经办机构协商核实，并办理未结算部分的清算拨付手续，资金来源在省按因素法下达给各市县的保费补贴资金中统筹解决。

规范资金管理制度。广东省财政厅要求各地高度重视政策性农业保险工作，认真对照国家和省的有关规定和要求，抓紧研究制订本地区保费补贴资金及市县自筹保费资金的安排管理制度和结算拨付办法，并及时报省级财政部门、业务主管部门备案。

（2015年9月10日《中国财经报》）

广东稳步推进零基预算改革

2015年，广东省财政厅开始探索试行零基预算改革，并开展改革试点。近期，在总结2015年零基预算改革试行情况的基础上，广东省财政厅印发《2016年省级财政零基预算改革试点工作实施细则》，进一步扩大试点范围，完善零基预算编制流程，稳步推进零基预算改革。

一是扩大试点范围。广东财政在2015年零基预算改革试点6个部门基础上，增加12个部门，将试点范围扩大至18个部门。试点部门（以下简称单位）自身使用以及分管领域的全部预算资金纳入2016年零基预算改革试点范围。

二是完善定额标准。广东财政在2015年零基预算定员定额标准的基础上，进一步修订完善包括事业单位在内财政供养人员定员定额标准，明确定额项目、标准依据、计算方法、基本程序等。

三是合理核定控制数。广东财政以单位2015年预算安排数为参照，根据单位2016年工作安排以及部门的三年中期规划，核定2016年零基预算试点部门控制数以各部门经省政府批准的三年中期财政规划的第一年预算额度汇总而成。

四是明确绩效目标。广东财政全面实行绩效目标申报审核制度，按照省财政项目支出绩效目标管理的有关要求，2016年零基预算全部支出项目必须申报绩效目标，并通过绩效目标审批后才能纳入项目库管理。

五是严格项目申报。广东财政对申报的项目进行可行性论证和严格审核，依托项目库系统分轻重缓急合理排序后，视财力情况择优进行安排。

（2015年10月27日《中国财经报》）

广东有序推进财税体制改革

2015年，广东省财政坚持以问题为导向，全面深化财税体制改革，各项改革工作有序推进，取得了良好成效。

突出重点，推动财税体制改革总体方案落地见效。广东省财政坚持问题导向，抓好重点改革事项实施工作。在深化预算管理制度改革方面，进一步明确了深化预算管理制度改革的总体要求、基本原则、主要任务、保障措施等。同时，印发一系列改革文件，全面推进全口径预算编制、中期财政规划管理、跨年度预算平衡机制、项目库管理、零基预算改革等。在推进省以下事权和支出责任相适应制度改革方面，起草试点组织实施工作方案，对惠州市在教育、交通、社保、民政、水利5个试点领域的所有事权进行调查摸底，制订省以下事权和支出责任置换调整清单。在深化税制改革方面，抓好营业税改征增值税改革试点，积极做好全面扩围的各项准备工作。2015年1－7月，试点户数达到89万户，累计减税251亿元，交通运输业、电信业税负上升的问题逐步得到解决。同时，积极做好建筑、房地产、金融和生产服务业“营改增”前期准备工作。在政府公共资源投入公平配置改革方面，拟订广东省政府公共资源向各类投资主体公平配置实施办法，积极推广政府和社会资本合作（PPP）模式；组织召开广东省推广运用PPP模式项目推介会，推出122个项目，总投资额达2 814亿元。在基本公共服务均等化改革方面，进一步深化和扩大城乡基本公共服务均等化综合改革试点；认真研究制订异地务工人员享受基本公共服务办法，探索建立财政转移支付与农业转移人口挂钩机制，推动基本公共服务常住人口全覆盖；积极推进基层公共服务综合平台建设。

统筹兼顾，推进各项改革全面落实。在完善省级国有资本经营预算管理方面，印发有关实施意见，进一步规范省级国有资本经营预算编制、执行和监督管理。在推进权责发生制政府综合财务报告制度改革方面，制定有关实施方案，指导各市县进一步扩大综合财务报告试编工作范围，实现了地市一级试编工作覆盖面达到100%，县（市、区）一级覆盖面达到50%。在完善政府向社会转移职能和购买服务标准体系方面，印发《政府向社会力量购买服务指导目录》，包括基本公共服务事项、社会事务服务事项、行业管理与协调事项、技术服务事项、政府履职所需辅助性和技术性事务等5个一级目录，57个二级目录，323个三级目录。

（2015年10月30日《中国财经报》）

广东推进实施中期财政规划

日前，广东省印发《关于编制中期财政规划的实施意见》，启动2016—2018年省级部门中期财政规划编制工作，加快推进实施中期财政规划管理。

一是明确编制流程，分步启动编制。广东省级中期财政规划编制流程主要分为前期准备、部门建议、财政初审、政府初审、部门修改、政府审批、告知批复等7个阶段。各地级以上市、各县（市、区）财政部门比照省级编制流程，编制市县中期财政规划。其中，省级从2015年上半年起启动中期财政规划编制工作，编制2016－2018年省级中期财政规划，为省级年度预算编制工作提供依据，并逐年滚动向前编制；各地级以上市、各县（市、区）参考省级的做法，从2015年开始研究中期财政规划管理工作，从2016年起所有地级以上市及县（市、区）每年编制中期财政规划。

二是明确编制要求，强化约束机制。中期财政规划对年度预算具有约束性，第一年的年度预算编制必须在中期财政规划框架下进行，后两年规划指引相应年度预算，确需调整的，要有充分的政策依据并按预算报批程序执行；中期财政规划应在规定范围内调整，区分国家或省出台新政策措施、年度预计收入减少、年度预计收入增加等不同情况，对中期财政规划第一年的年度计划进行调整后，编制年度预算；中期财政规划应与支出政策项目库对接，建立预算支出政策项目库，严格论证、审核、排序支出政策；中期财政规划实行全过程绩效评价管理，规划编制阶段，明确每个支出项目的绩效目标；规划使用阶段，建立支出项目使用绩效考评机制；规划调整阶段，根据绩效考评结果，淘汰增补项目。

（2015年11月3日《中国财经报》）

广东加力保障改善民生

近年来，广东省各级财政部门坚持把保障和改善民生作为财政工作的出发点和落脚点，突出建机制、补短板、兜底线，推动妥善解决事关人民群众利益的热点、难点问题，稳步推进基本公共服务均等化。

一是加大保障和改善民生投入力度。2013—2014 年，广东全省各级财政民生支出分别达到 5 694 亿元和 6 317 亿元，同比增长 17.06% 和 10.9%，占全省一般公共预算支出的比重达 67.7% 和 69.0%。2015 年，全省民生支出安排进一步提高至 7 351 亿元，占全省一般公共预算支出的 70.2%。今年上半年，全省各级财政民生类支出完成 3 434.61 亿元，占全部支出的 73.6%，比上年同期（68%）提高 5.6 个百分点。其中，全省医疗卫生与计划生育支出完成457.23 亿元，同比增长 18.9%，改善了医疗卫生服务，缓解了民众看病难、看病贵问题；全省社会保障和就业支出完成 487.14 亿元，同比增长 17%，提高了社会保障水平，筑牢了社会安全网。

二是扎实推进 10 件民生实事。从 2011 年起，全省各级财政部门积极筹措资金，全力兑现 10 件民生实事承诺。2013—2014 年，省财政分别投入 632.68 亿元和 783.8 亿元，带动全省各级财政投入 1 764 亿元和 1 941 亿元，支持办好 10 件民生实事。2015 年，全省各级财政安排资金 1 928.89 亿元，其中省级财政安排792.4 亿元，推进新一轮扶贫开发“双到”、促进就业和加强困难群体等救助帮扶、促进教育资源公平均衡配置、改进医疗卫生服务、改善农村生产生活条件、加强环境污染治理等 10 件民生实事落实工作。2015 年上半年，全省 10 件民生实事资金已拨付 1 420.52 亿元，完成全年预算的 73.6%。

三是提高底线民生保障水平。广东财政不断完善工作制度，加大资金投入，进一步提高对城乡低保、农村五保、医疗救助、基础养老金、残疾人保障及孤儿保障 6 类底线民生保障项目的支持力度。2014 年，全省各级财政投入底线民生保障资金 190.44 亿元，完成年初预算的 104.5%。2015 年，全省各级财政安排底线民生保障资金 227.19 亿，上半年，已拨付底线民生保障资金 188.07 亿元。

四是完善保障和改善民生长效机制。广东财政修订实施《广东省基本公共服务均等化规划纲要（2009—2020 年）》，明确从公共教育、公共卫生、公共文化体育等 10 个方面推进基本公共服务均等化的目标任务、主要措施，推动建立政府主导、覆盖城乡、功能完善、分布合理、管理有效、可持续的基本公共服务体系。广东财政深化和扩大基本公共服务均等化综合改革试点，先后将惠州等 7 市纳入试点范围，推进民生财政保障制度改革，建立基本公共服务均等化的财力支撑和多元供给机制。广东财政探索建立转移支付与农业转移人口市民化挂钩机制，推进农业转移人口市民化和新型城镇化；研究制定异地务工人员享受基本公共服务的办法，推动基本公共服务常住人口全覆盖。广东财政推进基层公共服务平台整合，打造统一的基层公共服务平台，推动公共服务向基层延伸；推进“为民办事问民意”工作，从 2012 年起，选择村级公益事业建设“一事一议”、小型农田水利项目、农村危房改造、基层医疗机构建设等领域开展试点，并建立健全 10 件民生实事项目遴选征询机制，努力实现“把财政的钱花到群众心坎上”。

（2015 年 11 月 5 日《中国财经报》）

广东加强基本公共服务均等化综合绩效管理

近期，广东省修订印发《广东省基本公共服务均等化绩效考评办法》，加强对基本公共服务均等化过程及其结果的综合绩效管理，充分发挥绩效考评的导向、激励和约束作用，确保全省基本公共服务均等化有效推进。

据了解，广东省进行的考评主要围绕基本公共服务均等化的总体目标以及公共教育、公共卫生、公共文化体育、公共交通、生活保障、住房保障、就业保障、医疗保障、公共安全和生态环境保障 10 项目标任务进行。考评分为综合考评和分项考评，其中：综合考评主要考评各市基本公共服务的投入、产出、效果以及服务的管理过程；分项考评主要考评 10 项基本公共服务均等化工作的成效。年度考评的目标值由省财政部门确定并印发；公众满意度指标值由省财政部门委托第三方机构对各市公众进行满意度调查得出，通过计算基本公共服务均等化系数，确定考评优、良、中、差4个等次。

省财政部门负责考评工作的统一组织协调，负责考评办法的制订、修改及考评工作的综合协调；省相关部门为考评工作实施主体，按照职能分工牵头负责相关职能领域的基本公共服务均等化绩效考评指标选设、考评指标目标值确定和分解、指导和实施考评等相关工作。考评原则上按年度进行，省财政部门可视需要组织不定期的专项考评。年度考评的基本程序为：每年初，省财政部门研究上一年度的考评指标及指标权重；年中各市人民政府对本市上一年基本公共服务均等化工作进行绩效自评形成书面自评报告，省财政部门组织省相关部门对各市基本公共服务均等化情况进行核对，并委托第三方机构对各市基本公共服务均等化工作实施满意度调查，得出各市基本公共服务均等化满意度，最后由省财政部门形成基本公共服务均等化工作绩效考评报告。

考评结果由省财政部门经省政府批准后在全省进行通报。考评结果纳入《广东省市厅级党政领导班子和领导干部落实科学发展观评价指标体系及考核评价办法（试行）》考核内容，并作为下一年度相关财政转移支付资金分配的参考依据。

（2015年11月6日《中国财经报》）

广东规范省级国有资本经营预算管理

日前，广东省财政厅印发《关于进一步完善省级国有资本经营预算管理的实施意见》，从完善国有资本经营预算编制、加强国有资本经营预算收益收缴、规范国有资本经营预算支出责任、加强资金绩效评价和监督检查等方面入手，全方位规范完善国有资本经营预算管理。

完善国有资本经营预算编制。一是明晰国有资本经营预算编制分工。加强国有资本经营预算建议草案编制，加强对国有企业经营情况的统计分析，加强预算主管部门和预算单位间在国资预算编制工作中的协调和信息反馈。二是细化国有资本经营预算编制。统一将收支科目全部细化到“项”级，并对国有资本经营预算支出，在保留原按结构编列的同时，再按支出性质进行分类，细化至支出项目。三是加大国有资本经营预算与一般公共预算的统筹力度。研究并厘清国有资本经营预算与一般公共预算的事权，促进国有资本经营预算与一般公共预算间互相衔接，加大国有资本经营预算资金调入一般公共预算的力度。四是改进国有资本经营预算管理和控制。实行中期财政规划管理，按规定编制省级国资预算三年滚动财政规划，推进项目库管理。

加强国有资本经营预算收益收缴。一是规范国有资本收益申报。省属企业在其所属预算单位按规定下达国有资本收益收取通知期限内，按类别如实填写省属企业国有资本收益申报表。二是严格国有资本收益核定。省属预算单位按职责分工审核监管企业所申报应缴国有资本收益，建立企业财务审计报告、国资监管部门经营业绩考核和绩效考核、财务会计决算报表“三方”相关同口径数据比对机制，增强收益收缴审核的准确性。三是提高企业收益收缴比例。逐步提高省属国有企业利润收缴比例，更多用于保障和改善民生。企业利润收入的收缴比例，原则上2015—2016年达到20%，2017—2018年达到25%，2019—2020年达到30%；企业股利、股息收入、产权转让收入和清算收入，继续按原定的100%比例上缴。

规范国有资本经营预算支出责任。一是明确国有资本经营预算支出范围。国有资本经营预算支出范围除调入一般公共预算外，严格限定用于解决国有企业历史遗留问题及相关改革成本支出、国有企业政策性补贴、对国有企业的资本金注入等方面。二是规范国有资本经营预算执行。开展国有资本经营预算支出考核，加快资金支出进度，对当年度预计无法支出的项目资金和结余结转资金，及时进行清理整合。三是规范预算执行报告报送。省财政部门建立国有资本经营预算收支月报制度，汇总编制省级国有资本经营预算收支月报表。四是规范决算草案报送。建立国有资本经营预算决算制度，预算年度结束后，省属预算单位汇编本单位国有资本经营决算草案报送省财政部门，省财政部门汇总编制省级国有资本经营决算草案经省政府审定后报省人大批准。

加强国有资本经营预算资金绩效评价和监督检查。一是加强国有资本经营预算项目绩效评价。二是加强绩效评价结果的应用。三是加强国有资本经营预算的监督检查。四是推进国有资本经营预决算公开。

（2015年11月10日《中国财经报》）

广东加大减免涉企收费力度

近年来，广东省将减轻企业收费负担作为稳定经济增长的一项重要措施，不折不扣落实好中央出台的收费清理政策措施，结合本省实际，积极挖掘为企业减轻收费负担的空间，在规范管理的基础上做到能减则减、能免则免，出台了一系列取消、免征涉企行政事业性收费政策，有效减轻企业负担，提振企业发展信心，增强企业发展活力。

一是免征缓征，切实减轻企业负担。据统计，2013 年以来，广东省共取消、免征、缓征或降低行政事业性收费 236 项。其中：2013 年取消、免征、缓征、降低行政事业性收费 143 项，减轻企业负担约 72 亿元；从 2014 年 5 月 1 日起，对全省范围内所有企业免征 32 项中央设立和 7 项省设立涉企行政事业性收费，2014 年减轻企业负担约 15 亿元，2015 年预计可减轻企业负担 23 亿元；2015 年取消和暂停征收 12 项中央设立行政事业性收费，对小微企业免征 42 项中央级行政事业性收费，对非营利性养老和医疗机构建设全额免征、对营利性机构减半收取行政事业性收费，预计可为企业减负约 30 亿元。

二是清理规范，加强涉企收费管理。全省范围内开展涉企收费专项清理工作，取消、降低一批涉企收费，并制订广东省涉企收费目录清单向社会公布，实行“涉企收费进清单，清单以外无收费”。在政府性基金清理规范方面，对清理规范后按规定予以保留的政府性基金项目汇总、整理形成《广东省政府性基金目录清单》。在行政事业性收费项目清理规范方面，取消全省各地违规收取的行政事业性收费项目，对清理规范后按规定予以保留的涉企行政事业性收费项目汇总、整理形成《广东省涉企行政事业性收费目录清单》。在经营服务性收费项目清理规范方面，根据清理成效，汇总、整理形成《广东省省级涉企行政审批前置服务收费目录清单》《广东省省级政府定价的涉企经营服务收费目录清单》。

三是督查落实，务求实现清理目标。首先，健机制，明确各方职责分工和清理实施步骤。印发《广东省关于开展涉企收费专项清理工作实施方案》，明确具体实施步骤、职责分工及时间要求等。其次，抓重点，着力解决清理规范的难点、热点问题。在收费单位上，重点清理规范涉企收费金额多、收费乱、群众反映问题多的单位；在收费行为上，重点清理规范强制性培训、自立收费项目等；在收费内容上，重点清理规范擅自改变收费性质、高收费标准，乱评比、乱收费、乱考察等问题。最后，强督导，确保收费清理规范取得实效。省级成立检查组组织全省开展减轻企业负担工作督查活动，多地出台了减轻企业负担“阳光行动”考核办法，保障企业减负政策的落实。

（2015 年 11 月 19 日《中国财经报》）

广东改革和完善省对下财政转移支付制度

近日，广东省印发《改革和完善省对下财政转移支付制度的实施意见》提出，以促进区域协调发展、推进基本公共服务均等化为主要目标，通过优化转移支付结构、完善一般性转移支付制度、清理规范专项转移支付、规范资金分配和使用、加强监督检查和绩效评价等措施，建立健全科学、规范、统一的省对下财政转移支付制度。

优化调整转移支付结构。一是结合事权划分调整转移支付结构。在合理划分各级政府事权与支出责任的基础上，优化调整转移支付结构。各级政府按照各自事权承担相应的支出责任。欠发达地区市县承担支出责任存在财力缺口的，省主要通过一般性转移支付给予适当支持，少量的引导类、救济类、应急类事务可通过专项转移支付予以支持。二是提高一般性转移支付比重。争取在 2015 年底前，省财政一般性转移支付占比提高到 60% 或以上，并在以后年度继续保持在较高水平。逐步形成以均衡地区间财力分布、由市县政府统筹安排使用的一般性转移支付为主体，一般性转移支付和专项转移支付比例合理适度的转移支付结构。三是扩大转移支付支出规模。进一步加大省对市县的转移支付力度，给予欠发达地区和基层政府倾斜支持，促进省内横向和纵向的财力结构均衡。

完善一般性转移支付制度。一是完善一般性转移支付体系。建立健全以保障性转移支付、激励性转移支付、生态地区转移支付、特殊困难地区转移支付为主体的一般性转移支付体系。二是发挥保障性转移支付的托底作用。将均衡性转移支付基数、固定数额补助、结算补助以及有专门用途的一般性转移支付等纳入保障性转移支付范围。三是加强激励性转移支付的引导效应。实施协调发展奖、财政增收奖等激励性转移支付机制，并结合经济社会形势发展，不断完善制度设计和因素指标。四是完善生态地区转移支付。对重点生态功能区等生态地区实施奖补结合的转移支付机制，建立健全生态环境保护指标体系。五是加大对特殊困难地区转移支付倾斜。增加省对革命老区、民族地区、边境地区、财力困难地区和资源枯竭城市等的转移支付，特殊困难地区转移支付及保障性转移支付对“老少边穷”地区实施倾斜支持。

清理规范专项转移支付。一是清理整合现行专项转移支付项目。2016年，将省级一般公共预算专项资金压减至60项以内，对确需保留的专项转移支付项目，建立健全定期评估和退出机制。二是严控新设专项转移支付项目。除国家明确要求设立的转移支付项目外，原则上省级不再新增设立专项转移支付项目。对专项转移支付资金预算实行“一年一定”，不再固化安排。三是逐步退出竞争性领域。对“小、散、乱”，效用不明显以及市场竞争机制能够有效调节的专项转移支付予以取消；对因价格改革、宏观调控等配套出台的竞争性领域专项转移支付明确执行期限。四是规范专项资金管理办法。每一个专项转移支付应有且只有一个资金管理办法，逐步达到分配主体统一、分配办法一致、申报审批程序唯一。五是逐步取消市县资金配套要求。

规范转移支付资金分配。一是探索建立转移支付与农业转移人口市民化挂钩机制。二是完善一般性转移支付资金分配。保障性转移支付和特殊困难地区转移支付主要采用市县的人均可支配财力水平、人均一般公共预算支出水平、基本财力保障需求等指标，以及人口、国土面积等客观因素核算分配。三是规范专项转移支付资金分配。对用于重大工程、跨市县跨流域的投资项目以及选择性、竞争性、外部性较强的重点项目，主要采取项目法分配，实施项目库管理；对具有地域管理信息优势的项目，主要采取因素法分配；对关系群众切身利益的专项，逐步建立政府引导、社会组织评价、群众参与的分配机制。

强化转移支付预算管理。一是加强预算编制。一般性转移支付按照中央和省规定的基本标准和计算方法编制预算；专项转移支付分项目、分地区编制预算。二是及时下达预算。省财政部门应将转移支付预计数提前下达市县，其中按因素法分配且金额相对固定的转移支付提前下达的比例达到90%，市县应将预计数全部编入本级预算。三是推进信息公开。四是加强政府性基金预算和一般公共预算的统筹力度。

（2015年12月15日《中国财经报》，作者：代兰兰）

广东省财政厅厅长曾志权：完善财政政策　支持稳定增长

从支持扩大交通基础设施投资、支持外贸稳定增长和提升对外开放水平、扶持小微企业健康发展、支持棚户区改造、推进环保设施和污染防治等八个方面入手，综合运用财政资金和政策手段，着力支持稳增长。

今年以来，面对复杂严峻的经济财政形势，广东省财政部门坚持围绕中心、服务大局，充分发挥财政职能作用，推动稳增长各项政策措施落地生效，力促经济运行在合理区间。近日在接受记者采访时，广东省财政厅厅长曾志权介绍了财政部门支持稳增长的新思路和新举措。

完善财政政策，推动各项稳增长措施落地

曾志权说，在年初预算重点安排稳增长资金2 450亿元的基础上，财政厅出台了《关于2015年省财政支持稳增长的政策措施》，从支持扩大交通基础设施投资、支持外贸稳定增长和提升对外开放水平、扶持小微企业健康发展、支持棚户区改造、推进环保设施和污染防治等八个方面入手，综合运用财政资金和政策手段，通过新增安排资金、落实税费减免、募集社会资本等方式，筹措资金约2 293亿元，着力支持稳增长。2015年，广东全省各级财政共统筹安排支持稳增长财政资金达到8 002亿元。

具体说来，主要做了三项工作。

一是保持政府投资适度增长，支持扩大基础设施建设。重点推进粤东西北地区振兴发展战略实施“三大抓手”项目建设，安排464.56亿元，全力支持建设高速公路、铁路、城际轨道、航运等交通基础设施；安排47亿元，推动粤东西北地区新区和中心城区扩容提质；安排29.46亿元，支持粤东西北地区省产业园扩能增效，加快推动省产业园基础设施建设、产业集聚发展。同时，安排261亿元，支持水利基础设施建设、棚户区改造、保障性住房建设、农村危房改造、环保设施建设和污染防治。

二是支持实施创新驱动战略。2015—2017年省财政统筹近1 000亿元，综合运用补助、贴息、风险补偿、设立引导基金等方式，瞄准创新驱动的重要环节，精准发力，促进科技创新。主要用于支持企业技术改造、科技创新、高新技术企业发展、科技和经济融合，以及支持基础与应用基础研究、公益研究与能力建设、协同创新与平台环境建设、前沿与关键技术创新、省产业技术创新与科技金融结合等。

三是严格落实税费减免，切实减轻企业负担。进一步扩大营业税改征增值税试点范围，为纳税人减税400亿元；落实小微企业、创新型企业税收优惠、减免政策，为企业减税超50亿元；落实国家制定的高新技术企业减税政策，减税超过350亿元。继续对全省范围内所有企业免征32项中央设立和7项省设立涉企行政事业性收费的省级收入；取消和暂停征收征地管理费等12项中央级设立的行政事业性收费，对小微企业免征42项中央级行政事业性收费，对非营利性养老和医疗机构建设全额免征、对营利性机构减半收取行政事业性收费，其中涉企行政事业性收费2015年约减免53亿元。

转变理财观念，创新财政资金使用方式

在加大财政资金投入的同时，广东省还注重转变理财观念，创新资金使用方式，发挥财政资金杠杆作用和放大效应，引导带动社会资本参与全省经济社会事业建设。据曾志权介绍，围绕创新财政投融资机制，广东省财政通过设立投资引导基金、推广政府和社会资本合作（PPP）模式、用好政府债券资金等，引导社会资本参与经济社会事业建设。

在发挥好各类投资引导基金的作用方面，截至目前，广东省共设立基金40个（不含深圳市），基金规模共859亿元，其中财政出资218.2亿元、撬动社会资本640.8亿元，有效支持基础设施建设、产业结构调整、创新创业、中小微企业发展和环境保护等。

在大力推广运用PPP方面，印发《广东省关于在公共服务领域推广政府和社会资本合作模式的实施意见》，明确了PPP模式适用领域、运作方式、项目管理、投资回报、风险防范、项目监督、退出机制、保障政策等；成功举办PPP项目推介会，推介会共推出122个项目，现场签约项目10个，总投资额达2 814亿元，有效支持基础设施建设、社会事业、保障性安居工程、生态环境保护等。

在利用好新增债和置换债资金方面，发行置换债券1 255亿元，新增债券333亿元，将地方政府置换债券释放出的资金用于支持高速公路、国铁干线和城际轨道等地方资本金出资，将新增地方政府债券资金优先用于支持棚户区改造等保障性安居工程建设、城市地下管网建设改造等重大公益性项目支出，有效促进了经济持续健康发展。

曾志权表示，下一步，广东省财政部门将依法依规抓好财政收入，继续加快稳增长调结构资金支出进度，加大社会筹资力度，推进预算编制改革创新，推动稳增长取得新成效。

（2015年12月24日《中国财经报》，记者：戴正宗，通讯员：代兰兰）

广东：切实缓解中小微企业融资难

广东省财政将支持中小微企业解决融资难及发展问题作为政策的重要内容，新增安排24亿元资金，掌握工作主动权。

近年来，广东省财政不断完善财政扶持中小微企业发展投融资机制，做到第一时间研究、第一时间部署、第一时间落实，跳出财政谋划财政工作。在近期出台的2015年省财政支持稳增长政策措施中，省财政将支持中小微企业解决融资难及发展问题作为政策的重要内容，新增安排24亿元资金，掌握工作主动权。

鼓励中小微企业直接融资

广东省财政通过支持中小微企业债务融资、运用互联网金融推动中小微企业直接融资等方式，提升中小创新型企业的融资能力。为切实发挥政策性担保和再担保机构的融资担保作用，通过推动金融载体服务中小微企业融资，不断加大对小微企业融资担保的规模，提高全省融资担保机构服务于中小微企业的融资担保能力。此外，支持融资租赁公司开展中小微企业设备更新融资租赁。省级财政安排租赁融资基金4.5亿元，创新方式，实行融资租赁企业和设备产品目录制管理，支持目录内的融资租赁企业向中小微企业租赁设备。

为引导社会资本投向中小微企业，广东财政累计投入49亿元，通过设立中小微企业发展基金，安排战略性新兴产业创业投资引导基金等，扶持战略性新兴产业早中期、初创期企业创新创业。并将支持中小微企业融资与财政管理改革等具体实践相结合，通过制度创新，省市联动，共同设立战略性新兴产业区域集优集合票据偿债基金、中小微企业信贷风险补偿基金，搭建省级担保与市、县政策性担保联动平台。通过管理创新，实行融资租赁企业和设备产品目录制管理，精准定位企业融资需求。通过体制机制创新，让渡广东省重大科技专项创业投资基金收益，吸引了5倍以上社会资本投入。

采取多元化政府投入方式

支持中小微企业解决融资难，需要财政加大投入，但财政不能大包大揽、包办代替，而应积极发挥市场配置资源的基础性作用，引入市场机制，发挥财政政策和资金的导向作用。本着这一理念，近几年广东省采取直接和间接相结合的多元化政府投入方式，除直接补助或贴息支持中小微企业外，重点采用股权投资、基金、担保等多种方式，丰富了政府财政资金的支持形式，提高资金运行效率。

在各项财政政策、金融政策和产业政策的协同配合下，广东省中小微企业发展成效显著，实现了加快发展。

一是促进中小微企业加速发展。2014年，广东省规模以上中小微工业企业实现增加值15 527亿元，同比增长8.9%；规模以上中小微工业企业实现利润总额3 285亿元，同比增长13%。

二是激活中小微企业创业创新活力。2014年，全省民营经济单位数达657.44万户，同比增长15.9%，增速为2008年以来的新高，中小微企业创业活力进一步增强。全省科技型企业超过5万家，国家认定高新技术企业8 230家，企业创新主体地位加速提升。在2015年国家小微企业创业创新基地城市示范竞争性评审中，江门市以竞标成绩第一入选全国15个示范城市，获得3年共6亿元的国家支持资金。

三是缓解了中小微企业融资难。在直接融资方面，截至2014年9月末，全省本外币中小微企业贷款余额32 673.13亿元，同比增长11.7%，占全部企业的65.6%；中小微企业新增贷款2 674.89亿元，占全部企业的81.5%。在上市融资方面，2014年以来共新增A股民营上市公司12家，首发募集资金66.56亿元；全省新增香港上市企业13家，IPO募集资金268亿元。在间接融资方面，2014年上半年，全省企业通过公司债、资产证券化、中小企业私募债实现融资267.6亿元，比去年同期增长4.12%。

（2015年12月23日《中国财经报》）

曾志权：建立机制推进政府购买服务

新一届国务院对进一步转变政府职能、改善公共服务作出重大部署，明确要求在公共服务领域更多利用社会力量，加大政府购买服务力度。站在改革前沿的广东，是怎样建立机制，又是怎样具体实施的？就这一问题，记者采访了全国人大代表、广东省财政厅厅长曾志权。

“近年来，广东省积极推进政府向社会力量购买服务工作，通过建立政府购买服务制度体系、编制购买服务目录、扶持培养社会组织等，创新和加强社会管理，改进政府提供公共服务方式，取得显著成效。”曾志权从几个方面作了介绍。

健全政府购买服务制度体系。根据国务院《关于政府向社会力量购买服务的指导意见》，该省修订印发《政府向社会力量购买服务暂行办法》，不断扩大政府购买服务范围。修订印发《广东省省级培育发展社会组织专项资金管理办法》，进一步优化资金分配流程和投入方向，增强培育发展社会组织工作实效。构建政府购买服务工作机制。建立起财政部门牵头、各职能部门分工负责的购买服务工作机制，明确财政、机构编制、发展改革、登记管理、监察、审计等部门及购买主体的职责分工。优化政府购买服务目录。总结2012年印发的《省级政府向社会组织购买服务目录》施行情况，参考其他省的成功经验与做法，对目录进行修订，印发《政府向社会力量购买服务指导目录》，包括基本公共服务事项、社会事务服务事项、行业管理与协调事项、技术服务事项、政府履职所需辅助性和技术性事务等5个一级目录，55个二级目录，307个三级目录。培育发展社会组织。包括：对新创办（成立不超过3年）的社会组织在办公条件、社会服务项目成本费用和培训费用予以10万元至30万元专项资金支持；推进后勤服务社会化，将原本用于“养人”的资金逐步调整为政府向社会购买服务；落实国家关于公益性社会团体、群众团体用于公益事业的捐赠支出可按规定进行所得税税前扣除的政策等。

关于下一步改革，曾志权介绍说：“我们将落实各项中央有关政策，加强宣传培训，加强督促落实，加大对欠发达地区的转移支付力度，支持各地政府购买服务工作的开展。同时，进一步完善配套措施，落实购买服务资金来源，并结合政府购买服务工作的开展情况，不断促进机构编制管理与政府职能转变、机构编制的核定与单位履行职责相适应。”

曾志权还回答了财政资金重点投入的服务领域的问题。“我们在《政府向社会力量购买服务暂行办法》中对购买服务内容进行了原则性的规定，除法律法规另有规定，或涉及国家安全、保密事项以及司法审判、行政决策、行政许可、行政审批、行政执法、行政强制等事项外，属于政府承担的基本公共服务、社会事务服务、行业管理与协调、技术服务以及政府履职所需辅助性事务等事项，适合采取市场化方式提供、社会力量能够承担的，原则上通过政府购买服务的方式，逐步转由社会力量承担。因此，财政资金重点投入的服务领域主要由各职能部门根据工作实际确定。”

（2015年3月12日《中国政府采购报》，记者：齐小乎）

广东代表团提交修订《政府采购法》议案

广东代表团已经形成了“关于修订《中华人民共和国政府采购法》实现政府采购权责对等的议案”，已向十二届全国人大三次会议进行提交。

根据有关法律规定，一个代表团或者30名以上的代表联名可以向全国人民代表大会提出属于全国人民代表大会职权范围内的议案。据了解，此议案是由全国人大代表、广东省财政厅厅长曾志权提出，联名了广东团50位以上代表形成的议案。

曾志权在广东省团组开放日接受采访时表示，自《政府采购法》实施以来，为规范和加强政府采购工作发挥了积极作用。但随着政府采购工作的不断深入，法律实施中的一些制度性障碍也逐步显现，突出体现在有关政府采购权责的设定上存在不对等的问题，导致行为主体与责任主体不一致，有问题和追究责任时找不到责任人，往往最终将责任追究到了没有参与具体采购活动的监管部门，出现“小偷得病、警察吃药”、“下级向上级上交责任”等不正常现象，主要有两个方面的问题。

首先体现在政府采购监管部门与采购人及其采购代理机构、供应商之间存在权责不对等。曾志权介绍说，《政府采购法》为了最大限度地促使政府采购公开、公平、公正，设计了这一套从质疑、投诉到行政诉讼供应商救济之路。在实际工作中，由于采购单位“权利清晰化与责任模糊化错位”、供应商提出质疑投诉的“门槛”很低等问题，导致质疑投诉制度实施结果与制度设计目标不符甚至背道而驰。比如，由于相关的法律责任规定不明确，不承担诉讼风险，作为采购活动主体的采购单位往往对供应商质疑消极对待，回复不负责任。质疑的目的本来是要把采购单位与供应商之间的纠纷消除在采购活动开始环节，但往往达不到目的，反而激发双方的矛盾，将责任转嫁到下一阶段的投诉处理环节。再如，由于投诉成本低，出现了供应商一落标就投诉的苗头，对投诉不满意就将采购监管部门告上法院或向上级机关申请行政复议。

因此，监管部门虽然不是采购活动主体，但经常要疲于应诉，将本该由政府采购当事人双方依法按政府采购合同解决的民事纠纷转化成供应商与采购监管部门之间的行政纠纷，往往出现采购监管部门紧张地处理投诉和应诉，而作为采购行为主体的采购人“置身事外”，造成“小偷得病、警察吃药”的不正常现象。

其次体现在各级政府采购监管之间存在权责不对等。政府采购实行一级政府一级预算一级采购一级监管，上下级政府采购监管部门之间仅是业务指导关系，并无政府采购业务上的隶属关系。但在实际工作中，由于投诉人对就地处理投诉不信任，在法律允许其在当地政府和上级政府采购监管部门中选择复议机关时，往往选择后者，致使大量下级部门的纠纷通过行政复议途径转移到上级政府采购监管部门处理。

从政府采购工作实际来看，一项政府采购从实施采购活动到质疑回复到投诉处理到行政复议和行政诉讼，短则几个月，长的以年计量，有的重新组织采购后纷争依旧，当事人缠诉情形日益突出。这不仅阻碍政府采购工作的正常开展，也损害政府采购公信力。

针对这一问题，曾志权代表以广东省为例，做了全面深入的调研后提出了一份建议，并得到广东团组代表的大力支持，形成了议案。据介绍，该议案从进一步强化采购人的主体责任、强化各级政府及其部门对本级政府采购的监管职责和强化政府采购的民事法律关系属性三方面入手，建议对《政府采购法》相关条款进行修订完善。一是强化采购人的主体责任，明确规定采购人对其政府采购行为承担法律责任。二是修改政府采购投诉处理制度，质疑供应商未得答复或对答复不满意的，可要求采购人限期核实答复。三是完善控告检举制度，政府采购监管部门不再专门处理供应商投诉，供应商发现采购活动中有违法行为的，统一按控告检举处理。四是细化采购人、供应商法律责任。五是明确涉及政府采购行政复议案件的管辖机关。

（2015年3月13日《中国政府采购报》，记者：范春荣）

广东实现采购计划全过程网上“留痕”

广东省财政厅近日发文明确了政府采购计划备案范围、类型、时间、次数、流程以及政府采购合同的支付等内容，并在广东省政府采购网公开，使采购计划实现网上“留痕”。

采购计划公开是广东省政府采购信息公开工作中的一大亮点。广东省财政厅在《关于做好我省政府采购信息公开工作的通知》中将采购计划列入需公开的采购项目信息之一，并明确采购计划自财政部门备案后系统直接推送公开。为进一步落实此项工作，实现采购计划的网上“留痕”，广东省财政厅调整了省财政厅网上办事大厅政府采购系统（以下简称“系统”）的政府采购计划等功能模块，并印发了《关于做好省直预算单位政府采购计划备案工作的通知》，明确了政府采购计划备案范围、类型、时间、次数、流程以及政府采购合同的支付等内容。

《通知》明确，除了资金未纳入预算管理的项目，未使用省级财政性资金的项目；政府采购法第八十五条“对因严重自然灾害和其他不可抗力事件所实施的紧急采购和涉及国家安全和秘密的采购，不适用本法”规定情形；国务院有关部委已依法进行采购、统一安排组织的政府采购项目，省政府批准的政府采购项目；无具体预算金额、采购服务资格的项目以及逐年安排预算、采购多年服务资格的项目实施后，自第2年起继续实施的项目，不需要通过系统备案政府采购计划，其他使用财政性资金采购广东省政府集中采购目录以内或者采购限额标准以上的货物、工程和服务项目，其采购计划都要备案。

根据《通知》，政府采购计划类型分成4类。其中，属于集中采购目录内或采购限额标准以上的货物、工程和服务项目均应进行一般政府采购计划备案；已备案的一般政府采购计划需变更采购方式的项目应进行政府采购计划调整备案；属于批量集中采购范围的货物项目应进行批量集中采购计划备案，批量集中采购计划一经备案，原则上不予调整；批量跟单采购计划备案方式与批量集中采购计划备案方式一致。《通知》还规定，年度结了，已备案的政府采购计划如尚未进入发布采购文件采购程序，系统将自动终止该计划。次年采购项目预算安排后，省直预算单位重新进行政府采购计划备案。

此外，广东省财政厅还将政府采购计划备案与采购合同的支付联系起来。《通知》明确，省直预算单位政府采购合同实行备案制度，政府采购合同由省直预算单位通过系统备案和公开，合同数据自动推送至国库支付系统。国务院有关部委已依法进行采购、统一安排组织的政府采购项目。省政府批准的政府采购项目等特殊情形的政府采购项目合同支付，由省直预算单位实施采购后，通过系统录入合同，上传相关证明材料，经主管预算单位审核后，报省财政厅确认是否属于以上特殊情形后，通过系统完成合同备案，合同数据自动推送至国库支付系统。属于政府采购法第八十五条规定的紧急采购和保密采购项目，以及广东省政府集中采购目录以外、限额标准以下的项目，无须进行合同备案。资金支付执行省级财政资金支付管理规定。

据了解，目前按照《通知》规定进行备案的采购计划已在广东省政府采购网公开，公众可以此了解每个采购计划的采购单位、采购项目编号、采购项目名称、采购品目名称、采购预算金额、采购数量、需求时间、采购方式、备案时间、发布人、发布时间等信息。此外，还能进一步了解项目委托、受理、发布招标公告、签订采购合同、完成验收报告等执行进度信息，实现了采购计划的全过程网上“留痕”。

（2015年11月11日《中国政府采购报》）

适应新常态　把握新要求　推动广东财政改革取得新突破

全国人大代表、广东省财政厅厅长：曾志权

2015年政府工作报告指出我国经济发展进入新常态，正处在爬坡过坎的关口，体制机制弊端和结构性矛盾是“拦路虎”，强调要以经济体制改革为重点全面深化改革，在牵动全局的改革上取得新突破，增强发展新动能。广东财政将坚持立足全局，深刻认识新常态下深化财税体制改革的新要求，准确把握做好新常态下深化财税体制改革的路径和方法，推动财税体制改革取得新突破。

适应新常态，准确把握新常态下财税体制改革的新要求

经济新常态下，“三期叠加”相互交织、相互影响，要准确把握近期目标和长期发展的平衡点、经济发展和民生改善的结合点，统筹实现稳增长、调结构、转方式、防风险等多重目标，对政府治理提出了越来越高的要求。财政体制机制与经济发展各个方面联系紧密，经济发展进入新常态后，财税改革将越来越体现出全方位、深层次、高难度的特征。首先，在适应和引领经济新常态的过程中，财政将更加深刻地介入各方面体制机制的构建，应对经济增速放缓、引导经济结构调整、倒逼政府职能转变、防范经济社会潜在风险，都需要全面深化财税体制改革，建立现代财政制度，激发体制机制活力，破除利益格局藩篱。其次，进入经济新常态后，财税改革面临的经济社会形势发生了深刻变化，各方面诉求增多，协调各方诉求更加复杂，凝聚改革共识、找到最大公约数的难度越来越大。再次，随着改革向纵深推进，将触及一些深层次的矛盾，特别是财政体制、收支管理、财政分配等领域的改革意味着对既有利益格局的调整，“牵一发而动全身”，随着财税体制改革进入深水区，进一步推进的难度将不断加大。因此，必须按照2015年政府工作报告关于推动财税体制改革取得新进展的要求，进一步增强责任感和紧迫感，积极探索新常态下的财政改革思路，推动财政改革向纵深发展，使财税体制始终能适应新常态、引领新常态。

一是必须突出体制创新，注重制度衔接。全面推进改革创新，加强财税改革与各项政策、体制、机制的衔接，发挥财税体制对优化资源配置、维护市场统一、促进社会公平的保障作用，推进治理体系和治理能力现代化。

二是必须坚持问题导向，注重绩效。着眼于构建有利于科学发展的财税体制机制，从制约广东经济社会发展的财税体制方面最突出问题改起，优化制度设计，严格财政管理，确保资金分配规范、安全、高效，减少自由裁量权，提高绩效。

三是必须坚持突出重点，全面推进。以建立规范透明的预算管理机制、事权和支出责任相适应的运行机制、基本公共服务均等化的财力支撑机制、政府公共资源投入的公平配置机制、符合广东实际的地方税收征管机制为重点，逐项明确改革措施，以点带面推进改革。

四是必须坚持统筹兼顾，增强合力。注重改革的整体性和适应性，处理好重点财政改革事项与其他财政改革事项之间、财税体制改革与其他领域改革的关系，实现各项改革措施相

互衔接、相互协调、相互促进，协同推进改革，增强改革合力。

五是必须坚持积极稳妥、试点先行。围绕稳步推进改革，坚持整体设计和分步实施相结合，合理选取改革的切入点和突破口，力求准确把握时机、力度和节奏，适时选取部分区域、领域、事项开展改革试点，做到成熟一项、推进一项，确保改革顺利有序推进。

引领新常态，推动财税体制改革取得新突破

在科学把握新常态下财税体制改革新要求的基础上，按照2015年政府工作报告的要求，推动财税体制改革取得新进展，包括实行全面规范、公开透明的预算管理制度，完善税收制度，改革转移支付制度，完善中央和地方的事权与支出责任等。广东财政将认真抓好贯彻落实，重点推进以下改革。

一是深化预算制度改革，加快建立规范完整、透明高效的预算管理机制。围绕深化预算制度改革，规范政府收支行为，强化预算约束，加强对预算的管理和监督，通过健全完善预算编制、建立跨年度预算平衡机制、提高预算执行时效性和均衡性、全面规范专项资金使用管理、完善政府性债务管理体系、调整完善转移支付制度、强化财政监督和绩效管理、推进财政信息公开八个方面的措施，到2015年全省各级政府建完整的预算体系；预算执行进一步均衡有效，专项资金分配管理进一步规范透明，除涉密信息外，财政预决算和部门预决算信息全部公开；转移支付制度进一步完善，省级一般性转移支付占财政转移支付支出的比重达到60%或以上；涵盖财政监督、审计监督、监察监督、人大监督及社会和舆论监督五层次的监督体系健全完善、衔接有序。到2018年，基本建立现代预算制度，预算管理机制规范完整、透明高效。

二是调整省以下政府间财政关系，建立省以下事权和财政支出责任相适应的运行机制。通过合理划分省以下事权和支出责任、明确省以下事权、明确省以下支出责任、适当调整省市县财政收入划分、健全与事权和支出责任改革相衔接的财政转移支付制度等五个方面的措施，并选取部分地区、部分领域先行试点，积极探索，循序渐进，逐步完善，到2015年完成部分事权和支出责任在省以下的划分调整，明确部分共担事权（重大民生项目）各级分担资金的比例和标准，初步形成省与市县事权和支出责任划分的基本框架。到2018年，通过省级限制列举、剩余归属市县的方式，理顺全部事权的支出责任，并建立动态调整机制，基本实现全部事权和支出责任在省与市县间的科学、清晰、合理配置，形成健全完善的事权和支出责任相适应制度。

三是深化民生财政保障制度改革，建立基本公共服务均等化的财力支撑机制。结合实施《广东省基本公共服务均等化规划纲要（2009—2020年）》（修编版），通过明确财政保障基本公共服务的实施范围、加大财政保障基本公共服务的投入力度、创新财政保障基本公共服务的政策措施、完善财政保障基本公共服务的供给机制、强化财政保障基本公共服务的政策效应等五个方面的举措，建立完善基本公共服务均等化的财力支撑机制，促进形成政府主导、覆盖城乡、功能完善、分布合理、管理有效、可持续的基本公共服务体系。2015年重点完成制定推进异地务工人员享受基本公共服务办法、完善省对市县的转移支付制度、建立健全城乡居民基本公共服务需求表达机制等改革任务。

四是深化财政投融资制度改革，构建政府公共资源投入的公平配置机制。按照“政府引导、市场运作、规范透明、监管有力”的要求，通过推进财政投融资改革、明确政府公共资源投入范围、创新政府公共资源公平配置方式、规范公共资源交易平台管理、完善公共资源交易监管机制五个方面的措施，构建政府公共资源向各类投资主体公平配置机制，推进公平统一市场建设，提高公共资源配置的效率和公平性。

五是深化税收制度改革，探索建立符合广东实际的地方税收征管机制。在中央的部署指导下和地方权限内，按照完善立法、稳定税负、改革税制的要求，通过积极推进税制改革、探索建立地方税收征管机制、着力加强地方税源管控、清理规范税收优惠政策四个方面的措施，建立有利于科学发展、社会公平、市场统一、符合广东实际的地方税收体系。按照中央部署，2015年将重点完成“营改增”扩围改革，争取有关税制改革事项在广东先行先试；完善涉税信息共享机制，加强地方税源管控；清理规范税收优惠政策，调整中央与地方收入划分。

六是积极支持其他领域改革。充分发挥财政职能作用，积极支持经济社会其他各领域改革。主要包括支持开展排污权交易试点、省以下地方法院和检察院财物统一管理改革、公务用车制度改革、工商质监系统管理体制改革、行政事业单位养老保险制度改革、医药卫生体制和教育体制改革等。

（2015年4月《中国财政》第7期）

地方级

广东将全面清理规范税收等优惠政策

近日，《广东省清理规范税收等优惠政策实施方案》（以下简称《方案》）印发，正式启动我省税收等优惠政策清理规范工作。据悉，凡是违法违规或影响公平竞争的优惠政策均将纳入清理范围。

根据国家要求，《方案》明确，凡是违法违规或影响公平竞争的政策均纳入清理范围。

在税收优惠方面，《方案》要求坚持税收法定原则，对地方性法规、规章和各类政策文件中违反国家税收政策规定或与现行规定不一致的规定予以清理、规范。

在非税收入优惠方面，严禁对企业违规减免或缓征行政事业性收费和政府性基金、以优惠价格或零地价出让土地；严禁低价转让国有资产、国有企业股权以及矿产等国有资源；严禁违反法律法规和国务院、省政府规定减免或缓征企业应当承担的社会保险缴费，未经国务院批准不得允许企业低于统一规定费率缴费。

在财政支出等优惠方面，对违法违规制定与企业及其投资者（管理者）缴纳税收或非税收入挂钩的财政支出优惠政策，坚决予以取消；其他优惠政策要排查出来，并逐步加以规范。

近期，我省各地财政部门将牵头对各类文件载体，特别是与企业签订的合同、协议、备忘录、会议或会谈纪要以及“一事一议”形式的请示、报告和批复进行全面梳理，对排查出来的税收等优惠政策，进行分类处理。

其中，违法违规的自2014年12月1日起一律停止执行，并发布文件予以废止；没有法律法规障碍的优惠政策，若确需保留的，在充分说明理由的基础上暂时继续执行，并由省级人民政府报财政部审核汇总后专题请示国务院，最终依据国务院审定的处理意见执行。

今后，新制定税收等优惠政策，需按照统一的政策制定权限执行。除税收法律法规或民族区域自治法规定权限外，各地区一律不得自行制定税收优惠政策。未经国务院批准，不得对企业规定财政优惠政策。

（2015年1月9日《南方日报》，记者：卢轶，通讯员：岳才轩）

粤去年拨1 940亿元办好十件民生实事

亮点1：基本实现社保卡户籍人口全覆盖

据介绍，截至2014年12月底，全省户籍登记发卡数达8 228万人，户籍人口发卡率95.3%，超额完成任务，基本实现社会保障卡户籍人口全覆盖，发卡人数居全国首位。

而在社会保障卡“一卡通”应用方面，目前医保联网结算、劳动力技能培训补贴全省统一使用社保卡办理，实现凭卡结算和申领。各地市结合本地实际也积极推进人社业务领域广泛用卡，开通了凭卡登记就业失业、领取养老保险待遇、扣缴居民保险费、查询个人信息等业务应用。

其中，广州市以实现市民办证、用证业务“一卡通”为目标，通过业务整合和信息共享，推进18个部门的应用，整合82种卡证，目前已开通10项公共服务应用，整合了3种卡证。东莞、珠海、深圳等13个地市开通居民健康应用，实现了“诊疗一卡通”。珠海市从2015年1月起将民政、残联各项补贴通过社保卡发放。

此外，省人社厅还按国家医改工作要求，积极配合财政部门做好将城乡居民医保每人年补助水平提高到320元的工作，确保政策落实到位。

亮点2：所有试点医院取消药品加成

记者从会上获悉，省卫生计生委在80%的县（市）开展了公立医院综合改革试点，所有试点医院取消药品加成，基本药物使用比例达50%以上。

据介绍，2014年3月，省医改办印发《关于报送县级公立医院综合改革申报材料的通知》要求各市报送新增试点。2014年9月，根据各地申报情况，省卫生计生委联合相关部门，确定新增试点27个县（市）和55家公立医院，并于2014年11月明确了县级公立医院综合改革任务。

截至目前，全省59个县（市）124家县级医院被确定为改革试点，实现全省县（市）100%全覆盖，提前完成目标任务。其中，52个县（市）已取消药品加成，占改革县（市）总数的88%，其余7个县（市）已发文明确今年1月取消药品加成。试点医院基本药物使用平均比例为54.33%，顺利实现年度任务。

亮点3：棚户区改造逾4万套

根据通报，2014年全省新开工保障性住房66 071套，棚户区改造41 297套，基本建成保障性住房109 682套，分别占年度任务的131.7%、110%和107.3%，各项指标均提前超额完成年度任务，圆满完成了保障性住房建设工作。

据介绍，省住房城乡建设厅牵头起草的《关于加快棚户区改造工作的实施意见》，于2014年2月由省政府颁布施行，明确了棚户区改造范围、适用对象和建设标准，强化了配套优惠政策和保障措施的落实。7月，经省政府同意，省住建厅印发了《广东省棚户区改造规划（2014—2017年）》，计划2014—2017年全省完成棚户区改造22.66万户，力争棚户区改造四年任务三年完成。

与此同时，省住房城乡建设厅建立了省级棚户区改造融资平台，印发了《广东省棚户区改造项目国家开发银行专项贷款管理办法》。省国开行已为韶关、梅州、清远等市的棚改工作提供了贷款支持，有效落实资金配套政策。省国土资源厅等部门，积极完善土地、审批等配套优惠政策，推动实行新增用地计划指标单列、加快前期审批手续办理等政策落实。

此外，2014年，全省农村危房改造已开工10万户，开工率为100%，其中竣工81 923户、竣工率为81.9%，在建18 077户。预计春节前，全省10万户农村危房改造任务竣工率可达100%。全省共投入农村危房改造资金55亿元，其中省财政下达专项补助资金15亿元，地方各级财政、社会帮扶资金及农户危房改造贷款共投入资金5亿元，农民自筹投入35亿元。

2014年省十件民生实事完成情况

1. 底线民生保障水平稳步提高

省政府把提高底线民生保障水平作为2014年省十件民生实事的首项任务。全年各级财政拨付底线民生保障资金190.4亿元，其中省级财政拨付73.87亿元。全省月人均城乡低保补差标准分别达370元、170元，所有县（市、区）城镇低保、农村低保补差标准已分别达到或超过333元/月、147元/月的年度目标。农村五保年人均集中供养标准、分散供养标准，孤儿基本生活集中供养和分散供养标准，住院医疗年人（次）均救助标准，残疾人生活津贴和重残护理补贴标准等均已完成了年度目标。全省各市、县（区）城乡居民基本养老保险基础养老金已达到80元/月的年度目标。

2. 就业社保水平进一步提升

全省新增城镇就业159.6万人，失业人员再就业68.7万人，促进创业19.2万人，组织劳动力转移减免费培训67.3万人，分别完成全年任务的133%、137.4%、192%和112%。全省基本实现社会保障卡户籍人口全覆盖。城乡居民医保每人年补助提高到320元。组织11.65万渔民、10 807艘渔船参加渔业政策性保险，分别完成全年任务的106%、108%。

3. 城乡教育协调发展扎实推进

山区和农村边远地区义务教育学校教师岗位津贴标准提高到不低于人均700元/月，完成年度任务，71个县（市、区）共33.6万名教师获得津贴。城乡义务教育生均公用经费补助标准达到年度目标。符合条件的进城务工人员随迁子女在粤参加高职考试招生工作已全面完成。

4. 医疗卫生服务得到加强

全省人均基本公共卫生服务经费已达38.78元，超过35元的年度目标。全省投入3.74亿元实施欠发达地区偏远乡镇卫生院在编人员岗位津贴补贴政策。为欠发达地区基层医疗卫生机构配置"五个一"医疗设备，省级财政下达补助资金2.4亿元，各市县共配套1.5亿元。县级公立医院改革实现100%县（市）全覆盖，其中52个县（市）已取消药品加成，占改革县（市）总数的88%；试点医院基本药物使用平均比例为54.3%，比年度目标高出4.3个百分点。落实免费干预医疗服务，全省已为202万例孕产妇免费提供艾滋病、梅毒、乙肝感染情况的检测服务。

5. 公共文化服务惠及面扩大

全省农村电影公益放映32.25万场，完成全年任务的124%，累计观影人次达6 465万。100座广播电视发射台升级改造无线覆盖工程主设备已安装。奖补欠发达地区建设完善县级公共图书馆、文化馆、博物馆50个，乡镇（街道）综合文化站122个，乡镇（街道）综合文化站公共电子阅览室170个，行政村（社区）文化室7 578个，均超额完成年度任务。

6. 助困扶残有新举措

完成省政府门户网站、部门网站和省残疾人公众网站信息无障碍改造。为2.25万名视障人员免费配发读屏软件，完成全年任务的102.3%。在珠三角城市为5 695辆公交车安装车载导盲系统，视障人员导盲终端机同步配送，完成全年任务的113.9%。

7. 完善住房保障有新成效

新开工建设保障性住房66 071套，完成全年任务的131.7%；改造棚户区41 297套，完成全年任务的110%；建成保障性住房10.97万套，完成全年任务的107.3%。农村低收入住房困难户住房改造已竣工8.19万户，在建1.81万户，实现年度目标。"两不具备"贫困村庄移民搬迁安置，实际省财政安排补助资金分两批扶持自愿搬迁的移民12 853户，其中已有9 046户完成建房，在建1 611户。解决500户以船为家渔民上岸安居问题。

8. 改善农村基本生产生活条件有新进展

超额完成新农村公路路面硬化5 000公里的年度任务。建成155个乡镇农民体育健身工程，完成全年任务的103.3%。初步建成农村生活垃圾收运处理体系，全省纳入考核范围的71个县（市、区）已全部动工建设"一县一场（生活垃圾无害化处理场）"，其中50个已建成。全省农村生活垃圾无害化处理率达53.6%，高出年度目标3.6个百分点。

9. 稳价惠民及时到位

落实低收入群众临时价格补贴与物价上涨联动机制，各市共向低收入群众发放临时价格补贴约1.2亿元。省财政于2014年元旦、春节期间向低收入群体及困难群众284万人发放一次性临时价格补贴4.3亿元，完成年度任务。

10. 防灾减灾重点工程全面完成

完成300宗一般小（2）型病险水库除险加固任务和50宗中小河流治理工程。珠三角地区地质灾害隐患点搬迁和治理比例达16.7%；粤东西北地区搬迁和治理比例达13.5%，均超额完成年度任务。全省消除地质灾害隐患点1 425个，完成全年任务的124.6%。

（2015年1月16日《南方日报》，记者：刘熠）

2014年省级“三公”经费下降13.3%

9日，《广东省2014年预算执行情况和2015年预算草案的报告》（下称《预算报告》）提交省十二届人大三次会议审议。《预算报告》显示，2014年全省地方公共财政预算收入为8 060.06亿元，完成年度预算的104.5%，同比增长13.9%。

《预算报告》指出，全省一般公共预算支出预计完成10 464亿元，人均一般公共预算支出9 831元，比上年增加1 326元。

厉行节约是关键词之一。《预算报告》指出，2014年一般公共服务支出1 026.61亿元，完成预算的118.8%，同比下降1.46%，支出减少主要是由于各级政府严格落实八项规定，厉行节约，行政运行成本降低。

厉行节约　全省省级非涉密部门超八成公开“三公”

《预算报告》指出，2014年一般公共服务支出1 026.61亿元，完成预算的118.8%，同比下降1.46%。支出减少主要是由于各级政府严格落实八项规定，厉行节约，行政运行成本降低。

“厉行节约，严控一般性支出成效明显”是2014年一般公共预算执行的主要特点之一。《预算报告》提到，主要用于行政运行的全省一般公共服务支出同比下降1.5%，低于一般公共预算支出增幅约12个百分点；占总支出的11.2%，同比下降1.4个百分点。省级一般公共服务支出107.85亿元，同比下降3.0%，省直党政机关与参公事业单位“三公”经费同比下降13.3%，其中因公临时出国（境）支出同比下降13.0%；公务接待费同比下降10.9%。

《预算报告》公布了2014年各部门“三公”经费预算的公开情况：截至2014年底，113个省级非涉密部门中已有98个部门公开了2014年部门“三公”经费预算，占86.7%。21个地级以上市全部公开了2014年总预算、部门预算及“三公”经费预算；121个县（市、区）中有119个县（市、区）公开了2014年总预算，97个县（市、区）公开了2014年部门预算，99个县（市、区）公开了2014年“三公”经费总预算。

过去一年，全省财政工作加强财政监督检查，严肃财经纪律。建立涵盖资金流向和政策实施全过程、全方位的监督系统；在全省6000多个党政机关、事业单位和社会团体深入开展贯彻执行中央八项规定严肃财经纪律和“小金库”专项治理行动；做好财政专项资金管理和使用情况的巡查监督和重点抽查、会议费及“三公”经费重点检查和一般性转移支付资金的监管；专项资金监督检查范围达到年度专项资金总量的10%以上。

人均一般公共预算收入　今年比去年多了1 288元

《预算报告》指出，2015年全省一般公共预算收入按增长10%安排，预计完成8 866亿元，加上政府性基金预算转入一般公共预算收入325亿元后，预计完成9 191亿元，人均一般公共预算收入8 635元，比上年增加1288元。

全省一般公共预算支出按增长11%安排，预计完成10 464亿元，人均一般公共预算支出9 831元，比上年增加1 326元。

在2015年省级一般公共预算中，教育支出2 094亿元，比上年汇总预算数增长28.8%；科学技术支出314亿元，增长22.1%；文化体育与传媒支出219亿元，增长62.5%；社会保障和就业支出920亿元，增长27.1%；医疗卫生与计划生育支出903亿元，增长50.1%；节能环保支出303亿元，增长23.9%；城乡社区支出826亿元，增长38.1%；农林支出769亿元，增长75.8%；交通运输支出1 004亿元，增长119.1%；住房保障支出281亿元，增长45.2%。

在推进粤东西北加快发展方面，统筹中央及省级一般公共预算等各项资金393亿元，重点加强高速公路、铁路、城际轨道、航运、机场等交通基础设施建设，比上年增长31.89%，确保2013—2020年省财政安排交通运输资金不低于2 420亿元。

财厅解读

9日，省财政厅有关负责人接受南方日报采访，独家解读2015年财政预算编制。据介绍，我省本年度预算编制是严格落实新预算法、《国务院关于深化预算管理制度改革的决定》和《广东省深化财税体制改革率先基本建立现代财政制度总体方案》有关要求，又突出了“晒账本、促改革、保重点、问民意”的主要特点和亮点。

晒账本　促预算报告更易读透明

为便于代表提前翻阅，本次预算报告提前了一周左右发给人大代表。记者初步统计发现，2015年有关预算材料包括《预算报告》《预算分报告》《预算报表》《部门预算》（厚达1 100多页）、《预算报告阅读指南》《公共财政政策读本》和《名词解释》等。其中，《预算报表》共62张，包括新增报表13张，调整细化报表6张；部门预算实现全覆盖，公开的部门有118个，报表708张。

据介绍，相比往年，本年度省级

预算编制更加清晰反映全口径。如将一般公共预算、政府性基金预算、国有资本经营预算和社会保险基金预算等全口径预算一并提交人代会审议。政府预算全部细化公开到功能分类的项目科目。如政府性基金逐一列明具体项目收支情况和政策规定，专门对国土出让收入等热点领域的收支变动进行原因分析。同时，更加清晰地反映了具体项目、用途。如一般公共预算支出全部细化到功能分类（反映政府的某一项职能）的最末一级“项”科目，更明晰地反映了政府办了什么事、花了多少钱。尤其是“其他支出”科目编排比上年减少24%，尽量把明细项目分到具体功能科目，让公众更了解预算支出去向。

促改革　推动预算编制更规范有效

改革依然是今年的关键词，据介绍，2015年省级预算编制还加大预算统筹力度，建立跨年度预算平衡机制，并结合广东实际，探索推进具有我省特色的零基预算和项目库管理两项试点改革，做好专项资金顶层设计和效率保障。

加大预算统筹力度方面，如受到广泛关注的国有资本经营预算，本年度省级预算就加大了统筹力度。据悉，2015年将省级国有资本经营预算收缴比例从15%提高到20%；将国有资本收益上缴一般公共预算比例提高到21.38%，超过原规定的15%的比例，共4.81亿元调入一般公共预算，全部用于底线民生政策提标新增支出。其余支出严格限定用途，主要用于国有企业改革相关项目。

值得注意的是，本年度省级预算还建立了跨年度预算平衡机制，发挥财政政策逆周期调节作用。2014年一般公共预算超收收入86亿元，全部用于补充预算稳定调节基金，改变以往年度超收收入追加当年度预算支出的做法。2015年一般公共预算从预算稳定调节基金调入142亿元，用于弥补收支缺口。通过发挥预算稳定调节基金“蓄水池”的作用，实现年度间“以丰补歉”。

保重点　促预算支出更科学合理

2015年，省财政继续实施积极的财政政策并适当加大力度，围绕“稳增长、促改革、调结构、惠民生、防风险”各项决策部署，重点落实“保发展、保重点、保民生、保运转、保改革、保规范”等中心工作。

为促进粤东西北加快发展、珠三角优化发展，今年我省将统筹中央及省级一般公共预算等各项资金393亿元，重点加强高速公路、铁路、城际轨道、航运、机场等交通基础设施建设，比上年增长31.9%；科学技术投入方面，则安排105亿元促进产业转型升级和科技创新，增长83.6%。

社会民生事业重点支出得到有效保障，落实十件民生实事资金，就安排了投入792.4亿元，比上年增加108.16亿元，增长15.8%。

省财厅有关负责人介绍，为落实新预算法关于各级预算按照规定程序征求各方面意见后进行编制的要求，本年度省级预算还加大了预算征询力度。

据悉，本年度省级预算不仅提前征询了人大代表意见建议，邀请人大代表专项介入预算编制，还完善省政府十件民生实事遴选机制。

（2015年2月10日《南方日报》，记者：赵琦玉　黄颖川　辛均庆　卢轶）

2015年财政预算报告：底线民生保障资金同比增长近28%

2015年财政预算报告着力改善民生

改善民生是改革发展的根本目的，也是省委、省政府贯穿始终的工作重心。在“新常态”下如何继续保障和改善民生，是9日递交省人代会审议的预算草案报告的重点之一。

预算报告显示，2015年，全省计划安排用于教育、医疗、社保等领域的民生类支出7 351亿元，占全省一般公共预算支出的70.2%，比上年提高2.61个百分点。省级计划安排保障和改善民生以及均衡区域基本公共服务水平、帮助市县增强发展后劲的支出2 771亿元，占一般公共预算总支出的比重达到81.03%，比上年提高0.57个百分点。特别是十件民生实事，2015年，省财政计划安排十件民生实事资金约792.4亿元，比上年增加108.16亿元，增长15.8%。

坚持守住底线是做好民生工作的重要思路之一，从预算报告看，保障底线民生着力颇多。根据预算，2015年全省各级财政计划安排227.34亿元（含中央提前下达转移支付资金，下同），比上年增加49.57亿元，增长27.88%。其中，省级安排113.62亿元，比上年增加26.32亿元，增长30.15%，用于加大对城乡低保（含城镇“三无”人员）、农村五保、医疗救助、基础养老金、残疾人保障、孤儿保障6类的底线民生保障力度。

具体来看，全省安排城乡居民社会养老保险补助资金113.77亿元，将能够把城乡居民基本养老保险基础养老金标准从每人每月80元提高至100元。

安排城乡居民最低生活保障资金50.55亿元，将把城镇低保补助补差水平从每月333元提高至374元，农村低保补助补差水平从每月147元提高至172元。

安排农村五保供养生活补助资金18.66亿元，将把五保对象供养标准提高至所在县市区上年度农村居民人均纯收入的60%以上。

安排孤儿基本生活保障补助资金5.66亿元，将把孤儿集中供养水平从每月1 150元提高至每月1 240元，分散供养水平从每月700元提高至760元。

安排城乡医疗救助补助资金20.3亿元（省级安排12.23亿元），将把城乡医疗救助人均补助标准从每年934元提高至1 556元。

安排残疾人两项补贴补助资金18.4亿元（省级安排7.06亿元），将把残疾人生活津贴从每年600元提高至1 200元，重残护理补贴从每年1 200元提高至1 800元。

这一系列实实在在的好处，不仅是对困难群众的雪中送炭，更将推动广东在城乡低保补差、农村五保供养、残疾人生活津贴和孤儿供养等方面走在全国前列。

（2015年2月11日《南方日报》，记者：卢轶，通讯员：岳才轩）

省级财政预算支出将可在线监督

省人大常委会工作报告摘登

根据立法法修正案草案，“设区的市均享有较大的市地方立法权”，该修正案一旦在今年3月初召开的十二届全国人大三次会议上通过，相关工作将启动。2月11日，提交广东省十二届人大三次会议审议的省人大常委会报告提出，我省今年将依法有序推进设区的市地方立法工作，进一步完善较大的市法规审查工作机制，加强对设区的市立法工作的指导，探索地方立法新机制，着力加强地方人大立法能力建设。

依法治省亮新招

1. 在县（市、区）建立基层立法联系点

今年省人大常委会进一步完善科学立法、民主立法的机制。继续探索和完善法规多元起草机制，加大专业性较强的法规草案委托第三方起草的力度，力争常委会委托第三方起草的法规比例达到20%左右。在地级以上市各选择一个以上县（市、区）建立基层立法联系点，拓宽听取基层意见的渠道。

2. 监督被诉行政机关负责人出庭应诉

进一步推动行政机关严格执法，做到法定职责必须为、法无授权不可为。支持并监督被诉行政机关负责人出庭应诉。进一步推动公正司法严格司法，提高司法公信力。推动有需要的司法领域设立跨行政区划的审判机构，破除地方保护。加大对审判公开、检务公开、警务公开、狱务公开的监督力度，支持和保障人民群众依法参与公开司法各项活动，推动司法机关切实构建开放、动态、透明、便民的阳光司法机制。

3. 落实和实施宪法宣誓制度

强化宪法法律意识，进一步完善立法、监督、发挥代表作用等工作制度，落实和实施宪法宣誓制度，不断提高依法履职的能力和水平。坚持不懈加强作风建设，巩固拓展党的群众路线教育实践活动成果，严格贯彻中央八项规定精神和廉政纪律。加强同市、县人大常委会的工作联系和业务指导，密切工作协同，推动加强乡镇人大建设。

4. 做好广东自贸区条例立法准备

加强与广州、深圳、珠海三市人大常委会联系，做好广东自贸区条例立法准备工作。加强对民生领域法律服务工作的监督。重点推动改进司法救助工作和完善律师提供法律服务工作。

5. 从注重“立权”转为“立责”

适应全面深化改革和全面推进依法治国的需要，坚持立改废释并举，立法从注重“立权”转变为更加重视“立责”，更加重视规范公权、保障私权、尊重人权。按照省委十一届四次全会的要求和明确的任务，加快推进重点领域立法，从法律制度上推动构建法治化营商环境、创新社会治理体制、改善城乡环境、维护群众合法权益。

6. 对重大项目开展立法协商

健全立法项目征求社会公众和人大代表意见制度，探索各级人大代表多形式参与立法工作，对涉及社会公共利益或者对公民、法人及其他组织切身利益有重大影响的立法项目，开展立法协商，通过听证会、专家座谈会、论证会、社情民意调查等形式广泛征求意见。健全向市、县人大征询立法意见制度，每项法规草案都征求市、县人大常委会意见。继续发挥高校立法联盟、立法研究评估与咨询服务基地、立法社会参与和评估中心以及立法咨询专家的作用。

探索监督新举

1. 预算支出将实现在线监督

认真贯彻实施新修订的预算法，完善省级财政预算支出联网监督系统，尽快将政府性基金预算、国有资本经营预算、社保基金预算等执行情况纳入联网监督系统，实现预算支出的在线监督。

2. 探索建立司法机关向人大报告制度

加强对公正司法的监督，推动司法机关依法独立公正行使审判权、检察权。听取和审议“两院”推进司法体制改革试点工作报告，听取和审议“两院”规范司法行为工作情况的报告，探索建立司法机关重要工作情况及时向人大及其常委会报告制度。

3. 推进跨省流域河流污染整治

加强对保障和改善民生、环境保护等工作的监督。继续对广佛跨界河流、深莞茅洲河、汕揭练江、湛茂小东江污染整治、农房改造等重大民生问题专项提前介入预算编制监督，确保重大民生项目所需财政资金落到实处。开展食品安全工作情况专题调研，继续监督我省推进农村垃圾管理工作并开展专题询问，协同推进跨省流域河流的污染整治工作，推动解决人民群众普遍关注的热点难点问题。

提高履职能力

1. 探索委托第三方评估代表建议办理

提高代表议案建议办理质量。建立发挥专委会和工委会作用协助代表提高建议质量的制度，强化提高代表写好议案建议的能力培训，提出代表建议的选题参考，增强代表议案建议的全局性、针对性和示范性。继续选择代表建议中意见比较集中、社会高度关注的热点难点问题作为重点建议办理，开展重点建议的持续跟踪督办和“回头看”视察。创新代表建议办理和督办工作，探索对办理工作开展第三方评估。搭建承办单位与代表互动平台，增强承办单位办理代表建议的自觉性、互动性和可持续性。逐步推进代表建议公开工作，建议办理结果适时向社会公开。

2. 落实代表约见国家机关负责人

完善代表工作制度。研究制定充分发挥省人大代表作用的若干意见。拓展代表依法履职途径，落实省人大代表闭会期间约见地方国家机关负责人的暂行办法，推动代表反映重要问题的解决。

（2015年2月12日《南方日报》，记者：辛均庆，通讯员：任宣）

徐少华表示：今年省各部门“三公”经费使用情况将公开

11日下午，省委常委、常务副省长徐少华参加韶关代表团审议省人大常委会工作报告时表示，政府要坚持为民用权，主动接受人大的监督。他还表示，今年要确保实现省各部门经费特别是“三公”经费使用情况向社会公开，所有的部门都全覆盖。

徐少华表示，拥护和赞成省人大常委会工作报告，认为报告部署新一年的主要任务，符合习近平总书记关于坚持和完善人民代表大会制度的重要讲话精神，符合党的十八届四中全会关于全面推进依法治国的决定，符合广东经济社会发展的实际。

徐少华强调，必须加快建设法治政府。一要为人民履职和服务。以维护人民群众切身利益为政府决策的依据，以回应社会关切与诉求为政府改进工作的标杆。二要全面推进政务公开。坚持“以公开为常态、不公开为例外”的原则，积极而主动地、全面而深入地公开政务各类信息。公开政府部门的权力和责任清单，明晰权责的内涵和边界，做到“法无授权不可为，法定职责必须为”；公开办事的渠道和方式，大力推进一站式的网上办事，最大限度减少企业和群众跑部门；公开办事的工作日，政府部门的每个岗位都应对社会公开办事工作日，在期限内兑现办结的承诺。三要为民用权主动接受监督。制约和监督政府部门的审批权，进一步裁减、下放行政审批事项；制约与监督打着公开招投标幌子的权力寻租行为，切实解决提高门槛、设定条件、透露标底、围标串标、指定中介等违法违规行为；制约与监督政府负责人的自由裁量权，特别是在财政管理方面，要严格按照新预算法和人大通过的预算方案，规范资金的安排使用，确保用途和绩效。对专项资金和预备费的安排，要明确审批的限额和范围，并主动接受人大和社会的监督。

（2015年2月12日《南方日报》，记者：李强）

今年预算“看得懂”要“点赞”

“欠发达地区百姓真实感受到财政转移支付的倾斜。”“民生扶持力度再次得到加强。”……11日下午，省十二届人大三次会议财经委员会召开预算审查座谈会，首次由省财政与人力资源社会保障部门有关负责人一同到会听取代表意见，回答代表问题。今年的预算表格更为直观详尽，代表们表示“看得懂”，要“点赞”。

省财政厅厅长曾志权回应部分代表提问时表示，对于外溢性事项，比如职工教育、外来工子女上学，需要省里面提高补助标准，这是应该的，省里也在考虑，但这项改革要进行彻底还是要从中央开始。2013年全国“两会”时，广东团已经提出了这个问题。“现在，财政部和教育部已有方案，开始搞试点了，采纳了我们的意见，以后对外来工子女读书，要采取学号制，部分公共费用根据学号来进行补助，在哪里读书就补到哪里，钱随人走。当然这不能完全地，基础设施方面的补助可能还会补到户籍所在地。”

肯定预算向粤东西北倾斜

财力一向较为薄弱的粤东西北代表对今年财政预算向粤东西北倾斜尤其肯定。来自云浮团的黄天生代表是罗定市市长，他称，去年省级财政对欠发达地区的转移支付增长了27.9%，“不少老百姓跟我说，这两年最大的变化就是高速公路开通了，交通大大改善了”。

不过，也有代表提出，农村底子薄，虽然每年财政收入都在两位数增长，但基础还是要靠省里的转移支付。所以对欠发达地区，特别是山区，财政倾斜尤为重要。不少项目由于需要省级财政与地方财政配套进行，欠发达地区难以筹集资金，需要省级财政加大统筹力度，继续加大对粤东西北地区的投入。

建议财政推动中小企融资

还有代表建议，财政可撬动中小企业融资杠杠，缓解融资难融资贵问题。佛山团代表吴列进提出，当前宏观经济下行，中小企业生存困难，且很难从银行直接获得贷款，融资难、融资贵的问题一直未能解决。他建议广东高度重视发展融资担保行业，特别是发挥财政资金的撬动作用，通过财政资金注入，成立担保机构基金，完善风险补偿机制，促进融资担保行业的发展，缓解中小企业融资难。

（2015年2月12日《南方日报》，记者：黄颖川　黄应来）

建长效机制保障司法体制改革

财政资金的支出不仅要有助于稳增长、调结构、惠民生，也应该在保改革上发力。从预算草案报告来看，不仅不少支出向各领域改革倾斜，深入推进财税体制改革也是一大亮点。

省财政厅有关负责人介绍，如围绕深化司法体制改革目标，要完善统管模式下法院、检察院经费保障制度，推动省以下地方法院、检察院人、财、物统一管理，建立经费保障长效机制，确保司法机关依法独立公正行使职权。

特别在财税体制改革方面，预算报告着墨更多。2015年，我省财政系统将开展省与市县之间事权和支出责任置换改革试点；继续推进基本公共服务均等化综合改革；推进财政投融资制度改革，探索开展重点基础设施建设项目PPP融资模式试点；制定落实地方税收改革、“营改增”、消费税改革、房产税改革、资源税改革、环境保护费改税改革的相关措施，制定落实将资源税扩展到占用各种自然生态空间的相关措施；建立跨年度预算平衡机制，按照以丰补歉的原则，发挥预算稳定调节基金的作用等。

（2015年2月12日《南方日报》，记者：卢轶，通讯员：岳才轩）

从预算看转型：27亿推动前沿与关键技术创新

在保持经济运行在合理区间的同时，转方式、调结构仍是我省攻坚重点。传统的增长方式难以为继，就必须走出一条转型升级的新的发展道路。特别在省委十一届四次全会提出以创新驱动战略为总抓手的背景下，财政更应发挥“四两拨千斤”的作用，推动发展方式转变和经济结构调整。

从预算报告中我们看到，在促进产业转型升级和科技创新方面，今年我省将安排科学技术投入105.38亿元，比上年增加48亿元，增幅高达83.6%。

具体来看，我省将安排10亿元支持企业技术改造；安排7亿元支持企业技术研究开发；安排10亿元扶持集成电路产业发展；安排35.6亿元，扶持战略性新兴产业核心技术攻关、重大技术成果产业化、政银企合作和人才奖励等；安排9亿元实施“珠江人才计划”；安排27亿元推动前沿与关键技术创新，开展协同创新与平台环境建设、公益研究与能力建设、基础应用与基础研究等工作。

淘汰落后产能，促进节能减排也是转变经济发展方式的应有之意。

从预算来看，2015年，我省将积极推进节能减排和污染整治。其中，安排污染减排专项资金4.79亿元，支持“十二五”后半期在珠三角地区完成淘汰、替代和治理工业锅炉37 650蒸吨，支持淘汰营运黄标车15.3万辆，支持污水处理设施“以奖促减”及生态发展地区污水处理厂建设。

统筹节能降耗专项资金及差别电价收入资金3.3亿元，实施高效节能电机推广补贴，支持重点节能循环经济管理平台、节能循环经济示范、淘汰落后产能、公共机构及建筑节能。

此外，我省也将安排全省新能源汽车推广应用补贴资金约9.47亿元，支持完成国家新能源汽车推广应用示范46 920辆。

（2015年2月13日《南方日报》，记者：卢轶，通讯员：岳才轩）

主动应对寻找经济增长的新动力源

“落实十八届三中全会决定，更加有效地运用市场和政府‘两只手’，适应和引领新常态，积极应对经济下行压力。”全国人大代表、省财政厅厅长曾志权在审议政府工作报告时认为，为应对当前经济下行压力进一步加大，面对经济发展新常态，要警惕出现通货紧缩的可能，把困难估足，主动应对，要在寻找经济增长的新动力源、培育增量、优化存量上下工夫。

曾志权认为，政府工作报告在肯定成绩的同时，以敢担当、不回避问题的气概，分析了发展中面临的困难和存在的问题，特别是面对经济下行压力，报告积极谋划应对良策。

“两只手”该放在哪里？发挥市场在资源配置中的决定性作用方面，曾志权建议，在完善要素市场、培育和发展金融市场、完善市场规则、建立诚信体系等方面，让各项改革政策落地。尤其是备受关注的金融市场改革方面，他建议要加快推进利率市场化改革，进一步放宽存款利率浮动区间，抓紧实施存款保险制度，完善金融机构市场化退出机制。加快推进股票发行由核准制向注册制改革，发展并规范债券市场，提高直接融资比重。他还建议支持有条件的地方如上海、广州、深圳等地加快金融创新试验。

在发挥政府作用方面，曾志权则表示，应充分发挥财政金融等宏观调控政策的作用。对于财政政策，他建议继续实施积极的财政政策，尤其是适度扩大赤字规模，用好国债资金特别是近期10 000亿发新债债务置换存量债务释放出的现金流，发挥投资拉动作用，激活并引导社会资金投向实体经济、先进产业和基础设施领域。

对于金融政策，建议对货币政策进行预调微调，加快推进利率市场化改革，确保前期出台的“定向降准”以及降低存贷款基准利率等各项政策落到实处。对此，他建议，国务院出台鼓励金融机构与地方政府共同设立各种支持实体经济、基础设施建设的基金，如产业基金、创业投资基金、铁路基金等，明确设立基金的信贷规模、税收优惠政策，充分发挥各级财政扶持资金的放大作用。

曾志权还特别提到要注意缓解中小企业融资难问题。他称，当前，很多中小微企业由于银行“惜贷”，需要付出30%－40%的利息进行民间借贷，融资难、融资贵始终困扰实体经济特别是中小微企业。他建议，要设立支持实体经济特别是中小微企业的定向贷款资金，像支持棚户区改造一样，确定一定的定向信贷规模，定向精准扶持中小微企业，让部分金融企业利润适当让渡给实体经济特别是中小微企业，压缩民间信贷暴利空间。

（2015年3月6日《南方日报》，记者：黄颖川）

我省有望2018年率先全面建成小康

到2020年全面建成小康社会，是党的十八大提出的“两个一百年”伟大目标中的第一个奋斗目标，作为全国经济大省和人口大省，中央对广东给予厚望。党的十八大召开后，习近平总书记到地方考察的第一站就选择到广东，并对我省提出了“三个定位、两个率先”的要求，其中一个“率先”就是“率先全面建成小康社会”。

根据近年来广东全面建设小康社会的发展进程，省统计局预计，接下来几年间，广东全面建设小康社会实现程度将稳步提高，有望在2018年率先实现全面建成小康社会目标。

广东率先全面建成小康社会，如何解决民生短板？区域不平衡发展的问题如何解决？……在全国两会的会场上，人大代表、政协委员们建言献策。

5年筹措逾2 000亿补5个短板项目

“2014－2018年共筹措2 033.21亿元，可满足解决基本社会保险覆盖率、人均公共文化财政支出、R&D经费支出占GDP比重、城市生活垃圾无害化处理率、污染物排放强度指数等5个短板项目资金需求，达到既定目标。”

曾志权说。

“小康”这个词，自改革开放之后，始终贯穿于中国发展的各个时期，从“总体小康”到“全面小康”，从“建设”到“建成”，“小康”的表述与内涵与时俱进，“小康”的目标也逐渐接近。

近年来，广东经济发展更是几乎一年一个新台阶：2013 年，经济总量突破 1 万亿美元；2014 年，人均 GDP 突破 1 万美元，跨越世界平均线，达到中等发达国家水平。这为广东率先全面建成小康社会打下坚实基础。

事实上，全面建成小康社会是一个综合的社会系统工程，除了经济发展，还包括民主法制、文化建设、人民生活和资源环境等多个方面。近年来，广东除了在经济发展和民生投入等领域发力，其他领域的发展也在稳步推进。

据悉，全省各地、各部门进一步增强排头兵意识、忧患意识、使命意识和责任意识，在巩固优势指标的同时，突出问题导向、突出破解难点，将 2016 年作为实现短板指标与发达兄弟省区同期持平的重要时间节点，将 2018 年定位为率先全面建成小康社会的目标年。

全国人大代表、省财政厅厅长曾志权告诉记者，目前，有关工作安排将印发，各指标牵头部门正紧锣密鼓地研究推进，但现在距 2018 年仅有不到 4 年的时间，时间紧迫、任务艰巨。

“为落实广东全面率先建成小康社会的目标，省财政通过新增预算安排、盘活存量资金等措施，2014—2018 年共筹措 2 033.21 亿元，可满足解决基本社会保险覆盖率、人均公共文化财政支出、R&D 经费支出占 GDP 比重、城市生活垃圾无害化处理率、污染物排放强度指数等 5 个短板项目资金需求，达到既定目标。”曾志权说。

其中，实现难度较大的是 GDP 指数和城乡居民人均收入指数两项指标。曾志权说，目前，我省已经出台了《广东 GDP 指数实现全面建成小康社会目标工作方案》，提出了具体的工作要求，建议各部门共同抓好落实。

结合当前的经济形势和我省实际，我认为除下一步进一步加大与中央统计部门沟通和衔接力度，积极争取中央统计部门政策和考核数据支持外，关键是依赖我省自身发展，通过各种举措，激发市场活力，加快转型升级，促进优质增长，深化绿色发展。

面对经济发展新常态带来的挑战，不少代表委员有这样的期待：希望广东主动适应和引领经济发展新常态，加快发展奔小康。

在全国人大代表、广东昭信企业集团有限公司董事长梁凤仪看来，广东要率先实现全面小康，关键依然在于经济建设。

当前，国内经济全面进入“新常态”，制造业遭遇人力成本上涨、土地瓶颈凸显等带来的成本压力。梁凤仪认为，在加快经济健康发展，制造业的发展要从原来的要素驱动走向创新驱动。“加快实施创新驱动，不让产业的发展受滞，做强经济，才能解决关于环保等一切与民众息息相关的问题。”

争取省高速路网项目获得先行用地政策

袁桂彬建议，在国家层面支持广东省高速公路网项目获得先行用地政策。从而加快粤东西北地区经济发展，使得广东经济实现区域平衡发展，加快迈向全面小康。

截至 2014 年底，粤东西北 12 个地市只有阳江人均 GDP 达到全国平均水平。粤东西北地区能否加快振兴发展，成为广东能否率先全面建成小康社会的关键。

全国人大代表、广东省佛山纺织机械有限公司副总经理袁桂彬认为，广东要率先实现全面小康，需要加快实现区域协同发展，特别是对于落后欠发达的地区，只有实现了区域平衡发展，才能真正实现全面小康。

要破解区域发展不平衡问题，袁桂彬认为，振兴粤东西北是其中一个重要的课题。他认为，多年来广东省的经济总量一直高居全国榜首，但是，广东区域经济发展极不平衡，粤东西北地区与珠三角地区差距过大。

在他看来，造成粤东西北经济发展缓慢的一个重要原因就是交通基础设施落后，而且东西两翼的区域中心距离珠三角和港澳地区的地理距离太长，难以接收经济核心区的辐射带动。

针对粤东西北的交通“短板”，事实上，在前年广东省委、省政府提出要加快粤东西北发展，就要下决心突破交通落后的制约，以粤东西北地区为重点，加快构建覆盖全省的快速交通运输体系，使粤东西北成为紧密连接珠三角和周边省区的重要纽带，形成发展的区位优势。

在全省各地一起努力下，数据显示，2014 年，全省建成 8 个高速公路项目共 581 公里，新开工 9 个高速公路项目共 1 270 公里，完成投资 760 亿元。

但袁桂彬表示，他在调研中发现，省高速公路网项目无法获得先行用地政策，直接影响了 3 个项目的合法开工建设，这 3 个项目包括：汕湛高速公路清远至云浮段、云浮至湛江段，清远市清西大桥工程（含接线工程）。目前，此问题仍未得到解决。

全国人大代表、茂名石化总经理余夕志表示，企业在支持粤东西北地区奔小康的过程中也应发挥更加积极的作用，第一是不断做大做强，全力拉动经济发展；第二是多做一些惠及当地的事情，令粤东西北地区能够真正享受到经济发展的成果；第三则是注重科学发展，不要让粤东西北地区重走先污染后治理的老路，助力当地发展质量的提升。

全面建成小康社会短板和难点在农村

“小康不小康，关键看老乡。”全国人大代表、梅州市政府健康产业领导小组常务副组长兼办公室主任林新华多次引用习总书记的扶贫妙论。“小康的主战场在农村，能不能够达到小康社会，目光要放在农村，但是我们的困难同样也在农村。”

一直以来，广东十分重视扶贫开发工作，首轮扶贫“双到”工作实践还曾为全国提供了精准扶贫的先行经验。加强全省对口帮扶工作一盘棋，珠三角 6 市明确安排对口帮扶粤东西北 8 市，43 亿元帮扶资金注入粤东西北，计划总投资额达 4 700 亿元的产业项目被引进落地。

新一轮扶贫开发工作也随之启动，积极探索扶贫开发与区域协调发展统一起来的新思路。近年来，广东农村居民收入增速一直快于城镇居民，城乡居民收入差距不断缩小，城乡协调发展取得新进展。

在不少代表看来，广东全面建成小康社会、实现“两个率先”目标，主战场仍然在农村。“小康不小康，关键看老乡。能不能够达到小康社会，目光要放在农村。”全国人大代表、梅州市政府健康产业领导小组常务副组长兼办公室主任林新华多次引用习总书记的扶贫妙论，“推销”自己关于加大改善农村人居环境力度的建议。

“镇、村普遍存在‘有新房、无新村’的现象。”林新华建议，各级政府要把农村人居环境改善工作作为农村建设一个整体来抓，明确由一个综合部门来协调，要进一步加大部门之间的协调，形成合力。

“广东要想实现小康社会，农村地区很关键!”全国人大代表、广东省茂名市茂南三高罗非鱼良种场场长李瑞伟感叹。他表示，随着多年的经济发展，粤东西北地区的经济情况也在逐步改善，不少乡亲也有钱了，不过大家对农村的环境却有些不满意。

李瑞伟认为，这只是问题的一个方面，反映出当前农村地区，特别是财力较为薄弱的粤东西北地区对小康社会的追求十分迫切，而他们心目中的小康社会建设标准也更加多元，除了经济发展之外，社会公共服务，甚至文化环境的建设也都被逐步纳入其中。

“农村改革将为农民实现小康带来重大改变。”在全国人大代表、连山壮族瑶族自治县永和镇天恩山苍子枕头厂管理人员覃春辉信心满满。她希望，加强农村基础医疗设施建设，多措并举引进医务人才。

“新农村建设，制度是保障。”全国人大代表、揭西县凤江镇凤北村委会主任助理王玲娜一直关注“三农”问题。“现在国家在‘三农’方面已经有了很好的政策，取得实效还要靠落实。”王玲娜建议，对历年出台的“三农”政策落实情况全面调查，摸清底子。此外，应当加强对职业农民的培训培养，建立现代农业人才队伍。

努力给百姓带来更多“获得感”

全国人大代表、华南师范大学公共管理学院院长范冬萍说，小康社会要让百姓对改革开放的红利有获得感，要增进福祉，“这就涉及到民生和社会建设的方方面面，良好的教育、卫生、养老服务是最基本的”。

习近平总书记在今年2月27日中央深化改革领导小组第十次会议上提出：“要科学统筹突出重点对准焦距，让人民对改革有更多获得感。”

“获得感”甫一出现，立即引起关注，也成为两会上的热词。代表委员们表示，全面建成小康社会，也应该重视百姓的评价和感受，努力给百姓带来更多“获得感”，赢得群众认可与满意。全国人大代表、华南师范大学公共管理学院院长范冬萍说，小康社会要让百姓对改革开放的红利有获得感，要增进福祉，“这就涉及民生和社会建设的方方面面，良好的教育、卫生、养老服务是最基本的。”

范冬萍提出，广东要鼓励社会力量兴办养老设施，发展社区和居家养老。他建议，建立不同层次的社区养老机构，“养老服务业不能单一化、同质化，而且兴建养老机构不但要在硬件设施上下工夫，更重要是理念上调整、改变，不要把老人看成一种负担，因为老年人需要得到尊重。”

建设小康社会，不仅“要金山银山，还要绿水青山”。全国人大代表、清远市代市长郭锋谈及生态文明建设对地方社会经济发展的重要性时表示，生态文明建设关系人民幸福，关乎民族未来。李克强总理所作的《政府工作报告》浓墨重彩予以部署，体现出中央政府建设生态文明家园的决心和信心。“生态文明是清远的优势所在。在实施广清一体化发展战略中，我们始终坚持一个理念——经济发展绝不以牺牲环境为代价；城市建设绝不走先污染后治理的老路。”

全国人大代表、清远市人民医院院长周海波说，奔小康，必须有大健康。“政府工作报告指出，健康是群众的基本需求，要不断提高医疗卫生水平，打造健康中国，深化基层医疗卫生机构综合改革，加强全科医生制度建设，完善分级诊疗体系。”

（2015年3月11日《南方日报》，记者：黄颖川　叶洁纯　戴晓晓　郑佳欣　钟啸　曹斯　赵琦玉）

广东获500亿元地方债置换额度

13日获悉，经国务院批准，财政部近日下达了1万亿元地方政府债券置换存量债务额度，而广东获得的额度约为500亿元。此外，据最近一次的审计结果，截至2013年6月底，广东各级政府负有偿还责任的债务为6 931.64亿元，其中2015年到期需偿还1 037.22亿元。

来自财政部的消息称，此次财政部下达的1万亿元地方政府债券置换存量债务额度，将允许地方把一部分到期的高成本债务转换成地方政府债券。

13日，省财政厅厅长曾志权向记者证实，广东获得的地方政府债券置换存量债务额度在500亿元左右。他在全国两会期间接受采访时介绍：“这次置换债券的批复，主要是以债务存量作为参考标准，综合考虑2013年6月底之前审计署审计的债务存量以及当年要到期的债务规模，再用系数进行换算得来的，比较科学。目的不在于发多少钱，而是建立一种使债务管理从无序变成有序的良性机制。”他认为，置换债券这种借新还旧的方式，是向新机制迈进的重要一步。

财政部有关负责人表示：“以一定规模的政府债券置换部分债务，是规范预算管理的有效途径，有利于保障在建项目融资和资金链不断裂，处理好化解债务与稳增长的关系，还有利于优化债务结构，降低利息负担。”

根据最近一次地方政府债务审计结果，截至2013年6月底，广东各级政府负有偿还责任的债务为6 931.64亿元。其中，2015年到期需偿还的债务为1 037.22亿元，占总额的14.96%。也就是说，约500亿元的置换存量债务额度，大约占2015年到期需偿还债务的一半。这将有利于延缓债务期限、优化债务结构、减轻财政支出压力。

另据新华社匡算，截至2013年6月30日，全国地方政府负有偿还责任的存量债务中，2015年到期需偿还18 578亿元。由于政府债券利率一般较低，债务置换后，地方政府一年可减少利息负担400亿－500亿元。

（2015年3月14日《南方日报》，记者：卢轶　黄颖川）

加快推进我省财政体制改革

17日下午，省政府在广州举行党组（扩大）会议暨“政府学法日”活动，集体学习《中华人民共和国预算法》（以下简称“新《预算法》”），深入推进我省财政体制改革和现代财政制度建设。省政府党组书记、省长朱小丹主持会议并讲话。财政部部长助理许宏才作专题辅导报告。省政府领导徐少华、招玉芳、许瑞生、林少春、邓海光出席会议。

许宏才在报告中阐释了新《预算法》的修法背景、基本原则和主要内容等，重点解读新《预算法》在增强预算的完整性和透明度、改进预算控制方式、规范政府债务管理、完善财政转移支付制度、增强预算执行的规范性、加强人大对预算的审查监督、强化法律责任等方面的重大突破，并从加强顶层设计的角度提出了贯彻落实新《预算法》的思路和措施。省政府党组成员做了交流发言。

朱小丹指出，加强对新《预算法》的学习，对全省各级政府、各部门准确领会、全面把握新《预算法》的精神，增强贯彻落实新《预算法》的自觉性，具有十分重要的意义。全省各级、各部门要增强预算法治观念，所有政府工作人员必须熟悉新《预算法》、严格依法办事；要严格按照新《预算法》，加快推动预算体制改革；坚持问题导向，深入查找本级、本部门、本单位在预算编制、执行、管理、监督中的薄弱环节，采取有针对性的措施加以整改；进一步增强预算的完整性，强化对预算支出、调整和绩效的刚性约束，自觉接受人大对预算的监督，加强监察、审计和社会监督。进一步规范地方政府债务管理，形成依法依规、规范有序的政府债务管理机制。

（2015年4月18日《南方日报》，记者：谢思佳）

用好用足财政支持各项政策措施

29日上午，省长朱小丹主持召开省政府常务会议，研究省财政支持稳增长的政策措施。

会议强调，要坚持新增安排与存量统筹相结合、稳定当前增长与推动长远发展相结合、政策制定与发展战略相结合、加大投入与厉行节约相结合，综合运用财政资金和政策手段，促进经济稳定增长。一是支持创新驱动发展。支持应用型科技研发及成果转化，支持科技企业创新发展，推进战略性新兴产业和集成电路产业发展。二是支持扩大基础设施投资。加强交通、水利等重点基础设施建设，加强重点民生项目建设。三是支持外贸稳定增长和提升对外开放水平。促进外经贸转型升级，支持进口稳定增长，鼓励扩大出口，积极参与“一带一路”建设。四是扶持中小微企业健康发展。支持中小微企业解决融资难、融资贵及发展问题。五是通过贷款贴息、分级补助等方式推进保障性住房建设、棚户区改造和农村危房改造。六是推进环保设施建设和污染防治，加大县级污水和垃圾无害化处理设施建设力度。七是落实“营改增”、小型微利企业税收优惠、高新技术企业减税等税费减免政策，进一步减少部分行政事业性收费，减轻企业负担。八是发挥财政资金放大作用，提升财政投融资能力。综合运用设立各类市场化基金、推广运用PPP模式、发挥融资作用、实行贷款贴息政策等多种融资模式，引导社会资本参与我省经济社会事业发展。

会议要求，各地、各部门要用好用足财政支持经济稳定增长的各项政策措施，落实工作责任，加强资金监管，精准发力，取得实效。

会议还研究了其他事项。

（2015年4月30日《南方日报》）

我省将推行政府财务报告制

广东将逐步建立政府财务报告制度，通过构建统一、科学、规范的政府会计准则体系，建立健全政府财务报告编制办法，适度分离政府财务会计与预算会计、政府财务报告与决算报告功能，以全面、清晰反映政府财务信息和预算执行信息。近日省政府转发省财政厅《权责发生制政府综合财务报告制度改革实施方案》（以下简称《方案》）明确了时间表和具体步骤。

近期探索开展试点

从省财政厅获悉，近期，我省将由各级财政部门先行探索试编权责发生制政府综合财务报告，并按照财政部工作部署探索开展基于部门财务报告的政府综合财务报告编制试点。到2015年底，全省地市一级试编工作试点地区覆盖面须达到100%；到2016年底，实现市、县（市、区）试编工作全覆盖；中远期，建立健全包括政府部门财务报告和政府综合财务报告的政府财务报告体系，完善政府综合财务报告编制方法和程序，加强对政府财务报告信息的分析应用，建立规范化的政府财务报告制度。到2020年底，在全省各市县全面开展政府综合财务报告编制工作，建立健全政府财务报告分析应用体系。

改革由易到难分三阶段

改革也将遵循由易到难的原则，分三个阶段积极稳妥推进改革。2015年，重点做好试编政府综合财务报告、清查核实政府资产负债、完善行政事业单位国有资产管理等工作，配合做好起草会计基本准则、政府综合财务报告编制办法、修订总预算会计制度等工作；2016－2017年，重点做好在条件成熟的地市试编全市合并的政府综合财务报告、在部分条件成熟的地区编制政府部门财务报告、开展基于部门财务报告的政府综合财务报告编制试点等，全面推开政府综合财务报告试编工作，实现全省各市、县（市、区）试编工作的全覆盖，配合做好建立政府综合财务报告分析指标体系工作；2018—2020年，重点做好建立健全政府财务报告分析应用体系、全面开展政府综合财务报告编制等工作，配合做好修订政府财务报告编制办法、完善会计相关制度等工作。

为有利于改革推进，我省将选取部分有条件的地区先行先试，探索推进各项具体改革措施，为全面实施政府综合财务报告制度创造经验。一是试编权责发生制政府综合财务报告。积极开展权责发生制政府综合财务报告试编工作试点，在2016年实现省、市、县三级试编工作试点全覆盖。二是编制政府部门财务报告。按统一要求开展资产负债的清查核实工作，编制以资产负债表、收入费用表等财务报表为主要内容，涵盖本部门所属单位的部门财务报告。三是编制政府综合财务报告。财政部门编制以资产负债表、收入费用表等财务报表为主要内容的本级政府综合财务报告，县级以上政府财政部门编制本行政区政府综合财务报告。四是分析应用政府财务报告。系统分析政府的财务状况、运行成本和财政中长期可持续发展水平，并利用政府财务报告信息作为相关监督考核工作的依据。

（2015年5月7日《南方日报》，记者：卢轶，通讯员：岳才轩）

县级以上全口径预决算今年全公开

《意见》对预决算的公开作出明确要求，自2015年起，所有县级以上政府均应公开全口径财政预决算、预算调整等信息。所有使用财政资金的部门都要公开本部门预决算，并将部门预决算公开到基本支出和项目支出。加大“三公”经费公开力度，细化公开内容，所有财政资金安排的“三公”经费都要公开。

《意见》明确，我省将编制三年滚动财政规划，加强中期财政规划管理，强化中期财政规划对预算安排的约束。对教育、水利、交通、科技、环保等重点领域，研究规划期内的政策目标、运行机制、评价办法和预算安排。

《意见》还强化了预算执行的严肃性，要求健全预算执行的约束机制。我省将强化支出预算约束，未列入预算的不得支出。年度预算执行中除救灾等应急支出通过动支预备费解决外，一般不出台增加当年支出的政策。

18日，国务院批转国家发改委《关于2015年深化经济体制改革重点工作的意见》发布，当中要求实行全面规范、公开透明的预算管理制度。同日，《广东省人民政府关于深化预算管理制度改革的实施意见》（以下简称《意见》）正式公布，为我省规范政府收支行为，强化预算约束，加强对预算的管理和监督明确了方向。根据《意见》，一系列预算管理领域的改革即将推开，如开展零基预算改革，实行中期财政规划管理，建立跨年度预算平衡机制，推进项目库建设等。此外，我省将实行预决算公开全覆盖。自今年起，所有县级以上政府均须公开全口径财政预决算、预算调整等信息。

完善管理：省级部门试点零基预算改革

深化预算制度改革是深化财税体制改革的第一大任务。《意见》明确要求，到2015年底，全省各级政府须建立比较完整的预算体系，将政府的全部收入和支出纳入预算管理，实现全口径预算。

据了解，2013年，在原有一般公共预算和政府性基金预算的基础上，广东把国有资本经营预算首次纳入省级预算报告并报省人大审批；2014年，又进一步把社会保障基金预算纳入，实现了省级预算编制的全口径。

《意见》要求，2015年底前，全省各级政府须建立覆盖一般公共预算、国有资本经营预算、政府性基金预算和社会保险基金预算的预算体系。加大政府性基金预算、国有资本经营预算与一般公共预算的统筹力度，通过建立机制将政府性基金预算中应统筹使用的资金列入一般公共预算。

针对国有资本经营预算和社会保险基金预算，《意见》明确，进一步完善国有资本经营预算制度，逐步提高国有资本收益上缴一般公共预算比例，至2020年该比例提高到30%。明确国有资本经营预算支出范围，更多用于保障和改善民生。加强社会保险基金预算管理和做好基金结余的保值增值。

《意见》对预决算的公开作出明确要求，自2015年起，所有县级以上政府均应公开全口径财政预决算、预算调整等信息。所有使用财政资金的部门都要公开本部门预决算，并将部门预决算公开到基本支出和项目支出。加大"三公"经费公开力度，细化公开内容，所有财政资金安排的"三公"经费都要公开。对涉密信息，则按保密要求办理。

完善收支预算管理还有一大亮点：我省将开展零基预算改革。据了解，目前我省在预算编制中，采用基数＋增长的方式；而零基预算则不考虑上一年的基数，而是以所有预算支出为零作为出发点，从实际需要与可能出发，逐项审议预算期内各项费用的内容及其开支标准是否合理，在综合平衡的基础上编制费用预算的一种方法。与传统的预算编制相比，零基预算有利于提高资金使用效率和提高预算编制的科学性。《意见》明确，从2015年起，将在省级选取部分部门试行零基预算编制改革试点，并争取到2018年全面铺开。

长远规划：编制三年滚动财政规划

在预算管理和控制方面，《意见》在改进年度预算控制方式方面也有不少亮点。

首先是实行中期财政规划管理。业内人士介绍，通常来说，预算编制以年度为单位，但当前经济发展已进入新常态，预算编制考虑长远发展的必要性日益凸显，因此实行中期财政规划管理有利于优化财政资金分配，保障长远发展规划的需求。《意见》明确，我省将编制三年滚动财政规划，加强中期财政规划管理，强化中期财政规划对预算安排的约束。对教育、水利、交通、科技、环保等重点领域，研究规划期内的政策目标、运行机制、评价办法和预算安排。

《意见》还明确将根据经济形势发展变化和财政政策逆周期调节的需要，建立跨年度预算平衡机制。一般公共预算如出现超收，应用于化解债务或补充预算稳定调节基金；如出现短收，应通过调入预算稳定调节基金或其他预算资金、减少支出等方式实现平衡。如采取上述措施后仍不能实现平衡，省政府报本级人大或其常委会批准后增列赤字，并在下一年度预算中予以弥补；市、县级政府通过申请上级政府临时救助实现平衡，并在下一年度预算中归还。政府性基金预算和国有资本经营预算如出现超收，结转下年安排；如出现短收，通过削减支出实现平衡。

此外，我省还将加快推进项目库建设。据了解，由于财政资金拨付程序本身的限制，往往会出现"项目等钱"的现象，影响到重大项目的推进。推进项目库建设，将执行期在3年以上（含3年）的可滚动实施或分期实施的财政资金，以及建立跨年度滚动预算机制所需的其他财政资金纳入项目库管理范围，将有利于加快财政资金支出进度，解决"项目等钱"的问题。

根据《意见》，我省将提前一年挑选项目入库，入库同时编列一年或跨年滚动预算计划，细化至具体项目、金额、项目单位。编制年度预算时从项目库中选取具体项目纳入年度预算草案报同级人民代表大会审议；审议通过后，直接下达预算安排明细计划。

强化约束：未列入预算的不得支出

《意见》还强化了预算执行的严肃性，要求健全预算执行的约束机制。我省将强化支出预算约束，未列入预算的不得支出。年度预算执行中除救灾等应急支出通过动支预备费解决外，一般不出台增加当年支出的政策。部门预算将严格按照财政预算、用款计划、项目进度、有关合同和规定程序办理资金支付，属政府采购的须严格按政府采购规定办理。严格控制不同预算科目、预算级次或项目间预算资金的调剂。

针对结余结转资金，我省将建立结余结转资金定期清理机制，及时盘活存量资金。上一年度预算结转资金，应继续用于结转项目的支出。连续两年未用完的结余结转资金作为结余资金管理，一般公共预算的结余资金应用于补充预算稳定调节基金。建立预算编制与预算执行和结余结转情况相适应的机制，清理收回未及时支出的项目资金。

根据2015年广东省财政工作计划，今年将结合清理盘活存量资金，建立结余结转资金动态监控机制，合理控制结余结转资金规模，确保实现到2015年底一般公共预算结余结转资金规模占比不超过9%的目标。

（2015年5月19日《南方日报》，记者：卢轶）

今年发行203亿元地方政府债券

28日下午，省十二届人大常委会第十七次会议决定批准省政府依法发行我省2015年地方政府债券203亿元，批准省政府提出的2015年省级财政预算调整方案。

省财政厅厅长曾志权在《关于2015年省级财政预算调整方案的报告》中指出，今年涉及省级财政预算调整事项共3类4项，需增加2015年省级财政预算收支规模575.14亿元，包括：需要增加举借债务数额203亿元，需要调入预算稳定调节基金47.14亿元，列一般公共预算支出，在一般公共预算执行中需要增加预算总支出的325亿元。

按照要求，今年我省省级债券资金将主要用于省级重要交通基础设施项目、省级应承担出资的农村危房改造建设资金、转贷市县重点项目建设、转贷市县保障性安居工程和普通公路建设等方面。其中，安排省级重要基础设施项目资金60亿元，安排省级应承担出资的农村危房改造建设资金10亿元，转贷市县重点项目建设资金73亿元，转贷市县保障性安居工程和普通公路建设等重大公益性项目资金60亿元。

曾志权表示，本次预算调整方案中，属于纯新增我省财力的只有第一类举借债务203亿元，为财政部批准我省发行的地方政府债券资金；其余2类预算调整372.14亿元，均属于从我省已有的资金中调整安排，不属于纯新增我省财力。

省人大财经委员会审查后认为，我省具备发行203亿元地方政府债券和偿还债务的能力。建议省政府及财政部门更加合理地安排好地方政府债券资金，不断提高财政资金的绩效水平，要在尽快建立和完善我省地方政府债务管理及风险预警制度的同时，进一步完善预算管理体系，严格预算管理制度，提高预算编制的预见性、准确性、科学性、规范性、权威性与预算约束力。

（2015年5月29日《南方日报》，记者：辛均庆　许梓瑗，通讯员：任宣）

一增一减一撬　2 293亿提供稳增长新动力

为有效应对当前经济形势，日前我省制定出台了《关于2015年省财政支持稳增长的政策措施》（以下简称《措施》）。我省将新增安排财政资金863亿元，减免税费约830亿元，并计划募集社会资本600亿元参与。一“增”一“减”一“撬”共计2 293亿元，既是财政资金精准发力，也将为稳增长提供新动力。

“增”是新增安排财政资金。通过盘活财政存量资金、动用预算稳定调节基金、发行地方债等方式，今年省财政将安排资金863亿元。

“减”是减免税费。通过落实税收优惠、涉企行政事业性收费免征政策，今年将为企业减负约830亿元。

“撬”是撬动社会资本参与。通过完善财政投融资机制，发挥财政资金“四两拨千斤”的作用，我省将争取初期募集社会资本600亿元。

相比2014年稳增长措施主要通过新增安排财政资金和减免税费发力，《措施》的新增亮点还在于“撬”，具体手段包括设立市场化基金、出台贷款贴息政策、发行地方政府债券、推广运用PPP模式、探索资产证券化等。以设立市场化基金为例，我省将与国内绩优基金开展合作，设立战略性新兴产业创业投资引导基金、创新风险投资基金、中小企业信贷风险补偿基金、重大科技创业投资基金、新兴产业创业投资基金、产业发展基金、国资新兴产业发展基金、铁路发展基金等，支持重点产业和基础设施项目建设。

《措施》也着重选取能拉动经济增长、有效发挥即期效益的项目，实现精准用力。如交通基础设施、水利基础设施、重点基础设施建设，参与国家“一带一路”重大战略开发，支持棚户改造、保障性住房建设和农村危房改造等。

（2015年6月10日《南方日报》，记者：卢轶，通讯员：岳才轩）

争取以PPP模式拉动社会资本100亿

今年以来，在国际形势错综复杂、国内经济增速下行的背景下，广东经济总体延续上年平稳走势，但部分指标偏弱，显示下行压力仍然较大。2015年一季度，我省生产总值同比增长7.2%，与上年一季度持平，但增幅比2014年全年回落0.6个百分点，地方一般公共预算收入可比增长10.3%，增幅比上年同期低5.9个百分点。

近年，我省一般会根据一季度经济形势，适时出台财政支持稳定经济增长的政策措施。日前出台的《关于2015年省财政支持稳增长的政策措施》，新增安排财政资金、减免税费、募集社会资本合计约2 293亿元，强力支持经济稳定增长。近日，省财政厅厅长曾志权接受南方日报记者独家专访，详细解读了有关政策措施的内容、亮点，及其传递出的积极信号。

当前经济下行压力高于预期

南方日报：为什么要在这个时候推出财政措施支持稳增长？

曾志权：根据经济运行情况，实行“相机抉择”的财政政策，在经济下行时，通过扩大支持、减少税费等，有效扩大需求，促进消费、投资和出口，是发挥财政宏观调控作用、稳定经济运行的重要举措。

近年来，按照中央和省委、省政府的决策部署，我省高度重视稳增长工作。2015年一季度，我省生产总值同比增长7.2%，与上年一季度持平，但增幅比2014年全年回落0.6个百分点，地方一般公共预算收入可比增长10.3%，增幅比上年同期低5.9个百分点，经济下行压力高于预期。为有效应对经济下行压力，保持经济运行处于合理区间，省财政厅迅速研究出台财政支持稳增长的政策措施，是非常及时的，也非常必要的。

南方日报：今年财政支持稳增长的举措主要有哪些？

曾志权：《关于2015年省财政支持稳增长的政策措施》重点在以下几个方面。

一是支持创新驱动发展，实施创新驱动发展战略，推动科技研发及成果转化。二是支持扩大基础设施投资，加强交通基础设施、水利基础设施、重点基础设施建设。三是支持外贸稳定增长和提升对外开放水平，促进外贸转型升级、支持出口稳定增长、鼓励扩大出口和积极参与国家“一带一路”重大战略开发。四是扶持中小微企业健康发展，支持小微企业解决融资难及发展问题。五是支持棚户改造、保障性住房建设和农村危房改造。六是推进环保设施和污染防治。七是落实结构性减税清费政策，进一步扩大营业税改征增值税试点范围，落实小型微利企业税收优惠政策，落实高新技术企业减税政策，进一步取消和暂停征收12项中央级行政事业性收费，对非营利性养老和医疗机构建设全额免征，对营利性机构减半收取行政事业性收费。八是发挥财政资金放大作用，提升财政投融资能力，综合运用多种融资模式拉动社会资本投资。

为企业减免税费约830亿元

南方日报：大量的财政资金投入是否会对财政形成较大压力？如何落实这些资金？

曾志权：大量的财政资金投入肯定对收支产生一定的影响，加大财政收支压力。按照新预算法要求，从2015年起，收入预算从约束性转向预期性，各级政府不得向预算收入征收部门和单位下达收入指标。对此，省财政厅千方百计统筹安排资金，既充分利用债券置换、新增发行地方债等新增财政资金，又注重发挥既有的存量财政资金效益，并通过杠杆效应带动社会投资和消费，确保财政支持稳增长的资金落实到位。

一是通过盘活财政存量资金——包括一般公共预算资金、政府性基金、财政专户资金，动用预算稳定调节基金，按照国务院和财政部批复的额度举借地方政府性债务等方式，新增安排财政资金863亿元；二是落实税收优惠、涉企行政事业性收费免征政策，为企业减负约830亿元；三是完善财政投融资机制，提升财政投融资能力，发挥财政资金放大作用，通过财政投入，争取初期募集社会资本600亿元。

另一方面，财政投入也是稳增长的有效途径。通过制定财政支持经济增长的政策措施，加大财政投入，加快推进能拉动经济增长、有效发挥即期效益的项目实施，是促进经济持续健康发展的有力举措和重要保障。从当期来看，支出的增加和收入的减少会对财政运行产生一定压力。但从长远来看，根据经济运行形势，通过增加支出和减免税费，发挥“相机抉择”财政政策的逆向调控作用，可以有效拉动投资、刺激内需、稳定外贸，促进经济平稳健康增长，进而实现财政收入增加、预算收支动态平衡的目标。

财政带动险资投入高速公路建设

南方日报：与2014年版的政策措施相比，运用财政手段撬动社会资本是一大亮点，能否为我们介绍一下？

曾志权：今年我们提出，要创新财政投融资方式，合理运用设立市场化基金、出台贷款贴息政策、发行地方政府债券、推广运用PPP模式、探索资产证券化等多种投融资手段，提升财政投融资能力，发挥财政资金“四两拨千斤”的作用，实现多层次、多角度撬动社会资本投入，放大财政资金效应。

一是支持设立各类市场化基金。设立战略性新兴产业创业投资引导基金、创新风险投资基金、中小企业信贷风险补偿基金、重大科技创业投资基金、新兴产业创业投资基金、产业发展基金、国资新兴产业发展基金、铁路发展基金、支持发行企业融资债等，加强与国内绩优基金合作，放大财政资金投放效益，支持重点产业和基础设施项目建设。

二是推广运用PPP模式。在水利、保障性住房、污水处理、市政设施、交通设施、医疗养老公共服务项目等领域开展PPP项目试点，并逐步建立制度完备、运行规范、效益良好、监督有力的PPP模式管理制度体系。

三是发挥融资作用。以财政资金带动保险资金投入高速公路建设项目；采取增加资本金等增信措施提高水利融资能力；加快推进与国家开发银行合作，推进棚户区改造融资作用，用好用足专项贷款优惠政策。

四是实行贷款贴息政策。对企业技术改造、珠江西岸先进装备制造业、战略性新兴产业等项目，给予财政贴息优惠政策，发挥贴息资金放大作用，支持我省产业结构加快转型升级。

南方日报：PPP模式被视为财政投融资体制改革的一个重要方向，在今年财政支持稳增长的措施中具体是如何体现的，能否给我们详细介绍下？

曾志权：为进一步深化财政投融资体制改革，推广运用PPP模式，我们提出，抓住国家推广PPP模式的政策机遇，在水利、保障性住房、污水处理、市政设施、交通设施、医疗养老公共服务项目等领域开展PPP项目试点，争取通过PPP模式拉动社会资本投资100亿元，并逐步建立制度完备、运行规范、效益良好、监督有力的PPP模式管理制度体系，达到既吸引社会资本参与提供公共产品和公共服务，又降低地方政府债务风险的目的。

目前，按照中央有关政策要求，我省结合省情实际，通过加强PPP模式管理制度建设、鼓励存量项目向PPP模式转型，开展新建PPP项目试点，完善PPP项目信息管理等措施，积极探索运用PPP模式，逐步在基础设施和公用事业领域扩大向社会资本开放，促进投资主体多元化，推进重点公益性项目建设。

（2015年6月10日《南方日报》，记者：卢轶，通讯员：岳才轩）

我省3年900亿元支持创新驱动

创新驱动发展战略已上升为广东经济发展的“核心战略”和总抓手。笔者最新从省财政厅获悉，2015—2017年，省财政通过预算安排的支持创新驱动发展的资金超过900亿元，重点支持激励企业创新投入、促进科技企业孵化器和新型研发机构等平台载体建设发展、激励科技人员创新积极性。

设企业研发补助金等专项资金

本轮省财政资金投入主要有八个重点方向，包括支持重大科技专项、重要基础研究、重点研发平台、重要人才工程；支持企业加大研发投入；支持前沿与关键技术创新；促进省产业技术创新与科技金融结合；培育高新技术企业；支持科技成果转化和产出；支持高水平大学建设；支持珠江西岸先进装备制造业发展等。

一系列专项资金的设立在其中引人关注。

省财政厅厅长曾志权介绍，我省将设立企业研究开发财政补助资金，对已建立研发准备金制度的企业，根据企业研发投入情况对企业实行普惠性财政补助，引导企业有计划、持续地增加研发投入。

前沿与关键技术创新专项资金则采用无偿补助的方式，围绕全省重点领域、重点产业的重大科技需求支持研发创新项目，促进创新链与产业链相结合。

此外，我省也将设立专项资金，采用无偿补助、基金、股权投资的方式，围绕科技融资补贴与风险补偿、引导性投资、科技创投联动、科技金融服务体系建设、创新券补助等进行扶持，促进金融、创新、产业相结合。

对于纳入省高新技术企业培育库、但未获得国家授予的高新技术企业称号的企业，我省也将由高新技术企业培育资金给予在培育补助。

普惠政策最大限度覆盖企业

当前，我省创新驱动发展战略也存在一些明显的“短板”。因此这900多亿元资金的使用，也将有意识地针对“短板”精准用力。

一个典型的代表就是科技与经济的“两张皮”问题，科研机构科研产出与市场需求脱节，科研成果转化不畅，难以形成现实的生产力。曾志权介绍，我省将按照“市场和企业点菜，科研机构产出，创新科技资金投入方式，推进科技经济紧密结合”的总体要求，通过科技资金投入创新，按市场需求遴选项目，发挥财政资金在科研成果产出和转化两个阶段的引导和撬动作用。形成企业提需求、科研机构接单、政府和银信机构等多方联动支持科技创新的新格局。

另一个突出问题是创新主体普遍存在资金短缺的现象。曾志权介绍，目前我国65%的发明、75%以上的企业技术创新、80%以上的新产品开发，都是由中小企业完成。但这类企业，尤其是科技型初创期、早中期企业，普遍存在资金短缺的问题，能度过求生期（2-5年）的不到一半。对此，本轮资金将突出普惠性，最大限度地覆盖科技型企业，帮助相当部分科技型初创期、早中期企业度过瓶颈时期，增加科技型企业成活率，为日后发展壮大打下基础。

此外，我省还将充分撬动社会资本，重点采取基金投入模式，与市县政府资金、国内外金融机构、各类社会资本等合作，覆盖企业初创期、成长期以及科技成果转化、融资、研发等创新链各环节，并支持民间天使投资机构及孵化器。

创新资金投入和管理机制

财政资金支持创新驱动发展，也将创新投入和管理机制。

在资金投入方向上聚焦重点。重点支持具有自主知识产权、技术成熟程度比较高、产业化前景明确、能马上转化应用的项目，推动这些项目转化的技术尽快装备到企业。

在项目遴选上提高精度。建立科学高效的项目遴选机制，促使行政部门、科研机构、企业、金融机构、专家学者通力合作，切实提高项目遴选的精准度，确保项目有比较高的有效成果率，尽快取得成果。

在资金分配上科学决策。建立完善财政、科技、发改、教育等部门参与的专项资金使用联席会议制度，制定专项资金使用办法，切实提高经费使用的有效性和针对性。

在投入方式上注重引导。要充分发挥财政资金的引导和杠杆作用，撬动更多的社会资金投入创新驱动发展中。

在资金管理上注重规范。加强对专项经费的管理，既防止掌管财政经费的部门和工作人员发生贪腐问题，又防止出现企业或科研单位骗取财政经费的问题。

（2015 年 6 月 11 日《南方日报》记者：卢轶，通讯员：岳才轩）

粤八大领域重点推广 PPP 模式

29 日，广东省财政厅、广东省发展改革委、中国人民银行广州分行《关于在公共服务领域推广政府和社会资本合作模式的实施意见》（以下称《实施意见》）公布。《实施意见》旨在充分发挥市场在资源配置中的决定性作用，加快政府职能转变，创新财政投融资机制，推广运用政府与社会资本合作模式，引导和鼓励社会资本参与公共服务供给，改革创新公共服务供给机制和投入方式。

另据了解，近期我省将召开推广运用政府和社会资本合作（Public-Private-Partnership，PPP）模式项目推介会，以引导和鼓励社会资本参与公共服务供给，加快 PPP 模式在我省的推广运用。

亮点 1　广泛运用 PPP 模式合理确定运作方式

记者浏览文件发现，《实施意见》鼓励各地政府结合本地区公共服务需要，兼顾资源有效配置及项目合理布局，加强政策引导，积极推广运用 PPP 模式，增强公共产品供给能力。重点关注交通基础设施建设、水利工程、市政公用设施、农业设施、社会事业、生态环境保护、保障性安居工程，以及其他政府有责任提供并适宜市场化运作的基础设施和公共服务项目。

《实施意见》指出，各地要根据 PPP 模式特点，结合本地区公共服务需要，兼顾资源有效配置及项目合理布局，加强政策引导，积极推广运用 PPP 模式，增强公共产品供给能力。此外，《实施意见》还提到，PPP 项目具体运作方式主要由收费定价机制、项目投资收益水平、风险分配基本框架、融资需求、改扩建需求和期满处置等因素决定，包括 BOT（建设—运营—移交）、BOO（建设—拥有—运营）、TOT（转让—运营—移交）、ROT（改建—运营—移交）、LOT（租赁—运营—移交）、BBO（购买—建设—运营）、O&M（委托运营）、MC（管理合同）等。PPP 项目具体运作方式不包括 BT 类型。

亮点 2　建全省项目储备库严格选择合作对象

值得一提的是，《实施意见》还对 PPP 项目选择做出严格规定。省财政厅将汇总本地区项目储备库，建立全省项目储备库。与此同时，各地在适宜采用 PPP 模式的领域中应当优先选择投资规模较大、有稳定现金流、收费定价机制灵活透明、市场化程度较高、需求长期稳定的项目，按已建项目、在建项目、新建项目等分类建立本地区项目储备库。

事实上，除根据筛选结果评估筛选项目外，各地也应当严格选择合作对象。《实施意见》提出，各地要严格按照相关法律法规，通过公开招标、邀请招标、竞争性谈判、单一来源采购、竞争性磋商等方式，选择社会资本投资人。为保障项目持续稳定运营，在确定合作对象后，各地应当及时完善合同管理，妥善解决争议。

亮点 3　保证合理收益防范债务风险

实施意见强调，各地要保证社会资本获得长期稳定的合理收益。各地政府应综合考虑建设运营成本、项目风险、财政支出等因素，通过特许经营权、合理定价、财政补贴等事先公开的收益约定规则保证收益。对项目收入不能覆盖成本和合理收益的，可通过政府付费等方式给予适当补贴。不过，在保证收益的同时，实施意见也强调，各地政府要减少不必要的负担。

亮点 4　完善财政扶持措施融资适当给予贴息

值得注意的是，在政策的落实保障措施上，除推广实施、机制管理、审核流程、项目发展环境等方面外，实施意见还鼓励各地政府完善财政扶持措施。其提出，各地政府可根据自身财力状况设立 PPP 融资支持基金、对 PPP 项目前期费用给予适当补贴，对项目融资适当给予贴息，依据绩效评价结果给予适当奖励。

（2015 年 7 月 30 日《南方日报》，记者：唐柳雯　卢轶，实习生：李梦祺）

省政府召开推广运用政府和社会资本合作（PPP）模式项目推介会

20 日，广东省推广运用政府和社会资本合作模式（PPP）项目推介会在广州举行。本次推介会共向社会发布 122 个 PPP 推介项目，包括珠三角地区（含省直部门，下同）推介项目 49 个，粤东西北地区推介项目 73 个，总投资额 2 814 亿元。当天共有 10 个项目达成 PPP 合作协议并现场签约，签约投资额达 242 亿元。

省财政厅厅长曾志权在推介会上表示，本次推出的项目数量和总投资额，规模均在全国居前。尤其是，本次推介项目除了价格调整机制相对灵活、市场化程度相对较高、投资规模相对较大、需求长期稳定等特点外，相当部分项目本身可以提供现金流，兼有经济效益和社会效益，是符合我省区域发展战略并适合采用 PPP 模式建设运营的优质项目。

据悉，推介项目还具有体现省委省政府重大战略部署、反映各级政府较高积极性和良好合作诚意、紧贴国家和省经济社会发展前沿、民生保障领域 PPP 合作进一步突破等特色。

有参加本次推介会的民营企业认为，此举打破了此前社会资本投资领域狭窄和保障政策不足不完善的瓶颈，项目对社会资本的吸引力大大增强。

本次推介会以“创新模式，互惠合作，助推广东新发展”为主题，致力于搭建政府和社会资本合作的平台，促成 PPP 项目加快落地。

记者从推介会上获悉，本次推出的 122 个项目涵盖交通基础设施、市政公用设施、社会事业、水利工程、保障性安居工程、生态环境保护等六大领域，主要集中在交通基础设施领域（35 个项目）及市政公用设施领域（61 个项目）。

曾志权介绍，此轮推介项目是经过各地级以上市、各县（市、区）财政部门从适宜采用 PPP 模式的领域中，选择投资规模较大、有稳定现金流、收费定价机制灵活透明、市场化程度较高、需求长期稳定的项目，报本级人民政府确定后上报省财政厅。

省财政厅汇总项目信息后，召集省直相关业务主管部门和 PPP 领域专业咨询机构，对照国家和省指导文件，从项目总体情况、财政承受能力、利益分配机制、风险分配机制、投融资机制、物有所值评估、监督管理机制、项目运营绩效 8 个方面对参评 PPP 项目进行逐一评级，择优遴选上报国家示范项目和公开发布的推介项目。

项目特点

记者从推介会上了解到，广东本届推介会公开发布的 PPP 项目除具有价格调整机制相对灵活、市场化程度相对较高、投资规模相对较大、需求长期稳定等特点外，还具有多重新特点：

1. 反映　各级政府较高积极性和良好合作诚意

省级、市级、县级和镇级政府结合自身发展需要发起并向省申报了 PPP 推介项目，正式发布的推介项目材料经过层层把关，对投资估算、交易结构、风险分担、收益机制等作了明确清晰的介绍。

2. 体现　我省重大战略部署

项目体现了促进珠三角优化发展和“九年大跨越”的决策部署。本届推介会发布珠三角地区推介项目 49 个，单个投资额较大，主要集中在基础设施建设领域（22 个），反映珠三角进入工业化后期阶段，生产力发展水平较高，交通基础设施建设需求进一步释放的现实状况。

同时，体现了推动粤东西北振兴发展“三大抓手”（即交通基础设施建设、产业园建设和中心城区扩容提质）的决策部署，在交通基础设施建设、产业园区扩能增效、中心城区扩容提质和新区建设上加快实现新的突破。粤东西北地区推介项目 73 个，主要集中在市政公用设施领域（46 个），反映粤东西北地区绿色低碳循环发展，污水垃圾处理等环保建设需求释放的现实状况。

3. 紧贴　国家和省经济社会发展前沿

本届 PPP 推介项目包括城市地下综合管廊、智能交通、创业孵化服务平台、科技孵化器、厨余垃圾处理，航道、疏浚和填海建防波堤一体化工程以及广东省新一轮污水处理厂和垃圾处理设施规划等国家和省经济社会发展前沿领域项目，具有良好的引领和示范效应。

4. 民生　保障领域 PPP 合作进一步突破

本届 PPP 推介会还推出了一批国家鼓励、适宜采取 PPP 模式合作建设运营的民生保障领域项目，包括三甲医院、养老、应急水源、保障性安居工程建设等领域，对于做好惠民生工作有着重要的意义。

企业声音

广业公司董事长何一平：重视契约精神，才能保持长期健康合作

作为早期参与 PPP 建设的社会资本方，广业公司董事长何一平在推介会前接受了南方日报记者采访。他认为，PPP 项目是政府与社会资本“平等协商、合作共赢”的合作模式，要双方重视契约精神，做到互惠互利，才能保持长期的健康合作。

目前，广业已投资污水处理、垃圾处理、工业区建设和城市道路建设等 PPP 项目 70 多个，合计总投资超过 100 亿元。同时，根据省委、省政府加大力度推进 PPP 项目的要求，目前广业公司正在与各地市积极协商参与当地的 PPP 项目，已与江门市政府就环保基础设施 PPP 项目及开平市环境产业园垃圾处理 PPP 项目、梅州市所有污水处理项目等达成了合

作意向。

何一平说，PPP 项目有一个特点是既要保障社会资本长期合理回报，确保项目可持续运营，又要避免社会资本利润超出合理区间。事实上，广业公司2008 年投资的粤东西北 50 多座污水处理厂，个别项目第二年就实现了盈利，现在已实现整体扭亏为盈。这批项目减排效益显著，以 2014 年为例，广业公司实际处理污水量达到 5 亿吨，COD 减排量 6.3 万吨，氨氮减排量 6 287 吨。

作为社会资本方，何一平总结经验认为，PPP 模式首先要科学规划，平衡项目社会效益和财政承受能力。以 PPP 模式推动环保、市政等基础设施项目，具有投资规模大、运营周期长、市场化程度较高的特点，政府应平衡项目的财务效益与社会效益，对拟采用 PPP 模式的项目开展“物有所值”评估和财政承受能力论证，并将 PPP 项目的财政支出责任列入当地财政中长期规划。做到项目既能充分发挥其社会效益，又能确保社会资本参与项目的合理回报，共同推动项目健康、良性发展。

信守合同，确保 PPP 项目稳定经营。PPP 模式是“一次承诺、分期兑现、定期调整”的预算管理方式，政府与社会资本是通过契约（如 BOT 合同）的形式合作，即通过签订规范、清晰、可操作性强的合同来明确各方的权责，各方严格遵循契约精神，出现问题从长期合作大局出发，依法依规依约高效解决，为项目持续、稳定运营“保驾护航”。

此外，政府和企业还要重视互惠合作，才能共同推动 PPP 项目长期健康发展。何一平强调，在 PPP 项目中，政府的支持与监督，包括各有关部门的积极参与；企业的资信与实力，包括资金、技术、管理等方面；以及适度的竞争是推动 PPP 项目健康发展的必要条件。PPP 项目不同于一般的完全市场竞争项目，它的一个重要功能是惠及民生。社会资本应将企业发展与政策导向紧密结合，选择符合区域发展战略、产业发展方向、公共服务需要的项目，充分发挥企业的管理和技术优势，用好各级政府的扶持政策，实现社会资本与公共利益的双赢。

（2015 年 8 月 21 日《南方日报》，记者：黄颖川，通讯员：岳才轩）

切实加快财政支出进度

9 月 2 日下午，省政府召开全省财政支出进度集体约谈会，深入贯彻落实 7 月 8 日国务院常务会议精神，研究部署进一步加强预算支出执行管理，加快财政支出进度，提高财政资金使用效益等工作。省长朱小丹出席会议并讲话。省委常委、常务副省长徐少华主持会议。

朱小丹指出，加快财政支出进度，既是稳增长调结构、促进经济持续健康发展的重要举措，也是提高政府效能、更好履行政府职能的现实需要，更是严格执行新《预算法》、深化预算管理制度改革的必然要求。全省各级各部门要切实把思想认识和行动统一到中央和省委、省政府关于加快财政支出进度的决策部署和工作要求上来，充分认识做好加快财政支出进度工作的重大意义，进一步增强工作的责任感和紧迫感，加强财政资金管理使用，确保各项资金严格按计划进度拨付，不断提高新形势下抓财政支出的能力和水平。

朱小丹要求，针对当前我省省级与市县支出进度不均衡、预算下达进度和实际支出进度不均衡、各市和各部门之间支出进度不均衡、存量资金盘活不均衡等问题，各地各部门要对照中央和省委、省政府工作要求，对照影响和制约财政支出工作的因素，结合本地本部门实际，深入查摆剖析财政支出进度工作中存在的突出问题，从根源上找原因，从根子上想办法，从根本上解决问题，研究提出符合本地本部门工作实际的整改方案和措施，切实加快支出进度，建立健全抓好财政支出的长效机制。一要坚持依法理财，严格按时限规定拨付资金。强化预算执行刚性约束，严控预算调整和调剂，加快预算执行进度，严格按照法定时限拨付资金。地方债券、存量资金安排等涉及预算调整的，各市、县政府要及早组织制定方案，及时呈报同级人大审批，办理预算调整手续并安排资金使用。二要注重财政资金使用绩效，切实用足用好财政资金。加快重点项目支出进度，用好政府债券资金，按事权和支出责任相适应原则明确省市县支出责任。三要深化预算管理改革，建立健全财政支出长效机制。建立跨年度预算平衡机制，提高年初预算编制精准性，探索建立完善省以下事权和财政支出责任相适应的制度。改进资金分配方式，加大专项资金清理整合力度，优化资金审批拨付流程。四要强化责任落实，加大考核和责任追究力度。建立市县支出进度与转移支付挂钩办法、市县库款规模与资金调度挂钩办法、省直部门支出考核、绩效考核与财政资金安排挂钩办法以及市县和省直部门支出进度通报机制。他还强调，各地各部门要从践行“三严三实”的高度，进一步明确职责，把责任层层落实到各级政府、部门、单位及个人，确保到位见效。

（2015 年 9 月 3 日《南方日报》，记者：谢思佳　黄颖川，通讯员：符信）

3 年 168 亿支持企业新一轮技术改造

为贯彻落实中央和省委、省政府出台的各项惠企政策，广东省财政积极履行职能，加大财政投入力度、创新财政扶持方式，发挥财政政策和资金的引导作用，努力为企业发展创造良好环境。

省财政厅解读

250 亿打造珠江西岸　先进装备制造产业带

一是支持新一轮技术改造。据了解，省财政 2015—2017 年安排 168 亿元，以专项资金和事后奖补的方式支持企业进行新一轮技术改造，重点支持《广东省工业企业技术改造指导目录》内行业，采用股权投资、事后奖补等方式，重点支持包括先进制造业在内的行业扩产增效、智能化改造、设备更新、公共服务平台建设、绿色发展和企业的兼并重组。

二是着力打造珠江西岸先进装备制造产业带。2015—2017 年省财政相应安排财政资金、减免税费等约 250 亿元，采取基金、股权投资、奖励补助等方式，以掌握核心技术、核心装备为核心，突出支持面向国际市场、占领产业制高点的装备制造业和进口替代型装备制造产业，重点打造珠江西岸（珠海、佛山、中山、江门、阳江、肇庆六市及顺德区）先进装备制造产业带。

当前正是我省经济转型升级的关键时期，省财政 2015 年整合设立企业转型升级专项资金 6.7 亿元，优先支持装备制造业加快发展。支持装备制造业企业开展技术改造，通过两化融合、信息技术、共性适用技术和先进设备进行整体改造提升优势装备产业。

此外，为培育新的经济增长点，2013—2017 年省财政安排 135 亿元，采取奖励、股权投资方式支持省产业园基础设施建设、产业集聚发展、招商选资、企业创新、开发建设。

支持创新驱动发展战略　支持中小微企业投融资

今年 2 月，我省召开全省科技创新大会，要求全省扎实推进创新驱动发展战略实施，为此，省财政安排超过 900 亿元支持创新驱动发展。重点支持激励企业创新投入、促进科技企业孵化器和新型研发机构等平台载体建设发展、激励科技人员创新积极性，具体包括支持重大科技专项、重要基础研究、重点研发平台、重要人才工程，支持企业加大研发投入，支持前沿与关键技术创新，促进省产业技术创新与科技金融结合，培育高新技术企业，支持科技成果转化和产出，支持高水平大学建设以及支持珠江西岸先进装备制造业发展等方面。

其中，针对培育高新技术企业，省财政设立了专项资金，进一步加大高新技术企业扶持力度，对纳入省高新技术企业培育库、未获得国家授予的高新技术企业称号的企业，由高新技术企业培育资金给予培育补助。

为贯彻落实省政府今年 7 月出台的《关于创新完善中小微企业投融资机制的若干意见》，2015—2017 年，省财政还统筹安排专项资金约 66 亿元，创新完善中小微企业投融资机制，鼓励中小微企业直接融资，推动金融载体服务中小微企业，发挥财政资金的杠杆效应，引导社会资本投向中小微企业。

其中包括，投入 10 亿元，鼓励中小微企业直接融资。投入 29 亿元，推动金融载体服务中小微企业融资。投入 11 亿元，引导社会资本投向中小微企业。

专家解读

建立有效监管考核机制　更好保证企业得到实惠

财政是国家治理之基。中山大学岭南学院财政税务系主任、教授林江认为，随着我国经济增长步入新常态，创新投融资运作机制，让财政资金发挥“四两拨千斤”的功效，以充分利用社会民间资金，将是我省创新财政支出方式的重大举措。

尤其在市场配置资源效率比较高的时候，企业和投资者会倾向于把钱投在盈利前景较好的产业，但由于产业转型升级以及科技研发所带来的利润难以马上兑现，故市场难以即时引导资金流向现代产业，尤其是战略性新兴产业，此时就需要政府扮演引导的角色，不仅需要向投资者解释战略性新兴产业及其项目的特征和相关信息，还需要通过提供一定的财政资金支持来鼓励民营企业进行高新科技研发活动，也借此吸引包括风险投资、创业投资在内的市场资金流向这些产业。

林江说，近年来，我省先后出台了不少扶持中小微型企业的政策和优惠措施，接下来的关键是措施如何切实落到实处，各个职能部门如何分工合作，对于政策措施的执行、实施落实情况，“要建立有效的监管和考核机制，才能更好地保证政策让企业得到实惠”。

（2015 年 9 月 8 日《南方日报》，记者：黄颖川，实习生：叶靖儿，通讯员：岳才轩）

粤新增130亿地方债 15亿用于练江治水

23日，省政府提请省十二届人大常委会第二十次会议审查和批准2015年第二次省级财政预算调整方案，主要涉及新增地方政府债券资金安排。省财政厅厅长曾志权表示，经国务院批准，财政部最近下达我省2015年第2批新增债券额度130亿元，财政部要求坚决杜绝债券资金用于楼堂馆所等中央明令禁止的项目建设支出。

曾志权说，我省将从中安排40亿元用于省级重点项目支出，其中练江流域水环境综合整治资金5亿元，主要用于污水处理设施建设、垃圾处置设施建设、污泥处置设施建设等。在转贷市县的46亿元重点项目建设资金中，将安排汕头市、揭阳市各5亿元，共10亿元用于练江流域水环境综合整治项目。

按照财政部下达额度，我省2015年第二批新增债券额度130亿元，其中一般债券98亿元，专项债券32亿元。新增债券资金将主要用于省级重点项目、转贷市县重点项目建设、转贷市县统筹安排使用的项目等方面。

省人大财经委审查预算调整方案后建议，应加强对我省地方政府性债务管理，尽快建立和完善我省地方政府债务管理及风险预警制度，进一步消化债务风险较高地区的地方性政府债务，防止出现地方财政风险。

省级一般公共预算增加地方政府债券收入98亿元后，2015年省级一般公共预算总收入相应调整为4 066.57亿元，总支出安排也相应调整为4 066.57亿元，收支平衡；省级政府性基金预算增加地方政府债券收入32亿元后，2015年省级政府性基金预算总收入相应调整为139.05亿元，总支出安排相应调整为139.05亿元。

（2015年9月24日《南方日报》）

省财政逾14亿支持救灾复产

受强台风“彩虹”影响，湛江等粤西地区出现严重暴雨洪涝灾害，造成重大经济损失。笔者从省财政厅获悉，按照省委、省政府指示，省财政厅会同省直相关部门积极研究制订支持灾区救灾复产重建资金安排的一揽子方案并报经省政府同意，先后安排湛江等重灾区应急及救灾复产重建资金共约14.1亿元，支持台风“彩虹”重灾地区救灾复产重建。

据悉，本次安排的救灾复产重建资金，按照突出重点、统筹兼顾的原则，将救灾应急、灾民生活救助、基础设施修复、灾毁农田修复、农林渔复产、灾毁教育设施修复、灾毁（损）企业复产、其他救助八项作为重点扶持范围，其中，安排救灾应急支出资金4.92亿元、灾民生活救助资金8 000万元、基础设施修复资金3.18亿元、灾毁基本农田垦复省级补助资金5 000万元、农林渔行业救灾复产3.34亿元、教育灾毁设施修复资金3 100万元、灾毁（损）企业复产贷款贴息资金1亿元、卫生计生口灾害救助资金500万元。

省财厅有关负责人表示，考虑到此次各地受灾实际情况不一致，需财政支持的重点各有不同，明确受灾市、县可按轻重缓急的原则，对财政转移支付资金，地方在落实好重点救灾项目资金后，其余可调剂使用，但只能用于救灾，不得挪作他用。同时，省审计厅、省监察厅加强对救灾复产资金的审计监督及财经纪律监督，确保资金足额落实到位。

（2015年10月30日《南方日报》，记者：黄颖川，通讯员：岳才轩）

一般公共预算收入粤前10月增13.2%

18日下午，省人大常委会副主任陈继兴率省人大财经委、教科文卫委和部分省人大代表到省财政厅视察工作，了解2015年省级预算执行情况和2016年预算草案编制情况，并就推进教育现代化建设和卫生强基创优专题，提前介入财政预算编制。

陈继兴表示，省人大常委会专项提前介入推进教育现代化建设和卫生强基创优资金预算编制监督，就是要切实回应人大代表和社会对这两个问题的高度关注，进一步推进深化教育领域综合改革和医药卫生体制改革，推动全省教育事业和医疗卫生事业均衡向前发展。他要求省财政厅充分研究吸纳代表提出的意见建议，切实做好相关工作，让省人大代表满意，让老百姓得益。

据省财政厅厅长曾志权介绍，今年1－10月，全省一般公共预算收入7 795.21亿元，可比增长13.2%，增幅高于全国地方平均增幅（5%）8.2个百分点，居全国各省市首位。全省地方一般公共预算支出9 744.48亿元，增长45.5%，其中，全省民生类支出完成6 872.48亿元，同比增长50.6%，全省各级财政已拨付十件民生实事资金、底线民生保障资金1 853亿元和235.15亿元，财政运行总体正常，民生重点保障到位。

在省人大常委会今年重点关注的“推进教育现代化建设”和“卫生强基创优”方面，省财政已初步进行资金安排：2016年起，将设立“省级推进教育现代化建设资金”，计划分5年安排，主要用于加强教育强县和义务教育发展基本均衡县补短板省级奖励、学前教育专项、欠发达地区“全面改薄”专项、普通高中优质多样特色发展奖补专项等；2016年起，设立“卫生强基创优资金”，计划分三年安排，主要用于加强经济欠发达地区县级以下医疗卫生机构建设、建立健全我省公共卫生防疫体系、加大卫生人才培养力度等。

（2015年11月19日《南方日报》，记者：辛均庆，通讯员：任宣）

公办高职生均拨款明年全覆盖

为促进高等职业教育（含高等专科学校，下称“高职教育”）改革发展，整体提高高等职业院校（下称“高职院校”）经费水平和人才培养质量，笔者获悉，省财政厅近日印发《关于建立完善我省高职院校生均拨款制度的实施意见》（下称“意见”）。

意见进一步明确财政、教育及高职院校责任，发挥财政资金激励导向作用，建立完善高职院校生均拨款制度，加快发展现代高等职业教育。

注重发挥绩效导向作用

据悉，我省将实行高职院校生均拨款制度，范围覆盖全省省级及地方所属所有独立设置的公办（国有企业办）高职院校。意见指出，各地根据本地区经济社会发展水平、职业教育发展规划、专业办学成本差异、财力状况以及学费收入等因素，按隶属关系，因地制宜、科学合理地确定所属高职院校生均拨款标准，并逐步形成生均拨款标准动态调整机制。

笔者了解到，我省于2010年起逐步开展公办高职生均定额经费拨款试点；从2014年1月起，省属公办高职院校已全面实行生均拨款制度，但部分地市的学校未有得到覆盖。此次意见实施后，将实现全省各地公办高职院校生均拨款全覆盖。

根据意见，到2016年，广州、深圳、珠海、佛山、中山、东莞6市公办高职院校年生均财政拨款水平应当不低于12 000元；到2017年，全省各地包括经济欠发达地区14个地级市所属公办高职院校年生均财政拨款水平应当不低于12 000元。

在注重公平的同时，意见强调注重发挥绩效导向作用，体现改革和绩效导向。意见明确，我省将建立考核机制，向改革力度大、办学效益好、就业质量高、校企合作紧密的学校倾斜，向管理水平高的学校倾斜，向当地产业转型升级亟须的专业以及农林水地矿油等艰苦行业专业倾斜，引导高职院校合理定位，办出特色和水平。

建省级财政综合奖补机制

意见还指出，从2015年起，省财政将统筹安排中央财政奖补资金和省级相关资金，建立“以奖代补”机制，激励和引导各地建立完善高职院校生均拨款制度，提高生均拨款水平，促进高职教育改革发展。

据了解，省财政将根据各地生均拨款制度建立和实施情况、体现绩效的事业改革发展情况、经费投入努力程度和经费管理情况等因素给予综合奖补。

据悉，省级财政综合奖补包括拨款标准奖补和改革绩效奖补两部分，其中：拨款标准奖补根据省定考核目标和各地提高高职院校生均财政拨款水平的具体情况核定，改革绩效奖补根据各地各高职院校改革进展情况核定。

（2015 年 12 月 9 日《南方日报》，记者：黄颖川，通讯员：岳才轩）

我省设立总规模 63 亿元环保基金

17 日，广东环保基金《合作备忘录》在广州签署。该基金由省财政出资 20 亿元设立，属于政策性基金。成立后，该基金将放大财政资金的作用，通过 PPP 模式引入社会资本。据透露，20 亿元财政资金将撬动约 200 亿元社会资本投向粤东西北等地区生活垃圾和污水治理领域，实现地区环境保护建设目标，对加强粤东西北等地区环保基础设施建设具有重要意义。

近期，省政府作出了启动粤东西北地区新一轮环保基础设施建设的重大战略部署，明确提出到 2018 年底，粤东西北地区 12 个市全域及惠州、江门、肇庆县域地区城镇要新增污水处理设施 816 座、配套管网 9 020 千米、农村污水处理站 29 506 个，生活垃圾处理设施 42 座、治理存量生活垃圾处理场 37 座、新建建筑垃圾消纳场 80 座。但该项建设资金需求高达 1 025 亿元，仅靠粤东西北各地政府的有限财政难以支撑。通过创新体制机制，大力推广运用 PPP 模式，推动财政资金与社会资本、产业资本与金融资本相融合，以共同支持粤东西北地区新一轮环保基础设施建设成为填补粤东西北生活垃圾和污水处理建设资金缺口的重要途径。

（2015 年 12 月 18 日《南方日报》，记者：黄颖川）

外来工子女将按学号领补贴

“为什么没有公布地方债务？”“如何进一步完善转移支付政策？”昨日，在广东省第十二届人大第三次会议财政经济委员会预算审查座谈会上，多位人大代表对“财爷”——省财政厅厅长曾志权展开了追问。曾志权透露，对于外来工子女的教育补贴，国家正在制定新的按照学号补贴的政策。

三个市地方债超警戒线

对于广东省的债务规模，人大代表们非常关心。省人大代表谭燕红发问，现在能看到的地方性债务的基本情况，数据基本是 2012 年和 2013 年的，要用多长时间才能把 2014 年的债务统计出来？

对此，曾志权回应，在预算报告中已有解释，地方债务必须要经国务院报经全国人大审批，等国家确定以后才能向省人大报告。“目前全省各级政府截至 2014 年 12 月 31 日的债务情况，已汇总上报财政部审核，正在走余下的程序。”

另一位代表提出，能否通过省里为地方的交通设施建设项目进行融资或者发债。对此，曾志权透露，现在省没有发债空间，省级的专项债务超过 100%。国家是根据省每一年的财政收入多少，设计负债率。债务率达标是要考核的，目前广东省有三个市的债务率超过警戒线。

外来工子女补贴按学号

省人大代表俞雪花提出，省财政还需进一步完善转移支付政策，对一些财政补助，可否直接计算到县，支付到县。比如职业技术教育流动性很强，省里提出的给江门的补助方案，一律只给 10% 的补贴，而不管有多少粤东粤西的孩子到江门来读书。这样的事权是省市共享事权，需要改革。

对此，曾志权也表示非常同意。他透露：“完善转移支付，要适当提高比例，严格上来说，要从中央改革开始。现在财政部和教育部开始搞试点，以后对外来工子女读书补贴根据学号制，在哪读书钱就补在哪。这个也是我们呼吁多年的。”

研究部署杜绝财政“空转”

新预算法实施，最重要的还是加强监管。省人大代表刘四聪提出，应该对财政支出加强监管，钱花到哪里去，怎么花的，谁领到了钱，有什么效果，应该有一个跟踪系统。以前有这样的案例：水稻的补贴让村长领了，母猪的补贴让公猪领了。对财政支出的公开监管是非常迫切的。

“现在很多农民不清楚政策，如果给 100 元能领到 20 元都非常开心。”刘四聪说，“能否建立一个数据库，我们能够上去查谁领了，符不符合条件。”

对此，曾志权表示，新预算法出台后，对财政收支的监管将是重要的课题。必须坚决防止和杜绝财政“空转”行为，加大征管收入监管机制，省里也在对此进行研究部署。

（2015 年 2 月 12 日《羊城晚报》，记者：孙晶）

试行科技创新券后补助鼓励中小微企业创新

8 日下午，广东省科技厅与广东省财政厅联合印发《广东省科学技术厅　广东省财政厅关于科技创新券后补助试行方案》（以下简称方案）与《广东省科学技术厅　广东省财政厅关于科技企业孵化器创业投资及信贷风险补偿资金试行细则》（以下简称细则），前者重在引导企业持续加大研发经费投入，后者支持金融机构为孵化器内科技型中小微企业提供贷款，两项优惠新政同时发力，哪些企业能抢饮新政头啖汤？

补助对象有三类

根据方案，“科技创新券后补助”是指政府将财政科技资金采用发放创新券的后补助方式，引导和鼓励中小微企业创新，科技创新券重点支持企业向高校、科研机构和科技服务机构购买科技成果或技术创新服务，以及为建立研发机构而购买研发设备等产学研活动。

“后补助”又是什么意思呢？据了解，企业在申领创新券后，必须与院校等科技服务机构签订合作约定，购买科技服务或设备。在完成双方约定事项后，服务机构才能持券到财政部门兑现。

谁是补助对象？方案表示，符合条件的科技型中小微企业、科技服务机构、高校和科研机构都将是该补助方式的三大对象。

试点市补助标准不同

根据方案，广东各试点市享有不同补助标准，对珠三角地区的试点市，按照省级专项经费与当地实际发放补助经费比例不超过 1∶3 的额度给予配套支持；对粤东西北地区的试点市，按照省级专项经费与当地实际发放补助经费比例不超过 1∶1 的额度给予配套支持。

如何申请投资风险补偿金？

细则中所称的“创业投资及信贷风险补偿资金”，是指由省财政预算安排，用于科技企业孵化器发展，对孵化器内创业投资失败项目和对在孵企业首贷出现坏账项目所产生的风险损失，按一定比例进行补偿的财政专项资金。该资金的设立，在于鼓励创投机构和社会资本设立创业投资资金投向孵化器科技型中小微企业，支持金融机构为孵化器内科技型中小微企业提供贷款，促进科技成果转化与产业化。

谁能获得创业投资风险补偿资金？根据细则，创业投资风险补偿资金的支持对象为具有融资和投资功能，投资于科技企业孵化器内初创期科技型中小微企业的公司制或有限合伙制创业投资机构，要具备以下条件才能申请创业投资风险补偿资金：

1. 依法在广东省范围内注册登记和在中国基金业协会备案；

2. 注册资本（认缴出资额）不低于 300 万元人民币；

3. 单个企业的投资不得超过创业投资机构总资产的 20%；

4. 有至少 3 名具备 2 年以上创业投资或相关业务经验的高级管理人员；

5. 管理和运作规范，具有严格合理的投资决策程序和风险控制机制；

6. 按照国家企业财务、会计制度规定，有健全的内部财务管理制度和会计核算办法；

7. 不投资于流动性证券、期货、房地产业以及国家政策限制类行业。

谁可获信贷风险补偿金？

信贷风险补偿资金的支持对象为科技企业孵化器内在孵企业提供贷款的金融机构，申请补偿资金须符合在申报时至少拥有 5 家以上存量科技型中小企业贷款客户等条件。作为这些金融机构贷款对象的在孵企业也需要满足申请进入孵化器的企业成立时间一般不超过 2 年或在孵时限一般不超过 3 年半，纳入“创新人才推进计划”及“海外高层次人才引进计划”的人才或从事生物医药、集成电路设计、现代农业等特殊领域的创业企业，一般不超过 5 年等条件。

细则表示，对孵化器内创业投资失败项目，省财政创业投资风险补偿资金按项目投资损失额的 30% 给予创业投资机构补偿；当地市财政创业投资风险补偿资金按项目投资损失额的 20% 给予创业投资机构补偿。

对科技企业孵化器内在孵企业首次贷款项目出现的坏账项目，银行按坏账项目贷款本金 10% 分担损失，省财政和当地市财政信贷风险补偿资金分别按坏账项目贷款本金 50% 和 40% 分担损失。其中，省财政对单个项目的风险补偿或本金损失补偿金额不超过 200 万元；当地市财政对单个项目的风险补偿或本金损失补偿金额可以根据实际情况设立上限。

值得注意的是，细则规定，在信贷风险补偿以后，获得风险补偿的金融机构仍应追偿债务，追索回的资金或企业恢复还款收回的资金在抵扣追索费用后，剩余部分按原比例回补风险补偿资金和金融机构所承担的损失。

（2015 年 4 月 9 日《羊城晚报》，记者：王田歌）

企业孵化器获省市双重补助

广东科技创新又添薪火，近日，广东省科技厅发布《广东省科学技术厅　广东省财政厅关于科技企业孵化器后补助试行办法》（简称《办法》）。《办法》表明，孵化器在获得所在地级以上市政府相关补助的前提下，可以申请省财政孵化器后补助，符合条件的孵化器可享受新增孵化面积补助、运营成效优良奖励等后补助政策。

在孵企业超过 20 家才能享受省级后补助

《办法》中明确规定，只有同时满足广东省内注册的独立法人、孵化面积不少于 2 000 平方米、有孵化服务团队和相应孵化服务能力、在孵企业不少于 20 家的孵化器，才能享受省财政孵化器后补助。

值得一提的是，《办法》表示，孵化器后补助政策实施实行省市联动原则，孵化器在获得所在地级以上市（含顺德区）政府相关补助的前提下，可以申请省财政孵化器后补助。符合申报条件但当年未能及时申报省财政补助的孵化器，可在下一年继续申请。《办法》的出台，意味着广东各地市的孵化器有机会同时获得省级与地市级双重补助。

省财政孵化器后补助额不超过市级补助 50%

根据《办法》，符合有关规定的孵化器可享受新增孵化面积补助、运营成效优良奖励等后补助政策。

对上一年度获得地级以上市新增孵化面积补助的孵化器，省财政再按不超过市级补助额的 50% 给予后补助，每家最高不超过 200 万元。

而要享受运营成效优良奖励，不仅要满足基本条件，还要参与孵化器运营评价。孵化器运营评价指标体系由省级科技行政部门建立。记者看到，《办法》附带的评价体系共列出 20 项具体指标，涵盖孵化器管理、服务能力、孵化绩效、社会贡献四方面，其中，“服务能力”占比四成，是评价体系中最为重要的环节。

孵化器自愿选择是否参评，如需参评，孵化器要按要求上报评价数据和有关证明，由省级科技行政部门委托第三方机构审核参评材料，并组织专家评审。根据《办法》，孵化器运营评价结果分为 A、B、C 三个等级，其中，新获得国家级科技企业孵化器资质认定的孵化器，当年评价列为 A 等级。

《办法》规定，获得地级以上市财政补助，且获得 A 等级运营评价结果的珠三角地区孵化器、获得 A、B 等级的粤东西北地区孵化器，由省财政按照不超过市级财政补助额的 50% 给予补助。

（2015 年 4 月 14 日《羊城晚报》，记者：王田歌）

支出进度不达标市县将被扣减转移支付资金

昨日从广东省财政厅获悉，广东省财政通过建立“三挂钩一通报”机制，督促各方面加快支出进度，提高了财政资金使用效益。

广东省财政厅介绍了“三挂钩一通报”机制的具体做法。

一是建立市县财政综合支出考核与转移支付挂钩制度。市县财政综合支出考核分为：财政支出进度考核和财政存量资金规模考核。对财政支出进度考核不达标的市县，将适当扣减省财政对其当年转移支付资金。市县财政存量资金规模超过控制线的部分资金专项上解省级财政。

二是建立库款资金存量与增量调度挂钩制度。对上月库款保障水平低于或等于合理水平（1.5 倍）的市县，全额拨付其已下达应拨增量资金（下达统计时间截至当月 10 日），对上月库款保障水平高于合理水平（1.5 倍）的市县，暂不拨付调度款。

三是建立省直部门综合支出考核与财政资金安排挂钩制度。省直部门综合支出考核分为：预算支出进度考核和部门存量资金考核。对预算支出进度考核不达标的，按照未下达资金的一定比例收回预算统筹或核减下年度预算。省直部门存量资金考核不达标的，按超出部分的一定比例收回预算统筹。

四是建立市县财政支出进度考核通报制度。月度考核结果按月向各市县财政部门公布。每月 2 项以上指标执行率低于相应比例的地区，由当地财政部门负责同志于考核结果公布后 3 个工作日内到省财政厅向分片负责的厅领导当面说明。年度考核结果于次年年初向各市县财政部门公布。年度考核结果公布后 10 个工作日内，年终考评得分低于 60 分的地区财政部门，撰写情况说明报省财政厅，并由主要负责人到省财政厅当面说明。

（2015 年 12 月 31 日《羊城晚报》，记者：严丽梅，通讯员：岳才轩）

第十二部分
附　录

Appendix

2015年广东省财政科研公开择优课题通过结项验收名单

序号	课题单位	课题名称	负责人
1	广东财经大学	广东财政改革发展转型研究	姚凤民
2	暨南大学经济学院财税系	包容性增长理论与广东财政改革发展创新研究	廖家勤
3	中山大学	新常态下我省财政收入增长预测模型研究	陈浪南
4	广东外语外贸大学	建立财政收入可持续增长长效机制研究	安　苑
5	暨南大学	从财政增速看我省经济发展质量效益研究	杨森平
6	暨南大学	财政增速换挡对财政支出影响的国际经验借鉴	程　丹
7	厦门大学经济学院财政系	广东省财政收入质量情况的研究	童锦治
8	广东外语外贸大学	创新财政投融资机制的国际经验借鉴	罗春梅
9	广东工业大学	加强预算执行管理提升预算执行均衡性和有效性	邓　彦
10	广东外语外贸大学	新预算法实施对我省加强财政监督的影响	李传喜

2015 年广东省财政科研自主参与课题验收评审情况

课题等次	课题单位	课题名称
一等课题（3 个）	佛山市财政局	新《预算法》实施对佛山预算管理模式的冲击与对策研究
	广东技术师范学院	广东省产业发展与税收增长关系的实证研究
	梅州市财政局	广东省原中央苏区现实发展与财税政策比较研究
二等课题（6 个）	中山大学	税制改革对广东财政和经济增长影响研究
	广东省体制改革研究会、广东财经大学财税学院	我省创新驱动财政政策路径研究
	广州医科大学公共卫生学院	广东省各地级市卫生事业财政投入绩效研究
	华南农业大学	广东农村垃圾卫生服务管理体制与经费保障机制研究
	广州市财政局	广州市财政支持金融创新发展实践探讨
	茂名市财政局	茂名市落实省振兴粤东西北地区“三大抓手”财政支持政策成效的调研报告
三等课题（17 个）	广东技术师范学院	广东省创新财政投融资机制研究
	清远市财政局	广东省粤东西北地区实施底线民生保障政策研究——以清远市为例
	广东工业大学	政府购买社会工作服务项目绩效评估机制研究
	湛江市财政局	湛江市实施底线民生保障政策的成效及有关完善措施的调研
	中共广东省委党校	农业转移人口市民化基本公共服务财政保障机制研究
	华南农业大学	广东省高校预算绩效管理研究
	阳山县财政局	后土地财政阳山县县域经济发展困境与破除
	茂名市财政局	行业发展对财政收入质量的影响——基于对广东省的面板分析
	肇庆市财政局	PPP 模式应用的财政风险防控研究
	华南农业大学	广东水利财政投资研究
	广州市财政局	广州市基本公共服务均等化财政投入机制研究
	广东省综合改革发展研究院	广东财政工作转型规律研究
	江门市财政局	研究建立江门市基本公共服务均等化财力保障机制
	阳山县财政局	阳山县财政支持扶贫小额信贷政策研究
	广东工业大学	国家治理中的地方财政透明度治理机制研究
	清远市阳山县财政局	阳山县盘活财政存量资金的思考
	岭南师范学院	基于新形势下的第三产业发展与税收效益关系研究——以广东为例

“茂财杯”财政征文大赛获奖名单

文章标题	作者	单位
一等奖（5 篇）		
地方政府债务风险预警模型构建应用及防范化解对策研究	潘勇生	茂名市财政局
预算法新规对地方政府运用 PPP 模式的风险防控作用分析	丘孝东	梅州市财政局
新预算法下的中期财政规划管理探析	余国健	江海区财政局
县级国库现金管理的探讨	林晓华	三水区财政局
茂名市财政收入与经济增长相关分析	蔡茂彬	茂名市财政局
二等奖（10 篇）		
我省地方融资平台在新预算法下的转型方式探讨	李振豪	梅州市财政局
紧抓项目库建设　提升财政配置效率	陈中峰	茂名市财政局
重构欠发达地市财政收支体系问题探讨	黄德尚	湛江市财政局
八项规定视阈下的“三公”经费监管刍议	李建平	茂名市财政局
一体化分析评级制度对规范政府举债融资行为的思维和价值探讨	方松坚	揭阳市财政局
社会组织承接政府购买服务的思考及建议	唐　军	香洲区财政局
新《预算法》下地方性政府融资平台的转型初探	邢保华	省财政厅社保处
新预算法背景下园区平台公司融资创新研究	谭　丽	台山市财政局
财政数据分级管理的探讨	李光顺	江海区财政局
探析如何提高财政资金扶持经济发展绩效水平	许雪蘅　区晓晖	禅城区财政局
三等奖（30 篇）		
对照新《预算法》浅谈新会区财政管理工作存在主要问题和今后改革方向	汤达强	新会区财政局
全过程预算绩效管理的实践与思考	吴秀芳	禅城区财政局
浅论我国财政预算信息公开制度	黄俊凯	高州市石鼓财政所
新预算法实施后梅州市本级部门预算编制和管理路径探讨	张懿峰	梅州市财政局
浅析新预算法对地方财政预算编制的影响	李　莹	惠州市惠阳区财政局
从研究部门预决算的编制来进一步认识新预算法的精神和内涵	陈珍娣	廉江市石颈财政所
浅议义务教育公用经费的使用与管理	廖　娴	高州市财政局
东莞市塘厦镇预算绩效管理工作的探索与实践	赵素文	东莞市财政局塘厦分局
高明区“营改增”专题调研报告	麦祥欢	高明区财政局
地方债与财政的平衡	李　君	江海区财政局

续表

文章标题	作者	单位
浅谈对新预算法实施中的几点认识	李　艾	南雄市财政局
结合新预算法　浅谈如何做好“一事一议”财政奖补资金预算工作	钟颂欢	江海区财政局
论新常态下梅州市农村财务会计管理体系的构建	范利民	梅州市财政局
浅谈县级以下预算单位在实施新预算法中遇到的若干问题及几点建议	林优茜	梅州市梅江区财政局
县级如何推动 PPP 发展	李光凤	高州市财政局
论新预算法实施对梅州市梅江区义务教育学校预算管理的控制作用	曾彩云	梅州市梅江区嘉应中学
“三严三实”推进国库集中支付电子化改革	李燕红	佛山市财政局
刍议落实新《预算法》的几个关键问题	肖　锋　李洁仪	佛山市财政局
“预算公开”入法是迈出民主政治重要一步	黄汉强	茂名市茂南区财政局
新《预算法》下地方政府债务研究	刘敏仪	开平市财政局
新《预算法》视角下的财政专户管理改革	吴　楠	潮州市财政局
全口径预算下财政预算公开的实践与探索	叶海苏	陆河县财政局
浅析基于项目库建设的滚动预算管理	区意匡	南海区财政局
想说爱你不容易	王永招	湛江经济技术开发区财政局
乡镇财政预算管理之我见	刘代志	恩平市大槐镇财政所
浅析新预算法对于地方政府采购的约束与改进建议	梁　粤	信宜市财政局
实施多渠道财政投融资方式构建县级基本公共服务均等化财力支撑机制	李　活	化州市财政局
对新预算法下推进预算信息公开的实施建议	曾　韬	广州市财政局
浅谈县级财政绩效评价作用问题与对策	曾汉辉	高州市财政局
新预算法对地方政府性债务的影响及其管理对策	周树彪	汕头三江科技职业技术学校
组织奖（5个）		
茂名市财政局		
佛山市财政局		
揭阳市财政局		
江门市财政局		
湛江市财政局		

Table of Contents

Section 1 Related Documents on Finance and Economy

Resolution of the Fourth Session of the 12th NPC on the Implementation of Budgets of Guangdong Province for 2015 and on the Budgets for 2016 ······ 3

Report on the Implementation of Budgets of Guangdong Province for 2015 and on the Draft Budgets for 2016 ······ *Zeng Zhiquan* 3

Report on the Result of Examination from the Finance and Economic Committee of the 12th NPC on the Implementation of Budgets of Guangdong Province for 2015 and on the Draft Budgets for 2016 ······ 13

Report on the Draft Final Provincial Accounts of Guangdong Province for 2015 ······ *Zeng Zhiquan* 15

Resolution on the NPC Standing Committee on Approving the Final Provincial Accounts of Guangdong Province for 2015 ······ 24

Report on the Result of Examination on the Draft Final Provincial Accounts of Guangdong Province for 2015 ······ *Lin Xiuyu* 24

Section 2 Leaders' Instructions and Speeches

Leaders' Instructions

Provincial Fiscal Work ······ 29

Instructions of the Governor Zhu Xiaodan on Reviewing Documents of the Provincial Fiscal Work Conference in 2016 ······ 29

Provincial Fiscal Revenue and Expenditure ······ 29

Instructions of the Governor Zhu Xiaodan on "Brief Analysis of the Provincial Fiscal Revenues and Expenditures 2014" ······ 29

Finance ······ 29

Instructions of the Executive Vice Governor Xu Shaohua on Reviewing Relevant Reports on Public-Private Partnership ······ 29

Government General Bonds ······ 29

Instructions of the Executive Vice Governor Xu Shaohua on "Report on Situations Concerning the Issued Guangdong Provincial Government Bonds in 2015", "Report on the Related Situations Concerning the 1st Batch of Issued Guangdong Provincial Government General Bonds in 2015", "Report on the Related Situations Concerning the 2nd Batch of Issued Guangdong Provincial Government General Bonds in 2015" and "Report on the Related Situations Concerning the 1st Batch of Issued Local Government Bonds in the Form of Private Placement in 2015" ······ 29

Leaders' Speeches

Speech at the Provincial Financial Work Conference (Excerpt) ······ *Xu Shaohua* 29

Continuously Striving for a New Progress in Public Finance Work with New Concept as Guidance: Speech at the Provincial Financial Conference (Excerpt) ······ *Zeng Zhiquan* 33

Section 3 Provincial Public Finance and Special Topics

Inclusive Instruction

Inclusive Instruction of Provincial Finance Working ······ 43

Fiscal Legislation and Tax ······ 46

Fiscal Budget Management ······ 47

Financial Affairs of Foreign Economic Finance Sectors ······ 50

Treasury Management ······ 52

Fiscal Program and Policy ······ 54

Financial Affairs of Administrative Sectors ······ 55

Financial Affairs of Legislative Sectors ······ 56

Financial Affairs of Education, Science and Culture Sectors ······ 57

Financial Industrial and Trading Development ······ 60

Financial Affairs of Agriculture Sectors ······ 62

Financial Affairs of Economic Construction Sectors ······ 64

Financial Affairs of Social Security Sectors ······ 65

Accounting Management ······ 67

Financial Performance Management ······ 68

Management of the Administrative Undertaking Assets and Official Vehicles ······ 70

Integrated Agricultural Development ······ 71

Rural Financial Management ······ 72

Government Procurement Supervision ······ 73

Fiscal Supervision and Inspection ······ 74

Fiscal Treasury Payments Management ······ 75

Government Foreign Debt Management ······ 76

Fiscal Discipline Inspection and Supervision ······ 78

Management of Operating Assets of Provincial Administrative Organs and Institutions ······ 79
Evaluation and Examination of Fiscal Investments ······ 81
Fiscal Bills Supervision and Management ······ 81
Human Resources Management and Education ······ 82
Party Building ······ 84
Government Affairs ······ 86
Retired Personnel Services ······ 87
Information System for Public Finance ······ 88
Public Finance Research and Propaganda ······ 89
Evaluation of the Integrated Agricultural Development ······ 90
CPA Affairs Management ······ 91
Assets Assessment Management ······ 93
Education of the Guangdong Finance Institute ······ 95
Education of the Correspondence School for Accounting ······ 96

Special Topics

Deepening the Reform of Fiscal and Taxation System ······ 98
Duly and Diligently Implementing the Taxation Policies for China (Guangdong) Pilot Free Trade Zone ······ 101
The Reform of Zero-Base Budgeting ("ZBB") in Full Swing ······ 101
Regulating the Management of Provincial Fiscal Special Funds ······ 102
Strengthening the Management of Local Government Debts ······ 104
Fulfilling the Fiscal Functions and Pushing Forward the County Economic Development ······ 105
Deepening the Reformof the Trial Work of Accrual-based Government Comprehensive Financial Reporting ······ 106
Increasing Financial Input and Supporting the Innovation-Driven Development Strategies ······ 107
Pilot Project for the Basic Public Service Platform Construction ······ 108
Innovating the Mode of Financial Support in Agriculture and Building Modernized Agricultural Demonstration Areas ······ 110
Deepening the Thematic Education of "Three Stricts and Three Steadies" ······ 111
Throughly Advancing "Secretary Project" ······ 111
Comprehensively Reinforcing the Construction of Appraisal Quality System ······ 113
Internationalization and New Development: Remarkable Results of "the International Construction Year" Theme Activities Hosted by Guangdong CPA Industry ······ 115

Public Finance of Prefecture-Level Cities

Guangzhou ······ 119
Shenzhen ······ 121
Zhuhai ······ 122
Shantou ······ 125
Foshan ······ 126
Shaoguan ······ 128
Heyuan ······ 129
Meizhou ······ 131
Huizhou ······ 132
Shanwei ······ 134
Dongguan ······ 135
Zhongshan ······ 137
Jiangmen ······ 139
Yangjiang ······ 142
Zhanjiang ······ 144
Maoming ······ 146
Zhaoqing ······ 149
Qingyuan ······ 150
Chaozhou ······ 152
Jieyang ······ 153
Yunfu ······ 155

Section 5 Public Finance of Prefectures and Counties

Guangzhou

Taking Various Measures Simultaneously and Making Continuous Efforts to Strengthen Financial Investment Appraisal ······ 161

Shenzhen

Innovating the Supporting Methods for Industries and Establishing Government Investment Guidance Funds ······ 162
Taking Measures in Accelerating the Expenditure Progress ······ 163
Improving Quality and Maintaining a Balanced Development of Medical and Health Services ······ 164

Zhuhai

Building ZBB 3.0 through Joint Evaluation of Budgets and Advancing the Reform of Budget Management ······ 165

Shantou

Proactively Exploring the Utilization of Public-Private Partnership Model ("PPP Model") ······ 167

Foshan

Building an Integrated Financial Management Platform and Promoting the Scientific, Normalized and Refined Fiscal Management ······ 168
Taking the Lead in Implementing the Reform of the Electronic Management of Treasury Centralized Payment System ······ 170
Pushing Forward the Construction of Comprehensive Platform of One-Door Basic Public Services ······ 172

Shaoguan

Serving for People, Guaranteeing Investment and Comprehensively Improving the Level of Basic

Public Services 174
The Lechang East Station of Wuhan-Guangzhou High-Speed Railway Under Construction 175

Heyuan

Steadily Carrying Forward the Comprehensive Platform of Basic Public Services 176

Meizhou

Proactively Adapting to the New Normal of Economic Growth and Revitalizing the Economic Development of Meixian District 178

Huizhou

Relying on Asset Management Information System to Further Enhance the Management of State-Owned Assets of Administrative Institutions 180

Shanwei

Speeding up the Progress of Making Budgetary Funds Available for Fiscal Expenditure and Improving the Efficiency of Budget Implementation 181
Actively Forging Ahead to Fully Implement the Poverty-Relief Program 183

Dongguan

Further Promoting the Performance Management of Financial Budget and Constantly Improving the Efficiency of Using Financial Funds 184
Giving Play to Fiscal Leverage, Promoting the All-Round Development of Economy and Society 186

Zhongshan

"Four Measures" to Put Surplus Budgetary Funds to Good Use 187
Eight Measures to Speed up the Progress of Fiscal Expenditure 188

Jiangmen

Pushing Forward the Government Financial Reform Based on PPP Model 189
Forging a City of Encouraging Popular Entrepreneurship and Innovation, and Igniting the Development Engine 191
Pushing for the Standardization, Individualization and Optimization, Developing a Platform Convenient and Beneficial to People 193

Zhanjiang

Actively Promoting the Reform of the Management System of Financial Investment Appraisal 194
Proactively Improving the System Reform of "Finance of Village Groups under Town Administration" 196

Maoming

Further Speeding up the Progress of Fiscal Expenditure 197
Exploring the Application of PPP Model to Constructing Yin Luo Water Supply Project 198

Zhaoqing

Five-in-One Efforts to Build a New System of Fiscal Funds Supervision and Management 199
Comprehensively Promoting the Construction of Basic Public Service Platform of County, Town, Village Level 200

Qingyuan

Thoroughly Implementing "Guangzhou-Qingyuan Integration" Strategy and Prioritizing the Inter-loan of Housing Accumulation Funds between Guangzhou and Qingyuan 201
Actively Exploring the Comprehensive Platform for Basic Public Services 202

Chaozhou

Implementing Targeted Measures in Poverty Alleviation and Promoting County Economic Development 203

Jieyang

Building the Comprehensive Platform for Basic Public Services and Implementing "510" Project to Improve People's Well-being 204

Yunfu

Building the Comprehensive Platform for Basic Public Services with "1 + N for 24-Hours" Concept 206
Improving the Budget Management Mechanism and Accelerating the Progress of Fiscal Expenditure 208

Section6 Statistics

Final Account of Budgetary Revenue and Expenditure in Guangdong (2014) 213
Final Account of Budgetary Revenue and Expenditure in Guangdong (2015) 215
Final Account of Classification of Budgetary Revenue and Expenditure in Guangdong (2015) 216
Final Account of Budgetary Revenue and Expenditure by Prefecture-Level City in Guangdong (2015) 217
Budgetary Revenue and Expenditure by Prefecture and County in Guangdong (2015) 218
Statistics of the Scale and Structure of Non-Tax Revenue in Guangdong (2015) 229
Budgetary Revenue by County-Level City Exceeding 100 Million Yuan in 2015 230
Statistics of Fiscal Revenue of Central Consumption Tax (100%), Value Added Tax (75%), Business Income Tax and Individual Income Tax from Guangdong (2015) 230
Final Account of Revenue and Expenditure of Governmental Funds in Guangdong (2015) 231
Final Account of Revenue and Expenditure of Provincial State-Owned Capital Management in Guangdong (2015) 246
Final Account of Revenue and Expenditure of Provincial State-Owned Capital Management in Guangdong (2015) 246
Expenditure on Social Security and Employment, Medical Care in Guangdong (2015) 247

Final Account of Revenue and Expenses of Social Insurance Fund in Guangdong (2015) ······ 248
Main Components of Assets of State-Owned Enterprises in Guangdong (2015) ······ 248
Main Components of Liabilities of State-Owned Enterprises in Guangdong (2015) ······ 249
Main Components of Owners' Equity of State-Owned Enterprises in Guangdong (2015) ······ 249
Main Indicators of State-Owned Enterprises inGuangdong (2015) ······ 250

Section 7 Selected Local Laws and Regulations of Finance and Economy

Several Policy Opinions of the People's Government of Guangdong Province on Accelerating Technological Innovation ······ 253
Implementation Plan on Reforming Accrual-based Government Comprehensive Financial Reporting System ······ 254
Circular of the People's Government of Guangdong Province on Revising the Measures for the Administration of Special Funds Provided by Provincial Public Finance ······ 256
Opinions of the People's Government of Guangdong Province on Strengthening Government Debt Management ······ 261
Implementation Opinions of the People's Government of Guangdong Province on Deepening the Reform of Budget Management System ······ 263
Implementation Opinions of the People's Government of Guangdong Province on Implementing the Mid-term Fiscal Planning ······ 267
Implementation Opinions of the People's Government of Guangdong Province on Reforming and Improving the Transfer Payment System Made from the Provincial to the Governments below Provincial Level ······ 270
Implementation Opinions on Further Revitalizing the Stock of Fiscal Funds ······ 273
Implementation Opinions on Promoting the Public-Private Partnership Mode in Public Service Field (Trial) ······ 275
Measures of the Department of Finance of Guangdong Province on Expenses of Provincial Public Finance (Trial) ······ 278
Opinions on Strengthening the Supervision of Individual Significant Event Reporting ······ 280
Measures on the Administration of Administrative Reviews and Administrative Responses to Appeals of the Department of Finance of Guangdong Province ······ 280
Measures of the Department of Finance of Guangdong Province on the Formulation of Normative Documents ······ 282
Plan on the Comprehensive Assessment of the Performance of Prefecture-Level Fiscal Management (Trial) ······ 284
Opinions on Strengthening the Management and Use of Fiscal Special Funds Provided by Municipal and County Finance ······ 284
Circular on Issuing Policies and Measures on the Provincial Financial Support for Steady Growth in 2015 ······ 286
Circular on Issuing the Coverage and Standard for Guaranteeing Basic Financial Resources for County Governments in 2015 ······ 288
Measures on the Administration of the Database for Fiscal Funds Provided by Provincial Finance ······ 288
Circular on Implementing the Policy of Central Government for Adjusting Export and Consumption Tax Refund ······ 292
Circular onStrengthening the Management of Public-private Partnership Project of Guangdong Province ······ 293
Circular on Further Acceleratingthe Progress of Budget Implementation ······ 294
Circular on Issues Concerning the Pilot Project of the Reform that Places County Finance Directly under the Management of Provincial Governments ······ 295
Interim Measures of the Department of Finance of Guangdong Province on Linking the Assessment of Comprehensive Fiscal Expenses of Provincial Departments with the Arrangement of Fiscal Funds (Normative Document) ······ 297
Measures on Assessment of Fiscal Revenue Quality of Cities and Counties in Guangdong Province ······ 299
Interim Measures of the Department of Finance of Guangdong Province on Linking the Assessment of Comprehensive Fiscal Expenses of Cities and Counties with Transfer Payment (Normative Document) ······ 300
Measures of the Department of Finance of Guangdong Province on the Assessment of the Fiscal Expenditure Progress of Cities and Counties (Normative Document) ······ 302
Circular on the Promotion of Provincial Public-private Partnerships Made ······ 304
Measures on Awards and Subsidies for Coverages of Inclusive Finance in Villages (Trial) ······ 305
Detailed Operation Rules on the Cash Management of Provincial Treasury in Guangdong Province (Trial) ······ 307
Implementation Plan on the Reform of Centralized Payment System for Villages and Towns in Guangdong Province ······ 309
Interim Measures on Linking the Stock of Treasury Funds with Incremental Treasury Funds in Guangdong Province ······ 311
Circular onIssuing "Guiding Catalogue of Government Purchase of Services from Social Entities" ······ 312
Circular on Several Economic Policies for Supporting the Development of Film Industry in Guangdong ······ 321
Pilot Measures of the Department of Finance of Guangdong Province and the Department of Science and Technology of Guangdong Province on the Forward Contract for the Government Purchase of Innovative Products and Services (Normative Document) ······ 322
Implementation Opinions on Establishing and Improving the System of Appropriation Per Student in Higher Vocational Colleges in Guangdong Province ······ 323

Trial Program of Guangdong Province on Fiscal Awards and Subsidies for Encouraging Enterprises to Research and Develop (Normative Document) ··························· 325
Measures on the Administration of Operation Guarantee Funds for the Transit Project of the Pearl River Delta Inter-City Railway ··· 326
Fiscal Policies and Measures on Supporting the Development of the Advanced Equipment Manufacturing Industry in the West Bank of the Pearl River (2015 - 2017) ··········· 327
Measures on the Administration of the Funds for Incubating High-tech Enterprises (Trial) ····························· 329
Opinions on Regulating the Administration of the Funds Provided by Provincial Finance ····························· 330
Implementation Opinions on Further Improving the Budgetary Administration of Provincial State-owned Capital ········ 331
Measures of Guangdong Province on the Administration of Funds for Medium, Small and Macro Enterprises ········ 332
Detailed Implementation Rules of Guangdong Province on the Administration of Compensation Fund for SME Credit Guarantee ·· 334
Work Plan of Guangdong Province on Pushing Forward the Construction of Comprehensive Platform for Basic Public Services ·· 336
Opinions on Further Strengthening the Supervision over Agkcultral Funds ··· 339
Implementation Plan of Guangdong Province on the Pilot Project of Catastrophe Insurance ···························· 341
Measures of Guangdong Province on the Performance Evaluation of Equalization of Basic Public Services (Revised) ······ 343
Interim Measures of Guangdong Province on Performance Evaluation of Overall Expenses of Provincial Departments ·· 348
Operation Procedure on the Administration of Real Estate Disposal for Provincial Administrative Institutions ········ 350
Opinions on Further Strengthening Principle-agent Services for Village-Level Accounting ····································· 351
Interim Measures of Guangdong Province on the Administration of Dynamic Monitoringof Provincial Budget Implementation ·· 352
Circular on Issues Concerning Strengthening Settlement Auditing of Provincial Fiscal Investment Projects ········ 354

Section 8 Selected Speeches of Finance and Economy

Making Continuous Efforts to Observe Disciple and Stick to the Rules, Creating a New Situation of Combating Corruption and Upholding Integrity in Finance of Guangdong Province (Excerpt) ········ *Zeng Zhiquan* 359
Starting from Myself, Striving to Play an Exemplary Role in Practicing the "Three Stricts and Three Steadies" (Excerpt) ······························· *Zeng Zhiquan* 362
Speech at the Province-wide Video Conference of Budget Execution (Excerpt) ···················· *Zeng Zhiquan* 367
Speech at the Province-wide 2nd Special Video Conference on Revitalizing the Stock of Fiscal Funds (Excerpt) ·· *Zeng Zhiquan* 369
Speech at the Province-Wide Mobilization and Training Conference on Promoting the Construction of Basic Public Service Platform (Excerpt) ·············· *Zeng Zhiquan* 372
Providing New Power for the Economic and Social Development of Guangdong by Promoting Public-Private Partnership (Excerpt) ······························· *Zeng Zhiquan* 375
Concluding Speech at the "Three Disciplines" Educational Seminar for Deputy Directors and Above ·· *Zeng Zhiquan* 376
Persistently Uniting Knowing and Doing, Playing an Exemplary Role in Being Strict to One's Moral Character (Excerpt) ······························· *Zeng Zhiquan* 379
Guided with New Concepts and Making Efforts to Create a New Situation of Financial Work (Excerpt) ················· ··· *Zeng Zhiquan* 381
Strict in Preventing Abuse of Power and Ensuring Clean Practice in Work (Excerpt) ··········· *Zeng Zhiquan* 384
Establishing Finance Ruled of Law and Maintaining Administration and Financing According to Law ·· *Ou Bin* 389
Complying with the Situation and Taking the Initiative to Strengthen the Service of Fiscal Investment for the Public (Excerpt) ·· *Ou Bin* 391
Pushing Forward the Implementation of "Regulations on Implementation of Government Procurement Law" in Guangdong Province ······················ *Zheng Xiancao* 393
Adapting to a New Normal for the Economic Growth and Opening Up a New Situation of Fiscal Treasury Reform (Excerpt) ···································· *Ye Meifen* 394
Recognizing the Situation and Making Efforts to Promote the Integrated Agricultural Development of Guangdong to a New Level (Excerpt) ······························ *Ye Meifen* 399
Speech at the Promotion Conference on the Pilot Work of Counties for Basic Public Service Platform (Excerpt) ·· *Ye Meifen* 403
Maintaining Strict in Party Discipline, Strengthening Consciousness of Responsibility, Pushing Forward the Improvement of the Party's Style of Work, Upholding Integrity and Combating Corruption in Guangdong Province (Excerpt) ···················· *Xiang Tianbao* 405
Adapting to New Situations, Seizing New Opportunities and Achieving a New Leap in CPA Industry at the New Starting Point (Excerpt) ···················· *Zhong Wei* 408
Speech at the Promotion Meeting and Training Class for the Direct Administration of Financial Affairs of Courts and Procuratorates at or below Provincial Level (Excerpt) ·· *Zhong Wei* 411

Section 9 Fiscal Organizational Structure and Personnel

List of Leaders in Sectors within and Institutions under the Department of Finance of Guangdong Province (2015) …… 415
List of Heads with the Financial Bureaus (Committee) of Prefecture Level (2015) …… 416
List of Heads with the Financial Bureaus of County Level (2015) …… 418
Statistics Table of Basic Information of Personnel of the Province-wide Fiscal Sectors (2015) …… 426
List of National and Provincial Advanced Units and Individuals of Province-Wide Fiscal Sectors (2015) …… 428

Section 10 Fiscal Memorabilia

…… 431

Section 11 Selected Reports of Finance

The Central

Guangdong Tries Concentrative Negotiation of Prices for Bulk Procurement of Government …… 445
Encouragement for Public Participation in Starting Business and Making Innovations …… 445
Local Budgetary Revenue Exceeds 800 Billion Yuan for the First Time in Guangdong …… 445
Guangdong Launches Pilot Electronic Reform of Centralized Treasury Payment for Provincial Finance …… 446
Guangdong Promotes Real-time Online Supervision over Special Funds …… 446
Guangdong Improves the Administration of Equity Investment with Fiscal Operating Funds …… 447
Budget Plan More Scientific …… 447
Guangdong Gives Overall Consideration and Priority to Performance …… 448
Zeng Zhiquan, Director of the Department of Finance of Guangdong Province: Good Preparation for Work …… 449
Guangdong Establishes Comprehensive, Multi-Level Internal Control Mechanism …… 449
Guangdong Promotes Accrual-based Government Comprehensive Financial Reporting System …… 450
Guangdong Introduces Competitive Mechanism for Project Funds …… 451
Guangdong Finance Takes Various Measures to Help College Students Get Employment and Start Business …… 451
Guangdong Adopts Balanced Approach to Regulate Local Debt Management …… 452
Transparency for Preventing Abuse of Fiscal Funds …… 453
Guangdong Issues Implementation Opinions on Deepening Reform of Budget Management System …… 453
Guangdong Issues 31 Billion Yuan of Government General Bonds through Open Tender …… 454
Guangdong Expands Scope of Pilot Reform for the Equalization of Basic Public Services …… 455
Guangdong Formulates Package Plan for Vocational Education Development …… 455
Guangdong Pushes Forward Centralized Treasury Payment System Reform of Village and Town Level …… 456
Guangdong Spends 6. 6 Billion Yuan in Improving Financing Mechanism for Medium, Small, Micro Enterprises …… 456
Guangdong Increases Transparency in Government Procurement of Services from Social Entities …… 457
Guangdong Improves Government Procurement System, Supports Innovation-Driven Development …… 457
Guangdong Standardizes Administration of Subsidies for Policy-based Agricultural Insurance Premiums …… 458
Guangdong Steadily Pushes Forward Zero-based Budget Reform …… 458
Guangdong Orderly Advances Fiscal and Tax Reform …… 459
Guangdong Advances Implementation of Mid-term Fiscal Planning …… 459
Guangdong Intensifies Efforts to Guarantee, Improve People's Livelihood …… 460
Guangdong Strengthens Comprehensive Performance Management of Equalization of Basic Public Services …… 460
Guangdong Standardizes Management of State-Owned Capital Operating Budget …… 461
Guangdong Cuts Down More Administrative Charges for Business …… 462
Guangdong Reforms and Improves Transfer Payment Made from Provincial Government to Governments of Prefecture and County Level …… 462
Zeng Zhiquan, Director of the Department of Finance of Guangdong Province: Improvement of Fiscal Policies, Supports to Steady Growth …… 463
Guangdong Relieves Medium, Small, Macro Enterprises from Financing Difficulties …… 464
Zeng Zhiquan: Establishment of Mechanism Promotes Government Procurement of Services …… 465
Delegation of Guangdong Proposes Revision to "Government Procurement Law" …… 465
Guangdong Keeps Full Online Record of Procurement Progress …… 466

Guangdong Adapts to New Normal, Requirements to Promote Breakthroughs in Guangdong Fiscal Reform ······ 467

The Local

Guangdong to Sort out, Regulate Preferential Policies Concerning Tax, etc. ······ 469
Guangdong Allocates 194 Billion Yuan for Fulfilling Top Ten Tasks Concerning People's Livelihood Last Year ······ 469
"Three Public" Expenses of Provincial Level Reduced by 13. 3% in 2014 ······ 471
Budget Report in 2015: Funds for Bottom Lineof Guaranteeing People's Livelihoods Increase 28% ······ 472
Provincial Fiscal Expenditure to be Supervised Online ······ 473
Xu Shaohua: Provincial Departments to Publicize "Three Public" Expenses ······ 474
Budget for 2015 Understandable ······ 474
Establishment of Long-term Mechanism, Guarantees for Judicial System Reform ······ 475
2. 7 Billion Yuan for Pushing Forward Frontier, Key Technological Innovation ······ 475
Search for New Impetus of Economic Growth with Proactive Attitude ······ 476
Guangdong Expects to Build Moderately Prosperous Society in 2018 ······ 476
Guangdong's Local Debt Replacement Amounts to 50 Billion Yuan ······ 478
Guangdong Accelerates Fiscal Reform ······ 479
Full Imp lementation of Fiscal Supporting Policies and Measures ······ 479
Guangdong to Promote Government Financial Reporting System ······ 480
Full-Covered Budget of County Level and Above Publicized This Year ······ 480
20. 3 Billion Yuan of Local Government Bonds Issued This Year ······ 482
229. 3 Billion Yuan Gives New Impetus to Stable Growth ······ 482
Stimulation of 10-Billion-Yuan Social Capital through PPP Model ······ 483
Guangdong Invests 90 Billion Yuan on Innovative Promotion for Three Years ······ 484
PPP Model Promoted in 8 Major Fields in Guangdong ······ 485
People's Government of Guangdong Holds Conference on Promotion, Application of PPP Model ······ 486
Acceleration of Fiscal Expenditure Progress ······ 487
16. 8 Billion Yuan for New Round of Technological Innovation of Enterprises for Three Years ······ 488
Guangdong Spends 1. 5 Billion Yuan out of Extra 13-Billion-Yuan Local Government Debt on Harness of Lian River ······ 489
Provincial Finance Provides over 1. 4 Billion Yuan for Disaster Relief and Reconstruction ······ 489
Budgetary Revenues in the First Ten Months Increases by 13. 2% in Guangdong ······ 490
Appropriation Per Student in Higher Vocational Colleges to be Fully Covered Next Year ······ 490
Guangdong Sets up Total Amount of 6. 3-Billion-Yuan Environmental Protection Fund ······ 491
Migrant Children to Get Subsidized with Student Numbers ······ 491
Government Subsidizes Innovations of Medium, Small, Macro Enterprises by Issuing Technological Innovation Vouchers ······ 492
Subsidies from Provincial and Municipal Finance Available for Business Incubator ······ 493
Transfer Payment for Cities and Counties Substandard in Expenditure Progress to be Deducted ······ 493

Section 12 Appendix

Papers Chosen through Public Appraisal of Research Projects from the Department of Finance of Guangdong in 2015 ······ 497
Result of Independent Research Projects from the Department of Finance of Guangdong Province in 2015 ······ 498
Award List of "Maocai Cup" Fiscal Essay Contest ······ 499